WEINGUIDE DEUTSCHLAND 2018

Jetzt VINUM lesen und Prämie wählen.

Ihre Vorteile:

- 10 Ausgaben VINUM mit Preisvorteil lesen
- Kostenloser Member-Zugang auf vinum.eu
- Exklusive Angebote in der VINUM Vorteilswelt
- Spannende Sonderbeilagen gratis
- VIP-Einladungen zu attraktiven Weinevents
- GRATIS-PRÄMIE NACH WAHL:

6 Rotweingläser
von Schott Zwiesel

Edles Rotweinpaket
von Pinard de Picard

Gleich bestellen und profitieren: www.vinum.eu/abo

WEINGUIDE DEUTSCHLAND 2018

DEUTSCHLANDS
FÜHRENDE WEINGÜTER

JOEL B. PAYNE | CARSTEN S. HENN

VINUM novum amicus novus ...

Liebe Weingenießer, 24 Jahre verantwortete unsere Mannschaft den Gault&Millau Weinguide Deutschland. Mit VINUM als starkem Partner schlagen wir nun ein neues Kapitel auf.

Nur wer sich ändert, bleibt sich treu – das gilt auch für Weindeutschland. Früher wanderten die besten Trauben in die Spät- und Auslesen, heute wird der Aufwand vielfach mit den trockenen Rieslingen betrieben. Und es ist noch viel mehr los! So viel Dynamik und Eigenständigkeit wie heute war noch nie. Die Franken und Rheinhessen sind aufgewacht. Sie haben verstanden, welchen Schatz sie mit der großen Weißweinrebe Silvaner wirklich besitzen. Rainer Sauers »Am Lumpen« ist nicht einfach nur ein großer Silvaner oder ein großer deutscher Weißwein, er ist ein großer Weißer mit Weltformat. Einst war Silvaner die meistangebaute Rebe in Deutschland, eine Renaissance war überfällig! Die Fortschritte beim Spätburgunder sind ebenfalls gewaltig, auch bei der Vielfalt an Stilistiken. Noch liegt Deutschland zwar nicht auf Höhe des Burgund, aber die Aufholjagd ist beeindruckend. Bei den weißen Burgunderarten zeigt sich immer mehr, dass Chardonnay, gefolgt von Weißburgunder, die Zukunft gehört. Viele Weinberge kommen gerade ins richtige Alter – die Qualitäten heben ab!

In fast allen Weinregionen fallen junge, talentierte Winzer auf – an der Mosel hat das fast schon zu einer Umkehr der Weingutshierarchie geführt. In der Rubrik »Junge Talente« stellen wir den Nachwuchs vor. Gleichzeitig mausert sich die Saar zum hippsten Gebiet in Sachen Riesling mit Restzucker. Beeindruckend, wie viele großartige Betriebe dort auf kleinem Raum wirken.

Dies und vieles mehr wollen wir in diesem Weinguide abbilden. Dafür arbeiteten wir wieder mit unserem vielköpfigen, erfahrenen Verkosterteam, ausnahmslos Profis mit exzellentem Ruf in der Weinszene. Die Spitzenweine verkosten wir bis zu fünf Mal; viele Weingüter werden von uns besucht. Am Ende führen wir eine aufwendige Finalprobe durch, auf der die besten Weine aus den Regionen gegeneinander antreten. Dabei kombinieren wir offene mit Blindverkostungen.

Was uns ganz wichtig ist: Von den Winzern werden keine Verkostungsgebühren erhoben, die Aufnahme in den VINUM Weinguide ist kostenlos. Nur so ist eine seriöse und kritische Bewertung möglich. Wir sind redaktionell unabhängig und haben es nicht nötig, mit überhöhten Weinbewertungen um uns zu werfen. Manchmal hat man ja den Eindruck, als wollten sich Weinmedien mit immer höheren Noten überbieten – dabei kennzeichnen schon 82 Punkte eine gute Qualität. Muss man etwa bald die Höchstnote auf 111 raufsetzen, um neuen Raum zur Differenzierung zu schaffen? Wir finden: 100 Punkte reichen aus, man muss sie nur zu nutzen verstehen. Richtig verstanden, helfen sie uns Weingenießern, die Spreu vom Weizen zu trennen und unsere Gläser und Keller mit dem Besten zu füllen.

In diesem Sinne – genießen Sie die besten Weine Deutschlands! Viel Freude an VINUM!

Joel B. Payne   Carsten S. Henn

Foto: Armin Faber & Partner

Belebt den Weingenuss.

Ein guter Wein – das ist Genuss pur. Und zu jedem guten Wein empfiehlt sich ein ebenso gutes Wasser. Staatl. Fachingen ist perfekt, denn es wirkt ausgleichend auf den Geschmackssinn, indem es die Geschmacksnerven neutralisiert. Eine ideale Basis, um die vielschichtigen Aromen des Weines genießen zu können. Staatl. Fachingen – belebt den Weingenuss!

Das Wasser. Seit 1742.

INHALT

Lesezeit!
Alles in VINUM

Vorwort	4
Wissenswert: So trinken wir, so lesen Sie	10
Wir sind VINUM: Redaktion und Verkoster	12

Weintrends

Reifer Wein: Der lange Atem	18
Spätburgunder: Rappen für einen neuen Stil	22
Bio: Die Vision und das Gesetz	24
Mein lieber Scholli: Orange Wine	26
Groß gewachsen: Vom Sinn und Unsinn Großer Gewächse	28
Deutschlands Winzernachwuchs: Empfohlen vom Talentscout	30

Die Persönlichkeiten des Jahres

Winzer des Jahres	34
Aufsteiger des Jahres	38
Entdeckung des Jahres	42

Die Weine des Jahres

Die Top Ten auf einen Blick	46
Winzersekt Brut: Raumland entthront	48
Spätburgunder 2015: Knipsers RdP – was sonst	50
Weiße Burgundersorten 2016: Knewitz schafft sie alle	52
Silvaner 2016: Sauers Silvaner	54
Riesling trocken 2016: Überraschung von der Saar	56
Riesling feinherb 2016: Noch ein Saar-Sieger	58
Riesling Kabinett 2016: Saar-Sieg Teil 3	60
Riesling Spätlese 2016: Zum vierten Mal Saar	62
Riesling Auslese 2016: Weil macht's	64
Riesling edelsüß 2016: Kühn und das Lenchen	66
Sieger weiterer Rebsorten	68

abenteuer und reisen

Kennenlernen!
3 HEFTE PLUS GESCHENK FÜR NUR 13,50 €.

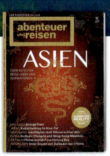

„*abenteuer und reisen*" – Deutschlands großes Reisemagazin mit klarem Schwerpunkt auf Fernreisen, Städtetrips, Lifestyle und Outdoor. Zehnmal pro Jahr berichten wir mit vielen großen Reisereportagen aus der ganzen Welt - authentisch, ehrlich, aktuell!

25 % ERSPARNIS!

+ Amazon.de-Gutschein, Wert 5,– €

GLEICH BESTELLEN UND WEITERE TOLLE GESCHENKE UNTER:
shop.abenteuer-reisen.de/vinum
TELEFON: 06187 / 905 68 23   Bitte geben Sie immer die Bestellnummer an: **Vinum2018**

Dieses Angebot gilt nur in Deutschland. Preise für weitere Länder auf Anfrage unter: +49 (0)6187 / 905 68 23.
abenteuer und reisen erscheint im Verlag: wdv GmbH & Co. OHG, Siemensstr. 6, 61352 Bad Homburg, Handelsregister Bad Homburg v.d.H. HRA 3087

INHALT

Gut und Günstig: Literwein	72
Gut und günstig: Schnäppchen weiß und rot	74
Reife Weine: Weiße Burgundersorten 2012	76
Reife Weine: Riesling trocken 2012	77
Reife Weine: Riesling trocken 2007	78
Reife Weine: Spätburgunder 2007	79
Reife Weine: Riesling Spätlese 2007	80
Reife Weine: Riesling Auslese 1997	81
Ideal: Deutsche Wein-Ikonen	82
Longlist: Deutschlands beste Winzer	86

Regionen, Erzeuger, Weine

Ahr: Ein Oktober für Spätburgunder	90
Baden: Ein Anbaugebiet speckt ab	114
Franken: Frische, Finesse und die Flaschenfrage	214
Hessische Bergstraße: Es prickelt an der Bergstraße	286
Mittelrhein: Ein Jahr der Extreme im Rheintal	294
Mosel: Ein Fluss wird langsam trocken	310
Nahe: Die Zeit ist Nahe, heißt's so schön	460
Pfalz: Cinderella-Jahrgang mit Happy End	512
Rheingau: Jahrgang 2016 – Im Rheingau viel Neues	640
Rheinhessen: Der Weinbau und das Glamourgirl	724
Saale-Unstrut: Die starke 51 und ihre fabulösen Weine	840
Sachsen: Ein Lächeln für das Weinland	854
Württemberg: Der beste Lemberger aller Zeiten	870

Anhang

Register	916
Impressum	926
Kolumne: Payne trinkt und denkt	928

DIE BESTEN FLASCHEN HABEN EINEN VOGEL!

DAHINTER STECKT IMMER EIN GUTER WEIN

VDP. DIE PRÄDIKATSWEINGÜTER

Im Verband Deutscher Prädikatsweingüter arbeiten rund 200 Elitewinzer mit Leidenschaft, Qualitätsbewusstsein und Bodenhaftung daran, herkunftsgeprägte Weine auf höchstem Niveau zu produzieren. Jahr für Jahr bringen sie Außergewöhnliches auf die Flasche – in allen Qualitätsstufen vom VDP.GUTSWEIN bis zur VDP.GROSSEN LAGE®.

Dafür garantiert der VDP.Traubenadler. Nur die besten Flaschen haben einen Vogel!

VDP.Ehrenwort!

VDP. DIE PRÄDIKATSWEINGÜTER

Verband Deutscher Prädikatsweingüter e.V. (VDP) · +49 (0) 6131/94565-0 · vdp@vdp.de
Alle Infos zum Verband auf **www.vdp.de**

WISSENSWERT

Wie wir arbeiten

Wie entsteht der VINUM Weinguide? Wer hat ihn gemacht, welche Weingüter werden aufgenommen, was bedeuten die Bewertungen und Symbole? Damit Sie unser Buch mit Gewinn nutzen können, finden Sie hier wichtige Informationen im Überblick.

Wer macht VINUM?

Der VINUM Weinguide entstand aus einer Kooperation der Intervinum AG, Herausgeberin des zehnmal jährlich erscheinenden Weinmagazins VINUM, und des Münchner Christian Verlags. Ein Team von über 30 Redakteuren, Verkostern, Grafikern und IT-Fachleuten hat für den VINUM Weinguide Deutschland zusammengearbeitet. Unser Ziel: ein interessantes, ausführliches und möglichst intuitiv nutzbares Buch nebst App- und Webversion zu schaffen. Es soll Fachleuten schnell wichtige Informationen vermitteln und privaten Weinliebhabern, auch Einsteigern, einen Überblick über das Weinland Deutschland ermöglichen. Und natürlich soll es dazu anregen, gute Weine mit Verstand zu kaufen und zu genießen!

Wer bewertet die Weine?

Auf den folgenden Seiten stellen wir Ihnen die Chefredaktion und die verantwortlichen Verkosterinnen und Verkoster in Einzelporträts vor. Sie sind Weinprofis – Fachjournalisten, Sommeliers, renommierte Sammler, erfahren in der Verkostung und Bewertung deutscher und internationaler Weine. Um möglichst objektive Wertungen zu bieten, wird stets im Team verkostet.

Welche Weingüter und Weine werden im VINUM Weinguide aufgenommen?

Weit über 1.000 Weingüter wurden im Sommer 2017 gebeten, eine repräsentative Jahrgangskollektion einzureichen. Ausdrücklich erwünscht waren dabei auch einfache Qualitäten, etwa in der Literflasche. Der VINUM Weinguide erhebt dafür keine Verkostungs- oder Teilnahmegebühren: Wer bei uns aufgenommen wird, hat es allein aus Qualitätsgründen verdient.

Wie laufen die Proben ab?

Die Proben erfolgen betriebsweise und sind in der Regel offen. Im ersten Schritt geht es darum, den Stil des Gutes im Vergleich zu den Vorjahren zu erfassen und zu beurteilen. Bei den folgenden regionalen Finalproben werden die höchstbewerteten Weine der 13 deutschen Anbaugebiete jeweils in Geschmacksgruppen nochmals verkostet, offen und verdeckt. Höhepunkt des jährlichen Probenmarathons ist eine mehrtägige, bundesweite Finalprobe, bei der die Spitzenweine aller Gebiete ein letztes Mal auf dem Prüfstand stehen. Viele Weine verkosten wir also drei-, vier- oder sogar fünfmal, um uns unseres Urteils sicher zu sein.

Wie benutze ich dieses Buch?

Beginnen wir mit dem Hauptteil: Ab Seite 85 finden Sie, unterteilt in die 13 deutschen Anbaugebiete, alle in diesem Guide aufgenommenen Weingüter in jeweils alphabetischer Reihenfolge. Zu jedem Anbaugebiet gibt es eine Einführung, zu jedem Weingut ausführliche Kontaktinformationen sowie weitere Angaben – z. B. zu Verbandszugehörigkeit, Gastronomie oder Übernachtungsmöglichkeiten. In einem Porträt stellen wir Ihnen das Weingut vor; dazu gehört eine Liste der bewerteten Weine. Sie möchten ein bestimmtes Weingut nachschlagen, wissen aber nicht, in welchem Anbaugebiet es sich befindet? Sie finden es in unserem alphabetischen Gesamtregister ab Seite 916.
Der vordere Buchteil beginnt mit »Weintrends« – Anmerkungen unserer Autoren zu Entwicklungen in Wein-Deutschland, die im positiven oder negativen Sinn aufgefallen sind. Wir stellen »Junge Talente« und ab Seite 34 die »Sieger« dieses Jahres vor: herausragende Winzer und die besten Weine, die wir für diese Ausgabe verkostet haben.

BEWERTUNGEN UND SYMBOLE

Bewertung der Weingüter

★★★★★ Höchstwertung für Weingüter, die auch international zur Elite zählen.

★★★★ Weingüter, die zu den besten Deutschlands gehören und auch international Renommee besitzen.

★★★ Sehr gute Weingüter, die immer wieder auch durch Spitzenweine herausragen.

★★ Gute Betriebe mit hohem Niveau.

★ Zuverlässige Weingüter, die seit Jahren auf gutem Niveau Weine produzieren.

☆ Weitere Empfehlung, Einstiegslevel. Oft interessante Neuentdeckungen, deren Entwicklung wir beobachten.

⭒ Zusätzlicher »halber« Stern: ein Weingut, das nahe am nächsthöheren Wertungslevel steht.

Bewertung der Weine in Punkten

100 Perfekt. Nur sehr selten erreicht ein Wein diese Höchstnote.

95-99 Überragende Weine, die gleichfalls selten sind.

90-94 Weine exzellenter Qualität, die über ein gutes Reifungspotenzial verfügen.

85-89 Sehr gute Weine, die in der Regel fein altern. Besitzen oft das beste Preis-Genuss-Verhältnis.

80-84 Gute Qualität. In dieser Kategorie findet sich manches Schnäppchen.

75-79 Passable Weine für den Alltagskonsum.

Die farbig dargestellte Punktzahl gibt die Art des Weins wieder.

| Sekt | Weißwein | Rotwein | Rosé |

Symbole und Preisangaben

Alle Preise sind in Euro angegeben und verstehen sich für Endverbraucher ab Weingut; im Fachhandel können sie abweichen.

BIO Ökologisch produzierender Betrieb lt. Eigenangabe. Hinweise auf evtl. Verbandszugehörigkeit finden Sie in den Informationen zum Weingut unter »Mitglied«.

TOP 10 Hinweis auf einen absoluten Spitzenwein. Er zählt zu den besten Deutschlands in seiner Kategorie und ist in unseren Spitzenreiterlisten Seite 46-67 verzeichnet.

€ Schnäppchen. Weiß- oder Rotwein mit mindestens 88 Punkten. Weißweine kosten nicht mehr als zehn, Rotweine höchstens 15 Euro. Schnäppchen-Spitzenreiterlisten s. S. 74-75.

🔨 So gekennzeichnete Weine werden auf Versteigerungen angeboten, die vom Verband Deutscher Prädikatsweingüter (VDP) oder vom Bernkasteler Ring durchgeführt werden. Diese Weine werden meist nur in geringen Mengen erzeugt. Aus nachvollziehbarem Grund fehlt bei ihnen die Preisangabe.

💧 Besondere Trinktipps der Redaktion; spannende Weine jenseits des Alltags.

Foto: DWI

PERSONALIEN

Wir sind VINUM – Redaktion und Verkoster

Fachjournalisten, Buchautoren, Sommeliers, renommierte Sammler: Das gesammelte Wissen erfahrener Kenner fließt in den VINUM Weinguide. Trotz Chefredaktion, trotz Gebietsverantwortlicher: Einzelentscheidungen gibt es nicht, jede Bewertung entsteht im Team.*

Foto: Armin Faber & Partner

Chefredaktion: Joel B. Payne

Der Weinphilosoph. Bisher bekannt als Chefredakteur des Gault&Millau Weinguide, den er über 24 Jahre zum maßgeblichen Nachschlagewerk aufbaute, ehe der Guide 2017 den Verleger wechselte. Joel Payne stammt aus den USA, reiste bereits in jungen Jahren nach Frankreich und nahm dort mehrfach an der Weinlese bei Guigal in Côte Rôtie teil. Er wurde Mundschenk in Aachen und in Folge mehrfach als bester Sommelier Deutschlands ausgezeichnet. Seit 2006 ist er hauptberuflich Weinjournalist, Gründungsmitglied der Grand Jury Européen und war bis 2010 Präsident der Internationalen Föderation der Weinjournalisten. Er schreibt regelmäßig für Fachtitel in England, den USA sowie in Asien. Mit dem neuen VINUM Weinguide sucht er nochmals die Herausforderung: den wichtigsten unabhängigen Wegweiser durch Wein-Deutschland zu etablieren. Für langen Atem ist gesorgt – Erholung findet er beim Marathonlauf.

Chefredaktion: Carsten Henn

Der Genussliterat. Verstärkte seit der Ausgabe 2012 die Chefredaktion des Gault&Millau Weinguide neben Joel Payne, ist außerdem Restauranttester für namhafte Publikationen. Carsten Henn, als gebürtiger Rheinländer dem Lebens- und Kunstgenuss von Natur aus zugeneigt, professionalisierte seine Neigungen und absolvierte ein Önologiestudium in Australien. Seine Leidenschaft gilt seitdem dem Riesling und großen Pinot Noirs. Seit 2010 engagiert er sich in einem Weingutsprojekt mit wurzelechten Rieslingreben an der Mosel – alle Arbeiten müssen in den Steillagen händisch ausgeführt werden. Bekannt ist er auch als Autor kulinarischer Krimis, die es bis auf die Spiegel-Bestsellerliste schafften. Die Romane um den fiktiven Ahrtaler Spitzenkoch Julius Eichendorff wurden als Hörbücher eingelesen von Jürgen von der Lippe. Im VINUM Guide betreut Carsten Henn speziell auch das Anbaugebiet Nahe.

*Autoren, die als Berater oder Vertreter von Weingütern tätig sind, werden von Bewertungen der betreffenden Betriebe und Weine ausgeschlossen.

DIE VERKOSTER

Ahr: Romana Echensperger MW

Romana Echensperger war zwölf Jahre lang als Sommelière tätig und betreute Weinkarten mit über 1.000 Positionen deutscher Weine. Zuletzt arbeitete sie vier Jahre im Restaurant Vendôme auf Schloss Bensberg. 2015 errang sie das international renommierte Diplom *Master of Wine* und ist seitdem beratend tätig. Nach Gault&Millau 2017 verantwortet sie nun für den VINUM Weinguide zum zweiten Mal in Folge die Ahr-Verkostungen.

Baden: Jürgen Mathäß

Seit über 30 Jahren hat sich der Journalist und Diplomvolkswirt auf deutschen Wein spezialisiert. Er war Chefredakteur des *Weinfreund*, leitete die Redaktion der Fachzeitschrift *Weinwirtschaft* sowie die Getränkeredaktionen des Meininger Verlags. Inzwischen ist er als Fachjournalist und Buchautor selbstständig. Nach 15 Jahren als Gault&Millau-Gebietsverantwortlicher für die Pfalz betreut er für den VINUM Guide nun das Anbaugebiet Baden.

Baden: Thomas Boxberger

Mitte der 80er Jahre entdeckte Thomas Boxberger sein Interesse an Wein und Kulinarik. Statt des Mathematikstudiums absolvierte er eine Kochlehre in der Sternegastronomie und übernahm später erfolgreich eine Weinhandlung. Auf Verkostungen und Reisen in die führenden Weinbauregionen Europas erarbeitete er sich ein profundes Wissen. In Zusammenarbeit mit Jürgen Mathäß und Nils Stuiver betreut er erstmalig die Region Baden.

Baden: Nils Stuiver

Der gebürtige Niederländer Nils Stuiver lebt seit seinem siebten Lebensjahr in der Pfalz, wo auch seine Leidenschaft für Wein erwachte. Nach einer Ausbildung zum Mediengestalter ließ er sich zum Verkoster ausbilden. Mit seiner 2016 gegründeten Werbeagentur *ISTUIVER* kombiniert er seine Kompetenzen. Gemeinsam mit Jürgen Mathäß und Thomas Boxberger verantwortet er für den VINUM Weinguide die Verkostung der badischen Weine.

Franken: Harald Scholl

Der gelernte Fernsehjournalist Harald Scholl lebt und arbeitet in München. Neben seinem kulinarischen Blog *Tellerschubser* schreibt er seit vielen Jahren Beiträge für Wein- und Genussmagazine im deutschsprachigen Raum, ist Koch- und Sachbuchautor und Weinreferent. Seine Leidenschaft gilt französischer Küche und fränkischem Wein, was ihn gemeinsam mit Matthias Pohlers zum VINUM-Betreuer der Weinregion Franken prädestiniert.

Franken: Matthias Pohlers

Geboren in Weinheim an der Bergstraße, wurde dem Juristen die Weinleidenschaft quasi in die Wiege gelegt. Nach Jahren im Rheingau und an der Nahe ist er seit zwei Jahren vorzugsweise am Main tätig und verstärkte bereits für Gault&Millau das Verkosterteam. Für VINUM bewertete er gemeinsam mit Harald Scholl die fränkischen Weine. Neben deutschem Riesling schätzt Matthias Pohlers auch die Weine aus dem Nachbarland Frankreich.

PERSONALIEN

Mittelrhein: Nicole Klebahn
In der Sternegastronomie erwarb die gebürtige Sächsin ein profundes Weinwissen, das sie mit einer Ausbildung zur Diplomönologin in Geisenheim weiter ausbaute. Als freiberufliche Sommelière lebt sie heute in Rheinhessen, wo sie Veranstaltungen organisiert und moderiert. Nach zweijähriger Verkostungstätigkeit für Gault&Millau verantwortet sie für den VINUM Guide erstmalig das Anbaugebiet Mittelrhein, das sie aus Studienzeiten gut kennt.

Nahe: Verena Herzog
Nach der Ausbildung zur Hotelfachfrau durchlief Verena Herzog Stationen in der Traube Tonbach in Baiersbronn, dem Parkhotel Egerner Höfe in Rottach-Egern sowie Stefan Steinheuers Restaurant Zur alten Post an der Ahr. Seit mehreren Jahren vermittelt die Weinakademikerin und Sommelière mit ihrer Firma *weinveranstaltung.com* ihr Wissen auf Seminaren und Schulungen. Sie unterstützt Carsten Henn bei den Verkostungen an der Nahe.

Mosel: Christoph Dirksen
Vordiplom in Architektur, Winzerlehre in Spitzenbetrieben an der Saar, Chefsommelier der Schwarzwaldstube in Baiersbronn und bei Dieter Müller im Schlosshotel Lerbach, jahrelange Tätigkeit im Weinhandel, heute freier Handelsvertreter und Weinberater: Christoph Dirksen ist profunder Kenner nicht nur deutschen Weins. Schon für Gault&Millau betreute er das Anbaugebiet Mosel und setzt diese Tätigkeit nun für den VINUM Weinguide fort.

Mosel: Andreas Lelke
Der Weingastronom aus Oberdollendorf bei Bonn arbeitete auch für Gault&Millau jahrelang eng mit Christoph Dirksen zusammen und verstärkt nun für den VINUM Weinguide das Mosel-Team. Seine große Leidenschaft für Riesling kann er an der Mosel mit ihren Nebenflüssen Saar und Ruwer voll ausleben. Andreas Lelke wurde im Jahr 2000 als jüngster Gastronom mit dem Riesling-Preis des Vereins Pro Riesling ausgezeichnet.

Mosel: Ralf Kaiser
Aufgewachsen an Rhein und Mosel in Koblenz, kam Ralf Kaiser schon in jungen Jahren mit der Weinwelt in Kontakt. Seit mittlerweile zehn Jahren widmet er sich seinem Lieblingsthema als freiberuflicher Journalist und Fotograf, unter anderem auf seiner Website *weinkaiser.de*. Er lebt in Bonn und verkostet seit 2015 gemeinsam mit Christoph Dirksen, Andreas Lelke und Ingmar Püschel die Weinregion Mosel.

Mosel: Ingmar Püschel
Früher interpretierte er klassische Musik, heute Wein. Nachdem Ingmar Püschel seine Orchesterkarriere beendet hatte, wandte er sich dem Weinbau zu und baute ein kleines, feines Moselweingut auf. Das erworbene Wissen setzt er seit dem Ende des Projekts als Weinjournalist und Verkoster für renommierte Weinmagazine ein, war bereits für den Gault&Millau 2017 für das Gebiet Mosel mitverantwortlich und verkostet nun für den VINUM Guide.

DIE VERKOSTER

Pfalz: Matthias F. Mangold

Der Journalist Matthias F. Mangold hat nach den Stationen Stuttgart, Kalifornien und München in der Pfalz seine aktuelle Heimat gefunden. Der gebürtige Franke ist (Koch-)Buchautor und kulinarischer Fachjournalist. Mit seiner Agentur *genusstur.de* veranstaltet er Weinseminare und Firmenkochkurse. Auch Matthias Mangold ist ein alter Bekannter aus dem ehemaligen Gault&Millau-Team. Für VINUM betreut er weiterhin das Anbaugebiet Pfalz.

Rheingau: Dr. Peter Henk

Der renommierte Weinsammler ist nicht Arzt, sondern Chemiker in der pharmazeutischen Industrie. Neben Wein zählen Literatur, Architektur, Schach und Billard zu den Leidenschaften des gebürtigen Kölners. Für Gault&Millau war er bereits für die Regionen Baden, Franken, Mosel, zuletzt Rheingau und Hessische Bergstraße zuständig. Für VINUM setzt er diese Tätigkeit fort, unterstützt von Gaby Koch und Mitverkoster Hartmut Berndt.

Rheingau: Gaby Koch

Auch die Weinakademikerin Gaby Koch gehörte von 2008 bis 2016 zum Gault&Millau-Team, ehe sie dieses Jahr als Verkosterin für Rheingau und Hessische Bergstraße zu VINUM wechselte. Hier unterstützt sie Dr. Henk. Ihre Weinkenntnisse vertieft und erweitert Gaby Koch regelmäßig auf Reisen in die Weinregionen der Welt. Weiteres Mitglied im Rheingau-Team ist seit 2010 auch Hartmut Berndt.

Rheinhessen: Dr. Eckhard Kiefer

Dem Mediziner wurde die Weinleidenschaft quasi in die Wiege gelegt - er ist auf einem Weingut aufgewachsen. Auch wenn er beruflich andere Wege ging, seiner großen Liebe zu deutschen Rieslingen und Rotweinen aus dem Burgund blieb er treu. Dr. Kiefer gehörte seit 2004 dem Gault&Millau-Verkosterteam an. Nach Jahren an der Mosel und Nahe betreut er für den VINUM Guide nun erstmalig sein heimatliches Anbaugebiet Rheinhessen.

Saale-Unstrut und Sachsen: Matthias Dathan

Der gebürtige Dresdner war in der Dresdner Bülow Residenz tätig, ehe er als Chefsommelier des Brandenburger Hofs nach Berlin zog. Weitere Stationen waren die Weinbar Daimlers und aktuell das Restaurant Zander. Matthias Dathan ist freiberuflicher Weinautor und -berater; er leitet Seminare und moderiert Veranstaltungen. Für den VINUM Weinguide betreut er, wie früher für Gault&Millau, seine heimatlichen Regionen Sachsen und Saale-Unstrut.

Württemberg: Frank Kämmer MS

Während seiner langjährigen Tätigkeit in der Spitzengastronomie zählte der *Master Sommelier* Frank Kämmer zur europäischen Spitze seines Fachs. Heute arbeitet er hauptberuflich als Berater in der internationalen Wein- und Gastronomiebranche. Kämmer ist mehrfacher Buchautor und wurde als erster Deutscher Mitglied im britischen *Circle of Wine Writers*. Wie bisher für Gault&Millau, verantwortet er nun für VINUM das Gebiet Württemberg.

VOM PLAYBOY ZUR IKONE

Die einmalige Sonderausgabe zu Hugh Hefner. Jetzt im Handel!

ODER ONLINE BESTELLEN
playboy.de/magazin

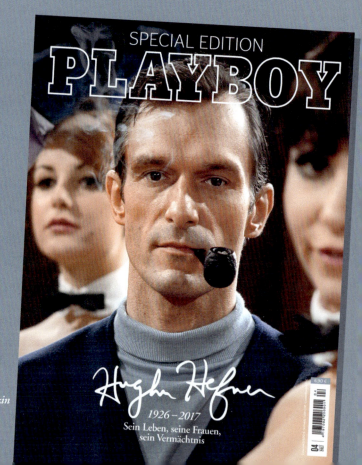

Weintrends 2018

Ist Orange Wine eine vorübergehende Modeerscheinung oder hat er eine Berechtigung als eigenständige Weinsorte? Sind die deutschen Großen Gewächse heute schon das, was sie nach dem Marketinggetöse des VDP sein sollen: große Weine mit Terroir-Bezug? Entwicklungen und Trends, denen wir gewissenhaft auf den Grund gehen.

Reifezeit Der lange Atem	18
Spätburgunder Rappen für einen neuen Stil	22
Bioanbau Visionäre – und das Gesetz	24
Orange Wine Auf der Maische für die Nische	26
Große Gewächse Mal groß, mal nicht	28
Newcomer Der Nachwuchs steht bereit	30

Der lange Atem

Geduld, einst eine Tugend, wird heute oft mit Misstrauen betrachtet. Für Wein, vor allem für Riesling, hat diese Einstellung Nachteile. Winzer zwingen ihre Moste nicht selten zur frühen Trinkfertigkeit – und brechen ihnen damit das Genick. Doch das Pendel schwingt langsam wieder in die andere Richtung.

Die Zeit für sich arbeiten lassen – viele Winzer gönnen ihren Weinen wieder eine längere Reifezeit

Vor einer Weile fand ich eine Flasche vom Staatsweingut Kloster Eberbach aus der berühmten Lage Steinberg für einen Spottpreis im Supermarkt. Es war kurz vor Weihnachten – und der frisch abgefüllte neue Jahrgang stand schon im Regal. Man könnte ironisch sagen: höchste Zeit, denn der Federweiße war schon ausgetrunken. Die Deutschen wollen halt nicht nur alles billig, sie wollen es auch schnell.

In Frankreich läuft es kaum anders. Als Georges Duboeuf 1953 mit der Vermarktung von Beaujolais Primeur anfing, durfte er seinen Wein nur dank einer Ausnahmegenehmigung früher in den Handel bringen. Manche seiner Nachbarn schimpften, die meisten aber lächelten nur. Was als Jux begann, stellte sich als unerwartet erfolgreich heraus. 2002 war der Anteil an Beaujolais Nouveau auf über die Hälfte der Gesamtproduktion des Gebiets gestiegen. Trotzdem, auf den Erfolgsrausch folgte der Kater. Ernstzunehmende Gamay aus den Gemeinden Fleurie, Morgon oder Moulin-a-Vent fanden keine Abnehmer mehr – und der Primeur war nur noch über niedrigen Preis abzusetzen.

Der Weg zurück ist meist schwierig, denn Durchschnittsverbrauchern sind die Unterschiede im Herstellungsaufwand von billigen Zechweinen

WEINREIFUNG

Theresa Breuers Vater Bernhard gehörte zu den ersten deutschen Winzern jüngerer Zeit, die ihre Flaschen spät abfüllen

und eleganten Spitzentropfen kaum bewusst. Erst neuerdings gelingt es qualitätsbewussten Erzeugern wie Jean-Paul Brun, Louis Claude Desvignes oder Jules Desjouneys wieder, eine gewisse Anerkennung für ihre sublimen und auch lagerfähigen Beaujolais zu erzielen. Nach wie vor aber sind deren Preise - zu unserem Vorteil - äußerst niedrig.

Der Glanz der alten Zeit

Vor hundert Jahren waren deutsche Weine die teuersten der Welt. Ein trockener Riesling von der Mosel erreichte weltweit den dreifachen Preis eines Château Latour. Heute ist er im Ausland oft als süß und billig verschrien, und auch hierzulande ist Loriots Herr Müller-Lüdenscheidt nur selten bereit, mehr als 3,99 Euro für eine Flasche Erben Spätlese auszugeben, mit oder ohne Ente. Was ist da bloß schiefgelaufen? Manche Kenner machen das Weingesetz von 1971 dafür verantwortlich. Die Wahrheit ist komplexer, aber aktuell ist für Winzer die Frage wichtiger, was geschehen muss, um dem alten Riesling neuen Glanz zu verleihen.

Der wichtigste Faktor dabei ist Zeit. Schon Miguel de Cervantes hat in seinem Klassiker *Don Quijote* erkannt, dass man die Zeit für sich arbeiten lassen sollte, anstatt ihr Sklave zu werden. Wie der Mensch, braucht auch der Wein Zeit, um sich zu entfalten - doch erhält er sie allzu selten. So wird großes Potenzial nicht nur verschenkt, sondern auch verkannt. Wenn der Konsument die Geduld (oder das Wissen) nicht hat, muss der Erzeuger sie aufbringen. Das ist allerdings leichter gesagt als getan.

Laut dem einflussreichen Portal *Wine Searcher* ist der Clos Sainte Hune von Trimbach der am meisten angefragte Riesling der Welt. Eine Flasche des aktuellen Jahrgangs dieses elsässischen Kultweins kostet derzeit sage und schreibe 160 Euro. Dabei handelt es sich aber nicht etwa um einen 2016er, wie die meisten Rieslinge in unserem Buch, sondern um den Jahrgang 2008, der im Frühjahr 2017 auf den Markt kam - eine fast einzigartige Veröffentlichungspolitik.

Als der Verband deutscher Prädikatsweingüter (VDP) vor etwa einer Dekade durchsetzen wollte, dass ein Großes Gewächs erst ein Jahr nach der Ernte vermarktet werden darf, gab es großen Protest aus den eigenen Reihen. Viele hatten Angst, dass sie die Flaschen, die sie im April nicht verkaufen durften, im September nicht mehr absetzen könnten. »Wir überlassen den Nachbarn das Sommergeschäft«, lautete die Befürchtung. Inzwischen hat sich die Angst allerdings gelegt und eine positive Entwicklung kam ins Rollen.

Einer der Vorreiter war dabei Bernhard Breuer, dessen Tochter Theresa inzwischen die Geschicke des Familienweinguts in Rüdesheim lenkt. Bereits Anfang der 90er Jahre begann er damit, seinen Lagenrieslingen fast ein Jahr Fassreife und dann weitere acht bis neun Monate in der Flasche zu gönnen, ehe sie in den Verkehr kamen. Das war damals außergewöhnlich.

Mehr Zeit mit der Hefe

An der Nahe hat Karsten Peter von Gut Hermannsberg inzwischen den nächsten Schritt unternommen: »Mit dem Jahrgang 2014 haben wir begonnen, unsere Kupfergrube nicht nur später zu vermarkten, sondern ihr ganz konsequent mehr Zeit im Fass auf der Hefe zu lassen, sodass wir heute von über 20 Monaten Hefelager sprechen.« Mit zwei weiteren Lagenrieslingen verfährt er mittlerweile ebenso. Immer wieder stellt er fest, dass seine Weine einfach keine Frühstarter sind, sondern Langläufer mit entsprechend langem Atem. Dem will er auf diese Weise unbedingt Rechnung tragen. Denselben Weg beschreitet an der Nahe jetzt auch Caroline Diel mit ihrem Burgberg und schon seit vielen Jahren Peter Jakob Kühn mit seinen Unikaten aus dem Rheingau.

Seit der Umstellung auf Biodynamik im Jahr 2005 beobachtete man im pfälzischen Weingut Dr. Bürklin-Wolf, dass die Weine Jahr für Jahr mehr

WEINTRENDS **WEINREIFUNG**

Hier ist gut ruhen – auf dem Hefelager reift der Wein seiner Vollendung entgegen

Zeit in der Entwicklung benötigten, weshalb man sie schließlich erst zwei Jahre später in den Markt brachte. In Anlehnung an *Slow Food* werden diese Weine dort »langsame Weine« genannt. »Es war eigentlich eine längst überfällige Konsequenz unseres gesamten Denkens und Handelns«, erklärt Inhaberin Bettina Bürklin. »Ich würde sogar sagen, es wäre grob fahrlässig gewesen, nicht so zu handeln.«

Potenzial und Risiken

Natürlich erfordert es Mut und Risikobereitschaft, als einer der Ersten im Markt diesen Weg zu gehen, doch das Ergebnis unserer Verkostungen mit gereiften Weinen gibt ihr recht. Und natürlich ebnen diese Vorreiter das Feld für weitere Kollegen.

Winzer, die ihren Weinen eine längere Ruhezeit gönnen, sind davon überzeugt, dass das Verfahren ein Schritt hin zu mehr Reifepotenzial und damit mehr Qualität bedeutet. Aber es birgt auch Risiken, weinbautechnisch wie am Markt. Wer soll die Weine kaufen? Ist das eine Vermarktungsstrategie oder echte Qualitätssteigerung? Welche Jahrgänge eignen sich dafür, welche nicht?

Noch fehlen auch die Beweise, dass dieser Ansatz wirklich überlegen ist, denn kaum ein deutsches Weingut hat einen ausreichenden Vorrat an unterschiedlich vinifizierten Weinen älterer Jahrgänge, um das Reifepotenzial seiner Rieslinge zu belegen - und einen solchen kann man eben nicht auf die Schnelle nachträglich aufbauen. Viele Güter haben zwar damit begonnen, Weine zurückzulegen, um Verkostungen für wichtige Kunden, die als Multiplikatoren die Vision eines gereiften Rieslings weitertragen sollen, bestücken zu können. Doch fünf Prozent von zwei Fudern sind kaum mehr als 120 Flaschen. In Bordeaux legen manche Schlösser 12.000 Bouteillen weg. Der »eiserne Bestand« muss allmählich zu einer Art Vermächtnis für die nächste Generation werden.

Es ist an der jungen Winzergeneration, diesen Schatz zu hegen und selbst weiter auszubauen. Als Journalisten müssen wir uns ebenfalls damit auseinandersetzen und über eine sinnvolle Berichterstattung nachdenken. In unserer diesjährigen Liste der besten 2016er Rieslinge fehlen einige große Namen - nicht etwa, weil sie zu schlecht gewesen wären, sondern weil sie schlichtweg noch nicht vorgestellt wurden. Schon deswegen haben wir die Verkostungen »Fünf Jahre danach« (Seite 77) ins Leben gerufen.

Zu einem Zeitpunkt, da die großen, trockenen Rieslinge sich allmählich ihrer ersten Trinkreife nähern, stellen wir die feinsten Exemplare erneut auf den Prüfstand. Das sollten Sie als Sammler ebenfalls tun!

Joel Payne

Testen Sie den MADAME Lifestyle

3 Hefte portofrei für nur 12 Euro statt 18 Euro
+ 10 Euro Douglas Gutschein

33% sparen! + Geschenk

Als „Luxury Life Guide" inspiriert, stärkt und bereichert MADAME mit ihrer zeitgemäßen Themenvielfalt die trendbewusste und stilvolle Frau jeden Alters.

Ihr Geschenk!
Zu Ihrem MADAME Probeabo schenken wir Ihnen ein Douglas-Gutschein im Wert von 10 Euro.

1. online: www.madame.de/vinum
2. telefonisch: 01805 - 01 25 66* MAD677 | P1775
3. per Scan: QR-Code

MADAME PROBEABO: 3 Hefte portofrei für 12 Euro + Geschenk gratis. Das Angebot gilt nur solange der Vorrat reicht und nur für neue Abonnentinnen. Auslandspreise auf Anfrage. Nach Mindestlaufzeit jederzeit kündbar. **IHR VERTRAGSPARTNER:** BPV Medien Vertrieb GmbH & Co. KG, Römerstraße 90, 79618 Rheinfelden. Geschäftsführung: Bozidar Luzanin. Handelsregister Freiburg HRA 410826. Weitere Informationen und AGB unter: www.abo.madame.de *14 Cent/Min. aus dem dt. Festnetz; mobil max. 42 Cent/M

WEINTRENDS

Rappen für einen neuen Stil

Das Weingut Friedrich Becker hatte im Verlauf des letzten Vierteljahrhunderts den Maßstab für Spätburgunder in Deutschland gesetzt. Elegant und voller Schmelz präsentierten sich die Weine. Nun haben diese Pinot Noirs wiederum eine andere Richtung ein-geschlagen. Und die lohnt einen genaueren Blick!

Im ersten Jahrzehnt dieses Jahrtausends liefen Spätburgunder-Verkostungen, ob offen oder blind, meist auf dasselbe Ergebnis hinaus: Auf den Etiketten der Bestplatzierten stand der Erzeuger Friedrich Becker. Ob St. Paul, Kammerberg oder Réserve, diese Tropfen brachten Deutschland in Sachen Pinot Noir überhaupt erst auf die Weinlandkarte der Welt, von London über Tokio bis nach New York. Die Becker'schen Pinots glänzten mit ihrer Geschmeidigkeit und Samtigkeit, ihrer runden, weichen und nachhaltig eleganten Art.

Bei den letzten Jahrgängen aber traute man seinem Gaumen kaum. Die Weine schmeckten auf einmal härter, gerbstoffbetonter, sie ließen den gewohnten Schmelz vermissen. Was war passiert? »Es stimmt«, sagt der Junior des Hauses, Fritz Friedrich Becker, »wir haben unseren Stil bewusst geändert. Wir waren an einem Punkt angekommen, an dem wir uns weiterentwickeln wollten und mussten.« Überall waren sie für ihre Pinots beglückwünscht worden, die sich in verdeckten Proben mit der Konkurrenz aus dem Burgund hervorragend schlugen. »Und dann, bei einer Verkostung in Hongkong, einem unserer international wichtigsten Märkte für Spitzenweine, fragten ein paar Weinfreaks, wie denn das Reifepotenzial dieser Pinots sei. Zehn Jahre? Dreißig? Immerhin waren zum Zeitpunkt der Verkostung die neben uns präsentierten Weine aus dem Burgund noch sehr ruppig im Glas.«

Burgund als Orientierung

Bei Besuchen im Burgund, etwa bei Georges Roumier oder Dujac, hatte Becker junior den Eindruck gewonnen, seine eigenen Weine seien gegenüber diesen »eher weichgespült«. So wollte er etwas Neues ausprobieren, mehr wagen. Und hier kommen die Rappen ins Spiel, also das Stielgerüst der Trauben. 2007 wagte man, noch eher verhalten, den ersten Versuch, schließlich galt es, nicht gleich in ganz kaltes Wasser zu springen. Peu à peu werden seitdem neue Erfahrungen gesammelt.

Wie genau funktioniert das Verfahren heute? »Die Trauben werden ganz normal gelesen und danach entrappt«, erklärt Friedrich Becker. »Die zurückbehaltenen Rappen sortieren wir, die zu grünen Stängel fliegen raus, die sind unreif und bringen eine Härte mit, die wir nicht wollen. Ein Teil der reiferen Rappen kommt dann zur Maische dazu, je nach Jahrgang, Traubenreife und Bauchgefühl. Das kann variieren zwischen 20 und bis zu 70 Prozent. In offenen Maischegärbottichen läuft dann die Ver-

SPÄTBURGUNDER

gärung ab, und die Rappen verbleiben zwischen acht und 21 Tage darin, auch hier wieder nach Geschmack und Gefühl.« Einige Partien werden weiterhin »normal« vergoren für einen eventuellen späteren Rückverschnitt. Der Blick auf den Jahrgang gibt die Vorgehensweise vor. 2009 oder 2013 konnte man offensiver vorgehen, im säurelastigen Jahr 2010 mit Sicherheit nicht.

Die Bedingungen bei der Vergärung sollen dabei für jede Lage möglichst identisch sein, um den Lagencharakter trotz Rappen authentisch darzustellen. Der Gerbstoffgehalt lasse sich über die Rappen sogar besser kalkulieren als über das Holz, so Becker, weil man als Winzer selbst bestimmen könne, wie weit man eingreifen möchte. Viele denken, dass Weinfässer nur Behälter sind, das Holz ist aber auch eine Zutat. Bei einem Barrique könne es unter Umständen sein, dass Holz von 20 verschiedenen Bäumen verwendet wurde. »Da muss man sich auf den Küfer verlassen.«

Und was sagen die Kunden?

Das Resultat sind Weine, die in ihrer Jugend wesentlich mehr Gerbstoffe aufweisen, rauer und roher schmecken als gewohnt. Für Becker steht jedoch fest, dass die Weine durch diese Herstellungsart eine größere Zukunft haben: »Ich bin überzeugt, dass deutsche Spätburgunder damit auch nach dreißig Jahren noch bestens dastehen werden.« Dazu gehören aber auch andere Faktoren. 2004 füllte man erstmals ohne Filtration ab - inzwischen die Regel. Seit 2007 gibt es keine Eiweißschönung mehr, was vorher Standard war und für eine sanfte Abrundung sorgte. Und natürlich ist die Wahl des Holzes entscheidend. »An die besten Fässer aus Frankreich kommt man als deutscher Kunde meist gar nicht heran«, sagt Becker, »die verbleiben im Land. Wir brauchen dafür Mittelsmänner und ein paar Ecken.«

Was sagen eigentlich die Kunden zum Stilwechsel? »Das muss natürlich erklärt werden, doch Pinot-Fans rennen uns inzwischen die Türen ein. Wer Pinots für eine wirklich lange Zeit zum Weglegen sucht, liegt damit richtig. Oder, für früheren Genuss, den Wein lange in einer Karaffe belüftet.«

Unsere Altweinproben zeigen: Es war ein Wechsel ohne wirkliche Not, denn bis heute stehen zehn oder 15 Jahre alte Spätburgunder aus dem Hause Becker außerordentlich gut da. Wir sprechen uns einfach wieder, wenn sich der neue Stil in seinem besten Licht zeigt.

Matthias F. Mangold

WEINTRENDS

Die Bio-Vision und das Gesetz

Die Pioniere des Bioweinbaus wurden oft belächelt. Ihre heutigen Nachfolger haben mit gesetzlichen Vorgaben zu kämpfen und gehen hohe Risiken ein. Der Markt scheint zwar zu boomen, doch einfach hatten es die Biowinzer nie. Ein Überblick über die Anfänge – und heutige Probleme.

Drei Kilo. So viel darf ein deutscher Biowinzer pro Jahr und Hektar an Kupfer in Präparaten ausbringen, die vor allem gegen den gefürchteten Falschen Mehltau Wunder wirken. In anderen Ländern Europas sind sechs Kilo erlaubt, doch gibt es für deutsche Winzer nur wenig Spielraum. Wer in einem Jahr die Drei-Kilo-Grenze überschreitet, muss sie im Fünf-Jahres-Mittel ausgleichen. Normalerweise liegt der Jahresdurchschnitt bei 2,5 Kilo. Der Grund für die Begrenzung: Kupfer ist ein Schwermetall. Bis 2013 hatten Biowinzer alternativ noch Kaliumphosphonat zur Hand, das die Widerstandskraft der Reben erhöht. Als das Mittel in der Pflanzenschutzverordnung vom Pflanzenstärkungsmittel zum Pflanzenschutzmittel umdeklariert wurde, durfte es nicht mehr verwendet werden, obwohl man seit Mitte der 80er Jahre hervorragende Erfahrungen damit gemacht hatte und der Kupfereinsatz dadurch verringert wurde. Deutschland hat schon vor Jahren einen Antrag gestellt, das Mittel wieder zu erlauben, doch trotz Zustimmung durch den europäischen Verband der Ökowinzer gibt es dafür keine Mehrheit. Das bedeutet weiterhin: Südeuropa, das mit weniger Feuchtigkeit zu kämpfen hat, darf sechs Kilo verwenden, das feuchtere Deutschland nur drei Kilo. So viel zu europäischer Chancengleichheit. Das Ergebnis im Jahr 2016: biologisch bewirtschaftete Flächen, denen der Totalausfall drohte. Jeder Biowein aus diesem Jahrgang ist eine besondere Leistung.

Pflanzenstärkung, Pflanzenschutz? Das regelt das Gesetz

Die Entwicklungen in Sachen Kaliumphosphonat und Kupfer waren und sind echte Schläge für eine Szene, die eigentlich von Stärke zu Stärke eilt. Rund

Illustration: Naturestock/Fotolia.com

BIO-WEINBAU

sieben Prozent der deutschen Rebfläche wurden 2016 ökologisch bewirtschaftet. Der Anteil der Bio-Rebfläche an der Gesamtrebfläche hat sich seit 2007 mehr als verdoppelt. Begrifflich geht es allerdings noch immer bunt zu: Was ist richtig, »Bio« oder »Öko«? »In Frankreich heißt es nur Bio, im englischsprachigen Raum Organic, nach deutschem Recht gehen Bio oder Öko. Durchgesetzt hat sich aber Bio. Man spricht von Bio-Eiern und Bio-Supermärkten. Da macht es Sinn, dass man auch von Bio-Wein spricht«, erklärt Prof. Dr. Randolf Kauer, der ökologischen Weinbau an der Hochschule Geisenheim lehrt. Übrigens ist der 2002 ins Leben gerufene Lehrstuhl der einzige weltweit, der den ökologischen Weinbau in seiner Gesamtheit betrachtet – an anderen Universitäten werden nur einzelne Aspekte unter die Lupe genommen.

Pioniere, Visionäre – Ökoweinbau seit den 50er Jahren

Seit 1991 existieren die EU-Richtlinien zum Bio-Weinbau, bereits seit 1985 ist er in Deutschland geregelt. Doch Pioniere gab es viel eher. Zu nennen sind zum Beispiel das Weingut Zähringer im badischen Heitersheim, das mittlerweile biodynamisch wirtschaftet, oder das Weingut Wendelin Brugger aus Laufen, das 2013 leider seinen letzten Jahrgang füllte. Burkhard Schnell vom Weingut Geheimrat Schnell in Guntersblum war ebenso Pionier wie das Weingut Arndt F. Werner aus Ingelheim, das seit 1981 ökologischen Weinbau betreibt und heute Verbandsmitglied bei Bioland und Ecovin ist. Arndt Werner ist studierter Diplom-Geograf und Geo-Ökologe. Während seines Studiums wurde er mit den ökologischen Problemen der Weinbaulandschaft Rheinhessen konfrontiert: Bodenabspülung durch Erosion, Düngemittel im Trinkwasser, Pflanzenschutzmittelrückstände im Grundwasser und das Aussterben von Nutzinsekten im Weinberg. 1983 gründete er deshalb mit einer Handvoll rheinhessischer Winzer den ersten Zusammenschluss ökologisch arbeitender Winzer und 1985 den Bundesverband Ökologischer Weinbau e.V. (später Ecovin).

Das Weingut Werner ist heute »Demonstrationsbetrieb des Bundesministeriums für Ernährung, Landwirtschaft und Verbraucherschutz«. Ein weiterer Rheinhesse gilt geradezu als Legende des Bio-Weins im Deutschland: Ottoheinrich Sander, der bereits in den 50er Jahren Pionier des Öko-Anbaus war. Dessen genauer Beginn hierzulande ist schwer zu datieren. Als prägend für die ökologische Landwirtschaft gilt das Buch *Der stumme Frühling* der Zoologin und Biologin Rachel Carsons aus dem Jahr 1962. Fritz Stellwaag zeigte in Deutschland aber schon 1924 die ganzheitliche Betrachtung des Weinbaus auf.

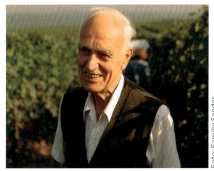

Ottoheinrich Sander machte sich schon in den 50er Jahren Gedanken über Mensch und Natur

Foto: Familie Sander

Dass Bioweinbau auch in Steillagen möglich ist, bewies als Erstes das Weingut Rita und Rudolf Trossen in Kinheim-Kindel an der Mittelmosel, das bereits seit 1978 naturgemäßen Weinbau durchführt. Die langjährige Erfahrung ist, dass es »offensichtlich ein ganzes Winzerleben dauert, bis ermattete, erschöpfte Böden auf eine neue Stufe der Lebendigkeit emporgehoben werden können«. Ökologischer Weinbau in Deutschland scheint auch kaum denkbar ohne das pfälzische Weingut Brüder Dr. Becker von Lotte Pfeffer-Müller und Hans Müller. Ihr Betrieb ist Mitglied in drei Verbänden: VDP, Ecovin, und Demeter. Der biodynamische Demeter-Verband beruft sich auf die anthroposophischen Schriften Rudolf Steiners. »Dort hatte man zunächst Probleme mit der Zertifizierung von Wein als Demeter-Produkt – schließlich handelte es sich um Alkohol«, erinnert sich Prof. Dr. Kauer. Er selbst ist auch durch sein eigenes Weingut am Mittelrhein einer der Motoren des Bioweinbaus. »Das Interesse der Studenten an Bioweinbau steigt kontinuierlich.« Trotz Kupferbegrenzung ist diese Erfolgsgeschichte also noch lange nicht zu Ende.

Carsten S. Henn

WEINTRENDS

Oranger wird's nicht

Rot, Weiß, Rosé – und Orange. Die gehypte Weinfarbe hat eine bemerkenswerte Entwicklung durchgemacht. Vom georgischen Hinterland über die Hipster-Bars in Berlin, New York und Oslo bis in den Weintrinker-Mainstream. Oder? In der Realität ist Orange eine Nische. Und mehr wird das auch nicht.

ORANGE WINE

Die *Huffington Post* als vinologisches Fachblatt muss es ja wissen. Dem erstaunten Leser wurde im April 2017 zum Thema Orange Wine verkündet: »Diese neue Spezialität ist voll im Trend.« Mal abgesehen davon, dass Orange Wine und Naturwein in dem Artikel gleichgesetzt werden (was grundsätzlich falsch ist) und die US-Ausgabe den »neuen Trend« bereits 2015 identifizierte: Wie belegt man einen angeblichen Trend, wenn keine belastbaren Zahlen existieren?

Hört man sich bei den wirklichen Fachleuten um, dürfte das Marktvolumen von Orange Wine in Deutschland bei unter einem Promille liegen. Das jedenfalls schätzt Dirk Würtz, einer der bekanntesten und seriösesten Weinblogger Deutschlands. Damit wäre das Marktpotenzial dieser vierten Weinfarbe mit dem Begriff »Nische« noch sehr freundlich beschrieben – gelinde gesagt.

Würtz ist im Hauptberuf auch Winzer. Er produziert selbst Orange Wine und verfügt damit über eine gewisse Expertise. Es gibt also durchaus unterschiedliche Ansichten und Meinungen zum Thema, angefangen mit der Frage, was Orange Wine eigentlich ist.

Wo ist das klare Geschmacksbild?

Der Begriff hat sich in den letzten Jahren international etabliert, allerdings gibt es noch immer keine griffige Definition. Im Prinzip sind »Orange Wines« Weine aus weißen Trauben, die einer Maischegärung unterzogen wurden, oder einfacher: Weißweine, die wie Rotweine hergestellt wurden. Und wie beim Rotwein steht es dem Winzer vollkommen frei zu vinifizieren wie er möchte. Ausgebaut wird in Stahl, Holz oder Ton, mal wird die Maische mit ins Gefäß gegeben, bei anderen liegt der Wein eine nicht festgelegte Zeit auf seinen Schalen. Auch der Schwefelzusatz ist frei wählbar. So wie im konventionellen Weinbau, unter völligem Verzicht oder in kleinen Dosen. Auf gut Deutsch: Jeder kann machen, was er – oder sie – für richtig hält.

Vielleicht ist das der Haken am Trend Orange Wine: Wo alles erlaubt ist, fehlt ein klares Geschmacksbild. Um es klar zu sagen: Es gibt diverse dieser halboxidierten Substanzen, die schmecken, wie eine Dose billiges Sauerkraut riecht. Unsauber, vergoren, säuerlich, kurz: entsetzlich. Vergessen scheinen alle Errungenschaften moderner Kellerhygiene, verdammt scheint alles, was nach moderner Technik aussieht. Und doch gilt Orange Wine manchen Sommeliers, Weinexperten und Weintrinkern als anbetungswürdiges Symbol höchster Weinkultur. Und darin liegt ein Problem. Der Status des Experimentierfelds »Orange Wine« wird erhöht zu einer Glaubensfrage, macht jeden, der mit der oft eigenwilligen Aromatik nicht klarkommt, zum Defätisten oder Ignoranten.

Neben den geschmacklichen Herausforderungen hat Orange Wine noch ein anderes Problem für den großen Publikumsdurchbruch: Die Weine harmonieren in den seltensten Fällen mit konventionellen Speisen und passen meist nur zur Fermentations-Halbroh-Küche. Der Zuspruch des Publikums zu fermentierter Karotte, Garnelenkopf und Geranie ist aber überschaubar und auch in den eigenen vier Wänden nur schwerlich zu reproduzieren. Wohin also mit den orangen Weinen, wenn es nur in ganz wenigen Restaurants dazu passende Speisen gibt?

Es bleibt bei der Nische

Und nicht nur der spezielle Geschmack ist ein Grund, am Sinn des Hypes zu zweifeln. Noch fragwürdiger scheint die Verwendung des allerbesten Traubenmaterials für ein solches Nischenprodukt. Kerngesunde, einwandfreie, perfekt gereifte Trauben sind die unabdingbare Basis für Orange Wine. Der Winzer Manfred Rothe, der mit seinen Kvevri-Weinen einige wirklich gute und mit Genuss (!) trinkbare Orange Wines produziert, hat jedes Jahr große Zweifel, ob er seine besten Trauben in die Amphoren im Keller geben soll. Das Risiko, dass die Gärung nicht so verläuft wie erhofft, schwebt ständig über seinen beiden Kvevri.

Orange Wine ist am Ende wahrscheinlich doch nicht mehr als eine modische Laune, zu vergleichen vielleicht mit Männerröcken. Oder gepuderten Perücken. Ähnlich wie in der Mode entscheidet der Konsument, welche Ideen sich am Ende durchsetzen – der Markt bestimmt, ob es uns gefällt oder nicht. Und der hat eigentlich schon entschieden. Wie gesagt: ein Promille Marktvolumen. Ohne Orange geht es nicht? Ganz sicher – doch.

Harald Scholl

WEINTRENDS

Von großen und nicht ganz so großen Gewächsen

»The land is the brand.« So einfach das klingen mag, nach Jahrzehnten einer deutschen Weinkultur, in denen nicht privilegierte Herkunft über die Qualität des Weins entschied, sondern einzig die erzielte Traubenreife, ist die Umsetzung dieses Prinzips eine schwere Geburt. Der VDP leidet noch immer darunter.

Die Sonnenuhr aus dem Jahr 1842 ist eines der Wahrzeichen von Wehlen an der Mosel. Sie steht auch für eine der berühmtesten Grand-Cru-Lagen Deutschlands

Nicht dass man sich nicht Mühe gegeben hätte, ganz im Gegenteil. Seit den mutigen Vorstößen von Terroiristen der ersten Stunde vor einem Vierteljahrhundert führte der Verband Deutscher Prädikatsweingüter unzählige innere und äußere Kämpfe auf dem Weg zu einem an der Wertigkeit des Weinbergs orientierten Qualitätsbegriff. Mit breiter Brust präsentiert er sich daher nun mit einer an das burgundische Modell angelehnten Herkunfts- und Qualitätspyramide und erzeugt aus Großen Lagen Große Gewächse, die sich somit auf Augenhöhe mit den Grand Crus im Burgund positionieren sollen.

Mängel im System

Doch leider fußt das ganze Klassifikationsgebäude noch keinesfalls auf einem so sicheren Fundament, wie die Grafik des Verbands vermuten lässt. Denn bei der Konstruktion dieses Hauses haben

KLASSIFIKATION

sich einige Baumängel eingeschlichen, die weitaus mehr sind als bloße Schönheitsfehler. Auch durch Nachbesserung sind sie wahrscheinlich nur schwer auszumerzen.

Der gewichtigste dieser Mängel ist wohl jener, dass offensichtlich viele Winzer das Prinzip eines Grand Cru/Großes Gewächs-Status nicht verinnerlicht haben – oder es ganz bewusst umgehen. Denn nach wie vor gibt es viele Weingüter, die ihre beste Lage zwar zum Grand Cru erheben lassen, um dort Große Gewächse zu erzeugen, gleichzeitig aber keinesfalls auf die Verwendung dieser Lagenbezeichnung für Weine aus der zweiten Reihe – nicht selten die Cash Cows der Betriebe – verzichten wollen. So ergibt sich die paradoxe Situation, dass immer wieder derselbe Weinbergsname sowohl für eine Erste Lage als auch eine Große Lage benutzt wird. Das steht natürlich im krassen Gegensatz zum Klassifikationsgedanken im Sinne einer Appellation.

Selbstverständlich hat der VDP längst erkannt, dass dies das System ad absurdum führt, und macht entsprechend Druck auf die Mitgliedsbetriebe. Als Lösung des Konflikts wurde daher die Idee geboren, den Großen Lagen eine zusätzliche Parzellen- oder Flurbezeichnung, in manchen Fällen sogar schlicht einen Markennamen anzufügen, und für die Ersten Lagen den bekannten Lagennamen weiterhin ohne diesen Zusatz zu verwenden.

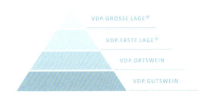

Das Lagenmodell ist schlüssig, doch in der Realität weist die Konstruktion Baumängel auf

Was den Winzern wie eine clevere Lösung erscheint, könnte auf lange Sicht das gesamte System erst recht in Verruf bringen. Statt den traditionellen Lagenbegriff zu stärken, schwächt es ihn durch solche Winkelzüge letztlich. Man muss kein Marketingexperte sein, um die Fehlentwicklung zu erkennen, die in dem Versuch liegt, völlig unbekannte Parzellen oder sogar schlicht erfundene Fantasiebezeichnungen als Appellationen für die feinsten Gewächse Deutschlands zu etablieren, während man weltberühmte, jahrhundertealte Lagennamen für Weine aus der zweiten Reihe verwendet.

Gleichbehandlung statt Elite

Ein weiterer Baufehler des Klassifikationsmodells liegt in seiner mangelnden Konsequenz und der Neigung des Verbands, es allen Mitgliedern recht machen zu wollen. Statt die Ausweisung des Titels einer Großen Lage auf jene Weinberge zu begrenzen, die tatsächlich über eine historisch fundierte Qualitätsgeschichte verfügen und – vor allem – eine unverkennbare Lagenpersönlichkeit, unabhängig von Jahrgang und Erzeuger, in den Weinen widerspiegeln, wurde es quasi jedem VDP-Betrieb selbst überlassen, zumindest einen seiner Weinberge als Grand Cru auszuweisen. Die Klassifikation der wirklich Großen Lage im Sinne eines dem Begriff Grand Cru innewohnenden Elitebegriffs wurde zugunsten demokratisch befriedender Gleichbehandlung aufgegeben.

So mancher Kenner deutscher Rebfluren wundert sich, dass plötzlich Weinberge als Große Lagen gelten, von denen man bis vor Kurzem überregional so gut wie nie etwas gehört hat. Das große Vorbild Burgund brachte in einem über 1.000-jährigen Prozess gerade einmal 39 solcher Grand-Cru-Lagen hervor. Der VDP hingegen hat es geschafft, innerhalb von wenigen Jahren sage und schreibe 413 Weinberge als Große Lagen zu klassifizieren.

Frank Kämmer MS

Unverkennbar: Die Flaschenprägung steht für die deutsche Qualitätsspitze

WEINTRENDS

Der Nachwuchs startet durch

Der Weinbau in Deutschland boomt und der Nachwuchs steht schon in den Startlöchern. Überall erregen junge Talente und spannende Weinbauprojekte Aufmerksamkeit. Vom winzernden Lammzüchter bis zum Senkrechtstarter aus Portugal ist alles dabei. Die vielversprechendsten Newcomer stellen wir Ihnen vor.

BADEN Reiner Baumann

Reiner Baumann lässt sich gern mit Fleischerbeil und Weinflasche abbilden - kein Wunder, führt er doch einen großen Lammschlachtbetrieb. Er ließ 2010 im Schriesheimer Madonnenberg 1,5 Hektar roden und neu bestocken. Die Trauben der Sorten Riesling, Sauvignon und Spätburgunder werden im Weingut von Winning in Deidesheim verarbeitet. Eine Win-Win-Kombination! *Seite 121*

NAHE Sebastian Gabelmann

Der Name Gabelmann hat an der Nahe einen guten Ruf, denn Kurt Gabelmann war fast ein Jahrzehnt lang Kellermeister der damaligen Weinbaudomäne. Sohn Sebastian Gabelmann bewirtschaftet 4,4 Hektar Weinberge, darunter Paradelagen wie Niederhäuser Rosenberg oder Klamm. Rund 90 Prozent der Reben stehen in Steillagen, fast alle sind über 20 Jahre alt. Herrlich saftige Nahe-Kreszenzen! *Seite 475*

MOSEL Philipp Kettern, Dirk und Daniel van der Niepoort - Fio

Ein Moselaner Weingut mit portugiesischem Namen? Ja, weil dahinter Philipp Kettern aus Piesport sowie der bekannte Portweinerzeuger Dirk van der Niepoort mit seinem Sohn Daniel stehen. »Fio« bedeutet übrigens Faden, und ein roter Faden zieht sich durch die Kollektion: Piesporter Rieslingweine mit mutiger Säure und wenig Alkohol sowie pfiffigen Namen wie »CabiSehrNett«! *Seite 346*

JUNGE TALENTE

FRANKEN Tobias Hemberger

Was für eine Spannbreite! Vom feinperligen Pet Nat bis zur birnenduftigen Silvaner Auslese beherrscht Tobias Hemberger viele Spielarten. Dabei arbeitet der Junior des Weinguts Hemberger stets die Würzigkeit der Keuperböden heraus. Reben hat man auch im berühmten Rödelseer Küchenmeister. Der Silvaner Alte Reben von hier ist eines der größten Schnäppchen für Fans der Rebsorte.

Seite 241

WÜRTTEMBERG Christian Hirsch

»Ich mag Blaufränkisch, liebe aber Lemberger«, sagt Christian Hirsch augenzwinkernd und mit württembergischen Selbstbewusstsein. Geprägt hat den jungen Winzer, der in Geisenheim seinen Abschluss zum Diplomingenieur Weinbau und Önologie machte, sein einjähriges Weinbaustudium am Robert Mondavi Institute der University of California Davis. Seine Weinlinie im elterlichen Weingut Hirsch ist großartig!   *Seite 894*

RHEINGAU Jörn Goziewski - Jörnwein

So ungewöhnlich wie der Name des Weingutes sind die Weine von Jörn Goziewski: Naturwein, Orange Wine, mehrjähriger Holzfassausbau, ein Riesling vom legendären Schlossberg, der mit über 15 Prozent stilistisch an einen Condrieu erinnern soll. Die Entwicklung der Weine über Tage an der Luft ist beeindruckend. In einem eindrucksvollen, alten Keller im ehemaligen Weingut Zwierlein soll das Gut nun wachsen.   *Seite 674*

RHEINHESSEN Sina Mertz

Sie ist die hoffnungsvolle Juniorin im elterlichen Weingut Mertz im rheinhessischen Eckelsheim. Sina Mertz hat das Weinmacherhandwerk beim rheinhessischen Winzerstar Klaus-Peter Keller gelernt. Wir haben bisher nur ein paar Weine von ihr verkostet: Ihr Dornfelder ist bereits eine respektable Leistung. Er darf, wie das Weingut Mertz, im VINUM Weinguide 2018 nicht fehlen.

Seite 789

WEINTRENDS **JUNGE TALENTE**

SAAR Stefan Müller

Ein Winzer auf der Überholspur: Stefan Müller führt das zehn Hektar große Krettnacher Weingut in dritter Generation. Im Konzer Tälchen stehen seine Reben auf Devonschieferboden und profitieren von einem besonderen Kleinklima. Seine Rieslinge sind ungemein präzise und saftig. Vergoren werden die Moste ausschließlich mit wilden Hefen. Ein echter Geheimtipp!
Seite 408

PFALZ Jonas, Philipp und Lukas Seckinger

Nahezu aus dem Nichts haben die drei Brüder Seckinger ihren Betrieb an der Mittelhaardt aus der Taufe gehoben. Zu ihren 8,5 Hektar zählen ehemals verwilderte, nun neu angelegte Terrassenlagen. Viele Weine werden spontan vergoren, man setzt auf Holzfässer und vor allem auf Riesling. Manches ist so filigran, als käme es von der Mosel.
Seite 619

PFALZ Sven Ohlinger und Philipp Seeger - SOPS

Hinter den vier Buchstaben SOPS verstecken sich die Initialen von Sven Ohlinger und Philipp Seeger, die beide bei Knipser in Laumersheim arbeiten. Ihr eigenes Projekt starteten sie 2010 eher als Hobby mit gerade einmal 25 Ar Chardonnay. Seitdem ist es jedoch stetig gewachsen. Neben dem Chardonnay brillieren Ohlinger und Seeger inzwischen genauso mit Rieslinggewächsen. Die Weine haben allesamt richtig Biss, Länge und Würze.
Seite 622

Die Sieger 2018

Sie sind die Buttercreme des deutschen Winzerschaffens: Weine, die zum Besten gehören, was Wein-Deutschland seinen zahllosen Liebhabern in aller Welt aktuell zu bieten hat: die elegantesten Weißweine 2016 und die feinsten Rotweine 2015. Nicht zu vergessen: fünf Winzer, die uns auffielen.

Winzer des Jahres Hans Oliver Spanier und Carolin Gillot	34
Aufsteiger des Jahres Achim von Oetinger	38
Entdeckung des Jahres Stephan und Michael Weber	42
Top Ten 2018 Von Sekt bis edelsüß – die besten Weine des Jahres	46
Weitere Rebsorten Deutschland bietet nicht nur Riesling	68
Masse mit Klasse Literwein	72
Gut und günstig Schnäppchen weiß und rot	74
Reife Weine Zeitlose Schätze	76

WINZER DES JAHRES

Carolin Spanier-Gillot und Oliver Spanier
Weingut Kühling-Gillot ★★★★⯪ **und**
Weingut Battenfeld-Spanier ★★★★⯪ | Rheinhessen

Ende der 80er Jahre gab es nur noch wenige engagierte Betriebe in Rheinhessen – heute gehört die Region zu den dynamischsten in Deutschland. Carolin Gillot und Oliver Spanier sind ein wichtiger Teil dieser Entwicklung und stehen heute mit gleich zwei Gütern an der Spitze. Ein Traumpaar des deutschen Weinbaus!

AUSGEZEICHNET **WINZER DES JAHRES**

AUSGEZEICHNET **WINZER DES JAHRES**

Gemeinsam auf ganz neuen Wegen

Seit ihrer Heirat arbeiten Oliver Spanier und Carolin Gillot in ihren zwei Betrieben, die an entgegengesetzten Enden des rheinhessischen Anbaugebietes liegen. Die Weine werden aber im selben Keller in Hohen-Sülzen erzeugt. Stilistisch unterschiedlich, gehören beide Güter dennoch gleichermaßen zur deutschen Spitze.

Herr Spanier, Ihre beiden Betriebe liegen weit voneinander entfernt. Wie lässt sich so etwas logistisch meistern? Wie teilen Ihre Frau und Sie sich die Aufgaben?

Das war in den ersten Jahren schon sehr komplex und strapaziös, zumal ich mich mit der Rheinterrasse und dem Roten Hang faktisch komplett in ein neues Anbaugebiet einarbeiten musste. Wir nutzten natürlich die Synergien und entschlossen uns, die Produktion in unsere tiefen Keller nach Hohen-Sülzen zu verlagern. Als Erstes begannen wir, die Kapazitäten dort mit neuen Pressen und einem Kelleranbau zu erhöhen, investierten in Traubenannahmetechnik und versuchten uns peu à peu, den neuen Herausforderungen anzupassen. Die Arbeitsteilung ist mittlerweile sehr einfach. Ich kümmere mich um die Weinberge und um den Keller, Carolin um den kompletten Rest.

Wie sehen Sie die Charakteristika und besonderen Herausforderungen des Jahrgangs 2016?

Der Jahrgang wird in die deutsche Weinhistorie eingehen. Seit Beginn der Wetteraufzeichnung gab es in Rheinhessen noch nie ein so kühles und regnerisches Frühjahr, was dazu führte, dass speziell wir als biodynamisch arbeitender Betrieb viele zusätzliche Handarbeitsstunden in die Weinberge investieren mussten. Letztlich profitierten wir von der akribischen Laubarbeit, welche die Trauben schnell abtrocknen ließ, und dem perfekten, trockenen Spätsommer, sodass wir den Jahrgang 2016 zu einem unserer besten zählen können.

Seit Langem arbeiten Sie biologisch in Ihren Weinbergen. War der Antrieb ein Streben nach Nachhaltigkeit und Schonung der Ressourcen oder sehen Sie qualitative Vorteile in der Weinbereitung?

Beides. Wir wollen unseren Söhnen gesunde Böden überlassen. Die Entscheidung, 1993 auf den ökologischen Anbau umzustellen, bedeutete auch, sich komplett neu auszurichten. Es ging mir im ersten Moment nicht um Erträge und Rentabilität. Es ging, und hier spreche ich ein Stück weit für meine Generation, darum, sich auf eine ganz neue Reise aufzumachen. Es ging vielen von uns damals um Herkunft und Qualität und einer der Wege dorthin war die Ökologie.

Den Trend zu naturnaher Arbeit erlebt man zunehmend auch im Keller, etwa im Verzicht auf Schwefel oder mit veganem Weinausbau. Wie stehen Sie zu dieser Entwicklung?

Schon 1990, in meinem ersten Jahrgang, standen diese Faktoren, wenn auch noch nicht bewusst, im Vordergrund. Spontane Vergärung, keine Schönung, Verzicht auf die »Segnungen« der modernen Weinbereitung war ein radikaler Weg, der damals noch nicht wirklich anerkannt wurde.

Das Interview führte Dr. Eckhard Kiefer.
Weingut Battenfeld-Spanier auf Seite 732,
Kühling-Gillot auf Seite 782

AUSGEZEICHNET **AUFSTEIGER DES JAHRES**

AUFSTEIGER DES JAHRES

Achim von Oetinger
Weingut Achim von Oetinger ★★★★ | Rheingau

»Es ist wunderbar, (…) welche Püffe das Herz verträgt, wenn man jeden Schlag mit einer Flasche Marcobrunner parieren kann!«, schrieb Theodor Fontane über die erste Weinbergslage im Rheingau, die auf Etiketten verwendet wurde. Auch unser Aufsteiger des Jahres macht uns mit seinen grandiosen Rieslingen das Leben um vieles leichter.

AUSGEZEICHNET **AUFSTEIGER DES JAHRES**

Großer Riesling braucht Zeit, viel Zeit

Mit dem Aufstieg des Weinguts von Oetinger in den letzten Jahren tritt auch eine der großen Rheingauer Traditionslagen wieder ins Rampenlicht. Achim von Oetinger erläutert, was der Erbacher Marcobrunn für ihn bedeutet und wie er die Qualitätsexplosion seines Betriebes angestoßen hat.

Herr von Oetinger, seit Beginn des Jahrzehnts sind Sie von quasi null in die Spitzenphalanx des Rheingaus vorgedrungen. Was waren aus Ihrer Sicht die entscheidenden Schritte?

Am Anfang stand vor zehn Jahren die Entscheidung, das Weingut nicht zu verkaufen, sondern bedingungslos auf Qualität zu setzen. Weg vom Mainstream, hin zu Weinen ohne Zuckerschwänzchen hieß für mich die Devise. Wein wird aus Trauben gemacht; perfekten, gesunden, vollreifen Trauben! Das erfordert strikte Reduzierung des Ertrags, strengste Selektion des Leseguts, Traubenteilung, Handentblätterung in den Spitzenlagen. Wir haben wirklich viel Arbeit in die Weinberge investiert und von Anfang an bei sieben Hektar Rebfläche drei Große Gewächse erzeugt.

Auch beim Ausbau der Weine haben Sie sicherlich vieles geändert?

Natürlich, zum Beispiel arbeiten wir nach dem Einmaischen mit den Füßen mit sehr langen Standzeiten von bis zu sieben Tagen. Bei der spontanen Gärung werden ganze Trauben hinzugegeben. Die Weine lagern bis kurz vor der neuen Ernte auf der Hefe. Riesling braucht Zeit, großer Riesling braucht viel Zeit. Im Keller zählt für mich klassisches, sauberes Handwerk und perfektes Cuvetieren.

Und die Vermarktung?

Alle Kunden waren weg, es war also ein kompletter Neuanfang. Dabei haben wir ganz auf Gastronomie und Fachhandel gesetzt.

Der Marcobrunn gehört neben dem Hattenheimer Wisselbrunnen und dem Hattenheimer Nussbrunnen zu den sogenannten »Brunnenlagen«. Heute teilen sich sieben Besitzer diesen legendären Weinberg. Was bedeutet der Marcobrunn für Sie?

Der Marcobrunn umfasst ungefähr 6,5 Hektar, wir besitzen davon nur 1.000 Quadratmeter. Das ist nicht viel. Aber wenn man in dieser Lage Grund und Boden besitzt, dann muss es einem im Herzen brennen, das Beste daraus zu machen. Das muss mein bester Wein im Keller sein. Ein Wein, der meiner Idee vom Riesling am nächsten kommt. Ein Kabinett wäre mir hier zu wenig.

Grauburgunder gibt es gelegentlich im Rheingau, Müller-Thurgau aber kaum. Eine Ihrer Spezialitäten ist der »Jott«. Wie kam es dazu?

Die Basis sind 65 Jahre alte Müller-Thurgau-Rebstöcke in der Große Gewächs-Lage Hassel. Für viele ist das eine minderwertige Rebsorte. Mein Vater hat die Erzeugnisse als Federweißen oder Traubensaft verkauft. Irgendwann habe ich gedacht, hier gehe mehr, und habe mit Maischestandzeiten und zugesetzten Beeren experimentiert. Jetzt haben wir noch mal Müller gepflanzt und die Kollegen sagen: »Der Oetinger spinnt« – gut so, tut er auch!

Das Interview führte Dr. Peter Henk.
Weingut von Oetinger auf Seite 696

Lidl lohnt sich

Alte Sorte, junge Winzer.

Junge Winzer Spätburgunder QbA
0,75-L-Flasche
13 Vol.-% Alkohol

lidl.de

AUSGEZEICHNET **ENTDECKUNG DES JAHRES**

ENTDECKUNG DES JAHRES

Stephan und Michael Weber
Weingut Weber Brüder ★★ | Saar

Erst vor wenigen Jahren gründeten die Brüder Stephan und Michael Weber ihr Weingut in Wiltingen. Heute bewirtschaften sie rund zwei Hektar Rebfläche. Nur sechs Weine werden erzeugt, die Namen wie »Adonis« oder »Phoenix« tragen und auf ganzer Linie überzeugen. Der zartherbe Rosé »Rosaar« erinnert gar an die Provence.

AUSGEZEICHNET **ENTDECKUNG DES JAHRES**

Leicht, kühl, präzise – die Saar ist zurück

Die Brüder Weber konzentrieren sich auf Lagen in Wiltingen wie Klosterberg, Rosenberg, Schlangengraben und Braunfels. Dazu kommen in nächster Umgebung der Oberemmeler Agritiusberg und der Krettnacher Altenberg. Doch auf den Etiketten ihrer beeindruckenden Rieslinge stehen sie nicht – Tiefstapelei à la Saar.

Es erscheinen keine Lagebezeichnungen auf Ihren Weinetiketten, was eher ungewöhnlich für die Saar ist. Welche Idee steckt dahinter?

Der Fokus liegt auf Riesling und dessen Lagen- oder Parzellencharakter. Jeder Wein ist für uns wie ein Kind, das man heranwachsen sieht, folglich hat er einen Namen verdient. Zudem wollten wir den Vorteil nutzen, keine Stammkundschaft mit ihren Gewohnheiten sowie keinen Generationskonflikt zu haben. Soll heißen, dass es für uns keinen Grund gab, eingetretenen Pfaden zu folgen. Die Namen sind prägnant und unser Portfolio ist eng gehalten. Jedoch werden die Lagen auf dem Etikettenrelaunch im »Kleingedruckten« auftauchen, um dem Kunden aufzuzeigen, dass es sich nicht um vermarktungsfähige Verschnitte, sondern um lagenrein ausgebaute Weine handelt.

Sind Weinbezeichnungen wie etwa »Adonis« oder »Aphrodite« unabhängig vom Jahrgang einem bestimmten Geschmacksprofil zugeordnet, sprich: Wird der »Adonis« immer ein trockener und »Aphrodite« immer ein feinherber Wein sein?

Genau, wir haben in den letzten Jahren viel ausprobiert, um zu sehen, wo die Stärken der verschiedenen Lagen liegen, also welcher Restzucker zu welchem Weinberg passt.

Ihre Weine sind geprägt von Leichtigkeit, Kühle und Präzision. Was für Faktoren im Weinberg sind dafür verantwortlich?

Wir pflegen seit unseren Anfängen natur- und bodennahe Bewirtschaftung, fahren niedrige Erträge, führen den Pflanzenschutz seit zwei Jahren nach Ökorichtlinien aus, wenn auch nicht zertifiziert.

Welchen Einfluss nimmt die Vinifikation darauf?

Wir nehmen uns da so weit wie möglich zurück. Das heißt im Klartext, es wird ausschließlich spontan vergoren, es finden weder Entsäuerung noch Chaptalisierung statt. Wir geben dem Wein die Zeit, die er braucht. Wenn die Gärung acht Monate dauert, dann dauert sie halt acht Monate.

Welche geschmacklichen Erlebnisse haben Sie bei der Findung Ihres Stilprofils inspiriert?

Wir sehen die Stärke unserer Weine im geschmacklich trockenen Bereich, puristisch, verspielt und als Essensbegleiter vielseitig.

Wie schätzen Sie die Bedeutung des Saarweins in Deutschland für die nächsten fünf Jahre ein?

Die Saar galoppiert gerade und erhält allmählich – und absolut zu Recht! – ihr altes Renommee zurück. Gut so! Es passiert gerade einiges in dem verträumten Tal, auch die eine oder andere verloren geglaubte Lage wird wieder zeigen dürfen, welches Potenzial sie in sich trägt.

Das Interview führte Christoph Dirksen.
Weingut Weber Brüder auf Seite 451

Ref.: 5902-5

30 Jahre POINTtec Sondermodell

Zum 30-jährigen Bestehen des erfolgreichen Familienunternehmens legt POINTtec ein streng limitiertes Sondermodell auf. Der Tradition verpflichtet, widmet POINTtec dieses Jubiläumsmodell der im Besitz der Lufthansa befindlichen immer noch flugfähigen JUNKERS Maschine mit dem Kennzeichen D-AQUI, die liebevoll von einem Amerikaner „Iron Annie" genannt wurde. Die „Iron Annie" aus dem Hause POINTtec besitzt ein exklusives und aufwendig ver-edeltes Handaufzugswerk, schweizer Kaliber ETA Unitas 6498 mit einer exponierten Gangreserveanzeige bei 11 Uhr.
Die besondere Grafik des Zifferblattes sowie das auf Hochglanz polierte Gehäuse mit der markanten Wellblechstruktur verleihen diesem Modell seinen ganz eigenen Charakter.

www.pointtec.de

MADE IN GERMANY

WEINE DES JAHRES

Die Sieger des Jahres

Zehn Weine, zehn Sieger. Von edelsüß bis trocken, vom Sekt über Spätburgunder und Silvaner bis zum Riesling: Wir präsentieren die Sieger ihrer Kategorien, die besten deutschen Weine des Jahres.

Bester Winzersekt Brut
2010 Pinot Crémant Brut nature
Aldinger (Württemberg) | 93 Punkte

Bester Spätburgunder
2015 RdP Barrique
Knipser (Pfalz) | 96 Punkte

Bester weißer Burgunder
2016 Chardonnay Réserve
Knewitz (Rheinhessen) | 94 Punkte

Bester trockener Silvaner
2016 Escherndorfer Am Lumpen
»Großes Gewächs«
Rainer Sauer (Franken)
| 94 Punkte

DIE SIEGER IM ÜBERBLICK

Bester trockener Riesling
2016 Scharzhofberger Pergentsknopp »Großes Gewächs«
Van Volxem (Saar) | 97 Punkte

Bester feinherber Riesling
2016 Niedermenniger Herrenberg Spätlese – 3 –
Hofgut Falkenstein (Saar) | 94 Punkte

Bester Riesling Kabinett
2016 Ockfener Bockstein
Van Volxem (Saar) | 95 Punkte

Bester Riesling Spätlese
2016 Schodener Saarfeilser – 24 –
Peter Lauer (Saar) | 95 Punkte

Bester Riesling Auslese
2016 Kiedricher Turmberg
Robert Weil (Rheingau)
| 95 Punkte

Bester Riesling edelsüß
2016 Oestricher Lenchen Beerenauslese
Peter Jakob Kühn (Rheingau)
| 96 Punkte

WEINE DES JAHRES

Winzersekt Brut

Lange Jahre gehörte in der Kategorie Winzersekt dem rheinhessischen Sektproduzenten Raumland der Spitzenplatz unserer Bestenliste. In diesem Jahr wurde er entthront – von einem Württemberger.

Die beste Sektkollektion stellt der rheinhessische Schaumweinspezialist Raumland, doch den besten Wein der Kategorie kelterte das Weingut Aldinger aus Württemberg – dabei widmet sich dieses Gut der Spitzensektproduktion noch gar nicht so lange. Auch andere Güter schafften es nach vorne, darunter Ökonomierat Rebholz (Pfalz), Bamberger (Nahe), Frank John (Pfalz) und Reichsrat von Buhl, wo Mathieu Kauffmann wirkt, ehemals Kellermeister des Champagnerhauses Bollinger. Deren größte Sekte ruhen noch in den Kellern. Zur deutschen Schaumweinspitze zählen auch die Weingüter Huber, Dr. Wehrheim, der Wilhelmshof, Solter und das Schlossgut Diel.

1. Platz | 93 Punkte
2010 Pinot Crémant Brut nature
Aldinger
(Württemberg)

Die Aldingers werden mit diesem grandiosen Sekt zu echten Allroundern in Sachen Spitzenwein. Schon mit ihrem Fellbacher Lämmler Lemberger und ihrem Trollinger Sine bilden sie Deutschlands Spitze, im Ländle keltert auch niemand besseren Riesling und Sauvignon Blanc. Ihre klassische Champagner-Cuvée aus Chardonnay, Pinot Noir und Pinot Meunier verdient den ersten Platz, weil sie mit gereiften wie frischen Aromen meisterhaft spielt. Im Bouquet ein typischer Briocheton, feine Perlage, ein großer Sekt!
Preis: 50 Euro | Seite 876

Foto: Armin Faber & Partner

WINZERSEKT BRUT

Der Rest der Top Ten Winzersekt Brut

2. Platz | 93 Punkte
2008 »π-no« Extra Brut »R«
Ökonomierat Rebholz (Pfalz)

Voluminöse und offensive Art, feiner Briocheduft, cremige Perlage, ausgezeichnete Länge
Preis: 34 Euro | Seite 606

3. Platz | 93 Punkte
2007 Chardonnay Brut Prestige
Raumland (Rheinhessen)

Filigraner Duft, cremig und vielschichtig am Gaumen, ein hochfein gereifter Chardonnay mit deutlichem Champagner-Anklang
Preis: 68 Euro | Seite 801

4. Platz | 93 Punkte
2007 MonRose Brut Prestige
Raumland (Rheinhessen)

Delikat gereifte Dörrobstaromen, dichte Struktur mit würziger Säure und ausgezeichnetem Schliff
Preis: 85 Euro | Seite 801

5. Platz | 92 Punkte
2004 Pinot Noir Brut Prestige
Raumland (Rheinhessen)

Feinwürziger Duft, voluminöser Körper, konfierte Feigen, satte Fülle am Gaumen, feinster Fluss
Preis: 68 Euro | Seite 801

6. Platz | 92 Punkte
2011 Chardonnay Brut Prestige
Raumland (Rheinhessen)

Duft von gebuttertem Toast, champagnerartige Anmutung, toller Trinkfluss, hoch animierend
Preis: 31 Euro | Seite 801

7. Platz | 92 Punkte
2011 Riesling Brut nature
Sektgut Bamberger (Nahe)

Komplexer und aromatischer Duft, mit vielschichtiger Würze am Gaumen, frisch und knackige Säure
Preis: auf Anfrage | Seite 466

8. Platz | 92 Punkte
2012 Pinot Noir Rosé Brut Prestige
Raumland (Rheinhessen)

Dieser Sekt erfüllt alle Erwartungen der Rosé-Freunde: charmante Frucht, cremige Fülle, sanftes Mousseux
Preis: 18 Euro | Seite 801

9. Platz | 91 Punkte
2012 Riesling 50 Brut
Frank John (Pfalz)

Aromen von Cox Orange-Apfel, spielerisch, mit Tiefgang, vielschichtig
Preis: 33 Euro | Seite 563

10. Platz | 91 Punkte
Weißburgunder & Chardonnay Brut Reserve
Reichsrat von Buhl (Pfalz)

Reife Karamellnoten, feine Goldrenette, schöne Nussigkeit, viel Schmelz
Preis: 16,90 Euro | Seite 537

WEINE DES JAHRES

Spätburgunder 2015

Der deutsche Spätburgunder ist in den letzten beiden Dekaden einen weiten Weg gegangen: Bei gesundem Lesegut und gefühlvollen Barrique-Ausbau erreicht die Sorte heute internationales Niveau.

Wir konnten vom Jahrgang 2015 etliche herausragende Spätburgunder verkosten - vermutlich wurden noch nie so viele in Deutschland produziert. Drei Weingüter aus unterschiedlichen Gebieten und mit ganz eigenen Stilen kämpfen um die Krone: Knipser (Pfalz), Fürst (Franken) und Huber (Baden). Aber auch die Pfälzer Aufsteiger Koch und Metzger haben sich in Deutschlands Rotweinelite etabliert. Berater der Weingüter ist Hans-Erich Dausch, der mit seinen eigenen Weinen ebenfalls für Furore sorgt. Selbst das nördlichste deutsche Rotweingebiet, die Ahr, konnte sich mit einer Langen Goldkapsel von Jean Stodden in unserer Top Ten platzieren.

1. Platz | 96 Punkte
RdP Barrique
Knipser (Pfalz)

Den Dreikampf der zurzeit besten deutschen Spätburgunderwinzer haben die Knipsers für sich entschieden. Ihre Reserve du Patron aus dem vermutlich größten Barriquekeller Deutschlands bietet eine hocharomatische Frucht, viel dunkle Kirschen, große Würze und eine leichte Amarena-Anmutung. Am Gaumen ist sie stoffig und klar. Ein Wein, der in sich ruht und seine Größe aus sich selbst bezieht: aristokratisch und bodenständig. Der einzige Wermutstropfen: Er wird erst in einigen Jahren auf den Markt kommen.
Preis: auf Anfrage | Seite 570

Foto: Armin Faber & Partner

SPÄTBURGUNDER 2015

Der Rest der Top Ten Spätburgunder 2015

2. Platz | 96 Punkte
**Bürgstadter Hundsrück
»Großes Gewächs«**
Rudolf Fürst (Franken)

Hypnotisierend duftige Nase, große Finesse, gefolgt von feinen Gerbstoffen, sehr nachhaltig
Preis: 108 Euro | Seite 234

3. Platz | 96 Punkte
**Malterdinger Wildenstein
Großes Gewächs«**
Bernhard Huber (Baden)

Unglaublich dicht, dunkelbeerig, große Tiefe und Schmelz, intensiv und enorm lang
Preis: 49 Euro | Seite 150

4. Platz | 95 Punkte
**Klingenberger Schlossberg
»Großes Gewächs«**
Rudolf Fürst (Franken)

Feingliedriger Duft von konfierten Früchten, sehr stilvolle Tannine, große Eleganz
Preis: 67 Euro | Seite 234

5. Platz | 95 Punkte
**Hecklinger Schlossberg
»Großes Gewächs«**
Bernhard Huber (Baden)

Verschlossen, voller Kraft, leichtfüßig und straff am Gaumen, gewinnt sehr an der Luft
Preis: 59 Euro | Seite 150

6. Platz | 94 Punkte
**Dirmsteiner Mandelpfad
»Großes Gewächs«**
Knipser (Pfalz)

Feine Aromen von roten Beeren und Sauerkirsche, sehr klassisch, mit straffer Struktur, finessenreich
Preis: auf Anfrage | Seite 570

7. Platz | 94 Punkte
**Hainfelder Letten Grande
Réserve BK**
Bernhard Koch (Pfalz)

Feine Röstaromatik, dunkelbeerig und dicht gewoben, großer Tiefgang, ausdrucksstark
Preis: 49,50 Euro | Seite 571

8. Platz | 94 Punkte
Arthos
Uli Metzger (Pfalz)

Dunkle Schokolade und Kaffeenoten, reife dunkelbeerige Frucht, saftig und langes Finale
Preis: 38 Euro | Seite 585

9. Platz | 94 Punkte
**Malterdinger Bienenberg
Großes Gewächs«**
Bernhard Huber (Baden)

Reife Kirschfrucht, transparent und duftig, ohne Anstrengung, mit großer Kraft und Komplexität
Preis: 44 Euro | Seite 150

10. Platz | 94 Punkte
Lange Goldkapsel
Jean Stodden (Ahr)

Klassische Ahr-Nase mit steinigen Noten, sehr straff und würzig, lang anhaltender Nachhall
Preis: 85 Euro | Seite 111

WEINE DES JAHRES

Weiße Burgundersorten 2016

Weiße Burgundersorten sind die Gewinner der letzten Jahre in deutschen Weingärten. Und die Winzer beherrschen das Spiel von Frische und Geschmeidigkeit jedes Jahr besser.

Sieben Chardonnays und drei Weißburgunder finden sich in unserer Top Ten - ein klares Zeichen, auf welche Burgunderrebsorten die Winzer bei ihren besten Weinen setzen. Während Weiß- und Grauburgunder häufig im Stahltank oder in großen Holzfudern ausgebaut werden, vergären hochwertige Chardonnays fast immer im Barrique. Dabei setzt sich der Trend zu mehr Frische und weniger Holz sowie geringerem Alkohol fort.

Baden mag immer noch den größeren Ruf für weiße Burgunder haben, doch die Meinungsführerschaft hat die Pfalz inne. Nicht im Rennen um die Spitzenplätze waren übrigens die noch im Fass liegenden, großartigen weißen Burgunder von Huber (Baden) und Fürst (Franken).

1. Platz | 94 Punkte
Chardonnay Reserve
Knewitz
(Rheinhessen)

Tobias Knewitz ist vor allem für seine Rieslinge bekannt – und begeistert jetzt mit einem Chardonnay, der an Meursault erinnert! Seine Stilistik zeigt sich auch bei diesem: Präzision und Klarheit. Dazu kommt genialer Holzeinsatz, rassige, mitreißende Säure und große Tiefe. Im Duft bietet sein Chardonnay eine deutliche Hefeprägung, dann kommt eine fulminante Attacke mit Feuersteinnoten. Wenn man bedenkt, dass der junge Winzer nicht einmal 30 Jahre alt ist, darf man auf die Zukunft mehr als gespannt sein!

Preis: 25 Euro | Seite 779

Foto: Armin Faber & Partner

WEISSE BURGUNDERSORTEN 2016

Der Rest der Top Ten Weiße Burgundersorten 2016

2. Platz | 94 Punkte
Ilbesheimer Kalmit Weißburgunder »Großes Gewächs«
Kranz (Pfalz)

Zarte Pfirsichnote, rote Früchte, auf Frische gebaut, geschmeidige und reife Säure, mineralischer Druck
Preis: 28 Euro | Seite 574

3. Platz | 93 Punkte
Lahrer Gottesacker Chardonnay »Großes Gewächs«
Wöhrle (Baden)

Große Reife und Würze, schmelzig und fein gewoben, dicht am Gaumen mit feiner Toffeenote
Preis: 24,50 Euro | Seite 206

4. Platz | 93 Punkte
Chardonnay ***
Knipser (Pfalz)

Anklänge von Lakritz, elegante Holzprägung, wunderbarer Trinkfluss, anhaltender Nachhall
Preis: auf Nachfrage | Seite 570

5. Platz | 93 Punkte
Hainfelder Letten Chardonnay Grande Réserve
Bernhard Koch (Pfalz)

Holzbetonte Kräuterwürze mit Tiefgang, druckvoll und präsent, verspricht große Entwicklung
Preis: 24 Euro | Seite 571

6. Platz | 93 Punkte
Birkweiler Mandelberg Weißburgunder »Großes Gewächs«
Dr. Wehrheim (Pfalz)

In der Nase noch etwas verschlossen, gelbe Früchte, tiefe Mineralität, schlanker als in früheren Jahren
Preis: 34,50 Euro | Seite 631

7. Platz | 93 Punkte
2016 Chardonnay »R«
Ökonomierat Rebholz (Pfalz)

Strahlendes Strohgelb, jugendliche Zitrusfrucht, Anklang von Limetten und Minze, langer Abgang
Preis: 31 Euro | Seite 606

8. Platz | 93 Punkte
Hainfelder Letten Chardonnay Réserve
Bernhard Koch (Pfalz)

Große Frische, strahlende Säure, fein balanciert, fülliger Nachhall
Preis: 15,50 Euro | Seite 571

9. Platz | 93 Punkte
Walsheimer Silberberg Chardonnay Grande Réserve
Karl Pfaffmann (Pfalz)

Reife Mirabelle, nussig und cremig, saftig und ausgewogen
Preis: 23,90 Euro | Seite 601

10. Platz | 93 Punkte
2016 Laumersheimer Kirschgarten Weißburgunder »Großes Gewächs«
Knipser (Pfalz)

Zarte Vanillenote, feinduftige Frucht von Mirabelle, elegant im Fluss, lebendige Säure
Preis: 27 Euro | Seite 570

WEINE DES JAHRES

Silvaner 2016

Nirgendwo hat Silvaner solch eine große Verbreitung wie in Deutschland. Die Traditionsrebsorte hat inzwischen ihren Platz unter den großen, weißen Reben der Welt eingenommen.

Foto: Armin Faber & Partner

Silvaner ist die vielleicht meistunterschätzte Rebsorte in Deutschland. Dabei ist sie hier traditionell fest verwurzelt und war bis 1964 sogar die meistangepflanzte Rebe überhaupt. Doch lediglich in Franken blieb über die Jahre die Anbaufläche für Silvanerreben stabil und wurde zuletzt sogar wieder erweitert. Die süddeutsche Region hat naturgemäß in Sachen Silvaner einen großen Heimvorteil – doch die Rheinhessen Michael Teschke und Klaus-Peter Keller zeigen mit ihren Kult-Silvanern in unserer Liste, dass man in anderen Regionen Deutschlands ebenfalls nicht schläft. Das gilt auch für Baden, wo das Weingut Dr. Heger die vielleicht ältesten Silvaner-Rebstöcke in Deutschland besitzt.

1. Platz | 94 Punkte
Escherndorfer Am Lumpen »Großes Gewächs«
Rainer Sauer (Franken)

Die 2016er Silvaner-Kollektion von Vater und Sohn Rainer und Daniel Sauer ist vom Gutswein bis zur Spitze wie aus einem Guss. Mit dem Ab Ovo befindet sich auch ihr im Betonei ausgebauter Kult-Silvaner in der Top Ten – ein Herzensprojekt des Juniors, der in Geisenheim studierte und 2011 Jungwinzer des Jahres war. Ihr Großes Gewächs bietet im Bouquet kühle und steinige Aromen, einen zarten Anflug von Räucherspeck, am Gaumen dann Tiefe und eine kühle Note im Nachhall, die eine große Zukunft verspricht.
Preis: 27 Euro | Seite 265

Der Rest der Top Ten Silvaner 2016

2. Platz | 93 Punkte
Rödelseer Hoheleite
Paul Weltner (Franken)
Rauchig und tief, verdichtet, charaktervolle Herbe, klassischer Keuper-Silvaner mit großer Zukunft
Preis: 32 Euro | Seite 281

3. Platz | 93 Punkte
Sulzfelder Creutz *
Zehnthof Luckert (Franken)
Prominenter Duft reifer Cavaillon-Melonen, Noblesse und Schliff, kompakt und spielerisch zugleich
Preis: 80 Euro | Seite 249

4. Platz | 92 Punkte
Escherndorfer Lump
Max Müller I (Franken)
Zart eingewobener Holzduft, vornehme Art, Schliff, Würze, markant-herb im Nachhall
Preis: 24 Euro | Seite 254

5. Platz | 92 Punkte
Ab Ovo
Rainer Sauer (Franken)
Zartrauchig und reife Erbsen, reichhaltig und verspielt zugleich, Inbegriff eines großen Silvaners
Preis: 22 Euro | Seite 265

6. Platz | 92 Punkte
Sommeracher Katzenkopf Alte Reben
Max Müller I (Franken)
Zarter Duft von neuem Holz und Dill, vornehm und kühl, transparent, Anflug von Salz, tiefe innere Ruhe
Preis: 21 Euro | Seite 254

7. Platz | 92 Punkte
Würzburger Stein-Harfe »Großes Gewächs«
Bürgerspital (Franken)
Markanter Duft von Pfirsichkern, schmeichelnde Fruchtfülle, gelbe Früchte im Nachhall, schwebend
Preis: 26 Euro | Seite 229

8. Platz | 91 Punkte
Mission
Michael Teschke (Rheinhessen)
Kühl, Apfelschale und Hefe, geschmeidig und cremig, mit burgundischem Anklang, herb-erfrischen
Preis: 120 Euro | Seite 822

9. Platz | 91 Punkte
Randersackerer Pfülben »Großes Gewächs«
Schmitt's Kinder (Franken)
Zarter Duft von Williamsbirne, perfekt balanciert, bleibt fein und kühl, grüne Melone im Nachhall
Preis: 23,80 Euro | Seite 268

10. Platz | 91 Punkte
Feuervogel
Keller (Rheinhessen)
Zartrauchig im Duft, markante Herbe, interessant, geschmack- und charaktervoll
Preis: 28 Euro | Seite 775

WEINE DES JAHRES

Riesling trocken 2016

Deutschlands Paraderebsorte bringt einige der größten trockenen Weißweine der Welt hervor – und jedes Jahr stoßen mehr Güter in die Spitze vor.

Die Winzer wissen, dass trockene Weine Substanz, aber nicht zu viel Alkohol brauchen. Ideale Voraussetzungen für solche Rieslinge bieten die Pfalz, der Rheingau, Rheinhessen, die Nahe und die Mosel. Klassiker in dieser Kategorie sind die Güter Breuer, Emrich-Schönleber, Dönnhoff, Keller, Leitz, Rebholz, Christmann, Schäfer-Fröhlich, Wittmann oder Bürklin-Wolf. Letzteres Gut bringt seine Spitzenweine erst später auf den Markt und ist deshalb nicht in der Liste vertreten. Einen ähnlichen Weg begehen Peter Jakob Kühn, Gut Hermannsberg und Reichsrat von Buhl. Die deutsche Riesling-Elite lässt sich Zeit!

Foto: Armin Faber & Partner

1. Platz | 97 Punkte
Scharzhofberger Pergentsknopp »Großes Gewächs«
Van Volxem (Saar)

Man muss den ersten Platz eine echte Sensation nennen: Ein trockener Riesling der Mosel sticht die Konkurrent von Pfalz, Rheingau, Nahe und Rheinhessen aus. Aber es ist auch ein außergewöhnlicher Riesling, der die Feinheit, das Spielerische und Tänzelnde eines fruchtsüßen Kabinetts auf trockene Art bietet. Ein Zauberkunststück mit sublimem Weinbergpfirsich und vielschichtigen Zitrusaromen. Ein Zeichen, dass die Mosel in Zukunft im Bereich trockener Rieslinge eine bedeutende Rolle spielen kann.

Preis: 39 Euro | Seite 448

RIESLING TROCKEN 2016

Der Rest der Top Ten Riesling trocken 2016

2. Platz | 97 Punkte
**Nackenheimer Rothenberg
»Großes Gewächs«**
Kühling-Gillot (Rheinhessen)

Weiße Johannisbeeren, ganz intensiv, transparent, präzises, glasklares Finish
Preis: 85 Euro | Seite 782

3. Platz | 96 Punkte
**Westhofener Morstein
»Großes Gewächs«**
Wittmann (Rheinhessen)

Fordernder Schmelz, kühler Apfel, Anflug von reifem Wildmirabellenkern, vornehmer Nachhall
Preis: 48,50 Euro | Seite 837

4. Platz | 96 Punkte
**Birkweiler Kastanienbusch
»Großes Gewächs«**
Ökonomierat Rebholz (Pfalz)

Sublimer Rosenduft, seidig transparent, delikat, schwebend, großartiger trockener Spitzenriesling
Preis: 46 Euro | Seite 606

5. Platz | 96 Punkte
G-Max
Keller (Rheinhessen)

Frisch gemahlener weißer Pfeffer, Heuschnitt, konzentriert, cremige Eleganz, Anlagen für die Ewigkeit
Preis: auf Anfrage | Seite 775

6. Platz | 95 Punkte
**Erbacher Marcobrunn
»Großes Gewächs«**
Achim von Oetinger (Rheingau)

Reife Birne, großer Druck baut sich am Gaumen auf, cremig, Wiederkehr einer großen Rheingauer Lage
Preis: 69 Euro | Seite 696

7. Platz | 95 Punkte
**Westhofener Abtserde
»Großes Gewächs«**
Keller (Rheinhessen)

Pikant und kräuterig, tänzelnd und verspielt, Aprikose, ein seriöser trockener Spitzenriesling
Preis: 75 Euro | Seite 775

8. Platz | 95 Punkte
**Westhofener Morstein
La Borne Alte Reben**
Wittmann (Rheinhessen)

Pfirsich, weiße Johannisbeeren, schmelzig, rund und reichhaltig, würziges Finale
Preis: auf Anfrage | Seite 837

9. Platz | 94 Punkte
Kröver Steffensberg
Martin Müllen (Mosel)

Limette, grüner Apfel, Hauch Mandarine, saftige Struktur, mineralisch klar, hochfein und präzise
Preis: 14,90 Euro | Seite 405

10. Platz | 94 Punkte
**Monzinger Auf der Ley
»Großes Gewächs«**
Emrich-Schönleber (Nahe)

Würziger, grüner Apfel, etwas Grasschnitt, mineralische Pikanz, strahlende Frucht und Kühle
Preis: auf Anfrage | Seite 473

WEINE DES JAHRES

Riesling feinherb 2016

Feinherb ist im Idealfall ein völlig unabhängiger Weinstil. Nicht trocken und nicht fruchtig, hält er perfekt die herrliche Balance zwischen spannender Säure und fruchtiger Süße.

Zwischen dem gehaltvoll trockenen und dem zartfruchtigen Typ stellen feinherbe Rieslinge mehr dar als einen Kompromiss. Im Idealfall sind sie die goldene Mitte. Am besten gerät dieser Weintyp im Rheingau, an der Mosel, am Mittelrhein sowie an der Nahe. Ein klares Geschmacksprofil ist jedoch überfällig – die Restsüße unterscheidet sich zum Teil massiv. Das Hofgut Falkenstein (Saar) konnte gleich drei Weine in der Top Ten platzieren, die Weingüter Peter Lauer (Saar) und Franz-Josef Eifel (Mosel) je zwei. Mit Carl Ehrhard (Rheingau) schaffte es nur ein Weingut, das nicht in der Moselregion beheimatet ist, in die Spitzenreiterliste.

1. Platz | 94 Punkte
Niedermenniger Herrenberg Spätlese – 3 –
Hofgut Falkenstein (Saar)

Erich Weber und Sohn Johannes, deren idyllisches Anwesen in einem Seitental der Saar liegt, beherrschen alle Riesling-Disziplinen, darunter auch die feinherben. Gleich drei schafften es in unsere Top Ten! Alle zeigen Spiel und Schliff, eine schwebende Leichtigkeit, vibrierende Saar-Rieslinge eben. Die Spätlese Nummer 3 aus dem Herrenberg ist eine herrlich kompakte Erscheinung, zugleich brillant und elegant, verleitet sie zu großen Schlucken – der Inbegriff des animierenden Saar-Rieslings. Leider meist früh ausverkauft!
Preis: 15 Euro | Seite 344

Foto: Armin Faber & Partner

RIESLING FEINHERB 2016

Der Rest der Top Ten Riesling feinherb 2016

2. Platz | 93 Punkte
Trittenheimer Apotheke Jungheld Spätlese
Franz-Josef Eifel (Mosel)

Spielerisch und leichtflüssig, nerviges Säurekostüm, ernsthaft und straff, gute Länge
Preis: 18 Euro | Seite 341

3. Platz | 93 Punkte
Niedermenniger Herrenberg Spätlese – 11 –
Hofgut Falkenstein (Saar)

Hochfeiner Mandarinenduft, fülliges Mittelstück, kräuterige Würze, grandioser Nachhall
Preis: 15 Euro | Seite 344

4. Platz | 93 Punkte
Ockfener Bockstein Steinmetzrausch
Weinhof Herrenberg (Saar)

Hochreife Frucht, typischer Bockstein, setzt sich mit Kraft und Würze in Szene
Preis: 29,90 Euro | Seite 362

5. Platz | 93 Punkte
Trittenheimer Apotheke »Die große Leidenschaft« Auslese
Franz-Josef Eifel (Mosel)

Interessante Noten von Feuerstein und Tabakrauch, sehr saftige und cremige Struktur, mit fülligem Körper
Preis: 22 Euro | Seite 341

6. Platz | 93 Punkte
Niedermenniger Herrenberg Spätlese – 15 –
Hofgut Falkenstein (Saar)

Glasklare Aromen, brillantes Säurespiel, Zitronenschale, ausgezeichnete Länge
Preis: 15 Euro | Seite 344

7. Platz | 93 Punkte
Ayler Kupp Kern – 9 –
Peter Lauer (Saar)

Anflug von Sahnekaramell, Feuersteinnoten, saftiger Zug am Gaumen, mineralische Länge
Preis: 29 Euro | Seite 383

8. Platz | 93 Punkte
Ayler Kupp Neuenberg – 17 –
Peter Lauer (Saar)

Hauch von Eukalyptus, saftige Fruchtentwicklung, reife Aprikosen, energiegeladene Säure
Preis: 32,50 Euro | Seite 383

9. Platz | 92 Punkte
Reiler Mullay-Hofberg Kabinett
Melsheimer (Mosel)

Weißer Pfeffer und Anflug von Nelken, grüner Apfel, würzige Feuersteinnote, feiner Säurefluss
Preis auf Anfrage | Seite 398

10. Platz | 92 Punkte
Rüdesheimer Berg Roseneck Urstück Oberer Platz
Carl Ehrhard (Rheingau)

Klassischer Rheingau-Riesling, saftige Frucht, rassig-kernige Säure im Nachhall
Preis: 16 Euro | Seite 663

WEINE DES JAHRES

Riesling Kabinett 2016

Kabinettweine vom Riesling sind filigrane Meisterwerke. Sie vereinen Transparenz, Leichtigkeit und Frische mit mineralischem Druck und Länge. Echte Kabinettstücke – weltweit einzigartig!

Die besten Kabinette lassen Säure und Süße regelrecht auf der Zunge tanzen und stammen vor allem aus den Anbaugebieten Mosel, Saar, Ruwer, Nahe, Mittelrhein, Rheingau und Rheinhessen. Die Kategorie wird allerdings leider allzu oft dafür benutzt, um mit abgestuften Spät- und sogar Auslesen zu protzen - wir bevorzugen ganz bewusst den klassischen Typ. In den letzten Jahren hat es eine Renaissance der Kabinettweine gegeben, die immer noch ungemein günstig angeboten werden und von denen sich wegen ihrer Leichtigkeit eine zweite Flasche stets mit Genuss trinken lässt. Nach sieben bis zehn Jahren Reife schmecken sie übrigens beinahe trocken.

1. Platz | 95 Punkte
Ockfener Bockstein
Van Volxem (Saar)

Der silbergraue Schieferhang des Ockfener Bockstein gleicht einem Amphitheater – und ist eine der klassischen Lagen der Saar. Roman Niewodniczanski und sein Betriebsleiter sowie Kellermeister Dominik Völk haben die Essenz dieses Weinbergs eingefangen: Hochfein, zartwürzig, verspielt, kraftvoll, ist er das Idealbild eines Riesling Kabinett. Vielschichtig und zugleich ungemein fein, lässt er einen den Schiefer wie nach einem Sommerregen spüren. Einer der seltenen Weine, die wie flüssige Poesie sind.
Preis: auf Anfrage | Seite 448

Foto: Armin Faber & Partner

RIESLING KABINETT 2016

Der Rest der Top Ten Riesling Kabinett 2016

2. Platz | 95 Punkte
Krettnacher Euchariusberg Alte Reben – 8 –
Hofgut Falkenstein (Saar)

Transparent, hochfeiner Rieslingduft, unfassbare Frische, klar wie ein Gebirgsbach, Säurekick, großartig
Preis: 15 Euro | Seite 344

3. Platz | 94 Punkte
Dhroner Häs'chen
A. J. Adam (Mosel)

Vornehmer exotischer Duft, filigrane gelbe Früchte, hedonistischer Trinkfluss, reine Delikatesse
Preis: 15 Euro | Seite 314

4. Platz | 94 Punkte
Wawerner Ritterpfad
Van Volxem (Saar)

Verhaltener Duft von Boskop, komplexe Struktur, vibrierende Säure, Riesling pur
Preis: 14,90 Euro | Seite 448

5. Platz | 93 Punkte
Piesporter Goldtröpfchen
A. J. Adam (Mosel)

Delikater Duft von reifen gelben Früchten, verspielt, ein typischer Vertreter der renommierten Lage
Preis: 15 Euro | Seite 314

6. Platz | 93 Punkte
Scharzhofberger Alte Reben
Egon Müller – Scharzhof (Saar)

Intensive Kräuterwürze, schlank und elegant, langer Nachhall, wird mit einigen Jahren Reife weiter zulegen
Preis: 224,91 Euro | Seite 407

7. Platz | 93 Punkte
Trittenheimer Altärchen
Franz-Josef Eifel (Mosel)

Große Präsenz, außergewöhnlich klar und präzise, klingt spannend nach mit Nougatton
Preis: 9,80 Euro | Seite 341

8. Platz | 93 Punkte
Rüdesheimer Berg Roseneck
Carl Ehrhard (Rheingau)

Zartwürziger Duft von frischen Kräutern, reichhaltig, wunderbar schmelziger Nachhall
Preis: 9 Euro | Seite 663

9. Platz | 92 Punkte
Niedermenniger Sonnenberg
Stefan Müller (Saar)

Pfirsichkern, Spur von Pfefferminze, knackige Säure, erfrischende Art, strahlend
Preis: 7,50 Euro | Seite 408

10. Platz | 92 Punkte
Mülheimer Sonnenlay
Günther Steinmetz (Mosel)

Aromen von altdeutschem Apfel, markant und saftig, zarter Nachhall, feinherber Stil mit Honigtönen
Preis: 11,50 Euro | Seite 438

WEINE DES JAHRES

Riesling Spätlese 2016

An Mosel und Saar gelangen 2016 die besten Spätlesen vom Riesling. Die verschiedenen Weine sind weltweit gesucht, bringen sie doch feine Fruchtsüße und lebendige Säure bei moderaten Alkoholwerten.

Es gibt nur wenige Rebsorten, die mit geringem Alkoholgrad und mittlerer Restsüße attraktive Weine erbringen: Der Riesling schafft das, um im Bild zu bleiben, mit Leichtigkeit. Besonders filigran und elegant schmecken solche Spätlesen von Mosel, Saar und Ruwer, vom Mittelrhein, von der Nahe, aus Rheinhessen und dem Rheingau. Seine internationale Renaissance verdankt der deutsche Riesling nicht zuletzt diesem Weintyp, der fein heranreifen kann, mit 20 Jahren beinahe trocken schmeckt und in der Spitze stets perfekte Balance anstrebt. Schon vor einem Jahrhundert waren Weine dieses Formats weltweit gesucht und sehr teuer.

1. Platz | 95 Punkte
Schodener Saarfeilser – 24 –
Peter Lauer (Saar)

Das Weingut Peter Lauer ist als Spezialist für feinherbe Rieslinge bekannt – beim 2016er Jahrgang bildet aber die hochfeine, berückende und transparente Spätlese Nummer 24 aus dem Schodener Saarfeilser die Spitze der Kollektion. Sie bietet geradezu eine Explosion an exotischen Früchten, mit anhaltender Saftigkeit im Mund, die gehalten wird von einer genau richtig dosierten Säure. Ein Wein, der Eleganz mit Rasse und Trinkfreude vereint. Unabhängig von der Natur erzeugen die Lauers jedes Jahr Großes!
Preis: 37,49 Euro | Seite 383

RIESLING SPÄTLESE 2016

Der Rest der Top Ten Riesling Spätlese 2016

2. Platz | 95 Punkte
Krettnacher Euchariusberg – 14 –
Hofgut Falkenstein (Saar)
Eine unglaubliche Trinkigkeit, leicht, belebend, animierend und frisch, kühle, zarte und schwebende Art
Preis: 17 Euro | Seite 344

3. Platz | 95 Punkte
Trittenheimer Apotheke Goldstückchen
Franz-Josef Eifel (Mosel)
Schon im Duft eine fruchtige Fülle, die sich im Mund fortsetzt, im Abgang feine und elegante Struktur
Preis: 22 Euro | Seite 341

4. Platz | 95 Punkte
Krettnacher Euchariusberg – 6 –
Hofgut Falkenstein (Saar)
Eine fast schon schwebende Nase, ätherisch leichter Typ, ein toller Essensbegleiter
Preis: 17 Euro | Seite 344

5. Platz | 94 Punkte
Enkircher Ellergrub
Weiser-Künstler (Mosel)
Ein luftiges und leichtes Vergnügen von Beginn an, sehr klar und direkt, anhaltendes Finish
Preis: 19,90 Euro | Seite 455

6. Platz | 94 Punkte
Oestricher Lenchen
Peter Jakob Kühn (Rheingau)
Ausladender Fruchtkorb im Duft, mit körperreicher Struktur, hat Volumen und Kraft
Preis: 23 Euro | Seite 684

7. Platz | 94 Punkte
Reiler Mullay-Hofberg Schäf
Melsheimer (Mosel)
Auf herrlich positive Art traditionell, geradlinig, ohne viel Schnickschnack, klar und ohne zuckrige Süße
Preis: auf Anfrage | Seite 398

8. Platz | 94 Punkte
Trittenheimer Apotheke Alte Reben
Franz-Josef Eifel (Mosel)
Spontinase, fordernd mit fast trockener Anmutung am Gaumen, setzt sich lang anhaltend im Mund fest
Preis: 18 Euro | Seite 341

9. Platz | 94 Punkte
Brauneberger Juffer-Sonnenuhr
Max Ferd. Richter (Mosel)
Duftig und fruchtig, mit leichter Spontinote, im Mund sehr ausgewogen, angenehmer Holzton im Hintergrund
Preis: 19,50 Euro | Seite 424

10. Platz | 94 Punkte
2016 Niersteiner Pettenthal Riesling Spätlese
Kühling-Gillot (Rheinhessen)
Kommt mit sehr kräftiger Nase daher, intensiv und druckvoll auch am Gaumen, angenehme Süße
Preis: 19,50 Euro | Seite 782

WEINE DES JAHRES

Riesling Auslese 2016

2016 war kein einfaches Jahr für Auslesen, deshalb trennte sich bei den Winzern die Spreu vom Weizen. Nur Experten dieser Riesling-Spielart brachten echte Schätze auf die Flasche.

95 Grad Öchsle, so viel müssen vollreife Trauben in Deutschland mindestens aufweisen, um daraus eine Auslese keltern zu können - im Weinbaugebiet Baden je nach Rebsorte sogar mindestens 102 oder 105 Grad Öchsle. Für süße Auslesen eignet sich aufgrund seiner balancierenden Säure vor allem der Riesling. An Mosel, Saar und Ruwer gelingen alljährlich bemerkenswerte Weine dieses Typs, auch im Rheingau, in Rheinhessen und an der Nahe finden sich Spezialisten. Das Gewinner-Weingut Robert Weil hat übrigens noch eine dritte, sehr hoch bewertete Auslese aus dem Gräfenberg. Doch da diese aufgrund ihrer enormen Süße in die Kategorie Edelsüß gehört, findet sie sich nicht in dieser Bestenliste.

Foto: Armin Faber & Partner

1. Platz | 95 Punkte
Kiedricher Turmberg
Robert Weil
(Rheingau)

Das Weingut Robert Weil ist seit langer Zeit so etwas wie der Lordsiegelbewahrer süßer Rieslinge aus Deutschland. In jedem Jahr wird hier auf Spezialitäten in diesem Bereich hingearbeitet. Im Jahrgang 2016 hat der Turmberg die Nase gegenüber dem berühmteren Gräfenberg vorne: feinste Rheingauer Art, elegante Fülle, saftiger Apfel und Birne, keine Überreife, saftig-klares und animierendes Finish, feinste Säure, Delikatesse und Länge. Ein Wein, der trotz all seiner Dichte und Süße in perfekter Balance ist.
Preis: 37,50 Euro | Seite 720

RIESLING AUSLESE 2016

Der Rest der Top Ten Riesling Auslese 2016

2. Platz | 95 Punkte
Niersteiner Pettenthal
Keller (Rheinhessen)

Sehr feinduftiger Pfirsich, Anflug von Lindenblüten, feinherbe Pikanz, fest und klar mit großer Länge
Preis: 75 Euro | Seite 775

3. Platz | 95 Punkte
Erdener Prälat * Goldkapsel**
Jos. Christoffel jr. (Mosel)

Terroirprägung vom Schiefer, kräuterige Noten mit Anklang von Minze, nasse Steine, ein Klassiker
Preis: 25 Euro | Seite 330

4. Platz | 95 Punkte
Krettnacher Euchariusberg – 5 –
Hofgut Falkenstein (Saar)

Feinster Duft von Champagnerrenette, das Nonplusultra der Saar: fein, intensiv, großer Tiefgang
Preis: 20 Euro | Seite 344

5. Platz | 95 Punkte
Piesporter Goldtröpfchen
Reinhold Haart (Mosel)

Apfel und Birne, wunderbare Hefewürze, cremig und klar, im Nachhall scheint die feine Säure auf
Preis: 32,50 Euro | Seite 356

6. Platz | 94 Punkte
Kestener Paulinsberg
Günther Steinmetz (Mosel)

Feiner grüner Apfel, tolle frische Pikanz, animierende Saftigkeit, klassische Mosel-Auslese
Preis: 26 Euro | Seite 438

7. Platz | 94 Punkte
Zeltinger Sonnenuhr **
Markus Molitor (Mosel)

Hefewürziger Duft, herrlich seidiger Fluss, bestens balanciert, klar und lang
Preis: 38 Euro | Seite 404

8. Platz | 94 Punkte
Westhofener Abtserde
Keller (Rheinhessen)

Hauch von Minze, pikante Exotik, etwas Pfirsich, straffe Säure, edelherbes Finale
Preis: 75 Euro | Seite 775

9. Platz | 94 Punkte
Kiedricher Gräfenberg
Robert Weil (Rheingau)

Feiner Honigtouch, klassische Rheinwein-Art, Lindenblüten, seidiger Säurefluss, klares Finish
Preis: 37,50 Euro | Seite 720

10. Platz | 94 Punkte
Bockenauer Felseneck Goldkapsel
Schäfer-Fröhlich (Nahe)

Zarte Zitrusaromen, feine Mandarine, pikante Säure, ganz klar, bestens balanciert, elegantes Finish
Preis: auf Anfrage | Seite 497

WEINE DES JAHRES

Riesling edelsüß 2016

Gekeltert aus überreifen, bisweilen gefrorenen Rieslingbeeren entstehen wahre Elixiere voller dichter Fruchtaromen, konzentrierter Süße und lebendiger Säure. Goldene Schätze für die kommenden Jahrzehnte.

Nur wer bereit ist zu pokern, kann in dieser Weinkategorie Großes leisten. Denn wenn man Pech hat, vernichtet schlechtes Wetter die ganze Ernte. Es gibt nur wenige Experten, die dieses Spiel wagen und beherrschen. Keller, Kühn, Weil, Schäfer-Fröhlich, Egon Müller sowie verschiedene weitere Weingüter, ob an Mosel, Nahe, im Rheingau oder in der Pfalz, brillieren Jahr für Jahr mit ihren Kreszenzen. Dabei werden Eisweine, bedingt durch den Klimawandel, von Jahr zu Jahr seltener. Bei den Beerenauslesen und Trockenbeerenauslesen hat ein Wandel von öliger, balsamischer Dichte zu mehr Klarheit und Verspieltheit bei höchstmöglichem Zucker eingesetzt. All diese Raritäten zählen zu den langlebigsten Weinen.

1. Platz | 96 Punkte
Oestricher Lenchen Beerenauslese
Peter Jakob Kühn (Rheingau)

2016 war ein herausfordernder Jahrgang in Sachen edelsüßer Wein. Wer es schaffte, einen Wein mit klaren Aromen und Frische zu keltern, dem gelang ein echtes Kunststück. Der biodynamisch arbeitenden Familie Kühn gelang dies wieder einmal begeisternd. Ihre Beerenauslese von der Oestricher Toplage Lenchen beeindruckt mit dem Duft von Mandarinen und Orangenzeste, die Säure ist prägnant, am Gaumen spielt sie geradezu mit der Süße, schließlich folgt ein großartiges Finale mit nicht enden wollendem Druck.
Preis: 80 Euro | Seite 684

Foto: Armin Faber & Partner

RIESLING EDELSÜSS 2016

Der Rest der Top Ten Riesling edelsüß 2016

2. Platz | 95 Punkte
Kiedricher Gräfenberg Beerenauslese Goldkapsel
Robert Weil (Rheingau)

Duft von Orange und weihnachtlichen Gewürzen, Apfel und Karamell, feine Viskosität, charmant
Preis: auf Anfrage | Seite 720

3. Platz | 95 Punkte
Stettener Stein Eiswein
Am Stein (Franken)

Duft von Zitrus und Baumharz, pikant, rassige Säure, komplex und klar zugleich
Preis: 69 Euro | Seite 275

4. Platz | 95 Punkte
Kiedricher Gräfenberg Trockenbeerenauslese
Robert Weil (Rheingau)

Aroma von hochreifer Mango, üppig und cremig, große Reife andeutend, feines Konzentrat
Preis: 325 Euro | Seite 720

5. Platz | 95 Punkte
Hallgartener Würzgarten Eiswein Goldkapsel
Josef Spreitzer (Rheingau)

Hochreife gelbe Früchte mit feinen Röstnoten, einnehmende Schmelzigkeit, lang
Preis: auf Anfrage | Seite 711

6. Platz | 95 Punkte
Bockenauer Felseneck Eiswein Goldkapsel
Schäfer-Fröhlich (Nahe)

Kühler Apfelduft, vibrierendes Süße-Säure-Spiel, feinste Balance, mit viel Potenzial
Preis: auf Anfrage | Seite 497

7. Platz | 94 Punkte
Kiedricher Turmberg Beerenauslese
Robert Weil (Rheingau)

Feiner Duft von Tarte Tatin aus Aprikosen, saftig und konzentriert, großes Spiel im Finale
Preis: 160 Euro | Seite 720

8. Platz | 94 Punkte
Mülheimer Helenenkloster Eiswein ** – 103 –
Max Ferd. Richter (Mosel)

Safranduft, verführerische Waldherbstnote, schmelzig, reichhaltiger Abgang
Preis: 85 Euro | Seite 424

9. Platz | 94 Punkte
Niederhäuser Klamm Eiswein
Jakob Schneider (Nahe)

Pikante, exotische Aromatik, fordernd-saftiger Eisweinton, große Präzision
Preis: 50 Euro | Seite 501

10. Platz | 94 Punkte
Niersteiner Hipping Beerenauslese
Keller (Rheinhessen)

Rassiges Säurespiel, hochreife gelbe Früchte im Duft, tänzelnd auf der Zunge
Preis: 198 Euro | Seite 775

WEINE DES JAHRES

Deutschlands Rebsorten

Fast 140 verschiedene Rebsorten wachsen in Deutschlands Weinbergen. Allerdings bedecken nur rund zwei Dutzend davon den Großteil der 102.543 Hektar Rebland. Trotz der Rotweineuphorie sind nach wie vor zwei Drittel der Fläche mit weißen Sorten bepflanzt.

Burgunderland Deutschland – Pinot Noir ist hierzulande die führende Rotweinrebe

Foto: Schiffner/Photocase.de

Der Riesling ist Deutschlands wichtigster Beitrag zur Welt des Weins. In keinem anderen Land wird er intensiver angebaut und erzielt so hohe Qualitäten. Wie kaum eine andere Rebsorte spiegelt er seine Herkunft wider, sodass er sehr unterschiedlich ausfallen kann. Die Anbaufläche erstreckt sich mittlerweile auf 23.700 Hektar. Damit steht die edle Sorte nun in 23 Prozent der deutschen Rebberge - ist aber sicherlich für Zweidrittel der großen Weine verantwortlich.

Auf Platz zwei folgt Müller-Thurgau. Mitte der 1970er Jahre noch die meistangebaute Sorte, ist er heute stark auf dem Rückzug. Seine Anbaufläche schrumpfte seit der letzten Generation um die Hälfte und liegt nur noch bei 12.600 Hektar. Er kann wunderbare Zechweine, aber auch interessante Kreszenzen hervorbringen. Leider wird er oft in weniger guten Lagen angebaut und auf hohen Ertrag getrimmt. Um dem vermeintlichen Negativimage zu entgehen, verwenden viele Winzer die Bezeichnung Rivaner.

Im 19. Jahrhundert war der Silvaner mit Abstand die Hauptrebsorte in Deutschland und noch bis 1964 stand er an der Spitze der Anbauliste. Sein Rückzug scheint ein wenig gebremst, doch wird er heute nur auf noch 4.926 Hektar angebaut. 2016 war wieder ein guter Jahrgang für Silvaner, in dem die fränkischen Winzer zeigten, dass sie mit ihrer Paradesorte der Konkurrenz aus Rheinhessen noch immer ein Stück voraus sind (siehe unsere Spitzenreiterliste Seite 54-55).

WEITERE REBSORTEN

Edelsüß ein Hochgenuss

Von den zahlreichen Neuzüchtungen, die in den 70er Jahren die Weinberge überschwemmten, sind heute noch Kerner (2.702 Hektar) und - überwiegend in Franken - Bacchus (1.715 Hektar) von Bedeutung. Beide haben in den vergangenen Jahren jedoch stark an Boden verloren und besitzen heute nicht mal mehr die Hälfte ihrer einstigen Ausbreitung.

Das gilt mit heute 1.407 Hektar auch für die schon 1916 gezüchtete Scheurebe, die bei optimalem Standort und guter Pflege hervorragende Weine hervorbringen kann. Dass frucht- und edelsüße Tropfen aus dieser Rebe grandios sein können, weiß man dank Betrieben wie Pfeffingen, Weegmüller (beide Pfalz) und Wirsching (Franken). Ein aktueller Trend erbringt nun auch immer mehr faszinierende trockene Exemplare. Die trockene Spitze des Jahrgangs 2016 ist die SP von Pfeffingen mit 90 Punkten.

2016 Scheurebe edelsüß

Ungsteiner Herrenberg Beerenauslese Pfeffingen, Bad Dürkheim (Pfalz)	95
Ungsteiner Herrenberg Auslese Pfeffingen, Bad Dürkheim (Pfalz)	92
Trockenbeerenauslese Matthias Gaul, Asselheim (Pfalz)	92
Nordheimer Vögelein Beerenauslese Glaser-Himmelstoß, Nordheim (Franken)	92

Der Rieslaner wurde 1921 aus Riesling und Silvaner gekreuzt. Er benötigt hohe Mostgewichte - dann kann er sogar faszinierender als der Riesling ausfallen. Im Jahrgang 2016 kommen die beeindruckendsten Exemplare aus der Pfalz sowie aus dem benachbarten Wonnegau in Rheinhessen.

2016 Rieslaner edelsüß

Haardter Herzog Trockenbeerenauslese Müller-Catoir, Neustadt-Haardt (Pfalz)	95
Haardter Herzog Beerenauslese Müller-Catoir, Neustadt-Haardt (Pfalz)	94
Haardter Herzog Auslese Müller-Catoir, Neustadt-Haardt (Pfalz)	93
Thüngersheimer Scharlachberg Trockenbeerenauslese Reiss, Würzburg (Franken)	93

Klassische Sorten

Zu den klassischen Sorten gehören der Gewürztraminer (965 Hektar) und der Muskateller (346 Hektar), die früher wesentlich verbreiteter waren. Da sie jedoch unbeständig im Ertrag und sehr aromatisch im Stil sind, war ihre Popularität bei Winzern wie Weingenießern eine Zeit lang stark zurückgegangen. Mittlerweile erleben beide eine zarte Renaissance. Fanden sich früher vor allem überzeugende fruchtsüße Gewürztraminer, so hat die Qualität der trocken ausgebauten deutlich zugenommen, wie Andreas Männle (Baden) und Stefanie Weegmüller (Pfalz) 2016 gezeigt haben. Für die Spielart Roter Traminer hat sich Sachsen einen hervorragenden Ruf erarbeitet (siehe unsere Spitzenreiterliste auf Seite 857).

Die besten trockenen Muskateller stammen in diesem Jahr mit je 88 Punkten von Simon in Baden sowie Pfirmann und Zelt in der Pfalz.

Deutschland, Burgunderland?

Der Grauburgunder, in Baden lange als Ruländer bekannt, hat eine treue Anhängerschaft und steht auf insgesamt 6.179 Hektar, mehr als doppelt so viel wie im Jahr 1995. Damit hat er dem Silvaner den Rang abgelaufen. Der Weißburgunder zählt ebenfalls zu den Aufsteigern der letzten Jahre: Im selben Zeitraum wie sein grauer Bruder hat er 2.509 Hektar an Rebfläche zugelegt und wächst nun auf 5.161 Hektar. Die Südpfalz und der Kaiserstuhl bringen meist die besten Exemplare hervor.

Zum Trio der in Deutschland populären Vertreter der weißen Burgunder gehört außerdem der Chardonnay, der es mit weiter steigender Tendenz auf mittlerweile 1.884 Hektar bringt. Die feinsten Weine dieser drei Sorten aus dem aktuellen Jahrgang 2016 finden Sie auf den Seiten 52-53 sowie in unserer Siegerliste gereifter Weine (Seite 76).

Der Auxerrois (246 Hektar) ist das am wenigsten bekannte Mitglied der renommierten Rebenfamilie. Führend in seiner Erzeugung ist im aktuellen Jahrgang 2016 Wöhrle aus Baden mit 89 Punkten.

Pinot Noir eingerechnet, nehmen die Burgundersorten inzwischen ein Viertel der deutschen Rebfläche ein, womit sie, natürlich nur als Familie, den Riesling sowohl in der Produktionsmenge als auch Anbaufläche übertreffen - Deutschland ist ein Burgunderland geworden.

WEINE DES JAHRES

Senkrechter Aufsteiger im Weinberg

Der Senkrechtstarter in Deutschlands Weinbergen ist der Sauvignon Blanc, dessen quasi Nichtexistenz vor kaum mehr als einer Dekade sich zu mittlerweile 956 Hektar Anbaufläche entwickelt hat. Kaum bekannt: Die »Moderebe« blickt in Deutschland auf eine lange Tradition zurück. Bereits um 1830 pflanzte das Gräflich Wolff Metternich'sche Weingut Rebstöcke von Château d'Yquem - und vermarktete das Ergebnis als »Weißen Bordeaux«. Fielen die Weine der vor allem aus dem Loiretal, Bordeaux und Neuseeland bekannten Rebe hierzulande früher häufig grün und übermäßig grasig aus, so bekommen deutsche Winzer sie nun immer besser in den Griff. Verglichen mit einem qualitativ vergleichbaren trockenen Riesling sind sie allerdings (noch?) etwas überteuert.

Die besten Sauvignon Blanc trocken 2016	
Opus-O Jülg, Schweigen (Pfalz)	91
Wollmesheimer Mütterle Pfirmann, Landau (Pfalz)	90
Schriesheimer Madonnenberg Barrique Baumann, Lauda Königshofen (Baden)	90

»Viele Weine beflügeln das Denken.«
Theomoptilot von Susa (4. Jhd.)

Foto: DWI

Beliebte Rotweine

Deutsche Rotweine haben enorm an Beliebtheit gewonnen. Seit 1995 hat sich die Rebfläche fast verdoppelt und steht nun bei 35.000 Hektar. Mit 11.787 Hektar ist der Spätburgunder nach wie vor die führende Rotweinrebe Deutschlands. Die großartigsten Exemplare kommen in der Regel von der Ahr, aus dem Rheingau, der Pfalz sowie aus Baden und Franken. Dabei können die feinsten durchaus dem Vergleich mit »Premier Crus« aus dem Burgund standhalten. Eine Liste der besten aus dem aktuellen Jahrgang 2015 finden Sie auf Seite 50-51.

Schon lange steht der dunkelfarbige Massenträger Dornfelder auf Rang zwei mit 7.741 Hektar. Das ist zwar dreimal so viel Anbaufläche wie noch 1995, doch die Fläche nimmt seit drei Jahren ab. Da der Ruf der Sorte ziemlich ramponiert ist, lassen viele Weingüter ihn in Cuvées verschwinden. Nur wenige versuchen aus der Rebsorte qualitativ alles herauszukitzeln. Am besten gelang dies Jürgen Leiner (Pfalz) mit seinem 2015er Kuriosum (86 Punkte).

Der Blaue Portugieser hält mit 3.064 Hektar Platz drei der deutschen Rotweinreben. Die alte Sorte findet sich nirgendwo häufiger als in Deutschland, obwohl auch ihre Anbaufläche weiter abnimmt. Arndt Werner aus Ingelheim präsentierte mit dem 2015 Aula Regia wieder einmal ein großartiges Beispiel aus seinem Sonnenhang - mit 90 Punkten ein echter Trinktipp. Dicht gefolgt wurde er von Peter Kriechels Kräuterberg (Ahr) und der Reserve von Rings (Pfalz), beide mit 89 Punkten.

Trollinger mit 2.230 Hektar und Schwarzriesling mit 1.995 Hektar haben meist nur regionale Bedeutung. Der 2015er Sine von Aldinger (Württemberg) mit 89 Punkten zeigt jedoch, was der Trollinger qualitativ zu leisten in der Lage ist. Ähnliches lässt sich über den 2015er R (89 Punkte) von Schlör im badischen Taubertal über den Schwarzriesling sagen. Viel mehr Aufmerksamkeit verdient die württembergische Spezialität Lemberger (Spitzen-

WEITERE REBSORTEN

reiterliste auf Seite 973) mit einer Anbaufläche von 1.859 Hektar. Das sind fast 700 Hektar mehr als um die Jahrtausendwende. Der Sankt Laurent kann ebenfalls überzeugende Tropfen hervorbringen. Die Mehrzahl seiner 662 Hektar Rebfläche befindet sich in der Pfalz und in Rheinhessen.

Die besten St. Laurent trocken

2014 Barrique Meßmer, Burrweiler (Pfalz)	89
2015 Barrique »S« Bernhart, Schweigen (Pfalz)	89
2015 Reserve Weedenbornh, Monzernheim (Rheinhessen)	89
2015 Reserve Braunewell, Essenheim (Rheinhessen)	88
2015 Barrique Reserve Villa Heynburg, Kappelrodeck (Baden)	88
2014 Barrique Knipser, Laumersheim (Pfalz)	88
2015 Laumersheimer Reserve Kuhn, Laumersheim (Pfalz)	88
2015 Bissersheimer Goldberg Reserve Wageck-Pfaffmann, Bissersheim (Pfalz)	88

Cabernet und Syrah

Die aus Bordeaux bekannten Sorten Cabernet Sauvignon (374 Hektar), Merlot (639 Hektar) und Cabernet Franc (57 Hektar) finden sich nur selten rebsortenrein ausgebaut. Wie die Weinsberger Neuzüchtungen Cabernet Dorsa, Cabernet Dorio, Cabernet Mitos, Acolon oder die Neuzüchtung Domina vom Geilweilerhof und Dunkelfelder aus Edenkoben landen sie meistens in Verschnitten.

Ein weiterer Gewinner des Rotweinbooms ist die pilzresistente Sorte Regent: von sieben Hektar in 1995 ging es auf jetzt 1.847 Hektar hoch. Erstaunliche Qualitäten erbringt mittlerweile der Syrah (69 Hektar) in Deutschland, wobei einige Winzer sich an der nördlichen Rhone (Ziereisen) und andere sich an Australien orientieren (Fritz Waßmer).

Die besten trockenen Syrah

2014 Barrique Knipser, Laumersheim (Pfalz)	92
2015 Große Reserve Rings, Freinsheim (Pfalz)	92
2015 »S.E.« Neipperg, Schwaigern (Württemberg)	91
2015 Klüsserather Brüderschaft Regnery, Klüsserath (Mosel)	90
2015 Barrique Reserve Rings, Freinsheim (Pfalz)	90
2015 Hades Reserve Weinsberg (Württemberg)	90
2015 Barrique Fritz Waßmer, Bad Krotzingen (Baden)	90
Dottinger Castellberg Martin Waßmer, Bad Krotzingen (Baden)	90

Regionale Spezialitäten

Neben all diesen Sorten gibt es die regionale Spezialitäten. Unter den Weißweinen sei der Gutedel genannt, der vornehmlich im südbadischen Markgräflerland angebaut wird und es auf immerhin 1.138 Hektar bringt. Die besten seiner Art erzeugt Hanspeter Ziereisen (Baden), der neue Maßstäbe für diese Sorte setzt.

Der Elbling (527 Hektar) besitzt vornehmlich an der Obermosel und in Sachsen Bedeutung. Mit 20 Hektar Anbaufläche ist die Sorte Goldriesling eine weitere, rein sächsische Spezialität.

Unter den Rotweinsorten wird Frühburgunder mit gesamt 248 Hektar Fläche überwiegend an der Ahr angebaut (siehe Seite 90-91), doch auch der Franke Paul Fürst produziert regelmäßig herausragende Exemplare wie mit dem 2015 »R« aus dem Centgrafenberg (93 Punkte).

Die Rebfläche der äußerst seltenen Sorte Tauberschwarz beschränkt sich auf das Taubertal und dort auf gerade mal 14 Hektar. Leider wird die Rebe nur noch von wenigen Spezialisten gepflegt.

Joel Payne

GUT UND GÜNSTIG **LITERWEIN**

Großer Durst, kleines Geld

Große Flasche, nichts dahinter? Literweine haben zu Unrecht einen schlechten Ruf. Die Schoppenliga bietet erstaunlich viel Gutes. Und auch für Rotweintrinker ist etwas dabei.

Vor allem an der Mosel gibt es gute Literweine, die zu meist sehr konsumentenfreundlichen Preisen angeboten werden. Deutsche Winzer bringen selbst ansprechende Rotweine für kleines Geld auf die Flasche. Beispielhaft dafür ist Fischer in Baden. Bei einem Winzer, der guten Literwein erzeugt, kann man auch die teureren Flaschen beruhigt kaufen!

1. Platz | 86 Punkte
2016 Riesling trocken
Günther Steinmetz (Mosel)
Preis: 6,50 Euro | Seite 438

2. Platz | 86 Punkte
2016 Riesling trocken
Später-Veit (Mosel)
Preis: 7 Euro | Seite 436

3. Platz | 85 Punkte
2016 Riesling Classic
Alfred Merkelbach (Mosel)
Preis: 5,50 Euro | Seite 399

4. Platz | 85 Punkte
2016 Grauburgunder trocken
Kalkbödele (Baden)
Preis: 5,90 Euro | Seite 156

5. Platz | 85 Punkte
2016 Riesling trocken
Faubel (Pfalz)
Preis: 6 Euro | Seite 544

6. Platz | 85 Punkte
2016 Oestricher Lenchen Riesling
Mehrlein (Rheingau)
Preis: 6 Euro | Seite 693

7. Platz | 85 Punkte
2016 Weißburgunder trocken
Lämmlin-Schindler (Baden)
Preis: 6,30 Euro | Seite 167

8. Platz | 85 Punkte
2016 Riesling trocken
Martin Müllen (Mosel)
Preis: 7,90 Euro | Seite 405

9. Platz | 85 Punkte
2014 Spätburgunder trocken
Fischer (Baden)
Preis: 8,60 Euro | Seite 137

10. Platz | 85 Punkte
2016 Riesling Quarzit Schiefer
Franzen (Mosel)
Preis: 9,20 Euro | Seite 347

MADAME digital lesen!

✓ 1 Ausgabe digital gratis lesen
✓ danach nur 4,99 Euro pro Monat
✓ monatlich kündbar

Als „Luxury Life Guide" inspiriert, stärkt und bereichert MADAME mit ihrer zeitgemäßen Themenvielfalt die trendbewusste und stilvolle Frau jeden Alters – auch digital als epaper!

Jetzt testen! www.madame.de/epaper

Schnäppchen weiß

Auch wenn deutsche Spitzenweine immer höhere Preise erzielen: Wer ein wenig sucht, kann gerade unter den Weißweinen noch recht günstig einkaufen.

Nachfolgend sind die feinsten Weißweine für unter zehn Euro aufgelistet, die wir während der Verkostungen gefunden haben. Auf den Betriebsseiten kennzeichnen wir alle Weißweine, die bei mindestens 88 Punkten weniger als zehn Euro kosten, mit einem €-Symbol - eine Freude nicht nur für Genießer, sondern auch fürs Sparschwein.

1. Platz | 93 Punkte
Rüdesheimer Berg Roseneck Riesling Kabinett
Carl Ehrhard (Rheingau)
Preis: 9 Euro | Seite 663

2. Platz | 93 Punkte
Trittenheimer Altärchen Riesling Kabinett
Franz-Josef Eifel (Mosel)
Preis: 9,80 Euro | Seite 341

3. Platz | 92 Punkte
Niedermenniger Sonnenberg Riesling Kabinett
Stefan Müller (Saar)
Preis: 7,50 Euro | Seite 408

4. Platz | 92 Punkte
Krettnacher Altenberg Riesling Kabinett
Stefan Müller (Saar)
Preis: 7,50 Euro | Seite 408

5. Platz | 91 Punkte
Piesporter Goldtröpfchen Riesling Kabinett
Kurt Hain (Mosel)
Preis: 8,50 Euro | Seite 357

6. Platz | 91 Punkte
Niedermenniger Sonnenberg Riesling Spätlese
Stefan Müller (Saar)
Preis: 8,50 Euro | Seite 408

7. Platz | 91 Punkte
Kinheimer Rosenberg Riesling Spätlese
Alfred Merkelbach (Mosel)
Preis: 8,50 Euro | Seite 399

8. Platz | 91 Punkte
Schlossböckelheimer Riesling Kabinett
K. H. Schneider (Nahe)
Preis: 9 Euro | Seite 503

9. Platz | 91 Punkte
Piesporter Goldtröpfchen Riesling Kabinett feinherb
Später-Veit (Mosel)
Preis: 9,50 Euro | Seite 436

10. Platz | 90 Punkte
Riesling halbtrocken Einklang
Weber Brüder (Saar)
Preis: 8 Euro | Seite 451

Schnäppchen rot

Gering ist die Menge, die Nachfrage groß: Deutscher Rotwein ist kein einfaches Terrain für Schnäppchenfreunde. Aussichtslos ist die Sache zum Glück nicht.

Vor allem in Baden, oft auch in der Pfalz, bieten Spitzengüter zu konsumentenfreundlichen Preisen Rotweine an. Ein Spätburgunder von Martin Waßmer ist *primus inter pares*, punktgleich mit sieben anderen. Unsere Preisgrenze beim Rotwein liegt bei 15 Euro; unter 10 Euro wird die Auswahl sehr dünn - wie es geht, zeigt unser Sieger Martin Waßmer.

1. Platz | 89 Punkte
2015 Spätburgunder
Martin Waßmer (Baden)
Preis: 9,50 Euro | Seite 203

2. Platz | 89 Punkte
2015 Spätburgunder Steinkreuz
Jähnisch (Baden)
Preis: 12 Euro | Seite 154

3. Platz | 89 Punkte
2015 Frühburgunder S
Gerhard Klein (Pfalz)
Preis: 12,50 Euro | Seite 567

4. Platz | 89 Punkte
2015 Bickensohler Herrenstück Pinot Noir
Holger Koch (Baden)
Preis: 13 Euro | Seite 161

5. Platz | 89 Punkte
2015 Endinger Engelsberg
Knab (Baden)
Preis: 14 Euro | Seite 160

6. Platz | 89 Punkte
2016 Altenahrer Eck Spätburgunder
Sermann-Kreuzberg (Ahr)
Preis: 14 Euro | Seite 109

7. Platz | 89 Punkte
2014 Gimmeldinger Bienengarten Pinot Noir
Weik (Pfalz)
Preis: 14,50 Euro | Seite 633

8. Platz | 89 Punkte
2014 St. Laurent
Meßmer (Pfalz)
Preis: 14,50 Euro | Seite 584

9. Platz | 88 Punkte
2015 Spätburgunder
Fritz Waßmer (Baden)
Preis: 8,60 Euro | Seite 202

10. Platz | 88 Punkte
2015 Birkweiler Mandelberg Spätburgunder vom Buntsandstein
Wolf (Pfalz)
Preis: 9 Euro | Seite 637

REIFE WEINE

Weiße Burgunder 2012: Auf die Probe gestellt

Weiße Burgundersorten sind die Gewinner der letzten Jahre in deutschen Weinbergen. 32 der besten Chardonnays, Weiß- und Grauburgunder des Jahrgangs 2012 stellten wir auf die Probe.

Nach dem warmen, alkoholreichen Jahrgang 2011 waren die Weißburgunder 2012 eine wahre Erholung mit großer Bandbreite an Stilen. Als Gewinner unserer Verkostung fünfjähriger Weißburgunder setzten sich Fürst in Franken und Rebholz in der Südpfalz durch.

1. Platz | 95 Punkte
Weißburgunder Centgrafenberg Fürst (Franken)
Betörender Duft von weißen Blüten und reifem Pfirsich, im Mund frisch und bestens balanciert, hochfeiner Abklang

2. Platz | 95 Punkte
Weißburgunder Im Sonnenschein Rebholz (Pfalz)
Verspielter burgundischer Typ mit klarer Frucht und zarter Reife, angenehm kräuterig im Nachhall

3. Platz | 94 Punkte
Chardonnay Schlossberg Huber (Baden)
Leicht reduktiv in feinster Burgunderart mit zarter Vanillenote, klar und transparent trotz hoher Reife, feines Säurespiel im Finale

4. Platz | 94 Punkte
Weißburgunder Mandelberg Dr. Wehrheim (Pfalz)
Aromen von Pfirsich, Birne und Zimt mit würziger Fruchtfülle, dicht, vollmundig, kraftvoll, begeisternd verspielt

5. Platz | 93 Punkte
Chardonnay R Rebholz (Pfalz)
Saftige, burgundische Art mit kräutriger Eleganz und erfrischendem Säurespiel, im Mund schmelzig, würzig und lang anhaltend

6. Platz | 92 Punkte
Chardonnay S Wittmann (Rheinhessen)
Zartrauchiger Duft, der an Meursault erinnert, üppige Gelbfrucht und saftiger Körper, unterschwellige Säure, spielerisch, ein Klassiker

7. Platz | 92 Punkte
Chardonnay **** Knipser (Pfalz)
Cremige Fülle und edle Vanilleexotik prägen den Geschmack, finessenreich und in sich stimmig, mit Druck und langem Abklang

8. Platz | 92 Punkte
Grauburgunder Zalwander (Baden)
Saftige Frucht, leichte Räuchernote, polarisierender Stil, da leicht naturtrüb, jedoch über jeden Zweifel erhaben

9. Platz | 92 Punkte
Weißburgunder Reserve Becker (Pfalz)
Wilde Exotik im Duft, im Mund weich und spielerisch, ein ungewöhnlicher Weißburgunder, der erst jetzt in den Verkehr kommt

10. Platz | 91 Punkte
Weißburgunder Gras im Ofen Dr. Heger (Baden)
Feinste cremige Reife, verhaltene Holzsüße, mit einer eleganten Verbindung von Kraft (14 Prozent) und Zartheit

Riesling 2012: Fritz-Knorr-Trophy

Unsere Ehrung des besten fünf Jahre gereiften trockenen Riesling haben wir nach dem 2012 verstorbenen Kellermeister von Bürklin-Wolf (Pfalz) benannt. Er prägte den Stil runder, in sich ruhender Weine.

Die feinsten 2012er, angeführt von Bürklin-Wolf, Wittmann und Dönnhoff, besitzen Saft, Kraft, einen feinen mineralischen Nerv und sind zudem bestens ausgewogen. Heute stellt es einen richtigen Genuss dar, solche Flaschen zu öffnen - Lagern lohnt sich.

1. Platz | 96 Punkte
Pechstein Bürklin-Wolf (Pfalz)
Von verspielter Würze geprägt, edel mit mineralischer Größe und perfekter Balance, voll seidiger Eleganz und mit wunderschöner Länge

2. Platz | 96 Punkte
La Borne Alte Reben Wittmann (Rheinhessen)
Tief, saftig und dennoch seidig in der Frucht mit Duft von weißen Johannisbeeren, straff, mineralisch und zupackend, beeindruckend komplex

3. Platz | 95 Punkte
Hermannshöhle Dönnhoff (Nahe)
Harmonisch, dicht und kräftig, mit cremiger Fruchtfülle, eher subtil und verspielt im Nachhall, reichhaltig, dabei in perfekter Balance

4. Platz | 94 Punkte
Morstein Wittmann (Rheinhessen)
Bouquet von Weinbergpfirsich und weißen Blüten, am Gaumen kalkhaltige Würze und salzige Frische mit cremigem Schmelz, fein und ausgewogen

5. Platz | 94 Punkte
Morstein Keller (Rheinhessen)
Stoffig, weich und rund, zartsüßlich strukturiert und pikant, klar und geradlinig, exotische Würzigkeit, faszinierend im Nachhall

6. Platz | 94 Punkte
Rothenberg Kühling-Gillot (Rheinhessen)
Verspielt, elegant, facettenreich, äußerst animierend, samtige Fruchtsüße trifft auf harmonische Säurestruktur

7. Platz | 94 Punkte
Berg Schlossberg Breuer (Rheingau)
Mit nur 11,5 Prozent Alkohol voller Kraft und Finesse, zartsüßliche Rauchigkeit, sublime Exotik im Abklang

8. Platz | 93 Punkte
Kastanienbusch Wehrheim (Pfalz)
Würziger Kräuterduft, saftig, klar und elegant, nachhaltig, finessenreich, immer noch ungemein jugendlich frisch, bestes Potenzial

9. Platz | 93 Punkte
Kastanienbusch Rebholz (Pfalz)
Duft von Mirabelle, Rauch, Zitronenmelisse, mineralische Säure, am Gaumen klar und elegant mit warmer Süße im langen Nachhall

10. Platz | 93 Punkte
Felseneck Schäfer-Fröhlich (Nahe)
Hochfeiner, endlos anhaltender Mirabellenhauch in der hefigen Aromatik, geradliniger Charakter, rauchig, frisch, feinwürzig und mineralisch

REIFE WEINE

Riesling 2007: Bernhard-Breuer-Trophy

Nicht jeder Wein des Jahrgangs 2007 reifte tatsächlich zu seinem Vorteil heran, doch im Vergleich zum Vorjahr war das Ergebnis unserer Verkostungsrunde eher homogen – einige der feinsten Exemplare strahlen.

36 Weine waren angestellt, darunter auch von Breuer, Dönnhoff, Emrich-Schönleber, Künstler, Wehrheim und Weil. Alle haben prächtige 2007er angestellt, doch der Bessere ist der Feind des Guten. An der Spitze kann man aber fast alles blind kaufen.

1. Platz | 97 Punkte
Kirchenstück Bürklin-Wolf (Pfalz)
Von weißem Pfeffer geprägt, klar, geradlinig, mit exotischer Würze, frisch, straff, stimmig bis zum langen, kühlen Nachhall

2. Platz | 96 Punkte
Kastanienbusch Rebholz (Pfalz)
Saftig, eigenwillig, elegant, strahlend verspielt und kräuterduftig, nachhaltig und finessenreich, jugendlich frisch

3. Platz | 95 Punkte
Frauenberg Battenfeld-Spanier (Rheinhessen)
Tief und mächtig, mit kräftiger, leicht gerösteter Frucht, selbstbewusst, mit kalkhaltiger Würze am Gaumen, im Nachhall lang, warm, seidig

4. Platz | 94 Punkte
Felseneck Schäfer-Fröhlich (Nahe)
Vielschichtig, verspielt, elegant, facettenreich, animierend, feingliedrige Aromatik, würzige Fruchtreife und harmonische Säurestruktur

5. Platz | 94 Punkte
Pechstein Bürklin-Wolf (Pfalz)
Frucht, vulkanische Würze und Harmonie, dicht, kräftig, präzise im Aroma, nervig in der Säurestruktur, Spannung, rassige Frische, verspielte Eleganz, alles in Balance

6. Platz | 93 Punkte
Felsenberg Schäfer-Fröhlich (Nahe)
Geradliniger, salziger Charakter, feinwürzige Rauchigkeit, frisch, schlank, jugendliche Frucht, langer Nachhall, balanciertes, feinherbes Spiel

7. Platz | 93 Punkte
Hohenmorgen Bürklin-Wolf (Pfalz)
Harmonisch in sich ruhend, schnörkellos, cremige Rauchigkeit, seidige Eleganz, dabei leichtfüßig, salzig und samtwürzig, vereint spielend die Gegensätze

8. Platz | 93 Punkte
Kupfergrube Schäfer-Fröhlich (Nahe)
Spannungsvoll, ruht mit seiner würzigen Fülle dennoch in sich, Größe, Schmelz und Eleganz, feinherber Abklang verleiht mineralischen Glanz

9. Platz | 93 Punkte
Abtserde Keller (Rheinhessen)
Exotische Fruchtnuancen, bestens ausgewogene Kraft, durch verspielte Säure frisch, animierend und jung, elegante Süße im langen Nachhall

10. Platz | 93 Punkte
Morstein Wittmann (Rheinhessen)
Würzige Frucht und salzige Frische mit cremigem, fast süßem Schmelz, ausgewogen, für sein Alter jugendlich und kraftvoll

Spätburgunder 2007: Bernhard-Huber-Trophy

Fritz Becker schafft mit seinen 2007ern den Vierfachsieg: Vier der sieben besten Spätburgunder stammen aus seinem Keller. Aber auch Fürst und Ziereisen dürfen sich als Gewinner fühlen.

Mit Reife und Eleganz zeigte der Jahrgang 2007 Eigenschaften großer Burgunder. Die Weine von Fürst und Ziereisen haben an Qualität noch zugelegt. Der große Gewinner Fritz Becker steht mit vier betörenden Pinot Noirs haushoch über der Konkurrenz.

1. Platz | 95 Punkte
Pinot Noir Becker (Pfalz)
Aromatik von Kirsche, Vanille und Rösttönen, Beerenfrucht, feinwürziges Spiel und seidige Tanninstruktur, hat Potenzial für weitere zehn Jahre

2. Platz | 94 Punkte
Hunsrück »R« Fürst (Franken)
Kirsch- und Blütenduft, Anklänge von Tabak und Mokka, am Gaumen herzhafte Frucht, saftige und dichte Struktur, noch erkennbares feinkörniges Tannin

3. Platz | 94 Punkte
Kammerberg Großes Gewächs Becker (Pfalz)
Komplexer Duft von dunklen Früchten, rauchig, im Mund kompakt und begeisternd leichtfüßig, meisterlich feingliedrige Art mit pikanter Ader

4. Platz | 93 Punkte
Sankt Paul Großes Gewächs Becker (Pfalz)
Kühler Duft von Cassis und Vanille, rauchige Rösttnoten, braucht Luft, hat ein extrem einnehmendes, langes Finale und viel Potenzial

5. Platz | 93 Punkte
Wildenstein Huber (Baden)
Reife Pflaumen im Bukett, am Gaumen ausgewogen, mit geschmeidigem Tannin, spannungsvoll und tief, lange nicht am Ende seiner Reife

6. Platz | 92 Punkte
Rhini Ziereisen (Baden)
Animalisch mit filigraner, verspielter Frucht, Hauch frischer Himbeere, auf der Zunge fein gegliedert, mineralisch, ausdrucksstarker Burgunder

7. Platz | 92 Punkte
Reserve Becker (Pfalz)
Noch jugendliche Aromen von Waldboden und perfekt gereiften Beerenfrüchten, am Gaumen kühl, lang, von geschliffener Eleganz, noch feste Tanninstruktur

8. Platz | 92 Punkte
Sommerhalde Großes Gewächs Huber (Baden)
Röstnoten im Bukett, am Gaumen Waldhimbeerfrucht, dicht, mit viel Struktur und festem Tanningerüst, im Nachhall Minze und Speck

9. Platz | 91 Punkte
Reserve Holger Koch (Baden)
Beinahe ätherische Eukalyptusnote im Bukett, daneben ein Hauch Lakritz und Vanille, feine Struktur, verspielt, die Tannine fest, braucht immer noch Zeit

10. Platz | 91 Punkte
Alte Reben Jean Stodden (Ahr)
Cassis, Kirsche, Lakritz und Röstnoten im Bukett, am Gaumen dunkle Beeren, edle, süßliche Reife, schmelzige Frucht und ein zupackendes Tanningerüst

REIFE WEINE

Riesling Spätlese 2007: Spielerische Eleganz

Die Renaissance fruchtiger Rieslinge wird durch Leichtigkeit begünstigt. Viel besser als erwartet zeigten sich die 2007er Spätlesen in der Probe. Die feinsten Gewächse haben nichts von ihrer Frische verloren.

Die Reichhaltigkeit, die das warme Jahr 2007 dem Riesling mitgegeben hat, führt nach zehnjähriger Reife zu einem klassischen, beinahe altmodischen Geschmacksbild von großer Fülle. An der Spitze stehen Klassiker mit spielerischer Eleganz.

1. Platz | 95 Punkte
Roseneck Leitz (Rheingau)
Mineralisch fest mit eigenem Charakter und Rückgrat, mit Aprikosenaromen, nervig, frisch, feinste Rheingauer Art

2. Platz | 95 Punkte
Halenberg Emrich-Schönleber (Nahe)
Verspielt, leicht, steinig und trinkig angelegt mit Zitronenmelisse und Limette, feinherbes Spiel, extrem lebhaftes Finish, wirkt alterslos

3. Platz | 95 Punkte
Felseneck Goldkapsel Schäfer-Fröhlich (Nahe)
Weinbergpfirsich und weiße Johannisbeeren, cremige Art, besitzt Spannung, Frische und klassische Reife

4. Platz | 94 Punkte
Domprobst Versteigerung Willi Schaefer (Mosel)
Kräuterwürze, Duft von Muskat und Zitronenmelisse, feinsaftig, seidig und verspielt, dazu ein Hauch Karamell

5. Platz | 94 Punkte
Rausch – 05 – Versteigerung Zilliken (Saar)
Prägnante Blütenaromatik, transparente Fülle, subtile Frucht, tänzelnde Eleganz und vielschichtiger Nachhall, Saar-typische Spätlese voller Spannung

6. Platz | 94 Punkte
Sonnenuhr Versteigerung – 25 – Prüm (Mosel)
Birne mit etwas schwarzer Johannisbeere, kühler Limette und nassem Stein, vollmundig mit mineralischem Fluss und noblem Finish

7. Platz | 93 Punkte
Halenberg Schäfer-Fröhlich (Nahe)
Feinduftig mit Noten von Pfirsich und Zitronenmelisse, klare Frucht und frisches Säurespiel, fein gewoben, kühle Schiefernote, animierend

8. Platz | 93 Punkte
Juffer-Sonnenuhr – 14 – Haag (Mosel)
Klar und erfrischend mit nerviger Fülle, dazu ein Hauch Maiglöckchen und saftiger Cassis im Duft, gute Struktur und langer Nachhall

9. Platz | 92 Punkte
Lenchen 303 Spreitzer (Rheingau)
Sehr weinig, mit Saft und Kraft. Würzige Prägung, komplexer Kamillenduft, Schmelz und langer Nachhall, eher breit angelegt, dennoch frisch

10. Platz | 92 Punkte
Baiken Staatsweingut (Rheingau)
Herzhaft mit gebratenem Apfelduft, sahnige Saftigkeit, mineralische Tiefe, feine Säure und beeindruckende Länge, harmonisch und würzig

Riesling Auslese 1997: In Würde gereift

Ein wenig süßlich in der Jugend, gewinnen Auslesen mit der Reife eine göttliche Harmonie, die ihresgleichen sucht – und sie halten ewig. Die Besten des Jahrgangs 1997 stammen von Mosel, Ruwer und Saar.

24 unserer vor 20 Jahren höchstbewerteten Auslesen standen erneut auf dem Prüfstand. Ausfälle gab es keine - außer einem Korkschmecker bei von Schubert. An der Spitze: der Prälat *** des »Magiers« Karl-Joseph Christoffel.

1. Platz | 98 Punkte
Prälat ***
Joh. Christoffel jr. (Mosel)

Feiner Duft, geprägt von Zitronenmelisse, kühle, noch reduktive Art, vereint Kraft und Spannung mit cremigem Spiel, zarte Karamellnote, verhaltene Süße, trinkt sich wie Bergwasser.

2. Platz | 98 Punkte
Rausch Goldkapsel – 03 – Zilliken (Saar)
Verhaltenere Aromatik, elegant konzentriert, leicht pfeffrig, präzise, mit komplexer Struktur, klassischer Saar-Stil mit feinherbem Abklang

3. Platz | 98 Punkte
Grafenberg Goldkapsel Weil (Rheingau)
Exotische Aromatik, fein gereifte Frucht, cremig unterlegte Struktur, samtige Fülle, elegantes Aufspiel, eher eine Beerenauslese, animierendes Finish

4. Platz | 97 Punkte
Rausch – 06 – Zilliken (Saar)
Kräuterwürziger Duft weißer Blüten, zartrauchig mit einem Honighauch, schlank, klar und tänzerisch, sublime Mineralität, stilvoll, lang und alterslos

5. Platz | 97 Punkte
Sonnenuhr – 15 – Joh. Jos. Prüm (Mosel)
Reduktive Aromatik, feine Apfelnote, Hauch Zitronenmelisse, so pur und frisch, dass man die Süße nicht schmeckt, wunderschöne Auslese

6. Platz | 96 Punkte
Helden Lange Goldkapsel – 10 – Lieser (Mosel)
Pfirsich, Waldmeister, wunderbar reif im Duft, klar und noch jugendlich auf der Zunge, elegante Fülle, erfrischende Säure, belebender Nachhall, stilvoll

7. Platz | 96 Punkte
Rothenberg Goldkapsel Gunderloch (Rheinhessen)
Goldgelb glänzend, komplexe Aromatik von Quitte, Rauch, Zimt und Apfel, Schmelz und seidige Aprikosenfülle, Karamell im Nachhall

8. Platz | 96 Punkte
Himmelreich Joh. Jos. Prüm (Mosel)
Duftet frisch nach Cassis und Veilchen, tief und fein, klassische Auslese alter Art, klare Linie ohne Süße und Schnörkel, wahnsinnig trinkig, 20 Jahre jung

9. Platz | 95 Punkte
Dompropst Versteigerung Willi Schaefer (Mosel)
Weiter entwickelt, da aus der halben Flasche, Duft nach Ananas, Passionsfrucht und Novemberapfel, klassisch, würzig und komplex, Graach in Urform

10. Platz | 95 Punkte
Juffer-Sonnenuhr Goldkapsel Versteigerung –13 – Fritz Haag (Mosel)
Noch helle Farbe, geprägt von Thymian, Butterscotch und Minze, leichtfüßig, elegant und kompakt, endet lang und feinherb mit saftiger Frucht

Klassiker – deutsche Wein-Ikonen

Es gibt sie: Weine, die in jedem Jahr zu den Allerbesten ihrer Gattung gehören – die *Blue Chips* der deutschen Weinkultur. Wir stellen Ihnen zwei Dutzend solcher ausgewählter Klassiker vor: große Weine, die man blind kaufen kann.

SEKT

MonRose, Raumland, Rheinhessen

Volker Raumland ist unbestritten Deutschlands herausragender Sekterzeuger. Seine Spitzen-Cuvée trägt den Namen MonRose und ist seiner Frau Heide Rose gewidmet: eine Vermählung der drei Champagnerrebsorten Pinot Noir, Pinot Meunier und Chardonnay, die erst nach zehnjähriger Flaschenreifung auf den Markt kommt. Ein vinologischer Paukenschlag, der den Luxusmarken aus Reims und Epernay in nichts nachsteht.

WEISSBURGUNDER

Im Sonnenschein, Rebholz, Pfalz

Naturweine und modernste Kellertechnologie, das ist das Credo der Familie Rebholz. Ihr »Im Sonnenschein« stammt aus einer Lage, die früher als Siebeldinger Berg bezeichnet wurde und Muschelkalk aufweist. Ein wahrhaft »Großes Gewächs«, das Kraft, Würze und Feinfruchtigkeit vereint!

Mandelberg, Dr. Wehrheim, Pfalz

Pinot Blanc ohne Holz – weltweit einzigartig in dieser Qualität! Schon seit 1950 steht die Rebsorte in den Weinbergen der Wehrheims, sie waren damit Pioniere in der Südpfalz. Die Muschelkalkböden führen zu einer vibrierenden Mineralität, zu Frische und Transparenz. Selbst in Jahren mit hohen Öchslewerten wirken Wehrheim-Burgunder stets schwerelos.

Winklerberg Gras im Ofen, Heger, Baden

Sensationell, wie viel Frische und Eleganz Joachim Heger bei einem Wein aus Deutschlands heißester Lage, dem Ihringer Winklerberg, auf die Flasche bringt! Das Geheimnis ist der karge Vulkangesteinsboden, der in der kleinen Spitzenparzelle Gras im Ofen den Weißburgunder zum Singen bringt.

SPÄTBURGUNDER

Pinot Noir Heydenreich, Becker, Pfalz

Ganz schlicht Heydenreich heißt einer der größten Spätburgunder Deutschlands, dessen Reben kurioserweise in einem Weinberg wachsen, der seit der Grenzverschiebung 1945 in Frankreich liegt. Manche erinnert er an einen klassischen Chambertin, vereint er doch grandiosen Schmelz, große Fülle und perfekte Harmonie. Weltklasse!

DEUTSCHE WEIN-IKONEN

Wildenstein, Huber, Baden
Heute heißt das Gewann Willistein, früher trug es den Namen Wildenstein. Vor 700 Jahren pflanzten aus dem Burgund eingewanderte Mönche hier Spätburgunder an - sie wussten, was sie taten! Die Lage ist in kleine Terrassen gegliedert, mit durch Eiseneinlagerungen rötlichem Muschelkalkfels. Ein Wein, der unfassbar heranreifen kann und Mineralik mit einer paradiesisch saftigen Frucht vereint.

Hundsrück, Fürst, Franken
Hundsrück heißt dieses legendäre Gewann, weil es wie der Rücken eines Hundes im Mittelhang des Centgrafenbergs liegt. Steiniger Buntsandsteinverwitterungsboden zeichnet den leicht erwärmbaren Boden aus. Der Hundsrück ist wie ein Zaubertrick: Er schmeckt so filigran und köstlich, dass zuerst gar nicht auffällt, wie komplex und tief der Wein ist. Purheit und Transparenz bietet er wie kein anderer Spätburgunder Deutschlands.

Reserve du Patron, Knipser, Pfalz
Obwohl der Spätburgunder Reserve du Patron erstmals mit dem Jahrgang 2009 erzeugt wurde, zählt er als Spitze aus dem Hause Knipser bereits zu den begehrtesten seiner Art in Deutschland. Erst fünf Jahre nach der Ernte wird er zum Verkauf freigegeben. Schon der zweite Jahrgang, 2012, war weitgehend ausverkauft, als er im September 2017 endlich auf den Markt kam.

Alte Reben, Stodden, Ahr
Dieser Wein stammt von wurzelechten Reben, die teilweise vor 1940 im Recher Herrenberg gepflanzt wurden. Da sie sehr kleinbeerige Trauben erbringen und äußerst anfällig für Verrieselung sind, ist es kein Wunder, dass die Erträge meist unter 25 Hektoliter pro Hektar liegen. Ein Wein, der die Kraft der Spätburgunder mit Feinheit und Tiefe verbindet. Das Flaggschiff des gesamten Ahrtals!

RIESLING TROCKEN
Kirchenstück, Dr. Bürklin-Wolf, Pfalz
Als »Montrachet der Pfalz« bezeichnet das Gut die Lage Kirchenstück. Sie wurde in der königlich-bayerischen Lagenklassifikation von 1828 als einzige mit der Höchstnote bewertet. Wucht und Brillanz vereint dieser trockene Riesling; im Weingut ist er Primus inter Pares. Die Rebstöcke wurden 1985 auf nur gut einem halben Hektar gepflanzt. Rar, herausragend und lange lagerfähig!

Morstein, Wittmann, Rheinhessen
Ein Riesling, so klar und filigran in der Jugend, dass mancher ihm nicht zutraut, reifen zu können - und doch gelingt ihm dies wie bei kaum einem anderen trockenen Riesling. Wer von salziger Mineralität spricht, sollte diesen Wein probieren! Der Morstein ist die älteste in Westhofen erwähnte Einzellage, ein reiner Südhang mit schweren Tonmergelböden in der oberen Schicht. Im Untergrund schlummern Kalksteinfelsschichten. In der Tiefe liegt die Kraft - in der Lage wie im Wein.

Halenberg, Emrich-Schönleber, Nahe
Eleganteste Mineralität, hochfeine Kräuterwürze und Subtilität, das ist Schönlebers Halenberg. Die kleinste Lage in Monzingen befindet sich zum größten Teil im Besitz der Familie. Blauer Schiefer und Quarzit prägen den Boden der Steillage, welche kleinbeerige, intensiv aromatische Trauben erbringt. Ein Wein, der in der Jugend schon begeistert und den Geduldigen reich belohnt!

KLASSIKER

Rothenberg »Wurzelecht«, Kühling-Gillot, Rheinhessen
Gepflanzt in der ersten Hälfte des vergangenen Jahrhunderts, gehören die Rebstöcke für Kühling-Gillots Rothenberg zu den ältesten Riesling-Anlagen Deutschlands. In einem Gewann namens Kapellchen, das wie ein Adlerhorst auf der Hangspitze thront, wachsen die Reben des »Wurzelecht« auf weichen, roten Schieferböden. Ein in jeder Hinsicht erstklassiger Wein mit großer Tiefe.

Berg Schlossberg, Breuer, Rheingau
Seit dem Jahrgang 1980 trägt dieser Wein ein jährlich wechselndes Künstleretikett. Theresa Breuers Berg Schlossberg ist so komplex und tiefgründig wie die feinsten deutschen Rieslinge, doch in einem Punkt hebt er sich ab: Er ist deutlich weniger alkoholisch. 12,5 Prozent oder weniger steht oft auf dem Etikett - kaum zu glauben bei all seiner Kraft! Dadurch ist dies vielleicht der deutsche Spitzenriesling mit dem schönsten »Trinkfluss«. Schiefer und Quarzit prägen den Boden, Pfirsich und Nusstöne das Bukett.

G-Max, Keller, Rheinhessen
Deutschlands einziger echter, trockener Kult-Riesling ist ein teures Geheimnis. Klaus-Peter Keller verrät weder, aus welcher Lage er genau stammt, noch, wie er den Wein vinifiziert. Der G-Max bleibt also ein Mysterium auf höchstem Niveau und Kellers Suche nach Perfektion. Klar ist: Die Rebstöcke sind alt, sie stehen auf Kalkstein - und leider gibt es nie genug Flaschen. Das ist auch ein Grund für seinen atemberaubenden Preis.

Felseneck, Schäfer-Fröhlich, Nahe
Klar, präzise und von einer radikalen, wildwürzigen Terroirprägung. Schäfer-Fröhlichs Felseneck tänzelt schwerelos über die Zunge wie der Flügelschlag eines Schmetterlings. Eine flüssige Inkarnation von Schiefer - die Reben wachsen hier auf leicht erwärmbaren Gesteinsböden in einem bis zu 65% steilen Südhang, der so gut wie eine Monopollage des Hauses ist. Kann ein trockener Riesling besser schmecken? Oder nur anders?

RIESLING FEINHERB
Kupp, Peter Lauer, Saar
Es ist eine hohe Kunst, die Restsüße bei einem halbtrockenen oder feinherben Riesling in Einklang mit der Säure zu bringen. Florian Lauer gelingt es mit seinen Weinen aus der Ayler Kupp mit traumwandlerischer Sicherheit. Der Flurname umfasst die Gewanne Stirn, Kern und Unterstenberg, der Stil ist stets zupackend, saftig und mit einer klirrenden Frische. Ein Riesling mit genialer Spannung.

RIESLING KABINETT
Sonnenuhr, Molitor, Mosel
Markus Molitors Kabinett stammt von nicht flurbereinigten, über 100 Jahre alten, wurzelechten Rieslingstöcken, die auf blauem Devonschiefer-Verwitterungsboden stehen. Er ist der größte Besitzer in dieser Lage - perfekte Voraussetzungen für eine Selektion. Die Erträge sind minimal, der Wein wird spontan vergoren und im Holzfass ausgebaut. Der pfirsichduftige Riesling bietet ein perfektes Spiel von Säure und Süße, tanzt auf der Zunge und zeigt, zu welch betörender Leichtigkeit die Rebsorte fähig ist.

DEUTSCHE WEIN-IKONEN

Rausch, Zilliken, Saar

In den tiefen Kellern mit fast hundert Prozent Luftfeuchtigkeit reifen in perfekt gepflegten Holzfässern die schlanken, strahlenden Saar-Rieslinge von Hanno Zilliken und seiner Tochter Dorothee. Deren Kabinett aus dem Rausch - nomen est omen - begeistert mit wahrlich berauschender Fruchtigkeit, doch es sind Rasse und Klarheit, animierende Säure und unfassbare Frische, die diesen Wein so unvergleichlich machen.

RIESLING SPÄTLESE

Sonnenuhr, Joh. Jos. Prüm, Mosel

Sonnenuhr ist leider nicht gleich Sonnenuhr: Im Jahr 1954 wurde die acht Hektar große Lage auf 40 Hektar »erweitert«. Bei Prüms Sonnenuhr liegt man jedoch richtig, hier trinkt man Geschichte: Es war Jodocus Prüm, der 1842 die Sonnenuhr in dem Südwesthang mit seinen Schieferverwitterungsböden baute. Den Schiefer spürt man auf unnachahmliche Weise bei diesem Wein, der geschmacklich stets eine echte Spätlese und keine degradierte Auslese ist. Das nennen wir hochfeine Perfektion!

Hermannshöhle, Dönnhoff, Nahe

Von der höchstbewerteten Lage der Nahe stammt dieser Wein mit seiner herrlich seidigen Mineralität, die in diesem Riesling geradezu feinstofflich gelöst zu sein scheint. Die Südlage mit schwarzgrauem Schiefer, Vulkangestein, Porphyr und Kalkstein erbringt Rieslinge von einer großen Kraft. Helmut Dönnhoff und sein Sohn Cornelius wissen sie zu bändigen und zur Eleganz zu erziehen. Nie ist diese Spätlese zu süß, stets ruht sie mit perfekter Balance in sich selbst.

RIESLING AUSLESE

Juffer-Sonnenuhr, Haag, Mosel

Aus dem Hohlspiegel der unvergleichlichen Sonnenuhr, dem Filetstück der Brauneberger Juffer, holt Oliver Haag, wie vor ihm sein Vater Wilhelm, stets seine größte Auslese. Puristisch vereint sie Zitrusfrüchte und Apfelaromen. Die Süße bleibt dabei stets spielerisch und verführerisch. Diese Auslese ist der pure Herzensbrecher!

Scharzhofberger, Müller, Saar

Sieben Hektar besitzt Egon Müller in den Filetstücken des Scharzhofbergs. Seine Weine aus der Lage erbringen regelmäßig Rekordpreise bei den Versteigerungen, zu Recht. In den besten Jahren vermählen sich Johannisbeere und Weinbergpfirsich in dieser Auslese wie ein klassisches Liebespaar; hinzu kommt eine laserstrahlgenaue Säure, wie sie nur die Saar hervorbringen kann. Ein Unikat mit schier endlosem Nachhall.

Gräfenberg, Weil, Rheingau

Der Gräfenberg ist nicht nur eine der Spitzenlagen des Rheingaus, sondern auch die weltweit einzige Lage, in der in ununterbrochener Folge von 1989 bis heute alle Qualitätsstufen bis zur Trockenbeerenauslese gelesen werden konnten. Von hier kommt eine Riesling Auslese, die in ihrer kristallinen Fruchtopulenz nicht zu überbieten ist. Als Moselweine des Rheingaus tituliert man die eigenen Gewächse, und das trifft es: Dank der kargen Böden weisen die Weine stets ein animierendes Säuregerüst auf. Weltklasse!

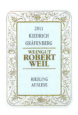

LONGLIST

Die Besten des Jahres

Alle Weingüter im VINUM Weinguide 2018 gehören zu den besten Deutschlands. Die Spitzengüter unter ihnen haben eine Wertung von drei bis fünf Sternen – darunter gibt es immer mehr Biobetriebe.

★★★★★

BIO	Dr. Bürklin-Wolf (Pfalz)	S.535
	Hermann Dönnhoff (Nahe)	S.471
	Rudolf Fürst (Franken)	S.234
	Bernhard Huber (Baden)	S.150
	Keller (Rheinhessen)	S.775
	Knipser (Pfalz)	S.570
BIO	Peter Jakob Kühn (Rheingau)	S.684
	Schloss Lieser (Mosel)	S.386
	Egon Müller – Scharzhof (Saar)	S.407
BIO	Ökonomierat Rebholz (Pfalz)	S.606
	Schäfer-Fröhlich (Nahe)	S.497
	Robert Weil (Rheingau)	S.720
BIO	Wittmann (Rheinhessen)	S.837
	Zilliken (Saar)	S.458

★★★★½

	Aldinger (Württemberg)	S.876
BIO	Battenfeld-Spanier (Rheinhessen)	S.732
BIO	Georg Breuer (Rheingau)	S.655
	Dr. Crusius (Nahe)	S.468
	Emrich-Schönleber (Nahe)	S.473
	Fritz Haag (Mosel)	S.353
	Dr. Heger (Baden)	S.142
BIO	Kühling-Gillot (Rheinhessen)	S.782
	Markus Molitor (Mosel)	S.404
	Joh. Jos. Prüm (Mosel)	S.418
BIO	Raumland (Rheinhessen)	S.801
	Jean Stodden (Ahr)	S.111
BIO	Dr. Wehrheim (Pfalz)	S.631

★★★★

BIO	Bassermann-Jordan (Pfalz)	S.523
	Friedrich Becker (Pfalz)	S.525
	Bercher (Baden)	S.123
BIO	Reichsrat von Buhl (Pfalz)	S.537
BIO	Clemens Busch (Mosel)	S.326
BIO	A. Christmann (Pfalz)	S.538

	Jos. Christoffel jr. (Mosel)	S.330
	Schlossgut Diel (Nahe)	S.469
BIO	Franz-Josef Eifel (Mosel)	S.341
	Hofgut Falkenstein (Saar)	S.344
	Gunderloch (Rheinhessen)	S.761
	Haart (Mosel)	S.356
	Dr. Hermann (Mosel)	S.360
	Gut Hermannsberg (Nahe)	S.481
	Heymann-Löwenstein (Mosel)	S.363
	Bernhard Koch (Pfalz)	S.571
BIO	Kranz (Pfalz)	S.574
	Künstler (Rheingau)	S.686
	Philipp Kuhn (Pfalz)	S.577
	Andreas Laible (Baden)	S.169
	Peter Lauer (Saar)	S.383
	Leitz (Rheingau)	S.690
BIO	Zehnthof Luckert (Franken)	S.249
	Uli Metzger (Pfalz)	S.585
BIO	Georg Mosbacher (Pfalz)	S.590
	Martin Müllen (Mosel)	S.405
BIO	Müller-Catoir (Pfalz)	S.592
	Graf Neipperg (Württemberg)	S.903
	Pfeffingen (Pfalz)	S.602
BIO	Rings (Pfalz)	S.608
	Salwey (Baden)	S.185
	Willi Schaefer (Mosel)	S.428
	Rainer Schnaitmann (Württemberg)	S.905
	Jakob Schneider (Nahe)	S.501
	R.&C. Schneider (Baden)	S.191
	von Schubert (Ruwer)	S.432
	Selbach-Oster (Mosel)	S.434
	Josef Spreitzer (Rheingau)	S.711
	Vollenweider (Mosel)	S.446
	Van Volxem (Saar)	S.448
	Martin Waßmer (Baden)	S.203
	Wegeler (Rheingau)	S.718
	Nik Weis, St. Urbans-Hof (Mosel)	S.453
	Weiser-Künstler (Mosel)	S.455

86

DEUTSCHLANDS BESTE WINZER

von Winning (Pfalz)	S.635	
Ziereisen (Baden)	S.210	

★★★★⯨

A. J. Adam (Mosel)	S.314	
J. J. Adeneuer (Ahr)	S.94	
BIO St. Antony (Rheinhessen)	S.731	
BIO Barth (Rheingau)	S.650	
J. B. Becker Weinbau (Rheingau)	S.651	
Bürgerspital (Franken)	S.229	
Burggarten (Ahr)	S.97	
Chat Sauvage (Rheingau)	S.657	
Ansgar Clüsserath (Mosel)	S.335	
BIO Dr. Corvers-Kauter (Rheingau)	S.658	
Dautel (Württemberg)	S.882	
Deutzerhof (Ahr)	S.99	
Carl Ehrhard (Rheingau)	S.663	
Bernhard Eifel (Mosel)	S.339	
Faubel (Pfalz)	S.544	
Franzen (Mosel)	S.347	
Matthias Gaul (Pfalz)	S.549	
Gies-Düppel (Pfalz)	S.550	
Grans-Fassian (Mosel)	S.352	
Julian Haart (Mosel)	S.355	
Karl Haidle (Württemberg)	S.889	
Hain (Mosel)	S.357	
BIO Herrenberg (Saar)	S.362	
von Hövel (Saar)	S.365	
Immich Batterieberg (Mosel)	S.367	
Karl H. Johner (Baden)	S.155	
Franz Keller (Baden)	S.157	
Knab (Baden)	S.160	
Knebel (Mosel)	S.378	
BIO Holger Koch (Baden)	S.161	
H. J. Kreuzberg (Ahr)	S.101	
Krone (Rheingau)	S.683	
Loersch (Mosel)	S.388	
Carl Loewen (Mosel)	S.389	
Dr. Loosen (Mosel)	S.390	
Lubentiushof (Mosel)	S.393	
Rudolf May (Franken)	S.251	
BIO Melsheimer (Mosel)	S.398	
Meyer-Näkel (Ahr)	S.105	
Michel (Baden)	S.177	
Max Müller I (Franken)	S.254	
Schloss Neuweier (Baden)	S.180	
Achim von Oetinger (Rheingau)	S.696	
von Othegraven (Saar)	S.410	
BIO Prinz (Rheingau)	S.699	

Max Ferd. Richter (Mosel)	S.424	
Horst Sauer (Franken)	S.264	
Rainer Sauer (Franken)	S.265	
Joh. Bapt. Schäfer (Nahe)	S.498	
Schätzel (Rheinhessen)	S.807	
Konrad Schlör (Baden)	S.187	
Schmitt's Kinder (Franken)	S.268	
K. H. Schneider (Nahe)	S.503	
Albrecht Schwegler (Württemberg)	S.907	
Seeger (Baden)	S.193	
Seehof Fauth (Rheinhessen)	S.814	
Später-Veit (Mosel)	S.436	
BIO Am Stein (Franken)	S.275	
Günther Steinmetz (Mosel)	S.438	
Wwe. Dr. H. Thanisch (Mosel)	S.440	
Thörle (Rheinhessen)	S.823	
BIO Wagner-Stempel (Rheinhessen)	S.825	
Fritz Waßmer (Baden)	S.202	
Paul Weltner (Franken)	S.281	
Winter (Rheinhessen)	S.836	
Hans Wirsching (Franken)	S.282	
BIO Wöhrle (Baden)	S.206	

★★★

BIO Acham-Magin (Pfalz)	S.519	
Fritz Allendorf (Rheingau)	S.646	
Aloisiushof (Pfalz)	S.521	
Friedrich Altenkirch (Rheingau)	S.647	
Benedikt Baltes (Franken)	S.222	
BIO Becker Landgraf (Rheinhessen)	S.735	
BIO Bernhart (Pfalz)	S.529	
J. Bettenheimer (Rheinhessen)	S.737	
Erben von Beulwitz (Ruwer)	S.320	
Bischel (Rheinhessen)	S.738	
Bischöfliches Weingut Rüdesheim (Rheingau)	S.654	
Borell-Diehl (Pfalz)	S.531	
Braunewell (Rheinhessen)	S.741	
Brennfleck (Franken)	S.227	
Fürstlich Castell'sches Domänenamt (Franken)	S.230	
Clauß (Baden)	S.129	
Weingärtner Cleebronn-Güglingen (Württemberg)	S.880	
Clüsserath-Eifel (Mosel)	S.333	
BIO Dreissigacker (Rheinhessen)	S.747	
BIO Duijn (Baden)	S.132	
J. Ellwanger (Württemberg)	S.886	
Karl Erbes (Mosel)	S.343	

87

LONGLIST

Otto und Martin Frey (Baden)	S.139
Frey (Pfalz)	S.545
Eva Fricke (Rheingau)	S.668
Michael Fröhlich (Franken)	S.233
Joh. Geil I. Erben (Rheinhessen)	S.755
Freiherr von Gleichenstein (Baden)	S.140
K. F. Groebe (Rheinhessen)	S.760
Gussek (Saale-Unstrut)	S.847
Gutzler (Rheinhessen)	S.763
BIO Hahnmühle (Nahe)	S.479
HE-Weine (Pfalz)	S.555
Heinemann (Baden)	S.144
BIO Heitlinger (Baden)	S.145
Hermann (Baden)	S.146
Hexamer (Nahe)	S.482
Heyl zu Herrnsheim (Rheinhessen)	S.766
Hofmann (Rheinhessen)	S.768
Achim Jähnisch (Baden)	S.154
Schloss Johannisberg (Rheingau)	S.675
BIO Frank John (Pfalz)	S.563
Toni Jost (Mittelrhein)	S.301
Josten & Klein (Ahr)	S.100
Jülg (Pfalz)	S.564
Juliusspital (Franken)	S.245
Jakob Jung (Rheingau)	S.677
BIO Dr. Kauer (Mittelrhein)	S.302
Gebrüder Kauer (Nahe)	S.485
August Kesseler (Rheingau)	S.680
Reichsgraf von Kesselstatt (Ruwer)	S.374
Lothar Kettern (Mosel)	S.375
Klein (Pfalz)	S.567
Johannes Kleinmann (Pfalz)	S.568
BIO Klumpp (Baden)	S.159
Knewitz (Rheinhessen)	S.779
Arndt Köbelin (Baden)	S.162
Koehler-Ruprecht (Pfalz)	S.573
Nikolaus Köwerich (Mosel)	S.381
Konstanzer (Baden)	S.164
Kopp (Baden)	S.165
Peter Kriechel (Ahr)	S.102
Kruger-Rumpf (Nahe)	S.488
Alexander Laible (Baden)	S.168
BIO Landgraf (Rheinhessen)	S.784
Lindenhof Martin Reimann (Nahe)	S.489
Fürst Löwenstein (Franken)	S.248
Manz (Rheinhessen)	S.786
BIO von der Mark (Baden)	S.174
Markgraf v. Baden Staufenberg (Baden)	S.176
BIO Karl May (Rheinhessen)	S.788
Meier (Pfalz)	S.583
Herbert Meßmer (Pfalz)	S.584
BIO Theo Minges (Pfalz)	S.588
Molitor-Rosenkreuz (Mosel)	S.403
Matthias Müller (Mittelrhein)	S.304
Neiss (Pfalz)	S.598
Nelles (Ahr)	S.106
Karl Pfaffmann (Pfalz)	S.601
Pfirmann (Pfalz)	S.604
BIO Porzelt (Pfalz)	S.605
Querbach (Rheingau)	S.700
Ratzenberger (Mittelrhein)	S.306
Schloss Reinhartshausen (Rheingau)	S.701
Reiss (Franken)	S.260
Balthasar Ress (Rheingau)	S.702
BIO Riffel (Rheinhessen)	S.803
Johann Ruck (Franken)	S.262
Schloss Saarstein (Saar)	S.427
BIO Sander (Rheinhessen)	S.806
Weinbau Egon Schäffer (Franken)	S.266
Gregor und Thomas Schätzle (Baden)	S.186
BIO H. Schlumberger (Baden)	S.188
Egon Schmitt (Pfalz)	S.614
Trockene Schmitts (Franken)	S.269
Claus Schneider (Baden)	S.190
Paul Schumacher (Ahr)	S.108
Martin Schwarz (Sachsen)	S.867
Sermann-Kreuzberg (Ahr)	S.109
Shelter Winery (Baden)	S.194
Siener (Pfalz)	S.621
Sekthaus Solter (Rheingau)	S.709
BIO Heinrich Spindler (Pfalz)	S.623
Hessische Staatsweingüter Eberbach (Rheingau)	S.713
Staatsweingut Weinsberg (Württem.)	S.909
Winzerhof Stahl (Franken)	S.274
BIO Stigler (Baden)	S.198
BIO Störrlein & Krenig (Franken)	S.276
Michael Teschke (Rheinhessen)	S.822
Wachtstetter (Württemberg)	S.912
Wageck-Pfaffmann (Pfalz)	S.628
Dr. Wagner (Saar)	S.450
Weegmüller (Pfalz)	S.629
Weingart (Mittelrhein)	S.309
BIO Arndt F. Werner (Rheinhessen)	S.832
Wilhelmshof (Pfalz)	S.634
Wöhrwag (Württemberg)	S.913
Zelt (Pfalz)	S.638
BIO Zimmerle (Württemberg)	S.914

WEINGUIDE DEUTSCHLAND 2018

Regionen, Erzeuger, Weine

Ahr Ein Oktober für den Spätburgunder	90
Baden Ein Anbaugebiet speckt ab	114
Franken Frische, Finesse und die Flaschenfrage	214
Hessische Bergstraße Es prickelt an der Bergstraße	286
Mittelrhein Ein Jahr der Extreme im Rheintal	294
Mosel Ein Fluss wird langsam trocken	310
Nahe Die Zeit ist Nahe, heißt's so schön	460
Pfalz Cinderella-Jahrgang mit Happy End	512
Rheingau Jahrgang 2016 – Im Rheingau viel Neues	640
Rheinhessen Der Weinbau und das Glamourgirl	724
Saale-Unstrut Die starke 51 und ihre fabulösen Weine	840
Sachsen Ein Lächeln für das Weinland	854
Württemberg Der beste Lemberger aller Zeiten	870

Symbole Weingüter

★★★★★ Weltklasse
★★★★ Deutsche Spitze
★★★ Sehr gut
★★ Gut
★ Zuverlässig

AHR WEINREGION

Ein Oktober für Spätburgunder

Der Jahrgang 2015 brachte an der Ahr etliche Spätburgunder mit Frische und Finesse. Der Frühburgunder im Gebiet bleibt allerdings ein Sorgenkind, auch ist ein deutlicher Stilwandel zu verzeichnen. Allein die Lagencharakteristik wird im Tal nicht zur Gänze ausgeschöpft.

Foto: DWI

WEINREGION

Ahr im Überblick

Rebfläche: 563 Hektar
Einzellagen: 40
Hauptrebsorten: Spätburgunder (64%), Riesling (8%), Frühburgunder (6%).
Böden: Schiefer und vulkanisches Gestein.
Selbstvermarktende Betriebe: 52
www.ahrwein.de

Karte und Angaben: DWI

Nach dem schwierigen Jahrgang 2014, in dem das unbeständige Herbstwetter und die Kirschessigfliege Winzern und Reben zu schaffen machten, fiel 2015 deutlich besser aus. Nach warmen Frühlingstagen und einem August mit ausreichend Niederschlägen folgte ein etwas zu nasser und kalter September. Dieses Regenwetter hat mal wieder den Frühburgunder erwischt. Der fällt in dem Jahrgang zwar ein wenig besser aus, an die früher probierten Qualitäten kommt er jedoch nicht heran. Die Aromen der Frühburgunder fallen 2015 oft merkwürdig undefiniert und verwaschen aus. Den deutlich später reifenden Spätburgundertrauben kam der kühle und trockene Oktober dagegen gerade recht. Aus ihnen entstand eine ganze Reihe feiner Weine im klassischen Burgunderstil voller frischer Frucht und Säure.

Frühburgunder bleibt das Sorgenkind

Laut Statistik des Deutschen Weininstituts sind in Gesamtdeutschland gerade einmal 254 Hektar mit Frühburgunderreben bepflanzt. Das entspricht 0,2 Prozent der Rebfläche. Die Rebsorte mag als Spezialität gelten, zum Liebling der Winzer gehört sie offenbar nicht. An der Ahr sind 36 Hektar mit ihr bestockt und viele Winzer fühlen sich verpflichtet, sie als Besonderheit des Ahrtals zu pflegen. Doch auch die überzeugtesten Anhänger verlieren langsam die Lust am Frühburgunder, denn die letzten Jahre waren geprägt von extremer Witterung. Wo der Spätburgunder das meiste gut wegsteckte, litt vor allem der Frühburgunder an den Regenfällen zur Unzeit. Das würden Winzer wie Peter Kriechel allerdings bestreiten. Sie sind mit vier Hektar Rebfläche die größten Frühburgunderwinzer der Welt. »Frühburgunder steht an der Ahr oft in zu warmen Lagen«, erklärt Peter Kriechel den Grund, warum es die Rebsorte so schwer hat. »Er gehört auf windoffene Hochplateaus und tiefgründige Böden gepflanzt. Gute Durchlüftung und eine freie Traubenzone sind Gift für die Kirschessigfliege.« Zudem kultiviert man bei Kriechel eine eigene Klonselektion. »Unsere Frühburgunder reifen fast zehn Tage früher als der hier weit verbreitete Wasem Klon aus Ingelheim.« So entkam man dem oft nassen Wetter Ende August. Trotzdem bleibt ein extrem hoher Aufwand für geringe Mengen, was erklärt, dass selbst die für Frühburgunder bekannten Kriechels ihre Flächen nicht erweitern wollen.

In einem schwierigen Jahr wie 2014 hat es wenig Sinn gemacht, von einem Stilwandel zu sprechen. Schließlich müssen in solchen Jahren Lesezeitpunkte der Witterung angepasst werden. Doch an den Weinen aus dem Jahr 2015 konnte man eine spannende Entwicklung ablesen, die sich im Prinzip seit über 30 Jahren zeigt. So waren die 1990er Jahre noch geprägt von Jahrgängen mit riesigen Erntemengen und bescheidenen Qualitäten. Doch die Kundenstruktur veränderte sich rasant. Die nach billigem Alkohol suchenden Tagestouristen aus Köln und Kegelklubausflügler aus dem Ruhrgebiet gehören heute der Vergangenheit an. Das Streben nach Qualität begann damals bei Winzern wie Verbrauchern.

Mitte der 1990er Jahre setzte der Siegeszug des Spätburgunders in Deutschland ein, der vor allem jungen Revoluzzern wie Werner Näkel und Gerhard Stodden zu verdanken war. Das Bestreben ging dahin, die Weine zu verbessern und den Anschluss an die internationale Pinot-Elite zu schaffen. Dabei waren einige Entwicklungen auch dem Zeitgeist geschuldet, gerade wenn es um den Einsatz von Barriquefässern ging. Auch an der Ahr entstanden Weine, die im Geruch eher an ein Sägewerk erinnerten als an feine Burgunder. Diese Zeiten sind längst vorbei. Man vergleicht sich auch nicht mehr eifersüchtig mit Burgund, sondern ist stolz auf regionale Identität.

Stilwandel beim Spätburgunder

Zu dieser Entwicklung passt der Stilwandel, der sich in den letzten fünf Jahren beobachten lässt. Das Bemühen der Spitzenwinzer um mehr Finesse und Frische beim Spätburgunder hebt den Pinot Noir auf ein neues Niveau. Vorbei sind die Zeiten, in denen die Lagenweine 14,5 Prozent Alkohol hatten. Heute wird gefeilt an dem richtigen Maß an Extraktion. Es geht um Feinheit und Raffinesse.

Was allerdings noch fehlt, ist die richtige Marketingstrategie. Es scheint so, als würde jeder sein eigenes Süppchen kochen. Das mag auch daran liegen, dass die Ahr voll von Charakterköpfen ist, die sich nur ungern reinreden lassen. Was sich nicht erschließt, ist, warum man nicht in der Breite deutlicher die Lagencharaktere herausarbeitet und diese auch kommuniziert. Hier liegt unfassbar viel Potenzial brach.

Es ist ja immer die Diskussion, ob der Geschmack wirklich von der Herkunft kommt oder die Weinbereitung den Unterschied macht. Wer die Ahr kennt, kann diese Frage schnell beantworten. Es gibt in dieser Miniregion eine enorme Lagenvielfalt, die sich deutlich im Geschmack niederschlägt. So sind an der unteren Ahr die Lagen wärmer und die Böden fetter. Die Spätburgunder aus Heimersheim fallen beispielsweise hedonistisch und saftig aus. Alle Weine aus dem Ahrweiler Rosenthal betören mit ihrer floralen Duftigkeit und seidigen Textur. Kein anderer Spätburgunder entwickelt eine derartige Würze wie der Walporzheimer Kräuterberg, um nur einige Beispiele zu nennen. Hier liegt noch viel Potenzial brach. Denn eine Frage bewegt die Weinkenner überall: Was macht Weine und gerade den Pinot Noir geschmacklich unverwechselbar? Das ist es schließlich, was einen höheren Preis rechtfertigt.

Romana Echensperger MW

Die besten Frühburgunder 2015

Herrenberg Großes Gewächs Stodden (37 Euro)	90
Hardtberg Großes Gewächs Kreuzberg (39 Euro)	89
Rosenberg Kriechel (39 Euro)	89
Ad Aram Brogsitter (19,80 Euro)	88
Pfaffenberg Großes Gewächs Brogsitter (24,80 Euro)	88
Landskrone Großes Gewächs Nelles (45,00 Euro)	88

Die Spitzenbetriebe

★★★★½
Jean Stodden	S. 111

★★★★
J. J. Adeneuer	S. 94
Burggarten	S. 97
Deutzerhof Cossmann-Hehle	S. 99
H. J. Kreuzberg	S. 101
Meyer-Näkel	S. 105

★★★
Josten & Klein	S. 100
Peter Kriechel	S. 102
Nelles	S. 106
Paul Schumacher	S. 108
Sermann-Kreuzberg	S. 109

Gebietspreisträger Ahr

Winzer des Jahres: Alexander Stodden
Aufsteiger des Jahres: Julia Bertram

Weinbewertung in Punkten
100 Perfekt • 95 bis 99 Überragend • 90 bis 94 Exzellent
85 bis 89 Sehr gut • 80 bis 84 Gut

★★★☆

WEINGUT J. J. ADENEUER
53474 Bad Neuenahr-Ahrweiler
Max-Planck-Straße 8
Tel (0 26 41) 3 44 73 · Fax 3 73 79
jjadeneuer@t-online.de
www.adeneuer.de
Inhaber Frank und Marc Adeneuer
Kellermeister Frank Adeneuer
Verkauf Marc Adeneuer
Mo–Fr 9.00–12.00 Uhr · 13.30–18.00 Uhr
Sa 10.00–15.00 Uhr und nach Vereinbarung
Historie 500 Jahre Weinbau in der Familie
Rebfläche 12,5 Hektar
Jahresproduktion 100.000 Flaschen
Beste Lagen Walporzheimer Gärkammer (Alleinbesitz) und Kräuterberg, Ahrweiler Rosenthal, Neuenahrer Sonnenberg
Boden Schieferverwitterung
Rebsorten 85% Spätburgunder, 10% Frühburgunder, 5% Weißburgunder
Mitglied VDP

Adeneuers Gärkammer zählt unbestritten zu den besten Spätburgundern der Ahr. Dieses Elixier aus den ältesten, mit dem Kastenholz-Klon bepflanzten Anlagen besticht mit einer unbändigen, kräuterwürzigen Duftigkeit. Hier verbindet sich die Arbeit eines erstklassigen Burgunder-Erzeugers, der mit erfahrener Hand die Feinheiten dieses einzigartigen Terroir herausarbeitet. Auch hier fällt auf, dass man die Zeiten der überreifen Trauben längst hinter sich gelassen hat und mit einem optimalen Verhältnis zwischen Reife und Säure den Weinen das nötige Rückgrat mit auf den Weg gibt. »Ich will puristische Burgunder machen«, erklärt Marc Adeneuer dazu. Neben den 2015er Großen Gewächsen aus Gärkammer und Rosenthal konnten wir den Vorgängerjahrgang verkosten. Die 2014er zeigten mit einer ersten zarten Reife das Potenzial dieser Weine. Der 2015er Jahrgang fällt insgesamt etwas dunkelfruchtiger aus, während 2014 zu den kühleren, rotfruchtigen Jahrgängen gezählt werden kann. Der Spätburgunder Rosenthal Großes Gewächs fällt mit seinen floralen Aromen typisch für diese Lage aus. Der charmante Wein verfügt mit seiner seidigen Textur aber nicht ganz über denselben Druck und Nachhall am Gaumen wie die Gärkammer. Marc Adeneuer legt großen Wert auf die Qualität des eingesetzten Holzes. Der Einsatz von Barriquefässern unterstützt die Struktur der Weine, gibt ihnen einen Rahmen, ohne sich in der Vordergrund zu spielen. Die Basisweine sind überwiegend solide und gut. Wobei der Spätburgunder Ortswein etwas einfach gestrickt daherkommt.

Verkostete Weine 10
Bewertung 82–91 Punkte

84 2016 Spätburgunder trocken Blanc de Noirs | 12% | 9,30 €
83 2016 Ahrweiler Spätburgunder trocken Holzfass | 12,5% | 9,50 €
82 2015 Spätburgunder Nr.2 trocken Holzfass | 13% | 15,– €
86 2016 Frühburgunder trocken Holzfass | 12,5% | 15,– €
88 2015 Spätburgunder Nr.1 trocken Barrique | 13,5% | 24,– €
90 2015 Ahrweiler Rosenthal Spätburgunder »Großes Gewächs« | 13,5% | 35,– €
91 2015 Walporzheimer Gärkammer Spätburgunder »Großes Gewächs« | 13,5% | 56,– €

★ ★★ AHR

WEINGUT GEBRÜDER BERTRAM

53507 Dernau · Hauptstraße 3
Tel (0 26 43) 83 14 · Fax 15 68
info@gebrueder-bertram.de
www.gebrueder-bertram.de
Inhaber Christian und Markus Bertram
Verkauf Markus Bertram
Mo, Mi–So 10.00–18.00 Uhr und nach Vereinbarung

Dieses Weingut in Dernau ist ein Familienbetrieb, der nun in der vierten Generation von den Brüdern Christian und Markus Bertram geführt wird. Sukzessive haben sie den Betrieb auf etwas über vier Hektar vergrößert. Das Weingut Bertram zählt zu den soliden Betrieben an der Ahr, die über Jahre hinweg gleichbleibend gute Qualitäten abliefern. Die Spätburgunder fallen dieses Jahr besser aus als im Vorjahr. Vor allem beim Pfarrwingert ist der Unterschied deutlich. Gut gelungen ist der Blanc de Noirs, der mit viel Schmelz und Trinkfluss überzeugt. Die Frühburgunder fallen ebenso solide und gut aus.

Verkostete Weine 6
Bewertung 82–86 Punkte

83 2016 Weißburgunder trocken | 12% | 8,90 €
85 2016 Spätburgunder trocken Blanc de Noirs | 11,5% | 8,90 €
82 2015 Spätburgunder 1904 trocken | 13,5% | 8,90 €
84 2015 Spätburgunder Nova trocken | 13,5% | 13,80 €
84 2015 Dernauer Hardtberg Frühburgunder trocken Barrique | 13,5% | 14,80 €
86 2014 Dernauer Pfarrwingert Spätburgunder trocken Barrique | 13,5% | 25,50 €

WEINGUT JULIA BERTRAM

53507 Dernau · Ahrweg 20
Tel (0 26 43) 90 33 12
spaetburgunder@juliabertram.de
www.juliabertram.de
Inhaber Julia Bertram
Verkauf nach Vereinbarung
Rebfläche 3,5 Hektar
Jahresproduktion 25.000 Flaschen
Beste Lagen Mayschosser Mönchberg, Ahrweiler Rosenthal, Marienthaler Trotzenberg
Boden Schiefer, Grauwacke, Sandsteinlehm mit Quarzit
Rebsorten je 50% Spätburgunder und Frühburgunder

Julia Bertram, die vor vier Jahren als Deutsche Weinkönigin durch die Welt reiste, war die Neuentdeckung im letzten Jahr. In Dernau aufgewachsen, hat sie bei Meyer-Näkel und später beim Weingut Klumpp in Baden Erfahrungen gesammelt. 2013 wollte sie ihre eigenen Wege gehen und hat ihr Weingut mit gerade einmal einem halben Hektar gestartet. Heute sind es 3,5 Hektar in besten Lagen, bestockt mit alten Reben. Weil es an der kleinstrukturierten Ahr schwierig ist, geeignete Kellerräume zu finden, fährt sie die vergorene Maische zu ihrem Lebensgefährten Benedikt Baltes nach Franken. Dort werden die Weine gelagert und abgefüllt. Bislang hat sie die vielen verschiedenen Lagen separat ausgebaut. Ihr Ideal sind kühle und elegante Spätburgunder. Auch dieses Jahr ist sie diesem Stil treu geblieben. Die Weine kommen mit 12 Prozent Alkohol sehr gut aus und bestechen durchweg mit kühler Frucht und angenehmer Frische. Besonders gefallen haben uns der kernige Trotzenberg und der saftige Mönchberg Spätburgunder.

Weinbewertung in Punkten
100 Perfekt • 95 bis 99 Überragend • 90 bis 94 Exzellent
85 bis 89 Sehr gut • 80 bis 84 Gut

★★☆

Verkostete Weine 9
Bewertung 83–90 Punkte

- 85 2016 Spätburgunder Handwerk trocken Blanc de Noirs | 12% | 11,- €
- 83 2015 Spätburgunder Handwerk trocken Holzfass | 12% | 11,- €
- 86 2015 Ahrweiler Spätburgunder trocken Holzfass | 12,5% | 17,- €
- 88 2015 Dernauer Spätburgunder trocken Holzfass | 12% | 17,- €
- 88 2015 Neuenahrer Sonnenberg Frühburgunder trocken Holzfass | 12% | 28,- €
- 89 2015 Ahrweiler Forstberg Spätburgunder trocken Holzfass | 12,5% | 28,- €
- 89 2015 Ahrweiler Rosenthal Spätburgunder trocken Holzfass | 12,5% | 35,- €
- 90 2015 Mayschoßer Mönchberg Spätburgunder trocken Holzfass | 12,5% | 48,- €
- 90 2015 Marienthaler Trotzenberg Spätburgunder trocken Holzfass | 12,5% | 48,- €

WEINGUT BROGSITTER
53501 Grafschaft-Gelsdorf
Max-Planck-Straße 1
Tel (0 22 25) 91 81 11 · Fax 91 81 12
verkauf@brogsitter.de
www.brogsitter.de
Inhaber Hans-Joachim Brogsitter
Kellermeister Elmar Sermann und Markus Hallerbach

Verkauf Vinothek Grafschaft-Gelsdorf
Mo–Fr 8.00–20.00 Uhr
Sa 9.00–20.00 Uhr, **So** 13.00–19.00 Uhr

Gutsausschank historisches Gasthaus »Sanct Peter« mit Vinothek und Gartenterrasse, 10.00–24.00 Uhr, Do Ruhetag, Tel (0 26 41) 9 77 50, Fax 97 75 25
Historie ehemaliges Weingut des Kölner Domstifts von 1246 bis 1805
Rebfläche 33 Hektar
Jahresproduktion 180.000 Flaschen
Beste Lagen Walporzheimer Alte Lay, Domlay und Kräuterberg, Ahrweiler Silberberg, Neuenahrer Sonnenberg
Boden Schieferverwitterung, Lösslehm
Rebsorten 70% Spätburgunder, 15% Frühburgunder, 6% Dornfelder, 5% Portugieser, 4% weiße Sorten

Die Kollektion des Weinguts Brogsitter war eine der großen, positiven Überraschungen an der Ahr. Hier hat sich enorm viel getan. Die Spätburgunder kommen mit deutlich weniger Alkohol aus, die Gärführung wurde zum Positiven verändert, Barriquefässer aus amerikanischer Eiche wurden aus dem Keller verbannt und die Balance zwischen Frucht und Säure stimmt. Gleich mehrere Highlights sind uns aufgefallen. Bemerkenswert markant ist der Blanc de Noirs Ad Aram, der gekonnt im Barrique ausgebaut wurde. Ein Rosé, der, komplex und dicht gewoben, sich von vielen einfach gestrickten Blanc de Noirs abhebt. Die Serie Hommage stellt die Spitze der Produktion dar. Gekonnt wurden die Lagenunterschiede geschmacklich herausgearbeitet. Herzstück des Weinguts sind die großen Parzellen in der Walporzheimer Alten Lay. Hier wurde in neue Anpflanzungen investiert, Trockenmauern restauriert und eine neue Monorackbahn angeschafft. Der 2015er hat uns mit seiner kräuterduftigen Art sehr gut gefallen. Noch mehr sind wir auf den 2016er gespannt,

★★★⯨ AHR

den wir als Fassprobe verkosten durften. Hier steckt so viel frische Frucht und Finesse drin, die einfach Freude bereitet.

Verkostete Weine 12
Bewertung 84–91 Punkte

- 84 2016 Ahrweiler Klosterberg Weißburgunder trocken | 12% | 7,95 €
- 84 2016 Ahrweiler Klosterberg Grauburgunder trocken | 11,5% | 7,95 €
- 85 2016 Spätburgunder Nr.1 trocken Blanc de Noirs | 12% | 8,95 €
- 87 2015 Spätburgunder Ad Aram trocken Blanc de Noirs Barrique | 13% | 19,80 € | 🍷
- 84 2016 Spätburgunder Privat Edition trocken Rosé | 12% | 9,80 €
- 88 2015 Walporzheimer Pfaffenberg Frühburgunder Hommage »Großes Gewächs« | 13,5% | 24,80 €
- 89 2015 Ahrweiler Silberberg Spätburgunder Hommage »Großes Gewächs« | 13,5% | 24,80 €
- 91 2015 Walporzheimer Alte Lay Spätburgunder Hommage »Großes Gewächs« | 13,5% | 24,80 €
- 86 2015 Frühburgunder Edition »B« trocken Holzfass | 13,5% | 9,80 €
- 87 2015 Spätburgunder Edition »B« trocken Holzfass | 13,5% | 9,80 €
- 88 2015 Frühburgunder Ad Aram trocken Barrique | 13,5% | 19,80 €
- 88 2015 Spätburgunder Ad Aram trocken Barrique | 13,5% | 19,80 €

WEINGUT BURGGARTEN

53474 Heppingen · Landskroner Straße 61
Tel (0 26 41) 2 12 80 · Fax 7 92 20
burggarten@t-online.de
www.weingut-burggarten.de
Inhaber Paul-Josef Schäfer
Betriebsleiter Paul-Josef Schäfer
Außenbetrieb Heiko und Andreas Schäfer
Kellermeister Paul-Michael Schäfer
Verkauf Paul-Josef, Gitta und Katrin Schäfer
Mo–Fr 10.00–12.00 Uhr · 13.00–18.00 Uhr
Sa–So 10.00–13.00 Uhr
Gutshotel Zimmer und Ferienwohnung auf Vier-Sterne-Niveau
Sehenswert historischer Bruchsteingewölbe-Weinkeller
Rebfläche 20 Hektar
Jahresproduktion 120.000 Flaschen
Beste Lagen Neuenahrer Sonnenberg und Schieferlay, Heimersheimer Burggarten
Boden Lösslehm, Kies und Vulkangestein, Grauwacke, Schiefer
Rebsorten 70% Spätburgunder, 15% Grau- und Weißburgunder sowie Riesling, 10% Frühburgunder, 5% Merlot und Cabernet Sauvignon
Mitglied Schlahrvino

Das Weingut Burggarten sitzt in Heppingen und damit im wärmeren Teil der Ahr. Die Spitzenlagen rund um Neuenahr und der Hausberg des Weinguts, der Heimersheimer Burggarten, verfügen über fettere Böden als an der oberen Ahr. Hier findet man deutlich mehr Lösslehm in den Lagen, was zusammen mit den etwas milderen Temperaturen für einen besonders fruchtigen, saftigen Spätburgunder-Stil sorgt. Genial arbeitet man hier diese hedonistische Seite des Spätburgunders heraus, ohne die Weine zu süß und gefällig werden zu lassen. Auch hier kann man einen Trend zu mehr Frische im Wein verzeichnen, ohne es damit zu übertreiben. Denn einfach nur auf Säure zu setzen, ohne dabei die physiologische Reife im Visier zu behalten, lassen viele modern gemachte Spätburgunder etwas mager wirken. Für solche dem Zeitgeist geschuldeten Eskapaden ist man hier nicht anfällig. Wer den sympathischen Familienbetrieb kennt und die Weine Jahr für Jahr verkostet, weiß um die Erfahrung, die hier jeder mitbringt, sowie um das kompromisslose Qualitätsstreben. Ein großes Pfund, mit dem man hier wu-

chert, ist die durchgängig hohe Qualität des gesamten Sortiments. Ob Basiswein oder Spitzengewächs, auf dem Weingut Burggarten kann man blind einkaufen. Das kann man nicht von vielen Betrieben an der Ahr sagen. Auch dieses Jahr ist der Liter-Spätburgunder einer der überzeugendsten Basisweine mit bestem Preis-Genuss-Verhältnis. Dass man hier Ehrgeiz besitzt, zeigt der Kauf einer Parzelle im Walporzheimer Kräuterberg. Mit dem 2015er bringt man zum ersten Mal einen Spitzenwein aus dieser Lage auf den Markt. Auch dieses Jahr zählt das Weingut Burggarten zu den besten Betrieben im Ahrtal.

Verkostete Weine 12
Bewertung 83–91 Punkte

83 2016 Riesling trocken | 12,5% | 9,- €
85 2016 Neuenahrer Weißburgunder trocken Holzfass Silberkapsel | 13% | 13,- €
86 2016 Heimersheimer Burggarten Grauburgunder trocken Holzfass Goldkapsel | 13,5% | 19,- €
83 2016 Spätburgunder trocken Holzfass | 13% | 10,- €/1,0 Lit.
87 2015 Spätburgunder Signatur trocken Holzfass Silberkapsel | 13,5% | 13,90 €
87 2015 Neuenahrer Spätburgunder trocken Holzfass Silberkapsel | 13,5% | 15,- €
83 2015 Neuenahrer Frühburgunder trocken Holzfass Silberkapsel | 13,5% | 19,- €
87 2015 Heimersheimer Spätburgunder trocken Holzfass Silberkapsel | 13,5% | 19,- €
89 2015 Neuenahrer Sonnenberg Spätburgunder trocken Holzfass Goldkapsel | 13,5% | 26,- €
90 2015 Neuenahrer Schieferlay Spätburgunder trocken Holzfass Goldkapsel | 13,5% | 38,- €
91 2015 Heimersheimer Burggarten Spätburgunder »R« trocken Holzfass Goldkapsel | 13,5% | 42,- €
91 2015 Walporzheimer Kräuterberg Spätburgunder trocken Holzfass Goldkapsel | 13,5% | 55,- €

WEINMANUFAKTUR DAGERNOVA
53474 Bad Neuenahr-Ahrweiler
Heerstraße 91–93
Tel (0 26 41) 9 47 20 · Fax 94 72 94
info@dagernova.de
www.dagernova.de
Geschäftsführer Friedhelm Nelles
Kellermeister Günter Schüller
Verkauf in Dernau
Mo–Fr 8.00–18.00 Uhr, **Sa–So** 10.00–18.00 Uhr
in Neuenahr
Mo–Fr 8.00–18.00 Uhr, **Sa** 8.00–12.00 Uhr
Weinprobe nach Vereinbarung
Restaurant Dagernova Culinarium
Mo–So 11.00–21.00 Uhr
Historie gegründet 1873
Sehenswert Felsenkeller
Rebfläche 152 Hektar
Zahl der Mitglieder 600
Jahresproduktion 1,5 Mio. Flaschen
Beste Lagen Dernauer Pfarrwingert, Neuenahrer Sonnenberg, Ahrweiler Rosental, Walporzheimer Kräuterberg
Boden Grauwacke, Schieferverwitterung, lehmiger Kies, Lösslehm
Rebsorten 70% Spätburgunder, je 10% Portugieser und weiße Sorten, 8% Frühburgunder, 2% übrige Sorten
Mitglied Slow Food

Die Genossenschaften an der Ahr sind verwöhnt. Gelegen in der Nähe eines großen Ballungsraumes und gesegnet mit vielen Touristen kann man vom Verkauf an der Kellertür sehr gut leben. Bei der Dagernova hat man sich darauf eingestellt und mit der Gestaltung ansprechender Verkostungsräume ein Ausflugsziel an der Ahr geschaffen. Wir sind große Freunde von Genossenschaften und schätzen deren wichtige Arbeit sehr. Allerdings hat uns diese Kollektion etwas ratlos zurückgelassen. Den Weinen fehlt es durchweg an Schliff und Feinheit. Bei den Spitzenweinen wird unserer Ansicht nach Qualität mit Konzentration verwechselt. Überreife Frucht, plakative Barrique-Aromen und spröde Holztannine maskieren die Weine. Eine geschmackliche Differenzierung zwischen den Spitzenlagen kommt so nicht zustande. Wir haben den Eindruck, dass man hier hinter seinen Möglichkeiten zurückbleibt.

AHR

Verkostete Weine 9
Bewertung 83–87 Punkte

83 2016 Weißburgunder feinherb | 11,5% | 7,50 €
84 2016 Frühburgunder trocken | 13% | 9,90 €
85 2016 Edition »R« trocken Holzfass | 12,5% | 14,50 €
85 2015 Spätburgunder Edition Dagernova trocken Barrique | 12,5% | 16,50 €
86 2016 Cuvée Noir trocken Barrique | 12,5% | 19,50 €
87 2015 Dernauer Pfarrwingert Spätburgunder trocken Barrique | 12,5% | 19,50 €
87 2014 Dernauer Pfarrwingert Spätburgunder trocken Barrique | 13,5% | 22,50 €
87 2015 Neuenahrer Sonnenberg Spätburgunder trocken Barrique | 12,5% | 24,50 €
87 2015 Heimersheimer Landskrone Spätburgunder trocken Barrique | 12,5% | 24,50 €

WEINGUT DEUTZERHOF COSSMANN-HEHLE
53508 Mayschoß · Deutzerwiese 2
Tel (0 26 43) 72 64 · Fax 32 32
info@deutzerhof.de
www.deutzerhof.de
Inhaber Hella Hehle
Betriebsleiter und Kellermeister Hans-Jörg Lüchau
Verkauf Hella Hehle und Christoph Hoffmann
Mo–Fr 9.00–12.00 Uhr · 13.00–18.00 Uhr
Sa 10.00–16.00 Uhr und nach Vereinbarung
Weinlounge Sept.–Okt. an den Wochenenden
Historie Weinbau seit 1574
Rebfläche 7 Hektar
Jahresproduktion 35.000 Flaschen
Beste Lagen Altenahrer Eck, Mayschosser Mönchberg, Neuenahrer Kirchtürmchen und Schieferlay, Heimersheimer Landskrone
Boden Schieferverwitterung mit Löss
Rebsorten 75% Spätburgunder, 10% Riesling, 7% Frühburgunder, 5% Dornfelder, 2% Chardonnay, 1% Portugieser und Regent
Mitglied VDP, Deutsches Barrique Forum

Auf dem Weingut Deutzerhof geht es richtig aufwärts. Betriebsleiter Hans-Jörg Lüchau und der für den Außenbetrieb zuständige Christoph Hoffmann sind mittlerweile ein eingespieltes Team. Wenn die Routine leicht von der Hand geht, kann man sich offensichtlich mehr um die Feinheiten kümmern. Das merkt man den Weinen an. Man hat die Gunst des Jahrganges 2015 genutzt, um die Lagencharakteristik von Mönchberg und Eck stark herauszuarbeiten. So fällt das Große Gewächs vom mit Löss-Lehm durchsetzten Mönchberg genial saftig aus, während das von kargen Schieferböden geprägte Altenahrer Eck besonders feingliedrig und seidig daherkommt. Besonders gelohnt hat sich hier das Investment in neue und bessere Holzfässer, was man den Weinen durchgängig anmerkt. Die geschmackliche Differenzierung zwischen den Lagen und Qualitäten von Basis- bis Spitzenwein unterscheidet gute von Top-Winzern. Auch den Basis-Weinen schenkte man dieses Jahr mehr Aufmerksamkeit und so ist eine insgesamt stimmige und sehr gute Kollektion entstanden. Weiter so!

Verkostete Weine 12
Bewertung 83–92 Punkte

84 2016 Mayschosser Riesling trocken
| 12,5% | 9,50 €
85 2016 Heimersheimer Chardonnay trocken
| 12,5% | 18,– €
84 2016 Spätburgunder Saumon de l'Ahr trocken
Rosé | 13,5% | 16,– €
84 2016 Mayschosser Spätburgunder trocken
| 12,5% | 11,– €
87 2016 Portugieser Alfred C. trocken | 12,5% | 19,– €
89 2016 Spätburgunder Caspar C. trocken Barrique
| 13,5% | 23,– €
83 2016 Frühburgunder Alpha & Omega trocken
Barrique | 13,5% | 25,– €
89 2015 Spätburgunder Grand Duc trocken Barrique
| 13,5% | 33,– €
90 2015 Mayschosser Mönchberg Spätburgunder
»Großes Gewächs« | 13% | 52,– €
91 2015 Neuenahrer Kirchtürmchen Spätburgunder
»Großes Gewächs« | 13% | 52,– €
92 2015 Altenahrer Eck Spätburgunder »Großes
Gewächs« | 13% | 52,– €
86 2014 Spätburgunder Grand Duc trocken Reserve
Barrique | 13,5% |

WEINGUT JOSTEN & KLEIN
53424 Remagen · Ringofenstraße 3
Tel (0 26 43) 90 25 50 · Fax 90 25 70
info@josten-klein.com
www.josten-klein.com
Inhaber und Betriebsleiter Marc Josten und
Torsten Klein
Verwalter Marc Josten
Kellermeister Torsten Klein
Verkauf nach Vereinbarung
Rebfläche 8 Hektar
Jahresproduktion 60.000 Flaschen
Beste Lagen Leutesdorfer Gartenlay,
Mayschosser Mönchberg
Boden Tonschiefer und Grauwacke mit Löss- und
Bimseinlagerungen
Rebsorten 41% Riesling, 25% Pinot Noir, je
17% Grauburgunder und Sauvignon Blanc

Die zwei ambitionierten Winzer Marc Josten und Torsten Klein haben seit der Weingutsgründung im Jahre 2011 von sich reden gemacht. Dieses Jahr trennten sich die Wege der zwei starken Charaktere. Torsten Klein hat das Weingut verlassen, soll allerdings beratend tätig bleiben. »Name und Philosophie werden gleich bleiben«, versichert Marc Josten. In den Steillagen extravagante Weine zu erzeugen, die auch höherpreisig verkauft werden können, ist das Ziel. »Junge müssen frischen Wind reinbringen, vor allem am Mittelrhein, der ein Schattendasein führt«, erklärt Marc Josten dazu. Mit dem Einsatz neuen Holzes setzt man auch bei Riesling und Sauvignon Blanc Akzente. »Mit der Zeit und der Reife findet man das richtige Maß«, erzählt Marc dazu. Da kann man ihm zustimmen. In den neueren Jahrgängen wird behutsamer mit den Fässern umgegangen. Besonders der 2016er Sauvignon Blanc Glanzstück ist eine Visitenkarte für diesen Stil. Der Wein verfügt über so viel Extrakt, um das Holz mühelos zu tragen. Bei den Gutsweinen will man in Zukunft auch vermehrt auf den Ausbau in Fässern setzen, um den Weinen weniger Primäraromen, dafür um so mehr Schmelz zu verleihen. Bei den Rotweinen findet man zunehmend ein besseres Maß an Extraktion. Kürzere Maischestandzeiten und eine andere Gärführung sorgen für geschmeidiges Tannin. »Wir wollen diesen Bittermandelton auf jeden Fall vermeiden«, erklärt Marc Josten. Insgesamt wurde uns

AHR

eine überzeugende Kollektion vorgelegt. Allerdings verrennt man sich in einem zu großen Sortiment, das zudem wenig übersichtlich ist. Es ist schwierig, in dem Wirrwarr von Bezeichnungen herauszufinden, in welcher Qualitätskategorie sich der jeweilige Wein befindet. Ein weniger großes und besser strukturiertes Sortiment würde da sicherlich guttun.

Verkostete Weine 12
Bewertung 86–90 Punkte

- 88 2015 Leutesdorfer Im Forstberg Riesling trocken (Mittelrhein) | 13,5% | 32,– €
- 89 2015 Leutesdorfer Gartenlay Sauvignon Blanc trocken Barrique (Mittelrhein) | 13,5% | 36,– €
- 88 2016 Leutesdorfer Gartenlay Riesling Kabinett (Mittelrhein) | 7,5% | 12,50 €
- 87 2016 Leutesdorfer Gartenlay Riesling Spätlese (Mittelrhein) | 7% | 16,– €
- 88 2016 Leutesdorfer Im Forstberg Riesling Spätlese (Mittelrhein) | 7% | 19,– €
- 87 2016 Leutesdorfer Im Forstberg Riesling Auslese (Mittelrhein) | 7,5% | 25,– €
- 86 2015 Mayschosser Pinot Noir trocken Barrique | 12,5% | 19,– €
- 87 2015 Pinot Noir Glanzstück trocken Holzfass | 13% | 26,– €
- 87 2015 Mayschosser Laacherberg Pinot Noir trocken Barrique | 13% | 36,– €
- 88 2015 Mayschosser Mönchberg Pinot Noir Privatedition Prof. Dr. Max Otte trocken Barrique | 13% | 36,– €
- 88 2015 Ahrweiler Daubhaus Pinot Noir trocken Barrique | 13% | 36,– €
- 90 2015 Mayschosser Mönchberg Pinot Noir trocken Barrique | 13% | 48,– €

WEINGUT H. J. KREUZBERG

53507 Dernau
Benedikt-Schmittmann-Straße 30
Tel (0 26 43) 16 91 · Fax 32 06
info@weingut-kreuzberg.de
www.weingut-kreuzberg.de
Inhaber Ludwig Kreuzberg und Frank Josten
Kellermeister Ludwig Kreuzberg und Albert Schamaun
Verkauf Ludwig Kreuzberg, Paul Schneider und Frank Josten
Mo–Fr 8.00–12.00 Uhr · 13.00–18.00 Uhr
Sa–So 10.00–15.00 Uhr
Straußwirtschaft Fr und Sa (Mitte Juni bis Ende Okt.)
Rebfläche 9 Hektar
Jahresproduktion 60.000 Flaschen
Beste Lagen Neuenahrer Schieferlay und Sonnenberg, Dernauer Pfarrwingert und Hardtberg, Ahrweiler Silberberg und Rosenthal, Walporzheimer alte Lay
Boden Schiefer, zum Teil mit Löss, Grauwacke und Lehm
Rebsorten 70% Spätburgunder, 12% Frühburgunder, 5% Dornfelder, 3% Portugieser, 10% übrige Sorten
Mitglied VDP

Keine Überraschung ist die nächste gelungene Kollektion, die die Troika, bestehend aus Ludwig Kreuzberg, Frank Josten und dem Önologen Albert Schamaun, uns vorgelegt hat. Mit der Gunst des Jahrganges 2015 konnte man noch weiter die Kreuzberg-Stilistik herausarbeiten. Es sind Weine mit klarer Frucht, die einen perfekten Säurebogen spannen und mit dem richtigen Maß an kernigem Tanninbiss ausgestattet sind. Hinzu kommt der gekonnte Einsatz von erstklassigem Barrique, der verrät, dass Albert Schamaun durch seine Arbeit im Burgund noch beste Kontakte zu dortigen Fassbauern hat. Auch dieses Jahr sticht das Große Gewächs vom Ahrweiler Silberberg mit seiner kühlen, minzigen Eleganz heraus, ebenso wie der kraftvolle Devonschiefer »R«. Der einfache Frühburgunder »C« zeigte allerdings mit wenig aromatischer Kontur, dass auch dieses Jahr kein Glücksfall für die Rebsorte war. Beim Hardtberg Frühburgunder hat man offenbar besser selektiert. Das Große Gewächs gehört zu den besten Frühburgundern der Region. Immer eine Empfehlung ist der Spätburgunder Unplugged,

★★★

der viel Spätburgunder und Ahr-Terroir für wenig Geld bietet. Eine Kuriosität ist der Likörwein BIN 14, der aus Spätburgunder bereitet wurde und mit feiner Süße und Aromenspiel viele Sommeliers inspirieren wird.

Verkostete Weine 12
Bewertung 83–92 Punkte

- 83 2015 Spätburgunder trocken Holzfass | 13% | 10,– €
- 85 2015 Spätburgunder Unplugged trocken Holzfass | 12,5% | 15,– €
- 87 2015 Neuenahrer Spätburgunder trocken Barrique | 13% | 17,– €
- 83 2015 Frühburgunder »C« trocken Holzfass | 13% | 22,– €
- 89 2015 Spätburgunder Devonschiefer trocken Barrique | 13% | 22,– €
- 87 2015 »Cuvée Georg« Frühburgunder & Cabernet trocken Barrique | 13% | 26,– €
- 90 2015 Neuenahrer Schieferlay Spätburgunder »Großes Gewächs« | 13% | 31,– €
- 91 2015 Ahrweiler Silberberg Spätburgunder »Großes Gewächs« | 13% | 35,– €
- 89 2015 Dernauer Hardtberg Frühburgunder »Großes Gewächs« | 13% | 39,– €
- 90 2015 Neuenahrer Sonnenberg Spätburgunder »Großes Gewächs« | 13% | 39,– €
- 92 2015 Spätburgunder »R« Devonschiefer trocken Barrique | 13,5% | 🍷
- 88 2014 Bin 14 Spätburgunder Likörwein Barrique | 18% | 39,– €

WEINGUT PETER KRIECHEL
53474 Bad Neuenahr-Ahrweiler
Walporzheimer Straße 83–85
Tel (0 26 41) 3 61 93 · Fax 50 04
info@weingut-kriechel.de
www.weingut-kriechel.de
Inhaber Ernst, Peter und Michael Kriechel
Verwalter Michael Kriechel
Kellermeister Michael Hewel
Verkauf Peter Kriechel
Mo–Fr 9.00–17.00 Uhr
Sa–So 12.00–17.00 Uhr (Jan.–Mai)
Das Weinhaus Marienthaler Straße 14, Marienthal, Tel (0 26 41) 9 03 81 54, Di–So ab 10.00 Uhr Regionale Küche mit Slowfood Arche Produkten
Rebfläche 27,5 Hektar
Jahresproduktion 220.000 Flaschen
Beste Lagen Neuenahrer Sonnenberg, Walporzheimer Kräuterberg, Ahrweiler Rosenthal, Marienthaler Rosenberg (Frühburgunder)
Boden Schieferverwitterungsböden, Lösslehm, Grauwacke
Rebsorten 60% Spätburgunder, 20% Frühburgunder, 10% Grau- und Weißburgunder, 10% übrige Sorten
Mitglied Schlahrvino, Slow Food

Bei den Kriechels ist immer was los. Durch weiteren Zukauf hat man mit 30 Hektar Weinbergsfläche das selbstgesteckte Maximum erreicht. Mit einhergeht eine weitere Professionalisierung. So werden heute 20 Mitarbeiter ständig beschäftigt. Zudem wurde das Rebsorten-Portfolio weiter gestrafft. Rebsorten wie Bacchus oder Dornfelder fielen ganz heraus und beim Portugieser behielt man nur die sehr alten Anlagen im Kräuterberg. Investieren will man schon länger in einen neuen Weinkeller, dazu fehlt allerdings noch das richtige Grundstück. So wie man die Kriechels kennt, wird das nur eine Frage der Zeit sein. Dann wird endlich das Ambiente der bisher in Eiche rustikal gehaltenen Probierstube dem modernen Stil der Weine angepasst. Dieser Stil entwickelt sich jedes Jahr weiter. Die unsäglichen amerikanischen Eichenfässer sind verschwunden. Hinzu kamen beste Stückfässer aus Eiche von der Ahr. Mit vier Hektar Frühburgunder ist man flächenmäßig Spitzenreiter für diese Rebsorte. Es gibt sogar eine eigene Kriechel-Selektion, die sich durch frühere Reife als der weit verbreitete Ingelheimer Wasem-Klon auszeichnet. Neben der richtigen Klonenwahl ist der Standort für Frühburgunder entscheidend. »Man darf Frühburgunder nicht in zu warme Lagen pflanzen«, erklärt Peter Kriechel. Der Frühburgunder Rosenthal ist auch im schwierigen Jahrgang 2015 gut gelungen. Darüber hinaus sind die beiden Weine aus dem Kräuterberg ein Highlight. Ob Portugieser Alte Reben oder Spätburgunder, die Kräuter-Würze in beiden Weinen verrät auch geschmacklich ihre Herkunft. Noch ein Tipp – der Gutsausschank in Marienthal ist sehr zu empfehlen. Hier werden regionale Slow-Food-Produkte zu den Weinen serviert.

Verkostete Weine 12
Bewertung 82–91 Punkte

83 2016 Weißburgunder trocken | 12,5% | 8,50 €
84 2015 Grauburgunder »B« trocken Alte Reben | 13% | 18,– €
86 2016 Spätburgunder »B« trocken Rosé | 12,5% | 18,– €
82 2015 Spätburgunder »S« trocken | 13,5% | 9,90 €
88 2015 Spätburgunder »B« trocken | 13,5% | 14,50 € |
84 2015 Frühburgunder »B« trocken | 13,5% | 15,50 €
87 2015 Frühburgunder Jubilus trocken Goldkapsel | 13,5% | 25,– €
89 2015 Walporzheimer Kräuterberg Portugieser trocken Goldkapsel | 13,5% | 25,– € |
89 2015 Neuenahrer Sonnenberg Spätburgunder trocken | 13,5% | 25,– €
90 2015 Ahrweiler Rosenthal Spätburgunder trocken | 13,5% | 25,– €
89 2015 Marienthaler Rosenberg Frühburgunder trocken | 13,5% | 39,– €
91 2015 Walporzheimer Kräuterberg Spätburgunder trocken Goldkapsel | 13,5% | 39,– €

MAIBACHFARM
53474 Bad Neuenahr-Ahrweiler
Im Maibachtal 100
Tel (0 26 41) 3 66 79 · Fax 3 66 43
info@maibachfarm.de
www.maibachfarm.de
Inhaberin Renate Günther
Geschäftsführer Hans Dieter Ritterbex
Produktion Johannes Kastenholz
Betriebsleiter Alexander Weber

Verkauf Alexander Weber
Mo-Fr 10.00–12.00 Uhr · 13.00–17.00 Uhr
Sa-So 11.00–17.00 Uhr und nach Vereinbarung
Vinothek Niederhutstraße 21, Ahrweiler
Mi-So 10.00–18.30 Uhr

Straußwirtschaft Juli-Okt. an Wochenenden, Feiertagen und Brückentagen 11.00–19.00 Uhr
Sehenswert Schafe, Esel, Kleintiere, Aussiedelei in großartiger Landschaft
Rebfläche 8,5 Hektar
Jahresproduktion 45.000 Flaschen
Beste Lagen Ahrweiler Silberberg, Walporzheimer Domlay, Heimersheimer Burggarten, Recher Herrenberg
Boden Schiefer, Grauwacke, Lehm
Rebsorten 60% Spätburgunder, 20% Frühburgunder, je 5% Grauburgunder, Regent, Riesling, 5% übrige Sorten
Mitglied Bioland

Biologischer Weinbau liegt auch in Deutschland im Trend, vor allem in den Regionen Rheinhessen und Pfalz. Dort sind die Weinlagen selten so steil, dass man nicht doch noch mit dem Traktor fahren könnte. An der Ahr ist das anders. In den steilsten Lagen müssen Unkrautbekämpfung und Pflanzenschutzmaßnahmen zu Fuß vorgenommen werden – ein viel größerer und teurerer Aufwand. Es verdient daher höchsten Respekt, wenn dort auf Bioanbau gesetzt wird. Die Kollektion der Maibachfarm fiel gut aus. Im Basisbereich zeigen sich kleine Schwächen. Ebenso ist der Frühburgunder schwierig zu verkosten. Doch die Spitzenweine überzeugen. Vor allem die Spätburgunder aus Heimersheimer Burggarten und Ahrweiler Silberberg sind besonders gut gelungen. Weiß- und Roséweine fallen angenehm süffig aus.

★★

Verkostete Weine 10
Bewertung 83–89 Punkte

83 2016 Grauburgunder trocken | 13% | 10,50 €
85 2016 Spätburgunder »R« trocken Blanc de Noirs | 13% | 16,– €
83 2015 Spätburgunder trocken Holzfass | 13% | 9,50 €
83 2015 Frühburgunder trocken Holzfass | 13% | 11,50 €
84 2015 Ahrweiler Spätburgunder trocken Barrique | 13% | 14,50 €
87 2015 Walporzheimer Terrassen Spätburgunder trocken Barrique | 13,5% | 29,– €
87 2015 Spätburgunder Herrenberg trocken Barrique | 13% | 29,– €
88 2015 Spätburgunder Burggarten trocken Barrique | 12,5% | 29,– €
89 2015 Spätburgunder Silberberg trocken Barrique | 13,5% | 29,– €
86 2015 Frühburgunder »R« trocken Barrique | 13,5% | 35,– €

WINZERGENOSSENSCHAFT MAYSCHOSS-ALTENAHR

53508 Mayschoß · Ahrrotweinstraße 42
Tel (0 26 43) 9 36 00 · Fax 93 60 93
info@wg-mayschoss.de
www.wg-mayschoss.de
Geschäftsführer Matthias Baltes
Kellermeister Rolf Münster
Verkauf Rudolf Stodden
Mo-Fr 8.00–18.30 Uhr
Sa-So, feiertags 9.00–18.30 Uhr
Historie älteste Winzergenossenschaft der Welt, gegründet 1868
Sehenswert alter Holzfasskeller, kleines Weinbaumuseum, Ruine Saffenburg
Rebfläche 150 Hektar
Zahl der Mitglieder 432
Jahresproduktion 1,2 Mio. Flaschen
Beste Lagen Mayschosser Mönchberg, Walporzheimer Kräuterberg, Altenahrer Eck, Ahrweiler Daubhaus
Boden Schieferverwitterung, teilweise mit Lösslehm
Rebsorten 60% Spätburgunder, 20% Riesling, je 5% Frühburgunder und Weißburgunder, 10% übrige Sorten

Die älteste Winzergenossenschaft Deutschlands ist immer einen Ausflug wert: dank der Vinothek, einem umfangreichen Veranstaltungsprogramm und Wein für jeden Geldbeutel. Die Weine sind stets gut gemacht und stilistisch auf einen breiten Publikumsgeschmack ausgerichtet. Auch mit diesem Jahrgang bewegt sich die Genossenschaft sicher auf dem Parkett. Beeindruckend sind vor allem die verschiedenen Premium-Programme, die bei den Mitgliedern offenbar großen Anklang finden. Besondere Parzellen werden ausgewählt, die Winzer ermuntert, die Erträge zu reduzieren und noch mehr Arbeit in die Weinbergspflege zu stecken. Dafür gibt es einen satten Zuschlag beim Traubenpreis. Ein Konzept, das offenbar gut funktioniert. Vor allem die so entstandenen Spitzenweine aus Mönchberg und Kräuterberg haben uns sehr gut gefallen. Auch der Riesling Auslese, der mit viel exotischer Frucht, saftiger Säure und Reifepotenzial ausgestattet ist, war wieder ein Höhepunkt in der Kollektion.

AHR

Verkostete Weine 10
Bewertung 83–89 Punkte

84 2016 Riesling »S« trocken | 12,5% | 11,50 €
88 2016 Riesling Auslese | 8,5% | 20,– €/0,5 Lit.
84 2016 Spätburgunder trocken Blanc de Noirs | 12,5% | 7,70 €
83 2015 Spätburgunder Gründerwein trocken | 13% | 8,40 €
86 2015 Spätburgunder Edition Saffenburg trocken Holzfass | 13,5% | 12,50 €
87 2015 Frühburgunder trocken Barrique Goldkapsel | 13,5% | 18,90 €
87 2015 Spätburgunder »R« Pinot Noir trocken Barrique | 14% | 20,90 €
89 2016 Walporzheimer Kräuterberg Spätburgunder trocken Barrique | 14% | 28,– €
88 2015 Mayschosser Mönchberg Spätburgunder trocken Barrique | 14% | 38,– €
88 2015 Mayschosser Laacherberg Spätburgunder trocken Barrique | 14% | 38,– €

WEINGUT MEYER-NÄKEL
53507 Dernau · Friedensstraße 15
Tel (0 26 43) 16 28 · Fax 33 63
weingut@meyer-naekel.de
www.meyer-naekel.de
Inhaber Werner Näkel
Kellermeister Meike und Werner Näkel
Verkauf nach Vereinbarung
Gutsschänke »Im Hofgarten«, Bachstraße 26, an der Kirche, täglich 11.00–23.00 Uhr, Hartwig Näkel, Tel (0 26 43) 15 40
Historische Wein- und Bierwirtschaft seit 200 Jahren im Familienbesitz
Rebfläche 20 Hektar
Jahresproduktion 130.000 Flaschen
Beste Lagen Dernauer Pfarrwingert, Neuenahrer Sonnenberg, Walporzheimer Kräuterberg
Boden Schieferverwitterung, teilweise mit Lösslehm
Rebsorten 75% Spätburgunder, 15% Frühburgunder, je 5% Riesling und Weißburgunder
Mitglied VDP, Deutsches Barrique Forum

Auf dem Weingut Meyer-Näkel tut sich was. Behutsam verändert sich der Stil etwas weg von Extraktsüße hin zu mehr Säurespannung. Die Weine sind feiner geworden, ohne dabei die Typizität des Weinguts außer Acht zu lassen. Es ist diese hedonistische, unbekümmerte Saftigkeit der Spitzenweine, die so viele Fans in den Bann zieht. Nichtsdestotrotz bringen etwas mehr Frische vor allem im Pfarrwingert und Silberberg den Weinen zusätzlich Tiefe. Das Weingut Meyer-Näkel gehört zu den festen Größen im Ahrtal und Werner Näkel ist einer der ganz großen Spätburgunder-Pioniere und Charakterköpfe in Deutschland. Längst sind die Töchter Meike und Dörte Näkel in die großen Fußstapfen des Vaters gestiegen und füllen ihre Positionen mit Selbstbewusstsein aus. Die Kollektion fällt auch dieses Jahr sehr gut aus. Vor allem die Spitzenweine überzeugen. Darüber hinaus gefällt uns dieses Jahr der weiße Klassiker, der Blanc de Noirs Illusion, besonders gut. Beim Frühburgunder hatte man allerdings auch diesmal Schwierigkeiten. Die Anlagen in der Spitzenlage Pfarrwingert sind bereits dem Spätburgunder gewichen. Der Frühburgunder im mittleren Qualitätssegment hat uns nicht überzeugt.

★★★

Verkostete Weine 11
Bewertung 83–91 Punkte

83 2016 Weißburgunder trocken | 12,5% | 11,– €
86 2016 Spätburgunder Illusion trocken Blanc de Noirs | 13% | 12,50 €
85 2016 Weißburgunder »S« trocken Barrique | 13,5% | 27,– €
84 2015 Spätburgunder »G« trocken Barrique | 13,5% | 15,– €
84 2015 Frühburgunder trocken Barrique | 13,5% | 17,– €
85 2015 Spätburgunder Blauschiefer trocken Barrique | 13,5% | 19,– €
87 2015 Spätburgunder »S« trocken Barrique | 13,5% | 29,– €
89 2015 Ahrweiler Silberberg Spätburgunder »Großes Gewächs« | 13,5% | 39,– €
89 2015 Neuenahrer Sonnenberg Spätburgunder »Großes Gewächs« | 13,5% | 45,– €
91 2015 Dernauer Pfarrwingert Spätburgunder »Großes Gewächs« | 13,5% | 54,– €
90 2015 Walporzheimer Kräuterberg Spätburgunder »Großes Gewächs« | 13,5% | 72,– €

WEINGUT NELLES
53474 Bad Neuenahr-Heimersheim
Göppinger Straße 13a
Tel (0 26 41) 2 43 49 · Fax 7 95 86
info@weingut-nelles.de
www.weingut-nelles.de
Inhaber Thomas Nelles
Betriebsleiter und Kellermeister Philip Nelles
Verkauf Thomas und Philip Nelles
Mo–Fr 9.00–12.00 Uhr · 14.00–18.00 Uhr
Sa 10.00–14.00 Uhr
Restaurant und Hotel »Weinhaus Nelles«,
Tel (0 26 41) 68 68, Mi–So 18.00–22.00 Uhr,
Sa–So, feiertags 12.00–14.30 Uhr
Spezialitäten regionale Küche
Historie Weinbau seit 500 Jahren
Rebfläche 8,5 Hektar
Jahresproduktion 70.000 Flaschen
Beste Lage Heimersheimer Landskrone und Burggarten
Boden Verwitterungsschiefer, Grauwacke und Lösslehm
Rebsorten 70% Spätburgunder, je 10% Frühburgunder, Graububurgunder und Riesling
Mitglied VDP

Der VDP-Betrieb Nelles ist eine feste Größe an der Ahr. Für die fast zehn Hektar Betriebsfläche ist mittlerweile Philip Nelles zuständig, der versucht, neue Akzente zu setzen. »Mein Ziel ist es, Spätburgunder mit Kraft und Fülle, aber mit weniger Alkohol, zu erzeugen«, erklärt er. Das gelingt immer besser. Der beste Wein der Kollektion ist der B 52 aus dem Burggarten, einer der wärmsten Lagen an der Ahr. Hier wachsen die Spätburgunder auf Vulkangestein. Nach 18 Monaten Ausbau im Barrique verführt der Wein mit saftigem Kirschduft und mit der für die Lage typischen mollig geschmeidigen Art. Besonders erwähnenswert sind auch der Frühburgunder aus der Landskrone, der zu den Spitzen in der Region gehört, sowie der Riesling von 65 Jahre alten Reben, die in der Landskrone stehen. Darauf ist Philip Nelles zu Recht besonders stolz. Eine Kritik bleibt allerdings: Viele Weine verfügen nach wie vor über ein merkwürdig sprödes, austrocknendes Tanningerüst. Das mag auch am Erfolg des Blanc de Noirs liegen, für den offenbar zu viel Saft von der Maische abgezogen wird. Insgesamt sind die Weine gut, es ist aber noch Luft nach oben.

AHR

Verkostete Weine 11
Bewertung 83-90 Punkte

- 83 2016 Riesling & Grauburgunder Albus trocken | 12% | 8,- €
- 84 2016 Grauburgunder trocken | 12,5% | 11,- €
- 87 2016 Riesling trocken Alte Reben | 12,5% | 11,- €
- 85 2016 Spätburgunder trocken Blanc de Noirs Saignée | 12,5% | 11,- €
- 84 2015 Spätburgunder Schieferboden trocken | 12% | 10,- €
- 84 2016 Spätburgunder Ruber trocken | 12,5% | 11,- €
- 86 2016 Pinot Noir trocken | 13% | 14,50 €
- 88 2015 Spätburgunder 1 Ahr trocken | 13% | 24,- €
- 88 2015 Heimersheimer Landskrone Spätburgunder B 48 »Großes Gewächs« | 13,5% | 35,- €
- 88 2015 Heimersheimer Landskrone Frühburgunder »B« »Großes Gewächs« | 13,5% | 45,- €
- 90 2015 Heimersheimer Burggarten Spätburgunder B 52 »Großes Gewächs« | 14% | 45,- €

WEINGUT ERWIN RISKE
53507 Dernau · Wingertstraße 26-28
Tel (0 26 43) 84 06 · Fax 35 31
weingut-riske@t-online.de
www.weingut-riske.de
Inhaber Volker Riske
Betriebsleiter und Kellermeister Volker und Jan Riske

Verkauf Mechthild und Volker Riske
Mo-Fr nach Vereinbarung
Sa 10.00-18.00 Uhr
So, feiertags 15.00-18.00 Uhr
und zu den Öffnungszeiten der Straußwirtschaft
Straußwirtschaft 1. Mai-Mitte Juni,
1. Sept.-Mitte Nov.
Di-Do 15.00-20.00 Uhr (Sept.-Okt.)
Fr 15.00-22.00 Uhr, Sa 12.00-22.00 Uhr
So, feiertags 12.00-20.00 Uhr
Spezialitäten hausgemachte
Kartoffel-Lauchcremesuppe, Flammkuchen
Erlebenswert Weinproben im historischen Winzerfachwerkhaus
Rebfläche 7 Hektar
Jahresproduktion 45.000 Flaschen
Beste Lagen Dernauer Pfarrwingert und Hardtberg, Neuenahrer Sonnenberg
Boden Schieferverwitterung, Lösslehm
Rebsorten 70% Spätburgunder, 15% Riesling, je 5% Frühburgunder und Weißburgunder, 5% übrige Sorten
Mitglied Schlahrvino

Das Dernauer Weingut Erwin Riske bearbeitet etwa sieben Hektar Rebfläche, davon etwa zwei am Mittelrhein. Volker Riske und seine Frau Mechthild bewirtschaften den Familienbetrieb nun in vierter Generation. Seit September 2016 ist auch Sohn Jan als studierter Önologe mit in den Betrieb eingestiegen. Die Riskes beherzigen alle Gesetze, die für guten Wein gelten: von der Ertragsbegrenzung über die selektive Handlese bis zum Ausbau in klassischen Holzfässern und Barriques. Deshalb gehören die Weine des Weinguts auch immer zu den soliden und guten Weinen der Region. Mit dem Jahrgang 2015 hat man eine sehr gute Kollektion vorgelegt und sich gegenüber dem schwierigen Jahr 2014 steigern können. Entstanden sind sehr gute sorten- und gebietstypische Weine. Besonders gelungen ist der Spätbur-

★★★

gunder aus dem Dernauer Pfarrwingert, der mit viel Balance, geschliffenem Gerbstoff und langem Nachhall überzeugt.

Verkostete Weine 9
Bewertung 81–89 Punkte

81 2015 Riesling trocken Alte Reben | 12,5% | 9,90 €
84 2015 Riesling Spontan trocken »sur lie« | 12,5% | 14,– €
83 2015 Spätburgunder »ER« trocken Holzfass | 13% | 9,90 €
84 2015 Spätburgunder Schieferfels trocken Holzfass | 13,5% | 13,90 €
84 2014 Frühburgunder trocken Holzfass | 13% | 15,90 €
87 2015 Spätburgunder Schieferturm trocken Barrique | 13,5% | 15,90 €
86 2015 Bad Neuenahrer Sonnenberg Spätburgunder trocken Barrique | 13,5% | 19,90 €
88 2015 Dernauer Hardtberg Spätburgunder trocken Barrique | 13,5% | 24,50 €
89 2015 Dernauer Pfarrwingert Spätburgunder trocken Barrique | 13,5% | 29,– €

WEINGUT PAUL SCHUMACHER
53474 Marienthal · Marienthaler Straße 6
Tel (0 26 41) 43 45 · Fax 35 94 19
ps-info@weingut-ps.de
www.weingut-ps.de
Inhaber Paul und Anne Schumacher
Betriebsleiter Paul Schumacher
Außenbetrieb Eric Schumacher
Verkauf Anne Schumacher
Mo–Di, Do–Fr 9.00–12.00 Uhr
Sa–So 10.00–12.00 Uhr und nach Vereinbarung
Straußwirtschaft Mai und Mitte Sept.–Ende Okt. Sa–So ab 10.00 Uhr
Rebfläche 3,8 Hektar
Jahresproduktion 24.000 Flaschen
Beste Lagen Mayschosser Mönchberg, Walporzheimer Kräuterberg, Marienthaler Trotzenberg, Ahrweiler Silberberg
Boden Schiefer, Grauwacke
Rebsorten 66% Spätburgunder, 15% Riesling, 13% Frühburgunder, je 3% Cabernet Sauvignon und Merlot

Paul Schumacher ist zurecht ein großer Sympathieträger im Ahrtal. Der ehemalige Weinlaborant ist bekannt und besonders geschätzt bei Kollegen wie auch vielen Sommeliers. Er war einer der ersten, der einen Stilwandel hin zu finessenreichen, kühlen Spätburgundern vollzogen hat. Mit dem Stilvorbild Burgund im Hinterkopf setzte er dank früherer Lese ganz neue Akzente. In diesem Geist sind die Spitzenweine entstanden, die auch dieses Jahr überzeugen. Da wäre der Kräuterberg zu nennen, der mit pikanter Würze und zupackendem Tanningerüst fasziniert sowie der Trotzenberg, der herzhaft und markant ausfällt und mit seinem Säurebogen und feinen Holzaromen das Können von Paul Schumacher unter Beweis stellt. Die übrige Kollektion ist allerdings sehr heterogen. Die kleinen Weine enttäuschen regelrecht. Allen voran der Literwein Casa, aber auch der Basis-Spätburgunder, dem etwas mehr Frucht gutgetan hätte, sowie die Frühburgunder. Wir sind gespannt, wie sich die Weine im nächsten Jahr zeigen werden.

KOCHEN
ist Liebe, gewürzt mit Genuss.

Begeben Sie sich mit den Kochbüchern von Christian auf eine kulinarische Weltreise.

CHRISTIAN

Power for You!

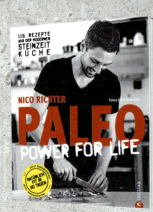

Je Titel
224 Seiten, ca. 150 Fotos
€ (D) 29,99

ISBN 978-3-86244-590-5

Probieren Sie PALEO für
30 Tage aus und erfahren Sie,
wie gut es Ihrem Körper tut.

➡ **Genießen:**
Echte, unverarbeitete und
nährstoffreiche Lebensmittel

➡ **Vermeiden:**
Verarbeitete, chemisch
veränderte und nährstoff-
arme Industrieprodukte

So sieht eine typische
Paleo-Mahlzeit aus:

ISBN 978-3-86244-754-1

Diese Titel finden Sie
im Buchhandel!

Weitere Inspirationen aus den Bereichen Essen & Trinken,
Gesundheit sowie Wohnen und Garten finden Sie auf
www.christian-verlag.de

★★★ AHR

Verkostete Weine 10
Bewertung 81–90 Punkte

- **85** 2016 Spätburgunder trocken Blanc de Noirs | 11,5% | 9,- €
- **83** 2016 Leutesdorfer Riesling feinherb (Mittelrhein) | 11,5% | 9,- €
- **89** 2015 Spätburgunder Pur Pinot trocken Holzfass | 13,5% | 20,- €
- **83** 2015 Spätburgunder trocken Holzfass | 13% | 9,- €
- **86** 2015 Spätburgunder Carpe Diem trocken Holzfass | 13,5% | 12,50 €
- **85** 2015 Frühburgunder trocken Holzfass | 13% | 13,50 €
- **84** 2015 Frühburgunder Alegria trocken Holzfass | 13% | 20,- €
- **90** 2015 Marienthaler Trotzenberg Spätburgunder trocken Holzfass | 13,5% | 26,- €
- **90** 2015 Walporzheimer Kräuterberg Spätburgunder trocken Holzfass | 13,5% | 42,- €

WEINGUT SERMANN-KREUZBERG
53505 Altenahr · Seilbahnstraße 22
Tel (0 26 43) 71 05 · Fax 90 16 46
info@sermann.de
www.sermann.de

Inhaber und Betriebsleiter Klaus Sermann
Außenbetrieb Klaus Sermann
Kellermeister Lukas Sermann
Verkauf Lukas, Luzia und Rasema Sermann
Do–Di 10.00–18.00 Uhr

Gutsausschank Do–Di 10.00–18.00 Uhr, Mi nach Vereinbarung
Spezialitäten mit Spinat und Ricotta gefüllte Nudelrolle, Rillettes vom Kaninchen, Leberwurst aus der eigenen Wurstküche
Historie Weinbau seit 1775
Rebfläche 7,6 Hektar
Jahresproduktion 55.000 Flaschen
Beste Lagen Altenahrer Eck, Mayschosser Burgberg, Ahrweiler Rosenthal und Forstberg, Walporzheimer Alte Lay
Boden Schiefer, Lehm, Löss
Rebsorten 67% Spätburgunder, 13% Frühburgunder, 11% Riesling, 3% Weißburgunder, je 2% Dornfelder, Regent und Müller-Thurgau

Seit vier Jahren ist Junior Lukas Sermann nun für die Weine des traditionsreichen Familienbetriebes verantwortlich. Nach einer kleinen Schwäche letztes Jahr hat er dieses Mal eine sehr gute Kollektion vorgelegt. Kompromisslos hat er an der Qualitätsschraube gedreht und alte Zöpfe abgeschnitten. Es wurde ein neuer Keller gebaut und in dessen Ausstattung investiert, Lesezeitpunkt und Weinbereitung verändert und vor allem bessere Fässer gekauft. »Beim Holz bin ich seit zwei Jahren auf der Suche nach einer eigenen Linie«, erklärt der ehrgeizige Jungwinzer. »Ich habe viel bei Top-Kollegen probiert.« Seine Vorstellung vom Spätburgunder ist ein tänzelnder Typ, der mit höchstens 13,5 Prozent Alkohol auskommt und vom Holz nicht erschlagen wird. Hier geht es also mit Riesenschritten voran. Überzeugt haben uns unter anderem die Weißweine. Vor allem der Riesling Alte Reben ist ein Highlight. Nach 12 Stunden Maischestandzeit spontan vergoren hebt sich dieser Wein vom gleichförmigen Weißwein-Einheitsbrei an der Ahr ab. Beim Rotwein erfreuen Einstiegsqualitäten wie Spitzenweine, allen voran der Spätbur-

gunder Altenahrer Eck - ein Wein, der für gerade mal 14 Euro zu haben ist. Alle Weine fallen unter die Kategorie »Best Buy«.

Verkostete Weine 11
Bewertung 83-89 Punkte

85 2016 Spätburgunder Bellabianca trocken Blanc de Noirs | 12% | 6,70 €
85 2016 Altenahrer Weißburgunder trocken | 12,5% | 7,50 €
87 2016 Altenahrer Eck Riesling 1939 trocken Alte Reben | 12,5% | 12,80 € | 🌢
87 2016 Ahrweiler Spätburgunder trocken | 12,5% | 8,80 €
86 2016 Spätburgunder trocken | 12,5% | 6,60 €
83 2016 Frühburgunder trocken | 12,5% | 8,80 €
86 2016 Mayschosser Burgberg Frühburgunder trocken Holzfass | 13% | 14,- €
89 2016 Altenahrer Eck Spätburgunder trocken Barrique | 13% | 14,- € | €
88 2015 Marienthaler Trotzenberg Spätburgunder trocken | 13% | 15,- €
85 2015 Dernauer Hardtberg Frühburgunder trocken Barrique Goldkapsel | 13,5% | 21,- €
88 2016 Altenahrer Eck Spätburgunder trocken Barrique Goldkapsel | 13,5% | 21,- €

WEINGUT SONNENBERG
53474 Bad Neuenahr-Ahrweiler · Heerstraße 98
Tel (0 26 41) 67 13 · Fax 20 10 37
info@weingut-sonnenberg.de
www.weingut-sonnenberg.de
Inhaber und Betriebsleiter Marc Linden

Verkauf Michaela Wolff
Mo-Fr 10.00-12.00 Uhr · 14.00-18.00 Uhr
Sa 10.00-14.00 Uhr
So, feiertags 10.00-12.00 Uhr

Ferienwohnungen im Jugendstil
Straußwirtschaft 8 Wochen im Herbst
Sehenswert alter Bruchsteingewölbekeller mit Schatzkammer
Rebfläche 6 Hektar
Jahresproduktion 45.000 Flaschen
Beste Lagen Neuenahrer Sonnenberg und Schieferlay
Boden Grauwacke mit Löss, Schiefer
Rebsorten 70% Spätburgunder, je 10% Grau- und Weißburgunder, 6% Frühburgunder, 4% übrige Sorten

Die Geschicke des Weinguts Sonnenberg werden seit 2005 von Marc Linden gelenkt. Bekannt wurde das Weingut durch den Großvater Norbert Görres, der in den 1970er Jahren zu den Weinpäpsten der Region gezählt wurde und sich um die Entwicklung der Region verdient gemacht hat. Zum Weingut gehört eine stattliche Villa im Jugendstil, die einst von der Kölner Parfümherstellerfamilie Mülhens erbaut wurde. Zum Weingut gehören auch einige Fremdenzimmer und Stellplätze für Wohnmobile. Die Weine finden so ihre Abnehmer. Der Betrieb ist vor allem auf Spätburgunder ausgerichtet, hinzu kommen noch solide Mengen an Grau- und Weißburgunder. Neben den trockenen Weinen gibt es auch eine breite Auswahl an feinherben Gewächsen. Die Weine fallen stets solide, allerdings auch wenig ambitioniert und mit sehr rustikalen Ecken aus.

★★★★⯪ AHR

Verkostete Weine 12
Bewertung 70–86 Punkte

- 82 2016 Weißburgunder Landwein trocken Blanc de Blancs | 11,5% | 8,- €
- 82 2016 Grauburgunder feinherb Blanc de Blancs | 11,5% | 8,- €
- 82 2016 Grauburgunder Landwein Blanc de Noirs | 9% | 7,- €
- 82 2016 Spätburgunder feinherb Blanc de Noirs | 12,5% | 9,- €
- 83 2016 Landwein trocken Holzfass | 11,5% | 6,50 €/1,0 Lit.
- 84 2016 Spätburgunder trocken Holzfass | 12,5% | 8,- €
- 84 2016 Neuenahrer Schieferlay Spätburgunder trocken Holzfass | 13,5% | 9,- €
- 86 2015 Spätburgunder »S« trocken Holzfass | 13,5% | 14,- €
- 85 2016 Frühburgunder trocken Holzfass | 13% | 15,- €
- 83 2016 Spätburgunder halbtrocken Holzfass | 12,5% | 9,- €
- 83 2016 Spätburgunder feinherb Holzfass | 13,5% | 10,- €

WEINGUT JEAN STODDEN
53506 Rech · Rotweinstraße 7–9
Tel (0 26 43) 30 01 · Fax 30 03
info@stodden.de
www.stodden.de
Inhaber Dr. Brigitta und Alexander Stodden
Betriebsleiter und Kellermeister Alexander Stodden

Verkauf Dr. Brigitta Stodden
Mo–Fr 9.00–12.00 Uhr · 13.30–17.30 Uhr
Sa 10.00–13.00 Uhr

Historie Weinbau in der Familie seit 1578
Rebfläche 7 Hektar
Jahresproduktion 45.000 Flaschen
Beste Lagen Recher Herrenberg, Dernauer Hardtberg, Ahrweiler Rosenthal, Neuenahrer Sonnenberg
Boden Schieferverwitterung, teilweise mit Lösslehm
Rebsorten 88% Spätburgunder, 7% Frühburgunder, 5% Riesling
Mitglied VDP, Fair'n Green

Alexander Stodden zählt heute selbstverständlich zu den besten Winzern der Region und seine besten Spätburgunder sind Dauergast bei den Bundesfinalproben. Auch dieses Jahr legt er insgesamt die beste Kollektion an der Ahr vor. Dabei wird sein Stil immer klarer und geschliffener. Alexander Stodden ist einfach nicht der Typ, der sich auf den Lorbeeren ausruht. »Ich habe viel gelernt in Sachen Laubwandarbeit«, erklärt er auf die Frage, was er verändert habe. »Wir gipfeln so spät wie möglich, um so spät wie möglich die Energie in die Trauben zu lenken.« Hinzu kommt offenbar eine andere Gärführung, die deutlich mehr Sauerstoff zulässt. »Ist ja nur so ein Bauchgefühl und keine exakte Wissenschaft«, erzählt Alexander Stodden. »Ich bin der Meinung, dass wir dadurch die Weine viel schöner und klarer hinbekommen. Es geht ständig um das richtige Maß an Extraktion, ohne harte Tannine zu bekommen.« Ausgebaut werden die besten Weine 15 bis 17 Monate lang in neuen Pièces des Fassbauers François Frères, die für ihren geschmeidigen und dezent süßen Holzeintrag bekannt sind. So schafft er erneut Weine, die die Namen Großes Gewächs und Top-Burgunder verdienen. Zum einen, weil er ein Meister der geschmacklichen Differenzierung der Lagen ist. Zum anderen bewegt er sich mit seinem Stil mühelos auf internationalem Parkett. Wie andere Spitzenburgun-

der zeigen seine Weine, dass die Qualität nicht durch Konzentration definiert wird, sondern durch mehr Vielschichtigkeit. Kurzum, seine eleganten, von Schiefertönen durchzogenen Spätburgunder, denen er mit gekonntem Holzeinsatz weltläufigen Glanz mitgibt, zählen zum internationalen Pinot-Noir-Kanon. Kein Wunder, dass man international nicht mehr nur Riesling erwähnt, wenn über deutschen Wein gesprochen wird. Die Großen Gewächse vom Spätburgunder haben auch in diesem Jahr 90 Punkte und mehr erreicht. Neben der Qualität faszinierte uns die geschmackliche Differenzierung der Lagenunterschiede. Einmal mehr wurde damit deutlich, dass hier noch ein enormes Potenzial an der Ahr schlummert. Es ist erstaunlich, wieviel Vielfalt es in dieser kleinen Region gibt und wie deutlich sich das Terroir auch geschmacklich darstellt. Gerade die Spitzenwinzer sollten dies noch viel deutlicher herausstellen und kommunizieren.

Alexander Stodden

Verkostete Weine 12
Bewertung 85–94 Punkte

85	2016 Spätburgunder trocken Blanc de Noirs	12,5% | 14,– €
86	2015 Spätburgunder »J« trocken Barrique	13% | 17,– €
88	2015 Spätburgunder »JS« trocken Barrique	13% | 24,– €
89	2015 Recher Spätburgunder trocken Barrique	13% | 31,– €
90	2015 Recher Herrenberg Frühburgunder »Großes Gewächs«	12,5% | 37,– €
90	2015 Dernauer Hardtberg Spätburgunder »Großes Gewächs«	13% | 45,– €
90	2015 Neuenahrer Sonnenberg Spätburgunder »Großes Gewächs«	13% | 55,– €
92	2015 Ahrweiler Rosenthal Spätburgunder »Großes Gewächs«	13% | 65,– €
93	2015 Recher Herrenberg Spätburgunder »Großes Gewächs«	13% | 75,– €
94	2015 Spätburgunder trocken Lange Goldkapsel	13% | 85,– € | TOP
93	2015 Spätburgunder trocken Alte Reben	12,5% | 95,– €
93	2015 Mayschosser Mönchberg Spätburgunder »Großes Gewächs« | 13%

Spitzenlagen für Spätburgunder

Paradestück war auch dieses Jahr wieder der Spätburgunder Alte Reben; der aus einer Anlage mitten im Herzen des Recher Herrenbergs stammt. Über 60 Jahre alte, wurzelechte Reben liefern die Grundlage für dieses beeindruckende Monument. Überhaupt ist der Recher Herrenberg der Hausberg des Weinguts Stodden. »Hier fühle ich mich am wohlsten«, gesteht Alexander Stodden. Kein Wunder, ganze vier Hektar der Lage zählen zum Besitz und eröffnen die Möglichkeit, für die Spitzenweine besonders zu selektieren. Gut geraten ist auch der Frühburgunder, obwohl dieses Jahr nicht optimal für diese Rebsorte war, doch man ist besser damit umgegangen. Der Herrenberg Frühburgunder war für uns der beste in der Region.

Symbole Weingüter

★★★★★ Weltklasse
★★★★ Deutsche Spitze
★★★ Sehr gut
★★ Gut
★ Zuverlässig

BADEN WEINREGION

Baden 2016: Ein Anbaugebiet speckt ab

Der Jahrgang 2016 war in Baden ein typisches Grauburgunderjahr, doch auch die jetzt gefüllten Spätburgunder aus dem Vorjahr waren stark. Immer mehr Kleinbetriebe überzeugen mit hohen Qualitäten. Überragend wie immer: die Kollektion des Weinguts Huber.

Foto: DWI

WEINREGION

Baden im Überblick

Anbaufläche: 15.812 Hektar
Einzellagen: 307
Hauptrebsorten: Spätburgunder (35%), Müller-Thurgau (16%), Grauburgunder (13%), Weißburgunder (8%), Riesling, Gutedel (je 7%)
Böden: Kalk-, Ton- und Mergelböden, Lössablagerungen und Vulkangestein
Selbstvermarktende Betriebe: 466
www.badischerwein.de

Karte und Angaben: DWI

Als der Klimawandel noch kein beherrschendes Thema war und warme Jahrgänge als das Nonplusultra des deutschen Weinbaus galten, konnten sich die »von der Sonne verwöhnten« Badener damit schmücken, als einziges deutsches Weinbaugebiet zur Anbauzone B der Europäischen Union zu zählen. Es werden im Schnitt höhere Mostgewichte als in anderen deutschen Regionen erreicht, vergleichbar denen in Elsass, Champagne oder Loiretal.

Heute gilt zwar immer noch das europäische Recht. Die Qualitätsstufen Kabinett, Spätlese oder Auslese, für die das Ganze eine Bedeutung hätte, stehen jedoch immer seltener auf den Etiketten, und wenn doch, dann ist nicht damit zu rechnen, dass ein trockener Kabinettwein wirklich leichter ausfällt als eine trockene Auslese. Wie uns ein badischer Winzer sein Verständnis dieser Qualitätsstufen erklärte: »Kabinett hat für mich nichts mit Traubenreife oder Alkoholgehalt zu tun. Es ist eine Preiskategorie.« Und so verzichtet dieser Erzeuger ebenso wie auch viele seiner Kollegen auf die gesetzlichen Qualitätsstufen. Stattdessen strukturieren sie ihre Angebotslisten um, oft nach Vorbild der VDP-Pyramide.

Hohe Reifegrade und Mostgewichte scheinen den besten Erzeugern Deutschlands, auch denen in Baden, kaum mehr erstrebenswert. Man erntet früher, baut konsequenter trocken aus und gewinnt auch mit geringeren Alkoholgraden charaktervolle, dichte Weine, sogar bei den Burgundersorten. Am weitesten ist in Baden Konrad Salwey diesen Weg gegangen. Er hat uns eine beeindruckende Kollektion von roten und weißen Burgundern vorgestellt, die kaum mehr als zwölf Volumenprozent benötigen. Allerdings beherrschen nur Meister ihres Fachs wie Salwey die Kunst der dichten, intensiven Leichtgewichte. Allgemeingut ist dieses Können nicht.

Keine Wuchtbrummen

2016 war in Baden ein Jahrgang neuen Stils. Das im Vergleich zu Vorjahren kühlere Klima ermöglichte keine fetten Wuchtbrummen, auf die man vor einigen Jahren noch stolz war. Bei den weißen Burgundersorten hatten wohl auch deshalb in vielen Fällen die Grauburgunder die Nase vorn, weil sie auch in kleineren Jahren den burgundischen Schmelz zeigen können, der manchen Weißburgundern fehlte. Daneben drängt auch in Baden der Chardonnay immer stärker in unsere Bestenlisten, sodass manche Erzeuger in ihm die Zukunft wittern.

Manchem Winzer mag aufgrund der kühlen 2016er Witterung der Jahrgang 2015 in besserer Erinnerung sein, ermöglichte er doch landauf, landab ein Füllhorn kraftvoller Burgunder. Für den Spätburgunder, der größtenteils das Rückgrat der badischen Rotweinkollektionen darstellt, war 2015 ein großartiges Jahr mit vielen Möglichkeiten. Die zuweilen vorgestellten, eher schwierigen, oft ledrigen oder kernigen 2014er konnten da selten mithalten. Spitzenerzeuger wie Bercher, Salwey, die beiden Waßmer-Brüder oder Schneider präsentierten uns sensationelle 2015er Spätburgunder. Überstrahlt wurden sie jedoch alle von den faszinierenden Weinen von Julian Huber, der ohne Zweifel zu den besten Pinot Noir-Erzeugern weltweit gezählt werden muss. Auch mit seinen Chardonnays schließt das Gut inzwischen zur Weltspitze auf.

BADEN

Nach wie vor ist Baden das wichtigste Burgunderland. Von den fast 16.000 Hektar Rebfläche des drittgrößten deutschen Anbaugebietes sind rund 60 Prozent mit Burgunderreben bepflanzt, weit mehr als irgendwo sonst. In vielen Weinbergen und Kellern kann auf große Erfahrung mit Pinotsorten zurückgegriffen werden. Das zeigt sich nicht zuletzt bei einer erfreulich großen Breite von sehr guten Weinen im Mittelbau, häufig zu günstigen Preisen.

Starke Genossenschaften

Vergessen wir nicht die Ränder des Gebietes wie das eher kühlere Taubertal noch die anderen Rebsorten. Ausgezeichnete Gutedel des Markgräflerlandes oder exzellente Rieslinge in der Ortenau sowie kristallklare Muskateller und Sauvignon Blancs zeigen, dass eine Festlegung des Anbaugebietes auf Burgundersorten unangebracht ist. Dazu zeigt die mit 400 Kilometern längste Weinbauregion Deutschlands auch zu viel Abwechslung in ihren geologischen und klimatischen Gegebenheiten. Jeder Bereich hat seine Stärken.

Im Einzelnen zählen folgende Regionen zum Anbaugebiet:
- das Taubertal von Wertheim an der Mündung in den Main bis Bad Mergentheim,
- die Badische Weinstraße, südlich von Heppenheim bis nach Wiesloch bei Heidelberg,
- der Kraichgau, begrenzt vom Odenwald im Norden, dem Schwarzwald im Süden und der Rheinischen Tiefebene im Westen,
- die Ortenau, die sich auf rund 70 km Länge von der Oos bei Baden-Baden bis zum Bleichbach bei Herbolzheim erstreckt,
- der Breisgau um Freiburg mit Kaiserstuhl und Tuniberg,
- das Markgräflerland, das unterhalb Freiburgs beginnt und bis vor die Tore Basels reicht,
- der Bodensee mit der Birnau und dem zauberhaften Meersburg.

Strukturell geprägt ist Baden nach wie vor durch starke Genossenschaften. Auffällig ist jedoch, dass daneben nicht nur etablierte Weingüter mit hohen Qualitäten überzeugen, sondern auch immer mehr Kleinbetriebe wie Danner, Holger Koch, Holub, Hermann oder Dütsch.

Jürgen Mathäß, Assistenz Thomas Boxberger

Die besten Spätburgunder 2015 unter zehn Euro

Spätburgunder trocken Martin Waßmer (9,50 Euro)	89
Spätburgunder Barrique Fritz Waßmer (8,60 Euro)	88
Granit Franckenstein (9,50 Euro)	87
Zeitreise Lorenz Keller (9,50 Euro)	87
Spätburgunder trocken Shelter Winery (9,50 Euro)	87

Die Spitzenbetriebe

★★★★★
Bernhard Huber — S. 150

★★★★½
Dr. Heger — S. 142

★★★★
Bercher — S. 123
Andreas Laible — S. 169
Salwey — S. 185
R. & C. Schneider — S. 191
Martin Waßmer — S. 203
Weingut Ziereisen — S. 210

Gebietspreisträger Baden

Winzer des Jahres: Bernhard Huber

Aufsteiger des Jahres: Martin Waßmer

Entdeckung des Jahres: Reiner Baumann

Weinbewertung in Punkten
100 Perfekt • 95 bis 99 Überragend • 90 bis 94 Exzellent
85 bis 89 Sehr gut • 80 bis 84 Gut

★★

WEINGUT ABRIL
79235 Vogtsburg-Bischoffingen
Am Enselberg 1
Tel (0 76 62) 9 49 32 30 · Fax 94 93 23 99
weingut@weingut-abril.de
www.weingut-abril.de
Inhaber Erivan und Helga Haub
Geschäftsführerin Eva-Maria Köpfer
Außenbetrieb Sebastian Faber
Kellermeister Daniel Hank
Verkauf Eva-Maria Köpfer
Mo–Fr 8.30–18.00 Uhr, **Sa** 8.30–13.30 Uhr
So 11.00–16.00 Uhr (nur April, Mai, Sept., Okt.)
Historie Weinbau seit 1740
Sehenswert neues, modernes Weingut mitten im Weinberg
Rebfläche 25 Hektar
Jahresproduktion 140.000 Flaschen
Beste Lagen Bischoffinger Enselberg und Steinbuck, Schelinger Kirchberg
Boden steinige Vulkanverwitterung und Lösslehm
Rebsorten 40% Spätburgunder, 20% Grauburgunder, 15% Weißburgunder, 10% Silvaner, 5% Muskateller, 4% Chardonnay, 6% übrige Sorten
Mitglied Ecovin

Erivan Haub, ehemaliger Eigentümer von Tengelmann, steht hinter dem Weingut Abril am Kaiserstuhl, das er von drei fähigen Fachleuten in ökologischer Bewirtschaftung führen lässt. Das moderne Kellergebäude verrät, dass hier nicht gespart wird. Der Wille zur unbedingten Qualität ist vorhanden. Auch in den Weinen ist dies deutlich spürbar. Schon die einfache Linie, die mit »Frucht« gekennzeichnet ist, verfügt über ein beträchtliches Maß an Dichte und Extraktreichtum. Die Weine sind allesamt sehr konzentriert und blitzsauber verarbeitet, ohne jeglichen Fehlton oder Mangel, manchmal aber auch etwas glatt und zu schön. Der Auxerrois konnte in dieser Stufe die meiste Aufmerksamkeit binden, zeigt er doch ein hohes Maß an Würze und innerer Dichte. Das zweite Level »Stein« scheint bei den Weißweinen manchmal etwas zu stark verdichtet. Die Burgundersorten wollten nicht ganz so bereitwillig Fluss am Gaumen erzeugen. Bei den Gewächsen der »Zeit«-Ebene kommen dann wieder große Tiefe und Schmelz ins Spiel. Die Weißweine besitzen Lockerheit und Körper, ohne verkrampft zu wirken. Besonders gefallen hat uns die 2016er Gewürztraminer Auslese, die mit Zitrusfrucht, delikater Adstringenz und Spiel viel Spaß macht.

Verkostete Weine 12
Bewertung 84–92 Punkte

84 2016 Blauer-Sylvaner Frucht trocken | 13,5% | 8,50 €
85 2016 Weißer Burgunder Frucht trocken | 12,5% | 8,50 €
86 2016 Grauer Burgunder Frucht trocken | 13% | 8,50 €
88 2016 Auxerrois Frucht trocken | 12,5% | 8,50 € | €
86 2015 Bischoffinger Rosenkranz Weißer Burgunder Stein trocken Holzfass | 13,5% | 15,– €
87 2015 Grauer Burgunder Stein trocken Holzfass | 13,5% | 15,– €
88 2015 Gewürztraminer Stein trocken Holzfass | 14% | 15,– €
87 2015 Chardonnay Zeit trocken Barrique | 14% | 22,– €
88 2015 Grauer Burgunder Zeit trocken Barrique | 14% | 22,– €
92 2016 Gewürztraminer Zeit Auslese Barrique | 11,5% | 14,– €/0,5 Lit.
84 2015 Spätburgunder Frucht trocken | 13% | 9,– €
87 2015 Spätburgunder Stein Magmatit trocken Holzfass | 13,5% | 16,– €

BADEN

WINZERGENOSSENSCHAFT ACHKARREN

79235 Vogtsburg-Achkarren
Schlossbergstraße 2
Tel (0 76 62) 9 30 40 · Fax 93 04 93
info@winzergenossenschaft-achkarren.de
www.achkarrer-wein.com
Geschäftsführer Waldemar Isele
Kellermeister Christoph Rombach

Verkauf Tobias Mattmüller, Marlene Schächtele
Mo-Fr 8.00-12.30 Uhr · 13.30-17.30 Uhr
Sa 9.00-13.00 Uhr (April-Dez.)

Die sorgfältige Weinbergsarbeit der 350 Winzergenossen von Achkarren ist die Grundlage, um auch im Keller ordentliche Gewächse zu erzeugen. Die Produktion von roten und weißen Burgundern steht hier im Vordergrund und es gelingt, den jeweiligen Sortentyp sauber auf die Flasche zu bringen. Der Müller-Thurgau in der Literflasche ist ein süffiger, preiswerter Weißwein für den Alltag. Der trockene Grauburgunder Bestes Fass aus dem Jahrgang 2015 dürfte jeden Grauburgunder-Fan, der einen kräftigen Essensbegleiter schätzt, begeistern. Auch als Trockenbeerenauslese weiß diese Rebsorte ihre Üppigkeit und Fülle einzusetzen.

Verkostete Weine 11
Bewertung 82-88 Punkte

- 83 2016 Achkarrer Müller-Thurgau trocken | 12% | 4,30 €/1,0 Lit.
- 83 2016 Achkarrer Schlossberg Chardonnay Bestes Fass trocken | 14% | 9,20 €
- 86 2016 Achkarrer Schlossberg Grauburgunder Edition A trocken Barrique | 14% | 24,- €
- 83 2016 Achkarrer Castellberg Müller-Thurgau Kabinett trocken | 11% | 4,60 €
- 83 2016 Achkarrer Castellberg Weißburgunder Kabinett trocken | 13% | 6,50 €
- 85 2015 Achkarrer Schlossberg Grauburgunder Bestes Fass Spätlese trocken Barrique | 14,5% | 11,20 €
- 84 2016 Achkarrer Schlossberg Gewürztraminer Bestes Fass Spätlese trocken | 14% | 11,70 €
- 88 2014 Achkarrer Schlossberg Ruländer Bestes Fass Trockenbeerenauslese | 7,5% | 25,- €/0,375 Lit.
- 82 2016 Achkarrer Spätburgunder trocken Rosé | 12,5% | 5,70 €
- 84 2015 Achkarrer Schlossberg Cuvée Diavolo Bestes Fass trocken Barrique | 13% | 8,80 €
- 84 2015 Achkarrer Schlossberg Spätburgunder Bestes Fass Spätlese trocken Barrique | 14% | 12,20 €

ÖKOWEINGUT GERHARD AENIS

79589 Binzen · Hauptstraße 34
Tel (0 76 21) 6 37 36 · Fax 6 37 36
weingut.aenis@gmx.de
www.weingut-aenis.de
Inhaber Gerhard Aenis

Verkauf Gerhard Aenis
Mo, Do-Fr 16.00-19.00 Uhr, **Sa** 10.00-15.00 Uhr

Das kleine Ökogut von Gerhard Aenis bietet eine klare, ansprechende Linie von Markgräfler Weinen. Die Weißweine sind schlank und elegant gehalten, flankiert von der richtigen Portion Fülle und Frucht. Lediglich der im Barrique gereifte Weißburgunder zeigt sich etwas mächtiger, was sich nicht ganz mit der Stilistik verträgt. Die Restzuckergehalte sind niedrig, es kommen die primären Aromen des durchweg sauber gelesenen Traubenmaterials zum Vorschein. Die Grauburgunder Spätlese trocken zeigt sehr schönen Grip und gute Fülle. Der Sauvignon ist tadellos, die Rotweine könnten noch etwas mehr Gewicht vertragen. Kleine Produktion und günstige Preise!

Verkostete Weine 10
Bewertung 82-85 Punkte

- 84 2013 Crémant Brut Blanc de Blancs | 12,5% | 9,50 €
- 83 2016 Binzener Sonnhole Gutedel trocken | 11,5% | 4,50 €/1,0 Lit.
- 84 2016 Binzener Sonnhole Gutedel trocken | 11,5% | 5,50 €
- 82 2016 Binzener Sonnhole Müller-Thurgau trocken | 12% | 6,- €
- 84 2016 Binzener Sonnhole Weißburgunder Kabinett trocken | 13% | 7,50 €
- 85 2016 Binzener Sonnhole Grauburgunder Spätlese trocken | 14% | 8,50 €
- 84 2016 Binzener Sonnhole Sauvignon Blanc Spätlese trocken | 13% | 10,- €
- 84 2015 Binzener Sonnhole Weißburgunder Spätlese trocken Barrique | 13,5% | 14,- €
- 84 2015 Binzener Sonnhole Blauer Spätburgunder Kabinett trocken | 13% | 8,- €
- 85 2014 Binzener Sonnhole Blauer Spätburgunder Spätlese trocken Barrique | 13% | 16,- €

☆   ★★⯪

ALDE GOTT WINZER
77887 Sasbachwalden · Talstraße 2
Tel (0 78 41) 2 02 90 · Fax 20 29 18
info@aldegott.de
www.aldegott.de
Geschäftsführer Günter Lehmann
Kellermeister Michael Huber

Verkauf Vinothek
Mo–Fr 8.30–12.00 Uhr · 13.30–18.00 Uhr
Sa 8.30–17.00 Uhr, **So** 13.00–17.00 Uhr
Mo–Fr 8.00–18.00 Uhr (April–Okt.)

Am Fuße der beeindruckenden Weinbergslagen von Sasbachwalden wurde die Genossenschaft Alde Gott im Jahre 1948 gegründet. Das Potenzial der umliegenden Rebgärten wurde hier früh erkannt und über weite Strecken auch ausgeschöpft. Geschäftsführer Günter Lehmann und Kellermeister Michael Huber erzeugen aus etwa 250 Hektar ein grundsolides Sortiment, das zu fast zwei Dritteln aus Spätburgunder besteht. Weiße wie Rote der Weinlinie Ausblick zeigen erneut eine sehr zuverlässige Qualität. Insbesondere die Burgundersorten sind klar, sehr zugänglich und harmonisch, mit genügend innerer Dichte, um auch den Kenner zu beglücken.

Verkostete Weine 12
Bewertung 79–87 Punkte

83 2016 Sauvignon Blanc trocken | 12,5% | 10,– €
86 2015 Weißburgunder Weitblick trocken | 14,5% | 15,50 €
87 2015 Grauburgunder Weitblick trocken | 14,5% | 15,50 €
83 2016 Rivaner & Riesling RR trocken | 11,5% | 5,– €
84 2016 Grauburgunder Kabinett trocken | 13% | 8,– €
85 2016 Riesling Spätlese trocken | 12,5% | 10,– €
87 2016 Grauburgunder Spätlese trocken | 14% | 10,– €
79 2016 Spätburgunder trocken Rosé | 13% | 7,– €
87 2015 Spätburgunder Weitblick trocken Barrique | 14,5% | 18,50 €
86 2014 Spätburgunder Nosolo trocken Barrique | 14% | 25,– €
80 2015 Spätburgunder trocken | 14% | 7,– €
86 2015 Spätburgunder von Alten Reben Spätlese trocken | 14,5% | 13,– €

WEINGUT AUFRICHT
88719 Meersburg-Stetten · Höhenweg 8
Tel (0 75 32) 24 27 · Fax 24 21
info@aufricht.de
www.aufricht.de
Inhaber Robert und Manfred Aufricht
Kellermeister Robert Markheiser

Verkauf Familie Aufricht (Feb.–23.12.)
Mo–Sa 10.00–12.00 Uhr · 14.00–18.00 Uhr
Sehenswert idyllische Lage im Landschaftsschutzgebiet am Bodenseeufer, gepaart mit moderner zeitgenössischer Architektur
Rebfläche 36,5 Hektar
Jahresproduktion 300.000 Flaschen
Beste Lage Meersburger Sängerhalde, Mocken, Kriesemann, Trilberg und Duttenberg
Boden sandig kalkhaltiger Lehm, eiszeitliche Endmoräne
Rebsorten 30% Spätburgunder, 20% Grauburgunder, 10% Weißburgunder, je 8% Auxerrois und Chardonnay, je 6% Müller-Thurgau, Muskateller, Riesling und Sauvignon Blanc
Mitglied Slow Food, Vinissima

Dieses recht große Weingut beeindruckt durch die nicht eben übliche Tatsache, bei allen möglichen Rebsorten sehr gute Ergebnisse zu erzielen. Das sehr schön am Bodenseeufer gelegene Weingut mit einem sehenswerten, ganz aus heimischen Baumaterialien gestalteten Verkostungsraum, ist unweit vom idyllischen Meersburg beheimatet. Die Hälfte der großen Weinpalette wird in dem aus Sichtbeton und Eiche errichteten Holzfasskeller ausgebaut. Im besonders stimmigen aktuellen Sortiment liegt der Schwerpunkt zwar beim Spätburgunder, wo es eindeutige Stärken gibt. Aber auch die weißen Burgundersorten, der Sauvignon Blanc und sogar der Riesling erreichen überdurchschnittliche Bewertungen. Die eigenen Stärken scheint man zu kennen: Vom starken Selbstbewusstsein zeugen auch die Preise.

Symbole Weingüter
★★★★★ Weltklasse • ★★★★ Deutsche Spitze
★★★ Sehr Gut • ★★ Gut • ★ Zuverlässig

BADEN

Verkostete Weine 12
Bewertung 82–90 Punkte

88 2016 Meersburger Sängerhalde Weißburgunder 1 Lilie trocken | 13% | 12,90 €
86 2016 Meersburger Sängerhalde Grauburgunder 1 Lilie trocken | 13,5% | 13,40 €
85 2016 Johannes Aufricht trocken Alte Reben Holzfass | 12,5% | 14,90 €
82 2016 Meersburger Sängerhalde Sauvignon Blanc 1 Lilie trocken | 12,5% | 16,90 €
88 2016 Meersburger Sängerhalde Chardonnay & Grauburgunder trocken | 13,5% | 16,90 €
89 2016 Meersburger Sängerhalde Grauburgunder 3 Lilien trocken Holzfass | 13% | 16,90 €
87 2016 Sauvignon Blanc Sophia Aufricht trocken | 12,5% | 19,80 €
86 2016 Meersburger Sängerhalde Riesling 3 Lilien trocken Holzfass | 13% | 25,- €
90 2013 Meersburger Sängerhalde Spätburgunder 2 Lilien trocken Holzfass | 14% | 30,- €
87 2014 Meersburger Sängerhalde Spätburgunder Isabel 3 Lilien trocken Barrique | 13,5% | 40,- €
87 2015 Meersburger Mocken Spätburgunder Isabel 3 Lilien trocken Barrique | 13,5% | 40,- €
88 2015 Meersburger Trielberg Spätburgunder Isabel 3 Lilien trocken Barrique | 13,5% | 40,- €

WEINBAU REINER BAUMANN
69198 Schriesheim · Madonnenberg
Tel (0 62 04) 7 08 63 13 · Fax 7 08 63 62
info@baumann-weinbau.de
www.baumann-weinbau.de
Inhaber Reiner Baumann
Vinifikation Stephan Attmann (von Winning)

Verkauf Reiner Baumann
nach Vereinbarung

Rebfläche 1,5 Hektar
Jahresproduktion 8.000 Flaschen
Beste Lagen Schriesheimer Madonnenberg

Rainer Baumann führt einen der erfolgreichsten Lammschlachtbetriebe Deutschlands. 2010 ließ er 1,5 Hektar im Schriesheimer Madonnenberg nördlich von Heidelberg roden und mit Reben bepflanzen. Die Rehe aus dem angrenzenden Wald machten zuerst Probleme, nach zahlreichen Behördengängen ist der Wingert umzäunt. Die Trauben der Sorten Riesling, Sauvignon und Spätburgunder werden im Weingut von Winning in Deidesheim schonend verarbeitet, dabei gelangen aufgrund der begrenzten Erntemengen kleine Holzfässer und Tonneaux zum Einsatz. Die Rieslinge sind schlank und tänzelnd, der Rosé Sekt zeigt feine Spätburgundernoten und der 2015er Pinot Noir braucht noch etwas Zeit, um sich zu entfalten. Er sollte ebenso wie der ausgezeichnete Sauvignon Blanc in großen Gläsern genossen werden.

Verkostete Weine 5
Bewertung 86–90 Punkte

- 86 2016 Schriesheimer Madonnenberg Riesling Jägerschoppen trocken | 11,5% | 6,80 €
- 88 2016 Schriesheimer Madonnenberg Riesling trocken Holzfass | 12,5% | 14,90 €
- 90 2016 Schriesheimer Madonnenberg Sauvignon Blanc trocken Holzfass | 12,5% | 14,90 €
- 86 2014 Schriesheimer Madonnenberg Pinot Noir Sekt trocken Barrique | 13% | 18,90 €
- 89 2015 Schriesheimer Madonnenberg Pinot Noir trocken Barrique | 13% | 16,90 €

WEINGUT BECKER
69254 Malsch · Oberer Jagdweg 13
Tel (0 72 53) 2 51 89 · Fax 27 05 33
info@weingutbecker.de
www.weingutbecker.de
Inhaber Alexander Becker
Verkauf Familie Becker
Di–Fr 17.30–19.00 Uhr, **Sa** 10.00–13.00 Uhr

Das Weingut Becker in Malsch erzeugt Weine aus einem breit aufgestellten Rebsortenportfolio. Der Pinot Rosé Sekt besitzt neben seiner animierenden Farbe auch eine saftige Mitte und große Ausgewogenheit. Die Weißweine folgen einer klaren Stilistik. Unter ihnen konnte uns der Grauburgunder Drei Sterne trotz seiner mächtigen 14 Volumenprozent überzeugen, denn der Alkohol ist gut eingebunden. Die Spätburgunder sind von ausgezeichneter Qualität. Insbesondere der Spätburgunder Zwei Sterne wird zu einem günstigen Preis offeriert. Der dürfte schnell vergriffen sein.

Verkostete Weine 12
Bewertung 82–88 Punkte

- 86 2014 Pinot Sekt Brut Rosé *** | 12,5% | 12,50 €
- 82 2016 Weißburgunder trocken * | 12,5% | 5,20 €/1,0 Lit.
- 83 2016 Weißburgunder trocken ** | 13,5% | 7,– €
- 82 2016 Auxerrois trocken ** | 12,5% | 7,20 €
- 82 2016 Grauburgunder trocken ** | 13,5% | 7,20 €
- 82 2016 Chardonnay trocken ** | 13% | 7,50 €
- 83 2016 Sauvignon Blanc trocken *** | 13% | 10,– €
- 83 2015 Weißburgunder trocken *** | 14% | 12,50 €
- 85 2015 Grauburgunder trocken Barrique *** | 14% | 18,50 €
- 86 2015 Spätburgunder trocken ** | 13,5% | 7,– €
- 87 2015 Pinot Noir trocken ** | 13,5% | 9,50 €
- 88 2014 Spätburgunder trocken Reserve Barrique *** | 14% | 19,50 €

Symbole Weingüter

Schnäppchenpreis · Spitzenreiter · Ökobetrieb
Trinktipp · Versteigerungswein

Sekt | Weißwein | Rotwein | Rosé

BADEN

WEINGUT BERCHER
79235 Vogtsburg-Burkheim · Mittelstadt 13
Tel (0 76 62) 2 12 · Fax 82 79
info@weingutbercher.de
www.weingutbercher.de
Inhaber Arne und Martin Bercher
Außenbetrieb Martin Bercher, Dieter Jäger
Kellermeister Arne Bercher, Werner Rehbein
Verkauf Familien Bercher
Mo–Sa 9.00–11.30 Uhr · 13.30–17.00 Uhr
Historie Weinbau in 9. und 10. Generation
Sehenswert 250 Jahre altes Gutshaus mit Kreuzgewölbekeller
Rebfläche 27 Hektar
Jahresproduktion 200.000 Flaschen
Beste Lagen Burkheimer Feuerberg und Schlossgarten, Sasbacher Limburg, Jechtinger Eichert
Boden Vulkanverwitterung und Löss
Rebsorten 40% Spätburgunder, 23% Grauburgunder, 17% Weißburgunder, 8% Riesling, 7% Chardonnay, 5% übrige Sorten
Mitglied VDP, Deutsches Barrique Forum

Das Weingut Bercher in Burkheim ist seit langer Zeit eine feststehende Größe am Kaiserstuhl. Der Stammbaum der Familie Bercher lässt sich bis in das Jahr 1457 zurückverfolgen. Ursprünglich in der Schweiz ansässig, siedelten die Berchers nach dem Dreißigjährigen Krieg an den Kaiserstuhl um. Das 1756 erbaute Gutshaus ist auch heute noch der Sitz des Weingutes.

Zwei Brüder, ein Betrieb

Seit vielen Jahren teilen sich die Brüder Martin und Arne Bercher die gemeinsame Leitung des Traditionsbetriebes. Arne ist für den Keller verantwortlich und Martin betreut die Rebanlagen. Stilistisch haben beide das Portfolio in den vergangenen Jahren weiter vorangebracht. Insbesondere in Bezug auf Präzision, Vielschichtigkeit und Klarheit konnten sie ihren Weinen ein deutliches Profil mitgeben. Mancher Wein, der früher mit süßlichem Schmelz und Charme verführen wollte, gewinnt heute mit deutlich mehr Spannung, Tiefe und Frische. Um dieses Ziel zu erreichen, wurden viele Details in der Weinbergspflege, sowie Lesezeitpunkt und Selektion weiter präzisiert. Und auch bei Vinifikation und Ausbau wurden Verbesserungen vorgenommen. So überzeugten die Burgundersorten in diesem Jahr wieder, rot und weiß, über alle Qualitätsstufen hinweg, von den beeindruckenden Großen Gewächsen bis hin zu einem reichhaltigen Spätburgunder Eiswein mit mächtigen 252 Gramm Restzucker. Für eine wahrhafte Überraschung sorgte der ungewöhnliche Scheurebe & Chenin Blanc SE. Die Berchers empfehlen diesen exotisch erfrischenden Wein zu Gänseleberterrine und Münsterkäse, wir dachten erstaunt an einen Gin Tonic für anspruchsvolle Weingenießer! Eine wirklich kurzweilig animierende Assemblage, mit der man in geselliger Runde durchaus verblüffen kann.

Martin und Arne Bercher

Aromatische Tiefe

Auch bei den Berchers hatte in diesem Jahrgang der Grauburgunder aufgrund seines schlanker gehaltenen Auftritts gegenüber dem Weißburgunder insbesondere bei den Großen Gewächsen die Nase vorn. Diesen Effekt konnte man bei mehreren Weingütern feststellen, sodass man 2016 getrost als ein ausgezeichnetes Grauburgunder-Jahr hervorheben kann. Auch die Spätburgunder überzeugen bei den Berchers durch gezügelte Kraft und weniger Extraktsüße im Vordergrund. Vielmehr nehmen sie den Verkoster mit in ihre aromatische Tiefe, mit straffer Struktur und finessenreicher Feingliedrigkeit. Der ausgezeichnete Jahrgang 2015 macht sich beim hervorragenden Spätburgunder Großes Gewächs aus dem Burkheimer Feuerberg Kesselberg mit burgundisch anmutender Eleganz und feiner Kühle bemerkbar.

★★

Verkostete Weine 12
Bewertung 87–92 Punkte

87 2016 Burkheimer Grauburgunder trocken
| 13% | 8,80 €
88 2016 Burkheimer Weißburgunder trocken
| 13% | 8,80 € | €
89 2016 Burkheimer Feuerberg Grauburgunder
trocken | 13,5% | 15,– €
89 2016 Sasbacher Limburg Weißburgunder trocken
| 13,5% | 15,– €
87 2016 Scheurebe & Chenin Blanc »SE« trocken
| 13% | 16,– €
89 2016 Chardonnay »SE« trocken | 13,5% | 21,– €
90 2016 Burkheimer Feuerberg Haslen
Weißburgunder »Großes Gewächs«
| 13,5% | 22,– €
91 2016 Burkheimer Feuerberg Haslen
Grauburgunder »Großes Gewächs«
| 13,5% | 26,– €
92 2016 Burkheimer Feuerberg Kesselberg
Spätburgunder Eiswein | 8,5% | 49,– €/0,375 Lit.
87 2015 Burkheimer Spätburgunder trocken
| 13% | 10,50 €
90 2014 Sasbacher Limburg Spätburgunder trocken
| 13,5% | 22,– €
92 2015 Burkheimer Feuerberg Kesselberg
Spätburgunder »Großes Gewächs«
| 13,5% | 40,– €

WEINGUT SIEGBERT BIMMERLE
77871 Renchen · Kirchstraße 4
Tel (0 78 43) 6 54 · Fax 15 02
info@wein-bimmerle.de
www.wein-bimmerle.de
Inhaber Siegbert Bimmerle
Kellermeister Siegbert Bimmerle und Thomas Hirth
Verkauf Siegbert Bimmerle
Mo–Fr 9.00–12.00 · 13.00–18.00 Uhr
Sa 9.00–14.00 Uhr und nach Vereinbarung
Weinrefugium für Tagungen und Feste, Verkostungen für bis zu 60 Personen
Rebfläche 140 Hektar
Vertragswinzer 40
Jahresproduktion 900.000 Flaschen
Beste Lagen Verzicht auf Lagenangaben
Boden Arkosesandstein, Granitverwitterung, Löss, Muschelkalk
Rebsorten 35% Spätburgunder, 18% Grauburgunder, 13% Riesling, 11% Müller-Thurgau, 10% Weißburgunder, 13% übrige Sorten

Siegbert Bimmerle in Renchen arbeitet viel mit zugekauften Trauben von zahlreichen Vertragswinzern, die selbst keinen Wein erzeugen, ihren geliebten Wingert jedoch um keinen Preis aufgeben mögen. Eine Praxis, die in dieser Gegend gang und gäbe ist. Dass trotz der 900.000 Flaschen Gesamtproduktion von über 100 Hektar auf kleinste Details geachtet wird, zeigt sich umgehend beim Öffnen einer Flasche. Sofern ein Naturkorken im Flaschenhals steckt, erkennt man sofort die außergewöhnlich hohe Qualität der Korkenselektion. Bimmerle versteht es exzellent, saftig schmelzige Frucht, die ein breites Publikum anzusprechen vermag, mit ernsthafter Tiefe und Würze für anspruchsvollere Genießer zu verbinden. Die nicht im Barrique ausgebauten Weißweine gefielen uns im Jahrgang 2016 besser, denn sie konnten ihre Frische und schmelzige Fülle lebendig in Szene setzen. Insbesondere der Weißburgunder Reserve konnte sich noch vor Grauburgunder und Chardonnay durchsetzen. Die hochreif gelesene Spätlese von der Scheurebe ist mit ihren saftigen 70 Gramm Restzucker nicht zu süß, wirkt vielmehr verführerisch und delikat.

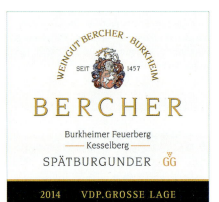

BADEN

Verkostete Weine 12
Bewertung 84-88 Punkte

- 86 2016 Riesling trocken Reserve | 13% | 16,- €
- 85 2016 Chardonnay trocken Reserve | 13% | 19,- €
- 86 2016 Grauburgunder trocken Reserve | 13,5% | 19,- €
- 87 2016 Weißburgunder trocken Reserve | 13,5% | 19,- €
- 84 2015 Weißburgunder trocken Reserve Barrique | 14% | 21,- €
- 85 2015 Grauburgunder trocken Reserve Barrique | 14% | 21,- €
- 85 2016 Sauvignon Blanc Spätlese trocken | 12,5% | 13,50 €
- 86 2015 Chardonnay Spätlese trocken | 13,5% | 13,50 €
- 85 2016 Riesling Spätlese trocken | 12% | 14,- €
- 88 2016 Scheurebe Spätlese | 10% | 11,50 €
- 86 2014 Spätburgunder Gerold Cuvée Noir trocken | 14% | 19,50 €
- 87 2015 Spätburgunder trocken Reserve | 14% | 35,- €

WEINGUT FRITZ BLANKENHORN
79418 Schliengen · Basler Straße 2
Tel (0 76 35) 8 20 00 · Fax 82 00 20
info@gutedel.de
www.weingut-blankenhorn.de
Inhaber und Betriebsleiter Martin Männer und Yvonne Kessler
Außenbetrieb Ralf Schmid
Kellermeister Frank Schmid
Verkauf Martin Männer und Doris Meier
Mo-Di, Do-Fr 9.00-12.00 Uhr · 14.00-17.00 Uhr
Mi 9.00-12.00 Uhr, **Sa** 10.00-13.00 Uhr
nach Vereinbarung
Historie 1847 von Johann Blankenhorn gegründet
Sehenswert ehemalige Poststation von Thurn & Taxis
Rebfläche 25 Hektar
Jahresproduktion 130.000 Flaschen
Beste Lagen Schliengener Sonnenstück und Ölacker
Boden Kalkmergel, Lösslehm und Letten
Rebsorten 28% Spätburgunder, 22% Gutedel, je 10% Chardonnay, Grauburgunder und Weißburgunder, 3% Merlot, 2% Cabernet Sauvignon, 15% übrige Sorten
Mitglied VDP, Slow Food, Fair'n Green

Neuer Besitzer des traditionsreichen Gutes Blankenhorn in Schliengen wurde im Sommer 2014 der Freiburger Jurist Martin Männer gemeinsam mit seiner Lebensgefährtin Yvonne Kessler. Die rund 25 Hektar bringen etwa 130.000 Flaschen Jahresproduktion hervor. Seit 1857 war das Weingut Blankenhorn im Besitz der gleichnamigen Familie, bis Rosemarie Blankenhorn es verkaufen musste, da ihre Töchter den Betrieb nicht übernehmen wollten. Johann Friedrich Blankenhorn kaufte die damalige Poststation nebst Gewölbekeller bei einer Versteigerung. Mit der aktuellen Kollektion aus dem Jahrgang 2016 kam die neue Mannschaft nicht so richtig aus den Startlöchern. Vor allem die höherwertigen Weißweine schienen uns gezehrt und karg. Gut gefielen uns ein klassischer, mineralischer Spätburgunder und die grandiose Gutedel Trockenbeerenauslese, ein mustergültig klarer, opulent cremiger Wein.

siegbert bimmerle

2013
SPÄTBURGUNDER
TROCKEN
IM HOLZFASS GEREIFT

Verkostete Weine 12
Bewertung 80–93 Punkte

- **80** 2016 Grauburgunder trocken | 13% | 6,50 €/1,0 Lit.
- **84** 2016 Weißburgunder trocken | 12% | 8,- €
- **82** 2016 Schliengener Chardonnay trocken Holzfass | 12% | 9,80 €
- **84** 2016 Schliengener Sauvignon Blanc trocken | 12% | 9,80 €
- **82** 2016 Chasselas Le Clocher trocken Holzfass | 12% | 18,- €
- **85** 2016 Schliengener Ölacker Weißburgunder trocken Holzfass | 13% | 18,- €
- **86** 2015 Schliengener Sonnenstück Chardonnay »Großes Gewächs« | 13% | 21,- €
- **86** 2016 Schliengener Sonnenstück Grauburgunder »Großes Gewächs« Holzfass | 13% | 21,- €
- **93** 2015 Mauchener Gutedel Trockenbeerenauslese Holzfass | 8% | 39,- €/0,375 Lit.
- **83** 2015 Schliengener Ölacker Spätburgunder trocken Barrique | 13% | 18,- €
- **81** 2015 Schliengener Cabernet Sauvignon & Merlot Postillon trocken Barrique | 13% | 22,- €
- **87** 2015 Schliengener Sonnenstück Spätburgunder »Großes Gewächs« | 13% | 28,- €

WEINGUT BÖS

69254 Malsch · Wiesenacker 2
Tel (0 72 53) 27 88 18 · Fax 27 88 19
info@weingut-boes.de
www.weingut-boes.de
Inhaber Rüdiger Bös
Verkauf Rüdiger Bös
Di, Do 17.00–19.00 Uhr, **Fr** 15.00–19.00 Uhr
Sa 10.00–14.00 Uhr und nach Vereinbarung

Das junge Weingut von Rüdiger und Maike Bös in Malsch, zwischen Heidelberg und Bruchsal gelegen, verfügt über ein breit angelegtes Rebsortenspektrum. Die Rieslinge konnten wir in diesem Jahr leider nicht verkosten. Von den Weißweinen haben uns der schmelzige Blanc de Noirs und ein trockener Gewürztraminer (nur 800 Flaschen) besonders überzeugt. Bei den Rotweinen hinterließ, wie im letzten Jahr, der Blaufränkisch mit seiner klaren, geradlinigen Art den besten Eindruck.

Verkostete Weine 12
Bewertung 81–85 Punkte

- **81** 2016 Malscher Ölbaum Rivaner trocken | 12,5% | 5,50 €
- **83** 2016 Malscher Ölbaum Chardonnay trocken | 13% | 7,- €
- **84** 2016 Malscher Rotsteig Gewürztraminer trocken | 13,5% | 7,- €
- **84** 2016 Malscher Ölbaum Spätburgunder trocken Blanc de Noirs | 13% | 7,- €
- **81** 2016 Malscher Ölbaum Sauvignon Blanc trocken | 12% | 7,50 €
- **83** 2016 Malscher Ölbaum Gelber Muskateller trocken | 12,5% | 7,50 €
- **82** 2016 Malscher Ölbaum Grauburgunder Jagdweg trocken Holzfass | 13% | 9,- €
- **82** 2015 Malscher Ölbaum Cuvée Charta trocken | 13,5% | 9,50 €
- **85** 2014 Malscher Rotsteig Blaufränkisch trocken Holzfass | 13% | 9,- €
- **83** 2011 Malscher Rotsteig Spätburgunder trocken Holzfass | 13,5% | 14,- €
- **83** 2014 Malscher Rotsteig Merlot RS trocken Holzfass | 13,5% | 14,- €
- **82** 2013 Malscher Rotsteig Cabernet Franc RS trocken Holzfass | 13,5% | 18,- €

★★ ★ BADEN

WEINGUT RUDOLF BOSCH

76709 Kronau · An der Oberen Lußhardt 1/1
Tel (0 72 53) 9 32 40 24 · Fax (03 22) 26 00 75 19
info@weingut-bosch-kronau.de
www.weingut-bosch-kronau.de
Inhaber Rudolf Bosch und Andreas Braunecker
Kellermeister Andreas Braunecker
Verkauf Nadine Braunecker
Mi, Fr 17.30–19.00 Uhr, **Sa** 14.00–17.00 Uhr
Do 17.30–19.00 Uhr und nach Vereinbarung

Dass jeder einmal klein anfängt, trifft insbesondere auf Hobbywinzer zu, die peu à peu ihre Produktion ausbauen. Rudolf Bosch schaffte es, gemeinsam mit seinem Neffen Andreas Braunecker, der als Geisenheim-Absolvent seit 2007 hauptberuflich eingestiegen war, auf eine Rebfläche von nunmehr zehn Hektar. Kultiviert werden regional typische Rebsorten wie Auxerrois und die Burgundersorten, aber auch Rieslinge auf Schieferlagen in Langenbrücken oder betagte Müller-Thurgau. Naturnahe Bewirtschaftung mit Verzicht auf Herbizide und mineralische Stickstoffdünger sowie eine Förderung der Biodiversität im Weinberg gehören zum Handwerkszeug des Betriebes. Bei den 2016er Weinen sehen wir die einfacheren Füllungen mit einer ordentlichen Substanz. In der Spitze jedoch, mit dem reifschmelzigen Riesling Lias Epsilon und dem kraftvollen, aber sehr ausgewogenen Spätburgunder Elysium, erreicht das Weingut wiederum beachtliche Qualität.

Verkostete Weine 12
Bewertung 30–89 Punkte

80 2016 Riesling Esprit trocken | 12% | 7,90 €
81 2016 Auxerrois Esprit trocken | 13% | 7,90 €
83 2016 Weißburgunder Esprit trocken | 13% | 7,90 €
85 2015 Grauburgunder Signatur trocken
   | 14% | 9,80 €
89 2015 Riesling Lias Epsilon trocken
   | 13,5% | 16,50 €
79 2016 Müller-Thurgau Esprit | 12,5% | 7,40 €
86 2015 Riesling Ganz Spontan | 11% | 9,80 €/0,5 Lit.
84 2016 Earth Rosé | 12% | 7,40 €
82 2014 Spätburgunder Esprit trocken
   | 12,5% | 7,90 €
84 2014 Spätburgunder Terra Sigma trocken
   | 13% | 22,– €
86 2013 Spätburgunder Elysium trocken
   | 12,5% | Preis auf Anfrage

WEINGUT BRENNEISEN

79588 Egringen · Am Weiler Weg 2
Tel (0 76 28) 80 09 87 · Fax 94 17 98
info@weingut-brenneisen.de
www.weingut-brenneisen.de
Inhaber Dirk Brenneisen
Verkauf Dirk Brenneisen
nach Vereinbarung

Das Weingut Brenneisen in Egringen ist Lieferant sehr ordentlicher Weine, die zum Teil ausgesprochen günstig abgegeben werden. Der Markgräfler Gutedel darf in dieser Gegend nicht fehlen und er wird sowohl kompromisslos trocken als auch fruchtig angeboten. Die Restzuckergehalte liegen meist bei unter einem Gramm. Wer moderne, fructosesüße Weine mit Show-Effekt sucht, ist hier falsch. Aber Weine mit rassiger Struktur und Klarheit, ganz im trockenen Stil, gibt es ausreichend bei Brenneisen zu kaufen. Erstaunlich ist der gereifte, aber immer noch attraktive Schwyzer, ein im Holzfass gereifter Chardonnay. Die Spätburgunder sind sehr gut, Hütte und Läufelberg zudem preiswert.

Verkostete Weine 15
Bewertung 78–91 Punkte

82 2014 Weißburgunder Sekt Brut Holzfass
   | 12,5% | 9,– €
83 2014 Spätburgunder Sekt Brut Rosé | 12% | 9,– €
81 2016 Gutedel Landwein trocken
   | 11,5% | 3,50 €/1,0 Lit.
84 2016 Gutedel Landwein trocken | 11,5% | 4,– €
82 2016 Weißburgunder Landwein trocken
   | 12% | 6,– €
84 2016 Muskat-Gutedel Landwein trocken
   | 11% | 7,– €
85 2016 Gutedel Ohne Filter Landwein trocken
   | 11,5% | 7,– €
85 2016 Grauburgunder Landwein trocken Holzfass
   | 12,5% | 8,– €
87 2014 Chardonnay Schwyzer Landwein trocken
   Barrique | 12% | 12,– €
91 2010 Spätburgunder Medicus Landwein Blanc de
   Noirs | 9% | 27,– €/0,375 Lit.
85 2014 Spätburgunder Hütte Landwein trocken
   Holzfass | 12% | 7,– €
86 2014 Spätburgunder Läufelberg Landwein
   trocken Barrique | 12,5% | 10,– €
87 2014 Spätburgunder Himmelreich Landwein
   trocken Barrique | 12,5% | 16,– €
88 2014 Spätburgunder Doktorgarten Landwein
   trocken Barrique | 12% | 34,– €

★ ☆

WEINGUT BÜCHIN
79418 Schliengen · Am Sonnenstück 15
Tel (0 76 35) 3 19 91 77
leckere@buechin-weine.de
www.buechin-weine.de
Inhaber und Betriebsleiter Markus Büchin
Verkauf nach Vereinbarung

Im Schnellstart wuchs das Weinhaus Büchin von 2,5 Hektar im Gründungsjahr 2007 auf heute über 18 Hektar. Die Stilistik kann man mit Klarheit und Leichtigkeit umschreiben. Die Weißweine besitzen neben einer sauber herausgearbeiteten Frucht immer auch ein straffes Mundgefühl von feinsinnigem Schalenkontakt. Das Portfolio ist bewusst schlank und eindeutig gehalten. Die regional bedeutenden Gutedel sind leicht und stimmig, mit schöner Trinkigkeit. Den Chardonnay gibt es als tänzelnd leichte Version mit gerade mal 11,5 Prozent Alkohol und dennoch gutem Körper. Die Barriquevariante setzt auf gereifte Nuancen und saftige Struktur. Im ausgezeichneten Grauburgunder-Jahrgang 2016 ist auch das Gewächs aus dem Hause Büchin sehr überzeugend und preiswert. Bei den Rotweinen gefallen uns die Spätburgunder besser als die internationalen Sorten.

Verkostete Weine 12
Bewertung 83–87 Punkte

83 2016 Gutedel trocken | 11,5% | 6,50 €
84 2016 Roter Gutedel trocken »sur lie« | 12% | 6,50 €
84 2016 Weißburgunder trocken | 12% | 7,50 €
84 2016 Spätburgunder trocken Blanc de Noirs | 12,5% | 7,50 €
86 2016 Grauburgunder trocken | 13% | 7,50 €
86 2016 Chardonnay trocken | 11,5% | 7,50 €
87 2014 Chardonnay trocken Barrique | 13% | 14,50 €
83 2016 Muskateller feinherb | 10,5% | 8,– €
86 2015 Spätburgunder trocken | 12,5% | 8,– €
87 2013 Pinot Noir trocken Barrique | 13,5% | 14,50 €
83 2015 Merlot trocken Barrique | 13,5% | 17,50 €
85 2014 Syrah trocken Barrique | 13,5% | 17,50 €

WEINGUT CLAUER
69126 Heidelberg · Dormenackerhof
Tel (0 62 21) 38 24 39 · Fax 35 12 25
post@weingutclauer.de
www.weingutclauer.de
Inhaber Jörg Clauer
Verkauf nach Vereinbarung

Dies ist eines der badischen Weingüter, die auch mit feinen Rieslingen glänzen können und die zu Recht manchmal erst später in den Verkauf kommen. Sogar im edelsüßen Bereich gab es aus 2015 diesmal eine feine Auslese mit wenig Alkohol. Bei den Burgundersorten gefiel uns ein saftiger Grauburgunder aus dem Barrique besonders gut. Generell wird ein eher schlanker Stil gepflegt, der Jörg Clauers Intention entgegenkommt, auf schonende Weise bekömmliche Weine zu erzeugen. In der Regel genügt ihm eine einmalige Filtration.

Verkostete Weine 12
Bewertung 80–89 Punkte

81 2016 Heidelberger Dormenacker Sauvignon Blanc trocken | 12,5% | 7,90 €
84 2015 Heidelberger Dormenacker Weißburgunder trocken Alte Reben | 13% | 9,20 €
84 2015 Heidelberger Dormenacker Riesling trocken Alte Reben | 13% | 9,20 €
86 2015 Heidelberger Dormenacker Grauburgunder Sternstunde trocken Barrique | 14% | 15,90 €
86 2015 Heidelberger Dormenacker Riesling Sternstunde trocken Holzfass | 13,5% | 18,50 €
80 2016 Heidelberger Dormenacker Riesling Kabinett trocken | 12% | 7,10 €
81 2016 Heidelberger Dormenacker Weißburgunder Kabinett trocken | 12,5% | 7,10 €
84 2015 Heidelberger Sonnenseite ob der Bruck Riesling Spätlese trocken | 14% | 14,90 €
82 2016 Heidelberger Dormenacker Gewürztraminer Spätlese | 10% | 9,20 €
89 2015 Heidelberger Dormenacker Riesling Auslese | 7,5% | 17,40 €/0,5 Lit.
84 2016 Heidelberger Dormenacker Frühburgunder trocken | 13% | 10,20 €
84 2015 Heidelberger Dormenacker Spätburgunder trocken Alte Reben | 13,5% | 10,20 €

BADEN

WEINGUT SUSANNE UND BERTHOLD CLAUSS
79807 Nack · Obere Dorfstraße 39
Tel (0 77 45) 54 92 · Fax 92 79 51
info@weingutclauss.de
www.weingutclauss.de
Inhaber Susanne und Berthold Clauß
Betriebsleiter und Kellermeister Berthold Clauß
Außenbetrieb Stefan Birta
Verkauf Susanne Clauß
Mo-Di, Do-Fr 10.00–12.00 Uhr · 14.00–18.00 Uhr
Sa 9.00–13.00 Uhr
Erlebenswert »Nacker Werke«, eine »Vereinigung zur Wartung der Sinne« gemeinsam mit dem Restaurant »Kranz« und der »Klangscheune«
Rebfläche 16,5 Hektar
Jahresproduktion 120.000 Flaschen
Beste Lagen Nacker Steinler, Erzinger Kapellenberg
Boden sandiger Lehm mit Kies, Lehm mit Kalk
Rebsorten 60% Spätburgunder, je 12% Grauburgunder und Müller-Thurgau, 6% Sauvignon Blanc, 5% Weißburgunder, 2% Frühburgunder, 3% übrige Sorten
Mitglied Slow Food, Vinissima

Verkostete Weine 12
Bewertung 82–90 Punkte

82 Pinot Noir Sekt Brut Rosé | 12,5% | 14,90 €
84 2016 Belemnit Müller-Thurgau Wildfang trocken Holzfass | 12,5% | 9,– €
84 2016 Nacker Weißburgunder trocken | 13,5% | 9,40 €
85 2016 Nacker Grauburgunder trocken | 13,5% | 9,40 €
88 2015 Pinot Gris Urbanus trocken Holzfass | 14% | 18,40 €
89 2016 Pinot Blanc Urbanus trocken Holzfass | 13,5% | 18,40 €
90 2016 Pinot Gris Urbanus trocken Holzfass | 14% | 18,40 €
84 2016 Nacker Pinot Noir trocken Blanc de Noirs | 13,5% | 9,– €
90 2015 Belemnit Spätburgunder Rosé Auslese Barrique | 11% | 24,– €/0,375 Lit.
85 2015 Nacker Spätburgunder trocken | 13,5% | 8,50 €
87 2015 Belemnit Spätburgunder CB trocken Barrique | 14% | 16,– €
88 2015 Pinot Noir Urbanus trocken Barrique | 14% | 26,– €

Das Weingut Clauß liegt direkt an der Schweizer Grenze in der Nähe von Schaffhausen. In allen Weinen erkennt man eine deutliche Handschrift, auch bei den Weißweinen eine delikate Gerbstoffwürze, was die Frische durchaus unterstützt. Das Traubenmaterial wird stark selektiert, gelesen wird per Hand, die Vinifikation wird gerne der spontanen Gärführung ohne Reinzuchthefen überlassen. Das spiegelt sich auch im Geruch wider. Hier ist nichts aalglatt oder fruchtig konstruiert. Der Müller-Thurgau, der im Tonneau vergoren wurde, besitzt unglaubliche Fülle und Intensität für diese Rebsorte. Die einfachen Grau-, Weiß- und Spätburgunder Blanc de Noirs sind allesamt schmelzig und ausgereift. Bei der Urbanus-Linie, die im Barrique vergoren wurde, gefällt uns der Grauburgunder mit klarer Aromatik etwas besser. Der Weißburgunder kämpft noch ein wenig mit dem Holz. Bei den Spätburgundern konnte der Nacker Ortswein überzeugen, während der Belemnit CB in einer höheren Spielklasse agiert. Der Spätburgunder Auslese Rosé besitzt ein apartes Spiel von apfeliger, klarer Frucht und dezent adstringenten Gerbstoffen ohne übertriebene Süße.

WEINGUT DANNER

77770 Durbach · Heimbach 3
Tel (07 81) 9 48 31 23 · Fax 94 86 95 37   BIO
info@danner-weingut.de
www.danner-weingut.de
Inhaber und Betriebsleiter Alexander Danner

Verkauf Alexander Danner
Mo–Fr 9.00–12.00 Uhr · 13.00–18.00 Uhr
Sa 10.00–16.00 Uhr und nach Vereinbarung

Wir begrüßen es, dass nicht immer nur die jüngsten Jahrgänge präsentiert werden, würden uns aber bei einigen der gereiften Weine eine andere Aromenentwicklung wünschen und fänden bei einer größeren Zahl an Weißweinen weniger Restsüße reizvoller. Bei den Rotweinen zeigt sich, dass sie zu Recht später auf den Markt kommen und schöne Reifenoten entwickeln. Der Durbacher Vier-Hektar-Betrieb ist sicherlich eines der eigenwilligsten Weingüter Badens, natürlich einhergehend mit einem selbstbewusst ausgeprägten, ureigenen Profil, das man akzeptieren oder kritisieren kann. Wir sehen die aktuelle Kollektion eher kritisch.

Verkostete Weine 12
Bewertung 83–86 Punkte

85 2013 Cuvée Sekt Brut | 12% | 16,- €
83 2015 Riesling Typ 1 Landwein trocken | 12% | 9,50 €
83 2015 Cuvée Frohnatur Typ 1 Landwein trocken | 12% | 9,50 €
83 2014 Grauburgunder Typ 2 Landwein trocken Holzfass | 12,5% | 14,- €
84 2015 Riesling Typ 2 Landwein trocken Holzfass | 13% | 14,- €
84 2015 Weißburgunder Typ 2 Landwein trocken Holzfass | 13% | 14,- €
83 2014 Chardonnay Typ 3 Landwein trocken Barrique | 12% | 18,- €
86 2014 Riesling Typ 3 trocken Barrique | 12,5% | 26,- €
83 2015 Spätburgunder Exot Typ 2 Rosé Landwein trocken Holzfass | 13% | 14,- €
86 2013 Spätburgunder Typ 2 Landwein trocken Holzfass | 12,5% | 14,- €
86 2011 Cuvée Typ 3 Landwein trocken Barrique | 12% | 18,- €
86 2011 Spätburgunder Typ 3 Landwein trocken Barrique | 13% | 26,- €

WEINGUT HERMANN DÖRFLINGER

79379 Müllheim · Mühlenstraße 7
Tel (0 76 31) 22 07 · Fax 41 95
mail@weingut-doerflinger.de
www.weingut-doerflinger.de
Inhaber Hermann Dörflinger
Betriebsleiter und Kellermeister Hermann Dörflinger

Verkauf Hermann und Doris Dörflinger
Mo–Fr 8.00–12.30 Uhr · 13.30–18.30 Uhr
Sa 9.00–16.00 Uhr

Das vor über 100 Jahren gegründete Familienweingut aus Müllheim hat mehrere solide, elegante und schlanke Gutedel. Gute füllige Essensbegleiter sind unter anderem die Weiß- und Grauburgunder sowie der Chardonnay in der Qualitätsstufe Spätlese. Wer auf der Suche nach klassischen deutschen Spätburgundern ist, wird hier sicherlich fündig. Zu empfehlen ist vor allem der Spätburgunder Müllheimer Pfaffenstück dieses Weingutes.

Verkostete Weine 12
Bewertung 82–86 Punkte

82 2016 Müllheimer Reggenhag Gutedel trocken | 11,5% | 6,30 €
83 2016 Badenweiler Römerberg Gutedel trocken | 11,5% | 6,30 €
84 2016 Müllheimer Pfaffenstück Gutedel trocken | 11,5% | 6,80 €
85 2016 Müllheimer Sonnhalde Grauburgunder Kabinett trocken | 13% | 8,- €
85 2016 Müllheimer Reggenhag Chardonnay Kabinett trocken | 13% | 9,50 €
86 2016 Müllheimer Pfaffenstück Silvaner Spätlese trocken | 13% | 8,50 €
85 2016 Badenweiler Römerberg Weißburgunder Spätlese trocken | 13,5% | 11,- €
85 2015 Müllheimer Reggenhag Chardonnay Spätlese trocken Barrique | 13,5% | 17,- €
85 2015 Badenweiler Römerberg Grauburgunder Spätlese trocken Barrique | 13,5% | 17,- €
84 2016 Müllheimer Sonnhalde Spätburgunder Kabinett trocken Rosé | 13% | 7,80 €
86 2015 Müllheimer Sonnhalde Spätburgunder Spätlese trocken Alte Reben | 13,5% | 13,- €
86 2015 Badenweiler Römerberg Spätburgunder Spätlese trocken Barrique | 13,5% | 17,- €

BADEN

WEINGUT HOLGER DÜTSCH
76534 Baden-Baden-Neuweier
Sankt-Michael-Straße 39
Tel (0 72 23) 95 97 39 · Fax 2 81 88 23
info@weingut-duetsch.de
www.weingut-duetsch.de
Inhaber und Betriebsleiter Holger Dütsch

Verkauf Di, Do–Fr 15.00–18.00 Uhr
Sa 10.00–13.00 Uhr und nach Vereinbarung

Rebfläche 4 Hektar
Jahresproduktion 25.000 Flaschen
Beste Lagen Neuweier Mauerberg und Altenberg
Boden Arkosesandstein und Schieferton, Quarzporphyr, Lösslehm
Rebsorten 70% Riesling, 10% Blaufränkisch, je 8% Silvaner und Spätburgunder, 4% übrige Sorten

Verkostete Weine 12
Bewertung 82–89 Punkte

85 2016 Silvaner trocken | 12% | 7,- €
84 2016 Neuweier Riesling Mineral trocken | 11,5% | 8,50 €
83 2016 Neuweier Cuveé trocken | 12,5% | 9,50 €
85 2016 Neuweier Riesling Urgestein trocken | 12% | 9,50 €
85 2016 Neuweier Silvaner Tradition trocken | 13,5% | 10,50 €
84 2015 Neuweier Mauerberg Riesling Tradition trocken | 13,5% | 12,50 €
87 2016 Neuweier Mauerberg Riesling Finesse trocken | 13% | 15,- €
89 2016 Neuweier Riesling feinherb | 12,5% | 9,50 € | €
85 2015 Neuweier Altenberg Spätburgunder trocken | 13,5% | 13,50 €
87 2015 Steinbacher Stich den Buben Blaufränkisch trocken | 13% | 13,50 €

Neuweier ist ein klassisches Riesling-Terroir inmitten der Ortenau. Daher bietet Holger Dütsch seiner Kundschaft auch ein breites Spektrum an Rieslingen zur Wahl. Seit dem Jahr 2000 erzeugt er eigene Weine, 2004 machte er sich selbstständig und betreibt heute überschaubare vier Hektar. Guts-, Orts- und Lagenweine werden in unterschiedlichen Ausrichtungen ausgebaut. Riesling Gutswein, Neuweier Ortswein als Urgestein und Mineral, der Riesling der bekannten Lage Mauerberg in Neuweier wird als Tradition und Finesse offeriert. Die Stilistik des Weingutes Dütsch lässt sich daher auch nicht eng umfasst in Worte packen. Am allerbesten gefiel uns neben dem Mauerberg Finesse 2016 der feinherbe Neuweier Riesling. Er lebt von einer bebenden Spannung und delikaten Fruchtigkeit, die gar nicht so süß wirkt, sondern vielmehr an manchen trocken ausgebauten Mosel von Spitzenerzeugern erinnert. Der Rote aus Blaufränkisch trägt sein Herz am richtigen Fleck und hat ein gutes Preis-Genuss-Verhältnis.

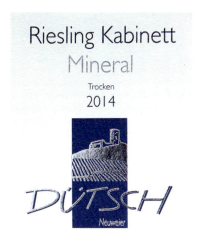

WEINGUT DUIJN
77815 Bühl · Erlenstraße 38
Tel (0 72 23) 2 14 97 · Fax 8 37 73
info@weingut-duijn.com
www.weingut-duijn.com
Inhaber und Betriebsleiter Jacob Duijn

Verkauf Anne Seifried
Di–Fr 9.00–13.00 Uhr · 16.00–19.00 Uhr
Sa 10.00–14.00 Uhr

Sehenswert Gewölbekeller aus dem Jahr 1638 und neuer Barriquekeller
Rebfläche 6,6 Hektar
Jahresproduktion 20.000 Flaschen
Beste Lagen Bühlertaler Engelsfelsen und Sternenberg, Laufer Gut Alsenhof
Boden Granitverwitterung
Rebsorte 100% Spätburgunder (Pinot Noir)
Mitglied Demeter

Verkostete Weine 2
Bewertung 87–89 Punkte

87 2015 Spätburgunder Jannin trocken | 12,5% | 27,– €
89 2015 Spätburgunder »SD« trocken | 12,5% | 47,– €

Dunkelfarbig, tanninbetont und von fein getoastetem Holz geprägt, bleiben die Pinot Noirs des fliegenden Holländers Jacob Duijn oft lange verschlossen. Es ist also nicht erstaunlich, dass er sie erst dann vermarktet, wenn sie für ihn die nötige, erste Reife erreicht haben. Derzeit stehen die 2012er noch im Verkauf. Zunehmend füllt er seine Weine sogar später ab, wenn sich die noble Strenge der Jugend, durchaus vergleichbar mit den besten Vertretern aus Nuits-Saint-Georges, ein wenig abgeschliffen hat. Daher sind die zwei 2015er, die wir hier vorstellen, Fassproben, die noch völlig unzugänglich sind. Sie benötigen Zeit für die Reife, damit sie sich richtig entfalten können und den Genießer für das lange Warten belohnen. Womöglich muss man sie dann noch einmal neu bewerten. Erfahrung für den Winzerberuf sammelte Duijn als Sommelier beim Jahrhundertkoch Eckart Witzigmann in München, auf der Bühler Höhe bei Baden-Baden und im Weinhandel. Er baut seine Weine konsequent in neuen Barriques aus, im Weinberg hat er 2004 auf ökologische Bewirtschaftung umgestellt. Die Biodynamie ist inzwischen seine echte Passion geworden. Vor allem Lebendigkeit möchte er seinen Weinen mitgeben.

BADEN

DURBACHER WINZERGENOSSENSCHAFT
77770 Durbach · Nachtweide 2
Tel (07 81) 9 36 60 · Fax 3 65 47
WG@durbacher.de
www.durbacher.de
Technischer Leiter Rüdiger Nilles
Vertriebsleiter Stephan Danner
Kellermeister Rüdiger Nilles

Verkauf Ulrich Litterst, Frank Huber
Mo-Fr 9.00–18.00 Uhr
Sa-So 10.00–13.00 Uhr

Kellerführungen und Weinproben nach Vereinbarung mit Frau Benz, Tel (07 81) 93 66 0
Historie gegründet 1928
Sehenswert Holzfasskeller, Winzersaal für 200 Personen, rustikaler Verkaufsraum, Steinberg-Häusle für Weinproben mitten in den Durbacher Reben mit herrlichem Rheintalblick
Rebfläche 340 Hektar
Zahl der Mitglieder 230
Jahresproduktion 3 Mio. Flaschen
Beste Lagen Durbacher Ölberg, Plauelrain, Kochberg und Steinberg (Eigenbesitz)
Boden Granitverwitterung, Gneis
Rebsorten 44% Spätburgunder, 28% Riesling, 9% Müller-Thurgau, 8% Grauburgunder, 5% Gewürztraminer, Traminer, Scheurebe, 6% übrige Sorten

Verkostete Weine 12
Bewertung 84–91 Punkte

87 2016 Durbacher Chardonnay trocken | 13% | 8,50 €
86 2016 Durbacher Steinberg Weißburgunder trocken | 13% | 11,90 €
86 2016 Durbacher Steinberg Riesling trocken | 12,5% | 11,90 €
85 2016 Durbacher Kochberg Grauburgunder Kabinett trocken | 13% | 7,10 €
84 2016 Durbacher Plauelrain Klingelberger Spätlese trocken | 12% | 8,20 €
87 2016 Durbacher Plauelrain Klingelberger Spätlese | 11% | 8,20 €
90 2016 Durbacher Ölberg Gewürztraminer Spätlese | 11,5% | 8,20 € | €
91 2016 Durbacher Steinberg Gewürztraminer Auslese | 9% | 10,50 €/0,375 Lit.
91 2016 Durbacher Plauelrain Klingelberger Eiswein | 8,5% | 40,- €/0,5 Lit.
90 2016 Durbacher Steinberg Scheurebe Beerenauslese | 8,5% | 29,- €/0,375 Lit.
84 2016 Durbacher Kochberg Spätburgunder Spätlese trocken Holzfass | 13% | 9,90 €
87 2015 Durbacher Kochberg Spätburgunder Spätlese trocken Classic Barrique | 13% | 14,90 €

Die Winzergenossenschaft in Durbach bewirtschaftet mit 230 Mitgliedern 340 Hektar. Es ist die größte Genossenschaft Badens. Da die meisten Rebflächen steil und felsig sind, nennen sie sich selbst »die Steillagen-Spezialisten«. Mit ihren schlanken und eleganten Weinen pflegen die Genossen eine fein abgestimmte Stilistik. Die Burgundersorten sind durchweg ausgezeichnet und auch die Bukettrebsorten sehr überzeugend in ihrer klaren und archetypischen Art. Vor allem die beiden Gewürztraminer Spätlese Durbacher Ölberg und Durbacher Steinberg Auslese sind sehr fein. Zudem beweisen der Riesling Klingelberger Spätlese und der Klingelberger Eiswein große Finesse und Gradlinigkeit.

★★

WEINGUT SCHLOSS EBERSTEIN

76593 Gernsbach · Schloss Eberstein 1
Tel (0 78 43) 9 95 92 15 · Fax 9 95 92 17
info@weingut-schloss-eberstein.de
www.weingut-schloss-eberstein.de
Inhaber Jürgen Decker und Ernst Möschle
Betriebsleiter Jürgen Decker
Kellermeister Urban Jung

Verkauf Vinothek
Fr-So, feiertags 14.00–19.00 Uhr

Gourmetrestaurant »Werner's« (1 Stern im Guide Michelin)
Schlossschänke mit regional badischer Küche
Sehenswert beeindruckende Schlossanlage, baumkundlicher Lehrpfad »Arboretum Schloss Eberstein«
Rebfläche 11,5 Hektar
Jahresproduktion 70.000 Flaschen
Beste Lagen Ebersteiner Schlossberg
Boden Granitverwitterung, Lösslehm
Rebsorten 40% Riesling, 33% Spätburgunder, 17% Weißburgunder, je 3% Grauburgunder und Sauvignon Blanc, je 2% Gewürztraminer und Merlot

Verkostete Weine 12
Bewertung 82–90 Punkte

85 2016 Weißburgunder trocken ** | 13,5% | 13,50 €
87 2016 Grauburgunder trocken ** | 14% | 13,50 €
87 2016 Gewürztraminer trocken ** | 13% | 15,50 €
83 2016 Sauvignon Blanc trocken ** | 13% | 17,90 €
83 2016 Riesling Spätlese | 11,5% | 11,50 €
83 2016 Spätburgunder Rosé trocken Saignée * | 12,5% | 8,50 €
82 2016 Spätburgunder Rosé trocken Saignée ** | 12,5% | 10,50 €
83 2015 Spätburgunder trocken Barrique | 13,5% | 7,50 €/1,0 Lit.
85 2014 Spätburgunder trocken Barrique ** | 13% | 19,50 €
85 2015 Spätburgunder & Merlot trocken Barrique ** | 14% | 21,– €
88 2014 Spätburgunder trocken Barrique *** | 13% | 35,50 €
90 2015 Spätburgunder trocken Grande Reserve Barrique | 13,5% | 59,– €

Unübersehbar will der noch recht junge Betrieb bei der Qualität vorne mitspielen. Das gelingt vor allem bei den kraftvollen, geschickt im Holz verarbeiteten Spätburgundern aus den Jahren 2014 und 2015 am besten. Doch auch mit einem mustergültigen Sortentyp vom Grauburgunder und einem absolut klaren und typischen trockenen Gewürztraminer, beide aus 2016, setzt das Gut Ausrufezeichen. Ende 2012 hatten Jürgen Decker, langjähriger Geschäftsführer der Hex vom Dasenstein und Mitgründer des Vorzeigeprojektes Villa Heynburg, sowie der Edelstahltankhersteller Ernst Möschle aus Ortenberg die Geschicke dieses Betriebes übernommen. Ihr Credo: »Was man im Weinberg und am Rebstock über's Jahr vernachlässigt, kann man in der Kellerwirtschaft nicht wirklich korrigieren oder nachholen.« Rund um das alte Schloss bewirtschaften die beiden Partner nun elf Hektar Weinberge auf kargem Granitverwitterungsgestein. Das schöne Schloss Eberstein ist das nördlichste Weingut in der Ortenau und liegt im weniger bekannten Murgtal.

★★

BADEN

SCHLOSSGUT EBRINGEN

79285 Ebringen · Schlossplatz 1
Tel (0 76 64) 68 05 · Fax 6 06 95
schlossgut@wein-ebringen.de
www.schlossgut-ebringen.de

Vorstand Prof. Dr. Valentin Weislämle und Andreas Engelmann
Betriebsleiter Andreas Engelmann
Verkauf nach Vereinbarung
Restaurant Rebstockstube gegenüber dem Schloss
Historie 2013 Feier zum 300-jährigen Bestehen des Schlosses
Sehenswert Gewölbekeller im Ebringer Schloss
Rebfläche 7,4 Hektar
Jahresproduktion 45.000 Flaschen
Beste Lagen Ebringer Leinele, Biegarten und Klämle
Boden Kalkmergel mit Lehm-Löss-Auflage
Rebsorten 40% Spätburgunder, 20% Grauburgunder, 18% Weißburgunder, 12% Sauvignon Blanc, 10% Gutedel

Verkostete Weine 12
Bewertung 78–88 Punkte

- **88** 2015 Pinot Noir Crémant Brut Rosé | 12% | 13,90 €
- **82** 2016 Gutedel trocken | 12% | 6,90 €
- **83** 2016 Grauburgunder trocken | 13% | 8,50 €
- **85** 2015 Chasselas »S« trocken | 12% | 9,90 €
- **86** 2016 Weißburgunder »S« trocken | 13,5% | 10,90 €
- **87** 2016 Grauburgunder »S« trocken | 13,5% | 11,90 €
- **84** 2015 Ebringer Schädler Chardonnay trocken | 13,5% | 15,90 €
- **87** 2016 Ebringer Klämle Sauvignon Blanc trocken | 13,5% | 17,90 €
- **83** 2014 Pinot Noir »S« trocken | 13% | 12,90 €
- **86** 2014 Ebringer Biegarten Pinot Noir trocken | 13,5% | 24,50 €
- **87** 2014 Ebringer Leinele Pinot Noir trocken | 13% | 39,– €

Betriebsleiter Andreas Engelmann hat 2015 mit harmonischen und fein abgestimmten Weißweinen überzeugt und gesagt: »Letztendlich ist es das Terroir, welches dann den Unterschied macht und auf das wir in Ebringen sehr stolz sind. Die Pinots werden bei uns nie so voluminös und spontan zugänglich wie vielleicht in anderen Regionen, können dafür aber mit einer feinen Eleganz und strukturierten Länge glänzen, wie wir es schätzen.« Das mag auf 300 Höhenmetern in den kühleren Jahrgängen etwas schwieriger werden, wie uns die 2016er Weißen und 2014er Roten zu zeigen scheinen. An die Qualität früherer Jahrgänge reicht die diesjährige Kollektion leider nicht heran.

★

WEINGUT ENGELHOF
79801 Hohentengen · Engelhof 1
Tel (0 77 42) 74 97 · Fax 79 60
engelhof@t-online.de
www.engelhof.de
Inhaber Gebrüder Netzhammer
Betriebsleiter Georg K. Netzhammer jun.
Verwalter Adrian Häfner
Kellermeister Alexander Schira
Verkauf Andrea Netzhammer
Mo–Fr 9.00–12.00 Uhr · 14.00–18.00 Uhr
Sa 9.00–13.00 Uhr und nach Vereinbarung

Auf den Rückenetiketten steht der Hinweis darauf, dass der Engelhof am Bodensee das südlichst gelegene Weingut Deutschlands ist. 1628 gegründet, wird es heute von Georg Netzhammer geleitet. Die Weißweine sind unter Verzicht auf viel Fruchtsüße elegant und klar gehalten, hier gefiel uns der druckvolle Grauburgunder besonders. Bei den weißen Selektionen ist der würzige Chardonnay dem Pinot Gris überlegen. Die Rotweine brillieren vor allem mit dem ausgezeichneten 2015er Pinot Noir Réserve mit wenig Frucht, fester Struktur und kerniger Würze.

Verkostete Weine 11
Bewertung 82–90 Punkte

84 2015 Pinot Gris trocken Barrique | 13% | 14,– €
82 2016 Hohentengener Oelberg Gutedel trocken | 11% | 6,40 €
83 2016 Weißburgunder trocken | 12,5% | 8,50 €
84 2016 Grauburgunder trocken | 12,5% | 8,50 €
84 2015 Chardonnay Kalkofen trocken Barrique | 13% | 14,– €
90 2015 Hohentengener Oelberg Solaris Trockenbeerenauslese | 9,5% | 39,– €/0,375 Lit.
84 2015 Erzinger Kapellenberg Spätburgunder Traditionell trocken | 13% | 7,90 €
82 2014 Erzinger Kapellenberg Regent Wolfsgrube trocken | 13% | 8,90 €
84 2011 Pinot Noir trocken | 13,5% | 12,90 €
83 2013 Cuvée Laura trocken | 13% | 13,40 €
86 2015 Pinot Noir trocken Reserve | 14% | 22,– €

WEINGUT ENGLER
79379 Müllheim · Moltkeplatz 2
Tel (0 76 31) 17 05 50 · Fax 17 33 45
info@weingut-engler.de
www.weingut-engler.de
Inhaberin und Kellermeisterin Andrea Engler-Waibel
Verkauf Andrea Engler-Waibel
Mo–Fr 9.00–18.30 Uhr, **Sa** 9.00–16.00 Uhr

Die Weinbauingenieurin Andrea Engler-Waibel verzichtet im elf Hektar großen Familienweingut im Markgräflerland auf Herbizide und Insektizide und baut vorwiegend Kabinettweine aus. Das sind in der Regel schnörkellose, preiswerte Weine, im besten Fall mit rassig prägnanter Frucht. Manchmal allerdings geraten sie ein wenig zu glatt. Im Gegensatz zum Vorjahr gab es aus 2016 tatsächlich vorwiegend kleinere Weine. Wir bekamen ausschließlich weiße Kabinettweine zu verkosten, von denen vor allem der Chardonnay und der Grauburgunder schönen, klaren Sortencharakter zeigten. Dazu gab es zwei wuchtig-reife Spätburgunder im eher traditionellen Spät- und Auslesestil. Gut gefiel uns auch der klare, frische und knochentrockene Sekt.

Verkostete Weine 10
Bewertung 80–86 Punkte

85 Nobling Sekt extra Brut | 12% | 11,– €
82 2016 Müllheimer Gutedel trocken | 11,5% | 5,50 €
83 2016 Müllheimer Pfaffenstück Cabernet Blanc trocken | 12,5% | 7,– €
82 2016 Müllheimer Reggenhag Gutedel Kabinett trocken | 11,5% | 6,50 €
80 2016 Müllheimer Pfaffenstück Weißburgunder Kabinett trocken | 12,5% | 7,– €
82 2016 Müllheimer Pfaffenstück Auxerrois Kabinett trocken | 12% | 7,– €
84 2016 Müllheimer Sonnhalde Grauburgunder Kabinett trocken | 12,5% | 7,30 €
84 2016 Müllheimer Sonnhalde Chardonnay Kabinett trocken | 13% | 7,50 €
85 2015 Müllheimer Reggenhag Pinot Noir Spätlese trocken *** | 13,5% | 15,– €
86 2015 Müllheimer Reggenhag Pinot Noir Auslese trocken **** | 14% | 19,50 €

Symbole Weingüter
★★★★★ Weltklasse · ★★★★ Deutsche Spitze
★★★ Sehr Gut · ★★ Gut · ★ Zuverlässig

Weinbewertung in Punkten
100 Perfekt · 95 bis 99 Überragend · 90 bis 94 Exzellent
85 bis 89 Sehr gut · 80 bis 84 Gut

☆ ★★ BADEN

FENDT WEINFAMILIE
70771 Leinfelden-Echterdingen
Häuserwiesenstraße 13
Tel (07 11) 74 57 50 88
info@fendtwein.de
www.fendtwein.de
Inhaber Jürgen Fendt
Maren und Jürgen Fendt
Verkauf nach Vereinbarung

Jürgen Fendt ist ein international renommierter, exzellenter Sommelier und Weinkenner, der große Weine aus aller Welt kennt und einzuschätzen weiß. Dass er und seine Frau Maren sich mit ihren eigenen Weinen dem Naturgedanken verschrieben haben und nicht die Primärfrucht in den Vordergrund stellen wollen, ist eine Entscheidung, die wir auf jeden Fall respektieren. Dass er dabei Ergebnisse erzielt, die sich zu einem großen Teil aromatisch und geschmacklich dem Orange Wine-Stil annähern, ist sicher seine bewusste Entscheidung. Ob uns die Folgen gefallen müssen, ist eine andere Frage. Fast durchgehendes Aroma nach überreifem Apfel und bei vielen Weinen relativ hohe und - da gleichzeitig auch wenig Säure vorhanden ist - auf Kosten der Eleganz gehende Restsüße entsprechen nicht unserem Verständnis von Riesling. Dass es dennoch eine Fangemeinde für diese Weine geben wird, steht außer Frage.

Verkostete Weine 8
Bewertung 79–86 Punkte

83 2013 Spätburgunder Sekt Brut nature Rosé
Barrique | 12% | 25,– €
79 2014 Riesling Mauerwerk Landwein trocken
Holzfass | 12% | 20,– €
83 2016 Cuvée Saugut Landwein halbtrocken
| 10,5% | 7,– €
81 2016 Riesling Landwein halbtrocken
| 11,5% | 10,– €
84 2015 Riesling Steinwerk Landwein halbtrocken
| 12,5% | 14,– €
83 2015 Riesling Handwerk Landwein halbtrocken
Barrique | 12,5% | 25,– €
84 2015 Spätburgunder Steinwerk Landwein trocken
Barrique | 13% | 16,– €
86 2015 Spätburgunder Handwerk Landwein trocken
Barrique | 13% | 25,– €

WEINGUT FISCHER
79331 Nimburg-Bottingen
Auf der Ziegelbreite 8
Tel (0 76 63) 17 47 · Fax (0 76 68) 93 00
info@fischer-weine.de
www.fischer-weine.de
Inhaber und Betriebsleiter Silvia und Joachim Heger
Außenbetrieb Lisa und Stefan Schneider
Kellermeister David Beck und Team Dr. Heger
Verkauf Lisa und Stefan Schneider
Di, Do 16.00–18.30 Uhr, **Sa** 10.00–13.00 Uhr
Rebfläche 20 Hektar
Jahresproduktion 120.000 Flaschen
Beste Lage Nimburg-Bottinger Steingrube
Boden brauner Jura, Muschelkalk, Lössauflage, Buntsandstein
Rebsorten 30% Grauburgunder, 25% Spätburgunder, 20% Weißburgunder, 8% Sauvignon Blanc, 7% Chardonnay, 5% Müller-Thurgau, 3% Auxerrois, je 1% Frühburgunder und Lemberger

Das Weingut Fischer in Nimburg-Bottingen steht seit 20 Jahren unter der Leitung des renommierten Winzers Joachim Heger. Seine Stilistik und Herangehensweise spiegeln sich in den Weinen wider. Das Preisniveau liegt deutlich unter dem des Weingutes Dr. Heger am Kaiserstuhl. Daher finden Heger-Fans hier eine preiswerte Alternative. Grauburgunder, Spätburgunder und Weißburgunder bilden die Grundlage des Rebsortenportfolios. Damit kennt sich Joachim Heger perfekt aus und erzeugt entsprechend authentische, klar strukturierte Weine. Unter den einfachen Gewächsen des Jahrgangs 2016 gefielen uns der Weißburgunder und Grauburgunder besonders. Sie besitzen eine ausgezeichnete Spannung und tiefe Würze. Der Chardonnay ist ebenso gelungen, besitzt er doch deutliche Verwandtschaft zu den echten Hegers. Der eigenwillig nach Kümmel und Fenchelsamen duftende Sauvignon ist äußerst schlank und rassig, mit animierender Würze und Struktur. An Spätburgunder findet man in der Literflasche wohl kaum einen besseren und auch der im Holzfass gereifte Spätburgunder 2014 besitzt einen straffen Körper und Vielschichtigkeit.

Verkostete Weine 10
Bewertung 83–89 Punkte

83 2016 Müller-Thurgau trocken | 12% | 5,10 €/1,0 Lit.
85 2016 Weißburgunder & Chardonnay trocken Cuvée | 13% | 9,10 €
86 2016 Weißburgunder trocken | 13% | 9,40 €
87 2016 Grauburgunder trocken | 13% | 9,40 €
89 2016 Sauvignon Blanc trocken | 12,5% | 9,90 € | €
86 2016 Burgundercuvée Pescatus trocken | 13,5% | 11,– €
88 2016 Nimburg-Bottinger Steingrube Chardonnay trocken Holzfass | 13% | 12,90 €
86 2016 Spätburgunder Rosé trocken | 13,5% | 9,40 €
85 2014 Spätburgunder trocken | 13% | 8,60 €/1,0 Lit.
88 2014 Nimburg-Bottinger Steingrube Spätburgunder trocken Holzfass | 13,5% | 13,90 € | €

WEINGUT FREIHERR VON UND ZU FRANCKENSTEIN

77654 Offenburg · Weingartenstraße 66
Tel (07 81) 3 49 73 · Fax 3 60 46
weingut@weingut-von-franckenstein.de
www.weingut-von-franckenstein.de
Inhaber und Betriebsleiter Stefan Huschle
Kellermeister Stefan Huschle
Verkauf Familie Huschle
Mo–Fr 9.00–12.00 Uhr · 14.00–18.00 Uhr
Sa 9.00–13.00 Uhr und nach Vereinbarung
Historie älteste Weinbau-Urkunde im Betrieb aus dem Jahre 1517; seit 1710 im Besitz Franckenstein
Rebfläche 16 Hektar
Jahresproduktion 90.000 Flaschen
Beste Lagen Zell-Weierbacher Neugesetz und Abtsberg, Berghauptener Schützenberg
Boden Granitverwitterung, Gneisverwitterung und Lösslehm
Rebsorten 27% Spätburgunder, 25% Riesling, 20% Grauburgunder, 10% Weißburgunder, 8% Müller-Thurgau, 10% übrige Sorten
Mitglied VDP

Durch die Übernahme der Familie Huschle erlebt der traditionsreiche Betrieb Freiherr von und zu Franckenstein bei Offenburg in der Ortenau eine deutliche, qualitative Steigerung. Generell bleiben die Weißweine einem traditionellen Stil verhaftet, mit sehr klar strukturierten Burgundersorten. Hier sei der 2016er Grauburgunder Abtsberg besonders hervorgehoben, der mit seiner durch und durch klassischen Art überzeugt. Der Chardonnay ist sehr schlank gehalten und könnte mit etwas mehr Hefelager an Gewicht zulegen. Neben dem ausgezeichneten, modern, frisch und vielschichtig wirkenden Spätburgunder Granit 2015 ist natürlich das ehrwürdige Laufer Gut Alsenhof eine besondere Referenz im Rotweinbereich.

BADEN

Verkostete Weine 12
Bewertung 83–89 Punkte

83 2016 Zell-Weierbacher Grauburgunder Granit trocken | 13,5% | 9,20 €
84 2016 Zell-Weierbacher Riesling Granit trocken | 12% | 9,20 €
84 2016 Berghauptener Weißburgunder Gneis trocken | 13% | 9,20 €
86 2016 Berghauptener Schützenberg Weißburgunder trocken | 12,5% | 12,50 €
87 2016 Berghauptener Schützenberg Chardonnay trocken | 12,5% | 12,50 €
87 2016 Zell-Weierbacher Abtsberg Grauburgunder trocken | 13,5% | 12,50 €
87 2015 Zell-Weierbacher Neugesetz Riesling Marienquelle »Großes Gewächs« | 13% | 19,90 €
88 2015 Zell-Weierbacher Abtsberg Grauburgunder Pfaffengässle »Großes Gewächs« | 14% | 19,90 €
88 2015 Berghauptener Schützenberg Weißburgunder Im Himmelreich »Großes Gewächs« | 13,5% | 19,90 €
87 2015 Zell-Weierbacher Spätburgunder Granit trocken | 13% | 9,50 €
83 2013 Zell-Weierbacher Neugesetz Spätburgunder trocken | 13% | 14,90 €
89 2014 Laufer Gut Alsenhof Spätburgunder trocken | 13% | 19,50 €

WEINGUT OTTO UND MARTIN FREY
79211 Denzlingen · Im Brühl 1
Tel (0 76 66) 52 53 · Fax 23 14
info@frey-weine.de
www.frey-weine.de
Inhaber Martin Frey
Außenbetrieb Otto Frey
Kellermeister Martin Frey
Verkauf Barbara Frey
Do–Fr 9.00–12.00 Uhr · 14.00–19.00 Uhr
Sa 9.00–16.00 Uhr und nach Vereinbarung
Restaurant »Delcanto«, Gasthaus »Hirschen«, »Rebstock Stube«
Historie Familie 1393 erstmals erwähnt
Erlebenswert Wanderweg am Eichberg bis ins Glottertal
Rebfläche 16 Hektar
Jahresproduktion 90.000 Flaschen
Beste Lage Glottertäler Eichberg und Steinhalde
Boden verwitterter Gneis, Buntsandstein
Rebsorten 30% Spätburgunder, 25% Grauburgunder, 20% Weißburgunder, 5% Müller-Thurgau, je 4% Auxerrois und Chardonnay, 10% Riesling, 2% übrige Sorten
Mitglied 13 Breisgauer Weingüter

Wir freuen uns immer, wenn ein Weingut sowohl bei den einfacheren Weinen Trinkvergnügen bietet und zugleich mit seinen besten Weinen an der Gebietsspitze mitspielen kann. Frey ist so einer. Hier, bei Vater Otto und Sohn Martin Frey und ihrem 16 Hektar großen Weingut in Denzlingen am Anfang des Glottertales, werden Liebhaber für alle Gelegenheiten fündig. Die Weine aus dem Glottertal sind einem besonders kühlen Mikroklima ausgesetzt, was einen eigenen, säurebetonten, rassigen Stil prägt. Bei den besten 2016er Grau- und Weißburgundern kommt zum Schmelz der Burgunder gekonnte Holzarbeit, die sich nie in den Vordergrund drängt. Erstaunt hat uns nur, dass ausgerechnet der – nach Ansicht des Betriebes – beste Spätburgunder bei uns in beiden Flaschen Oxidationstöne zeigte. Da alle anderen Weine makellos waren, könnte man hoffen, die übrigen Flaschen seien besser.

Verkostete Weine 12
Bewertung 79–91 Punkte

83 2016 Glottertaler Eichberg Auxerrois trocken | 12,5% | 7,10 €
84 2016 Glottertaler Eichberg Grauburgunder trocken | 13,5% | 7,10 €
85 2016 Glottertaler Eichberg Weißburgunder trocken | 13,5% | 7,10 €
85 2016 Chardonnay Gneis trocken ** | 12,5% | 9,60 €
87 2016 Weißburgunder Gneis trocken ** | 13,5% | 9,60 €
87 2016 Riesling Gneis trocken ** | 11% | 9,80 €
87 2015 Weißburgunder & Chardonnay Aigi trocken *** | 14% | 14,50 €
91 2015 Grauburgunder Steinhalde trocken Holzfass *** | 13,5% | 33,– €/1,5 Lit.
89 2015 Glottertaler Eichberg Grauburgunder trocken Holzfass | 14% | 21,– €
88 2015 Merlot & Spätburgunder Gneis trocken Barrique ** | 13% | 13,– € | €
89 2015 Spätburgunder Gneis trocken Barrique ** | 13,5% | 16,50 €
79 2015 Spätburgunder Aigi trocken Barrique *** | 13,5% | 24,– €

WEINGUT FREIHERR VON GLEICHENSTEIN
79235 Vogtsburg-Oberrotweil
Bahnhofstraße 10–14
Tel (0 76 62) 2 88 · Fax 18 56
weingut@gleichenstein.de
www.gleichenstein.de
Inhaber und Betriebsleiter Johannes Freiherr von Gleichenstein
Außenbetrieb Franz Galli
Kellermeister Odin Bauer
Verkauf Freiherr von Gleichenstein
Mo–Fr 10.00–12.00 Uhr · 13.00–17.00 Uhr
Sa 10.00–17.00 Uhr
So 11.00–15.00 Uhr (April–Okt.)
Historie seit 1634 im Familienbesitz
Sehenswert alter Holzfasskeller aus dem Jahre 1580, ehemalige Zehntscheune des Klosters Sankt Blasien, neue Kelterhalle und Vinothek
Rebfläche 50 Hektar
Jahresproduktion 300.000 Flaschen
Beste Lagen Oberrotweiler Eichberg und Henkenberg, Achkarrer Schlossberg, Oberbergener Bassgeige, Ihringer Winklerberg
Boden Vulkanverwitterung und Löss
Rebsorten 35% Grauburgunder, 30% Spätburgunder, 25% Weißburgunder, 7% Müller-Thurgau, 3% übrige Sorten
Mitglied Die Güter

Freiherr Johannes von Gleichenstein leitet den Betrieb am Kaiserstuhl seit 2003. Die Weine des Gleichenstein'schen Weinguts zeichnen sich insbesondere im gehobenen Segment durch außerordentliche Präzision und Trennschärfe aus. Die beiden Weißburgunder aus dem Eichberg und dem Winklerberg könnten unterschiedlicher kaum sein. Der Eichberg zeigt mächtige Struktur und große Fülle, der Winklerberg ist gleichsam leichter, eleganter, schlanker und dennoch schmelziger am Gaumen. Der Grauburgunder Winklerberg aus 2015 braucht noch einige Zeit, bis er sich entfalten wird. Bei den Spätburgundern konnte der hochpräzise Baron Philipp besonders begeistern. Für einen 2014er ist er sehr jugendlich und frisch, mit ausgezeichneter Zukunft für fünf bis zehn Jahre Lagerung. Auch der Aus dem Kessel 2014 ist für einen Spätburgunder der mittleren Preislage hervorragend gelungen. Dieses Haus hat bereits eine lange Historie hinter sich, vor allem die Anfangsjahre gestalteten sich langwierig. Das traditionsreiche Weingut in Oberrotweil konnte nämlich Anfang des 16. Jahrhunderts erst erbaut werden, nachdem das Holz für den Bau den Mondphasen folgend geschlagen und zehn Jahre getrocknet worden war.

Verkostete Weine 5
Bewertung 88-90 Punkte

- 88 2016 Oberrotweiler Eichberg Weißer Burgunder trocken | 13,5% | 16,- €
- 88 2016 Ihringer Winklerberg Weißer Burgunder trocken Barrique | 12,5% | 21,50 €
- 90 2015 Ihringer Winklerberg Grauer Burgunder trocken Barrique | 12,5% | 21,50 €
- 88 2014 Oberrotweiler Eichberg Spätburgunder Aus dem Kessel trocken Barrique | 14% | 16,- €
- 90 2014 Oberrotweiler Eichberg Spätburgunder Baron Philipp trocken Barrique | 13,5% | 50,- €

GRAVINO
75057 Kürnbach · Gräfental 54
Tel (0 72 58) 77 84 · Fax 92 53 73
info@gravino.de
www.gravino.de
Inhaber Helmut und Jochen Grahm
Kellermeister Jochen Grahm
Außenbetrieb Helmut Grahm
Verkauf Familie Grahm
Mi, Fr 17.00–19.00 Uhr, **Sa** 10.30–15.00 Uhr
und nach Vereinbarung

Klarheit, Sauberkeit und Rasse stehen bei den Weinen der Familie Grahm im Vordergrund. Sohn Jochen zeichnet seit 2010 für die Produktion verantwortlich. Verarbeitet werden Trauben von durchschnittlich 25-jährigen Reben auf acht Hektar aus Baden und Württemberg, da der Betrieb an der Grenze zu beiden Weinbaugebieten liegt. Bei der Selektion der Trauben wird offenkundig viel Aufwand betrieben, einige der Rotweine werden unfiltriert abgefüllt. Der Riesling Drei Sterne Steillage besitzt sehr gute Saftigkeit, der Grauburgunder Zwei Sterne Alte Reben schöne Fülle und Schmelz. Der kräftigste Rotwein war heuer der Lemberger Drei Sterne Alte Reben.

Verkostete Weine 10
Bewertung 81-85 Punkte

- 83 2015 Auxerrois Sekt Brut | 13% | 11,- €
- 81 2016 Auxerrois trocken ** | 12,5% | 9,50 €
- 81 2016 Müller-Thurgau trocken Alte Reben ** | 12,5% | 9,50 €
- 83 2016 Weißburgunder trocken Alte Reben ** | 13,5% | 9,50 €
- 84 2016 Grauburgunder trocken Alte Reben ** | 14% | 10,- €
- 83 2016 Riesling Steillage trocken *** | 12,5% | 14,- €
- 82 2016 Rosé Alte Reben ** | 12% | 8,50 €
- 83 2014 Grenzgänger Tafelwein trocken Holzfass | 12% | 11,- €
- 83 2014 Schwarzriesling trocken Alte Reben Holzfass ** | 12% | 10,50 €
- 85 2012 Lemberger trocken Barrique *** | 14% | 21,- €

Symbole Weingüter

€ Schnäppchenpreis · TOP Spitzenreiter · BIO Ökobetrieb
Trinktipp · Versteigerungswein

| Sekt | Weißwein | Rotwein | Rosé |

☆ ★★★★⯪

WINZERVEREIN HAGNAU

88709 Hagnau · Strandbadstraße 7
Tel (0 75 32) 10 30 · Fax 13 41 (BIO)
info@hagnauer.de
www.hagnauer.de
Geschäftsführer Tobias Keck
Kellermeister Jochen Sahler

Verkauf Vinothek
Mo–Fr 8.00–18.00 Uhr, **Sa** 9.00–13.00 Uhr
Sa 9.00–18.00 Uhr (April–Okt.)

Der 1881 gegründete Winzerverein Hagnau ist die älteste Kooperative Badens. Die Weine fallen durchweg ausgesprochen sortentypisch und klar aus, auch wenn man sie kritisch als sehr zugänglich bezeichnen könnte. Die Stärke liegt eindeutig bei den Burgundersorten, wobei uns der Weißburgunder in diesem Jahr besonders zusagte. Ausgesprochen gut gefiel uns auch der leicht exotisch-duftige Sauvignon Blanc.

Verkostete Weine 9
Bewertung 79–86 Punkte

83 2016 Hagnauer Sonnenufer Müller-Thurgau trocken | 11,5% | 6,30 €
84 2016 Hagnauer Burgstall Bacchus trocken | 12,5% | 7,20 €
79 2016 Hagnauer Burgstall Pinot Blanc de Noirs trocken | 12,5% | 8,– €
82 2016 Hagnauer Burgstall Grauburgunder trocken | 13% | 8,– €
86 2016 Hagnauer Burgstall Weißburgunder trocken | 13% | 8,– €
86 2016 Hagnauer Burgstall Sauvignon Blanc trocken | 12,5% | 12,80 €
84 2016 Hagnauer Burgstall Spätburgunder Rosé trocken | 12,5% | 7,60 €
84 2014 Hagnauer Burgstall Spätburgunder trocken | 14% | 14,90 €
80 2016 Hagnauer Burgstall Spätburgunder Spätlese halbtrocken | 12,5% | 12,80 €

Symbole Weingüter

€ Schnäppchenpreis · (TOP) Spitzenreiter · (BIO) Ökobetrieb
🍷 Trinktipp · 🔨 Versteigerungswein

| Sekt | Weißwein | Rotwein | Rosé |

WEINGUT DR. HEGER

79241 Ihringen · Bachenstraße 19
Tel (0 76 68) 99 51 10 · Fax 93 00
info@heger-weine.de
www.heger-weine.de
Inhaber und Betriebsleiter Joachim Heger
Außenbetrieb Jürgen Kühnle
Kellermeister Jürgen Jehle

Verkauf Birgit Schillinger, Sibille Wickersheimer
Mo–Fr 9.00–12.00 Uhr · 13.30–17.30 Uhr
(März–Okt. bis 18.30 Uhr)
Sa 10.00–14.00 Uhr
(Sept.–Okt. bis 16.00 Uhr) und nach Vereinbarung
Rebfläche 28 Hektar
Jahresproduktion 160.000 Flaschen
Beste Lagen Ihringer Winklerberg, Achkarrer Schlossberg, Breisacher Eckartsberg
Boden Vulkangestein
Rebsorten je 30% Spätburgunder und Grauburgunder, 15% Weißburgunder, 10% Riesling, je 5% Silvaner, Chardonnay, 5% übrige Sorten
Mitglied VDP, Deutsches Barrique Forum

Joachim Heger ist ein international anerkannter Winzer und Weinkenner, der schon viel gesehen und noch mehr probiert hat. Dass er weit über den berühmten Tellerrand hinausschauen kann, ist dabei selbstverständlich. Die Demut des Winzers blieb ihm erfreulicherweise erhalten.

Gelebte Tradition

Das hat auch etwas mit gelebter Tradition und Erfahrung zu tun. Dies gibt er im Dialog mit Lehrlingen und Mitarbeitern gerne weiter. Joachims Großvater war Landarzt in Ihringen und pflegte als Hobby einen Weingarten, 1935 kaufte er Flächen in den Lagen Achkarrer Schlossberg und Ihringer Winklerberg und begann ernsthaften Weinbau. Der Vater Wolfgang Heger, genannt Mimus, übernahm dann 1949 das gewachsene Weingut und widmete sein Leben der Herausforderung, Spitzenqualitäten zu erzeugen. Joachim Heger gründete 1986 das Weinhaus Heger und leitet seit 1992 zusammen mit seiner Frau Silvia das Weingut Dr. Heger. Mit dem Spätburgunder Mimus aus dem Ihringer Winklerberg lebt die Erinnerung an Joachim Hegers Vater fort. Die Weine Joachim Hegers sind lebensbejahend, unaufgeregt gut und erfüllen jegliche Anforderung an

BADEN

die Qualität. Beim Drei-Sterne-Silvaner Pferd Willi wird der große Anspruch, mehr als nur Gutes schaffen zu wollen, deutlich. Silvaner ist eine der Traditionsrebsorten am Kaiserstuhl und heute ein wenig aus der Mode gekommen. Der 2016er zeigt sich reichhaltig, gelbfruchtig und raumgreifend. Ausschließlich hochreifes Lesegut war dafür die Voraussetzung. Die Burgundersorten sind natürlich das prägende Element im hochwertigen Portfolio des Weingutes. Weißburgunder und Grauburgunder sind bei den Großen Gewächsen sehr harmonisch abgestimmt und mit ausgezeichneter Dichte versehen. Der Chardonnay Gras im Ofen konnte sich überdies mit Vielschichtigkeit in Szene setzen. Die hochwertigen Spätburgunder finden mit dem Mimus einen äußerst gelungenen, schmelzig-runden Einstieg von ausgesuchter Qualität. Die Unterscheidung der Großen-Gewächs-Lagen Achkarrer Schlossberg, Vorderer Winklerberg und Winklerberg Winklen Rappenecker in Ihringen zeigt sich mit fein abgestufter Finesse. Eleganz und vielschichtiger Schliff in den Gerbstoffen stehen jeweils im Vordergrund, wobei der Rappenecker am meisten Frische und Konzentration mitbringt.

Joachim Heger

Rassiger Häusleboden

Der Winklerberg Wanne Häusleboden setzt an innerer Dichte, Rasse, Würze und Länge dann noch deutlich einen drauf. Dies ist ein herausragender Spätburgunder, der zur Spitze in Deutschland gezählt werden muss.

Verkostete Weine 12
Bewertung 88–92 Punkte

88 2016 Silvaner Pferd Willi trocken *** | 12% | 21,50 €
89 2016 Ihringer Vorderer Winklerberg Grauburgunder »Großes Gewächs« | 12,5% | 28,– €
89 2016 Achkarrer Schlossberg Grauburgunder »Großes Gewächs« | 13% | 28,– €
90 2016 Achkarrer Schlossberg Weißburgunder »Großes Gewächs« | 12,5% | 28,– €
91 2016 Ihringer Winklerberg Winklen Weißburgunder Rappenecker »Großes Gewächs« | 13,5% | 28,– €
90 2015 Ihringer Winklerberg Hinter Winklen Weißburgunder Gras im Ofen »Großes Gewächs« | 14% | 32,50 €
92 2015 Ihringer Winklerberg Hinter Winklen Chardonnay Gras im Ofen »Großes Gewächs« | 13,5% | 32,50 €
88 2015 Ihringer Winklerberg Spätburgunder Mimus trocken Barrique | 13% | 26,– €
91 2015 Achkarrer Schlossberg Spätburgunder »Großes Gewächs« | 13,5% | 50,– €
92 2015 Ihringer Vorderer Winklerberg Spätburgunder »Großes Gewächs« | 13% | 50,– €
92 2015 Ihringer Winklerberg Winklen Spätburgunder Rappenecker »Großes Gewächs« | 13,5% | 50,– €
92 2015 Ihringer Winklerberg Wanne Spätburgunder Häusleboden »Großes Gewächs« | 13,5% | 78,50 €

WEINGUT HEINEMANN
79238 Scherzingen · Mengener Straße 4
Tel (0 76 64) 63 51 · Fax 60 04 65
weingut-heinemann@t-online.de
www.weingut-heinemann.de
Inhaber und Betriebsleiter Lothar Heinemann
Kellermeister Lothar Heinemann
Verkauf Familie Heinemann
Mo-Fr 10.00–18.00 Uhr
Sa 10.00–16.00 Uhr und nach Vereinbarung
Gutsausschank Adelhauser Weinstube in der Freiburger Altstadt
Sehenswert 250 Jahre alter Gewölbekeller
Rebfläche 15 Hektar
Jahresproduktion 90.000 Flaschen
Beste Lage Scherzinger Batzenberg
Boden toniger Lehm, sehr kalkhaltig, Verwitterungsgestein
Rebsorten je 30% Gutedel und Spätburgunder, 12% Chardonnay, 8% Weißburgunder, je 5% Grauburgunder und Sauvignon Blanc, 4% Muskateller, 6% übrige Sorten

Verkostete Weine 12
Bewertung 85–90 Punkte

85 2015 Scherzinger Batzenberg Gutedel Sekt Brut nature | 11% | 11,- €
86 2016 Scherzinger Batzenberg Chasselas trocken »sur lie« | 12% | 8,50 €
87 2016 Scherzinger Batzenberg Grauer Burgunder »S« Selection trocken Holzfass | 14% | 13,- €
87 2016 Scherzinger Batzenberg Weißer Burgunder »S« Selection trocken Holzfass | 13,5% | 13,- €
87 2016 Scherzinger Batzenberg Chardonnay »SR« Selection trocken Holzfass | 13% | 18,- €
89 2016 Scherzinger Batzenberg Chardonnay »SL« trocken Alte Reben Barrique | 13% | 48,- €
86 2016 Scherzinger Batzenberg Gutedel Kabinett trocken Alte Reben | 10,5% | 8,- €
89 2016 Scherzinger Batzenberg Muskateller Kabinett trocken | 12,5% | 11,- €
86 2016 Scherzinger Batzenberg Chardonnay Kabinett trocken Alte Reben | 13% | 14,- €
90 2016 Pfaffenweiler Oberdürrenberg Gewürztraminer »S« Selection | 10% | 19,- €
88 2014 Scherzinger Batzenberg Blauer Spätburgunder »S« Selection trocken Barrique | 13,5% | 18,- €
90 2015 Scherzinger Batzenberg Blauer Spätburgunder »SL« Selection trocken Alte Reben Barrique | 13% | 48,- €

Das Weingut Heinemann im Markgräflerland erzeugt Weine auf außerordentlich hohem Niveau. Insbesondere die Gutedel stellen das mit gleichermaßen niedrigen Restzuckerwerten und Alkoholgraden unter Beweis. Die Weine wirken zwar schlank, aber keinesfalls dünn. Vielmehr wundert man sich, dass derartige Dichte und Extrakt am Gaumen schmeckbar werden. Die weißen Burgundersorten sind allesamt Weine von hoher Konzentration aus stark selektiertem Traubenmaterial. Dass manche Weine dennoch kühl und in ihrer Jugend abweisend wirken, gehört zur Stilistik des Hauses. Der trockene 2016er Muskateller Kabinett ist besonders zu empfehlen. Er besitzt, ähnlich wie der feinfruchtige Gewürztraminer »S«, eine außerordentliche Vielschichtigkeit und fein abgestufte Transparenz, die beiden Weinen Tiefe und Länge verleiht. Der 2014er Blaue Spätburgunder »S« ist sehr finessenreich und tiefgründig und der luxuriöse 2015er »SL« besitzt eine stoffige Dichte, die an weitaus berühmtere Gewächse erinnert.

BADEN

WEINGUT HEITLINGER

76684 Östringen-Tiefenbach · Am Mühlberg 3
Tel (0 72 59) 9 11 20 · Fax 91 12 99
info@weingut-heitlinger.de
www.weingut-heitlinger.de
Inhaber Weingüter Heitlinger und Burg Ravensburg GmbH, Heinz Heiler
Geschäftsführer Claus Burmeister
Außenbetrieb Timo Daiß
Kellermeister Jürgen Kern und Daniel Rupp

Verkauf im Weingut
Mo–Fr 9.00–18.00 Uhr, **Sa** 11.00–18.00 Uhr

Restaurant »Weingut Heitlinger« www.restaurant-heitlinger.de
Hotel »Heitlinger Hof«, www.heitlingerhof.de
Sehenswert Barriquekeller, Golfclub
Erlebenswert Weinevents, Golf und Wein
Rebfläche 85 Hektar
Jahresproduktion 550.000 Flaschen
Beste Lagen Tiefenbacher Kapelle, Spiegelberg, Schellenbrunnen, Odenheimer Königsbecher
Boden bunter Mergel, Löss, Kalkmergel, Schilfsandsteinverwitterung
Rebsorten 75% Burgundersorten, 25% Riesling
Mitglied VDP

Verkostete Weine 13
Bewertung 85–89 Punkte

85 2016 Riesling trocken | 11,5% | 9,20 €
86 2016 Pinot Blanc trocken | 13,5% | 9,20 €
87 2016 Auxerrois trocken | 12,5% | 9,20 €
87 2016 Pinot Gris trocken | 13% | 9,20 €
88 2015 Tiefenbacher Schellenbrunnen Riesling »Großes Gewächs« | 13% | 26,– €
88 2015 Tiefenbacher Spiegelberg Pinot Gris »Großes Gewächs« | 13,5% | 26,– €
89 2015 Hilsbacher Eichelberg Pinot Blanc »Großes Gewächs« | 13,5% | 26,– €
89 2015 Tiefenbacher Spiegelberg Auxerrois Hassapfel trocken | 13,5% | 28,– €
88 2015 Tiefenbacher Heinberg Chardonnay »Großes Gewächs« | 13,5% | 28,– €
86 2015 Pinot Noir trocken | 13% | 10,– €
87 2015 Pinot Meunier trocken | 13% | 15,– €
89 2015 Odenheimer Königsbecher Pinot Noir »Großes Gewächs« | 13% | 28,– €
89 2015 Tiefenbacher Wormsberg Pinot Noir »Großes Gewächs« | 13% | 85,– €

Das Weingut Heitlinger im Kraichgau setzt bei seinen Weinen auf Linearität und Klarheit. All das spiegelt sich in den modernen Etiketten wider: Hier wird kein Aufwand gescheut. Unter den einfachen Weißweinen setzte sich der außergewöhnlich lebendige Auxerrois besonders auffällig in Szene. Seine verspielte Saftigkeit in Verbindung mit dem großen Trinkfluss laden zu größeren Schlucken ein. Auch die Selektion von Auxerrois, der Hassapfel, zeigt großes aromatisches Potenzial und Spannung. Außergewöhnlich ist auch der Pinot Meunier (Schwarzriesling), denn seine Kräuternoten und Gewürzaromen kennt man in dieser Form von keiner anderen Rebsorte in Baden. Der Grauburgunder Pinot Gris ist jahrgangsbedingt sehr gut gelungen, was seine saftigstimmige Struktur belegt. Die Spätburgunder sind saftig und süffig, ihre verschiedenen Qualitäten fein abgestuft bis hoch zum feingliedrigen Wormsberg, der mit seinem großen Detailreichtum und der seidigen Struktur überzeugt.

☆

★★★

WEINGUT FRANZ HERBSTER
79238 Kirchhofen · Salzgasse 6
Tel (0 76 33) 9 23 10 60 · Fax 9 23 10 59
info@herbster-weine.de
www.herbster-weine.de
Inhaber und Betriebsleiter Franz und
Marlene Herbster
Kellermeister Franz Herbster
Verkauf Marlene Herbster
Do-Fr 15.00–18.00 Uhr
Sa 9.00–13.00 Uhr und nach Vereinbarung

14 Rebsorten in acht Lagen aus gut zehn Hektar Rebfläche verarbeiten Marlene und Franz Herbster in Kirchhofen im Markgräflerland. Sie setzen auf Frische und Klarheit. Daher benutzt Herbster, der gelernter Küfer ist, neben Holzfässern auch gerne Stahltanks, um die alkoholische Gärung mittels Kühlung besser kontrollieren zu können. Das breite Rebsortenspektrum reicht vom Gutedel über Riesling, Rivaner und Silvaner, Gewürztraminer, Muskateller und Sauvignon bis zu den diversen Burgundersorten. Wir haben in diesem Jahr nur Weine eingereicht bekommen, von denen es kleinere Mengen gibt. Davon waren einige recht ansprechend, wie die Chardonnay Auslese trocken vom Kirchhofener Batzenberg aus 2015.

Verkostete Weine 12
Bewertung 79–87 Punkte

83 2016 Ehrenstetter Oelberg Sauvignon Blanc Fumé trocken Holzfass | 13% | 8,60 €
84 2016 Kirchhofener Kirchberg Chasselas trocken Holzfass | 12,5% | 10,50 €
79 2016 Weißburgunder Kabinett trocken | 12,5% | 6,20 €/1,0 Lit.
81 2016 Ehrenstetter Oelberg Gutedel Kabinett trocken | 11,5% | 5,90 €
82 2016 Kirchhofener Batzenberg Auxerrois Kabinett trocken | 12% | 7,50 €
83 2016 Bollschweiler Steinberg Riesling Kabinett trocken | 12% | 9,60 €
85 2015 Kirchhofener Batzenberg Grauburgunder Auslese trocken Barrique | 14,5% | 12,50 €
87 2015 Kirchhofener Batzenberg Chardonnay Auslese trocken Barrique | 14% | 12,50 €
85 2015 Ehrenstetter Oelberg Gewürztraminer Auslese feinherb Barrique | 12,5% | 25,– €
85 2015 Ehrenstetter Oelberg Silvaner Auslese Barrique | 14% | 12,50 €/0,5 Lit.
86 2015 Cuvée Camenot trocken Barrique | 13,5% | 32,– €
83 2015 Kirchhofener Batzenberg Spätburgunder Spätlese trocken Barrique | 13,5% | 12,50 €

WEINGUT HERMANN
79235 Vogtsburg · Alt-Vogtsburg 19
Tel (0 76 62) 62 02 · Fax 93 58 33
mail@weingut-hermann.de
www.weingut-hermann.de
Inhaber und Betriebsleiter Falk Hermann
Kellermeister Falk Hermann
Verkauf Falk Hermann
Mo–Fr 9.00–18.00 Uhr, **Sa** 9.00–15.00 Uhr
Rebfläche 3,6 Hektar
Jahresproduktion 19.000 Flaschen
Beste Lagen Schelinger Kirchberg, Oberbergener Bassgeige
Boden steinige Vulkanverwitterung und Lösslehm

Die neuen Weine aus diesem kleinen Weingut, das seit 2014 vom Spross der Familie, dem Geisenheim-Absolventen Falk Hermann, geleitet wird, haben uns umgehauen. Wir bekamen sechs Weine – viel mehr werden hier nicht erzeugt – und alle lagen weit über dem Durchschnitt, erreichten gar fast internationale Qualität. Und der einfache Spätburgunder ist für elf Euro ein ausgesprochenes Qualitätsschnäppchen. Bei allen Sorten, dem Sauvignon Blanc eingeschlossen, wird mit einem Feingefühl zu Werk gegangen, das uns bei jedem einzelnen Wein beeindruckt hat. »Authentisch, individuell und von Hand gemacht – so sind unsere Weine«, heißt es im Weingut. Das können wir nur bestätigen.

BADEN

Verkostete Weine 6
Bewertung 88–90 Punkte

- **88** 2016 Sauvignon Blanc trocken | 12,5% | 11,- €
- **89** 2015 Chardonnay trocken Barrique | 14% | 18,- €
- **88** 2015 Pinot Noir trocken Barrique | 13,5% | 11,- € | €
- **90** 2015 Pinot Noir *** trocken Barrique | 13,5% | 16,50 €
- **90** 2015 Pinot Noir Cantus Avis trocken Barrique | 14% | 26,- €
- **90** 2015 Pinot Noir Cantus Avis trocken Reserve Barrique | 13,5% | 45,- €

WINZERKELLER HEX VOM DASENSTEIN

77876 Kappelrodeck · Burgunderplatz 1
Tel (0 78 42) 9 93 80 · Fax 99 38 38
info@dasenstein.de
www.dasenstein.de
Geschäftsführer Marco Köninger
Kellermeister Alexander Spinner

Verkauf Vinothek
Mo–Fr 8.00–12.00 Uhr · 13.30–17.30 Uhr
Sa 9.00–13.00 Uhr
So 10.00–13.00 Uhr (Mai–Dez.)

Der Qualitätsanspruch, mit dem diese Genossenschaft mit 185 Hektar Rebfläche in Kappelrodeck betrieben wird, ist hoch. Geerntet wird das Traubenmaterial in schonender Handlese, alle Spätburgunder reifen in Holzfässern. Immerhin stellt diese rote Sorte beachtliche 76 Prozent des Rebsortenspiegels. Geschäftsführer Marco Köninger und Kellermeister Alexander Spinner legen mit traditionellen Wurzeln und Aufgeschlossenheit für moderne Technik größten Wert auf ihr Qualitätsmanagement. Ganz kristallklar und brillant fruchtig fielen zwei Weine mit Restsüße aus: ein exzellenter Riesling Eiswein sowie eine mustergültige Scheurebe Spätlese. Im Vergleich zur Qualität sind beide preislich ein Schnäppchen.

Verkostete Weine 12
Bewertung 79–92 Punkte

- **79** 2016 Spätburgunder trocken Blanc de Noirs | 12,5% | 5,70 €
- **80** 2016 Sauvignon Blanc trocken | 12,5% | 9,50 €
- **80** 2016 Grauburgunder Kabinett trocken | 12,5% | 6,90 €
- **83** 2016 Grauburgunder Spätlese trocken | 13,5% | 7,90 €
- **85** 2016 Klingelberger 1782 Spätlese trocken Selection | 13,5% | 15,- €
- **87** 2016 Scheurebe Spätlese | 11,5% | 8,70 €
- **92** 2016 Riesling Eiswein | 7,5% | 29,90 €/0,375 Lit.
- **82** 2015 Spätburgunder trocken | 13,5% | 6,40 €
- **85** 2015 Merlot trocken Barrique | 14% | 12,- €
- **82** 2015 Tempranillo trocken Barrique | 13,5% | 19,50 €
- **85** 2015 Spätburgunder Spätlese trocken Alte Reben | 13,5% | 12,30 €
- **86** 2014 Spätburgunder Spätlese trocken Selection Barrique | 14% | 16,- €

★

WEINGUT HISS
79356 Eichstetten · Hauptstraße 31
Tel (0 76 63) 12 36 · Fax 20 17
info@weingut-hiss.de
www.weingut-hiss.de
Inhaber Andreas Hiss

Verkauf nach Vereinbarung

Diese Weine fallen ganz sicher auf - zunächst mit höchst eigenwilligen Etiketten mit Rotweintrauben, die sich auf Sessel fläzen, oder leicht erotischen Gestalten. Mag dies Geschmackssache sein, so sind wir uns bei den Weinen ganz sicher: Dies ist eine sehr erfreuliche Kollektion mit durchweg guten Weinen. Selbst die einfachen wie der Literwein schmecken. In der Spitze gibt es einen hervorragenden Sekt im Champagnerstil - leider nur wenige Flaschen - sowie einen ausgezeichneten, reifefähigen 2013er Spätburgunder. Seit drei Generationen ist das Weingut Hiss am Kaiserstuhl ansässig. Den Grundstein legte Karl Hiss, als er sich vom Küfer zum Winzer hocharbeitete. In den 60er Jahren wagten Karl-Heinz Hiss und seine Frau Christa den nächsten Schritt in die Selbstständigkeit.

Verkostete Weine 12
Bewertung 82–88 Punkte

- 88 2013 Schwarzriesling Zero Dosage | 12,5% | 21,50 €
- 83 2016 Grauburgunder trocken | 13% | 5,70 €/1,0 Lit.
- 87 2016 Scheurebe trocken | 12% | 8,20 €
- 86 2015 Weißburgunder & Chardonnay trocken Holzfass | 13,5% | 8,50 €
- 82 2016 Grauburgunder Fass 6 trocken Holzfass | 13% | 9,90 €
- 85 2015 Weißburgunder Eigenacker trocken Holzfass | 14% | 13,90 €
- 86 2015 Grauburgunder Hasen trocken Holzfass | 13,5% | 13,90 €
- 86 2015 Chardonnay Hagen trocken Holzfass | 13% | 13,90 €
- 86 2016 Chardonnay Kabinett trocken | 13% | 8,50 €
- 86 2016 Müller-Thurgau Wannenberg Auslese | 12% | 12,50 €/0,5 Lit.
- 87 2013 Spätburgunder trocken Alte Reben Holzfass | 13% | 12,40 €
- 88 2013 Spätburgunder Edition Eichenlaub trocken Barrique | 13% | 19,50 €

★★

WEINGUT HÖFFLIN
79268 Bötzingen · Schambachhof (BIO)
Tel (0 76 63) 14 74 · Fax 14 61
info@weingut-hoefflin.de
www.weingut-hoefflin.de
Inhaber und Betriebsleiter Matthias Höfflin
Außenbetrieb Markus Strecker
Kellermeister Benedikt Jehle

Verkauf Mo–Fr 8.30–12.00 Uhr
Do–Fr auch 14.00–17.00 Uhr
Sa 10.00–16.00 Uhr und nach Vereinbarung

Historie seit 1974 biologischer Weinbau
Sehenswert Grasdach auf dem Schambachhof, idyllische Lage in einem Kastental am Kaiserstuhl
Rebfläche 12 Hektar
Jahresproduktion 70.000 Flaschen
Beste Lagen Endhahle, Laire, Meisental, Breitenacker, Biegarten
Boden Löss, Lösslehm
Rebsorten je 25% Grauburgunder, Spätburgunder, 15% Weißburgunder, 10% Chardonnay, 25% übrige Sorten
Mitglied Bioland

Einen eigenen Stil auf sehr gutem Niveau kann man Matthias Höfflin gewiss nicht absprechen, auch wenn die saftig-massiven Weißweine nicht jedermanns Geschmack sein mögen. Bei den Spätburgundern dagegen erreicht er durch geschickten Holzeinsatz mehr Eleganz. Der gute Gesamteindruck der 2015er und 2016er Weine und der roten 2014er stützt sich allerdings fast nur auf höherwertige Weine mit kleinen Stückzahlen, die wir zu verkosten bekamen. Der Betrieb gehört zu den deutschen Biopionieren. Seit nunmehr 30 Jahren produziert Matthias Höfflin seine Weine im von Vulkangestein geprägten Schambachtal und bereits seit 1974 wird nach Bioland-Richtlinien ökologisch gearbeitet. Das Credo des Winzers ist es, den Weinberg als Lebensraum und den Keller als Ruheraum zu begreifen: »Die Säulen meiner Weinphilosophie sind: Spontanvergärung, puristischer Ausbau des Weines mit viel Zeit und das Abfüllen unfiltrierter Weine. So lassen die Weine Boden und Jahrgang authentisch sprechen – das ist mein Verständnis von Terroir.«

BADEN

Verkostete Weine 12
Bewertung 82–89 Punkte

- 86 2012 Pinot Noir & Chardonnay Sekt extra Brut | 12,5% | 18,50 €
- 87 2016 Grauburgunder Lösslehm spontan Landwein trocken | 13,5% | 16,50 €
- 85 2015 Weißburgunder Wächtelberg Prestige Landwein trocken | 14% | 18,50 €
- 87 2015 Chardonnay Laire Prestige Landwein trocken | 13,5% | 21,- €
- 85 2015 Sauvignon Blanc Meisental Prestige Fumé Landwein trocken Holzfass | 14,5% | 22,50 €
- 87 2015 Grauburgunder Endhahle Prestige Fumé Landwein trocken Holzfass | 13,5% | 22,50 €
- 82 2016 Weißburgunder Löss Kabinett trocken | 13% | 9,60 €
- 84 2016 Grauburgunder Löss Kabinett trocken | 13,5% | 9,60 €
- 83 2014 Rufus Cuvée Prestige trocken | 12,5% | 16,50 €
- 85 2014 Spätburgunder Schambach Prestige trocken | 12,5% | 18,50 €
- 87 2014 Spätburgunder Breitenacker Prestige trocken | 12,5% | 22,- €
- 89 2014 Spätburgunder Biegarten Prestige trocken | 12,5% | 42,- €

WEINGUT HOLUB
79336 Herbolzheim-Tutschfelden
Weinstraße 4
Tel (0 76 43) 9 14 14 12 · Fax 9 14 14 14
info@weingut-holub.com
www.weingut-holub.com
Inhaber und Betriebsleiter Horst Holub
Außenbetrieb Tobias Holub
Kellermeister Horst Holub

Verkauf Horst Holub
Mo-Do 9.00–17.00 Uhr
Fr 9.00–13.00 Uhr und nach Vereinbarung

Erlebenswert 18-Loch-Golfplatz
Rebfläche 1,7 Hektar
Jahresproduktion 7.000 Flaschen
Beste Lage Herbolzheimer Sundhalde, Bombacher Sonnhalde, Malterdinger Bienenberg
Boden Lösslehm auf Muschelkalk
Rebsorten 36% Spätburgunder, 27% Weißburgunder, 23% Grauburgunder, 8% Gemischter Satz, 6% Sauvignon Blanc
Mitglied 13 Breisacher Weingüter

Horst Holub führt einen der vielen spannenden Kleinbetriebe, die in den vergangenen 20 Jahren gegründet wurden. Er erzeugt auf der Fläche von nunmehr 1,7 Hektar jährlich das Lesegut für etwa 7.000 Flaschen, was ein Hinweis auf die Ertragsdisziplin in diesem Weingut ist. Die Weißburgunder-Anlage ist stattliche 45 Jahre alt und jene vom Grauburgunder immerhin schon 40 Jahre. Was auf die Flasche kommt, ist durchweg von hoher Qualität und feinster Konzentration, die jedoch nicht schwer wirkt. Bedauerlich, dass der köstliche Spätburgunder SH und der wunderbar gelbfruchtige Grauburgunder aus dem Bienenberg nur in homöopathischen Mengen zur Verfügung stehen.

Verkostete Weine 5
Bewertung 86–89 Punkte

- 87 2015 Herbolzheimer Sundhalde Grauburgunder Spätlese trocken Barrique | 13,5% | 12,50 €
- 88 2015 Malterdinger Bienenberg Weißburgunder Spätlese trocken Barrique | 13% | 12,50 €
- 89 2015 Malterdinger Bienenberg Grauburgunder Spätlese trocken Barrique | 14% | 12,50 €
- 86 2015 Spätburgunder trocken Barrique | 13,5% | 14,50 €
- 89 2015 Spätburgunder SH trocken Barrique | 14% | 24,– €

WEINGUT BERNHARD HUBER
79364 Malterdingen · Heimbacher Weg 19
Tel (0 76 44) 9 29 72 20 · Fax 92 97 22 99
info@weingut-huber.de
www.weingut-huber.com
Inhaber Barbara Huber
Betriebsleiter Julian Huber
Kellermeister Florian Isele
Verkauf Barbara Huber
Mo-Fr 14.00–18.00 Uhr, **Sa** 10.00–12.00 Uhr
Sehenswert Steinmauer aus Muschelkalk, Steilhang des Hecklinger Schlossbergs mit der Burgruine Lichteneck
Rebfläche 28 Hektar
Jahresproduktion 180.000 Flaschen, davon 10.000 Flaschen Sekt
Beste Lagen Malterdinger Bienenberg, Bombacher Sommerhalde, Hecklinger Schlossberg, Wildenstein
Boden Muschelkalkverwitterung
Rebsorten 65% Spätburgunder, je 10% Chardonnay und Weißburgunder, 7% Grauburgunder, 8% übrige Sorten
Mitglied VDP, Deutsches Barrique Forum

Julian Huber besteht die Herausforderung mit Bravour und macht heute die besten Weine, die das Weingut Bernhard Huber je erzeugt hat! Dabei hat er eigene Ideen entwickelt, möchte sich im Grunde nur auf Chardonnay und Spätburgunder konzentrieren. Den Weißburgunder stufte er kurzerhand zum Ortswein ab, ein Großes Gewächs von dieser Sorte gibt es nicht mehr. Der Grauburgunder darf weiterhin als Ortswein und Großes Gewächs brillieren. Mit seinen fein abgestuften Chardonnays erreicht er mit den Großen Gewächsen internationales Niveau. Es wurden ausschließlich Weißweine aus 2015 vorgestellt. Der Chardonnay aus dem Malterdinger Bienenberg ist noch in sich gekehrt, enorm dicht gestaffelt, spannungsgeladen, lebendig und lang. Der Chardonnay aus dem Hecklinger Schlossberg ist enorm verdichtet, fest und strukturiert, mit finessenreicher Salzigkeit und ewig langem Nachhall.

Bourgogne Pinot Noir

Das qualitative Einstiegsniveau bei den Spätburgundern ist atemberaubend. Auch im Burgund gibt es nur wenige Betriebe, die einen Bourgogne Pinot Noir auf dem Niveau des Huber'schen Mal-

BADEN

terdinger Spätburgunders erzeugen. Straff und drahtig, mit viel Charme und kühler, hochfein definierter, klarer Frucht. Deutlich stoffiger und dichter als der Malterdinger, bringt der Spätburgunder Alte Reben eine mächtige Extraktsüße und beste Struktur hervor, kraftvoll, jugendlich und ewig anhaltend am Gaumen.

Barbara und Julian Huber

Die Großen Gewächse sind allesamt wahre Grand Crus, die den unterschiedlichen Charakter der jeweiligen Lagen vorbildlich herausarbeiten. Die Sommerhalde ist etwas reservierter in der Aromatik, sehr strukturiert, mit vielen Bodentönen. Der Bienenberg besitzt einen animierenden Duft mit phantastischer Fülle, sehr delikat, puristisch und klar, ganz ohne Anstrengung, aber mit großer Kraft. Der Schlossberg ist weniger opulent, mehr auf Finesse und grandiose, betörende Aromen gebaut, leichtfüßig und straff am Gaumen, ewig lang und unglaublich balanciert. Der Bienenberg Wildenstein ist hochverdichtet und rassig, traumhaft tief und schmelzig, mit deutlich dunkelbeerigen Fruchtakzenten, sehr intensiv und lang.

Ort mit Tradition

Gemeinsam mit seiner Mutter Barbara leitet Julian seit dem Ableben seines Vaters das Weingut Bernhard Huber in Malterdingen. Der Ort hat eine alte Weinbautradition, die vor über 700 Jahren von einem Zisterzienserorden begründet wurde. Hier in Malterdingen fanden die Mönche ähnliche Bodenstrukturen vor, wie sie diese aus dem heimischen Burgund kannten.

Verkostete Weine 10
Bewertung 90–96 Punkte

- **90** 2015 Weißburgunder trocken | 13% | 14,50 €
- **93** 2015 Malterdinger Chardonnay trocken Alte Reben Barrique | 13% | 27,- €
- **94** 2015 Malterdinger Bienenberg Chardonnay »Großes Gewächs« | 13% | 40,- €
- **95** 2015 Hecklinger Schlossberg Chardonnay »Großes Gewächs« | 13% | 59,- €
- **90** 2015 Malterdinger Spätburgunder trocken | 13% | 18,- €
- **92** 2015 Malterdinger Spätburgunder trocken Alte Reben Barrique | 13% | 28,- €
- **93** 2015 Bombacher Sommerhalde Spätburgunder »Großes Gewächs« | 13% | 44,- €
- **94** 2015 Malterdinger Bienenberg Spätburgunder »Großes Gewächs« | 13% | 44,- € | TOP 10
- **95** 2015 Hecklinger Schlossberg Spätburgunder »Großes Gewächs« | 13% | 59,- € | TOP 10
- **96** 2015 Malterdinger Bienenberg Spätburgunder Wildenstein »Großes Gewächs« | 13% | 120,- €

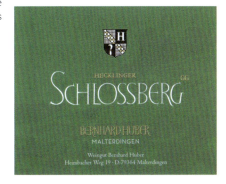

☆

WEINGUT SIMON HUBER
77723 Gengenbach · Mattenhofweg 3
Tel (0 78 03) 93 48 50 · Fax 93 48 40
mail@simonhuber-wein.de
www.simonhuber-wein.de
Inhaber Simon Huber

Verkauf Simon Huber
Mo–Di, Do–Fr 15.00–19.00 Uhr
Sa 10.00–18.00 Uhr, **So** 10.00–12.00 Uhr

Das Weingut in der Ortenau wurde von Simon Huber erst vor fünf Jahren gegründet. Der Weinsberger hat nicht nur eine solide Ausbildung, sondern auch Weinbauerfahrung auf Schloss Ortenberg, bei Metternich in Durbach, bei Bründlmayer in Langenlois und in Neuseeland gesammelt. Offenbar hat er überall gut aufgepasst. Das ist auch bei den 2016er Weinen zu spüren: rundweg seriöse, sortentypische und gekonnte Weine mit einer ausgezeichneten Spätburgunder Reserve an der Spitze. Der Weinkeller nebst Vinothek befindet sich im sympathischen Familienbetrieb, dem Hotel und Restaurant Pfeffer & Salz.

Verkostete Weine 11
Bewertung 82–87 Punkte

83 2014 Sekt Brut | 12% | 12,50 €
83 2016 Cuvée S trocken | 12% | 5,90 €
82 2016 Grauburgunder trocken | 13,5% | 7,80 €
83 2016 Weißburgunder trocken | 13% | 7,80 €
83 2016 Riesling trocken | 12,5% | 7,80 €
86 2015 Grauburgunder trocken Reserve | 14% | 12,50 €
84 2016 Riesling feinfruchtig | 11,5% | 7,80 €
85 2016 Spätburgunder Rosé trocken | 12,5% | 7,30 €
84 2015 Spätburgunder trocken | 13,5% | 8,20 €
87 2015 Spätburgunder trocken Reserve | 13,5% | 14,50 €
86 2015 St. Laurent trocken Reserve | 13,5% | 15,50 €

★★

WEIN- UND SEKTGUT HUMMEL
69254 Malsch · Oberer Mühlweg 5
Tel (0 72 53) 2 71 48 · Fax 2 57 99
info@weingut-hummel.de
www.weingut-hummel.de
Inhaber und Betriebsleiter Daniel Rhein

Verkauf Bernd Hummel
Mo–Fr 17.00–19.00 Uhr, **Sa** 10.00–14.00 Uhr
oder nach Vereinbarung

Erlebenswert Wein-Käse-Seminare mit französischem Käse-Sommelier, Weinbergsführungen mit Probe, Weinproben, Wein-Seminare, Hoffest, Jungweinprobe im April mit Verkostungsmöglichkeit von älteren Jahrgängen neben dem aktuellen Jahrgang
Rebfläche 8,5 Hektar
Jahresproduktion 55.000 Flaschen
Beste Lagen Malscher Ölbaum und Rotsteig
Boden Löss, Lehm, Sandstein, Keuper und Muschelkalk
Rebsorten 30% rote Burgundersorten, 25% weiße Burgundersorten, 13% Cabernet, 10% Sauvignon Blanc, 6% Syrah, je 5% Merlot und Riesling, 3% Lemberger, 3% übrige Sorten
Mitglied Weißburgunder-Charta

2016 hat Bernd Hummel sein Weingut an den Geisenheimer Daniel Rhein übergeben. Er steht dem jungen Winzer (28 Jahre) aber weiterhin mit Rat und Tat zur Seite. Der Volkswirt Hummel erkannte bereits vor mehreren Jahrzehnten die besondere Qualität der Region rund um Malsch. Mittlerweile werden auf über acht Hektar jährlich 53.000 Flaschen erzeugt. »Wir haben von Anfang an auf umweltschonenden Weinbau gesetzt mit Verzicht auf Unkraut- und Insektenvernichter«, sagt er. Während wir die Weißweine mit kräftigem Körper, aber etwas zu molliger Art eher kritisch sehen, greift Hummel mit den Roten nicht nur bei den Preisen ganz nach oben. Seine Spätburgunder sind gekonnte, würzige Persönlichkeiten. Sein pfeffriger Syrah hat durchaus internationale Qualität und Typizität.

BADEN

Verkostete Weine 12
Bewertung 81–90 Punkte

- 81 2016 Malscher Ölbaum Charta Cuvée Kabinett trocken | 12,5% | 9,90 €
- 82 2016 Malscher Ölbaum Grauburgunder Kabinett trocken | 12,5% | 9,90 €
- 83 2016 Malscher Ölbaum Chardonnay Kabinett trocken | 13% | 9,90 €
- 83 2016 Malscher Ölbaum Auxerrois Kabinett trocken | 12,5% | 9,90 €
- 84 2016 Malscher Ölbaum Weißburgunder Kabinett trocken | 12,5% | 9,90 €
- 86 2015 Malscher Ölbaum Chardonnay Reserve Auslese trocken | 14,5% | 35,- €
- 87 2015 Malscher Rotsteig Syrah Reserve Spätlese trocken | 14% | 29,- €
- 83 2015 Malscher Rotsteig Merlot Reserve Spätlese trocken | 14% | 35,- €
- 86 2015 Malscher Rotsteig Schwarzriesling R Spätlese trocken | 14% | 39,- €
- 86 2015 Malscher Rotsteig Lemberger R Auslese trocken | 14,5% | 35,- €
- 89 2015 Malscher Rotsteig Spätburgunder RR Auslese trocken | 14% | 75,- €
- 90 2015 Malscher Rotsteig Spätburgunder RRR Auslese trocken | 14% | 129,- €

WEINGUT KILIAN HUNN
79288 Gottenheim · Rathausstraße 2
Tel (0 76 65) 62 07 · Fax 62 23
mail@weingut-hunn.de
www.weingut-hunn.de
Inhaber Kilian und Martina Hunn
Kellermeister Kilian Hunn

Verkauf Martina Hunn
Mo–Fr 8.00–12.30 Uhr · 14.30–19.00 Uhr
Sa 8.00–16.00 Uhr

Sehenswert Innenhof mit Natursteinen und Sandsteinbogen, Gutshaus von 1799
Rebfläche 24 Hektar
Jahresproduktion 190.000 Flaschen
Beste Lagen Gottenheimer Kirchberg
Boden Löss auf Kalkgestein
Rebsorten 30% Spätburgunder, 20% Müller-Thurgau, 19% Grauburgunder, 18% Weißburgunder, 10% Chardonnay, je 1% Auxerrois, Gutedel und Sauvignon Blanc
Mitglied Vinissima

Ob man ohne Vorinformation an der Flasche erkennt, welches die wertvolleren Weine sind, kann man bezweifeln. Kaum bezweifeln kann man die durchgängig sehr gute Qualität der Weine von Kilian Hunn, die auch im niedrigeren Preisniveau noch meist deutlich über dem Durchschnitt liegen. Fast alle 2016er Burgunder gefallen uns sehr gut. Besonders hervorzuheben ist ein schmelzig-exotischer Fumé Blanc, der zu den besten Sauvignons gehört, die wir in diesem Jahr verkostet haben. Kilian Hunn ist seit dem 16. Lebensjahr dem Wein mit Begeisterung verbunden und bewirtschaftet mit seiner Frau Martina, ebenfalls Winzerin und ehemalige badische Weinkönigin, naturnah rund 24 Hektar im Gottenheimer Kirchberg am Tuniberg auf Löss.

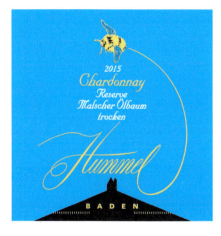

★★★

Verkostete Weine 12
Bewertung 82–88 Punkte

- 86 2016 Grauburgunder Junge Wilde trocken | 13,5% | 8,30 €
- 84 2016 Weißburgunder Junge Wilde trocken Alte Reben | 13% | 8,30 €
- 84 2016 Auxerrois Junge Wilde trocken | 13% | 9,30 €
- 86 2015 Chardonnay Reserve trocken Holzfass | 13,5% | 14,50 €
- 88 2015 Grauburgunder Reserve trocken Holzfass | 14% | 14,50 €
- 88 2015 Fumé Blanc Reserve trocken Holzfass | 14% | 16,50 €
- 87 2015 Viognier Reserve trocken Holzfass | 14% | 24,50 €
- 86 2016 Weißburgunder Junge Frische Kabinett trocken | 13% | 7,40 €
- 82 2016 Grauburgunder Junge Frische Kabinett trocken | 13% | 7,70 €
- 87 2016 Chardonnay Junge Wilde Kabinett trocken | 13,5% | 8,30 €
- 84 2014 Pinot Noir Selection trocken Holzfass | 13,5% | 14,50 €
- 86 2014 Spätburgunder Reserve trocken Holzfass | 13% | 19,80 €

WEINGUT ACHIM JÄHNISCH

79238 Ehrenkirchen-Kirchhofen
Hofmattenweg 19
Tel (0 76 33) 80 11 61 · Fax 92 59 15
a.jaehnisch@t-online.de
www.weingut-jaehnisch.de
Inhaber Achim Jähnisch und Sarah Oberle
Betriebsleiter und Kellermeister Achim Jähnisch
Weinbau Achim Jähnisch und Sarah Oberle
Verkauf Achim Jähnisch
Mo–Fr 17.00–19.00 Uhr
Sa 10.00–17.00 Uhr und nach Vereinbarung
Sehenswert alter Gewölbekeller
Rebfläche 2,5 Hektar
Jahresproduktion 12.000 Flaschen
Beste Lage Staufener Schlossberg
Boden Muschelkalkverwitterung, Granitporphyr
Rebsorten 38% Spätburgunder, 33% Riesling, 14% Grauburgunder, 9% Gutedel, 6% Chardonnay

Achim Jähnisch führt seinen kleinen, 2,5 Hektar umfassenden Weinbaubetrieb mit enormer Leidenschaft und Hingabe. Bereits der Gutedel macht dies deutlich. Denn mehr Extrakt, Dichte und fleischige Fülle haben wir noch bei keinem anderen Gutedel genossen. Auch die anderen Weißweine sind von ausgeprägter Kraft und anmutiger Geschmeidigkeit. Dabei versucht Jähnisch keinen Stil zu kopieren, seine Weine tragen ihren ureigenen Charakter in sich. Der Grauburgunder kann trotz 14,5 Volumenprozent Alkohol Eleganz und Charme versprühen, ohne zu breit oder fett zu wirken. Der Chardonnay zeigt Rasse und Tiefe, ohne dem Burgund dabei zu nahe zu kommen. Seine markante Holznote und sein sanfter Schmelz sind sehr individuell. Die Rotweine sind in ihrer eigenwilligen Charakteristik außergewöhnlich, deutsch süßlich und opulent, zugleich aber auch französisch kühl. Der Spätburgunder Steinkreuz dürfte in seiner Preisklasse führend sein und der Pinot Noir ist ein großartiger Vertreter, der es auch mit wesentlich renommierteren Gewächsen aufnehmen kann.

BADEN

Verkostete Weine 6
Bewertung 87–91 Punkte

87 2016 Gutedel trocken Holzfass | 12% | 6,50 €
89 2015 Grauburgunder trocken Holzfass | 14,5% | 9,- € | €
89 2015 Riesling trocken Holzfass | 13,5% | 10,- €
90 2015 Chardonnay trocken Holzfass | 14,5% | 12,- €
89 2015 Spätburgunder Steinkreuz trocken Holzfass | 14% | 12,- € | €
91 2015 Pinot Noir trocken Holzfass | 14% | 19,- €

WEINGUT KARL H. JOHNER
79235 Bischoffingen · Gartenstraße 20
Tel (0 76 62) 60 41 · Fax 83 80
info@johner.de
www.johner.de
Inhaber Karl Heinz und Patrick Johner
Kellermeister Karl Heinz und Patrick Johner
Verkauf Irene Johner, Daniel Disch
Mo–Fr 14.00–17.00 Uhr
Sa 10.00–12.00 Uhr · 14.00–16.00 Uhr
und nach Vereinbarung

Sehenswert ungewöhnliches Wirtschaftsgebäude im toskanischen Stil, runder Holzfasskeller
Rebfläche 15,3 Hektar
Jahresproduktion 80.000 Flaschen
Beste Lage Bischoffinger Steinbuck, verzichtet aber auf Lagenangaben
Boden Vulkanverwitterung
Rebsorten 34% Blauer Spätburgunder, 17% Weißburgunder, 16% Grauburgunder, 9% Rivaner, 6% Chardonnay, 3% Sauvignon Blanc, 15% übrige Sorten
Mitglied Deutsches Barrique Forum

Karl und Patrick Johner gehören zu den profiliertesten und erfolgreichsten Persönlichkeiten des badischen Weinbaus. Die Verdienste des Vaters um die Entwicklung eines modernen Spätburgunderstils und um den Ausbau auch der Weißweine im Barrique bleiben in guter Erinnerung. Alle Weine, die den Keller verlassen, haben hohe Qualitätsansprüche. Chardonnay, Grauburgunder und Spätburgunder sind seit Jahren die großen Stärken des Hauses, so auch mit den neuen Jahrgängen 2016, 2015 und 2014, die zwar typische Jahrgangsunterschiede zeigen, aber dennoch von der Handschrift der Johners geprägt bleiben: Es sind durchweg gute, harmonisch-gekonnte Weine. Auf lange Sicht könnten die etwas säurebetonteren 2016er den längeren Atem haben. Erfreulich gut ist auch wieder die Burgunder Auslese gelungen. Mit Sohn Patrick, der in Australien und im Burgund gearbeitet hat, hat die junge Generation mehr Verantwortung übernommen.

Verkostete Weine 12
Bewertung 85–90 Punkte

- 85 2016 Sauvignon Blanc trocken | 13,5% | 16,- €
- 86 2016 Weißburgunder & Chardonnay trocken | 13,5% | 16,- €
- 87 2016 Grauburgunder trocken | 13,5% | 20,- €
- 89 2015 Weißburgunder SJ trocken Selection Barrique | 14% | 25,- €
- 89 2016 Weißburgunder SJ trocken Selection Barrique | 13,5% | 25,- €
- 89 2015 Chardonnay SJ trocken Selection Barrique | 14% | 25,- €
- 89 2016 Chardonnay SJ trocken Selection Barrique | 14% | 25,- €
- 90 2016 Grauburgunder »SJ« trocken Selection Barrique | 14% | 25,- €
- 90 2016 Weißburgunder & Auxerrois Saint Patrick Auslese | 10% | 15,- €/0,375 Lit.
- 90 2014 Spätburgunder SJ trocken Selection Barrique | 13,5% | 50,- €

WEINGUT KALKBÖDELE
79291 Merdingen · Enggasse 21
Tel (01 51) 43 13 94 24 · Fax (0 76 68) 3 34 01 99
weingut@kalkboedele.de
www.kalkboedele.de
Inhaber Sonja Mathis-Stich
Betriebsleiter und Kellermeister Manfred Zimmermann
Verkauf Sonja Mathis-Stich, Barbara Plesz
Di–Fr 10.00–12.00 Uhr · 14.00–17.00 Uhr
Sa 10.00–13.00 Uhr und nach Vereinbarung

Das Weingut Kalkbödele aus Merdingen hat sehr vom Kalk geprägte Weine. Ein Highlight des Weingutes ist sicher der Pinot Blanc Brut Sekt mit traditioneller Flaschengärung. Zur Entfaltung der Finesse und des Charakters eines modernen Champagners braucht er ein großes Glas sowie viel Luft. Zudem sollte man die Spätburgunder dieses Weingutes mit ihrer samtig weichen Art nicht vergessen.

Verkostete Weine 12
Bewertung 85–89 Punkte

- 89 2014 Cuvee Pinot Blanc Sekt Brut | 12,5% | 13,30 €
- 85 2016 Grauburgunder trocken | 14% | 5,90 €/1,0 Lit.
- 85 2015 Merdinger Bühl Pinot Blanc trocken Holzfass | 14% | 10,50 €
- 85 2015 Merdinger Bühl Pinot Gris trocken Holzfass | 14% | 10,50 €
- 86 2016 Weißburgunder Kabinett trocken | 13% | 8,30 €
- 86 2016 Grauburgunder Kabinett trocken | 13,5% | 8,30 €
- 85 2016 Spätburgunder Pinot Rosé Kabinett trocken | 13,5% | 6,- €
- 85 2014 Spätburgunder trocken Alte Reben | 12% | 9,80 €
- 86 2014 Pinot Noir trocken Holzfass | 13% | 11,50 €
- 87 2014 Merdinger Bühl Spätburgunder Tradition trocken Barrique | 13% | 13,- €
- 88 2014 Merdinger Bühl Spätburgunder Edition trocken Barrique | 13,5% | 13,- € | €
- 86 2013 Merdinger Bühl Spätburgunder trocken Reserve Barrique | 13,5% | 25,- €

Symbole Weingüter

★★★★★ Weltklasse · ★★★★ Deutsche Spitze
★★★ Sehr Gut · ★★ Gut · ★ Zuverlässig

BADEN

WEINGUT GERHARD KARLE

79241 Ihringen · Scherkhofenstraße 69
Tel (0 76 68) 52 52 · Fax 9 41 81
info@weingut-gerhard-karle.de
www.weingut-gerhard-karle.de
Inhaber und Betriebsleiter Gerhard Karle
Außenbetrieb Sebastian Karle
Kellermeister Gerhard Karle
Verkauf Elisabeth und Marita Karle
Mo–Fr 8.00–18.00 Uhr, **Sa** 9.00–17.00 Uhr und nach Vereinbarung

Familie Karle bewirtschaftet in den Ihringer Lagen Winklerberg und Fohrenberg 14 Hektar umweltschonend. Die Trauben werden selektiv von Hand gelesen. Alle Burgunderweine reifen im Holzfass, einige auch im Barrique. Dabei gelingen immer wieder sehr gute Rote und Weiße wie die gehaltvolle 2016er Grauburgunder Spätlese oder der ledrig-feine 2015er Spätburgunder Spätlese aus dem Winklerberg. Insgesamt gab es allerdings erhebliche Schwankungen bei den Weinen der aktuellen Kollektion.

Verkostete Weine 12
Bewertung 79–87 Punkte

80 2015 Ihringer Winklerberg Grauburgunder Sekt Brut | 13% | 10,30 €
79 2016 Ihringer Fohrenberg Weißburgunder trocken | 13% | 5,80 €/1,0 Lit.
84 2016 Ihringer Fohrenberg Weißburgunder Kabinett trocken | 12,5% | 6,80 €
82 2016 Ihringer Winklerberg Grauburgunder Kabinett trocken | 12,5% | 6,90 €
83 2016 Ihringer Winklerberg Sauvignon Blanc Spätlese trocken | 13% | 8,60 €
86 2016 Ihringer Winklerberg Grauburgunder Spätlese trocken Alte Reben | 13,5% | 8,60 €
84 2015 Ihringer Winklerberg Grauburgunder Auslese trocken Alte Reben Barrique | 14% | 12,80 €
80 2016 Ihringer Winklerberg Spätburgunder Kabinett trocken Rosé | 12,5% | 6,90 €
80 2015 Ihringer Fohrenberg Spätburgunder trocken | 13% | 6,40 €/1,0 Lit.
83 2016 Ihringer Fohrenberg Spätburgunder Kabinett trocken | 13% | 7,40 €
87 2015 Ihringer Winklerberg Spätburgunder Spätlese trocken Alte Reben | 13,5% | 12,20 €
84 2015 Ihringer Winklerberg Spätburgunder Spätlese trocken Alte Reben Barrique | 13,5% | 13,20 €

WEINGUT FRANZ KELLER SCHWARZER ADLER

79235 Vogtsburg-Oberbergen
Badbergstraße 44
Tel (0 76 62) 9 33 00 · Fax 7 19
keller@franz-keller.de
www.franz-keller.de
Inhaber und Betriebsleiter Fritz Keller
Kellermeister Uwe Barnickel
Verkauf März–Okt.
Mo–Fr 9.00–18.00 Uhr
Sa 10.00–18.00 Uhr, **So** 10.00–16.00 Uhr
Hotel/Rest. »Schwarzer Adler«, Fr 18.30–24.00 Uhr, Sa–Di 12.00–15.00 Uhr · 18.30–24.00 Uhr
»Winzerhaus Rebstock«, Mi–So 12.00–23.00 Uhr
»Keller-Wirtschaft«, Mi–Fr 17.00–23.00 Uhr, Sa–So 12.00–23.00 Uhr
Spezialität badische Küche, Weinkarte mit 2.700 Positionen, internationale Produktküche
Sehenswert die bis 110 Meter tief in den Löss gegrabenen Bergkeller, moderne Gutsarchitektur
Rebfläche 35 Hektar
Jahresproduktion 200.000 Flaschen
Beste Lagen Oberbergener Bassgeige und Pulverbuck, Achkarrer Schlossberg
Boden Löss, Vulkan- und Basaltverwitterung
Rebsorten 34% Grauburgunder, 30% Spätburgunder, 16% Weißburgunder, 10% Chardonnay, 10% übrige Sorten
Mitglied VDP

Als engagierter Gastronom, Winzer, Weinimporteur und Hotelier setzt Fritz Keller die Familientradition fort. Sein Vater Franz Keller war ein wichtiger Visionär und Vordenker, nicht immer ganz unumstritten. Fritz Keller ist deutlich dezenter, arbeitet mehr im Hintergrund, bringt die Qualität all seiner Unternehmungen jedoch nicht minder nachhaltig voran. Das neue, in die Terrassen der umliegenden Weinberge passende Kellereigebäude soll die Qualität noch weiter steigern helfen. Als Weinimporteur kennt er die unterschiedlichen Stile der internationalen Weinwelt bis hin zu den Spitzengewächsen. Diese Abgeklärtheit erkennt man in seinen Weinen. Die Weißweine sind allesamt klar und sauber, mit fein abgestufter Charakteristik und gefühlvoll eingesetztem Holz. Der Grauburgunder Bassgeige ist von ausgezeichneter Qualität und dabei noch sehr preisgünstig. Die weißen Großen Gewächse sind hervorragend, mit der genau richtigen Dosierung an Kraft, Holz und Fülle. Die Rotweine sind wiederum grandios gelungen. Der Spätburgunder aus der Oberbergener Bassgeige ist dem deutschen Konzept verschrieben. Die anderen vier Spätburgunder sind eher Pinots nach französischer Machart. Die drei Großen Gewächse sind zweifelsfrei hervorragende Vertreter ihrer Gattung, die einen Blick ins Burgund nicht scheuen müssen. Hilfreich für die Konsumenten ist, dass Keller auf den Rücketiketten die Restzuckergehalte angibt, die meist bei ein bis zwei Gramm je Liter liegen.

Verkostete Weine 12
Bewertung 86–92 Punkte

- 88 2014 Pinot Sekt Brut | 12,5% | 16,– €
- 86 2016 Grauburgunder vom Löss trocken | 13% | 9,50 €
- 88 2016 Oberbergener Bassgeige Grauburgunder trocken | 12,5% | 12,50 €
- 89 2016 Oberbergener Pulverbuck Weißburgunder trocken Holzfass | 12,5% | 17,– €
- 89 2016 Chardonnay Franz Anton trocken Barrique | 12,5% | 21,– €
- 91 2015 Achkarrer Schlossberg Grauburgunder »Großes Gewächs« Holzfass | 13% | 35,– €
- 91 2015 Oberbergener Leh Weißburgunder »Großes Gewächs« | 13,5% | 35,– €
- 86 2015 Oberbergener Bassgeige Spätburgunder trocken Barrique | 13% | 15,– €
- 88 2015 Jechtinger Enselberg Spätburgunder trocken Barrique | 12,5% | 27,– €
- 91 2015 Oberrotweiler Eichberg Spätburgunder »Großes Gewächs« | 12,5% | 45,– €
- 92 2015 Oberrotweiler Kirchberg Spätburgunder »Großes Gewächs« | 12,5% | 45,– €
- 92 2015 Achkarrer Schlossberg Spätburgunder »Großes Gewächs« | 12,5% | 60,– €

WEINGUT LORENZ UND CORINA KELLER
79771 Klettgau-Erzingen · Steinbuck 36
Tel (0 77 42) 85 86 64 · Fax 85 86 70
info@weingut-lck.de
www.weingut-lck.de
Inhaber und Kellermeister Lorenz Keller
Verkauf Corina Keller
Do 15.00–20.00 Uhr, **Fr** 15.00–18.00 Uhr
Sa 10.00–15.00 Uhr

Dass bei den Kellers aus Klettgau am Bodensee alles per selektiver Handlese geerntet wurde, steht nicht nur auf dem Etikett, es ist auch deutlich schmeckbar! Klassifiziert werden die Weine als Zeitnah, Zeitreise und Zeitlos. Neben dem ausgezeichneten 2015er Spätburgunder Zeitreise hat es uns auch die untypisch schlanke, zitrushaft rassige Scheurebe Zeitnah angetan.

Verkostete Weine 12
Bewertung 84–91 Punkte

- 85 2015 Erzinger Kapellenberg Cuvée Zeitreise Brut | 12,5% | 12,90 €
- 84 2016 Erzinger Kapellenberg Müller-Thurgau Zeitnah trocken | 12,5% | 6,60 €
- 84 2016 Erzinger Kapellenberg Weißburgunder Zeitnah trocken | 13% | 8,30 €
- 86 2016 Erzinger Kapellenberg Grauburgunder Zeitreise trocken | 13,5% | 9,30 €
- 84 2016 Erzinger Kapellenberg Muskateller Zeitreise trocken | 12% | 9,– €/0,5 Lit.
- 85 2016 Erzinger Kapellenberg Chardonnay Zeitlos trocken | 13,5% | 14,90 €
- 86 2016 Erzinger Kapellenberg Weißburgunder Zeitlos 1020e trocken | 14% | 18,90 €
- 86 2016 Erzinger Kapellenberg Scheurebe Zeitnah feinherb | 12% | 9,50 €
- 91 2015 Erzinger Kapellenberg Spätburgunder Zeitlos Eiswein | 11% | 39,– €/0,375 Lit.
- 87 2015 Erzinger Kapellenberg Spätburgunder Holzfass Zeitreise trocken | 13% | 9,50 €
- 85 2015 Erzinger Kapellenberg Cuvée Ungewohnt Zeitlos trocken | 13,5% | 14,– €
- 87 2015 Erzinger Kapellenberg Spätburgunder Barrique Zeitlos trocken | 13,5% | 15,80 €

Symbole Weingüter

€ Schnäppchenpreis · TOP Spitzenreiter · BIO Ökobetrieb
🍷 Trinktipp · 🔨 Versteigerungswein

| Sekt | Weißwein | Rotwein | Rosé |

BADEN

WEINGUT FRIEDRICH KIEFER

79356 Eichstetten · Bötzinger Straße 13
Tel (0 76 63) 10 63 · Fax 39 27
info@weingutkiefer.de
www.weingutkiefer.de
Inhaber Martin und Helen Schmidt
Betriebsleiter Martin Schmidt
Kellermeister Markus Weishaar

Verkauf Helen Schmidt
Mo–Fr 8.00–12.00 Uhr · 13.00–17.30 Uhr
Sa 10.00–14.00 Uhr

Wer sich für Sauvignon Blanc interessiert, wird hier in mehreren Varianten fündig: Trockene oder süße Weine sowie ein recht sortentypisch duftender Sekt werden angeboten. Darüber hinaus sind wir vor allem mit den fruchtig-frischen weißen Burgunderweinen zufrieden, die mit feiner Säure die Stärke des Jahrgangs zeigen. Gute Spätburgunder gibt es hier auch, wobei wir in der Spitze nicht unbedingt noch mehr Holzeinfluss bräuchten. Der 1851 von Friedrich Kiefer gegründete und seit 1975 auf einer Teilfläche ökologisch arbeitende Betrieb bezieht Trauben von einer 120 Mitglieder großen Winzergemeinschaft, die auf 101 Hektar Weinbau betreibt. Das Weingut selbst verfügt über rund 17 Hektar.

Verkostete Weine 11
Bewertung 83–87 Punkte

- 85 2016 Sauvignon Blanc Sekt Brut | 13,5% | 10,90 €
- 83 2016 Eichstetter Herrenbuck Grauburgunder trocken | 13% | 7,10 €/1,0 Lit.
- 85 2016 Eichstetter Herrenbuck Auxerrois trocken | 12,5% | 7,90 €
- 86 2016 Eichstetter Herrenbuck Sauvignon Blanc Innovation trocken Barrique | 13% | 13,90 €
- 87 2015 Eichstetter Herrenbuck Weißburgunder Dreistern trocken Barrique | 13,5% | 14,90 €
- 86 2016 Eichstetter Herrenbuck Weißburgunder Kabinett trocken | 12,5% | 7,70 €
- 85 2016 Eichstetter Herrenbuck Grauburgunder Kabinett trocken | 13% | 7,90 €
- 86 2016 Eichstetter Herrenbuck Sauvignon Blanc Auslese | 10,5% | 11,50 €/0,5 Lit.
- 87 2013 Eichstetter Herrenbuck Spätburgunder Innovation trocken Barrique | 13% | 13,90 €
- 87 2013 Eichstetter Herrenbuck Spätburgunder Dreistern trocken Barrique | 13% | 21,50 €
- 84 2015 Eichstetter Herrenbuck Spätburgunder Tradition Spätlese trocken Holzfass | 13,5% | 11,50 €

WEINGUT KLUMPP

76646 Bruchsal · Heidelberger Straße 100
Tel (0 72 51) 1 67 19 · Fax 1 05 23
info@weingut-klumpp.com
www.weingut-klumpp.com
Inhaber Ulrich Klumpp
Außenbetrieb Andreas Klumpp
Kellermeister Markus Klumpp

Verkauf Familie Klumpp
Mo–Fr 9.00–12.00 Uhr · 14.00–18.00 Uhr
Sa 9.00–13.00 Uhr und nach Vereinbarung

Rebfläche 25 Hektar
Jahresproduktion 160.000 Flaschen
Beste Lagen Bruchsaler Weiherberg, Rothenberg und Klosterberg, Unteröwisheimer Kirchberg, Zeuterner Himmelreich
Boden sandiger bis toniger Lehm, Keuper, Löss, Muschelkalk
Rebsorten 25% Spätburgunder, 20% Grauburgunder, je 15% Riesling und Weißburgunder, 10% Blaufränkisch, je 5% Auxerrois, Chardonnay und St. Laurent
Mitglied Ecovin

Die Eltern Ulrich und Marietta Klumpp gründeten das Weingut im Jahre 1983 mit gerade einmal einem halben Hektar. Nach der Umsiedlung an den Stadtrand von Bruchsal bewirtschaftet die Weinfamilie Klumpp heute stolze 25 Hektar Weinberge und Vater Ulrich hat sich aufs Destillieren verlegt, ein Talent, welches er mit einem besonders gut gelungenen, feinfruchtigen Gin eindrucksvoll beweist. Seit über zehn Jahren ist jetzt schon die zweite Winzergeneration mit Markus Klumpp als Kellermeister und seinem Bruder Andreas als Verantwortlichem für den Außenbereich in diesem bereits seit 1996 ökologisch arbeitenden Familienweingut am Werk. Mit dem kompletten Neubau des Weingutes haben sich die beiden einen Traum erfüllt. Von den neuen Weißweinen aus 2016 und den Roten aus 2014 und 2015 gefällt uns vor allem der sehr seriöse und zuverlässige Mittelbau. In der Spitze erreichen die Roten und Weißen nicht das Niveau der führenden badischen Kollegen - allerdings auch nicht deren Preise.

Verkostete Weine 12
Bewertung 82–89 Punkte

82 2016 Weißburgunder trocken | 12,5% | 9,50 €
83 2016 Riesling trocken | 12,5% | 9,50 €
85 2016 Grauburgunder trocken | 13% | 9,50 €
86 2016 Auxerrois trocken | 13% | 10,50 €
86 2016 Unteröwisheimer Kirchberg Weißburgunder trocken Barrique | 13% | 14,- €
88 2016 Bruchsaler Rothenberg Grauburgunder trocken Barrique | 13% | 17,- €
88 2016 Unteröwisheimer Kirchberg Chardonnay trocken Barrique | 13% | 21,- €
83 2015 Cuvée N°1 trocken | 13% | 9,50 €
84 2014 Bruchsaler Weiherberg Pinot Noir trocken Barrique | 13,5% | 17,- €
87 2014 Zeuterner Himmelreich Blaufränkisch trocken Barrique | 13,5% | 17,- €
86 2014 Bruchsaler Rothenberg St. Laurent trocken Barrique | 13,5% | 19,- €
89 2012 Unteröwisheimer Kirchberg Cuvée M trocken Barrique | 14% | 25,- €

WEINGUT KNAB
79346 Endingen · Hennengärtle 1a
Tel (0 76 42) 61 55 · Fax 93 13 77
knabweingut@t-online.de
www.knabweingut.de
Inhaber Thomas und Regina Rinker
Betriebsleiter Thomas Rinker
Kellermeister Johannes Rinker

Verkauf Familie Rinker
Mo–Fr 17.00–18.30 Uhr, **Sa** 10.00–14.00 Uhr
Sehenswert mit zeitgenössischer Kunst ausgestatteter moderner Verkostungsraum, mediterrane Gartenanlage
Erlebenswert »Vinologische Unimog-Tour« durch die Lösshohlgassen zum Naturschutzgebiet Amolterer Heide
Rebfläche 23 Hektar
Jahresproduktion 160.000 Flaschen
Beste Lage Wihlbach, Steinhalde, Schönenberg, Eckkinzig
Boden Lösslehm und Vulkanverwitterung
Rebsorten je 30% Grauburgunder, Spätburgunder und Weißburgunder, 5% Chardonnay, je 2% Auxerrois und Muskateller, 1% übrige Sorten

Ganz auf Burgunder spezialisiert, hat dieses hervorragende Weingut in Endingen seine Erzeugnisse auf ein eigenständiges, sehr hohes Niveau geführt. Das gilt für die weißen ebenso wie für die roten Burgunder. Nach dem Studium in Geisenheim, Erfahrungen in Neuseeland, Italien und der Schweiz ist Sohn Johannes 2016 in den elterlichen Betrieb eingestiegen und hat bereits im ersten Jahrgang die Regie im Keller übernommen. Diese Herausforderung hat er hervorragend gemeistert und den Weinen etwas die satte Fülle früherer Jahre genommen, dafür Mineralität und Eleganz hinzugefügt. Bei fast allen Weinen fördert dies das Trinkvergnügen und den Charakter und führt zu einer bewundernswerten 2016er Kollektion mit vielen Spitzenweinen. Thomas und Regina Rinker hatten Mitte der 1990er Jahre das Weingut Knab übernommen und Schritt für Schritt in die Spitzengruppe des Kaiserstuhls geführt.

BADEN

Verkostete Weine 12
Bewertung 85–91 Punkte

- 85 2016 Endinger Engelsberg Weißburgunder Kabinett trocken | 13% | 7,90 €
- 86 2016 Endinger Engelsberg Weißburgunder Spätlese trocken | 14% | 10,60 €
- 87 2016 Endinger Engelsberg Grauburgunder Spätlese trocken | 14% | 10,60 €
- 91 2015 Endinger Engelsberg Chardonnay Spätlese trocken Barrique | 14% | 13,80 €
- 89 2016 Endinger Wihlbach Grauburgunder Spätlese trocken *** | 14% | 16,80 €
- 90 2016 Endinger Schönenberg Weißburgunder Spätlese trocken *** | 14% | 16,80 €
- 90 2016 Endinger Wihlbach Weißburgunder Spätlese trocken *** | 14% | 16,80 €
- 90 2016 Amolterer Steinhalde Grauburgunder Spätlese trocken *** | 14% | 16,80 €
- 89 2015 Endinger Engelsberg Spätburgunder trocken Barrique | 13% | 14,– € | €
- 89 2015 Endinger Engelsberg Spätburgunder trocken Barrique *** | 13,5% | 23,– €
- 91 2015 Endinger Engelsberg Spätburgunder R trocken Barrique *** | 13,5% | 42,– €
- 89 2015 Endinger Engelsberg Quintessenz Auslese trocken Barrique **** | 15% | 30,– €/0,5 Lit.

WEINGUT HOLGER KOCH   (BIO)
79235 Bickensohl · Mannwerk 4 (Neubau)
Tel (0 76 62) 91 22 58 · Fax 94 98 59
hk@weingut-holger-koch.de
www.weingut-holger-koch.de
Inhaber Holger Koch und Gabriele Engesser
Außenbetrieb Erna und Hubert Koch
Verkauf nach Vereinbarung
Sehenswert neues Weingutsgebäude, Naturdenkmal Lösshohlgasse um Kochs Weinberg in der Lage Katzenloch, neuer Barriquekeller
Rebfläche 8 Hektar
Jahresproduktion 50.000 Flaschen
Beste Lagen Bickensohler Katzenloch, Halbuck und Eichbuck
Boden Löss, Vulkanverwitterung
Rebsorten 45% Spätburgunder, 34% Grauburgunder, 21% Weißburgunder

Wir sind immer ein wenig skeptisch, wenn jemand nur sechs Weine anstellt und diese dann alle sehr hohe Punktzahlen erreichen, denn ein Schlauberger könnte nur ein paar Topweine anstellen, von denen er wenige Flaschen produziert. Nicht Holger Koch. Diese sechs Weine repräsentieren fast die gesamte Produktion - eine außerordentlich gute Kollektion 2016er weißer Burgunderweine und 2015er Spätburgunder. Das von Holger Koch 1999 in Bickensohl gegründete Weingut ist inzwischen auf nahezu acht Hektar angewachsen und produziert unter Holger Kochs und Gabriele Engessers Leitung rund 50.000 Flaschen pro Jahr. Das Weingut erzeugt Jahr für Jahr enorm elegante, alles andere als vordergründige Weine, also Langstreckenläufer mit zurückhaltender Aromatik und feinem Tanningerüst. Auch die einfachen Burgunder zeichnet eine mineralische Finesse aus, die man sonst nur in Spitzenweinen findet. »Unsere Lieblingsvorstellung ist, dass die Weintrinker anfangs unsere Weine eher unterschätzen, um am Ende zu bedauern, dass die Flasche leer ist.« Ganz besonders gut gelingen immer wieder die Weiß- und Grauburgunder, die feingeschliffener am gesamten Kaiserstuhl kaum zu finden sind. Die Pinot Noirs, denen eine ganz besondere Zuneigung von Holger Koch zu gehören scheint, präsentieren sich im 2015er Jahrgang mit einer jugendlichen Pfeffrigkeit und viel Charakter bei enormer innerer Dichte. Sie werden noch viele Jahre Freude bereiten.

Verkostete Weine 6
Bewertung 88–90 Punkte

88 2016 Bickensohler Grauburgunder trocken
| 13% | 9,– € | €
89 2016 Bickensohler Herrenstück Grauburgunder trocken | 13% | 12,– €
89 2016 Bickensohler Herrenstück Weißburgunder trocken | 13% | 12,– €
90 2016 Bickensohler Grauburgunder trocken Selektion *** | 13,5% | 17,50 €
89 2015 Bickensohler Herrenstück Pinot Noir trocken | 13% | 13,– € | €
90 2015 Bickensohler Pinot Noir Selektion *** trocken | 13,5% | 31,50 €

WEINGUT ARNDT KÖBELIN
79356 Eichstetten · Altweg 131
Tel (0 76 63) 14 14 · Fax 91 26 66
info@weingut-koebelin.de
www.weingut-koebelin.de
Inhaber und Betriebsleiter Arndt Köbelin
Außenbetrieb Arndt Köbelin und Florian Höfflin
Kellermeister Arndt Köbelin und Daniel Landerer
Verkauf Monika Köbelin
Do–Fr 9.00–12.00 Uhr · 15.00–18.00 Uhr
Sa 9.00–12.00 Uhr und nach Vereinbarung
Sehenswert neu erbautes puristisches Weingut mit Degustationsraum, Aussichtsplattform, Holzfass- und Edelstahlkeller, Brennerei
Erlebenswert Geopfad mit Start und Ziel am Weingut, mit spektakulärer Aussicht auf Schwarzwald und Vogesen
Rebfläche 18 Hektar
Jahresproduktion 110.000 Flaschen
Beste Lagen auf Lagenangaben wird verzichtet
Boden Löss, Vulkangestein
Rebsorten 30% Spätburgunder, je 20% Weißburgunder und Grauburgunder, 13% Rivaner, 7% Riesling, 5% Scheurebe, 3% Muskateller, 2% Gewürztraminer
Mitglied Slow Food, Jeunes Restaurateurs

In den letzten Jahren ist dieser mit selbst hergestelltem Kompost arbeitende Vorzeigebetrieb auf insgesamt 18 Hektar gewachsen und erzeugt stattliche 110.000 Flaschen. Absolut sehens- und besuchenswert ist dieses aufwendig, aber puristisch mit natürlichen Materialien gestaltete Weingut mit Degustationsraum und Aussichtsplattform. Hier werden Weine mit einem durchgängigen Kaiserstühler Profil erzeugt, bei denen die Traubenfrucht und Sortenaromatik im Vordergrund stehen. Erneut stellt uns das Weingut eine sehr beeindruckende Kollektion mit durchweg feinen Weinen vor. Dabei gefällt uns besonders, dass auch die kleinen Weine ausgesprochen gut gelingen und viel Geschmack fürs Geld bieten. Bei den hochwertigen Weinen reicht der 2016er Weißburgunder dicht an die Gebietsspitze heran. Der hervorragende trockene Müller-Thurgau ist mustergültig für diese Sorte. Die filigrane Burgunderart des 2014er Spätburgunders Eichenlaub Reserve zeigt, dass hier auch in nicht ganz einfachen Burgunder-Jahrgängen Beachtliches auf die Flasche kommt.

BADEN

Verkostete Weine 12
Bewertung 81–91 Punkte

- 86 2016 Rivaner Kabinett trocken | 12% | 6,– €
- 84 2016 Grauburgunder Kabinett trocken | 13% | 8,50 €
- 85 2016 Weißburgunder Kabinett trocken | 13% | 8,50 €
- 87 2016 Muskateller Kabinett trocken | 12% | 9,50 €
- 88 2016 Grauburgunder Lösswand Spätlese trocken Selection Holzfass *** | 13,5% | 15,50 €
- 89 2016 Weißburgunder Lösswand Spätlese trocken Selection Holzfass *** | 13,5% | 15,50 €
- 90 2016 Grauburgunder Kaltenbrunnen Spätlese trocken Reserve Holzfass *** | 14% | 35,– €
- 91 2016 Weißburgunder Steinenweg Spätlese trocken Reserve Holzfass *** | 14% | 35,– €
- 90 2016 Blauer Spätburgunder Auslese Rosé | 12% | 14,50 €/0,5 Lit.
- 81 2015 Blauer Spätburgunder trocken Holzfass | 13,5% | 10,– €
- 88 2015 Blauer Spätburgunder Lösswand trocken Selection Barrique *** | 13,5% | 18,50 €
- 89 2014 Blauer Spätburgunder Eichenlaub trocken Reserve Barrique *** | 13,5% | 40,– €

WINZERGENOSSENSCHAFT KÖNIGSCHAFFHAUSEN-KIECHLINSBERGEN

79346 Endingen-Königschaffhausen
Kiechlinsberger Straße 2–6
Tel (0 76 42) 9 04 10 · Fax 90 41 44
info@koenigschaffhauser-wein.de
www.koenigschaffhauser-wein.de
Geschäftsleitung Günter Zimmermann
Betriebsleiter Reiner Roßwog
Kellermeister Christoph Henninger und Johannes Köster

Verkauf Jan.–März
Mo–Fr 9.00–12.00 Uhr · 13.30–17.30 Uhr
April–Dez.
Mo–Fr 9.00–17.30 Uhr **Sa** 9.00–14.00 Uhr

Die Genossenschaft Königschaffhausen zwischen Sasbach und Endingen am Kaiserstuhl erzeugt sehr saubere, klare Weine für den täglichen Genuss. Unter den angestellten Weinen sei insbesondere der Spätburgunder Blanc de Noirs in der Literflasche hervorgehoben. Auch der Sauvignon Blanc zeigt eine ausgezeichnete Struktur. Bei den Spätburgundern überzeugt der Steingrüble SL Selection aus dem Holzfass.

Verkostete Weine 12
Bewertung 82–88 Punkte

- 84 2016 Königschaffhauser Vulkanfelsen Pinot Noir trocken Blanc de Noirs | 13,5% | 6,25 €/1,0 Lit.
- 83 2016 Königschaffhauser Hasenberg Weißer Burgunder Klasse Burgunder trocken | 13,5% | 6,35 €
- 84 2016 Königschaffhauser Hasenberg Grauer Burgunder Klasse Burgunder trocken | 13,5% | 7,50 €
- 85 2016 Sauvignon Blanc trocken | 13,5% | 7,95 €
- 84 2016 Kiechlinsberger Teufelsburg Weißer Burgunder Kabinett trocken | 12,5% | 6,65 €
- 84 2016 Kiechlinsberger Ölberg Grauer Burgunder Spätlese trocken | 12,5% | 9,30 €
- 87 2015 Kiechlinsberger Ölberg Scheurebe Auslese | 9,5% | 14,35 €/0,375 Lit.
- 82 2016 Kiechlinsberger Ölberg Spätburgunder trocken Rosé | 13% | 6,25 €
- 88 2015 Königschaffhauser Vulkanfelsen Cabernet Sauvignon Auslese Rosé | 7% | 9,95 €/0,375 Lit.
- 84 2016 Königschaffhauser Steingrüble Spätburgunder Klasse Burgunder trocken Holzfass | 13,5% | 7,30 €
- 85 2015 Königschaffhauser Steingrüble Spätburgunder trocken Selection Holzfass | 13,5% | 11,95 €

☆

★★★

WEINGUT TOBIAS KÖNINGER
77876 Kappelrodeck · Steinebach 24
Tel (0 78 42) 99 69 99 · Fax 99 61 45
post@weingut-koeninger.de
www.weingut-koeninger.de
Inhaber Tobias Köninger
Verkauf Tobias Köninger
Sa 10.00–13.00 Uhr und nach Vereinbarung

Tobias Köninger lebt für seine Weine. Nach der Winzerlehre hängte er eine zweijährige Ausbildung zum Weinbautechniker dran. Im Jahr 2000 präsentierte er seinen ersten eigenen Wein und von 2003 an errichtete er in dreijähriger Handarbeit sein eigenes Kellereigebäude, wo zuvor das Haus der verstorbenen Großeltern stand. Im Mittelpunkt steht der von Hand gemauerte, 25 Meter lange Gewölbekeller, der tief in den Granitfelsen hineinragt. Hinzu kam vor einigen Jahren eine kleine Brennerei, um die umliegend wachsenden Früchte und den eigenen Trester zu verarbeiten. Im recht breit angelegten Sortenspektrum haben uns in diesem Jahr die Spätburgunder und ein ansprechender Grauburgunder am besten gefallen.

Verkostete Weine 9
Bewertung 81–87 Punkte

82 2016 Kappelrodecker Riesling vom Granit trocken | 11,5% | 11,90 €
85 2016 Kappelrodecker Grauburgunder vom Granit Kabinett trocken | 12% | 8,90 €
81 2016 Riesling Kabinett feinherb | 10,5% | 8,90 €
87 2016 Kappelrodecker Gewürztraminer Auslese | 12% | 13,90 €/0,5 Lit.
82 2016 Pinot Noir & Cabernet Sauvignon Kabinett trocken Rosé | 12% | 8,40 €
81 2015 Spätburgunder trocken Holzfass | 12,5% | 7,50 €/1,0 Lit.
85 2015 Kappelrodecker Pinot Noir vom Granit trocken Barrique | 13,5% | 11,90 €
83 2014 Cabernet Sauvignon trocken Barrique | 13,5% | 17,90 €
87 2015 Kappelrodecker Pinot Noir trocken Reserve Barrique | 13% | 19,90 €

WEINGUT KONSTANZER
79241 Ihringen · Quellenstraße 22
Tel (0 76 68) 55 37 · Fax 50 97
info@weingut-konstanzer.de
www.weingut-konstanzer.de
Inhaber Horst und Petra Konstanzer
Kellermeister Horst Konstanzer
Verkauf Petra Konstanzer
Mo–Do 17.00–19.00 Uhr (März–Okt.)
Mo–Do 16.00–18.00 Uhr (Nov.–Feb.)
Fr 13.00–18.00 Uhr, **Sa** 10.00–17.00 Uhr
und nach Vereinbarung

Rebfläche 10 Hektar
Jahresproduktion 65.000 Flaschen
Beste Lagen Ihringer Winklerberg und Fohrenberg
Boden Vulkanverwitterung, Löss
Rebsorten 40% Grauburgunder, 30% Spätburgunder, 15% Weißburgunder, je 5% Chardonnay, Muskateller und Silvaner
Mitglied Vinissima

Horst und Petra Konstanzer haben 1983 mit weniger als einem Hektar im Nebenerwerb begonnen und das Weingut nach und nach auf heute zehn stattliche Hektar erweitert. Auf rund 85 Prozent der gesamten Rebfläche der Konstanzers wird ökologisch gewirtschaftet. Die Natur, so sagen Petra und Horst Konstanzer, bestimme ihre Gedanken und Arbeitsweise im Weinberg. Klug konzentriert man sich hier auf den Anbau der klassischen Burgundersorten und auf den für Ihringen ehemals so typischen Silvaner sowie eine feinen Muskateller. Der Silvaner stammt von 50 Jahre alten Reben. Die gesamte aktuelle Kollektion ist konsequent zu 100 Prozent trocken ausgebaut und insgesamt sehr stimmig. Kabinettweine wirken wirklich leicht und klar, die höherwertigen weißen Burgunder erhalten durch Holzfass und Traubenreife Statur und Cremigkeit. Bei den Rotweinen - durchweg Spätburgunder - überzeugen uns die hochwertigen Weine deutlich mehr als die einfacheren Abfüllungen.

BADEN

Verkostete Weine 12
Bewertung 83–90 Punkte

84 2016 Weißburgunder Kabinett trocken
| 13% | 8,– €
86 2016 Grauburgunder Kabinett trocken
| 13,5% | 8,– €
86 2016 Ihringer Winklen Muskateller Kabinett trocken | 12,5% | 12,– €
86 2016 Silvaner Spätlese trocken Alte Reben
| 13% | 10,– €
89 2015 Ihringer Winklerberg Chardonnay Spätlese trocken Barrique | 14% | 15,– €
89 2015 Ihringer Vorderer Winklerberg Weißburgunder Spätlese trocken Holzfass
| 13,5% | 15,50 €
89 2015 Ihringer Winklen Grauburgunder Spätlese trocken Holzfass | 14% | 15,50 €
83 2015 Spätburgunder trocken Holzfass
| 13% | 8,70 €
86 2015 Ihringer Winklerberg Pinot Noir trocken Holzfass | 13% | 13,– €
88 2015 Ihringer Winklen Spätburgunder trocken Holzfass | 13,5% | 16,– €
90 2015 Ihringer Vorderer Winklerberg Spätburgunder trocken Barrique | 13,5% | 23,– €
88 2014 Ihringer Winklen Spätburgunder -pur- trocken Barrique | 13% | 29,50 €

WEINGUT KOPP

76547 Sinzheim · Ebenunger Straße 21
Tel (0 72 21) 80 36 01 · Fax 80 36 02
info@weingut-kopp.com
www.weingut-kopp.com
Inhaber Birgit und Johannes Kopp
Betriebsleiter und Kellermeister Johannes Kopp
Außenbetrieb Armin Basler

Verkauf Birgit Kopp und Albert Mirbach
Mo–Fr 14.00–18.00 Uhr
Sa 10.00–13.00 Uhr

Erlebenswert Weinwanderweg um das Weingut
Rebfläche 21 Hektar
Jahresproduktion 100.000 Flaschen
Beste Lagen Klostergut Fremersberg, Feigenwäldchen (Alleinbesitz)
Boden Buntsandstein, Lösslehm, Rotliegendes, Oberkarbon, Roter Porphyr, Ton
Rebsorten 48% Spätburgunder, 25% Riesling, 10% Weißburgunder, 8% Grauburgunder, 5% Chardonnay, 4% übrige Sorten

In nur wenigen badischen Teilregionen können hochwertige Rieslinge ebenso angebaut werden wie hochwertige weiße Burgunder. Johannes Kopp gelingt das Kunststück insbesondere wegen seiner ausgezeichneten Rieslinglagen am Fremersberg. Der junge Kopp wird bei seiner Arbeit von einem ebenso jungen Team unterstützt. Zusammen mit Armin Basler und Phillip Wörner bewirtschaftet er die 22 Hektar Anbaufläche und dreht mit viel Ehrgeiz an der Qualitätsschraube. Besonderes Augenmerk legt er auf eine facettenreiche Palette ausdrucksstarker Spätburgunder mit drei Lagenweinen an der Spitze, die wir aus 2015 nur als Fassproben verkosten konnten, die aber beachtliches Potenzial zeigen. Mittlerweile sind rund 50 Prozent der Anbaufläche mit dieser Rebsorte bestockt. Den Klosterbergfelsen, eine rund ein Hektar große Handarbeitslage, hat Kopp aus der Verwahrlosung gerettet, rekultiviert und in Dichtpflanzung mit rund 8.000 französischen Pinot-Noir-Reben besetzt. Johannes Kopp erklärt: »In unseren Weinbergen arbeiten wir schon seit vielen Jahren mit eigens kompostiertem organischen Material, welches jährlich einmal im Frühjahr ausgebracht wird. Wir verzichten also komplett auf Kunstdünger und sichern so ein gesundes Gleichgewicht in den Böden unserer Weinberge. Dementsprechend gering, aber hoch-

konstanzer

2012
Spätburgunder
Vorderer Winklerberg

wertig sind unsere Erträge. Beim Ausbau unserer Weine gehen wir natürlich sehr sorgfältig ans Werk und verarbeiten ausschließlich ganz gesundes Lesegut. Die Gärung beim Spätburgunder setzt nach einer bis zu vierwöchigen Kaltmazeration spontan ein und nach der Gärung bleibt der Wein über Monate hinweg auf der Maische, bevor er in Barriques gelegt wird, wo er dann nach 16 bis 20 Monaten der Reife zur Füllung aus den Fässern geholt wird.«

Verkostete Weine 12
Bewertung 79–89 Punkte

- 86 2016 Grauburgunder trocken | 12,5% | 9,- €
- 86 2016 Sinzheimer Feigenwäldchen Riesling Buntsandstein trocken | 12,5% | 13,- €
- 86 2015 Varnhalter Röderswald Weißburgunder trocken | 14% | 16,- €
- 87 2015 Sinzheimer Altenberg Chardonnay trocken Barrique | 14% | 16,- €
- 88 2015 Sinzheimer Altenberg Grauburgunder trocken Barrique | 14% | 16,- €
- 87 2015 Sinzheimer Feigenwäldchen Riesling Terrassenlage trocken | 12% | 20,- €
- 84 2015 Spätburgunder trocken Holzfass | 12,5% | 9,90 €
- 87 2015 Spätburgunder Roter Porphyr trocken Barrique | 13% | 15,- €
- 87 2015 Sinzheimer Feigenwäldchen Spätburgunder trocken Barrique | 13% | 45,- €/1,5 Lit.
- 88 2015 Varnhalter Sonnenberg Spätburgunder trocken Barrique | 13,5% | 30,- €
- 89 2015 Varnhalter Sommerhalde Spätburgunder trocken Barrique | 13,5% | 30,- €

WEINGUT KRESS
88662 Überlingen · Mühlbachstraße 115
Tel (0 75 51) 6 58 55 · Fax 36 00
info@weingut-kress.de
www.weingut-kress.de
Geschäftsführer Thomas Kress
Kellermeister Volker Blum
Verkauf in Überlingen
Mo–Fr 9.00–12.30 Uhr · 14.30–18.00 Uhr
Sa 10.00–13.00 Uhr

Dies ist einer der Betriebe, wie wir sie uns in Baden wünschen: eine sehr seriöse und trinkige Basisstruktur von Rebsortenweinen, die immer ganz deutlich ihre Sortenart zeigen. Dabei werden dann durchaus auch größere Mengen für ein breites Publikum erzeugt. Darüber stehen zwei, drei oder vier Weine, mit denen weinbauliche und kellertechnische Finesse gezeigt wird, wie in diesem Fall mit einem ausgezeichneten Spätburgunder und einem Pinot Blanc, bei dem sehr gefühlvoll mit dem Holzfass gearbeitet wurde. Durch die Übernahme des Spitalweinguts Überlingen hat sich die Rebfläche dieses Familienweingutes am Bodensee erheblich vergrößert. Drei Generationen der Familie arbeiten hier im Weingut an der Qualität und beim Weinverkauf des erst 2001 mit eigener Abfüllung gestarteten Gutes mit.

Verkostete Weine 12
Bewertung 83–89 Punkte

- 84 2016 Müller-Thurgau trocken | 12,5% | 8,50 €
- 83 2016 Überlinger Cuvée Blanc trocken | 13% | 8,80 €
- 83 2016 Weißburgunder trocken | 13% | 11,20 €
- 84 2016 Grauburgunder trocken | 13,5% | 11,20 €
- 83 2016 Spätburgunder trocken Blanc de Noirs | 13% | 12,40 €
- 84 2016 Auxerrois trocken | 12,5% | 13,20 €
- 86 2016 Sauvignon Blanc trocken | 13,5% | 14,20 €
- 87 2016 Chardonnay Goldbach trocken Barrique | 14% | 24,- €
- 88 2016 Pinot Blanc Goldbach trocken Barrique | 13,5% | 24,- €
- 86 2016 Gewürztraminer feinherb | 12% | 12,40 €
- 89 2015 Riesling Goldbach Auslese | 12% | 24,- €/0,5 Lit.
- 88 2015 Pinot Noir Goldbach trocken Barrique | 14% | 24,- €

BADEN

WEINGUT LÄMMLIN-SCHINDLER
79418 Mauchen · Müllheimer Straße 4
Tel (0 76 35) 4 40 · Fax 4 36
weingut@laemmlin-schindler.de
www.laemmlin-schindler.de

Inhaber und Betriebsleiter Gerd Schindler
Kellermeister Friedhelm Maier und
Jonas Fünfgeld
Verkauf Gerd Schindler
Mo–Fr 9.00–12.00 Uhr · 14.00–18.00 Uhr
Sa 9.00–12.00 Uhr · 14.00–16.30 Uhr
und nach Vereinbarung
Gutsausschank »Zur Krone« in Mauchen
von 11.00–23.00 Uhr, Mo–Di Ruhetag
Spezialitäten Kalbsbratwurst, Ochsenbrust mit Meerrettich
Historie Weinbau in der Familie seit dem 12. Jahrhundert
Rebfläche 19,2 Hektar
Jahresproduktion 140.000 Flaschen
Beste Lagen Mauchener Frauenberg und Sonnenstück
Boden Kalkverwitterung, Lösslehm
Rebsorten 33% Spätburgunder, 20% Gutedel, je 12% Chardonnay und Weißburgunder, 23% übrige Sorten
Mitglied VDP

Verkostete Weine 12
Bewertung 85–90 Punkte

85 2016 Weißburgunder trocken | 12,5% | 6,30 €/1,0 Lit.
85 2016 Mauchener Gutedel trocken | 11,5% | 6,80 €
86 2016 Mauchener Weißburgunder trocken | 13% | 8,50 €
88 2016 Sauvignon Blanc trocken | 12,5% | 9,50 € | €
87 2016 Chasselas trocken Reserve | 12,5% | 9,80 €
89 2015 Grauburgunder Selektion trocken | 14% | 11,– €
88 2015 Mauchener Sonnenstück Weißburgunder trocken Alte Reben | 13,5% | 11,50 €
90 2016 Mauchener Sonnenstück Gewürztraminer trocken | 13,5% | 13,– €
88 2016 Mauchener Sonnenstück Gewürztraminer Spätlese | 11,5% | 12,50 €
86 2014 Mauchener Sonnenstück Spätburgunder trocken Holzfass | 13% | 10,– €
87 2014 Merlot trocken Holzfass | 12,5% | 13,80 €
89 2012 Mauchener Frauenberg Spätburgunder »Großes Gewächs« Holzfass | 13% | 31,– €

Gerd Schindler betreibt das traditionsreiche Familiengut mit 18 Hektar in Mauchen im Markgräflerland seit über 20 Jahren in ökologischer Bewirtschaftung. Ansässig ist das Weingut hier seit dem 30-jährigen Krieg. Das Rebsortenportfolio und Weinangebot ist groß: mit drei Literqualitäten, diversen Füllungen in der 0,5-Liter-Flasche und den Normalformaten der regionaltypischen und internationalen Sorten. Der Weißburgunder im Liter dürfte denn auch zu den besten seiner Art gehören. Gutedel wird als ausgezeichneter Ortswein und als anspruchsvoller Chasselas Reserve offeriert. Die Weißburgunder hatten im Jahrgang 2016 im Allgemeinen mehr Probleme, der ausgezeichnete Mauchener Sonnenstück Alte Reben wurde denn auch vom noch besseren Grauburgunder Selektion übertroffen. Hervorragend sind die Gewürztraminer als trockener Mauchener Sonnenstück und die Spätlese mit feinfruchtigen 29 Gramm Restzucker. Die Rotweine spielen mit einer gezielten Adstringenz, die wiederum die erhöhte Aufmerksamkeit des Genießers fordert.

WEINGUT ALEXANDER LAIBLE
77770 Durbach · Unterweiler 48
Tel (07 81) 2 84 23 80 · Fax 2 84 21 80
info@weingut-alexanderlaible.de
www.weingut-alexanderlaible.de
Inhaber und Betriebsleiter Alexander Laible
Verwalter Eugen Schlindwein
Verkauf Corinna Laible
Sa 9.00–16.00 Uhr und nach Vereinbarung

Sehenswert Degustationsraum in einer altertümlichen Mühle von 1856
Rebfläche 12,5 Hektar
Jahresproduktion 90.000 Flaschen
Beste Lagen Durbacher Plauelrain, Sinzheimer Sätzler und Frühmessler
Boden Kalkmergel, Löss auf Kalkverwitterung, Granit
Rebsorten 42% Riesling, je 12% Chardonnay, Grauburgunder, Spätburgunder und Weißburgunder, 5% Lemberger, 3% Sauvignon Blanc, 2% Scheurebe

Verkostete Weine 12
Bewertung 85–89 Punkte

86 2016 Riesling Alte Reben trocken *** | 13% | 11,- €
87 2016 Riesling SL trocken *** | 13% | 11,50 €
88 2016 Chardonnay SL trocken *** | 13% | 12,50 €
87 2016 Weißburgunder Alte Reben trocken *** | 13% | 13,50 €
88 2016 Riesling Kalkmergel trocken *** | 13% | 13,50 €
86 2016 Grauburgunder Chara trocken *** | 13,5% | 14,50 €
89 2016 Weißburgunder Chara trocken | 13% | 14,50 €
88 2016 Grauburgunder Muschelkalk trocken *** | 13,5% | 15,- €
89 2016 Riesling Tausend Sterne trocken *** | 13% | 22,- €
89 2016 Sauvignon Blanc Marie Sophie trocken | 13% | 22,- €
85 2015 Spätburgunder Reserve trocken Barrique *** | 13,5% | 25,- €
85 2015 Blaufränkisch Reserve trocken Barrique *** | 13,5% | 30,- €

Alexander Laible will biodynamischen mit konventionellem Weinbau kombinieren und versuchen, wie es das Wetter zulässt, alles nach Mondphasen zu meistern, damit er am Ende des Jahres lebendige Weine von höchster Qualität füllen kann. Der Sitz des 12,5 Hektar Reben umfassenden Weingutes mit einer Jahresproduktion von stattlichen 90.000 Flaschen ist am Ortseingang von Durbach in den Gebäuden einer ehemaligen Großbäckerei mit einem Degustationsraum im Mühlenhäusle. Die Trauben, die hier vinifiziert werden, kommen allerdings nicht aus Durbacher Lagen; so wachsen die Rieslinge 40 Kilometer nördlich bei Baden-Baden, die Burgunder 40 Kilometer südlich bei Lahr. Rotwein, von dem nur wenige Flaschen gefüllt werden, steht hier nicht im Mittelpunkt. Was wir allerdings aus dem Jahrgang 2016 zu verkosten bekamen, hat uns durchweg sehr überzeugt. So gab es ausgesprochen frische und fruchtige, sehr gekonnte weiße Burgunder und hervorragenden Sauvignon. Leider erreicht die Spitze dennoch nicht ganz internationales Niveau und verharrt bei einer Reihe von Weinen knapp unter 90 Punkten.

BADEN

WEINGUT ANDREAS LAIBLE
77770 Durbach · Am Bühl 6
Tel (07 81) 4 12 38 · Fax 3 83 39
weingut@andreas-laible.com
www.andreas-laible.com
Inhaber Andreas Christian Laible
Kellermeister Andreas Christian Laible

Verkauf Familie Laible
Mo-Fr 8.00-11.30 Uhr · 14.00-18.00 Uhr
Sa 8.00-11.30 Uhr · 14.00-16.00 Uhr
und nach Vereinbarung

Historie seit 1672 im Familienbesitz
Rebfläche 7,8 Hektar
Jahresproduktion 45.000 Flaschen
Beste Lagen Durbacher Plauelrain, Stollenberg
und Am Bühl
Boden Granitverwitterung
Rebsorten 55% Riesling, 14% Spätburgunder, 10% Weißburgunder, 6% Grauburgunder, 4% Gewürztraminer, je 3% Chardonnay, Muskateller und Scheurebe, 2% Sauvignon Blanc
Mitglied VDP

Andreas Laible senior und junior empfinden ihr Winzerleben als Berufung. Eben diese Leidenschaft braucht es, um Weine auf dem hier gewohnt hohen Niveau über Jahre hinweg zu gewährleisten. Vater Andreas hat den qualitativen Grundstein bereits vor langer Zeit gelegt und weiter vorangetrieben. Seine Rieslinge aus der Steillage Durbacher Plauelrain zählen seit vielen Jahren zu den besten in Baden und ganz Deutschland. Gemeinsam mit seinem Sohn Andreas Christian und den beiden Ehefrauen haben die Laibles mit Herzblut einen lebendigen Familienbetrieb geschaffen.

Fordernder Plauelrain

Die Spitzenlage Plauelrain fordert den Laibles einiges ab. Mit bis zu 80 Prozent Steigung und steinigen Böden bedarf es sehr viel Willenskraft und Schweiß, um der Natur perfektes Traubenmaterial abzuringen. Dieser Aufwand wird gedankt durch glockenklare und blitzsaubere Weine, die mit ihrer dezenten und saftigen Aromatik bestechen. Dabei bleiben die Weißweine immer transparent und leicht, mit tänzelnd feiner Säure und ausgezeichneter Spannung. Bei den Rieslingen der Ersten Lagen hat uns der Achat wiederholt am besten gefallen. Das Große Gewächs vom Riesling Am Bühl ist noch etwas körperreicher und kerniger. Von den weißen Burgundersorten im Großen Gewächs-Bereich konnte in diesem Jahr wieder der Grauburgunder Stollenberg am meisten überzeugen. Nicht zuletzt, weil 2016 ein ausgemachtes Grauburgunder-Jahr ist. Das Große Gewächs vom Spätburgunder Am Bühl ist auch im schwierigeren Jahr 2014 in voller Erfolg, körperreich und festfleischig, mit dicht

Andreas Laible

gestaffelten Gerbstoffen. Unter den Auslesen war der 2016er Riesling mit seiner vibrierenden Säure und nervigem Zug besonders gelungen. Aber auch der Traminer 2016 ist ein außergewöhnlicher Wein mit Saft und Stil, ein archetypischer Traminer mit Rückgrat und delikater Adstringenz.

Verkostete Weine 12
Bewertung 86–93 Punkte

- 87 2016 Durbacher Plauelrain Riesling An der Kapelle trocken | 12,5% | 15,– €
- 88 2016 Durbacher Plauelrain Klingelberger trocken | 12,5% | 16,– €
- 90 2016 Durbacher Plauelrain Riesling Achat trocken | 12,5% | 18,50 €
- 89 2016 Durbacher Plauelrain Am Bühl Grauburgunder »Großes Gewächs« | 13,5% | 24,– €
- 89 2016 Durbacher Plauelrain Am Bühl Chardonnay »Großes Gewächs« | 13,5% | 24,– €
- 90 2016 Durbacher Plauelrain Stollenberg Grauburgunder »Großes Gewächs« | 13,5% | 24,– €
- 91 2016 Durbacher Plauelrain Am Bühl Riesling »Großes Gewächs« | 12,5% | 24,– €
- 86 2016 Riesling Kabinett trocken | 12% | 10,– €
- 91 2016 Durbacher Plauelrain Scheurebe Auslese | 10,5% | 16,50 €
- 92 2016 Durbacher Plauelrain Traminer Auslese | 11% | 16,50 €
- 93 2016 Durbacher Plauelrain Am Bühl Riesling Auslese | 9,5% | 20,– €/0,5 Lit.
- 90 2014 Durbacher Plauelrain Am Bühl Spätburgunder »Großes Gewächs« | 13,5% | 30,– €

WEINGUT LANDERER
79235 Vogtsburg-Oberrotweil
Niederrotweil 3
Tel (0 76 62) 10 70 · Fax 9 44 85
info@weingut-landerer.de
www.weingut-landerer.de
Inhaber und Betriebsleiter Karin und Johannes Landerer

Verkauf Thomas Landerer
Mo–Fr 8.00–12.00 Uhr · 14.00–18.00 Uhr
Sa 8.00–12.00 Uhr · 14.00–17.00 Uhr
und nach Vereinbarung

Nach dem plötzlichen Tod von Thomas Landerer im Februar 2016 wird das Weingut nun von Karin Landerer und Sohn Johannes weitergeführt. So erzeugen die Landerers in Vogtsburg ehrliche, bodenständige Kaiserstühler Weine in ökologischer Bewirtschaftung. Das regional geprägte Rebsortenportfolio wird durch zwei sehr interessante Sauvignons und eine Cuvée mit Spätburgunder, Cabernet und Merlot ergänzt. Bereits die einfachen Ortsweine zeigen ein hohes Maß an qualitativem Anspruch. Ein Geheimtipp allerdings ist der äußerst gelungene 2015er Gutswein vom Spätburgunder, der zu diesem Preis schlicht unschlagbar ist.

Verkostete Weine 12
Bewertung 83–87 Punkte

- 86 2016 Oberrotweiler Sauvignon Blanc trocken | 12,5% | 9,– €
- 85 2016 Oberrotweiler Weißburgunder & Chardonnay trocken | 12,5% | 9,50 €
- 85 2016 Oberrotweiler Henkenberg Grauburgunder trocken Barrique | 13,5% | 15,– €
- 86 2016 Oberrotweiler Henkenberg Chardonnay trocken Barrique | 13% | 15,– €
- 87 2016 Oberrotweiler Käsleberg Sauvignon Blanc trocken | 13% | 15,– €
- 83 2016 Oberrotweiler Weißburgunder Kabinett trocken | 12,5% | 8,20 €
- 84 2016 Oberrotweiler Grauburgunder Kabinett trocken | 13% | 8,50 €
- 86 2015 Spätburgunder trocken Holzfass | 13,5% | 7,50 €
- 86 2015 Oberrotweiler Spätburgunder trocken Alte Reben Holzfass | 13,5% | 9,30 €
- 84 2015 Cuvée Insider trocken Holzfass | 13,5% | 9,50 €
- 85 2014 Oberrotweiler Henkenberg Spätburgunder trocken Barrique | 13% | 18,– €
- 87 2014 Oberrotweiler Eichberg Spätburgunder trocken Barrique | 12,5% | 28,– €

★ ★  BADEN

WEINGUT LANDMANN
79112 Freiburg-Waltershofen
Umkircher Straße 29 BIO
Tel (0 76 65) 67 56 · Fax 5 19 45
info@weingut-landmann.de
www.weingut-landmann.de
Inhaber Jürgen Landmann
Kellermeister Martin Schärli
Verkauf Jürgen Landmann
Mo–Sa 8.00–19.00 Uhr und nach Vereinbarung

Kurioserweise stammen die Trauben für den besten Wein dieses Hauses, eine ausgezeichnete, warm-fruchtige Cabernet-Cuvée, aus Ungarn. Die badischen Burgunder erreichen ordentliches, empfehlenswertes Niveau, bleiben aber manchmal ein wenig spröde. Der seit 2007 kontrolliert ökologisch wirtschaftende Jürgen Landmann erzeugt weitgehend naturbelassene Weine aus 25 Hektar Weinbergen vornehmlich in Merdingen und Freiburg. Dabei kann er sich auf gute Löss- und Muschelkalklagen stützen.

Verkostete Weine 12
Bewertung 80–88 Punkte

86 Pinot & Chardonnay Sekt Brut | 12,5% | 13,90 €
80 2016 Freiburger Cuvée La Tuni trocken | 12% | 6,90 €
83 2016 Freiburger Rivaner trocken | 11,5% | 6,90 €
85 2016 Tuniberger Pinot Gris trocken | 13,5% | 9,90 €
85 2016 Freiburger Steinmauer Weißburgunder trocken | 13% | 9,90 €
83 2016 Tuniberger Sauvignon Blanc trocken | 12% | 13,30 €
86 2016 Freiburger Kapellenberg Grauburgunder trocken Barrique | 13,5% | 21,60 €
86 2016 Freiburger Pinot Noir Rosé trocken | 12,5% | 8,90 €
83 2014 Freiburger Steinmauer Spätburgunder trocken Holzfass | 13,5% | 9,90 €
85 2014 Freiburger Steinmauer Spätburgunder Selektion S.L. trocken Alte Reben Holzfass | 13,5% | 14,30 €
86 2013 Freiburger Steinmauer Spätburgunder trocken Barrique | 13,5% | 21,60 €
88 2009 Cabernet Sauvignon Edition-CS- trocken Barrique | 14,5% | 31,60 €

WEINHAUS PETER LANDMANN
79219 Staufen im Breisgau
Auf dem Rempart 2 BIO
Tel (0 76 33) 55 10 · Fax 50 04 72
info@landmann-wein.de
www.landmann-wein.de
Inhaber und Betriebsleiter Peter Landmann
Verkauf im Laden
Mo–Fr 9.00–18.00 Uhr, **Sa** 10.00–16.00 Uhr
So, feiertags 10.00–16.00 Uhr (März–Dez.)
Weinbrunnen
Mo–Fr 14.00–22.00 Uhr
Sa–So, feiertags 11.00–22.00 Uhr
Mo–So 11.00–22.00 Uhr (Mai–Sept.)

Peter Landmann konzentriert sich natürlich auf Burgunder, weiß jedoch auch mit Riesling, Sauvignon und Aromasorten wie Muskateller oder Gewürztraminer umzugehen. Er präsentiert uns aktuell seine 2016er und 2015er Weine von 26 Hektar Rebfläche, die teilweise aus einer Übernahme der aufgegebenen Staufener Winzergenossenschaft stammen, wobei 23 Hektar nach Bioland-Richtlinien angebaut werden. Das rundweg stimmige Sortiment zeigt kaum Schwächen, erreicht überall gute Bewertungen und hat mit der 2016er Weißburgunder Spätlese ein cremig-meloniges Highlight zu bieten.

Verkostete Weine 10
Bewertung 82–87 Punkte

85 Pinot & Chardonnay Sekt Brut | 12% | 12,50 €
82 2016 Staufener Schlossberg Gutedel trocken | 11,5% | 6,80 €
84 2016 Staufener Schlossberg Sauvignon Blanc trocken | 12,5% | 8,90 €
84 2015 Staufener Schlossberg Chardonnay Spätlese trocken Holzfass | 13,5% | 12,50 €
85 2016 Staufener Schlossberg Riesling Spätlese trocken | 12,5% | 12,50 €
86 2016 Staufener Schlossberg Grauburgunder Spätlese trocken | 13,5% | 12,50 €
87 2016 Staufener Schlossberg Weißburgunder Spätlese trocken | 12,5% | 12,50 €
84 2016 Muskateller feinherb | 10% | 9,90 €
84 2016 Staufener Schlossberg Gewürztraminer Spätlese | 11,5% | 12,50 €
85 2014 Staufener Schlossberg Spätburgunder trocken Barrique | 12,5% | 12,50 €

Weinbewertung in Punkten
100 Perfekt • 95 bis 99 Überragend • 90 bis 94 Exzellent
85 bis 89 Sehr gut • 80 bis 84 Gut

WEINGUT ANDREAS MÄNNLE
77770 Durbach · Heimbach 12
Tel (07 81) 4 14 86 · Fax 4 29 81
info@weingut-maennle.de
www.weingut-maennle.de
Inhaber Alfred Männle
Betriebsleiter Thomas Männle
Außenbetrieb Markus Kiefer
Kellermeister Thomas Männle und Christian Idelhauser

Verkauf Simone Huber, Inge und Maria Männle
Mo-Fr 9.00-12.00 Uhr · 13.30-18.00 Uhr
Sa 10.00-16.00 Uhr
So 10.00-12.00 Uhr (März-Dez.)

Historie seit 1919 im Familienbesitz, Betrieb 1561 erstmals beurkundet
Rebfläche 17 Hektar
Jahresproduktion 140.000 Flaschen
Beste Lage Durbacher Bienengarten (Alleinbesitz)
Boden Granitverwitterung
Rebsorten 42% Spätburgunder, 30% Riesling, 10% Grauburgunder, je 7% Gewürztraminer und Weißburgunder, 4% übrige Sorten

Verkostete Weine 12
Bewertung 83-91 Punkte

88 2016 Durbacher Bienengarten Riesling Klingelberger 1782 trocken | 13% | 17,- €
83 2016 Durbacher Bienengarten Weißburgunder Kabinett trocken | 12,5% | 9,50 €
85 2016 Durbacher Bienengarten Chardonnay Spätlese trocken Holzfass | 14% | 11,50 €
87 2016 Durbacher Bienengarten Grauburgunder Spätlese trocken Holzfass | 14% | 11,50 €
87 2016 Durbacher Bienengarten Riesling Spätlese trocken | 13% | 11,50 €
90 2016 Durbacher Bienengarten Gewürztraminer Spätlese trocken | 14% | 11,50 €
86 2016 Durbacher Bienengarten Scheurebe Spätlese | 10% | 11,50 €
91 2016 Durbacher Bienengarten Riesling Eiswein | 9,5% | 45,- €/0,5 Lit.
84 2016 Durbacher Bienengarten Spätburgunder Weißherbst Spätlese | 11% | 11,50 €
88 2015 Durbacher Bienengarten Spätburgunder Edition trocken Barrique | 14% | 25,- €
86 2014 Durbacher Bienengarten Spätburgunder Spätlese trocken | 14% | 13,50 €
87 2015 Durbacher Bienengarten Spätburgunder Spätlese trocken Barrique | 13,5% | 20,- €

Vor knapp 100 Jahren legte Andreas Männle 1919 den Grundstein für das familiengeführte Weingut in Durbach. Aus dessen Monopollage Durbacher Bienengarten werden auch heute noch die Weine hervorgebracht. Grundlage für die hohe Qualität der Weine ist die sinnvolle Verbindung von handwerklicher Tradition mit modernen technischen Möglichkeiten. Geerntet wird ausschließlich per Hand, die Weißweine durchlaufen eine gekühlte Maischestandzeit von vier bis 48 Stunden je nach Traubenqualität und Rebsorte, langer Hefeausbau sorgt für Tiefe, Frische und Langlebigkeit. Die Rotweine werden ebenso je nach Jahrgang und Sorte differenziert vergoren und ausgebaut. Sanfte Filtration und Fingerspitzengefühl sind selbstverständlich. Von der aktuellen Kollektion konnten die trockene Gewürztraminer Spätlese und ein Riesling Eiswein, jeweils aus 2016, besonders begeistern.

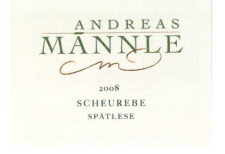

BADEN

★★⯪

WEINGUT HEINRICH MÄNNLE
77770 Durbach · Sendelbach 16
Tel (07 81) 4 11 01 · Fax 44 01 05
info@weingutmaennle.de
www.weingutmaennle.de
Inhaber Heinrich und Sylvia Männle
Kellermeister Heinrich Männle
Verkauf Wilma und Sylvia Männle
Mo–Fr 8.00–18.00 Uhr
Sa 8.00–16.00 Uhr und nach Vereinbarung
Historie Erbhofgut im Familienbesitz seit 1737
Sehenswert Granitgewölbekeller im Fachwerkhaus sowie Burgunderkeller
Rebfläche 6 Hektar
Jahresproduktion 25.000 Flaschen
Beste Lage Durbacher Kochberg
Boden Granitverwitterung
Rebsorten 56% Spätburgunder, 10% Weißburgunder, 9% Scheurebe, 8% Riesling, 6% Grauburgunder, 11% übrige Sorten
Mitglied Slow Food

Verkostete Weine 12
Bewertung 85–90 Punkte

87 2016 Durbacher Plauelrain Chardonnay Spätlese trocken Holzfass | 13,5% | 14,20 €
88 2015 Durbacher Kochberg Weißburgunder Spätlese trocken Holzfass – 28 – | 13% | 14,20 €
88 2016 Durbacher Kochberg Weißburgunder Spätlese trocken Holzfass – 22 – | 13% | 14,20 €
86 2016 Durbacher Kochberg Grauburgunder Spätlese trocken Holzfass | 13,5% | 14,60 €
87 2016 Durbacher Plauelrain Grauburgunder Spätlese trocken Holzfass – 16 – | 13,5% | 14,60 €
88 2016 Durbacher Kochberg Clevner (Traminer) Spätlese | 13% | 13,50 €
90 2003 Durbacher Kochberg Weißburgunder Beerenauslese Barrique | 10,5% | 37,50 €/0,375 Lit.
87 2010 Durbacher Kochberg Cabernet Sauvignon & Merlot trocken Barrique | 14% | 27,50 €
86 2013 Durbacher Kochberg Spätburgunder Spätlese trocken Barrique | 14% | 28,– €
86 2015 Durbacher Kochberg Spätburgunder Auslese Barrique – 9 – | 14,5% | 30,– €
86 2015 Durbacher Kochberg Spätburgunder Auslese Barrique – 15 – | 15% | 30,– €/0,5 Lit.

Heinrich Männle gehört zu den profiliertesten und bekanntesten Erzeugern der Ortenau, auch wenn er nur relativ wenig Riesling anbaut und sich stark auf Rotwein, vor allem Spätburgunder, konzentriert. Dass er dabei nichts gegen Restsüße hat, mag heute eigenwillig erscheinen, ist aber in Baden durchaus Tradition. Eingebettet in Weinberge oberhalb von Durbach liegt der Familienbetrieb mit seinem einzigartigen Natursteinkeller. »Der Rotwein-Männle« wird mittlerweile sehr engagiert von Tochter Sylvia unterstützt. Die Rotweine sind sehr saftig, mit dichter Frucht und dunkler Farbe. Aber auch die weißen 2016er Burgunder, insbesondere zwei feine, klassische Weißburgunder, haben uns überzeugt. Die intensive, wunderbar typische Frucht des Traminers ist ein Beispiel für die gelungenen Weine aus bukettintensiven Sorten.

★★★

WEINGUT VON DER MARK
79415 Bad Bellingen-Rheinweiler
Altrheinstraße 4
Tel (0 76 35) 8 26 64 82 · Fax 8 26 64 83
kontakt@weingutvondermark.de
www.weingutvondermark.de
Inhaber und Betriebsleiter Jürgen von der Mark

Verkauf Jürgen von der Mark
nach Vereinbarung

Rebfläche 6 Hektar
Jahresproduktion 30.000 Flaschen
Beste Lagen Verzicht auf Lagenangaben
Boden Löss auf Kalk
Rebsorten 85% Spätburgunder, 10% Weißburgunder, 5% Grauburgunder

Der Tuniberg bei Freiburg ist die Heimat der Weine von Jürgen von der Mark. Dennoch erzählen seine diversen Selektionen sehr viel von seiner weit gereisten Weinerfahrung. Denn als Master of Wine ist es notwendig, sich bei der Vorbereitung auf diese fordernde Prüfung in allen relevanten Weinbaugebieten der Welt auszukennen. Das spiegeln seine Weine in allen Qualitätshierarchien wider. Seit 2007 wird ökologisch produziert, um die Authentizität des Traubenmaterials weiter zu steigern. Bei den Weißweinen wird Wert auf Dichte, Struktur und Körper gelegt, ohne Balance und Spiel aus den Augen zu verlieren. Die einfachen Weiß- und Grauburgunder sind bereits sehr anspruchsvoll. Der Weißburgunder Lochern und der Grauburgunder Allewinden sind äußerst konzentriert und wirken beide deutlich jünger, als es der Jahrgang 2015 vermuten lässt. Die besten Weine tragen den Titel eines Liedes im Namen. So erinnert der Weißburgunder »Hat der alte Hexenmeister« an einen Grenache Gris aus dem Roussillon und der Grauburgunder »Bedecke deinen Himmel, Zeus« hat mit seiner mineralischen Prägung einen deutlich burgundischen Ansatz. Die Namensgebung für den Rotwein Thunderstruck hat sich uns bei der Verkostung nicht erschlossen. Wir denken eher an einen kühlen, hochfiligran kristallin wirkenden Pinot Noir aus Oregon und nicht an ein australisches Heavy Metal-Urgestein. Auch der einfache Merdinger Spätburgunder begründet diese auf Filigranität basierende Aromatik der Spätburgunder bei Jürgen von der Mark. Vollkommen reduziert und ohne merkliche Süße kommen bei ihm Frucht und Extrakt zum Tragen. Der Ehretstein besitzt große Eleganz und Spannung, mit ausgezeichneter Balance zu einem annehmbaren Preis.

Verkostete Weine 9
Bewertung 85–91 Punkte

85 2016 Weißburgunder trocken | 13% | 9,- €
87 2016 Grauburgunder trocken | 13,5% | 10,- €
87 2015 Weißburgunder Lochern trocken Holzfass | 14% | 12,- €
88 2015 Grauburgunder Allewinden trocken Holzfass | 14% | 14,- €
90 2015 Weißburgunder »Hat der alte Hexenmeister« trocken Holzfass | 14% | 20,- €
90 2015 Grauburgunder »Bedecke deinen Himmel, Zeus« trocken Holzfass | 14% | 24,- €
88 2015 Merdinger Spätburgunder trocken Barrique | 13,5% | 11,- € | €
89 2015 Spätburgunder Ehretstein trocken Barrique | 13,5% | 17,- €
91 2014 Spätburgunder Thunderstruck trocken Barrique | 13% | 35,- €

★★ BADEN

**WEINGUT MARKGRAF VON BADEN
SCHLOSS SALEM**
88682 Salem · Schloss Salem
Tel (0 75 53) 8 12 84 · Fax 8 15 69
weingut@markgraf-von-baden.de
www.markgraf-von-baden.de
Inhaber Bernhard Prinz von Baden
Geschäftsführer Michael Prinz von Baden
Betriebsleiter Volker Faust
Außenbetrieb Elmar Knisel
Kellermeister Martin Kölble und Maxence Lecat
Verkauf Mo–Sa 9.00–18.00 Uhr
So, feiertags 11.00–18.00 Uhr (April–Okt.)
Gutsausschank 11.00–21.00 Uhr, kein Ruhetag, Jan.–Febr. geschlossen
Historie 1134 als Zisterzienserkloster gegründet, Weinbau seit dem 13. Jahrhundert
Sehenswert 17 Hektar große Schlossanlage, gotisches Münster, prächtige Innenräume
Rebfläche 110 Hektar
Jahresproduktion 900.000 Flaschen
Beste Lagen Gailinger Schloss Rheinburg, Bermatinger Leopoldsberg, Birnauer Kirchhalde, Meersburger Chorherrnhalde, Kirchberger Schlossberg
Boden Moränenverwitterung
Rebsorten 40% Spätburgunder, 30% Müller-Thurgau, 10% Grauburgunder, je 5% Weißburgunder und Bacchus, 10% übrige Sorten
Mitglied VDP

Das weltweit berühmte Schloss Salem ist der Hauptwohnsitz der Markgrafen von Baden. Im Jahre 1802 gelangte es in ihren Besitz. Hier werden Weine der unterschiedlichsten Couleurs erzeugt. Einfache Müller-Thurgau, Spätburgunder Rosé und andere Rebsortenweine sind darauf ausgelegt, unkompliziert und leicht zu sein. Als sehr interessant entpuppte sich abermals der Sauvignon Blanc-Ortswein von 2016. Seine Würze und tiefgründige Rasse sind ausgezeichnet. Der Riesling Großes Gewächs Meersburger Chorherrnhalde ist ein stattlicher, fülliger Wein für die Gegend am Bodensee. Die Spätburgunder zeigen ein beachtliches, zukunftsweisendes Potenzial. In ihrer Klarheit, mit rassiger, vielschichtiger Struktur, besitzen sie eine kühle, frische Frucht, mit der sie in den kommenden Jahren sicherlich noch mehr Aufmerksamkeit auf sich ziehen können. Der hervorragende Jahrgang 2015 brachte zwei besonders gelungene Erste Lage-Weine hervor, den Bermatinger Leopoldsberg und den Gailinger Schloss Rheinburg.

Verkostete Weine 11
Bewertung 81–90 Punkte

81 2016 Müller-Thurgau trocken | 12% | 8,- €
82 2016 Weißburgunder trocken | 12% | 8,- €
83 2016 Birnauer Weißburgunder trocken | 12,5% | 11,- €
83 2016 Birnauer Grauburgunder trocken | 12% | 11,- €
85 2016 Birnauer Sauvignon Blanc trocken | 12% | 11,- €
83 2016 Birnauer Spätburgunder Rosé trocken | 12% | 11,- €
85 2015 Bermatinger Spätburgunder trocken | 13% | 12,- €
88 2015 Bermatinger Leopoldsberg Spätburgunder trocken Holzfass | 13% | 17,- €
89 2015 Gailinger Schloss Rheinburg Spätburgunder trocken | 13% | 17,- €
90 2015 Bermatinger Leopoldsberg Spätburgunder Buchberg »Großes Gewächs« | 13% | 45,- €

★★★

WEINGUT MARKGRAF VON BADEN
SCHLOSS STAUFENBERG
77770 Durbach · Schloss Staufenberg 1
Tel (07 81) 4 27 78 · Fax 9 48 63 06
staufenberg@markgraf-von-baden.de
www.markgraf-von-baden.de
Inhaber Bernhard Prinz von Baden
Geschäftsführer Michael Prinz von Baden
Gutsleiter Achim Kirchner
Kellermeister Klaus Ebert und Maxence Lecat
Verkauf Luise Müller, Maria Kempf
Mo-Fr 10.00-19.00 Uhr
Sa-So, feiertags 11.00-17.00 Uhr
Gutsausschank 11.00-21.00 Uhr
Hofladen mit regionalem Schinken
Historie Weinbau seit 1391
Sehenswert alte Burganlage auf dem Schlossberg mit Blick auf Rheinebene und Straßburger Münster
Erlebenswert Falkner im Weingut, Fr 15.00 und 17.00 Uhr, Chocolaterie
Rebfläche 25 Hektar
Jahresproduktion 140.000 Flaschen
Beste Lage Durbacher Schlossberg
Boden Granitverwitterung, Granit mit Lehm
Rebsorten 45% Riesling, 35% Spätburgunder, je 5% Chardonnay, Grauburgunder und Weißburgunder, 3% Sauvignon Blanc, 2% Gewürztraminer
Mitglied VDP

Verkostete Weine 10
Bewertung 86-89 Punkte

86 2016 Klingelberger (Riesling) trocken | 12% | 8,- €
87 2016 Durbacher Schloss Staufenberg Grauburgunder trocken | 14% | 12,- €
88 2016 Durbacher Schloss Staufenberg Klingelberger (Riesling) trocken | 12,5% | 12,- €
87 2016 Durbacher Schlossberg Grauburgunder trocken | 14% | 16,- €
87 2016 Durbacher Schlossberg Chardonnay trocken | 13,5% | 16,- €
88 2016 Durbacher Schlossberg Sauvignon Blanc trocken | 12,5% | 16,- €
89 2016 Durbacher Schlossberg Klingelberger (Riesling) Klingelberg »Großes Gewächs« | 13% | 45,- €
87 2015 Durbacher Schloss Staufenberg Spätburgunder trocken Holzfass | 12,5% | 12,- €
88 2015 Durbacher Schlossberg Spätburgunder trocken Holzfass | 13% | 17,- €
89 2015 Durbacher Schlossberg Spätburgunder Sophienberg »Großes Gewächs« | 13,5% | 45,- €

Die Markgrafen von Baden besitzen das imposante Schloss Staufenberg seit 1693, residieren jedoch heute auf Schloss Salem am Bodensee, das seit dem Jahr 1802 in ihrem Besitz ist. Die parallel geführten Weinbaubetriebe zeigen sehr unterschiedliche Stilistik, die nicht ausschließlich auf die Bodenstruktur und das Mikroklima zurückzuführen sind. Die Weine von Schloss Staufenberg besitzen deutlich mehr Extrakt, Intensität und straff geführte Struktur. Die Rieslinge sind eindeutig mehr in der Ortenau beheimatet, was sich in allen Qualitätsstufen bei Staufenberg widerspiegelt. Der Sauvignon ist verblüffend gut und die Ausrichtung der Spätburgunder zeigt insbesondere beim 2015er Durbacher Schlossberg einen vielversprechenden Weg mit Vielschichtigkeit und Eleganz.

★★★½ BADEN

WEINGUT MICHEL
79235 Achkarren · Winzerweg 24
Tel (0 76 62) 4 29 · Fax 7 63
info@weingutmichel.com
www.weingutmichel.com
Inhaber Josef Michel
Kellermeister Josef Michel
Verkauf Cornelia Michel
Mo–Fr 14.00–17.00 Uhr, **Sa** 10.00–13.00 Uhr
und nach Vereinbarung

Sehenswert Weinbaumuseum
und Weinlehrpfad
Rebfläche 14,5 Hektar
Jahresproduktion 95.000 Flaschen
Beste Lagen Achkarrer Schlossberg und
Castellberg, Ihringer Winklerberg
Boden Vulkanverwitterung, Löss und Lehm
Rebsorten 38% Spätburgunder, 30% Grauburgunder, 23% Weißburgunder, 7% Chardonnay, 2% Müller-Thurgau

Verkostete Weine 11
Bewertung 84–91 Punkte

84 2016 Achkarrer Schlossberg Grauburgunder Kabinett trocken | 13% | 8,40 €
85 2016 Achkarrer Schlossberg Weißburgunder Kabinett trocken | 13% | 8,40 €
86 2016 Achkarrer Schlossberg Grauburgunder Spätlese trocken | 13,5% | 11,40 €
87 2016 Achkarrer Schlossberg Weißburgunder Spätlese trocken | 13,5% | 11,40 €
86 2016 Achkarrer Schlossberg Chardonnay Spätlese trocken | 13,5% | 13,50 €
89 2016 Achkarrer Schlossberg Grauburgunder Spätlese trocken *** | 14% | 17,– €
89 2016 Achkarrer Schlossberg Chardonnay Spätlese trocken *** | 14% | 17,– €
91 2016 Achkarrer Schlossberg Weißburgunder Spätlese trocken *** | 14% | 17,– €
85 2015 Spätburgunder trocken Alte Reben | 13,5% | 11,80 €
89 2015 Achkarrer Schlossberg Spätburgunder trocken Barrique *** | 13,5% | 24,– €
91 2015 Achkarrer Schlossberg Spätburgunder »R« »Großes Gewächs« | 13,5% | 35,– €

Von den ausgezeichneten Achkarrer Lagen Schlossberg und Castellberg schafft es Josef Michel in beeindruckender Regelmäßigkeit, hervorragende Qualitäten zu erzeugen, die es vor allem mit Spätburgunder bis in die Spitze des badischen Anbaugebietes schaffen. Reduzierte Erträge, selektive Handlese und schonende Gärführung bilden dabei den Grundstock. In der aktuellen Kollektion sind Michels 2016er weiße Burgundersorten geradlinig und kompromisslos trocken ausgebaut. Sie zeigen guten Sortentyp bei den Basisweinen. Bei den höheren Qualitäten kommt Stück für Stück eine sehr feine Mineralität hinzu. Die roten Spätburgunder sind hervorragend.

WEINGUT MÖSSNER-BURTSCHE

79331 Teningen-Köndringen
Heimbacher Straße 3
Tel (0 76 41) 28 08 · Fax 5 40 03
info@weingutmoessner.de
www.weingutmoessner.de
Inhaber Eva und Tobias Burtsche
Kellermeister Eva und Tobias Burtsche
Verkauf Eva Burtsche
Do–Fr 15.00–18.30 Uhr, **Sa** 9.30–13.00 Uhr
und nach Vereinbarung

Das Weingut Mößner-Burtsche in Teningen-Köndringen, zwischen Malterdingen und Emmendingen gelegen, wird seit 2009 von Eva und Tobias Burtsche engagiert geführt. Die durchaus gehaltvollen und sortentypischen Weine erreichen mit wenigen Ausnahmen ein gutes Niveau. Die Spätburgunder bieten viel typische Burgunderart für relativ wenig Geld. Bei den Weißen gefiel uns neben einigen Burgundern der ausgesprochen feinduftige Muskateller, ein ausgezeichneter Terrassenwein für laue Sommerabende.

Verkostete Weine 10
Bewertung 77–86 Punkte

77 2016 Rivaner Riveló trocken | 12% | 4,90 €
84 2016 Weißburgunder Löss trocken Barrique | 13,5% | 9,- €
86 2016 Grauburgunder Muschelkalk trocken Barrique | 13,5% | 10,- €
83 2016 Köndringer Alte Burg Grauburgunder Kabinett trocken | 13,5% | 6,50 €
83 2016 Köndringer Alte Burg Weißburgunder Kabinett trocken | 13% | 6,50 €
85 2016 Muskateller feinherb | 10,5% | 7,80 €
82 2016 Spätburgunder Rosé Riveló trocken | 13% | 4,90 €
85 2015 Spätburgunder trocken Junge Reben | 14% | 9,20 €
83 2015 Pinot Noir trocken Barrique | 13% | 10,- €
85 2014 Spätburgunder Muschelkalk trocken Barrique | 14,5% | 15,- €

WEINGUT MOOSMANN

79183 Waldkirch-Buchholz
Schwarzwaldstraße 78
Tel (0 76 81) 75 74 · Fax 2 51 18
weingut.moosmann@t-online.de
www.weingut-moosmann.de
Inhaber und Betriebsleiter Georg Moosmann
Außenbetrieb Ingo Killy
Kellermeister Martin König
Verkauf Georg Moosmann
Mo–Fr 8.00–18.30 Uhr, **Sa** 8.00–16.00 Uhr

Nordöstlich von Freiburg befindet sich die Stadt Waldkirch mit dem Ortsteil Buchholz. In diesem Ortsteil ist das Weingut Moosmann mit einer Rebfläche von 25 Hektar sowie einer jährlichen Produktion von 180.000 Flaschen ansässig. Die geschmeidigen Weißweine sind für jene zu empfehlen, die nicht unbedingt knochentrocken trinken wollen. In diesem Jahr war die 2016er Gewürztraminer Spätlese trocken mit ihrem typischen und eleganten Charakter eine sehr schöne Vertreterin dieser Rebsorte. Unter den Bukettrebsorten ist im edelsüßen Bereich der Muskateller Opal S ein schöner Begleiter zum Dessert.

Verkostete Weine 12
Bewertung 81–89 Punkte

84 2014 Pinot Sekt Brut | 12,5% | 11,50 €
83 2016 Weißburgunder trocken | 13% | 5,60 €/1,0 Lit.
85 2016 Herbolzheimer Kaiserberg Muskateller trocken | 12,5% | 8,- €
81 2016 Buchholzer Sonnhalde Grauburgunder Scheibenbühl Spätlese trocken Holzfass | 14,5% | 15,50 €
82 2015 Buchholzer Sonnhalde Chardonnnay Spätlese trocken Barrique | 13,5% | 15,50 €
83 2015 Buchholzer Sonnhalde Riesling Reichenbächle Spätlese trocken | 12,5% | 15,50 €
84 2016 Buchholzer Sonnhalde Weißburgunder Scheibenbühl Spätlese trocken Holzfass | 13,5% | 15,50 €
88 2016 Muskateller Opal S Tafelwein | 10% | 22,- €/0,5 Lit.
89 2016 Buchholzer Sonnhalde Gewürztraminer Spätlese | 10,5% | 11,50 €
81 2015 Buchholzer Sonnhalde Spätburgunder trocken Alte Reben Holzfass | 13,5% | 9,- €
85 2014 Buchholzer Sonnhalde Spätburgunder trocken Barrique | 13,5% | 16,90 €
85 2015 Buchholzer Sonnhalde Spätburgunder Wachtbühl Auslese trocken Barrique | 15% | 29,- €

Weinbewertung in Punkten
100 Perfekt • 95 bis 99 Überragend • 90 bis 94 Exzellent
85 bis 89 Sehr gut • 80 bis 84 Gut

BADEN

WEINGUT NÄGELSFÖRST
76534 Baden-Baden (Varnhalt) · Nägelsförst 1
Tel (0 72 21) 3 55 50 · Fax 35 55 56
info@naegelsfoerst.de
www.naegelsfoerst.com
Betriebsleiter Steffen Röll
Produktion Annette Bähr
Verkauf Tanja Frietsch
Mo–Fr 9.00–18.00 Uhr
Sa 10.00–16.00 Uhr und nach Vereinbarung
Historie Gründung 1268 als Hofgut des Klosters Lichtenthal, seit 1344 Spätburgunderanbau im Klosterberg
Rebfläche 36 Hektar
Jahresproduktion 170.000 Flaschen
Beste Lagen Varnhalter Klosterbergfelsen, Neuweierer Mauerberg, Umweger Stich den Buben
Boden Porphyr-, Granit- und Gneisverwitterung
Rebsorten 40% Riesling, 35% Spätburgunder, 20% weiße Burgundersorten, 5% übrige Sorten

Verkostete Weine 11
Bewertung 82–87 Punkte

84 2016 Riesling trocken | 12,5% | 7,90 €
86 2016 Weißburgunder trocken | 12,5% | 8,90 €
84 2016 Sauvignon Blanc trocken | 12,5% | 9,90 €
84 2016 Chardonnay Baden-Baden trocken Holzfass | 13,5% | 12,90 €
85 2016 Riesling Baden-Baden trocken | 12,5% | 12,90 €
86 2016 Mauerberg Steinterrassen Riesling trocken | 13% | 15,90 €
87 2016 Klosterbergfelsen Riesling trocken | 12,5% | 15,90 €
87 2016 Stich den Buben Weißburgunder trocken Barrique | 13,5% | 18,90 €
82 2016 Rosé trocken | 12,5% | 8,90 €
84 2015 Spätburgunder Bühlertal trocken Alte Reben Holzfass | 14% | 12,90 €
86 2015 Engelsfelsen Spätburgunder trocken Barrique | 14% | 29,90 €

Kreativität steht im Vordergrund bei dem neu ausgerichteten Portfolio des Weingutes Nägelsförst. Das Gut wurde im April 2016 verkauft. Der neue Betriebsleiter Steffen Röll und Kellermeisterin Annette Bähr konnten also erst im Wachstumsverlauf des Jahrgangs eingreifen. Wenn man jetzt bereits von einer neuen Stilistik sprechen mag, dürften Primärfrucht und Zugänglichkeit im Vordergrund stehen. Die Weißweine sind sauber gearbeitet, uns gefiel besonders gut der einfache, leichtflüssige Weißburgunder. Bei den Rieslingen konnte sich der Klosterbergfelsen gegenüber dem Mauerberg durchsetzen. Die Zusatzbezeichnungen auf den Etiketten, Steilflug und Mauersturz, irritieren ein wenig, wie bei allen anderen Weinen auch. Die Rotweine wurden noch von den Vorbesitzern geerntet und vinifiziert. Eine zukünftige Stilistik lässt sich daher ebenso wenig ablesen.

★★★☆

WEINGUT SCHLOSS NEUWEIER
76534 Baden-Baden · Mauerbergstraße 21
Tel (0 72 23) 9 66 70 · Fax 9 66 74
kontakt@weingut-schloss-neuweier.de
www.weingut-schloss-neuweier.de
Inhaber und Betriebsleiter Robert Schätzle
Verkauf Robert Schätzle
Mo–Fr 9.00–12.00 Uhr · 13.00–18.00 Uhr
Sa 10.00–15.00 Uhr
Restaurant Sterneküche mit Armin Röttele, Tel (0 72 23) 80 08 70
Sehenswert Schloss Neuweier (keine Besichtigung), Querterrassen mit Trockenmauern
Rebfläche 16 Hektar
Jahresproduktion 80.000 Flaschen
Beste Lagen Neuweier Schlossberg, Mauerberg und Goldenes Loch
Boden Granitverwitterung, Porphyrverwitterung
Rebsorten 80% Riesling, 12% Spätburgunder, 4% Weißburgunder, 2% Gewürztraminer, 1% Sauvignon Blanc, 1% übrige Sorten
Mitglied VDP

Robert Schätzle übernahm das renommierte Weingut Schloss Neuweier im Juni 2012 und arbeitet seither an der weiteren Verbesserung der Weinlinie. Schon der Riesling in der Literflasche bewegt sich hier auf einem ausgezeichneten Niveau. Robert Schätzle experimentiert viel, lässt die Weine lange auf der Hefe ruhen und kümmert sich um kleinste önologische Details. Den Umgang mit der Materie erlernte er bei Joachim Heger am Kaiserstuhl, arbeitete bei Zind-Humbrecht und Marc Kreydenweiß im Elsaß, mit dem renommierten Önologen Pierre Millemann bereiste er als Berater das Burgund und einige deutsche Betriebe. Bei Fritz Keller in Vogtsburg arbeitete er mehrere Jahre, bis er in Neuweier sesshaft wurde. Seine Großen Gewächse vom Riesling sind beide ausgezeichnet, wobei der Mauerwein aus der Lage Mauerberg deutlich offener und präsenter ist, das Goldene Loch braucht mehr Zeit. Die beiden Großen Gewächse vom Pinot Noir aus dem Heiligenstein unterscheiden sich auf dem Etikett nur durch silberne und rote Schrift. Beide Partien wurden getrennt gelesen, der rote fünf Tage nach dem silbernen. Durch den getrennten Ausbau entwickelten sie sich derart unterschiedlich, dass eine Zusammenführung am Ende ausgeschlossen war. Der frischere, französischere Stil ist der silberne, der rote ist breiter und besitzt mehr Gerbstoff. Hier muss jeder Weinliebhaber für sich entscheiden, welchen von beiden er bevorzugt.

Verkostete Weine 12
Bewertung 84–92 Punkte

84 2016 Riesling trocken | 12,5% | 7,60 €/1,0 Lit.
86 2016 Riesling trocken | 12% | 8,50 €
88 2016 Neuweier Riesling trocken Alte Reben | 12% | 11,90 €
90 2016 Neuweier Schlossberg Riesling trocken | 12,5% | 15,– €
87 2016 Sauvignon Blanc trocken | 12% | 16,– €
91 2016 Neuweier Goldenes Loch Riesling trocken | 12% | 28,50 €
92 2016 Neuweier Mauerberg Riesling Mauerwein trocken | 12,5% | 28,50 €
87 2016 Neuweier Assemblage Ancestral trocken | 13% | Preis auf Anfrage
91 2015 Neuweier Heiligenstein Pinot Noir »S« trocken | 13% | 48,– €
91 2015 Neuweier Heiligenstein Pinot Noir »R« trocken | 13% | 48,– €

☆ **BADEN**

WINZERGENOSSENSCHAFT OBERBERGEN
79235 Vogtsburg-Oberbergen · Badbergstraße 2
Tel (0 76 62) 9 46 00 · Fax 94 60 24
info@wg-oberbergen.com
www.wg-oberbergen.com
Geschäftsführer Erwin Vogel
Kellermeister Wolfgang Schupp
Verkauf Udo Beck, Ralf Kreutner
Mo–Fr 8.00–17.30 Uhr (April–Okt.)
Mo–Fr 8.00–12.00 Uhr ·
13.30–17.30 Uhr (Nov.–März)
Sa 8.30–13.00 Uhr (März–Dez.)
So 11.00–15.00 Uhr (April–Okt.)

Der Grauburgunder ist das Kernstück im Sortiment der Oberbergener Genossenschaft. Hier besticht die Literqualität bereits mit Trinkfluss und Typizität. Die im Fass gereiften Grauburgunder zeigen den Holzeinfluss deutlich und drängen zuweilen den Rebsortencharakter in den Hintergrund. Daneben haben uns der lebendig-frische Rivaner Edition BL und der glasklare Gewürztraminer Spätlese trocken im klassischen Elsässer Stil gefallen.

Verkostete Weine 12
Bewertung 83–89 Punkte

83 2016 Oberbergener Bassgeige Grauburgunder trocken | 13% | 5,85 €/1,0 Lit.
84 2016 Oberbergener Bassgeige Weißer Burgunder Edition TT trocken | 14% | 11,50 €
85 2016 Oberbergener Bassgeige Grauer Burgunder Edition TT trocken | 14% | 11,50 €
85 2016 Oberbergener Bassgeige Rivaner trocken Barrique | 13,5% | 15,– €
83 2016 Oberbergener Bassgeige Grauer Burgunder Kabinett trocken | 13% | 6,25 €
84 2015 Oberbergener Bassgeige Grauer Burgunder Edition BL Spätlese trocken | 14% | 8,90 €
87 2016 Oberbergener Bassgeige Gewürztraminer Spätlese trocken | 14% | 10,35 €
83 2016 Oberbergener Bassgeige Chardonnay Spätlese trocken Barrique | 13,5% | 13,10 €
87 2015 Oberbergener Bassgeige Müller-Thurgau Auslese | 12,5% | 11,40 €/0,5 Lit.
88 2016 Oberbergener Bassgeige Weißer Burgunder Eiswein | 8% | 27,50 €/0,5 Lit.
89 2015 Oberbergener Bassgeige Weißer Burgunder Beerenauslese | 9% | 23,50 €/0,375 Lit.
85 2015 Oberbergener Bassgeige Spätburgunder Auslese trocken | 15% | 22,– €/0,5 Lit.

OBERKIRCHER WINZER
77704 Oberkirch · Renchener Straße 42
Tel (0 78 02) 9 25 80 · Fax 92 58 38
info@oberkircher-winzer.de
www.oberkircher-winzer.de
Geschäftsführender Vorstand Markus Ell
Kellermeister Martin Bäuerle
Qualitätsmanager Weinbau Frank Männle
Verkauf Mo–Fr 9.00–17.30 Uhr
Sa 9.00–13.00 Uhr

Die Weine der Oberkircher Winzer zielen auf eine trinkfreudige Kundschaft. Alle Weine sind besonders saftig und haben viel Animation. Dass dabei auch ein gewisser Wert auf fruchtigen Schmelz und delikate Extraktsüße gelegt wird, liegt in der Natur der Sache. Aus der Reihe Vinum Nobile gefiel uns in diesem Jahr der Grauburgunder am besten. Die Collection Royale findet im üppigen Weißburgunder ihren Höhepunkt. Vielschichtigkeit und Rasse zeichnet die 2015er Scheurebe Trockenbeerenauslese aus.

Verkostete Weine 12
Bewertung 82–92 Punkte

83 2016 Grauer Burgunder trocken | 13% | 5,80 €/1,0 Lit.
82 2016 Riesling Vinum Nobile trocken | 12,5% | 6,60 €
84 2016 Weißer Burgunder Vinum Nobile trocken | 13,5% | 6,60 €
85 2016 Grauer Burgunder Vinum Nobile trocken | 13,5% | 6,60 €
84 2015 Chardonnay Vinum Nobile trocken Barrique | 14% | 10,40 €
85 2015 Grauer Burgunder trocken Barrique | 14,5% | 10,40 €
86 2015 Weißer Burgunder Collection Royal trocken Barrique | 14% | 23,90 €
85 2016 Riesling Alte Rebe Spätlese trocken | 12% | 10,60 €
92 2015 Oberkircher Scheurebe Trockenbeerenauslese | 10% | 24,90 €/0,375 Lit.
82 2015 Merlot Vinum Nobile trocken | 14% | 9,90 €
83 2015 Spätburgunder Collection Royal trocken Barrique | 14% | 23,90 €
83 2015 Cuvée Royal trocken Barrique | 14% | 39,90 €

Symbole Weingüter
★★★★★ Weltklasse ★★★★ Deutsche Spitze
★★★ Sehr Gut ★★ Gut ★ Zuverlässig

★★

WEINGUT PIX
79241 Ihringen · Eisenbahnstraße 19
Tel (0 76 68) 8 79 · Fax 90 26 78
info@weingut-pix.de
www.weingut-pix.de
Inhaber Helga und Reinhold Pix
Betriebsleiter und Kellermeister Hannes Pix

Verkauf Helga Pix
Di–Fr 14.00–17.00 Uhr, **Sa** 11.00–14.00 Uhr
und nach Vereinbarung

Rebfläche 6 Hektar
Jahresproduktion 30.000 Flaschen
Beste Lagen Ihringer Winklerberg
Boden Löss, Vulkanverwitterung
Rebsorten 30% Grauburgunder, 19% Spätburgunder, 13% Weißburgunder, 11% Riesling, 7% Silvaner, 5% Chardonnay, 15% übrige Sorten
Mitglied Demeter

Verkostete Weine 6
Bewertung 83–87 Punkte

- 83 2015 Spätburgunder & Chardonnay PinotPix Crémant Brut | 12,5% | 14,– €
- 84 2016 Ihringer Fohrenberg Grauburgunder Kabinett trocken | 12,5% | 9,– €
- 85 2015 Ihringer Winklerberg Grauburgunder Spätlese trocken | 14,5% | 15,– €
- 85 2015 Ihringer Fohrenberg Spätburgunder trocken | 13,5% | 8,50 €
- 84 2013 Ihringer Fohrenberg Lemberger trocken | 13,5% | 9,50 €
- 87 2015 Ihringer Winklerberg Spätburgunder Spätlese trocken | 14% | 15,– €

Dass nachhaltiger, ökologischer Weinbau befriedigend ist und Freude bereitet, wird beim Weingut Pix in Ihringen am Kaiserstuhl deutlich. Wem der Weg zu weit ist, dem sei die unterhaltsam fröhliche Homepage empfohlen. Seit seiner Gründung im Jahr 1984 wird der Betrieb nach Bioland-Richtlinien geführt. Einzelne Weine sind auch Demeter-zertifiziert. Die hohe Qualität des Lesegutes spürt man in jedem Wein anhand der extraktreichen Dichte und der Klarheit der Aromen. So besitzen auch die Einstiegsqualitäten beachtliche Intensität und cremigen Schmelz. Die Spätlesen legen dann deutlich an Gewicht und Fülle zu, was sich beim mächtigen 2015er Grauburgunder aus dem Ihringer Winklerberg auch mit stattlichen 14,5 Prozent Alkohol bemerkbar macht. Hier wurde wahrhaft spät und somit vollreif gelesen. Am besten hat uns der Spätburgunder Spätlese Rebecca gefallen, ebenfalls aus dem Ihringer Winklerberg. Er dekliniert die exemplarische Spätburgunderaromatik von frisch bis konfiert durch, zeigt sich fleischig und klar, lang anhaltend und kraftvoll.

★

WEINGUT PLAG

75057 Kürnbach · Leibergerweg 1
Tel (0 72 58) 2 34 · Fax 9 26 95 61
info@weingut-plag.de
www.weingut-plag.de
Inhaber und Kellermeister Philipp Plag
Verkauf Philipp Plag
Mi, Fr 14.00–18.00 Uhr, **Sa** 9.00–16.00 Uhr

Donnerwetter! Eine reife Leistung. Philipp Plag bearbeitet zwölf Hektar Weinberge auf ökologische Weise mit Kompost und Begrünungsmischungen. Der Ertrag ist auf 50 Kilogramm Trauben pro Ar reduziert. Im Keller werden die Trauben nur durch Gravitation befördert und auch der Wein so wenig wie möglich gepumpt. Die schonende Arbeitsweise scheint sich auszuzahlen. Die Basisweine sind hier ausgesprochen gehaltvoll und sortentypisch. Bei den Roten gibt es eine Reihe beachtlicher Spitzen, vor allem den pfeffrigen 2015er Syrah und den schmelzig-dichten 2015er Lemberger Excellance. Wenn bei den höherwertigen Weißen Bittertöne künftig vermieden werden könnten, ginge es gewiss noch weiter nach oben.

Verkostete Weine 12
Bewertung 82–87 Punkte

- 84 2016 Weißburgunder Premium trocken | 13% | 7,- €
- 84 2016 Grauburgunder Premium trocken | 13,5% | 7,50 €
- 84 2016 Grauburgunder Premium S trocken | 13,5% | 9,50 €
- 85 2015 Weißburgunder Premium S trocken | 13,5% | 9,50 €
- 86 2015 Chardonnay Excellance trocken Barrique | 13,5% | 15,50 €
- 85 2015 Lemberger Premium S trocken Holzfass | 13,5% | 9,50 €
- 82 2015 Schwarzriesling Albert Premium S trocken Holzfass | 13,5% | 12,50 €
- 86 2015 Merlot Premium S trocken Holzfass | 14,5% | 15,50 €
- 86 2015 Pinot Noir Excellance trocken Barrique | 13,5% | 16,50 €
- 87 2015 Lemberger Excellance trocken | 14% | 19,50 €
- 87 2015 Syrah Excellance trocken Holzfass | 14% | 21,50 €
- 86 2015 Cuvée PP Excellance trocken | 14% | 24,- €

BADEN

WEINGUT BURG RAVENSBURG

75056 Sulzfeld
Tel (0 72 59) 9 11 20 · Fax 91 12 99
info@weingut-heitlinger.de
www.weingut-burg-ravensburg.de

Inhaber Weingüter Heitlinger und Burg Ravensburg GmbH, Heinz Heiler
Geschäftsführer Claus Burmeister
Außenbetrieb Timo Daiß
Kellermeister Jürgen Kern und Daniel Rupp
Verkauf Vinothek, Am Mühlberg 3, 76684 Östringen-Tiefenbach
Mo–Fr 9.00–18.00 Uhr, **Sa** 11.00–18.00 Uhr
Restaurant »Weingut Heitlinger« in Östringen-Tiefenbach, www.restaurant-heitlinger.de
Hotel »Heitlinger Hof« in Östringen-Tiefenbach
Historie Weinbau seit 1251
Sehenswert Burg Ravensburg
Erlebenswert Golfclub Östringen-Tiefenbach
Rebfläche 36 Hektar
Jahresproduktion 260.000 Flaschen
Beste Lagen Sulzfelder Löchle, Dicker Franz und Husarenkappe
Boden Gipskeuper, Löss, Ton
Rebsorten 45% Riesling, 25% Burgundersorten, 20% Blaufränkisch, 10% übrige Sorten
Mitglied VDP

Die Burg Ravensburg ist ein traditionsreicher Weinerzeuger. Daher ist es umso erfreulicher, dass man nicht in alten Denkschemata verhaftet ist, sondern frank und frei in die Zukunft ausgerichtet. Besonders fällt uns der Mut auf, einen Grauburgunder Großes Gewächs mit einem deutlichen Orange auf die Flasche zu bringen. Dieser irritierende Farbton geht auf den Maischekontakt mit den rötlichen Traubenschalen des Grauburgunders zurück. Da 2016 das ideale Jahr für diese Rebsorte war, konnte das Ergebnis deutlich überzeugen, denn in Geruch und Geschmack ist der Löchle keineswegs orange. Er besitzt Saftigkeit und Tiefe, Spiel und Eleganz. Ausgezeichnet auch der Riesling Großes Gewächs Kapellenberg, der ebenso eine leicht phenolische Note durch Maischekontakt besitzt, die ihm Würze, Festigkeit und Länge verleiht.

Verkostete Weine 14
Bewertung 85–90 Punkte

- 85 2016 Sulzfelder Riesling trocken | 11,5% | 9,80 €
- 85 2016 Sulzfelder Weißburgunder trocken | 12,5% | 9,80 €
- 86 2016 Sulzfelder Lerchenberg Riesling trocken | 12% | 15,- €
- 86 2016 Eichelberger Götzen Riesling trocken | 12% | 15,- €
- 89 2015 Sulzfelder Löchle Weißburgunder »Großes Gewächs« | 13,5% | 28,- €
- 90 2015 Sulzfelder Kapellenberg Riesling »Großes Gewächs« | 13,5% | 28,- €
- 90 2015 Sulzfelder Löchle Grauburgunder »Großes Gewächs« | 13,5% | 28,- €
- 88 2015 Sulzfelder Husarenkappe Riesling »Großes Gewächs« | 13,5% | 35,- €
- 85 2015 Sulzfelder Blaufränkisch trocken | 13% | 10,- €
- 86 2015 Sulzfelder Pinot Noir trocken | 13% | 10,- €
- 86 2015 Sulzfelder Lerchenberg Blaufränkisch trocken | 13,5% | 15,- €
- 88 2014 Sulzfelder Löchle Pinot Noir »Großes Gewächs« | 13% | 28,- €
- 88 2013 Sulzfelder Dicker Franz Blaufränkisch »Großes Gewächs« | 13,5% | 28,- €

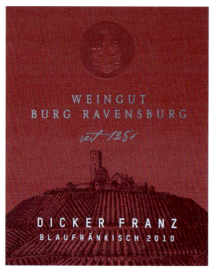

WEINGUT STEFAN RINKLIN
79268 Bötzingen · Hauptstraße 102
Tel (0 76 63) 94 97 06 · Fax 94 97 07
kontakt@weingut-stefan-rinklin.de
www.weingut-stefan-rinklin.de
Inhaber Stefan Rinklin
Betriebsleiter Stefan und Miriana Rinklin
Kellermeister Stefan Rinklin

Verkauf nach Vereinbarung

Auf den fünf Hektar Rebfläche dieses Bötzinger Betriebes gedeihen ausschließlich Burgundersorten. Das ist eine kluge Entscheidung, denn das Ergebnis sind blitzsaubere und wunderbar sortentypische Burgunder, die immer ihr Geld wert sind. Insbesondere in der mittleren Preisklasse gefallen sie uns in allen drei Sorten, wobei sich melonig-runde 2016er Weißburgunder und kirschig-schmelzige Spätburgunder die Waage halten. Jetzt könnten die Topweine noch etwas mehr Kontur und Dichte erhalten.

Verkostete Weine 9
Bewertung 81–86 Punkte

- 81 2016 Weißburgunder trocken | 13% | 7,- €/1,0 Lit.
- 81 2016 Grauburgunder trocken | 13% | 7,- €/1,0 Lit.
- 84 2016 Weißburgunder trocken | 13,5% | 7,50 €
- 85 2016 Grauburgunder trocken | 13,5% | 8,- €
- 86 2016 Bötzinger Meisental Weißburgunder trocken | 13,5% | 9,50 €
- 86 2016 Bötzinger Meisental Grauburgunder trocken | 13,5% | 10,- €
- 83 2016 Spätburgunder trocken Weißherbst | 13% | 7,50 €
- 85 2015 Bötzinger Tiefental Spätburgunder trocken Holzfass | 13% | 12,50 €
- 86 2015 Bötzinger Biegarten Spätburgunder trocken Barrique | 13% | 21,- €

Symbole Weingüter

€ Schnäppchenpreis · TOP Spitzenreiter · BIO Ökobetrieb
🍷 Trinktipp · 🔨 Versteigerungswein

| Sekt | Weißwein | Rotwein | Rosé |

★★★★ BADEN

WEINGUT SALWEY
79235 Oberrotweil · Hauptstraße 2
Tel (0 76 62) 3 84 · Fax 63 40
weingut@salwey.de
www.salwey.de
Inhaber Konrad Salwey
Betriebsleiter Konrad Salwey
Außenbetrieb Marcus Schür
Kellermeister Konrad Salwey und
Boubaker Benzarti

Verkauf Konrad Salwey
Mo-Fr 14.00–18.00 Uhr, **Sa** 11.00–17.00 Uhr
und nach Vereinbarung

Historie seit 1740 in Familienbesitz
Sehenswert Bergkeller, Barriquekeller
Rebfläche 23 Hektar
Jahresproduktion 150.000 Flaschen
Beste Lagen Oberrotweiler Kirchberg, Eichberg und Henkenberg
Boden Vulkanverwitterung, Löss
Rebsorten je 40% Grauburgunder und Spätburgunder, 16% Weißburgunder, 4% übrige Sorten
Mitglied VDP, Slow Food, Deutsches Barrique Forum

Das Weingut Salwey ist seit langer Zeit eines der Aushängeschilder des deutschen Weinbaus. Salwey steht für den badischen Wein und insbesondere den des Kaiserstuhls in einzigartig exemplarischer Weise. Heute steht der Name Salwey auch für den Wandel innerhalb einer jungen, neuen Winzergeneration. Die Väter waren seinerzeit noch darum bemüht, zu zeigen, dass ihre Weine tatsächlich ähnlich konzentriert sein können wie ihre internationalen Vorbilder, ganz besonders natürlich wie die aus dem Burgund.

Detaillierte Wiedergabe
Heute sucht die nächste Generation mehr die Eleganz, Tiefgründigkeit und detaillierte Wiedergabe von Rebsorte, Lagencharakter und Mikroklima. Der Ursprung liegt selbstredend in der präzisen Arbeitsweise im Weinberg. Nicht die Öchslegrade sind der Vorgabewert für die physiologische Reife bei der Lese, es ist vielmehr das Zusammenspiel aller Komponenten. So bleiben die Weine der RS-Linie, was die Abkürzung für Reserve Salwey ist, und auch die Großen Gewächse weitgehend bei zwölf und 12,5 Prozent Alkohol. Schlankheit und Eleganz erhalten Vorzug gegenüber Fülle und Intensität. Dabei sind die Salwey-Weine alles andere als leicht. Sie besitzen eine enorme innere Verdichtung und Rasse, benötigen aber Zeit zur Entwicklung, Geduld eben, um auf die optimale Flaschenreife zu warten. Einem Puligny oder Chambolle gesteht man dies ohne Weiteres zu, warum nicht auch den hochindividuellen Gewächsen eines deutschen Spitzenwinzers?

Konrad Salwey

Überragende Grauburgunder
Die Grauburgunder konnten in diesem für diese Sorte überragenden Jahrgang 2016 besonders überzeugen. Ihre Tiefe und geschliffene Art sind beim Großen Gewächs Eichberg verblüffend. Die Spätburgunder zieren sich mit finessenreicher Anmut und delikater Noblesse – kaufen und weglegen.

Verkostete Weine 8
Bewertung 90–92 Punkte

- 90 2015 Oberrotweiler Weißburgunder »RS« trocken Holzfass | 13% | 15,- €
- 90 2015 Oberrotweiler Grauburgunder »RS« trocken Holzfass | 12,5% | 15,- €
- 91 2014 Oberrotweiler Henkenberg Weißburgunder »Großes Gewächs« Holzfass | 12% | 26,- €
- 92 2014 Oberrotweiler Henkenberg Grauburgunder »Großes Gewächs« Holzfass | 12% | 26,- €
- 92 2014 Oberrotweiler Eichberg Grauburgunder »Großes Gewächs« Holzfass | 12% | 29,50 €
- 90 2014 Oberrotweiler Spätburgunder »RS« trocken Barrique | 12,5% | 17,50 €
- 91 2014 Oberrotweiler Henkenberg Spätburgunder »Großes Gewächs« | 12,5% | 29,- €
- 92 2014 Oberrotweiler Eichberg Spätburgunder »Großes Gewächs« | 12,5% | 39,- €

WEINGUT GREGOR UND THOMAS SCHÄTZLE
79235 Vogtsburg-Schelingen
Heinrich-Kling-Straße 38
Tel (0 76 62) 9 46 10 · Fax 94 61 20
info@weingutschaetzle.de
www.weingutschaetzle.de
Inhaber Thomas und Franziska Schätzle
Kellermeister Martin Schmidt
Verkauf Familie Schätzle
Mo–Fr 8.00–12.00 Uhr · 13.30–18.00 Uhr
Sa 8.00–16.00 Uhr
So, feiertags nach Vereinbarung
Sehenswert Naturschutzgebiet mit Orchideenareal, Schelinger Kleinterrassenpfad
Erlebenswert Lehrweinberg mit 30 Rebsorten direkt am Weingut
Rebfläche 14 Hektar
Jahresproduktion 80.000 Flaschen
Beste Lagen Schelinger Kirchberg, Oberbergener Bassgeige
Boden Vulkanverwitterung und losshaltiger Lehm
Rebsorten 45% Grauburgunder, 30% Spätburgunder, je 10% Chardonnay und Weißburgunder, 5% übrige Sorten

Zwischen den Dörfern Schelingen und Oberbergen findet man das Familienweingut Schätzle, das seit 1982 ausschließlich Gutsabfüllungen vermarktet. Die einfachen Weißweine aus Schelingen zeigen eine enorme Kraft und Klarheit, gepaart mit ausdrucksstarker Rebsortentypizität. Wen das Kohlendioxid bei diesen runden Weißen stört, dem sei empfohlen ein wenig zu warten, oder die geöffneten Flaschen zu schütteln. Hilfreich ist es auch, größere Trinkgefäße zu verwenden, damit sich die Fülle besser entfalten kann. Die Rotweine sind erstaunlicherweise schlanker und filigraner als die Weißen. Sie zeigen Rasse und drahtige Säure, mit delikater, teils französisch anmutender Frucht. In diesem Jahr hat es uns der grandiose Pinot & Chardonnay Sekt mit vier Jahren Hefelager besonders angetan. Er erinnert an heute gesuchte Mikro-Cuvées aus der Champagne und lässt an einen moussierenden Meursault denken.

BADON

BADEN

Verkostete Weine 12
Bewertung 82–91 Punkte

- 84 Pinot Rosé Sekt Brut | 12,5% | 13,- €
- 91 2012 Pinot & Chardonnay Sekt Brut | 12,5% | 19,- €
- 86 2016 Schelinger Weißburgunder trocken | 13% | 9,50 €
- 87 2016 Schelinger Chardonnay trocken | 13% | 9,50 €
- 87 2016 Schelinger Grauburgunder trocken | 14% | 9,50 €
- 86 2016 Grauburgunder Schatz vom Vulkan trocken | 14% | 14,50 €
- 89 2015 Schelinger Kirchberg Chardonnay trocken Reserve | 14% | 21,- €
- 90 2015 Schelinger Kirchberg Grauburgunder trocken Reserve | 14,5% | 21,- €
- 82 2014 Schelinger Merlot trocken | 13% | 12,50 €
- 87 2014 Schelinger Spätburgunder trocken | 12,5% | 12,50 €
- 88 2014 Spätburgunder Schatz vom Vulkan trocken | 13% | 18,- €
- 90 2014 Schelinger Kirchberg Spätburgunder trocken Reserve | 13,5% | 42,- €

WEINGUT KONRAD SCHLÖR
97877 Wertheim-Reicholzheim
Martin-Schlör-Straße 22
Tel (0 93 42) 49 76 · Fax 69 59
info@weingut-schloer.de
www.weingut-schloer.de
Inhaber und Betriebsleiter Konrad Schlör
Verkauf Familie Schlör
nach Vereinbarung
Sehenswert Zisterzienserkloster Bronnbach
Rebfläche 6 Hektar
Jahresproduktion 24.000 Flaschen
Beste Lage Reicholzheimer First
Boden Muschelkalk
Rebsorten 28% Spätburgunder, je 15% Müller-Thurgau, Schwarzriesling und Weißburgunder, 10% Riesling, 8% Silvaner, 9% übrige Sorten
Mitglied VDP, Slow Food

Die kühlen Lagen des Taubertals prägen den Stil der Weine von Konrad und Monika Schlör. Die eher karge, kühle Art dieser Weine muss man mögen. Die Schlörs führen dieses unweit des sorgsam renovierten und imposanten Klosters Bronnbach gelegene VDP-Weingut mit großer Passion. Mit viel Umsicht entstehen hier ganz eigenständige, charaktervoll anspruchsvolle Weine mit großer Ausdruckskraft und feiner Würze. Der Schwarzriesling sowie der verwandte Spätburgunder gehören zu den herausragenden Erzeugnissen dieser sympathischen Familie. In der bis auf 300 Höhenmeter hoch über dem Taubertal gelegenen Spitzenlage First, bereits 1476 urkundlich als Fyerst erwähnt, gedeihen die hocharomatischen, fein gewobenen Burgunder. Bei den kleineren Weinen würden wir uns manchmal etwas mehr Reife wünschen. Je höher man klettert, desto mehr kommen Fülle und Vielschichtigkeit hinzu, um bei immer noch kühl wirkenden, aber komplexen Spitzenweinen zu enden. Der denkbar beste Botschafter dieser historischen Lage ist das alles überragende, konzentrierte Spätburgunder Große Gewächs aus dem Fyerst. »Ökologisch arbeiten, ohne ein Ökobetrieb zu sein«, heißt für Konrad Schlör der komplette Verzicht auf Unkrautvernichtungsmittel sowie Insektizide und vor allen Dingen keine künstliche Bewässerung in den Ertragsanlagen. Durch die Einsaat verschiedener Gräser, Kräuter und sogenannter Leguminosen wie verschiedene Kleearten, Wicken und Lupinen wird das Wasserhaltevermögen des Bodens erhöht. Bei starker Sommertrockenheit wird der Boden in jeder zweiten Reihe gelockert, um somit den Wasserhaushalt besser zu regulieren. Die sorgsame Handlese bei allen Sorten sowie der Transport in kleinen, stapelbaren, nur zehn Kilogramm fassenden Kisten ist Konrad Schlörs höchstes Gebot.

Verkostete Weine 12
Bewertung 82–92 Punkte

- 82 2016 Müller-Thurgau trocken | 11,5% | 6,50 €
- 83 2016 Weißburgunder trocken | 13% | 8,50 €
- 84 2016 Reicholzheimer First Riesling trocken | 12,5% | 12,50 €
- 87 2016 Reicholzheimer First Weißburgunder trocken | 13% | 12,50 €
- 92 2016 Reicholzheimer Oberer First Weißburgunder »Großes Gewächs« | 13,5% | 22,– €
- 91 2016 Reicholzheimer First Riesling Eiswein | 7,5% | 39,– €/0,5 Lit.
- 83 2015 Cuvée Rot »M« trocken | 13% | 9,– €
- 86 2015 Schwarzriesling trocken | 13,5% | 12,– €
- 87 2015 Spätburgunder trocken | 13,5% | 16,– €
- 89 2015 Reicholzheimer First Schwarzriesling »R« trocken | 13,5% | 23,– €
- 89 2015 Reicholzheimer First Spätburgunder »R« trocken | 13,5% | 25,– €
- 91 2015 Reicholzheimer Oberer First Spätburgunder »Großes Gewächs« | 13,5% | 35,– €

WEINGUT H. SCHLUMBERGER
79295 Sulzburg-Laufen · Weinstraße 19
Tel (0 76 34) 89 92 · Fax 82 55
info@schlumbergerwein.de
www.schlumbergerwein.de
Inhaber Claudia Schlumberger-Bernhart und Ulrich Bernhart
Kellermeister Ulrich Bernhart
Verkauf Claudia Schlumberger-Bernhart
Mo–Fr 10.00–12.00 Uhr · 14.00–18.00 Uhr
Sa 10.00–14.00 Uhr

Historie Weinbau in der Familie seit dem 16. Jahrhundert
Rebfläche 8,5 Hektar
Jahresproduktion 60.000 Flaschen
Beste Lagen Laufener Altenberg und Weingarten, Muggardter Berg
Boden Kalksteinverwitterung mit Löss- und Lehmauflage, Kalkmergel
Rebsorten 25% Spätburgunder, je 20% Gutedel und Weißburgunder, 15% Grauburgunder, 5% Riesling, je 4% Chardonnay und Sauvignon Blanc, 7% übrige Sorten
Mitglied VDP

Die Weine der Familie Schlumberger sind von einer sehr guten Klarheit, sauber gearbeitet und konzentriert. Das lässt auf eine gute Weinbergsarbeit schließen, die es benötigt, um die Dichte in den Weinen zu erzeugen. Der kompakte Gutedel zeigt dies auf exemplarische Weise. Der fruchtbetonte, exotische Sauvignon Blanc besitzt ein gutes Maß an verführerischem Potenzial. Ausgezeichnet gelungen sind auch die Grauburgunder im Jahrgang 2016. Sie kommen mit dem Holzeinsatz besser zurecht, als dies beim Weißburgunder der Fall ist. Die klar gegliederten Spätburgunder sind erfreulich schlank gehalten und geradlinig. Ihre typische, deutsche Aromatik sucht keinerlei frankophile Annäherung. Lediglich die fein abgestimmten Barriquefässer beim Großen Gewächs lassen auf französischen Ursprung schließen. Ein Weingut mit sehr gutem Potenzial.

BADEN

Verkostete Weine 14
Bewertung 81–89 Punkte

- 87 2016 Sauvignon Blanc trocken | 13,5% | 12,50 €
- 86 2016 Laufener Altenberg Weißburgunder trocken Holzfass | 13,5% | 12,50 €
- 87 2016 Laufener Altenberg Grauburgunder trocken Holzfass | 13,5% | 12,50 €
- 84 2016 Britzinger Muggardter Berg Riesling trocken | 12% | 13,50 €
- 86 2016 Britzinger Muggardter Berg Chardonnay Kalkgestein trocken | 13,5% | 15,50 €
- 88 2016 Wingerte Weißburgunder »Großes Gewächs« Holzfass | 13,5% | 19,– €
- 89 2016 Wingerte Grauburgunder »Großes Gewächs« Holzfass | 13% | 19,– €
- 85 2016 Gutedel Kabinett trocken | 11% | 6,50 €
- 84 2016 Weißburgunder Kabinett trocken | 12,5% | 8,50 €
- 84 2016 Grauburgunder Kabinett trocken | 12,5% | 8,50 €
- 84 2014 Spätburgunder trocken Holzfass | 12,5% | 8,50 €
- 86 2014 Laufener Altenberg Pinot Noir trocken Barrique | 13% | 18,– €
- 89 2014 Wingerte Pinot Noir »Großes Gewächs« | 13% | 30,– €

WEINGUT RAINER SCHLUMBERGER
79295 Sulzburg-Laufen · Obere Holzgasse 4
Tel (0 76 34) 59 22 40 · Fax 59 22 41
info@weingut-schlumberger.de
www.weingut-schlumberger.de
Inhaber Rainer Schlumberger
Verkauf Stephanie Schlumberger
Mo–Sa 14.00–18.00 Uhr und nach Vereinbarung

Tochter Josefine, die deutsche Weinkönigin von 2015 bis 2016, setzt die Weinbautradition der Familie von Rainer und Stephanie Schlumberger in Laufen im Markgräflerland mit Leidenschaft fort. Die alte, sehenswerte Hofanlage mit großer Zehntscheune liegt ein wenig versteckt, ein Besuch lohnt aber jedenfalls. Das aktuelle Sortiment gefällt vor allem deshalb, weil es keine Schwächen zu geben scheint. Auch die 2016er Kabinettweine im Burgundersegment sind klar, sortenrein und gehaltvoll, die Gutedel typische Musterbeispiele für diese Sorte in zwei Varianten, die zum Vergleich anregen.

Verkostete Weine 8
Bewertung 83–86 Punkte

- 84 2014 Chasselas trocken Holzfass | 12,5% | 8,– €
- 84 2016 Gutedel Kabinett trocken | 12% | 6,– €
- 83 2016 Grauburgunder Kabinett trocken | 13,5% | 7,– €
- 84 2016 Weißburgunder Kabinett trocken | 12,5% | 7,– €
- 84 2015 Weißburgunder Spätlese trocken | 14,5% | 9,50 €
- 86 2016 Huxelrebe Spätlese | 11% | 9,50 €
- 85 2013 Pinot Noir Eich trocken Holzfass | 13,5% | 15,– €
- 85 2015 Spätburgunder Königinnen-Edition Spätlese trocken Barrique | 13,5% | 45,– €/1,5 Lit.

Symbole Weingüter
Schnäppchenpreis · Spitzenreiter · Ökobetrieb
Trinktipp · Versteigerungswein
Sekt · Weißwein · Rotwein · Rosé

★★★

WEINGUT CLAUS SCHNEIDER
79576 Weil am Rhein · Lörracher Straße 4
Tel (0 76 21) 7 28 17 · Fax 7 80 14
info@schneiderweingut.de
www.schneiderweingut.de
Inhaber und Betriebsleiter Claus Schneider
Betriebsleiter Claus und Johannes Schneider
Verkauf Susanne Hagin-Schneider
Di–Fr 9.00–12.00 Uhr · 14.30–18.30 Uhr
Sa 9.00–14.00 Uhr und nach Vereinbarung
Historie Weinbau in der Familie seit 1425; Lage »Weiler Schlipf« wurde 1825 als beste Lage des südlichen Markgräflerlandes klassifiziert
Sehenswert Gewölbekeller von 1780
Rebfläche 12 Hektar
Jahresproduktion 80.000 Flaschen
Beste Lage Weiler Schlipf
Boden tiefgründiger Lehm mit hohem Kalkanteil
Rebsorten 40% Spätburgunder, 25% Gutedel, 15% Weißburgunder, 13% Grauburgunder, 7% Chardonnay

Die Familie Schneider aus Weil am Rhein direkt an der Schweizer Grenze ist bereits seit dem Jahr 1425 im Weinbau tätig. Die aufgeräumten, klaren Etiketten der Weine vom heutigen Betreiber Claus Schneider zeugen von der stilistischen Klarheit, die auch seinen Weinen innewohnt. Als Aushängeschild für das Markgräflerland wird sehr auf die Güte des Gutedel geachtet. Der Weiler Schlipf CS ist von einer aromatischen Dichte und zarten Fülle, wie sie beste Gutedel maximal erreichen können, denn ein üppiger oder sehr intensiver Wein kann und soll ein Gutedel nicht werden. Als Kontrastprogramm zeigt sich der Gutedel Souvenirs du Minervois: Ein orange anmutender Wein, der durch langen Maischekontakt nicht nur eine deutliche Färbung erfahren hat, sondern auch richtig Gerbstoffe auf die Zunge bringt. Das restliche Sortiment ist sehr ansprechend und von hoher Qualität, insbesondere wenn man bedenkt, dass Weil am Rhein nicht unbedingt zu den größten Terroirs im deutschen Weinbau gehört. Die Schneiders erzeugen dennoch Erstaunliches! Die einfacheren Weine sind als Weiler Ortswein gekennzeichnet, die darüber liegende Kategorie trägt die Lagenbezeichnung Weiler Schlipf, darüber bekommen sie das Kürzel »CS« und darüber wiederum drei Sterne als höchstes innerbetriebliches Qualitätsmerkmal.

Bester Wein der diesjährigen Kollektion ist denn auch der Weiler Schlipf Pinot Noir CS ★★★, der mit seiner jugendlichen, vielversprechenden Struktur einiges für die Zukunft erwarten lässt.

Verkostete Weine 11
Bewertung 83–90 Punkte

83 2015 Gutedel Landwein trocken | 11% | 12,- €
86 2016 Weiler Schlipf Gutedel CS trocken | 11% | 7,90 €
85 2016 Weiler Weißburgunder trocken | 13% | 9,40 €
86 2016 Weiler Grauburgunder trocken | 13% | 9,60 €
87 2016 Weiler Schlipf Chardonnay CS trocken Holzfass | 13% | 13,80 €
88 2016 Weiler Schlipf Weißburgunder CS trocken Holzfass | 13% | 13,80 €
88 2016 Weiler Schlipf Grauburgunder CS trocken Holzfass | 13,5% | 14,- €
87 2015 Weiler Spätburgunder trocken Holzfass | 13,5% | 10,80 €
88 2015 Weiler Schlipf Spätburgunder CS trocken Barrique | 13,5% | 15,40 €
89 2015 Weiler Schlipf Spätburgunder CS trocken Barrique ★★★ | 13,5% | 24,50 €
90 2015 Weiler Schlipf Pinot Noir CS trocken Barrique ★★★ | 13,5% | 38,- €

Schneider

WEILER SCHLIPF
SPÄTBURGUNDER

2013
CS
★★★

★★ ★★★★ BADEN

WEINGUT DR. SCHNEIDER
79379 Müllheim-Zunzingen
Rosenbergstraße 10
Tel (0 76 31) 29 15 · Fax 1 53 99
info@weingut-dr-schneider.de
www.weingut-dr-schneider.de
Inhaber Dr. Gustav und Elisabeth Schneider
Kellermeister Joseph Bohnert
Verkauf Matthias Ludewig
Mo-Sa 14.00-18.00 Uhr und nach Vereinbarung

Elisabeth und Dr. Gustav Schneider bewirtschaften rund zwölf Hektar Rebfläche in Zunzingen, Müllheim und Auggen im Markgräflerland. Sie wollen »im Rahmen unserer naturgegebenen Möglichkeiten von Jahr zu Jahr besser werden. Neugier, Spieltrieb und Narrenfreiheit sind dabei unsere wichtigsten Instrumente.« Kellermeister Joseph Bohnert wird von Jürgen von der Mark önologisch unterstützt. Bei den Weinen handelt es sich um durchweg klare und sortentypische Produkte, wobei sich in der Spitze, etwa beim 2015er Spätburgunder Rosenberg oder beim 2015er Edition Antoine, zur Klarheit auch reifefähige Dichte gesellt. Einen Besuch der Gutsschänke und des einzigen deutschen Weinetikettenmuseums sollte man nicht versäumen.

Verkostete Weine 9
Bewertung 82–87 Punkte

85 2013 Pinot Edition Jacob Crémant Brut | 12,5% | 13,- €
82 2016 Rivaner trocken | 11,5% | 5,80 €
86 2016 Grauburgunder trocken | 14% | 9,- €
84 2016 Sauvignon Blanc trocken | 12% | 9,50 €
86 2016 Weißburgunder Edition Julien trocken Goldkapsel | 13% | 10,- €
84 2015 Cabernet Sauvignon & Cabernet Franc trocken Cuvée | 14,5% | 15,- €
86 2015 Badenweiler Römerberg Spätburgunder trocken Barrique Goldkapsel | 13,5% | 18,- €
87 2015 Zunzinger Rosenberg Spätburgunder trocken Barrique Goldkapsel | 13,5% | 18,- €
87 2015 Cuvée Edition Antoine trocken Goldkapsel | 14% | 19,50 €

Symbole Weingüter
★★★★★ Weltklasse · ★★★★ Deutsche Spitze
★★★ Sehr Gut · ★★ Gut · ★ Zuverlässig

WEINGUT REINHOLD UND CORNELIA SCHNEIDER
79346 Endingen · Königschaffhauser Straße 2
Tel (0 76 42) 52 78 · Fax 20 91
info@weingutschneider.com
www.weingutschneider.com
Inhaber Reinhold und Cornelia Schneider
Kellermeister Reinhold und
Alexander Schneider
Verkauf Cornelia Schneider
Fr 15.00–18.00 Uhr
Sa 9.00–14.00 Uhr und nach Vereinbarung
Rebfläche 6,8 Hektar
Jahresproduktion 40.000 Flaschen
Beste Lagen keine Lagenangaben
Boden Löss, Lehm und Vulkanverwitterung
Rebsorten 46% Spätburgunder, 19% Weißburgunder, 12% Chardonnay, 11% Ruländer (Grauburgunder), 5% Silvaner, 4% Auxerrois, 3% übrige Sorten

Das Hauptaugenmerk der Schneiders liegt auf den weißen und roten Burgundersorten. Durch die außerordentliche Reife des gelesenen Traubenmaterials erreichen die besten Weißweine durchaus 14 Prozent Alkohol und mehr. Dennoch wirken die Weine nicht schwer, breit oder alkoholisch, vielmehr besitzen sie eine beschwingte Reichhaltigkeit, sowie einen besonderen Schmelz. Jahrgangsbedingt sind die 2016er Ruländer besonders klar, frisch und betörend fruchtig. Hier waren es vor allem der Ruländer Spätlese Floh, der reichhaltig, füllig, elegant und fein bei 14 Prozent Alkohol begeisterte und der Ruländer Auslese R, dessen kernige Säure für Biss und Grip sorgt und den mächtigen Wein am Ende doch leicht erscheinen lässt. Der Chardonnay Auslese Drei Sterne verfügt über eine feine Würze durch den Holzfassausbau, ist sehr schmelzig mit Rückgrat und Kraft. Das Holz übernimmt hier ein bestimmendes Element und verleiht dem Wein internationales Flair.

Konsequent trocken
Alle Spätburgunder des Jahrgangs 2014 mit drei Sternen auf dem Etikett sind äußerst gelungen. Wobei sich Schönenberg und Engelsberg etwas vom Diel abheben konnten, denn sie sind stärker strukturiert. Schönenberg ist lang und fein im Mund, sehr klar, rassig, nicht zu opulent, eher zu-

rückgenommen, elegant und feinwürzig. Der Engelsberg zeigt viel Fleisch, eine kernige Mitte, sehr stilvolle, engmaschig reife Gerbstoffe, mit viel Eleganz und Finesse. Und das alles zu einem günstigen Preis. Glücklicherweise entschieden sich Reinhold und Cornelia Schneider im Jahr 1981, aus der örtlichen Genossenschaft auszutreten. Sie verschrieben sich umgehend der naturnahen Bewirtschaftung und Erzeugung konsequent trockener Weine ohne Restsüße. Wenn man einem ungeübten Weinliebhaber erklären möchte, was es mit dem angeblichen Schmelz in badischen Weinen auf sich hat, muss man ihm nur die Kollektion der Schneiders vorstellen. Diese außerordentlich preiswerten, elegant fruchtigen Weine besitzen einen besonderen Charme, große Warmherzigkeit und ganz natürliche Ausstrahlung, ungeschminkt und klar, mit geschmeidig abgerundeter Fülle.

Cornelia, Reinhold und Alexander Schneider

Verkostete Weine 14
Bewertung 87–92 Punkte

- **88** 2016 Silvaner Spätlese trocken *** | 13% | 9,- € | €
- **87** 2016 Weißburgunder Spätlese trocken | 13% | 11,- €
- **88** 2016 Ruländer Spätlese trocken | 13% | 11,- €
- **88** 2016 Chardonnay Spätlese trocken | 13,5% | 12,- €
- **89** 2015 Chardonnay Floh Spätlese trocken | 14% | 14,- €
- **89** 2016 Weißburgunder Trio Spätlese trocken *** | 13,5% | 14,- €
- **91** 2015 Ruländer Floh Spätlese trocken | 14% | 16,- €
- **90** 2015 Weißburgunder »C« Auslese trocken *** | 14% | 22,- €
- **90** 2015 Chardonnay Auslese trocken *** | 14,5% | 22,- €
- **91** 2015 Ruländer »R« Auslese trocken *** | 14% | 22,- €
- **87** 2014 Spätburgunder trocken | 13% | 12,- €
- **90** 2014 Spätburgunder Diel trocken *** | 13,5% | 22,- €
- **92** 2014 Spätburgunder Schönenberg trocken *** | 13% | 26,- €
- **92** 2014 Spätburgunder Engelsberg trocken *** | 13% | 26,- €

Der Tradition verpflichtet

Dass die Schneiders der Tradition verhaftet sind, bemerkt man allein daran, dass hier der Grauburgunder noch als Ruländer abgefüllt wird und die trockene Prädikatsabstufung mit Spätlese und Auslese weiterhin Bestand hat. Zusätzlich gibt es eine betriebsinterne Klassifikation. Mit drei Sternen werden die großen Weine eines Jahrgangs bezeichnet. Ein »C« steht für Lössboden, »R« für Vulkanverwitterungsboden und »Trio« bezeichnet eine Cuvée aus drei verschiedenen Lagen.

★ **BADEN**

WEINGUT LOTHAR SCHWÖRER

77971 Kippenheim-Schmieheim · Waldstraße 6
Tel (0 78 25) 74 11 · Fax 23 81
mail@weingut-lothar-schwoerer.de
www.weingut-lothar-schwoerer.de
Inhaber Lothar und Cornelia Schwörer
Betriebsleiter und Kellermeister Lothar Schwörer
Verkauf Cornelia und Lothar Schwörer
Mo–Fr 16.00–19.00 Uhr und nach Vereinbarung

Das 10,5 Hektar Reben umfassende Weingut von Lothar Schwörer besticht vor allem mit den feinen, recht mineralischen Rieslingen, einem sehr klassischen Muskateller und dem klassisch-zarten Spätburgunder aus alten Reben. Schwörer profitiert von kalkigen Ortenauer Lagen wie dem Kalksteinfels. Die weißen Burgundersorten bleiben allerdings im Jahrgang 2016 ein wenig blass, wenn auch aromatisch klar. Darauf legt Schwörer Wert: »Nicht das Mostgewicht ist entscheidend, sondern die Aromatik der Trauben und das optimale Verhältnis von Fruchtzucker und Säure.«

Verkostete Weine 11
Bewertung 80–87 Punkte

80 2014 Cuvée Charisma Crémant trocken | 12% | 11,50 €
84 2016 Müller-Thurgau Steigflug trocken ** | 12% | 5,80 €
80 2016 Schmieheimer Kirchberg Grauburgunder trocken ** | 12% | 8,30 €
81 2016 Kippenheimer Haselstaude Chardonnay trocken ** | 12,5% | 8,30 €
82 2016 Schmieheimer Kirchberg Weißburgunder trocken ** | 12,5% | 8,30 €
83 2016 Auxerrois Hugenottenwein trocken ** | 13,5% | 8,30 €
83 2016 Riesling SL trocken »sur lie« ** | 12,5% | 8,30 €
85 2016 Muskateller feinherb Premium *** | 11% | 9,- €
87 2016 Riesling Kalksteinfels feinherb Premium *** | 12,5% | 11,40 €
83 2014 Spätburgunder Fass Nr. 1 trocken ** | 13,5% | 9,80 €
86 2014 Spätburgunder trocken Alte Reben Premium Barrique *** | 13,5% | 17,- €

Weinbewertung in Punkten
100 Perfekt • 95 bis 99 Überragend • 90 bis 94 Exzellent
85 bis 89 Sehr gut • 80 bis 84 Gut

WEINGUT SEEGER

69181 Leimen · Rohrbacher Straße 101
Tel (0 62 24) 7 21 78 · Fax 7 83 63
info@seegerweingut.de
www.seegerweingut.de
Inhaber Familie Seeger
Betriebsleiter Thomas Seeger
Außenbetrieb Matthias Dörr
Kellermeister Thomas Seeger
Verkauf Thomas und Susanne Seeger
Do–Fr 15.00–18.00 Uhr
Sa 10.00–14.00 Uhr und nach Vereinbarung
Gutsausschank »Jägerlust«,
Di–Fr 18.00–23.00 Uhr
Spezialitäten regionale Küche (ausgezeichnet mit dem »BIP Gourmand«
Historie Gutsausschank seit 1895
Sehenswert alte Harley-Davidson
Rebfläche 10 Hektar
Jahresproduktion 65.000 Flaschen
Beste Lagen Heidelberger Herrenberg, Leimener Herrenberg
Boden Lösslehm auf Muschelkalk und Buntsandstein
Rebsorten je 25% Spätburgunder und Weißburgunder, je 15% Grauburgunder, Lemberger und Riesling, 5% Schwarzriesling
Mitglied VDP, Deutsches Barrique Forum

In Leimen, südlich von Heidelberg im obersten Norden des badischen Anbaugebiets, arbeitet Thomas Seeger mit Leidenschaft und großem Einsatz. Seine Weine besitzen Rückgrat und Selbstbewusstsein. Das entspricht dem Wesen der Familie Seeger, die nebenbei für einige Tage in der Woche auch ein sehr empfehlenswertes, bodenständiges Wirtshaus betreibt. Die Weißweine sind sehr klar und saftig, mit weicher Säure und eher auf Fülle gebaut, statt sich in bloßer Eleganz zu ergehen, handfest eben. Wenn Holzfässer zum Einsatz kommen, wird ihnen mit kerniger Würze und kompaktem Körper Charakter zuteil. Die Rotweine sind allesamt klar und kraftvoll, unzweifelhaft von hochreif selektiertem Lesegut verarbeitet. Die roten Cuvées zeigen internationales Format, Anna ist sehr transparent und trinkig, der Naan zeigt mehr Stoff, innere Dichte und Kraft. Die ausgezeichneten Spätburgunder sind konzentriert und zeigen Frucht und Charakter.

Verkostete Weine 12
Bewertung 85–91 Punkte

85 2016 Heidelberger Weißburgunder trocken »sur lie« | 12% | 8,90 €
85 2016 Heidelberger Grauburgunder trocken »sur lie« | 12% | 8,90 €
86 2016 Cuvée »Georg« trocken Barrique | 13% | 13,50 €
89 2016 Leimener Herrenberg Sauvignon Blanc trocken »sur lie« | 12,5% | 13,50 €
87 2016 Chardonnay »S« trocken Barrique | 13% | 22,- €
89 2016 Leimener Oberklamm Weißburgunder »Großes Gewächs« | 12,5% | 22,- €
90 2016 Leimener Oberklamm Grauburgunder »Großes Gewächs« | 13% | 22,- €
86 2015 Cuvée »Anna« trocken Barrique | 13% | 14,80 €
89 2015 Cuvée »Naan« trocken Barrique | 13% | 20,50 €
89 2015 Leimener Spermen Blaufränkisch »R« »Großes Gewächs« | 13% | 27,50 €
90 2015 Leimener Spermen Spätburgunder »R« »Großes Gewächs« | 13% | 36,- €
91 2015 Leimener Oberklamm Spätburgunder »RR« »Großes Gewächs« | 13% | 64,- €

SHELTER WINERY
79341 Kenzingen · Salzmatten 1
Tel (0 76 44) 92 76 63 · Fax 92 77 75
espe@shelterwinery.de
www.shelterwinery.de
Inhaber Hans-Bert Espe
Kellermeister Hans-Bert Espe und Silke Wolf
Verkauf Hans-Bert Espe und Silke Wolf
nach Vereinbarung

Sehenswert Lyra-Reberziehung
Rebfläche 5 Hektar
Jahresproduktion 26.000 Flaschen
Beste Lagen Malterdinger Bienenberg, Kenzinger Hummelberg, Bombacher Sommerhalde
Boden Muschelkalkverwitterung, teilweise mit Lösslehm
Rebsorten 95% Spätburgunder, 5% Chardonnay
Mitglied 13 Breisgauer Weingüter

Hans-Bert Espe und Silke Wolf kamen familiär nicht mit Weinbau in Berührung, denn sie stammen aus Osterode und Paderborn. Ihre Liebe für Wein veranlasste sie, Weinbau in Geisenheim zu studieren. Danach sammelten sie über Jahre internationale Weinerfahrung in Handel und Weinbaubetrieben. Nach Beendigung der Wanderjahre im Ausland wurde Espe Gutsverwalter des Traditionsbetriebs Wolff Metternich in Durbach. 2003 machte er sich mit geeigneten Lagen in Malterdingen und Kenzingen selbstständig. Die Produktion ist limitiert auf fünf Weine aus zwei Rebsorten, Chardonnay und Spätburgunder. Dabei überzeugen diesmal die Weißweine und der Sekt mehr als die Roten. Der ausgezeichnete Sekt im Champagnerstil besticht mit Briochearomen und großer, säurebetonter Länge. Auch der wunderbar karge, zurückhaltend feine und steinige Chardonnay hat es in sich. Die zum Verkostungszeitpunkt noch etwas unruhig wirkenden Roten haben noch Flaschenreife nötig.

BAData: BADEN

Verkostete Weine 5
Bewertung 84–91 Punkte

- 90 2012 Spätburgunder Sparkling Sekt Brut | 12,5% | 19,- €
- 91 2015 Chardonnay trocken | 13,5% | 19,- €
- 84 2016 Spätburgunder Rosé de Noir trocken | 12,5% | 9,50 €
- 87 2015 Spätburgunder trocken | 12,5% | 9,50 €
- 88 2015 Pinot Noir trocken | 13% | 28,- €

WEINGUT JOSEF J. SIMON
79112 Freiburg-Tiengen · Vogteistraße 15
Tel (0 76 64) 6 11 64 80 · Fax 6 11 64 72
mail@josef-simon-wein.de
www.josef-simon-wein.de
Inhaber Josef J. Simon
Verkauf Josef J. Simon
Sa 11.00–12.00 Uhr und nach Vereinbarung

Im Breisgau westlich von Freiburg im Stadtteil Tiengen ist das vier Hektar große Weingut Josef J. Simon ansässig. Die Gesamtproduktion beträgt 20.000 Flaschen pro Jahr. Die Weißweine sind schlanke und eher leichtgewichtige Vertreter ihrer Art. Wer auf der Suche nach einem eleganten und stillvollen Muskateller ist, ist hier goldrichtig. Denn mit seinen 11,5 Prozent Alkohol und 1,2 Gramm Restzucker, macht er unglaublich viel Spaß. Die Weiß- und Grauburgunder sind durch ihren klaren Charakter hervorragende Essensbegleiter. Bei den Spätburgundern bleibt es gradlinig, strukturiert und rotbeerig.

Verkostete Weine 12
Bewertung 83–88 Punkte

- 86 2014 Pinot Sekt Brut Blanc de Noirs | 11,5% | 12,- €
- 83 2016 Cuvée Lummbe Ziig trocken | 11,5% | 7,- €
- 84 2016 Weißburgunder trocken | 12,5% | 7,- €
- 83 2016 Grauburgunder trocken | 14% | 7,50 €
- 84 2016 Sauvignon Blanc trocken | 12% | 8,50 €
- 88 2016 Muskateller trocken | 11,5% | 8,50 € | €
- 83 2016 Spätburgunder trocken Rosé | 12,5% | 7,50 €
- 85 2013 Spätburgunder trocken | 12,5% | 8,50 €
- 85 2012 Spätburgunder trocken | 12,5% | 8,50 €
- 86 2012 Pinot Noir trocken Barrique | 12,5% | 18,- €
- 86 2013 Pinot Noir trocken Barrique | 12,5% | 18,- €
- 86 2014 Pinot Noir trocken Barrique | 12,5% | 18,- €

PINOT NOIR

shelter winery
hans-bert espe
und silke wolf
2007

Symbole Weingüter

€ Schnäppchenpreis · TOP Spitzenreiter · BIO Ökobetrieb
Trinktipp · Versteigerungswein

| Sekt | Weißwein | Rotwein | Rosé |

★

SPITALKELLEREI KONSTANZ
78462 Konstanz · Brückengasse 16
Tel (0 75 31) 12 87 60 · Fax 1 28 76 11
info@spitalkellerei-konstanz.de
www.spitalkellerei-konstanz.de
Inhaber Hubert Böttcher und Stephan Düringer
Außenbetrieb Hubert Böttcher
Kellermeister Stephan Düringer
Verkauf in der Weinboutique
Mo–Fr 9.00–12.00 Uhr · 14.00–18.00 Uhr
Sa 9.00–13.00 Uhr

Die altehrwürdige Spitalkellerei Konstanz am Bodensee wird seit dem Jahr 2002 von den Pächtern Stephan Düringer und Hubert Böttcher geführt. Sie verfügt über etwa 20 Hektar bester Lagen am See in Konstanz und Meersburg. Zum Rebsortenportfolio zählen neben den typischen Rebsorten Müller-Thurgau und Spätburgunder auch Grau- und Weißburgunder, Chardonnay, Traminer, Regent und Schwarzriesling. Die Spitalkellerei produziert Jahr für Jahr seriöse Weine der guten Mittelklasse mit einem manchmal etwas klassischen, nicht allzu fructosebetonten Ausbaustil und langsamer Gärung, die die Entwicklung von Sekundäraromen fördert. Gute Arbeit mit Holzfässern beweisen außerdem ein beachtlicher Spätburgunder aus dem Jahrgang 2015 sowie die saftige, dichte Cuvée Imperia.

Verkostete Weine 11
Bewertung 81–86 Punkte

82 2016 Konstanzer Sonnenhalde Müller-Thurgau trocken »sur lie« | 12% | 7,20 €
84 2016 Meersburger Fohrenberg Chasselas trocken »sur lie« | 12% | 7,20 €
81 2016 Meersburger Haltnau Pinot Meunier s´Türmle trocken Blanc de Noirs | 13% | 8,80 €
84 2016 Meersburger Haltnau Weißburgunder trocken | 13,5% | 9,20 €
85 2016 Konstanzer Sonnenhalde Chardonnay trocken | 13% | 9,20 €
84 2016 Konstanzer Sonnenhalde Grauburgunder trocken | 13,5% | 9,50 €
82 2016 Konstanzer Sonnenhalde Spätburgunder Kabinett halbtrocken Rosé | 11% | 8,20 €
81 2015 Meersburger Haltnau Spätburgunder trocken Holzfass | 13% | 8,90 €
83 2015 Konstanzer Sonnenhalde Spätburgunder trocken Alte Reben Holzfass | 14% | 9,90 €
86 2015 Imperia trocken Barrique | 13,5% | 13,50 €
86 2015 Spätburgunder Spätlese trocken Barrique | 14% | 16,50 €

★★

STAATSWEINGUT FREIBURG
79100 Freiburg · Merzhauser Straße 119 (BIO)
Tel (07 61) 40 16 50 · Fax 4 01 65 70
staatsweingut@wbi.bwl.de
www.staatsweingut-freiburg.de
Inhaber Land Baden-Württemberg
Betriebsleiter Bernhard Huber
Vertriebsleiter Kolja Bitzenhofer
Außenbetrieb Walter Schmidt, Frank Fischer
Kellermeister Philipp Isele und Werner Scheffelt
Verkauf Kolja Bitzenhofer
Mo–Fr 10.00–13.30 Uhr · 14.00–19.00 Uhr
Sa 10.00–16.00 Uhr
Gutsbetrieb Blankenhornsberg, Ihringen
Mo–Fr 8.30–12.00 Uhr · 13.00–17.00 Uhr
Sa 10.00–16.00 Uhr (Mai–Okt.)
Sehenswert Gewölbekeller aus der Gründungszeit von 1847
Rebfläche 37,1 Hektar
Jahresproduktion 160.000 Flaschen
Beste Lagen Blankenhornsberger Doktorgarten, Freiburger Schlossberg
Boden Vulkanverwitterung, Lösslehm, Gneisverwitterung
Rebsorten 30% Spätburgunder, je 12% Grauburgunder und Weißburgunder, 5% Riesling, je 4% Gutedel, Müller-Thurgau und Muskateller, 29% übrige Sorten
Mitglied VDP, Ecovin

Das Staatsweingut Freiburg bewirtschaftet insgesamt 37 Hektar Rebfläche. Davon liegen 13 Hektar in Freiburg und Ebringen sowie 24 Hektar in Ihringen-Blankenhornsberg. Mit dem Freiburger Schlossberg und dem Blankenhornsberger Doktorgarten verfügt das Staatsweingut über zwei ganz hervorragende Lagen. Um das Potenzial dieser besonderen Rebberge zutage zu fördern, betreibt Betriebsleiter Bernhard Huber deren nachhaltige, naturnahe Bewirtschaftung. Als Bestandteil des Staatlichen Weinbauinstituts Freiburg nutzt das Staatsweingut zudem die dort entwickelten Innovationen. Das aktuell vorgestellte 2015er Große Gewächs vom Grauburgunder aus dem Doktorgarten ist wieder von allererster Güte. Aber auch das aus dieser Prestigelage stammende 2013er Große Gewächs vom Spätburgunder weiß besonders zu überzeugen und zeigt, dass es sich gelohnt hat, auf diesen Jahrgang ein wenig länger zu warten.

BADEN

Verkostete Weine 8
Bewertung 86–89 Punkte

89 2015 Blankenhornsberger Doktorgarten Weißburgunder »Großes Gewächs« | 14,5% | 18,- €
87 2015 Blankenhornsberger Doktorgarten Grauburgunder »Großes Gewächs« | 15% | 19,- €
88 2015 Blankenhornsberger Doktorgarten Chardonnay »Großes Gewächs« | 15% | 25,- €
86 2015 Freiburger Jesuitenschloss Spätburgunder trocken Barrique | 14% | 17,- €
89 2015 Blankenhornsberger Doktorgarten Spätburgunder »Großes Gewächs« | 14,5% | 25,- €

STAATSWEINGUT MEERSBURG

88709 Meersburg · Seminarstraße 6
Tel (0 75 32) 44 67 44 · Fax 44 67 17
info@staatsweingut-meersburg.de
www.staatsweingut-meersburg.de
Inhaber Land Baden-Württemberg
Direktor Dr. Jürgen Dietrich
Außenbetrieb Otto Kopp
Kellermeister Olaf Stintzing

Verkauf Marion Schäfer
Mo-Fr 9.00–18.00 Uhr, **Sa** 9.00–16.00 Uhr
So 11.00–18.00 Uhr (April-Okt.)

Gutsschänke Mit Blick über den See,
Tel (0 75 31) 80 76 30
Spezialität Flammkuchen
Historie Staatsweingut seit 1803, Weinbau seit 1210
Rebfläche 63 Hektar
Jahresproduktion 400.000 Flaschen
Beste Lagen Meersburger Rieschen, Bengel und Chorherrnhalde
Boden Eiszeitliche Verwitterung, Schwemmsand, Vulkanverwitterung
Rebsorten 50% Spätburgunder, 22% Müller-Thurgau, 10% Weißburgunder, 4% Grauburgunder, 3% Riesling, 11% übrige Sorten
Mitglied Bodensee Wein, Fairchoice

Mit den weißen 2016ern und roten 2015ern konnte das Staatsweingut Meersburg unter der Leitung von Dr. Jürgen Dietrich eine beeindruckende Palette abliefern. Die prägnante Klarheit, brillante Frucht und Sauberkeit kann sich mit einigen renommierteren Betrieben aus Baden messen. Im einfachen Bereich begeisterte der Weißburgunder und die Premiumlinie wird vom ausgezeichneten Grauburgunder angeführt. Die Spätburgunder aus 2015 im Einstiegsbereich sind sehr gelungen und preiswert, der Lerchenberg der Premiumlinie wirkte bereits etwas müde.

Verkostete Weine 12
Bewertung 83–88 Punkte

- 85 2016 Grauburgunder trocken | 13% | 7,80 €
- 83 2016 Meersburger Lerchenberg Müller-Thurgau trocken | 12% | 8,10 €
- 86 2016 Meersburger Jungfernstieg Weißburgunder trocken | 13% | 9,60 €
- 86 2016 Meersburger Rieschen Riesling trocken | 12% | 10,60 €
- 86 2015 Meersburger Chorherrnhalde Weißburgunder *** trocken Premium | 14% | 17,50 €
- 87 2016 Meersburger Rieschen Grauburgunder *** trocken Premium Barrique | 13,5% | 17,50 €
- 88 2016 Meersburger Chorherrnhalde Chardonnay *** trocken Premium | 13,5% | 17,50 €
- 85 2015 Meersburger Chorherrnhalde Weißburgunder *** Auslese Premium | 11% | 17,50 €
- 83 2016 Meersburger Bengel Spätburgunder trocken Weißherbst | 12,5% | 9,10 €
- 86 2015 Meersburger Bengel Spätburgunder trocken | 14% | 10,60 €
- 87 2015 Meersburger Rieschen Spätburgunder trocken | 14,5% | 10,60 €
- 87 2015 Meersburger Lerchenberg Spätburgunder *** trocken Premium | 14,5% | 24,– €

WEINGUT STIGLER
79241 Ihringen · Bachenstraße 29
Tel (0 76 68) 2 97 · Fax 9 41 20
info@weingut-stigler.de
www.weingut-stigler.de
Inhaber Andreas und Regina Stigler
Kellermeister Andreas und Maximilian Stigler
Verkauf Regina Stigler
nach Vereinbarung
Historie im Familienbesitz seit 1881
Erlebenswert kulinarische Veranstaltungen
Rebfläche 12 Hektar
Jahresproduktion 85.000 Flaschen
Beste Lagen Ihringer Winklerberg, Freiburger Schlossberg, Oberrotweiler Eichberg
Boden Vulkan- und Gneisverwitterungsgestein
Rebsorten 36% Spätburgunder, 24% Riesling, 11% Weißburgunder, 10% Grauburgunder, 9% Silvaner, 5% Traminer, 5% übrige Sorten
Mitglied VDP

Das Weingut Stigler zählt schon lange zu den profilierten Betrieben mit eigenem Charakter. Seit 1881 ist es in Familienbesitz. Dass mittlerweile auch für Weißweine die Maischestandzeit eine tragende Rolle spielt, ist ein neueres, stilistisches Element. Klar, dass das nicht jedem ungeübten Weinliebhaber zusagt, neugierige Genießer finden hier wiederum eine weitere Dimension neben Frucht, Süße und Säure. Daraus kann sich eben eine Dreidimensionalität am Gaumen bilden, insbesondere im gelungenen Zusammenspiel mit verfeinerten Speisen, die absolut bereichernd ist. Für uns waren es der 2015er Grauburgunder Großes Gewächs Pagode aus dem Winklerberg, der gekonnt mit diesem Aspekt spielt, und der grandiose Chenin Blanc, der Erinnerungen an hervorragende Weine von der Loire weckt und doch Stiglers Handschrift trägt.

★★ BADEN

Verkostete Weine 12
Bewertung 85–90 Punkte

- 87 2016 Weißburgunder trocken Holzfass | 13,5% | 9,90 €
- 86 2016 Weißburgunder & Chardonnay trocken Holzfass | 13,5% | 10,- €
- 89 2016 Ihringer Winklerberg Sauvignon Blanc trocken Holzfass | 14% | 16,- €
- 88 2016 Oberrotweiler Grauburgunder F 1 Erstes Gewächs Holzfass | 13,5% | 16,- €
- 90 2016 Chenin Blanc trocken | 14% | 19,- €
- 88 2016 Ihringer Vorderer Winklerberg Riesling »Großes Gewächs« Holzfass | 13,5% | 23,- €
- 89 2016 Ihringer Winklerberg Chardonnay »Großes Gewächs« | 14,5% | 23,- €
- 89 2015 Ihringer Winklerberg Weißburgunder Pagode »Großes Gewächs« Holzfass | 14,5% | 23,- €
- 90 2015 Ihringer Winklerberg Grauburgunder Pagode »Großes Gewächs« | 13,5% | 23,- €
- 87 2016 Ihringer Fohrenberg Grauburgunder M trocken | 13% | 18,- €
- 85 2015 Cabernet Franc & Petit Verdot Cave trocken | 13% | 29,- €
- 88 2013 Freiburger Schlossberg Spätburgunder »Großes Gewächs« | 13% | 29,- €

WEINGUT TRAUTWEIN
79353 Bahlingen · Riegeler Straße 2
Tel (0 76 63) 26 50 · Fax 5 00 27
info@trautweingut.com
www.trautweingut.com
Inhaber Hans-Peter und Elfriede Trautwein
Betriebsleiter Hans-Peter Trautwein
Kellermeister Anne-Christin Trautwein

Verkauf Familie Trautwein
Mo–Fr 8.30–12.00 Uhr · 14.00–18.00 Uhr
Sa 8.30–16.00 Uhr

Historie Weinküfer- und Weinbautradition der Familie seit 1649
Sehenswert Weingut, nach Ökokriterien gebaut, 400 Jahre alter Sektkeller
Rebfläche 9 Hektar
Jahresproduktion 55.000 Flaschen
Beste Lagen Bahlinger Fohberg, Käsenthal
Boden Löss, Lösslehm, vulkanische Gesteinsverwitterung
Rebsorten 35% Spätburgunder, 25% Grauburgunder, 15% Weißburgunder, 4% Müller-Thurgau, je 5% Chardonnay, Gewürztraminer, Regent und Muskateller, 1% Johanniter
Mitglied Demeter

Idealismus und Individualität strahlen die Weine der Familie Trautwein aus. Bereits seit 2004 ist der Betrieb Demeter-zertifiziert. Tochter Anne-Christin studierte Önologie in Geisenheim und konnte so den Betrieb fachlich verstärken. Das Hauptaugenmerk liegt qualitativ auf den Burgundersorten. Der Weißburgunder Edition Hundsrück und der Chardonnay Edition RS Johberg sind in diesem Jahr von ausgezeichneter Qualität. Dem schließt sich der Spätburgunder Edition RS an, dem man Stil und Klasse bescheinigen muss.

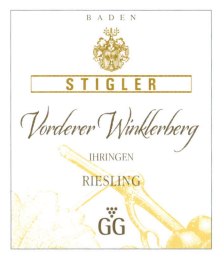

★★

Verkostete Weine 12
Bewertung 79–88 Punkte

- 81 Fruité Crémant extra trocken | 12,5% | 10,- €
- 79 2016 Müller-Thurgau trocken | 11% | 6,30 €/1,0 Lit.
- 82 2016 Grauburgunder trocken | 12,5% | 9,40 €
- 82 2016 Weißburgunder trocken | 12,5% | 9,40 €
- 86 2016 Muskateller trocken | 10,5% | 9,60 €
- 84 2016 Chardonnay trocken Junge Reben Holzfass | 13,5% | 12,50 €
- 81 2014 Bahlinger Käsenthal Gemischter Satz trocken Holzfass | 13% | 16,50 €
- 83 2015 Bahlinger Fohberg Grauburgunder Edition trocken Holzfass | 13% | 17,- €
- 85 2015 Bahlinger Hundsrück Weißburgunder Edition trocken Holzfass | 13% | 17,- €
- 88 2015 Bahlinger Fohberg Chardonnay Edition RS trocken Barrique | 13,5% | 21,- €
- 86 2014 Spätburgunder Edition trocken Barrique | 13% | 17,- €
- 87 2013 Bahlinger Käsenthal Spätburgunder Edition RS trocken Barrique | 13% | 37,- €

WEINGUT VILLA HEYNBURG
77876 Kappelrodeck · Burgunderplatz 3
Tel (0 78 42) 9 96 75 00 · Fax 9 96 75 05
info@villa-heynburg.de
www.villa-heynburg.de
Betriebsleiter Marco Köninger
Kellermeister Alexander Spinner
Verkauf Marco Köninger
Mo–Fr 8.00–12.00 Uhr · 13.30–17.30 Uhr
Sa 9.00–13.00 Uhr
So 10.00–13.00 Uhr (Mai–Dez.)

Historie gegründet 2008
Rebfläche 9 Hektar
Jahresproduktion 50.000 Flaschen
Beste Lagen auf Lagenbezeichnungen wird verzichtet
Boden Verwitterung von Granit und Buntsandstein, Löss und Lehm
Rebsorten 38% Spätburgunder, 14% Weißburgunder, 12% Grauburgunder, 11% Chardonnay, je 7% Müller-Thurgau, Riesling und St. Laurent, 3% Cabernet Sauvignon, 1% Gewürztraminer

Dieses Vorzeigeprojekt ist eine Tochter der Kooperative Hex vom Dasenstein, arbeitet aber unabhängig vom dem Mutterunternehmen. Das Bindeglied ist Marco Köninger, Geschäftsführer sowohl bei der Hex wie auch bei dem visionären Villaprojekt, auch dort unterstützt vom neuen Hex-Kellermeister Alexander Spinner. Die natürlich auch in der Anbaufläche deutlich dominierenden Burgundersorten sind eine sichere Bank und erreichen in der Spitze, vor allem beim Spätburgunder, regionale Topqualität. Aber auch andere Sorten wie der exzellente St. Laurent oder der sehr gelungene Merlot Rosé zeugen vom Händchen, mit dem hier Weinberge und Weine bearbeitet werden. Dies zeigt, dass über die Region hinausgesehen wird und internationale Maßstäbe angelegt werden.

★✩

BADEN

Verkostete Weine 12
Bewertung 81–88 Punkte

- 82 2016 Cuvée »Freistil« trocken | 12,5% | 6,20 €
- 84 2016 Riesling trocken | 12,5% | 7,50 €
- 82 2016 Weißburgunder trocken | 13,5% | 7,90 €
- 86 2016 Grauburgunder trocken | 14% | 7,90 €
- 85 2016 Chardonnay trocken | 13,5% | 9,90 €
- 85 2016 Merlot & Spätburgunder Freistil Rosé trocken | 13% | 6,20 €
- 81 2014 Cuvée Freistil Rot trocken | 14% | 7,20 €
- 85 2014 Spätburgunder trocken Barrique | 14% | 9,50 €
- 87 2014 Spätburgunder trocken Reserve Barrique | 14% | 15,- €
- 88 2015 St. Laurent trocken Reserve Barrique | 13,5% | 15,- €
- 84 2014 Cabernet Sauvignon trocken Barrique | 14% | 18,- €
- 86 2014 Spätburgunder Grand trocken Reserve Barrique | 14% | 28,- €

WEINGUT VOGEL
79235 Vogtsburg-Oberbergen · Ruländerweg 7
Tel (0 76 62) 8 02 71 · Fax 94 79 64
weingut.vogel@t-online.de
www.weingut-vogel.com
Inhaber Siegfried und Petra Vogel
Betriebsleiter und Kellermeister Siegfried Vogel
Verkauf nach Vereinbarung

Die Familie Vogel betreibt auf sechs Hektar Wein- und Obstanbau in Oberbergen am Kaiserstuhl. In den bekannten Lagen Oberbergener Bassgeige und Schelinger Kirchberg wachsen Spät-, Grau- und Weißburgunder sowie Chardonnay und Müller-Thurgau. Die Trauben reifen auf sonnendurchfluteten Kleinterrassen mit Vulkangesteinsböden. Obwohl 2016 eigentlich ein Grauburgunder-Jahrgang war, konnte sich die saftige, im Finale leicht mineralische Weißburgunder Spätlese als jahrgangsbester Wein etablieren. Auch der ganz klassisch-schmelzige Spätburgunder Alte Reben aus 2015 fiel uns angenehm auf.

Verkostete Weine 9
Bewertung 82–87 Punkte

- 82 2016 Oberbergener Baßgeige Grauburgunder Kabinett trocken | 13% | 7,50 €
- 85 2016 Oberbergener Baßgeige Weißburgunder Kabinett trocken | 13% | 7,50 €
- 83 2016 Oberbergener Baßgeige Chardonnay Kabinett trocken | 13% | 8,30 €
- 84 2016 Oberbergener Baßgeige Sauvignon Blanc Kabinett trocken | 13% | 8,30 €
- 85 2016 Oberbergener Baßgeige Grauburgunder Vulkanstein Spätlese trocken | 13,5% | 9,90 €
- 87 2016 Oberbergener Baßgeige Weißburgunder Vulkanstein Spätlese trocken | 13,5% | 9,90 €
- 83 2016 Oberbergener Baßgeige Spätburgunder trocken | 13% | 8,- €
- 85 2015 Oberbergener Baßgeige Spätburgunder Spätlese trocken | 13,5% | 11,20 €
- 86 2015 Oberbergener Baßgeige Spätburgunder Vulkanstein Spätlese trocken Alte Reben Holzfass | 14% | 18,50 €

Symbole Weingüter
★★★★★ Weltklasse · ★★★★ Deutsche Spitze
★★★ Sehr Gut · ★★ Gut · ★ Zuverlässig

WEINGUT VOLLMER

77770 Durbach · Lautenbach 1
Tel (07 81) 4 18 41 · Fax 9 48 59 03
info@vollmer-durbach.de
www.vollmer-durbach.de
Inhaber und Betriebsleiter Andreas Vollmer
Kellermeister Hubert und Andreas Vollmer
Verkauf Familie Vollmer
Mo-Sa 8.00–12.00 · 13.00–18.00 Uhr
und nach Vereinbarung

Die Etiketten verraten es: Hubert Vollmer verfolgt einen kompromisslos qualitativ hochwertigen, klassischen Stil. Der geringe Restzuckergehalt ist meist ebenso auf den Flaschen dokumentiert. In diesem Jahr hat uns der Spätburgunder Henricus 2015 besonders gefallen. Die saftigen Rieslinge sind ausgezeichnet, der gehaltvolle Chardonnay besitzt enorme Fülle. Bei den Weißburgundern hat es uns der einfache Kabinett mit seinem Trinkfluss angetan.

Verkostete Weine 12
Bewertung 82–88 Punkte

- 82 2015 Durbacher Kochberg Spätburgunder Rosé Sekt Brut | 12,5% | 8,90 €
- 83 2015 Durbacher Kochberg Klingelberger (Riesling) Sekt Brut | 12,5% | 8,90 €
- 86 2015 Durbacher Kochberg Chardonnay trocken Barrique | 13% | 9,40 €
- 84 2016 Durbacher Kochberg Weißburgunder Kabinett trocken | 12,5% | 5,20 €
- 83 2016 Durbacher Kasselberg Weißburgunder Kabinett trocken | 13,5% | 6,20 €
- 84 2016 Durbacher Kasselberg Klingelberger (Riesling) Kabinett trocken | 13% | 6,20 €
- 85 2016 Durbacher Kasselberg Klingelberger (Riesling) Spätlese trocken | 13% | 11,80 €
- 86 2016 Durbacher Kasselberg Weißburgunder Spätlese trocken | 13,5% | 11,80 €
- 86 2016 Durbacher Kochberg Klingelberger (Riesling) Henricus Spätlese trocken | 13% | 15,50 €
- 87 2015 Durbacher Kochberg Gewürztraminer Spätlese | 12,5% | 7,40 €
- 83 2016 Durbacher Kochberg Spätburgunder trocken Rosé | 13% | 4,90 €/1,0 Lit.
- 88 2015 Durbacher Kochberg Spätburgunder Henricus trocken Barrique | 13% | 17,40 €

Weinbewertung in Punkten
100 Perfekt • 95 bis 99 Überragend • 90 bis 94 Exzellent
85 bis 89 Sehr gut • 80 bis 84 Gut

WEINGUT FRITZ WASSMER

79189 Bad Krozingen-Schlatt
Lazariterstraße 2
Tel (0 76 33) 39 65 · Fax 44 58
mail@weingutfritzwassmer.de
www.weingutfritzwassmer.de
Inhaber und Betriebsleiter Fritz Waßmer
Verkauf Fritz Waßmer
Mo-Fr 9.00–18.00 Uhr, **Sa** 10.00–16.00 Uhr
Sehenswert Lazariterquelle
Rebfläche 38 Hektar
Jahresproduktion 192.000 Flaschen
Beste Lagen Malterdinger Bienenberg, Kenzinger Roter Berg
Boden Löss mit Kalkverwitterungsgestein, roter Ton, Muschelkalk, Mergel
Rebsorten 61% Spätburgunder, 13% Grauburgunder, 12% Weißburgunder, je 3% Chardonnay und Syrah, 8% übrige Sorten

Fasziniert von der Weinbereitung, begann Fritz Waßmer als Spätberufener sein intensives Studium des Weinbaus und der Kellerwirtschaft im Jahre 1998. Nach und nach übernahm er Parzellen in den besten Lagen rund um den heimatlichen Ort Schlatt. Sein Streben nach der maximalen Intensität und Würze teilt sich in all seinen Weinen mit. Bereits die Einstiegsqualitäten weisen eine enorme Güte auf. Mittlerweile verfügt Waßmer über Weinberge im Breisgau, dem Markgräflerland und am Kaiserstuhl und es gelingt ihm, die Lagenunterschiede in seinen Weinen schmeckbar zu machen. Seine Weine sind immer gepaart mit satter Konzentration und fein dosierter und doch deutlicher Holzprägung. Dass der Holzeinsatz manchem durchaus zu viel sein kann, liegt in der kompromisslosen Stilistik von Fritz Waßmer. Bei aller Konzentration muss man in der Regel keinen Verlust an Finesse oder Eleganz hinnehmen. Wem die Waßmer-Stilistik gefällt, fühlt sich eher mit Wucht und Kraft bereichert. In diesem Jahr kamen einige spektakuläre neue Selektionen hinzu. Herausragend war einmal mehr der luxuriöse Spätburgunder CCL, bei dem von Kopf bis Fuß einfach alles stimmt. Dabei zeigen sich alle Weine auch im Anbruch sehr oxidationsstabil, was ein untrüglicher Hinweis darauf ist, dass der Einsatz von neuem Holz hier keine Effekthascherei ist, sondern wohl durchdachtes, stilistisches Kalkül ohne Kompromiss!

BADEN

Verkostete Weine 23
Bewertung 87–93 Punkte

- 89 2015 Weißburgunder »R« trocken Barrique | 14% | 16,50 €
- 89 2015 Grauburgunder »R« trocken Barrique | 14% | 16,50 €
- 89 2015 Sauvignon Blanc »R« trocken Barrique | 13,5% | 16,50 €
- 88 2015 Chardonnay trocken Barrique | 14% | 18,50 €
- 90 2015 Staufener Schlossberg Weißburgunder trocken Barrique | 13,5% | 44,– €
- 90 2015 Staufener Schlossberg Chardonnay trocken Barrique | 13,5% | 48,– €
- 90 2015 Bombacher Sommerhalde Grauburgunder trocken Barrique | 13,5% | 48,– €
- 92 2015 Achkarrer Schlossberg Grauburgunder trocken Barrique | 13,5% | 48,– €
- 88 2015 Spätburgunder trocken Barrique | 13% | 8,60 € | €
- 89 2015 Spätburgunder »M« trocken Barrique | 13,5% | 16,50 €
- 87 2015 Cabernet Franc & Merlot Cuvée Felix trocken Barrique | 14% | 24,50 €
- 90 2015 Syrah trocken Barrique | 14% | 29,– €
- 90 2015 Spätburgunder trocken Alte Reben Barrique | 13,5% | 29,– €
- 91 2015 Spätburgunder »XXL« trocken Barrique | 13,5% | 39,– €
- 93 2015 Spätburgunder »CCL« trocken Barrique | 13,5% | 68,– €
- 89 2015 Kenzinger Roter Berg Merlot trocken Barrique | 13,5% | Preis auf Anfrage
- 89 2015 Achkarrer Schlossberg Syrah trocken Barrique | 13,5% | Preis auf Anfrage
- 90 2015 Staufener Schlossberg Cabernet Sauvignon trocken Barrique | 13,5% | Preis auf Anfrage
- 90 2015 Kaiserberg Cabernet Franc Steinbruch trocken Barrique | 13,5% | Preis auf Anfrage
- 91 2015 Bombacher Sommerhalde Spätburgunder trocken Barrique | 13,5% | Preis auf Anfrage
- 91 2015 Kenzinger Roter Berg Spätburgunder trocken Barrique | 13,5% | Preis auf Anfrage
- 92 2015 Kaiserberg Spätburgunder Steinbruch trocken Barrique | 13,5% | Preis auf Anfrage
- 91 2016 Syrah Beerenauslese | 11% | 29,80 €/0,375 Lit.

WEINGUT MARTIN WASSMER
79189 Bad Krozingen-Schlatt
Am Sportplatz 3
Tel (0 76 33) 1 52 92 · Fax 1 33 84
wassmer-krozingen@t-online.de
www.weingut-wassmer.de
Inhaber und Betriebsleiter Martin Waßmer
Verkauf Martin und Sabine Waßmer
Mo–Sa 9.00–18.00 Uhr
Mo–Sa 8.00–20.00 Uhr (April–Juni)
Sehenswert restaurierte grandiose Weinbergslage Dottinger Castellberg
Rebfläche 30 Hektar
Jahresproduktion 170.000 Flaschen
Beste Lagen Schlatter Maltesergarten, Laufener Altenberg, Auggener Letten, Ballrecht-Dottinger Castellberg, Ehrenstetter Ölberg, Staufener Schlossberg
Boden Lösslehm mit Kalk, Kalksteinverwitterung mit Löss, Mergel, roter Ton
Rebsorten 60% Spätburgunder, 20% weiße Burgundersorten, 20% übrige Sorten

Die diesjährige Kollektion von Martin Waßmer ist absolut beeindruckend und orientiert sich in der Aromatik wie gewohnt an französischen Vorbildern. Das wird nicht nur deutlich beim Sauvignon Blanc, der in seiner Stilistik an einen Sancerre von der Loire erinnert, oder an dem archetypischen Syrah, sondern auch an den Bordeaux-Rebsorten, die im mächtigen Chapelle zum Einsatz kommen. Auch die für Baden typischen Rebsorten orientieren sich am französischen Vorbild. Weißburgunder, Grauburgunder und Chardonnay besitzen leuchtend intensive Farben, insbesondere im GC-Bereich. Die Säure ist prägnant und lebendig, was den Weißweinen ein langes Leben verspricht. Die Spätburgunder zählen zu den besten in Baden und darüber hinaus. Selbst der einfache Spätburgunder Markgräflerland ist von großer Qualität.

Verständnis für Naturzyklen

Das Verständnis und den Respekt für die Zyklen der Natur sowie das Zusammenspiel von Witterung, Boden und Mikroklima nahm Martin Waßmer im landwirtschaftlichen Betrieb seiner Familie quasi mit der Muttermilch auf. Das Interesse für Wein wurde durch große Burgunder geweckt. Seit 1997 baut Martin Waßmer seine eigenen

Weine aus. Dass er es in diesen gerade mal 20 Jahren geschafft hat, zu einem der profiliertesten Winzer Deutschlands zu avancieren, ist seiner Demut und Leidenschaft sowie seinem unbändigen Qualitätsstreben und Innovationdrang zuzuschreiben.

Martin Waßmer

So begann er bereits mit Dichtpflanzungen in seinen Rebanlagen mit 10.000 bis 12.000 Stöcken je Hektar, als hierzulande nur wenigen die Bedeutung dieser Maßnahme klar war. Die Erträge reduziert er auf 4.000 Liter pro Hektar im Durchschnitt. Die Bewirtschaftung erfolgt umweltschonend und naturnah. Geerntet wird ausschließlich per Hand, die Vinifikation der Rotweine erfolgt in offenen Holzbottichen nach burgundischer Tradition, der Ausbau findet in Pièces (228 Liter) der besten Küfer des Burgund statt. Die einfachen Weißweine gären im Stahltank, die Lagenweine direkt in den kleinen Holzfässern. Martin Waßmer entwickelte mit den Jahren seinen ganz eigenen, unverkennbaren Stil, eine wiedererkennbare Handschrift mit großem Charakter.

Lagenklassifikation

Das Weingut Martin Waßmer befindet sich in Schlatt bei Bad Krozingen, unterhalb von Freiburg im Breisgau. Neben dem Schlatter Maltesergarten liegen die besten Lagen wie Dottinger Castellberg, Auggener Letten, Staufener Schlossberg und Ehrenstetter Ölberg bis zu 20 Kilometer entfernt, der Glottertäler Roter Bur sogar über 30 Kilometer. Die Gutsweine, die für das Weingut ein wichtiger Bestandteil des Sortiments sind, werden im Schnitt mit einem Ertrag von 5.500 Liter pro Hektar geerntet, was in diesem Einstiegsbereich ausgeprochen wenig ist. Die Selektions- und Lagenweine sind mit der Bezeichnung SW für Selektion Waßmer gekennzeichnet. Die mit GC gekennzeichneten Spitzenweine werden mit einem Ertrag von gerade einmal 2.000 bis 2.500 Liter pro Hektar geerntet, um ihre Konzentration und Dichte zu maximieren. Seit 2016 verbessert ein neues Kelteregebäude die Verarbeitung des Lesegutes.

Verkostete Weine 12
Bewertung 88–93 Punkte

88 2016 Sauvignon Blanc »SW« Spätlese trocken | 13,5% | 18,50 €
90 2016 Staufener Schlossberg Weißburgunder Spätlese trocken | 13,5% | 29,- €
90 2016 Achkarrer Schlossberg Grauer Burgunder »GC« Spätlese trocken | 13,5% | 38,- €
91 2016 Auggener Letten Grauer Burgunder »GC« Spätlese trocken | 14% | 42,- €
90 2016 Dottinger Castellberg Chardonnay »GC« Spätlese trocken | 13,5% | 58,- €
89 2015 Spätburgunder trocken | 13,5% | 9,50 € | €
90 2015 Schlatter Spätburgunder »SW« trocken | 13% | 28,- €
90 2015 Dottinger Castellberg Syrah trocken | 14,5% | 34,- €
92 2015 Ehrenstetter Ölberg Spätburgunder »GC« trocken | 13,5% | 45,- €
93 2015 Schlatter Maltesergarten Pinot Noir »GC« trocken | 13,5% | 49,- €
90 2015 Ehrenstetter Ölberg Cuvée Chapelle trocken | 14,5% | 66,- €
93 2015 Dottinger Castellberg Pinot Noir »GC« trocken | 14% | 68,- €

☆ ★ **BADEN**

WEINGUT WEBER

77955 Ettenheim · Im Offental 1
Tel (0 78 22) 89 48 48 · Fax 89 48 12
info@weingut-weber.de
www.weingut-weber.de
Inhaber Werner, Margot und Michael Weber
Betriebsleiter Michael Weber
Verkauf Familie Weber
Mo–Fr 10.00–18.00 Uhr, **Sa** 10.00–14.00 Uhr

Modernität steht im Vordergrund beim Weingut Weber in Ettenheim. Die spektakuläre Architektur in Verkaufsraum und Weinkeller, die aufgeräumten Etiketten und eine entsprechende, blitzsaubere Weinstilistik passen hier in besonderer Weise zum Gesamtauftritt. Die Reben wachsen auf kalkhaltigem Lössboden des Ettenheimer Kaisergbergs. Die angeschlossene Gastronomie der Familie Weber bietet einen rustikal gemütlichen Gastraum und im Sommer eine schöne Terrasse.

Verkostete Weine 8
Bewertung 81–85 Punkte

82 2016 Ettenheimer Kaiserberg Grauburgunder SE trocken | 13% | 8,50 €
83 2016 Ettenheimer Kaiserberg Riesling SE trocken | 12% | 8,50 €
84 2016 Ettenheimer Kaiserberg Weißburgunder SE trocken | 13% | 8,50 €
85 2016 Ettenheimer Kaiserberg Sauvignon Blanc SE trocken | 12% | 9,50 €
85 2016 Ettenheimer Kaiserberg Weißburgunder Premium trocken | 13,5% | 15,- €
85 2016 Ettenheimer Kaiserberg Grauburgunder Premium trocken | 13,5% | 15,- €
85 2016 Ettenheimer Kaiserberg Spätburgunder Rosé SE trocken | 12,5% | 8,50 €
81 2014 Ettenheimer Kaiserberg Spätburgunder trocken Alte Reben | 13% | 16,- €

WEINGUT WEISHAAR

79356 Eichstetten · Hauptstraße 164
Tel (0 76 63) 48 00 · Fax 94 99 53
mail@weingut-weishaar.de
www.weingut-weishaar.de
Inhaber Familie Weishaar
Betriebsleiter Karl-Heinz Weishaar
Kellermeister Markus Weishaar
Verkauf Familie Weishaar (März–Dez.)
Fr 14.00–18.00 Uhr, **Sa** 10.00–13.00 Uhr
und nach Vereinbarung

Die fruchtige Stilistik der Weißweine ist sehr publikumswirksam, mit fein abgestimmtem Restzucker, viel Saft und Schmelz. Neben den Burgundersorten kann sich ein im Barrique gereifter Riesling sehr gut in Szene setzen. In seiner Fülle erinnert er mehr an einen guten Pfälzer als einen Kaiserstühler, das Holz ist bestens eingebunden. Von den weißen Dreistern-Selektionen gefällt uns der lebendige Weißburgunder am besten. Die Rotweine sind empfehlenswert, vor allem der Pinot Noir 2010 und Dreistern 2014. Den unerhört preiswerten, feinherben Muskateller Kabinett sollte man nicht verpassen.

Verkostete Weine 12
Bewertung 82–87 Punkte

83 2012 Eichstetter Herrenbuck Chardonnay Sekt Brut | 13% | 12,- €
84 2015 Eichstetter Herrenbuck Grauburgunder Dreistern trocken | 14% | 12,50 €
85 2015 Eichstetter Herrenbuck Weißburgunder Dreistern trocken | 14% | 12,50 €
85 2015 Eichstetter Herrenbuck Chardonnay Dreistern trocken | 14% | 13,50 €
87 2015 Riesling Wildes Grub Spontan trocken Holzfass | 12% | 30,- €/1,5 Lit.
82 2016 Eichstetter Herrenbuck Weißburgunder Kabinett trocken | 13% | 6,90 €
83 2016 Eichstetter Herrenbuck Grauburgunder Kabinett trocken | 13,5% | 6,90 €
83 2016 Eichstetter Herrenbuck Riesling Kabinett feinherb | 11,5% | 6,60 €
87 2016 Eichstetter Herrenbuck Muskateller Kabinett feinherb | 11,5% | 6,60 €
83 2014 Eichstetter Herrenbuck Spätburgunder trocken | 13% | 7,30 €
86 2014 Eichstetter Herrenbuck Pinot Noir trocken | 13% | 15,- €
86 2010 Eichstetter Herrenbuck Pinot Noir trocken | 13% | 15,- €

Symbole Weingüter
€ Schnäppchenpreis · TOP Spitzenreiter · BIO Ökobetrieb
🍷 Trinktipp · 🔨 Versteigerungswein

Sekt Weißwein Rotwein Rosé

★

WEINGUT MICHAEL WIESLER
79219 Staufen · Krozinger Straße 26
Tel (0 76 33) 69 05 · Fax 69 17
kontakt@weingut-wiesler.de
www.weingut-wiesler.de
Inhaber und Betriebsleiter Michael Wiesler
Verkauf Mo-Fr 15.00-18.30 Uhr
Sa 9.00-13.30 Uhr
Im Gutsausschank **Do-Fr** ab 17.00 Uhr,
Sa-So ab 16.00 Uhr (April-Mai, Sept.-Okt.)

Großvater Wiesler veredelte und pflanzte 1954 einige der heute noch bestehenden Weinberge. Von diesem beachtlichen Rebalter profitiert beispielsweise der kraftvoll strukturierte Spätburgunder Edition. Die Weißweine sind allesamt fruchtig, jedoch keineswegs nur fruchtbetont, denn langer Hefekontakt verleiht insbesondere den Sur-lie-Abfüllungen eine besondere Vielschichtigkeit und einen stilvollen Charakter.

Verkostete Weine 12
Bewertung 82-86 Punkte

82 2016 Staufener Schlossberg Gutedel trocken | 11,5% | 4,50 €/1,0 Lit.
83 2016 Staufener Schlossberg Gutedel trocken | 11,5% | 5,80 €
86 2015 Staufener Schlossberg Gutedel Edition trocken Alte Reben »sur lie« | 12% | 7,40 €
84 2016 Staufener Schlossberg Grauburgunder trocken | 13% | 7,80 €
85 2015 Staufener Schlossberg Spätburgunder trocken Blanc de Noirs | 13% | 7,80 €
83 2016 Staufener Schlossberg Grauburgunder & Riesling Lieschen trocken Edition | 12% | 8,50 €
85 2016 Staufener Schlossberg Grau- & Weißburgunder Gretchen trocken Edition | 13% | 10,50 €
84 2015 Staufener Schlossberg Weißburgunder Edition trocken Alte Reben »sur lie« | 13% | 12,- €
84 2015 Staufener Schlossberg Riesling Edition feinherb »sur lie« | 12,5% | 8,50 €
84 2015 Staufener Schlossberg Gewürztraminer Edition feinherb | 12% | 10,50 €
83 2013 Staufener Schlossberg Spätburgunder trocken Holzfass | 12,5% | 8,20 €
85 2011 Staufener Schlossberg Spätburgunder Edition trocken Alte Reben Barrique | 14% | 22,- €

Symbole Weingüter
★★★★★ Weltklasse · ★★★★ Deutsche Spitze
★★★ Sehr Gut · ★★ Gut · ★ Zuverlässig

★★★★⯪

WEINGUT WÖHRLE
77933 Lahr · Weinbergstraße 3
Tel (0 78 21) 2 53 32 und 95 71 90 · Fax 3 93 98
info@woehrle-wein.de
www.woehrle-wein.de
Inhaber Tanja und Markus Wöhrle
Betriebsleiter Markus Wöhrle
Kellermeister Markus Wöhrle
Verkauf Familie Wöhrle
Mo-Fr 17.00-19.00 Uhr
Sa 10.00-14.00 Uhr und nach Vereinbarung
Historie 1979 Privatisierung des städtischen Weinguts durch Fusion mit dem Betrieb der Familie Wöhrle
Rebfläche 15 Hektar
Jahresproduktion 100.000 Flaschen
Beste Lage Lahrer Kronenbühl, Kirchgasse, Herrentisch
Boden humoser Lösslehm
Rebsorten 25% Spätburgunder, 23% Grauburgunder, 18% Weißburgunder, 13% Auxerrois, je 5% Chardonnay, Müller-Thurgau und Riesling, je 3% Muskateller und Rieslaner
Mitglied VDP, 13 Breisgauer Weingüter

Der qualitative Aufstieg der Weine von Markus und Tanja Wöhrle ist logische Konsequenz permanenter Perfektionierung. In allen Bereichen sucht Markus Wöhrle in den vergangenen Jahren die Stellschrauben fein zu justieren. Markus war einer der letzten Lehrlinge des legendären Weinmachers Hans-Günther Schwarz, der bei Müller-Catoir bis zum Jahrgang 2001 überragende Weine von Weltruhm erzeugte. Es ist dessen Philosophie des kontrollierten Nichtstuns, die Markus Wöhrle ersten Antrieb verlieh, sowie sein akribischer Tatendrang, der heute eine Produktpalette hervorbringt, die auf Augenhöhe mit den Topbetrieben Badens steht. Alle Ortsweine sind hervorragend und dramatisch preiswert. Hier besticht der Auxerrois mit Vielschichtigkeit und explosiver Säure. Der Grauburgunder ist jahrgangsbedingt dem Weißburgunder überlegen. Die Großen Gewächse haben sich Jahr um Jahr qualitativ in der badischen Hierarchie nach oben gearbeitet. Der Lahrer Gottesacker Chardonnay besitzt weit tragende Aromen und große Tiefe. Die Rotweine sind unglaublich klar und mit brillanter Balance ausgestattet. Einige Weine benötigen Zeit und größer Gläser, auch Dekantieren wäre ratsam.

BADEN

Verkostete Weine 11
Bewertung 88–93 Punkte

88 2016 Lahrer Weißburgunder trocken
| 13% | 9,10 € | €
89 2016 Lahrer Grauburgunder trocken
| 13% | 9,10 € |
89 2016 Lahrer Auxerrois trocken | 12,5% | 9,80 € | €
89 2016 Lahrer Kronenbühl Weißburgunder trocken
| 13,5% | 13,90 €
90 2016 Lahrer Kronenbühl Grauburgunder trocken
| 13,5% | 13,90 €
90 2016 Lahrer Herrentisch Weißburgunder »Großes Gewächs« | 13,5% | 21,50 €
92 2016 Lahrer Kirchgasse Grauburgunder »Großes Gewächs« | 13,5% | 21,50 €
93 2016 Lahrer Gottesacker Chardonnay »Großes Gewächs« | 13% | 24,50 € | TOP 10
88 2015 Lahrer Spätburgunder trocken
| 13% | 14,50 € | €
90 2015 Lahrer Kronenbühl Spätburgunder trocken
| 13,5% | 19,– €
91 2015 Lahrer Kirchgasse Spätburgunder »Großes Gewächs« | 13,5% | 29,– €

WEINGUT GRAF WOLFF METTERNICH
77770 Durbach · Grol 4
Tel (07 81) 4 27 79 · Fax 4 25 53
info@weingut-metternich.de
www.weingut-metternich.de
Inhaber und Betriebsleiter Gertraud Hurrle
Außenbetrieb und Kellermeister René Huber
Verkauf Gertraud Hurrle
Mo–Fr 8.00–12.00 Uhr · 13.00–17.00 Uhr
Sa 10.00–13.00 Uhr und nach Vereinbarung
Pension im Herrenhaus
Historie Weinbau seit 1180
Sehenswert ehemaliger Schlosskeller, das renovierte Trotthaus, die 1980 erbaute Vinothek, ältester Sauvignon Blanc-Weinberg Deutschlands
Rebfläche 25 Hektar
Jahresproduktion 100.000 Flaschen
Beste Lagen Durbacher Schloss Grohl und Schlossberg
Boden Granitverwitterung
Rebsorten 31% Spätburgunder, 28% Riesling, je 10% Weißburgunder und Grauburgunder, 6% Müller-Thurgau, 5% Chardonnay, 4% Traminer, 6% übrige Sorten

Das Portfolio des traditionsreichen Gutes in Durbach hat viel zu bieten. Wer auf der Suche ist nach einem ernsthaften, rassig-trockenen Rosé, wird beim Spätburgunder Kabinett aus 2016 fündig. Die Klingelberger Rieslinge sind allesamt fein durchdekliniert, sehr auf Straffheit und schlanke Frucht gebaut, sie kommen ohne süßliche Exotik aus. Insbesondere der Liter-Riesling bietet eine wahrhaft klare und lebendige Frucht mit begrenztem Restzucker. Bei den Burgundersorten hat der Grauburgunder heuer die Nase vor dem Weißburgunder vorn. Der Geheimrat Haeuser ist breitschultrig und die Spätlese besitzt mehr Dichte und druckvolle Säure. Die Sauvignons sind beide würzig und saftig. Die Sauvignon Spätlese besitzt eine etwas größere Spurbreite und vielleicht etwas zu viel Fülle. Die Scheurebe Beerenauslese ist der herausragende Wein mit satter Intensität und großer Stoffigkeit.

★★

Verkostete Weine 12
Bewertung 83–89 Punkte

84 2016 Durbacher Klingelberger Riesling trocken | 11,5% | 6,- €/1,0 Lit.
87 2016 Durbacher Grauer Burgunder Geheimrat Haeuser trocken | 13% | 8,50 €
85 2016 Durbacher Schlossberg Sauvignon Blanc trocken | 12% | 9,90 €
85 2016 Durbacher Schloss Grohl Weißer Burgunder Kabinett trocken | 12,5% | 9,50 €
86 2016 Durbacher Schloss Grohl Klingelberger Riesling Kabinett trocken | 12% | 9,90 €
86 2016 Durbacher Schlossberg Klingelberger Riesling Spätlese trocken | 12% | 12,50 €
88 2016 Durbacher Schloss Grohl Grauer Burgunder Spätlese trocken | 13,5% | 12,50 €
87 2016 Durbacher Schloss Grohl Sauvignon Blanc Spätlese trocken | 13,5% | 14,90 €
89 2015 Durbacher Schloss Grohl Scheurebe Beerenauslese | 11,5% | 35,- €/0,5 Lit.
86 2016 Durbacher Schlossberg Spätburgunder Rosé Kabinett trocken | 13% | 9,50 €
84 2013 Durbacher Schlossberg Spätburgunder trocken | 13% | 9,50 €
83 2012 Durbacher Schlossberg Spätburgunder Spätlese trocken | 14% | 12,50 €

WEINGUT ZÄHRINGER
79423 Heitersheim · Johanniterstraße 61
Tel (0 76 34) 50 48 90 · Fax 5 04 89 99
info@weingut-zaehringer.de
www.weingut-zaehringer.de
Inhaber Fabian Zähringer
Betriebsleiter Paulin Köpfer
Außenbetrieb Aurelia Warther
Kellermeister Burkhard Schopferer
Verkauf Familie Zähringer
Mo–Fr 9.00–12.00 Uhr · 14.00–18.00 Uhr
Sa 10.00–13.00 Uhr und nach Vereinbarung
Historie seit der Gründung 1844 in Familienbesitz, Pionierbetrieb des ökologischen und biodynamischen Weinbaus
Sehenswert historischer Innenhof und Weinkeller
Rebfläche 20 Hektar
Jahresproduktion 300.000 Flaschen
Beste Lagen Heitersheimer Sonnhohle und Maltesergarten, Dottinger Castellberg
Boden mittelschwerer Lehm, Löss
Rebsorten 30% Spätburgunder, 20% Grauburgunder, 15% Gutedel, je 10% Chardonnay und Weißburgunder, 15% übrige Sorten
Mitglied Ecovin, Demeter, Slow Food, Generation Riesling

Zu Recht verweist die Familie Zähringer mit Stolz auf die im Jahre 1844 begründete Weinbautradition. Aus dieser Perspektive erscheint biologische und biodynamische Bewirtschaftung eher unspektakulär modern. Die eigenen 15 Hektar werden von Zukäufen aus weiteren 40 Hektar ergänzt, sodass stattliche 300.000 Flaschen vermarktet werden. Wolfgang Zähringers Weine sind vom einfachen Literwein bis zum hochwertigen Pinot Noir sortentypisch, gekonnt und ihr Geld wert. Die hochwertige SZ-Serie ist zumindest in diesem Jahr ein Garant für ausgezeichnete Qualität.

BADEN

Verkostete Weine 12
Bewertung 82–88 Punkte

85 2015 Chardonnay Sekt Brut | 12% | 18,90 €
82 2016 Grauburgunder trocken | 12% | 7,50 €/1,0 Lit.
83 2016 Gutedel Vierlig trocken | 11,5% | 8,50 €
86 2016 Sauvignon Blanc trocken | 12% | 11,90 €
87 2015 Gewürztraminer trocken | 13,5% | 11,90 €
83 2016 Grauburgunder Vierlig trocken | 12,5% | 12,90 €
87 2015 Weißburgunder SZ trocken | 13% | 16,90 €
86 2015 Viognier SZ trocken | 13,5% | 19,90 €
88 2015 Chardonnay SZ trocken | 13% | 19,90 €
84 2015 Spätburgunder Vierlig trocken | 12,5% | 12,90 €
86 2015 Merlot trocken | 14% | 14,90 €
88 2015 Pinot Noir SR trocken | 12,5% | 25,- €

WEINGUT ZALWANDER

79364 Malterdingen · Hauptstraße 39
Tel (0 76 44) 92 38 37 · Fax 92 38 37
weingut@zalwander.de
www.zalwander.de
Inhaber Odin Bauer

Verkauf Odin Bauer
nach Vereinbarung

Rebfläche 1,3 Hektar
Jahresproduktion 7.000 Flaschen
Beste Lagen auf die Angabe von Lagen wird verzichtet
Boden Muschelkalk, Löss
Rebsorten 60% Spätburgunder, 30% Lemberger, 10% Grauburgunder
Mitglied 13 Breisgauer Weingüter

Neben seiner Tätigkeit als Kellermeister beim Gleichenstein'schen Weingut in Oberrotweil arbeitet Odin Bauer an seiner eigenen, kleinen Weinproduktion unter dem Namen Zalwander. Seine Weine haben mit normalen Gewächsen nichts zu tun. Man betrachte nur einmal den außergewöhnlichen Grauburgunder. Während viele Spitzenwinzer bemüht sind, aus dieser Rebsorte heute deutlich schlankere, präzisere und elegantere Weine als zuvor zu erzeugen, ist der Zalwander-Grauburgunder das genaue Gegenteil. Seine intensive, leuchtende Farbe signalisiert es bereits. Was dann in Mund und Nase erscheint, erinnert eher an einen weißen Châteauneuf-du-Pape, mächtig und üppig, mit Aromen wie reife Birne und Banane, voluminös und eigenwillig im Charakter. Auch die Spätburgunder orientieren sich an französischen Archetypen. Der 2007er Spätburgunder könnte durchaus ein gereiftes Exemplar eines Nuits-St.-Georges ersetzen. Der 2014er Spätburgunder entzog sich in seiner jugendlich unfertigen Art unserer Bewertung. Hier sollte man noch abwarten, vermutlich jedoch nicht so lange, wie es für den 2007er bereits geschehen ist.

★★★★

Verkostete Weine 3
Bewertung 78–90 Punkte

90 2015 Grauburgunder Harte Erde Landwein trocken Barrique | 13,5% | 20,- €
87 2007 Spätburgunder trocken Barrique | 13,5% | 15,- €

WEINGUT ZIEREISEN
79588 Efringen-Kirchen · Markgrafenstraße 17
Tel (0 76 28) 28 48 · Fax 94 16 62
kontakt@ziereisen.de
www.ziereisen.de
Inhaber und Betriebsleiter Hanspeter Ziereisen
Kellermeister Hanspeter Ziereisen
Verkauf Edeltraud Ziereisen
Do–Fr 8.00–12.30 Uhr · 14.00–18.00 Uhr
Sa 8.00–12.30 Uhr · 14.00–16.00 Uhr
und nach Vereinbarung
Rebfläche 16 Hektar
Jahresproduktion 110.000 Flaschen
Beste Lagen auf Lagennennung wird verzichtet
Boden Jurakalk
Rebsorten 45% Spätburgunder, 25% Gutedel, 11% Weißburgunder, 8% Grauburgunder, je 5% Chardonnay und Syrah, 1% Gewürztraminer

Hanspeter Ziereisen ist ein neugieriger, unerschrockener Winzer mit regionaler Bodenhaftung, ein durch und durch stolzer Markgräfler. Das macht sich nicht nur bei seinem starken Akzent bemerkbar. Er braucht keinen Style, legt keinen Wert auf Äußerlichkeiten. Was er absolut verkörpert, ist gelebte Qualität. Besondere Aufmerksamkeit schenkt er der regional bedeutenden Sorte Gutedel, die er für weit unterschätzt hält. Um das Potenzial in diesen Weinen herauszuarbeiten, reduziert er die Erträge stark, gewährt Maischestandzeiten und langes Hefelager oder benutzt 600-Liter-Tonneaux für die Reifung. Das Ergebnis ist tatsächlich beeindruckend. Vor allem beim Jaspis 10 hoch 4, der mit einer Länge und Struktur aufwartet, wie man diese bei einem Gutedel niemals erwarten würde.

Spürbare Gerbstoffstruktur
Mit der deutlich spürbaren Gerbstoffstruktur in den Weißweinen kommt nicht jeder Verkoster zurecht, der bremsende Eindruck am Gaumen geht auf Kosten des Trinkflusses. Bei den weißen Burgundersorten ragt in diesem Jahrgang der Grauburgunder Jaspis Alte Reben hervor, der als 2014er deutlich zeitverzögert auf den Markt kommt. Es ist eben auch die Zeit, die es braucht, um Qualität zu erzeugen. Hanspeter Ziereisen gönnt seinen Weinen diese Zeit. Die Spätburgunder kommen nun mit dem Jahrgang 2014 heraus, besitzen allerdings meist jugendlichere Aromen

BADEN

als viele 2015er von anderen badischen Erzeugern. Tschuppen und Talrain aus dem Einstiegsbereich besitzen feste Gerbstoffe, eine fordernde Struktur und ausgezeichnete Intensität. Im gehobenen Segment erinnert der kraftvolle Spätburgunder Rhini mit seiner Würze durchaus auch an einen großen Nebbiolo, während der Pinot Noir Jaspis deutlich eleganter und burgunderhaft erscheint. Der grandiose Spätburgunder Jaspis Alte Reben aus 2012 zeigt sich unglaublich jugendlich und frisch, mit markanten Konturen, robuster Fülle und langen, feinwürzigen Gerbstoffen. Darauf kann man wirklich stolz sein.

Hanspeter Ziereisen

Verkostete Weine 12
Bewertung 86–92 Punkte

86 2016 Gutedel Viviser Landwein trocken Holzfass | 12% | 8,30 €
87 2015 Weißer Burgunder Landwein trocken Holzfass | 13% | 9,30 €
88 2014 Gutedel Steingrüble Landwein trocken Holzfass | 12% | 12,80 €
88 2014 Weißer Burgunder Lügle Landwein trocken Holzfass | 13% | 18,- €
91 2014 Grauer Burgunder Jaspis Landwein trocken Alte Reben Holzfass | 12,5% | 50,- €
91 2014 Gutedel Jaspis 10hoch4 Landwein trocken Holzfass | 12% | 125,- €
88 2014 Spätburgunder Tschuppen Landwein trocken Barrique | 12,5% | 12,- € | €
89 2014 Spätburgunder Talrain Landwein trocken Barrique | 12,5% | 17,80 €
89 2014 Syrah Gestad Landwein trocken Barrique | 12,5% | 22,- €
90 2014 Spätburgunder Rhini Landwein trocken Barrique | 12,5% | 34,- €
91 2014 Pinot Noir Jaspis Landwein trocken Barrique | 12,5% | 45,- €
92 2012 Spätburgunder Jaspis Landwein trocken Alte Reben Barrique | 12,5% | 70,- €

WEINGUT ZIMMERLIN

79268 Bötzingen · Kirchweg 2
Tel (0 76 63) 12 96 · Fax 35 10
info@weingut-zimmerlin.com
www.weingut-zimmerlin.com
Inhaber Alexander Steiner
Verkauf Alexander Steiner
Mo–Fr 9.00–13.00 Uhr und nach Vereinbarung

Das Weingut Zimmerlin wurde 1955 in Bötzingen am malerischen Kaiserstuhl gegründet. Im Jahre 2010 übernahm der ehemalige Versicherungsmanager Alexander Steiner als Aussteiger mehrheitlich den Betrieb, um eine neue Herausforderung anzunehmen. Ansprechende Qualität zu moderatem Preis mit einer modernen Ausstattung und zeitgemäßen Stilistik sind sein Ansatz für ein erfolgreiches Wirtschaften. Mit einem neuem Team und viel Enthusiasmus wird dieses Ziel nachhaltig verfolgt.

Verkostete Weine 9
Bewertung 79–85 Punkte

- **79** 2016 Cuvée Camerino trocken | 12,5% | 6,90 €/1,0 Lit.
- **82** 2016 Auxerrois Edition trocken | 12,5% | 7,60 €
- **83** 2016 Weißburgunder Edition trocken | 13% | 7,90 €
- **83** 2016 Grauburgunder Edition trocken | 13% | 8,30 €
- **85** 2016 Bötzinger Eckberg Weißburgunder trocken Alte Reben | 13% | 10,– €
- **85** 2016 Bötzinger Eckberg Grauburgunder trocken Alte Reben | 13% | 10,10 €
- **81** 2016 Spätburgunder Edition trocken Rosé | 13% | 7,50 €
- **83** 2014 Spätburgunder Edition trocken | 13% | 7,90 €
- **83** 2012 Spätburgunder Premium Spätlese trocken | 12,5% | 16,80 €

WEINGUT ZIMMERMANN

79418 Schliengen
Auf dem Schliengener Berg Bürgelnblick 1
Tel (0 76 35) 6 65 · Fax 4 63
info@zimmermann-wein.de
www.zimmermann-wein.de
Inhaber und Betriebsleiter Karl-Ernst Zimmermann
Verkauf Carolin Müller
Mo–Fr 9.00–14.00 Uhr und nach Vereinbarung

Das Weingut Zimmermann bei Schliengen im Markgräflerland erzeugt klare, saubere und fruchtbetont einladende Weine, die ein breites Publikum ansprechen. Die Lagen am Schliengener Berg finden sich in der Bezeichnung Rhine Hill wieder. Die Gutedel sind klar und geradlinig, die Burgundersorten zeigen eine sehr vielschichtige Interpretation von schlank bis kräftig. Besonders überzeugend sind der rassig-sortentypische Sauvignon Happy Hill und der mächtige Syrah Angel Hill.

Verkostete Weine 12
Bewertung 78–87 Punkte

- **84** 2015 Cuvée 3 Sekt Brut | 12,5% | 15,– €
- **83** 2015 Riesling Crémant extra Brut | 12,5% | 15,– €
- **82** 2016 Gutedel Rhine Hill trocken | 12% | 4,90 €/1,0 Lit.
- **83** 2016 Gutedel Rhine Hill BB trocken | 12% | 6,80 €
- **85** 2016 Roter Gutedel Rhine Hill trocken | 12% | 6,80 €
- **82** 2016 Chardonnay Rhine Hill trocken | 13% | 7,90 €
- **83** 2016 Weißburgunder Rhine Hill trocken | 13% | 7,90 €
- **83** 2016 Grauburgunder Rhine Hill trocken | 13,5% | 7,90 €
- **87** 2016 Sauvignon Blanc Happy Hill trocken | 13% | 9,90 €
- **85** 2015 Cabernet Franc Angel Hill trocken Barrique | 14% | 25,50 €
- **86** 2015 Syrah Angel Hill trocken Barrique | 14% | 25,50 €

Symbole Weingüter
★★★★★ Weltklasse • ★★★★ Deutsche Spitze
★★★ Sehr Gut • ★★ Gut • ★ Zuverlässig

Weinbewertung in Punkten
100 Perfekt • 95 bis 99 Überragend • 90 bis 94 Exzellent
85 bis 89 Sehr gut • 80 bis 84 Gut

WEINGUT JULIUS ZOTZ
79423 Heitersheim · Staufener Straße 3
Tel (0 76 34) 10 59 · Fax 47 58
info@weingut-zotz.de
www.weingut-zotz.de
Inhaber Martin, Julian und Michael Zotz
Betriebsleiter Michael Zotz
Kellermeister Dennis Meindl

Verkauf Ulrika Martin
Mo–Fr 8.00–12.30 Uhr · 13.30–18.00 Uhr
April–Okt. **Sa** 9.00–16.00 Uhr
Nov.–März **Sa** 9.00–13.00 Uhr

Das Rebsortenportfolio des 1865 gegründeten Markgräfler Weinguts Julius Zotz bietet klassische Burgundersorten und den gebietstypischen Gutedel. Bei den Weißweinen gefielen uns besonders der Weißburgunder Reserve und der Chardonnay 500 aus 2015, der 2014er Pinot Noir aus dem Heitersheimer Maltesergarten war ebenso überzeugend. Die Süßweine sind klar und saftig.

Verkostete Weine 12
Bewertung 83–89 Punkte

83 Pinot & Chardonnay Sekt Brut | 13% | 11,50 €
84 2016 Heitersheimer Maltesergarten Gutedel Chasslie trocken »sur lie« | 12% | 6,90 €
87 2015 Heitersheimer Maltesergarten Chardonnay 500 trocken Barrique | 13,5% | 14,50 €
85 2015 Heitersheimer Maltesergarten Grauburgunder trocken Reserve Holzfass | 13,5% | 18,– €
86 2015 Heitersheimer Maltesergarten Weißburgunder trocken Reserve Holzfass | 13,5% | 18,– €
84 2016 Heitersheimer Maltesergarten Grauburgunder Kabinett trocken Alte Reben | 13,5% | 8,50 €
85 2016 Heitersheimer Maltesergarten Weißburgunder Kabinett trocken Alte Reben | 13% | 8,50 €
89 2015 Heitersheimer Maltesergarten Riesling Beerenauslese | 8% | 24,50 €/0,375 Lit.
88 2015 Heitersheimer Maltesergarten Gutedel Trockenbeerenauslese | 8,5% | 22,50 €/0,375 Lit.
85 2015 Heitersheimer Maltesergarten Spätburgunder trocken Alte Reben Holzfass | 13,5% | 9,50 €
87 2014 Heitersheimer Maltesergarten Pinot Noir trocken Barrique | 13,5% | 13,50 €
84 2014 Heitersheimer Maltesergarten Cabernet Sauvignon & Merlot Caruzzo trocken Barrique | 13,5% | 17,– €

Symbole Weingüter

★★★★★ Weltklasse
★★★★ Deutsche Spitze
★★★ Sehr gut
★★ Gut
★ Zuverlässig

FRANKEN WEINREGION

Frische, Finesse und die Flaschenfrage

Der Jahrgang 2016 brachte den fränkischen Winzern mehr Frische und Finesse als mancher Jahrgang zuvor. Für Aufruhr sorgt der neue Bocksbeutel. Immer häufiger finden sich auch ältere Jahrgänge in den Angebotslisten.

Foto: DWI

WEINREGION

Franken im Überblick

Rebfläche: 6.107 Hektar
Einzellagen: 216
Hauptrebsorten: Müller-Thurgau (27%), Silvaner (24%), Riesling (5%), Spätburgunder (4%).
Böden: Buntsandstein, lösshaltiger Lehm, Muschelkalk und Keuper
Selbstvermarktende Betriebe: 807
www.frankenwein-aktuell.de

Karte und Angaben: DWI

Das Wetter war 2016 in Franken zumindest eines: abwechslungsreich. Nach dem Regen in Mai und Juni folgte ein heißer August. Nach dem von enormer Hitze und Trockenheit geprägten Jahrgang 2015 hatten die Winzer zwar auf Niederschläge gehofft, jedoch war die Menge und Intensität der Regenschauer für die gerade aus dem Winterschlaf erwachten Rebstöcke vielerorts zu viel. In den über lange Zeit viel zu nassen Weinbergen breitete sich Pernospora (Falscher Mehltau) aus. Während der Spätfröste Ende April kam es zudem zu erheblichen Schäden an den jungen Trieben. Zu allem Unglück ging am 30. Mai massiver Hagel über dem Maindreieck nieder. Dem ereignislosen Juli folgte ein heißer August, in dem nicht nur Junganlagen bewässert werden mussten. Nur die perfekten Lesetage im September entschädigten die Weinbauern für die wechselhaften Launen des Jahrgangs.

Die sich ändernden klimatischen Bedingungen stellen die Winzer in Franken wie anderswo vor diverse Herausforderungen: Die Trauben werden in immer kleineren Zeitabständen reif, Planung und Einsatz der Lesetrupps muss präziser und spontaner als in früheren Zeiten erfolgen.

Das Bocksbeutel-Skandälchen

Die Erntemenge 2016 war zwar verhältnismäßig klein, dennoch lag sie mit Reifegraden und Mengen über den Werten des Vorjahrs. Nach den häufig etwas alkoholisch geratenen 2015ern erbrachte 2016 in der Regel mehr Frische und ausgewogenere Weine. Die Stimmung unter den Winzern war gut, Artur Steinmann, Präsident des Fränkischen Weinbauverbands, sprach von einem »tollen Finale für ein spannendes Jahr.« Was sich mit hoher Wahrscheinlichkeit nicht nur auf den Wein bezog, denn auch sonst war in Franken für Spannung gesorgt.

Wirbel entstand etwa um den neuen Bocksbeutel. Im Juli 2016 war er nach vierjähriger Entwicklungszeit bei erheblichem Kostenaufwand mit viel Tamtam eingeführt worden. Leider ließen sich nur wenige Winzer von den Vorzügen der kantigen neuen Flasche überzeugen, die als Bocksbeutel PS für einen gestiegenen Qualitätsanspruch stehen sollte. Vielfach landete sie als Sonderangebot in den fränkischen Supermärkten. Die meisten Winzer bestärkte die Aktion in ihrem Wunsch, ihr Sortiment künftig nur noch in Schlegel- oder Burgunderflaschen zu füllen. Dabei wäre die ungewöhnliche - wenn auch tatsächlich etwas unhandliche - Urflasche ein wirkliches Alleinstellungsmerkmal auf dem Markt gewesen.

Auf absehbare Zeit kommen die Frankenweine ohnehin noch im klassischen Bocksbeutel auf den Markt, vor allem der Silvaner, dessen Reifepotenzial immer noch sträflich unterschätzt wird. Ein besonderes Augenmerk haben beim Thema Reife die Weine vom Keuper verdient - eine Bodenformation, die älter ist als die Terroirs im Burgund! Ähnlich wie viele Weißweine der Côte d'Or sorgen die fränkischen Silvaner bei Präsentationen immer wieder für Erstaunen, weil ihre Charakteristik in der Jugend völlig verschlossen bleibt. Die kalte, steinige Schroffheit vieler Weine erfordert Geduld. Bringt man sie auf, belohnt einen reifer Silvaner mit ungeahnten Qualitäten als Speisebegleiter. Seine zurückhaltend mineralische Art lässt viele anspruchsvolle Gerichte regelrecht erstrahlen. Fran-

FRANKEN

ken hat eine ganze Reihe vielversprechender Jungwinzer. Lorenz Neder, Andi Weigand, Tobias Hemberger, Markus Schmachtenberger oder auch Oliver Six sind zusammen mit den schon bekannten und nicht mehr ganz so jungen Wilden wie Martin Schmitt, Stephan Krämer, Daniel Sauer, Christian Müller, Daniel Then oder Christian Ehrlich dabei, die fränkische Weinszene zu verändern. Ihr Motto: mehr Mut zum Risiko, gezieltes Arbeiten mit Maische und Spontanvergärung, langes Hefelager, nachhaltiges Arbeiten im Weinberg. Gut ausgebildet, spielen sie mit bekannten Techniken, um spannende neue Weine zu erzeugen.

Fränkisches Ethos

Ein weiteres Beispiel für den Aufbruch in Franken ist auch die »Ethos Gruppe« mit 13 Winzern, darunter mit Ilonka Scheuring auch eine Winzerin, die sich ein anderes Arbeiten im und um den Weinberg zum Ziel gesetzt hat. Ihr »Ethos Nr. 1« ist einer der anspruchsvollsten Silvaner auf dem Markt. Nur sehr limitiert erhältlich, zeigt er das Potenzial der Rebsorte und der Winzer. Vergoren im offenen Holzgärbottich, weitere Reifung in Ton- und Holzgefäßen, unfiltriert abgefüllt in gebrauchten Weinflaschen, ist er ganz anders als alles, was die Betriebsvorgänger gemacht haben. Diese Entwicklungen wurden vom Weinbaubeauftragten des Bezirks Unterfranken, Hermann Mengler, sowie dem Präsidenten der Bayerischen Landesanstalt für Weinbau, Dr. Hermann Kolesch, maßgeblich geprägt. Denn das kann Franken - bei allem internen Knatsch über eine Flaschenform - auch sein: eine Region mit eigenem Kopf, funktionierenden Strukturen, mit modernen Ideen und faszinierenden Weinen. Harald Scholl, Assistenz Matthias Pohlers

»Zumindest abwechslungsreich«: 2016 war ein launischer Jahrgang – mit perfekter Lese

Die besten Silvaner trocken bis 12 Euro

Abtsleite Bürgerspital (12 Euro)	89
Muschelkalk Rainer Sauer (9,50 Euro)	88
Sulzfelder Luckert (11 Euro)	88
Iphöfer Kalb Alte Reben Ilmbacher (12 Euro)	88
Lump Rainer Sauer (12 Euro)	88
Terra Giegerich (8,80 Euro)	87
Sonnenstuhl Spätlese Trockene Schmitts (9,20 Euro)	87
Iphöfer Kalb Wirsching (9,80 Euro)	87
St. Klausen Spätlese Neder (10,50 Euro)	87

Die Spitzenbetriebe

★★★★★
Rudolf Fürst — S. 234

★★★★
Zehnthof — S. 249

★★★★⯪
Bürgerspital — S. 229
Rudolf May — S. 251
Max Müller I — S. 254
Horst Sauer — S. 264
Rainer Sauer — S. 265
Schmitt's Kinder — S. 268
Am Stein — S. 275
Paul Weltner — S. 281
Hans Wirsching — S. 282

Gebietspreisträger Franken

Winzer des Jahres: Paul Fürst
Aufsteiger des Jahres: Schmitt's Kinder
Entdeckung des Jahres: Plackner

WEINGUT ALTE GRAFSCHAFT

97892 Kreuzwertheim · Rathausgasse 5
Tel (0 93 42) 55 00 · Fax 2 20 19
info@altegrafschaft.de
www.altegrafschaft.de

Inhaber Norbert Spielmann und Christoph Dinkel
Betriebsleiter Anne Dumbsky
Verkauf Norbert Spielmann
Mo–Fr 9.00-18.00 Uhr, **Sa** 9.00-14.00 Uhr
Picknick im historischen Innenhof, »Sie bringen die Vesper, wir unseren Wein« (zu den Öffnungszeiten)
Rebfläche 11 Hektar
Jahresproduktion 70.000 Flaschen
Beste Lagen Satzenberg, Kreuzwertheimer Kaffelstein
Boden Buntsandstein
Rebsorten je 20% Spätburgunder, Riesling, Weißburgunder, Müller-Thurgau und Silvaner

Verkostete Weine 11
Bewertung 83–89 Punkte

- 83 2013 Reicholzheimer Satzenberg Weißburgunder Sekt Brut | 12,5% | 15,– €
- 83 2016 Wertheimer Silvaner trocken | 11,5% | 8,– €
- 83 2015 Cuvée Fass 3 trocken | 11,5% | 8,30 €
- 84 2016 Wertheimer Alter Satz trocken | 12,5% | 9,– €
- 83 2015 Reicholzheimer Satzenberg Weißburgunder trocken Holzfass | 12% | 10,– €
- 86 2015 Reicholzheimer Satzenberg Riesling Mauer »Großes Gewächs« Holzfass | 12,5% | 19,50 €
- 87 2013 Kreuzwertheimer Kaffelstein Riesling Alte Reben »Großes Gewächs« | 11% | 19,50 €
- 86 2015 Reicholzheimer Satzenberg Weißburgunder Zazo »Großes Gewächs« | 13,5% | 30,– €
- 84 2013 Kreuzwertheimer Kaffelstein Spätburgunder trocken Holzfass | 13% | 10,– €
- 86 2013 Kreuzwertheimer Kaffelstein Spätburgunder R »Großes Gewächs« | 13% | 24,50 €
- 89 2014 Pinot Noir R Spielmann trocken Barrique | 13,5% | 59,50 €

Christoph Dinkel und Norbert Spielmann haben viele Flächen in Kreuzwertheim aufgekauft. Von Fürst Löwenstein erwarben sie die Steillage Satzenberg in Tauberfranken, die zum Anbaugebiet Baden gehört. Aus dieser beeindruckenden Terrassenlage stammen die Weißburgunder des Guts. Aus dem Weinberg der Familie Spielmann in Lindelbach kommen die Trauben für den besten Spätburgunder. Und eine Kuriosität ist ihr Mauer-Riesling, der in der ersten Reihe hinter den Weinbergsmauern wächst. Die Weine selbst haben uns in 2016 überzeugt. Aus dem Kreuzwertheimer Kaffelstein, bestockt mit Riesling- und Spätburgunderreben, stammt ein zupackender 2016er Riesling mit Schmelz und Substanz bei ungewöhnlich wenig Alkohol. Unser roter Favorit ist der Spielmann Pinot Noir »R«. Er zeigt dunkle Beeren und gegerbtes Leder. Die gezeigten Weine bestätigen die aktuelle Bewertung des Betriebs. Wir sind aber überzeugt, dass da noch mehr geht.

FRANKEN

WEINGUT JOHANN ARNOLD

97346 Iphofen · Lange Gasse 26–28
Tel (0 93 23) 8 98 33 · Fax (0 92 32) 8 98 34
mail@weingut-arnold.de
www.weingut-arnold.de
Inhaber Johannes Arnold
Verkauf Anita und Claudia Arnold
Mo–Sa 8.00–19.00 Uhr
So 9.00–18.00 Uhr und nach Vereinbarung

Wenn die Basisweine die Visitenkarte eines Betriebs sind, hat Johannes Arnold die besten Karten. Sowohl sein Müller-Thurgau wie auch der Silvaner belegen sein Können. Sauber und geradeaus vinifiziert gehören sie immer zum Besten. was Franken in der Ein-Liter-Klasse zu bieten hat. Mineralisch fest sind alle Weine aus diesem Betrieb. Der Gelbe Silvaner 2016 aus dem Iphöfer Kalb ist fast steinig in der Nase. Da findet sich keine Frucht, nur pures Mineral. Ein Weißwein mit Potenzial. Etwas weniger puristisch der Silvaner aus dem Granitfass 2016, ein kraftvoller Silvaner mit leichter Graphitnote. Nur beim Rotwein warten wir auf eine weitere Visitenkarte. Wir sind aber zuversichtlich, dass auch hier mit Arnold zu rechnen sein wird.

Verkostete Weine 10
Bewertung 83–87 Punkte

83 2016 Müller-Thurgau trocken | 11,5% | 5,- €/1,0 Lit.
84 2016 Silvaner trocken | 12% | 5,50 €/1,0 Lit. | 💰
84 2016 Weißburgunder trocken | 12,5% | 7,50 €
85 2016 Silvaner trocken | 12,5% | 7,50 €
84 2015 Iphöfer Julius-Echter-Berg Silvaner trocken | 15% | 14,- €
87 2016 Iphöfer Kalb Gelber Silvaner trocken | 14% | 22,- €
87 2015 Iphöfer Julius-Echter-Berg Silvaner Granitfass trocken | 15% | 29,- €
83 2016 Scheurebe halbtrocken | 11% | 7,50 €
83 2016 Riesling halbtrocken | 12% | 7,50 €
83 2015 Spätburgunder trocken Holzfass | 14% | 7,50 €

WEINGUT WILHELM ARNOLD

97236 Randersacker · Klosterstraße 19b
Tel (09 31) 70 83 26 · Fax 70 09 03
info@arnoldwein.de
www.arnoldwein.de
Inhaber Bruno und Diana Arnold
Betriebsleiter und Kellermeister Bruno Arnold
Verkauf Diana Arnold
Mo–Sa 8.00–18.00 Uhr und nach Vereinbarung

Sehenswert denkmalgeschütztes, über 330-jähriges Weingut, Weingeister-Sgrafitto
Rebfläche 11 Hektar
Jahresproduktion 80.000 Flaschen
Beste Lagen Randersacker Pfülben und Sonnenstuhl
Boden Oberer Muschelkalk
Rebsorten 40% Silvaner, 15% Müller-Thurgau, je 10% Riesling und Scheurebe, 25% übrige Sorten
Mitglied VDP

Mit der 2016er Kollektion haben wir so unsere Probleme. Nach dem recht gelungenen Jahrgang 2015 präsentieren sich die Weine in diesem Jahr durchgängig auf mittlerem Niveau. Ihnen fehlt es an Spannung, an Harmonie und auch an der sonst deutlich erkennbaren Unterscheidbarkeit zwischen den Qualitätsstufen. Immerhin kann der Rieslaner Spätlese aus dem Randersacker Pfülben mit Sortentypizität aufwarten. Das 2016er Große Gewächs vom Riesling aus derselben Lage lässt immerhin auf die Zukunft hoffen. Seine pikante Säure wird ihn über die Jahre tragen. Wir setzen darauf, dass Bruno Arnold uns im nächsten Jahr wieder positiv überraschen wird.

Verkostete Weine 12
Bewertung 78–85 Punkte

79 2016 Blauer Silvaner trocken | 12% | 7,50 €
79 2016 Scheurebe trocken | 11,5% | 7,50 €
83 2016 Eibelstadter Kapellenberg Weißburgunder trocken | 12,5% | 10,- €
82 2016 Randersacker Sonnenstuhl Riesling trocken | 12,5% | 10,50 €
83 2016 Randersacker Marsberg Riesling trocken | 12,5% | 10,50 €
84 2016 Randersacker Pfülben Riesling »Großes Gewächs« | 13% | 24,- €
85 2016 Randersacker Sonnenstuhl Silvaner »Großes Gewächs« | 13,5% | 26,- €
83 2016 Randersacker Sonnenstuhl Silvaner trocken | 12,5% | 9,50 €
78 2016 Müller-Thurgau feinherb | 11,5% | 7,- €/1,0 Lit.
79 2016 Eibelstadter Scheurebe feinherb | 11,5% | 8,50 €
79 2016 Randersacker Würzer feinherb | 12,5% | 9,- €
84 2016 Randersacker Pfülben Rieslaner Spätlese | 12,5% | 14,- €

WEINGUT AUGUSTIN
97320 Sulzfeld am Main · Raiffeisenstraße 5
Tel (0 93 21) 56 63 · Fax 2 47 04
info@weingut-augustin.de
www.weingut-augustin.de
Inhaber Arno und Albert Augustin
Verkauf Verena und Arno Augustin
Mo–Sa 9.00–12.00 Uhr · 13.00–18.00 Uhr
So 10.00–12.00 Uhr und nach Vereinbarung
Vinotel »Augustin« Themenzimmer in unterschiedlichem Design
Rebfläche 11 Hektar
Jahresproduktion 70.000 Flaschen
Beste Lagen Sulzfelder Maustal und Cyriakusberg
Boden Muschelkalk
Rebsorten 80% weiße Sorten, 20% rote Sorten

Einmal durchschütteln und weiter! Das durchwachsene Weinjahr 2015 ist in weiten Teilen Vergangenheit, der neue Jahrgang zeigt wieder das bekannte Niveau. Durchweg weniger Alkohol, mehr mineralischer Biss und spürbare Länge zeichnen die Weine des Jahrgangs 2016 aus. Einmal mehr sind es die Silvaner, die positiv herausstechen. Aus dem Sulzfelder Sonnenberg kommt ein Silvaner mit dem Duft von gelben Blüten, körperreich und anhaltend. Ansonsten ist das Maustal die Heimat der besten Weine aus diesem Betrieb. Der Silvaner zeigt schönen Schmelz und steinige Mineralik, »Der Alte« ist wie gewohnt stoffig-schmelzig, mit prägnanter Säure. Der Merlot ist unser liebster Roter. Mit dunklen Beeren und zart ätherisch ist er ein schöner Begleiter an dunklen Wintertagen. Das geht auch vor Ort, denn zum Weingut gehört ein von Reiseführern empfohlenes Hotel.

FRANKEN

Verkostete Weine 12
Bewertung 79–86 Punkte

79 2016 Sulzfelder Maustal Perle trocken | 12% | 7,- €
83 2016 Silvaner »Weißer Augustiner« trocken
| 13% | 7,50 €
82 2016 Sulzfelder Maustal Spätburgunder trocken
Blanc de Noirs | 13% | 9,- €
84 2016 Sulzfelder Maustal Silvaner »Der Silvaner«
trocken | 13% | 9,- €
82 2016 Sulzfelder Maustal Weißburgunder trocken
| 13% | 10,- €
85 2016 Sulzfelder Maustal Silvaner »Der Alte«
trocken Alte Reben | 13,5% | 12,- €
83 2016 Sulzfelder Cyriakusberg Sauvignon Blanc
trocken | 13,5% | 13,50 €
85 2016 Sulzfelder Maustal Riesling trocken
| 13% | 15,- €
86 2016 Sulzfelder Sonnenberg Silvaner trocken
| 13,5% | 15,- €
85 2015 Sulzfelder Maustal Weißburgunder trocken
| 14,5% | 18,- €
82 2012 Sulzfelder Maustal Spätburgunder trocken
| 14% | 18,- €
85 2012 Sulzfelder Sonnenberg Merlot trocken
| 13,5% | 26,- €

WEINGUT BALDAUF
97729 Ramsthal · Hauptstraße 42
Tel (0 97 04) 15 95 · Fax 76 55
info@baldaufwein.de
www.baldaufwein.de
Inhaber und Betriebsleiter Gerald und Ralf Baldauf
Außenbetrieb Jannik Schneider
Kellermeister Johannes Schmitt
Verkauf Familie Baldauf
Mo–Fr 9.00–18.00 Uhr, **Sa** 9.00–16.00 Uhr
Rebfläche 52 Hektar
Jahresproduktion 380.000 Flaschen
Beste Lagen Ramsthaler St. Klausen, Hammelburger Trautlestal, Stettener Stein, Retzstadter Langenberg
Boden Muschelkalk
Rebsorten 21% Silvaner, 15% Müller-Thurgau, 14% Weißburgunder, 10% Bacchus, 5% Riesling, je 4% Domina und Spätburgunder, 3% Schwarzriesling, 24% übrige Sorten
Mitglied Frank & Frei, Weinallianz, Ecovin

Baldauf hat wieder einmal voll überzeugt. Dieser wirklich große Betrieb mit 60 Hektar schafft es seit einigen Jahren, eine von vorne bis hinten starke Kollektion aufzustellen. Besonders gefällt uns der klare, immer von frischer Säure geprägte Grundton aller Weine. Das kann sicher auch daran liegen, dass hier im Norden Bayerns der Begriff Cool Climate keine Floskel ist. Unser Highlight in diesem Jahr ist der Silvaner Alte Reben. Er lag nur als Fassprobe vor, aber seine Finesse und die Eleganz der 80-jährigen Reben wird in den nächsten Jahren jeden Puligny-Fan glücklich machen. Gut wie immer sind die in Schlegelflaschen gefüllten Bioweine der Saalestück-Serie. Der birnenduftige 2016er Silvaner hat viel Zug und Frische, dicht gefolgt vom 2016er Riesling, dessen Saftigkeit zum Trinken animiert. Der Silvaner Clees Grande Reserve ist ein eher üppiger Typ für Freunde opulenter Weißweine. Ein smarter Vertreter der Spätburgunder ist der Grande Reserve 2013, dem das kältere Klima in Ramsthal deutlich Finesse verleiht.

Verkostete Weine 15
Bewertung 83–87 Punkte

84 2016 Hammelburger Trautlestal Weißburgunder Bio Saalestück trocken | 13,5% | 8,– €
85 2016 Ramsthaler St. Klausen Silvaner Bio Saalestück trocken | 11,5% | 8,– €
83 2016 Ramsthaler St. Klausen Riesling Bio Saalestück trocken | 12% | 9,– €
84 2016 Grauburgunder clees trocken Holzfass | 13,5% | 9,50 €
85 2014 Hammelburger Trautlestal Weißburgunder Bio clees trocken Reserve Barrique | 13,5% | 13,50 €
87 2016 Silvaner trocken Alte Reben – 24 – | 12,5% | 16,– €
85 2013 Silvaner clees trocken Grande Reserve | 13,5% | 29,– €
83 2016 Riesling Muschelkalk Kabinett trocken | 11% | 7,– €
83 2016 Ramsthaler St. Klausen Gewürztraminer Bio Muschelkalk Kabinett trocken | 12% | 8,– €
84 2015 Silvaner clees Spätlese trocken | 13,5% | 9,80 €
84 2016 Ramsthaler St. Klausen Morio Muskat Bio Muschelkalk feinherb | 11% | 8,– €
83 2015 Riesling clees Spätlese feinherb | 11% | 10,– €
84 2016 Ramsthaler St. Klausen Rieslaner Bio clees Spätlese feinherb | 10,5% | 10,– €
87 2013 Hammelburger Trautlestal Spätburgunder Bio clees trocken Grande Reserve Barrique | 13,5% | 29,– €

WEINGUT BENEDIKT BALTES
63911 Klingenberg · Wilhelmstraße 107
Tel (0 93 72) 24 38 · Fax 92 10 59
info@weingut-benedikt-baltes.de
info@weingut-benedikt-baltes.de
Geschäftsführer Benedikt Baltes
Kellermeister Benedikt Baltes

Verkauf Julia Bertram
Sa 10.00–17.00 Uhr und nach Vereinbarung

Rebfläche 9,5 Hektar
Jahresproduktion 40.000 Flaschen
Beste Lagen Klingenberger Schlossberg, Großheubacher Bischofsberg, Bürgstadter Berg und Hundsrück
Boden roter Buntsandstein aus dem Trias
Rebsorten 80% Spätburgunder, 20% übrige Sorten
Mitglied VDP

Die Weine kommen, die Fragezeichen bleiben. So ganz ist uns immer noch nicht klar, wohin der Weg Benedikt Baltes führen wird. Nach wie vor sind seine Rotweine von klarer Pinotfrucht geprägt, der Einsatz der Spessarteiche für seine Fässer scheint aber immer noch zu harten Gerbstoffen zu führen. Ob sich eines Tages wirkliche Harmonie im Glas einstellen wird? Zu wünschen wäre es sowohl dem quirligen Baltes als auch dem Weingut der Stadt Klingenberg. Das Potenzial der Klingenberger Lagen mit großen Mengen an altem Rebbestand ist unstrittig, das hohe Niveau der 2015er macht das einmal mehr deutlich. Der Terra 1261 steht dabei wieder ganz oben: nervig, vom ersten Moment an mit Spannung im Mund, dennoch in sich ruhend. Der Schlossberg 2015 ist stahlig, kühl, hat Sauerkirschen und feinkörniges Tannin. Beide Weine scheinen noch nicht auf dem Höhepunkt. Wann der genau sein wird, erschließt sich nicht. Die anderen gezeigten Spätburgunder sind auf gutem bis sehr gutem Niveau. Es ist faszinierend, wie unterschiedlich Weine vom selben Winzer aus derselben Traube schmecken können. Wir bleiben neugierig auf das, was aus Klingenberg noch kommt.

FRANKEN

Verkostete Weine 6
Bewertung 84–92 Punkte

84 2015 Spätburgunder Buntsandstein trocken Holzfass | 12,5% | 14,50 €
.84 2015 Großheubacher Spätburgunder trocken Alte Reben Holzfass | 12,5% | 18,50 €
86 2015 Klingenberger Spätburgunder »R« trocken Alte Reben Holzfass | 13% | 29,- €
88 2015 Großheubacher Bischofsberg Spätburgunder trocken Holzfass | 13% | 39,- €
91 2015 Klingenberger Schlossberg Spätburgunder »Großes Gewächs« Holzfass | 13% | 69,- €
92 2015 Spätburgunder Terra 1261 trocken Holzfass | 13% | 118,- €

WEINGUT STEFAN BARDORF
97236 Randersacker · Ochsenfurter Straße 4 BIO
Tel (01 70) 4 02 01 59 · Fax (09 31) 2 60 32 76
info@loewen-randersacker.de
www.weingut-bardorf.de
Inhaber Stefan Bardorf
Betriebsleiter und Kellermeister Stefan Bardorf
Verkauf Stefan Bardorf
Mo-So 8.00–22.00 Uhr und nach Vereinbarung
Gutsausschank Hotel und Gasthof »Löwen«
Mo-Fr 15.00–24.00 Uhr Sa-So, feiertags 11.00–24.00 Uhr
Spezialität fränkisch-saisonale Küche, kulinarische Weinproben
Sehenswert Bacchus-Weinstube im Gasthof Löwen, mit Weinverkauf
Rebfläche 3 Hektar
Jahresproduktion 21.000 Flaschen
Beste Lagen Randersacker Teufelskeller, Marsberg, Dabug und Sonnenstuhl
Boden tiefgründiger blauer Muschelkalk
Rebsorten je 25% Riesling und Silvaner, 18% Burgunder, 32% übrige Sorten
Mitglied Silvaner-Forum, Naturland

Stefan Bardorf kümmert sich um wirklich jeden Teil seines drei Hektar großen Weinguts mit bemerkenswerter Leidenschaft. Ein Umstand, der sich in den Weinen widerspiegelt. Sie wirken alle wie mit Passion gemacht, sind sauber, klar und in den jeweiligen Kategorien ausgesprochen verlässlich. Bardorf setzt auf großes Holz beim Ausbau. Nicht um mehr Aromatik in die Weine zu bringen, im Gegenteil, mehr Griff, mehr mineralische Strenge statt vordergründiger Frucht ist sein Ziel. Das gelingt ihm schon bei den einfacheren Weinen sehr gut, der Silvaner Ewig Leben Alte Reben hat Schmelz und ist trotzdem zupackend. Der Silvaner aus dem Marsberg zeigt sich herzhaft und mit kräuteriger Würze. Wie schon in den Vorjahren wird die Kollektion gekrönt von einem formidablen edelsüßen Wein. Die Silvaner Trockenbeerenauslese aus dem Marsberg duftet nach weißem Nougat und hat jene Klarheit, wie man sie sonst nur beim Eiswein vorfindet.

Verkostete Weine 12
Bewertung 82–91 Punkte

- 85 2016 Randersacker Ewig Leben Silvaner trocken Alte Reben Holzfass | 13,5% | 9,50 €
- 84 2016 Randersacker Ewig Leben Sauvignon Blanc »RR« »Großes Gewächs« | 13,5% | 17,- €
- 83 2016 Randersacker Ewig Leben Silvaner Kabinett trocken | 12,5% | 7,- €
- 82 2016 Randersacker Ewig Leben Müller-Thurgau Kabinett trocken Alte Reben | 12% | 7,- €
- 84 2016 Randersacker Sonnenstuhl Silvaner Kabinett trocken | 13,5% | 7,50 €
- 85 2016 Randersacker Sonnenstuhl Riesling Am Turm Kabinett trocken | 12,5% | 7,50 €
- 85 2016 Randersacker Marsberg Silvaner Spätlese trocken Alte Reben Holzfass | 13% | 16,- €
- 86 2016 Randersacker Marsberg Riesling Spätlese »Großes Gewächs« Holzfass | 13% | 16,- €
- 87 2016 Randersacker Marsberg Silvaner »RR« Spätlese trocken Alte Reben | 13,5% | 26,- €
- 84 2016 Randersacker Ewig Leben Riesling Spätlese | 11,5% | 12,- €
- 91 2016 Randersacker Marsberg Silvaner Trockenbeerenauslese | 9% | 119,- €/0,375 Lit.
- 83 2012 Randersacker Sonnenstuhl Blaufränkisch trocken Reserve | 13% | 9,50 €

WEINGUT BAUSEWEIN
97346 Iphofen · Breite Gasse 1
Tel (0 93 23) 87 66 70 · Fax 80 40 90
bausewein@t-online.de
www.altstadthotel-bausewein.de
Inhaber Sabrina Bausewein

Verkauf nach Vereinbarung

Ein kleines Kunststück hat Sabrina Bausewein geschafft: Leichte, fast duftige Weißweine aus 2015 sind nicht leicht zu finden. Angefangen beim Silvaner Kabinett aus dem Julius-Echter-Berg, der fast tänzelnd auf der Zunge unterwegs ist, hat sie zarte Weißweine gekeltert. Ihnen fehlt verständlicherweise die große Länge, aber das spielt bei dem schönen Trinkfluss gerade beim Silvaner keine Rolle. Auch der Spätburgunder weiß mit roter Frucht und verhaltener Eleganz zu gefallen. Der Fünf-Hektar-Betrieb in Iphofen arbeitet schon lange nach ökologischen Prinzipien und ist Mitglied bei Naturland. Zum Gesamtangebot gehört auch ein Hotel. Das denkmalgeschützte Haus befindet sich seit 1875 in Familienbesitz und wurde im Jahr 2004 komplett umgebaut.

Verkostete Weine 9
Bewertung 80–85 Punkte

- 81 2016 Silvaner & Scheurebe Perlwein trocken | 11,5% | 7,10 €
- 82 2016 Müller-Thurgau trocken | 12% | 6,40 €/1,0 Lit.
- 84 2016 Iphöfer Kronsberg Silvaner Keuper trocken | 12,5% | 7,- €
- 84 2015 Silvaner Fass No. 1 trocken Holzfass | 12% | 7,50 €
- 83 2016 Iphöfer Kronsberg Scheurebe Kabinett trocken | 12% | 7,- €
- 85 2015 Iphöfer Julius-Echter-Berg Silvaner Kabinett trocken | 12,5% | 8,90 €
- 80 2016 Regent & Müller-Thurgau halbtrocken Rotling | 11% | 6,10 €
- 81 2013 Dettelbacher Berg-Rondell Regent trocken | 12,5% | 7,90 €
- 85 2015 Iphöfer Kalb Spätburgunder trocken Holzfass | 13% | 10,20 €

Symbole Weingüter
★★★★★ Weltklasse • ★★★★ Deutsche Spitze
★★★ Sehr Gut • ★★ Gut • ★ Zuverlässig

☆

BETZ GARAGENWEIN
97252 Frickenhausen am Main · Am Berg 4
Tel (0 93 31) 98 28 52
wolfgang@betz-garagenwein.de
www.betz-garagenwein.de
Inhaber Wolfgang Betz
Verkauf: Wolfgang Betz
nach Vereinbarung

Wolfgang Betz ist ein Amateur. Ein Amateur im wahrsten Sinne: ein Liebhaber des Weins, der Arbeit im Weinberg und des genussvollen Lebens. Drei Weine hat er uns präsentiert. Der Kapellenberg ist ein guter Schoppenwein. Sauber, typisch, unkompliziert. Der Silvaner 2016 Frickenhäuser Markgraf Babenberg zeigt frische Walnüsse und Leichtigkeit. Am besten gefällt uns der Weißburgunder aus derselben Lage, der frische Minze und Mirabelle vereint.

Verkostete Weine 3
Bewertung 81–85 Punkte

81 2016 Frickenhäuser Kapellenberg Silvaner Kabinett trocken | 13% | 7,- €/1,0 Lit.
85 2016 Frickenhäuser Markgraf Babenberg Weißburgunder Kabinett trocken | 12,5% | 14,- €
84 2016 Frickenhäuser Markgraf Babenberg Silvaner Spätlese trocken Alte Reben | 13,5% | 9,- €

Weinbewertung in Punkten
100 Perfekt • 95 bis 99 Überragend • 90 bis 94 Exzellent
85 bis 89 Sehr gut • 80 bis 84 Gut

★★✦ **FRANKEN**

WEINGUT BICKEL-STUMPF
97252 Frickenhausen · Kirchgasse 5
Tel (0 93 31) 28 47 · Fax 71 76
info@bickel-stumpf.de
www.bickel-stumpf.de
Inhaber Familie Stumpf
Betriebsleiter und Kellermeister Matthias Stumpf
Verwalter Reimund Stumpf
Verkauf Melanie Stumpf
Mo, Mi, Fr 9.00–13.00 Uhr · 14.00–17.00 Uhr
Sa 10.00–15.00 Uhr

Sehenswert Gutshof mit moderner Vinothek
Rebfläche 15 Hektar
Jahresproduktion 100.000 Flaschen
Beste Lagen Frickenhäuser Kapellenberg (Mönchshof), Thüngersheimer Johannisberg (Freiberg, Rotlauf)
Boden Muschelkalk, Buntsandstein
Rebsorten 65% Silvaner, 15% Riesling, 10% Spätburgunder, 10% übrige Sorten
Mitglied VDP

War der Jahrgang 2015 noch deutlich von Reife und daraus folgend hohen Alkoholgraden geprägt, konnten wir im Jahrgang 2016 eine finessenreiche und durchweg gelungene Kollektion verkosten. Die Weine zeigten sich schlank und präzise, was sicher auch dem Jahrgang geschuldet ist. Im Einstiegssegment überzeugte die Cuvée Twentysix, die mit ihrer frischen und aromatischen Art gerade ein junges Weinpublikum ansprechen dürfte. Gefallen haben uns auch die Lagensilvaner, hier besonders der Thüngersheimer Buntsandstein mit seiner packenden Art. Ein letzter Gruß aus dem Jahrgang 2015 ist das Große Gewächs vom Silvaner aus dem Mönchshof, das wie ein Monolith im Glas steht. Er duftet nach Zündplättchen und Feuerstein, hat Opulenz am Gaumen und einer Spur Nougat im Abgang. Die Quintessenz, auch aus 2015, zeigt, zu welchen Leistungen das Doppelweingut auch im süßen Bereich fähig ist. Datteln und Mokka auf feiner Säure mit minutenlangem Nachhall. Exzellent! Auf dem Niveau der 2016 Kollektion freuen wir uns auf die kommenden Jahrgänge aus diesem sympathischen wie dynamischen Familienweingut.

Verkostete Weine 12
Bewertung 83–90 Punkte

- 86 2014 Pinot Blanc Francophile de la Chapelle Crémant extra Brut | 12,5% | 24,– €
- 83 2016 Silvaner trocken | 12% | 9,90 €
- 83 2016 Cuvée »Twentysix« | 11,5% | 9,90 €
- 84 2016 Riesling trocken | 12% | 9,90 €
- 85 2016 Frickenhäuser Silvaner Muschelkalk trocken | 12,5% | 12,90 €
- 86 2016 Thüngersheimer Silvaner Buntsandstein trocken | 12% | 12,90 €
- 86 2016 Thüngersheimer Johannisberg Scheurebe trocken | 12,5% | 16,50 €
- 87 2016 Thüngersheimer Johannisberg Silvaner trocken | 12,5% | 18,– €
- 89 2016 Frickenhäuser Kapellenberg Silvaner trocken | 13,5% | 18,– €
- 85 2016 Frickenhäuser Kapellenberg Fränkischer Gemischter Satz trocken | 13% | 19,50 €
- 90 2015 Frickenhäuser Mönchshof Silvaner »Großes Gewächs« | 14% | 36,– €
- 90 2015 Quintessenz | 11% | 39,– €/0,375 Lit.

WEINGUT WALDEMAR BRAUN
97334 Nordheim · Langgasse 10
Tel (0 93 81) 90 61 · Fax 7 11 79
info@weingut-waldemar-braun.de
www.weingut-waldemar-braun.de
Inhaber Waldemar Braun
Betriebsleiter Waldemar Braun
Kellermeister Patrick Braun
Verkauf Heidi Braun
Mo–Sa 9.00–18.00 Uhr
So, feiertags 10.00–12.00 Uhr (April–Okt.)
und nach Vereinbarung

Eine Kollektion, die uns auch in 2016 gefallen hat. Es gibt überhaupt keine Durchhänger. Auf diesem Weingut bekommt man saubere Weine, die immer schlank ausfallen und zum Trinken einladen. Selbst die Spitzen des Hauses - hier Quintessenz genannt - sind trotz des Holzeinsatzes nicht üppig, sondern präzise und fokussiert. Vor allem der Chardonnay 2016 mit seiner Rauchnote hat uns gefallen. Insgesamt liegen die Weine aus dem Escherndorfer Lump in diesem Jahr vorne, sie haben etwas mehr Würze und Kraft. Der Silvaner trocken 2016 ist ein schönes Beispiel für den Stil des Hauses.

Verkostete Weine 12
Bewertung 82–87 Punkte

- 83 2016 Nordheimer Vögelein Silvaner trocken | 12,5% | 8,– €
- 83 2016 Nordheimer Vögelein Blauer Silvaner trocken | 12,5% | 8,50 €
- 85 2016 Escherndorfer Lump Silvaner trocken | 12,5% | 9,– €
- 83 2016 Nordheimer Vögelein Weißburgunder trocken | 12,5% | 9,50 €
- 84 2016 Escherndorfer Lump Riesling trocken | 12,5% | 9,50 €
- 86 2016 Nordheimer Vögelein Weißburgunder Quintessenz trocken Premium Barrique | 14% | 16,50 €
- 87 2016 Nordheimer Vögelein Chardonnay Quintessenz trocken Premium Barrique | 13,5% | 17,50 €
- 83 2016 Nordheimer Vögelein Riesling feinherb | 12% | 9,– €
- 84 2016 Escherndorfer Lump Scheurebe feinherb | 12% | 9,– €
- 82 2016 Nordheimer Kreuzberg Schwarzriesling trocken Blanc de Noirs | 13% | 9,50 €
- 82 2016 Escherndorfer Fürstenberg Domina feinherb Weißherbst | 12% | 9,– €
- 85 2014 Nordheimer Vögelein Spätburgunder trocken Barrique | 13% | 14,50 €

FRANKEN

WEINGUT BRENNFLECK
97320 Sulzfeld · Papiusgasse 7
Tel (0 93 21) 43 47 · Fax 43 45
info@weingut-brennfleck.de
www.weingut-brennfleck.de
Inhaber und Betriebsleiter Hugo Brennfleck

Verkauf Sandra Schlereth
Mo-Fr 8.00-17.00 Uhr, **Sa** 10.00-16.00 Uhr und nach Vereinbarung

Historie Weinbau seit 1591
Sehenswert Gutshof von 1479 mit Gewölbekeller-Ensemble neben moderner Architektur, 1. Platz Deutscher Landbaukulturpreis
Erlebenswert Weintage im Juli, mittelalterlicher Weinort
Rebfläche 29 Hektar
Jahresproduktion 250.000 Flaschen
Beste Lagen Iphöfer Kalb und Kronsberg, Escherndorfer Lump, Sulzfelder Maustal, Sonnenberg und Cyriakusberg
Boden Keuper, Muschelkalk
Rebsorten 55% Silvaner, 20% Burgundersorten, je 5% Müller-Thurgau und Riesling, 15% übrige Sorten

Verkostete Weine 12
Bewertung 86–88 Punkte

87 2016 Sulzfelder Sonnenberg Blauer Silvaner Jubiläumswein 425 Jahre trocken | 12,5% | 12,- €
86 2016 Sulzfelder Sonnenberg Silvaner trocken Alte Reben | 13% | 12,70 €
88 2016 Escherndorfer Himmelsleiter Riesling trocken | 13% | 29,- €
88 2016 Sulzfelder Mönchshöflein Silvaner trocken | 13,5% | 29,- €
86 2016 Rödelseer Küchenmeister Silvaner Kabinett trocken | 13% | 9,- €
86 2016 Silvaner Anna-Lena Kabinett trocken | 12% | 9,50 €
86 2016 Iphöfer Kronsberg Silvaner Kabinett trocken | 13,5% | 10,- €
86 2016 Sulzfelder Maustal Silvaner »S« Muschelkalk Spätlese trocken | 13% | 14,- €
87 2016 Iphöfer Kronsberg Silvaner »S« Keuper Spätlese trocken | 13,5% | 14,- €
86 2016 Escherndorfer Lump Riesling »S« Steillage Spätlese trocken | 13% | 14,50 €
87 2016 Silvaner »JHB« Spätlese trocken | 13,5% | 16,- €
86 2016 Riesling »JHB« Spätlese trocken | 13% | 19,- €

Durchgängig sehr gut - anders lässt sich die Kollektion dieses Betriebs nicht zusammenfassen. Vor allem die trockenen Silvaner, ganz gleich in welcher Qualitätsstufe, haben uns gefallen. Wenn wir einen herauspicken sollten, wäre es der Iphöfer Kronsberg Silvaner Spätlese. Mit viel Druck und Länge ist er ein echtes Maulvoll Wein, dabei trotzdem nicht üppig. Der Silvaner aus dem Mönchshöflein steht an der Spitze der Kollektion. Extraktreich, stoffig, mit Struktur und Eleganz, würde er leicht ein Großes Gewächs abgeben. Hugo und Susanne Brennfleck haben mit Ertragsreduzierung, selektiver Lese und längerem Hefelager wichtige Schritte zur Qualitätssteigerung eingeleitet. Das Resultat lässt sich deutlich im Glas schmecken.

★★

WEINGUT BRÜGEL
97355 Castell, Ortsteil Greuth
Hauptstraße 49
Tel (0 93 83) 76 19 · Fax 67 33
info@weingut-bruegel.de
www.weingut-bruegel.de
Inhaber Harald Brügel
Betriebsleiter und Kellermeister Harald Brügel
Verkauf Elke Brügel
Mo-Fr 9.00-12.00 Uhr · 13.00-18.00 Uhr
Sa 9.00-12.00 Uhr · 13.00-17.00 Uhr
und nach Vereinbarung
Erlebenswert kulinarische Weinproben
Rebfläche 8,9 Hektar
Jahresproduktion 67.000 Flaschen
Beste Lagen Greuther Bastel, Abtswinder Altenberg, Casteller Kirchberg
Boden Keuperverwitterung
Rebsorten 42% Silvaner, 29% Müller-Thurgau, 8% Riesling, 7% Bacchus, 5% Spätburgunder, je 3% Portugieser und Weißburgunder, 3% übrige Sorten
Mitglied Slow Food

Verkostete Weine 12
Bewertung 82-91 Punkte

85 Silvaner pur Sekt Brut nature | 13,5% | 19,50 €
83 2016 Greuther Bastel Silvaner trocken | 12,5% | 9,50 €
84 2016 Weißburgunder vom Keuper trocken | 13% | 9,50 €
85 2016 Muskateller vom Keuper trocken | 12,5% | 9,50 €
85 2015 Riesling vom Keuper trocken | 13% | 9,50 €
83 2016 Spätburgunder trocken weiß gekeltert | 13% | 10,- €
84 2016 Abtswinder Altenberg Silvaner trocken Alte Reben | 13,5% | 12,- €
82 2015 Weißburgunder pur trocken | 14,5% | 14,50 €
85 2015 Riesling pur trocken | 13,5% | 14,50 €
85 2015 Silvaner pur trocken | 14% | 14,50 €
91 2015 Silvaner & Riesling Trockenbeerenauslese | 6% | 39,50 €/0,375 Lit.
86 2014 Greuther Bastel Spätburgunder pur trocken Holzfass | 13,5% | 16,- €

Er gehört nicht zu den Lautsprechern, der Bilderbuch-Franke Harald Brügel. Dabei hätte das, was auf dem gastfreundlichen Familienweingut erzeugt wird, mehr Außenwirkung verdient. Nach dem etwas spannungsarmen Jahrgang 2015 haben uns die Weine aus 2016 gut gefallen, sie sind sofort als Weine vom Keuper zu identifizieren: moderat im Alkohol, von straffer Mineralität und mit frischer Säure unterlegt. Silvaner und Weißburgunder vom Keuper sind schlank, frisch und mit guter Perspektive, der Riesling vom Keuper ist eine Attacke auf das Zahnfleisch, so betont mineralisch zeigt sich der Wein. Überhaupt scheint Riesling dem Winzer zu liegen: Auch der 2015er Riesling Pur geht vehement nach vorn, ist voller Stoff und Würze. Der 2014er Spätburgunder Pur ist mit pfeffriger Nase und sehnigem Körper das rote Pendant. Auch sehr gut ist der Silvaner Sekt Pur, der nach 30 Monaten Hefelager mit feiner Hefe und sauberer Frische einen guten Eindruck hinterließ.

★★★⯨ FRANKEN

WEINGUT BÜRGERSPITAL ZUM HEILIGEN GEIST

97070 Würzburg · Theaterstraße 19
Tel (09 31) 3 50 34 41 · Fax 3 50 34 44
weingut@buergerspital.de
www.buergerspital-weingut.de

Inhaber Stiftung des öffentlichen Rechts
Gutsdirektor Robert Haller
Technischer Leiter Karl Brand
Kellermeister Elmar Nun

Verkauf Thomas Hammerich
Mo–Do 8.00–17.00 Uhr, **Fr** 8.00–15.00 Uhr
Weinhaus Ecke Theater-/Semmelstraße
Mo 9.00–18.00 Uhr
Di–Sa 9.00–24.00 Uhr, **So** 11.00–24.00 Uhr

Weinstuben Mo–So 10.00–24.00 Uhr
Historie 1316 Stiftung des Spitals
Sehenswert Spitalkirche, Innenhof, Kellergewölbe
Rebfläche 120 Hektar
Jahresproduktion 820.000 Flaschen
Beste Lagen Würzburger Stein, Stein-Harfe (Alleinbesitz), Abtsleite und Innere Leiste
Boden Muschelkalk
Rebsorten 30% Riesling, 27% Silvaner, 10% Müller-Thurgau, 16% übrige weiße Sorten, 10% rote Sorten, 7% weiße Burgundersorten
Mitglied VDP, Silvaner-Forum

Verkostete Weine 22
Bewertung 81–94 Punkte

81 2016 Riesling trocken | 12% | 7,30 €
84 2016 Müller-Thurgau trocken | 12% | 7,90 €
84 2016 Silvaner trocken | 12,5% | 9,30 €
84 2016 Würzburger Pfaffenberg Riesling trocken Holzfass | 12% | 12,- €
87 2016 Würzburger Pfaffenberg Silvaner trocken | 13% | 12,- €
89 2016 Würzburger Abtsleite Silvaner trocken | 12,5% | 12,- €
86 2016 Würzburger Pfaffenberg Weißburgunder trocken | 13% | 12,50 €
88 2016 Würzburger Innere Leiste Silvaner trocken | 13,5% | 12,50 €
86 2016 Würzburger Stein Weißburgunder trocken Holzfass | 13% | 13,- €
86 2016 Würzburger Stein Riesling trocken Holzfass | 13% | 13,- €
88 2016 Würzburger Stein Silvaner trocken Holzfass | 13% | 13,- €
86 2016 Randersacker Marsberg Riesling RR trocken | 13% | 13,50 €
87 2016 Randersacker Teufelskeller Riesling RR trocken | 13% | 13,50 €
87 2016 Würzburger Stein Gewürztraminer trocken | 13,5% | 17,- €
89 2016 Würzburger Stein-Harfe Riesling »Großes Gewächs« | 13% | 26,- €
90 2016 Würzburger Stein Silvaner »Großes Gewächs« Holzfass | 13% | 26,- €
92 2016 Würzburger Stein-Harfe Silvaner »Großes Gewächs« | 13% | 26,- € | TOP 10
88 2015 Würzburger Stein Chardonnay trocken Barrique | 14% | 30,- €
90 2016 Würzburger Stein Riesling Hagemann »Großes Gewächs« Holzfass | 13% | 40,- €
94 2013 Würzburger Stein Riesling Trockenbeerenauslese | 7,5% | 120,- €/0,375 Lit.
88 2015 Würzburger Stein Blaufränkisch trocken Barrique | 13,5% | 18,- €
89 2015 Veitshöchheimer Sonnenschein Spätburgunder R trocken Barrique | 13,5% | 23,- €

Es ist nicht einfach, sich durch das Portfolio des Bürgerspitals zu arbeiten. In jedem Segment und in jeder Preisklasse gibt es Weine mit Strahlkraft, klarer Rebsorten- und Lagentypizität. Am oberen Ende rangiert das Große Gewächs vom Silvaner aus der Stein-Harfe mit einzigartiger Aromatik und tiefer Würze, zweifellos einer der besten Silvaner des Jahrgangs! Der große Individualist unter den Weinen vom Stein bleibt der Hagemann. Dieser Riesling von 50-jährigen Reben ist von einzigartiger Finesse. Die Erste Lage-Weine, wie der Silvaner Abtsleite und der Riesling Randersacker Teufelskeller, folgen dicht darauf. Gelungen sind auch die zwei präsentierten Roten: der Blaufränkisch dunkelfruchtig, der Spätburgunder fein und nachhaltig. Erwähnt gehört auch die 2013er Trockenbeerenauslese aus dem Stein, mit betörendem Duft gehört sie zu den besten. Unter dem Strich ist die Leistung des Bürgerspitals nicht hoch genug einzuschätzen. Das muss Haller und seinem Team erst einmal jemand nachmachen.

★★★

FÜRSTLICH CASTELL'SCHES DOMÄNENAMT
97355 Castell · Schlossplatz 5
Tel (0 93 25) 6 01 60 · Fax 6 01 88
weingut@castell.de
www.castell.de
Inhaber Ferdinand Erbgraf zu Castell-Castell
Weingutsleiter Björn Probst, Peter Geil
Außenverwalter Peter Hemberger
Kellermeister Christian Frieß und Reinhard Firnbach
Verkauf Katrin Oberländer
Mo-Fr 8.00-18.00 Uhr
Sa 10.00-16.00 Uhr und nach Vereinbarung
»Weinstall Castell« Tel (0 93 25) 9 80 99 49
Mi-So 12.00-20.30 Uhr
Historie Weinbau seit dem 13. Jahrhundert
Sehenswert Gewölbekeller, Schlossgarten
Erlebenswert Casteller Weinspaziergänge
Rebfläche 70 Hektar
Jahresproduktion 450.000 Flaschen
Beste Lagen Casteller Schlossberg, Hohnart, Kugelspiel, Trautberg, Bausch Reitsteig, Kirchberg
Boden Gipskeuper
Rebsorten 41% Silvaner, 18% Müller-Thurgau, 14% Rotweinsorten, je 8% Bacchus, Riesling und Weißburgunder, 3% übrige Sorten
Mitglied VDP, Die Güter

Verkostete Weine 12
Bewertung 83-93 Punkte

83 2016 Silvaner trocken | 12% | 7,50 €/1,0 Lit.
84 2016 Weißburgunder Schloss Castell trocken | 12,5% | 8,- €
85 2016 Silvaner Schloss Castell trocken | 12% | 8,- €
85 2016 Casteller Kugelspiel Silvaner trocken | 12,5% | 14,50 €
85 2016 Casteller Bausch Müller-Thurgau trocken | 13% | 14,50 €
87 2016 Casteller Hohnart Silvaner trocken | 12,5% | 16,50 €
88 2016 Casteller Hohnart Riesling trocken | 12% | 16,50 €
89 2015 Silvaner Apriles anno 1659 trocken Barrique | 14,5% | 26,- €
87 2016 Casteller Schlossberg Silvaner »Großes Gewächs« | 14% | 28,- €
93 2016 Casteller Kugelspiel Silvaner Eiswein | 9,5% | 200,- €/0,375 Lit.
86 2015 Casteller Reitsteig Spätburgunder trocken | 13,5% | 18,- €
88 2015 Casteller Schlossberg Spätburgunder trocken | 13% | 33,- €

Die Fußstapfen, die der langjährige Betriebsleiter Karl-Heinz Rebitzer hinterlassen hat, sind groß. Der Neue auf Castell, Weingutsleiter Björn Probst, ist dabei, sie zu füllen. Ihm ist eine schöne Kollektion aus dem adligen Haus gelungen. Mit klaren Produktlinien, stets harmonischer Erscheinung, die Lagen und Rebsorten eindeutig herausgearbeitet. Gefallen hat uns der zupackende Riesling Hohnart Erste Lage, der die Würze des Keupers schön zur Geltung bringt. Der Apriles 2015 scheint dem schwierigen Jahrgang zu trotzen. Er zeigt große Kraft und Struktur, der vorhandene Alkohol ist durch den Ausbau im Holz sauber eingebunden. Eine Flasche zum Weglegen. Viel Freude macht auch der Spätburgunder Schlossberg, der mit moderatem Alkohol und sehnig-muskulösem Körper die nächsten Jahre spielend überdauern dürfte. Am Kopf der Kollektion steht der 2016er Eiswein aus dem Kugelspiel. Der Wein zeigte Apfelkompott und Quitte, darunter ein zartes Säuregerüst, und ist ein würdiger Vertreter dieser Laune der Natur.

FRANKEN

WEINGUT DAHMS

97526 Schweinfurt-Sennfeld
August Borsig Straße 8
Tel (0 97 21) 6 91 23 · Fax 60 94 26
info@weingut-dahms.de
www.weingut-dahms.de
Inhaber Jürgen und Alex Dahms
Kellermeister Oliver Six und Jürgen Dahms

Verkauf Alexander und Jürgen Dahms
Mo–Fr 8.00–17.00 Uhr, **Sa** 9.00–13 Uhr

Das Weingut Dahms sitzt in Sennfeld bei Schweinfurt, eigentlich bekannt für Kugellager und weniger für Wein. Der Anbau ist nicht ganz einfach in der Gegend, wohl auch deshalb sind die Jahrgänge sehr heterogen. Aus 2016 konnten uns Alex und Jürgen Dahms eine passable Kollektion präsentieren. Die Weine sind sauber vinifiziert, besonders beeindruckt hat uns ein Weißburgunder aus dem Holz, der noch ein wenig Zeit auf der Flasche braucht. Auch die Trockenbeerenauslese vom Traminer konnte überzeugen. Die anderen Weine sind sortentypisch und süffig. Am besten probiert man die Weine der Dahms bei dem alljährlichen Weinland Stadtfest in Schweinfurt.

Verkostete Weine 10
Bewertung 80–87 Punkte

- 80 2016 Silvaner trocken | 12% | 7,– €
- 82 2016 Weißburgunder trocken | 12,5% | 7,50 €
- 85 2016 Weißburgunder trocken Holzfass – 2 – | 13,5% | 25,– €
- 82 2015 Mainberger Schlossberg Silvaner Kabinett trocken | 11,5% | 8,– €
- 83 2016 Schweinfurter Peterstirn Silvaner Kabinett trocken | 13% | 8,– €
- 83 2016 Schweinfurter Peterstirn Müller-Thurgau Spätlese trocken | 13% | 12,– €
- 82 2016 Schweinfurter Peterstirn Scheurebe Kabinett halbtrocken | 12,5% | 8,– €
- 83 2016 Kerner Spätlese | 11,5% | 10,– €
- 84 2016 Scheurebe Spätlese | 11,5% | 10,– €
- 87 2015 Schweinfurter Peterstirn Traminer Beerenauslese | 9% | 29,– €/0,375 Lit.

WEINMANUFAKTUR DREI ZEILEN

97348 Rödelsee · Heinrich-Wiegand-Straße 2
Tel (0 93 23) 87 64 54
3zeilen@web.de
www.3-zeilen.de
Inhaber und Betriebsleiter Christian Ehrlich

Verkauf nach Vereinbarung

Christian Ehrlich betreibt neben seinem Full Time-Job ein Weingut in einer ehemaligen Waschküche. Waren es ursprünglich nur die namengebenden drei Zeilen Reben, die er bewirtschaftete, wurde daraus bis heute fast ein normaler Weinbaubetrieb mit über zwei Hektar Rebfläche. Wobei – normal ist die Art, wie Ehrlich Weine macht, nicht. Voller Hingabe widmet er sich alten Rebanlagen und vergessenen Rebsorten. Aus ihnen keltert er ausdrucksstarke und bisweilen eigenwillige Weine. Der Müller-Thurgau 2016 mit Muskatnote und ungewohnter Kraft ist ein Beispiel dafür. Besonders angetan haben es uns die Rieslinge aus der Rödelseer Schwanleite und der Silvaner aus dem Küchenmeister, die sich hinter so manch einem Großen Gewächs nicht verstecken müssen. Im Jahrgang 2015 sind es kraftvolle Weine mit viel Substanz. Die filigranere Variante ist der 2014er Riesling aus der Rödelseer Schwanleite. Bei vergleichbarer Aromatik ist er feiner gezeichnet.

Verkostete Weine 11
Bewertung 82–88 Punkte

- 83 2016 Rödelseer Küchenmeister Johanniter Im Thal trocken | 12% | 8,50 €
- 85 2016 Iphöfer Kalb Müller-Thurgau Kahler Berg trocken | 12,5% | 8,50 €
- 84 2016 Rödelseer Küchenmeister Bacchus Hopfertanz trocken | 12,5% | 9,– €
- 84 2016 Rödelseer Küchenmeister Fränkischer Satz trocken | 12,5% | 9,50 €
- 88 2015 Rödelseer Küchenmeister Silvaner trocken Holzfass | 13% | 14,50 €
- 88 2015 Rödelseer Schwanleite Riesling trocken Holzfass | 13% | 18,50 €
- 88 2014 Rödelseer Schwanleite Riesling trocken | 13% | 18,50 €
- 85 2012 Rödelseer Küchenmeister Cuvée trocken Reserve Barrique | 12% | 20,– €
- 82 2016 Rödelseer Küchenmeister Spätburgunder 16 sechs trocken Rosé | 12% | 9,– €
- 82 2014 Rödelseer Küchenmeister Spätburgunder Rouge trocken Barrique | 13% | 14,50 €
- 84 2015 Rödelseer Küchenmeister Spätburgunder trocken Barrique | 13% | 18,50 €

Symbole Weingüter

€ Schnäppchenpreis · TOP Spitzenreiter · BIO Ökobetrieb
🍷 Trinktipp · 🔨 Versteigerungswein

Sekt · Weißwein · Rotwein · Rosé

WEINGUT WALTER ERHARD

97332 Volkach · Weinstraße 21
Tel (0 93 81) 26 23 · Fax 7 11 16
info@weingut-erhard.de
www.weingut-erhard.de
Inhaber und Betriebsleiter Walter Erhard

Verkauf Sabine Pfannes
Di–Sa 9.00–18.00 Uhr
So 10.00–12.00 Uhr und nach Vereinbarung

Wieder hat Walter Erhard eine erfrischende und herzhafte Kollektion vorgestellt. Das sind fast durch die Bank Weine, die in ihrem jeweiligen Segment zum guten Mittelfeld gehören. Angefangen beim Silvaner aus der Literflasche, der einen süffig-herzhaften Schoppenwein abgibt. Das gilt auch für die Scheurebe und den Weißburgunder Kabinett, die unkompliziert und mit feiner Sortentypizität zum Trinken animieren. Im Auge behalten sollte man auch den Silvaner aus dem Volkschor Ratsherr, der mit feiner Nussaromatik überzeugt.

Verkostete Weine 8
Bewertung 81–85 Punkte

- **83** 2016 Volkacher Ratsherr Silvaner trocken | 12,5% | 6,– €/1,0 Lit.
- **82** 2016 Müller-Thurgau trocken »Frank & Frei« | 12% | 6,50 €
- **83** 2016 Volkacher Ratsherr Silvaner Kabinett trocken | 12,5% | 7,– €
- **83** 2016 Volkacher Ratsherr Weißburgunder Kabinett trocken | 13% | 7,50 €
- **85** 2016 Volkacher Ratsherr Silvaner Spätlese trocken | 13% | 11,– €
- **84** 2015 Escherndorfer Lump Scheurebe Spätlese trocken | 12,5% | 11,50 €
- **81** 2016 Bacchus & Scheurebe feinherb | 12% | 6,– €
- **83** 2016 Volkacher Ratsherr Scheurebe Kabinett feinherb | 12% | 7,50 €

WEINGUT FELSHOF

97286 Sommerhausen · Felshof
Tel (0 93 33) 9 04 80 · Fax 90 48 38
info@felshof.de
www.felshof.de
Inhaber Familie Wenninger

Verkauf Emmi und Andreas Wenninger
Mo–Sa 10.00–19.00 Uhr
So 11.00–15.00 Uhr und nach Vereinbarung

Die Wenningers führen einen Familienbetrieb, der ohne größere Störgeräusche die Nachfolge in den Griff bekommt. Vater Karl, die Söhne Andreas und Michael arbeiten miteinander statt gegeneinander. Den Weinen ist das positiv anzumerken. Die 2016er Kollektion ist gewohnt stimmig und harmonisch. Auf dem Weg zum Bioweingut kommt man Schritt für Schritt voran. Besonders gelungen sind einmal mehr die Bukettsorten, die Scheureben sind, egal ob halbtrocken oder fruchtig, die Glanzstücke im Sortiment. Das gilt auch für den animierenden Sekt aus gleicher Rebe. Die rosenduftige Traminer Spätlese weiß ebenso zu gefallen.

Verkostete Weine 9
Bewertung 79–83 Punkte

- **83** 2014 Scheurebe Sekt extra trocken | 12,5% | 12,– €
- **80** 2016 Sommerhäuser Riesling Kabinett trocken | 12% | 6,50 €
- **82** 2016 Sommerhäuser Müller-Thurgau Kabinett trocken | 12% | 6,50 €
- **79** 2016 Sommerhäuser Ölspiel Silvaner Kabinett trocken | 12,5% | 6,90 €
- **80** 2016 Sommerhäuser Scheurebe Kabinett trocken | 12,5% | 6,90 €
- **82** 2016 Sommerhäuser Steinbach Silvaner Spätlese trocken | 13% | 9,– €
- **83** 2016 Sommerhäuser Steinbach Gewürztraminer Spätlese trocken | 13% | 10,50 €
- **82** 2016 Sommerhäuser Scheurebe Kabinett halbtrocken | 12% | 6,50 €
- **83** 2016 Sommerhäuser Steinbach Scheurebe Spätlese halbtrocken | 13% | 9,– €

Symbole Weingüter
★★★★★ Weltklasse • ★★★★ Deutsche Spitze
★★★ Sehr Gut • ★★ Gut • ★ Zuverlässig

Weinbewertung in Punkten
100 Perfekt • 95 bis 99 Überragend • 90 bis 94 Exzellent
85 bis 89 Sehr gut • 80 bis 84 Gut

☆ **FRANKEN**

WEINGUT CLEMENS FRÖHLICH

97332 Escherndorf · Bocksbeutelstraße 19
Tel (0 93 81) 17 76 · Fax 61 63
info@weingut-froehlich.de
www.weingut-froehlich.de

Inhaber und Betriebsleiter Clemens Fröhlich

Verkauf Familie Fröhlich
Mo–Fr: 9.00–18.00 Uhr, **Sa** 9.00–17.00 Uhr

Clemens Fröhlich sucht nicht den mineralischen Biss in seinen Weinen, er ist Spezialist für leichte, aromatische Kabinettweine. Das ist im Jahrgang 2016 auch wieder deutlicher geworden, der Vorgängerjahrgang hatte doch ein wenig mit dem Alkohol zu kämpfen. Silvaner, Riesling und Müller-Thurgau Kabinett bieten ungezwungenen Trinkspaß auf gutem Niveau. Der Riesling Spätlese aus dem Escherndorfer Lumpen zeigt mit schöner Strenge im Mund, dass Fröhlich auch trocken beherrscht. Wer nach mehr Frucht sucht, wird bei den drei Weinen aus der Phillips Passion-Serie fündig. Silvaner, Riesling wie auch Müller-Thurgau sind betont fruchtig.

Verkostete Weine 12
Bewertung 79–84 Punkte

- 80 2016 Escherndorfer Silvaner Kabinett trocken | 12,5% | 6,50 €/1,0 Lit.
- 80 2016 Kerner Kabinett trocken | 11,5% | 5,90 €
- 81 2015 Escherndorfer Lump Riesling Kabinett trocken | 13% | 6,50 €
- 82 2015 Escherndorfer Lump Silvaner Kabinett trocken | 13,5% | 6,50 €
- 82 2016 Escherndorfer Berg Ortega Kabinett trocken | 13,5% | 7,– €
- 83 2016 Escherndorfer Fürstenberg Müller-Thurgau Philips Passion Kabinett trocken | 12% | 8,50 €
- 82 2016 Escherndorfer Lump Riesling Philips Passion Kabinett trocken | 12% | 11,50 €
- 84 2016 Escherndorfer Lump Silvaner Philips Passion Kabinett trocken | 12% | 11,50 €
- 83 2015 Escherndorfer Lump Silvaner Spätlese trocken | 14,5% | 9,– €
- 84 2015 Escherndorfer Lump Riesling Spätlese trocken | 14% | 9,– €
- 79 2015 Domina Spätlese trocken Holzfass | 13,5% | 8,50 €
- 83 2015 Escherndorfer Fürstenberg Spätburgunder Spätlese trocken Holzfass | 13,5% | 8,50 €

WEINGUT MICHAEL FRÖHLICH

97332 Escherndorf · Bocksbeutelstraße 41
Tel (0 93 81) 28 47 · Fax 7 13 60
info@weingut-michael-froehlich.de
weingut-michael-froehlich.de

Inhaber Michael Fröhlich

Verkauf Eva Fröhlich
Mo–Fr 9.00–18.00 Uhr, **Sa** 10.00–17.00 Uhr
und nach Vereinbarung

Erlebenswert Hofschoppen-Weinfest Ende August
Rebfläche 11 Hektar
Jahresproduktion 85.000 Flaschen
Beste Lagen Escherndorfer Lump und Fürstenberg
Boden Muschelkalk
Rebsorten je 25% Müller-Thurgau und Silvaner, je 15% Riesling und rote Sorten, 20% übrige Sorten
Mitglied VDP

Verlässlichkeit ist eine der Stärken Michael Fröhlichs. Auch in weniger guten Jahren wie 2015 kommen aus seinem Betrieb sehr gute Weine, Jahrgangsschwankungen scheint er häufig besser kompensieren zu können. Im aktuellen Jahrgang haben uns die trockenen Weine aus dem Escherndorfer Lump besonders gut gefallen, allen voran der Silvaner Am Lumpen 1655, der gelbfruchtig und mit zarter Bitternote zu den Top-Weinen des Jahrgangs gehört. Kaum schlechter der Riesling aus gleicher Lage, er lockt mit zarter Kaffeenote, Schmelz und Cremigkeit. Dass beide Weine, obwohl Große Gewächse, für unter 20 Euro zu haben sind, ist ein weiterer Pluspunkt. Auch die Weine aus dem mittleren und dem Basissegment sind wie gewohnt tadellos, beginnend mit der Frank & Frei-Serie, Silvaner und Müller-Thurgau, die in schon gewohnter Qualität unkomplizierten Trinkspaß bieten. Und natürlich ist der äußerst aromatische Kabinett vom gelben Muskateller wie immer erwähnenswert – ein Markenzeichen dieses in Summe sehr guten Betriebs.

Verkostete Weine 11
Bewertung 83–89 Punkte

- 83 2016 Müller-Thurgau Frank & Frei trocken | 12% | 6,50 €
- 83 2016 Silvaner Frank & Frei trocken | 12% | 6,50 €
- 84 2016 Escherndorfer Silvaner trocken | 12,5% | 7,50 €
- 86 2016 Escherndorfer Riesling trocken | 12,5% | 7,50 €
- 84 2016 Escherndorfer Lump Silvaner trocken | 12,5% | 10,- €
- 87 2016 Escherndorfer Lump Riesling trocken | 13,5% | 10,- €
- 89 2016 Escherndorfer Am Lumpen Silvaner »Großes Gewächs« | 13,5% | 19,- €
- 89 2016 Escherndorfer Am Lumpen 1655 Riesling »Großes Gewächs« | 13,5% | 19,- €
- 83 2016 Scheurebe Kabinett trocken | 12% | 7,- €
- 84 2016 Gelber Muskateller Kabinett | 11% | 7,50 €
- 83 2016 Escherndorfer Lump Rieslaner Spätlese | 13% | 10,- €

WEINGUT RUDOLF FÜRST
63927 Bürgstadt · Hohenlindenweg 46
Tel (0 93 71) 86 42 · Fax 6 92 30
info@weingut-rudolf-fuerst.de
www.weingut-rudolf-fuerst.de
Inhaber Paul und Sebastian Fürst
Betriebsleiter und Kellermeister Sebastian Fürst
Außenbetrieb Sebastian Schür
Verkauf Monika Fürst
Mo-Fr 9.00–12.00 Uhr · 14.00–18.00 Uhr
Sa 10.00–15.00 Uhr und nach Vereinbarung
Historie Weinbau in der Familie seit 1638
Rebfläche 20,3 Hektar
Jahresproduktion 120.000 Flaschen
Beste Lagen Bürgstadter Centgrafenberg und Hundsrück, Volkacher Karthäuser, Großheubacher Bischofsberg, Klingenberger Schlossberg
Boden Buntsandstein mit Lehm- und Tonauflagen, Muschelkalk
Rebsorten 60% Spät- und Frühburgunder, 18% Riesling, 14% weiße Burgundersorten, 8% übrige Sorten
Mitglied VDP, Trias, Deutsches Barrique Forum

Es gibt wohl keine Weinauszeichnung, die Paul Fürst in den letzten 40 Jahren nicht erhalten hat. Seine Spätburgunder sind Jahr für Jahr deutsche Spitze, nicht selten hat er auch in diesem Weinguide mehr als drei Weine unter den ersten zehn: eine Leistung, die man gar nicht hoch genug einschätzen kann. Dabei schafft er es, seine Weine, die alle aus derselben Rebsorte stammen, völlig unterschiedliche Charakteristika zu verleihen. Der Spätburgunder Hundsrück besticht vor allem durch Fülle und Kraft, sein Klingenberger Schlossberg ist geprägt von Feinheit und roter Beerenaromatik. Das sind deutlich schmeckbare Unterschiede, die Fürst beständig reproduziert und verfeinert.

Kontinuität und Verantwortung

Paul Fürst musste seinerzeit den elterlichen Betrieb in Bürgstadt in kürzester Zeit übernehmen. Eine Herausforderung, die seinem Sohn Sebastian erspart geblieben ist. Praktisch geräuschlos ist er Stück für Stück in die Verantwortung hineingewachsen. Mit ähnlich ruhigem Wesen wie sein Vater trägt er heute im Betrieb Verantwortung als Betriebsleiter und Kellermeister. Ein noch junger Mann, der es wie wenige versteht, seine Weine

FRANKEN

für sich sprechen zu lassen. Betriebsnachfolge ist ein sehr sensibles Thema, das nicht alle Spitzenbetriebe ohne Störgeräusche bewältigen. Dass in der Zeit seit Sebastians Einstieg die Weinqualität immer noch weiter gestiegen ist, scheint angesichts des bekannten Niveaus der Fürstschen Weine kaum möglich. Doch auch die 2015er stehen wieder an der deutschen Spitze, der betörende Klingenberger Schlossberg ist einen Fußbreit vor dem etwas kompakteren Bürgstadter Hundsrück, gefolgt vom faszinierenden Frühburgunder. Aber auch die Weine dahinter, die Ortsweine, sind alljährlich besser als die Spitzen der Mitbewerber. Der Bürgstadter und der Klingenberger Spätburgunder sind auch in diesem Jahr wieder vom Besten in Deutschland. Dass auch die Weißweine längst eigenes Format entwickelt haben, scheint da fast zwangsläufig. Die Basisweine Pur Mineral sind von größter Zuverlässigkeit, das Große Gewächs vom Riesling gehört regelmäßig zur Gebietsspitze und mit seinem Weißburgunder »R« kann Fürst auch in diesem Jahr deutschlandweit ganz vorne mitspielen.

Paul Fürst

Verkostete Weine 13
Bewertung 86–96 Punkte

- **86** 2016 Weißburgunder pur mineral trocken Holzfass | 12,5% | 14,- €
- **87** 2016 Bürgstadter Berg Riesling trocken | 12% | 18,- €
- **90** 2016 Bürgstadter Centgrafenberg Riesling »Großes Gewächs« | 12% | 38,- €
- **92** 2015 Bürgstadter Centgrafenberg Weißburgunder »R« trocken Barrique | 13,5% | 39,- €
- **93** 2015 Volkacher Karthäuser Chardonnay trocken | 13% | 39,50 €
- **88** 2015 Spätburgunder Tradition trocken Barrique | 13% | 12,90 € | €
- **90** 2015 Klingenberger Spätburgunder trocken Barrique | 13,5% | 27,- €
- **91** 2015 Bürgstadter Berg Frühburgunder trocken Barrique | 13,5% | 27,- €
- **92** 2015 Bürgstadter Berg Spätburgunder trocken Barrique | 13,5% | 27,- €
- **94** 2015 Bürgstadter Centgrafenberg Spätburgunder »Großes Gewächs« | 13,5% | 49,- €
- **93** 2015 Frühburgunder »R« trocken Barrique | 13,5% | 57,- €
- **95** 2015 Klingenberger Schlossberg Spätburgunder »Großes Gewächs« | 13,5% | 67,- € | TOP
- **96** 2015 Bürgstadter Hundsrück Spätburgunder »Großes Gewächs« | 13,5% | 108,- € | TOP

Konsequente Arbeit im Weinberg

Der Erfolg ist Paul und Sebastian Fürst nicht in den Schoß gefallen, er ist vor allem das Ergebnis akribischer Detailarbeit im Weinberg. Nur wenige Winzer sind über Jahre so umtriebig gewesen wie die Bürgstädter. Angefangen mit den einzigartigen Zeilenabständen, die von den Winzern an der Côte d'Or inspiriert sind. So stehen im Centgrafenberg und im Hundsrück rund 8.000 Reben pro Hektar, im vor knapp 15 Jahren angelegten Klingenberger Schlossberg sind es sogar 12.000. Einzigartige Anlagen, die außergewöhnliche Weine entstehen lassen.

235

★★   ★★

WEINGUT GEIGER & SÖHNE
97291 Thüngersheim
Veitshöchheimer Straße 1
Tel (0 93 64) 96 05 · Fax 66 73
info@geigerundsoehne.de
www.geigerundsoehne.de
Inhaber und Betriebsleiter Gunter Geiger
Verwalter Roland Dausacker
Kellermeister Gunter Geiger und Reinhold Full
Verkauf Gunter Geiger
Mo–Fr 8.00–12.00 Uhr · 13.00–18.00 Uhr
Sa 9.00–12.30 Uhr

Ein großer Betrieb mit 42 Hektar, der einmal mehr beweist, dass Qualität keine Frage der Größe ist, und den nächsten Schritt nach vorne macht. Die Weine der 2016er Kollektion haben durchweg überzeugt, viele Weine liegen lange auf der Hefe, was ihnen Fülle und Schmelz verleiht. Beste Beispiele sind die vier Weine aus der Linie Erste Geige, die praktisch ohne Primärfrucht dastehen. Ein wenig Flaschenreife wird allen Weinen guttun. Gut auch die Rotweine, bei denen der nach Bleistiftspitze duftende Pinot Noir Big G die Nase vorn hat.

Verkostete Weine 12
Bewertung 83–92 Punkte

84 2016 Thüngersheimer Johannisberg Riesling Nonnenloch Kabinett trocken | 12% | 7,90 €
85 2016 Thüngersheimer Johannisberg Silvaner Erste Geige Spätlese trocken Holzfass | 13,5% | 9,50 €
85 2016 Thüngersheimer Johannisberg Riesling Erste Geige Spätlese trocken | 13% | 9,90 €
85 2016 Thüngersheimer Johannisberg Weißburgunder Erste Geige Spätlese trocken Holzfass | 13% | 9,90 €
86 2016 Thüngersheimer Johannisberg Scheurebe Erste Geige Spätlese trocken | 13,5% | 9,90 €
85 2016 Thüngersheimer Johannisberg Grauburgunder Erste Geige Spätlese trocken Premium Holzfass | 13,5% | 9,90 €
86 2015 Retzbacher Benediktusberg Riesling Big G Spätlese trocken Holzfass | 13,5% | 16,50 €
90 2016 Thüngersheimer Johannisberg Rieslaner Auslese | 9% | 15,– €/0,5 Lit.
92 2016 Thüngersheimer Johannisberg Rieslaner Trockenbeerenauslese | 7% | 60,– €/0,5 Lit.
85 2015 Thüngersheimer Johannisberg Cabernet Dorsa Big G trocken Barrique | 14% | 15,50 €
86 2015 Thüngersheimer Johannisberg Pinot Noir Big G trocken Barrique | 13,5% | 15,50 €

WEINGUT GIEGERICH
63868 Großwallstadt · Weichgasse 19
Tel (0 60 22) 65 53 55 · Fax 65 53 66
info@weingut-giegerich.de
www.weingut-giegerich.de
Inhaber Helga und Klaus Giegerich
Betriebsleiter Klaus Giegerich
Verwalter Kilian Giegerich
Kellermeister Klaus und Kilian Giegerich
Verkauf Helga Giegerich
Di–Fr 10.00–12.00 Uhr · 14.00–18.00 Uhr
Sa 9.00–13.00 Uhr und nach Vereinbarung

Häckstube Mit Spezialitätenwochen und Kulturprogramm
Rebfläche 10,6 Hektar
Jahresproduktion 70.000 Flaschen
Beste Lagen Klingenberger Schlossberg, Großwallstadter Lützeltalerberg, Rücker Schalk
Boden Buntsandsteinverwitterung mit Lösslehm
Rebsorten 36% Müller-Thurgau, 16% Spätburgunder, 9% Portugieser, 6% Silvaner, 33% übrige Sorten
Mitglied Frank & Frei

Da scheint jemand richtig durchstarten zu wollen. Nach der ausgesprochen schönen Kollektion 2015 scheint die Familie Giegerich immer noch nicht zufrieden. Es beginnt mit den Weinen der Terra-Linie. Der Name ist Programm, nach frischer Erde duftet der Sauvignon Blanc, der Weißburgunder ist fein-elegant und der vielschichtige Silvaner einer der besten in diesem Segment, alles Aushängeschilder des Betriebs, die viel Wein fürs Geld bieten. Darüber die Weißen der Carus-Linie. Der Riesling saftig-füllig, der Chardonnay buttrig und trotzdem fokussiert. Und dann kommt der Junior Kilian noch mit seinen Rotweinen, die uns wieder begeistert haben. Ein Preistipp ist der finessenreiche Spätburgunder 2016 vom Buntsandstein. Aus 2015 folgen der mit zarter Frucht betörende Frühburgunder und der kraftvoll-würzige Spätburgunder. Wer vorne liegt, ist dabei dem persönlichen Geschmack überlassen, hervorragende Rotweine sind sie beide. Wir sind überzeugt, dass der dynamische Aufwärtstrend dieses Weinguts noch nicht vorüber ist.

FRANKEN

Verkostete Weine 12
Bewertung 81–89 Punkte

- 81 2016 Müller-Thurgau trocken »Frank & Frei« | 12% | 6,50 €
- 87 2016 Großwallstadter Lützeltalerberg Silvaner Terra trocken | 12,5% | 8,80 € | 🍷
- 84 2016 Wörther Campestres Weißburgunder Terra trocken | 12,5% | 9,80 €
- 86 2016 Rücker Schalk Sauvignon Blanc Terra trocken | 12,5% | 10,50 €
- 87 2015 Großwallstadter Lützeltalerberg Riesling Carus trocken | 13,5% | 18,50 €
- 88 2015 Großwallstadter Lützeltalerberg Chardonnay Carus trocken Barrique | 14% | 19,50 €
- 87 2016 Großwallstadter Lützeltalerberg Silvaner Granit Carus trocken | 13% | 22,– €
- 88 2015 Großwallstadter Lützeltalerberg Silvaner MG Carus Reserve trocken Holzfass | 13,5% | 24,50 €
- 86 2016 Leinacher Himmelberg Spätburgunder Muschelkalk trocken | 13,5% | 9,30 €
- 86 2016 Großwallstadter Lützeltalerberg Spätburgunder Buntsandstein trocken | 13,5% | 9,80 €
- 89 2015 Großwallstadter Lützeltalerberg Spätburgunder Carus trocken Barrique | 14% | 22,50 €
- 89 2015 Wörther Campestres Frühburgunder Carus trocken Barrique | 14% | 24,50 €

WEINGUT GLASER-HIMMELSTOSS
97334 Nordheim · Langgasse 7
Tel (0 93 81) 46 02 · Fax 64 02
info@weingut-glaser-himmelstoss.de
www.weingut-glaser-himmelstoss.de
Inhaber Wolfgang und Monika Glaser
Kellermeister Wolfgang und Julia Glaser

Verkauf in Nordheim
Mo, Mi–Sa 9.00–18.00 Uhr,
So, feiertags 14.00–17.00 Uhr
in Dettelbach
Mo, Mi–Sa 13.00–18.00 Uhr,
So, feiertags 14.00–17.00 Uhr
Weinrestaurant »Himmelstoss«,
Bamberger Straße 3, Dettelbach, Tel (0 93 24) 47 76,
Do–Mo 12.00–14.00 Uhr · 18.00–24.00 Uhr,
www.restaurant-himmelstoss.de
Spezialität kreative regionale Küche
Rebfläche 14 Hektar
Jahresproduktion 90.000 Flaschen
Beste Lagen Dettelbacher Berg-Rondell, Sommeracher Katzenkopf, Nordheimer Vögelein
Boden Muschelkalk, Sand, Lehm
Rebsorten 26% Silvaner, 25% Müller-Thurgau, 10% Riesling, 6% Spätburgunder, je 3% Grauburgunder, Scheurebe, Schwarzriesling und Weißburgunder, 21% übrige Sorten
Mitglied VDP, Inselweinmacher

Mit Süße kann er wirklich umgehen. Wolfgang Glaser wird zurecht als Süßwein-Spezialist bezeichnet. Die zitronenduftige und aromatische Beerenauslese von der Scheurebe und eine an Passionsfrucht erinnernde Beerenauslese vom Riesling sind animierende Süßweine. Darüber steht nur noch ein glasklarer Silvaner Eiswein, der mit faszinierender Frische alle Klischees über pappige Süßweine widerlegt. Diese drei Weine bilden die Spitze in der diesjährigen Kollektion. Aber auch dahinter, im trockenen Bereich, ist alles wohlbestellt. Der Dettelbacher Berg-Rondell Silvaner ist mit seiner kraftvollen Art unser Favorit, der Silvaner aus dem Katzenkopf ist aber nahezu gleichauf. Er punktet mit feiner, ziselierter Art. Das ganze Sortiment bewegt sich auf gutem bis sehr gutem Niveau.

Verkostete Weine 12
Bewertung 83–93 Punkte

- 85 2016 Dettelbacher Müller-Thurgau trocken »sur lie« | 12,5% | 7,50 €
- 83 2016 Dettelbacher Scheurebe trocken »sur lie« | 12,5% | 8,50 €
- 84 2016 Dettelbacher Riesling trocken »sur lie« | 12,5% | 9,– €
- 86 2016 Nordheimer Weißburgunder Denker trocken »sur lie« | 14% | 10,50 €
- 86 2016 Dettelbacher Graubrugunder Denker trocken »sur lie« | 14% | 12,– €
- 86 2016 Sommeracher Katzenkopf Silvaner trocken »sur lie« | 13,5% | 12,– €
- 84 2016 Nordheimer Traminer trocken »sur lie« | 14% | 14,50 €
- 87 2016 Dettelbacher Berg-Rondell Silvaner trocken »sur lie« | 14% | 16,– €
- 93 2016 Nordheimer Vögelein Silvaner Eiswein | 8,5% | 33,– €/0,375 Lit.
- 91 2016 Nordheimer Vögelein Riesling Beerenauslese | 7,5% | 28,– €/0,375 Lit.
- 92 2016 Nordheimer Vögelein Scheurebe Beerenauslese | 7,5% | 28,– €/0,375 Lit.
- 84 2013 Dettelbacher Spätburgunder Rebell trocken Barrique | 13% | 23,– €

WEINGUT GLASER

97334 Nordheim · Sommerlicher Straße 42
Tel (0 93 81) 94 64
info@weingut-glaser.com
www.weingut-glaser.com
Inhaber und Kellermeister Rudolf Glaser
Außenbetrieb Simon Trost

Verkauf März–Okt.
Mo–Fr 10.00–18.00 Uhr und nach Vereinbarung

Es tut sich was im nagelneuen Weingutsgebäude an neuer Adresse! Fehlten uns im letzten Jahr ein wenig Klarheit und Finesse, kann Rudolf Glaser in diesem Jahr die in ihn gesetzten Erwartungen wieder voll erfüllen. Vor allem mit den aromatischen Sorten konnte Glaser überzeugen. Wenngleich sein Hang zur Restsüße immer noch deutlich spürbar ist. An der Spitze der Kollektion stehen die Rotweine, etwa der nach Beeren schmeckende Frühburgunder aus dem Sommeracher Rosenberg. Angenehm auch der komplexe Regent aus dem Nordheimen Vögelein und der maskuline Spätburgunder aus dem Nordheimer Kreuzberg. Den unkompliziertesten Trinkspaß bieten die Weine aus der Pur-Linie. Vor allem Scheurebe und Müller-Thurgau sind frisch und mit dem richtigen Maß an Süße ausgestattet.

Verkostete Weine 12
Bewertung 78–87 Punkte

- 79 2016 Silvaner Pur Best of Muschelkalk Tafelwein trocken | 11,5% | 9,50 €
- 79 2016 Riesling Pur Best of Muschelkalk Landwein trocken | 12% | 9,50 €
- 81 2015 Scheurebe Pur Best of Muschelkalk Landwein trocken | 11,5% | 9,50 €
- 82 2016 Müller Pur Best of Muschelkalk Landwein trocken | 12% | 9,50 €
- 80 2016 Riesling Junge Linie Kabinett trocken | 12% | 5,40 €
- 83 2016 Nordheimer Vögelein Silvaner Kabinett trocken | 12% | 7,– €
- 82 2016 Nordheimer Kreuzberg Weißburgunder Spätlese trocken | 12,5% | 7,90 €
- 83 2015 Nordheimer Vögelein Scheurebe Spätlese halbtrocken | 12% | 10,– €
- 78 2016 Rotling Junge Linie halbtrocken | 11,5% | 5,40 €
- 87 2015 Nordheimer Kreuzberg Spätburgunder trocken Holzfass | 13,5% | 12,40 €
- 85 2015 Nordheimer Vögelein Regent Spätlese trocken Barrique | 13% | 12,40 €
- 87 2015 Sommeracher Rosenberg Frühburgunder Spätlese trocken Holzfass | 12,5% | 12,40 €

☆ FRANKEN

WEINGUT MARTIN GÖBEL
97236 Randersacker · Friedhofstraße 9
Tel (09 31) 70 93 80 · Fax 4 67 77 21
info@weingut-martin-goebel.de
www.weingut-martin-goebel.de
Inhaber und Betriebsleiter Martin Göbel
Verkauf Rosemarie Göbel
Mo-Fr 9.00-18.00 Uhr, **Sa** 9.00-17.00 Uhr
und nach Vereinbarung

Das Weingut von Martin Göbel ist eine zuverlässige Quelle für ordentliche Weine. Schlank und moderat im Alkohol sind sie gute Begleiter im Alltag. Vor allem die Weißen sind hier von Konstanz. Seinen besten Weinen lässt Göbel eine siebentägige, spontane Maischegärung zukommen. Silvaner, Grauburgunder und Riesling gewinnen dadurch spürbar an Struktur. Der würzig-herbe Silvaner aus dem Pfülben ist unser Favorit, dahinter der stoffige Riesling aus gleicher Lage. Auf die weitere Entwicklung dieses Weinguts sind wir gespannt.

Verkostete Weine 12
Bewertung 82-85 Punkte

- 82 2016 Randersacker Pfülben Blauer Silvaner Kabinett trocken | 11,5% | 6,50 €
- 83 2016 Randersacker Ewig Leben Riesling Kabinett trocken | 11,5% | 6,50 €
- 82 2016 Randersacker Ewig Leben Gelber Muskateller Kabinett trocken | 11,5% | 7,- €
- 83 2016 Randersacker Ewig Leben Riesling »S« Kabinett trocken | 12,5% | 10,- €
- 82 2016 Randersacker Marsberg Traminer Spätlese trocken | 13% | 11,- €
- 83 2016 Randersacker Ewig Leben Weißburgunder Spätlese trocken | 13,5% | 11,- €
- 85 2016 Randersacker Pfülben Silvaner Spätlese trocken | 14% | 11,50 €
- 84 2016 Randersacker Ewig Leben Grauburgunder Spätlese trocken | 13,5% | 12,- €
- 85 2016 Randersacker Pfülben Riesling Spätlese trocken | 13% | 14,- €
- 83 2016 Randersacker Pfülben Rieslaner Spätlese | 9,5% | 10,- €
- 83 2015 Randersacker Pfülben Spätburgunder Spätlese trocken Barrique | 13% | 11,50 €
- 82 2015 Randersacker Ewig Leben Merlot Spätlese trocken Barrique | 13,5% | 13,- €

GRAF VON SCHÖNBORN
WEINGUT SCHLOSS HALLBURG
97332 Volkach · Schloss Hallburg
Tel (0 93 81) 24 15 · Fax 37 80
schlosshallburg@schoenborn.de
www.weingut-schloss-hallburg.de
Inhaber Paul Graf von Schönborn-Wiesentheid
Verwalter Georg Hünnerkopf
Kellermeister Klaus Wagenbrenner
Verkauf im Gutshof
Mo-Fr 11.00-17.00 Uhr
in der Vinothek
Sa-So, feiertags 11.00-17.00 Uhr
Gutsausschank Schloss Hallburg mit Romantikgarten, Tel (0 93 81) 23 40
Spezialität mediterran-regionale Küche
Historie seit 1806 in Familienbesitz
Erlebenswert Musikveranstaltungen
Rebfläche 35 Hektar
Jahresproduktion 220.000 Flaschen
Beste Lage Hallburger Schlossberg, Volkacher Ratsherr
Boden Keuper auf Muschelkalk, tonhaltiger, steiniger Lösslehm
Rebsorten 27% Silvaner, 14% rote Sorten, 12% Riesling, 11% Grauburgunder, 10% Weißburgunder, je 8% Bacchus und Müller-Thurgau, 10% übrige Sorten
Mitglied Insel Weinmacher

Klaus Wagenbrenner steuert das nicht ganz kleine Weingut in schwieriger Zeit, ein Brand hatte 2016 das Erdgeschoss und den ersten Stock von Schloss Hallburg zerstört. Trotzdem schafft er es, ein in sich schlüssiges Sortiment zu präsentieren. Die Qualitätsstufen in jeder Rebsorte sind definiert und schmeckbar. Etwa beim 2016er Volkacher Ratsherr Silvaner trocken - ein eleganter, fast zarter Wein, der dennoch Würze zeigt. Er wird mit jeder Minute tiefgründiger. Gut ist auch der kleinere Silvaner aus dem Hallburger Schlossberg, ein fein gewirkter Wein. Die Silvaner-Kollektion kann auch an der Basis überzeugen: Der Gutswein zeigt grünen Apfel, der Riesling Frische und saftige Art. Von den Burgundersorten hat uns der Grauburgunder Gutswein mit Würze, Nuss und Struktur recht gut gefallen. Dass Wagenbrenner sich auch auf Rotweine versteht, zeigt der 2014er Spätburgunder *** aus dem Hallbur-

★★

ger Schlossberg. Mit Pfeffer und Kirsche in der Nase und runden Gerbstoffen ist er ein dezenter Vertreter dieser Rebsorte.

Verkostete Weine 12
Bewertung 83–87 Punkte

83 2016 Silvaner trocken | 11% | 8,- €/1,0 Lit.
83 2016 Riesling trocken | 11% | 7,50 €
83 2016 Weißburgunder trocken | 12% | 8,- €
84 2016 Grauburgunder trocken | 13% | 8,- €
84 2016 Volkacher Silvaner trocken | 12,5% | 8,80 €
85 2016 Gaibacher Silvaner trocken Alte Reben | 12,5% | 9,50 €
84 2016 Hallburger Schlossberg Riesling trocken | 12% | 13,- €
86 2016 Hallburger Schlossberg Silvaner trocken | 12,5% | 13,- €
84 2015 Volkacher Weißburgunder trocken *** | 14% | 16,80 €
85 2015 Volkacher Grauburgunder trocken *** | 13,5% | 16,80 €
87 2016 Volkacher Ratsherr Silvaner trocken | 13% | 16,80 €
87 2014 Hallburger Schlossberg Spätburgunder trocken *** | 13% | 28,80 €

WEINGUT HEILMANN
63755 Alzenau · Am Hörsteiner Weg 14
Tel (0 60 23) 5 04 23 95 · Fax (0 61 88) 95 95 40
info@weingut-heilmann.de
www.weingut-heilmann.de
Inhaber Thomas Brönner
Betriebsleiter und Kellermeister Simon Quass
Außenbetrieb Armin Heilmann
Verkauf Vinothek, Bezirksstraße 15, Alzenau
Mi, Fr 15.00–19.00 Uhr, **Sa** 9.00–16.30 Uhr
Straußwirtschaft Frühjahr und Spätsommer
Erlebenswert Weinbergsführungen durch den Apostelgarten mit Weinprobe
Rebfläche 4,5 Hektar
Jahresproduktion 36.000 Flaschen
Beste Lage Michelbacher Apostelgarten
Boden kristallines Urgestein, Glimmerschiefer
Rebsorten 35% Riesling, je 20% Müller-Thurgau und rote Sorten, 10% Bacchus, 8% Weißburgunder, 7% Sauvignon Blanc

Wer bei den regionalen Wettbewerben immer ganz vorne mit dabei ist, kann nicht so falsch liegen. Armin Heilmann hat bei Best of Gold schon so manchen Preis abgeräumt, auf ihn ist vor allem bei den Roten Verlass. In diesem Jahr hat uns der Spätburgunder Rue Noire No. 10 besonders gefallen. Trotz des sonst so üppigen Jahrgangs 2015 ist er ein schlanker Typ, ziseliert, mit feiner Fruchtsüße. Geschmeidig und mit expressiver Beerenfrucht probiert sich der St. Laurent aus 2015. Ein Wunder, dass hier im äußersten Westen Frankens vor allem die Rotweine derart gut gedeihen. Von den Weißweinen gefiel uns die Cuvée Unglaublich sehr gut, ein interessanter Mix aus Bukett und Körper, mit viel Schmelz am Gaumen. Mit schöner Traubigkeit, etwas Maracuja, die fast ein wenig an den Rheingau erinnert, überzeugt der Riesling aus dem Michelbacher Apostelgarten. Überhaupt haben die Weißweine in diesem Jahr eine schöne, animierende Frische. Es würde uns also nicht wundern, wenn wir den Trophäenjäger Heilmann demnächst wieder auf einem Podest sehen würden.

FRANKEN

★✩

Verkostete Weine 11
Bewertung 79–87 Punkte

- 79 2016 Cuvée Summertime trocken | 11,5% | 7,- €
- 83 2016 Michelbacher Silvaner trocken | 12% | 10,50 €/1,0 Lit.
- 80 2016 Riesling Heilmännchen trocken | 12% | 8,- €
- 84 2016 Michelbacher Riesling trocken | 11,5% | 10,50 €
- 83 2016 Michelbacher Apostelgarten Weißburgunder Erste Kategorie trocken Holzfass | 11,5% | 14,- €
- 85 2016 Michelbacher Apostelgarten Riesling Erste Kategorie trocken | 13% | 14,- €
- 86 2015 Cuvée Unglaublich trocken »sur lie« | 14,5% | 19,50 €
- 84 2016 Michelbacher Riesling feinherb | 10,5% | 10,50 €
- 80 2016 Rotling Summertime halbtrocken | 11,5% | 8,- €
- 86 2015 Michelbacher St. Laurent trocken Barrique | 13,5% | 25,- €
- 87 2015 Michelbacher Spätburgunder Rue Noire Nr.10 trocken Barrique | 13,5% | 25,- €

WEINGUT HEMBERGER
97348 Rödelsee · Aussiedlerhof 3
Tel (0 93 23) 4 35 · Fax 50 72
info@weingut-hemberger.de
www.weingut-hemberger.de
Inhaber Elisabeth und Roland Hemberger
Betriebsleiter Roland Hemberger
Kellermeister Tobias Hemberger

Verkauf Elisabeth Hemberger
Mo–Sa 9.30–18.00 Uhr

Eine wirklich tadellose Kollektion hat uns Familie Hemberger vorgestellt. Vom erfrischend feinperligen Pet Nat bis zur birnenduftigen Silvaner Auslese überzeugt uns jeder einzelne Wein. Der Stil von Junior Tobias ist klar erkennbar: Die Würze des Bodens (Keuper) soll spürbar sein, der Trinkspaß bis zum letzten Schluck anhalten. Vor allem mit den Silvanern gelingt das sehr gut, die Alten Reben 2016 aus dem Küchenmeister sind für das verlangte Geld eine prachtvolle Flasche Wein mit Zukunft. Die weißen Weine aus dem Holzfass, Vilsenah 2014 und Hoheleite 2015, versprechen mit ein wenig Kellerreife anspruchsvolle Speisebegleitung.

Verkostete Weine 12
Bewertung 83–90 Punkte

- 86 2016 Silvaner Petillant naturel Perlwein | 12,5% | 12,- €
- 83 2016 Silvaner trocken | 12% | 6,50 €
- 84 2016 Riesling trocken | 12% | 6,50 €
- 84 2016 Rödelseer Küchenmeister Silvaner vom Keuper trocken | 12,5% | 7,30 €
- 84 2016 Rödelseer Schwanleite Grauburgunder trocken Holzfass | 13% | 9,- €
- 85 2016 Rödelseer Küchenmeister Silvaner trocken Alte Reben Holzfass | 13% | 9,- €
- 86 2015 Rödelseer Küchenmeister Silvaner trocken Alte Reben Holzfass | 13% | 9,- €
- 86 2015 Grau- & Weißburgunder Vielzunah trocken Holzfass | 13,5% | 20,- €
- 87 2016 Rödelseer Hoheleite Silvaner trocken Holzfass | 13% | 20,- €
- 90 2016 Rödelseer Küchenmeister Silvaner Auslese | 10% | 14,- €/0,5 Lit.
- 84 2014 Rödelseer Küchenmeister Spätburgunder trocken Holzfass | 13% | 9,- €
- 85 2014 Spätburgunder Im Roth trocken | 13,5% | 26,- €

★

WEINGUT HILLABRAND
97348 Hüttenheim · Hüttenheim 96
Tel (0 93 26) 17 65 · Fax 97 90 08
info@weingut-hillabrand.de
www.weingut-hillabrand.de
Inhaber Markus und Carolin Hillabrand
Betriebsleiter Markus Hillabrand
Verkauf nach Vereinbarung

Wir werten es als ein durchaus gutes Zeichen, wenn ein Winzer seinen Stil gefunden hat und ihn in der gesamten Kollektion schmeckbar macht. Markus Hillabrand setzt auf kraftvolle Weine, auch mit höheren Alkoholgraden, gerne reduktiv und kühl, immer mit markanter Säure. Sechs Weine bietet der Winzer an - alle folgen präzise dem hauseigenen Stil. So schmeckt dann auch der Silvaner aus dem Hüttenheimer Tannenberg, mit viel Stoff und betont würzig eine Flasche mit Potenzial. Der Riesling aus gleicher Lage überzeugt mit frischem Säurefundament und mineralischem Biss. Ein Tipp ist der Silvaner G'scheit Trocken. Vor allem die nervige Säure zeichnet diesen Wein aus. Straff und kraftvoll fränkisch bietet er viel Wein fürs Geld - zu probieren auch in der Heckenwirtschaft, die für jeweils acht Wochen im Frühjahr und im Herbst sonntags geöffnet hat.

Verkostete Weine 6
Bewertung 79–86 Punkte

79 2016 Hüttenheimer Tannenberg Weißburgunder trocken | 12,5% | 6,50 €
84 2016 Hüttenheimer Tannenberg Silvaner G'scheit trocken | 13% | 6,50 €
83 2016 Hüttenheimer Tannenberg Müller-Thurgau trocken Alte Reben | 12,5% | 7,- €
84 2016 Hüttenheimer Tannenberg Riesling Steiler Südhang trocken | 13,5% | 10,- €
86 2016 Hüttenheimer Tannenberg Silvaner Steiler Südhang trocken | 14% | 10,- €
83 2016 Bullenheimer Paradies Scheurebe trocken Alte Reben | 13,5% | 10,- €

★

WEINBAU HILLER
97236 Randersacker
Alandsgrundweg 8, Gebäude 44
Tel (09 31) 26 09 43 73
post@hiller-wein.de
www.hiller-wein.de
Inhaber Christian Hiller
Verkauf nach Vereinbarung

Christian Hiller zeigte auch in 2016 individuelle und eigenständige Weine. Seine Stärke ist ganz klar der Silvaner: Der Randersacker Teufelskeller hat frische Säure, Zitrus und gute Struktur. Das Reifepotenzial machten die Weine aus den Jahrgängen 2014 und 2015 deutlich, die sich mit zunehmendem Alter positiv entwickelten. Lediglich der 2016er Silvaner Marsberg Alte Reben fiel aus dem Rahmen. Der Aldehydton deutet auf zu wenig Schwefel hin. Einen Sprung nach vorn hat Hiller dafür beim Spätburgunder gemacht, hier sorgen zarte Graphitnoten und eine schöne Beerenfrucht für Trinkfreude. Dieser Betrieb ist definitiv auf dem richtigen Weg.

Verkostete Weine 6
Bewertung 50–86 Punkte

82 2016 Randersacker Sonnenstuhl Silvaner trocken | 12,5% | 7,- €
86 2016 Randersacker Teufelskeller Silvaner trocken | 12% | 8,50 €
84 2015 Randersacker Marsberg Silvaner trocken Alte Reben | 14% | 12,- €
85 2014 Randersacker Marsberg Silvaner trocken Alte Reben | 12% | 12,- €
84 2015 Randersacker Sonnenstuhl Spätburgunder trocken Barrique | 14,5% | 14,- €

Symbole Weingüter
★★★★★ Weltklasse · ★★★★ Deutsche Spitze
★★★ Sehr Gut · ★★ Gut · ★ Zuverlässig

Weinbewertung in Punkten
100 Perfekt · 95 bis 99 Überragend · 90 bis 94 Exzellent
85 bis 89 Sehr gut · 80 bis 84 Gut

FRANKEN

★★⯨

WEINGUT HÖFLER
63755 Alzenau-Michelbach
Albstädter Straße 1
Tel (0 60 23) 54 95 · Fax 3 14 17
info@weingut-hoefler.de
www.weingut-hoefler.de
Inhaber und Betriebsleiter Bernhard Höfler
Kellermeister Johannes Höfler und Stefan Kunkel
Verkauf Edeltraud Höfler
Di-Fr 9.00–12.30 Uhr · 14.00–18.30 Uhr
Sa 9.00–14.30 Uhr
Sehenswert Michelbacher Apostelgarten, nicht flurbereinigt, seit 1985 unter Denkmalschutz
Erlebenswert Hofweinfest am zweiten Wochenende im Juli
Rebfläche 8,5 Hektar
Jahresproduktion 65.000 Flaschen
Beste Lagen Michelbacher Apostelgarten, Hörsteiner Abtsberg
Boden silbrig glänzender Schiefer, Gneis und Quarzite
Rebsorten 35% Riesling, 20% Müller-Thurgau, 12% Silvaner, 8% Spätburgunder, 7% Bacchus, je 6% Domina, Schwarzriesling und weiße Burgundersorten
Mitglied VDP

Magnificium probieren. Mit deutlicher Graphitnase und schöner Frucht konnte er uns aber über die fehlenden Roten hinwegtrösten.

Verkostete Weine 12
Bewertung 83–89 Punkte

86 2016 Riesling trocken | 12% | 6,50 €
84 2016 Michelbacher trocken Blanc de Noirs | 12,5% | 8,– €
86 2016 Michelbacher Silvaner trocken | 11,5% | 8,50 €
87 2016 Michelbacher Riesling trocken | 12,5% | 9,50 €
88 2016 Michelbacher Steinberg Riesling trocken | 12,5% | 15,– €
89 2016 Michelbacher Apostelgarten Riesling »Großes Gewächs« | 12,5% | 25,– €
83 2016 Michelbacher Riesling Urgestein feinherb | 11% | 7,– €
84 2016 Michelbacher Riesling feinherb | 12% | 9,50 €
85 2016 Michelbacher Domina trocken Rosé | 11,5% | 7,50 €
86 2015 Michelbacher Spätburgunder 2samkeit trocken | 14% | 16,– €
86 2015 Michelbacher Steinberg Schwarzriesling Magnificum trocken | 13,5% | 18,– €
87 2015 Michelbacher Steinberg Spätburgunder Magnificum trocken | 14% | 30,– €

Der Weinort Michelbach liegt im nordwestlichsten Zipfel Weinfrankens am Fuß der Westausläufer des Spessarts. Bei gutem Wetter kann man aus der alten Spitzenlage Apostelgarten die Frankfurter Skyline sehen. Hier wächst auch der Riesling, mit dem das Weingut Höfler es auf die vinologische Landkarte geschafft hat. Bernhard Höfler und Junior Johannes erzeugen hier im äußersten Nordwesten Bayerns regelmäßig straff-mineralische Rieslinge, die vor allem mit ein wenig Reife großes Trinkvergnügen bereiten. Das gilt auch für die Weine aus dem Jahrgang 2016, den exotisch-duftigen Riesling aus dem Steinberg etwa, oder das Große Gewächs aus dem Apostelgarten, das mineralisch fest und zart duftend eine schöne Zukunft vor sich hat. Schon die einfachen Basisweine, und auch hier wieder vor allem der Riesling, liefern erstaunliches Trinkvergnügen. Der Michelbacher 2016er Riesling trocken überzeugt mit Extrakt, Substanz und interessanter Würze im Abgang. Von den Rotweinen konnten wir zwar nur den 2015er Spätburgunder

WEINGUT HÖFLING

97776 Eußenheim · Kellereigasse 14
Tel (0 93 53) 76 32 · Fax 12 64
info@weingut-hoefling.de
www.weingut-hoefling.de
Inhaber und Betriebsleiter Klaus Höfling
Außenbetrieb Werner Höfling
Kellermeister Klaus Höfling
Verkauf Marianne und Klaus Höfling
Mo-Fr 9.00-12.00 Uhr · 13.00-18.00 Uhr
Sa 9.00-12.00 Uhr und nach Vereinbarung
Erlebenswert Eußenheimer Wein- und Gesundheitsweg
Rebfläche 20 Hektar
Jahresproduktion 120.000 Flaschen
Beste Lagen Stettener Stein, Eußenheimer First, Gambacher Kalbenstein, Gössenheimer Homburg
Boden Muschelkalkverwitterung, teilweise mit Lösslehm-Auflage, Buntsandstein
Rebsorten 37% Silvaner, 17% Müller-Thurgau, je 8% Bacchus, Spätburgunder und Weißburgunder, je 5% Domina, Kerner, Riesling und Sauvignon Blanc, je 1% Frühburgunder und Gewürztraminer

Verkostete Weine 12
Bewertung 82–93 Punkte

82 2016 Müller-Thurgau First Class trocken | 11% | 5,70 €
84 2016 Gössenheimer Silvaner trocken | 12% | 6,50 €
84 2016 Gössenheimer Scheurebe trocken | 12% | 7,50 €
85 2016 Gössenheimer Sauvignon Blanc trocken | 12% | 7,50 €
86 2015 Gössenheimer Homburg Weißburgunder trocken Holzfass | 13,5% | 10,50 €
86 2015 Stettener Stein Riesling trocken | 13% | 12,- €
89 2015 Stettener Stein Silvaner Grenzstein »Großes Gewächs« Holzfass | 13% | 17,- €
92 2015 Stettener Stein Riesling Beerenauslese | 7% | 25,- €/0,375 Lit.
93 2015 Gössenheimer Homburg Silvaner Trockenbeerenauslese | 6,5% | 70,- €/0,375 Lit.
88 2014 Eußenheimer First Spätburgunder trocken Barrique | 13% | 15,- €
88 2014 Gambacher Kalbenstein Spätburgunder »Großes Gewächs« | 13% | 27,- €
88 2014 Eußenheimer First Frühburgunder »Großes Gewächs« | 13% | 30,- €

Es ist zur guten Gewohnheit geworden, die Kollektion von Klaus Höfling zu loben. Im Prinzip findet sich kein schwacher Wein im Sortiment, in der jeweiligen Klasse gehören sie immer zu den Besten. Dass die Weine auch zu sehr freundlichen Preisen abgegeben werden, steigert die Freude noch. Besonders hervorzuheben sind in diesem Jahr zwei Edelsüße aus dem Jahrgang 2015. Die Riesling Beerenauslese aus dem Stettener Stein ist perfekt balanciert, zeigt getrocknete Mango und Papaya und ist exotisch animierend. Die Silvaner Trockenbeerenauslese aus dem Gössenheimer Homburg strotz vor üppiger Reife und ist dennoch fein balanciert zwischen Süße und Säure. Sehr gut sind auch die trockenen Weine aus dem Stettener Stein. Von 60 Jahre alte Reben stammt der Silvaner Grenzstein, spontan vergoren im großen Holzfass. Er lockt mit Graphitnase, ist im Mund füllig, bleibt aber deutlich mineralisch. Die Rotweine wurden bereits im Vorjahr präsentiert und verkostet, die Bewertungen bestätigt. Nur der Spätburgunder aus dem Gambacher Kalbenstein schien uns ein wenig nachzulassen. Insgesamt scheint es aber, dass Klaus Höfling mit seinen Weinen weiter nach oben strebt.

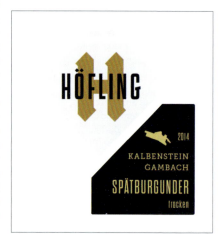

☆ FRANKEN

WEINGUT ILMBACHER HOF
97346 Iphofen · Lange Gasse 36
Tel (0 93 23) 36 57 · Fax 63 06
info@ilmbacher-hof.de
www.ilmbacher-hof.de
Inhaber Thomas Fröhlich
Verkauf Thomas Fröhlich
Mo–Sa 10.00–18.00 Uhr, **Di** 14.00–18.00 Uhr und nach Vereinbarung

Der Ilmbacher Hof hat eine lange Geschichte, Familie Fröhlich erwarb das Anwesen 1865 und bewirtschaftet es heute in der sechsten Generation. Ein Grund dafür, dass man auf alte Rebanlagen zurückgreifen kann, die auch im aktuellen Jahrgang die besten Weine hervorbringen. Die Reihe wird angeführt vom Silvaner aus dem Iphöfer Kalb, der mit Ginsterduft und schöner Cremigkeit zu den ausdrucksstärksten Weinen seiner Art gehört. Aus dem Kronsberg kommt ein ungeschminkter Riesling, der ohne jedes Feintuning auf die Flasche gefüllt wurde. Und auch der Müller-Thurgau zeigt, wie schon im Vorjahr, sehr viel Charakter und Länge. Allesamt Weine, die vor allem Weinfreunde mit einem Hang zur markanten Gerbstoffstruktur erfreuen dürften.

Verkostete Weine 5
Bewertung 81–88 Punkte

81 2016 Silvaner trocken | 12% | 6,– €/1,0 Lit.
82 2016 Iphöfer Kronsberg Scheurebe trocken | 12,5% | 9,50
86 2015 Iphöfer Kronsberg Riesling Ungeschminkt trocken | 13,5% | 12,– €
86 2016 Iphöfer Kronsberg Müller-Thurgau trocken Alte Reben | 13% | 12,– €
88 2016 Iphöfer Kalb Silvaner trocken Alte Reben | 13% | 12,– € | 💧

WEINGUT JULIUSSPITAL
97070 Würzburg · Klinikstraße 1
Tel (09 31) 3 93 14 00 · Fax 3 93 14 14
weingut@juliusspital.de
www.juliusspital.de
Inhaber Stiftung Juliusspital Würzburg
Betriebsleiter Horst Kolesch
Verwalter Peter Rudloff, Josef Schmitt, Lothar Flößer und Erhard Wendel
Kellermeister Nicolas Frauer und Helmut Klüpfel
Verkauf Kordula Geier
Mo–Do 8.00–16.00 Uhr, **Fr** 8.00–14.00 Uhr
Vinothek Weineck Julius Echter, Koellikerstr. 1a
Mo–Fr 9.30–18.30 Uhr, **Sa** 9.00–16.00 Uhr
Restaurant Weinstuben »Juliusspital«, »Vogelsburg«, Vogelsburg 1, Volkach (www.vogelsburg-volkach.de)
Historie gegründet 1576
Sehenswert Fürstenbau, Keller, »Wein.Welt«, neu eröffnete Vogelsburg bei Volkach
Rebfläche 180 Hektar
Jahresproduktion 1 Mio. Flaschen
Beste Lagen Würzburger Stein, Iphöfer Julius-Echter-Berg, Randersacker Pfülben, Escherndorfer Lump
Boden Muschelkalk, humoser Lehm, Gipskeuper und Buntsandstein
Rebsorten 45% Silvaner, 20% Riesling, 13% Müller-Thurgau, 4% Spätburgunder, 18% übrige Sorten
Mitglied VDP

Das Juliusspital ist eines der drei großen Weingüter in Würzburg, im Wettbewerb kommt ihm seit geraumer Zeit die mittlere Position zu. Die Weine sind durch die Bank über alle Qualitätsstufen hinweg blitzsauber vinifiziert, kein kleines Kunststück bei 180 Hektar und über einer Million gefüllter Flaschen pro Jahr. Die Weine glänzen durchgehend mit Kraft und Sortentypizität. Die 2016er haben in aller Regel einen schönen Zug und frische Säure, die 2015er noch die Kraft und Fülle des Jahrgangs. Unter den trockenen Weinen steht der Silvaner Großes Gewächs aus dem Würzburger Stein ganz oben. Mit Exotik in der Nase, dezentem Holzeinsatz und schöner Struktur ist er für uns der Beste aus dem Jahrgang 2015. Gefallen hat uns auch der Riesling aus demselben Weinberg: schlank, mit kräftigem Zug und feinem mineralischen Biss. Mit betörender Trockenobstnase glänzt die Trockenbeerenauslese aus dem Stein. Frische Säure macht diesen äußerst raren Wein zu einer wahren Delikatesse.

Verkostete Weine 12
Bewertung 83–94 Punkte

83 2016 Weißburgunder trocken | 12,5% | 8,- €
85 2016 Iphöfer Kronsberg Silvaner trocken Holzfass | 13,5% | 12,50 €
85 2016 Würzburger Stein Silvaner trocken Holzfass | 13% | 14,- €
87 2016 Würzburger Stein Riesling trocken | 13% | 14,- €
89 2015 Iphöfer Julius-Echter-Berg Silvaner »Großes Gewächs« Holzfass | 14% | 30,- €
90 2015 Würzburger Stein Silvaner »Großes Gewächs« Holzfass | 13,5% | 30,- €
88 2015 Volkacher Karthäuser Weißburgunder »Großes Gewächs« Holzfass | 14% | 32,- €
89 2015 Würzburger Stein Riesling »Großes Gewächs« Holzfass | 14% | 32,- €
88 2015 Würzburger Abtsleite Traminer trocken Holzfass | 14% | 35,- €
84 2016 Würzburger Riesling Kabinett halbtrocken | 10,5% | 10,- €
94 2015 Würzburger Stein Riesling Trockenbeerenauslese | 9% | 85,- €/0,5 Lit.
87 2015 Würzburger Pfaffenberg Spätburgunder trocken Barrique | 13% | 25,- €

KRÄMER
ÖKOLOGISCHER LAND- UND WEINBAU

97215 Auernhofen · Lange Dorfstraße 24
Tel (0 98 48) 9 68 45 · Fax 9 68 47
info@kraemer-oeko-logisch.de
www.kraemer-oeko-logisch.de
Inhaber und Betriebsleiter Stephan Krämer
Verkauf nach Vereinbarung
Gastronomie regionale Küche, nach Voranmeldung bis zu 35 Personen im Gewölbekeller
Rebfläche 4 Hektar
Jahresproduktion 20.000 Flaschen
Beste Lagen Tauberzeller Hasennestle, Röttinger Feuerstein
Boden Muschelkalk
Rebsorten 30% Silvaner, 25% Müller-Thurgau, je 10% Bacchus und Johanniter, 10 % Regent, 10% Schwarzriesling, 5% Riesling
Mitglied Naturland, Slow Food, Fränkische Ökowinzer

Stephan Krämer macht fast alles anders als die anderen Winzer. Vor allem durch das, was er nicht macht, unterscheidet er sich. Er arbeitet strikt ökologisch, vergärt spontan, lässt bis auf eine Ausnahme alle Weine durchgären, filtert sie nie und setzt nur minimal Schwefel ein. Das Resultat sind Weine ohne erkennbare Primärfrucht, reduziert auf Struktur. Dieser Stil ist in Deutschland noch relativ selten, ist aber international sehr gesucht. Unser Favorit ist der Silvaner Silex. Voller Substanz und Kraft ist er trotzdem karg, puristisch, fast anstrengend. Nur wenig dahinter die anderen Silvaner und der schon fast legendäre Müller-Thurgau. Er hat mehr Kraft als dieser Rebsorte gemeinhin zugetraut wird. Erwähnenswert sind auch noch die Pet Nat Weine (Petillant naturel), natürliche Schaumweine, die frisch und herb-aromatisch großen Trinkspaß garantieren. Krämer ist ein selbstbewusstes Winzertalent, das man im Auge behalten sollte.

☆ FRANKEN

Verkostete Weine 10
Bewertung 85–90 Punkte

- **85** 2016 Cuvée weiß Landwein trocken | 12% | 7,50 €
- **85** 2016 Silvaner Landwein trocken | 12,5% | 9,– €
- **87** 2016 Müller-Thurgau Muschelkalk Landwein trocken Holzfass | 12% | 10,– €
- **88** 2016 Müller-Thurgau Silex Landwein trocken Holzfass | 12,5% | 10,– € | 🌢
- **88** 2016 Silvaner Landwein trocken Alte Reben Holzfass | 12,5% | 12,– €
- **87** 2016 Riesling Silex Landwein trocken Holzfass | 12,5% | 15,– €
- **88** 2015 Riesling Silex Landwein trocken Holzfass | 12,5% | 17,– €
- **88** 2016 Silvaner Muschelkalk Landwein trocken Holzfass | 12% | 19,– €
- **90** 2016 Silvaner Silex Landwein trocken Holzfass | 13% | 19,– €
- **85** 2016 Pinot Meunier weiß gekeltert Landwein trocken Barrique | 12,5% | 12,50 €

WEINGUT WOLFGANG KÜHN

63911 Klingenberg · Ludwigstraße 29
Tel (0 93 72) 31 69 · Fax 1 23 65
weingut_kuehn@web.de
www.weingut-wolfgang-kuehn.de
Inhaber und Betriebsleiter Wolfgang und Ulrike Kühn

Verkauf nach Vereinbarung

Wolfgang Kühn ist auf sympathische Weise unmodern. Seine gehobenen Rotweine werden noch mit Korken verschlossen, die Etiketten sind gemütlich altmodisch, die Lieferscheine von Hand geschrieben und auch im Weinberg ist Handarbeit angesagt. Die Terrassen im Klingenberg Schlossberg lassen keine Maschinenbearbeitung zu. Weine mit Hand und Fuß entstehen, wie Kühn selber sagt. Der saftig-klare Silvaner ist ein Beispiel dafür. Die Spätburgunder aus 2014 leiden ein wenig unter dem Jahrgang und haben einen strengen Unterton, gewinnen aber mit Belüftung. Sein roter, alter Satz Altrod ist ansprechend.

Verkostete Weine 6
Bewertung 78–84 Punkte

- **84** 2016 Klingenberger Schlossberg Silvaner Kabinett trocken »sur lie« | 12% | 8,50 €
- **81** 2014 Klingenberger Schlossberg Spätburgunder trocken | 12,5% | 10,50 €
- **82** 2015 Klingenberger Schlossberg Altrod trocken | 13% | 10,50 €
- **78** 2015 Klingenberger Schlossberg Cabernet Sauvignon trocken | 12,5% | 12,50 €
- **82** 2015 Klingenberger Schlossberg St. Laurent trocken | 13% | 12,50 €
- **82** 2014 Klingenberger Schlossberg Spätburgunder Spätlese trocken | 12,5% | 15,– €

★★☆   ★★★

WEINGUT PAUL LEIPOLD
97332 Obervolkach · Landsknechtstraße 14
Tel (0 93 81) 44 72 · Fax 71 67 28
info@weingut-leipold.de
www.weingut-leipold.de
Inhaber Paul und Inge Leipold
Verkauf Inge Leipold
Mo–Fr 9.00–12.00 Uhr · 13.00–19.00 Uhr
Sa 9.00–17.00 Uhr

Die Kollektion 2016 von Peter und Paul Leipold hat uns Freude gemacht. Angeführt wird sie vom Schilfsandstein Silvaner aus dem Obervolkacher Landsknecht, der mit zarter Rauchnote und würzigem Schmelz überzeugt. Wie immer ist dies der beste Wein aus diesem Haus – aber auch dahinter gibt es viel Genuss fürs Geld. Der Silvaner Alte Reben zeigt gute Würze und schöne Struktur, der Silvaner Muschelkalk eine angenehme Bitternote, der Müller-Thurgau Alte Reben aromatische Tiefe. Eine Empfehlung ist auch der Bacchus aus der Literflasche, der unkomplizierten Trinkspaß verspricht. Zusammengenommen ein wirklich zuverlässiger Betrieb.

Verkostete Weine 10
Bewertung 80–86 Punkte

- **80** 2016 Obervolkacher Scheurebe Landwein trocken | 12% | 5,– €
- **83** 2016 Silvaner trocken | 12% | 5,70 €/1,0 Lit.
- **83** 2016 Obervolkacher Müller-Thurgau trocken | 12,5% | 5,– €
- **85** 2016 Silvaner Muschelkalk trocken | 12,5% | 6,– €
- **84** 2016 Müller-Thurgau trocken Alte Reben | 12,5% | 7,50
- **85** 2016 Silvaner trocken Alte Reben | 13,5% | 8,– €
- **82** 2016 Scheurebe trocken Alte Reben | 13,5% | 8,50 €
- **86** 2015 Silvaner Schilfsandstein trocken | 13,5% | 10,– €
- **83** 2016 Bacchus halbtrocken | 10,5% | 4,50 €/1,0 Lit.
- **83** 2015 Obervolkacher Spätburgunder trocken | 13,5% | 7,– €

WEINGUT FÜRST LÖWENSTEIN
63924 Kleinheubach · Schlosspark 3
Tel (0 93 71) 9 48 66 00 · Fax 9 48 66 33
weingut@loewenstein.de
www.loewenstein.de
Geschäftsführerin Dr. Stephanie zu Löwenstein
Betriebsleiter und Kellermeister Peter Arnold
Außenbetrieb Martin Amend
Verkauf Andrea Paul
Mo–Fr 10.00–12.00 Uhr · 13.00–18.00 Uhr
Sa 10.00–15.00 Uhr und nach Vereinbarung
Sehenswert neues Weingut im Schlosspark Kleinheubach
Erlebenswert Wanderung in der Steillage Homburger Kallmuth
Rebfläche 13 Hektar
Jahresproduktion 70.000 Flaschen
Beste Lagen Homburger Kallmuth, Lengfurter Oberrot
Boden Muschelkalk, Buntsandstein
Rebsorten 60% Silvaner, je 20% Riesling und Spätburgunder
Mitglied VDP, Trias

Kontinuität ist ein Markenzeichen der Fürsten Löwenstein. So sind auch im Jahrgang die Weine von zuverlässiger Qualität, es gibt keine Ausrutscher nach oben oder nach unten. Schon der Gutssilvaner CF ist ein ordentlicher Tropfen, der mit seiner trockenen Art sehr gut zur Brotzeit passt. Mehr Biss zeigt der Silvaner Trocken aus dem Homburger Kallmuth. Sehr typisch, mit etwas Quitte in der Nase, dürfte er in den nächsten Jahren noch gewinnen. Das gilt auch für den Silvaner S aus gleicher Lage, bei ihm steht die Akazie im Mittelpunkt des Aromenspektrums, dazu kräftiger Schmelz mit Würze aus Salbei, Thymian und sogar etwas Eukalyptus. Eine Flasche, die zur Lagerung einlädt. Verantwortlich für diese geschmackliche Vielfalt dürfte vor allem der in Terrassen aufgebaute Homburger Kallmuth sein. In ihm wechselt die Bodenart vom Muschelkalk auf den beiden obersten Terrassen zu Buntsandstein. Mit diesen geologischen Besonderheiten bietet er das Potenzial für Weine mit differenzierter Aromatik und hohem Lagerpotenzial. Der Weinausbau erfolgt oberirdisch weitgehend in Edelstahl; schrittweise soll mit Stück- und Halbstückfässern ergänzt werden. Für den Rotwein werden auch Barriques genutzt.

★★★★ FRANKEN

Verkostete Weine 3
Bewertung 83–85 Punkte

83 2016 Silvaner CF Silvaner trocken | 13% | 9,– €
84 2016 Homburger Kallmuth Silvaner trocken | 13% | 12,50 €
85 2016 Homburger Kallmuth Silvaner »S« trocken | 13% | 17,90 €

WEINGUT ZEHNTHOF THEO LUCKERT
97320 Sulzfeld · Kettengasse 3–5   BIO
Tel (0 93 21) 2 37 78 · Fax 50 77
Luckert@weingut-zehnthof.de
www.weingut-zehnthof.de
Inhaber Ulrich und Wolfgang Luckert
Außenbetrieb Wolfgang Luckert
Kellermeister Ulrich Luckert

Verkauf Wolfgang und Ulrich Luckert
Mo–Fr 9.00–12.00 Uhr · 13.00–17.00 Uhr
Sa 9.00–12.00 Uhr · 13.00–16.00 Uhr

Sehenswert verwinkelter Keller
Rebfläche 16 Hektar
Jahresproduktion 90.000 Flaschen
Beste Lagen Sulzfelder Maustal, Sonnenberg und Berg I
Boden Muschelkalk
Rebsorten 50% Silvaner, 15% Riesling, 35% übrige Sorten
Mitglied VDP, Naturland

In der Ruhe scheint wirklich eine Menge Kraft zu liegen. Nur so kann man es sich erklären, dass Wolfgang und Ulrich Luckert, tatkräftig unterstützt von Wolfgangs Sohn Philipp, trotz typisch fränkischer Ruhe ungeheure Kraft in ihren Weinen entwickeln. Die Silvaner aus dem Maustal und aus der Einzellage Creutz sind auch in diesem Jahr von aristokratischer Ruhe und Eleganz, es wohnt ihnen eine schier unglaubliche Selbstverständlichkeit inne. Es sind allerdings Weine, die auch vom Weintrinker Ruhe und Gelassenheit verlangen. Im Jungstadium zeigen sie geöffnet häufig erst nach Tagen ihr ganzes Können.

Erstklassige Lehrmeister
Alle Luckerts haben in ihren Lebensläufen namhafte Lehrmeister. Ulrich hat im Fürstlich Castell'schen Domänenamt gelernt, Wolfgang im Würzburger Bürgerspital und Philipp hat bei Paul Fürst in Bürgstadt den Einstieg ins Winzerleben geschafft. Aktuell bewirtschaften die drei rund 17 Hektar Weinberge, die ausschließlich in Sulzfeld liegen. Ihr Geheimrezept für die Weinbergspflege und Kellerarbeit klingt simpel - harte, penible Arbeit und so wenige Eingriffe wie möglich. Das gilt vor allem auch im Keller, wo nach und nach die Edelstahltanks verschwinden und durch klassische, große Holzfässer ersetzt werden. Natürlich aus Spessarteiche gefertigt, von regionalen Wirtschaftskreisläufen sind die Luckerts überzeugt.

Philipp, Ulrich und Wolfgang Luckert

Überhaupt der Keller: Ein wahres Labyrinth von Kellern und Räumen erstreckt sich unter dem ehemaligen fürstbischöflichen Zehntkeller, den die Luckerts Ende der 1970er Jahre erwarben. Der Erhalt dieses Baudenkmals ist eine weitere Aufgabe, der sich die Familie Luckert mit Leidenschaft widmet. Der Zufall spielte eine Rolle bei der Entdeckung der Einzellage Creutz. Mitten im Wohngebiet von Sulzfeld, eingezwängt zwischen Einfamilienhäusern, stehen rund 400 wurzelechte Stöcke Gelber Silvaner, gepflanzt Ende des 19. Jahrhunderts – ein vinologisches Kleinod, das auch die Experten der Landwirtschaftlichen Versuchsanstalt in Veitshöchheim auf den Plan gerufen hat. Sie haben Reiser aus dem Weinberg geholt, um das Genmaterial sichern zu können. Die Luckerts machen nur Wein aus den Reben, maximal so viele Flaschen wie Rebstöcke, eher weniger. Gesuchte Raritäten, die den ganzen Reichtum der Silvanerrebe ins Glas bringen.

Das Creutz – ein Kulturdenkmal

Deswegen die Große-Gewächs-Lage Maustal – nur drei Steinwürfe entfernt – zu vergessen, wäre sträflich. Von hier stammen die cremig-klaren, mineralisch tiefen Silvaner und Rieslinge des Hauses. Dass sich die Luckerts auch auf geschliffene Rotweine aus Spätburgunder und äußerst präzise Weißburgunder verstehen, scheint fast selbstverständlich. In der Ruhe der Luckerts und des verschlafen wirkenden Ortes Sulzfeld muss wirklich eine große Kraft liegen.

Verkostete Weine 12
Bewertung 86–93 Punkte

86 2016 Sulzfelder Silvaner trocken Holzfass | 12,5% | 10,- €
88 2016 Sulzfelder Roter Silvaner trocken Holzfass | 12,5% | 11,- €
89 2016 Sulzfelder Silvaner trocken Alte Reben Holzfass | 13% | 13,- €
88 2016 Sulzfelder Weißburgunder Berg 1 trocken Holzfass | 13% | 16,- €
89 2016 Sulzfelder Riesling Berg 1 trocken Holzfass | 13% | 16,- €
90 2016 Sulzfelder Sonnenberg Silvaner Gelbkalk trocken Holzfass | 13% | 16,- €
91 2016 Sulzfelder Maustal Silvaner »Großes Gewächs« Holzfass | 13,5% | 40,- €
92 2016 Sulzfelder Maustal Riesling »Großes Gewächs« Holzfass | 13,5% | 40,- €
93 2016 Sulzfelder Silvaner Creutz trocken Holzfass *** | 13,5% | 80,- € | TOP 10
87 2015 Sulzfelder Frühburgunder trocken Barrique | 13% | 17,- €
90 2015 Sulzfelder Sonnenberg Frühburgunder trocken Barrique | 13,5% | 40,- €
88 2015 Sulzfelder Maustal Spätburgunder »Großes Gewächs« | 13,5% | 40,- €

★ FRANKEN

WEINGUT MAX MARKERT
97246 Eibelstadt · Am Zöller 1
Tel (0 93 03) 17 95 · Fax 10 90
info@weingut-markert.de
www.weingut-markert.de
Inhaber und Betriebsleiter Max Markert
Kellermeister Thomas Heil
Verkauf Max und Hannelore Markert
Mo–Fr 9.00–12.00 Uhr · 15.00–18.00 Uhr
Sa 10.00–15.00 Uhr und nach Vereinbarung

Standen im letzten Jahr die Rotweine im Mittelpunkt, stellten Max Markert (Inhaber) und Thomas Heil (Kellermeister) in diesem Jahr eine Phalanx von feinen weißen Weinen vor. Zum Einstieg gibt es einen Weißburgunder Sekt, der mit kraftvoll-hefiger Art überzeugte. Keine Blöße gab sich auch der Silvaner Kabinett Alte Reben vom Kapellenberg: kraftvoll zupackend, ein Wein mit Potenzial. Nach einem weiteren Jahr der Reife dürfte jetzt auch der holzwürzige 2015 Silvaner Magna seine Freunde finden. Ähnlich wie die zupackende Scheurebe Kabinett, die für Freunde asiatischer Küche eine Empfehlung ist. Der Cabernet Dorsa aus 2015 stellt die rote Spitze dar. Mit seinem an Pflaumen erinnernden Duft und polierten Tanninen ist dies eine gute Flasche Rotwein fürs Geld.

Verkostete Weine 11
Bewertung 79–87 Punkte

- 84 2014 Weißburgunder Sekt Brut | 13% | 13,– €
- 79 2016 Eibelstadter Kapellenberg Riesling trocken | 11,5% | 6,– €
- 82 2016 Müller-Thurgau trocken »Frank & Frei« | 12% | 6,50 €
- 81 2016 Eibelstadter Kapellenberg Silvaner Kabinett trocken | 11,5% | 6,– €
- 82 2016 Eibelstadter Kapellenberg Scheurebe Kabinett trocken | 12,5% | 7,50 €
- 82 2016 Eibelstadter Kapellenberg Silvaner Kabinett trocken Alte Reben | 12,5% | 7,50 €
- 82 2016 Eibelstadter Mönchsleite Spätburgunder Alina Spätlese trocken Blanc de Noirs | 13% | 9,– €
- 84 2015 Eibelstadter Kapellenberg Silvaner Magna Spätlese trocken Holzfass | 14,5% | 14,– €
- 82 2015 Eibelstadter Mönchsleite Domina trocken | 12,5% | 7,50 €
- 82 2014 Eibelstadter Kapellenberg Spätburgunder trocken | 13% | 8,– €
- 87 2015 Eibelstadter Kapellenberg Cabernet Dorsa trocken Holzfass | 13% | 9,– € ⬤

WEINGUT RUDOLF MAY
97282 Retzstadt · Im Eberstal 1
Tel (0 93 64) 57 60 · Fax 89 64 34
info@weingut-may.de
www.weingut-may.de
Inhaber Petra und Rudolf May
Kellermeister Rudolf May
Außenbetrieb Benedikt May
Verkauf Petra May
Mo–Fr 10.00–18.00 Uhr, **Sa** 9.00–15.00 Uhr
Historie Weinbau seit über 300 Jahren
Sehenswert neues Weingut in reizvoller Natur
Rebfläche 13,8 Hektar
Jahresproduktion 78.000 Flaschen
Beste Lagen Retzstadter Himmelspfad, Der Schäfer und Langenberg, Retzbacher Benediktusberg, Thüngersheimer Rothlauf
Boden Muschelkalk
Rebsorten 66% Silvaner, 10% Spätburgunder, 8% Müller-Thurgau, 8% Riesling, 8% Weiß- und Grauburgunder
Mitglied VDP, Frank & Frei

Es wäre auch unglaublich gewesen, wenn Rudolf May den Erfolg des letzten Jahres einfach so wiederholt hätte. Seine Spitzen-Silvaner Rothlauf und Himmelspfad erreichen nicht ganz das Niveau der Vorgänger. Großartige und außergewöhnliche Weine sind sie dennoch. Und selbstverständlich gehören sie wieder zum Besten, was sich in Deutschland aus der Rebsorte Silvaner machen lässt. Nach den verdienten Aufstiegen der letzten Jahre ist man halt ein wenig zur Ruhe gekommen im Hause May. Wie wir Rudolf und Sohn Benedikt, der immer stärker im Betrieb Verantwortung übernimmt, einschätzen, wird es aber nur eine kleine Verschnaufpause sein. Denn auch in 2016 zeigt das Große Gewächs Himmelspfad bei allem Druck und Kraft, die bekannt feinen Aromen, ist der Rothlauf voller Spannung und Zug, mit tiefem Schmelz, ohne auch nur ansatzweise üppig zu werden. Das ist außergewöhnlich, vor allem wenn man bedenkt, dass beide aus Lagen stammen, die vor Rudolf May nur die Wenigsten auf der Rechnung hatten. Erwähnt gehört auch noch ein Süßwein: Die Silvaner Trockenbeerenauslese, ein edelsüßes Konzentrat, das trotzdem nicht schwer im Mund bleibt. Er ist einfach ein Ausnahmewinzer, der Rudi.

Verkostete Weine 12
Bewertung 83-92 Punkte

- 83 2016 Silvaner trocken | 12% | 7,50 €
- 85 2016 Retzstadter Silvaner trocken | 12% | 9,40 €
- 86 2016 Retzstadter Langenberg Weißburgunder trocken Holzfass | 13% | 13,- €
- 87 2016 Retzstadter Langenberg Silvaner trocken Holzfass | 13% | 13,- €
- 85 2016 Retzstadter Langenberg Riesling trocken Holzfass | 12,5% | 15,- €
- 89 2016 Retzbacher Benediktusberg Silvaner trocken Holzfass | 12,5% | 15,- €
- 88 2016 Retzstadter Langenberg Silvaner Der Schäfer trocken Holzfass | 13% | 18,- €
- 90 2016 Thüngersheimer Rothlauf Silvaner »Großes Gewächs« Holzfass | 13,5% | 36,- €
- 91 2016 Retzstadter Himmelspfad Silvaner »Großes Gewächs« Holzfass | 13% | 36,- €
- 92 2015 Retzstadter Langenberg Silvaner Trockenbeerenauslese Barrique | 7,5% | 60,- €/0,375 Lit.
- 86 2016 Retzstadter Langenberg Spätburgunder trocken Holzfass | 13% | 14,- €
- 88 2014 Retzbacher Benediktusberg Spätburgunder Recis trocken Barrique | 13% | 32,- €

WEINGUT MARKUS MEIER
91478 Ulsenheim 114
Tel (0 98 42) 24 79 · Fax 95 22 41
post@weingutmeier.de
www.weingutmeier.de
Inhaber und Betriebsleiter Markus Meier
Verkauf Miriam Meier
Mo-Fr 13.00-19.00 Uhr
Sa 10.00-18.00 Uhr und nach Vereinbarung
Erlebenswert neue Weinerlebnis-Vinothek, kulinarische Weinprobe, Firmenevents, Picknick in den Weinbergen, Kellerführungen
Rebfläche 14,8 Hektar
Jahresproduktion 100.000 Flaschen
Beste Lagen Frankenberger Schlossstück, Marktbreiter Sonnenberg, Randersacker Sonnenstuhl, Sommerhäuser Steinbach, Escherndorfer Lump
Boden Gipskeuper und Muschelkalk
Rebsorten 33% Silvaner, 14% Riesling, 12% Weißburgunder, je 10% Bacchus und Müller-Thurgau, 8% Scheurebe, je 5% Domina und Spätburgunder, 3% übrige Sorten
Mitglied Vielfalter, Slow Food, Ethos

Wein trinken soll Spaß machen - Markus Meier lebt das täglich und nahezu bundesweit vor. Ein äußerst umtriebiger junger Mann ist er, sehr aktiv in der Ethos-Gruppe, rühriger Repräsentant fränkischer Weinkultur auf vielen Genussveranstaltungen. Seine Weine sind ebendort verständlicherweise gerne gesehen, auch wegen der ansprechenden Optik der Flaschen. Sie bieten viel Trinkfreude fürs Geld, sind dabei alles andere als banal. Denn das wird gern vergessen: Markus Meier macht richtig gute Weine. Keine Selbstverständlichkeit in Ulsenheim, das etwas außerhalb der klassischen unterfränkischen Weinregion liegt. Schon die Basisweine, Einfach Keuper genannt, bieten viel Wein fürs Geld. Von den darüber rangierenden Lagenweinen hat uns der mit saftiger und frischer Art verführende Riesling besonders gefallen. Von den Weinen der Pur-Linie sticht der Chardonnay aus dem Sommerhäuser Steinberg heraus. Mit viel Schmelz und Körper ist er ein Versprechen auf die Zukunft. Der Riesling aus gleicher Lage ist komplex, tiefgründig und nur wenig dahinter. Die Spitze der Kollektion bildet auch in diesem Jahr eine überaus feine Trockenbeerenauslese.

FRANKEN

Verkostete Weine 12
Bewertung 83–92 Punkte

- 84 2016 Riesling Einfach Keuper trocken | 12% | 7,50 €
- 85 2016 Marktbreiter Sonnenberg Silvaner trocken | 12,5% | 9,50 €
- 85 2016 Sommerhäuser Reifenstein Weißburgunder trocken | 13% | 9,50 €
- 85 2016 Sommerhäuser Steinbach Scheurebe trocken | 12,5% | 12,50 €
- 86 2016 Sommerhäuser Steinbach Fels Riesling trocken | 12,5% | 14,- €
- 88 2016 Sommerhäuser Steinbach Riesling Steillage pur trocken | 13% | 25,- €
- 88 2016 Sommerhäuser Steinbach Chardonnay Steillage pur trocken Barrique | 13,5% | 29,- €
- 87 2015 Escherndorfer Lump Silvaner Steillage trocken Reserve pur Barrique | 14,5% | 39,- €
- 83 2016 Scheurebe Einfach Keuper feinherb | 11% | 7,50 €
- 92 2016 Sommerhäuser Steinbach Rieslaner Steillage pur trocken Trockenbeerenauslese | 6% | 49,- €/0,375 Lit.
- 87 2015 Frankenberger Schlossstück Cabernet Dorsa Steillage pur trocken Barrique | 14% | 29,- €
- 87 2015 Sommerhäuser Steinbach Spätburgunder Steillage pur trocken Barrique | 14% | 29,- €

WEINGUT MEINTZINGER
97252 Frickenhausen · Babenbergplatz 4
Tel (0 93 31) 8 71 10 · Fax 75 78
info@weingut-meintzinger.de
www.weingut-meintzinger.de
Inhaber und Betriebsleiter Jochen Meintzinger
Verkauf Michaela Meintzinger
Mo–Fr 8.00–22.00 Uhr
Sa 9.00–17.00 Uhr, **So** 10.00–20.00 Uhr

Was Jochen Meintzinger zusammen mit Ehefrau Michaela in der ehemaligen Kellerei der Würzburger Fürstbischöfe geschaffen hat, kann sich wirklich mehr als sehen lassen. Da geraten die Weine des Hauses ein wenig in den Hintergrund. Zu Unrecht. Besonders gefallen hat uns der Mittelbau des Sortiments, die etwas kryptisch mit Süd-Süd bezeichneten Weine. Und hier möchten wir die Rieslinge hervorheben. Sowohl trocken als auch halbtrocken sind sie saftig und von schöner Sortenart. Mit Exotik und gutem Mundgefühl kann der Riesling Frickenhäuser Kapellenberg überzeugen. Auch im Würzburger Stein hat Meintzinger Lagen. Der Silvaner ist lagentypisch exotisch und noch etwas verschlossen, verspricht aber zukünftigen Genuss.

Verkostete Weine 12
Bewertung 81–87 Punkte

- 81 2016 Weißburgunder Weiß trocken | 12,5% | 7,50 €
- 82 2016 Riesling Meinz trocken | 12,5% | 7,50 €
- 86 2013 Frickenhäuser Kapellenberg Spätburgunder trocken Barrique | 14% | 29,- €
- 87 2015 Frickenhäuser Kapellenberg Silvaner Novemberlese trocken Holzfass | 14,5% | 29,- €
- 83 2016 Frickenhäuser Weißburgunder Kabinett trocken | 13% | 9,50 €
- 85 2016 Frickenhäuser Silvaner Kabinett trocken | 13% | 9,50 €
- 85 2016 Frickenhäuser Fischer Rieslaner Süd-Süd Spätlese trocken | 14% | 12,50 €
- 85 2016 Frickenhäuser Kapellenberg Weißburgunder Süd-Süd Spätlese trocken Holzfass | 14% | 15,- €
- 86 2016 Frickenhäuser Kapellenberg Riesling Süd-Süd Spätlese trocken Holzfass | 14% | 15,- €
- 86 2016 Frickenhäuser Kapellenberg Traminer Süd-Süd Spätlese trocken | 14% | 15,- €
- 86 2016 Würzburger Stein Silvaner Süd-Süd Spätlese trocken Holzfass | 13% | 15,- €
- 86 2016 Frickenhäuser Kapellenberg Riesling Süd-Süd Spätlese halbtrocken | 13,5% | 12,50 €

☆

WEINGUT THOMAS MEND

97346 Iphofen · Weinbergstraße 13
Tel (0 93 23) 30 13 · Fax 87 01 71
info@weingut-mend.de
www.weingut-mend.de
Inhaber Thomas Mend
Verkauf Thomas Mend
Mo–Fr 9.00–18.00 Uhr, **Sa** 10.00–17.00 Uhr
So 11.00–16.00 Uhr und nach Vereinbarung

Thomas Mend präsentiert uns immer wieder nicht ganz einfache Kollektionen. Das beginnt mit dem Noerre Sem, einem etwas kuriosen dänischen Landwein, der aus einem in Ostjütland angelegten Weinberg stammt. 450 Flaschen gibt es von diesem Wein, der durchaus saftig ist und mit kernigen Gerbstoffen aufwartet. Eine kleine Bitternote durchzieht ihn - wie auch die anderen Weine des Sortiments. Am harmonischsten erschien uns der 2016er Iphöfer Kronsberg Silvaner 225 trocken aus dem Barrique. Ihm wird ein wenig Reife guttun. Gut auch der Riesling 2016 Iphöfer Kalb Spätlese trocken mit schönem Zug und Spiel.

Verkostete Weine 12
Bewertung 80–86 Punkte

84 2016 Seyval Blanc Noerre Sem Landwein trocken | 11,5% | 12,80 €
80 2016 Silvaner trocken | 12% | 5,60 €/1,0 Lit.
80 2016 Iphöfer Julius-Echter-Berg Müller-Thurgau trocken | 12,5% | 6,20 €
83 2016 Iphöfer Kronsberg Weißer Burgunder trocken | 12,5% | 6,80 €
82 2016 Iphöfer Kalb Kerner Sonderedition trocken | 14% | 6,90 €
85 2016 Iphöfer Kronsberg Silvaner Steillage trocken Alte Reben | 12,5% | 8,90 €
84 2016 Iphöfer Julius-Echter-Berg Scheurebe 225 trocken Barrique | 12,5% | 9,90 €
86 2016 Iphöfer Kronsberg Silvaner 225 trocken Barrique | 12,5% | 9,90 €
84 2016 Iphöfer Kronsberg Silvaner Kabinett trocken | 12,5% | 6,70 €
84 2016 Iphöfer Kronsberg Weißer Burgunder Spätlese trocken | 13,5% | 9,20 €
84 2016 Iphöfer Julius-Echter-Berg Silvaner Spätlese trocken | 13,5% | 9,20 €
85 2016 Iphöfer Kalb Riesling Spätlese trocken | 13,5% | 9,20 €

WEINGUT MAX MÜLLER I

97332 Volkach · Hauptstraße 46
Tel (0 93 81) 12 18 · Fax 16 90
info@max-mueller.de
www.max-mueller.de
Inhaber Familie Rainer und Monika Müller
Außenbetrieb Christian Müller
Kellermeister Christian und Rainer Müller
Verkauf Familie Müller
Mo–Fr 9.00–18.00 Uhr
Sa 10.00–16.00 Uhr, **So** 10.00–12.00 Uhr
Historie Gutsgebäude 1692 erbaut von den Würzburger Fürstbischöfen
Sehenswert barocke Weinprobierstube, Schatzkammer im alten Gewölbekeller, fränkischer Innenhof, neue Vinothek, ausgezeichnet mit Architekturpreis Wein
Erlebenswert kulinarische Events mit Gastköchen in der Weinküche
Rebfläche 19,2 Hektar
Jahresproduktion 125.000 Flaschen
Beste Lagen Volkacher Ratsherr und Karthäuser, Sommeracher Katzenkopf, Escherndorfer Lump
Boden Muschelkalk
Rebsorten 38% Silvaner, je 15% Müller-Thurgau und Riesling, 12% rote Sorten, 10% Weißburgunder, 10% übrige Sorten
Mitglied Frank & Frei

Wieder eine bärenstarke Gesamtleistung der Familie Müller! Schon die Silvaner haben immerhin viermal 90 oder mehr Punkte. Monika und Rainer Müller haben mit den Kindern Christian und Toni innerhalb eines Jahrzehnts aus dem Volkacher Betrieb eine Fundgrube für Freunde eigenständig-markanter Silvaner gemacht. Dabei wird gerne mit Holz gearbeitet, was in der Jugend nicht jedermanns Sache ist. Allerdings zeigt die Erfahrung, dass die Weine damit sehr gut umgehen können, mit zunehmendem Alter verschwindet die Holznote. Der Silvaner Eigenart ist das beste Beispiel, mit seiner markanten Gerbstoffstruktur und den Holznoten ein Silvaner für Rotweintrinker. Unser Favorit in 2016 ist der Escherndorfer Lump Silvaner trocken. Er hat eine betörend opulente Nase, seine Kraft, Dichte und Tiefe sind eines Großen Gewächses würdig. Auch am anderen Ende der Skala findet sich mit dem Einfach Müller ein kraftvoll-süffiger Müller-Thurgau wie wenige andere. Dann noch die

★ FRANKEN

Scheurebe, zurückhaltend und elegant, der Lump 64, ein alter fränkischer Satz, der mit seiner eigenständigen Aromatik kaum Vergleiche kennt. Wir sind wirklich gespannt, was sich bei den Müllers noch alles tun wird.

Verkostete Weine 12
Bewertung 85–92 Punkte

- 85 2016 Müller-Thurgau Einfach Müller trocken | 11,5% | 7,- €
- 86 2016 Sommeracher Katzenkopf Scheurebe trocken | 12,5% | 11,50 €
- 86 2016 Sommeracher Katzenkopf Weißburgunder trocken | 12,5% | 11,50 €
- 86 2016 Riesling Berg trocken | 13% | 16,- €
- 88 2016 Escherndorfer Lump Riesling trocken | 13% | 16,- €
- 90 2016 Volkacher Ratsherr Silvaner trocken | 13% | 16,- €
- 89 2016 Sommeracher Katzenkopf Weißburgunder trocken Holzfass | 13% | 18,- €
- 90 2016 Silvaner Eigenart trocken Holzfass | 13% | 18,- €
- 92 2016 Sommeracher Katzenkopf Silvaner trocken Alte Reben Holzfass | 13% | 21,- € | TOP10
- 92 2016 Escherndorfer Lump Silvaner trocken | 13% | 24,- € | TOP10
- 90 2016 Lump 64 Alter gemischter Satz trocken | 12,5% | auf Anfrage
- 85 2016 Volkacher Ratsherr Silvaner Kabinett trocken | 12% | 8,50 €

WEINGUT GEBR. MÜLLER
97346 Iphofen · Holzgasse 1
Tel (0 93 23) 8 99 40 · Fax 8 99 93
info@weingut-gebrueder-mueller.de
www.weingut-gebrueder-mueller.de
Inhaber Familie Olinger
Betriebsleiter Josef Olinger, Nicolas Olinger

Verkauf nach Vereinbarung

Dieses Familienweingut wird geführt von Josef Olinger. Nicolas Olinger, der in Geisenheim studierte, ist bereits in die Betriebsleitung eingestiegen. Die Familie bewirtschaftet ihre Weinberge nach ökologischem Vorbild. Auch beim Ausbau der Weine möchte man sich keinen Paradigmen unterwerfen und vermarktet daher sämtliche Weine als Landwein. Dies lässt jedoch keineswegs Rückschlüsse auf eine mindere Qualität zu. Die Weine der Kollektion sind sehr charaktervoll. Den Einstieg bildet der äußerst trinkfreudige Blanc de Blancs. Der in diesem Jahr erstmals abgefüllte Silvaner Alte Reben ist ein herrlicher Vertreter seiner Sorte und Herkunft. Mit aparter Keuperwürze und zarten Kernobstnoten zeigt er das ganze Potenzial, das in diesem Weingut steckt. Lediglich der Spätburgunder fällt etwas zu kraftvoll aus.

Verkostete Weine 7
Bewertung 83–87 Punkte

- 84 2016 Cuvée Blanc de Blancs Landwein trocken | 12,5% | 7,- €
- 84 2016 Grüner Silvaner Landwein trocken »sur lie« | 13% | 8,- €
- 84 2016 Riesling Landwein trocken »sur lie« | 13% | 9,- €
- 85 2016 Riesling Landwein trocken Alte Reben »sur lie« | 13% | 15,- €
- 87 2016 Silvaner Landwein trocken Alte Reben »sur lie« | 14% | 15,- €
- 83 2016 Cuvée Rot Landwein trocken | 14% | 8,- €
- 83 2016 Blauer Spätburgunder Landwein trocken Alte Reben »sur lie« | 14,5% | 18,- €

Symbole Weingüter
€ Schnäppchenpreis · TOP10 Spitzenreiter · BIO Ökobetrieb
🍷 Trinktipp · 🔨 Versteigerungswein

Sekt | Weißwein | Rotwein | Rosé

★

WINZERHOF NAGEL
97337 Dettelbach · Raiffeisenstraße 1
Tel (0 93 24) 29 63 · Fax 90 36 02
mail@winzerhof-nagel.de
www.winzerhof-nagel.de
Inhaber Roland und Tobias Nagel
Betriebsleiter Roland Nagel
Kellermeister Tobias Nagel
Verkauf Tobias Nagel
Mo–Fr 9.00–18.00 Uhr, **Sa** 10.00–17.00 Uhr
und nach Vereinbarung

Es gefällt uns von Jahr zu Jahr besser, was der junge Tobias Nagel auf dem elterlichen Winzerhof veranstaltet. Glasklare und knackige Weißweine, die fast völlig auf Frucht verzichten und dafür auf Struktur setzen. Bestes Beispiel ist der Weißburgunder Holznagel, der fast wie ein Laserstrahl die Zunge entlangfährt. Nicht weniger stahlig der Silvaner Holznagel 2016, der zusätzlich eine feine Cremigkeit mitbringt. Nicht im Holz lag der Ankernagel Silvaner, der klar und straff im Glas steht. Auch in die Basisweine scheint Bewegung zu kommen, der klare und saftige Stil der Spitzenweine ist auch hier zu spüren.

Verkostete Weine 8
Bewertung 79–87 Punkte

83 2016 Bacchus Stahlnagel trocken | 11,5% | 6,- €
83 2016 Bacchus & Silvaner Stahlnagel »No Cuvée No Party« trocken | 11,5% | 7,- €
85 2016 Weißburgunder Stahlnagel trocken | 13% | 7,50 €
84 2016 Silvaner Stahlnagel trocken | 12,5% | 8,- €
86 2016 Dettelbacher Berg-Rondell Silvaner Ankernagel trocken Holzfass | 12,5% | 11,- €
87 2016 Silvaner Holznagel »Großes Gewächs« Holzfass | 12,5% | 15,- €
87 2016 Weißburgunder Holznagel »Großes Gewächs« Holzfass | 13% | 15,- €

★

WEINGUT NEDER
97729 Ramsthal · Urbanusweg 5-9
Tel (0 97 04) 56 92 · Fax 74 69
wein@weingut-neder.de
www.weingut-neder.de
Inhaber und Betriebsleiter Ewald Neder
Kellermeister Lorenz Neder
Verkauf Ewald, Helga und Lorenz Neder
Mo–Fr 14.00–18.00 Uhr
Sa 9.00–16.00 Uhr und nach Vereinbarung

Kurz vor Bad Kissingen liegen die wahrscheinlich nördlichsten Weinberge Bayerns. Jungwinzer Lorenz Neder aus Ramsthal hat in den letzten Jahren das elterliche Weingut umgekrempelt und zu einer Adresse für knackig-mineralische Weißweine gemacht. Der 2016 Wirmsthaler Silvaner Kabinett für 6,50 Euro ist ein Paradebeispiel dafür: ein Prototyp des fränkischen Silvaners, keine dienende Süße, keine vordergründige Frucht. Das ist pures Mineral. Die kargen Böden um Ramsthal scheinen für mineralisch straffe Weine wie geschaffen. Aus der Reihe tanzt der Landwein 81-15. Er ist ein Kind des Jahrgangs und weniger kraftvoll-würzig als seine Vorgänger. Bei diesem ambitionierten Amphorenwein hoffen wir auf den nächsten Jahrgang.

Verkostete Weine 12
Bewertung 80–87 Punkte

83 2015 Grauburgunder & Silvaner 81|15 Landwein trocken | 12,5% | 24,- €
80 2016 Ramsthaler St. Klausen Müller-Thurgau trocken | 12% | 5,- €/1,0 Lit.
82 2016 Cuvée »ä'weng weiß« | 11,5% | 5,50 €
82 2016 Ramsthaler St. Klausen Scheurebe Kabinett trocken | 12% | 6,50 €
83 2016 Ramsthaler St. Klausen Silvaner Kabinett trocken | 12% | 6,50 €
86 2016 Wirmsthaler Scheinberg Silvaner Kabinett trocken | 11,5% | 6,50 €
83 2016 Ramsthaler St. Klausen Grauburgunder Kabinett trocken | 12,5% | 7,- €
85 2016 Ramsthaler St. Klausen Grauburgunder Spätlese trocken Premium | 14% | 10,50 €
86 2016 Ramsthaler St. Klausen Weißburgunder Spätlese trocken Premium | 13,5% | 10,50 €
87 2016 Ramsthaler St. Klausen Silvaner Spätlese trocken Premium | 13% | 10,50 €
83 2016 Wirmsthaler Scheinberg Regent trocken | 13% | 6,50 €
85 2014 Ramsthaler St. Klausen Domina trocken Holzfass | 13% | 9,50 €

Symbole Weingüter
★★★★★ Weltklasse • ★★★★ Deutsche Spitze
★★★ Sehr Gut • ★★ Gut • ★ Zuverlässig

★ ★✫ FRANKEN

WEINGUT NEUBERGER

63927 Bürgstadt · Freudenberger Straße 7
Tel (0 93 71) 25 62 · Fax 70 08
info@weingut-neuberger.de
www.weingut-neuberger.de
Inhaber Familie Burkhard Neuberger
Verkauf Familie Burkhard Neuberger
Di–Fr 9.00–12.00 Uhr · 14.00–18.30 Uhr
Sa 9.00–15.00 Uhr

Das hat uns gefallen! Praktisch jeder Wein der aktuellen Kollektion liegt ein wenig über seinem Vorgänger, das Plus an Präzision und Saftigkeit ist deutlich zu schmecken. Der nachgereichte 2015er Bürgstadter Centgrafenberg Weißburgunder ist etwas holzgeprägt, trotzdem schlank und mit feiner Struktur. Mit ähnlichen Anlagen überzeugt auch der 2014er Spätburgunder Hundsrück. Graphitnase, Eleganz und Kühle sind seine Markenzeichen, Eigenschaften, die den Stil aller Weine Neubergers bestimmen. Auch im Jahrgang 2016 wurde gut gearbeitet. Der Silvaner aus dem Centgrafenberg hat für die Klasse sehr viel Kraft, Würze und einen schönen Zug.

Verkostete Weine 12
Bewertung 83–88 Punkte

83 2016 Silvaner trocken | 12% | 5,80 €
83 2016 Weißburgunder trocken | 12% | 6,90 €
83 2016 Riesling trocken | 13% | 6,90 €
85 2016 Bürgstadter Centgrafenberg Silvaner trocken | 13% | 10,– €
85 2016 Bürgstadter Centgrafenberg Riesling trocken | 13% | 11,– €
86 2015 Bürgstadter Centgrafenberg Weißburgunder trocken Holzfass | 13,5% | 13,– €
83 2016 Bacchus feinherb | 11,5% | 5,90 €
83 2016 Spätburgunder trocken Blanc de Noirs | 12% | 6,90 €
85 2015 Spätburgunder trocken Holzfass | 13,5% | 8,– €
84 2015 Bürgstadter Centgrafenberg Frühburgunder trocken Holzfass | 14% | 13,– €
85 2015 Bürgstadter Centgrafenberg Spätburgunder trocken | 13,5% | 13,– €
88 2014 Bürgstadter Hundsrück Spätburgunder trocken Barrique | 14% | 17,– €

Weinbewertung in Punkten
100 Perfekt • 95 bis 99 Überragend • 90 bis 94 Exzellent
85 bis 89 Sehr gut • 80 bis 84 Gut

WEINGUT RICHARD ÖSTREICHER

97334 Sommerach · Hauptstraße 15
Tel (0 93 81) 16 98
weingut@richard-oestreicher.de
www.weingut-richard-oestreicher.de
Inhaber Richard Östreicher
Verkauf nach Vereinbarung

Richard Östreichers Weine sind ausgesprochene Langschläfer, in aller Regel sollten fünf bis sechs Jahre zwischen der Ernte und dem Trinkgenuss liegen. Dann öffnen sich die Weine, die in ihrer Jugend nahezu unzugänglich erscheinen. Das fängt schon beim Einstiegswein Sommergewitter an. Er ist fordernd, ohne Primärfrucht, fast kantig. Der Spätburgunder aus dem Sommeracher Katzenkopf wurde 2015 erstmals getrennt ausgebaut. Spontan vergoren zeigt er sich frisch gefüllt sehr streng und verschlossen, mit Belüftung hochelegant und mit feiner Kirschfrucht. Auch Silvaner werden hier ins Barrique gelegt, etwa der Augustbaum. Auch er zeigt im Mund noch kaum Zugang, ist kühl, steinig und streng.

Verkostete Weine 12
Bewertung 85–89 Punkte

85 2016 Silvaner & Riesling Sommergewitter trocken | 12% | 7,50 €
87 2015 Sommeracher Katzenkopf Silvaner Augustbaum trocken Premium »sur lie« | 13% | 18,– €
87 2016 Sommeracher Katzenkopf Silvaner Augustbaum trocken Premium Holzfass | 13% | 18,– €
87 2015 Sommeracher Katzenkopf Weißburgunder Hölzlein trocken Premium »sur lie« | 13,5% | 25,– €
87 2016 Sommeracher Katzenkopf Weißburgunder Hölzlein trocken Premium »sur lie« | 13,5% | 25,– €
86 2016 Sommeracher Katzenkopf Spätburgunder Tradition trocken Holzfass | 13% | 12,50 €
88 2014 Sommeracher Katzenkopf Spätburgunder Nr.1 trocken Premium Barrique | 13% | 30,– €
86 2012 Sommeracher Katzenkopf Merlot trocken Premium Barrique | 13,5% | 34,– €
86 2014 Sommeracher Katzenkopf Merlot trocken Premium Barrique | 13% | 34,– €
89 2015 Sommeracher Katzenkopf Spätburgunder trocken Premium Barrique | 13,5% | 35,– €
87 2014 Sommeracher Katzenkopf Cabernet Sauvignon trocken Premium Barrique | 12,5% | 38,– €
88 2012 Sommeracher Katzenkopf Cabernet Sauvignon trocken Premium Barrique | 13,5% | 38,– €

★ ★★½

PLACKNER-WEIN
97209 Veitshöchheim · Ravensburgstraße 2 B
Tel (01 76) 84 03 94 71 · Fax (0 32 12) 1 33 52 68
aussteiger@plackner-wein.de
www.plackner-wein.de
Inhaber Thomas Plackner
Verkauf nach Vereinbarung

Thomas Plackner gehört zur Gruppe der Aussteiger im Job oder Einsteiger im Wein. Seine hoch dotierte Anstellung in der Hightech-Branche hat er gegen Rebschere und Dampfstrahler eingetauscht. Sinnigerweise hat er seine zwei Weine Einsteiger und Aussteiger genannt. Sie sind spontan vergoren, mit Maischestandzeit, bewusst lange auf der Hefe gelassen und unfiltriert abgefüllt - Weine, die eine gewisse Erfahrung mit dem Thema Naturwein erfordern. Die Qualität der Plackner Weine zeigt sich erst nach Jahren, der Aussteiger 2012 ist jetzt gut zu trinken. Mit üppiger Frucht, Komplexität und viel Schmelz ist er ein anspruchsvoller Speisenbegleiter.

Verkostete Weine 4
Bewertung 80-87 Punkte

80 2014 Silvaner Einsteiger Landwein trocken | 11,5% | 10,90 €
86 2014 Silvaner Aussteiger Landwein trocken | 12% | 24,- €
84 2013 Silvaner Einsteiger trocken | 11,5% | 10,90 €
87 2012 Silvaner Aussteiger trocken | 14% | 24,- €

WEINGUT ERNST POPP
97346 Iphofen · Rödelseer Straße 14-15
Tel (0 93 23) 33 71 · Fax 57 81
info@weingut-popp.de
www.weingut-popp.de
Inhaber Familie Popp
Betriebsleiter Johannes Popp
Kellermeister Ernst Popp
Verkauf Maria Popp
Mo-Fr 8.00-18.00 Uhr, **Sa** 10.00-18.00 Uhr
So, feiertags 10.00-12.30 Uhr

Da ist Johannes und Ernst mit Mutter Maria eine schöne Kollektion gelungen! Hervorheben könnte man den Silvaner Kabinett aus dem Kalb, der apfelduftig, elegant und moderat im Alkohol Trinkfreude vermittelt. Ein veritabler Tipp sind die Spätlesen 1 und 2 aus dem Julius-Echter-Berg. Obwohl aus demselben Weinberg und Jahr, sind beide grundverschieden. Der 2 aus dem Steilhang hat mit seiner mineralischen Kraft die Nase ganz leicht vorn. Mit betörendem Rosenduft zeigt der Gewürztraminer Alte Reben, dass die Brüder auch mit Aromasorten umgehen können. Am oberen Ende steht der Eiswein 2016, der mit betörendem Spiel aus Süße und Säure noch den nächsten Generationen Freude bereiten wird. Ein Tipp sind die Altweine des Hauses.

Verkostete Weine 12
Bewertung 82-91 Punkte

86 2016 Iphöfer Julius-Echter-Berg Scheurebe Alte Reben trocken | 12,5% | 10,90 €
86 2016 Gewürztraminer Alte Reben trocken | 13,5% | 12,50 €
84 2016 Iphöfer Kalb Silvaner Kabinett trocken | 12,5% | 8,60 €
86 2016 Iphöfer Julius-Echter-Berg Silvaner Kabinett trocken | 13% | 9,- €
87 2016 Iphöfer Kalb Silvaner Alte Reben Spätlese trocken | 13% | 13,80 €
88 2016 Iphöfer Julius-Echter-Berg Silvaner 2 Steilhang Spätlese trocken | 14% | 14,50 €
87 2016 Iphöfer Julius-Echter-Berg Riesling Spätlese trocken | 13% | 16,- €
88 2016 Iphöfer Julius-Echter-Berg Silvaner 1 Alte Reben Spätlese trocken | 14% | 17,- €
91 2016 Iphöfer Kronsberg Silvaner Eiswein | 7,5% | 69,- €/0,375 Lit.
85 2015 Rödelseer Schwanleite Spätburgunder trocken Barrique | 14% | 9,90 €
84 2015 Iphöfer Kronsberg Domina Spätlese trocken Barrique | 14% | 13,50 €

Symbole Weingüter

★★ FRANKEN

WEINGUT CHRISTINE PRÖSTLER
97225 Retzbach · Obere Hauptstraße 100
Tel (0 93 64) 8 17 88 95 · Fax 8 17 88 96
kontakt@cproestlerweine.de
www.cproestlerweine.de

Inhaber und Betriebsleiter Christine Pröstler
Verkauf Christine Pröstler
Mi 16.00–19.00 Uhr
Sa 10.00–14.00 Uhr und nach Vereinbarung
Rebfläche 7 Hektar
Jahresproduktion 50.000 Flaschen
Beste Lagen Retzbacher Benediktusberg, Thüngersheimer Scharlachberg
Boden Muschelkalk
Rebsorten 25% Silvaner, 16% Müller-Thurgau, 9% Domina, je 8% Graubugunder und Riesling, 7% Weißburgunder, 6% Bacchus, 2% Spätburgunder, 19% übrige Sorten

Verkostete Weine 12
Bewertung 81–88 Punkte

84 2012 Retzbacher Benediktusberg Pinot Sekt Zero Dosage | 13% | 13,50 €
82 2016 Silvaner trocken | 11,5% | 6,80 €
84 2016 Retzbacher Graubugunder trocken Premium | 13% | 9,80 €
84 2016 Retzbacher Riesling trocken Premium | 12% | 9,80 €
85 2016 Retzbacher Weißburgunder trocken Premium | 12,5% | 9,80 €
85 2016 Retzbacher Silvaner trocken Premium | 12,5% | 9,80 €
87 2015 Retzbacher Benediktusberg Weißburgunder trocken Premium Holzfass | 13,5% | 16,- €
88 2015 Retzbacher Benediktusberg Silvaner trocken Premium | 13% | 22,- €
81 2016 Bacchus halbtrocken | 11% | 6,80 €
86 2016 Thüngersheimer Scharlachberg Rieslaner Spätlese | 9,5% | 9,80 €/0,5 Lit.
83 2014 Retzbacher Domina trocken Premium Barrique | 13% | 12,50 €
86 2014 Retzbacher Benediktusberg Spätburgunder trocken Premium Barrique | 13% | 19,50 €

Auch auf die Gefahr hin, Rollenklischees zu bedienen: Finesse und Eleganz sind prägende Elemente der Weine von Christine Pröstler. Wer laute, offensive Weine sucht, wird nicht fündig. Grund dafür dürften die Lagen am Benediktusberg sein, einer so beeindruckenden wie kargen Muschelkalk-Formation, und die im Staatlichen Hofkeller geschulte Hand der Kellermeisterin Pröstler. Die Weine aus der Retzbacher-Linie sind ein gutes Beispiel für ihren Stil. Allesamt aus Handlese und mit langem Hefelager bringen sie die jeweilige Rebsorte zum Leuchten, nie plakativ, trotzdem deutlich, gerne mit Frucht. So der Weißburgunder mit dem Duft reifer Williamsbirne, altdeutscher Apfel ist es beim Silvaner. Die Kontinuität der Kollektion ist eine Stärke, die Handschrift unverkennbar. Hervorheben sollte man den 2015er Weißburgunder aus dem Benediktusberg. Geprägt von hellem Holz ist er schlank, aber voller Kraft. Gleiches gilt für den Silvaner Alte Reben, der das mineralische Vermögen alter Weinstöcke aufzeigt. Nicht vergessen: die guten Rotweine, die Domina angenehm schlank, der Spätburgunder mit Würze und Potenzial.

WEINGUT REISS

97080 Würzburg · Unterdürrbacher Straße 182
Tel (09 31) 9 46 00 · Fax 96 04 08
info@weingut-reiss.com
www.weingut-reiss.com
Inhaber und Betriebsleiter Christian Reiss
Verkauf Martina Reiss
Mo–Fr 8.00–18.00 Uhr
Sa 8.00–17.00 Uhr und nach Vereinbarung

Vinothek mit Degustationsraum und Vinobibliothek
Historie Weinbau seit 1800 in der Familie
Rebfläche 17,5 Hektar
Jahresproduktion 110.000 Flaschen
Beste Lagen Würzburger Stein und Pfaffenberg, Thüngersheimer Scharlachberg, Randersacker Pfülben und Sonnenstuhl, Stettener Stein
Boden Muschelkalk, Buntsandstein, Keuper
Rebsorten 35% Silvaner, je 10% Bacchus, Kerner, Müller-Thurgau, Riesling und weiße Burgundersorten, 5% Scheurebe, 3% Rieslaner, 7% übrige Sorten

Verkostete Weine 13
Bewertung 84–93 Punkte

84 2015 Silvaner Sekt Brut | 12% | 15,– €
85 2016 Veitshöchheimer Sonnenschein Weißburgunder Kabinett trocken Holzfass | 13,5% | 9,50 €
84 2016 Würzburger Stein Silvaner Kabinett trocken | 13% | 11,50 €
87 2016 Würzburger Pfaffenberg Traminer Spätlese trocken Holzfass | 13,5% | 14,– € | ☕
88 2016 Randersacker Pfülben Riesling Spätlese trocken Holzfass | 13% | 19,50 €
88 2016 Würzburger Stein Silvaner Spätlese trocken Holzfass | 13,5% | 19,50 €
88 2016 Würzburger Pfaffenberg Weißburgunder Spätlese trocken Barrique | 14% | 22,50 €
88 2016 Randersacker Sonnenstuhl Silvaner Spätlese trocken Barrique | 13% | 22,50 €
87 2016 Silvaner Amphore Spätlese trocken | 13% | 32,50 €
87 2016 Thüngersheimer Scharlachberg Rieslaner Spätlese | 11% | 14,– €
91 2016 Würzburger Pfaffenberg Silvaner Auslese | 9% | 17,– €/0,375 Lit.
93 2016 Randersacker Pfülben Riesling Beerenauslese | 7,5% | 35,– €/0,375 Lit.
93 2016 Thüngersheimer Scharlachberg Rieslaner Trockenbeerenauslese | 7% | 50,– €/0,375 Lit.

Weniger ist manchmal mehr. Im Fall von Christian Reiss heißt das: Weniger Alkohol bringt mehr Eleganz und Finesse. Nach den recht üppigen 2015er Weinen habe wir an den aktuellen Weinen nichts auszusetzen. Das beginnt mit einem animierend frischen Sekt vom Silvaner. Darüber steht eine ganze Reihe von hochklassigen Lagenweinen. Der Silvaner 2016 aus dem Würzburger Stein verbindet Schmelz und Cremigkeit mit Frische und animierender Nase. Der Silvaner aus der Amphore zeigt eine typische Maischenase, ist betont würzig mit markanten Gerbstoffen, ein fordernder Wein für Liebhaber. Die Weißburgunder Spätlese trocken aus dem Barrique hat in 2016 mehr Spiel als im Vorjahr und dürfte eine veritable Flasche für die gehobene Tafel abgeben. Christian und Ehefrau Martina Reiss stellten auch wieder eine Reihe feiner und ausdrucksstarker Süßweine vor. Die 2016er Rieslaner Trockenbeerenauslese aus dem Thüngersheimer Scharlachberg steht für uns dabei an der Spitze, mit verführerischer Karamellnote ein Wein zum Meditieren.

FRANKEN

WEINGUT ROTH
97355 Wiesenbronn · Büttnergasse 11
Tel (0 93 25) 90 20 04 · Fax 90 25 20
info@weingut-roth.de
www.weingut-roth.de
Inhaberin Nicole Roth
Betriebsleiter Nicole und Gerhard Roth
Kellermeister Andreas Hopfengart

Verkauf Gerhard Roth
Mo–Fr 9.00–12.00 Uhr · 13.00–17.00 Uhr
Sa 10.00–12.00 Uhr · 13.00–16.00 Uhr

Hotel mit 16 Doppelzimmern und Tagungsraum
Historie Pioniergut des Ökoweinbaus in Franken seit 1974
Sehenswert Betriebsgebäude mit geschlossenem Energiekreislauf, Holzfasskeller als »Wohnzimmer des Weines«, neue Vinothek, neuer Barriqueraum mit Schatzkammer
Rebfläche 23,5 Hektar
Jahresproduktion 150.000 Flaschen
Beste Lagen Wiesenbronner Heller Berg (Alleinbesitz), Wachhügel und Geißberg, Abtswinder Altenberg, Rödelseer Hohe Leite und Küchenmeister
Boden Keuper
Rebsorten je 20% Silvaner und weitere Rotweinsorten, je 15% Riesling und Spätburgunder, je 10% Blaufränkisch und weitere Weißweinsorten, je 5% Grauburgunder und Weißburgunder
Mitglied VDP, Naturland, Slow Food

Nicole und ihr Vater Gerhard Roth haben im Laufe der Jahre aus dem Pionierbetrieb des Ökoanbaus - seit 1974 wird hier biologisch gearbeitet - einen Vorzeigebetrieb gemacht. Das Weingut ist mit über 23 Hektar eines der größeren, zusammen mit dem modernen Hotel ist ein wirkliches Refugium für Freunde fränkischen Weins entstanden. Auch die aktuellen Weine passen sich dem äußeren Glanz nahtlos an. Die Kollektion umfasst sehr kernige Weißweine, die den Boden gut interpretieren. In der Jugend bisweilen etwas kantig, entwickeln vor allem die Silvaner mit etwas Reife Klasse und Schmelz. Bestes Beispiel dafür ist der Silvaner Alte Reben 2015, der uns mit seiner cremigen Art gut gefallen hat. Regelrecht gefreut haben wir uns über die 2016er Wiesenbronner Geißberg Scheurebe Auslese, ein animierend frischer Wein, nicht aufdringlich und gut balanciert. Der perfekte Apéritif. Seit 2006 ein Klassiker im Sortiment ist der Blaufränkisch Heller Berg. Die Lage wurde erst 2006 vom Geißberg abgespalten und ist im Alleinbesitz des Guts. Er zeigt viel Zimt im reichhaltigen Duft, ist im Mund nicht üppig, eher wohlgeformt. Noch jung, aber er wird, wie ältere Jahrgänge beweisen.

Verkostete Weine 15
Bewertung 83–88 Punkte

83 2016 Silvaner trocken | 12% | 6,90 €/1,0 Lit.
83 2016 Spätburgunder & Schwarzriesling trocken Blanc de Noirs | 12,5% | 7,- €
84 2016 Riesling aus dem FF trocken | 12% | 10,50 €
86 2016 Rödelseer Küchenmeister Silvaner trocken | 13% | 12,50 €
85 2016 Müller-Thurgau »M« Pfarrer Seiner trocken Holzfass | 12% | 14,- €
85 2016 Q.E.D. Unser Gemischter Satz trocken | 13% | 15,- €
86 2016 Riesling Spezial trocken Reserve Holzfass | 13% | 16,- €
87 2016 Wiesenbronner Heller Berg Silvaner »G« trocken Holzfass | 13% | 17,- €
88 2015 Silvaner trocken Alte Reben Holzfass | 14% | 17,- €
88 2016 Wiesenbronner Geißberg Scheurebe Auslese | 9% | 14,- €
84 2015 Wiesenbronner Spätburgunder trocken | 13,5% | 9,50 €
85 2015 Wiesenbronner Blaufränkisch trocken | 13,5% | 9,50 €
87 2015 Wiesenbronner Wachhügel Pinot Noir trocken Holzfass | 13,5% | 14,50 €
88 2015 Wiesenbronner Heller Berg Blaufränkisch »G« trocken Barrique | 14% | 18,50 €
88 2014 Wiesenbronner Heller Berg Spätburgunder »G« trocken Barrique | 13,5% | 26,50 €

★⯪

WEINGUT MANFRED ROTHE
97334 Nordheim · Heerweg 6   (BIO)
Tel (0 93 81) 8 47 95 30 · Fax 8 47 95 32
info@weingut-rothe.de
www.weingut-rothe.de
Inhaber Manfred und Christine Rothe
Betriebsleiter Manfred Rothe
Verkauf Manfred Rothe
Mo–So 9.00–12.00 Uhr · 13.00–18.00 Uhr

Manfred Rothe ist ein verschmitzter Franke, der um seine Weine grundsätzlich wenig Aufhebens macht. Dabei hat der gelernte Koch einige außergewöhnliche Weine im Programm. Er war einer der ersten, der in georgischen Qvevri – das sind Tonamphoren – Weine ausbaute. Die hier Kvevri genannten Weine aus Silvaner und Zweigelt sind unter Orange-Wein-Fans gesucht. Sicher sind sie eigenwillig, für den Freund dieses Weinstils aber ein Muss. Konventioneller ausgefallen sind die Silvaner aus dem Bocksbeutel, der Grande mit Tabak und einer Spur gerösteten Nüssen, der Basis-Silvaner zeigt Fenchel und Kümmel – alles Silvaner für Erwachsene. An der Spitze des Sortiments steht der Indogenius 2013, auffallend goldgelb, mit kräuteriger Nase, etwas Bienenwachs, die Gerbstoffe super eingebunden. Rothe pflegt eben einen konsequenten und eigenen Stil, der allen seinen Weinen Kräuternoten und Würze verleiht.

Verkostete Weine 12
Bewertung 82–89 Punkte

84 2013 Muscaris Brut nature | 13,5% | 15,– €
85 2014 Silvaner Kvevri Landwein trocken | 12,5% | 45,– €
85 2016 Silvaner trocken | 12% | 7,– €
85 2016 Müller-Thurgau Grande trocken | 12,5% | 8,– €
84 2015 Spätburgunder trocken Blanc de Noirs | 13,5% | 10,– €
85 2016 Scheurebe Grande trocken | 11,5% | 10,– €
86 2014 Weißburgunder trocken Holzfass | 13% | 10,– €
88 2015 Silvaner Grande trocken Holzfass | 13,5% | 10,– €
89 2013 Silvaner Indigenius trocken Barrique | 12,5% | 25,– €
87 2014 Blauer Zweigelt Kvevri Landwein trocken | 13,5% | 45,– €
82 2016 Domina trocken Barrique | 12,5% | 10,– €
86 2015 Schwarzriesling Grande trocken Holzfass | 12,5% | 12,– €

★★★

WEINGUT JOHANN RUCK
97346 Iphofen · Marktplatz 19
Tel (0 93 23) 80 08 80 · Fax 80 08 88
post@ruckwein.de
www.ruckwein.de
Inhaber und Betriebsleiter Johannes Ruck
Verkauf Marion Ruck und Bettina Bode
Mo–Fr 9.00–18.00 Uhr
Sa 10.00–16.30 Uhr und nach Vereinbarung

Rebfläche 11 Hektar
Jahresproduktion 55.000 Flaschen
Beste Lage Iphöfer Julius-Echter-Berg und Iphöfer Kalb
Boden Gipskeuper, im Julius-Echter-Berg mit Schilfsandstein
Rebsorten 39% Silvaner, 15% Riesling, 11% Müller-Thurgau, 9% Burgundersorten, 6% Bacchus, 5% Scheurebe, 15% übrige Sorten
Mitglied VDP, Trias

Es ging ein Ruck durch dieses Weingut, nach einer überwundenen Schwächephase zeigt Ruck in Iphofen wieder die gewohnte Klasse. So auch in 2016, schon die Gutsweine haben durchweg Frische und Struktur. Bei den Lagenweinen hat uns der 2016er Iphöfer Kronsberg Silvaner Alte Reben aus dem Holzfass besonders gut gefallen: ein prachtvoller Vertreter der Rebsorte, der zudem einiges Lagerpotenzial haben dürfte. Überhaupt sind die Weine aus dem Holzfass ein Markenzeichen des Betriebs. An der Spitze steht das 2015er Große Gewächs vom Silvaner aus dem Iphöfer Julius-Echter-Berg, das jahrgangsbedingt mehr Alkohol als sonst aufweist, ihn dank Körper und Extrakt aber fast vergessen macht. Der Riesling aus derselben Lage kann da nicht ganz mithalten, ist dennoch ein sehr guter Wein mit viel Struktur. Johannes Ruck hat dieses fränkische Traditionsweingut jedenfalls nachhaltig in die Spitzengruppe zurückgeführt.

FRANKEN

Verkostete Weine 12
Bewertung 83–89 Punkte

83 2016 Riesling trocken | 12,5% | 8,50 €
84 2016 Grauburgunder trocken | 12,5% | 8,50 €
84 2016 Silvaner trocken | 12% | 8,50 €
86 2016 Iphöfer Kalb Silvaner trocken Holzfass | 12% | 10,50 €
88 2016 Iphöfer Kronsberg Silvaner trocken Alte Reben Holzfass | 12,5% | 13,80 €
83 2016 Iphöfer Kronsberg Sauvignon Blanc trocken Holzfass | 12,5% | 14,50 €
85 2016 Iphöfer Julius-Echter-Berg Riesling trocken Holzfass | 12,5% | 14,50 €
84 2016 Iphöfer Julius-Echter-Berg Scheurebe trocken Alte Reben Holzfass | 13,5% | 15,- €
87 2016 Iphöfer Julius-Echter-Berg Silvaner trocken Holzfass | 13% | 16,50 €
87 2015 Iphöfer Julius-Echter-Berg Riesling »Großes Gewächs« Holzfass | 13,5% | 24,- €
89 2015 Iphöfer Julius-Echter-Berg Silvaner »Großes Gewächs« Holzfass | 14,5% | 24,- €
86 2016 Rödelseer Küchenmeister Rieslaner Spätlese halbtrocken Holzfass | 11,5% | 12,- €

WEINGUT RUDLOFF
97334 Nordheim · Mainstraße 19
Tel (0 93 81) 21 30 · Fax 21 36
info@weingut-rudloff.de
www.weingut-rudloff.de
Inhaber und Betriebsleiter Peter Rudloff

Verkauf Ilse und Peter Rudloff
nach Vereinbarung

Ferienwohnungen Urlaub auf dem Weingut mit Gästeführungen
Rebfläche 4,5 Hektar
Jahresproduktion 40.000 Flaschen
Beste Lagen Nordheimer Vögelein und Sommeracher Katzenkopf
Boden Muschelkalk mit Sandauflage
Rebsorten 22% Silvaner, 21% Müller-Thurgau, 15% Weißburgunder, je 7% Cabernet, Domina und Riesling, je 5% Bacchus, Scheurebe und Zweigelt, 3% Scheurebe, 3% übrige Sorten

Verlässlichkeit klingt in der bisweilen aufgeregten Weinwelt nicht sonderlich spannend, ist aber eine Tugend, die dem Weintrinker bei der Suche helfen kann. Peter Rudloff ist so ein verlässlicher Winzer, der fast nie im medialen Rampenlicht steht, aber Jahr für Jahr gute bis sehr gute Weine zu moderaten Preisen produziert. Im Hauptberuf Außenbetriebsleiter des Juliusspitals, legt er seine besten Weine für längere Zeit ins Holz, die Spitzen seiner Kollektion stammen daher aus den Vorjahren. Immerhin drei dieser Weine können sich in den höheren Punkträngen festsetzen. Wobei der nicht ganz einfache Jahrgang nicht zu stören scheint. So ist der 2015er Nordheimer Vögelein Weißburgunder Spätlese kraftvoll und elegant zugleich, das Holz sauber eingebunden. Der 2015er Silvaner aus derselben Lage bringt feine Würze, Schmelz und Struktur, dazu kommt mineralischer Biss im Finale. Auch in Rot zeigt Rudloff sein Können. Die Cuvée Kunstwerk aus 2015 biete eine betörende Mischung aus Marzipan und Kirsche am Gaumen.

★★★★⯨

Verkostete Weine 12
Bewertung 83–88 Punkte

83 2016 Cuvée »Schwarzer Peter« trocken | 12% | 5,50 €
83 2016 Nordheimer Vögelein Silvaner Klassische Beere Kabinett trocken | 12% | 6,80 €
84 2016 Nordheimer Vögelein Weißburgunder Klassische Beere Kabinett trocken | 12,5% | 6,80 €
85 2016 Sommeracher Katzenkopf Riesling Klassische Beere Kabinett trocken | 12% | 6,80 €
84 2016 Nordheimer Vögelein Silvaner & Traminer Klassische Beere Spätlese trocken | 13% | 8,– €
86 2015 Nordheimer Vögelein Silvaner Klassische Beere Spätlese trocken Reserve | 13% | 8,– €
84 2016 Nordheimer Vögelein Gewürztraminer Klassische Beere Spätlese trocken | 13% | 8,50 €
88 2015 Nordheimer Vögelein Silvaner Edle Rebe Spätlese trocken Holzfass | 14% | 19,– €
88 2015 Nordheimer Vögelein Weißburgunder Edle Rebe Spätlese trocken Holzfass | 13% | 19,– €
84 2016 Nordheimer Kreuzberg Scheurebe Klassische Beere halbtrocken | 12% | 6,– €
84 2015 Nordheimer Kreuzberg Blauer Zweigelt Klassische Beere trocken Holzfass | 13% | 9,– €
88 2015 Cuvée »Kunstwerk« Edle Rebe Spätlese trocken Reserve | 13,5% | 21,– €

WEINGUT HORST SAUER
97332 Escherndorf · Bocksbeutelstraße 14
Tel (0 93 81) 43 64 · Fax 68 43
mail@weingut-horst-sauer.de
www.weingut-horst-sauer.de
Inhaber Magdalena und Horst Sauer
Betriebsleiter Sandra Sauer, Horst Sauer
Kellermeister Sandra Sauer

Verkauf Magdalena und Sandra Sauer
Mo–Fr 9.00–12.00 Uhr · 13.00–18.00 Uhr
Sa 11.00–17.00 Uhr

Rebfläche 20 Hektar
Jahresproduktion 170.000 Flaschen
Beste Lagen Escherndorfer am Lumpen 1655, Lump und Fürstenberg
Boden Muschelkalk, Lettenkeuper und Lösslehm
Rebsorten 40% Silvaner, 20% Müller-Thurgau, 17% Riesling, 7% Bacchus, je 4% Spätburgunder und Weißburgunder, 3% Scheurebe, 5% übrige Sorten
Mitglied VDP

Eine wahre Phalanx großartiger Süßweine hat Horst Sauer in diesem Jahr wieder im Programm, angeführt von drei fulminanten Eisweinen: der Müller-Thurgau fein ziseliert, der Riesling hocharomatisch und der Silvaner von barocker Opulenz. Es ist schon beeindruckend, wie Sauer es Jahr für Jahr schafft, auf diesem Niveau einzelne Rebsorten und Stile herauszuarbeiten. Aber auch die trockenen Weine überzeugen. Die Großen Gewächse sind sehr gelungen, auch weil sie sich von vielen Vorgängerjahren unterscheiden. Neben Horst Sauer hat Tochter Sandra die Verantwortung für die trockenen Weine übernommen. Sie sucht mehr Frische, mehr grüne Aromen im Wein, hat auch keine Angst vor Gerbstoffen. Spontanvergärung ist für die Geisenheim-Absolventin kein Hexenwerk, wo es angebracht ist, kommt diese Methode zum Einsatz. Diese Weiterentwicklung des Stils ist noch nicht abgeschlossen, wie die Großen Gewächse aus dem Escherndorfer Lump eindrucksvoll zeigen, aber auf einem guten Weg. Das gilt auch für die Lagenbezeichnung am Escherndorfer Lump. Dass die Große Lage Am Lumpen 1655, die Erste Lage aber nur Lump heißt, hat sich noch nicht überall herumgesprochen.

FRANKEN

Verkostete Weine 15
Bewertung 83–94 Punkte

83 2016 Escherndorfer Lump Cuvée Just weiß trocken | 11,5% | 7,- €
83 2016 Escherndorfer Silvaner trocken | 12% | 8,20 €
85 2016 Escherndorfer Riesling trocken | 12% | 10,- €
86 2016 Escherndorfer Fürstenberg Müller-Thurgau »S« trocken | 13,5% | 10,- €
88 2016 Escherndorfer Lump Silvaner »S« trocken | 13% | 12,50 €
87 2016 Escherndorfer Lump Riesling »S« trocken | 13% | 13,50 €
87 2016 Escherndorfer Fürstenberg Weißburgunder »S« trocken | 13% | 15,- €
90 2016 Escherndorfer Am Lumpen Silvaner »Großes Gewächs« | 13,5% | 24,- €
89 2016 Escherndorfer Am Lumpen Riesling »Großes Gewächs« | 13% | 25,- €
87 2016 Escherndorfer Lump Scheurebe Spätlese feinherb | 12% | 12,- €
91 2016 Escherndorfer Fürstenberg Müller-Thurgau Eiswein | 7% | 65,- €/0,5 Lit.
92 2016 Escherndorfer Lump Riesling Eiswein | 6,5% | 65,- €/0,5 Lit.
94 2016 Escherndorfer Lump Silvaner Eiswein | 6% | 65,- €/0,5 Lit.
91 2016 Escherndorfer Lump Silvaner Beerenauslese | 7,5% | 36,- €/0,5 Lit.
92 2016 Escherndorfer Lump Riesling Beerenauslese | 6,5% | 36,- €/0,5 Lit.

WEINGUT RAINER SAUER
97332 Escherndorf · Bocksbeutelstraße 15
Tel (0 93 81) 25 27 · Fax 7 13 40
info@weingut-rainer-sauer.de
www.weingut-rainer-sauer.de
Inhaber Helga und Rainer Sauer
Betriebsleiter Rainer Sauer
Kellermeister Daniel Sauer
Verkauf Helga und Anne Sauer
Mo-Fr 9.00–12.00 Uhr · 13.00–18.00 Uhr
Sa 9.00–17.00 Uhr

Erlebenswert Weinsommerfest am dritten Juli-Wochenende
Rebfläche 15 Hektar
Jahresproduktion 135.000 Flaschen
Beste Lagen Escherndorfer Lump und Fürstenberg
Boden Muschelkalk, Lettenkeuper und Lösslehm
Rebsorten 65% Silvaner, 20% Müller-Thurgau, 11% Riesling, 4% übrige Sorten
Mitglied VDP, Frank & Frei

Mit vollem Einsatz und zwei Silvanern in der absoluten Gebietsspitze kommen Vater und Sohn Rainer und Daniel Sauer mit ihrem Jahrgang 2016 aus den Startlöchern. Und das Große Gewächs aus dem Lumpen ließ beim Bundesfinale die komplette Konkurrenz hinter sich und wurde zum besten Silvaner des Jahrgangs 2016 - Glückwunsch! Doch auch die Basisweine haben positiv überrascht, das einzige wirkliche Problem ist, welchen man nehmen oder erwähnen soll. Schon der Gutswein legt die Qualitätslatte hoch, die von den meisten Mitbewerbern gerissen werden dürfte. Glasklar, präzise und anhaltend mineralisch hat er durchaus Lagenweinniveau. Dahinter kommt eine Phalanx von Ortsweinen, angeführt vom Silvaner Muschelkalk. Die Erste Lage-Weine aus dem Lump und der Silvaner L haben wie immer echtes Format, feine Mineralität trifft auf Frische und Komplexität. Diese Weine sind vielschichtig und trotzdem voller Trinkfreude. Darüber stehen nur noch die schon angesprochenen Großen Gewächse und der ungewöhnliche Ab Ovo, der, im Betonei ausgebaut, ein Herzensanliegen von Daniel ist. Der Diplomönologe hatte nach einem Jahr Praktikum in Kalifornien in Geisenheim studiert und war 2011 Jungwinzer des Jahres. Mittlerweile stehen schon drei der Betoneier im blitzsauberen Keller unter dem attraktiv

modernisierten Gutshof - der Ab Ovo ist zu einem gefragten Markenzeichen dieses hervorragenden Betriebs geworden.

Verkostete Weine 12
Bewertung 85-94 Punkte

85 2016 Silvaner trocken | 12% | 6,80 €
85 2016 Escherndorfer Silvaner trocken | 12,5% | 8,50 €
88 2016 Escherndorfer Silvaner Muschelkalk trocken | 12,5% | 9,50 € | €
87 2016 Silvaner Freiraum trocken | 12,5% | 11,50 €
88 2016 Escherndorfer Lump Silvaner trocken | 13% | 12,- €
87 2016 Escherndorfer Lump Riesling trocken | 13% | 13,- €
89 2016 Escherndorfer Lump Silvaner trocken Alte Reben | 13,5% | 13,50 €
89 2016 Escherndorfer Lump Weißburgunder trocken Holzfass | 13,5% | 14,- €
89 2016 Silvaner L trocken | 13,5% | 17,- €
92 2016 Silvaner Ab Ovo trocken | 13% | 22,- € | TOP
90 2016 Escherndorfer am Lumpen 1655 Riesling »Großes Gewächs« | 13% | 27,- €
94 2016 Escherndorfer Am Lumpen Silvaner »Großes Gewächs« Holzfass | 13% | 27,- € | TOP

WEINBAU EGON SCHÄFFER

97332 Escherndorf · Astheimer Straße 17
Tel (0 93 81) 93 50 · Fax 48 34
egon@weingut-schaeffer.de
www.weingut-schaeffer.de
Inhaber Egon Schäffer
Kellermeister Peter Schäffer
Verkauf Egon und Peter Schäffer nach Vereinbarung
Ferienwohnung für zwei bis vier Personen
Historie ältestes selbstvermarktendes Weingut in Escherndorf
Rebfläche 3,4 Hektar
Jahresproduktion 25.000 Flaschen
Beste Lagen Escherndorfer Lump und Fürstenberg
Boden Muschelkalk
Rebsorten 45% Silvaner, 20% Müller-Thurgau, 15% Riesling, je 5% Bacchus, Schwarzriesling, Spätburgunder und Weißburgunder
Mitglied VDP, Slow Food

Egon Schäffer wirkt wie der große Schweiger unter den renommierten Winzern Frankens. Das trifft im Prinzip auch zu, um seine Person und die lange Liste großartiger Weine macht er wenig Aufhebens. Wann immer sich die Möglichkeit bietet, sollte man alte Weine von ihm probieren! Auch seine Weine sind lange verschlossen, etwas spröde, fast nie offenherzig. Sie setzen Verständnis und die Bereitschaft zum Warten voraus. Da ist es nur logisch, dass Schäffer seine Weine spät auf den Markt bringt. Wir haben 2015 verkostet, Weine, die in weiten Teilen den schlechten Ruf des Jahrgangs widerlegen. Seine Großen Gewächse, Riesling und Silvaner aus dem Lump, sind zwar ungewohnt fleischig, voller Extrakt, lassen aber wie gewohnt nur erahnen, was in ihnen schlummert. Der 2015er Escherndorfer Silvaner zeigt kühle, nasse Steine in der Nase, ist schlank und präzise auf der Zunge: ein veritabler Tipp für Freunde des puren Silvaners. Die Qualität der Basisweine aus 2016 ist untadelig, schon der Silvaner Gutswein bringt überzeugend die Tugenden des Hauses ins Glas. Mit Sohn Peter steht die nächste Generation im Keller, um den seit 1524 existierenden Betrieb im Sinne der Väter weiterzuführen.

FRANKEN

Verkostete Weine 12
Bewertung 82-90 Punkte

- 82 2016 Müller-Thurgau trocken | 11,5% | 6,50 €/1,0 Lit.
- 83 2016 Silvaner trocken | 12% | 7,30 €/1,0 Lit.
- 86 2015 Untereisenheimer Silvaner trocken | 13% | 7,80 €
- 84 2016 Escherndorfer Müller-Thurgau trocken Alte Reben | 12% | 7,80 €
- 87 2015 Escherndorfer Silvaner trocken Holzfass | 13,5% | 8,30 €
- 87 2015 Escherndorfer Lump Silvaner trocken Holzfass | 13,5% | 13,60 €
- 87 2015 Escherndorfer Lump Riesling trocken | 13% | 14,60 €
- 86 2015 Escherndorfer Fürstenberg Weißburgunder trocken Barrique | 14% | 15,10 €
- 89 2015 Escherndorfer Am Lumpen 1655 Riesling »Großes Gewächs« | 14% | 23,60 €
- 90 2015 Escherndorfer Am Lumpen 1655 Silvaner »Großes Gewächs« Holzfass | 14,5% | 23,60 €
- 87 2015 Escherndorfer Fürstenberg Silvaner halbtrocken Barrique | 13,5% | 12,60 €
- 84 2016 Schwarzriesling & Spätburgunder es binoh rosé trocken | 12,5% | 8,- €

WEINGUT SCHEURING

97276 Margetshöchheim · Lutzgasse 6
Tel (09 31) 46 36 33 · Fax 3 04 68 38
info@weingut-scheuring.de
www.weingut-scheuring.de
Inhaberin und Betriebsleiterin Ilonka Scheuring

Verkauf Familie Scheuring
nach Vereinbarung

Ilonka Scheuring hat ihren Laden gut im Griff, aus der DLG-Jungwinzerin des Jahres 2010/11 ist eine respektable Gutsleiterin geworden. Trotz rosa Gummistiefel, die sie gerne auf Bildern trägt. Wir haben wieder eine sehr homogene und klare Kollektion probiert. Der Silvaner Klassik 2016 überzeugt mit Zug im Mund und feinen Bitternoten. Der Riesling Klassik 2016 ist saftig-gelbfruchtig und schlank. Die Scheurebe »Die drei ???« ist ein gelungenes Orange-Experiment. Die Nase sehr sauber, ohne Fehlnoten, dazu kandierte Orange und Ananas im Mund, garniert mit feinen Gerbstoffen. Im Herbst nach der Lese und im Frühjahr nach Fasching kann man die Weine auch in der Heckenwirtschaft probieren.

Verkostete Weine 8
Bewertung 79-87 Punkte

- 87 2016 Scheurebe Edel & Exklusiv Landwein trocken »Die drei ???« | 11% | 17,- €/0,5 Lit.
- 82 2016 Silvaner Basic trocken | 12% | 8,- €
- 82 2016 Grauburgunder Klassik trocken | 13,5% | 10,50 €
- 83 2015 Riesling Klassik trocken | 12,5% | 10,50 €
- 84 2015 Silvaner Klassik trocken | 13% | 10,50 €
- 79 2015 Rosé Basic halbtrocken | 11,5% | 8,- €
- 79 2014 Spätburgunder Klassik trocken | 12% | 10,50 €
- 81 2012 Cabernet D. Basic trocken | 12,5% | 10,50 €

★

WEINGUT BERTHOLD SCHMACHTENBERGER

97236 Randersacker · Klosterstraße 43
Tel (09 31) 70 78 50 · Fax 70 89 61
mail@weine-mit-charakter.de
www.weine-mit-charakter.de
Inhaber Markus Schmachtenberger
Kellermeister Markus Schmachtenberger
Verkauf Familie Schmachtenberger
Mo–Fr 9.00–19.00 Uhr, **Sa** 9.00–17.00 Uhr

Ruhig und bestimmt geht der junge Markus Schmachtenberger voran. Nach den vom Alkohol etwas müden Weinen des Vorjahres, kann er in 2016 mit blitzsauberen Weinen überzeugen. Allen voran sind es die Silvaner, die ihm am Herzen zu liegen scheinen. Besonders hat uns der Silvaner Sonnenstuhl Alte Reben 2016 gefallen. Aber auch die Rieslinge sind von präziser Sortentypizität und schöner Frische. Selbst der aus dem schwierigen 2015er Jahrgang stammende Silvaner Marsberg Caractère hatte hinter dem spürbaren Holz viel Kraft und Frische. Nicht präsentiert, aber ein wirkliche Empfehlung, ist der Wein der Ethos-Gruppe zu der auch Schmachtenberger gehört. Zwölf junge Winzer und eine Winzerin aus Franken haben hier nach selbst auferlegten Regeln einen gemeinsamen Wein produziert. Spontanvergärung, Maischestandzeit, offener Holzgärständer, ohne Schwefelung abgefüllt in gebrauchte Flaschen, sind Merkmale dieses bemerkenswerten Silvaners.

Verkostete Weine 6
Bewertung 84–87 Punkte

84 2016 Randersacker Ewig Leben Silvaner Quaderkalk Kabinett trocken | 13% | 6,50 €
84 2016 Randersacker Marsberg Riesling Quaderkalk Kabinett trocken | 12,5% | 7,– €
84 2016 Randersacker Sonnenstuhl Weißburgunder Quaderkalk Kabinett trocken | 13,5% | 7,– €
86 2016 Randersacker Sonnenstuhl Silvaner Alte Reben Kabinett trocken | 13% | 7,50 €
86 2016 Randersacker Sonnenstuhl Silvaner Greif Spätlese trocken | 13% | 11,– €
87 2015 Randersacker Marsberg Caractère Spätlese trocken | 14% | 16,– €

WEINGUT SCHMITT'S KINDER

97236 Randersacker · Am Sonnenstuhl 45
Tel (09 31) 7 05 91 97 · Fax 7 05 91 98
weingut@schmitts-kinder.de
www.schmitts-kinder.de
Inhaber Martin Joh. Schmitt
Betriebsleiter Karl Martin und Martin Joh. Schmitt,Renate Marie Schmitt
Kellermeister Martin Joh. Schmitt
Verkauf Renate Marie Schmitt
Mo–Fr 8.00–18.00 Uhr
Sa 9.00–17.00 Uhr und nach Vereinbarung
Historie Weinbau in der Familie seit 1710
Sehenswert wechselnde Ausstellungen des Landschaftsmalers Andi Schmitt
Rebfläche 14 Hektar
Jahresproduktion 100.000 Flaschen
Beste Lagen Randersacker Pfülben, Sonnenstuhl, Marsberg und Teufelskeller
Boden Muschelkalkverwitterung
Rebsorten 34% Silvaner, 14% Riesling, 12% Müller-Thurgau, 8% Spätburgunder, 32% übrige Sorten
Mitglied VDP, Trias

Reintönigkeit und Eleganz – an diesen beiden Begriffen orientiert sich die ganze Kollektion der Schmitt's. Von der einfachen Qualität bis zum gereiften Spitzenwein sind die Weine im ersten Moment von irritierend zarter Statur, gewinnen aber mit jedem Moment des Genusses an Format. Das kühlere Jahr 2016 spielt den Winzern dabei in die Hände. Das zeigt sich schon beim Silvaner Ortswein, der bei moderatem Alkohol viel Trinkspaß bietet. Selbst die Spätburgunder aus 2015 sind wie gewohnt von großer Finesse. Schon der einfache Spätburgunder Sonnenstuhl ist ein eleganter Pinot mit feiner Beerennote und gekonntem Holzeinsatz. Das Große Gewächs aus gleicher Lage gehört zu den besten fränkischen Roten des Jahres. Fein ziseliert und trotzdem kraftvoll, ein Wein, der auch an der Côte d'Or eine gute Figur machen würde. Die Schatzkammer des Hauses bietet für die Freunde gereifter Weine immer wieder Trouvaillen. So zeigt das 2007er Große Gewächs vom Riesling aus dem Randersackerer Pfülben eine hochfeine Petrolnote, war dabei nicht aufdringlich, sehr rein und elegant: die Säure lebendig, nervig, fokussiert in der Mundmitte, frisch bis ins Finale, ein ausgezeichneter Wein.

FRANKEN

Verkostete Weine 12
Bewertung 84–91 Punkte

- 84 2016 Randersackerer Silvaner trocken | 11,5% | 7,20 €
- 86 2016 Randersackerer Sonnenstuhl Silvaner trocken Holzfass | 12,5% | 9,40 €
- 86 2016 Randersackerer Sonnenstuhl Riesling trocken | 12% | 11,70 €
- 87 2016 Randersackerer Marsberg Weißburgunder trocken Holzfass | 13% | 12,10 €
- 88 2016 Randersackerer Marsberg Silvaner trocken Alte Reben Holzfass | 13% | 13,10 €
- 88 2016 Randersackerer Marsberg Riesling Spielberg trocken Holzfass | 12% | 15,- €
- 91 2016 Randersackerer Pfülben Silvaner »Großes Gewächs« | 13,5% | 23,80 € | TOP
- 90 2007 Randersackerer Pfülben Riesling »Großes Gewächs« | 13% | 25,- €
- 89 2016 Randersackerer Pfülben Riesling »Großes Gewächs« | 13% | 25,80 €
- 89 2015 Randersackerer Sonnenstuhl Rieslaner Auslese | 11% | 12,60 €/0,375 Lit.
- 88 2015 Randersackerer Sonnenstuhl Spätburgunder Tradition trocken Barrique | 13,5% | 14,50 € | €
- 90 2015 Randersackerer Sonnenstuhl Spätburgunder »Großes Gewächs« | 13,5% | 38,- €

WEINGUT TROCKENE SCHMITTS
97236 Randersacker · Maingasse 14/Flecken 1
Tel (09 31) 70 04 90 · Fax 3 04 88 15
info@durchgegorene-weine.de
www.durchgegorene-weine.de
Inhaber und Betriebsleiter Paul und Bruno Schmitt
Verkauf Angela und Bruno Schmitt
Mo–Fr 8.00–18.00 Uhr
Sa 9.00–16.00 Uhr und nach Vereinbarung
Weinrestaurant »Ewig Leben«
Di–Fr ab 16.00 Uhr, Sa–So ab 11.00 Uhr
Historie Familienbetrieb seit 1680
Rebfläche 16 Hektar
Jahresproduktion 115.000 Flaschen
Beste Lagen Randersacker Pfülben, Sonnenstuhl und Marsberg
Boden Muschelkalk
Rebsorten 40% Silvaner, 20% Müller-Thurgau, je 10% Riesling, rote Sorten und weiße Burgundersorten, 10% übrige Sorten
Mitglied Slow Food, Silvaner-Forum

Die Trockenen Schmitts haben es wieder einmal geschafft. Auch in 2016 sind die Weine des Hauses - durchgegoren, ohne Mostanreicherung und Süßreserve, daher der Name des Guts - durchgängig auf hohem Niveau. Beginnend beim Silvaner aus der Literflasche, der saftig, sauber und mit Struktur zu gefallen weiß. Überhaupt die Silvaner: durch die Bank knackig, klar und pur. Sogar die Jahrgänge scheinen keinen großen Einfluss darauf zu haben, wie die 2015er und 2016er Silvaner Spätlesen trocken von Alten Reben aus dem Randersacker Sonnenstuhl zeigen. Abzüglich der Reifenoten zwei Weine mit Zug, straffer Mineralität und viel Struktur. Dass die Schmitts auch Riesling können, belegt der 2015er Randersacker Pfülben Spätlese trocken. Mit erster Reife und zartem Schmelz zeigt er für den Jahrgang eine erstaunlich frische Säure. Nicht gezeigt wurden uns Rotweine, nach dem erstaunlichen Frühburgunder 2013 müssen wir auf einen Nachfolger warten. Noch einmal zum eigenwilligen Namen: Mit dem Jahrgang 2002 vereinten die Brüder Paul und Bruno Schmitt ihre beiden Betriebe (Paul Schmitt und Robert Schmitt) zum Weingut Trockene Schmitts.

Verkostete Weine 12
Bewertung 83–87 Punkte

83 2016 Randersacker Ewig Leben Silvaner Kabinett trocken | 12,5% | 6,80 €/1,0 Lit.
85 2016 Randersacker Ewig Leben Müller-Thurgau Kabinett trocken | 12% | 5,90 €
84 2016 Randersacker Ewig Leben Riesling Kabinett trocken Alte Reben | 12,5% | 9,20 €
85 2016 Randersacker Ewig Leben Sauvignon Blanc Kabinett trocken | 13% | 9,50 €
87 2016 Randersacker Sonnenstuhl Silvaner Spätlese trocken | 13% | 9,20 €
86 2016 Randersacker Lämmerberg Silvaner & Traminer Spätlese trocken | 13,5% | 10,50 €
87 2015 Randersacker Pfülben Riesling Spätlese trocken | 13,5% | 11,20 €
86 2016 Randersacker Lämmerberg Gewürztraminer Spätlese trocken | 13,5% | 11,50 €
87 2016 Randersacker Sonnenstuhl Silvaner Spätlese trocken Alte Reben Holzfass | 13,5% | 11,90 €
87 2015 Randersacker Sonnenstuhl Silvaner Spätlese trocken Alte Reben Holzfass | 13,5% | 11,90 €
86 2015 Randersacker Pfülben Weißburgunder Spätlese trocken Barrique | 13,5% | 12,50 €
86 2015 Randersacker Sonnenstuhl Rieslaner Spätlese trocken Alte Reben | 13,5% | 13,50 €

WEINGUT SCHWAB
97291 Thüngersheim · Bühlstraße 17
Tel (0 93 64) 8 91 83 · Fax 8 91 84
info@weingut-schwab-franken.de
www.weingut-schwab-franken.de
Inhaber Thomas Schwab
Betriebsleiter Thomas und Martin Schwab
Verkauf Andrea Schwab
Mo–Fr 8.00–18.00 Uhr und nach Vereinbarung
Erlebenswert Musik und Kabarett im Hof, Käseseminare, November-Wein-Nacht
Rebfläche 12 Hektar
Jahresproduktion 80.000 Flaschen
Beste Lagen Thüngersheimer Johannisberg und Scharlachberg
Boden Muschelkalkverwitterung
Mitglied VDP

Seit 1990 führen Andrea und Thomas Schwab den Zwölf-Hektar-Betrieb. Auch in 2016 sind die Rebsorten beispielhaft herausgearbeitet, alle sind sehr klar abgegrenzt und von lehrbuchhafter Typizität. Dabei steht die Trinkfreude im Vordergrund. Gerade die Weine der Thüngersheim-Linie sind durch die Bank perfekte Vertreter ihres Standes. Hervorheben könnte man die kraftvoll zupackende Scheurebe und den zart fruchtigen Weißburgunder. Eine Bank wie immer ist der Silvaner Großes Gewächs aus dem Rothlauf. Seine saubere Mirabellenfrucht, der lagentypische Schmelz und ein würziges Finale zeichnen ihn aus. Die Fortschritte beim Rotwein halten an. Der Spätburgunder 2015 aus dem Johannisberg zeigt reife Frucht und mittleren Körper, was ihn zu einem schönen Tischgesellen werden lässt.

FRANKEN

Verkostete Weine 12
Bewertung 79–89 Punkte

- 85 2016 Thüngersheimer Scheurebe trocken | 13% | 7,30 €
- 79 2016 Cuvée Enjoy white trocken | 11,5% | 6,– €
- 82 2016 Thüngersheimer Müller-Thurgau trocken | 11,5% | 6,50 €
- 83 2016 Thüngersheimer Silvaner trocken | 12% | 7,30 €
- 83 2016 Thüngersheimer Riesling trocken | 11,5% | 7,30 €
- 84 2016 Thüngersheimer Weißburgunder trocken | 12% | 7,30 €
- 85 2016 Thüngersheimer Johannisberg Silvaner trocken | 13% | 9,50 €
- 86 2016 Thüngersheimer Scharlachberg Riesling trocken | 13% | 12,50 €
- 88 2015 Thüngersheimer Johannisberg Rothlauf Silvaner »Großes Gewächs« | 14% | 19,50 €
- 89 2015 Thüngersheimer Solaris Auslese | 8,5% | 9,50 €/0,5 Lit.
- 86 2015 Thüngersheimer Johannisberg Spätburgunder trocken | 12,5% | 12,50 €
- 86 2015 Cuvée Fruitione Rubro trocken | 12,5% | 15,50 €

WINZER SOMMERACH – DER WINZERKELLER
97334 Sommerach · Zum Katzenkopf 1
Tel (0 93 81) 8 06 10 · Fax 45 51
info@winzer-sommerach.de
www.winzer-sommerach.de
Geschäftsführer Frank Dietrich
Kellermeister Stefan Gerhard

Verkauf Vinothek
Mo–Fr 9.00–18.00 Uhr
Sa–So, feiertags 10.00–18.00 Uhr

Vinothek »Weinreich«, mit Weinschule, Ausschank und fränkischen Schmankerln
Sommerbar geöffnet in den Sommermonaten
Historie Gründung 1901
Sehenswert grandioser Barriquekeller, Erlebnisrundgang im Weinreich
Rebfläche 190 Hektar
Zahl der Mitglieder 225
Jahresproduktion 1,2 Mio. Flaschen
Beste Lagen Sommeracher Katzenkopf, Escherndorfer Lump und Fürstenberg
Boden Muschelkalk, sandiger Lehm
Rebsorten 25% Silvaner, 23% Müller-Thurgau, 19% Bacchus, 10% Domina, 6% Riesling, 17% übrige Sorten

Eine Genossenschaft, die sich etwas traut, das gefällt uns. In der Linie Familiengewächs produzieren namentlich genannte Winzer einen Wein zusammen. Das führt, wie im Fall des 2016er Silvaner trocken, zu einem individuellen Wein mit Struktur, viel Zug und Kanten. Ein echter Tipp - und Typ. Erwähnenswert erscheint uns auch die moderne Ausstattung der Weine. Das ganze Sortiment ist optisch aus einem Guss, und das Gleiche gilt auch für die Weine. Nach einer kurzen Verschnaufpause im letzten Jahr wird wieder energisch nach oben geschaut. Der 2016er Sauvignon Blanc gefällt durch steinige Mineralität, der Traminer mit verhaltenem Bukett, dafür viel Würze. Es macht einfach Freude, sich durch das Sortiment zu probieren, keine Selbstverständlichkeit bei einer Kooperative mit 190 Hektar und 225 Mitgliedern. Aber Geschäftsführer Frank Dietrich gelingt es mit Qualitätsprogrammen wie auf einem Weingut, das vorhandene Potenzial gekonnt auszuschöpfen.

Verkostete Weine 11
Bewertung 84–90 Punkte

86 2016 Silvaner Familiengewächs trocken
| 13,5% | 8,- €
86 2016 Sauvignon Blanc Familiengewächs trocken
| 13% | 12,- €
87 2016 Weißburgunder Familiengewächs trocken
| 13,5% | 12,- €
86 2016 Sommeracher Katzenkopf Traminer trocken
| 13,5% | 18,- €
84 2016 Sommeracher Katzenkopf Weißburgunder Kabinett trocken | 13% | 7,50 €
85 2016 Sommeracher Katzenkopf Silvaner Kabinett trocken | 13% | 7,50 €
86 2016 Sommeracher Katzenkopf Silvaner Spätlese trocken | 13,5% | 9,50 €
88 2016 Sommeracher Katzenkopf Silvaner Supremus Spätlese trocken | 14% | 18,- €
84 2016 Riesling Familiengewächs feinherb
| 12,5% | 8,- €
90 2015 Sommeracher Katzenkopf Silvaner Trockenbeerenauslese | 7,5% | 38,- €/0,375 Lit.
87 2015 Spätburgunder »S« Familiengewächs trocken Barrique | 14,5% | 22,- €

SCHLOSS SOMMERHAUSEN

97286 Sommerhausen · Hauptstraße 25 (BIO)
Tel (0 93 33) 2 60 · Fax 14 88
info@sommerhausen.com
www.sommerhausen.com
Inhaber Familie Martin Steinmann
Betriebsleiter Martin Steinmann
Kellermeister Martin Steinmann
Verkauf Martin Steinmann
Mo–Fr 10.00–18.00 Uhr, **Sa** 10.00–16.00 Uhr
So, feiertags 10.00–14.00 Uhr
und nach Vereinbarung

Im letzten Jahr konnte der Abwärtstrend dieses ehemals ruhmreichen VDP-Betriebs gestoppt werden - mit dem Jahrgang 2016 geht es wieder aufwärts. Die Großen Gewächse scheinen wieder konkurrenzfähig zu werden, der Silvaner vom Altenberg überzeugte mit rauchig-schönem Schmelz, der Riesling zeigte sich sauber strukturiert und mit feiner Fruchtnote. Besonders gefallen haben uns auch zwei Exoten: Der Auxerrois Sekt aus 2008 ist ein gelungenes Experiment mit feiner Perlage und schönem Trinkfluss. Der Dry ist eine Art Sherry, oxidativ und mit ein wenig Restsüße. Nichts für jeden Geschmack, aber sicher etwas für Liebhaber.

Verkostete Weine 11
Bewertung 82–88 Punkte

86 Auxerrois Sekt extra Brut | 12,5% | 22,- €
85 Dry trocken | 17% | 19,50 €/0,375 Lit.
82 2016 Grüner Silvaner vom Quaderkalk trocken
| 11,5% | 8,50 €
83 2016 Auxerrois vom Quaderkalk trocken
| 12% | 9,50 €
84 2016 Weißburgunder vom Quaderkalk trocken
| 13,5% | 11,50 €
84 2016 Grauburgunder vom Quaderkalk trocken
| 13% | 11,50 €
84 2016 Sommerhäuser Steinbach Silvaner trocken
| 12,5% | 12,- €
84 2016 Sommerhäuser Steinbach Riesling trocken
| 12,5% | 12,- €
83 2015 Chardonnay vom Quaderkalk trocken Barrique | 13,5% | 12,50 €
87 2015 Sommerhäuser Steinbach Altenberg Silvaner 1172 »Großes Gewächs« | 13,5% | 23,- €
88 2016 Sommerhäuser Steinbach Altenberg Riesling 1172 »Großes Gewächs« | 13,5% | 23,- €

FRANKEN

STAATLICHER HOFKELLER WÜRZBURG
97070 Würzburg · Residenzplatz 3
Tel (09 31) 3 05 09 23 · Fax 3 05 09 66
hofkeller@hofkeller.bayern.de
www.hofkeller.de
Direktor Marcel von den Benken
Betriebsleiter Klaus Kuhn
Kellermeisterin Friederike Voigtländer

Verkauf Siegbert Henkelmann
Mo–Fr 9.00–18.00 Uhr, **Sa** 10.00–16.00 Uhr
Jan.–März
Sa 10.00–14.00 Uhr

Gutsausschank Residenzgaststätten, Gutsschänke Stollburg in Handthal
Historie Hofkeller seit 1128
Sehenswert Würzburger Residenz, historischer Holzfasskeller, Barriquekeller, neue Vinothek
Rebfläche 120 Hektar
Jahresproduktion 850.000 Flaschen
Beste Lagen Würzburger Stein und Innere Leiste, Randersacker Pfülben, Großheubacher Bischofsberg
Boden Urgestein, roter Buntsandstein, Muschelkalk, Keuper, Terrassensande des Mains, Löss
Rebsorten 27% Silvaner, 25% Riesling, 15% Müller-Thurgau, 9% Spätburgunder, 5% Rieslaner, 4% Domina, 15% übrige Sorten
Mitglied VDP

Verkostete Weine 12
Bewertung 81–91 Punkte

81 2016 Würzburger Müller-Thurgau trocken | 12% | 8,60 €
83 2016 Hörsteiner Abtsberg Silvaner trocken | 12% | 10,20 €
84 2016 Randersacker Marsberg Silvaner trocken | 13% | 10,60 €
84 2016 Hörsteiner Abtsberg Riesling Spontangärung trocken | 12,5% | 11,50 €
85 2016 Würzburger Stein Riesling trocken | 12,5% | 13,- €
86 2016 Würzburger Stein Silvaner trocken | 12,5% | 13,- €
86 2016 Würzburger Stein Weißburgunder trocken Holzfass | 13% | 13,- €
89 2016 Würzburger Stein Riesling »Großes Gewächs« | 13,5% | 27,50 €
89 2016 Würzburger Stein Silvaner »Großes Gewächs« Holzfass | 13,5% | 27,50 €
87 2016 Würzburger Stein Rieslaner Spätlese | 11% | 13,90 €
91 2015 Hörsteiner Abtsberg Riesling Trockenbeerenauslese | 8,5% | 95,- €/0,5 Lit.
84 2015 Großheubacher Bischofsberg Spätburgunder trocken Holzfass | 12,5% | 12,90 €

Staatsbetrieben eilt ja selten ein guter Ruf voraus - der Staatliche Hofkeller ist da eine rühmliche Ausnahme. Es sind vor allem die Weine aus den bekannten Lagen, die Freude bereiten. Der Silvaner Großes Gewächs aus dem Würzburger Stein hat ausgesprochen viel Würze und Potenzial, der Riesling Großes Gewächs aus derselben Lage überzeugt mit Struktur und Komplexität. Dahinter kommt eine ganze Reihe sortentypischer, sehr fränkischer Silvaner, die ihre Qualität in logisch ansteigender Folge haben. Am süßen Ende der wirklich ausgeglichenen Kollektion steht wiederum die konzentrierte Riesling Trockenbeerenauslese aus dem Hörsteiner Abtsberg, die uns mit einem Jahr weiterer Reife noch besser gefallen hat. Betriebsleiter Klaus Kuhn und Kellermeisterin Friederike Voigtländer haben den positiven Trend der letzten Jahre fortgesetzt und auch die qualitative Homogenität der insgesamt 850.000 Flaschen steigt wieder von Jahr zu Jahr.

WINZERHOF STAHL

97215 Auernhofen · Lange Dorfstraße 21
Tel (0 98 48) 9 68 96 · Fax 9 68 98
mail@winzerhof-stahl.de
www.winzerhof-stahl.de
Inhaber und Kellermeister Christian Stahl
Außenbetrieb Maximilian von Dungern und Florian Hofmann

Verkauf Andreas Ehl
nach Vereinbarung

Weinrestaurant mit malerischem Innenhof
Sehenswert moderne Vinothek
Rebfläche 20 Hektar
Jahresproduktion 160.000 Flaschen
Beste Lagen Tauberzeller Hasennestle, Randersacker Sonnenstuhl und Marsberg, Sommerhäuser Steinbach, Eibelstädter Mönchsleite, Sulzfelder Cyriakusberg
Boden Muschelkalk, Gipskeuper
Rebsorten 30% Scheurebe, je 15% Müller-Thurgau und Silvaner, je 10% Bacchus, Sauvignon Blanc, je 5% Burgundersorten und Riesling, 10% übrige Sorten
Mitglied Vielfalter, Tauberedition, Slow Food

Verkostete Weine 3
Bewertung 87–88 Punkte

88 2016 Silvaner Best of Edelstahl trocken
| 13,5% | 17,- €
87 2016 Riesling Damaszener Stahl trocken
| 12,5% | 11,50 €
88 2016 Randersackerer Sonnenstuhl Silvaner trocken | 13,5% | 15,- €

Ein guter Lehrmeister ist die halbe Miete im Berufsleben: Christian Stahl lernte im Weingut Am Stein bei Ludwig Knoll, das Studium in Geisenheim schloss sich an. Derart gewappnet machte er sich daran, seinen Betrieb am Rande des Taubertals bekannt zu machen. Dabei verließ sich Stahl nicht nur auf die Qualität der Weine, er spielt bei der Bezeichnung seiner Weine mit seinem Namen, ist in den sozialen Medien aktiv, steht auf den Karten vieler angesagter Restaurants. Ein quirliger junger Mann, der seine Weine dabei nie aus den Augen verliert. Bestes Beispiel: der Best of Edelstahl. Er überzeugt mit Frucht und feiner Säure, steht stramm im Glas und dürfte das Beste noch vor sich haben. Der Riesling Damaszener - der mittleren Qualitätsstufe im Hause Stahl - liefert knackig-frische Typizität. Fast schon außergewöhnlich im Kontext des Individuellen ist der Silvaner Edelstahl aus dem Randersacker Sonnenstuhl. Er duftet in der Nase nach Birnen und Kräutern, ist saftig und animierend. Ein im besten Sinne kulinarischer Silvaner. Leider wurden nur drei Weine vorgestellt.

★★★⯪ FRANKEN

WEINGUT AM STEIN
97080 Würzburg · Mittlerer Steinbergweg 5 BIO
Tel (09 31) 2 58 08 · Fax 2 58 80
mail@weingut-am-stein.de
www.weingut-am-stein.de
Inhaber Ludwig Knoll
Betriebsleiter Christian Lau
Außenbetrieb Daniel Full
Kellermeister Dominik Diefenbach
Verkauf Sandra Knoll
Mo–Fr 14.00–20.00 Uhr, **Sa** 10.00–17.00 Uhr
Restaurant und Weinbar »Reisers«, »Steinkeller«
Mo–Sa 17.00–24.00 Uhr
Sehenswert Blick auf die Stadt, Gutsarchitektur, Steinkeller
Erlebenswert Kochkurse im Küchenhaus, Seminare im WeinWerk, Musikfestival im Juli
Rebfläche 40 Hektar
Jahresproduktion 210.000 Flaschen
Beste Lagen Würzburger Innere Leiste und Stein, Stettener Stein, Randersacker Pfülben und Sonnenstuhl
Boden Muschelkalk
Rebsorten 30% Silvaner, 20% Riesling, 12% Müller-Thurgau, 10% Grau- und Weißburgunder, je 8% Scheurebe und Spätburgunder, 12% übrige Sorten
Mitglied VDP, Frank & Frei, Naturland

Ein junges Team ist immer wieder für Überraschungen gut. Sandra und Ludwig Knoll lassen ihren Mitarbeitern um Kellermeister Dominik Diefenbach genügend Raum zur Entfaltung und für Experimente. In diesem Jahr ist es ein Pet Nat, ein natürlich schäumender Wein in ungewöhnlicher Aufmachung. Mit seiner Mischung aus markanten Gerbstoffen und feiner Frucht kein Wein für jedermann, der aber seine Fans finden wird. Das restliche Sortiment bewegt sich auf gewohnt hohem Niveau. Bei den trockenen Weinen liegen die Silvaner wie im Vorjahr knapp vor den Rieslingen, sehr elegant und weniger holzbetont als im Vorjahr der Weißburgunder Montonia. Sehr gut auch der Montonia Spätburgunder 2015, geprägt von dunkler Schokolade und zarter Beerenfrucht. Überhaupt haben uns die Roten des Hauses gefallen - auch der kleine Spätburgunder ist erstaunlich vielschichtig und delikat. Das Weingut ist auch architektonisch und kulinarisch einen Besuch

wert. Im mit einem Michelin-Stern ausgezeichneten Restaurant Reisers auf dem Weingutsgelände wird zeitgemäß aufgekocht.

Verkostete Weine 14
Bewertung 84–95 Punkte

84 2016 Stettener Grauburgunder trocken
| 12% | 10,- €
87 2016 Würzburger Innere Leiste Riesling trocken
| 12% | 15,- €
88 2016 Würzburger Innere Leiste Silvaner trocken
| 12,5% | 15,- €
88 2016 Würzburger Stein Silvaner trocken
| 12% | 15,- €
89 2016 Weißburgunder Montonia trocken
| 12,5% | 22,- €
87 2016 Scheurebe Vinz trocken Alte Reben
| 12% | 22,- €
88 2016 Silvaner Vinz trocken Alte Reben
| 12% | 22,- €
90 2016 Stettener Stein Silvaner »Großes Gewächs«
| 12,5% | 35,- €
92 2016 Stettener Stein Riesling »Großes Gewächs«
| 12,5% | 35,- €
91 2016 Randersacker Pfülben Riesling Auslese
| 10% | 22,- €/0,5 Lit.
95 2016 Stettener Stein Riesling Eiswein
| 7% | 69,- €/0,375 Lit. | TOP 10
93 2015 Stettener Stein Riesling Trockenbeerenauslese | 7,5% | 59,- €/0,375 Lit.
87 2015 Würzburger Innere Leiste Spätburgunder trocken | 12,5% | 15,- €
90 2015 Spätburgunder trocken | 12,5% | 26,- €

★

WEINGUT STICH – IM LÖWEN
63927 Bürgstadt · Freudenberger Straße 73
Tel (0 93 71) 57 05 · Fax 8 09 73
info@weingut-stich.de
www.weingut-stich.de
Inhaber Gerhard Stich
Betriebsleiter und Kellermeister Gerhard und Helga Stich
Verkauf Gerhard und Helga Stich
Mo-Fr 8.30–12.00 Uhr · 13.30–18.00 Uhr
Sa 8.30–16.00 Uhr

Sauber, geradlinig, vielleicht etwas altmodisch: Die Weine der Familie Stich sind dafür gemacht, den dreimal jährlich stattfindenden Gutsausschank mit eigenen Tropfen zu bestücken. Das ist durchaus als Kompliment zu verstehen, denn die ganze Kollektion ist sauber vinifiziert, rebsortentypisch und für den unkomplizierten Genuss gedacht. Ganz besonders gefällt und eine Zierde jeder gehobenen Tafel ist der Spätburgunder Hundsrück 2013, mit deutlichen Graphitnoten und würzig-feinem Körper ein gelungener Vertreter der Rebsorte. Nicht weit dahinter steht der Frühburgunder Centgrafenberg 2014, der vor allem mit seiner feinen Kirschnase Appetit machte. Unter den Weißweinen stach der Weißburgunder Spätlese 2015 aus dem Barrique heraus. Seine Holznoten sind dezent und fein eingebunden. Die anderen Weißen sind allesamt auf gutem Niveau und definitiv ein Grund, den Gutsausschank während der 14-tägigen Öffnungszeiten im Frühjahr, Sommer und Herbst zu besuchen.

Verkostete Weine 8
Bewertung 81–87 Punkte

- 81 2016 Müller-Thurgau Frank & Frei trocken | 11,5% | 6,50 €
- 81 2016 Prichsenstadter Krone Weißburgunder trocken Alte Reben | 13% | 11,– €
- 84 2015 Prichsenstadter Krone Weißburgunder »Großes Gewächs« | 14% | 16,– €
- 82 2016 Prichsenstadter Krone Silvaner Kabinett trocken | 12,5% | 7,50 €
- 82 2016 Bürgstadter Centgrafenberg Riesling Kabinett trocken | 12% | 8,80 €
- 82 2015 Bürgstadter Centgrafenberg Spätburgunder trocken | 12,5% | 9,– €
- 85 2014 Bürgstadter Centgrafenberg Frühburgunder »Großes Gewächs« | 13,5% | 17,– €
- 87 2013 Bürgstadter Hundsrück Spätburgunder »Großes Gewächs« | 13,5% | 24,– €

★★★

WEINGUT STÖRRLEIN & KRENIG
97236 Randersacker · Schulstraße 14 BIO
Tel (09 31) 70 82 81 · Fax 70 11 55
info@stoerrlein.de
www.stoerrlein.de
Inhaber und Betriebsleiter Armin Störrlein und Martin Krenig
Außenbetrieb Martin Krenig
Kellermeister Armin Störrlein, Martin Krenig
Verkauf Ruth Störrlein und Christiane Störrlein-Krenig
Mo-Sa 8.00–19.00 Uhr, **So** nach Vereinbarung
Erlebenswert kultur-kulinarische Veranstaltungen
Rebfläche 12,5 Hektar
Jahresproduktion 90.000 Flaschen
Beste Lagen Randersacker Marsberg, Sonnenstuhl und Pfülben
Boden Muschelkalk
Rebsorten 40% Silvaner, 20% rote Burgundersorten, je 10% Riesling und Weißburgunder, 20% übrige Sorten
Mitglied VDP, Trias

Das Duo Armin Störrlein und Schwiegersohn Martin Krenig hat wieder zu einer beeindruckenden Teamleistung gefunden. Angefangen bei respektablen Orts- und Gutsweinen geben sie ab der Mittelklasse richtig Gas. Schon beim Silvaner aus dem Sonnenstuhl zeigt sich ihr Händchen für die Verbindung von Frucht und mineralischem Biss. Das steigert sich zu den Großen Gewächsen Unterm Turm, der Silvaner mit einem Hauch Mirabelle und packender Salzigkeit. Der Riesling ist eine feste Burg und erst in Jahren zu entdecken. Die Weine der Pure Grapes-Reihe haben sehr gekonnt das Barrique geküsst, auch hier ist Geduld gefragt, die der im Puligny-Stil gemachte Weißburgunder sicher belohnen wird. Die Krone setzen sich die Herren aber mit ihren Süßweinen auf. Die 2015er Riesling Auslese aus der Lage Teufelskeller strotzt vor Gerbstoffen, die Süße ist nicht sehr ausgeprägt. Ein Versprechen für das nächste Jahrzehnt. Darüber steht noch die Trockenbeerenauslese vom Spätburgunder, ein großartiger Süßwein, der Waldbeeren und in Essig eingelegte Zwetschgen verbindet.

FRANKEN

Verkostete Weine 12
Bewertung 79–93 Punkte

- 81 2016 Silvaner vom Muschelkalk trocken | 12% | 6,60 €
- 79 2016 Blanc de Blancs trocken | 12% | 7,50 €
- 83 2016 Randersacker Silvaner Mineral pur trocken | 12,5% | 8,20 €
- 84 2016 Randersacker Sonnenstuhl Silvaner trocken | 12% | 10,– €
- 88 2016 Randersacker Sonnenstuhl »Unterm Turm« Silvaner »Großes Gewächs« | 13,5% | 25,– €
- 89 2016 Randersacker Sonnenstuhl »Unterm Turm« Riesling »Großes Gewächs« | 13% | 26,– €
- 89 2015 Randersacker Teufelskeller Weißburgunder Pure Grapes WB trocken Barrique | 14% | 28,– €
- 88 2015 Randersacker Teufelskeller Silvaner Pure Grapes SY trocken Barrique | 14% | 29,– €
- 90 2015 Randersacker Teufelskeller Riesling Auslese | 11% | 33,– €
- 85 2015 Casparus trocken Barrique | 13,5% | 17,50 €
- 89 2015 Frühburgunder Pure Grapes FR trocken Barrique | 14,5% | 30,– €
- 93 2015 Randersacker Sonnenstuhl Spätburgunder Trockenbeerenauslese | 8% | 50,– €/0,375 Lit.

WEINGUT STURM

63927 Bürgstadt · Freudenberger Straße 91
Tel (0 93 71) 6 78 54 · Fax 95 97 25
info@weingut-sturm.com
www.weingut-sturm.com
Inhaber und Betriebsleiter Christian Sturm
Verkauf Christian Sturm
Di–Fr 9.00–12.00 Uhr · 14.00–18.30 Uhr
Sa 9.00–15.00 Uhr und nach Vereinbarung

Christian Sturm zeigt über Rebsorten und Qualitätsstufen hinweg eine gleichbleibend gute Qualität. Gefallen haben uns die trockene Scheurebe Mamas Liebling mit prägnanter Cassisnote sowie der Silvaner Sturm & Drang aus dem Holzfass. Der Weißburgunder aus derselben Serie hat von der Flaschenreife profitiert. Sturms eigentliche Spezialität sind die roten Sorten, die aber jahrgangsbedingt etwas schwächer ausfielen. Gut gelungen ist der Frühburgunder Centgrafenberg mit zarten Kirsch- und Veilchennoten. Dahinter steht der Spätburgunder Centgrafenberg, der etwas behäbig wirkt. Die harmonische Riesling Auslese aus dem Centgrafenberg bildet den süßen Schlusspunkt unter einer guten Kollektion.

Verkostete Weine 12
Bewertung 80–87 Punkte

- 82 2016 Spätburgunder Sandsturm trocken weiß gekeltert | 12,5% | 7,50 €
- 83 2016 Weißburgunder Sandsturm trocken | 12,5% | 7,50 €
- 85 2015 Bürgstadter Centgrafenberg Silvaner Sturm & Drang trocken Holzfass | 13,5% | 10,90 €
- 84 2015 Scheurebe Mama´s Liebling, Made by Felix trocken Holzfass | 13% | 12,50 €
- 87 2015 Bürgstadter Centgrafenberg Weißburgunder Sturm & Drang trocken | 13,5% | 12,50 €
- 87 2015 Bürgstadter Centgrafenberg Riesling Sandsturm Auslese | 8,5% | 18,90 €
- 80 2015 Sommersturm halbtrocken Rosé | 11% | 6,50 €
- 82 2015 Spätburgunder Sandsturm trocken | 13% | 8,50 €
- 84 2015 Spätburgunder Sandsturm Churfranken trocken Holzfass | 13,5% | 9,50 €
- 87 2015 Bürgstadter Centgrafenberg Frühburgunder Sturm & Drang trocken Barrique | 13,5% | 14,50 €
- 86 2015 Bürgstadter Centgrafenberg Spätburgunder Sturm & Drang trocken Barrique | 13,5% | 21,– €
- 87 2015 Bürgstadter Centgrafenberg Spätburgunder Made by Felix Herzblut trocken Barrique | 13,5% | 45,– €/1,5 Lit.

★ ☆

WEINGUT DANIEL THEN
97334 Sommerach · Hauptstraße 1
Tel (0 93 81) 92 68 · Fax 48 10
info@weingut-then.de
www.weingut-then.de
Inhaber und Betriebsleiter Daniel Then
Verkauf Daniel Then
Mo-Fr 8.00-18.00 Uhr
Sa 9.00-15.00 Uhr, **So** 10.00-12.00 Uhr

Daniel Then kommt voran. Das belegt sein 2013er Sommeracher Katzenkopf Spätburgunder, der mit Wärme und Röstaromen im Mund immer noch nicht auf dem Höhepunkt ist. Wirklich gut hat uns auch der Silvaner The Egg gefallen, seine kühle, kalkige Art erinnert an Chablis. Bei den gehobenen Qualitäten zeigt Then also Können und Gespür, einigen Weinen im Basisbereich fehlt ein Hauch Tiefe und Substanz. Der Eindruck der frühen Lese um der Frische willen drängt sich auf. Schöner fanden wir die Burgundersorten. Das gilt sowohl für den Weißburgunder Sponti, der mit dem Aroma von weißen Mandeln französisch anmutet, wie auch den 2014er Spätburgunder aus dem Katzenkopf, der Schießpulver-Aroma und Frucht vereint. Sehr gute Burgunder für kleines Geld!

Verkostete Weine 12
Bewertung 79-89 Punkte

79 2016 Silvaner Löwe trocken | 11,5% | 5,50 €
80 2016 Sommeracher Katzenkopf Scheurebe trocken | 12% | 6,80 €
81 2016 Nordheimer Vögelein Riesling Kabinett trocken | 12% | 6,80 €
82 2016 Sommeracher Katzenkopf Silvaner Am Berg Kabinett trocken | 12,5% | 7,80 €
79 2016 Faberrebe & Weißburgunder Oskar 1.0 Spätlese trocken | 12% | 7,50 €
83 2016 Volkacher Ratsherr Silvaner Spätlese trocken | 12,5% | 9,50 €
85 2016 Sommeracher Katzenkopf Weißburgunder Am Tiefenthal Sponti Spätlese trocken | 13% | 10,50 €
84 2016 Sommeracher Katzenkopf Scheurebe Sponti Spätlese trocken | 12,5% | 12,50 €
88 2016 Volkacher Ratsherr Silvaner The Egg Spätlese trocken | 13% | 21,- € | 🍶
89 2015 Sommeracher Katzenkopf Silvaner Beerenauslese | 8,5% | 25,- €/0,5 Lit.
87 2014 Sommeracher Katzenkopf Spätburgunder Spätlese trocken | 13% | 12,50 €
89 2013 Sommeracher Katzenkopf Spätburgunder Spätlese trocken | 13,5% | 21,- €

WEINGUT A. WAIGAND
63906 Erlenbach · Dr.-Vits-Straße 8
Tel (0 93 72) 45 96 · Fax 94 02 30
kontakt@waigand-wein.de
www.waigand-wein.de
Inhaber Albert Waigand
Verkauf Verena Waigand
nach Vereinbarung

Ganze 1,9 Hektar bewirtschaftet die Familie Waigand. Tochter Verena Waigand-Sacher trägt die Verantwortung für den Ausbau der Weine. Wie schon im Vorjahr sind wir nicht so richtig glücklich mit den Weinen. Sie fallen alle durchaus sortentypisch aus, haben aber wenig Körper und häufig etwas vordergründige Säure. Immerhin sind die Weine aus 2015 nicht so alkoholisch wie bei vielen anderen Winzern in diesem Jahrgang, der Churfranken Spätburgunder weiß sogar mit herzhafter Säure zu erfrischen. Schwierig finden wir den Portugieser aus dem Barrique, der Wein trägt schwer an seiner Holzlast. Von unkomplizierter Zugänglichkeit ist der 2016er Blancs de Noirs vom Hochberg, der mit zarter Erdbeernote und trockenem Finale Freude macht.

Verkostete Weine 6
Bewertung 79-83 Punkte

80 2016 Erlenbacher Hochberg Riesling Buntsandstein Kabinett trocken | 12% | 9,20 €
81 2016 Erlenbacher Hochberg Weißburgunder Kabinett trocken | 13% | 9,80 €
82 2016 Erlenbacher Hochberg Blanc de Noirs Spätlese trocken | 13% | 7,50 €
83 2015 Erlenbacher Hochberg Weißburgunder Felsenröder Spätlese trocken Barrique | 14% | 21,- €
80 2015 Erlenbacher Hochberg Spätburgunder Churfranken trocken Barrique | 12% | 9,50 €
79 2015 Erlenbacher Hochberg Portugieser BF trocken Barrique | 13% | 10,50 €

Symbole Weingüter
€ Schnäppchenpreis • TOP Spitzenreiter • BIO Ökobetrieb
🍶 Trinktipp • 🔨 Versteigerungswein
Sekt | Weißwein | Rotwein | Rosé

★★ FRANKEN

WEINGUT JOSEF WALTER

63927 Bürgstadt · Freudenberger Straße 21–23
Tel (0 93 71) 94 87 66 · Fax 94 87 67
info@weingut-josef-walter.de
www.weingut-josef-walter.de
Inhaber Christoph und Daniela Walter
Kellermeister Christoph Walter
Verkauf Christoph Walter
Di–Do 14.00–18.00 Uhr
Fr 9.00–12.00 Uhr · 14.00–18.00 Uhr
Sa 9.00–14.00 Uhr und nach Vereinbarung
Erlebenswert Hofweinfest am 1. Juli-Wochenende
Rebfläche 3,5 Hektar
Jahresproduktion 18.000 Flaschen
Beste Lage Bürgstadter Centgrafenberg und Hundsrück
Boden Buntsandstein
Rebsorten 60% Spätburgunder, je 10% Frühburgunder und Silvaner, 20% übrige Sorten
Mitglied Silvaner-Forum

Verkostete Weine 9
Bewertung 84–90 Punkte

84 2016 Bürgstadter Centgrafenberg Silvaner »S« trocken | 12% | 10,– €
84 2014 Spätburgunder trocken | 13% | 8,50 €
86 2007 Bürgstadter Centgrafenberg Spätburgunder trocken Holzfass | 13% | 12,50 €
85 2007 Bürgstadter Centgrafenberg Frühburgunder »J« trocken | 13% | 22,– €
88 2013 Bürgstadter Centgrafenberg Frühburgunder »J« trocken Barrique | 13,5% | 22,– €
88 2007 Bürgstadter Centgrafenberg Spätburgunder »J« trocken Barrique | 13,5% | 22,– €
89 2014 Bürgstadter Hundsrück Spätburgunder »J« trocken Barrique | 13,5% | 32,– €
87 2013 Bürgstadter Centgrafenberg Spätburgunder »J« trocken Barrique | 13,5% | Preis auf Anfrage
90 2013 Bürgstadter Centgrafenberg Pinot Noir trocken Barrique | 13,5% | Preis auf Anfrage | 🍷

Das rote W steht für Rotwein: Spät- und Frühburgunder, hauptsächlich aus dem Centgrafenberg. Damit sorgt Christoph Walter immer wieder für Aufsehen. Auch die diesmal präsentierten Weine zeigen die hohe Könnerschaft bei den roten Burgundern. Der 2013er Centgrafenberg Pinot Noir steht dabei an der Spitze, ein wahrhaft edler und eleganter Burgunder, ziseliert und doch voller Kraft und Würze. Nur wenig dahinter liegt der Frühburgunder aus derselben Lage, der wieder einmal mit seiner betörenden Sauerkirschfrucht zu überzeugen wusste. Aus 2014 zeigte der Spätburgunder Hundsrück, dass Walter auch in schwierigen Jahrgängen zu beeindruckenden Leistungen fähig ist. Bemerkenswert ist das Reifepotenzial der Weine: Der Centgrafenberg Spätburgunder aus 2007 wusste mit typischer Waldbodenaromatik, Frische und respektabler Länge bei schlankem Körper zu gefallen. Abgerundet wurde die durchweg überzeugende bis sehr gute Weinriege durch einen 2016er Silvaner »S«, der mit seinem satten Schmelz bei zupackender Mineralität mit ein wenig Flaschenreife einen prächtigen Speisebegleiter abgeben wird.

WEINGUT WEIGAND
97346 Iphofen · Lange Gasse 29
Tel (0 93 23) 38 05 · Fax 87 01 81
info@weingut-weigand.de
www.weingut-weigand.de
Inhaber Werner und Andi Weigand
Außenbetrieb Werner Weigand
Kellermeister Andi Weigand

Verkauf Familie Weigand
Mo–Fr 9.00–18.00 Uhr, **Sa** 10.00–17.00 Uhr und nach Vereinbarung

Rebfläche 6 Hektar
Beste Lagen Iphöfer Kalb und Kronsberg, Julius Echter Berg
Rebsorten 30% Silvaner, 30% Spätburgunder, 20% Riesling, je 10% Weißburgunder und Scheurebe

Verkostete Weine 9
Bewertung 83–88 Punkte

84 2016 Cuvée Der Wilde trocken | 11,5% | 7,– €
84 2016 Silvaner Der Wilde trocken Holzfass | 11,5% | 8,– €
85 2016 Weißburgunder Der Wilde trocken | 12,5% | 9,– €
84 2016 Scheurebe Der Wilde trocken Holzfass | 12% | 10,– €
87 2016 Iphöfer Julius Echter Berg Silvaner Der Franke trocken Holzfass | 12% | 15,– €
88 2016 Iphöfer Kalb Silvaner Der Franke trocken Holzfass | 12% | 15,– €
88 2016 Silvaner Der Held trocken Holzfass | 12,5% | 25,– €
83 2016 Riesling Der Wilde Spätlese feinherb | 9% | 12,– €
88 2015 Spätburgunder Der Held trocken Barrique | 13% | 25,– €

Da drückt jemand auf die sprichwörtliche Tube. Unter dem Junior Andreas Weigand wird eine starke Kollektion nach der anderen präsentiert. Es gibt drei Weinlinien: Der Wilde heißen die Gutsweine, allesamt spontan vergoren und bis zur Füllung auf der Vollhefe. Der Franke sind die Lagen-Silvaner im Bocksbeutel, die uns in diesem Jahr besonders gut gefallen haben. Vor allem das Iphöfer Kalb ist mit seiner Graphit-Nase ein echter Gewinn. Der Held an der Spitze des Sortiments besteht aus einem im Halbstück vergorenen Silvaner, der mit schönem Schmelz verwöhnt. Der Spätburgunder war frisch gefüllt bei der Verkostung, er braucht noch Zeit auf der Flasche, hat aber allerbeste Anlagen. So spontan er seine Weine vergären lässt, so überlegt geht Andi Weigand seine Arbeit an.

FRANKEN

WEINGUT PAUL WELTNER
97348 Rödelsee · Wiesenbronner Straße 17
Tel (0 93 23) 36 46 · Fax 38 46
info@weingut-weltner.de
www.weingut-weltner.de
Inhaber und Kellermeister Paul Weltner

Verkauf Juliane Busse
Mo-Fr 9.00–12.00 Uhr · 13.30–17.00 Uhr
Sa 10.00–15.00 Uhr

Historie Weinbau seit 1553
Rebfläche 9,5 Hektar
Jahresproduktion 62.000 Flaschen
Beste Lagen Rödelseer Küchenmeister und Schwanleite, Iphöfer Julius-Echter-Berg
Boden Gipskeuper mit tonigem Lehm und Schilfsandsteineinlage
Rebsorten 60% Silvaner, 14% Riesling, je 8% Scheurebe und Weißburgunder, 10% übrige Sorten
Mitglied VDP

Verkostete Weine 13
Bewertung 84–93 Punkte

85 2016 Silvaner trocken | 12% | 7,50 €
84 2016 Rödelseer Riesling trocken | 13% | 9,50 €
86 2016 Rödelseer Silvaner trocken | 12% | 9,50 €
86 2016 Rödelseer Küchenmeister Weißburgunder trocken | 12,5% | 14,- €
87 2016 Rödelseer Küchenmeister Riesling trocken | 13% | 14,- €
88 2016 Iphöfer Julius-Echter-Berg Silvaner trocken | 12,5% | 14,- €
88 2016 Rödelseer Schwanleite Scheurebe trocken | 12,5% | 14,- €
89 2016 Rödelseer Küchenmeister Silvaner trocken | 12,5% | 14,- €
87 2016 Rödelseer Schwanleite Silvaner trocken Alte Reben | 12,5% | 14,- €
88 2015 Iphöfer Julius-Echter-Berg Silvaner »R« trocken | 13% | 18,- €
93 2016 Rödelseer Hoheleite Silvaner trocken | 13% | 32,- € | TOP 10
90 2016 Rödelseer Küchenmeister Riesling Auslese | 9,5% | 19,- €/0,375 Lit.
85 2015 Rödelseer Küchenmeister Spätburgunder trocken | 13% | 19,- €

Man kann Paul Weltner leicht unterschätzen, es drängt ihn nicht ins Rampenlicht. Dabei kommen aus diesem Betrieb verlässlich ausgezeichnete Weine, deren Reifepotenzial gar nicht hoch genug eingeschätzt werden kann. Das gilt sowohl für die Rieslinge, wie noch sehr viel stärker für die mit »y« geschriebenen Silvaner des Hauses. Der 2016 Rödelseer Hoheleite Sylvaner trocken zeigt beeindruckend mineralische Strenge und kühle Präzision. Ganz sicher einer der besten des Jahrgangs. Erstaunlich dicht dahinter steht der Sylvaner Rödelseer Küchenmeister mit gewohnter Frische und Eleganz. Eine kleine Spezialität und von vielen Kunden heiß begehrt ist wie immer die Scheurebe aus der Rödelseer Schwanleite, die regelrecht packende Frische ins Glas zaubert. Wo wir bei den aromatischen Weinen sind: Mit feinem Spiel aus Frucht und Säure, dazu mineralischem Biss in der 2016er Rödelseer Küchenmeister Riesling Auslese zeigt Weltner, dass er auch die nicht trockenen Weine beherrscht.

★ ★★★⯪

WINZERGEMEINSCHAFT FRANKEN
97318 Kitzingen · Alte Reichsstraße 70
Tel (0 93 21) 7 00 50 · Fax 7 00 51 31
info@gwf-frankenwein.de
www.gwf-frankenwein.de
Geschäftsführender Vorstand Paul E. Ritter
Vorstandsvorsitzender Andreas Oehm
Kellermeister Christian Baumann
Verkauf Vinothek Repperndorf (an der B8)
Mo-Fr 8.00-18.00 Uhr, **Sa** 8.00-14.00 Uhr

Groß und gut. Frankens größter Weinabfüller schafft es tatsächlich, passable und gute Weine gleichzeitig zu produzieren. Vom Silvaner Die jungen Frank'n werden fast 200.000 Flaschen gefüllt - trotzdem steht da ein angenehm herber und ausdrucksstarker Wein im Glas. Respekt! Die Qualität des gesamten Sortiments ist ordentlich, hervorheben sollte man die Linie 1er Traube, die auch in diesem Jahr mit dem Riesling sehr gute Qualität zeigt. Bemerkenswert ist auch der Tremotino aus angetrockneten Weißburgunder-Trauben, der Süße und leicht herbe Noten vereint.

Verkostete Weine 12
Bewertung 79-88 Punkte

83 2016 Sulzfelder Cyriakusberg Weißburgunder 1er Traube trocken Premium Barrique | 13,5% | 16,- €
85 2016 Volkacher Ratsherr Riesling 1er Traube trocken Premium | 13% | 16,- €
81 2016 Müller-Thurgau Die Jungen Frank'n trocken | 11% | 5,30 €/1,0 Lit.
81 2016 Silvaner Die Jungen Frank'n trocken | 11,5% | 4,80 €
82 2016 Iphöfer Kronsberg Silvaner Die Großen 7 trocken | 12% | 11,- €
83 2016 Stettener Stein Silvaner Die Großen 7 trocken | 12,5% | 11,- €
84 2016 Wipfelder Zehntgraf Traminer Die Großen 7 halbtrocken | 13% | 11,- €
79 2016 Iphöfer Kalb Scheurebe Kabinett halbtrocken | 10,5% | 6,30 €
88 2015 Weißer Burgunder Trementino Tauberfranken Landwein | 12,5% | 49,- €/0,375 Lit.
80 2016 Seinsheimer Hohenbühl Traminer Spätlese | 12,5% | 8,20 €
82 2015 Cabernet Dorsa trocken | 13,5% | 14,- €
84 2015 Mainstockheimer Hofstück Spätburgunder trocken Premium Holzfass | 14% | 16,- €

WEINGUT HANS WIRSCHING
97346 Iphofen · Ludwigstraße 16
Tel (0 93 23) 8 73 30 · Fax 87 33 90
info@wirsching.de
www.wirsching.de
Geschäftsführer Dr. Heinrich und Andrea Wirsching
Betriebsleiter Dr. Uwe Matheus
Verwalter Simon Ender
Kellermeister Dr. Klaus-Peter Heigel
Verkauf Armin Huth, Dr. Uwe Matheus
Mo-Sa 8.00-18.00 Uhr, **So** 9.30-12.30 Uhr
Restaurant »Zur Iphöfer Kammer«
Historie Weinbergsbesitz in der Familie seit 1630
Sehenswert altes Gutshaus, Gewölbekeller
Rebfläche 80 Hektar
Jahresproduktion 558.000 Flaschen
Beste Lagen Iphöfer Julius-Echter-Berg, Kalb und Kronsberg
Boden Gipskeuper mit Schilfsandsteineinlage
Rebsorten 40% Silvaner, 20% Riesling, 8% Weißburgunder, je 7% Scheurebe und Spätburgunder, 18% übrige Sorten
Mitglied VDP, Deutsches Barrique Forum

Auch wenn der Verdacht der Langeweile aufkommt - es gibt nichts zu krittelln an der Kollektion aus dem Hause Wirsching. Obwohl hier etliche tausend Flaschen gefüllt werden, einen schwachen Wein haben wir wieder nicht entdeckt. Schon der einfache Iphöfer Silvaner hat alles, was es für die Trinkfreude braucht: Frucht, einen feinen mineralischen Zug, frische Säure. Das ist einfach gut! Mit dem ersten Lagenwein, dem Silvaner aus dem Iphöfer Kalb, sind wir schon beim Prädikat sehr gut. Hier kommt noch eine feine Bitternote dazu, die dem Wein eine gewisse Komplexität verleiht. Die Alten Reben klopfen wie immer schon an das Tor zum Silvaner-Himmel - aber da steht noch kein Großes Gewächs aus dem Julius-Echter-Berg. Das mag für moderne Weinfreunde zuviel des Guten sein. Aber an der eindrucksvollen Statur dieses Silvaners kommt man nicht vorbei. Was auch für das Riesling Großes Gewächs aus gleicher Lage gilt: Weine für das nächste Jahrzehnt! Wer schon heute trinken möchte, sollte beherzt zur Scheurebe Alte Reben greifen. In Franken gibt es wohl keine bessere Interpretation dieser Sorte - klar, frisch und sehr verspielt macht hier jeder Schluck nichts als Freude. Zu guter Letzt wird noch ein Spätburgun-

FRANKEN

der präsentiert. Das Team um Andrea und Dr. Johannes Wirsching zeigt auch hier seine Klasse. Fein und elegant, fast zurückhaltend aristokratisch ist der 2013er Spätburgunder S trocken aus dem Barrique.

Verkostete Weine 12
Bewertung 85–90 Punkte

85 2016 Iphöfer Silvaner trocken | 12,5% | 8,- €
87 2016 Iphöfer Kalb Silvaner trocken | 13% | 9,80 €
88 2016 Iphöfer Kronsberg Silvaner trocken Alte Reben | 13,5% | 14,50 €
88 2016 Iphöfer Kronsberg Riesling trocken Alte Reben | 13,5% | 14,50 €
86 2016 Iphöfer Julius-Echter-Berg Grauburgunder trocken Alte Reben | 14,5% | 16,50 €
88 2016 Iphöfer Kronsberg Weißburgunder trocken Alte Reben | 13,5% | 16,50 €
88 2016 Iphöfer Kronsberg Scheurebe trocken Alte Reben | 13,5% | 16,50 €
88 2014 Cuvée TriTerra trocken | 14% | 19,50 €
89 2015 Iphöfer Julius-Echter-Berg Riesling »Großes Gewächs« | 13% | 28,- €
90 2015 Iphöfer Julius-Echter-Berg Silvaner »Großes Gewächs« | 14% | 28,- €
89 2016 Iphöfer Kalb Gewürztraminer Spätlese halbtrocken | 11,5% | 14,50 €
89 2013 Spätburgunder »S« trocken Barrique | 13% | 28,- €

WEINGUT OTMAR UND JOHANNES ZANG
97334 Sommerach · Zum Katzenkopf 2
Tel (0 93 81) 92 78 · Fax 92 80
info@weingut-zang.de
www.weingut-zang.de
Inhaber und Betriebsleiter Otmar Zang
Kellermeister Johannes Zang
Verkauf Otmar Zang
Mo–Sa 8.00–12.00 Uhr · 13.00–18.00 Uhr
So 9.00–12.00 Uhr
Erlebenswert Silvaner bei Nacht, Tag der offenen Höfe im September
Rebfläche 10 Hektar
Jahresproduktion 80.000 Flaschen
Beste Lagen Sommeracher Katzenkopf, Volkacher Ratsherr
Boden Muschelkalk
Rebsorten 40% Silvaner, 15% Müller-Thurgau, je 10% Bacchus, Riesling und Scheurebe, 5% Weißburgunder, 3% Spätburgunder, 2% alter fränkischer Satz, 1% Rieslaner, 4% übrige Sorten

Otmar und Johannes Zang hatten schon mit der letzten Kollektion bewiesen, dass sie die Muschelkalkböden ihres Zehn-Hektar-Weinguts auch in schwierigen Jahren in kraftvoll-klare Weine umsetzen können. Mit dem aktuellen Jahrgang haben sie den positiven Trend nochmals fortgesetzt. Im Vergleich zum Vorjahr sind die Weißweine noch straffer, haben noch mehr Zug. Sogar das beste Pferd im Stall, der J40, kann in 2016 noch einmal zulegen, seine spürbare Kraft in Verbindung mit viel Stoff und Schmelz ist bemerkenswert. Dahinter kommen die anderen Silvaner und die Scheureben, die sich zu einem zweiten Markenzeichen entwickeln. Vom Stil an französische Weißweine vom Kalk erinnernd, sind sie packend mineralisch, bisweilen fast abweisend und brauchen Zeit zur Entfaltung. Gut sind auch die Rotweine, vor allem der einfache Spätburgunder zeigt schon viel Kraft und Eleganz. Der Junior, Johannes Zang, der schon seit einigen Jahren für den Keller verantwortlich ist, setzt den Weg, den seine Eltern eingeschlagen haben, konsequent fort.

Verkostete Weine 10
Bewertung 79–89 Punkte

- 79 2016 Müller-Thurgau vom Muschelkalk trocken | 12% | 6,- €
- 83 2016 Riesling vom Muschelkalk trocken | 12,5% | 8,- €
- 83 2016 Scheurebe vom Muschelkalk trocken | 12% | 8,- €
- 86 2016 Sommeracher Katzenkopf Silvaner »S« trocken | 13% | 9,50 €
- 80 2016 Sommeracher Katzenkopf Weißburgunder »S« trocken | 13,5% | 10,- €
- 85 2016 Sommeracher Katzenkopf Scheurebe »S« trocken | 12% | 11,- €
- 89 2015 Silvaner J40 trocken Alte Reben Holzfass | 13,5% | 16,- €
- 83 2016 Sommeracher Katzenkopf Silvaner Kabinett trocken | 12% | 7,50 €
- 84 2015 Sommeracher Katzenkopf Domina trocken Holzfass | 13% | 11,- €
- 85 2015 Sommeracher Katzenkopf Spätburgunder trocken | 13% | 12,- €

WEINGUT ZEHNTHOF FAMILIE WEICKERT

97334 Sommerach · Hauptstraße 17
Tel (0 93 81) 28 30 · Fax 71 57 94
info@zehnthof-weickert.de
www.zehnthof-weickert.de
Inhaber Tobias Weickert
Verkauf Gertrud Weickert
Mo–So 8.00–20.00 Uhr

Auf dem Zehnthof der Familie Weickert ist Bewegung spürbar. Der aktuelle Jahrgang gefiel uns besser als sein Vorgänger, weniger Alkohol bringt die Sorten viel mehr zum Strahlen. Das zeigt sich bei den aromatischen Rebsorten - der Spezialität des Hauses - besonders deutlich. Die unterschiedlichen Lagen sind fein herausgearbeitet. Von den drei Scheureben hat uns der Kirchberg am Besten gefallen, seine elegant zurückhaltende Art steht der Rebsorte. Beim Traminer liegt die Katzenkopf Spätlese vorn. Sehr schön auch der balancierte Riesling Spätlese aus derselben Lage.

Verkostete Weine 12
Bewertung 81–86 Punkte

- 81 2016 Volkacher Kirchberg Müller-Thurgau Kabinett trocken | 12,5% | 5,50 €
- 82 2016 Sommeracher Katzenkopf Silvaner trocken | 12,5% | 7,- €
- 83 2016 Volkacher Kirchberg Riesling Kabinett trocken | 11,5% | 7,50 €
- 82 2016 Sommeracher Katzenkopf Scheurebe Spätlese trocken | 13% | 10,- €
- 84 2016 Astheimer Kartheuser Scheurebe Spätlese trocken | 12,5% | 10,- €
- 85 2016 Volkacher Kirchberg Scheurebe Spätlese trocken | 13% | 10,- €
- 83 2016 Volkacher Kirchberg Kerner Spätlese trocken Alte Reben | 14% | 10,- €
- 84 2016 Sommeracher Katzenkopf Silvaner Spätlese trocken Alte Reben | 13% | 11,- €
- 86 2016 Sommeracher Katzenkopf Traminer Spätlese trocken | 14% | 12,- €
- 84 2016 Sommeracher Katzenkopf Scheurebe Spätlese | 12,5% | 10,- €
- 86 2016 Sommeracher Katzenkopf Traminer Spätlese | 13% | 12,- €
- 86 2016 Volkacher Kirchberg Riesling Spätlese | 9,5% | 12,- €

Symbole Weingüter

€ Schnäppchenpreis • TOP Spitzenreiter • BIO Ökobetrieb
Trinktipp • Versteigerungswein

Sekt | Weißwein | Rotwein | Rosé

Die besten Wein-Entdeckungen im exklusiven Musterpaket

Für Sie entdeckt von *vinum*

Paket mit drei Spitzenweinen für nur 69,50 Euro*

Mit drei charakterstarken Weinen von Winzern, die mit ihren Qualitätsansprüchen die Weinwelt revolutionieren, für Sie entdeckt vom VINUM-Verkosterteam. Dazu gibt es exklusive Zusatz-Informationen zu den Winzern, zu Land und Leuten sowie Reisetipps aus erster Hand.

Begeben Sie sich auf Wein-Entdeckungsreise und testen Sie jetzt die Vorteile des Club les Domaines.

Gleich bestellen und genussvoll testen: www.clublesdomaines.com/muster
Telefon: 0 0800 366 246 37 | info@clublesdomaines.com

*(zzgl. 6,90 Euro Versand innerhalb Deutschland) Club les Domaines, Lustgartenstr. 103, 79576 Weil am Rhein

Symbole Weingüter

★★★★★ Weltklasse
★★★★ Deutsche Spitze
★★★ Sehr gut
★★ Gut
★ Zuverlässig

HESSISCHE BERGSTRASSE WEINREGION

Es prickelt an der Bergstraße

Den Sektmachern von Griesel & Compagnie gelingt ein bärenstarker Auftritt in Deutschlands kleinstem Anbaugebiet. An der Hessischen Bergstraße sind die Bukettsorten die großen Gewinner. Nur auf der Domäne Bensheim schwächelt man ein wenig.

WEINREGION

Hessische Bergstraße im Überblick

Rebfläche: 461 Hektar
Einzellagen: 23
Hauptrebsorten: Riesling (45%), Spätburgunder (11%), Weißburgunder (9%)
Böden: hoher Lössanteil
Selbstvermarktende Betriebe: 29
www.bergstraesser-wein.de

Karte und Angaben: DWI

Muskateller und Gewürztraminer sind die großen Gewinner des aktuellen Jahrgangs 2016. Bei Edling in Roßdorf, bei Rothweiler in Auerbach und Simon-Bürkle in Zwingenberg finden sich charaktervolle Exemplare. Dass von Bukettsorten auch animierende Sekte gewonnen werden können, belegen der Goldmuskateller der Bergsträßer Winzer und der duftige Muskateller von Simon-Bürkle.

Sekt ist das Stichwort für die spannendste Entwicklung in der Region. Was wir von Griesel & Compagnie verkosten konnten, lässt den Willen und die Fähigkeit erkennen, zur deutschen Sektspitze aufzuschließen. Nur zu! Das im gleichen Haus angesiedelte Weingut Schloss Schönberg, unter anderem Grundweinlieferant für die Sekte von Griesel, schließt qualitativ mit dem ersten abgefüllten Jahrgang direkt an.

Leider gibt es auch eine Enttäuschung im Gebiet. Die Weine der ehemaligen Domäne Bensheim, die wir nach dem Umzug des Weinausbaus in die Domäne Steinberg im Rheingau nicht mehr als eigenständigen Betrieb der Hessischen Bergstraße führen, sind in diesem Jahr bescheiden ausgefallen. Hier scheint der Bezug zur Region und ihrem Qualitätspotenzial verloren zu gehen.

Das sehr gute Weinjahr 2015 erfreut mit einer Reihe gelungener Rotweine. Die Spätburgunder überzeugten dabei genauso wie die internationalen Rebsorten Merlot und Cabernet Sauvignon. Aber auch bei Syrah, St. Laurent und den Cuvées sind tolle Entdeckungen zu machen. Stark präsen-

Die Bergstraße, markante Landschaft mit charaktervollen Weinen

Foto: DWI

HESSISCHE BERGSTRASSE

Frischer Wind in Deutschlands kleinster Weinregion

tierten sich bei Simon-Bürkle die gereiften Rotweine aus den Jahren 2012 bis 2014. Die Hessische Bergstraße ist mit etwa 461 Hektar und nur 29 Selbstvermarktern das kleinste Weinbaugebiet Deutschlands.

Experten für Roten Riesling

Sie ist nochmals in die Bereiche Starkenburg, das Gebiet entlang des Rheins, die eigentliche Bergstraße und Umstadt unterteilt. Zum östlich gelegenen Umstadt gehören die Odenwälder Weininsel und die Lagen von Roßbach und Dietzenbach. Die Bodenformationen sind vielfältig: Sie reichen von Granitverwitterung bei Zwingenberg über Basalt nahe Roßdorf bis hin zu Buntsandsteinformationen und kalkigen Böden rund um Bensheim.

Neben dem mit mehr als 50 Prozent dominierenden Riesling gewinnt der Spätburgunder an Bedeutung. Mit 15 Hektar ist die Bergstraße neben dem Rheingau das weltweit größte Anbaugebiet für Roten Riesling. Viele Parzellen werden im Nebenerwerb von Winzern bewirtschaftet, die sich einer der örtlichen Genossenschaften angeschlossen haben. Die größte davon, die Bergsträßer Winzer, verarbeitet die Trauben von rund 400 Winzerfamilien.

Mit dem Ende des Weinausbaus in der traditionsreichen Domäne Bensheim und der Verlagerung der Produktion in den Rheingau hatte die Region ihr Flaggschiff verloren und damit den einzigen Betrieb, der überregional wirklich wahrgenommen wurde. Das Sekthaus Griesel & Compagnie weckt nun die Hoffnung, dass diese Lücke in Zukunft geschlossen werden kann. Frischer Wind für die Hessische Bergstraße!   *Dr. Peter Henk*

Die besten Riesling trocken 2016

2016 Riesling Granit Simon-Bürkle (8,50 Euro)	87
2016 Riesling Schönberg (8,50 Euro)	87
2016 Riesling Kabinett Rothweiler (7,90 Euro)	86

Die Spitzenbetriebe

★★⯪
Simon-Bürkle   S. 293

★★
Griesel & Compagnie   S. 291

Gebietspreisträger Hessische Bergstraße

Aufsteiger des Jahres:
Griesel & Compagnie

Weinbewertung in Punkten
100 Perfekt • 95 bis 99 Überragend • 90 bis 94 Exzellent
85 bis 89 Sehr gut • 80 bis 84 Gut

⭐

BERGSTRÄSSER WINZER

64646 Heppenheim · Darmstädter Straße 56
Tel (0 62 52) 79 94 11 · Fax 79 94 50
info@bergstraesserwinzer.de
www.bergstraesserwinzer.de
Vorsitzender Reinhard Antes
Geschäftsführer Otto Guthier
Önologischer Betriebsleiter Gerhard Weiß
Technischer Betriebsleiter Dirk Herdner

Verkauf Walter Bitsch
Mo–Fr 9.00–19.00 Uhr
Sa 9.00–18.00 Uhr, **So** 10.00–16.00 Uhr

Die 2016er der größten Winzergenossenschaft Hessens schließen an das gute Vorjahr an. Von den Weinen der Terroir-Linie Terra Starkenburg sei der klare, apfelwürzige Chardonnay besonders erwähnt. Der nach verblühender Rose duftende, zartsüße Goldmuskateller-Sekt ist eine Spezialität des Hauses. Die Überraschung des Jahres ist aber die von Jungwinzerinnen verantwortete Cuvée Vinas First. Das sollte man weiterverfolgen. Zwei schmelzige Eisweine runden die Kollektion ab.

Verkostete Weine 15
Bewertung 82–89 Punkte

86 2015 Goldmuskateller Sekt trocken
| 12,5% | 10,50 €
85 2015 Pino Sekt Brut | 12% | 11,80 €
84 2016 Grauburgunder trocken | 12,5% | 5,40 €
84 2016 Heppenheimer Schlossberg Weißburgunder Kabinett trocken | 12,5% | 6,30 €
84 2016 Heppenheimer Stemmler Riesling Spätlese trocken | 12,5% | 8,60 €
84 2016 Heppenheimer Schlossberg Grauburgunder Spätlese trocken | 13% | 8,90 €
85 2016 Heppenheimer Steinkopf Chardonnay Spätlese trocken | 13% | 9,50 €
83 2016 Heppenheimer Eckweg Riesling halbtrocken
| 12% | 5,20 €/1,0 Lit.
86 2016 Cuvée Vinas First feinherb | 11% | 5,70 €
89 2016 Heppenheimer Schlossberg Riesling Eiswein
| 7,5% | 18,90 €/0,375 Lit.
88 2016 Heppenheimer Maiberg Riesling Eiswein
| 7% | 23,50 €/0,375 Lit.
83 2015 Heppenheimer Schlossberg Spätburgunder trocken Barrique | 13% | 6,84 €
85 2015 Heppenheimer Stemmler St. Laurent trocken | 12% | 15,90 €

⭐

WEINGUT EDLING

64380 Roßdorf · Kirchgasse 9
Tel (0 61 54) 84 02 · Fax 80 36 85
info@weingut-edling.de
www.weingut-edling.de
Inhaber Lisa und Werner Edling
Verkauf Ute Edling
Di, Fr 15.00–18.00 Uhr, **Sa** 9.00–13.00 Uhr
Winzerstube
Di, Mi, Fr ab 19.00 Uhr, **Sa–So** ab 17.00 Uhr

Gute Nachrichten aus Roßdorf: Die Weißen 2016er überzeugen ebenso wie die zum Teil im Barrique ausgebauten Rotweine der Jahrgänge 2014 und 2015. Von der vom Basalt geprägten, im Familienbesitz befindlichen Lage Roßdorfer Roßberg stellen die Edlings immer wieder einen animierenden, klarduftigen Muskateller vor. Auch in diesem Jahr eine besondere Empfehlung! Dass internationale Sorten in Roßdorf zur Reife kommen können, belegen der schmelzige, von Sauerkirscharomen geprägte Merlot und ein herzhafter Cabernet Sauvignon. Unser Favorit ist in diesem Jahr der saftige, klarfruchtige Spätburgunder. Durch klugen Holzeinsatz zeigt er gebändigte Fülle, gute Struktur und ein ansprechendes Finish.

Verkostete Weine 6
Bewertung 84–87 Punkte

84 2016 Roßdorfer Roßberg Weißburgunder trocken
| 13% | 7,- €
86 2016 Roßdorfer Roßberg Gelber Muskateller trocken | 12% | 7,50 €
84 2016 Heppenheimer Schloßberg Riesling Spätlese trocken | 12% | 8,- €
86 2015 Roßdorfer Roßberg Merlot trocken
| 13,5% | 9,50 €
87 2015 Roßdorfer Roßberg Spätburgunder trocken Holzfass | 13,5% | 12,- €
86 2014 Roßdorfer Roßberg Cabernet Sauvignon trocken Barrique | 14% | 15,50 €

Symbole Weingüter

€ Schnäppchenpreis · TOP Spitzenreiter · BIO Ökobetrieb
🍷 Trinktipp · 🔨 Versteigerungswein

| Sekt | Weißwein | Rotwein | Rosé |

★★

HESSISCHE BERGSTRASSE

GRIESEL & COMPAGNIE
64625 Bensheim · Grieselstaße 34
Tel (0 62 51) 8 69 68 90
info@griesel-sekt.de
www.griesel-sekt.de
Geschäftsführerin Petra Greißl-Streit
Betriebsleiter Niko Brandner

Verkauf Simone Feder
Mi–Fr 15.00–18.00 Uhr, **Sa** 10.00–14.00 Uhr

Sehenswert historisches Kreuzgewölbe, Festsaal
Rebfläche 6,5 Hektar
Jahresproduktion 50.000 Flaschen
Beste Lagen Auerbacher Fürstenlager
Mitglied Verband der klassischen Flaschenvergärer

Verkostete Weine 7
Bewertung 86–89 Punkte

87 2014 Riesling Tradition Sekt Brut | 12,5% | 13,70 €
87 2014 Spätburgunder & Schwarzriesling Rosé Tradition Sekt Brut | 12,5% | 13,70 €
88 2014 Spätburgunder & Schwarzriesling Tradition Sekt Brut Blanc de Noirs | 12,5% | 13,70 €
87 2014 Muskateller Tradition Sekt Brut | 12% | 15,– €
86 2014 Chardonnay Tradition Sekt Brut Blanc de Blancs | 12,5% | 16,– €
89 2014 Pinot Blanc de Noirs Sekt Brut nature Prestige | 12,5% | 22,50 €
89 2014 Spätburgunder Rosé Sekt extra Brut Prestige | 12,5% | 20,50 €

Die rasante Entwicklung bei Griesel & Compagnie setzt sich fort. Die aktuelle Kollektion ist ein weiterer Schritt in Richtung Spitze der deutschen Sektherstellung. Stilistisch scheint man sich hier auch und gerade am Champagner orientieren zu wollen. Sekte wie der feinfruchtige und präzise Rosé extra Brut oder der substanzreiche, geradlinige und konsequente Pinot Brut nature - beide aus der Prestige-Reihe - belegen das nachhaltig. Aber auch die frischen und klaren Sekte der Tradition genannten Linie stehen nicht zurück. Wir sind gespannt darauf, zukünftig auch Sekte mit längerem Hefe-Lager verkosten zu können. Wie es begann: Der ehemalige Banker Niko Brandner, der erst mit 25 ein duales Önologiestudium beim Weingut Fürst begann, erhielt 2013 von Petra Greißl-Streit und Jürgen Streit die Möglichkeit, in den historischen Gebäuden der ehemaligen Staatsdomäne ein Sekthaus aufzubauen. So entstand Griesel & Compagnie. Bewirtschaftet werden eigene Rebflächen in Bensheim-Auerbach, aber auch Trauben aus anderen Regionen, vor allem aus der Pfalz, werden zugekauft. Der Schwerpunkt liegt auf Riesling und den Burgundersorten. Im Ausbau setzt man auf Ganztraubenpressung, größtenteils spontane Gärung der Grundweine sowie geringe Schwefelgaben. Selbstredend verwendet man ausschließlich die traditionelle Flaschengärung. Wir freuen uns auf die nächsten Jahre!

★ ★

WEINGUT ROTHWEILER
64625 Bensheim-Auerbach
Berliner Ring 184 (am roten Turm)
Tel (0 62 51) 7 65 69 · Fax 78 83 85
info@weingut-rothweiler.de
www.weingut-rothweiler.de
Inhaber und Kellermeister Hanno Rothweiler
Außenbetriebsleiter Reinhard Steinbacher
Verkauf Heidi Becker und Till Lukas
Mo–Fr 17.00–19.00 Uhr
Sa 10.00–13.00 Uhr und nach Vereinbarung

WEINGUT SCHLOSS SCHÖNBERG
64625 Bensheim · Grieselstraße 34
Tel (01 76) 20 45 43 40
info@schloss-schoenberg.com
www.schloss-schoenberg.com
Inhaber Jürgen Streit und Petra Greißl-Streit
Kellermeisterin Rabea Trautmann
Verkauf nach Vereinbarung

Hier gibt es nichts, was es nicht gibt: Gelben Muskateller mit herzhaft klarer Frucht, St. Laurent mit feiner Sauerkirschnote, geschmeidigen Syrah oder auch einen frischer Rosé Sekt von Regent-Trauben. Alles da und alles gut. Es ist wirklich beachtlich, wie Hanno Rothweiler diese Rebsortenvielfalt, die ihresgleichen sucht, im Griff hat. Und so stehen auch die Riesling-Klassiker nicht zurück: der erfrischende und herbe Liter ebenso wenig wie der saftige Kabinett R.

Das jüngste Weingut der Hessischen Bergstraße trägt den Namen Schloss Schönberg. Der Bensheimer Unternehmer Jürgen Streit erwarb 2014 das aus dem 13. Jahrhundert stammende Gebäude gleichen Namens. Ihm gehört zusammen mit seiner Frau das Sekthaus Griesel & Compagnie, unter dessen Dach sich nun auch das Weingut etablieren soll. Die Weine werden unter der fachlichen Leitung von Winzerin Rabea Trautmann ausgebaut. Neben Grundweinen für das Sekthaus werden mit den 2016ern erstmals eigene Weine vorgestellt. Und diese haben uns überzeugt: klare, gute Frucht und eine präsente, aber sanfte Säure. Beispielhaft sei der Müller-Thurgau genannt. Unter dem Duft nach süßem Apfel verbinden sich Struktur und schmelzige Fülle. Für die nächste Etappe sind gemäß dem Schlagwort »Pinot Paradise Hessische Bergstraße« mehr Burgunderweine angekündigt. Wir sind gespannt!

Verkostete Weine 11
Bewertung 84–86 Punkte

84 2015 Regent Sekt Rosé Brut | 12,5% | 11,– €
84 2016 Auerbacher Fürstenlager Riesling Schoppenwein trocken | 12% | 6,90 €/1,0 Lit.
84 2016 Auerbacher Fürstenlager Auxerrois trocken | 12,5% | 8,90 €
85 2016 Heppenheimer Steinkopf Weißburgunder trocken | 12% | 8,90 €
86 2016 Auerbacher Fürstenlager Gelber Muskateller trocken | 12% | 8,90 €
84 2016 Auerbacher Fürstenlager Chardonnay trocken Holzfass | 13% | 9,90 €
86 2016 Auerbacher Fürstenlager Riesling Kabinett trocken | 12,5% | 7,90 €
85 2016 Auerbacher Fürstenlager Cabernet Sauvignon trocken Weißherbst | 12% | 8,90 €
85 2016 Auerbacher Fürstenlager Dakapo trocken Barrique | 13% | 9,90 €
86 2015 St. Laurent trocken Holzfass | 13% | 10,40 €
84 2015 Auerbacher Fürstenlager Syrah trocken Barrique | 13% | 10,60 €

Verkostete Weine 4
Bewertung 85–87 Punkte

86 2016 Grauburgunder trocken | 13% | 8,50 €
87 2016 Riesling trocken | 12,5% | 8,50 €
87 2016 Müller-Thurgau trocken | 13% | 9,50 €
85 2016 Rosé trocken | 12,5% | 9,50 €

HESSISCHE BERGSTRASSE

WEINGUT SIMON-BÜRKLE
64673 Zwingenberg · Wiesenpromenade 13
Tel (0 62 51) 7 64 46 · Fax 78 86 41
info@simon-buerkle.de
www.simon-buerkle.de
Inhaber Dagmar Simon und Johannes Bürkle
Betriebsleiter und Kellermeister Jan Faber
Verkauf Dagmar Simon, Carmen Bauer
Mo–Fr 9.00–12.00 Uhr · 15.00–18.00 Uhr
Sa 9.00–13.00 Uhr

Rebfläche 11 Hektar
Jahresproduktion 80.000 Flaschen
Beste Lagen Zwingenberger Alte Burg und Steingeröll, Auerbacher Höllberg, Alsbacher Schöntal
Boden tiefgründiger Lösslehm auf Granitverwitterung
Rebsorten 50% Riesling, 18% rote Sorten, 12% weiße Burgundersorten, 20% übrige Sorten

Der feine 2016er Gewürztraminer aus dem Alsbacher Schöntal ist mit seinem typischen Rosenduft und der lang anhaltenden Art beispielhaft für die aktuelle Kollektion aus dem Weingut Simon-Bürkle. Das Gut steht für uns auch in diesem Jahr unangefochten an der Spitze der Hessischen Bergstraße. Kein anderer Erzeuger der Region versteht es derart gut, geradlinige Weine mit klaren Fruchtaromen und guter Struktur über die gesamte, umfangreiche Rebsortenpalette hinweg zu erzeugen. Weitere erfrischende Beispiele kommen von der Muskateller-Rebe: Sowohl der trockene Qualitätswein als auch der klare Sekt bereiten Trinkvergnügen. Die Reihe der zum Teil schon etwas reiferen Rotweine führt der kernige 2012er Cabernet Sauvignon an. Noten von schwarzen Johannisbeeren und Paprika verbinden sich mit guter Struktur und einem klaren Finish. Auch der straffe 2013er Spätburgunder aus dem Zwingenberger Steingeröll und die vom Holz geprägte, nach Waldbeeren duftende Rotwein-Cuvée Pan wissen zu gefallen. Ein überzeugender Auftritt!

Verkostete Weine 15
Bewertung 81–88 Punkte

85 2015 Riesling Sekt Brut | 12,5% | 13,– €
88 2015 Muskateller Sekt Brut | 12,5% | 13,– €
81 2016 Riesling trocken | 12% | 6,50 €/1,0 Lit.
84 2016 Alsbacher Schöntal Auxerrois trocken | 12,5% | 8,50 €
85 2016 Auerbacher Höllberg Scheurebe trocken | 12% | 8,50 €
85 2016 Grauburgunder trocken | 13% | 8,50 €
86 2016 Zwingenberger Steingeröll Muskateller trocken | 12,5% | 8,50 €
87 2016 Riesling Granit trocken | 12% | 8,50 €
87 2016 Alsbacher Schöntal Gewürztraminer trocken | 12% | 8,50 € | 💧
85 2015 Zwingenberger Steingeröll Weißburgunder Spätlese trocken | 14% | 11,– €
82 2016 Riesling halbtrocken | 11,5% | 6,50 €/1,0 Lit.
82 2016 Zwingenberger Steingeröll Silvaner feinherb | 12% | 8,– €
87 2014 Cuvée Pan trocken Barrique | 13,5% | 17,– €
87 2013 Zwingenberger Steingeröll Spätburgunder trocken Barrique | 13,5% | 19,– €
88 2012 Auerbacher Höllberg Cabernet Sauvignon trocken Barrique | 14% | 29,– €

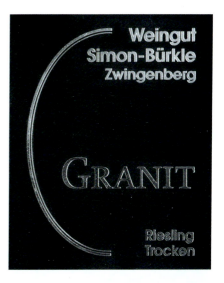

Symbole Weingüter

★★★★★ Weltklasse
★★★★ Deutsche Spitze
★★★ Sehr gut
★★ Gut
★ Zuverlässig

MITTELRHEIN WEINREGION

Ein Jahr der Extreme im Rheintal

Der Sommer 2016 brachte in vier Wochen 260 Liter Regen auf den Quadratmeter und sorgte anschließend bei vielen Trauben für einen Sonnenbrand. Für Bewegung im Gebiet Mittelrhein sorgten die Güter Philipps Mühle, Sturm und Pieper.

Mittelrhein im Überblick

Rebfläche: 467 Hektar
Einzellagen: 111
Hauptrebsorten: Riesling (67%), Spätburgunder (9%), Müller-Thurgau (6%)
Böden: Schieferverwitterung
Selbstvermarktende Betriebe: 110
www.mittelrhein-wein.com

Karte und Angaben: DWI

Es war kein einfaches Jahr für die Winzer am Mittelrhein. Die Monate April bis Juni 2016 wurden zu einem nassen Desaster. In nur vier Wochen fielen 260 Liter Regen in der Region - das ist mehr als das halbe Jahressoll. Die vielen Regenfälle sorgten flächenübergreifend für starken Pilzbefall, genau gesagt: Falschen Mehltau. Die Winzer mussten massive Ertragsausfälle hinnehmen, da nicht nur die Laubwand befallen wurde, sondern auch die jungen Blütenstände.

Wer es schaffte, die Reben weitgehend gesund zu halten, wurde belohnt. Im Juli und August ging eine Hitzewelle übers Land. Jetzt mussten die Winzer mit einem anderen Extrem zurechtkommen. Von einem auf den anderen Tag gab es Spitzentemperaturen und Sonnenscheinstunden, wie man sie eher von südlicheren Gefilden kennt, und die Trauben zogen sich vielfach einen Sonnenbrand zu. Eine weitere naturbedingte Selektion fand statt.

Ernte bis in den November

Wer all diese Widrigkeiten mit einem blauen Auge überstand, konnte einen langen und weitgehend trockenen Herbst bis in den November hinein auskosten. Wobei der Reifeverlauf von Standort zu Standort im Mittelrheintal wieder sehr unterschiedlich ausfiel. Der Bopparder Hamm etwa ist eine sehr frühe Lage und war Ende Oktober meistens schon abgeerntet. Die durchschnittlichen Öchslegrade lagen zwischen 80 und 92 Grad, und im Lauf des Septembers waren die anfangs noch recht hohen Säurewerte rasch in den Keller gegangen.

Aus önologischer Sicht ist der Jahrgang geradlinig und fruchtbetont. Die Weine weisen weitgehend saubere Aromen auf, was nicht zuletzt dem langen Herbst zu verdanken ist, in dem die Winzer sich Zeit für Selektionen nehmen konnten. Eine schöne Fruchtentwicklung zeichnet die besten Exemplare des Jahrgangs aus.

Von Bingen bis Bonn

Einige Weine wirken derzeit allerdings noch etwas herb oder unausgeglichen - man muss abwarten, wie sie sich in den nächsten Jahren entwickeln. 2008 war ein strukturell ähnlicher Jahrgang. Zwei Jahre später präsentierte er sich ausgewogen und saftig im Glas. Das bestätigt auch Udo Bamberger vom Bad Kreuznacher Dienstleistungszentrum: »Was hatten wir nach ein wenig Reife auf der Flasche für einen Spaß mit diesen Mittelrhein-Weinen. Sie waren nicht fett, sondern geradlinig, fruchtbetont und zeigten die typische Rieslingfrucht.«

Das Weinanbaugebiet Mittelrhein erstreckt sich über mehr als hundert Kilometer von Bingen bis zum Siebengebirge kurz vor Bonn. Mit etwa 450 Hektar Rebfläche ist es das zweitkleinste Gebiet in Deutschland mit drei Zentren der Weinbereitung. Nicht weit hinter Bingen, in Bacharach und Oberwesel, ist ein Großteil der besten Erzeuger der Region zu Hause. Ein weiterer Schwerpunkt liegt rund um den Bopparder Hamm: Die größte zusammenhängende Lage windet sich in weitem Bogen um eine ausgedehnte Rheinschleife. Und nördlich von Koblenz gibt es Weinberge zwischen Leutesdorf und Königswinter. Die nördlichsten 20 Hektar liegen nicht mehr in Rheinland-Pfalz, sondern in Nordrhein-Westfalen, am Siebengebirge. Die bes-

MITTELRHEIN

ten Erzeuger am Bopparder Hamm sind Matthias Müller und Florian Weingart, beide in Spay ansässig. Weitere Spitzenbetriebe liegen in Bacharach und Oberwesel. Zur Spitze gehören auch die Weingüter Toni Jost, Ratzenberger und Dr. Kauer; erwähnenswert ist weiterhin Friedrich Bastian. Im Norden ist der Platzhirsch das Weingut Josten & Klein, das seinen Sitz an der Ahr (siehe dort) hat, aber auch etliche Rieslinge vom Mittelrhein erzeugt.

Erfreut stellen wir fest, dass einige Weingüter aufsteigende Tendenz zeigen. Dazu gehört das Weingut Philipps Mühle bei St. Goar, das eine schöne 2016er Kollektion vorstellt, ebenso wie Martin Sturm in Leutesdorf. Besonders gut gefallen haben uns die Rieslinge vom Drachenfels, die das Weingut Pieper in Königswinter und Rhöndorf auf die Flasche bringt.

Nicole Klebahn

Der Jahrgang aus önologischer Sicht: geradlinig und fruchtbetont

Foto: DWI

Die besten Riesling trocken unter 15 Euro

Oelsberg	90
Kauer (12,80 Euro)	
Fürstenthal	90
Kauer (12,80 Euro)	
Drachenfels	88
Pieper (13,50 Euro)	
Rheinfels	87
Philipps Mühle (11 Euro)	
Hahn	87
Jost (13,80 Euro)	

Die Spitzenbetriebe

★★★

Jost	S. 301
Dr. Kauer	S. 302
Matthias Müller	S. 304
Ratzenberger	S. 306
Weingart	S. 309

★★½

Bastian	S. 298

Gebietspreisträger Mittelrhein

Aufsteiger des Jahres: Familie Pieper
Entdeckung des Jahres: Marco Hofmann

Weinbewertung in Punkten
100 Perfekt • 95 bis 99 Überragend • 90 bis 94 Exzellent
85 bis 89 Sehr gut • 80 bis 84 Gut

WEINGUT BASTIAN

55422 Bacharach · Oberstraße 63
Tel (0 67 43) 9 37 85 30 · Fax 9 37 85 33
info@weingut-bastian-bacharach.de
www.weingut-bastian-bacharach.de
Inhaber Friedrich Bastian
Verkauf Vinothek
Mo–So 11.00–18.00 Uhr (März–Nov.)
Weinstube »Zum Grünen Baum« Mi–Mo ab 12.00 Uhr (März–Okt.)
Spezialitäten hausgemachte Wurst und Schinken
Historie Weingut 1697 gegründet, Gutshof aus mehreren Epochen (1421/1756/1825)
Rebfläche 8,5 Hektar
Jahresproduktion 40.000 Flaschen
Beste Lagen Bacharacher Posten, Wolfshöhle und Insel Heyles'en Werth, Steeger St. Jost
Boden Blauschiefer, Tonverwitterung
Rebsorten 80% Riesling, 10% Scheurebe, je 5% Portugieser und Spätburgunder
Mitglied VDP

Verkostete Weine 8
Bewertung 84–89 Punkte

84 2016 Riesling Alde Fritz Kabinett trocken
| 10,5% | 8,50 €
85 2016 Bacharacher Riesling Orion trocken Steillage
| 11,5% | 12,- €
88 2015 Bacharacher Posten Riesling »Großes Gewächs« | 13,5% | 24,50 €
85 2015 Bacharacher Insel Heyles'en Werth Riesling feinherb | 12% | 15,- €
86 2015 Bacharacher Posten Riesling Spätlese feinherb | 11,5% | 14,90 €
88 2015 Bacharacher Wolfshöhle Riesling Spätlese feinherb | 13% | 14,50 €
87 2015 Bacharacher Wolfshöhle Riesling
| 12,5% | 15,- €
89 2015 Steeger St. Jost Riesling Spätlese
| 8% | 13,90 €

Wenn ein Familienunternehmen wie Bastian in Bacharach auf 300 Jahre Geschichte blicken kann, dann verfällt man nicht mehr so schnell in hektische Betriebsamkeit, wie sie heute oft etwa bei der Vermarktung des neuen Jahrgangs zu beobachten ist. Bei Friedrich Bastian, achter Namensträger in der Abfolge der Generationen, findet man denn auch drei Jahre alte Gutsweine im aktuellen Angebot, edelsüße Tropfen können durchaus acht Jahre gereift sein, bevor sie in den Verkauf kommen. So ist es auch zu erklären, dass wir überwiegend 2015er zum Verkosten bekamen, die jetzt beginnen, Trinkspaß zu bereiten. Etwa der feinherbe Inselwein Heyles'en Werth, der von zarten Fruchtnoten und Zitrusaromen geprägt ist. An der Spitze der trockenen Linie steht das kräftige Große Gewächs aus dem Bacharacher Posten. Die feinherbe Spätlese aus der Wolfshöhle sehen wir durchaus auf einem ähnlich hohen Niveau und bei den fruchtsüßen Spätlesen ist unser Favorit der klassische Steeger St. Jost. Winzer Friedrich Bastian ist ein vielseitiger Mensch, er ist ausgebildeter Sänger und hatte früher gar Auftritte an Staatstheatern. Noch heute lässt er ab und an seine Baritonstimme ertönen, man kann eine CD mit Liedgut von Schubert, Schumann und Brahms im Weingut erwerben.

★   ☆   **MITTELRHEIN**

WEINGUT DIDINGER
56340 Osterspai · Rheinuferstraße 13
Tel (0 26 27) 5 12 · Fax 97 12 72
info@weingut-didinger.de
www.weingut-didinger.de
Inhaber Jens Didinger
Kellermeister Jens und Ida Didinger
Verkauf Familie Didinger
nach Vereinbarung

Von wo aus hat der Genießer den besten Blick auf den Bopparder Hamm? Von der Terrasse des Gutsausschanks der Familie Didinger, wie Kenner wissen. In dieser Paradelage am Mittelrhein, dem Hamm, haben auch die Didingers ihre Weinberge. Doch man muss sich schon auf die andere Rheinseite nach Osterspai begeben, um Weingut und Gutsausschank zu besuchen. Der Jahrgang 2016 zeigt sich weitgehend homogen, wobei die fruchtigen Rieslinge die Nase vorn haben. Die ausgewogene Spätlese aus der Lage Feuerlay hat uns am meisten überzeugt. Bei den halbtrockenen ziehen wir das Hochgewächs aus dem Gedeonseck den anderen Weinen vor.

Verkostete Weine 11
Bewertung 82–86 Punkte

84   2016 Bopparder Hamm Feuerlay Riesling Spätlese trocken | 12% | 9,– €
84   2016 Bopparder Hamm Feuerlay Riesling Spätlese trocken * | 12,5% | 9,50 €
85   2016 Bopparder Hamm Gedeonseck Riesling Hochgewächs halbtrocken | 11,5% | 5,80 €
82   2016 Bopparder Hamm Fässerlay Riesling Kabinett halbtrocken | 11,5% | 6,– €
83   2016 Bopparder Hamm Feuerlay Riesling Kabinett halbtrocken | 11,5% | 7,– €
83   2016 Bopparder Hamm Mandelstein Riesling Spätlese halbtrocken | 12% | 9,50 €
83   2016 Bopparder Hamm Feuerlay Riesling Spätlese halbtrocken | 12% | 9,50 €
83   2016 Bopparder Hamm Feuerlay Riesling Spätlese feinherb | 11% | 9,50 €
84   2016 Bopparder Hamm Weingrube Kerner | 8% | 6,– €
85   2016 Bopparder Hamm Feuerlay Riesling Kabinett | 9% | 7,– €
86   2016 Bopparder Hamm Feuerlay Riesling Spätlese | 8% | 9,50 €

WEINGUT EMMERICH
56599 Leutesdorf · Hauptstraße 80c
Tel (0 26 31) 7 29 22
weingut-emmerich@leutesdorf-rhein.de
leutesdorf-rhein.de/weingut-emmerich
Inhaber Gotthard Emmerich
Betriebsleiter Gotthard Emmerich
Außenbetrieb Walter Roos
Verkauf Rita und Gotthard Emmerich
nach Vereinbarung

Gotthard Emmerich ist nicht nur Winzer aus Passion, er setzt sich zudem ein für den Erhalt des Steillagenweinbaus am Mittelrhein und im Besonderen in den Leutesdorfer Weinbergen, die von Schiefer und Vulkangestein geprägt sind. Er hält viele Vorträge, nicht zuletzt über die Harmonie von Wein und Speisen. Dazu kann der solide Leutesdorfer Weißburgunder wahrlich einen Beitrag leisten. Ansonsten wird die 2016er Kollektion vom Riesling dominiert - wie sollte es auch anders sein am Mittelrhein. Der Rheinschiefer von alten Reben hat uns am meisten Spaß bereitet, nicht zuletzt wegen seiner feinsäuerlichen Limettennote. Die Weine dieses Hauses sind keine lautstarken Gassenhauer, sondern eher zurückhaltende Gewächse, geprägt von Zitrus, Apfel und floralen Elementen. In diese Reihe gehört sicherlich auch der aromatische Classic-Riesling.

Verkostete Weine 6
Bewertung 82–84 Punkte

83   2016 Leutesdorfer Weißburgunder trocken | 12,5% | 6,40 €
84   2016 Leutesdorfer Riesling Rheinschiefer trocken Alte Reben | 12,5% | 9,– €
82   2016 Leutesdorfer Gartenlay Grauburgunder trocken | 12,5% | 9,20 €
82   2016 Leutesdorfer Gartenlay Riesling Hochgewächs trocken | 12,5% | 6,40 €
83   2016 Riesling halbtrocken Classic | 12% | 7,20 €
83   2016 Leutesdorfer Gartenlay Riesling Hochgewächs halbtrocken | 11,5% | 6,40 €

☆

WEINGUT FETZ
56348 Dörscheid · Sonnenhang
Tel (0 67 74) 15 48 · Fax 82 19
weingut@fetz-weine.com
www.fetz-weine.com
Inhaber und Betriebsleiter Heinz-Uwe und Andrea Fetz

Verkauf Heinz-Uwe und Andrea Fetz
Mo, Mi–Fr 9.00–11.30 Uhr · 13.30–18.30 Uhr
Sa–So, feiertags 10.00–15.00 Uhr und nach Vereinbarung

Heinz-Uwe Fetz hat sich ganz dem Projekt Mittelrhein Riesling Charta verschrieben, deren Herzstück die Profilweine sind. Von 2016 gibt es wieder einen Riesling Handstreich, noch besser aber gefällt uns diesmal der Riesling Felsenspiel. Ein Meisterstück – im Vorjahr gab es eins aus der Lage Kauber Backofen – wurde diesmal nicht gefüllt. Dafür aber hat der Riesling Classic einen sehr guten Eindruck hinterlassen. Der gefällt uns sogar noch besser als die Profilweine. Die Familie betreibt auch ein eigenes Restaurant, »Landgasthaus Blücher« genannt. Und aus einer Destillerie kommen Brände aus den Früchten der Region. In den nächsten Jahren steht die Kellerrenovierung an und in den Neuaufbau von Weinbergen wird investiert.

Verkostete Weine 9
Bewertung 81–85 Punkte

83 2016 Riesling Basis trocken Charta | 12,5% | 6,40 €
81 2016 Cuvée Premium trocken | 12% | 7,50 €
84 2016 Riesling Premium trocken Charta | 13% | 9,– €
84 2016 Riesling Basis halbtrocken Charta | 11,5% | 6,40 €
85 2016 Riesling Basis Classic | 11,5% | 6,90 €
84 2016 Riesling Handstreich Charta Premium | 10,5% | 8,– €
85 2016 Riesling Felsenspiel Charta Premium | 12% | 8,– €
83 2016 Riesling Basis Charta | 10,5% | 6,40 €
84 2015 Dörscheider Wolfsnack Spätburgunder trocken Super Premium Barrique | 14,5% | 13,50 €/0,5 Lit.

WEINGUT HEILIG GRAB
56154 Boppard · Zelkesgasse 12
Tel (0 67 42) 23 71 · Fax 8 12 20
WeinhausHeiligGrab@t-online.de
www.heiliggrab.de
Inhaber Rudolf Schoeneberger
Kellermeister Jonas Schoeneberger

Verkauf Rudolf und Susanne Schoeneberger
Mo–So 15.00–24.00 Uhr und nach Vereinbarung

Das Weinhaus Heilig Grab ist Boppards älteste Weinstube und seit mehr als 200 Jahren in Familienbesitz. Die gemütliche Gaststube, und im Sommer vor allem die Gartenwirtschaft unter alten Kastanienbäumen ziehen zahllose Zecher an, die zu Flammkuchen oder kalten regionalen Speisen die Rieslinge des Guts genießen. Im Jahrgang 2016 sind die trockenen Rieslinge besonders gelungen, etwa der Alte Reben aus dem Ohlenberg, im Besonderen aber der Riesling Spätlese mit einem Stern aus der Feuerlay. Die fruchtsüße Spätlese und auch die halbtrockenen Qualitäten hingegen können uns nicht ganz überzeugen. Vier Hektar Weinberge werden im Bopparder Hamm bewirtschaftet. Die Technik im Weingut ist auf einem aktuellen Stand. Vater und Sohn, Rudolf und Jonas Schoeneberger, arbeiten als Team zusammen und das Sortiment ist vornehmlich auf Hausgäste und Privatkunden ausgerichtet. Zum Weinhaus gehören auch einige Gästezimmer.

Verkostete Weine 6
Bewertung 83–86 Punkte

85 2016 Bopparder Hamm Ohlenberg Riesling trocken Alte Reben | 12,5% | 7,80 €
84 2016 Bopparder Hamm Feuerlay Riesling Spätlese trocken | 12,5% | 8,20 €
86 2016 Bopparder Hamm Feuerlay Riesling Spätlese trocken * | 13% | 12,50 €
83 2016 Bopparder Hamm Mandelstein Riesling Hochgewächs halbtrocken | 11,5% | 5,60 €
84 2016 Bopparder Hamm Feuerlay Riesling Spätlese halbtrocken * | 12% | 12,50 €
83 2016 Bopparder Hamm Fässerlay Riesling Spätlese | 8% | 8,20 €

Weinbewertung in Punkten
100 Perfekt · 95 bis 99 Überragend · 90 bis 94 Exzellent
85 bis 89 Sehr gut · 80 bis 84 Gut

Symbole Weingüter
★★★★★ Weltklasse · ★★★★ Deutsche Spitze
★★★ Sehr Gut · ★★ Gut · ★ Zuverlässig

☆ ★★★ MITTELRHEIN

WEINGUT MARCO HOFMANN

55422 Bacharach · Blücherstraße 156
Tel (0 69) 98 97 43 47
post@weingut-marcohofmann.de
www.weingut-marcohofmann.de
Inhaber Marco Hofmann
Verkauf nach Vereinbarung

Marco Hofmann hatte einst zusammen mit Martin Sturm in Bacharach das Weingut Hofmann und Sturm gegründet. Einige Jahre lang erzeugte man zusammen, vorwiegend aus alten Reben in Steilhängen bei Bacharach und Oberwesel, eine überschaubare Anzahl an Weinen, bis Martin Sturm Ende 2008 in Leutesdorf sein eigenes Weingut etablierte. Zur Zeit bewirtschaftet Hofmann etwas mehr als einen halben Hektar, hauptsächlich Riesling und etwa 20 Prozent Spätburgunder. Der Ausbau seiner Weine erfolgt als Untermieter im Keller von Lieschied Rollauer in Bacharach. Wir probierten ein kleines Sortiment sauber vinifizierter Weine. An der Spitze steht ein klassisch anmutender Riesling Kabinett mit angenehmer Reife der Aromen. Marco Hofmann ist studierter Geisenheimer und heute noch an der Hochschule, wo er im Institut für Weinbau regelmäßig an Forschungsaufträgen arbeitet.

Verkostete Weine 3
Bewertung 83–85 Punkte

85 2015 Steeger St. Jost Riesling Kabinett trocken | 11,5% | 8,50 €
84 2015 Bacharacher Wolfshöhle Riesling Spätlese trocken | 12,5% | 10,50 €
83 2015 Steeger St. Jost Riesling Kabinett halbtrocken | 11,5% | 8,50 €

WEINGUT TONI JOST HAHNENHOF

55422 Bacharach · Oberstraße 14
Tel (0 67 43) 12 16 · Fax 10 76
weingut@tonijost.de
www.tonijost.de
Inhaberin und Kellermeisterin Cecilia Jost
Betriebsleiter Peter und Cecilia Jost
Verkauf Cecilia, Linde und Peter Jost nach Vereinbarung
Sehenswert historische Weinprobierstube in malerischer Altstadt
Rebfläche 15 Hektar
Jahresproduktion 80.000 Flaschen
Beste Lage Bacharacher Hahn, Wallufer Walkenberg
Boden Devonschieferverwitterung, Lösslehm, Kies
Rebsorten 80% Riesling, 15% Spätburgunder, 5% Weißburgunder
Mitglied VDP

Der Devon S ist von gewohnt zuverlässiger Güte: Da ist sie wieder, die Mineralität von Bacharach, die die Reben aus dem Schieferverwitterungsboden ziehen. Dieser Riesling, der in der Qualitätspyramide des Betriebs oberhalb des Gutsweins angesiedelt ist, hat eine leicht an Kräuter erinnernde und eher karge Stilistik, offenbart Limettenaromen und ist ausgesprochen saftig. Ein wenig Zitrus verströmt auch der Riesling Alte Reben, doch der kommt von der anderen Rheinseite, aus Walluf im Rheingau, wo die Familie Jost auch einige Weinberge besitzt. Dieser Riesling ist harmonisch, ja geradezu klassisch in seiner Art, und erinnert an reife Äpfel. Nicht ganz die Leichtigkeit der beiden erwähnten Weine besitzt das Große Gewächs aus dem Bacharacher Hahn, das in seinem gehaltvollen Stil fast an einen Pfälzer Riesling erinnert. Aber etwas mehr Fülle ist ja geradezu das Markenzeichen der Großen Gewächse, die in aller Regel von den reifsten Trauben des Jahrgangs erzeugt werden. Dass Cecilia Jost auch für Rotweine ein Händchen hat, stellt sie mit dem gelungenen 2015er Bacharacher Spätburgunder aus dem Barrique unter Beweis. Er lag 20 Monate im kleinen Holzfass, hat Holzwürze und Kirschnoten und ist ein saftiger und kräftiger Spätburgunder.

★★★

Verkostete Weine 10
Bewertung 82–89 Punkte

84 2016 Riesling trocken | 12,5% | 7,50 €
82 2016 Weißburgunder trocken | 13,5% | 8,60 €
86 2016 Riesling »S« Devon trocken | 12% | 11,– €
86 2016 Riesling trocken Alte Reben (Rheingau) | 13% | 12,– €
87 2016 Bacharacher Hahn Riesling trocken | 12% | 13,80 €
89 2016 Bacharacher Im Hahn Riesling »Großes Gewächs« | 13% | 23,50 €
86 2016 Bacharacher Riesling Kabinett feinherb | 10,5% | 8,80 €
87 2016 Bacharacher Hahn Riesling Kabinett | 9% | 10,50 €
85 2016 Bacharacher Spätburgunder trocken | 12% | 10,80 €
88 2015 Bacharacher Im Hahn Spätburgunder »Großes Gewächs« | 13,5% | 26,– €

WEINGUT DR. KAUER
55422 Bacharach · Mainzer Straße 21 (BIO)
Tel (0 67 43) 22 72 · Fax 9 36 61
info@weingut-dr-kauer.de
www.weingut-dr-kauer.de
Inhaber Martina, Anne und Dr. Randolf Kauer
Betriebsleiter Dr. Randolf und Anne Kauer
Verkauf nach Vereinbarung
Sehenswert Kreuzgewölbekeller am Schieferfelsen
Erlebenswert kulinarische Stadtführungen und Veranstaltungen im Rahmen der »Mittelrhein-Momente«
Rebfläche 3,8 Hektar
Jahresproduktion 24.000 Flaschen
Beste Lagen Bacharacher Kloster Fürstental und Wolfshöhle, Oberdiebacher Fürstenberg, Oberweseler Oelsberg
Boden Tonschieferverwitterung
Rebsorten 92% Riesling, 8% Spätburgunder
Mitglied Ecovin

Höhepunkt des Jahrgangs 2016 sind in diesem Bacharacher Betrieb die trockenen Spätlesen von alten Reben, wobei für unseren Geschmack das Kloster Fürstental nicht ganz so facettenreich ausgefallen ist wie der Oelsberg. Aber viel trennt die beiden Top-Rieslinge nicht. Der Fürstental ist ein Wein, der nicht mit Primäraromen auftrumpft, sondern mit einer klaren Struktur. Am Oelsberg schätzen wir den puristischen, fast schon kargen Stil. Der feinherbe Fürstental Kabinett wird getragen von einer guten Balance. Zusammen mit den zuverlässigen Basisweinen formiert sich eine stimmige Linie, getragen von Kräuter- und Apfelnoten, auch von Limettenaroma. Einzig bei den nicht ganz so harmonischen Sekten sehen wir noch Luft nach oben. Dr. Randolf Kauer, Dozent an der Weinuniversität in Geisenheim, hat diesen Betrieb in den letzten Jahrzehnten zu dem gemacht, was er heute ist: einer der wenigen Spitzenweingüter am Mittelrhein. Bereits seit 1982 wird hier ökologisch gewirtschaftet. Und die nächste Generation steht bereit. Tochter Anne Kauer hat 2017 ihren Abschluss in Geisenheim in Internationaler Weinwirtschaft gemacht. Zu Hause ist sie jetzt in die Betriebsleitung aufgerückt. In den letzten Jahren ist bereits in Weinberge in Bacharach und Oberdiebach investiert worden, weitere sollen folgen. Zudem steht der Ausbau der Vinothek an.

MITTELRHEIN

Verkostete Weine 11
Bewertung 81–90 Punkte

81　2012 Riesling Sekt Brut | 12,5% | 12,80 €
83　2014 Spätburgunder Sekt Brut Rosé | 12,5% | 12,80 €
83　2016 Riesling trocken | 12% | 7,80 €
84　2016 Bacharacher Kloster Fürstental Riesling Kabinett trocken | 11% | 9,– €
85　2016 Bacharacher Wolfshöhle Riesling Kabinett trocken | 10,5% | 9,– €
90　2016 Oberweseler Oelsberg Riesling Spätlese trocken Alte Reben | 12% | 12,80 €
90　2016 Bacharacher Kloster Fürstental Riesling Spätlese trocken Alte Reben | 12% | 12,80 €
86　2016 Bacharacher Kloster Fürstental Riesling Kabinett feinherb | 10% | 9,– €
87　2016 Oberweseler Oelsberg Riesling Spätlese feinherb | 12% | 12,80 €
86　2016 Oberdiebacher Fürstenberg Riesling Kabinett | 9,5% | 9,– €
81　2016 Spätburgunder Tornado trocken Rosé | 12% | 7,80 €

LANIUS-KNAB

55430 Oberwesel · Mainzer Straße 38
Tel (0 67 44) 81 04 · Fax 15 37
weingut@lanius-knab.de
www.lanius-knab.de
Inhaber und Betriebsleiter Jörg Lanius

Verkauf Jörg und Anja Lanius
Mo, Fr–Sa 9.00–18.00 Uhr
Di–Mi 17.00–20.00 Uhr
Do 14.00–18.00 Uhr und nach Vereinbarung

Seit 1991 führt Jörg Lanius dieses Gut in Oberwesel. Bereits drei Jahre später wurde der Betrieb in den VDP aufgenommen. 90 Prozent der Rebfläche ist mit Riesling bestockt, auf dem Rest wächst Spätburgunder. 2018 soll noch etwas Weißburgunder hinzukommen. Lanius hat sich früh für die Großen Gewächse stark gemacht, seit dem Beginn der 2000er Jahre. Er ist treibende Kraft gewesen bei der Rekultivierung des Oberweseler Oelsbergs, einer dem Rhein zugewandten Lage mit Schiefer, Löss und Buntsandstein. Diese Formation sorgt oft für Frucht- und Gewürznoten und eine gewisse Opulenz der Weine. Der Engehöller Bernstein, die zweite Große Lage des Hauses, ist mehr von grauem und braunem Schiefer geprägt und bringt mineralischere Weine hervor. Beide Typen lassen sich auch in den verkosteten 2016er Großen Gewächsen nachvollziehen. Jörg Lanius ist ein Verfechter fruchtiger und edelsüßer Tropfen, in deren Erzeugung er viel Arbeit steckt. Die hier aufgeführten 2015er Spätlese und Auslese aus dem Engehöller Bernstein sind beredte Zeugen dieses Schaffens.

Verkostete Weine 4
Bewertung 85–86 Punkte

86　2016 Engehöller Bernstein Riesling Am Lauerbaum »Großes Gewächs« | 13% | 25,– €
86　2016 Oberweseler Oelsberg Riesling »Großes Gewächs« | 13% | 25,– €
85　2015 Engehöller Bernstein Riesling Spätlese | 9,5% | 12,70 €
86　2015 Engehöller Bernstein Riesling Am Lauerbaum Auslese | 8% | 24,– €/0,5 Lit.

★★★

WEINGUT MATTHIAS MÜLLER
56322 Spay · Mainzer Straße 45
Tel (0 26 28) 87 41 · Fax 33 63
info@weingut-matthiasmueller.de
www.weingut-matthiasmueller.de
Inhaber Familie Matthias Müller
Betriebsleiter Matthias Müller

Verkauf Marianne Müller
Mo–Sa 8.00–19.00 Uhr
So 10.00–18.00 Uhr

Weinbistro in der neuen Vinothek
Historie 300 Jahre Weinbau
Erlebenswert Mittelrheinischer Weinfrühling im Bopparder Hamm, kulinarisch-kulturelle Veranstaltungen der Mittelrhein-Momente
Rebfläche 13 Hektar
Jahresproduktion 120.000 Flaschen
Beste Lagen Bopparder Hamm Feuerlay, Mandelstein, Engelstein und Ohlenberg
Boden Devonschieferverwitterung
Rebsorten 89% Riesling, 5% Grauburgunder, 4% Weißburgunder, 2% Spätburgunder
Mitglied VDP

Verkostete Weine 10
Bewertung 80–89 Punkte

80 2016 Bopparder Hamm Riesling trocken Alte Reben | 12,5% | 8,– €
81 2016 Bopparder Hamm Feuerlay Riesling trocken | 13% | 9,– €
82 2016 Bopparder Hamm Mandelstein Riesling trocken | 13% | 10,– €
85 2016 Bopparder Hamm Ohlenberg Riesling Edition »MM« trocken | 13% | 14,30 €
88 2016 Bopparder Hamm Engelstein Riesling »Großes Gewächs« | 13,5% | 20,– €
89 2016 Bopparder Hamm An der Rabenlei Riesling »Großes Gewächs« | 13% | 20,– €
83 2016 Bopparder Hamm Riesling feinherb Alte Reben | 12% | 8,– €
84 2016 Bopparder Hamm Feuerlay Riesling feinherb | 12% | 10,– €
85 2016 Bopparder Hamm Mandelstein Riesling Edition »MM« feinherb | 12,5% | 14,30 €
89 2016 Bopparder Hamm Engelstein Riesling Spätlese | 8% | 10,– €

Seit nunmehr rund 20 Jahren trägt Matthias Müller die Verantwortung in diesem Spayer Gut. Eine ganze Zeit lang ging es ausschließlich bergauf in der Entwicklung dieses Guts, das durchaus als Vorzeigebetrieb für das Gebiet herhalten konnte. Auf dem Gipfel angekommen war Matthias Müller mit dem großartigen Jahrgang 2010, der dem Spayer Winzer sogar die Ehrung Winzer des Jahres einbrachte. Doch damit war der Höhenflug beendet. Wir stehen ein wenig ratlos vor der Entwicklung der letzten Jahre, wobei der Jahrgang 2016 einen Tiefpunkt erreicht hat. Die Basisweine wirken mitunter rustikal, auch die feinherben Qualitäten haben nur noch wenig mit den früheren Qualitäten zu tun. Gerade bei den halbtrockenen und feinherben Rieslingen war Müller eine Bank, immer wieder gehörten seine Weine zu den besten in dieser Kategorie in ganz Deutschland. Die Großen Gewächse zeigen ein gewisses Format, wenn ihnen auch ein wenig mehr Frische gut stehen würde. Die fruchtsüße Spätlese aus dem Engelstein erinnert ein wenig an alte Tage mit ihrem Duft von Zitrus und reifen Äpfeln und mit einem Anklang von weißem Weinbergspfirsich.

MITTELRHEIN

WEINGUT PHILIPPS MÜHLE
56329 St. Goar · Gründelbach 49
Tel (0 67 41) 16 06 · Fax 98 18 38
info@philipps-muehle.de
www.philipps-muehle.de
Inhaber Martin und Thomas Philipps
Kellermeister Martin Philipps
Verkauf ab Hof
Mo–Sa 9.00–19.00 Uhr
Vinothek an der Loreley
Mo–So 10.00–18.00 Uhr (April–Okt.)

Die Kollektion von Thomas und Martin Philipps hat uns überzeugt. Zwar sind die Fruchtnoten im ein oder anderen Wein noch ein wenig vordergründig, doch sind die beiden mit festem Tritt auf dem richtigen Weg. Sollte es gelingen, den Weinen künftig noch eine dichtere Struktur und etwas mehr Druck am Gaumen mitzugeben, ist hier noch einiges mehr drin. Der trockene Riesling aus dem Frohwingert, Paradestück des Hauses, zeigt die Richtung an: Der Wein ist saftig, erinnert an Limette, Aprikose und Granny-Smith-Apfel. Die Spitze ruht auf einer guten, breiten Basis, wo selbst der Müller-Thurgau Format hat. Insbesondere im Sommer erfreut sich die Winzerschenke neben der alten Mühle großer Beliebtheit. Ein weiterer Anziehungspunkt ist gegenüber dem Loreleyfelsen eine moderne Vinothek mit Weincafé. Die Rebfläche ist zuletzt auf sechs Hektar gewachsen.

Verkostete Weine 9
Bewertung 84–87 Punkte

- 86 2014 Riesling Sekt Brut | 12,5% | 12,50 €
- 84 2016 Müller-Thurgau trocken | 12% | 7,50 €
- 85 2016 Riesling Steilhang trocken | 11% | 7,50 €
- 87 2016 St. Goarer Burg Rheinfels Riesling trocken | 12,5% | 11,– €
- 87 2016 St. Goarer Frohwingert Riesling trocken | 13% | 16,– €
- 84 2016 Riesling Steilhang halbtrocken | 10,5% | 7,50 €
- 85 2016 St. Goarer Burg Rheinfels Riesling halbtrocken | 11,5% | 11,– €
- 84 2016 Riesling Steilhang | 10% | 7,50 €
- 86 2016 St. Goarer Ameisenberg Riesling | 9% | 16,– €

WEINGUT PIEPER
53639 Königswinter · Hauptstraße 458
Tel (0 22 23) 2 26 50 · Fax 90 41 52
info@weingut-pieper.de
www.weingut-pieper.de
Inhaber Adolf Wilhelm und Felix Pieper
Außenbetrieb Adolf Wilhelm und Felix Pieper
Kellermeister Felix Pieper
Verkauf Adolf Wilhelm Pieper
Di–Sa 16.30–22 Uhr, **So** 12.00–22 Uhr

Mit seinen neun Hektar Rebfläche an den Hängen des Drachenfels im Siebengebirge ist das Weingut Pieper in Königswinter der größte Weinbaubetrieb in Nordrhein-Westfalen. Felix Pieper dreht seit einigen Jahren an der Qualitätsschraube. Das spürt man im Jahrgang 2016 bei den Trockenen vor allem am Riesling aus der Domkaule und dem kraftvollen Septimontium, der eindeutig an der Spitze der trockenen Linie steht. Doch auch der fruchtige Bereich scheint dem Königswinter Winzer zu liegen, vor allem der Kabinett Drachenlay konnte punkten. Und es wird weiter in Qualität investiert, etwa in ein neues Produktionsgebäude. Am besten genießt man die Weine im Gutsausschank Jesuiter Hof.

Verkostete Weine 12
Bewertung 80–88 Punkte

- 83 2016 Königswinter Drachenfels Riesling Trachyt trocken | 12,5% | 5,90 €
- 84 2016 Königswinter Drachenfels Riesling Rüdenet trocken | 12,5% | 7,50 €
- 85 2016 Rhöndorfer Drachenfels Riesling Domkaule trocken | 12% | 8,– €
- 83 2016 Königswinter Drachenfels Gewürztraminer trocken | 12,5% | 9,– €
- 88 2016 Königswinter Drachenfels Riesling Septimontium trocken | 13% | 13,50 €
- 84 2015 Königswinter Drachenfels Chardonnay trocken Barrique | 12,5% | 14,50 €
- 85 2016 Rhöndorfer Drachenfels Riesling feinherb | 10,5% | 7,50 €
- 86 2016 Königswinter Drachenfels Riesling Drachenlay Kabinett | 9% | 8,50 €
- 85 2016 Königswinter Drachenfels Riesling Spätlese | 8% | 9,– €
- 86 2016 Rhöndorfer Drachenfels Ehrenfelser Spätlese | 9% | 9,– €
- 86 2013 Rhöndorfer Drachenfels Spätburgunder »P« trocken Barrique | 13,5% | 29,50 €

★★★

WEINGUT RATZENBERGER
55422 Bacharach · Blücherstraße 167
Tel (0 67 43) 13 37 · Fax 28 42
weingut-ratzenberger@t-online.de
www.weingut-ratzenberger.de
Inhaber Familie Ratzenberger
Betriebsleiter und Kellermeister Jochen Ratzenberger
Verkauf Jochen Ratzenberger nach Vereinbarung

Sehenswert eigene Sekterzeugung
Rebfläche 20 Hektar
Jahresproduktion 100.000 Flaschen Wein, davon 15.000 Flaschen Sekt
Beste Lagen Steeger St. Jost, Bacharacher Posten und Wolfshöhle
Boden Devonschieferverwitterung
Rebsorten 75% Riesling, je 9% Spätburgunder und Grauburgunder, 7% übrige Sorten
Mitglied VDP

In diesem alteingesessenen Bacharacher Gut stehen die Zeichen auf Expansion. Jochen Ratzenberger hat kürzlich rund zehn Hektar in der Lage Schloss Fürstenberg erworben und damit die Rebfläche des Hauses auf 20 Hektar verdoppelt. Nach und nach will der ambitionierte Winzer die Weinberge neu anlegen und zwar in Querterrassierung, wie man sie bereits aus dem Oberweseler Oelsberg kennt. Mit dem Schieben von Kleinterrassen im Hang geht zwar bis zu 40 Prozent der Anbaufläche verloren, aber die Bewirtschaftung der Rebzeilen wird deutlich erleichtert. Vom Jahrgang 2016 stellte Ratzenberger wieder solide Basisweine vor. Doch es sind einige Spitzenweine, die das Sortiment prägen. Ganz oben steht das Große Gewächs aus der Wolfshöhle mit klassischer Riesling-Nase und filigraner Struktur. Der Steeger St. Jost ist hingegen von floralen Aromen und saftigen Limettennoten geprägt - zwei animierende Spitzenweine, die man durchaus auch in größeren Schlucken trinken mag. Dass die Wolfshöhle auch exzellente fruchtige Prädikate liefern kann, ist wahrlich nichts Neues. Da macht der Jahrgang 2016 keine Ausnahme. Die Spätlese ist klassisch, die Auslese verbindet Aprikose und Apfel zu einer herzhaften Süße. Einzig der Sekt erreicht diesmal nicht das hier gewohnte Niveau. Alles in allem: Die Weine

sind noch sehr jung, aber aus Nachverkostungen wissen wir, dass sie sich auf der Flasche in der Regel bestens entwickeln.

Verkostete Weine 12
Bewertung 83–90 Punkte

85 2012 Bacharacher Riesling Sekt Brut | 12,5% | 14,80 €
83 2016 Bacharacher Weißburgunder trocken | 12,5% | 8,40 €
83 2016 Bacharacher Riesling trocken | 11,5% | 8,60 €
83 2016 Bacharacher Grauburgunder trocken | 12,5% | 8,60 €
85 2016 Steeger St. Jost Riesling trocken | 12% | 12,60 €
88 2016 Steeger St. Jost Riesling »Großes Gewächs« | 12% | 26,- €
90 2016 Bacharacher Wolfshöhle Riesling »Großes Gewächs« | 12% | 26,- €
86 2016 Bacharacher Riesling Kabinett feinherb | 10,5% | 8,60 €
87 2016 Bacharacher Posten Riesling Spätlese halbtrocken | 11% | 12,40 €
84 2016 Riesling Caspar R | 10% | 8,80 €
89 2016 Bacharacher Wolfshöhle Riesling Spätlese | 9% | 15,- €
89 2016 Bacharacher Wolfshöhle Riesling Auslese | 9% | 19,20 €/0,5 Lit.

MITTELRHEIN

WEINGUT SCHEIDGEN

56598 Hammerstein · Hauptstraße 10
Tel (0 26 35) 23 29 · Fax 60 82
winzer@weingut-scheidgen.de
www.weingut-scheidgen.de
Inhaber und Betriebsleiter Georg Scheidgen
Kellermeister Georg Scheidgen und Andreas Müller
Verkauf Dirk Buchbender
Mo–Sa 8.00–19.00 Uhr
So 9.30–18.00 Uhr und nach Vereinbarung

Mit 21 Hektar Rebfläche und einer Jahresproduktion von durchschnittlich 140.000 Flaschen ist dies einer der größten Betriebe des Anbaugebietes Mittelrhein. Inhaber Georg Scheidgen gelingt es, Jahr für Jahr eine solide, in sich stimmige Kollektion aufzutischen. Auch im Jahrgang 2016 zeigt er wieder sein Händchen für fruchtsüße Rieslinge. Die Auslese aus der Lage Gartenlay ist geprägt von einem balancierten Süße-Säure-Verhältnis. Der fruchtige Riesling vom Blauschiefer steht ihr nicht viel nach. Die Reihe der trockenen Weine wird angeführt vom Meisterstück aus der Gartenlay, einem Profilwein aus der Mittelrhein-Charta-Vereinigung.

Verkostete Weine 10
Bewertung 82–87 Punkte

82 2016 Hammersteiner Schlossberg Riesling von den Terrassen trocken | 12,5% | 7,70 €
83 2016 Hammersteiner Hölle Weißburgunder Edition Pinot trocken | 12,5% | 8,30 €
84 2016 Hammersteiner In den Layfelsen Riesling Alte Reben trocken Selection | 13,5% | 13,50 €
85 2016 Leutesdorfer Gartenlay Riesling Meisterstück trocken | 13,5% | 16,40 €
84 2016 Rheinbrohler Monte Jup Grauburgunder Auslese trocken | 13% | 18,– €
84 2016 Leutesdorfer Gartenlay Riesling Felsenspiel | 12% | 8,30 €
84 2016 Hammersteiner In den Layfelsen Riesling Edition Nr.1 Spätlese halbtrocken | 12% | 9,80 €
87 2016 Riesling vom Blauschiefer | 9% | 7,70 €
87 2016 Leutesdorfer Gartenlay Riesling Auslese | 7,5% | 15,80 €
85 2016 Leutesdorfer Gartenlay Spätburgunder trocken Barrique | 13,5% | 16,40 €

WEINGUT SEBASTIAN SCHNEIDER

53557 Bad Hönningen · Markenweg 8
Tel (01 52) 53 84 08 29
sebastian@schneider-mittelrhein.de
www.schneider-mittelrhein.de
Inhaber und Betriebsleiter Sebastian Schneider
Verkauf Sebastian Schneider
Fr 17.00–19.00 Uhr, **Sa** 10.00–14.00 Uhr

Die etwas alkoholischen Grauburgunder können uns nicht überzeugen. Im Jahrgang 2016 haben eindeutig die Rieslinge von Sebastian Schneider die Nase vorn. Alle sind auf einem ähnlichen Niveau, von trocken über feinherb bis zu fruchtsüß. Es dominieren Aromen von Apfel und Apfelmus, auch Zitrusanklänge sind vorhanden. Der Rieslinganteil beträgt in diesem Drei-Hektar-Betrieb, der im nördlichen Teil des Anbaugebiets liegt, allerdings gerade mal ein Drittel. Die Burgundersorten dominieren mit fast zwei Dritteln - ungewöhnlich für den Mittelrhein. Zuletzt hatte Schneider in neue Weinberge investiert, geplant ist ein neues Kellergebäude mit angeschlossener Vinothek.

Verkostete Weine 11
Bewertung 81–85 Punkte

81 2016 Grauburgunder trocken | 12,5% | 6,80 €
81 2016 Hönninger Am Münchberg Grauburgunder »S« trocken | 13,5% | 8,60 €
83 2016 Weißburgunder trocken | 12% | 6,80 €
85 2016 Riesling vom Schiefer trocken | 11,5% | 5,90 €
85 2016 Riesling trocken Alte Reben | 11,5% | 7,60 €
85 2016 Hönninger Riesling feinherb | 10% | 5,90 €
85 2016 Riesling feinherb Alte Reben | 10% | 7,60 €
84 2016 Hönninger Riesling | 7,5% | 5,90 €
85 2016 Hönninger Am Münchberg Riesling »S« | 10% | 8,60 €
83 2016 Hönninger Schlossberg Riesling Kabinett | 9,5% | 7,50 €

Weinbewertung in Punkten
100 Perfekt • 95 bis 99 Überragend • 90 bis 94 Exzellent
85 bis 89 Sehr gut • 80 bis 84 Gut

⭐

WEINGUT SELT
56599 Leutesdorf · Zehnthofstraße 22
Tel (0 26 31) 7 51 18 · Fax 7 73 52
weinmaster@weingutselt.de
www.weingutselt.de
Inhaber und Betriebsleiter Horst Peter Selt
Verkauf Frau Tilgen-Selt
Sa 9.00-18.00 Uhr und nach Vereinbarung

Der Riesling dominiert in diesem alteingesessenen Leutesdorfer Betrieb zu 75 Prozent. Horst Peter Selt hat ein eigenes Bezeichnungssystem entwickelt. Anstelle der früheren Lagennamen verwendet er Begriffe, die auf den jeweiligen Boden hinweisen sollen. Die Lage Forstberg heißt bei ihm Blauschiefer, die Lage Gartenlay schmückt sich mit der Bezeichnung Goldschiefer und die Lage Rosenberg nennt sich Rosenschiefer. Von dort stammt der halbtrockene Kabinett, der uns gut gemundet hat. Auch der fruchtige Riesling Blauschiefer konnte unsere Sympathien gewinnen - alles ordentlich vinifizierte Tropfen für geringes Geld. Das Weingut residiert übrigens in einem 1640 errichteten Gebäude, das früher einmal das Gericht beherbergte. Im Keller war der Leutesdorfer Kerker untergebracht. Heute kann man sich von den Selt-Weinen gefangen nehmen lassen.

Verkostete Weine 9
Bewertung 82-85 Punkte

82 2016 Leutesdorfer Weißburgunder Blauschiefer trocken | 13% | 6,10 €
84 2016 Leutesdorfer Riesling Blauschiefer trocken | 12% | 6,10 €
84 2016 Leutesdorfer Riesling Goldschiefer Kabinett trocken | 12,5% | 7,- €
84 2016 Leutesdorfer Riesling Blauschiefer Spätlese trocken | 13% | 9,50 €
84 2016 Leutesdorfer Riesling Goldschiefer halbtrocken | 12% | 6,10 €
83 2015 Leutesdorfer Riesling Felsenspiel halbtrocken | 12% | 8,- €
85 2016 Leutesdorfer Riesling Rosenschiefer Kabinett halbtrocken | 12% | 7,- €
85 2016 Leutesdorfer Riesling Blauschiefer | 11% | 6,10 €
83 2016 Leutesdorfer Portugieser Rosé Blauschiefer trocken | 12% | 5,90 €

⭐

WEINGUT STURM (BIO)
56599 Leutesdorf · Im Rosenberg 3
Tel (0 26 31) 9 47 60 26 · Fax 9 47 60 29
info@sturm-weingut.de
www.sturm-weingut.de
Inhaber und Betriebsleiter Martin Sturm
Verkauf nach Vereinbarung

Dies ist ein ungewöhnlicher Quereinsteiger: Martin Sturm ist gelernter Journalist, war Wirtschaftsredakteur bei renommierten Zeitungen - und doch scheint ihn dies nicht ganz ausgefüllt zu haben. 2003 begann er nebenher eine Winzerlehre an Ahr und Mittelrhein, 2009 begannen Planungen für ein eigenes Weingut, und mit seinem ersten Jahrgang 2011 wurde sein Traum wahr. Heute beackert Sturm rund vier Hektar Weinberge in Leutesdorf nach ökologischen Prinzipien und er ist einer der wenigen Bio-Winzer in Deutschland, die dies in Steillagen tun. Die Plackerei scheint sich immer mehr auszuzahlen. Wir probierten eine durchgängig zuverlässige Kollektion, der der trockene Riesling vom steilen Schiefer die Krone aufsetzt. Das gesamte Angebot kann sich schmecken lassen: vom trockenen Weißen über die feinherbe Spätlese bis zu den fruchtigen Weinen und den Pinot Noirs: Es gibt nichts zu meckern!

Verkostete Weine 10
Bewertung 83-86 Punkte

86 2016 Riesling vom steilen Schiefer trocken | 11,5% | 8,60 €
84 2016 Riesling Kabinett trocken | 11,5% | 11,90 €
85 2016 Riesling Steinbruch Spätlese trocken | 12,5% | 14,90 €
83 2016 Riesling Hinterm Haus Kabinett halbtrocken | 10,5% | 9,20 €
85 2016 Riesling Ohm Johann Spätlese feinherb | 11,5% | 12,50 €
84 2016 Kerner »B« | 12,5% | 12,- €/0,5 Lit.
85 2016 Riesling Steinbruch Kabinett | 9% | 12,90 €
85 2016 Riesling Kurve Spätlese | 9% | 14,90 €
85 2015 Pinot Noir trocken | 13% | 13,90 €
84 2015 Pinot Noir trocken Reserve | 12,5% | 24,- €

Symbole Weingüter

€ Schnäppchenpreis · TOP Spitzenreiter · BIO Ökobetrieb
🍷 Trinktipp · Versteigerungswein

| Sekt | Weißwein | Rotwein | Rosé |

★★★ MITTELRHEIN

WEINGUT WEINGART
56322 Spay · Mainzer Straße 32
Tel (0 26 28) 87 35 · Fax 28 35
mail@weingut-weingart.de
www.weingut-weingart.de
Inhaber Familie Florian Weingart
Kellermeister Florian Weingart
Verkauf Ulrike Weingart
Mo–Sa 11.00–19.00 Uhr

Verkostete Weine 3
Bewertung 89–90 Punkte

90 2015 Bopparder Hamm Engelstein Riesling Spätlese | 8,5% | 10,50 €
89 2015 Bopparder Hamm Engelstein Riesling Anarchie Spätlese | 12% | 13,50 €
89 2016 Bopparder Hamm Feuerlay Riesling Anarchie Spätlese | 12% | 16,50 €

Ferienwohnungen in historischem Fachwerkhaus, direkt am Rhein, www.weingart-ferien.de
Rebfläche 5,5 Hektar
Jahresproduktion 42.000 Flaschen
Beste Lagen Bopparder Hamm Engelstein, Ohlenberg, Feuerlay
Boden Devonschieferverwitterung, Löss, Rheinsedimente, Vulkanasche
Rebsorten 85% Riesling, 15% Spätburgunder

Das große Projekt der Betriebsaussiedlung an den Ortsrand in die Weinberge scheint in diesem Spitzenbetrieb des Mittelrheins kurz vor dem Abschluss zu stehen. Noch vor dem Herbst 2017 war Florian Weingart noch ganz in Anspruch genommen von der Fertigstellung des Kellerneubaus, um dort seine 2017er verarbeiten zu können. Es ist ein ungewöhnlicher Bau, kreisrund und in den Hang gebaut. Er wird später komplett im Erdreich verschwinden und weitgehend natürlich klimatisiert. Ein integrierter Wasserspeicher dient als Wärme- und Kältereservoir oder auch als Löschwasser und Bewässerungsreserve. Florian Weingart ist ein aufmerksamer Beobachter der Natur. Den Jahrgang 2016 stuft er als durchschnittlich ein. Er selbst hat Erträge von weniger als 5.000 Liter pro Hektar erzielt und er ist überzeugt, dass substanzreiche und charaktervolle Weine in 2016 nur über reduzierte Erträge möglich waren. Im Bopparder Hamm, so hat Weingart beobachtet, hatten die Trauben im Herbst 2016 relativ niedrige Säurewerte. Zwar war die Säuerung zugelassen, doch hat er nur sehr sparsam davon Gebrauch gemacht. Weingart war die Zusammenführung einiger Partien aus dem Bopparder Hamm mit säurereicheren Weinen aus Bacharach lieber, woraus er seinen Qualitätswein Mittelrhein-Riesling komponierte. An der Spitze der Kollektion steht wieder einmal sein Riesling Anarchie, eine nicht ganz durchgegorene Spätlese, die so lange gärt, wie es die Natur eben zulässt. Ein starker Wein!

2015 Bopparder Hamm Feuerlay

Riesling Spätlese
trocken
Erzeugerabfüllung

Symbole Weingüter

★★★★★ Weltklasse
★★★★ Deutsche Spitze
★★★ Sehr gut
★★ Gut
★ Zuverlässig

MOSEL WEINREGION

Mosel 2016: Ein Fluss wird langsam trocken

Im verschlungenen Moseltal sind die trockenen Rieslinggewächse mit dem Jahrgang 2016 deutlich spürbar im Aufwind. Das Jahr brachte weitgehend botrytisfreie Trauben in die Keller. An der Saar geht mit dem Weingut der Brüder Weber ein neuer Stern auf.

WEINREGION

Mosel im Überblick

Rebfläche: 8.796 Hektar
Einzellagen: 524
Hauptrebsorten: Riesling (61%), Müller-Thurgau (12%), Elbling (6%)
Böden: Devonschiefer und Grauwacken
Selbstvermarktende Betriebe: 1.936
www.weinland-mosel.de

Karte und Angaben: DWI

»Keine Botrytis«, so kurz und knapp kommentiert Clemens Busch aus Pünderich den Gesundheitszustand seiner Trauben im Jahrgang 2016. Es ist einer der wenigen positiven Einflüsse des Klimaverlaufs, wie ihn viele Winzer im Gebiet erfuhren.

2016 hatte alles zu bieten, für einige Winzer auch Albträume: Frost, Starkregen und Hagel im Mai, Trockenheit am Ende des Sommers und nicht zuletzt extrem hohen Pilzbefall durch den Falschen Mehltau Peronospora. Das Jahr brachte nach dem untypisch milden Winter ein extrem nasses und kühles Frühjahr, Niederschläge bis in den Juni hinein und ein negatives Blühverhalten bis Anfang Juli.

Waren teils schon vor der Blüte größere Ertragsverluste absehbar, so dezimierten im weiteren Vegetationsverlauf mancherorts Infektionen die Ernte noch weiter. Ab Ende Juli startete der Sommer mit trockenem und warmem Wetter durch, was den Falschen Mehltau, wie Franz Josef Eifel es formuliert, »vertrocknen« ließ. Doch brachten Hitze und Trockenheit zum Ende des Sommers in manchen Regionen auch Sonnenbrandschäden und der Wassermangel verzögerte das Pflanzenwachstum. Am Ende profitierten die Winzer von einem kühlen und trockenen Oktober, der ihnen gesundes, perfekt ausgereiftes Lesegut bescherte. »Die Weine machten keine Probleme bei der Vergärung«, sagt Michael Weber vom Weingut Brüder Weber in Wiltingen. Die Erträge allerdings schwankten im Gebiet zwischen Totalausfall und normaler Erntemenge. Am Ende lag die Mosel im Schnitt etwa sechs Prozent unter dem Zehnjahresschnitt. Immerhin: Das Niveau des Vorjahres wurde gehalten.

Die 12-Prozent-Grenze

Mittlerweile machen sich die Winzer mit ihren trockenen Qualitäten gegenseitig Konkurrenz. Was wir bei der regionalen Finalprobe an trockenen Rieslingen auf dem Tisch hatten, ließ in der Spitze erkennen, dass der Anschluss an die wirklich großen Rieslinge Deutschlands geschafft ist – und das bei Alkoholwerten, die selten jenseits der zwölf Prozent liegen.

Der Jahrgang 2016 gab mangels Botrytis den Winzern die Möglichkeit, klarfruchtige, fest strukturierte trockene Rieslinge zu produzieren, doch dürfte auch die verstärkte Nachfrage viele Mosel-Winzer dazu bewegen, sich mit trockenen Weinen zu profilieren. Die ungewisse Zukunft der Exportmärkte lenkt den Blick auch wieder zurück auf den heimischen Markt und bringt den einen oder anderen dazu, sich in den Wettbewerb mit großen trockenen Weißweinen zu begeben. Das Zeug dazu haben die Weine, mit ihrem Facettenreichtum decken sie viele Stile ab.

Hoch verdichtete Weine

Das Spektrum reicht von fordernden Qualitäten im trockenen Kabinettstil mit Alkoholwerten zwischen 10,5 und 11,5 Prozent und endet bei weichfruchtigen, zartschmelzigen Weinen im oberen Bereich der erlaubten Restsüße. Sozusagen stilistisch dazwischen angesiedelt finden sich Weine mit würzig reduktiven Spontanvergärungsaromen, saftig frische Klassiker sowie hoch verdichtete Lagerweine. Nur wenige trockene Rieslinge wirkten leicht fad und matt. Ihnen fehlte das typische Säurespiel der Mosel quasi als Finderabdruck des Gebiets.

Den feinherben Gewächsen mangelte es jedoch öfter am balancierten Spiel von Süße und Säure. Auch bei den Kabinetten fehlte der gute Mittelbau mit seiner tänzelnden Art und viele Spätlesen wirkten zu gesetzt in Säure und Aromatik. Lediglich manche Auslese überraschte mit erstaunlicher Säurefrische, was sicherlich auch der fehlenden Botrytis zu verdanken war.

Da der Edelpilz in diesem Jahr ausblieb, gab es auch nur eine Handvoll Beerenauslesen eher schlichterer Art. Über den zarten Frost haben sich viele Winzer im beginnenden Winter 2016 gefreut; sie konnten ihre noch gesunden Trauben früh als Eiswein lesen. Die meisten dieser Weine weisen allerdings eher den Stil einer präzise gearbeiteten Auslese Goldkapsel auf als den eines konzentrierten Eisweins.

Sternregen über der Saar

Projekte wie das von Roman Niewodniczanski in Ockfen und Markus Molitor in Serrig zeigen, dass an der Saar große Aufbruchstimmung herrscht. Vor allem hier konnten sich am Ende unserer Verkostung viele Weingüter nach einer imposanten Qualitätssteigerung über einen Stern freuen. Erich Weber und Sohn Johannes (Hofgut Falkenstein, Konz-Niedermennig) haben sich mit ihrem hochfiligranen Stil die vier Sterne redlich verdient - eine starke Konkurrenz zu Wiltingen! Ein weiterer Winzer aus dem Tälchen hat uns mit seinen feingliedrigen, äußerst klaren und preiswerten Rieslingen überrascht: Stefan Müller aus Konz-Krettnach. Gratulation zu zwei Sternen! Überzeugend auch die Brüder Michael und Stephan Weber aus Wiltingen. Mit ihren eigenwilligen Weinen sind sie gemeinsam unsere Entdeckung des Jahres.

Auch abseits der Saar erregten Winzer mit hoher Qualität Aufmerksamkeit, so beispielsweise Franz-Josef Eifel aus Trittenheim und Martin Müllen, deren Leistung jeweils vier Sterne verdiente. Drei Sterne erhalten Lothar und Philipp Kettern in Piesport - ihre Weine, die sich durch Leichtigkeit, Säure und feine Oxidationsnoten auszeichnen, stellen eine stilistische Ausnahme dar. Philipp Kettern steht außerdem neben dem Portweinerzeuger Dirk van der Niepoort und seinem Sohn Daniel hinter dem neuen Projekt Fio (portugiesisch »Faden«).

Christoph Dirksen

Die besten Riesling trocken 2016 unter 10 Euro

Apotheke Kabinett Eifel (9,80 Euro)	90
Falkenberg Kabinett Später-Veit (8,50 Euro)	89
Goldtröpchen Kabinett Hain (8,50 Euro)	89
Kabinett Alte Reben 1889 Brohl (8,50 Euro)	89
Altärchen Kabinett Loersch (9,50 Euro)	89

Die besten Riesling Spätlesen 2016 unter 10 Euro

Sonnenberg Stefan Müller (8,50 Euro)	91
Rosenberg Merkelbach (8,50 Euro)	91
Würzgarten Merkelbach (9 Euro)	90

Die Spitzenbetriebe

★★★★★

Schloss Lieser	S. 386
Egon Müller	S. 407
Zilliken	S. 458

★★★★½

Fritz Haag	S. 353
Markus Molitor	S. 404
Joh. Jos. Prüm	S. 418

Gebietspreisträger Mosel

Winzer des Jahres: Van Volxem

Aufsteiger des Jahres: Martin Müllen

Entdeckung des Jahres: Brüder Weber

WEINGUT A. J. ADAM

54347 Neumagen-Dhron · Metschert 14
Tel (0 65 07) 9 39 37 13
andreas@aj-adam.com
www.aj-adam.com

Inhaber und Betriebsleiter Andreas und Barbara Gudelj
Verkauf nach Vereinbarung
Rebfläche 5 Hektar
Jahresproduktion 25.000 Flaschen
Beste Lage Dhron-Hofberger und Häs'chen, Piesporter Goldtröpfchen
Boden Schiefer mit Eisenoxid und Quarzeinschlüssen
Rebsorte 100% Riesling

Auch in diesem Jahr konnten wir eine große Kollektion von 15 Weinen aus diesem nicht mal fünf Hektar großen Weingut verkosten. Die trockenen Rieslinge werden hier immer besser und bekommen mehr Ausdruck und Vielschichtigkeit. Die fruchtigen Kabinette gehören zu den fünf besten des ganzen Landes. Das Goldtröpfchen mit delikatem Duft von reifen gelben Früchten, verspielt und tänzelnd, das Häs'chen mit vornehm exotischem Duft, filigranen gelben Früchten und hedonistischem Trinkfluss, eine reine Delikatesse. Die großartige Dhroner Hofberg Auslese zeigt sich noch jugendhaft zugeknöpft. Erstmals konnte Andreas Adam auch einen Eiswein ernten, der Honigtöne mit einem Säure-Kick verbindet. Andreas Adam hatte nach einer bravourösen Vorstellung im Jahrgang 2014 auch mit seinen 2015ern reüssiert. Behutsam wurde hier in den letzten Jahren in die Erweiterung der Rebflächen investiert und so verfügt Andreas Adam heute über fast fünf Hektar im Piesporter Goldtröpfchen und im Hofberg, wie er ihn bezeichnet. Die Lage Hofberg im Dhrontal, auch Dhron-Hofberger genannt, zählte bei der preußischen Lagenklassifikation im 19. Jahrhundert zu den besten Weinbergslagen der Mosel. Schon die Mönche der Benediktinerabtei Tholey im Saarland wussten die hohe Güte des Hofberges zu schätzen. Die besten Weinberge dieses jungen Gutes liegen im ehemaligen Besitz dieser Abtei. Der Zukauf alter Weinberge, darunter auch eine Parzelle mit 60 Jahre alten Reben, sowie die Rekultivierung einer alten Terrassenanlage im Hofberg stehen im Fokus. Vor einigen Jahren sicherte sich Adam zudem das Monopol an der alten Lage Dhroner Häs'chen mit wurzelechten Rebstöcken aus den 1930er Jahren.

Verkostete Weine 15
Bewertung 86–94 Punkte

86 2016 Dhroner Hofberg Riesling trocken | 10,5% | 9,- €
88 2016 Dhroner Hofberg Riesling trocken Holzfass | 11% | 14,- €
87 2016 Dhroner Häs'chen Riesling trocken Holzfass | 12% | 21,- €
88 2016 Dhroner Hofberg Riesling trocken Holzfass | 12% | 27,- €
87 2016 Piesporter Goldtröpfchen Riesling trocken | 12,5% | 35,- €
88 2016 Dhroner Hofberg Riesling Im Pfarrgarten feinherb | 10% | 9,- € | €
88 2016 Dhroner Hofberg Riesling In der Sängerei feinherb Holzfass | 10% | 19,- €
92 2016 Dhroner Hofberg Riesling Kabinett | 8% | 13,- €
93 2016 Piesporter Goldtröpfchen Riesling Kabinett | 8,5% | 15,- € | TOP 10
94 2016 Dhroner Häs'chen Riesling Kabinett | 8% | 15,- € | TOP 10
91 2016 Dhroner Hofberg Riesling Spätlese | 7,5% | 19,- €
91 2016 Dhroner Häs'chen Riesling Auslese | 7,5% | 24,- €
93 2016 Dhroner Hofberg Riesling Auslese | 7% | 24,- €
91 2016 Dhroner Hofberg Riesling Auslese * | 7,5% | 28,- €/0,375 Lit.
93 2016 Dhroner Hofberg Riesling Eiswein | 6,5% | 70,- €/0,375 Lit.

★★ MOSEL

WEINGUT ADAMY

54538 Kinheim · St. Petersweg 7
Tel (0 65 32) 49 82 · Fax 95 32 20
info@weingut-adamy.de
www.weingut-adamy.de
Inhaber Marco Adamy

Verkauf nach Vereinbarung

Die Kollektion des 2016er Jahrgangs ist hier etwas kleiner ausgefallen als in den beiden Vorjahren, dafür hat Jungwinzer Marco Adamy die Qualität noch einmal weiter verbessert. Am besten gefällt uns der fruchtige Riesling Spätlese aus dem Ürziger Würzgarten mit herber Schieferwürze und wilden Gäraromen, dicht gefolgt vom trockenen Riesling Alte Reben, ebenfalls aus dem Ürziger Würzgarten, und einem für die Qualität erstaunlich günstigen Spätburgunder. Etwa 80 Prozent der Rebfläche sind dem Riesling vorbehalten. Zum Weingut gehört ein Gästehaus mit hübsch hergerichteten Zimmern.

Verkostete Weine 8
Bewertung 83–88 Punkte

83 2016 Riesling trocken | 12% | 5,90 €
84 2016 Sauvignon Blanc trocken | 10,5% | 7,90 €
87 2016 Ürziger Würzgarten Riesling trocken Alte Reben | 12% | 9,50 €
84 2016 Riesling feinherb | 10% | 5,90 €
85 2016 Kinheimer Riesling Vom Grauen Schiefer | 11% | 6,90 €
86 2016 Erdener Treppchen Riesling Kabinett | 7,5% | 6,90 €
88 2016 Ürziger Würzgarten Riesling Spätlese | 8% | 9,– € | €
87 2015 Spätburgunder trocken | 13,5% | 9,– €

WEINGUT DANIEL ANKER

54340 Köwerich · Kapellenstraße 5a
Tel (0 65 07) 42 43
mail@ankerweine.de
www.ankerweine.de
Inhaber Daniel Anker

Verkauf nach Vereinbarung

Zum ersten Mal stellte der junge Winzer Daniel Anker aus Köwerich seine Weine vor. Die Weine sind klar und solide, aber etwas einfach strukturiert und eher für den zeitnahen Trinkgenuss konzipiert. Eine feinherbe Riesling Spätlese aus der Köwericher Laurentiuslay kann mit ihrem feinen Biss und sauberer Aromatik am meisten überzeugen.

Verkostete Weine 10
Bewertung 81–85 Punkte

82 Köwericher Held Riesling Sekt Brut | 12,5% | 8,50 €
82 2016 Rivaner Sommerwein trocken | 12% | 4,20 €
82 2016 Weißburgunder | 12,5% | 4,80 €
82 2016 Köwericher Held Riesling trocken | 12% | 4,80 €
84 2016 Köwericher Laurentiuslay Riesling Steillage trocken Alte Reben | 11,5% | 5,60 €
84 2016 Detzemer Würzgarten Riesling feinherb | 11% | 4,80 €
83 2016 Klüsserather Bruderschaft Riesling Steillage feinherb Alte Reben | 10,5% | 5,60 €
85 2016 Köwericher Laurentiuslay Riesling Steillage Spätlese feinherb Alte Reben | 8% | 5,60 €
81 2016 Köwericher Held Riesling | 10% | 4,80 €
83 2016 Rosé | 11% | 4,80 €

★ ★★★

WEINGUT PAUL BASTEN

54349 Trittenheim · Am Kreuzweg 12
Tel (0 65 07) 57 38 · Fax 68 42
weingutpbasten@aol.com
www.basten-wein.de
Inhaber und Betriebsleiter Christoph Basten
Verkauf nach Vereinbarung

Auch aus dem Jahrgang 2016 gelingt dem Trittenheimer Weingut eine absolut solide Kollektion mit tadelloser Basis und einer sehr feinen Riesling Auslese Dreistern aus der Trittenheimer Apotheke an der Spitze, die mit einem äußerst animierenden Süße-Säure-Spiel und einer herben Schieferwürze zu überzeugen weiß. Christoph Basten hat das Gut 1997 von seinem Vater Paul übernommen und führt den 4,7-Hektar-Betrieb nun in der dritten Generation.

Verkostete Weine 10
Bewertung 82–88 Punkte

82 2016 Riesling trocken | 12% | 5,50 €/1,0 Lit.
83 2016 Riesling Anna Sophie trocken | 11,5% | 6,50 €
83 2016 Trittenheimer Apotheke Riesling Kabinett trocken | 11% | 6,50 €
84 2016 Trittenheimer Apotheke Riesling Spätlese trocken | 11,5% | 7,50 €
85 2016 Trittenheimer Apotheke Riesling vom blauen Schiefer Auslese trocken | 12% | 9,50 €
85 2016 Neumagener Rosengarten Riesling Auslese trocken | 12% | 10,– €
83 2016 Trittenheimer Apotheke Riesling Spätlese | 7,5% | 7,50 €
85 2016 Neumagener Rosengarten Riesling Spätlese | 8% | 8,- €
86 2016 Trittenheimer Apotheke Riesling vom blauen Schiefer Spätlese | 8% | 9,– €
88 2016 Trittenheimer Apotheke Riesling Auslese *** | 8% | 18,– €

WEINGUT BASTGEN

54518 Monzel · Hofstraße 18 BIO
Tel (0 65 35) 93 30 92 · Fax 15 79
info@weingut-bastgen.de
www.weingut-bastgen.de
Inhaber Mona Bastgen und Armin Vogel
Außenbetrieb Mona Bastgen
Kellermeister Armin Vogel

Verkauf Mona Bastgen und Armin Vogel nach Vereinbarung

Sehenswert Vinothek mit traumhaftem Moselblick, Veranstaltungsraum
Rebfläche 6 Hektar
Jahresproduktion 30.000 Flaschen
Beste Lagen Kestener Paulinshofberg, Kueser Weisenstein
Boden Verwitterungsschiefer
Rebsorten 80% Riesling, 10% Weißburgunder, je 5% Muskateller und rote Sorten
Mitglied Bernkasteler Ring, Ecovin

Nach dem großen Erfolg des Jahrgangs 2015 in diesem Monzeler Weingut ist das Nachfolgejahr nicht ganz so gut gelungen. Einige Weine suchen noch nach ihrer Balance, es fehlt die Ausgewogenheit. Sicherlich stört anfänglich die etwas hohe Kohlensäure, aber diese verschwindet mit der Zeit. Bei den Trockenen bereitet der Muskateller Kabinett mit seiner herben Säure und der puristisch kühlen Art Trinkspaß. Der Blauschiefer Riesling wirkt noch etwas hefig und ist saftig-pikant. Bei den fruchtsüßen Rieslingen ziehen wir den Kabinett aus der Lage Paulinsberg vor, mit seiner animierenden Sponti-Nase ist er eher auf der cremigen Seite, aber gelungen. Bei den Spätlesen ist der Paulinshofberg unser Favorit, ein markanter, fruchtsüßer Riesling mit Grapefruitnote. Vom Jahrgang 2015 hatten Mona Bastgen und Armin Vogel eine rundum gelungene Kollektion vorgestellt: der Riesling Steilhang klar und fruchtig, der Blauschiefer Kabinett würzig und kräutrig, die trockene Spätlese aus dem Weisenstein wunderbar klar und fein. Die fruchtigen Rieslinge waren ausnahmslos gut geraten, die Versteigerungsspätlese aus dem Paulinshofberg an der Spitze. Bereits im Jahrgang 2013 waren Mona Bastgen und Armin Vogel Weine mit Charakter gelungen.

Symbole Weingüter

€ Schnäppchenpreis · TOP Spitzenreiter · BIO Ökobetrieb
Trinktipp · Versteigerungswein

Sekt · Weißwein · Rotwein · Rosé

MOSEL

Verkostete Weine 9
Bewertung 84–88 Punkte

- 86 2016 Riesling Blauschiefer trocken | 12% | 9,50 €
- 85 2016 Bernkastel-Kueser Weisenstein Riesling trocken | 12% | 14,– €
- 85 2016 Kestener Paulinshofberg Riesling trocken | 13% | 14,– €
- 85 2016 Weißburgunder Kabinett trocken | 12,5% | 8,50 €
- 86 2016 Muskateller Kabinett trocken | 10,5% | 10,50 €
- 84 2016 Riesling Steilhang | 12% | 8,– €
- 88 2016 Kestener Paulinsberg Riesling Kabinett | 8,5% | 10,50 €
- 88 2016 Kestener Paulinshofberg Riesling Spätlese | 8,5% | 17,50 €

WEINGUT BAUER
54486 Mülheim · Moselstraße 3
Tel (0 65 34) 5 71 · Fax 5 70
info@weingut-bauer.de
www.weingut-bauer.de
Inhaber Jörg und Thomas Bauer

Verkauf Familie Bauer
Mo–Fr 8.00–12.00 Uhr · 13.00–18.00 Uhr
Sa 8.00–16.00 Uhr und nach Vereinbarung

Das Mülheimer Weingut Bauer hat 8,3 Hektar Rebbesitz in Spitzenlagen von Brauneberg, Mülheim und Veldenz. An der Spitze der sehr gelungenen 2016er Kollektion stehen drei edelsüße Rieslinge aus dem Mülheimer Elisenberg, wobei uns die Auslese Zweistern mit ihrer tropischen Frucht, enormen Konzentration, feinem Säurespiel und guter Länge im Abgang am stärksten beeindruckt.

Verkostete Weine 11
Bewertung 83–91 Punkte

- 83 2016 Riesling trocken | 11,5% | 6,– €/1,0 Lit.
- 86 2016 Mülheimer Sonnenlay Riesling Spätlese trocken Alte Reben | 12% | 12,50 €
- 85 2016 Veldenzer Elisenberg Riesling Kabinett feinherb | 10,5% | 7,50 €
- 86 2016 Brauneberger Juffer Riesling Spätlese feinherb | 10% | 10,50 €
- 84 2016 Riesling | 9,5% | 6,– €
- 85 2016 Mülheimer Sonnenlay Riesling Tradition Spätlese | 9,5% | 9,50 €
- 86 2016 Mülheimer Elisenberg Riesling Spätlese | 7,5% | 10,– €
- 88 2016 Mülheimer Elisenberg Riesling Auslese | 7,5% | 🔑
- 91 2016 Mülheimer Elisenberg Riesling Auslese ** | 8% | 🔑
- 91 2016 Mülheimer Elisenberg Riesling Eiswein | 7,5% | Preis auf Anfrage
- 86 2014 Spätburgunder trocken ** | 13% | 16,– €

WEINGUT BECKER-STEINHAUER

54486 Mülheim · Hauptstraße 72
Tel (0 65 34) 5 21 · Fax 1 83 78
info@becker-steinhauer.de
www.becker-steinhauer.de

Inhaber Karsten Becker

Verkauf Familie Becker
nach Vereinbarung

Historie Familie betreibt seit 300 Jahren Weinbau

Sehenswert Carlsberg-Häuschen, erbaut um 1850

Rebfläche 8 Hektar

Jahresproduktion 45.000 Flaschen

Beste Lagen Brauneberger Juffer, Veldenzer Carlsberg (Alleinbesitz), Zeltinger Schlossberg

Boden Devonschiefer

Rebsorten 76% Riesling, 8% Kerner, je 5% Chardonnay und Spätburgunder, 4% Dornfelder, 2% Müller-Thurgau

Verkostete Weine 12
Bewertung 79-91 Punkte

79 Riesling Sekt Brut | 12,5% | 11,50 €
84 2016 Veldenzer Kirchberg Riesling Kabinett trocken | 11,5% | 6,50 €
84 2016 Zeltinger Schlossberg Riesling Steinmauer Spätlese trocken | 13% | 8,- €
83 2016 Veldenzer Kirchberg Riesling Spätlese trocken Alte Reben | 12% | 11,50 €
86 2016 Veldenzer Carlsberg Riesling Spätlese feinherb | 11% | 8,- €
85 2016 Veldenzer Kirchberg Riesling Kabinett | 9% | 6,50 €
86 2016 Veldenzer Carlsberg Riesling Spätlese | 7% | 8,50 €
88 2016 Brauneberger Juffer Riesling Auslese ** | 7,5% | 13,- €
90 2016 Mülheimer Sonnenlay Riesling Auslese *** | 7,5% | 15,- €/0,375 Lit.
90 2016 Mülheimer Sonnenlay Riesling Gelesen 6.1.2017 Eiswein | 6,5% | 35,- €/0,375 Lit.
91 2016 Mülheimer Sonnenlay Riesling Gelesen 6.12.2106 Eiswein ** | 7% | 35,- €/0,375 Lit.
86 2015 Spätburgunder trocken Reserve | 13% | 12,- €

Bei den trockenen Rieslingen des Jahrgangs 2016 vermissen wir ein wenig das Aufspiel der Frucht und würden uns etwas mehr Klarheit wünschen. Das ist bei der feinherben Spätlese aus dem Veldenzer Carlsberg besser: Sie hat einen klaren Kern und ist leicht druckvoll am Gaumen. Die restsüße Kollektion wirkt eindeutig sauberer im Stil und baut bei Belüftung Säure auf. Am besten gefällt uns die Auslese aus der Mülheimer Sonnenlay mit ihrer transparenten Art und der feinen Beerennote. Zuletzt konnte dieses Mülheimer Gut nicht mehr an frühere Leistungen anschließen. Der Jahrgang 2015 brachte saubere Weine aus Trauben mit hoher Reife. Die trockenen und feinherben Rieslinge waren etwas für Fans barocker, gerundeter Weine. Die Familie Becker betreibt Weinbau in der siebten Generation. Und da Tradition einen Betrieb nicht alleine am Leben erhält, hat sie in Weinberge investiert: Mit dem Jahrgang 2004 wurden erstmals Weine aus ihrer Alleinbesitzlage Veldenzer Carlsberg vorgestellt. Das Lagenportfolio umfasst ansonsten Parzellen in Veldenz und Mülheim, aber auch in Brauneberg und Zeltingen.

★ ★ MOSEL

WEINGUT JOSEF BERNARD-KIEREN
54470 Graach · Ringstraße 2
Tel (0 65 31) 21 83 · Fax 20 90
info@bernard-kieren.de
www.bernard-kieren.de
Inhaber und Betriebsleiter Josef und Martin Bernard
Verkauf Martin Bernard
nach Vereinbarung

Im Jahrgang 2016 überzeugen vor allem die restsüßen und feinherben Rieslinge des kleinen Graacher Betriebes. An der Spitze der zahlreichen fruchtigen Riesling Spät- und Auslesen aus den Graacher Toplagen Himmelreich und Domprobst stehen in diesem Jahr die tropisch-fruchtige Dreistern Spätlese »M« und die herb-würzige Zweistern Auslese, beide aus dem Graacher Domprobst. Josef Bernard führt das Weingut gemeinsam mit seinem Sohn Martin. Die neue Vinothek mit herrlicher Außenterrasse liegt direkt am Ortseingang aus Richtung Bernkastel.

Verkostete Weine 12
Bewertung 84–89 Punkte

84 2016 Graacher Himmelreich Riesling Kabinett trocken * | 11,5% | 6,– €
85 2016 Graacher Domprobst Riesling Spätlese trocken | 11,5% | 7,– €
84 2016 Graacher Domprobst Riesling Kabinett feinherb * | 10,5% | 6,50 €
86 2016 Graacher Himmelreich Riesling Spätlese feinherb | 11% | 7,50 €
85 2016 Graacher Domprobst Riesling Kabinett * | 8% | 6,50 €
86 2016 Graacher Himmelreich Riesling Spätlese * | 8% | 7,– €
87 2016 Graacher Domprobst Riesling Spätlese ** | 8% | 8,– €
86 2015 Graacher Domprobst Riesling Spätlese *** | 8,5% | 8,50 €
89 2016 Graacher Domprobst Riesling »M« Spätlese *** | 7,5% | 8,50 € | 🅔
88 2016 Graacher Domprobst Riesling Spätlese *** | 8% | 9,– € | 🅔
89 2016 Graacher Domprobst Riesling Auslese ** | 8% | 11,– €

WEINGUT C. H. BERRES
54539 Ürzig · Würzgartenstraße 41
Tel (0 65 32) 25 13 · Fax 44 42
info@berres.de
www.berres.de
Inhaber Markus Berres
Kellermeister Markus Berres
Verkauf Markus Berres
Mo–Fr 8.00–12.45 Uhr · 14.00–19.00 Uhr
Sa–So nach Vereinbarung

Der Jahrgang 2016 ist bei Markus Berres, genau wie bereits im Vorjahr, ausgesprochen gut gelungen. Die Spitzenweine des Ürziger Betriebs sind schon länger auf dem Niveau deutlich höher eingestufter Güter, aber auch die Basis gewinnt langsam mehr Profil. Hier ist ein deutlicher Aufwärtstrend zu verzeichnen. Unter den trockenen und feinherben Rieslingen liegt traditionell der Goldwingert an der Spitze. Das Jahr Reife hat dem 2015er gut getan, er liegt derzeit klar über dem etwas süßer ausgefallenen 2016er. Die Edelsüßen sind in diesem Betrieb eine sichere Bank. In diesem Jahr steht die Würzgarten Beerenauslese ganz oben, gefolgt von einer Auslese Goldkapsel aus derselben Lage.

Verkostete Weine 12
Bewertung 82–93 Punkte

82 2016 Riesling Secco Perlwein trocken | 10% | 9,– €
85 2016 Erdener Treppchen Riesling trocken | 11% | 10,05 €
82 2016 Ürziger Würzgarten Weißburgunder | 12% | 8,80 €
84 2016 Riesling Impulse feinherb | 11% | 8,80 €
86 2016 Ürziger Würzgarten Riesling | 13% | 12,50 €
87 2016 Ürziger Goldwingert Riesling feinherb | 12% | 17,85 €
85 2016 Ürziger Würzgarten Riesling Kabinett feinherb | 9,5% | 10,05 €
88 2015 Ürziger Goldwingert Riesling Auslese | 13% | 17,85 €
86 2016 Ürziger Würzgarten Riesling Kabinett | 8,5% | 10,30 €
88 2016 Ürziger Würzgarten Riesling Spätlese | 8% | 14,– €
92 2015 Ürziger Würzgarten Riesling Auslese Goldkapsel | 9% | 24,– €/0,375 Lit.
93 2015 Ürziger Würzgarten Riesling Beerenauslese | 8,5% | 56,20 €/0,375 Lit.

Weinbewertung in Punkten
100 Perfekt • 95 bis 99 Überragend • 90 bis 94 Exzellent
85 bis 89 Sehr gut • 80 bis 84 Gut

☆

★★★

WEINGUT BERWEILER-MERGES
54340 Leiwen · Euchariusstraße 35
Tel (0 65 07) 32 85 · Fax 8 01 75
weingutberweiler@t-online.de
www.weingutberweiler.de
Inhaberin und Betriebsleiterin Sandra Berweiler
Verkauf nach Vereinbarung

Der Wein Herz und Seele aus der renommierten Lage Schweicher Annaberg sowie die Spätlese Alte Reben aus dem Pölicher Held stehen mit Frische, feiner Struktur und interessanter Aromatik an der Spitze der kleinen Kollektion, die wir aus 2016 probieren konnten. Die restlichen Weine sind ordentlich, lassen es aber ein wenig an Präzision und Persönlichkeit fehlen. Das vier Hektar große Weingut wird von Sandra Berweiler seit diesem Jahr alleine geführt und bietet mit einer Straußwirtschaft und Gästezimmern ein Rundum-Sorglos-Paket für einen entspannten Moselurlaub.

Verkostete Weine 9
Bewertung 83–85 Punkte

83 2016 Leiwener St. Michael Riesling trocken | 12% | 4,50 €/1,0 Lit.
83 2016 Neumagener Rosengärtchen Riesling Sandra Spätlese trocken | 12% | 6,50 €
83 2015 Pölicher Held Riesling Spätlese trocken Alte Reben | 12% | 7,80 €
84 2016 Pölicher Held Riesling Spätlese trocken Alte Reben | 12% | 7,80 €
84 2016 Leiwener Klostergarten Riesling Spätlese feinherb | 11% | 6,50 €
84 2015 Schweicher Annaberg Riesling Spätlese halbtrocken Alte Reben | 11,5% | 8,– €
84 2016 Schweicher Annaberg Riesling Spätlese halbtrocken Alte Reben | 12% | 8,50 €
85 2016 Pölicher Held Riesling Spätlese Alte Reben | 8,5% | 7,20 €
85 2016 Schweicher Annaberg Riesling Herz & Seele Auslese Alte Reben | 8,5% | 9,– €

WEINGUT ERBEN VON BEULWITZ
54318 Mertesdorf · Eitelsbacher Weg 4
Tel (06 51) 9 56 10 · Fax 9 56 11 50
info@von-beulwitz.de
www.von-beulwitz.de
Inhaber und Betriebsleiter Herbert Weis
Außenbetrieb Daniel Coroian
Verkauf nach Vereinbarung
Weinstube »Von Beulwitz« täglich geöffnet
Restaurant »Vinum« täglich 12.00–14.00 und 18.00–22.00 Uhr
Spezialitäten regionale und saisonale Spezialitäten wie gratinierter Ziegenkäse auf Rucola, Bachsaiblingsfilets aus der Trassemer Fischzucht in Sauce Riesling
Rebfläche 7,5 Hektar
Jahresproduktion 55.000 Flaschen
Beste Lagen Kaseler Nies'chen, Auf den Mauern, Im Taubenberg, Kaseler Kehrnagel
Boden Schieferverwitterung
Rebsorten 90% Riesling, je 5% Weißburgunder und Spätburgunder
Mitglied Bernkasteler Ring

Dieses Mertesdorfer Weingut setzt in seiner gesamten Linie auf harmonisch abgerundete Weine. Zwei Große Gewächse gehören im Jahr 2016 zum Programm, beide aus dem Kaseler Nies'chen. Der Taubenberg wirkt harmonisch und geschliffen, während der Auf den Mauern nicht so herb ausfällt und mehr Balance zeigt. Bei den fruchtsüßen Qualitäten kann die Nies'chen Spätlese von Alten Reben punkten. Dies ist ein verspielter Riesling, zartsüß und mit geschliffener Säure. Die Auslesen kommen nicht ganz an das Vorjahr heran. In den nächsten Jahren ist der Neubau eines Weinkellers geplant. Herbert Weis übernahm das Kaseler Gut 1982. Er führte den Betrieb, dem auch ein empfehlenswertes Hotel mit Restaurant und Vinothek in Mertesdorf angegliedert ist, zu einer qualitativen Beständigkeit, die uns schon oft beeindruckt hat. Immer wieder kann es hier gelingen, die knackige Ruwersäure mit genügend Substanz abzupuffern: Rassig saftige, gebietstypische Rieslinge sind dann das erfreuliche Ergebnis. Die letzte wirklich grandiose Leistung lieferte Weis im Jahrgang 2011 ab.

Symbole Weingüter
€ Schnäppchenpreis · TOP Spitzenreiter · BIO Ökobetrieb
Trinktipp · Versteigerungswein

| Sekt | Weißwein | Rotwein | Rosé |

MOSEL

Verkostete Weine 12
Bewertung 83–88 Punkte

83 2016 Riesling trocken | 12,5% | 8,50 €
88 2016 Kaseler Nies'chen Riesling Im Taubenberg »Großes Gewächs« | 13% | 16,50 €
88 2016 Kaseler Nies'chen Riesling Auf den Mauern »Großes Gewächs« | 12,5% | 19,50 €
85 2016 Kaseler Nies'chen Riesling Im Steingarten Spätlese trocken | 11,5% | 12,50 €
85 2016 Kaseler Nies'chen Riesling Kabinett feinherb | 11% | 9,50 €
85 2016 Kaseler Nies'chen Riesling Spätlese feinherb | 11,5% | 12,50 €
86 2016 Kaseler Nies'chen Riesling Charlotte Spätlese feinherb Selection | 11% | 14,50 €
87 2016 Kaseler Nies'chen Riesling Kabinett | 8,5% | 9,50 €
88 2016 Kaseler Nies'chen Riesling Spätlese Alte Reben – 6 – | 8% | 18,50 €
88 2016 Kaseler Nies'chen Riesling Auslese – 5 – | 8% | 19,50 €
86 2016 Kaseler Nies'chen Riesling Auslese Alte Reben – 4 – | 8,5% | 26,– €
88 2016 Kaseler Nies'chen Riesling Auslese Alte Reben – 3 – | 8% | 28,50 €

BISCHÖFLICHE WEINGÜTER TRIER

54290 Trier · Gervasiusstraße 1
Tel (06 51) 14 57 60 · Fax 14 57 66 30
info@bischoeflicheweingueter.de
www.bischoeflicheweingueter.de
Inhaber Bischöfliches Priesterseminar und Konvikt, Hohe Domkirche
Güterdirektor Dr. Karsten Weyand
Verwalter Klaus Backes und Stephan Bigus
Kellermeister Johannes Becker
Verkauf Alexander Jelen
Mo–Fr 9.00–18.00 Uhr, **Sa** 10.00–14.00 Uhr
Restaurant Weinwirtschaft »Friedrich-Wilhelm«
Historie gegründet 1966 durch Zusammenschluss dreier bedeutender kirchlicher Weingüter
Sehenswert weitläufiger Holzfasskeller aus der Römerzeit unter der Trierer Innenstadt, alter Scharzhof in Wiltingen an der Saar
Rebfläche 130 Hektar
Jahresproduktion 620.000 Flaschen
Beste Lagen Scharzhofberger, Kanzemer Altenberg, Ayler Kupp und Herrenberger, Kaseler Nies'chen, Trittenheimer Apotheke, Dhroner Hofberger, Erdener Treppchen, Piesporter Goldtröpfchen
Boden Schiefer, teils mit Quarzit, Sand oder Lehm
Rebsorten 90% Riesling, je 4% rote Burgundersorten und Weißburgunder, 2% Elbling

Die aktuelle Kollektion knüpft an das gute Vorjahr an, und das, obwohl einige der traditionell besten Weine noch gar nicht gefüllt und eingereicht wurden. Einen Vorgeschmack auf den 2016er Jahrgang lieferten die vier Riesling-Kabinettweine aus dem feinherben bis fruchtigen Spektrum. Spannend auch die Trittenheimer Apotheke Riesling trocken Reserve 2014, spontan vergoren und 18 Monate auf der Vollhefe im neuen Doppelstück ausgebaut. Hochfarbig, mit intensiver Würze und sehr langem Abgang. Der Bischof, so scheint es, ist dabei, seinen Stil zu finden und damit an vergangene glorreiche Tage anzuknüpfen. Die Bischöflichen Weingüter Trier sind 1966 durch den Zusammenschluss dreier bedeutender kirchlicher Weingüter entstanden: Bischöfliches Konvikt (gegründet 1840), Bischöfliches Priesterseminar (1773) und Hohe Domkirche (1851). Im Jahr 2003 kam zusätzlich das ehemalige Stiftungsweingut Friedrich-Wilhelm-Gymnasium hinzu. Insgesamt verfügen die »Bischöflichen« heute über 130 Hektar Besitz an der Mittelmosel sowie an Ruwer und Saar, darunter viele Spitzenlagen. Das Team um Güterdirektor Dr. Karsten Weyand hat den Betrieb geschickt modernisiert. Zuletzt haben uns die Jahrgänge 2012, 2013 und 2015 gut gefallen.

Verkostete Weine 12
Bewertung 84–92 Punkte

- 88 2014 Trittenheimer Apotheke Riesling trocken Reserve Holzfass | 13% | 23,- €
- 84 2016 Kaseler Riesling Kabinett trocken | 11% | 9,90 €
- 85 2016 Ayler Riesling Kabinett trocken | 11% | 9,90 €
- 86 2015 Dhroner Hofberger Riesling Spätlese trocken | 12% | 12,90 €
- 87 2016 Ayler Riesling Kabinett feinherb | 11% | 9,90 €
- 87 2015 Trittenheimer Apotheke Riesling Spätlese feinherb | 10,5% | 12,90 €
- 86 2016 Kaseler Nies'chen Riesling Kabinett | 8,5% | 9,90 €
- 87 2016 Ürziger Würzgarten Riesling Kabinett | 8,5% | 9,90 €
- 88 2016 Scharzhofberger Riesling Kabinett | 8% | 10,90 €
- 90 2015 Scharzhofberger Riesling Spätlese | 8,5% | 14,- €
- 92 2010 Kanzemer Altenberg Riesling Beerenauslese | 8,5% | 54,- €
- 88 2015 Kanzemer Altenberg Pinot Noir trocken Holzfass | 13% | 22,90 €

WEINGUT BLEES-FERBER

54340 Leiwen · Liviastraße 1a
Tel (0 65 07) 31 52 · Fax 84 06
weingut-blees-ferber@t-online.de
www.blees-ferber.de
Inhaber und Betriebsleiter Stefan Blees
Verkauf Stefan, Sabine und Karl Blees nach Vereinbarung
Gästehaus mit modernen Zimmern, mitten in den Weinbergen
Sehenswert Panoramablick auf die Mosel und die Lagen Apotheke und Laurentiuslay
Rebfläche 10,3 Hektar
Jahresproduktion 80.000 Flaschen
Beste Lagen Piesporter Gärtchen (Alleinbesitz) und Goldtröpfchen, Trittenheimer Apotheke, Leiwener Laurentiuslay, Neumagener Sonnenuhr und Rosengärtchen
Boden Verwitterungsschiefer
Rebsorten 90% Riesling, 4% Weißburgunder, je 3% Spätburgunder und Müller-Thurgau

Aus dem Jahrgang 2016 stellt der Leiwener Winzer Stefan Blees ein interessantes Sortiment für Mosel-Liebhaber vor, die Probleme mit zu hoher Säure haben. Alle Weine haben Schmelz, ohne röstig zu wirken, und sind sehr sauber. Ein gutes Beispiel hierfür ist der trockene Kabinett aus der Lage Apotheke mit seinem würzigen Duft und klarer Struktur. Die feinherben Rieslinge gefallen uns in diesem Jahr sehr gut, der Herrenberg mit Druck und Stoff, der Laurentiuslay Kabinett reichhaltig und cremig, und an der Spitze das Piesporter Gärtchen mit zartem Spontiduft, reichhaltig und lang anhaltend. Die restsüßen Rieslinge leiden ein wenig unter der niedrigen Säure. An der Spitze der Kollektion stehen zwei vibrierende Eisweine mit kristallklarer Säure, wobei wir den Laurentiuslay in seiner puristischen Art vorziehen. Stefan Blees führt diesen Leiwener Familienbetrieb bereits in der dritten Generation. Durch Übernahme kamen Weinberge im Piesporter Goldtröpfchen und der Alleinbesitz der winzigen Einzellage Gärtchen hinzu. Auch konnte er seine Fläche in der Trittenheimer Apotheke vergrößern. Zuletzt wurden Weinberge in der Toplage Neumagener Sonnenuhr erworben, die im Monopolbesitz ist, und aus dem Neumagener Rosengärtchen.

MOSEL

Verkostete Weine 12
Bewertung 85–94 Punkte

85 2016 Trittenheimer Apotheke Riesling Kabinett trocken | 11,5% | 6,50 €
86 2016 Schweicher Herrenberg Riesling feinherb Alte Reben | 11% | 9,– €
87 2016 Neumagener Sonnenuhr Riesling Non Plus Ultra | 12% | 15,50 €
86 2016 Leiwener Laurentiuslay Riesling Kabinett feinherb | 10,5% | 6,50 €
89 2016 Piesporter Gärtchen Riesling Spätlese feinherb | 10,5% | 9,50 | €
86 2016 Trittenheimer Apotheke Riesling Spätlese Alte Reben *** | 12% | 10,– €
85 2016 Leiwener Laurentiuslay Riesling Kabinett | 7,5% | 6,50 €
86 2016 Trittenheimer Apotheke Riesling Spätlese | 7,5% | 9,– €
86 2016 Piesporter Goldtröpfchen Riesling Spätlese *** | 7,5% | 10,– €
90 2016 Neumagener Sonnenuhr Riesling Non Plus Ultra Auslese *** | 7% | 18,50 €/0,5 Lit.
92 2016 Leiwener Klostergarten Riesling Eiswein | 7% | 35,– €/0,375 Lit.
94 2016 Leiwener Laurentiuslay Riesling Eiswein *** | 6% | 48,– €/0,375 Lit.

WEINGUT KLAUS BLESIUS
54470 Graach · Hauptstraße 75
Tel (0 65 31) 22 27 · Fax 9 13 53
weingut@blesius.com
www.weingut.blesius.com
Inhaber Klaus Blesius
Kellermeister Klaus und Florian Blesius
Verkauf Klaus und Raphaela Blesius
Mo–Sa 8.30–20.00 Uhr, **So** 10.00–12.00 Uhr
und nach Vereinbarung

Die 2016er Kollektion von Klaus und Florian Blesius befindet sich genau auf dem guten Vorjahresniveau. Der Schwerpunkt liegt klar bei fruchtigen und feinherben Rieslingen. Unsere besondere Empfehlung gilt dem trockenen Graacher Domprobst Riesling »BB«, dem Kabinett Sponti und den beiden herausragenden Auslesen. Die Rebfläche ist mittlerweile auf 3,5 Hektar angewachsen, größtenteils in den Graacher Spitzenlagen Himmelreich und Domprobst. Sohn Florian geht mitunter stilistisch eigene Wege, etwa mit der Spontiserie. Einige der Weine sind ausgesprochen preisgünstig wie der wunderbar animierende Kabinett aus dem Graacher Himmelreich für 6,50 Euro.

Verkostete Weine 12
Bewertung 82–90 Punkte

87 2016 Graacher Domprobst Riesling BB trocken | 12,5% | 13,– €
84 2016 Graacher Himmelreich Riesling Kabinett trocken | 11,5% | 6,30 €
85 2016 Graacher Domprobst Riesling Spätlese trocken | 11% | 7,50 €
82 2016 Graacher Riesling halbtrocken | 11,5% | 5,90 €/1,0 Lit.
84 2016 Graacher Himmelreich Riesling Kabinett feinherb | 10,5% | 6,30 €
86 2016 Graacher Domprobst Riesling Jungspund's Spätlese feinherb | 10,5% | 7,– €
85 2016 Graacher Domprobst Riesling Kabinett | 8% | 6,30 €
87 2016 Graacher Himmelreich Riesling Sponti Kabinett | 7,5% | 6,50 €
85 2016 Graacher Domprobst Riesling Sponti Spätlese | 7,5% | 7,50 €
86 2016 Graacher Domprobst Riesling Spätlese | 7,5% | 7,50 €
88 2016 Graacher Domprobst Riesling Auslese * | 7,5% | 11,– €
90 2016 Graacher Domprobst Riesling Auslese ** | 7,5% | 18,50 €

WEINGUT HERIBERT BOCH

54349 Trittenheim · Moselweinstraße 62
Tel (0 65 07) 27 13 · Fax 67 95
info@weingut-boch.de
www.weingut-boch.de
Inhaber und Betriebsleiter Michael Boch
Verkauf Anne Boch
Mo–Sa 9.00–12.00 Uhr · 14.00–19.00 Uhr
So 10.00–14.00 Uhr und nach Vereinbarung

Dies ist die homogenste Kollektion von Michael Boch in den letzten Jahren. Die Spitzen des Jahrgangs 2016 sind ausnahmslos Rieslinge aus der Trittenheimer Apotheke, bei den trockenen zwei Spätlesen - Urstück und Abtswingert Zero - und bei den edelsüßen die ebenso fruchtintensive wie animierende Auslese, die sogar dem Eiswein klar die Show stiehlt. Mehr als sieben Hektar bewirtschaftet dieses Trittenheimer Gut. Die wohl größte Besonderheit ist der für Mosel-Verhältnisse außergewöhnliche Anteil roter Rebsorten von mehr als einem Viertel der Betriebsfläche.

Verkostete Weine 9
Bewertung 83–90 Punkte

83 2016 Blauer Spätburgunder trocken Blanc de Noirs | 12,5% | 6,70 €
85 2016 Trittenheimer Apotheke Riesling Kabinett trocken | 11,5% | 6,90 €
87 2016 Trittenheimer Apotheke Riesling Urstück Spätlese trocken | 12,5% | 9,80 €
87 2016 Trittenheimer Apotheke Riesling Abtswingert Zero Spätlese trocken | 12,5% | 12,- €
85 2016 Trittenheimer Apotheke Riesling Spätlese feinherb | 11,5% | 8,90 €
88 2016 Trittenheimer Apotheke Riesling *** Spätlese | 7,5% | 12,- €
90 2016 Trittenheimer Apotheke Riesling Auslese | 7,5% | 22,- €
89 2016 Trittenheimer Altärchen Riesling Eiswein | 7% | 35,- €/0,375 Lit.
85 2015 Trittenheimer Altärchen Blauer Spätburgunder trocken | 13% | 8,90 €

WEINGUT BREIT

54498 Piesport · Bahnhofstraße 31
Tel (0 65 07) 9 90 33 · Fax 9 90 34
info@manfredbreit.de
www.manfredbreit.de
Inhaber Holger Breit
Verkauf Christin Breit-Borgwardt
Mo–Sa 10.00–18.00 Uhr und nach Vereinbarung

Die 2016er Kollektion von Holger Breit knüpft nahtlos an das ebenfalls sehr gelungene Vorjahressortiment an. Außer dem trockenen Liter stammen alle Weine aus dem renommierten Piesporter Goldtröpfchen. Bester trockener Wein ist der erst in diesem Jahr präsentierte 2015er Riesling trocken »sur lie« (mit langem Hefelager), der sich derzeit enorm würzig, fast salzig und mit guter Länge zeigt. Bei den Restsüßen liegt die herb-würzige Goldtröpfchen Auslese erwartungsgemäß an der Spitze.

Verkostete Weine 9
Bewertung 82–88 Punkte

82 2016 Riesling trocken | 12,5% | 4,90 €/1,0 Lit.
85 2016 Piesporter Goldtröpfchen Riesling Vincent trocken | 12,5% | 15,- €
87 2015 Piesporter Goldtröpfchen Riesling trocken »sur lie« | 13% | 15,- €
84 2016 Piesporter Goldtröpfchen Riesling Spätlese trocken | 12% | 9,- €
84 2016 Piesporter Goldtröpfchen Riesling Spätlese feinherb | 10,5% | 9,- €
83 2016 Piesporter Goldtröpfchen Riesling Kabinett - 5 - | 9% | 6,- €
85 2016 Piesporter Goldtröpfchen Riesling Kabinett - 2 - | 8,5% | 6,- €
87 2016 Piesporter Goldtröpfchen Riesling Spätlese feinherb | 7,5% | 9,- €
88 2016 Piesporter Goldtröpfchen Riesling Auslese | 8% | 12,- €

Symbole Weingüter
★★★★★ Weltklasse · ★★★★ Deutsche Spitze
★★★ Sehr Gut · ★★ Gut · ★ Zuverlässig

Weinbewertung in Punkten
100 Perfekt · 95 bis 99 Überragend · 90 bis 94 Exzellent
85 bis 89 Sehr gut · 80 bis 84 Gut

MOSEL

★★

WEINGUT FRANK BROHL
56862 Pünderich · Zum Rosenberg 2
Tel (0 65 42) 2 21 48 · Fax 12 95
info@weingut-brohl.de
www.weingut-brohl.de

Inhaber Jutta und Frank Brohl
Betriebsleiter Frank Brohl
Verkauf nach Vereinbarung
Ferienwohnungen im Weingut
Rebfläche 7 Hektar
Jahresproduktion 40.000 Flaschen
Beste Lagen Pündericher Marienburg und Nonnengarten, Reiler Goldlay
Boden Devonschiefer, Schieferverwitterung
Rebsorten 75% Riesling, 12% Rivaner, 10% Weißburgunder, 3% Spätburgunder
Mitglied Ecovin

Verkostete Weine 11
Bewertung 85–90 Punkte

85 2015 Spätburgunder Sekt Brut Blanc de Noirs | 12% | 11,- €
86 2016 Riesling Steinrausch Landwein trocken | 12% | 15,- €
86 2016 Riesling Heartbreak Hochgewächs trocken | 11% | 7,50 €
87 2016 Pündericher Marienburg Riesling No. 1 Kabinett trocken | 11,5% | 8,- €
89 2016 Riesling Alte Reben 1889 Kabinett trocken | 11% | 8,50 € | 🍷
86 2016 Pündericher Nonnengarten Riesling Spätlese trocken | 12% | 10,50 €
89 2016 Pündericher Marienburg Riesling Rosenberg Spätlese trocken | 11,5% | 12,90 €
90 2016 Riesling Alte Reben 1889 Spätlese trocken | 12% | 12,90 €
86 2016 Pündericher Nonnengarten Riesling feinherb | 10,5% | 7,50 €
88 2016 Pündericher Marienburg Riesling Kabinett | 8% | 8,- € | 🍷
85 2006 Reiler Goldlay Riesling Spätlese | 10% | 11,- €

Der Pündericher Winzer Frank Brohl stellt uns vom Jahrgang 2016 eine sehr solide Kollektion vor. Sie ist geprägt von charaktervoll vielseitigen trockenen Rieslingen. Aus dieser Reihe ragt die Spätlese von Alten Reben 1889 hervor, ein straffer Wein, der zugleich Feinheiten aufweist. Ähnlich gut ist der Kabinett von Alten Reben, anspruchsvoll und lang. Und die Spätlese aus dem Rosenberg steht in ihrer verspielten und druckvollen Art auf dem gleichen Level. Hier animieren bereits die markanten Basisweine zum Trinken. Bei den fruchtsüßen Rieslingen ziehen wir den Marienburg Kabinett vor, ein Wein mit feinem Spiel und zarter Würze. Zuletzt wurde in neue Edelstahltanks investiert, in nächster Zeit ist der Bau einer neuen Kelterhalle geplant. Dieses Pündericher Gut liefert seit Jahren zuverlässige Qualität. In diesem Sieben-Hektar-Betrieb wird bereits seit 1984 ökologisch gearbeitet. Die erzeugten Weine sind vegan.

2014
Pündericher Marienburg
„Rosenberg"
Riesling Spätlese Trocken

★

WEINGUT PETER BURENS
54439 Saarburg · Graf-Siegfried-Straße 47
Tel (01 76) 55 61 48 44
info@saarweingut-burens.de
www.saarweingut-burens.de
Inhaber Peter Burens

Verkauf Peter Burens
nach Vereinbarung

2015 war der erste Jahrgang dieser Saarburger Neugründung, die sich selbst Garage Winery nennt. Binnen eines Monats waren die Weine vergriffen. Peter Burens, der unter anderem bei Schloss Saarstein und Peter Lauer gelernt hat, nahm folglich weitere Parzellen in der Steillage Auf Schonfels dazu, bestockt mit Reben im Alter von mindestens 40 Jahren. Unterstützt wird Burens von seiner Ehefrau Eva, die in Geisenheim Getränketechnologie studiert hat. Ihren Gesellenbrief als Winzerin erwarb sie im Rheingauer Spitzenweingut Weil. Handlese bei der Traubenernte ist obligatorisch, ebenso wie Spontangärung. Den trockenen Riesling hat Burens unfiltriert abgefüllt. Er hat eine leichte Oxidationsnote, ist süßlich-herb und karg im Abgang. Der feinherbe Kabinett ist blitzblank, hat Saft und Zug und eine kühle Frucht. Und der fruchtige Kabinett zeigt Säure und eine zarte Phenolnote, wirkt apfelig kühl und hat Trinkanimation. In jedem Fall sind dies individuelle Weine. Auf dem geschmackvollen Etikett steht der Gelbkopf für trocken, der Grünkopf für feinherb und der Rotkopf für fruchtsüß.

Verkostete Weine 4
Bewertung 82–89 Punkte

87 2016 Saarburger Auf Schonfels Riesling Gelbkopf trocken Alte Reben | 12,5% | 11,80 €
82 2016 Grauburgunder Muschelkalk halbtrocken | 11% | 8,50 €
89 2016 Saarburger Riesling Grünkopf Kabinett feinherb Alte Reben | 9% | 12,80 €
89 2016 Saarburger Auf Schonfels Riesling Rotkopf Kabinett Alte Reben | 7,5% | 13,80 €

Symbole Weingüter
€ Schnäppchenpreis · TOP/10 Spitzenreiter · BIO Ökobetrieb
🍷 Trinktipp · 🔨 Versteigerungswein
Sekt · Weißwein · Rotwein · Rosé

★★★★

WEINGUT CLEMENS BUSCH
56862 Pünderich · Kirchstraße 37   BIO
Tel (0 65 42) 1 81 40 23 · Fax 1 81 40 25
weingut@clemens-busch.de
www.clemens-busch.de
Inhaber Clemens und Rita Busch
Kellermeister und Verwalter Clemens und Johannes Busch

Verkauf nach Vereinbarung
Sehenswert Gewölbekeller, Stammhaus des Weingutes – Fachwerkbau von 1663
Rebfläche 16 Hektar
Jahresproduktion 100.000 Flaschen
Beste Lage Pünderischer Marienburg
Boden steiniger Schieferverwitterungsboden, roter Devonschiefer, skeletthaltiger sandiger Lehm
Rebsorten 99% Riesling, 1% Spätburgunder
Mitglied VDP, La Renaissance des Appellations, Respekt

Clemens Busch hat jenen Grad der Entspanntheit erreicht, der es ihm offenbar ermöglicht, einen großen Jahrgang nach dem anderen vorzustellen. Nach dem bereits beeindruckenden 2015ern folgt nun mit 2016 ein Sortiment wie aus einem Guss. Alle Weine wirken kühl, geschliffen und klar. Das beginnt beim trockenen Gutswein, einem verspielten Riesling, rassig und kantig: ein echtes Preis-Leistungs-Paket. Hier ist der Übergang von den Ortsweinen zu den Großen Gewächsen nahezu fließend. Und der nachgereichte 2015er Fahrlay-Terrassen zeigt, welche großen trockenen Rieslinge auch im Vorjahr möglich waren. Bei den 2016er Großen Gewächsen gefällt uns der Rothenpfad sehr gut mit seiner verdichteten Struktur. Alle Großen Gewächse brauchen zur Entfaltung viel Luft. Ein Muntermacher ist der Kabinett aus der Marienburg mit feiner Apfelnote und kühlem, lang anhaltendem Nachhall. Clemens Busch hatte auch vom Jahrgang 2015 eine überaus hochwertige Kollektion vorgestellt. Dem Pünderischer Winzer gelang es, den Weinen zugleich Druck und Feinheit mitzugeben, nicht zuletzt durch eine präsente und geschliffene Säure.

Farbiger Schiefer
Steht man vor dem Stammhaus des Weingutes am Moselufer und blickt hinüber auf die Lage Marienburg, so umfängt einen der Zauber dieser

MOSEL

Clemens Busch

Weinlandschaft. Tritt Clemens Busch hinzu, eröffnet sich die Chance, das Potenzial dieses großen Terroirs kennenzulernen. Wie so oft nimmt auch in Pünderich die offizielle Lagenabgrenzung keine Rücksicht auf die verschiedenartigen Böden. Um diesem Mangel zu begegnen, griff Busch auf alte Parzellenbezeichnungen wie Fahrlay und Falkenlay zurück. Die Fahrlay bei der Fähre ist geprägt von blauem, die Falkenlay von grauem Schiefer. Der Rothenpfad erhielt seinen Namen vom roten Schiefer, der den dort wachsenden Weinen Ähnlichkeit mit den Gewächsen des Roten Hangs bei Nierstein verleiht. Die besten Weine des Gutes stammen oft von einer Felsterrasse mit über 50-jährigen Reben, die auf grauem Schiefer stehen. In diesem Haus werden mit großer Regelmäßigkeit auch überragende Süßweine erzeugt. Die 2007er Riesling Trockenbeerenauslese war nicht nur der beste edelsüße Wein des Jahrgangs, er verdiente sich obendrein auch noch sensationelle 100 Punkte, was in unserem Führer bislang nur ganz wenigen Weinen vergönnt war.

Nach Ökoprinzipien

Bei der Bewirtschaftung ihrer Weinberge arbeiten Clemens und Rita Busch bereits seit 1986 nach biodynamischen Prinzipien. Sohn Johannes hat nach seinem Studium Praktika in Neuseeland und in deutschen Betrieben absolviert und kümmert sich als Außenbetriebsleiter vor allem um die Weinbergsarbeit. Mit dem Ankauf eines Lager- und Kellereigebäudes hat das Weingut nun noch bessere Bedingungen bei Vertrieb und Weinausbau. Die Gebäude sollen renoviert und ausgebaut werden.

Verkostete Weine 13
Bewertung 87–93 Punkte

- **87** 2016 Riesling trocken Holzfass | 10,5% | 9,50 €
- **88** 2016 Pündericher Riesling vom grauen Schiefer trocken Holzfass | 11% | 14,50 €
- **89** 2016 Pündericher Riesling vom roten Schiefer trocken Holzfass | 11,5% | 14,50 €
- **90** 2016 Pündericher Marienburg Riesling »Großes Gewächs« Holzfass | 12,5% | 26,- €
- **91** 2016 Pündericher Marienburg Rothenpfad Riesling »Großes Gewächs« Holzfass | 12,5% | 28,- €
- **90** 2016 Pündericher Marienburg Fahrlay Riesling »Großes Gewächs« Holzfass | 12,5% | 32,- €
- **91** 2016 Pündericher Marienburg Falkenlay Riesling »Großes Gewächs« Holzfass | 12,5% | 32,- €
- **92** 2015 Pündericher Marienburg Fahrlay-Terrassen Riesling trocken Holzfass | 12% | 42,- €
- **89** 2015 Pündericher Marienburg Felsterrasse Riesling trocken Holzfass | 12,5% | 49,- €
- **91** 2015 Pündericher Marienburg Raffes Riesling trocken Holzfass | 12% | 69,- €
- **92** 2016 Pündericher Marienburg Riesling Kabinett Holzfass | 7,5% | 14,50 €
- **91** 2016 Pündericher Marienburg Riesling Spätlese Holzfass | 7,5% | 18,50 €
- **93** 2016 Pündericher Marienburg Riesling Spätlese Holzfass Goldkapsel | 7% | 25,- €

★

WEINGUT CANTZHEIM
54441 Kanzem · Weinstraße 4
Tel (0 65 01) 6 07 66 35
post@cantzheim.de
www.cantzheim.de
Inhaber Anna und Stephan Reimann
Verkauf Anna und Stephan Reimann
nach Vereinbarung

Direkt neben dem Weingut von Othegraven, das dem Fernsehmoderator Günther Jauch gehört, ist 2016 in historischen Räumen am Kanzemer Ortseingang ein weiteres Weingut gegründet worden. Anna und Stephan Reimann nennen es Cantzheim, nach dem alten Namen von Kanzem aus dem 14. Jahrhundert. Sitz ist ein 1740 errichtetes Gutsgebäude, das zu einem Kloster gehörte. Schon der erste Jahrgang 2016 hat Format. An der Spitze stehen Rieslinge aus dem Saarburger Fuchs: die Spätlese mit saftigem Zug, leicht rauchig und würzig, die Auslese mit deutlicher Süße und eher etwas weich. Die Weine sind sauber und haben einen klaren Stil. Sie suchen noch etwas nach ihrem Charakter und der Strahlkraft. Das Potenzial in diesem neuen Gut ist aber schon deutlich zu erkennen.

Verkostete Weine 6
Bewertung 84–88 Punkte

84 2016 Riesling der Gärtner trocken | 11,5 % | 9,50 €
84 2016 Saarburger Fuchs Riesling trocken | 12 % | 15,– €
85 2016 Riesling die Gärtnerin feinherb | 11,5 % | 9,50 €
87 2016 Riesling Kabinett | 8 % | 13,– €
88 2016 Saarburger Fuchs Riesling Spätlese | 8,5 % | 19,– €
88 2016 Saarburger Fuchs Riesling Auslese | 8 % | 25,– €

★★★

WEINGUT CASPARI-KAPPEL
56850 Enkirch · Am Steffensberg 29 **BIO**
Tel (0 65 41) 63 48 · Fax 16 28
info@caspariwein.de
www.caspariwein.de
Inhaber Nico Caspari und Uwe Jostock
Betriebsleiter und Kellermeister Uwe Jostock
Verkauf Nico Caspari, Uwe Jostock
nach Vereinbarung

Rebfläche 12 Hektar
Jahresproduktion 60.000 Flaschen
Beste Lagen Trabener Gaispfad, Enkircher Ellergrub, Zeppwingert, Steffensberg, Monteneubel
Boden blauer Devonschiefer, Schieferverwitterung
Rebsorten 85% Riesling, 8% Spätburgunder, 7% Weißburgunder

Nico Caspari und Uwe Jostock stellen vom Jahrgang 2016 eine etwas heterogene Kollektion vor. Einige Einstiegsweine sind etwas dünn geraten, doch bei den Kabinetten und Spätlesen ändert sich dieses Bild. Der feinherbe Kabinett hat eine interessante Sponti-Nase, Saft und Würze. Die feinherbe Spätlese aus dem Zeppwingert ist ein ernsthafter Wein, karg und frisch, mit Grip im Abgang. Gefallen hat uns auch der Weiße Burgunder aus dem Schlossberg, der im Barrique ausgebaut wurde. Seine kühle Art und feine Frucht überzeugen. Von den fruchtigen Rieslingen hat uns der Kabinett Spaß bereitet mit seinem floralen Duft und schwebendem Charakter. Dieser Betrieb hat sich in den letzten Jahren zu einem zuverlässigen Lieferanten feiner Mosel-Rieslinge entwickelt. Selbst die trockenen Basisweine zeigen hier in der Regel Format. Zuletzt war Nico Caspari und Uwe Jostock mit dem Jahrgang 2014 ein großer Wurf gelungen. Uwe Jostock hat Stationen in den Gütern Immich Batterieberg und Clemens Busch vorzuweisen und stieg 2007 in das Weingut Caspari-Kappel ein. Das zwölf Hektar umfassende Gut verfügt über neun Hektar beste Lagen rund um Enkirch. Ziel ist es, authentische Weine aus direkt an der Mosel gelegenen Schieferlagen zu erzeugen.

Symbole Weingüter
€ Schnäppchenpreis · TOP Spitzenreiter · BIO Ökobetrieb
Trinktipp · Versteigerungswein

| Sekt | Weißwein | Rotwein | Rosé |

★★ MOSEL

Verkostete Weine 12
Bewertung 81–88 Punkte

- 82 2016 Riesling trocken | 12% | 7,- €/1,0 Lit.
- 84 2016 Riesling Schiefercuvée trocken | 12% | 7,50 €
- 86 2016 Burger Schlossberg Weißburgunder trocken Barrique | 12,5% | 13,50 €
- 86 2016 Riesling Kabinett trocken | 11,5% | 9,50 €
- 87 2016 Enkircher Ellergrub Riesling Spätlese trocken Alte Reben | 12,5% | 15,- €
- 81 2016 Riesling feinherb | 11% | 7,- €/1,0 Lit.
- 84 2016 Riesling Schiefercuvée feinherb | 11,5% | 7,50 €
- 87 2016 Riesling Kabinett feinherb | 11% | 9,50 €
- 88 2016 Enkircher Zeppwingert Riesling Spätlese feinherb Alte Reben | 12% | 15,- €
- 88 2016 Trabener Gaispfad Riesling 100 Spätlese feinherb Alte Reben | 12% | 21,- €
- 88 2016 Riesling Kabinett | 7% | 9,50 € | €
- 88 2016 Trabener Gaispfad Riesling Spätlese Alte Reben | 7,5% | 15,- €

WEINGUT JOH. JOS. CHRISTOFFEL ERBEN
54539 Ürzig · Mönchhof
Tel (0 65 32) 9 31 64 · Fax 9 31 66
moenchhof.eymael@t-online.de
www.moenchhof.de
Inhaber Robert Eymael
Betriebsleiter Robert Eymael
Verwalter Volker Besch
Kellermeister Robert Eymael
Verkauf Robert Eymael und Volker Besch
Mo–Fr 9.00–16.00 Uhr und nach Vereinbarung
Vinothek bis zu 150 Personen
Rebfläche 3,5 Hektar
Jahresproduktion 30.000 Flaschen
Beste Lagen Erdener Treppchen, Ürziger Würzgarten
Boden Devonschieferverwitterung, Rotliegendes
Rebsorte 100% Riesling
Mitglied VDP

Dieses altrenommierte Weingut in Ürzig verfügt über ein großartiges Lagenpotenzial, das zuletzt aber nicht mehr ganz ausgeschöpft wurde. An der Spitze steht eine Auslese traditioneller Machart aus dem Würzgarten mit präsenter Säure und Biss. Auch die Spätlese aus derselben Lage gehört zu den Gewinnern des Jahrgangs, ebenso wie der Kabinett, ein klarer, saftiger Riesling mit Zug am Gaumen. Leider war in diesem Traditionshaus auch der Jahrgang 2015 eher enttäuschend ausgefallen. Gut gefallen hatte uns der verspielte Kabinett aus dem Erdener Treppchen. Von den Spätlesen sprach uns der Würzgarten an. In den Jahren zuvor hatte es in diesem Betrieb keine schwachen Weine mehr gegeben. 2001 hatte Robert Eymael vom Mönchhof in Ürzig die 3,5 Hektar umfassenden Weinberge von Hans Leo Christoffel gepachtet. Wurzelechte Reben im hohen Alter sind hier die Basis für subtile, filigrane restsüße Rieslinge aus dem Ürziger Würzgarten und dem Erdener Treppchen, wenn alles passt. Die Reben im Würzgarten stehen auf dem hier vorherrschenden roten Schiefer, während die Rieslinge aus dem Treppchen vom blauen Schiefer geprägt sind. Gewissermaßen kann man in den Weinen die Unterschiedlichkeit der Böden erkennen: hier die Würze und Kraft der Ürziger, dort die Zartheit der Erdener.

★★★★

Verkostete Weine 8
Bewertung 82–90 Punkte

- 82 2016 Ürziger Würzgarten Riesling trocken | 12% | 8,90 €
- 84 2016 Ürziger Würzgarten Riesling Kabinett feinherb | 10,5% | 12,80 €
- 84 2016 Riesling | 9,5% | 8,90 €
- 82 2016 Erdener Treppchen Riesling Kabinett | 8% | 11,80 €
- 86 2016 Ürziger Würzgarten Riesling Kabinett | 8% | 12,80 €
- 86 2016 Erdener Treppchen Riesling Spätlese | 8% | 13,90 €
- 87 2016 Ürziger Würzgarten Riesling Spätlese | 8% | 13,90 €
- 90 2016 Ürziger Würzgarten Riesling Kranklay Auslese *** | 7,5% | 26,80 €

WEINGUT JOS. CHRISTOFFEL JR.
54539 Ürzig · Moselufer 1–3
Tel (0 65 32) 21 13 · Fax 10 50
Inhaber Karl-Josef Christoffel und Annekatrin Christoffel-Prüm

Verkauf nach Vereinbarung

Historie Weinbau seit 400 Jahren
Rebfläche 2 Hektar
Jahresproduktion 20.000 Flaschen
Beste Lagen Ürziger Würzgarten, Erdener Prälat und Treppchen
Boden Schiefer
Rebsorte 100% Riesling

Kajo Christoffel geht mit einer Abgeklärtheit ans Werk, wie man sie nur nach Jahrzehnten intensiver Winzerarbeit erlangen kann. In diesem Ürziger Betrieb folgt ein starker Jahrgang nach dem anderen. Auch 2016 hat wieder diese großartigen Mittelmosel-Rieslinge hervorgebracht mit seidiger Textur und klassischem Schliff. Schon die feinherbe Spätlese aus dem Würzgarten ist ein wunderbar transparenter Riesling. Der fruchtige Kabinett aus dem Treppchen ist leicht im Stil, zart und kühl. Die Würzgarten Spät- und Auslese sind grandiose Vertreter der Mittelmosel, würzig und zugleich verführerisch zart. Und die Auslese aus dem Prälat ist ein hedonistischer Wein von Vornehmheit und großer Klarheit. Großartig waren bereits die 2011er hier ausgefallen. Auf diesen Ausnahmejahrgang folgte dann mit den 2012ern ein Sortiment von Weinen, die ihren Vorgängern in nichts nachstanden. Auch in der Kollektion aus dem Jahrgang 2013 befand sich kein schwacher Wein. An diese Leistungen schloss der Jahrgang 2015 an.

Grandiose Schatzkammer

In diesem kleinen Betrieb werden schon seit Jahrzehnten typische Mosel-Rieslinge auf hohem Niveau erzeugt. In den Spitzenlagen von Ürzig und Erden stehen wurzelechte Rieslingreben mit einem Durchschnittsalter von 40 Jahren. Einzelne Rebstöcke sind sogar 100 und mehr Jahre alt. Stolz ist Karl-Josef Christoffel etwa auf seine Partie im Erdener Treppchen, die zum Kernstück der Lage gehört, die durch die unselige Lagenreform Anfang der 1970er Jahre bis zur Unkenntlichkeit aufgebläht wurde. Lange Zeit verfügte man darüber hinaus noch über Weinberge

MOSEL

in Wehlen, Graach und Zeltingen, die Annekatrin Christoffel-Prüm eingebracht hatte. Doch vor einigen Jahren gingen diese Parzellen zurück an das Weingut S. A. Prüm in Wehlen. Gerade mal zwei Hektar ist Christoffel jr. heute noch groß. Die Traubenlese in diesem lupenreinen Riesling-Betrieb ist immer spät und zieht sich oft in den November hinein. Die Moste werden ausschließlich in Fuderfässern mit natürlichen Hefen langsam vergoren. Ergebnis sind Weine mit ausgeprägtem Lagencharakter. Jahrgangsschwankungen scheinen in diesem Betrieb weitgehend unbekannt zu sein. Hier werden in großer Regelmäßigkeit grandiose Auslesen erzeugt. Dies sind Mosel-Rieslinge im traditionellen Stil, die zum Genuss animieren. Die Schatzkammer ist für ein Gut dieser Größe sensationell bestückt. Es gibt sogar noch einige Vorkriegsweine, der älteste stammt von 1920, einem jener Jahrgänge, die im Schatten nachfolgender Jahrhundertjahrgänge wie 1921 stehen. Ab 1949 ist so gut wie jeder Jahrgang vertreten. Karl-Josef Christoffel ist heute noch seinem Bruder dankbar: »Das war sein Hobby, er hat jedes Jahr größere Partien auf die Seite gelegt.«

Karl-Josef Christoffel

Fast schwerelose Rieslinge

Kein Wunder also, dass die Preisliste hier nur zu einem kleinen Prozentsatz den jungen Jahrgängen gewidmet ist. Das Gros machen ältere Weine aus, zurück bis ins sonnenverwöhnte 1976. Doch in letzter Zeit beobachtet Christoffel ein steigendes Interesse an seinen fein gereiften Rieslingen. Das kommt nicht zuletzt aus dem Ausland. Ausgerechnet die großen Weinbaunationen Italien und Frankreich sind aufmerksam geworden: So etwas wie diese grandiosen Mosel-Rieslinge wird dort nicht erzeugt, aber offenbar zunehmend geschätzt. Auch deutsche Weinfreunde nehmen immer mehr Notiz, so dass Christoffel das Angebot etwas gedrosselt hat. In den letzten Jahren gab es hier überhaupt keine schwachen Weine. Auch die 2008er und 2009er hatten es in sich, einige Weine standen ganz vorne in ihrer Kategorie. Von 2010 probierten wir grandiose Rieslinge, die ganz auf der eleganten Seite stehen und fast schwerelos wirken.

Verkostete Weine 6
Bewertung 85–95 Punkte

- **85** 2016 Ürziger Würzgarten Riesling Spätlese trocken | 10,5% | 11,– €
- **90** 2016 Ürziger Würzgarten Riesling Spätlese feinherb | 8,5% | 11,– €
- **90** 2016 Erdener Treppchen Riesling Kabinett | 7,5% | 10,50 €
- **93** 2016 Ürziger Würzgarten Riesling Spätlese | 7,5% | 12,– €
- **93** 2016 Ürziger Würzgarten Riesling Auslese *** Goldkapsel | 7,5% | 23,– €
- **95** 2016 Erdener Prälat Riesling Auslese *** Goldkapsel | 7,5% | 25,– € TOP

★✭

WEINGUT CLAES SCHMITT ERBEN
54349 Trittenheim · Moselweinstraße 43
Tel (0 65 07) 70 17 36 · Fax 70 17 38
info@claeswein.de
www.claeswein.de
Inhaber und Betriebsleiter Niko Schmitt
Verkauf nach Vereinbarung

Niko Schmitt hat eine klare Vorstellung: Leicht im Alkohol, dennoch komplex und charaktervoll sollen seine Rieslinge ausfallen. Dabei ist er auf einem guten Weg. Seine aktuelle 2016er Kollektion ist die dritte in Folge, bei der die Qualität gestiegen ist. Keine riesigen Sprünge, dennoch klar erkennbare Fortschritte, etwa beim enorm druckvollen und schieferwürzigen Riesling Jungheld aus 80 Jahre alten Reben in der Trittenheimer Apotheke, einem Gemeinschaftsprojekt mit dem fränkischen VDP-Winzer Paul Weltner. Etwa 85 Prozent der Weine werden trocken oder feinherb ausgebaut. An der Spitze der Restsüßen steht diesmal ein sehr animierender Riesling Eiswein aus dem Trittenheimer Altärchen. Der frühe Frost am 30. November machte es möglich.

Verkostete Weine 9
Bewertung 82–91 Punkte

- **82** 2016 Trittenheimer Riesling trocken | 11% | 5,80 €
- **85** 2016 Neumagener Rosengärtchen Riesling trocken | 12,5% | 9,80 €
- **86** 2016 Trittenheimer Apotheke Riesling Sonntheilen trocken | 12,5% | 11,80 €
- **84** 2016 Trittenheimer Apotheke Riesling Kabinett trocken | 11,5% | 6,80 €
- **86** 2016 Trittenheimer Apotheke Riesling feinherb | 11,5% | 9,80 €
- **88** 2016 Trittenheimer Apotheke Riesling Jungheld feinherb | 12% | 15,80 €
- **84** 2016 Neumagener Rosengärtchen Riesling Kabinett | 9% | 6,80 €
- **86** 2016 Neumagener Rosengärtchen Riesling Spätlese | 8,5% | 9,80 €
- **91** 2016 Trittenheimer Altärchen Riesling Eiswein | 8% | 39,– €/0,375 Lit.

★★

WEINGUT JOCHEN CLEMENS
54487 Wintrich · Kurfürstenstraße 11 (BIO)
Tel (0 65 34) 6 92
weingutclemens@gmx.de
www.clemensweingut.de
Inhaber und Betriebsleiter Jochen Clemens
Verkauf nach Vereinbarung
Wohnmobilstellplatz mit Weinprobierstube
Rebfläche 5,5 Hektar
Jahresproduktion 8.000 Flaschen
Beste Lagen Dhroner Hofberg, Ohligsberg, Piesporter Treppchen Vom Berg
Boden Schieferverwitterung, Kies
Rebsorten 90% Riesling, 4% Elbling, je 3% Kerner und Weißburgunder

Jochen Clemens hat das seit vielen Generationen in Familienhand befindliche Weingut 1993 von seinem Vater übernommen, kontinuierlich ausgebaut und modernisiert. Gelernt hat er bei den Bischöflichen Weingütern, weiter ging es bei den beiden Spitzenbetrieben Johann Haart – mit den Lagen dieses Betriebs hat inzwischen Julian Haart sein Weingut gegründet – und Reinhold Haart in Piesport, wo Jochen Clemens auch heute noch zwei Tage pro Woche arbeitet. In seinem eigenen Weingut lieferte er viele Jahre solide Qualität, allerdings ohne den Anspruch, selbst zur überregionalen Spitze zu gehören. Seit etwa vier Jahren ist das anders. Egal, welche Rahmenbedingungen die Natur setzte, Clemens hat seine Weinqualität jedes Jahr gesteigert. Dieses Jahr wurden zudem Design und Ausstattung der Flaschen auf ein internationales Niveau gehoben. Ein Teil der Trauben wird verkauft, das Lesegut der Spitzenlagen baut Jochen Clemens selbst erkennbar spontan aus. An der Spitze der 2016er stehen drei enorm schieferwürzige Rieslinge aus dem Wintricher Ohligsberg: die feinherbe und die fruchtige Spätlese sowie die Auslese.

Symbole Weingüter
★★★★★ Weltklasse · ★★★★ Deutsche Spitze
★★★ Sehr Gut · ★★ Gut · ★ Zuverlässig

MOSEL

Verkostete Weine 8
Bewertung 83–91 Punkte

83 2016 Riesling trocken | 12% | 7,80 €
87 2016 Wintricher Riesling trocken | 11,5% | 9,– €
86 2016 Dhroner Hofberger Riesling Kabinett feinherb | 10,5% | 10,20 €
88 2016 Wintricher Ohligsberg Riesling Spätlese feinherb | 10,5% | 12,60 €
86 2016 Kerner Spätlese | 7,5% | 11,40 €
87 2016 Dhroner Hofberger Riesling Spätlese | 8,5% | 12,50 €
89 2016 Wintricher Ohligsberg Riesling Spätlese | 7,5% | 15,– €
91 2016 Wintricher Ohligsberg Riesling Auslese | 7% | 21,– €

WEINGUT CLÜSSERATH-EIFEL
GALERIE-RIESLING
54349 Trittenheim · Im Hof 6
Tel (0 65 07) 9 90 00 · Fax 9 90 02
info@galerie-riesling.de
www.galerie-riesling.de
Inhaber und Betriebsleiter Gerhard Eifel
Verkauf Familie Eifel
Mo–Fr 9.00–17.00 Uhr und nach Vereinbarung
Gutshotel/Restaurant »Galerie Riesling«
Spezialität anspruchsvolle Küche
Historie 1760 gegründet
Sehenswert Fährfelsen mit über 100 Jahre alten Reben
Erlebenswert Weinprobe
Rebfläche 3,8 Hektar
Jahresproduktion 25.000 Flaschen
Beste Lagen Trittenheimer Altärchen und Apotheke, Neumagener Rosengärtchen, Klüsserather Bruderschaft, Leiwener Laurentiuslay
Boden Devonschiefer
Rebsorte 100% Riesling
Mitglied Bernkasteler Ring

Gerhard Eifel füllt jedes Jahr eine ganze Palette von feinherben Rieslingen ab. Da sie alle aus der Trittenheimer Apotheke stammen, ist er dazu übergegangen, auf Prädikatsbezeichnungen zu verzichten und die Weine schlicht als Qualitätsweine zu bezeichnen. Zur besseren Unterscheidung verwendet er die alten Parzellennamen. Dieser neue Weg wird mit neuer goldfarben-transparenter Ausstattung symbolisiert. Die Rieslinge im feinherben Bereich erscheinen uns frischer und klarer als in früheren Jahrgängen. Der Jahrgang 2016 bringt eine größere Vielschichtigkeit und mehr Trinkspaß. Der Riesling in den Gähteilen hat eine verhaltene Sponti-Nase, karge Kühle und feine Art. Die Gähteil-Terrassen sind ein tänzelnder, transparenter Riesling im Kabinettstil, animierend und klar. Der Fährfels ist kraftvoll und mit viel Charakter ausgestattet. Diesen bekommen die Weine durch die zum Teil uralten Reben in der Lage Apotheke. Gerhard Eifel hat seit den 1990er Jahren ein unverwechselbares Logo: Galerie Riesling, so heißt auch sein Gutshotel und Restaurant. Im Weingut kann Eifel aus dem Vollen schöpfen, vor allem aus dem Herzstück der Trittenheimer Apotheke, bestückt mit alten Reben.

RIEQTR16

★★⯨

Verkostete Weine 10
Bewertung 85–91 Punkte

- 85 2015 Trittenheimer Apotheke Riesling | 12% | 13,50 €
- 85 2015 Trittenheimer Apotheke Riesling Eminenz Alte Reben | 12% | 16,50 €
- 90 2016 Trittenheimer Apotheke Riesling In den Gähteilen | 11% | Preis auf Anfrage
- 88 2015 Trittenheimer Apotheke Riesling Urstück Alte Reben | 11% | 13,50 €
- 86 2016 Trittenheimer Apotheke Riesling Auf'm Kaulsbohr Alte Reben | 11,5% | Preis auf Anfrage
- 90 2016 Trittenheimer Apotheke Riesling Fährfels Alte Reben | 11,5% | Preis auf Anfrage
- 91 2016 Trittenheimer Apotheke Riesling Gähteil-Terrassen Alte Reben | 10,5% | Preis auf Anfrage
- 89 2016 Trittenheimer Apotheke Riesling Spätlese | 8% | Preis auf Anfrage
- 88 2016 Trittenheimer Apotheke Riesling Auslese | 7,5% | 🍇
- 90 2016 Trittenheimer Apotheke Riesling Beerenauslese | 7,5% | 🍇

WEINGUT CLÜSSERATH-WEILER
54349 Trittenheim · Haus an der Brücke
Tel (0 65 07) 50 11 · Fax 56 05
info@cluesserath-weiler.de
www.cluesserath-weiler.de
Inhaber Verena Clüsserath
Betriebsleiter und Kellermeister Verena Clüsserath
Außenbetrieb Helmut Clüsserath

Verkauf Raphael Clüsserath-Ianniello, nach Vereinbarung

Gästehaus sieben komfortable Zimmer im alten Patrizierhaus mit Blick auf Mosel und Trittenheimer Apotheke
Sehenswert alter Kreuzgewölbekeller, Fährfels-Terrassen mit 100-jährigen Reben und Panoramablick über die Moselschleife
Erlebenswert kulinarische Arrangements und Kochkurse im Gästehaus ab 8 Personen
Rebfläche 6,5 Hektar
Jahresproduktion 50.000 Flaschen
Beste Lagen Trittenheimer Apotheke, Mehringer Zellerberg
Boden Braun- und Blauschieferverwitterung, teils mit Quarziten, blauer und roter Schiefer
Rebsorte 100% Riesling
Mitglied Moseljünger

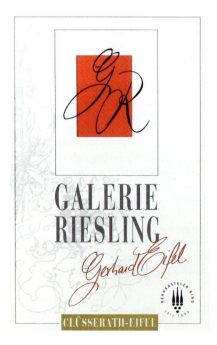

Die Weine des Jahrgangs 2016 in diesem Trittenheimer Gut suchen zum Teil noch ihre Balance. Einige sind reichhaltig und hochreif, andere kühl und leicht phenolig. Bei den trockenen Rieslingen sind wir angetan von der normalen Trittenheimer Apotheke mit ihrer reduzierten, kühlen Art und ihrem fast salzigen Geschmack. Die feinherben Rieslinge, eine alte Domäne des Hauses, werden angeführt von den Alten Reben aus dem Mehringer Zellerberg mit dichter Frucht und Würze sowie Balance. Die fruchtsüßen Rieslinge sind zum Teil etwas cremig und weich ausgefallen. An der Spitze des Sortiments steht eine konzentrierte Beerenauslese mit feiner Fruchtfülle. Das Weingut beherbergt auch ein Gästehaus mit komfortablen Zimmern, das in den letzten fünf Jahren rundum renoviert wurde. Der Gaststättenverband stuft es mit vier Sternen ein. Die Weinflaschen haben ein neues Outfit bekommen, das Etikett erinnert an Jugendstil, entsprechend der Bauepoche des Hauses. Helmut Clüsseraths Großvater gehörte vor mehr als 100 Jahren zu den Pionieren der Flaschenweinvermark-

MOSEL

tung an der Mosel. Alte Reben in den Kernbereichen der Trittenheimer Apotheke bilden die Basis der heutigen Weinqualität. 85 Prozent der Weine werden trocken oder halbtrocken ausgebaut. Helmut Clüsserath konzentriert sich auf den Außenbetrieb, während Tochter Verena Inhaberin und Betriebsleiterin ist.

Verkostete Weine 11
Bewertung 84–91 Punkte

- 84 2016 Trittenheimer Riesling HC trocken | 11,5% | 9,50 €
- 88 2016 Trittenheimer Apotheke Riesling trocken | 11,5% | 13,50 €
- 87 2016 Mehringer Zellerberg Riesling Terra Rossa trocken | 12% | 15,- €
- 87 2016 Trittenheimer Apotheke Riesling Primus trocken | 12% | 21,- €
- 86 2016 Trittenheimer Apotheke Riesling feinherb | 10,5% | 13,50 €
- 87 2016 Mehringer Zellerberg Riesling feinherb Alte Reben | 11,5% | 17,- €
- 86 2016 Fährfels Riesling feinherb | 11,5% | 29,- €
- 86 2016 Mehringer Zellerberg Riesling Spätlese | 8% | 17,- €
- 87 2016 Trittenheimer Apotheke Riesling Auslese | 8% | 23,- €/0,5 Lit.
- 88 2016 Trittenheimer Apotheke Riesling Eiswein | 7% | 42,- €/0,375 Lit.
- 91 2016 Mehringer Zellerberg Riesling Beerenauslese | 7,5% | 38,- €/0,375 Lit.

WEINGUT ANSGAR CLÜSSERATH
54349 Trittenheim · Spielesstraße 4
Tel (0 65 07) 22 90 · Fax 66 90
weingut@ansgar-cluesserath.de
www.ansgar-cluesserath.de
Inhaber Ansgar und Eva Clüsserath
Kellermeister Eva Clüsserath

Verkauf nach Vereinbarung

Gästehaus im Weingut
Historie Weinbau in der Familie seit dem 17. Jahrhundert
Rebfläche 5 Hektar
Jahresproduktion 38.000 Flaschen
Beste Lagen Trittenheimer Apotheke und Altärchen, Neumagener Rosengärtchen, Piesporter Goldtröpfchen, Dhroner Hofberg
Boden Schiefer, Schieferverwitterung
Rebsorten 95% Riesling, 5% Weißburgunder

Bei Ansgar und Eva Clüsserath hat es in den letzten Jahren keinen durchschnittlichen Wein mehr gegeben. Sie pflegen einen sehr eigenen, fast saarartigen Stil. Die Rieslinge wirken verspielt, zart, ja fast zerbrechlich. Dabei haben sie Länge. Zunächst sind sie oft verhalten, aber im Nachhall entwickeln sie viel Zug. Während uns bei einigen Weinen der 2016er Kollektion der Duft nicht ganz klar vorkommt, sind die besten Rieslinge wieder von großer Klasse. Der trockene Steinreich verbreitet kühlen Duft, vibriert und hallt glasklar nach. Der fruchtsüße Kabinett aus der Lage Apotheke hat florale Duftnoten, tänzelt über die Zunge: ein rundum leckerer Riesling. Die Spätlese aus der Lage Apotheke gibt sich noch verschlossen, deutet aber bereits Tiefe und viel Kraft an. Schon seit einigen Jahren stellt die Geisenheim-Absolventin Eva Clüsserath, die ihren Vater im Weingut unterstützt, ihr Talent für die Erzeugung feiner Moselweine bei den trockenen ebenso wie bei fruchtsüßen Rieslingen unter Beweis. Sie hat hierbei einen eigenen Stil entwickelt: Die Weine sind mineralisch hefegeprägt, aber nicht breit und von einer klassischen Moselsäure durchzogen. Frisch nach der Füllung sind die Weine recht oft verschlossen, aber sie entwickeln sich tatsächlich zu Persönlichkeiten, die zudem echtes Trinkvergnügen bieten.

Verkostete Weine 6
Bewertung 86–91 Punkte

86 2016 Riesling Vom Schiefer trocken | 11% | 9,30 €
91 2016 Riesling Steinreich trocken | 11% | 14,30 €
87 2016 Trittenheimer Apotheke Riesling trocken | 11,5% | 23,80 €
89 2016 Piesporter Goldtröpfchen Riesling feinherb | 10% | 15,50 €
91 2016 Trittenheimer Apotheke Riesling Kabinett | 8% | 11,– €
91 2016 Trittenheimer Apotheke Riesling Spätlese | 8% | 15,– €

WEINGUT CHRISTOPH CLÜSSERATH
54349 Trittenheim · Im Hof 7
Tel (0 65 07) 21 67 · Fax 9 90 86
info@christoph-cluesserath.de
www.christoph-cluesserath.de
Inhaber Christoph Clüsserath und Alexandra Clüsserath-Eifel
Betriebsleiter und Kellermeister Christoph Clüsserath
Verkauf Alexandra Clüsserath-Eifel
nach Vereinbarung

Dies ist ein solides Gut in Trittenheim. Der trockene Liter-Riesling ist kernig und würzig, der Weißburgunder gleichzeitig süßlich und herb. Der halbtrockene Riesling Schiefer wirkt wie ein Kabinett, klar und sauber. Wir ziehen den feinherben aus dem Altärchen vor in seiner kühlen und trinkigen Art. Bei den fruchtigen Weinen hat eindeutig die Auslese aus der Lage Apotheke die Nase vorn: Sie probiert sich fein und frisch, mit leichtem Spiel. Insgesamt sind dies recht gelungene Weine aus dem Jahrgang 2016.

Verkostete Weine 9
Bewertung 80–88 Punkte

82 2016 Riesling trocken | 11,5% | 5,50 €/1,0 Lit.
83 2016 Weißburgunder trocken | 12,5% | 6,50 €
80 2016 Trittenheimer Apotheke Riesling trocken | 12,5% | 8,50 €
84 2016 Riesling Schiefer halbtrocken | 11,5% | 6,50 €
85 2016 Trittenheimer Altärchen Riesling feinherb | 10,5% | 6,50 €
82 2016 Piesporter Falkenberg Riesling feinherb | 12% | 8,50 €
80 2016 Riesling | 10% | 5,50 €/1,0 Lit.
83 2016 Trittenheimer Apotheke Riesling Spätlese | 8% | 8,50 €
88 2016 Trittenheimer Apotheke Riesling Auslese | 8,5% | 10,– €/0,5 Lit.

Symbole Weingüter
★★★★★ Weltklasse • ★★★★ Deutsche Spitze
★★★ Sehr Gut • ★★ Gut • ★ Zuverlässig

★★ MOSEL

WEINGUT ERNST CLÜSSERATH
★✮

54349 Trittenheim · Hinkelweg 8
Tel (0 65 07) 26 07 · Fax 66 07
info@weingut-ernst-cluesserath.de
www.weingut-ernst-cluesserath.de
Inhaber Ernst Clüsserath
Kellermeister Ernst Clüsserath
Verkauf Ernst und Heike Clüsserath
nach Vereinbarung

Die meisten Weine des 2016er Sortiments liegen genau auf dem sehr guten Vorjahresniveau, einzig die edelsüßen Spitzen waren im Jahrgang 2015 noch einen Hauch feiner. Am besten gefallen uns die feinherbe und die fruchtige Riesling Spätlese sowie die Versteigerungsauslese. Es ist eine durchgängige Stilistik mit intensiven Spontangäraromen erkennbar. Für seine Weine hat Ernst Clüsserath bedeutende Auszeichnungen erhalten: von Staatsehrenpreisen bei der regionalen Weinprämierung über die International Wine Challenge bis zum Award der britischen Fachzeitschrift Decanter. Der Betrieb ist Mitglied im Bernkasteler Ring und beteiligt sich alljährlich mit seinen Spitzenauslesen an der Versteigerung im September.

Verkostete Weine 8
Bewertung 84–88 Punkte

84 2016 Trittenheimer Apotheke Riesling Kabinett trocken | 11,5% | 9,- €
85 2016 Trittenheimer Altärchen Riesling Classic | 11,5% | 7,50 €
85 2016 Trittenheimer Altärchen Riesling Emma Marie Kabinett feinherb | 11% | 8,- €
86 2016 Trittenheimer Apotheke Riesling Spätlese - 19 - | 12% | 11,- €
87 2016 Trittenheimer Apotheke Riesling Spätlese feinherb | 11,5% | 11,- €
85 2016 Trittenheimer Altärchen Riesling Kabinett | 9% | 8,- €
87 2016 Trittenheimer Apotheke Riesling Spätlese | 8% | 11,- €
88 2016 Trittenheimer Apotheke Riesling Auslese | 8,5% |

WEINGUT MARTIN CONRAD
★★

54472 Brauneberg · Moselweinstraße 133
Tel (0 65 34) 9 39 80 · Fax 93 98 55
info@martinconrad.de
www.martinconrad.de
Inhaber und Betriebsleiter Martin Conrad
Verkauf Martin Conrad
nach Vereinbarung
Restaurant im Hotel Brauneberger Hof,
Tel (0 65 34) 14 00,
Fr–Mi von 18.00–22.00 Uhr
Spezialitäten Zubereitung hochwertiger regionaler Produkte
Historie erste urkundliche Erwähnung des Weinguts im Jahre 1558
Sehenswert Gewölbekeller von 1750 im Hotel
Rebfläche 6 Hektar
Jahresproduktion 38.000 Flaschen
Beste Lagen Brauneberger Juffer und Juffer-Sonnenuhr
Boden grauer Verwitterungsschiefer, blaugrauer Tonschiefer
Rebsorten 95% Riesling, 5% Weißburgunder
Mitglied Bernkasteler Ring

Der Brauneberger Winzer Martin Conrad bleibt auch im Jahrgang 2016 seinem Stil weitgehend treu. Er präsentiert Rieslinge mit gut eingebundener Säure und angedeutetem Schmelz, und ab und zu blitzt hier auch die Moselpikanz auf. An der Spitze der Trockenen stehen zwei Große Gewächse, der Juffer mit Röstnoten und kräftigem Nachhall, die Juffer Sonnenuhr verdichtet und zugleich elegant mit einem gewissen Spiel. Der Gutskabinett lädt mit seinem leichten Schmelz zum Zechen ein. Martin Conrad hat zuletzt größer investiert in eine Traubenpresse und die Steillagen-Mechanisierung. Auch eine Photovoltaikanlage wurde installiert. In den nächsten Jahren soll die Probierstube ein Facelifting erhalten und die Wirtschaftsräume sollen renoviert werden. Winzermeister Martin Conrad übernahm 1998 das traditionsreiche Weingut Brauneberger Hof und benannte es selbstbewusst um. Sein eigener Name auf dem Etikett steht nun seit fast 20 Jahren als Versprechen und Garant für Qualität.

Weinbewertung in Punkten
100 Perfekt • 95 bis 99 Überragend • 90 bis 94 Exzellent
85 bis 89 Sehr gut • 80 bis 84 Gut

Verkostete Weine 12
Bewertung 83–88 Punkte

83 2016 Riesling Conradus trocken | 12% | 9,90 €
85 2016 Veldenzer Kirchberg Riesling trocken | 12% | 11,90 €
84 2016 Brauneberger Juffer Riesling trocken | 12,5% | 13,90 €
86 2016 Brauneberger Juffer Riesling trocken Goldkapsel | 13% | 19,90 €
84 2015 Weißburgunder Gavius trocken Goldkapsel | 13,5% | 23,90 €
85 2016 Brauneberger Juffer-Sonnenuhr Riesling trocken Goldkapsel | 13% | 24,90 €
87 2015 Brauneberger Juffer Riesling »Großes Gewächs« | 13% | 28,90 €
88 2015 Brauneberger Juffer-Sonnenuhr Riesling »Großes Gewächs« | 13% | 32,90 €
87 2016 Mülheimer Sonnenlay Riesling feinherb | 11% | 11,90 €
86 2016 Brauneberger Juffer Riesling feinherb | 11,5% | 13,90 €
86 2016 Riesling Kabinett | 8,5% | 10,90 €
88 2016 Brauneberger Juffer Riesling Spätlese | 8% | 13,90 €

WEINGUT DEUTSCHHERREN-HOF
54295 Trier · Oleviger Straße 181
Tel (06 51) 3 11 13 · Fax 3 04 63
info@weingut-deutschherrenhof.de
www.weingut-deutschherrenhof.de
Inhaber Albert Oberbillig
Betriebsleiter Albert und Sebastian Oberbillig
Kellermeister Sebastian Oberbillig
Verkauf Familie Oberbillig
Mo–Do 8.00–18.00 Uhr
Fr–Sa 8.00–22.00 Uhr und nach Vereinbarung
Gutsweinstube Fr–Sa ab 18.00 Uhr und nach Vereinbarung
Spezialitäten vom offenen Buchenholzgrill
Rebfläche 10,5 Hektar
Jahresproduktion 95.000 Flaschen
Beste Lage Trierer Deutschherrenberg und Deutschherrenköpfchen
Boden blauer Schiefer und Schieferverwitterung, Rotliegendes
Rebsorten 75% Riesling, je 10% Spätburgunder und Weißburgunder, 5% Grauburgunder
Mitglied Moseljünger

Aus diesem Trierer Gut können wir vom Jahrgang 2016 zwei Highlights vermelden. Bei den trockenen Rieslingen ist dies das Große Gewächs aus dem Deutschherrenköpfchen, ein Wein, der reifen Pfirsichduft verströmt und eher auf der stoffigen Seite zu Hause ist. Und dann gibt es noch die fruchtige Spätlese aus dem Deutschherrenberg, eher ein reichhaltiger Auslesetyp, der aber dank guter Säure durchaus Feinheiten aufweist. Nach bereits sehr guten Leistungen im Jahrgang 2013 war auch 2014 hier nicht von schlechten Eltern. Der Jahrgang 2015 konnte da nicht ganz mithalten. Der Deutschherrenhof wird in der sechsten Generation von Marianne und Albert Oberbillig geführt. Heute ist Sohn Sebastian für den Ausbau der Weine zuständig. Seit 2007 hat man die Weinbergsfläche um mehr als drei Hektar erweitert. Wichtigster Weinberg ist hierbei die Große-Gewächs-Lage Deutschherrenköpfchen. Für die kommenden Jahre ist der Zukauf von weiteren Flächen und die Erweiterung des Holzfasskellers geplant.

MOSEL

Verkostete Weine 8
Bewertung 83–89 Punkte

83 2016 Weißburgunder trocken | 12% | 7,50 €
84 2016 Riesling Schiefer trocken | 12% | 7,50 €
83 2015 Grauburgunder trocken Holzfass
| 12,5% | 9,50 €
85 2016 Trierer Deutschherrenberg Riesling trocken
Alte Reben | 12% | 9,50 €
88 2016 Trierer Deutschherrenköpfchen Riesling
»Großes Gewächs« Holzfass | 13% | 19,50 €
83 2016 Riesling Sebastian No.1 feinherb
| 11,5% | 7,50 €
86 2016 Trierer Burgberg Riesling feinherb
| 11,5% | 9,50 €
89 2016 Trierer Deutschherrenberg Riesling Spätlese
| 8,5% | 13,– €

WEINGUT BERNHARD EIFEL
54349 Trittenheim · Laurentiusstraße 17
Tel (0 65 07) 59 72 · Fax 64 60
bernhard.eifel@t-online.de
www.weingut-bernhard-eifel.de
Inhaber Bernhard Eifel
Betriebsleiter Bernhard und Marietta Eifel
Kellermeister Bernhard Eifel und Alexandra
Clüsserath-Eifel
Verkauf Bernhard und Marietta Eifel
nach Vereinbarung
Gästehaus im Weingut
Gastronomie Stefan-Andres-Weinstube
Mi–So 18.00–24.00 Uhr, Mo–Di Ruhetag, ab
Nov. eingeschränkte Öffnungszeiten
Spezialitäten gebratene Kalbsleber, Rücken
vom Weidelamm
Historie seit 1635 in Familienbesitz
Rebfläche 6 Hektar
Jahresproduktion 43.000 Flaschen
Beste Lagen Schweicher Annaberg, Longuicher
Maximiner Herrenberg, Trittenheimer Apotheke
und Altärchen
Boden Rot- und Blauschieferverwitterung
Rebsorten 94% Riesling, 4% Weißburgunder,
2% Grauburgunder
Mitglied Moseljünger

Hier folgt ein guter Jahrgang auf den anderen. Auch 2016 präsentieren Bernhard Eifel und Tochter Alexandra Weine mit viel Druck und guter Konzentration. Der trockene Maximilian E. gibt sich noch sehr jugendlich und ist für neun Euro ein veritables Schnäppchen. Den Vogel aber schießen zwei fruchtige Spätlesen ab. Der Herrenberg ist äußerst präzise und von großer Feinheit und Kühle. Der Annaberg ist noch etwas pikanter ausgefallen, mit fordernder Säure und animierendem Trinkfluss. Die Weine stehen für ein grandioses Preis-Genuss-Verhältnis. Im Jahrgang 2015 war es den beiden gelungen, den Weinen Schmelz und Tiefgang zu verleihen, und das bei geringen Alkoholgehalten. Beim Ausbau setzen sie alles auf Balance und binden Süße und Säure perfekt ein. Ein leichter Phenolton gibt den Weinen zudem Struktur. Man schmeckte den Weinen an, dass das Lesegut durch und durch gesund ins Kelterhaus kam. Das Weingut und Gästehaus Bernhard Eifel wird nun schon seit mehr als 30 Jahren von Bernhard und Marietta Eifel und auch von Tochter Alexandra mit viel Liebe zum Detail geführt. Der Schwerpunkt liegt auf dem Ausbau trockener und feinherber Weine. Besonders beeindrucken immer wieder Rieslinge aus dem Schweicher Annaberg von Reben, die 1906, also vor gut 110 Jahren, gepflanzt wurden.

Verkostete Weine 11
Bewertung 87–92 Punkte

88 2016 Trittenheimer Riesling Maximilian E. trocken | 12% | 9,– € | €
87 2016 Trittenheimer Apotheke Riesling feinherb | 11% | 9,– €
88 2016 Schweicher Riesling vom Rotliegenden | 10,5% | 9,– € | €
87 2016 Longuicher Maximiner Herrenberg Riesling Alex E. feinherb | 11,5% | 13,– €
90 2016 Schweicher Annaberg Riesling Der Wurzelechte | 12% | 16,– €
91 2016 Longuicher Maximiner Herrenberg Riesling Spätlese | 7,5% | 10,– €
92 2016 Schweicher Annaberg Riesling Spätlese | 7,5% | 10,– €
89 2016 Trittenheimer Altärchen Riesling Auslese | 7% | 12,50 €/0,5 Lit.
91 2016 Schweicher Annaberg Riesling Auslese | 7% | 12,50 €/0,5 Lit.
92 2016 Trittenheimer Apotheke Riesling Auslese | 7% | 15,– €/0,5 Lit.

WEINGUT ERNST EIFEL
54349 Trittenheim
Johannes-Trithemius-Straße 21
Tel (0 65 07) 26 32 · Fax 66 83
info@weinguteifel.de
www.weinguteifel.de
Inhaber Ernst Eifel
Kellermeister Ernst und Christoph Eifel
Verkauf Ernst Eifel
Mo–Sa 10.00–18.00 Uhr und nach Vereinbarung

Mit dem Jahrgang 2016 präsentiert das Trittenheimer Weingut Ernst Eifel die wahrscheinlich beste Kollektion in der jüngeren Betriebshistorie. Ein gelungener Einstieg für Geisenheim-Absolvent Christoph Eifel, der nach Ausbildung bei Nik Weis und Stationen bei Thomas Haag und Philipp Wittmann mitverantwortlich in den elterlichen Betrieb eingestiegen ist. An der Spitze des aktuellen Sortiments stehen mehrere Rieslinge aus der Trittenheimer Apotheke, bei den Trockenen das ebenso feine wie druckvolle Große Gewächs, bei den Edelsüßen die konzentriert beerenfruchtige Riesling Auslese Dreistern. Zum Betrieb gehört auch das ebenfalls in Trittenheim gelegene Ferienhaus Moselkloster.

Verkostete Weine 8
Bewertung 84–89 Punkte

84 2016 Trittenheimer Riesling trocken | 11,5% | 7,40 €
88 2016 Trittenheimer Apotheke Riesling »Großes Gewächs« | 12% | 15,80 €
85 2016 Riesling Schiefergestein Spätlese trocken | 12% | 10,– €
87 2016 Trittenheimer Apotheke Riesling Spätlese trocken | 12% | 11,– €
85 2016 Trittenheimer Apotheke Riesling Kabinett halbtrocken | 11,5% | 8,50 €
87 2016 Trittenheimer Apotheke Riesling Spätlese Alte Reben | 8% | 10,50 €
87 2016 Trittenheimer Apotheke Riesling Auslese | 8% | 14,– €/0,5 Lit.
89 2016 Trittenheimer Apotheke Riesling Auslese *** | 7,5% | 17,– €/0,5 Lit.

Symbole Weingüter
€ Schnäppchenpreis · TOP10 Spitzenreiter · BIO Ökobetrieb
🍷 Trinktipp · 🔨 Versteigerungswein
Sekt · Weißwein · Rotwein · Rosé

★★★★ MOSEL

WEINGUT FRANZ-JOSEF EIFEL
54349 Trittenheim · Engelbert-Schue-Weg 2 BIO
Tel (0 65 07) 7 00 09 · Fax 71 39
info@fjeifel.de
www.fjeifel.de

Inhaber und Betriebsleiter Franz-Josef Eifel
Verkauf Franz-Josef Eifel, Martina Kaupp nach Vereinbarung
Gästehaus drei Zimmer im Weingut
Rebfläche 5 Hektar
Jahresproduktion 30.000 Flaschen
Beste Lagen Trittenheimer Apotheke
Boden Schiefer, Kies, Sand
Rebsorten 94% Riesling, 4% Weißburgunder, 2% Scheurebe
Mitglied Ecovin

Nach mehr als 30 Jahren hat Franz-Josef Eifel als Inhaber des gleichnamigen Weingutes in Trittenheim offenbar jene Gelassenheit erreicht, die es braucht, um ganz große Weine zu erzeugen. Während andere im Herbst regelmäßig in Stress geraten, begreift Franz-Josef Eifel die Natur nicht als Gegner, sondern als Wegweiser. »Wenn Zaunkönig, Meise und Reh unsere Früchte stehlen, haben wir ein Ziel schon erreicht: perfekte Trauben.«

Reben auf Terrassen
Und die kommen zur Mehrzahl aus der Trittenheimer Apotheke, für Franz-Josef Eifel eine der besten Rieslinglagen der Welt. Die Reben stehen auf Kleinstterrassen mit 50 bis 100 Stöcken in schwer zugänglichen Steilhängen. Sie sind bis zu 80 Jahre alt und, so meint Eifel mit einem Schmunzeln, selbst der Reblaus sei es zu anstrengend gewesen, in diese zerklüfteten Terrassen zu gelangen, weswegen man heute noch überwiegend wurzelechte Reben bewirtschafte. Gearbeitet wird nach ökologischen Prinzipien, und dieses Arbeiten im Einklang mit der Natur scheint den Weinen hier besonders gut zu bekommen. Vom Jahrgang 2016 stellte Eifel ein Dutzend Spitzen-Rieslinge vor, fast alle mit 90 oder mehr Punkten. Eine hochfeine Säure zieht sich wie ein roter Faden durch die gesamte Kollektion. In jeder Kategorie stellte Eifel vorbildliche Rieslinge vor. Die Weine sind auf gleich hohem Niveau wie im Jahrgang 2015; sie vereinbaren große Feinheit mit Druck und innerer Dichte. Hier ist ein Winzer auf dem Höhepunkt seines Schaffens angekommen. Das zeigte sich auch beim Bundesfinale, wo gleich fünf Weine dieses Betriebs in verschiedenen Kategorien unter die besten zehn kamen: zwei feinherbe Rieslinge, zwei Spätlesen und ein Kabinett – bravo! Nach mehreren starken Jahrgängen war es Franz-Josef Eifel tatsächlich gelungen, mit dem Jahrgang 2015 noch einen draufzusatteln. Wir probierten trockene Rieslinge

Franz-Josef Eifel

mit unglaublicher Klarheit und Feinheit, dazu noch Kraft, eine Kombination, wie es kaum ein anderer an der Mosel schafft. Es ist keine Süße zu erkennen, dagegen schmeckt man eine wunderbare Kühle, die strukturgebend und geschmacksbestimmend ist. Ganz nebenher stellte Eifel einen großen trockenen Wein im leichten Segment vor: den Kabinett aus der Lage Apotheke mit perfekter Balance. Bei den fruchtigen Rieslingen waren beide Spätlesen Alte Reben absolut großartig: die normale edel und fein, höchst balanciert, das Goldstückchen noch konzentrierter.

Unverwechselbare Rieslinge
Weine aus diesem Trittenheimer Gut sind sozusagen unverwechselbar: Auf dem Etikett bürgt Franz-Josef Eifel mit seinem Fingerabdruck für die Güte des Flascheninhalts. Doch auch die im Mittelpunkt stehende, schwungvolle Unterschrift des Winzers lässt auf ein gesundes Selbstbewusstsein schließen. Dafür gibt es allerdings auch gute Gründe. Bereits in den 1990er Jahren war Franz-Josef Eifel ein Jahrgang besser als der andere gelungen. Die 2009er und 2010er überzeugten durch die Bank. Und auch die 2011er und 2012er Kollektionen waren auf hohem Niveau, ganz zu schweigen von den ausgezeichneten 2013ern und 2014ern.

Verkostete Weine 12
Bewertung 89–95 Punkte

- **89** 2016 Trittenheimer Apotheke Weißburgunder trocken Barrique | 12% | 10,– €
- **91** 2016 Trittenheimer Apotheke Riesling trocken Alte Reben | 11,5% | 18,– €
- **94** 2016 Trittenheimer Apotheke Riesling Sonnenfels trocken Holzfass | 12% | 26,– €
- **90** 2016 Trittenheimer Apotheke Riesling Kabinett trocken | 10,5% | 9,80 € | €
- **92** 2016 Trittenheimer Apotheke Riesling »Su wie frieja« halbtrocken | 11% | 12,– €
- **90** 2016 Trittenheimer Altärchen Riesling Kabinett feinherb | 9,5% | 9,80 € | €
- **93** 2016 Trittenheimer Apotheke Riesling Jungheld Spätlese feinherb Holzfass | 10% | 18,– € | TOP 10
- **93** 2016 Trittenheimer Apotheke Riesling »Die große Leidenschaft« Auslese feinherb | 10% | 22,– € | TOP 10
- **93** 2016 Trittenheimer Altärchen Riesling Kabinett | 7,5% | 9,80 € | € | TOP 10
- **94** 2016 Trittenheimer Apotheke Riesling Spätlese Alte Reben Holzfass | 7% | 18,– € | TOP 10
- **95** 2016 Trittenheimer Apotheke Riesling Goldstückchen Spätlese | 7,5% | 22,– € | TOP 10
- **95** 2013 Trittenheimer Apotheke Riesling Auslese * | 7,5% | 25,– €/0,5 Lit.

WEINGUT VAN ELKAN

54318 Mertesdorf · Rieslingweg 1
Tel (06 51) 9 95 44 75 · Fax 9 95 44 76
info@vanelkan.de
www.vanelkan.de
Inhaber Marco und Christina van Elkan
Verkauf nach Vereinbarung

Aus dem Jahrgang 2016 sind im Weingut van Elkan zwei Riesling-Kabinettweine entstanden, ein trockener und ein feinherber, beide säurebetont, schieferwürzig und von ausgezeichneter Qualität, wobei wir den feinherben leicht vorne sehen. Die klassischen Ruwer-Weine dieses gerade mal einen halben Hektar großen, im Nebenerwerb betriebenen Gutes bereiten uns schon seit einigen Jahren sehr viel Freude. Im Schnitt werden hier jährlich nicht mehr als 4.000 Flaschen gefüllt, in diesem Jahr sogar nur 2.500. Gemeinsam mit drei Freunden hatte Marco van Elkan 2001 eine von der Stilllegung bedrohte Fläche übernommen. Der erste eigene Wein begeisterte ihn und seine Frau so, dass sie sich entschlossen, ein eigenes Weinprojekt zu starten.

Verkostete Weine 2
Bewertung 86–87 Punkte

- **86** 2016 Riesling Schiefer Kabinett trocken | 10,5% | 8,– €
- **87** 2016 Riesling Schiefer Kabinett feinherb Alte Reben | 10% | 8,50 €

MOSEL

WEINGUT KARL ERBES
54539 Ürzig · Moseluferstraße 27–29
Tel (0 65 32) 9 44 65 und 21 23 · Fax 95 37 36
info@weingut-karlerbes.de
www.weingut-karlerbes.de
Inhaber und Betriebsleiter Stefan Erbes
Kellermeister Stefan Erbes

Verkauf Stefan Erbes
nach Vereinbarung

Gutsausschank im Oktober in der Weinstube
Rebfläche 6 Hektar
Jahresproduktion 40.000 Flaschen
Beste Lagen Erdener Prälat, Ürziger in der Kranklei
Boden Devonschieferverwitterung
Rebsorte 100% Riesling

Stefan Erbes ist ein Experte für fruchtsüße Rieslinge. Jahr für Jahr stellt er eine lange Reihe davon vor, insbesondere seine Auslesen sind immer wieder sehr gelungen. So ist es auch wieder im Jahrgang 2016, wo gerade bei diesen höheren Qualitäten die Könnerschaft des Ürziger Winzers aufblitzt. In diesem Bereich bekommen seine Rieslinge mehr Klarheit und Schliff und wirken einfach frischer. Das gilt zum Beispiel für die Kranklei-Auslesen, die eher zart ausfallen und gute Balance besitzen. Die Auslese aus dem Prälat hat Charakter und wirkt edel. Die Kabinette und Spätlesen verfügen nicht über dieses Format. Einigen Weinen fehlt es an Feinheit und Präzision. Das Sortiment aus dem Jahrgang 2015 war heterogen geraten. Glänzende Rieslinge gab es vor allem unter den Auslesen, von denen Erbes sage und schreibe neun vorstellte. Den von Stefan Erbes gepflegten Stil, klare, erfrischende Rieslinge zu erzeugen, konnte er zuletzt im Jahrgang 2012 voll umsetzen. Man beschäftigt sich in diesem Ürziger Gut kaum mit trockenen und feinherben Weinen. Warum auch, wenn das Potenzial für solch feine und edle Weine gegeben ist. Dem Lagensortiment von Erdener Treppchen und Ürziger Würzgarten hat man zuletzt im Jahr 2012 einen gepachteten Teil des Erdener Prälat hinzufügen können. In den beiden erstgenannten Lagen kann Erbes noch auf wurzelechtes Rebmaterial zurückgreifen.

Verkostete Weine 16
Bewertung 81–92 Punkte

81 2016 Ürziger Würzgarten Riesling Spätlese trocken | 12,5% | 9,50 €
85 2016 Ürziger Würzgarten Riesling Spätlese feinherb Alte Reben | 10,5% | 9,50 €
85 2016 Erdener Treppchen Riesling Kabinett | 9% | 8,– €
87 2016 Ürziger Würzgarten Riesling Kabinett | 8% | 8,– €
86 2016 Erdener Treppchen Riesling Spätlese | 7,5% | 9,50 €
87 2016 Ürziger Würzgarten Riesling Spätlese | 7,5% | 9,50 €
87 2016 Ürziger In der Kranklei Riesling Spätlese | 7% | 10,– €
87 2015 Ürziger Würzgarten Riesling 11 Monate Hefelagerung Spätlese | 7,5% | 10,– €
88 2016 Ürziger Würzgarten Riesling Auslese | 7,5% | 14,– €
92 2016 Ürziger In der Kranklei Riesling Auslese | 7,5% | 15,– €
92 2016 Ürziger In der Kranklei Riesling Auslese * | 7% | 18,– €
92 2016 Ürziger Würzgarten Riesling Auslese * | 7% | 18,– €
91 2016 Erdener Prälat Riesling Auslese | 8% | 23,50 €
89 2016 Ürziger Würzgarten Riesling Goldkapsel Auslese ** | 7% | 21,– €/0,375 Lit.
90 2016 Ürziger Würzgarten Riesling Eiswein | 6% | 38,– €/0,375 Lit.
92 2016 Ürziger Würzgarten Riesling Eiswein * | 6% | 58,– €/0,375 Lit.

2013
ÜRZIGER WÜRZGARTEN
RIESLING AUSLESE***

☆ ★★★★

WEINGUT ZUM EULENTURM
56867 Briedel · Hauptstraße 218
Tel (0 65 42) 47 02 · Fax 4 16 73
info@zum-eulenturm.de
www.zum-eulenturm.de
Inhaber Timo C. Stölben

Verkauf Ursula Zoss
Mo–Fr 8.00–18.00 Uhr, **Sa** 10.00–16.00 Uhr und nach Vereinbarung

Dieses Jahr hat uns die Kollektion von Timo Stölben, der das Weingut Zum Eulenturm jetzt im dritten Jahr führt, nicht überzeugen können. Insbesondere die trockenen und feinherben Weine wirkten mutlos und ohne Inspiration. Im restsüßen Bereich kommt mehr Spannung auf, vor allem die Spätlese aus der Briedeler Schäferlay zeigt sich dicht strukturiert, harmonisch und gefällt mit ihrer fruchtigen Spritzigkeit.

Verkostete Weine 10
Bewertung 79–86 Punkte

80 2014 Riesling Sekt Brut Holzfass | 12% | 12,– €
79 2014 Riesling Sekt Brut nature Holzfass | 12% | 12,– €
81 2016 Riesling trocken | 10% | 7,– €
80 2016 Müller-Thurgau trocken | 11,5% | 8,– €
82 2016 Briedeler Schäferlay Riesling Spätlese trocken Alte Reben | 11,5% | 11,– €
81 2016 Riesling Trieren Spätlese trocken | 11% | Preis auf Anfrage
83 2016 Riesling feinherb | 10% | 7,– €
84 2016 Riesling Trieren Spätlese feinherb | 10% | 11,– €
84 2016 Briedeler Herzchen Riesling Kabinett | 8% | 8,– €
86 2016 Briedeler Schäferlay Riesling Spätlese | 7,5% | 12,– €

HOFGUT FALKENSTEIN
54329 Konz-Niedermennig · Falkensteinerhof 1
Tel (0 65 01) 62 55
info@hofgutfalkenstein.com
www.hofgutfalkenstein.com
Inhaber Erich und Marita Weber
Betriebsleiter Johannes und Erich Weber
Kellermeister Johannes Weber

Verkauf Erich und Marita Weber
nach Vereinbarung

Sehenswert denkmalgeschütztes Anwesen
Rebfläche 8 Hektar
Jahresproduktion 30.000 Flaschen
Beste Lagen Niedermenninger Herrenberg, Krettnacher Euchariusberg
Boden blauer und roter Schiefer, Diabas
Rebsorten 80% Riesling, je 10% Spätburgunder und Weißburgunder

Als junger Mann war Erich Weber Spitzenleichtathlet und vornehmlich auf der Kurzstrecke unterwegs. Im Weinbau ist er auf die Marathonstrecke gewechselt und hat sein Gut in 30 Jahren in die Spitze der Saar geführt. Weber beherrscht mittlerweile alle Disziplinen, von trocken über feinherb bis zur edelsüßen Auslese. Seine 2016er sind atemberaubend, fast alle Weine haben 90 und mehr Punkte. Bei den trockenen dominiert das Schäfershaus, karg, fordernd und kristallklar. Das Trio der feinherben Spätlesen ist überwältigend: Alle zeigen Spiel und Schliff, eine schwebende Leichtigkeit, vibrierende Saar-Rieslinge eben. Und alle drei schafften den Sprung in die Top Ten der besten feinherben Rieslinge Deutschlands, die Nummer drei steht sogar an der Spitze dieser Kategorie bundesweit – ein tolles Ergebnis! Die beiden fruchtigen Spätlesen aus dem Euchariusberg sind großartige Vertreter ihrer Kategorie, voller Finessen, pur, vielschichtig – wunderbare Delikatessen.

Mit prägnanter Säure
Nur wenige Winzer hatten im Jahrgang 2015 den Mut, die Weine mit solch einer prägnanten Säure zu füllen wie Erich Weber und Sohn Johannes. Das Ergebnis waren große Klassiker, wunderbare Rieslinge, wie sie nur an der Saar wachsen können. Wir probierten zarte, verspielte trockene Rieslinge mit brillanter Klarheit und feinem Schliff. Die Weine brauchen sehr viel Luft, um

sich öffnen zu können. Dies belegte aber auch das große Entwicklungspotenzial, das sie besitzen. Alle Weine waren mit einem fordernden Säurestrang unterlegt. Aufgrund dieser hochfeinen Säurestruktur tänzeln die Weine auf der Zunge. Allein die Strecke der feinherben Riesling Spätlesen war unerreicht in jenem Jahr. Der fruchtige Kabinett aus dem Euchariusberg war glockenklar, die Spätlesen waren verspielt und hochfein. Alle Weine sind hier immer moderat im Alkohol, und das bei voller Geschmacksentfaltung. Besser geht es nicht.

Im Hofgutskeller

Verkostete Weine 12
Bewertung 88-95 Punkte

88 2016 Niedermenniger Herrenberg Riesling Kabinett trocken Holzfass – 1 – | 10,5% | 9,- € | €
91 2016 Krettnacher Altenberg Riesling Spätlese trocken Holzfass – 7 – | 11% | 12,- €
89 2016 Krettnacher Ober Schäfershaus Riesling Spätlese trocken Holzfass – 18 – | 11,5% | 17,- €
90 2016 Niedermenniger Herrenberg Riesling Kabinett feinherb Holzfass – 4 – | 8,5% | 10,- €
93 2016 Niedermenniger Herrenberg Riesling Spätlese feinherb Holzfass – 15 – | 8,5% | 15,- € | TOP10
93 2016 Niedermenniger Herrenberg Riesling Spätlese feinherb Holzfass – 11 – | 8% | 15,- € | TOP10
94 2016 Niedermenniger Herrenberg Riesling Spätlese feinherb Holzfass – 3 – | 8,5% | 15,- € | TOP10
90 2016 Krettnacher Euchariusberg Riesling Kabinett Holzfass – 12 – | 8% | 12,- €
95 2016 Krettnacher Euchariusberg Riesling Kabinett Alte Reben Holzfass – 8 – | 8% | 15,- € | TOP10
95 2016 Krettnacher Euchariusberg Riesling Spätlese Holzfass – 14 – | 7,5% | 17,- € | TOP10
95 2016 Krettnacher Euchariusberg Riesling Spätlese Holzfass – 6 – | 7,5% | 17,- € | TOP10
95 2016 Krettnacher Euchariusberg Riesling Auslese Holzfass – 5 – | 7% | 20,- € | TOP10

Start vor 30 Jahren

Vor 30 Jahren erwarb Erich Weber den Falkensteiner Hof. Er hat dieses Anwesen in einem Seitental der Saar schrittweise renoviert und mithilfe seiner Frau in eine Idylle verwandelt. Und mit Sohn Johannes ist die nächste Generation in den Betrieb eingestiegen. Zum Lagenportfolio gehören exzellente Parzellen im Niedermenniger Herrenberg und vor allem im Krettnacher Euchariusberg. Im Dezember 2014 zerstörte ein Feuer einen Teil des Anwesens, zum Glück blieb das Weingut selbst weitgehend verschont. Sohn Johannes Weber übernimmt zunehmend Verantwortung im Betrieb. Als Kellermeister wacht er über die Fuderfässer, wovon in den nächsten Jahren weitere Exemplare angeschafft werden sollen. Neben der Renovierung von Gebäuden sollen künftig weitere Weinbergsparzellen mit wurzelechten Reben angekauft werden. Die Rebfläche ist kontinuierlich gewachsen und liegt derzeit bei rund acht Hektar. Darauf wird Wein für rund 30.000 Flaschen jährlich erzeugt. Ein Wermutstropfen: Viele Weine sind oft schon früh im Jahr ausverkauft.

WEINMANUFAKTUR FIO

54498 Piesport · Müsterterstraße 14
Tel (0 65 07) 28 13 · Fax 66 72
info@fio.wine
www.fio.wine
Inhaber Dirk und Daniel Niepoort, Philipp Kettern
Verkauf nach Vereinbarung

Der Name dieser Neugründung heißt auf Portugiesisch Faden. Dahinter stehen Philipp Kettern aus Piesport sowie der bekannte Port-Erzeuger Dirk van der Niepoort mit seinem Sohn Daniel. Die Trauben werden handgelesen und stammen aus Weinbergen rund um Piesport. Die Gretchen-Frage bei diesem neuen Niepoort-Kettern-Projekt lautet: Wie reifen diese Weine bei so viel Säure und teils so wenig Alkohol? Es gibt mit solchen Weinen erst wenig Erfahrung, zumal die trockenen wirklich trocken erscheinen. Es wird spannend sein, die Weine in den nächsten Jahren in ihrer Entwicklung zu verfolgen. Ein wenig kann man heute schon sehen, wohin die Reise gehen wird, etwa beim 2013er Riesling mit seinem zartröstigen, eingeschliffenen Holzton. Der Wein ist knackig und zartsüßlich zugleich. Oder beim 2014er Riesling mit seiner verdichteten Frucht und ganz großen Klarheit. Der 2015er Falkenberg Riesling jedenfalls steht noch ganz am Anfang. Er wirkt kräuterig und salzig, wie ein karger Kabinett. Knackig-phenolig ist der 2016er Falkenberg, dazu sehr präsent und rassig.

Verkostete Weine 8
Bewertung 83–91 Punkte

- **83** 2015 Riesling Rätzelhaft trocken | 12% | 9,95 €
- **87** 2016 Riesling Heecht trocken | 11% | 54,– €
- **88** 2016 Riesling Yo-Yo Orangewine Landwein trocken | 10,5% | 20,– €
- **90** 2016 Piesporter Falkenberg Riesling trocken | 11,5% | 28,50 €
- **91** 2015 Piesporter Falkenberg Riesling trocken | 12% | 28,50 €
- **89** 2014 Riesling trocken | 10,5% | 40,– €
- **91** 2013 Riesling trocken | 10,5% | 40,– €
- **90** 2015 Riesling Cabi sehr nett Kabinett | 8,5% | 27,50 €

WEINGUT DR. FISCHER

54441 Ockfen · Bocksteinhof
Tel (0 65 81) 21 50 · Fax 66 26
Dr.Fischer-Ockfen@t-online.de
www.dr-fischer-ockfen.de
Inhaber Johannes Fischer
Kellermeister Markus Scholtes
Verkauf Johannes Fischer
Mo–Fr 9.00–17.00 Uhr und nach Vereinbarung
Rebfläche 6,4 Hektar
Jahresproduktion 50.000 Flaschen
Beste Lagen Ockfener Bockstein
Boden blauer Devonschiefer
Rebsorte 100% Riesling
Mitglied in Vereinigungen VDP

Nach einer starken Leistung im Jahrgang 2015, als die Rieslinge dieses Saar-Traditionsgutes von einer feinen Würze getragen waren, kann der Jahrgang 2016 nicht in vollem Umfang mithalten. Einige Weine wirken diesmal etwas einfach gestrickt, aber ab und zu blitzt sie wieder auf, die tolle Saar-Frische. Etwa beim feinherben Steinbock, der so verspielt und rassig daherkommt. Oder beim Bockstein Kabinett fruchtig, im zartherben Stil der Lage und mit gefälliger Art. Bei den trockenen liegt der Saarburger Riesling vorn, der sich noch etwas zurückhaltend gibt, aber über eine gute Länge verfügt. Der problematische Jahrgang 2014 war damals kein einfacher Einstieg für die neuen Mitgesellschafter von Johannes Fischer: Nik Weis vom Sankt Urbans-Hof und Martin Foradori vom Südtiroler Weingut Hofstätter. Aber unsere Hoffnung, dass diese Koryphäen des europäischen Weinbaus ihre Trümpfe noch ausspielen werden, wurde nicht enttäuscht.

Symbole Weingüter

★★★★★ Weltklasse · ★★★★ Deutsche Spitze
★★★ Sehr Gut · ★★ Gut · ★ Zuverlässig

MOSEL

Verkostete Weine 6
Bewertung 85–88 Punkte

85 2016 Riesling trocken | 11,5% | 10,50 €
87 2016 Saarburger Riesling trocken | 11% | 10,90 €
88 2016 Saarburger Kupp Riesling »Großes Gewächs« | 12% | 30,- €
88 2016 Riesling Steinbock feinherb | 9,5% | 10,50 €
85 2016 Saarburger Riesling feinherb Alte Reben | 11,5% | 13,50 €
88 2016 Ockfener Bockstein Riesling Kabinett | 8% | 16,- €

WEINGUT FRANZEN
56814 Bremm · Gartenstraße 14
Tel (0 26 75) 4 12 · Fax 16 55
info@weingut-franzen.de
www.weingut-franzen.de
Inhaber Kilian Franzen
Betriebsleiter Kilian und Angelina Franzen
Kellermeister Kilian Franzen, Leon Heimes und Johannes Haupts
Verkauf nach Vereinbarung
Erlebenswert Klettertour im steilsten Weinberg Europas, dem Bremmer Calmont
Rebfläche 10 Hektar
Jahresproduktion 70.000 Flaschen
Beste Lagen Bremmer Calmont, Neefer Frauenberg
Boden Devonschiefer mit Quarziteinlagerungen
Rebsorten 80% Riesling, 10% Weißburgunder, 5% Elbling, 5% übrige Sorten
Mitglied Bernkasteler Ring, Köche und Winzer der Terrassenmosel

Die Weine von Kilian und Angelina Franzen gewinnen von Jahr zu Jahr an Format. Schon die Basislinie Quarzit, egal, ob aus dem Liter oder aus der Spitzflasche, bietet zupackende, klare Rieslinge, sehr stimmige Einsteigsweine. Der FranZero ist präzise und »Der Sommer war sehr groß« hat Spannung und Strahlkraft. Die Lagenweine ruhen immer mehr in sich, gewinnen an Kühle und Nachhaltigkeit. Der 2016er Frauenberg entfaltet einen frischen Zug am Gaumen, während der 2016er Calmont noch verhalten und etwas eckiger wirkt und ganz am Anfang seiner Entwicklung steht. Dies gilt auch für die nachgereichten 2015er Großen Gewächse, die an der Luft gewinnen und sich saftig und herb probieren. Großartig ist der fruchtsüße Riesling aus dem Bremmer Calmont, präzise wie ein Strich, pikant, kühl und salzig. Zuletzt wurde ein klimatisiertes Flaschenlager neu errichtet. Für die nächsten Jahre stehen der Neubau des Kelterhauses sowie der Traubenannahme auf dem Plan. Nun schon in der sechsten Generation wird das nunmehr zehn Hektar große Weingut Franzen von Kilian Franzen und seiner Frau Angelina geführt. Allein im berühmten terrassierten Bremmer Calmont, immer wieder werbewirksam als steilster Weinberg Europas ausgelobt, bewirtschaftet das Team fünf Hektar.

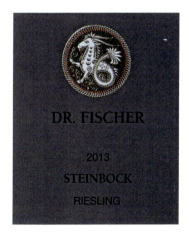

Verkostete Weine 11
Bewertung 85–91 Punkte

- 85 2016 Riesling Quarzit Schiefer trocken | 11,5% | 9,20 €/1,0 Lit.
- 87 2016 Riesling Quarzit Schiefer trocken | 11,5% | 8,20 €
- 87 2016 Riesling FranZero trocken | 11,5% | 11,- €
- 90 2016 Riesling Der Sommer war sehr groß trocken | 11,5% | 11,- €
- 91 2016 Neefer Frauenberg Riesling trocken | 11,5% | 12,90 €
- 91 2016 Bremmer Calmont Riesling trocken | 11,5% | 12,90 €
- 90 2015 Neefer Frauenberg Riesling »Großes Gewächs« | 12% | 20,90 €
- 91 2015 Bremmer Calmont Riesling »Großes Gewächs« | 12% | 20,90 €
- 91 2015 Riesling Zeit | 11,5% | 12,90 €
- 88 2014 Bremmer Calmont Riesling Calidus Mons | 13% | 31,50 €
- 91 2016 Bremmer Calmont Riesling Kabinett | 8% | 12,90 €

WEINGUT FRANZEN-SCHÜLLER
56814 Ernst · Weingartenstraße 7
Tel (0 26 71) 51 18 · Fax 91 09 34
info@franzen-schueller.de
www.franzen-schueller.de
Inhaber Elke und Bernd Schüller
Verkauf nach Vereinbarung

Das nur ein Hektar große Familienweingut Franzen-Schüller zeigte dieses Jahr wieder eine kleine, durchweg solide Kollektion. Allerdings wirken die Weine wenig authentisch und scheinen eher vom technisierten Ausbau geprägt. Der restsüße Kerner bietet mit interessanter Aromatik und angenehmem Biss den größten Trinkspaß.

Verkostete Weine 6
Bewertung 82–84 Punkte

- 82 2016 Kerner trocken | 13% | 6,- €
- 83 2016 Riesling trocken | 12% | 6,- €
- 82 2016 Weißburgunder trocken | 13% | 7,- €
- 83 2016 Rivaner feinherb | 11,5% | 5,- €
- 83 2016 Riesling feinherb | 11,5% | 6,- €
- 84 2016 Kerner | 9,5% | 5,- €

Symbole Weingüter
€ Schnäppchenpreis · TOP Spitzenreiter · BIO Ökobetrieb
Trinktipp · Versteigerungswein

 Sekt Weißwein Rotwein Rosé

MOSEL

WEINGUT MARKUS FRIES ★☆

54484 Maring-Noviand · Zum Brauneberg 16
Tel (0 65 35) 4 93 · Fax 15 05
info@weingut-fries.com
www.weingut-fries.com
Inhaber Markus Fries
Verkauf Markus Fries
nach Vereinbarung

Im Grunde haben wir es hier mit zwei Kollektionen zu tun, einer grundsoliden trocken bis feinherben und einer herausragenden fruchtig bis edelsüßen. Drei Rieslinge sind uns eine besondere Empfehlung wert: die extrem schieferwürzige Wehlener Sonnenuhr Spätlese, der an die Essenz von schwarzem Tee erinnernde Honigberg Eiswein und an der Spitze der edelsüßen Kollektion die aus dem Vorjahr nachgereichte Wehlener Sonnenuhr Trockenbeerenauslese.

Verkostete Weine 12
Bewertung 83–93 Punkte

84 2015 Riesling Sekt Brut | 12% | 13,50 €
84 2016 Riesling Lesura trocken | 11,5% | 7,50 €
86 2016 Noviander Honigberg Riesling Schwarzlay Spätlese trocken | 11,5% | 12,50 €
86 2015 Bernkasteler Lay Riesling Spätlese trocken Holzfass | 12% | 24,50 €
83 2016 Riesling feinherb | 10% | 6,– €/1,0 Lit.
85 2016 Maringer Sonnenuhr Riesling Kabinett feinherb | 10% | 7,50 €
85 2016 Noviander Honigberg Riesling Spätlese | 8% | 12,50 €
88 2016 Wehlener Sonnenuhr Riesling Spätlese | 8% | 14,50 €
88 2016 Bernkasteler Matheisbildchen Riesling Rosenberg Auslese | 7,5% | 24,50 €
90 2016 Noviander Honigberg Riesling Eiswein | 7,5% | 49,– €/0,375 Lit.
93 2015 Wehlener Sonnenuhr Riesling Trockenbeerenauslese | 6,5% | 110,– €/0,375 Lit.

Weinbewertung in Punkten
100 Perfekt • 95 bis 99 Überragend • 90 bis 94 Exzellent
85 bis 89 Sehr gut • 80 bis 84 Gut

WEINGUT FRIES ★★

56333 Winningen · Bachstraße 66
Tel (0 26 06) 26 86 · Fax 20 00 16
info@weingut-fries.de
www.weingut-fries.de
Inhaber Reiner und Anke Fries
Verkauf Anke und Reiner Fries
Mo–Sa 8.00–12.00 Uhr · 13.00–18.00 Uhr
und nach Vereinbarung

Historie Weingut in der achten Generation
Sehenswert 300 Jahre alter Gewölbekeller, Probierstube in ehemaliger Stallung, Gutshof
Rebfläche 9,5 Hektar
Jahresproduktion 75.000 Flaschen
Beste Lagen Winninger Uhlen und Röttgen
Boden Schieferverwitterung
Rebsorten 73% Riesling, 19% Spätburgunder, 8% Weißburgunder

Die 2016er Weine dieses Winninger Gutes sind alle sauber gearbeitet, wenn auch der ein oder andere etwas süßlich wirkt. Bei den trockenen Rieslingen haben die Apollo-Terrassen wieder die Nase vorn: ein kraftvoller Wein, leicht kernig und herzhaft. Die Alten Reben aus dem Winninger Uhlen probieren sich dicht und würzig und gut gerundet. Die Riesling Spätlese aus dem Röttgen ist cremig und reichhaltig, doch ein wenig mehr Säure würde ihr gut stehen. Zuletzt haben Reiner und Anke Fries in neue Weinberge investiert und dort alte Rieslingklone angepflanzt. In den nächsten Jahren soll in den Umbau des Kellers investiert werden. Eine Besonderheit hier ist der Anteil von etwa einem Fünftel Spätburgunderreben. Reiner Fries pflanzte schon 1984 die ersten Rotweinstöcke und gehört damit zu den Pionieren auf diesem Gebiet an der Mosel. In den steilen Terrassen der renommierten Lagen Uhlen und Röttgen erntet Fries regelmäßig seine besten Weine. Bei den trockenen und feinherben Weinen verzichtet der Winninger Winzer auf Prädikate wie Spät- oder Auslese. Stattdessen tragen sie die Bezeichnung »Apollo-Terrassen«, Hinweis auf die Lage Uhlen, Heimat des seltenen Apollofalters. Nach Zukauf weiterer Rebfläche in den letzten Jahren ist das Gut von Reiner und Anke Fries auf eine Gesamtgröße von nunmehr 9,5 Hektar angewachsen. Der Neubau einer Vinothek und eines Verkostungsraumes ermöglicht Weinproben mit bis zu 35 Personen.

★★

Verkostete Weine 8
Bewertung 83–87 Punkte

83 2016 Weißburgunder trocken | 13% | 9,70 €
87 2016 Riesling Apollo-Terrassen trocken | 12% | 11,20 €
86 2016 Winninger Röttgen Riesling Kabinett trocken | 11,5% | 8,40 €
86 2016 Riesling Apollo-Terrassen feinherb | 12,5% | 11,20 €
87 2016 Winninger Uhlen Riesling Alte Reben | 12,5% | 16,– €
85 2016 Winninger Hamm Riesling Kabinett feinherb | 11,5% | 8,40 €
87 2016 Winninger Röttgen Riesling Spätlese | 8,5% | 11,20 €
85 2015 Spätburgunder trocken Barrique | 13,5% | 15,50 €

WEINGUT LEO FUCHS
56829 Pommern · Hauptstraße 3
Tel (0 26 72) 13 26 · Fax 13 36
wein@leo-fuchs.de
www.leo-fuchs.de
Inhaber und Kellermeister Ulrich und Bruno Fuchs
Verkauf Brunhilde Fuchs (April–Dez.)
Mo–Do 17.00–19.00 Uhr, **Fr** 13.00–19.00 Uhr
Sa 10.00–17.00 Uhr und nach Vereinbarung
Sehenswert Vinothek Pomaria, Gutshaus mit alten Kellern, Innenhof mit Backhaus
Rebfläche 9,4 Hektar
Jahresproduktion 70.000 Flaschen
Beste Lagen Pommerner Zeisel, Rosenberg, Goldberg und Sonnenuhr, Klottener Burg Coraidelsteiner und Brauneberg
Boden Grauwackenschiefer und Tonschiefer
Rebsorten 76% Riesling, 8% Chardonnay, 5% Rivaner, je 4% Auxerrois und Weißburgunder, je 1% Gewürztraminer, Grauburgunder und Rieslaner
Mitglied Bernkasteler Ring

Mit dem Jahrgang 2016 scheint es, als würde die Stilistik in diesem Pommerner Weingut etwas homogener. Wir probierten Rieslinge mit mehr Präzision und weniger Restsüße. Zu den empfehlenswerten Trockenen gehört das Hochgewächs aus der Pommerner Sonnenuhr, ein knackiger und transparenter Riesling mit strammer Säure. Ein süffiger Einstiegswein ist der trockene Rivaner, sauber und würzig. Exot in der Kollektion ist die trockene Gewürztraminer Auslese aus dem Pommerner Rosenberg, delikat und reichhaltig, begleitet von zartherber Süße. Ulrich und Bruno Fuchs überzeugten im Jahrgang 2015 mit einem Großen Gewächs aus dem Pommerner Rosenberg, ein dicht gewobener trockener Riesling. Auch der trockene Kabinett aus dem Coraidelstein konnte mit seiner saftigen, pikanten Art auftrumpfen. Viele Weine waren von einem zarten Rosenduft durchzogen, der stark an die Traminertraube erinnert. Das reine Weißweingut bezeichnet sich selbst als Spezialisten für Riesling und Weißburgunder. Man setzt hier offenbar auf einen etwas geschmeidigeren, zugänglicheren Riesling-Typus.

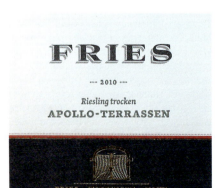

MOSEL

Verkostete Weine 11
Bewertung 82–87 Punkte

82 2016 Pommerner Riesling trocken | 12,5% | 5,80 €/1,0 Lit.
83 2016 Rivaner trocken | 12,5% | 5,50 €
84 2016 Riesling Vom grauen Schiefer trocken | 12% | 9,80 €
86 2016 Pommerner Rosenberg Riesling »Großes Gewächs« | 12,5% | 23,- €
85 2016 Pommerner Sonnenuhr Riesling Hochgewächs trocken | 11,5% | 8,50 €
84 2016 Pommerner Zeisel Riesling Spätlese trocken | 12% | 12,50 €
86 2016 Pommerner Rosenberg Gewürztraminer Auslese trocken | 13,5% | 15,- €
85 2016 Riesling Vom grauen Schiefer feinherb | 11,5% | 9,80 €
83 2016 Pommerner Zeisel Riesling Hochgewächs feinherb | 12% | 8,50 €
82 2016 Pommerner Sonnenuhr Riesling Spätlese feinherb | 11% | 12,50 €
87 2016 Pommerner Zeisel Riesling Spätlese | 8,5% | 12,50 €

WEINGUT ALBERT GESSINGER

54492 Zeltingen · Moselstraße 9
Tel (0 65 32) 23 69 · Fax 15 78
kontakt@weingut-gessinger.de
www.weingut-gessinger.de
Inhaberin und Betriebsleiterin Sarah Gessinger
Verkauf nach Vereinbarung

Eine überzeugende Kollektion bekamen wir dieses Jahr vom Zeltinger Weingut Albert Gessinger. Sarah Gessinger, die erst vor wenigen Jahren das Weingut von ihrem Vater übernahm, zeigt nachdrücklich, dass sie bei ihrer Arbeit auf Qualität setzt. Mit ausgezeichneten restsüßen Weinen wie der klassischen Spätlese Josefsberg aus der Zeltinger Sonnenuhr oder durchweg beachtenswert fest strukturierten trockenen Weinen aus der Rothlay in derselben Lage stellt sie ihr Können eindrucksvoll unter Beweis.

Verkostete Weine 8
Bewertung 85–90 Punkte

85 2016 Zeltinger Sonnenuhr Riesling Ambrosia Kabinett trocken | 10,5% | 5,50 €
86 2016 Zeltinger Sonnenuhr Riesling Rothlay Schieferterrasse Spätlese trocken Alte Reben ** – 6 – | 11,5% | 9,- €
87 2016 Zeltinger Sonnenuhr Riesling Rothlay Schieferterrasse Spätlese trocken Alte Reben ** – 5 – | 11% | 9,- €
85 2016 Zeltinger Sonnenuhr Riesling Spätlese feinherb Alte Reben | 10% | 8,50 €
86 2016 Zeltinger Sonnenuhr Riesling Spätlese Alte Reben * | 7,5% | 7,50 €
89 2016 Zeltinger Sonnenuhr Riesling Josefsberg Spätlese Alte Reben ** | 7,5% | 10,50 €
86 2016 Zeltinger Sonnenuhr Riesling Caldo Infernale Auslese ** | 7,5% | 15,- €
90 2016 Zeltinger Sonnenuhr Riesling Auslese *** | 7,5% | 30,- €

★★★½

WEINGUT GRANS-FASSIAN

54340 Leiwen · Römerstraße 28
Tel (0 65 07) 31 70 · Fax 81 67
weingut@grans-fassian.de
www.grans-fassian.de

Inhaber Gerhard Grans
Betriebsleiter Catharina und Gerhard Grans
Kellermeister Catharina Grans und Kilian Klein
Verkauf Familie Grans
nach Vereinbarung
Historie seit 1624 in Familienbesitz
Rebfläche 13 Hektar
Jahresproduktion 120.000 Flaschen
Beste Lagen Trittenheimer Apotheke, Leiwener Laurentiuslay, Piesporter Goldtröpfchen, Dhron-Hofberg
Boden Devonschiefer
Rebsorten 90% Riesling, 10% Weiß- und Grauburgunder
Mitglied VDP, Moseljünger

Verkostete Weine 12
Bewertung 84–92 Punkte

84 2016 Riesling Mineralschiefer trocken | 12,5% | 9,– €
88 2016 Leiwener Riesling trocken Alte Reben | 12,5% | 13,– €
89 2016 Riesling Steiles Stück trocken | 13% | 18,– €
89 2016 Leiwener Laurentiuslay Riesling »Großes Gewächs« | 13% | 25,– €
89 2016 Dhroner Hofberg Riesling »Großes Gewächs« | 13% | 25,– €
89 2016 Trittenheimer Apotheke Riesling »Großes Gewächs« | 13% | 25,– €
85 2016 Riesling Catharina feinherb | 12% | 10,– €
88 2016 Trittenheimer Apotheke Riesling GL | 12,5% | 25,– €
88 2016 Trittenheimer Riesling Kabinett | 10% | 12,– €
92 2016 Trittenheimer Apotheke Riesling Spätlese | 8,5% | 19,– €
92 2016 Piesporter Goldtröpfchen Riesling Spätlese | 7,5% | 19,– €
91 2016 Trittenheimer Apotheke Riesling Auslese | 8% | 29,– €

In dieses von Gerhard Grans geführte Leiwener Gut ist jetzt Tochter Katharina offiziell mit eingestiegen. Beide arbeiten gezielt daran, ihren Weinen noch mehr Feinheit mitzugeben. So sind die Großen Gewächse trockener im Stil geworden und werden in der Tat mit etwas weniger Restzucker gefüllt. Alle Weine wirken etwas zartgliedriger und verspielter und sind nicht mehr so stark von einer gelben, schmelzigen Frucht geprägt. Das kommt etwa bei den trockenen Alten Reben zum Ausdruck mit ihrem saftigen Zug und der fast salzigen Art. Besonders eindrucksvoll sind die beiden fruchtsüßen Spätlesen gelungen: die Apotheke zartwürzig, transparent und mit langem Nachhall, das Goldtröpfchen hochfein, verspielt, eine echte Delikatesse. Bereits mit dem Jahrgang 2015 hatte sich dieses Weingut in Leiwen stark in Szene gesetzt. Gerhard Grans erzeugt Rieslinge mit feinem Schliff und pikanter Säure. Die Basis hierfür ist ein beeindruckender Lagenbesitz nicht nur in seiner Heimatgemeinde Leiwen, sondern auch in den renommierten Weinbergen der Nachbardörfer. Zuletzt hat er seinen Anteil in der Laurentiuslay um 1,6 Hektar erweitern können. Die trockenen Weine, die rund ein Drittel der Erzeugung ausmachen, zeigen Fülle und Struktur, ohne an Moseleleganz einzubüßen. In den besten Jahren stehen die fruchtsüßen Weine mit an der Moselspitze. Seine besten trockenen Rieslinge beanspruchen in jedem Jahr einen Platz in der Gebietsspitze.

MOSEL

WEINGUT FRITZ HAAG
DUSEMONDER HOF
54472 Brauneberg · Dusemonder Straße 44
Tel (0 65 34) 4 10 · Fax 13 47
info@weingut-fritz-haag.de
www.weingut-fritz-haag.de
Inhaber Oliver Haag
Betriebsleiter Nico Rieb
Kellermeister Oliver Haag
Verkauf Familie Haag
nach Vereinbarung
Historie seit 1605 in Familienbesitz
Rebfläche 19,8 Hektar
Jahresproduktion 145.000 Flaschen
Beste Lagen Brauneberger Juffer-Sonnenuhr und Juffer
Boden Schiefer
Rebsorte 100% Riesling
Mitglied VDP

Den Weinen dieses bedeutenden Traditionsgutes in Brauneberg fehlt leider auch in diesem Jahr ein wenig Spannkraft und Präzision. Sie haben durchaus Struktur und Festigkeit, aber das belebende Element der Mosel-Rieslinge ist nicht immer präsent: das Aufspiel, das durch feine Säure transportiert wird. Keine Frage: Dies ist weiterhin einer der führenden Betriebe in der Region, auch wenn die Brillanz früherer Jahre nicht mehr immer so aufblitzt. Natürlich sind die Spätlesen hier nach wie vor außergewöhnlich, an der Spitze der konzentrierte Versteigerungswein Nr. 14 aus der Juffer Sonnenuhr. Erneut gibt es eine ganze Reihe von Auslesen mit saftigem Zug und guter Struktur, manchmal auch leicht opulent. Doch die Gebietsspitzen früherer Jahre sucht man im Jahrgang 2016 vergebens.

Von schöner Säure getragen
2015 war auch in diesem Haus ein Ausnahmeweinjahrgang. Oliver Haag konnte ein solches Füllhorn an Auslesen vorstellen, dass einem beim Verkosten und Beschreiben der Weine fast das Vokabular ausging. Sage und schreibe sieben Auslesen hatte der Brauneberger Winzer auf den Tisch gestellt, eine schöner als die andere. Bereits im Jahrgang 2014, der wegen seiner im Herbst grassierenden Fäulnis selbst renommierten Betrieben mitunter große Probleme bereitete, hatte Haag eine Topkollektion auf den Tisch gestellt.

Das 19,8 Hektar große Weingut Fritz Haag trägt die Zusatzbezeichnung »Dusemonder Hof«. Ein Hinweis auf den alten Ortsnamen: Erst im Jahre 1925 wurde Dusemond, aus dem Lateinischen mons dulcis (süßer Berg), in Brauneberg umbenannt. Der Brauneberg, sicherlich einer der eindrucksvollsten Hänge im Moseltal, ist gegliedert in zwei großartige Lagen: Juffer und Juffer-Sonnenuhr. In der Mitte des Brauenebergs liegt die außergewöhnliche Spitzenlage Juffer-Sonnenuhr, die etwa zehn Hektar groß ist. Durch eine Geländekrümmung entsteht ein großer, flacher Hohlspiegel, der die Sonne aus jedem Einfallswinkel speichern kann. Am Fuß liegt der Wärmespeicher Mosel, darüber ernsthaft steile Felsen.

Oliver Haag

Durchgängig hohes Niveau
Über Jahre sind wir nicht müde geworden, das durchgängig hohe Qualitätsniveau in diesem Betrieb zu loben. Vom Gutsriesling bis zum edelsüßen Topwein präsentierte sich das Haag'sche Angebot stets wie aus einem Guss. Nur wenige Winzer im Moseltal gehen ihrem Beruf mit dieser Hingabe nach wie Wilhelm Haag und heute sein Sohn Oliver Haag.

Verkostete Weine 20
Bewertung 84–92 Punkte

- 85 2016 Riesling trocken | 11,5% | 9,80 €
- 87 2016 Brauneberger Riesling »J« trocken | 12% | 15,- €
- 88 2016 Brauneberger Juffer Riesling »Großes Gewächs« | 12,5% | 21,50 €
- 89 2016 Brauneberger Juffer-Sonnenuhr Riesling »Großes Gewächs« | 13% | 27,- €
- 84 2016 Riesling feinherb | 11% | 9,80 €
- 88 2016 Brauneberger Riesling feinherb | 11,5% | 12,50 €
- 88 2016 Brauneberger Juffer Riesling feinherb | 12% | 19,- €
- 88 2016 Brauneberger Riesling Kabinett | 8% | 12,50 €
- 89 2016 Brauneberger Juffer-Sonnenuhr Riesling Kabinett – 13 – | 7,5% | ↗ 44,98 €
- 90 2016 Brauneberger Juffer Riesling Spätlese | 8% | 16,- €
- 92 2016 Brauneberger Juffer-Sonnenuhr Riesling Spätlese | 7,5% | 19,80 €
- 92 2016 Brauneberger Juffer-Sonnenuhr Riesling Spätlese – 14 – | 7,5% | ↗ 52,48 €
- 91 2016 Brauneberger Juffer Riesling Auslese | 7,5% | 21,50 €
- 91 2016 Brauneberger Juffer-Sonnenuhr Riesling Auslese | 7,5% | 27,- €
- 91 2016 Brauneberger Juffer Riesling Auslese Goldkapsel | 7,5% | 18,50 €/0,375 Lit.
- 91 2016 Brauneberger Juffer-Sonnenuhr Riesling Auslese Goldkapsel | 7,5% | 22,- €/0,375 Lit.
- 92 2016 Brauneberger Juffer-Sonnenuhr Riesling Auslese lange Goldkapsel – 15 – | 7,5% | ↗ 274,89 €/0,375 Lit.
- 92 2016 Brauneberger Juffer-Sonnenuhr Riesling Auslese – 10 – | 7,5% | Preis auf Anfrage
- 92 2016 Brauneberger Juffer-Sonnenuhr Riesling Auslese Goldkapsel – 12 – | 7,5% | Preis auf Anfrage
- 91 2016 Brauneberger Juffer-Sonnenuhr Riesling Beerenauslese | 6,5% | Preis auf Anfrage

WEINGUT WILLI HAAG
54472 Brauneberg · Burgfriedenspfad 5
Tel (0 65 34) 4 50 · Fax 6 89
info@willi-haag.de
www.willi-haag.de
Inhaber Marcus Haag
Kellermeister Marcus Haag
Verkauf Marcus und Inge Haag
nach Vereinbarung

Die Rieslinge des Jahrgangs 2016 sind in diesem Brauneberger Gut recht einfach ausgefallen. Vor allem die trockenen und feinherben Qualitäten entsprechen nicht mehr dem früheren Standard. Bei den fruchtigen Spätlesen gefällt uns der Brauneberger Juffer noch am besten. Der Wein zeigt feines Spiel und eine nicht so unklare Frucht. Die Auslesen sind für unseren Geschmack etwas zu süßlich ausgefallen. Hier wurde immer solide gearbeitet. Das heutige Gut, das von Marcus Haag geführt wird, ging aus der Teilung des Traditionsgutes Ferdinand Haag zu Beginn der 1960er Jahre hervor. Es entstanden damals die Güter Fritz Haag und Willi Haag.

Verkostete Weine 12
Bewertung 81–87 Punkte

- 82 2016 Riesling trocken | 12% | 7,- €
- 81 2016 Brauneberger Riesling Spätlese trocken Alte Reben | 13% | 10,- €
- 82 2016 Riesling halbtrocken | 11,5% | 7,- €
- 83 2016 Riesling feinherb | 11% | 7,- €
- 82 2016 Brauneberger Juffer Riesling Kabinett feinherb | 10% | 9,50 €
- 83 2016 Veldenzer Riesling Spätlese feinherb Alte Reben | 10% | 10,- €
- 84 2016 Riesling | 9% | 7,- €
- 84 2016 Brauneberger Juffer Riesling Kabinett | 8,5% | 9,50 €
- 87 2016 Brauneberger Juffer Riesling Spätlese | 8% | 11,50 €
- 83 2016 Brauneberger Juffer-Sonnenuhr Riesling Spätlese | 7,5% | 13,50 €
- 86 2016 Brauneberger Juffer Riesling Auslese | 7,5% | 15,- €
- 86 2016 Brauneberger Juffer-Sonnenuhr Riesling Auslese | 7,5% | 22,- €

Symbole Weingüter
★★★★★ Weltklasse • ★★★★ Deutsche Spitze
★★★ Sehr Gut • ★★ Gut • ★ Zuverlässig

★★★½ MOSEL

WEINGUT JULIAN HAART
54498 Piesport · Trevererstraße 12
Tel (0 65 07) 9 38 98 68
info@julian-haart.de
www.julian-haart.de
Inhaber Julian und Nadine Haart
Kellermeister Julian und Nadine Haart
Verkauf nach Vereinbarung
Historie Familie betreibt seit 1337 Weinbau
Rebfläche 5 Hektar
Jahresproduktion 25.000 Flaschen
Beste Lagen Piesporter Goldtröpfchen und Schubertslay, Wintricher Ohligsberg
Boden Devonschieferverwitterung
Rebsorte 100% Riesling

Verkostete Weine 12
Bewertung 87–94 Punkte

87 2016 Riesling trocken | 12% | 10,90 €
89 2016 Piesporter Riesling trocken | 12% | 14,– €
88 2016 Wintricher Riesling trocken | 12% | Preis auf Anfrage
91 2016 Piesporter Goldtröpfchen Riesling trocken | 12,5% | Preis auf Anfrage
92 2016 Wintricher Ohligsberg Riesling trocken | 12,5% | Preis auf Anfrage
92 2016 Piesporter Goldtröpfchen Riesling Kabinett | 8,5% | 13,– €
90 2016 Wintricher Ohligsberg Riesling Kabinett | 8,5% | 13,50 €
91 2016 Wintricher Ohligsberg Riesling Kabinett Alte Reben | 8,5% | Preis auf Anfrage
89 2016 Piesporter Schubertslay Riesling Spätlese | 8% | Preis auf Anfrage
92 2016 Wintricher Ohligsberg Riesling Spätlese | 7,5% | Preis auf Anfrage
94 2016 Piesporter Goldtröpfchen Riesling Spätlese | 8% | Preis auf Anfrage
93 2016 Wintricher Ohligsberg Riesling Auslese | 7% | Preis auf Anfrage

Julian Haart verfügt über Weinberge in drei Lagen: das Piesporter Goldtröpfchen, die Piesporter Schubertslay und den Wintricher Ohligsberg. Mit großer Regelmäßigkeit kommen seine besten Rieslinge aus dem Goldtröpfchen. Das ist auch im Jahrgang 2016 nicht anders. Alle Goldtröpfchen-Rieslinge bestechen durch ihre zarte, verspielte und duftige Art. Haarts Weine haben sich auch diesmal wieder gegenüber dem Vorjahr leicht verbessert. Bei den Trockenen dominiert der Ohligsberg mit einer verdichteten Phenolik und vornehmen Kühle. Haarts fruchtige Kabinette gehören regelmäßig zu den besten des Gebiets. Bei den Spätlesen ist ihm mit dem Goldtröpfchen diesmal ein großer Wurf gelungen, ein Riesling mit feinstem Spiel und nahezu unendlicher Länge. Julian Haart arbeitet sich beharrlich Jahr für Jahr ein Stück nach oben auf der Hierarchieleiter der Mosel. Mit herzhaften, zupackenden trockenen Rieslingen und druckvollen, teilweise edlen fruchtsüßen Rieslingen aus dem Jahrgang 2015 hatte er im Vorjahr überzeugt. Mit der Übernahme der Weinberge des Weingutes Joh. Haart in Piesport vor einigen Jahren hat Julian Haart die Grundlagen für noch mehr Qualität gelegt. Wer wie Julian Haart bei Winzergrößen wie Werner Schönleber, Egon Müller und Klaus-Peter Keller gelernt hat, hat alles Handwerkszeug mitbekommen, das man nur haben kann, um früher oder später große Rieslinge zu erzeugen.

★★★★

WEINGUT HAART
54498 Piesport · Ausoniusufer 18
Tel (0 65 07) 20 15 · Fax 59 09
info@haart.de
www.haart.de
Inhaber Johannes und Marcus Haart
Kellermeister Johannes Haart
Verkauf Theo und Johannes Haart
nach Vereinbarung
Historie Weinbau in der Familie
urkundlich nachgewiesen seit 1337
Rebfläche 9 Hektar
Jahresproduktion 60.000 Flaschen
Beste Lagen Piesporter Goldtröpfchen, Wintricher Ohligsberg
Boden Tonschieferverwitterung
Rebsorte 100% Riesling
Mitglied VDP

Theo Haart

Nach einer kurzen Verschnaufpause im Jahrgang 2015 stellen Theo und Johannes Haart vom Jahrgang 2016 eine überaus bemerkenswerte Kollektion auf den Verkostungstisch. Ein durchgängiger Stil prägt alle Weine, die eher karg und mineralisch-salzig geprägt sind. Es ist eine homogene Kollektion mit klar definierten Rieslingen ohne unsaubere Töne oder jene matschige Art, die so viele Weine in diesem Jahr abwertet. Und es ist erfreulich, wie sehr dieses Piesporter Gut, früher weithin bekannt für seine fruchtigen Rieslinge, ganz große Fortschritte bei der Erzeugung trockener Weine gemacht hat. Die Großen Gewächse sind ausgesprochen seriöse Trockene, das Goldtröpfchen präzis, der Grafenberg saftig mit klarem Zug und der Ohligsberg transparent, hochfein und würzig. Die fruchtigen Spät- und Auslesen bewegen sich auch in diesem Jahr auf Topniveau.

Akribische Winzerarbeit

Winzer des Jahres 2007: Das war nicht nur der Lohn für Theo Haarts großartige 2005er Weine, sondern auch Anerkennung seiner akribischen Arbeit über viele Jahre hinweg. Der Piesporter Winzer hat mit großer Beharrlichkeit die Qualität seiner Weine Zug um Zug vorangebracht. Dabei macht er wenig Aufhebens um seine Person, aber er hat ganz konkrete Vorstellungen, wie seine Weine zu schmecken haben. Besonders wichtig ist ihm, der ausschließlich Riesling in Spitzenlagen in Piesport und Wintrich kultiviert, das Terroir, auf dem seine Weine entstehen. Im Jahre 1763 gelang es dem Piesporter Pastor Johannes Hau, die Bewohner davon zu überzeugen, nur noch die edlen Rieslingreben zu pflanzen. Nicht zuletzt deshalb war die Herkunftsbezeichnung »Piesporter« lange Zeit gleichbedeutend mit hochwertigem Riesling-Wein. Hau selbst verkaufte aus seinem Pfarrwingert ausgesuchte Stecklinge an viele Orte der Mosel und leistete so einen großen Beitrag zur Verbreitung des Rieslings. Der Weinberg, von dem diese Missionsarbeit ausging, ist heute im Besitz der Familie Haart. Von den alten Stöcken selektiert Theo Haart immer noch qualitativ herausragende Pflanzen für die eigenen Weinberge. Um die einzigartige Typizität seiner Weine besonders herauszustreichen, verwendet Haart ausschließlich natürliche Hefen. Seinen leckeren Trendwein nennt er origineller Weise »Haart to Heart«. Der englische Name ist keinesfalls ein Tribut an den Zeitgeist, sondern der Wein wird schlicht und ergreifend in erster Linie an angelsächsische Kunden verkauft. Immerhin 70 Prozent der Produktion gehen in den Export.

Wie aus einem Guss

Bereits mit seinen wirklich grandiosen und famosen 2010ern konnte das Weingut Reinhold Haart in der Tat den wunderbaren Glanz alter Tage wiederbeleben. Und auch mit dem Jahrgang 2011 brachte der Ausnahmewinzer eine erstaunliche Kollektion wie aus einem Guss auf den Tisch, die uns noch sehr gut in Erinnerung ist. Der Jahrgang 2012 war Theo und Johannes Haart vor allem bei den fruchtsüßen Rieslingen gut gelungen. Und 2013 sowie 2014 waren nicht von schlechten Eltern.

★★★★☆ MOSEL

Verkostete Weine 12
Bewertung 85–95 Punkte

86 2016 Riesling trocken | 11,5% | 9,50 €
88 2016 Piesporter Riesling trocken | 12% | 12,50 €
91 2016 Piesporter Grafenberg Riesling »Großes Gewächs« | 12,5% | 24,– €
90 2016 Piesporter Goldtröpfchen Riesling »Großes Gewächs« | 12,5% | 27,– €
93 2016 Wintricher Ohligsberg Riesling »Großes Gewächs« | 12,5% | 27,– €
85 2016 Riesling Haart to Heart feinherb | 10,5% | 9,50 €
90 2016 Piesporter Goldtröpfchen Riesling Kabinett | 9% | 14,– €
90 2016 Wintricher Ohligsberg Riesling Kabinett | 8,5% | 14,– €
92 2016 Piesporter Goldtröpfchen Riesling Spätlese | 8% | 20,– €
93 2016 Wintricher Ohligsberg Riesling Spätlese | 8% | 20,– €
95 2016 Piesporter Goldtröpfchen Riesling Auslese | 8% | 32,50 € | TOP 10
93 2016 Piesporter Goldtröpfchen Riesling Auslese Goldkapsel | 8% | ↗ 74,97 €

WEINGUT HAIN
54498 Piesport · Am Domhof 5
Tel (0 65 07) 24 42 · Fax 68 79
info@weingut-hain.de
www.weingut-hain.de
Inhaber Gernot Hain
Verkauf Gernot und Susanne Hain
Mo–Fr 9.00–18.00 Uhr
Sa–So nach Vereinbarung
Hotel und Gutsausschank »Piesporter Goldtröpfchen«, Mo–So 12.00–21.00 Uhr
Spezialitäten moderne Landhausküche
Historie Weinbau seit dem 17. Jahrhundert
Sehenswert 300 Jahre alter Gewölbekeller
Rebfläche 9,5 Hektar
Jahresproduktion 70.000 Flaschen
Beste Lagen Piesporter Goldtröpfchen und Domherr
Boden Devonschiefer
Rebsorten 80% Riesling, 20% Weißburgunder, Chardonnay und Spätburgunder

Während bei anderen Winzern mit höherer Reife des Leseguts in den Weinen oft die Präzision auf der Strecke bleibt, ist dies bei Gernot Hain mitnichten der Fall. Trotz hoher Reife wirken seine fruchtsüßen Rieslinge nicht zu dick, weil sie über Substanz, Klarheit und Säure verfügen. Offenbar arbeitet Hain mit seinem Rebmaterial sehr sauber und ist immer darauf aus, perfekte Trauben zu ernten. Doch auch die trockenen Rieslinge haben hier gutes Format. Der Kabinett ist ein kühler Sponti, salzig und mit Zug, und der Drei-Sterne-Qualitätswein ist feinduftig und tänzelt regelrecht auf der Zunge. Die fruchtigen Spätlesen sind würdige Vertreter der Piesporter Lagen, an der Spitze die Goldtröpfchen Felserrassen, saftig und ausgesprochen trinkanimierend. Die Reihe wird gekrönt von der Riesling Beerenauslese mit perfektem Edelbeerenton und einer betörenden Süße. Gernot Hain hatte bereits vom Jahrgang 2015 eine ganze Palette anspruchsvoller Weine vorgestellt. Der Piesporter Winzer konnte bei der Übernahme dieses Gutes im Jahre 1988 auf den Leistungen seines Vaters aufbauen. Dieser hatte nicht nur ein Hotel gegründet, sondern auch dem Weingut durch Zukauf bester Piesporter Parzellen eine solide Basis verschafft. Im tiefen Gewölbekeller pflegt Gernot Hain einen betont reduktiven Ausbau, der den besonderen Charakter der

Piesporter Tonschieferböden voll zum Tragen bringt. Zuletzt wurde größer investiert in den Bau eines Flaschenlagers. In den nächsten Jahren sollen weitere große Holzfässer angeschafft werden.

Verkostete Weine 13
Bewertung 86–96 Punkte

86 2016 Piesporter Riesling trocken | 11,5% | 7,- €
88 2016 Piesporter Domherr Riesling trocken *** | 12,5% | 13,50 €
90 2016 Piesporter Goldtröpfchen Riesling trocken *** | 12,5% | 13,50 €
89 2016 Piesporter Goldtröpfchen Riesling Kabinett trocken | 11,5% | 8,50 € | €
88 2016 Piesporter Goldtröpfchen Riesling Kabinett feinherb | 10,5% | 8,50 € | €
88 2016 Piesporter Goldtröpfchen Riesling Spätlese feinherb | 11% | 11,- €
87 2016 Piesporter Goldtröpfchen Riesling Spätlese feinherb Alte Reben | 12% | 13,50 €
91 2016 Piesporter Goldtröpfchen Riesling Kabinett | 8% | 8,50 € | €
92 2016 Piesporter Goldtröpfchen Riesling Spätlese | 8% | 11,- €
92 2016 Piesporter Domherr Riesling Spätlese | 8% | 13,50 €
93 2016 Piesporter Goldtröpfchen Riesling Felsterrassen Spätlese | 8% | 13,50 €
91 2016 Piesporter Goldtröpfchen Riesling Auslese | 7,5% | 21,- €
96 2015 Piesporter Goldtröpfchen Riesling Beerenauslese | 8% | Preis auf Anfrage

WEINGUT FREIHERR VON HEDDESDORFF
56333 Winningen · Am Moselufer 10
Tel (0 26 06) 96 20 33 · Fax 96 20 34
weingut@vonheddesdorff.de
www.vonheddesdorff.de
Inhaber Andreas von Canal
Kellermeister Andreas und Katharina von Canal
Verkauf Andreas von Canal
nach Vereinbarung
Ferienwohnungen drei Appartements im Weingut
Sehenswert 900-jähriges Stammhaus, dreistöckiger Hauptbau mit schlanken, zinnenbekrönten Türmchen an den Ostecken
Rebfläche 6 Hektar
Jahresproduktion 40.000 Flaschen
Beste Lagen Winninger Uhlen, Röttgen und Brückstück
Boden Schieferverwitterungsboden
Rebsorten 95% Riesling, 5% Spätburgunder

Der Jahrgang 2016 ist hier außerordentlich gut gelungen. Schon die Basisweine haben Schmelz und Charakter. Alle Weine sind sehr präzise gearbeitet und transparent. Der feinherbe Kabinett aus dem Uhlen ist wunderbar verspielt, der Qualitätswein aus dem Brückstück zeigt edles, feinherbes Spiel. Bei den fruchtsüßen Rieslingen ist mit der Spätlese aus dem Röttgen ein großer Wurf gelungen: hochfein, karg-herb und reichhaltig zugleich. In jedem Fall sind dies authentische Rieslinge von der Terrassenmosel. Das war auch schon weitgehend im Jahrgang 2015 so, als Andreas und Katharina von Canal Weine vorstellten, die von der Wärme des Jahrgangs und seinen hochreifen Früchten geprägt waren. Das feinherbe Brückstück zeigte Würze und Schmelz. Der trockene Uhlen Baron war reichhaltig und stoffig. In den letzten Jahren wurden in diesem Winninger Gut beachtliche Anstrengungen unternommen, etwa bei der Errichtung einer neuen Kelterhalle. 2016 wurde eine neue Vinothek errichtet und, nicht gerade alltäglich für die Mosel, demnächst soll ein Barriquekeller entstehen.

MOSEL

Verkostete Weine 8
Bewertung 86–91 Punkte

- **86** 2016 Riesling stein.reich trocken | 12,5% | 6,50 €
- **88** 2016 Winninger Uhlen Riesling Zehn Terrassen trocken | 12,5% | 13,50 €
- **88** 2016 Winninger Uhlen Riesling Kabinett trocken | 11,5% | 8,50 € | €
- **88** 2016 Riesling stein.reich feinherb | 12% | 6,50 € | €
- **88** 2016 Winninger Brückstück Riesling feinherb | 11,5% | 12,50 €
- **88** 2016 Winninger Uhlen Riesling Kabinett feinherb | 11% | 8,50 € | €
- **88** 2016 Winninger Röttgen Riesling Kabinett | 9% | 8,50 € | €
- **91** 2016 Winninger Röttgen Riesling Spätlese | 8,5% | 12,50 €

WEINGUT HEINRICHSHOF

54492 Zeltingen Rachtig
Chur-Kölner Straße 23
Tel (0 65 32) 31 51 · Fax 93 33 34
mosel@weingut-heinrichshof.de
www.weingut-heinrichshof.de
Inhaber und Betriebsleiter Peter und Ulrich Griebeler

Verkauf April–Okt.
Mo, Mi–So 14.00–18.00 Uhr und nach Vereinbarung

Die Brüder Peter und Ulrich Griebeler vom sieben Hektar großen Weingut Heinrichshof in Zeltingen Rachtig haben uns eine etwas heterogene Kollektion zugesandt. Vielleicht waren einige Weine noch von der Füllung beeindruckt, sie wirkten einfach und wenig strukturiert. Aber im edelsüßen Bereich können die Weine glänzen. Besonders der klare und saubere Eiswein aus dem Zeltinger Schlossberg überzeugt mit seiner feinen, gelbfruchtigen Art.

Verkostete Weine 12
Bewertung 80–89 Punkte

- **81** 2016 Riesling Römische Kapelle trocken | 12% | 7,90 €
- **80** 2016 Zeltinger Schlossberg Riesling trocken Holzfass | 12% | 9,20 €
- **84** 2016 Riesling Tonneau trocken Holzfass – S – | 12% | 9,90 €
- **82** 2016 Zeltinger Sonnenuhr Riesling trocken Holzfass | 12% | 10,50 €
- **84** 2016 Zeltinger Sonnenuhr Rotlay Riesling trocken Holzfass | 12% | 15,90 €
- **82** 2016 Riesling Der Herbe Heinrich feinherb | 11,5% | 7,90 €
- **82** 2016 Zeltinger Sonnenuhr Riesling Spätlese feinherb Holzfass | 10,5% | 9,90 €
- **82** 2016 Zeltinger Schlossberg Riesling Spätlese Holzfass | 7,5% | 9,90 €
- **83** 2016 Zeltinger Sonnenuhr Riesling Auslese | 8% | 13,50 €
- **87** 2016 Zeltinger Sonnenuhr Riesling Auslese ** | 7,5% | 18,50 €
- **85** 2016 Zeltinger Schlossberg Riesling 8° Auslese | 7,5% | 19,50 €
- **89** 2016 Zeltinger Schlossberg Riesling Eiswein | 7,5% | 29,– €/0,375 Lit.

Weinbewertung in Punkten
100 Perfekt • 95 bis 99 Überragend • 90 bis 94 Exzellent
85 bis 89 Sehr gut • 80 bis 84 Gut

★★★★

WEINGUT DR. HERMANN
54492 Erden · Auf der Geig 3
Tel (0 65 32) 25 42 und 35 49 · Fax 40 21
info@weingut-drhermann.de
www.weingut-drhermann.de
Inhaber und Betriebsleiter Rudi und Christian Hermann
Kellermeister Christian Hermann
Verkauf nach Vereinbarung
Rebfläche 11,8 Hektar
Jahresproduktion 100.000 Flaschen
Beste Lagen Erdener Treppchen, Herzlei und Prälat, Ürziger Würzgarten
Boden grauer und blauer Devonschiefer, Rotliegendes
Rebsorten 98% Riesling, 2% Weißburgunder

Rudi Hermann und sein Sohn Christian gehören zu den besten Winzern der Mosel. Jahr für Jahr wurden die Weine brillanter, die Beerennoten in den Edelsüßen sauberer und der Trinkfluss animierender. Basis für diese hochklassigen Mosel-Rieslinge sind 90 Prozent wurzelechte Rieslingreben in den Lagen Würzgarten und Treppchen und eine sehr selektive Lese, die oft zu einem Füllhorn an feinen Auslesen führt.

Präzision der Frucht
Auch im Jahrgang 2016 haben die Hermanns wieder sehr sauber gearbeitet. Trotzdem fehlt es einigen Weinen doch an Brillanz und Delikatesse. Gerne empfehlen wir den Kabinett aus der Wintricher Geierslay, der präzise und knackig ausfällt. Die Herzlei Goldkapsel von Alten Reben ist herb-würzig und erzeugt Druck am Gaumen, die Goldkapsel von Alten Reben aus dem Würzgarten ist ein feiner Sponti der schmelzig-cremigen Art. Schliff und Würze kommen bei der Prälat Auslese Goldkapsel ins Spiel, ein großer Süßwein. Spektakuläre Auftritte hatte das Gut mit seinen Kollektionen in 2011 und 2012. Vom Jahrgang 2014 hatte uns ein Kabinett-Trio begeistert sowie die Spätlese Goldkapsel. An der Spitze der Kollektion stand eine großartige Trockenbeerenauslese. Das 2015er Sortiment hatte seine Stärken eher im Bereich der Kabinette und Spätlesen. Das heute 8,3 Hektar große Gut entstand 1967 im Wege der Erbteilung des Weingutes Joh. Jos. Christoffel Erben in Ürzig. Erweitert wurde die Fläche im ursprünglichen, nicht flurbereinigten Teil des Erdener Treppchens (die Parzellen Onnerts und Herzlei) sowie durch den Zukauf einer weiteren Parzelle im Erdener Prälat. Rudi und Christian Hermann gehen im Weinberg höchst selektiv vor, was mehrere Lesedurchgänge im Herbst notwendig macht. Wir sind sicher, dass hierin eine der Voraussetzungen für die oft vorhandene Klarheit der Weine gegeben ist. Im Keller arbeitet man vornehmlich mit Edelstahl und lässt die Weine nach ihrer Vergärung einige Zeit auf der Feinhefe liegen.

Christian Hermann

Penible Selektion im Weinberg
Die Weine finden vor allem im Ausland ihre Abnehmer: 85 Prozent der Erzeugung dieses Gutes gehen in den Export, hauptsächlich in die USA, nach Kanada und Asien. Der Anteil an restsüßen Weinen an der Gesamtproduktion beträgt stattliche 90 Prozent, womit trockene und feinherbe Qualitäten eine untergeordnete Rolle spielen.

MOSEL

Verkostete Weine 14
Bewertung 84–93 Punkte

- 88 2016 Erdener Herzlei Riesling Alte Reben Goldkapsel | 11,5% | 28,- €
- 88 2016 Ürziger Würzgarten Riesling Alte Reben Goldkapsel | 11,5% | 29,50 €
- 84 2016 Erdener Treppchen Riesling Kabinett feinherb | 10,5% | 10,- €
- 88 2016 Ürziger Würzgarten Riesling Kabinett | 7,5% | 10,- €
- 86 2016 Erdener Treppchen Riesling Kabinett – 6 – | 7,5% | 10,50 €
- 89 2016 Wintricher Geierslay Riesling Steinmetz uns Hermann Kabinett | 7,5% | 12,50 €
- 89 2016 Ürziger Würzgarten Riesling In der Kranklei Spätlese Alte Reben Goldkapsel | 7,5% | 17,- €
- 89 2016 Erdener Herzlei Riesling Spätlese Alte Reben Goldkapsel | 7,5% | 18,50 €
- 89 2016 Erdener Prälat Riesling Spätlese Alte Reben Goldkapsel | 7,5% | 20,- €
- 92 2016 Erdener Treppchen Riesling Auslese | 7,5% | 20,- €
- 93 2016 Erdener Prälat Riesling Auslese Alte Reben Goldkapsel | 7% | 38,- €
- 93 2016 Erdener Treppchen Riesling Eiswein Goldkapsel | 6,5% | 70,- €/0,375 Lit.
- 90 2016 Erdener Prälat Riesling Beerenauslese Alte Reben Goldkapsel | 6,5% | 70,- €/0,375 Lit.

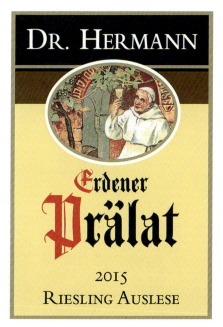

WEINGUT BERND HERMES
54536 Kröv · Im Flurgarten 31–32
Tel (0 65 41) 36 19 · Fax 35 84
weingut@bernd-hermes.de
www.bernd-hermes.de
Inhaber Bernd Hermes
Betriebsleiter und Kellermeister Bernd und Maximilian Hermes

Verkauf nach Vereinbarung

Seit Bernd Hermes das Weingut mit seinem Sohn Maximilian bewirtschaftet, weht anscheinend ein neuer Wind durch das Weingut. Die dieses Jahr vorgestellten Weine waren alle auf gutem bis sehr gutem Niveau. Herausragend war die Auslese Dreistern aus dem Kröver Steffensberg. Mit ihrer viskosen Struktur und verhaltenen Säure hätte sie als Beerenauslese durchgehen können und begeisterte mit Reinheit und feinen Aromen von Kumquat und Zitrone.

Verkostete Weine 9
Bewertung 83–91 Punkte

- 83 2016 Riesling trocken | 12% | 6,80 €/1,0 Lit.
- 86 2016 Kröver Letterlay Riesling Spätlese trocken | 12% | 8,70 €
- 83 2016 Riesling MX feinherb | 11% | 8,- €
- 85 2016 Kröver Paradies Riesling Kabinett halbtrocken | 10,5% | 7,30 €
- 85 2016 Kröver Letterlay Riesling Spätlese feinherb | 11% | 8,70 €
- 84 2016 Kröver Nacktarsch Riesling Spätlese | 7,5% | 7,90 €
- 86 2016 Kröver Steffensberg Riesling Spätlese | 8,5% | 10,70 €
- 91 2011 Kröver Steffensberg Riesling Auslese *** | 8% | 30,- €/0,5 Lit.
- 84 2016 Spätburgunder Red Max trocken Holzfass | 13% | 9,70 €

Symbole Weingüter

★★★⯪

WEINHOF HERRENBERG
54441 Schoden
Hauptstraße 80–82/Gartenstraße 93 BIO
Tel (0 65 81) 12 58 · Fax 99 54 38
info@lochriesling.de
www.lochriesling.de
Inhaber Claudia Loch
Betriebsleiter Claudia und Manfred Loch
Verwalter Claudia und Manfred Loch
Kellermeister Manfred Loch

Verkauf Claudia und Manfred Loch
nach Vereinbarung

Sehenswert denkmalgeschütztes Quereinhaus (um 1850), gilt mit seinen typischen, in allen Teilen erhaltenen Gehöftmerkmalen als Bau- und Kunstdenkmal
Rebfläche 5,1 Hektar
Jahresproduktion 17.000 Flaschen
Beste Lagen Wiltinger Schlangengraben, Schodener Herrenberg und Ockfener Bockstein, Kanzemer Sonnenberg
Boden Schiefer und Devonschiefer
Rebsorte 100% Riesling

Der Genießer muss sich auf den doch etwas eigenwilligen Saarstil dieses Hauses einlassen. Die Rieslinge sind schmelzig, cremig und dicht, wirken teilweise sogar überreif und üppig durch oxidativen Ausbau. Es sind hedonistische Weine mit einer für die Saar eher ungewöhnlichen Fülle und Rundheit, die nicht zuletzt durch eine gewisse Restsüße entsteht. Nach außergewöhnlichen 2015ern bewegt sich auch die 2016er Kollektion auf einem hohen Niveau. Jedoch sind die Weine noch sehr hefig und verschlossen. Das Potenzial lässt sich erahnen, der Genuss wird sich erst später einstellen. An der Spitze des Sortiments steht der feinherbe Stoveler in seiner saftig-frischen Art, gefolgt vom feinherben Steinmetzrausch, der sich reichhaltig und schmelzig präsentiert. 1992 haben Claudia und Manfred Loch ihren ersten, 1.200 Quadratmeter großen Weinberg im Schodener Herrenberg gekauft, im Folgejahr kamen 30 Ar von den Eltern dazu. Die Anfangsjahre waren alles andere als einfach. Verheerender Schädlingsbefall brachte dem ökologisch wirtschaftenden Betrieb herbe Rückschläge. Die sonst üblichen Fördermittel bleiben für die Quereinsteiger aus. Um noch besser zu werden, wurde der Durchschnittsertrag weiter gedrückt auf heute 25 Hektoliter pro Hektar. Wie behutsam hier Technik eingesetzt wird, zeigt die Geschichte des Marienkäfers, der nach dem Pressen aus dem Trester in der Kelter krabbelte, so gering war der Druck, der auf die Trauben ausgeübt wurde. Parzellen mit 100 Jahre alten, wurzelechten Reben gibt es im Wiltinger Schlangengraben und im Ockfener Bockstein. Zuletzt wurde in 0,6 Hektar Rebfläche im Kanzemer Sonnenberg investiert.

Verkostete Weine 8
Bewertung 88–93 Punkte

89 2016 Schodener Herrenberg Riesling Cruv trocken | 13% | 17,50 €
90 2016 Schodener Herrenberg Riesling Saartyr trocken | 13% | 23,90 €
91 2016 Ockfener Bockstein Riesling Steinmetzrausch trocken | 13% | 29,90 €
88 2016 Schodener Herrenberg Riesling halbtrocken | 12,5% | 11,50 €
92 2016 Schodener Herrenberg Riesling Stier feinherb | 11,5% | 17,50 €
92 2016 Schodener Herrenberg Riesling Stoveler feinherb | 11,5% | 17,50 €
93 2016 Ockfener Bockstein Riesling Steinmetzrausch feinherb | 11,5% | 29,90 € TOP
92 2016 Wiltinger Schlangengraben Riesling halbtrocken Alte Reben | 13% | 39,90 €

MOSEL ★★★★

WEINGUT HEYMANN-LÖWENSTEIN
56333 Winningen · Bahnhofstraße 10
Tel (0 26 06) 19 19 · Fax 19 09
info@hlweb.de
www.hlweb.de

Inhaber Reinhard Löwenstein und Cornelia Heymann-Löwenstein, Sarah Löwenstein
Außenbetrieb Patrycja Rozwalka, Diego Rios
Kellermeister Sarah Löwenstein, Kathrin Starker und Diego Rios
Verkauf Reinhard Löwenstein
Fr–Sa 13.00–18.00 Uhr
Sehenswert Vinothek und Kelterhaus im Kubus vor Jugendstil-Altbau, Terrassenlagen mit Mauern in Trockenbauweise
Rebfläche 15 Hektar
Jahresproduktion 100.000 Flaschen
Beste Lagen Winninger Uhlen und Röttgen, Hatzenporter Kirchberg und Stolzenberg
Boden Verwitterungsböden verschiedener devonischer Schiefer
Rebsorten 98% Riesling, 2% Spätburgunder
Mitglied VDP, Fair'n Green

Eine sympathische Eigenart dieses Winninger Topbetriebes ist, dass die Basisweine und die Großen Gewächse in der Bewertung oft nahe beieinander liegen. So war es im Jahrgang 2015. Und so ist auch wieder im Jahrgang 2016. Die Schieferterrassen, auch schon mal unser Gutsriesling des Jahres, sind immer eine extrem hohe Einstiegsqualität: diesmal reichhaltig, stoffig und zugleich trinkig.

Hierarchie der Lagen

Insgesamt sehen wir die 2016er in diesem Hause aber nicht auf dem Niveau des Vorjahres. Zwar sind es strukturierte Weine, aber durch die weitgehend fehlende Säure und den doch recht hohen Alkoholgehalt fehlt ein wenig die Lebhaftigkeit. Kraft haben sie allemal. Das trifft erst recht auf die Uhlen Blaufüßer Lay zu, der Länge hat und sich karg und rund zugleich probiert. Reinhard Löwenstein trennt seine Weine konsequent in zwei Kategorien: edelsüße Weine, die auch die entsprechenden Prädikate tragen, und trocken schmeckende Weine, bei denen auf Prädikate verzichtet wird. Die Hierarchie ergibt sich aus der Wertigkeit der Lagen. Und diese sind exzellent: Terrassenweinberge, die wie Schwalbennester an den Fluss-Steilwänden rund um Winningen kleben. In diesen Ökonischen reift nicht nur der Riesling voll aus, sondern lockt durch eine mediterrane Pflanzenwelt auch illustre Tiere an. »Apollo winingensis« heißt etwa der seltene Schmetterling, von dem nördlich der Alpen nur vier Vorkommen bekannt sind.

Familie Löwenstein

Den Schiefer in allen Farben bringt Löwenstein schon seit Längerem zum Klingen. Die opulenten Auslesen aus dem Uhlen, aber auch seine trockenen Spitzengewächse aus dieser Lage kennzeichnet Löwenstein mit speziellen Parzellennamen und macht damit auf die Bodenverhältnisse aufmerksam. Die Bezeichnungen »Blaufüßer Lay«, »Laubach« und »Roth Lay« deuten nicht nur auf die erdgeschichtliche Entstehung der jeweiligen Bodenformation hin, sondern auch auf die Farbe des Schiefers, der in diesen verschiedenen Lagen dominiert.

Neruda am Haus

Die Liste der großen Weine aus diesem Haus ist lang. Die edelsüßen 2005er und 2006er begeisterten durch ihr Zusammenspiel von Schmelz, Botrytisnoten und Reintönigkeit. Die mineralisch-klaren 2005er Lagenweine brachten ihr Terroir eindrucksvoll zur Geltung. 2007 waren die Basisweine von so bestechender Qualität, dass mancher Lagenwein Schwierigkeiten hatte, sich abzugrenzen. Die 2009er standen durchgehend auf sehr hohem Niveau. 2010 schloss da eher an die Serie aus 2007 an: mit ausgezeichneten Basisweinen, wobei der Riesling Vom blauen Schiefer herausragte.

So eigenwillig wie seine Weine sind auch die Bauwerke des Reinhard Löwenstein. Ein glänzender Kubus steht seit einiger Zeit vor der Jugendstilfassade des Haupthauses und beherbergt Kelterhaus und Vinothek. Dieser Neubau lässt keinen Besucher kalt – und genau dies ist wohl auch beabsichtigt. Geradezu exzentrisch mutet die doppelte Außenhaut des Kubus an: Über verkohlten Holzbrettern läuft rund um den Bau in Edelstahllettern Pablo Nerudas Ode an den Wein.

Verkostete Weine 6
Bewertung 87–90 Punkte

87 2016 Schieferterrassen Riesling trocken »sur lie« | 13,5% | 16,50 €
88 2016 Hatzenporter Kirchberg Riesling »Großes Gewächs« | 13,5% | 21,50 €
89 2016 Hatzenporter Stolzenberg Riesling »Großes Gewächs« | 13,5% | 24,50 €
89 2016 Winninger Röttgen Riesling »Großes Gewächs« | 13,5% | 27,- €
90 2016 Winninger Uhlen Blaufüßer Lay Riesling »Großes Gewächs« | 13,5% | 31,- €
90 2016 Winninger Uhlen Laubach Riesling »Großes Gewächs« | 13,5% | 33,- €

WEINGUT MATTHIAS HILD

54457 Wincheringen · Bahnhofstraße 33
Tel (0 65 83) 5 27 · Fax 15 17
info@hild-wein.de
www.hild-wein.de
Inhaber und Betriebsleiter Matthias Hild
Verkauf Matthias Hild
Mo-Fr 10.00–18.00 Uhr und nach Vereinbarung

Wir probierten eine absolut homogene Kollektion ohne Ausreißer nach unten oder oben. An der Spitze steht seit mehreren Jahren der auch diesmal wieder gut gelungene Grauburgunder »S«. Winzer Matthias Hild führt in Wincheringen ein Haus mit mehr als hundertjähriger Historie. Wichtigste Rebsorte ist traditionell der Elbling, der Betrieb ist so etwas wie ein Aushängeschild für diese alte Rebsorte. Hilds Elbling Zehnkommanull aus alten Reben kommt gerade mal mit zehn Volumenprozent aus, wirkt dabei - vor allem mit etwas Luft - sehr mineralisch und ist ein gutes Beispiel dafür, dass man bei niedrigerem Alkohol nicht zwangsläufig Abstriche beim Geschmack machen muss.

Verkostete Weine 10
Bewertung 83–86 Punkte

83 2015 Elbling Sekt Brut | 12,5% | 8,- €
84 2016 Weißburgunder Sekt Brut | 12,5% | 8,50 €
84 2016 Elbling Tradition trocken | 10,5% | 7,- €
83 2016 Elbling trocken | 11,5% | 6,- €/1,0 Lit.
84 2016 Elbling trocken | 12% | 6,- €
85 2016 Elbling Spontan trocken | 12% | 7,50 €
85 2016 Elbling Zehnkommanull trocken | 10% | 7,50 €
86 2016 Weißburgunder trocken | 13% | 7,50 €
86 2016 Grauburgunder »S« trocken | 13% | 9,- €
84 2016 Elbling und Rivaner Duett halbtrocken | 12% | 6,- €

Symbole Weingüter
★★★★★ Weltklasse · ★★★★ Deutsche Spitze
★★★ Sehr Gut · ★★ Gut · ★ Zuverlässig

★★★☆ MOSEL

WEINGUT VON HÖVEL
54329 Konz-Oberemmel · Agritiusstraße 6
Tel (0 65 01) 1 53 84 · Fax 1 84 98
info@weingut-vonhoevel.de
www.weingut-vonhoevel.de
Inhaber und Betriebsleiter Maximilian von Kunow
Kellermeister Christian Steffen

Verkauf Maximilian von Kunow
nach Vereinbarung

Weinstube mit Blick in den historischen Gutspark, Spezialitäten von Lea Linster und Hubert Scheid auf Anfrage
Historie Abteihof des Klosters St. Maximin, seit 1803, in der 7. Generation im Besitz der Familie
Sehenswert altes Abteihofgebäude, Klosterkeller aus dem 12. Jahrhundert
Rebfläche 22 Hektar
Jahresproduktion 140.000 Flaschen
Beste Lagen Oberemmeler Hütte (Alleinbesitz), Scharzhofberger, Kanzemer Hörecker (Alleinbesitz)
Boden Devonschiefer
Rebsorte 100% Riesling
Mitglied VDP

Max von Kunow ist ein Verfechter der kühlen und eher rassigen Saar-Art. Seine Rieslinge sind oft geprägt von pikanten Apfelnoten und bewegen sich eher auf der Leichtweinschiene, ohne irgendwie dünn zu wirken. Die fruchtigen Rieslinge sind in ihrer Süße oft etwas reduziert, zum Beispiel der Kabinett aus dem Scharzhofberg im eher trockenen Stil, der ihm gut steht. Das Große Gewächs aus derselben Lage ist verspielt und rassig, eher zart als dicht. Bei den feinherben Rieslingen liegt eindeutig die Hütte vorn: dicht gewoben, mit eher wuchtiger Struktur. Unter der Leitung von Max von Kunow kann man zusehen, wie die Weine von Jahr zu Jahr besser werden. Schon die Basisweine befinden sich hier in der Regel auf einem beachtlichen Niveau. Von Kunows Kabinette gehören oft zu den besten im Gebiet: ganz schlank, fast schwerelos. Auch seine feinherben Rieslinge können ganz vorne mitspielen. Dieses traditionsreiche Gut, das sich seit mehr als 200 Jahren im Familienbesitz befindet, besitzt neben der gut fünf Hektar umfassenden Monopollage Oberemmeler Hütte auch knapp drei Hektar im berühmten Scharzhofberg. Der gutsinterne Lagenwettkampf wird seit 2001 durch den Kanzemer Hörecker bereichert, eine kleine Monopollage im Kanzemer Altenberg. In diesem Betrieb entstehen immer wieder Weine, die zu den feinsten der Saar zählen. Sie vereinen Filigranität und Spiel mit Substanz und Alterungsvermögen. Auch in kleineren Jahren sind die Kunow-Rieslinge immer wieder eine Bank.

Verkostete Weine 12
Bewertung 85–91 Punkte

85 2016 Saar Riesling trocken | 11,5% | 10,80 €
90 2016 Scharzhofberger Riesling »Großes Gewächs« | 10,5% | 32,– €
88 2016 Oberemmeler Riesling feinherb | 10% | 12,80 €
85 2016 Riesling LMEAAX feinherb | 10% | 13,95 €
90 2016 Oberemmeler Hütte Riesling Spätlese feinherb | 10% | 22,80 €
87 2016 Saar Riesling Kabinett | 10,5% | 9,80 €
85 2016 Oberemmeler Hütte Riesling Kabinett | 9% | 14,95 €
91 2016 Scharzhofberger Riesling Kabinett | 9% | 15,95 €
89 2016 Saar Riesling »S« Kabinett | 8,5% | 18,90 €
89 2016 Oberemmeler Hütte Riesling Spätlese | 8,5% | 19,80 €
90 2016 Scharzhofberger Riesling Spätlese | 8% | 21,80 €
90 2016 Scharzhofberger Riesling Auslese | 7% | 77,– €/1,5 Lit.

★

WEINGUT HOFFMANN-SIMON
54498 Piesport · Kettergasse 24
Tel (0 65 07) 50 25 · Fax 99 22 27
weingut@hoffmann-simon.de
www.hoffmann-simon.de

BIO

Inhaber Dieter Hoffmann

Verkauf nach Vereinbarung

Nur sieben der elf eingesendeten Weine sind aus dem aktuellen Jahrgang 2016, in dem offenbar trockene und feinherbe Weine unter sich bleiben. Die 2016er fallen sehr solide aus, kommen aber in der Spitze nicht ganz ans hohe Vorjahresniveau heran. Am besten gefällt uns die herbwürzige Riesling Dreistern Spätlese trocken aus dem Piesporter Goldtröpfchen. Die fruchtigen 2015er haben sich erwartungsgemäß gut entwickelt. Seit Ende 2015 ist der Piesporter Betrieb Mitglied bei Ecovin, 2015 war auch der erste Ökoweinjahrgang. Das erklärte Ziel von Winzer Dieter Hoffmann ist, bei moseltypisch leichten Alkoholwerten die jeweilige Lagenaromatik herauszuarbeiten. Hohe Konzentration bei trockenen Mosel-Rieslingen, die den Stil rheinhessischer Großer Gewächse nachahmen, lehnt er ab.

Verkostete Weine 11
Bewertung 83–89 Punkte

- **83** 2016 Weißburgunder trocken | 12% | 6,50 €
- **84** 2016 Sauvignon Blanc trocken | 11,5% | 7,50 €
- **83** 2016 Riesling Blauschiefer Kabinett trocken | 10,5% | 7,– €
- **85** 2016 Klüsserather Bruderschaft Riesling Spätlese trocken | 11,5% | 9,– €
- **86** 2016 Piesporter Goldtröpfchen Riesling Spätlese trocken *** | 11,5% | 12,50 €
- **84** 2016 Piesporter Günterslay Riesling Kabinett feinherb | 9,5% | 7,50 €
- **86** 2016 Köwericher Laurentiuslay Riesling Spätlese feinherb | 11% | 9,– €
- **87** 2015 Piesporter Goldtröpfchen Riesling Spätlese *** | 8% | 12,50 €
- **88** 2015 Klüsserather Bruderschaft Riesling Auslese | 7% | 18,– €
- **89** 2015 Piesporter Goldtröpfchen Riesling Auslese | 7,5% | 18,– €
- **84** 2014 Spätburgunder trocken Barrique | 12% | 14,50 €

WEINGUT HÜLS
54536 Kröv · Moselweinstraße 44
Tel (0 65 41) 8 18 93 69 · Fax 8 16 79 26
kontakt@weinguthuels.de
www.weinguthuels.de

Inhaber Markus Hüls

Verkauf Markus Hüls
Mo–Sa 10.00–17.00 Uhr

Wieder überzeugte uns der trockene Riesling aus dem Kröver Steffensberg am meisten. »Power mit Säure, tolle Aromen, feste Struktur, Potenzial« notierten wir beim Verkosten. Dass Markus Hüls ein sehr ehrgeiziger, kompromissloser Winzer ist, der versucht, nichts dem Zufall zu überlassen, merkte man bei der Kollektion eindrucksvoll an. Das Weingut bewirtschaftet 5,2 Hektar Rebfläche in den Lagen Kröver Steffensberg und Kröver Letterlay.

Verkostete Weine 10
Bewertung 83–89 Punkte

- **83** 2016 Weißburgunder trocken | 12% | 8,50 €
- **83** 2016 Riesling trocken | 11,5% | 8,50 €
- **86** 2016 Weißburgunder Goldstück trocken Holzfass | 12,5% | 17,50 €
- **87** 2016 Kröver Letterlay Riesling | 12% | 21,– €
- **86** 2016 Riesling feinherb | 10,5% | 8,50 €
- **86** 2016 Riesling Schieferspiel | 11,5% | 12,50 €
- **87** 2016 Riesling feinherb Alte Reben | 10% | 14,50 €
- **89** 2016 Kröver Steffensberg Riesling | 11,5% | 21,– €
- **84** 2015 Spätburgunder trocken Barrique | 13% | 13,50 €
- **84** 2015 Kröver Letterlay Spätburgunder trocken Barrique | 13% | 39,– €

Symbole Weingüter
★★★★★ Weltklasse • ★★★★ Deutsche Spitze
★★★ Sehr Gut • ★★ Gut • ★ Zuverlässig

Weinbewertung in Punkten
100 Perfekt • 95 bis 99 Überragend • 90 bis 94 Exzellent
85 bis 89 Sehr gut • 80 bis 84 Gut

★ ★★★⯪ MOSEL

WEINGUT VILLA HUESGEN
56841 Traben-Trarbach · An der Mosel 46
Tel (0 65 41) 81 23 46 · Fax 81 23 47
info@wine-international.de
www.villahuesgen.com
Inhaber Adolph Huesgen
Betriebsleiter Maximilian Ferger
Kellermeister Edgar Schneider
Verkauf Maximilian Ferger
Mo–Fr 9.00–17.00 Uhr

Im Jahr 2016 hat das Weingut Villa Huesgen die Weinproduktion in eine neue Kellerei verlegt. Dies scheint positiven Einfluss auf die Qualität und den Stil der Weine zu haben. Die Weine wirkten dieses Jahr viel frischer, klarer und feiner. Ado Huesgen hat beim Wiederaufbau seines Weingutes einige heruntergekommene oder aufgegebene Steillagen rekultiviert und zu neuem Leben erweckt. Seit zwei Jahren ist das Weingut Mitglied im Klitzekleinen Ring.

Verkostete Weine 6
Bewertung 80–86 Punkte

- 83 2015 Trabener Würzgarten Riesling Sekt extra Brut Barrique | 13,5% | 19,50 €
- 80 2016 Weißburgunder trocken | 12,5% | 8,– €
- 83 2016 Trabener Würzgarten Riesling Schiefer trocken | 10,5% | 9,– €
- 85 2016 Enkircher Steffensberg Riesling Kabinett feinherb | 9% | 11,– €
- 86 2016 Enkircher Steffensberg Riesling Spätlese feinherb Alte Reben Holzfass | 11% | 16,50 €
- 85 2016 Enkircher Steffensberg Riesling Auslese Holzfass | 8% | 18,50 €/0,5 Lit.

WEINGUT CARL AUGUST IMMICH BATTERIEBERG
56850 Enkirch · Im Alten Tal 2
Tel (0 65 41) 81 59 07 · Fax 81 79 26
info@batterieberg.com
www.batterieberg.com
Inhaber Familien Auerbach und Probst
Betriebsleiter Gernot Kollmann
Außenbetrieb Karl Höhlein
Kellermeister Gernot Kollmann
Verkauf Vincent Poloczek
nach Vereinbarung
Sehenswert Gutsbetrieb mit einem karolingischen Verwaltungshof vom Ende des 9. Jahrhunderts, römisches Säulenfundament
Erlebenswert Weinproben und Gourmet-Diners im großen Burgsaal
Rebfläche 7,5 Hektar
Jahresproduktion 35.000 Flaschen
Beste Lagen Enkircher Batterieberg, Zeppwingert, Ellergrub und Steffensberg
Boden grauer bis blauer Devonschiefer, teilweise Rotschiefer, Quarzit
Rebsorte 100% Riesling

Betriebsleiter Gernot Kollmann setzt die Reihe sehr guter Jahrgänge auch in 2016 fort. Wir probierten ausnahmslos Rieslinge von großer Transparenz und Klarheit. Trotz präsenter Säure sind dies sehr feine, lang anhaltende Weine mit viel Charakter. Vor allem im Zeppwingert pflegt Kollmann einen komplexen Stil mit hoher Seidigkeit. Der feinherbe Riesling aus dieser Lage ist dafür ein Beleg. Die trockenen Rieslinge bewegen sich durchgängig auf hohem Niveau. Der Escheburg hat frischen Zug und zartes Phenol, der Steffensberg wirkt reif, dicht und ruhig, und der Trabener Zollturm ist ein verdichteter Riesling mit hoher Präzision. Für Gernot Kollmann scheint es keine Jahrgangsprobleme zu geben. Nach bereits sehr gelungenen 2013ern legte der Betriebsleiter mit den 2014ern und 2015ern noch eins drauf. Es ist ein eigener Stil, der sich auch vor angedeuteten Oxidationsnoten nicht scheut, die perfekt eingebunden sind und den Wein unverwechselbar machen. Dies sind auch Weine, an denen sich die Geister scheiden: Man muss sich auf sie einlassen, dann öffnet sich ein großer Facettenreichtum. Und das alles zwischen elf und zwölf Prozent Alkohol. Das Gut wurde nach der Insolvenz

---

Symbole Weingüter

€ Schnäppchenpreis • TOP 10 Spitzenreiter • BIO Ökobetrieb
🍷 Trinktipp • 🔨 Versteigerungswein

Sekt | Weißwein | Rotwein | Rosé

im Jahre 2008 im Frühsommer 2009 von den Hamburger Familien Probst und Auerbach übernommen. Die mit wurzelechten Reben bestockten Spitzenparzellen in den Einzellagen Ellergrub, Zeppwingert und Steffensberg stehen den Rieslingen aus dem Batterieberg in nichts nach. Alle diese extremen Steillagen wurden bereits von der preußischen Lagenklassifikation im Jahre 1868 als Weinberge der ersten Klasse eingestuft. Die Qualitätsanstrengungen in diesem Enkircher Gut dauern an. Eine neue Kelterhalle wurde 2017 fertiggestellt. In den nächsten Jahren sollen weitere Parzellen in Steilstlagen erworben werden.

Verkostete Weine 8
Bewertung 85–92 Punkte

- 85 2014 Rosé Jour Fixe Sekt Brut nature | 12,5% | 25,– €
- 89 2016 Riesling Detonation trocken | 11% | 12,– € | 🍀
- 91 2016 Riesling Escheburg trocken | 12% | 14,50 €
- 91 2016 Enkircher Steffensberg Riesling trocken | 12% | 22,– €
- 91 2016 Enkircher Zeppwingert Riesling trocken | 12% | 35,– €
- 92 2016 Trabener Zollturm Riesling trocken | 12% | 35,– €
- 85 2016 Riesling C.A.I. Kabinett trocken | 10,5% | 9,80 €
- 91 2016 Enkircher Ellergrub Riesling feinherb | 12% | 35,– €

WEINGUT IMMICH-ANKER
56850 Enkirch · Steffensberg 19
Tel (0 65 41) 62 30 · Fax 49 65
immich-anker@mosel.net
www.mosel.net
Inhaber Daniel S. Immich
Verkauf Daniel S. Immich
Mo–So 9.00–19.00 Uhr

Das 3,3 Hektar große Weingut Immich-Anker aus Enkirch produziert im Jahr rund 20.000 Flaschen, ausschließlich Riesling. Die Trauben dafür kommen aus den populären Lagen Ellergrub, Steffensberg, Zeppwingert und Herrenberg. Die Weine haben uns gut gefallen, wenn auch bei einigen noch Luft nach oben ist. Mehr Struktur und Mut zur Säure würden die feine Aromatik der Weine wie bei der Spätlese aus dem Enkircher Steffensberg noch mehr hervorheben und unterstützen.

Verkostete Weine 10
Bewertung 83–86 Punkte

- 83 2013 Enkircher Zeppwingert Riesling Sekt Brut | 12% | 10,50 €
- 84 2013 Enkircher Zeppwingert Riesling Sekt Brut nature | 12% | 14,– €
- 83 2016 Riesling I–A trocken | 11,5% | 6,90 €
- 85 2016 Riesling Eisbruch trocken | 12% | 7,80 €
- 85 2016 Enkircher Zeppwingert Riesling trocken Alte Reben | 12% | 8,50 €
- 86 2015 Riesling Eisbruch trocken »sur lie« | 12% | 9,20 €
- 83 2016 Riesling Eschewingert feinherb | 11% | 7,50 €
- 84 2016 Enkircher Herrenberg Riesling Liebling vom Chef Spätlese halbtrocken | 11,5% | 8,70 €
- 84 2016 Enkircher Zeppwingert Riesling Spätlese feinherb Alte Reben | 10,5% | 9,50 €
- 85 2016 Enkircher Steffensberg Riesling Spätlese | 7,5% | 8,70 €

Symbole Weingüter

€ Schnäppchenpreis • TOP Spitzenreiter • BIO Ökobetrieb
🍀 Trinktipp • 🔨 Versteigerungswein

| Sekt | Weißwein | Rotwein | Rosé |

MOSEL

★★⯪

WEINGUT JAKOBY-MATHY
54538 Kinheim · Königsstraße 4
Tel (0 65 32) 38 19 · Fax 95 34 43
info@weingut-jakoby-mathy.de
www.weingut-jakoby-mathy.de
Inhaber Erich Jakoby
Kellermeister Erich und Peter Jakoby
Verkauf Stefan Jakoby
nach Vereinbarung

Historie Weinbau in der Familie seit 1857
Rebfläche 4,5 Hektar
Jahresproduktion 40.000 Flaschen
Beste Lagen Kinheimer Rosenberg und Hubertuslay
Boden Devonschiefer
Rebsorten 80% Riesling, je 10% Müller-Thurgau und Spätburgunder

Verkostete Weine 10
Bewertung 84–90 Punkte

88 2014 Kinheimer Hubertuslay Spätburgunder Sekt Brut Reserve Blanc de Noirs | 12% | 16,90 €
86 2016 Kinheimer Hubertuslay Riesling Aufstieg Kabinett trocken | 11% | 7,50 €
85 2016 Kinheimer Hubertuslay Riesling Bergspitze Spätlese trocken | 11,5% | 9,50 €
84 2016 Kinheimer Hubertuslay Riesling Weitblick Kabinett feinherb | 10% | 7,50 €
86 2016 Kinheimer Rosenberg Riesling Kabinett | 8% | 7,50 €
87 2016 Kinheimer Rosenberg Riesling Spätlese | 8% | 9,50 €
89 2016 Kinheimer Rosenberg Riesling Auslese | 7,5% | 14,- €
89 2016 Kinheimer Hubertuslay Riesling Eiswein | 8% | 25,- €/0,375 Lit.
90 2016 Kinheimer Hubertuslay Riesling Eiswein Goldkapsel | 7,5% | 54,- €/0,375 Lit.
88 2016 Kinheimer Rosenberg Riesling Beerenauslese | 7,5% | 28,50 €/0,375 Lit.

Dieses Kinheimer Weingut hat eine durch und durch seriöse Kollektion vom Jahrgang 2016 vorgestellt. Die trockenen Rieslinge sind einfach und ehrlich, mit klarer Frucht und kühler Struktur. Die fruchtig-süßen Rieslinge sind von großer barocker Reichhaltigkeit geprägt. Auch diese Weine sind sauber gearbeitet, aber durch ihre Opulenz geraten die Finessen etwas in den Hintergrund. Die Auslese aus dem Rosenberg wirkt verhalten, hat gutes Spiel und eine feine Süße. Einige Edelsüße krönen das Sortiment, wobei uns der Eiswein Nr. 7 mit guter Säure und Klarheit gefällt. Hier wird auch guter Sekt hergestellt. Der Spätburgunder Brut Blanc de Noirs ist verhalten im Duft, zeigt klare und kühle Frucht und eine zupackende Art. Dass die Weine dieses Hauses auch gut altern können, zeigen immer wieder Nachproben älterer Jahrgänge. In Kinheim mit seinen sehr guten, aber relativ unbekannten Steillagen Rosenberg und Hubertuslay ist das Weingut Jakoby-Mathy zu Hause. Früher wurde die Hälfte der Weine, viele davon edelsüß ausgebaut, ins Ausland verschifft, vor allem die USA waren ein großer Abnehmer. Heute spielt der Export in diesem Gut eine untergeordnete Rolle, der heimische Markt wurde vielmehr mit einer Bergtourkollektion ins Visier genommen: Aufbruch, Bergspitze und Weitblick lauten die Bezeichnungen dieser Weine, die trocken und feinherb angeboten werden.

WEINGUT MARKUS JUNGLEN
54536 Kröv · Stablostraße 20
Tel (0 65 41) 32 92 · Fax 81 45 37
info@junglenwein.de
www.junglenwein.de
Inhaber und Betriebsleiter Markus Junglen
Verkauf Familie Junglen
nach Vereinbarung

2016 wurde das 4,5 Hektar große Weingut Junglen in Kröv an die nachfolgende Generation übergeben und heißt jetzt Weingut Markus Junglen. Das scheint auch Einfluss auf die Weine zu haben. Sie wirkten dieses Jahr sehr viel frischer, feiner und zeigen mehr Authentizität. Vor allem die schlanke, trockene Spätlese aus der Letterlay oder die klare, verspielte Spätlese aus dem Kröver Steffensberg machen Freude. Neben dem Weinbau vermietet das Weingut Zimmer und Ferienwohnungen unter dem Namen Weinquartier.

Verkostete Weine 12
Bewertung 80–86 Punkte

82 2016 Riesling trocken | 11,5% | 5,60 €
82 2016 Sauvignon Blanc trocken | 12% | 7,50 €
84 2015 Kröver Paradies Weißburgunder Edition M trocken Barrique | 13% | 11,50 €
86 2016 Kröver Letterlay Riesling Spätlese trocken | 12% | 8,50 €
84 2015 Kröver Steffensberg Riesling Edition M Auslese trocken | 13% | 11,50 €
83 2016 Riesling feinherb | 11% | 5,60 €
84 2016 Kröver Steffensberg Riesling Spätlese feinherb | 11,5% | 8,50 €
85 2015 Kröver Steffensberg Riesling Auslese feinherb Alte Reben | 12% | 11,50 €
83 2016 Kröver Paradies Riesling Kabinett | 9% | 6,- €
86 2016 Kröver Steffensberg Riesling Spätlese | 8,5% | 8,50 €
80 2015 Spätburgunder trocken | 13% | 7,- €
84 2014 Cuvée 14 trocken Barrique | 13,5% | 13,50 €

WEINGUT KANZLERHOF
54340 Pölich · Hauptstraße 23
Tel (0 65 07) 9 38 96 60 · Fax 9 38 96 61
WeingutKanzlerhof@web.de
www.kanzlerhof.de
Inhaber Familie Schömann-Kanzler
Kellermeister Alfred Schömann
Verkauf nach Vereinbarung

Der Jahrgang 2016 war sicher nicht der einfachste der letzten Zeit, dennoch ist dem Kanzlerhof in diesem Jahr die beste Kollektion seit Langem gelungen. An der Spitze steht eine enorm würzige und druckvolle Riesling Spätlese feinherb aus dem Mehringer Blattenberg. Simon Schömann, Neffe von Inhaber Alfred Schömann, hat gerade seine Winzerausbildung erfolgreich abgeschlossen - im Spitzenbetrieb von Nik Weis - und mit dem 2016er Riesling IV. Generation seinen ersten Wein ausgebaut. Für uns der zweitbeste Wein der aktuellen Kollektion. So darf es gerne weitergehen. Der im Jahr 1578 erbaute Kanzlerhof liegt im Ortskern der Moselgemeinde Pölich und ist das Stammhaus des Gutes. Zum Betrieb gehören sowohl eine Weinstube als auch vier preisgünstige Gästezimmer.

Verkostete Weine 9
Bewertung 82–89 Punkte

82 2016 Pölicher Riesling trocken | 11,5% | 5,50 €/1,0 Lit.
85 2016 Riesling Schieferheld trocken | 12,5% | 6,- €
84 2016 Weißburgunder | 13% | 6,50 €
87 2016 Riesling IV. Generation halbtrocken | 10% | 8,- €
86 2016 Pölicher Held Riesling Kabinett feinherb | 11% | 6,50 €
89 2016 Mehringer Blattenberg Riesling Spätlese feinherb | 10,5% | 8,50 € | €
86 2016 Mehringer Blattenberg Riesling Kabinett | 8,5% | 6,50 €
86 2016 Pölicher Held Riesling Spätlese | 8,5% | 7,50 €
87 2016 Mehringer Blattenberg Riesling Spätlese Goldkapsel | 8% | 9,50 €

Symbole Weingüter
★★★★★ Weltklasse · ★★★★ Deutsche Spitze
★★★ Sehr Gut · ★★ Gut · ★ Zuverlässig

Weinbewertung in Punkten
100 Perfekt · 95 bis 99 Überragend · 90 bis 94 Exzellent
85 bis 89 Sehr gut · 80 bis 84 Gut

★☆ MOSEL

WEINGUT KARLSMÜHLE

54318 Mertesdorf · Im Mühlengrund 1
Tel (06 51) 51 24 · Fax 5 61 02 96
anfrage@weingut-karlsmuehle.de
www.weingut-karlsmuehle.de
Inhaber Peter Geiben
Kellermeister Peter Geiben
Verkauf Peter Geiben
Mo-Fr 8.00-17.00 Uhr
Sa-So nach Vereinbarung

Die Kollektion aus 2016 dieses Mertesdorfer Gutes hat uns wenig Freude bereitet. Die meisten Rieslinge im trockenen und feinherben Bereich sind nicht ganz klar. Am ehesten können wir uns noch mit dem trockenen Kabinett Lorenzhöfer anfreunden. Die fruchtigen Rieslinge wirken mitunter etwas matt, beim Kabinett aus dem Nies'chen ist eine heitere, rassige Frucht zu spüren. Ganz abgehoben über den anderen Weinen schwebt die Auslese mit gutem Säuregerüst und einer feinen, cremigen Aromatik. Seit Napoleons Zeiten betreibt die Familie Geiben im Ruwertal Weinbau. Kernstück des Weinbergsbesitzes sind die Monopollagen Lorenzhöfer Mäuerchen und Felslay. 1994 hat Geiben vom früheren Weingut Patheiger Spitzenlagen in Kasel erworben. Durch weitere Zukäufe wurde in den letzten Jahren die Anbaufläche vergrößert.

Verkostete Weine 10
Bewertung 82-90 Punkte

82 2016 Riesling trocken | 12% | 7,- €/1,0 Lit.
82 2016 Riesling Molaris L trocken | 12% | 8,50 €
86 2016 Lorenzhöfer Riesling Kabinett trocken | 11% | 8,50 €
84 2016 Lorenzhöfer Riesling Spätlese trocken Alte Reben | 12,5% | 12,- €
85 2016 Riesling Molaris L feinherb | 11% | 8,50 €
83 2016 Kaseler Nies'chen Riesling Kabinett feinherb | 11% | 8,50 €
85 2016 Kaseler Timpert Riesling Spätlese feinherb | 11,5% | 12,- €
85 2016 Kaseler Nies'chen Riesling Kabinett | 8,5% | 8,50 €
85 2016 Kaseler Nies'chen Riesling Spätlese | 7,5% | 12,- €
90 2016 Kaseler Nies'chen Riesling Auslese | 7,5% | 20,50 €

WEINGUT KARTHÄUSERHOF

54292 Trier-Eitelsbach · Karthäuserhof 1
Tel (06 51) 51 21 · Fax 5 35 57
mail@karthaeuserhof.com
www.karthaeuserhof.com
Inhaber Albert Behler
Geschäftsführer Julia Lübcke
Kellermeister Sascha Dannhäuser
Verkauf Angela Simon
Mo-Fr 9.00-17.00 Uhr und nach Vereinbarung
Historie 1335 schenkte Kurfürst Balduin zu Luxemburg das Gut den Karthäusermönchen
Sehenswert Wasserburg aus dem 13. Jahrhundert, historisches Probierzimmer mit Delfter Kacheln, Park
Rebfläche 17,5 Hektar
Jahresproduktion 120.000 Flaschen
Beste Lage Eitelsbacher Karthäuserhofberg
Boden schiefrige Devonverwitterung
Rebsorten 90% Riesling, 10% Weißburgunder
Mitglied VDP

In diesem altrenommierten Traditionsbetrieb der Ruwer zeichnet sich eine Renaissance ab. Jedenfalls gab es vom Jahrgang 2016 einige Rieslinge, die die alten Tugenden dieses Hauses wieder aufleben lassen. Es ist mehr Klarheit in den Weinen, die wieder diese verspielte, zarte Cassisnote der Ruwer-Rieslinge zeigen. Bei den Trockenen besticht das Große Gewächs mit Kühle und Schliff. Der fruchtsüße Kabinett ist verspielt und zart und hat trotzdem Länge. Die Spätlese ist edel, zeigt feines Aufspiel und zarte Spontinoten. Der neue Kellermeister Sascha Dannhäuser scheint offenbar ein Händchen für die Karthäuserweine zu entwickeln. Dazu kommt Julia Lübcke, die die Geschäftsführung übernommen hat. Zuletzt wurde in Weinbergstechnik und Traubenannahme investiert, in der nächsten Zeit stehen die Neuanlage von Weinbergen sowie die Einrichtung einer Vinothek auf dem Plan. Außerdem sollen die historischen Gebäude renoviert werden. Der Name Karthäuserhof geht auf das Mittelalter zurück, als sich der Orden des heiligen Bruno von Chartreuse in Europa ausbreitete. 1335 bekamen die Mönche den Hof in Eitelsbach, kurz vor der Mündung der Ruwer in die Mosel, zum Geschenk. 1811 kam er im Rahmen der Säkularisation in den Besitz der heutigen Familie.

Verkostete Weine 9
Bewertung 85–93 Punkte

85 2016 Weißburgunder trocken | 13% | 9,90 €
86 2016 Riesling trocken | 12% | 9,90 €
90 2016 Eitelsbacher Karthäuserhofberg Riesling »Großes Gewächs« | 12,5% | 32,– €
86 2016 Riesling Kabinett trocken | 11% | 12,50 €
87 2016 Riesling Spätlese trocken Alte Reben | 12% | 15,90 €
87 2016 Eitelsbacher Karthäuserhofberg Riesling Schieferkristall Kabinett feinherb | 10% | 12,50 €
85 2016 Riesling | 9% | 9,90 €
91 2016 Eitelsbacher Karthäuserhofberg Riesling Kabinett | 8,5% | 13,50 €
93 2016 Eitelsbacher Karthäuserhofberg Riesling Spätlese | 8% | 17,50 €

WEINGUT KEES-KIEREN

54470 Graach · Hauptstraße 22
Tel (0 65 31) 34 28 · Fax 15 93
weingut@kees-kieren.de
www.kees-kieren.de
Inhaber Ernst-Josef und Werner Kees
Verwalter Werner Kees
Kellermeister Ernst-Josef Kees

Verkauf in der Vinothek
Mo–Sa 9.00–18.00 Uhr und nach Vereinbarung

Gutsausschank Pfingsten (Fr–Mo) und Fronleichnam (Do–So)
Historie Familienbetrieb seit 1648
Sehenswert Gewölbekeller von 1826
Rebfläche 5,5 Hektar
Jahresproduktion 50.000 Flaschen
Beste Lagen Graacher Domprobst und Himmelreich, Erdener Treppchen, Kestener Paulinshofberger
Boden Devonschiefer
Rebsorten 90% Riesling, 5% Spätburgunder, 3% Müller-Thurgau, 2% Weißburgunder
Mitglied Bernkasteler Ring

Auch im Jahrgang 2016 wurde in diesem Graacher Gut wieder ordentlich gearbeitet. Den Einstiegsweinen mag es am letzten Kick fehlen, dafür ist die trockene Riesling Spätlese gefällig und trinkanimierend ausgefallen. An der Spitze der Trockenen steht das Große Gewächs aus dem Domprobst, ein Wein mit Spiel und Saft, innerer Dichte und Schliff. Auch die Feinherben können wir empfehlen. Besonders der Kabinett aus dem Himmelreich hat uns gefallen: ein verspielter Riesling, klar und kühl mit langem Abgang. Der Fruchtsüße aus derselben Lage hat kühle Säure und zeigt spannende Frische. Der Kabinett aus dem Treppchen ist etwas reichhaltiger ausgefallen. Während die Spätlesen ein wenig Frische vermissen lassen, überzeugt die Domprobst Auslese mit ihrer kraftvollen und klaren Art. Ernst-Josef und Werner Kees führen dieses 5,5 Hektar große Graacher Gut und sind stolz auf ihre zahllosen Staatsehrenpreise. Zuletzt wurde auch hier in eine Vinothek investiert, um den Privatkunden, heute bereits 75 Prozent der Kundschaft, die Möglichkeit zu geben, aus einem wirklich breiten Sortiment vor Ort zu wählen.

MOSEL

Verkostete Weine 12
Bewertung 83–93 Punkte

83 2016 Riesling Hochgewächs trocken
| 12,5% | 7,70 €/1,0 Lit.
84 2016 Graacher Domprobst Riesling Kabinett
trocken | 11,5% | 8,50 €
86 2016 Graacher Domprobst Riesling »S« Spätlese
trocken | 12,5% | 12,50 €
88 2016 Graacher Domprobst Riesling »Großes
Gewächs« ** | 12,5% | 18,– €
84 2016 Graacher Himmelreich Riesling
Hochgewächs halbtrocken | 12% | 6,40 €
87 2016 Graacher Himmelreich Riesling Kabinett
feinherb | 10,5% | 8,– €
88 2016 Graacher Domprobst Riesling Spätlese
feinherb * | 11% | 11,– €
88 2016 Graacher Himmelreich Riesling Kabinett
| 7,5% | 8,– € | €
89 2016 Erdener Treppchen Riesling Kabinett **
| 8% | 10,– €
89 2016 Graacher Himmelreich Riesling Spätlese **
| 8% | 12,50 €
88 2016 Erdener Treppchen Riesling Spätlese **
| 7,5% | 🏃
93 2016 Graacher Domprobst Riesling Auslese ***
| 7% | 🏃

WEINGUT KERPEN

54470 Bernkastel-Wehlen · Uferallee 6
Tel (0 65 31) 68 68 · Fax 34 64
info@weingut-kerpen.de
www.weingut-kerpen.de
Inhaber Martin Kerpen

Verkauf Martin Kerpen
Mo–Fr 8.00–18.00 Uhr
Sa 9.00–16.00 Uhr und nach Vereinbarung
Riesling-Café Mai–Juni, Aug.–Sept. Do–So 12.00–18.00 Uhr
Historie Weinbau seit acht Generationen
Sehenswert Jugendstilhaus am Moselufer, alte Korbpresse
Erlebenswert Weinkulturwoche von Christi Himmelfahrt bis Pfingsten
Rebfläche 8 Hektar
Jahresproduktion 65.000 Flaschen
Beste Lagen Wehlener Sonnenuhr, Graacher Domprobst und Himmelreich, Bernkasteler Bratenhöfchen
Boden Devonschiefer
Rebsorte 100% Riesling
Mitglied Bernkasteler Ring

An die schönen Erfolge der letzten Jahre können die 2016er nicht unbedingt anschließen. Die Rieslinge entwickeln nicht ganz die Strahlkraft wie etwa zuletzt im Jahrgang 2015. Einige Basisweine sind etwas einfach ausgefallen. Von den trockenen Rieslingen gefällt uns der Kabinett aus der Sonnenuhr noch am besten: Obwohl etwas kurz, ist er saftig und pikant. Bei den fruchtsüßen Rieslingen tendieren wir am ehesten zur Spätlese aus dem Himmelreich, ein erfrischender und kühler Tropfen. Der Eiswein aus dem Bratenhöfchen ist reichhaltig und cremig. Die trockenen Rieslinge wurden in diesem Wehlener Traditionsbetrieb zuletzt von Jahr zu Jahr besser. Das traf erst recht auf den Jahrgang 2015 zu. Wir probieren eine tolle Parade an trockenen Weinen, ausgestattet mit Kühle und Präzision. Martin Kerpen besitzt exzellente Parzellen in Wehlen, Bernkastel und Graach. Vor allem seine Spät- und Auslesen aus der Wehlener Sonnenuhr haben den Ruf des Gutes begründet. Früher war der Anteil der fruchtigen und edelsüßen Rieslinge höher. Mittlerweile ist der Anteil der trockenen und halbtrockenen Weine aber angestiegen. Dies ist ein hundertprozentiger Riesling-Betrieb, im Kel-

ler dominiert nach wie vor das Holzfass. Zu 70 Prozent werden die Weine im Keller spontan vergoren. In nächster Zeit steht der Umbau des Kellers auf dem Plan und die Vinothek soll ausgebaut werden.

Verkostete Weine 12
Bewertung 82–91 Punkte

82 2014 Riesling Brut | 12% | 12,- €
84 2016 Riesling Blauschiefer trocken | 11,5% | 7,- €
83 2016 Graacher Himmelreich Riesling Zero Kabinett trocken | 11% | 8,50 €
85 2016 Wehlener Sonnenuhr Riesling Kabinett trocken | 10,5% | 9,- €
85 2016 Wehlener Sonnenuhr Riesling Spätlese trocken Alte Reben Holzfass | 11,5% | 12,50 €
84 2016 Graacher Himmelreich Riesling Kollektion Kerpen Kabinett feinherb | 10,5% | 9,- €
86 2016 Wehlener Sonnenuhr Riesling Spätlese feinherb Alte Reben Holzfass | 10,5% | 12,50 €
85 2016 Wehlener Sonnenuhr Riesling Kabinett Holzfass | 8,5% | 9,- €
87 2016 Graacher Himmelreich Riesling Spätlese Holzfass * | 7,5% | 🍇
86 2016 Wehlener Sonnenuhr Riesling Auslese Holzfass ** | 7% | 26,- €
91 2016 Bernkasteler Bratenhöfchen Riesling Eiswein | 6,5% | 40,- €/0,375 Lit.

★★★

WEINGUT REICHSGRAF VON KESSELSTATT
54317 Morscheid · Schlossgut Marienlay
Tel (0 65 00) 9 16 90 · Fax 91 69 69
info@kesselstatt.de
www.kesselstatt.com
Inhaber Familie Günther Reh
Geschäftsführer Mona Loch, Wolfgang Mertes, Michael Weber
Betriebsleiter Wolfgang Mertes
Außenbetrieb Michael Weber
Kellermeister Wolfgang Mertes
Verkauf Mona Loch
nach Vereinbarung

Weinstube Reichsgraf von Kesselstatt
Liebfrauenstraße 10, 54290 Trier
Tel (06 51) 4 11 78, Fax 9 94 34 49
Mo–So 11.00–24.00 Uhr
Spezialitäten regionale Küche
Historie 1377 Friedrich von Kesselstatt Verwalter der kurtrierischen Kellereien, 650-jähriges Jubiläum (1349–1999)
Sehenswert Palais Kesselstatt (1745)
Rebfläche 46 Hektar
Jahresproduktion 300.000 Flaschen
Beste Lagen Josephshöfer (Monopol), Wehlener Sonnenuhr, Graacher Domprobst, Piesporter, Goldtröpfchen, Scharzhofberger, Brauneberger Juffer-Sonnenuhr, Kaseler Nies'chen
Boden Devonschieferverwitterung
Rebsorte 100% Riesling
Mitglied VDP

Nach dem viel zu frühen Tod von Annegret Reh-Gartner, die dieses Haus über Jahrzehnte geprägt hat, wurde nun eine dreiköpfige neue Geschäftsführung eingesetzt. Mona Loch, Wolfgang Mertes und Michael Weber führen nun die Geschicke dieses Gutes. Im Jahrgang 2016 zeigen die trockenen Rieslinge zwar etwas mehr Druck, sind straffer und karger. Dies führt auch dazu, dass die Lagen besser erkennbar werden. Leider verlieren die Weine an der Luft relativ schnell ihre Frische. Bei den fruchtsüßen Rieslingen sehen wir den Bockstein Kabinett und die Scharzhofberger Spätlese vorne. Ein besonderes Augenmerk des Hauses von Kesselstatt gilt seit einigen Jahren dem Ausbau trockener Spitzenweine. Von den Großen Gewächsen des Jahrgangs 2016 stehen der Josephshöfer und das Goldtröpfchen an der Spitze.

MOSEL

Verkostete Weine 16
Bewertung 83–90 Punkte

83 2016 Riesling Schloss Marienlay trocken | 12,5% | 8,60 €
85 2016 Kaseler Riesling trocken | 12% | 11,30 €
86 2016 Wiltinger Riesling trocken | 12% | 11,30 €
87 2016 Riesling trocken Alte Reben | 12,5% | 14,– €
89 2016 Piesporter Goldtröpfchen Riesling »Großes Gewächs« Holzfass | 12% | 27,30 €
85 2016 Kaseler Nies'chen Riesling »Großes Gewächs« | 12% | 27,50 €
86 2016 Scharzhofberger Riesling »Großes Gewächs« | 12% | 29,– €
88 2016 Josephshöfer Riesling »Großes Gewächs« | 12% | 29,70 €
86 2016 Scharzhofberger Riesling Kabinett feinherb | 10% | 13,– €
88 2016 Kaseler Kehrnagel Riesling Kabinett feinherb | 10% | 13,40 €
87 2016 Wiltinger Gottesfuß Riesling Kabinett feinherb | 11% | 13,60 €
90 2016 Ockfener Bockstein Riesling Kabinett | 10% | 13,60 €
85 2016 Piesporter Goldtröpfchen Riesling Kabinett | 8,5% | 13,90 €
89 2016 Kaseler Nies'chen Riesling Kabinett | 9% | 13,90 €
90 2016 Scharzhofberger Riesling Spätlese | 7,5% | 19,90 €
88 2016 Josephshöfer Riesling Monopol Spätlese | 8% | 20,60 €

WEINGUT LOTHAR KETTERN
54498 Piesport · Müsterter Straße 14
Tel (0 65 07) 28 13 · Fax 66 72
info@kettern-riesling.de
www.kettern-riesling.de
Inhaber Lothar, Petra und Philipp Kettern
Kellermeister Philipp Kettern

Verkauf nach Vereinbarung
Restaurant »Vinho!«, Bahnhofstraße 18, Piesport
Rebfläche 8,3 Hektar
Jahresproduktion 40.000 Flaschen
Beste Lagen Piesporter Goldtröpfchen
Boden Schiefer
Rebsorten 95% Riesling, 5% übrige Sorten
Mitglied Winzervereinigung Piesport e.V.

Philipp Kettern stellt vom Jahrgang 2016 zwei große trockene Rieslinge vor. Der Günterslay wirkt kühl und transparent und zeigt ein zartes Spiel. Dies ist ein trockener Riesling im Kabinettstil. Das Goldtröpfchen wirkt etwas gesetzter, reicher und dabei hocharomatisch. Es ist schon zugänglich und in einem ganz anderen Stil als der Günterslay. Richtig beeindruckend sind die fruchtigen Qualitäten des Jahrgangs. Das Goldtröpfchen Kabinett ist ein puristischer Riesling mit Spiel und Feinheit. Dann folgen zwei Spätlesen mit Goldkapsel: Das Goldtröpfchen Nr. 14 ist eher in trockener Stilistik gehalten. Der Wein offenbart an der Luft viel Charakter. Das Goldtröpfchen Nr. 15 ist ein wilder Sponti, fein und üppig zugleich. Philipp Kettern will in jedem Fall eine Überreife der Rieslingtrauben verhindern. So will er mehr Klarheit und zugleich weniger Alkohol in die Weine bekommen. Kettern setzte seinen Stil bei den trockenen und feinherben Rieslingen auch im Jahrgang 2015 konsequent um: leicht reduzierte Frucht, seriös und herb. Bereits mit seinen Weinen aus dem Jahrgang 2013 hatte Philipp Kettern furios aufgetrumpft. 2014 schloss er daran mit einer ähnlich fulminanten Kollektion lückenlos an. Philipp Kettern schwimmt gerne gegen den Strom. Da posiert er fürs Foto schon mal mit einem Freibeuterkopftuch oder taucht in der Mosel mit einer seiner Flaschen in der Hand. Das Weingut hat seinen Sitz in Piesport und bewirtschaftet mehr als acht Hektar Steillagen im Piesporter Berg. 2010 hatte Sohn Philipp die Verantwortung für die Weinberge und den Keller übernommen.

★★⯪

Verkostete Weine 9
Bewertung 86–92 Punkte

86 2016 Piesporter Riesling trocken Holzfass | 10,5% | 9,90 €
89 2016 Piesporter Günterslay Riesling trocken Holzfass | 11% | 17,– € | 🍇
90 2016 Piesporter Goldtröpfchen Riesling »Großes Gewächs« Holzfass | 12% | 24,– €
87 2016 Piesporter Riesling feinherb | 11,5% | 9,90 €
86 2016 Piesporter Goldtröpfchen Riesling feinherb | 11,5% | 24,– €
90 2016 Piesporter Goldtröpfchen Riesling Kabinett | 8% | 10,50 €
91 2016 Piesporter Goldtröpfchen Riesling Spätlese Goldkapsel – 14 – | 9,5% | 13,50 €
92 2016 Piesporter Goldtröpfchen Riesling Spätlese Goldkapsel – 15 – | 7,5% | 13,50 €
92 2016 Piesporter Goldtröpfchen Riesling Auslese | 11% | 24,– €

WEINGUT KIRSTEN (BIO)
54340 Klüsserath · Krainstraße 5
Tel (0 65 07) 9 91 15 · Fax 9 91 13
mail@weingut-kirsten.de
www.weingut-kirsten.de
Inhaber Bernhard Kirsten

Verkauf Bernhard Kirsten, Inge von Geldern nach Vereinbarung

Rebfläche 15 Hektar
Jahresproduktion 80.000 Flaschen
Beste Lagen Klüsserather Bruderschaft, Pölicher Held, Longuicher Maximiner Herrenberg
Boden Schieferverwitterung
Rebsorten 75% Riesling, 20% Weißburgunder, 5% Spätburgunder

Wer eher gefällige, sprich säurearme, reichhaltige, gelbfruchtige und früh trinkbare Rieslinge wünscht, ist in diesem Klüsserather Betrieb nach wie vor gut aufgehoben. Alle Spätlesen gehen auch in diesem Jahr wieder in die feinherbe Richtung. Durch die Weine zieht sich wie ein roter Faden ein zarter Safranton. Eine Empfehlung ist das Herzstück aus der Bruderschaft, ein Riesling mit feinsaftigem Zug, präziser Art durch klare Frucht und schönen Nachhall. Noch sehr jugendlich präsentiert sich der halbtrockene Herrenberg. Er hat innere Dichte und Struktur und zartsüßlichen Schmelz. Übrigens: Die Safrannoten gehen nach längerer Belüftung der Weine zum Teil zurück, insbesondere bei den Spätlesen. Dieser zertifizierte Ökobetrieb in Klüsserath hat seinen Stil gefunden. Der Schwerpunkt liegt hier auf der Erzeugung spät gefüllter, langlebiger Rieslinge, die im Jungstadium oft noch hefegeprägt sind. Es sind überwiegend trockene und feinherbe Weine. Den Löwenanteil seines Besitzes hat Bernhard Kirsten direkt vor der Haustür: In der bekannten Lage Klüsserather Bruderschaft ist er mit stolzen sechs Hektar begütert. Da diese Lage 1971 leider unverhältnismäßig erweitert wurde, kennzeichnet er Weine aus dem Kern der alten Lage mit dem Begriff »Herzstück«. Im Keller werden die Rieslinge meist reduktiv im Tank ausgebaut, kleine Mengen im Holzfass. Seit dem Jahrgang 2008 wird die gesamte Rebfläche ökologisch bewirtschaftet.

WEINGUT LOTHAR KETTERN

2010
GOLDTRÖPFCHEN
SPÄTLESE

MOSEL

Verkostete Weine 9
Bewertung 84–90 Punkte

- **85** 2016 Klüsserather Bruderschaft Riesling trocken | 12% | 9,50 €
- **86** 2016 Klüsserather Bruderschaft Sauvignon Blanc trocken | 12% | 12,– €
- **89** 2016 Klüsserather Bruderschaft Riesling Herzstück Spätlese trocken | 13% | 18,– €
- **90** 2016 Klüsserather Bruderschaft Riesling Von Geldern Pur Spätlese trocken | 13% | 18,– €
- **84** 2016 Klüsserather Bruderschaft Riesling Wolkentanz | 11% | 8,50 €
- **84** 2016 Klüsserather Bruderschaft Riesling feinherb | 11,5% | 10,– €
- **89** 2016 Longuicher Maximiner Herrenberg Riesling 1904 halbtrocken | 11,5% | 22,– €
- **88** 2016 Köwericher Laurentiuslay Riesling Spätlese | 12% | 15,– €
- **89** 2016 Klüsserather Bruderschaft Riesling Spätlese Alte Reben | 12,5% | 22,– €

WEINGUT CHRISTIAN KLEIN
54536 Kröv · Moselweinstraße 25
Tel (0 65 41) 83 58 33 · Fax 95 66
info@weingut-christianklein.de
www.weingut-christianklein.de
Inhaber Christian Klein

(BIO)

Verkauf nach Vereinbarung

Rebfläche 2 Hektar
Jahresproduktion 9.000 Flaschen
Beste Lagen Kröver Steffensberg
Boden blauer Devonschiefer
Rebsorte 100% Riesling

Dieses kleine, gerade mal zwei Hektar große Gut in Kröv präsentiert aus dem Jahrgang 2016 straffe, blitzblanke, saftige Rieslinge. Die Weine machen richtig Spaß, sie animieren zum Trinken. Schon der Gutswein ist saftig und gut balanciert. Der feinherbe Riesling wird getragen von strahlender Frucht und einem feinen Säurespiel. Die trockene Spätlese aus dem Steffensberg steht noch ganz am Anfang ihrer Entwicklung. Es ist ein ernsthafter Wein ohne Süße und eher karg. Der fruchtige Kabinett aus dem Steffensberg zeigt einen leichten Spontiduft und ist eher der schmelzig-ausladende Typ: etwas zu süß, aber sehr präzise gearbeitet. Die letzten Jahrgänge sind ausnahmslos sehr gut geraten. Das Weingut wächst seit Jahren in kleinen Schritten und soll weiter wachsen. Vorgesehen ist der Kauf weiterer Weinbergslagen. Christian Klein ist Geisenheim-Absolvent und hat vier Jahre lang den Außenbetrieb des Weingutes Fitz-Ritter in der Pfalz geleitet. Zuletzt wurde in eine Ferienwohnung mit großem Sonnendeck investiert. Demnächst stehen im Betrieb weitere Renovierungen an.

Verkostete Weine 4
Bewertung 86–89 Punkte

86 2016 Riesling trocken | 12% | 8,50 €
89 2016 Kröver Steffensberg Riesling Spätlese trocken Holzfass | 12,5% | 25,- €
86 2016 Riesling feinherb | 11,5% | 8,50 €
89 2016 Kröver Steffensberg Riesling Steffi Kabinett | 8% | 12,- €

WEINGUT REINHARD UND BEATE KNEBEL

56333 Winningen · August-Horch-Straße 24
Tel (0 26 06) 26 31 · Fax 25 69
info@weingut-knebel.de
www.weingut-knebel.de
Inhaber Beate und Matthias Knebel
Kellermeister Beate und Matthias Knebel
Verkauf nach Vereinbarung
Rebfläche 7 Hektar
Jahresproduktion 45.000 Flaschen
Beste Lagen Winninger Uhlen, Röttgen, Brückstück und Hamm
Boden Schiefer mit Quarzit, Sandstein, Löss und Bims
Rebsorten 97% Riesling, 3% Weißburgunder
Mitglied Bernkasteler Ring, VDP

Dieses sonst so zuverlässige Gut in Winningen hatte mit dem Jahrgang 2016 offenbar größere Probleme. Die Weine wirken nicht klar, es scheint, als ob die Säure weggerutscht sei, und auch die Frucht ist kaum präsent. Wir sind sicher, dass die alte Form schnell zurückkehrt. Vom Jahrgang 2015 hatte dieses Winninger Gut eine kleine, aber feine Palette vorgestellt. Die Weine waren unterschiedlich, weil in ihnen der jeweilige Lagencharakter gut zum Tragen kam. Einer unserer Favoriten war der Brückstück im feinherben Stil, der ein wenig wie ein guter Smaragd aus der Wachau wirkte: edel, fein und kraftvoll zugleich. Noch besser gefiel uns der Uhlen: druckvoll, geschliffen und mit Zug im Nachhall. Nach guten 2013ern hatten Beate und Sohn Matthias Knebel auch im Jahrgang 2014 alles voll im Griff. Sie und ihre Mannschaft hatten äußerst präzise gearbeitet und wieder hochfeine Rieslinge vorgestellt, wie sie in dieser Art an der Terrassenmosel kein anderes Gut erzeugen kann. Die Maxime des Weinguts ist so einfach wie einleuchtend: Weine in großen Jahrgängen nicht schlanker, Weine in kleinen nicht dicker zu machen. Hierzu dient die Kellerwirtschaft, die auf den Einsatz von Reinzuchthefen, Schönungsmitteln und Süßreserve sowie Entsäuerung verzichtet. Vielmehr lässt man sich bewusst Zeit für Maischestandzeiten, eine langsame Gärung und ein langes Hefelager. Viele der trockenen Rieslinge ruhen in sich und zeigen eine perfekte Balance aus feinem Schmelz und Delikatesse. Ausgehend

von nur 2,7 Hektar hatten Beate und Reinhard Knebel ihren Betrieb in Winningen bereits in den 1990er Jahren in die Spitzengruppe der Mosel geführt. Das Gut verbreiterte in den vergangenen Jahren die Qualitätsbasis um beste Parzellen in den Spitzenlagen Winningens.

Verkostete Weine 6
Bewertung 85–87 Punkte

- 85 2016 Riesling trocken | 12% | 9,- €
- 85 2016 Riesling Von den Terrassen trocken | 12% | 12,50 €
- 87 2016 Winninger Uhlen Riesling »Großes Gewächs« | 12,5% | Preis auf Anfrage
- 85 2016 Winninger Riesling feinherb Alte Reben | 11,5% | 19,50 €
- 86 2016 Winninger Röttgen Riesling Kabinett | 9,5% | 13,50 €
- 87 2016 Winninger Röttgen Riesling Auslese | 7% | 26,50 €/0,375 Lit.

WEINGUT KNODT-TROSSEN

54536 Kröv · Plenterstraße 47
Tel (0 65 41) 47 95 · Fax 47 65
info@weingut-knodt-trossen.de
www.weingut-knodt-trossen.de
Inhaber Andrea und Udo Knodt

Verkauf Andrea Knodt
nach Vereinbarung

Das Kröver Familienweingut Knodt-Trossen hat uns wieder eine große Kollektion zugesandt. Die Weine sind wie letztes Jahr einfach, solide und gut. Hervorzuheben ist die saftige, strukturierte Spätlese aus dem Kröver Steffensberg. Neben dem Weingut betreibt die Familie noch ein großes Gästehaus und vermietet Ferienwohnungen.

Verkostete Weine 11
Bewertung 82–85 Punkte

- 82 2016 Riesling trocken | 11,5% | 5,50 €/1,0 Lit.
- 82 2016 Weißburgunder trocken | 12,5% | 6,- €
- 83 2016 Kröver Kirchlay Riesling »K« trocken | 12% | 7,- €
- 83 2016 Spätburgunder trocken Blanc de Noirs | 12,5% | 7,20 €
- 83 2016 Kröver Kirchlay Riesling Grauschiefer Kabinett trocken | 11% | 6,50 €
- 84 2016 Kröver Steffensberg Riesling J.A. Spätlese trocken | 12,5% | 11,- €
- 82 2016 Rivaner halbtrocken Classic | 12% | 5,30 €
- 83 2016 Riesling vom blauen Schiefer halbtrocken | 11,5% | 6,20 €
- 85 2016 Kröver Steffensberg Riesling Spätlese feinherb | 11,5% | 9,- €
- 83 2016 Kinheimer Hubertuslay Riesling Kabinett | 9% | 6,50 €
- 84 2015 Spätburgunder trocken Holzfass | 13% | 7,50 €

WEINGUT CHRISTOPH KOENEN

54518 Minheim · Am Eichhaus 4a
Tel (0 65 07) 93 99 70
info@ck-weine.de
www.ck-weine.de   BIO

Inhaber Simone und Christoph Koenen
Verkauf nach Vereinbarung

Das Weingut Koenen hat vier Hektar Fläche in verschiedenen Lagen rund um Minheim. Ganz bewusst verzichtet man auf Lagenbezeichnungen und möchte so die Arbeit des Betriebs in den Vordergrund stellen. Die Weine haben uns dieses Jahr sehr angesprochen. Schon die einfachen Gutsweine gefallen mit ihrer saftigen Art, die Weine aus der Wirewalker Edition können mit kräftiger Struktur überzeugen. Besonders der Riesling Goldschiefer sollte allerdings noch Zeit zum Reifen bekommen.

Verkostete Weine 7
Bewertung 83–87 Punkte

84 2016 Minheimer Riesling trocken | 11,5% | 7,90 €
84 2016 Weißburgunder trocken Holzfass | 12,5% | 9,90 €
87 2016 Riesling trocken Alte Reben | 12% | 10,90 €
84 2016 Minheimer Riesling halbtrocken | 10,5% | 7,90 €
84 2016 Riesling Schiefertanz | 11% | 7,90 €
83 2016 Riesling Kabinett feinherb | 8,5% | 7,90 €
85 2016 Riesling Kabinett | 9% | 8,90 €

WEINGUT KÖNIG JOHANN

54329 Konz-Filzen · Saartalstraße 9
Tel (0 65 01) 6 05 98 72 · Fax 6 05 98 73
info@koenig-johann.eu
www.koenig-johann.eu

Inhaber und Betriebsleiter Andrea Schmitt
Betriebsleiter Michael Schnur-Schmitt
Kellermeister Dennis Schmitt
Verkauf Andrea Schmitt
Mo–Fr 10.00–17.00 Uhr und nach Vereinbarung

Die Stärken dieses Filzener Gutes liegen im Jahrgang 2016 eindeutig im feinherben und fruchtigen Bereich. Da finden wir Spannung, interessante Spontinoten, aber auch Druck am Gaumen, etwa beim Filzener Steinberger Kabinett mit seiner kühlen Aromatik. Gelungen sind auch die beiden Spätlesen Mehrwert und Eule. Am besten aber gefällt uns der feinherbe Kabinett aus dem Serriger König Johann Berg, ein feiner und spannender Saar-Riesling. Das vormalige Weingut Ökonomierat A. Schmitt im Saartal nennt sich seit 2005 Weingut König Johann. Ausgangspunkt für die Umbenennung war der Erwerb des Weinberges Serriger König Johann Berg im gleichen Jahr.

Verkostete Weine 9
Bewertung 79–88 Punkte

81 2016 Serriger König Johann Berg Riesling Fernblick trocken | 11,5% | 7,50 €
81 2016 Riesling Hummingbird halbtrocken Classic | 11,5% | 6,90 €
88 2016 Serriger König Johann Berg Riesling Zeitvertreib Kabinett feinherb | 9% | 7,50 € | €
80 2016 Filzener Unterberg Weißburgunder Seitensprung Spätlese halbtrocken | 12,5% | 6,90 €
87 2016 Filzener Steinberger Riesling Lebenslust Kabinett | 8,5% | 8,50 €
87 2016 Wiltinger Scharzberg Riesling Eule Spätlese | 8,5% | 8,50 €
87 2016 Filzener Steinberger Riesling Mehrwert Spätlese | 8% | 9,90 €
85 2016 Wiltinger Scharzberg Riesling Eule Auslese | 8% | 7,90 €/0,5 Lit.

MOSEL

WEINGUT NIKOLAUS KÖWERICH
54340 Leiwen · Maximinstraße 11
Tel (0 65 07) 42 82 · Fax 30 37
info@weingutkoewerich.de
www.weingutkoewerich.de

Inhaber und Betriebsleiter Nick Köwerich

Verkauf Annette und Nick Köwerich
nach Vereinbarung

Erlebenswert Kultur im Weingut, Lesungen und Musik
Rebfläche 10,5 Hektar
Jahresproduktion 90.000 Flaschen
Beste Lagen Leiwener und Köwericher Laurentiuslay
Boden Devonschiefer
Rebsorte 100% Riesling
Mitglied Vinissima, Leiwener Jungwinzer

Verkostete Weine 7
Bewertung 84–89 Punkte

85 2016 Riesling Einblick N° 1 | 11% | 7,90 €
86 2016 Köwericher Laurentiuslay Riesling Nic und Nick | 12% | 14,90 €
84 2016 Riesling Für Feen und Elfen | 10% | 9,90 €
87 2016 Leiwener Laurentiuslay Riesling Mademoiselle Mosel Kabinett | 8,5% | 12,90 €
88 2016 Leiwener Laurentiuslay Riesling Kabinett | 8,5% | 18,– €
89 2016 Klüsserather Bruderschaft Riesling Für Träumer und Helden Spätlese | 8,5% | 14,90 €
89 2016 Leiwener Laurentiuslay Riesling Spätlese | 8,5% | 28,– €

Nach einem großen Spiel im Jahrgang 2015 legt Nick Köwerich bei den 2016ern eine kleine Pause ein. Die Rieslinge sind diesmal gerundeter, einigen fehlt etwas die Spannung. Reif und reichhaltig sind sie allemal. Wir setzen da ganz auf die einfacheren Qualitäten, etwa den Einblick Nr.1 mit seinem Schliff und seiner Transparenz. An der Spitze des Sortiments stehen die fruchtigen Spätlesen aus der Bruderschaft und der Laurentiuslay, die aber auch nicht mit dem Vorgängerjahr mithalten können. Die Anstrengungen zum Erhalt zur Verbesserung der Weinqualität waren in den letzten Jahren groß: Es wurden ein neues Fasslager, ein Flaschenlager und eine Vinothek errichtet. Auch die Kultur kommt hier nicht zu kurz. Die hauseigenen Rieslinge werden auf Lesungen und Konzerten präsentiert. Nick Köwerich hat seinen Stil gefunden. Dieser einhundertprozentige Riesling-Betrieb erzeugt saubere, klar definierte Weine, die Leiwen alle Ehre machen. Nach bereits beachtlichen Leistungen in den Vorjahren hatte Nick Köwerich auch im Jahrgang 2014 mit geschliffenen Rieslingen verblüfft, die eine für den Jahrgang unglaubliche Klarheit aufwiesen. Für pfiffige Etiketten und erfindungsreiche Weinnamen war das Weingut immer schon bekannt. Obwohl dieser ungewöhnliche Leiwener Betrieb über zehn Hektar Riesling-Rebfläche verfügt, werden nur wenige Weine erzeugt, einige dafür mit entsprechend hoher Stückzahl. Dass die Rieslinge dieses Weingutes hervorragend reifen können, zeigten bereits mehrere Nachproben älterer Jahrgänge.

WEINGUT RÜDIGER KRÖBER

56333 Winningen · Hahnenstraße 14
Tel (0 26 06) 3 51 · Fax 26 00
info@weingut-kroeber.de
www.weingut-kroeber.de
Inhaber Rüdiger Kröber
Betriebsleiter Rüdiger und Florian Kröber
Verkauf Ute und Rüdiger Kröber
Mo–Sa 9.00–12.00 Uhr · 13.00–18.00 Uhr
So nach Vereinbarung

Gutsausschank Winninger Weinstuben
in Koblenz
Sehenswert toller Moselblick bei Weinproben im Winninger Röttgen
Rebfläche 7 Hektar
Jahresproduktion 48.000 Flaschen
Beste Lagen Winninger Uhlen und Röttgen
Boden Schieferverwitterung
Rebsorten 95% Riesling, 3% Spätburgunder, 2% Dornfelder

Verkostete Weine 10
Bewertung 82–91 Punkte

82 2016 Riesling trocken | 11,5% | 6,50 €/1,0 Lit.
86 2016 Riesling vom Schiefer trocken | 11,5% | 7,– €
91 2016 Winninger Uhlen Riesling Laubach August Horch Edition | 12% | 18,50 €
87 2016 Winninger Hamm Riesling Kabinett trocken | 11,5% | 7,50 €
85 2016 Riesling Steinig | 11,5% | 9,50 €
89 2016 Winninger Röttgen Riesling feinherb Alte Reben | 11% | 9,80 € | €
89 2016 Winninger Uhlen Riesling »S« | 11,5% | 10,50 €
90 2016 Winninger Uhlen Riesling Blaufüßer Lay | 12% | 15,– €
91 2015 Winninger Uhlen Riesling Laubach 18 Monate Hefelager | 12% | 17,50 €
87 2016 Winninger Brückstück Riesling Kabinett feinherb | 11% | 7,50 €

Nach bereits guten Leistungen im Jahrgang 2015 setzen Rüdiger und Florian Kröber 2016 noch einen drauf. Wir probierten sehr feine trockene Rieslinge, wie man sie an der Untermosel nicht alle Tage findet. Es sind Weine mit saftiger Dichte, zartem Säurespiel und dabei vielschichtig und transparent. Mit etwa zehn Gramm Restzucker sind diese Rieslinge zwar nicht gesetzlich trocken, geschmacklich aber schon. Drei Weine stehen an der Spitze: der Uhlen Blaufüßer Lay, karg und vornehm, kühl und präzise; der Uhlen Laubach August Horch, phenolig dicht, dabei zurückhaltend; der Uhlen Laubach mit 18 Monate Hefelager, geschlossen und tief, kühl und geschliffen. Bereits im Jahrgang 2015 trumpften Rüdiger und Florian Kröber mit erstaunlichen Weinen aus der Lage Uhlen auf, alles starke Weine mit klarer und dichter Frucht im Stile fein verwobener Untermoselaner. In diesem Weingut zeigt sich einmal mehr, dass die Terrassenmosel für den Ausbau trockener Rieslinge geradezu prädestiniert ist. Hier werden charaktervolle, klassische Rieslinge erzeugt, die nicht immer gefällig, aber von guter Substanz sind. Seit 2010 gab es hier eigentlich keinen schwachen Jahrgang mehr. Mit Sohn Florian ist inzwischen die nächste Generation in die Betriebsleitung eingetreten. Er setzt vor allem im Keller Akzente. In den kommenden Jahren soll eine neue Kelterhalle errichtet werden.

MOSEL

WEINGUT PETER LAUER
54441 Ayl · Trierer Straße 49
Tel (0 65 81) 30 31 · Fax 23 44
info@lauer-ayl.de
www.lauer-ayl.de
Inhaber Florian Lauer
Kellermeister Peter und Florian Lauer
Außenbetrieb Peter Burens
Verkauf Katharina Lauer
Mo–Fr 10.00–18.00 Uhr und nach Vereinbarung
Restaurant Weinhotel »Ayler Kupp«, Do–Mo 12.00–14.00 Uhr · ab 18.00 Uhr, Jörg und Laura Diekert, Tel (0 65 81) 98 83 80
Rebfläche 9 Hektar
Jahresproduktion 60.000 Flaschen
Beste Lagen Ayler Kupp, Saarfeilser, Schonfels
Boden Braunerde Rigosol auf Schiefer, Schiefer und Kies
Rebsorte 100% Riesling
Mitglied VDP

Es gibt einige wenige Weingüter, da hat man den Eindruck, als produzierten sie unabhängig von der Natur. Ein Jahr nach dem anderen ist auf höchstem Niveau. Ein solches Weingut ist in Ayl der Betrieb von Peter Lauer, erst recht, seit Sohn Florian eingestiegen ist. Die alten Stärken - hier ist es der feinherbe Riesling - werden weiter gepflegt und vervollkommnet. Wieder kommen die besten aus den Parzellen Stirn und Kern. Der Stirn ist saftig, zeigt Schliff und Feinheit; der Kern ist herb-würzig und offenbart einen eher trockenen Charakter. Es gibt aber auch richtig trockene Rieslinge, etwa die drei Großen Gewächse, die alle von einer kernigen und ernsthaften Art getragen sind. Sie wirken etwas phenolig und karg mit einer dichten Aromatik und zeigen damit ihr Potenzial. Einsam an der Spitze des Sortiments aber stehen drei grandiose Spätlesen, die in diesem Jahrgang zu den besten im Lande zählen. Die feinste Spätlese aus der Kupp ist edel, zeigt zartes Spiel und tolle Frische. Die feinste Spätlese Saarfeilser ist hochfein, berückend und transparent - und wurde beim Bundesfinale prompt zur Spätlese des Jahres gekürt, besser geht es nicht!

Ein Füllhorn an Edelsüßen

Vor allem im feinherben Geschmacksbereich schafften Weine dieses Ayler Winzers wiederholt den Sprung in einige der Top-Ten-Listen des jeweiligen Jahrgangs. Die Übernahme des Betriebs durch Florian Lauer hat in den letzten Jahren einen weiteren Qualitätssprung möglich gemacht. Vor allem die problematischen Jahrgänge 2013 und 2014 hat er glänzend gemeistert. Schon im Jahrgang 2013 waren die Weine von Florian Lauer im trockenen und feinherben Bereich eine absolute Bank. Von den charakterstarken Großen Gewächsen bis zu den supersaftigen feinherben Weinen Stirn und Kern war alles im Lot. Dazu kamen traumhaft animierende Spätlesen. 2014 waren die Weine noch besser geraten. Es waren unglaublich begeisternde Rieslinge mit einer seltenen filigranen Strahlkraft. Die feinherben und halbtrockenen Rieslinge standen fast konkurrenzlos an der Saarspitze. Den Gipfel des Jahrgangs aber markierten die fruchtsüßen Rieslinge. Mit dem Jahrgang 2015 war erneut ein großer Wurf gelungen. Die Weine zeigten dieselbe Präzision des Vorjahres. Dazu kam ein noch größeres Füllhorn an Edelsüßen mit delikatem Aromenspiel. Die Großen Gewächse hatten Format. Eine beachtliche Reihe feinherber Rieslinge, einer besser als der andere, rundete das Angebot ab.

Florian Lauer

Charaktervolle Rieslinge

Im Gut werden höchst individuelle, charaktervolle Rieslinge aus der Ayler Kupp fuderweise abgefüllt. Die Ayler Kupp ist eine von den Lagen, die mit dem 1971er Weingesetz unglücklich erweitert wurden. Dem versucht die Familie Lauer mit dem Namen von Parzellen wie Kern, Stirn und Unterstenberg zu beggenen. Von hier stammen die besten trockenen und feinherben Weine. Der Kern ist seit 2005 in der Bestenliste feinherber Rieslinge.

Verkostete Weine 15
Bewertung 87–95 Punkte

- 88 2016 Schodener Saarfeilser Riesling »Großes Gewächs« – 13 – | 12,5% | 37,50 €
- 89 2016 Ayler Schonfels Riesling »Großes Gewächs« – 11 – | 12,5% | 37,50 €
- 90 2016 Ayler Kupp Riesling »Großes Gewächs« – 18 – | 12,5% | 37,50 €
- 87 2016 Ayler Riesling feinherb – 4 – | 9,5% | 13,50 €
- 87 2016 Ayler Riesling feinherb – 3 – | 9,5% | 15,– €
- 89 2016 Ayler Kupp Unterstenberg Riesling halbtrocken – 12 – | 12% | 22,50 €
- 92 2016 Ayler Kupp Stirn Riesling feinherb – 15 – | 9,5% | 29,– €
- 93 2016 Ayler Kupp Kern Riesling feinherb – 9 – | 10% | 29,– € | TOP 10
- 92 2016 Ayler Kupp Neuenberg Riesling halbtrocken – 17 – | 11,5% | 32,50 € | TOP 10
- 90 2016 Ayler Kupp Riesling Kabinett – 8 – | 8% | 17,50 €
- 92 2016 Ayler Kupp Riesling Kabinett – 5 – | 8% | ↗ 29,99 €
- 93 2016 Ayler Kupp Riesling Spätlese – 7 – | 7,5% | 24,20 €
- 94 2016 Ayler Kupp Riesling Spätlese – 23 – | 7,5% | ↗ 34,99 €
- 95 2016 Schodener Saarfeilser Riesling Spätlese – 24 – | 7,5% | ↗ 37,49 € | TOP 10
- 94 2016 Ayler Kupp Riesling Auslese | 7% | ↗ 23,74 €/0,375 Lit.

WEINGUT LEHNERT-VEIT

54498 Piesport · In der Dur 6–10
Tel (0 65 07) 21 23 · Fax 71 45
info@lehnert-veit.de
www.lehnert-veit.de
Inhaber Erich und Peter Lehnert
Betriebsleiter und Kellermeister Peter Lehnert
Verkauf Ingrid und Erich Lehnert
Mo–So 8.00–18.00 Uhr

Gutsausschank Moselgarten Mai–Okt., 12.00–21.00 Uhr
Spezialitäten moseltypische Küche
Sehenswert Römische Kelteranlage aus dem 4. Jahrhundert, altes Pestkreuz im Familienbesitz
Rebfläche 11,5 Hektar
Jahresproduktion 60.000 Flaschen
Beste Lagen Piesporter Goldtröpfchen, Falkenberg und Günterslay
Boden Dunkler Devonschiefer und Terrassensediment
Rebsorten 60% Riesling, 30% Burgunder, 10% übrige Sorten
Mitglied Bernkasteler Ring

Vor wenigen Jahren haben Erich und Peter Lehnert kräftig in einen neuen und hochmodernen Keller investiert. Seitdem geht es kontinuierlich aufwärts. An der Spitze der sehr homogenen 2016er Riesling-Kollektion steht bei den trockenen das druckvoll kräuterwürzige, aber auch traditionell intensiv rotfruchtige Große Gewächs aus dem Piesporter Goldtröpfchen. Bei den restsüßen Rieslingen ragt die herb-würzige und fein verspielte Versteigerungsauslese aus dem Goldtröpfchen heraus. Lehnert-Veit hat sich in den letzten Jahren auch einen Ruf für gute Spätburgunder erworben, auch hier liegt der aktuell präsentierte 2014er Jahrgang noch ein wenig über dem bereits sehr gelungenen 2013er aus dem Vorjahr. An der Spitze der Pinots steht traditionell der Falkenberg, aber auch der etwas günstigere Günterslay ist eine Empfehlung wert. Die beiden etwas kühleren Lagen Falkenberg und Günterslay liegen direkt oberhalb des Goldtröpfchens, das sich auf mehr als zwei Kilometer am unteren Rand der Weinberge an der Mosel entlangschlängelt. Zum Betrieb gehört eine der schönsten Straußwirtschaften der Region, mit großem Außenbereich und wunderbarem Blick auf einen Teil der Piesporter Steillagen.

MOSEL

Verkostete Weine 12
Bewertung 83-90 Punkte

- 84 2016 Riesling Kies trocken | 11,5% | 6,60 €
- 85 2016 Piesporter Günterslay Riesling trocken | 12% | 8,30 €
- 86 2016 Wintricher Großer Herrgott Riesling trocken | 12% | 8,30 €
- 87 2016 Piesporter Goldtröpfchen Riesling Gruft trocken | 13% | 13,20 €
- 89 2015 Piesporter Goldtröpfchen Riesling »Großes Gewächs« | 13% | 18,50 €
- 83 2016 Riesling Schiefer | 11,5% | 7,90 €
- 86 2016 Piesporter Goldtröpfchen Riesling Fundelsgraben feinherb | 11,5% | 9,90 €
- 85 2016 Piesporter Goldtröpfchen Riesling Kabinett | 8% | 10,- €
- 87 2016 Piesporter Goldtröpfchen Riesling Spätlese | 7,5% | 15,- €
- 90 2016 Piesporter Goldtröpfchen Riesling Auslese | 7,5% | 🎯
- 86 2014 Piesporter Günterslay Spätburgunder trocken Barrique | 13% | 13,20 €
- 89 2014 Piesporter Falkenberg Spätburgunder trocken Barrique | 13,5% | 19,80 €

WEINGUT JOHANN LENZ

56850 Enkirch · Kirchstraße 9
Tel (0 65 41) 81 83 26 · Fax 81 83 27
weingutjohannlenz@web.de
Inhaber Nicole Lenz

Verkauf nach Vereinbarung

Das ein Hektar kleine Weingut Johann Lenz in Pünderich wird von Martin Müller und Nicole Lenz seit 2001 geführt. Die Trauben kommen ausschließlich aus der Lage Pündericher Marienburg. In diesem Jahr empfanden wir die vier angestellten Weine feiner und fokussierter. Das könnte mit der Vertikal-Korbkelter zusammenhängen, die das Weingut seit letztem Jahr statt einer alten Spindel-Vertikalpresse verwendet. Geblieben sind die wilden Aromen der Spontanvergärung und die prägnante Säurestruktur, die eine lange Entwicklung verspricht.

Verkostete Weine 4
Bewertung 84-86 Punkte

- 85 2016 Pündericher Marienburg Riesling Kelterhaus Kabinett trocken | 10,5% | 6,- €
- 86 2016 Pündericher Marienburg Riesling Spätlese trocken | 11,5% | 9,- €
- 84 2016 Pündericher Marienburg Riesling Weiherwies Kabinett feinherb | 10% | 6,- €
- 86 2016 Pündericher Marienburg Riesling Spätlese | 8,5% | 9,- €/0,5 Lit.

Symbole Weingüter

€ Schnäppchenpreis · TOP Spitzenreiter · BIO Ökobetrieb
Trinktipp · Versteigerungswein

| Sekt | Weißwein | Rotwein | Rosé |

⭐⭐⭐⭐⭐

WEINGUT SCHLOSS LIESER
THOMAS HAAG
54470 Lieser · Am Markt 1–5
Tel (0 65 31) 64 31 · Fax 10 68
info@weingut-schloss-lieser.de
www.weingut-schloss-lieser.de
Inhaber Thomas und Ute Haag
Betriebsleiter und Kellermeister Thomas Haag
Außenbetrieb Philipp Veser
Verkauf Ute und Thomas Haag
Mo-Fr 10.00–17.00 Uhr, **Sa** 10.00–15.00 Uhr
Historie ehemals zum Besitz des Freiherrn von Schorlemer gehörendes Weingut
Sehenswert Schloss, erbaut um die Jahrhundertwende, denkmalgeschützte Schiefer-Gutsanlage mit idyllischem Innenhof
Rebfläche 22 Hektar
Jahresproduktion 140.000 Flaschen
Beste Lagen Lieser Niederberg Helden, Brauneberger Juffer, Wehlener Sonnenuhr und Juffer-Sonnenuhr, Piesporter Goldtröpfchen, Bernkasteler Doctor
Boden blaue Schieferverwitterung
Rebsorte 100% Riesling
Mitglied VDP

Thomas Haag

Thomas Haags herausragende Kompetenz für den fruchtigen Mosel-Riesling bewundern wie schon seit vielen Jahren. Nun scheint es, dass er auch seine trockenen Rieslinge Zug um Zug an der Gebietsspitze positionieren will. Nie zuvor probierten wir eine so überzeugende Phalanx von Großen Gewächsen wie im Jahrgang 2016. Besonders beeindruckt der Niederberg Helden mit seiner großen inneren Dichte und der zarten kargen Art. Das Piesporter Goldtröpfchen spielt in derselben Liga: duftig und edel, tänzelnd und verspielt. Ganz oben steht der Doctor, ein kompletter trockener Riesling, zart und kraftvoll zugleich, mit saftigem Nachhall. Die Spätlesen zeigen reifen Birnenduft und werden getragen von eingeschliffener Säure.

Neue Weinberge

In nur 20 Jahren hat Thomas Haag den Weinort Lieser quasi im Alleingang international auf die Landkarte gebracht hat. Er hat das Wahrzeichen des Ortes, das Ende des 19. Jahrhunderts erbaute Weingut Schloss Lieser, von Grund auf saniert. Das Gut gehörte schon früher mit zu den besten der Region, dann versank es im Vergessen – heute spielt es auf der Weltbühne mit. 1992 übernahm Thomas Haag als Betriebsleiter und Kellermeister das Ruder. Nach fünf Jahren harter Aufbauarbeit konnte er den Betrieb 1997 käuflich erwerben. Inzwischen hat er das alte Kellereigebäude abgebrochen und direkt wieder aufgebaut, die alten Ställe zur Probierstube umgerüstet und die Rebfläche vergrößert. Er besitzt nun 22 Hektar Weinberge in Lieser, Graach, Bernkastel, Brauneberg, Kesten, Piesport und Wehlen. Zuletzt kamen Parzellen in der Wehlener Sonnenuhr, dem Kestener Paulinshofberg, dem Piesporter Goldtröpfchen und dem Bernkasteler Doctor dazu. Haag ging von Anfang an mit viel Enthusiasmus und all dem Wissen zu Werke, das er von der Geisenheimer Weinuniversität mit an die Mosel brachte. Noch prägender war freilich das Rüstzeug, das ihm Vater Wilhelm Haag, fraglos einer der besten Mosel-Kellermeister der letzten Jahrzehnte, mit auf den Weg gegeben hat.

MOSEL

Verkostete Weine 22
Bewertung 85–93 Punkte

- 85 2016 Riesling »SL« trocken | 11% | 8,90 €
- 90 2016 Brauneberger Juffer Riesling »Großes Gewächs« | 12,5% | 26,- €
- 91 2016 Graacher Himmelreich Riesling »Großes Gewächs« | 12,5% | 28,- €
- 92 2016 Lieser Niederberg Helden Riesling »Großes Gewächs« | 12,5% | 28,- €
- 92 2016 Piesporter Goldtröpfchen Riesling »Großes Gewächs« | 12,5% | 28,- €
- 93 2016 Bernkasteler Doctor Riesling »Großes Gewächs« | 12,5% | 48,- €
- 88 2016 Riesling »SL« Kabinett trocken | 11,5% | 11,50 €
- 89 2016 Riesling »SL« Spätlese trocken | 12% | 17,- €
- 87 2016 Graacher Himmelreich Riesling Kabinett | 8% | 13,- €
- 90 2016 Brauneberger Juffer Riesling Kabinett | 8% | 13,- €
- 90 2016 Wehlener Sonnenuhr Riesling Kabinett | 8% | 13,- €
- 88 2016 Brauneberger Juffer-Sonnenuhr Riesling Spätlese | 7,5% | 18,50 €
- 89 2016 Wehlener Sonnenuhr Riesling Spätlese | 7% | 18,50 €
- 90 2016 Lieser Niederberg Helden Riesling Spätlese | 7,5% | 18,50 €
- 90 2016 Piesporter Goldtröpfchen Riesling Spätlese | 7% | 18,50 €
- 92 2016 Bernkasteler Doctor Riesling Spätlese | 7% | ↗ 101,21 €
- 92 2016 Lieser Niederberg Helden Riesling Auslese | 7% | 28,- €
- 91 2016 Wehlener Sonnenuhr Riesling Auslese | 7% | 29,50 €
- 91 2016 Wehlener Sonnenuhr Riesling Auslese Goldkapsel | 7% | 24,- €/0,375 Lit.
- 92 2016 Brauneberger Juffer-Sonnenuhr Riesling Auslese Goldkapsel | 7% | 24,- €/0,375 Lit.
- 90 2016 Bernkasteler Doctor Riesling Auslese | 7% | 32,- €/0,375 Lit.
- 91 2016 Brauneberger Juffer-Sonnenuhr Riesling Auslese lange Goldkapsel | 7% | ↗ 106,21 €/0,375 Lit.

WEINGUT LÖNARTZ-THIELMANN

56814 Ernst · Weingartenstraße 80
Tel (0 26 71) 16 40 · Fax 58 82
info@loenartz.de
www.ferienweingut-loenartz-thielmann.de
Inhaber Hans-Georg und Florian Lönartz
Betriebsleiter Hans-Georg Lönartz
Kellermeister Florian Lönartz

Verkauf Florian und Beate Lönartz
Mo–So 8.00–18.00 Uhr

Nach einem gut gelungenen Jahrgang 2015 zeigt sich auch die 2016er Kollektion des Weinguts Lönartz-Thielmann aus Ernst an der Terrassenmosel wieder absolut homogen. Bei den trockenen Rieslingen ist traditionell die spontan vergorene Spätlese Edition »F« aus dem Valwiger Herrenberg, der Projektwein des Juniors, am stärksten. Bei den fruchtigen und restsüßen Rieslingen liegt im Jahrgang 2016 ein Eiswein aus dem Ernster Feuerberg an der Spitze, gefolgt von einer würzigen Spätlese aus dem Valwiger Herrenberg.

Verkostete Weine 12
Bewertung 82–89 Punkte

- 85 2015 Valwiger Rosenhang Weißburgunder & Riesling trocken Barrique | 12% | 10,50 €
- 82 2016 Ernster Goldbäumchen Riesling trocken | 12% | 5,20 €/1,0 Lit.
- 83 2016 Valwiger Rosenhang Grauburgunder trocken | 13% | 6,80 €
- 84 2016 Bruttiger Götterlay Riesling Kabinett trocken | 11,5% | 7,- €
- 85 2016 Valwiger Herrenberg Riesling Spätlese trocken | 12% | 8,80 €
- 87 2015 Valwiger Herrenberg Riesling Edition F Spätlese trocken | 13% | 12,50 €
- 83 2016 Cochemer Klostergarten Riesling halbtrocken | 11% | 5,80 €
- 84 2016 Ernster Feuerberg Riesling Hochgewächs halbtrocken | 11% | 6,50 €
- 85 2016 Valwiger Herrenberg Riesling Spätlese feinherb | 11,5% | 8,80 €
- 84 2016 Bruttiger Götterlay Riesling Kabinett | 9% | 7,- €
- 86 2016 Valwiger Herrenberg Riesling Spätlese | 9% | 8,80 €
- 89 2016 Ernster Feuerberg Riesling Eiswein | 7,5% | 28,- €/0,375 Lit.

WEINGUT LOERSCH

54340 Leiwen-Zummethöhe · Tannenweg 11
Tel (0 65 07) 32 29 · Fax 32 05
info@weingut-loersch.de
www.weingut-loersch.de
Inhaber und Betriebsleiter Alexander Loersch
Verkauf Familie Loersch
nach Vereinbarung
Gästehaus mit Panoramablick auf die Moselschleife bei Trittenheim
Rebfläche 6 Hektar
Jahresproduktion 52.000 Flaschen
Beste Lagen Trittenheimer Apotheke und Altärchen, Piesporter Goldtröpfchen, Dhroner Hofberg
Boden blauer Devonschiefer, Schieferverwitterungsboden, grauer Glimmerschiefer mit rotliegendem Untergrund
Rebsorten 90% Riesling, 7% Spätburgunder, 3% Rivaner

Verkostete Weine 11
Bewertung 86–94 Punkte

86 2016 Riesling Blauschiefer trocken | 10,5% | 7,50 €
88 2016 Trittenheimer Apotheke Riesling Devon-Terrassen trocken | 12,5% | 18,– €
89 2016 Trittenheimer Altärchen Riesling Kabinett trocken | 10,5% | 9,50 € | €
87 2016 Riesling Glimmerschiefer feinherb | 10% | 7,50 €
90 2016 Dhroner Hofberg Riesling Kabinett feinherb | 10% | 9,50 € | €
86 2016 Trittenheimer Apotheke Riesling Fels-Terrassen Spätlese feinherb | 11% | 18,– €
88 2016 Trittenheimer Apotheke Riesling Kabinett | 8% | 9,50 € | €
90 2016 Piesporter Goldtröpfchen Riesling Kabinett | 8% | 10,– €
87 2016 Trittenheimer Apotheke Riesling Spätlese Alte Reben | 8% | 16,50 €
92 2016 Trittenheimer Apotheke Riesling Auslese | 8% | 20,– €
94 2016 Trittenheimer Apotheke Riesling Auslese Alte Reben | 8% | 17,– €/0,375 Lit.

Für Alexander Lörsch ist der Jahrgang 2016 offenbar ein idealer Kabinett-Jahrgang gewesen. Der trockene Kabinett aus dem Altärchen ist ein feiner Riesling mit Spontangärnoten, knackig und klar. Der feinherbe Riesling aus dem Dhroner Hofberg spielt seine kühle und apfelige Art aus, ist trinkanimierend mit feinem Säurezug. Der fruchtige Kabinett aus dem Piesporter Goldtröpfchen schließlich ist ein wunderbar würziger, dicht strukturierter Riesling. Leider sind die Qualitäten der Spätlesen ein wenig hinter Safrannoten verborgen, was zum Glück nicht für die Auslesen gilt. Die Alten Reben aus der Lage Apotheke zeigen edelfruchtige Art mit Tiefgang und kühler Präsenz. Mit dem Jahrgang 2015 war Alexander Loersch der große Wurf gelungen. In all seinen Weinen steckte eine unglaubliche Klarheit, Frische und Animation waren unverkennbar. Alle vorgestellten Weine waren uneingeschränkt zu empfehlen und zugleich wunderbar trinkig. Bereits 2002 hatte Alexander Loersch die Regie im Keller übernommen. Die Weinqualität stieg in den letzten Jahren kontinuierlich an. Alle Weine zeigen eine mineralische Note und eine deutliche Hefeprägung. Aromen, wie sie bei der Spontanvergärung entstehen, sind oft unverkennbar.

MOSEL

WEINGUT CARL LOEWEN
54340 Leiwen · Matthiasstraße 30
Tel (0 65 07) 30 94 · Fax 80 23 32
mail@weingut-loewen.de
www.weingut-loewen.de

Inhaber Karl-Josef und Christopher Loewen
Betriebsleiter Karl-Josef und Christopher Loewen
Verkauf Edith, Christopher und Karl-Josef Loewen
Sa 13.00–16.00 Uhr und nach Vereinbarung

Historie Weinbau seit 1803
Rebfläche 13,5 Hektar
Jahresproduktion 110.000 Flaschen
Beste Lagen Leiwener Laurentiuslay, Thörnicher Ritsch, Detzemer Maximiner Klosterlay, Longuicher Maximiner Herrenberg
Boden Devon- und leichter Verwitterungsschiefer, roter Schiefer
Rebsorten 96% Riesling, 3% Weißburgunder, 1% Müller-Thurgau
Mitglied Bernkasteler Ring, Moseljünger

Verkostete Weine 12
Bewertung 87–93 Punkte

- 87 2016 Riesling Varidor trocken | 12% | 8,50 €
- 91 2016 Leiwener Laurentiuslay Riesling trocken Alte Reben Holzfass | 12% | 14,50 €
- 92 2016 Longuicher Maximin Herrenberg Riesling 1896 trocken Alte Reben Holzfass | 12% | 19,90 € | 🍷
- 89 2016 Thörnicher Ritsch Riesling »Großes Gewächs« Holzfass | 12,5% | 24,– €
- 91 2016 Longuicher Maximin Herrenberg Riesling »Großes Gewächs« Holzfass | 12,5% | 25,– €
- 90 2016 Riesling Alte Reben | 12% | 9,90 € | €
- 89 2016 Detzemer Maximin Klosterlay Riesling Holzfass | 12% | 12,50 €
- 90 2016 Longuicher Maximin Herrenberg Riesling 1896 Black Label Holzfass | 12% | 40,– €
- 88 2016 Leiwener Laurentiuslay Riesling Spätlese Holzfass | 8,5% | 13,50 €
- 90 2016 Thörnicher Ritsch Riesling Auslese Holzfass | 8% | 18,– €
- 90 2016 Longuicher Maximin Herrenberg Riesling Auslese Holzfass | 7% | 19,90 €
- 93 2016 Leiwener Klostergarten Riesling Eiswein | 6,5% | Preis auf Anfrage

Auch vom Jahrgang 2016 stellen Karl Josef und Christopher Loewen wieder eine erstaunliche Reihe trockener Rieslinge vor. Zwar brauchen die Weine sehr viel Luft, um sich zu entfalten und ihre Qualitäten aufzuschließen, dann aber entpuppen sie sich als trockene Spitzenrieslinge der Mosel. Es sind nicht zuletzt die alten Reben, die diesen Weinen zur Größe verhelfen, etwa bei der Laurentiuslay, die sich klarfruchtig, dicht und rauchig präsentiert. Das Große Gewächs aus dem Maximin Herrenberg zeigt viel Charakter und die Alten Reben aus derselben Lage sind vielschichtig, voller Druck und noch absolut jugendlich. Auch die Reihe der fruchtsüßen Rieslinge bewegt sich ohne Ausnahme auf einem hohen Level. Bereits aus dem Jahrgang 2015 hatte uns Karl-Josef Loewen eine Kollektion mit Stil wie aus einem Guss vorgestellt. Durch die Säkularisation kam vor fast 200 Jahren einer der Vorfahren von Karl-Josef Loewen in den Besitz der Detzemer Maximiner Klosterlay. In den extrem steilen Hang der Leiwener Spitzenlage Laurentiuslay hat er sich 1982 selbst eingekauft und auch Parzellen in der Thörnicher Ritsch erworben. Vor einigen Jahren konnte Loewen das Weingut Carl Schmitt-Wagner in Longuich übernehmen und wurde Mitglied im Bernkasteler Ring. Mit den teilweise bereits 1896 bestockten Parzellen im Longuicher Maximiner Herrenberg hat er sein Lagenportfolio recht eindrucksvoll erweitert.

★

WEINGUT BENEDICT LOOSEN ERBEN

54539 Ürzig · Würzgartenstraße 1
Tel (0 65 32) 9 45 90 92 · Fax 22 04
riesling@benedict-loosen-erben.de
www.benedict-loosen-erben.de
Inhaber Claudia Müller
Kellermeister Bernhard Th. Föhr

Verkauf nach Vereinbarung

Es ist schon beachtlich, was der kleine Betrieb auf gerade einmal einem halben Hektar Weinbergsfläche im Ürziger Würzgarten Jahr für Jahr leistet. Zwar werden in den meisten Jahren nur drei bis vier Weine erzeugt, die Qualität ist aber stets tadellos. Von den vier Rieslingen des Jahrgangs 2016 gefällt und der sehr fruchtig ausgefallene Würzgarten Kabinett am besten. Daneben gibt der Betrieb seit Kurzem eine wunderbar gereifte Riesling Spätlese aus dem Jahrgang 2007 auf den Markt, die bisher zurückgehalten wurde – eine seltene Gelegenheit für Fans reifer Rieslinge. Das Weingut liegt im malerischen Ürziger Ortskern. Erbaut wurde das stattliche Patrizierhaus von Mönchen der ehemaligen Augustinerabtei Springiersbach auf den Grundmauern eines Gewölbekellers aus dem Jahre 1511.

Verkostete Weine 5
Bewertung 84–88 Punkte

- 84 2016 Riesling Vom Grauen Schiefer Kabinett feinherb | 9,5% | 6,70 €
- 86 2016 Ürziger Würzgarten Riesling Vom Roten Schiefer Kabinett feinherb | 10% | 6,70 €
- 86 2016 Ürziger Würzgarten Riesling Aus dem Lustgarten Kabinett | 9% | 6,70 €
- 87 2016 Ürziger Würzgarten Riesling Kabinett Alte Reben | 9,5% | 7,20 €
- 88 2007 Ürziger Würzgarten Riesling Spätlese Alte Reben | 8,5% | 9,30 € | €

★★★⯨

WEINGUT DR. LOOSEN

54470 Bernkastel-Kues · St. Johannishof
Tel (0 65 31) 34 26 · Fax 42 48
info@drloosen.de
www.drloosen.de
Inhaber Ernst F. Loosen
Außenbetrieb Roland Orthmann
Kellermeister Bernhard Schug

Verkauf Ernst F. Loosen
nach Vereinbarung

Gutshaus direkt am Moselufer
Rebfläche 22 Hektar
Jahresproduktion 180.000 Flaschen
Beste Lagen Bernkasteler Lay, Graacher Himmelreich, Wehlener Sonnenuhr, Ürziger Würzgarten, Erdener Treppchen und Prälat
Boden Devonschiefer und Rotliegendes
Rebsorten 98% Riesling, 2% Weißburgunder
Mitglied VDP

Die 2016er Rieslinge sind nicht ganz auf dem üblichen Niveau dieses weithin bekannten Gutes. Selbst die Großen Gewächse, über Jahre nicht nur Aushängeschilder dieses Betriebs, sondern auch Vorreiter für guten trockenen Mosel-Riesling überhaupt, reichen nicht an die Vorgänger heran. Einzig die Spätlese und Auslese von der Versteigerung erinnern an alte Tage. Das Weingut Dr. Loosen schrieb eine der beeindruckendsten Erfolgsgeschichten des deutschen Weinbaus seit den 1990er Jahren. Kaum ein Winzer hat seine Ziele mit der Konsequenz verfolgt wie Ernst Loosen, aber auch kaum ein anderer Winzer kann dabei auf eine derartige Vielzahl von Weinbergen in absoluten Spitzenlagen zurückgreifen. Seine Weine waren im Ausland lange bekannter als zu Hause und noch heute gehen vier von fünf Flaschen in den Export. Seit etwa Mitte des letzten Jahrzehnts konzentriert sich Ernst Loosen vermehrt auch auf trockene Spitzenweine. Er war einer der wenigen im VDP Mosel, die das Thema Großes Gewächs mit Hingabe und großem Elan schon frühzeitig angegangen sind. Die 2011er waren ein Meilenstein in dieser Entwicklung.

MOSEL

Verkostete Weine 12
Bewertung 85–92 Punkte

- **87** 2016 Graacher Riesling trocken | 12% | 14,- €
- **88** 2016 Wehlener Sonnenuhr Riesling »Großes Gewächs« | 12% | 20,- €
- **88** 2016 Graacher Himmelreich Riesling »Großes Gewächs« | 12% | 20,- €
- **89** 2016 Graacher Domprobst Riesling »Großes Gewächs« | 12% | 20,- €
- **88** 2016 Erdener Treppchen Riesling »Großes Gewächs« | 12% | 26,- €
- **88** 2016 Ürziger Würzgarten Riesling Alte Reben »Großes Gewächs« | 12% | 26,- €
- **89** 2016 Erdener Prälat Riesling »Großes Gewächs« | 12% | Preis auf Anfrage
- **85** 2016 Riesling Grauschiefer feinherb | 11% | 11,- €
- **87** 2016 Wehlener Sonnenuhr Riesling Kabinett | 8% | 14,- €
- **88** 2016 Ürziger Würzgarten Riesling Spätlese | 8% | 16,- €
- **90** 2016 Ürziger Würzgarten Riesling Spätlese Goldkapsel | 8% | ↗ 55,- €
- **92** 2016 Erdener Prälat Riesling Auslese lange Goldkapsel | 7,5% | ↗ 512,30 €

WEINGUT THEO LOOSEN

56818 Klotten · Mittelstraße 12
Tel (0 26 71) 75 01 · Fax 48 39
weingut-loosen@t-online.de
www.weingut-loosen.de
Inhaber Hans-Theo Loosen
Betriebsleiter Theo und Hans-Theo Loosen
Kellermeister Hans-Theo Loosen

Verkauf Familie Loosen
Mo–Sa 8.00–18.00 Uhr, **So** 9.00–14.00 Uhr und nach Vereinbarung

Wie schon seit mehreren Jahren auch diesmal wieder eine Kollektion ohne große Ausreißer nach oben und unten. Am besten gefällt uns der animierend würzige Riesling Querdenker trocken aus den Querterrassen der Klottener Lage Burg Coraidelstein. Das fünf Hektar große Weingut in Klotten an der Terrassenmosel wird vom jungen Hans-Theo Loosen geführt. Aus fast vergessenen Lagen wie Klottener Brauneberg oder Burg Coraidelstein werden hier klassische Rieslinge produziert.

Verkostete Weine 10
Bewertung 81–86 Punkte

- **83** 2015 Riesling Sekt trocken | 12% | 10,- €
- **85** 2016 Klottener Brauneberg Riesling trocken | 12% | 9,- €
- **82** 2016 Chardonnay trocken | 13% | 9,50 €
- **86** 2016 Riesling Querdenker trocken | 12% | 11,50 €
- **83** 2016 Riesling Grauschiefer Hochgewächs trocken | 12% | 7,- €
- **81** 2016 Riesling & Weißburgunder Weil wir's können | 12% | 7,50 €
- **85** 2016 Klottener Brauneberg Riesling Finesse feinherb | 11% | 9,- €
- **83** 2016 Riesling Grauschiefer Hochgewächs halbtrocken | 11% | 7,- €
- **83** 2016 Riesling Grauschiefer Hochgewächs | 9% | 7,- €
- **85** 2016 Klottener Burg Coraidelstein Riesling Spätlese | 8,5% | 9,- €

Symbole Weingüter
★★★★★ Weltklasse • ★★★★ Deutsche Spitze
★★★ Sehr Gut • ★★ Gut • ★ Zuverlässig

☆

WEINGUT LORENZ
54340 Detzem · Neustraße 6
Tel (0 65 07) 38 02 · Fax 48 30
info@lorenz-weine.com
www.lorenz-weine.com
Inhaber und Betriebsleiter Tobias Lorenz
Verkauf Maria Lorenz
Sa 10.00–16.00 Uhr und nach Vereinbarung

Die Weine, die uns Tobias Lorenz in diesem Jahr geschickt hat, kann man als solide bezeichnen. Sie haben eine ordentliche Struktur, sind sauber und gefällig. Etwas mehr Präzision und Mut zur Eigenständigkeit würden aus den guten Weinen schnell sehr gute machen. Das erkennt man an der Riesling Spätlese aus der Thörnicher Ritsch, die mit ihrer kräftigen Säure dem recht dick geratenen Körper zum Tanzen verhilft.

Verkostete Weine 8
Bewertung 80–86 Punkte

82 2016 Detzemer Riesling trocken | 12% | 6,50 €
80 2016 Weißburgunder trocken | 12,5% | 7,- €
83 2016 Detzemer Maximiner Klosterlay Riesling Grauschiefer Kabinett trocken | 11,5% | 7,50 €
84 2016 Trittenheimer Apotheke Riesling Spätlese trocken | 12% | 10,50 €
84 2016 Riesling Blauschiefer Kabinett feinherb | 10,5% | 7,- €
84 2016 Detzemer Maximiner Klosterlay Riesling Spätlese feinherb Alte Reben | 10,5% | 9,80 €
83 2016 Trittenheimer Riesling Kabinett | 8,5% | 7,- €
86 2016 Thörnicher Ritsch Riesling Spätlese Alte Reben | 8% | 10,50 €

WEINGUT LOTZ
54492 Erden · Hauptstraße 71
Tel (0 65 32) 30 29 · Fax 95 35 69
info@weingut-lotz.de
www.weingut-lotz.de
Inhaber Stefan Lotz
Verkauf Familie Lotz
Di–Do 16.00–18.00 Uhr
Fr–Sa 12.00–18.00 Uhr, **So** 10.00–14.00 Uhr
Rebfläche 10 Hektar
Jahresproduktion 70.000 Flaschen
Beste Lagen Erdener Treppchen und Herrenberg, Lösnicher Försterlay, Ürziger Würzgarten
Boden blauer und grauer Devonschiefer, sandiger Lehm, roter Schiefer
Rebsorten 75% Riesling, 10% Rivaner, je 5% Weißburgunder, Dornfelder und Spätburgunder
Mitglied Moseljünger

Die Weine des Jahrgangs 2016 aus diesem Erdener Gut haben durchgängig eine klare Frucht. Allerdings wirken sie etwas zu süß und verlieren dadurch etwas an Trinkanimation. Das ganze Sortiment wirkt sehr reichhaltig. Der trockene Riesling Alte Reben aus dem Treppchen verfügt über gute Konzentration und duftet nach Banane. Der fruchtige Kabinett aus dem Treppchen präsentiert sich eher im Spätlese-Stil. Und der Eiswein steht ein ganzes Stück über dem Rest des Sortiments. Es ist ein saftiger und rassiger Edelsüßer, pikant und klar. Bereits in den Vorjahren hatte Stefan Lotz gut gearbeitet. 2014 gab es von ihm eine homogene Kollektion, 2015 konnte er die Qualität noch steigern. Lotz hat zuletzt in einen neuen Keller mit moderner Technik investiert, eine wertigere Flaschenausstattung eingeführt und auch die Anbaufläche soll nach dem Zuwachs um drei Hektar in den letzten Jahren auf derzeit zehn Hektar künftig noch weiter aufgestockt werden.

MOSEL

Verkostete Weine 7
Bewertung 85–92 Punkte

- 85 2016 Riesling Schieferstein trocken | 12,5% | 7,50 €
- 86 2016 Erdener Treppchen Riesling trocken Alte Reben | 13,5% | 15,– €
- 86 2016 Erdener Treppchen Riesling Spätlese feinherb | 10% | 10,50 €
- 86 2016 Erdener Treppchen Riesling Kabinett | 7,5% | 7,50 €
- 87 2016 Erdener Treppchen Riesling Spätlese – 18 – | 7,5% | 10,50 €
- 88 2016 Erdener Treppchen Riesling Spätlese – 13 – | 7,5% | 12,50 €
- 92 2016 Erdener Riesling Eiswein | 7% | 30,– €/0,375 Lit.

WEINGUT LUBENTIUSHOF
56332 Niederfell · Kehrstraße 16
Tel (0 26 07) 81 35 · Fax 84 25
info@lubentiushof.de
www.lubentiushof.de
Inhaber Susanne und Andreas Barth
Kellermeister Andreas Barth
Verkauf nach Vereinbarung
Sehenswert moderne Weinwerkstatt im alten Dorfkern, Architekturpreis Wein 2010
Rebfläche 4 Hektar
Jahresproduktion 22.000 Flaschen
Beste Lagen Gondorfer Gäns, Koberner Uhlen
Boden Schiefer mit quarzithaltigem Sandstein, Schieferverwitterung
Rebsorten 95% Riesling, 5% Spätburgunder
Mitglied Fair'n Green

Auf die Weine von Andreas Barth muss man sich längere Zeit einlassen, um sie ganz zu erschließen. Es sind sehr strukturierte Weine, manchmal sogar etwas kompliziert. Es sind immer Weine mit einem großen Potenzial, die ein langes Leben vor sich haben. Der Gutsriesling ist markant und kernig. Der Uhlen hat gute Länge und viel Extrakt und wirkt sehr gefestigt. Die feinherbe Gäns ruht in sich, zeigt zart-süßlichen Schliff und kraftvollen Nachhall. Die trockene Gäns X ist extrem verdichtet und wird Jahre brauchen, um sich zu öffnen. Die letzten Jahrgänge in diesem Niederfeller Betrieb waren tadellos. Spontanvergärung ist hier Trumpf, was man allen Rieslingen schon im Duft anmerkt. Dieser Ausbau verleiht den Weinen eine dichte Struktur und auch eine gewisse Cremigkeit. Sie sind nachhaltig und entwickeln sich ausgezeichnet auf der Flasche. Die Alten Reben aus Koberner Uhlen und Gondorfer Gäns bringen die konzentriertesten Weine hervor. Einfache Weine gibt es hier nicht, schon der normale Riesling ist überdurchschnittlich. Das Pfund, mit dem Andreas Barth wuchern kann, ist die Lage Gäns, in der er allein drei Hektar Reben besitzt. Die Weine der Gäns sind zwar Kraftpakete, verfügen aber zugleich über die für den Riesling typische Eleganz. Für die gelungene Verbindung von Tradition und Moderne, von Bruchstein, Glas, Stahl und Beton wurde die Vinothek Weinwerkstatt des Lubentiushofes, die sich ganz hervorragend in den Ortskern des kleinen Dorfes Niederfell an der Terrassenmosel einfügt, mit dem hoch renommierten Architekturpreis Wein ausgezeichnet.

Verkostete Weine 5
Bewertung 86–92 Punkte

86 2016 Riesling trocken | 11,5% | 12,50 €
88 2016 Gondorfer Gäns Riesling trocken | 12% | 16,- €
92 2016 Gondorfer Gäns Riesling »X« trocken | 12,5% | 32,- €
90 2016 Koberner Uhlen Riesling feinherb Alte Reben | 12% | 20,- €
90 2016 Gondorfer Gäns Riesling feinherb Alte Reben | 12,5% | 22,- €

WEINGUT GEBRÜDER LUDWIG
54340 Thörnich · Im Bungert 10
Tel (0 65 07) 37 60 · Fax 46 77
info@gebruederludwig.de
www.gebruederludwig.de
Inhaber Meike und Thomas Ludwig
Betriebsleiter Thomas Ludwig
Verkauf nach Vereinbarung

Nach der bisher besten Kollektion im Vorjahr präsentiert das Weingut Gebrüder Ludwig auch mit dem Jahrgang 2016 eine sehr stimmige Kollektion. An der Spitze steht wie immer ein Riesling aus der Paradelage Thörnicher Ritsch, diesmal der druckvolle und würzige Riesling trocken Handwerk: Er hat deutlich Holz und braucht Zeit. Das fruchtige und restsüße Sortiment fällt in diesem Jahr wieder deutlich kleiner aus als im Jahrgang 2015, am besten gefällt uns dabei der wunderbar animierende und schieferwürzige Riesling Kabinett aus der Thörnicher Ritsch.

Verkostete Weine 12
Bewertung 82–87 Punkte

82 2016 Riesling trocken | 12% | 6,50 €/1,0 Lit.
84 2016 Thörnicher Riesling trocken | 12% | 7,90 €
84 2016 Sauvignon Blanc trocken | 12% | 8,90 €
84 2016 Grauburgunder trocken Barrique | 12,5% | 8,90 €
85 2016 Thörnicher Ritsch Riesling trocken | 12,5% | 10,45 €
86 2015 Thörnicher Weißburgunder Handwerk trocken Barrique | 12,5% | 15,90 €
87 2016 Thörnicher Ritsch Riesling Handwerk trocken Premium Barrique | 12% | 19,90 €
82 2016 Riesling feinherb | 11% | 6,50 €/1,0 Lit.
85 2016 Thörnicher Riesling feinherb | 11% | 7,90 €
85 2016 Klüsserather Bruderschaft Riesling feinherb | 12% | 11,90 €
86 2016 Thörnicher Ritsch Riesling Kabinett | 10% | 7,90 €
86 2016 Klüsserather Bruderschaft Riesling Spätlese | 8% | 11,50 €

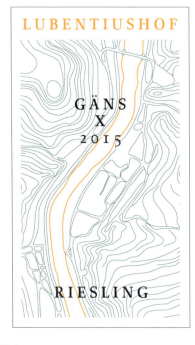

Symbole Weingüter
Schnäppchenpreis · Spitzenreiter · Ökobetrieb
Trinktipp · Versteigerungswein
Sekt | Weißwein | Rotwein | Rosé

★ MOSEL

WEINGUT MARGARETHENHOF
JÜRGEN WEBER

54441 Ayl · Kirchstraße 17
Tel (0 65 81) 25 38 · Fax 68 29
mail@margarethenhof-ayl.de
www.margarethenhof-ayl.de
Inhaber Familie Jürgen Weber

Verkauf Familie Weber
Mo-Fr 9.30–12.30 Uhr · 14.00–18.00 Uhr
Sa 9.30–17.00 Uhr und nach Vereinbarung

Insgesamt erfreulich, aber auch heterogen in der Qualität sind die Weine vom Margarethenhof. Die einfachen Qualitäten können mit ihrer etwas simplen Art und unfeiner Phenolik keine Freude hervorrufen. Die kam mit den Spitzenqualitäten. Denn dieses Jahr begeistert nicht nur die restsüße Riesling Spätlese aus der Ayler Kupp mit ihrer typischen Saar-Säure, auch der trockene Riesling aus der Gold Line besticht mit fester Struktur und eigenständiger Aromatik. In der riesigen Kelterhalle des Weinguts finden große Feste, unter anderem sogar eine Operngala statt. Das Weingut präsentiert sich aber auch auf vielen anderen prominenten Veranstaltungen deutschlandweit.

Verkostete Weine 11
Bewertung 81–87 Punkte

82 2016 Riesling trocken | 11,5% | 7,50 €
83 2016 Grauburgunder trocken Classic | 12,5% | 7,50 €
82 2016 Elbling Der Spritzige trocken | 10,5% | 5,50 €
84 2016 Auxerrois trocken | 13% | 7,50 €
87 2015 Ayler Kupp Riesling Gold Line trocken Alte Reben | 12% | 14,90 €
85 2016 Auf Spieß Cuvée No. 1 trocken Barrique | 12% | 16,90 €
81 2016 Ayler Kupp Riesling Hochgewächs trocken | 12% | 8,50 €
82 2016 Riesling halbtrocken | 11,5% | 7,50 €
83 2016 Ayler Kupp Riesling Schieferstein feinherb | 12% | 8,50 €
86 2015 Ayler Kupp Riesling Gold Line Alte Reben | 10% | 14,90 €
87 2015 Ayler Kupp Riesling Spätlese | 9% | 9,50 €

WEINGUT MATERNE & SCHMITT

56333 Winningen · Bachstraße 16–18
Tel (01 57) 81 96 66 91
riesling@materne-schmitt.de
www.materne-schmitt.de
Inhaberinnen und Betriebsleiterinnen Rebecca Materne und Janina Schmitt

Verkauf nach Vereinbarung

Die beiden Winzerinnen Rebecca Materne und Janina Schmitt haben letztes Jahr mit ihren Weinen bei uns großen Eindruck hinterlassen. Das gelang ihnen auch dieses Jahr, wenn auch mit Einschränkungen. Die Weine wirken verschlossen, sehr gerbstoffreich und haben wenig Frische. Man könnte sie als roh und noch völlig unentwickelt bezeichnen. Daher haben wir sie nicht so hoch bewerten wollen, wie wir es vielleicht in vier bis fünf Jahren tun würden. Lediglich der Wein Wunschkind besitzt jetzt schon Charme, Spritzigkeit und Charakter. Er wird schon in kurzer Zeit für Trinkspaß sorgen.

Verkostete Weine 8
Bewertung 84–88 Punkte

87 2016 Riesling Wunschkind trocken | 10,5% | 10,50 €
84 2016 Lehmener Riesling trocken | 11,5% | 16,– €
85 2016 Winninger Riesling trocken | 11,5% | 16,– €
85 2016 Koberner Riesling trocken | 12% | 19,– €
85 2016 Winninger Brückstück Riesling trocken | 12% | 24,– €
86 2016 Winninger Hamm Riesling trocken Holzfass | 11% | 24,– €
86 2016 Lehmener Lay Riesling trocken | 12% | 32,– €
88 2015 Winninger Spätburgunder Marbleous trocken Barrique | 12,5% | 24,– €

Symbole Weingüter
★★★★★ Weltklasse • ★★★★ Deutsche Spitze
★★★ Sehr Gut • ★★ Gut • ★ Zuverlässig

Weinbewertung in Punkten
100 Perfekt • 95 bis 99 Überragend • 90 bis 94 Exzellent
85 bis 89 Sehr gut • 80 bis 84 Gut

WEINGUT MEIERER

54518 Kesten · Am Herrenberg 15
Tel (0 65 35) 70 12 · Fax 94 44 04
info@weingut-meierer.de
www.weingut-meierer.de
Inhaber Klaus und Matthias Meierer

Verkauf nach Vereinbarung
Rebfläche 6 Hektar
Jahresproduktion 30.000 Flaschen
Beste Lagen Kestener Paulinshofberg, Monzeler Kätzchen
Boden grauer und blauer Schiefer
Rebsorte 100% Riesling
Mitglied Moseljünger

Zwar scheint es uns, dass Matthias Meierer noch auf der Suche ist, seinen Stil noch nicht ganz gefunden hat. So pendeln manche Weine zwischen Spontannoten im Duft und herben Noten in der Aromatik und lassen Ausdruck noch teilweise vermissen. Doch, und da sind wir sicher, Matthias Meierer ist auf dem richtigen Weg. Im Jahrgang 2016 kann man dies an drei gelungenen Ortsweinen aus Kesten festmachen. Der Trockene ist würzig und salzig, im Kabinett-Stil mit fordernder Säure. Der Feinherbe wirkt zart und kühl und erinnert an reife Äpfel. Der fruchtsüße Kabinett ist ein echter Sponti mit dem Duft von Apfelschalen. Dieses Trio ist gelungen und ein Stil klar erkennbar. Es sind Weine mit Spontangärung, mit Transparenz und markantem Phenolton. Dass Matthias Meierer auch fruchtsüßen Riesling beherrscht, zeigt er mit seiner Spätlese aus dem Paulinsberg: saftig und charaktervoll. Der Kabinett Fuder 8 aus derselben Lage hat Schliff und zarten Schmelz. Bereits in den schwierigen Jahren 2013 und 2014 hatte Matthias Meierer tadellose Kollektionen auf die Flasche gebracht. Und an der Spitze der ausgezeichneten 2015er Kollektion stand die durch ihre enorme Säure sehr animierende Kestener Paulinshofberg Riesling Auslese. Neben den eigenen Weingutsweinen entstehen bei Meierer auch immer wieder Projektweine wie die aus der Zusammenarbeit mit der dänischen Mikrobrauerei Mikkeller. Geisenheim-Absolvent Matthias Meierer führt gemeinsam mit seinem Vater den elterlichen Sechs-Hektar-Betrieb in Kesten. Die Ausstattung der Flaschen überzeugt durch ein ebenso klares wie zeitgemäßes Design. Zuletzt wurden Nachbargebäude am Hang erworben, die langfristig genutzt werden sollen, um Weine und Moste ausschließlich mit Schwerkraft zu bewegen.

Verkostete Weine 12
Bewertung 83–89 Punkte

87 2016 Kestener Riesling trocken | 11% | 6,90 €
86 2016 Riesling WTF!? trocken | 11,5% | 21,90 €
84 2016 Riesling feinherb | 10% | 6,90 €/1,0 Lit.
86 2016 Kestener Riesling feinherb | 10,5% | 6,90 €
85 2016 Kestener Paulinsberg Riesling feinherb | 11% | 9,90 €
83 2015 Kestener Paulinshofberg Riesling feinherb | 11,5% | 13,90 €
88 2016 Riesling Alte Reben | 12% | 13,90 €
86 2016 Riesling Junge Reben | 7% | 14,90 €
87 2016 Kestener Riesling Kabinett | 8,5% | 6,90 €
88 2016 Kestener Paulinsberg Riesling Fuder 8 Kabinett | 8% | 7,90 € | €
89 2016 Kestener Paulinsberg Riesling Spätlese | 7,5% | 9,90 € | €
88 2016 Kestener Paulinshofberg Riesling Auslese | 7% | 12,90 €/0,375 Lit.

★★ MOSEL

WEINGUT DR. MELSHEIMER
56841 Traben-Trarbach · Wolfer Weg 11
Tel (0 65 41) 93 01 · Fax 81 10 75
info@weingut-melsheimer.de
www.weingut-melsheimer.de
Inhaber Fritz Horst Melsheimer
Verwalter Matthias Decker
Kellermeister Thorsten Melsheimer

Verkauf im Restaurant »Die Graifen«
Mi–Fr 15.00–23.00 Uhr, **Sa** 12.30–24.00 Uhr
So 12.30–22.00 Uhr und nach Vereinbarung

Rebfläche 1,7 Hektar
Jahresproduktion 7.500
Beste Lagen Enkircher Steffensberg, Trabacher Schlossberg
Boden Schiefer
Rebsorte 100% Riesling
Mitglied Bernkasteler Ring, Ecovin

Verkostete Weine 5
Bewertung 84–91 Punkte

87 2014 Riesling Sekt extra trocken | 12% | 13,- €
88 2016 Traben-Trarbacher Schlossberg Riesling Süd-Ost trocken | 10,5% | 10,- €
91 2016 Riesling Fabelwein trocken | 11% | 13,- € | 💧
84 2016 Riesling feinherb | 10% | 10,- €/1,0 Lit.
90 2016 Traben-Trarbacher Schlossberg Riesling Süd-West feinherb | 10% | 14,- €

Dieses Weingut in Traben-Trarbach hat aus dem Jahrgang 2016 zwei großartige trockene Rieslinge vorgestellt. Der Schlossberg Südost ist wunderbar klar und würzig zugleich und zeigt feinen Schliff. Noch eine Etage höher angesiedelt ist der trockene Riesling Fabelwein, ein Mosel-Riesling pur: verdichtet und mit viel Spiel, klar und kühl, mit seidiger Frucht. In der gleichen Liga spielt der Schlossberg Südwest, ein feinherb ausgebauter Riesling. Er überzeugt mit zartsüßlicher, verdichteter Frucht und wirkt im Stil fast trocken. Der Riesling Sekt aus 2014 ist ein frischer und gradliniger Vertreter mit zartröstigem Nachhall. Die Weine werden in jedem Jahr sehr spät gefüllt und probieren sich oft noch sehr verschlossen und unfertig, doch ist das Potenzial meist schon gut schmeckbar. Über das Restaurant Die Graifen, das sich in den alten Gebäuden des Traben-Trarbacher Weingutes befindet, wird ein großer Teil der Weine vermarktet. Sie werden von Thorsten Melsheimer ausgebaut, der schon seit Langem mit seinem eigenen Betrieb in Reil beste Qualitäten abliefert.

★★★☆

WEINGUT MELSHEIMER
56861 Reil · Dorfstraße 21
Tel (0 65 42) 24 22 · Fax 12 65
mail@melsheimer-riesling.de
www.melsheimer-riesling.de
Inhaber und Betriebsleiter Thorsten Melsheimer
Kellermeister Thorsten Melsheimer
Verkauf Familie Melsheimer
Mo–Fr 9.00–11.00 Uhr · 14.00–18.00 Uhr
Sa 11.00–18.00 Uhr, **So** 10.00–12.00 Uhr

Feriendomizile stilvolle Gästehäuser in Reil und Pünderich
Sehenswert Steillage Mullay-Hofberg, die in ihrer alten Abgrenzung das Hofgut des Klosters Springiersbach bildete, beeindruckende Rekultivierungsmaßnahmen
Rebfläche 12 Hektar
Jahresproduktion 57.000 Flaschen
Beste Lage Reiler Mullay-Hofberg und Goldley Burger Thomasberg und Hahnenschrittchen
Boden grauer Schiefer
Rebsorte 100% Riesling
Mitglied Ecovin, Demeter, Klitzekleiner Ring

Verkostete Weine 13
Bewertung 87–94 Punkte

89 2013 Reiler Mullay-Hofberg Riesling Sekt Brut | 11% | Preis auf Anfrage
90 Rurale Sekt Brut | 10,5% | Preis auf Anfrage
88 2011 Cuvée Prestige Sekt Brut nature | 12% | Preis auf Anfrage
90 2013 Reiler Mullay-Hofberg Riesling Sekt Zero Dosage | 11% | Preis auf Anfrage
87 2016 Riesling trocken | 10,5% | Preis auf Anfrage
91 2015 Riesling Vade Retro trocken | 11% | Preis auf Anfrage
91 2016 Riesling feinherb | 10% | Preis auf Anfrage
92 2016 Reiler Mullay-Hofberg Riesling Kabinett feinherb | 10% | Preis auf Anfrage
89 2016 Riesling Molun | 11% | Preis auf Anfrage
92 2016 Reiler Mullay-Hofberg Riesling Kabinett | 9% | Preis auf Anfrage
94 2016 Reiler Mullay-Hofberg Riesling Schäf Spätlese | 7,5% | Preis auf Anfrage
90 2016 Reiler Mullay-Hofberg Riesling Auslese | 7,5% | Preis auf Anfrage
93 2016 Reiler Mullay-Hofberg Riesling Eiswein | 7% | Preis auf Anfrage

Was die Qualität seiner Weine angeht, scheint es für Thorsten Melsheimer kaum Grenzen zu geben. Nach einem bereits starken Jahrgang 2015 setzt der Reiler Winzer noch einen drauf. So gehört der feinherbe Kabinett aus dem Mullay-Hofberg zu den allerbesten seiner Kategorie: explodierende Säure, schwebende Leichtigkeit, karg im Nachhall. Auch der fruchtsüße Kabinett aus derselben Lage bewegt sich auf Augenhöhe, ein Riesling mit Würze und Kühle im eher trockenen Stil. Großartig auch die Spätlese Schäf in ihrer seidigen Transparenz und wunderbaren Balance. So ganz nebenbei erzeugt Melsheimer noch eine phantastische Reihe von Sekten. Am besten hat uns der 2013er Riesling Zero Dosage gefallen, ein knackiger und fordernder Sekt, der uns beschwingt. Überhaupt stellt Melsheimer ausgesprochene Zukunftsweine vor. Er ist ein Meister der langen Gärung. Seine Spitzenqualitäten werden spät gefüllt. Drei Viertel der Gesamtrebfläche von elfeinhalb Hektar liegen im Reiler Mullay-Hofberg. Es gibt wenige neben Thorsten Melsheimer, die diese steilen Weinberge bearbeiten wollen. Es lohnt sich aber, wie man schmeckt!

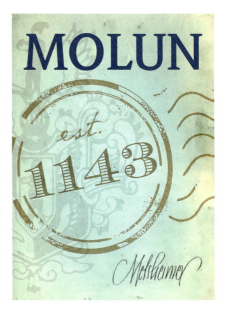

★★★½ MOSEL

**WEINGUT ALFRED MERKELBACH
GESCHW. ALBERTZ-ERBEN**
54539 Ürzig · Brunnenstraße 11
Tel (0 65 32) 45 22 · Fax 28 89
info@weingut-merkelbach.de
www.weingut-merkelbach.de
Inhaber Alfred und Rolf Merkelbach

Verkauf Alfred Merkelbach
Mo-Fr 8.00–19.00 Uhr
Sa 10.00–18.00 Uhr und nach Vereinbarung

Rebfläche 1,6 Hektar
Jahresproduktion 17.000 Flaschen
Beste Lagen Ürziger Würzgarten, Kinheimer Rosenberg
Boden Schiefer
Rebsorte 100% Riesling
Mitglied Bernkasteler Ring

Im Jahrgang 2016 trumpfen die Brüder Merkelbach mit einem großartigen Spätlese-Trio auf. Der Ürziger Würzgarten ist kühl und frisch, im Nachhall wird der Genießer mit einem Säurekick belohnt. Die Urglück-Spätlese aus derselben Lage ist eine würzige Delikatesse mit Tiefgang und immer noch leicht verschlossen. Genauso gut gefällt uns der Kinheimer Rosenberg, der etwas verspielter und zarter wirkt als der Würzgarten, eine edle Spätlese mit feinem Schliff. Diese 2016er Weine der Brüder Merkelbach machen Spaß auf hohem Niveau. Wer die Brüder Merkelbach auf einer Präsentation erlebt hat, glaubt nicht, dass die beiden Herren um die 80 Jahre alt sind und immer noch ihre Arbeit in den besten Lagen von Ürzig, Erden und Kinheim verrichten. Wahrlich ein Fitnesscenter für Senioren! Präzise wie ein Schweizer Uhrwerk kommen aus diesem Gut alljährlich Klassiker mit moderater Süße und hohem Trinkspaß für kleines Geld. Auf das Geheimnis ihrer Gleichmäßigkeit im Stil nun schon über eine geraume Zeit hin angesprochen, antworten sie, dass sie nach wie vor nichts an ihren Weinen machen. Weniger scheint hier mehr zu sein und Tradition hat einen festen Platz. Im Ürziger Würzgarten bewirtschaften die beiden Junggesellen 1,2 Hektar, fast alle Rebstöcke werden einzeln an Pfählen gezogen und haben ein Durchschnittsalter von mehr als 40 Jahren. Das hat sich allerdings erst in den letzten Jahren mindernd auf die Erträge ausgewirkt. Die letzten Jahrgänge waren durchweg von grundsolider Qualität und hatten überwiegend ihre Stärken bei den Spätlesen und den feinwürzigen Auslesen. Im säurestarken Jahrgang 2010 verzichteten die Brüder klugerweise auf die Erzeugung trockener Weine. Auch im Jahrgang 2011 zeigten sich die Weine zuverlässig, 2013 bot die gewohnten Rieslinge im traditionellen Stil. Und 2015 war wieder so ein richtiger Jahrgang für die Merkelbachs: Sie hatten die pure Fruchtreife des Jahrgangs eingefangen in ihren authentischen Weinen.

Verkostete Weine 6
Bewertung 85–91 Punkte

85 2016 Riesling Classic | 11,5% | 5,50 €/1,0 Lit.
87 2016 Ürziger Würzgarten Riesling Spätlese halbtrocken | 10% | 8,– €
91 2016 Kinheimer Rosenberg Riesling Spätlese | 8% | 8,50 € | €
90 2016 Ürziger Würzgarten Riesling Spätlese | 7,5% | 9,– € | €
91 2016 Ürziger Würzgarten Riesling Urglück Spätlese | 8% | 10,– €
89 2016 Ürziger Würzgarten Riesling Auslese | 8,5% | 13,– €

★★

WEINGUT JOHANN PETER MERTES
54441 Kanzem · Kirchstraße 19
Tel (0 65 01) 1 71 63 · Fax 1 66 29
info@weingut-mertes.de
www.weingut-mertes.de
Inhaber Johann Peter Mertes

Verkauf Dagmar und Johann Peter Mertes
Mo–Sa 8.00–18.00 Uhr und nach Vereinbarung

Historie seit 1891 in Familienbesitz
Sehenswert Gewölbekeller mit Schatzkammer, eigene Brennerei mit Fasskeller für die Brände, neue Verkostungsräume
Rebfläche 11,8 Hektar
Jahresproduktion 62.000 Flaschen
Beste Lagen Kanzemer Altenberg, Ockfener Bockstein, Wawerner Ritterpfad und Goldberg, Saarburger Kupp und Saarburger Stirn (Alleinbesitz)
Boden Devonschiefer
Rebsorten 90% Riesling, je 5% Müller-Thurgau und Spätburgunder

Verkostete Weine 10
Bewertung 83–90 Punkte

83 2016 Kanzemer Sonnenberg Riesling trocken | 12,5% | 6,50 €/1,0 Lit.
84 2016 Wawerner Goldberg Riesling trocken | 12% | 7,80 €
87 2016 Wawerner Ritterpfad Riesling Kabinett trocken | 11% | 8,90 €
86 2016 Kanzemer Altenberg Riesling Spätlese trocken Alte Reben | 12% | 10,80 €
84 2016 Ockfener Bockstein Riesling feinherb | 11,5% | 7,80 €
90 2016 Kanzemer Sonnenberg Riesling Sank Spätlese feinherb Alte Reben | 11% | 9,80 € | €
85 2016 Saarburger Stirn Riesling Spätlese feinherb Alte Reben | 11% | 10,80 €
88 2016 Ockfener Bockstein Riesling Kabinett | 10,5% | 9,50 € | €
88 2016 Saarburger Stirn Riesling Kabinett | 9% | 9,50 € | €
89 2016 Kanzemer Altenberg Riesling Spätlese | 8% | 12,50 €

Zwar scheinen uns manche Weine des Jahrgangs 2016 etwas zu üppig angelegt, doch hat uns der trockene Riesling Kabinett aus dem Wawerner Ritterpfad mit seiner tänzelnden Leichtigkeit und der zarten Würze sehr angesprochen, während die trockene Spätlese aus dem Altenberg noch ihre Balance sucht. Mit der Sank genannten feinherben Spätlese aus dem Kanzemer Sonnenberg ist Mertes ein großer Wurf gelungen. Bei diesem feinen Sponti-Wein passt alles gut zusammen, inklusive geschliffener Nachhall. Die restsüßen 2016er sind von gewohnter Güte. Vom Jahrgang 2015 hatten wir alles in allem eine homogene Kollektion probiert mit insgesamt geschmeidig gefügten Weinen. Die trockenen wirkten durch die geringere Säure eher feinherb, während die feinherben Charakter zeigten. Der Kanzemer Betrieb legt besonderen Wert auf die Erzeugung hochklassiger trockener und feinherber Rieslinge. Seit 2009 ist das Weingut alleiniger Besitzer der Lage Saarburger Stirn. Von hier und aus dem Kanzemer Altenberg stammen auch regelmäßig die besten Weine in diesem Stil.

★★ | ★★★ | MOSEL

WEINGUT WOLFGANG MERTES
54320 Waldrach · Hermeskeiler Straße 36
Tel (0 65 00) 4 80 · Fax 9 10 98 76
mail@mertes-waldrach.de
www.mertes-waldrach.de
Inhaber und Betriebsleiter Wolfgang Mertes
Kellermeister Wolfgang Mertes

Verkauf Wolfgang Mertes
nach Vereinbarung

Qualitativ kann der Jahrgang 2016 nahtlos an die absolut stimmige Vorjahreskollektion anknüpfen, quantitativ fällt sie jahrgangsbedingt deutlich kleiner aus. Am besten gefällt uns die knackig-säurebetonte 2016er feinherbe Riesling Spätlese aus dem Waldracher Sonnenberg. Das Weingut Mertes besitzt 2,6 Hektar Schiefersteillagen im Ruwertal bei Waldrach, Meisenberg und Sonnenberg, bepflanzt zu 60 Prozent mit Riesling, 30 Prozent Spätburgunder und nun auch zehn Prozent Grauburgunder. Inhaber Wolfgang Mertes ist hauptberuflich Geschäftsführer und Kellermeister im nahe gelegenen VDP-Weingut Reichsgraf von Kesselstatt.

Verkostete Weine 6
Bewertung 83–86 Punkte

- 83 2016 Waldracher Riesling trocken | 11,5% | 6,– €/1,0 Lit.
- 85 2016 Waldracher Meisenberg Riesling Buntschiefer trocken | 12% | 8,50 €
- 84 2016 Waldracher Sonnenberg Riesling Kabinett trocken | 10,5% | 7,– €
- 85 2016 Waldracher Sonnenberg Riesling Quarzit-Schiefer feinherb | 11,5% | 8,50 €
- 84 2016 Waldracher Sonnenberg Riesling Kabinett feinherb | 10% | 7,– €
- 86 2016 Waldracher Sonnenberg Riesling Spätlese feinherb | 9,5% | 8,50 €

WEINGUT MEULENHOF
54492 Erden · Zur Kapelle 8
Tel (0 65 32) 22 67 · Fax 15 52
info@meulenhof.de
www.meulenhof.de
Inhaber Stefan Justen
Betriebsleiter und Kellermeister Stefan Justen

Verkauf nach Vereinbarung

Historie erste urkundliche Erwähnung des Meulenhofs in 1337 als Pfand der Grafen von Sponheim, ab 1477 im Besitz des Zisterzienserklosters Machern
Sehenswert römische Kelteranlage im Erdener Treppchen, eigene Brennerei
Rebfläche 6,8 Hektar
Jahresproduktion 60.000 Flaschen
Beste Lagen Erdener Prälat und Treppchen, Wehlener Sonnenuhr
Boden Verwitterungsschiefer mit Rotliegendem
Rebsorten 84% Riesling, je 8% Kerner und Müller-Thurgau
Mitglied Bernkasteler Ring

Wir wissen nicht, wieso Stefan Justen mit dem Jahrgang 2016 so abrutschen konnte. Dieser sonst so zuverlässige Winzer aus Erden stellte eine Kollektion vor von Weinen, die Klarheit vermissen lassen. Einige wirken einfach und ohne große Spannung, viele sind mit einer Röstnote ausgestattet. Bei den fruchtigen Rieslingen kann sich die gerundete Spätlese aus dem Treppchen ein wenig nach oben absetzen. Das alles ist weit entfernt von den früher so überzeugenden Leistungen. Bereits im Jahrgang 2015 haben uns einige Weine nicht überzeugt. Es fehlte ihnen an strahlender Frucht, sie waren eher von Röstnoten geprägt. Von der Leichtigkeit der Erdener war da nicht viel zu spüren. Das Große Gewächs hingegen erschien uns stoffig, frisch und elegant. Die fruchtige Spätlese aus dem Treppchen war edel und verspielt. Die Auslese Alte Reben zeigte feines Spiel und Rasse. Die Rieslinge vom Meulenhof können durchaus gehaltvoll bis wuchtig ausfallen. Der Winzer aber protzt nicht mit edelsüßen Spitzenweinen, sondern überzeugt in der Regel vor allem mit durchgängiger Qualität im Basissegment.

Symbole Weingüter

€ Schnäppchenpreis · TOP Spitzenreiter · BIO Ökobetrieb
Trinktipp · Versteigerungswein

Sekt | Weißwein | Rotwein | Rosé

Verkostete Weine 12
Bewertung 80–87 Punkte

82 2016 Riesling trocken | 11,5% | 6,- €
84 2016 Riesling Devon-Schiefer trocken | 12% | 7,70 €
80 2016 Riesling »zero« Kabinett trocken | 10,5% | 7,70 €
84 2016 Riesling feinherb | 11% | 6,- €
81 2016 Erdener Treppchen Riesling Kabinett feinherb | 10% | 7,70 €
84 2016 Erdener Treppchen Riesling Spätlese feinherb | 11% | 10,70 €
84 2016 Erdener Treppchen Riesling Kabinett Alte Reben | 9% | 7,90 €
87 2016 Erdener Treppchen Riesling Spätlese – 7 – | 8% | 9,60 €
85 2016 Erdener Treppchen Riesling Spätlese – 16 – | 7,5% | 9,80 €
84 2016 Wehlener Sonnenuhr Riesling Spätlese Alte Reben | 7,5% | 11,50 €
86 2016 Erdener Prälat Riesling Spätlese | 7% | 12,- €
87 2016 Wehlener Sonnenuhr Riesling Auslese | 8% | 12,50 €

WEINGUT MÖNCHHOF
ROBERT EYMAEL
54539 Ürzig · Mönchhof
Tel (0 65 32) 9 31 64 · Fax 9 31 66
moenchhof.eymael@t-online.de
www.moenchhof.de
Inhaber und Betriebsleiter Robert Eymael
Verwalter Volker Besch
Kellermeister Robert Eymael und Volker Besch
Verkauf Robert Eymael, Volker Besch
Mo–Fr 9.00–16.00 Uhr und nach Vereinbarung

Robert Eymael stellte vom Jahrgang 2016 eine sehr überschaubare Kollektion vor. Leider sind die Rieslinge recht einfach gestrickt und wir fragen uns, wo die Würze des Berges und wo der Charakter des Ürziger Würzgartens bleiben. Einzig die Auslese aus dem Erdener Prälat kann sich in ihrer geschliffenen Art noch ein wenig absetzen. Der Mönchhof, ein architektonisches Kleinod, ist eines der ältesten Weingüter an der Mosel und befand sich ehemals im Besitz der Zisterzienserabtei Himmerod. Hier werden auf zehn Hektar ausschließlich Rieslingreben angebaut. Das Gros der Weine ist für den Export bestimmt. Die teilweise 100 Jahre alten Rieslingreben bergen ein großes Potenzial.

Verkostete Weine 4
Bewertung 80–87 Punkte

80 2016 Ürziger Würzgarten Riesling Spätlese trocken Alte Reben | 11% | 15,60 €
84 2016 Ürziger Würzgarten Riesling Kabinett | 8% | 11,80 €
86 2016 Ürziger Würzgarten Riesling Spätlese | 8% | 13,90 €
87 2016 Erdener Prälat Riesling Auslese | 8% | 26,80 €

Weinbewertung in Punkten
100 Perfekt • 95 bis 99 Überragend • 90 bis 94 Exzellent
85 bis 89 Sehr gut • 80 bis 84 Gut

MOSEL

WEINGUT MOLITOR-ROSENKREUZ

54518 Minheim · Am Rosenkreuz 1
Tel (0 65 07) 99 21 07 · Fax 99 21 09
weingutmolitor-rosenkreuz@freenet.de
www.weingut-molitor.eu

Inhaber Achim Molitor

Verkauf Achim Molitor
nach Vereinbarung

Gutsausschank In Bernkastel,
Karlstraße 1, Tel (01 70) 3 84 12 90

Rebfläche 5,2 Hektar

Jahresproduktion 36.000 Flaschen

Beste Lagen Piesporter Goldtröpfchen, Wintricher Ohligsberg

Boden Devonschiefer

Rebsorten 85% Riesling, 10% Spätburgunder, 5% andere rote Sorten

Verkostete Weine 12
Bewertung 86–93 Punkte

- **87** 2015 Bernkasteler Riesling trocken Alte Reben | 12% | 10,- €
- **90** 2016 Piesporter Goldtröpfchen Riesling Spätlese trocken | 11% | 12,- €
- **89** 2016 Wintricher Großer Herrgott Riesling »Großes Gewächs« | 13% | 20,- €
- **90** 2016 Wintricher Ohligsberg Riesling »Großes Gewächs« | 13% | 20,- €
- **91** 2016 Piesporter Grafenberg Riesling »Großes Gewächs« | 12% | 16,- €
- **92** 2016 Piesporter Goldtröpfchen Riesling »Großes Gewächs« | 12% | 30,- €
- **91** 2016 Piesporter Falkenberg Riesling Spätlese feinherb | 9,5% | 10,- €
- **91** 2016 Piesporter Goldtröpfchen Riesling Auslese * | 8% | 20,- €
- **91** 2016 Piesporter Falkenberg Riesling Auslese ** | 8,5% | 24,- €
- **93** 2016 Piesporter Falkenberg Riesling Eiswein | 8,5% | 38,- €/0,375 Lit.
- **86** 2015 Pinot Noir Mont Piesport trocken | 13% | 24,- €
- **87** 2015 Wintricher Großer Herrgott Pinot Noir »Großes Gewächs« | 13,5% | 30,- €

Achim Molitor hat uns mit seiner 2016er Kollektion fast sprachlos gemacht. Die trockenen Rieslinge sind die besten, die wir je hier probiert haben. Vier Große Gewächse, je zwei aus Wintrich und Piesport zeigen was in diesem Jahrgang möglich war. Die Piesporter sind für uns die Gewinner: Der Grafenberg ist ein wunderbar karger, konzentrierter trockener Riesling, das Goldtröpfchen hochfein und fordernd. Doch auch die feinherbe Spätlese aus dem Piesporter Falkenberg ist beachtenswert: ein Riesling von kühler Transparenz, vibrierend und trinkanimierend. An der Spitze des Sortiments steht ein delikater Eiswein aus derselben Lage, der an reife Pfirsiche erinnert und wie eine leichte, feine Beerenauslese wirkt. Bereits im Jahrgang 2015 begeisterten in diesem Minheimer Gut die trockenen Rieslinge durch ihre Klarheit. Proben älterer Jahrgänge stellen immer wieder das große Reifepotenzial der Weine dieses Gutes unter Beweis. Der Önologe Achim Molitor war über Jahre in der Schweiz im Weinhandel tätig und kehrte 1995 an die Mosel zurück, um ein kleines Weingut in Minheim bei Piesport zu übernehmen. Durch den Zukauf alter Rebbestände in Wintrich nennt er inzwischen über fünf Hektar Weinberge in besten Lagen sein Eigen. Seit 2003 betreibt das Gut eine Weinstube am historischen Marktplatz von Bernkastel.

★★★★⯨

WEINGUT MARKUS MOLITOR
54470 Bernkastel-Wehlen
Haus Klosterberg (Post: 54492 Zeltingen)
Tel (0 65 32) 95 40 00 · Fax 9 54 00 29
info@markusmolitor.com
www.markusmolitor.com
Inhaber Markus Molitor
Betriebsleiter und Kellermeister Markus Molitor
Verkauf Denise Horlbeck und Peter Krüger nach Vereinbarung

Sehenswert Gewölbekeller, neue Vinothek
Rebfläche 80 Hektar
Jahresproduktion 300.000 Flaschen
Beste Lagen Zeltinger Sonnenuhr und Schlossberg, Wehlener Sonnenuhr, Graacher Domprobst und Himmelreich, Bernkasteler Doctor, Badstube und Lay, Ürziger Würzgarten, Erdener Treppchen, Saarburger Rausch, Ockfener Bockstein, Kinheimer Hubertuslay und Rosenberg
Boden blauer Devonschiefer, Verwitterungsschiefer
Rebsorten 90% Riesling, je 5% Spätburgunder und Weißburgunder
Mitglied Bernkasteler Ring

31 Weine stellte Markus Molitor diesmal auf den Verkostungstisch, und das ist bei Weitem nicht die gesamte Produktion aus dem Jahrgang 2016. Das Sortiment wird getragen von einer sehr klaren Aromatik. Einige der angestellten Proben waren Fassmuster, da noch nicht gefüllt. Die trockenen Rieslinge sind lagentypisch.

Kein leichter Mosel-Riesling

Stellvertretend sei hier der Ockfener Bockstein genannt mit seinem kühlen und steinigen Duft und seinem linearen Schliff. Es gibt mehrere trockene Auslesen, die sich reichhaltig probieren, ohne an Transparenz zu verlieren. Die feinherben Rieslinge tragen hier eine grüne Kapsel und einige gehören wieder zu den besten im Lande, etwa die feinherbe Auslese mit drei Sternen aus der Zeltinger Sonnenuhr, ein großer Wein mit feinstem Spiel und großer Finesse. Die Weine geben sich in diesem Jahr viel entspannter als früher. Auch die fruchtigen Auslesen bleiben transparent, weil man nicht in jedem Fall auf Konzentration gesetzt hat. Abgerundet wird die große Kollektion von mehreren erstaunlichen Pinot Noirs. Mit 80 Hektar bester Rebfläche, überwiegend am Steilhang, verteilt von Traben-Trarbach bis Saarburg, hat Markus Molitor an der Mosel einen Betrieb geschaffen, der einem Solitär gleicht. Mit seiner 75-köpfigen Stammmannschaft betreibt Molitor in den Weinbergen unerhörten Aufwand. Späte Lese ist obligatorisch. Es wird immer streng selektiert, was die Erträge mitunter stark reduziert. Die trockenen Kabinette weisen hier oft nur 10,5 Volumenprozent auf, selbst die trockenen Auslesen sind moderat im Alkohol. Das renovierte Gutsgebäude wurde mit dem Architekturpreis Wein ausgezeichnet. Zuletzt wurde mit der Übernahme der ehemaligen Staatsdomäne in Serrig die Rebfläche um 25 Hektar vergrößert. Traubenannahme und Holzfasskeller sollen bald vergrößert werden.

Markus Molitor

Verkostete Weine 31
Bewertung 86–94 Punkte

86 2016 Riesling Schiefersteil trocken | 12% | 11,80 €
89 2016 Riesling Mosel trocken Alte Reben | 11,5% | 17,80 €
88 2016 Erdener Treppchen Riesling Kabinett trocken | 10% | 14,80 €
91 2016 Zeltinger Sonnenuhr Riesling Fuder 6 Kabinett trocken | 10,5% | 24,– €
90 2016 Erdener Treppchen Riesling Spätlese trocken | 11% | 19,50 €
91 2016 Zeltinger Sonnenuhr Riesling Spätlese trocken | 11% | 19,50 €
92 2016 Ockfener Bockstein Riesling Spätlese trocken | 11% | 19,50 €
92 2016 Zeltinger Sonnenuhr Riesling Auslese trocken ** | 11,5% | 38,– €
93 2016 Graacher Himmelreich Riesling Auslese trocken *** | 12% | 76,– €
93 2016 Zeltinger Sonnenuhr Riesling Auslese trocken *** | 12% | 78,– €
90 2016 Zeltinger Himmelreich Riesling Kabinett feinherb | 9% | 14,80 €
92 2016 Ockfener Bockstein Riesling Kabinett feinherb | 9% | 14,80 €
89 2016 Kinheimer Rosenberg Riesling Spätlese feinherb | 10% | 18,50 €
90 2016 Bernkasteler Badstube Riesling Spätlese feinherb | 9,5% | 18,50 €

MOSEL

- 92 2016 Zeltinger Himmelreich Riesling Auslese feinherb ** | 11,5% | 36,- €
- 91 2016 Kinheimer Rosenberg Riesling Auslese feinherb *** | 11% | 76,- €
- 92 2016 Zeltinger Sonnenuhr Riesling Auslese feinherb *** | 11,5% | 78,- €
- 91 2016 Wehlener Sonnenuhr Riesling Kabinett | 7,5% | 14,80 €
- 91 2016 Zeltinger Sonnenuhr Riesling Kabinett | 7,5% | 17,- €
- 91 2016 Ürziger Würzgarten Riesling Spätlese | 7,5% | 19,50 €
- 92 2016 Zeltinger Sonnenuhr Riesling Spätlese | 7,5% | 22,- €
- 94 2016 Zeltinger Sonnenuhr Riesling Auslese ** | 7,5% | 38,- € | TOP
- 92 2016 Kinheimer Hubertuslay Riesling Auslese *** | 7,5% | 76,- €
- 92 2016 Wehlener Sonnenuhr Riesling Auslese *** | 7,5% | 76,- €
- 94 2016 Zeltinger Sonnenuhr Riesling Auslese *** | 7,5% | 78,- €
- 93 2016 Braneberger Mandelgraben Riesling Eiswein | 7,5% | 58,- €/0,375 Lit.
- 94 2016 Braneberger Mandelgraben Riesling Eiswein * | 7,5% | 100,- €/0,375 Lit.
- 88 2014 Braneberger Mandelgraben Pinot Noir trocken * | 13% | 27,- €
- 90 2014 Braneberger Klostergarten Pinot Noir trocken ** | 13% | 39,80 €
- 92 2014 Braneberger Klostergarten Pinot Noir trocken *** | 13% | 79,- €
- 92 2014 Graacher Himmelreich Pinot Noir trocken *** | 13% | 95,- €

WEINGUT MARTIN MÜLLEN
56841 Traben-Trarbach · Alte Marktstraße 2
Tel (0 65 41) 94 70 · Fax 81 35 37
info@muellen.de
www.muellen.de
Inhaber Martin Müllen

Verkauf Martin und Susanne Müllen
Ostern–Okt.
Mo–Fr 10.00–12.00 Uhr · 15.00–18.00 Uhr
Sa 10.00–12.00 Uhr · 14.30–17.00 Uhr
im Winter
Di–Fr 15.00–18.00 Uhr, **Sa** 14.30–17.00 Uhr
Erlebenswert Steillagenwanderung durch den Trarbacher Hühnerberg
Rebfläche 4,1 Hektar
Jahresproduktion 40.000 Flaschen
Beste Lagen Kröver Steffensberg, Letterlay und Paradies, Trarbacher Hühnerberg
Boden Rotliegendes, Devonschiefer
Rebsorten 94% Riesling, je 3% Spätburgunder und Rivaner
Mitglied Klitzkleiner Ring

Eine solche Klarheit und Feinheit sowie Moseltypizität haben wir bei Martin Müllen noch nicht probieren dürfen. Dies ist einer der wenigen Betriebe an der Mosel, die überwiegend trockene Weine anbieten. Von 16 vorgestellten Weinen sind 13 trocken ausgebaut, davon allein sechs trockene Spätlesen aus dem Jahrgang 2016. Und die haben es in sich. Von den Kröver Lagen hat sich der Steffensberg an die Spitze geschoben: ein wunderbar transparenter Riesling, verspielt, hochfein und mit Strahlkraft. Auf Augenhöhe bewegen sich die Hühnerberg-Rieslinge aus Müllens Toplage in Trarbach. Die Spätlese ohne Stern ist reichhaltig und mit Würze und großem Potenzial ausgestattet, die Spätlese mit Stern probiert sich verdichtet, ist sehr lang, kompakt und tiefgründig. Auch alle anderen Weine sind von großer Klasse, einschließlich der nachgereichten 2015er aus dem Hühnerberg. Hier liegt die 3. Terrasse vorn, ein Konzentrat, das im Stil einer trockenen Vendange tardive aus dem Elsass nahekommt.

Charaktervolle Trockene
Alle Weine von Martin Müllen haben Charakter und brauchen viel Zeit zur Entwicklung. Basis für solch außergewöhnliche Rieslinge sind natürlich

die hervorragenden Lagen in Kröv und Trarbach. Aber auch der Verarbeitung der Trauben kommt eine wichtige Rolle zu. Müllen setzt da auf eine Technik aus der Zeit vor dem Ersten Weltkrieg, jedenfalls ist die Korbkelter über hundert Jahre alt. Die Saftgewinnung soll darauf schonender vonstatten gehen. In jedem Fall findet die Gärung ausschließlich in Holzfässern statt und kann sich auch schon mal, je nach Jahrgang, bis in den August des Folgejahres hinziehen. Martin Müllen waren bereits im Jahrgang 2015 äußerst klare und fest gefügte Weine gelungen. Sie haben einen Säurezug, der teilweise Brillanz zeigt. Wenn es solche Weine wie etwa den spannungsgeladenen, blitzblanken trockenen Kabinett aus dem Kröver Paradies eines Tages nicht mehr geben sollte, wäre dies für die Weinwelt ein großer Verlust. Alle Weine des Jahrgangs waren von klarer Frucht geprägt und durchgängig straff komponiert. Bereits im Jahrgang 2014 hatte Martin Müllen verschlossene Rieslinge erzeugt, die aber bereits ihr großes Potenzial andeuteten.

Martin Müllen

Äußerst lagerfähige Weine

Jahr für Jahr belegt der Winzer, dass er keine Weine für den sofortigen und unkomplizierten Genuss vinifiziert. So sind seine Rieslinge anfänglich oft noch kantig und eher unzugänglich. Die Zeit bringt die Weine aus diesem Hause so richtig zum Blühen: Martin Müllen stellt immer wieder unter Beweis, dass mit traditionellem Ausbau im Holzfass und spontaner Vergärung im Keller Weine entstehen, die ausgesprochen lagerfähig sind.

Verkostete Weine 16
Bewertung 85-94 Punkte

85 2016 Riesling trocken | 11,5% | 7,90 €/1,0 Lit.
89 2015 Riesling Revival trocken | 11,5% | 12,90 €
91 2016 Riesling Revival trocken | 12% | 12,90 € | (●)
89 2016 Trabener Würzgarten Riesling Kabinett trocken * | 11% | 10,90 €
91 2016 Trabacher Hühnerberg Riesling Kabinett trocken | 11,5% | 14,90 €
90 2016 Kröver Letterlay Riesling Spätlese trocken ** | 12% | 14,90 €
94 2016 Kröver Steffensberg Riesling Spätlese trocken | 11,5% | 14,90 € | (TOP 10)
91 2016 Kröver Kirchlay Riesling Spätlese trocken ** | 12% | 15,90 €
92 2016 Trabacher Hühnerberg Riesling Spätlese trocken | 11,5% | 18,90 €
92 2015 Trabacher Hühnerberg Riesling Spätlese trocken | 11,5% | 18,90 €
93 2016 Trabacher Hühnerberg Riesling Spätlese trocken * | 12% | 25,- €
92 2016 Trabacher Hühnerberg Riesling 3. Terrasse Spätlese trocken ** | 12,5% | 35,- €
93 2015 Trabacher Hühnerberg Riesling 3.Terrasse Spätlese trocken * | 12% | 35,- €
91 2016 Kröver Paradies Riesling Spätlese * | 7% | 12,90 €
92 2016 Kröver Letterlay Riesling Spätlese ** | 8% | 17,90 €
93 2016 Trabacher Hühnerberg Riesling Spätlese * | 7,5% | 25,- €

★★★★★ MOSEL

WEINGUT EGON MÜLLER – SCHARZHOF
54459 Wiltingen · Scharzhof
Tel (0 65 01) 1 72 32 · Fax 15 02 63
egon@scharzhof.de
www.scharzhof.de
Inhaber Egon Müller
Kellermeister Stefan Fobian

Verkauf nicht an Endverbraucher
Verkostung nur nach Vereinbarung

Historie seit 1797 in Familienbesitz
Sehenswert Scharzhof, Park
Rebfläche 8 Hektar, Le Gallais 4 Hektar
Gesamt-Jahresproduktion 70.000 Flaschen
Beste Lagen Scharzhofberger, Wiltinger Braune Kupp (Alleinbesitz)
Boden tiefgründige Schieferverwitterung
Rebsorten 98% Riesling, 2% übrige Sorten
Mitglied VDP

Dieses weltweit renommierte Weingut an der Saar gibt sich auch im Jahrgang 2016 keine Blöße. Das darf es auch nicht, denn in jedem Jahr aufs Neue ist die große, über den Globus verteilte Fangemeinde aufs Äußerste gespannt auf den neuen Jahrgang und bereit, für die Produkte dieses Hauses tief in die Tasche zu greifen. Denn wer erlöst schon für seinen Riesling Kabinett 65 Euro die Flasche und für seinen Riesling Kabinett von Alten Reben über die Versteigerung 225 Euro die Flasche? Bei solchen Preisen muss man liefern und Egon Müller hat wieder geliefert. Müllers Rieslinge sind von verlässlicher Qualität, der Versteigerungs-Kabinett steht in der nationalen Spitze. Die Scharzhofberger Spätlese und die Auslese aus der Braunen Kupp zeigen die von diesem Haus gewohnte Güte.

Legendäre Edelsüße
Der Jahrgang 2015 kann jetzt schon als Klassiker in diesem Traditionshaus gelten. Egon Müller gelang es, in seinen Weinen die besten Saareigenschaften zum Klingen zu bringen: Es sind Rieslinge im hocheleganten, feinsten Stil entstanden, wie sie eben nur an der Saar möglich sind. Vor allem die Auslesen wirkten geradezu vornehm, delikat und sind äußerst präzise, nicht zuletzt dank der großartigen, geschliffenen Säure, die den Weinen bei aller Konzentration eine bewundernswerte Leichtigkeit bewahrt. Viele edelsüße Weine dieses Gutes sind längst Legende, bevor die letzte Flasche von ihnen getrunken ist. Die Haltbarkeit der Edelkreszenzen des Hauses erlaubt dem glücklichen Genießer Zeitreisen, wie sie sonst nur großen Rotweinen zugeschrieben werden. Schon im 19. Jahrhundert wurde dieser Betrieb vor allem im Ausland hoch dekoriert und machte sich dabei einen Namen, der bis heute auf

Egon Müller

nationalem wie internationalem Parkett wohlklingender kaum sein könnte. In den besten Stücken des berühmten Scharzhofberges besitzt Egon Müller stolze sieben Hektar und etwas mehr als die Hälfte davon in der Wiltinger Braune Kupp, deren Weine unter dem Etikett »Le Gallais« vermarktet werden. Die fabelhaften Spitzenkreszenzen, fulminanten Eisweine und atemberaubenden Trockenbeerenauslesen zeigen, dass kaum jemandem in Deutschland Weine dieser Kategorie besser gelingen. Hierfür erzielte schon Egon Müllers Vater bei den traditionsreichen Trierer Versteigerungen des Großen Ringes im VDP regelmäßig Rekordpreise.

100 Punkte für Nummer sechs
Mit dem Jahrgang 2000 löste Stefan Fobian den jahrzehntelang im Scharzhof erfolgreich wirkenden Horst Frank ab. Was uns Müller dann aus dem Jahrgang 2003 präsentierte, war einfach phantastisch. Er selbst vergleicht den Jahrgang in seiner Stilistik mit dem legendären 1959er. In 2005 haben Egon Müller und sein Kellermeister Stefan Fobian dem Scharzhofberg eine unglaubliche Kollektion entlockt, wie sie auch in der eindrucksvollen Gutsgeschichte selten ist. Hochedle Auslesen, geprägt von Fülle und Konzentration, konterkariert von einer rassigen Säure, legten und legen Zeugnis ab von einem großartigen Saarjahrgang, der uns noch Jahrzehnte begeistern wird. Auch die Spät- und Auslesen der Jahre 2009 und 2010 stehen dahinter nicht zurück. Besonders 2010 hat es uns angetan. Die Auslese Nummer sechs war unser Wein des Jahres in dieser Kategorie. Fabelhafte 100 Punkte erhielt die

Trockenbeerenauslese. Auch der gesamte Jahrgang 2011 war am Scharzhofberg erneut ganz exzellent ausgefallen. Und dann 2014. Bis auf zwei Weine landete die gesamte Kollektion in unserer Top Ten - ein einzigartiger Coup.

Verkostete Weine 4
Bewertung 92–94 Punkte

- 92 2016 Scharzhofberger Riesling Kabinett – 2 – | 8% | 65,- €
- 93 2016 Scharzhofberger Riesling Kabinett Alte Reben | 8% | ↗ 224,91 € | TOP 10
- 93 2016 Scharzhofberger Riesling Spätlese | 8% | 135,- €
- 94 2016 Wiltinger Braune Kupp Riesling Le Gallais Auslese | 7,5% | ↗ 243,65 €

WEINGUT STEFAN MÜLLER
54329 Konz-Krettnach · St. Ursula Straße 1
Tel (0 65 01) 1 57 62 · Fax 9 83 07 47
wein@weingutmueller-saar.de
www.weingutmueller-saar.de
Inhaber und Betriebsleiter Stefan Müller

Verkauf nach Vereinbarung
Rebfläche 10 Hektar
Jahresproduktion 35.000 Flaschen
Beste Lagen Krettnacher Euchariusberg und Altenberg
Boden Blau- und Rotschiefer, Diabas
Rebsorten 85% Riesling, 15% Burgundersorten

Hier ist einer auf der Überholspur unterwegs. Stefan Müllers 2016er Weine haben uns nachhaltig beeindruckt. Der Krettnacher Winzer stellte etwa Riesling Kabinette vor, die zur Gebietsspitze zählen. Der Krettnacher Altenberg hat eine Spontinase mit Rosenduft, ist kräuterig und die feine Säure tänzelt auf der Zunge. Der Niedermenniger Sonnenberg erinnert an Pfirsichkern und Pfefferminze und erfrischt mit einer knackigen und strahlenden Säure. Dieser Wein gehört zu den zehn besten Kabinetten des Jahrgangs in ganz Deutschland. Zwei formidable Auslesen runden diesen starken Auftritt ab: der Euchariusberg mit klassischer, feiner und klarer Art, der Altenberg mit Eisweincharakter und expressiver Säure. Das zehn Hektar große Weingut wird in der dritten Generation geführt. Seine besten Rieslinge holt Stefan Müller aus dem sogenannten Konzer Tälchen, wo die Reben vom Devonschieferboden und einem besonderen Kleinklima profitieren. Müllers Rieslinge jedenfalls werden hier präzise und saftig. Vergoren werden die Moste ausschließlich mit wilden Hefen im klassischen Fuderfass oder im Edelstahltank. Der Winzer beherrscht alle Kategorien, wie auch sein trockener Altenberg belegt: ein Riesling mit Zug, rassig und mit mineralisch-salzigem Nachhall.

MOSEL

Verkostete Weine 9
Bewertung 86–94 Punkte

- **86** 2016 Riesling trocken | 11,5% | 6,50 €
- **88** 2016 Krettnacher Altenberg Riesling trocken | 12% | 8,50 € | €
- **87** 2016 Riesling Tandem feinherb | 11% | 7,50 €
- **88** 2016 Niedermenniger Sonnenberg Riesling Spätlese feinherb | 9% | 8,50 € | €
- **92** 2016 Niedermenniger Sonnenberg Riesling Kabinett | 8% | 7,50 € | € TOP 10
- **92** 2016 Krettnacher Altenberg Riesling Kabinett | 8% | 7,50 € | €
- **91** 2016 Niedermenniger Sonnenberg Riesling Spätlese | 7,5% | 8,50 € | €
- **93** 2016 Krettnacher Euchariusberg Riesling Auslese | 7% | 12,- €
- **94** 2016 Krettnacher Altenberg Riesling Auslese | 7,5% | 20,- €/0,5 Lit.

WEINGUT BENEDIKT NILLES

56862 Pünderich · Im Wingert 19
Tel (0 65 42) 2 17 73 · Fax 90 09 70
info@nilles-wein.de
www.nilles-wein.de

Inhaber Rainer und Benedikt Nilles
Betriebsleiter Benedikt Nilles
Kellermeister Rainer und Benedikt Nilles

Verkauf Familie Nilles
Mo–Sa 9.00–19.00 Uhr

Die 2016er Kollektion ist insgesamt gut gelungen, wenn uns auch bei manchem Wein ein bisher untypischer Jodton aufgefallen ist. Am besten gefällt uns die sehr animierende 2016er Riesling Spätlese feinherb Rotschiefer aus der Spitzenlage Pündericher Marienburg. Knapp dahinter steht die fruchtige Riesling Spätlese aus dem Pündericher Nonnengarten, die mit ihrer herb-würzigen Art die hohe Süße des Weins gut einbindet. Der trockene Spitzenwein aus den Felsterrassen wird erst zum Weihnachtsgeschäft auf den Markt gegeben. Zum Betrieb gehört auch eine Pension mit Gästezimmern und einer Ferienwohnung.

Verkostete Weine 8
Bewertung 82–87 Punkte

- **82** 2016 Pündericher Marienburg Riesling trocken | 12% | 5,90 €/1,0 Lit.
- **85** 2016 Pündericher Rosenberg Sauvignon Blanc trocken | 12% | 6,50 €
- **85** 2016 Pündericher Marienburg Riesling Kabinett trocken | 11% | 8,50 €
- **85** 2016 Pündericher Marienburg Riesling Spätlese trocken Alte Reben | 12% | 11,- €
- **84** 2016 Reiler Goldlay Riesling feinherb | 11% | 6,60 €
- **87** 2016 Pündericher Marienburg Riesling Rotschiefer Spätlese feinherb | 12% | 11,- €
- **86** 2016 Pündericher Nonnengarten Riesling Spätlese | 8% | 9,- €
- **85** 2016 Pündericher Marienburg Riesling Felsterrassen Spätlese | 8% | 12,- €

Symbole Weingüter

★★★★★ Weltklasse • ★★★★ Deutsche Spitze
★★★ Sehr Gut • ★★ Gut • ★ Zuverlässig

☆ ★★★⯨

WEINGUT NORWIG
54472 Burgen · Am Frohnbach 1
Tel (0 65 34) 7 63 · Fax 94 95 04
info@weingut-norwig.de
www.weingut-norwig.de
Inhaber und Betriebsleiter Ingo Norwig
Außenbetrieb Günter Norwig

Verkauf Ingo Norwig
nach Vereinbarung

Ein Riesling Eiswein aus dem Burgener Hasenläufer hat es uns in der kleinen Kollektion vom Weingut Norwig angetan. »Klar, sauber, nicht zu süß und mit knackiger Säure«, notierten wir beim Verkosten. Auch eine trockene Auslese aus dem Veldenzer Kirchberg zeigte sich trotz kräftiger Struktur erstaunlich frisch. Das Weingut Norwig aus Burgen liegt wenige Kilometer von der Mosel entfernt auf Höhe von Brauneberg und bewirtschaftet etwa acht Hektar Rebfläche.

Verkostete Weine 5
Bewertung 81–90 Punkte

84 2016 Grauburgunder trocken | 13% | 7,– €
86 2015 Veldenzer Kirchberg Riesling Auslese trocken | 13,5% | 9,– €
83 2016 Riesling NO Spätlese feinherb | 10,5% | 8,– €
81 2016 Bernkasteler Kurfürstlay Riesling | 10% | 6,– €/1,0 Lit.
90 2016 Burgener Hasenläufer Riesling Eiswein | 7% | 30,– €/0,375 Lit.

WEINGUT VON OTHEGRAVEN
54441 Kanzem · Weinstraße 1
Tel (0 65 01) 15 00 42 · Fax 1 88 79
info@von-othegraven.de
www.von-othegraven.de
Inhaber Günther Jauch
Geschäftsführer Andreas Barth
Außenbetrieb Swen Klinger
Kellermeister Andreas Barth

Verkauf Andreas Barth
Mo–Fr 9.00–16.30 Uhr und nach Vereinbarung

Historie Gut seit dem 16. Jahrhundert in Privatbesitz
Sehenswert Park mit wunderbarem Baumbestand
Rebfläche 16 Hektar
Jahresproduktion 100.000 Flaschen
Beste Lagen Kanzemer Altenberg, Wawerner Herrenberg, Wiltinger Kupp, Ockfener Bockstein
Boden Devonschieferverwitterung
Rebsorte 100% Riesling
Mitglied VDP

Nach einer grandiosen Leistung im Jahrgang 2015 ist es nicht verwunderlich, dass die 2016er aus diesem Kanzemer Traditionsgut da nicht ganz mitkommen. Bekommen die Weine aber etwas Luft, werden sie eindeutig vielschichtiger und verspielter. Es fällt schwer, sich für einen Favoriten zu entscheiden. Bei den Spätlesen ist es für unseren Geschmack der Altenberg mit seinem saftigen Zug und guter Länge. Bei den Kabinetten wählen wir den Bockstein mit frischer Minze und hochfeinem Spiel. Der Jahrgang 2015 war in diesem Kanzemer Gut ein Volltreffer. Andreas Barth war es famos gelungen, in einem reifen Jahr die Zartheit der Saar hochzuhalten. Das Rieslingspiel kam in den Weinen perfekt zum Ausdruck. Die fruchtigen Kabinette verkörperten ihre Herkunft am besten. Es gab aber auch eine erstaunliche Reihe von Spätlesen, eine besser als die andere. Gekrönt wurde das Sortiment von der Altenberg Auslese Alte Reben. Seit 2010 führen Günther Jauch, dessen Großmutter eine geborene von Othegraven war, und seine Frau Dorothea das Weingut in siebter Generation. Geschäftsführer und Kellermeister Andreas Barth hat die Dinge gut im Griff, seine Weine haben in den letzten Jahren kaum Schwächen gezeigt.

Symbole Weingüter
Schnäppchenpreis · Spitzenreiter · BIO Ökobetrieb
Trinktipp · Versteigerungswein
Sekt · Weißwein · Rotwein · Rosé

MOSEL

Verkostete Weine 13
Bewertung 85–91 Punkte

- 85 2016 Riesling Max trocken | 11,5% | 12,50 €
- 87 2016 Kanzemer Riesling trocken | 12,5% | 15,50 €
- 90 2016 Kanzemer Altenberg Riesling »Großes Gewächs« | 12,5% | 28,- €
- 86 2016 Wawerner Riesling feinherb | 11,5% | 15,- €
- 91 2016 Wiltinger Kupp Riesling Kabinett | 8,5% | 13,- €
- 91 2016 Ockfener Bockstein Riesling Kabinett | 8,5% | 14,- €
- 91 2016 Wawerner Herrenberg Riesling Kabinett | 8,5% | 14,- €
- 90 2016 Kanzemer Altenberg Riesling Kabinett | 8% | 15,- €
- 91 2016 Ockfener Bockstein Riesling Spätlese | 7,5% | 19,- €
- 91 2016 Kanzemer Altenberg Riesling Spätlese | 7,5% | 20,- €
- 91 2016 Kanzemer Altenberg Riesling Spätlese Alte Reben | 7,5% | 24,- €
- 91 2016 Kanzemer Altenberg Riesling Spätlese | 7,5% | ↗ 99,96 €
- 89 2016 Kanzemer Altenberg Riesling Auslese | 7,5% | 28,- €

WEINGUT PAULINSHOF
54518 Kesten · Paulinstraße 14
Tel (0 65 35) 5 44 · Fax 12 67
info@paulinshof.de
www.paulinshof.de
Inhaber Klaus Jüngling und Oliver Jüngling
Verkauf Klaus und Christa Jüngling
Mo-Fr 8.00–12.00 Uhr · 13.00–18.00 Uhr
Sa 9.00–16.00 Uhr und nach Vereinbarung

Historie erste urkundliche Erwähnung im Jahr 936
Sehenswert ehemaliger Stiftshof der Kirche St. Paulin in Trier, Gebäude und Keller von 1716 und 1770
Erlebenswert Weinproben in der alten Hofkapelle
Rebfläche 9,5 Hektar
Jahresproduktion 75.000 Flaschen
Beste Lagen Brauneberger Kammer (Alleinbesitz), Juffer-Sonnenuhr und Juffer, Kestener Paulinshofberger und Paulinsberg, Trittenheimer Apotheke
Boden Verwitterungsschiefer
Rebsorten 98% Riesling, 2% Weißburgunder
Mitglied Bernkasteler Ring

Auch im Jahrgang 2016 stellt dieses Kestener Weingut zwei Große Gewächse vor. Der Paulinshofberger wirkt üppig und barock, die Brauneberger Kammer ist etwas kühler und erinnert an gelbe Früchte. Die Rieslinge dieses Gutes zeichnet ein hochreifer Touch aus, was allerdings die Trinkanimation nicht immer beflügelt. Die feinherben Rieslinge bilden hier aber nach wie vor die Betriebsspitze. Der Riesling aus der Kammer ist sauber, herb und reichhaltig, während der Riesling von wurzelechten Reben aus der Trittenheimer Apotheke eine kühle Note offenbart und mit einem Säurekick abklingt. Auch der Jahrgang 2015 hatte in diesem Kestener Gut wieder einige beachtliche Rieslinge hervorgebracht. Die Weine waren von einer reifen Frucht geprägt und gleichzeitig säurefrisch. Hier gibt es schon seit vielen Jahren gute feinherbe Rieslinge, die auch im Jahrgang 2014 recht überzeugend gelungen waren. Seit 1969 bewirtschaftet Familie Jüngling das in einem alten Stiftshof gelegene Weingut. In Trittenheim entstand übrigens am Fuße der Schiefersteillage Apotheke, inmitten von wirklich uralten Rebstöcken, in der ehemaligen Trittenheimer Station des stillgelegten, so-

genannten »Saufbähnchens« eine Vinothek als Kombination von historischer Bausubstanz und moderner Architektur.

Verkostete Weine 12
Bewertung 83–88 Punkte

83 2016 Riesling Urstück trocken | 12,5% | 8,95 €
86 2016 Kestener Paulinshofberger Riesling »Großes Gewächs« | 13% | 20,- €
87 2016 Brauneberger Kammer Riesling »Großes Gewächs« | 12,5% | 20,- €
84 2016 Brauneberger Juffer Riesling Kabinett trocken | 12% | 9,95 €
86 2016 Riesling Klang der Tiefe Spätlese trocken | 12,5% | 12,95
85 2016 Brauneberger Juffer Riesling Spätlese trocken – 19 – | 12,5% | 15,- €
83 2016 Riesling Figaro feinherb | 11,5% | 8,95 €
84 2016 Kestener Paulinshofberger Riesling feinherb | 11% | 11,50 €
88 2016 Trittenheimer Apotheke Riesling wurzelechte Reben Spätlese feinherb | 11,5% | 15,- €
87 2016 Brauneberger Kammer Riesling Spätlese feinherb | 12% | 15,50 €
86 2016 Kestener Paulinsberg Riesling Spätlese | 8,5% | 16,- €
83 2015 Brauneberger Juffer Riesling Spätlese | 10,5% | 17,- €

WEINGUT DR. PAULY-BERGWEILER

54470 Bernkastel-Kues · Gestade 15
Tel (0 65 31) 30 02 · Fax 72 01
info@pauly-bergweiler.com
www.pauly-bergweiler.com
Inhaber Stefan Pauly
Außenbetrieb Stefan Pauly
Kellermeister Carl Debus
Verkauf Familie Pauly
Mo–Sa 14.00–18.00 Uhr
So nach Vereinbarung
Sehenswert Gutshaus mit Probierräumen in Kapelle, Gewölbekeller und Barocksaal
Erlebenswert kulinarische Weinproben mit bis zu 150 Personen
Rebfläche 16,2 Hektar
Jahresproduktion 130.000 Flaschen
Beste Lagen Erdener Treppchen und Prälat
Boden Verwitterungsschiefer und Schiefer, Rotliegendes
Rebsorten 97% Riesling, 3% Spätburgunder
Mitglied Bernkasteler Ring

Im Jahrgang 2016 dieses traditionsreichen Bernkasteler Betriebes konstatieren wir bei den Weinen deutliche Verbesserungen in allen Bereichen. Die Weine haben mehr Feinheiten und Spiel bekommen. Vor allem die Rieslinge aus der Lage Badstube am Doctorberg haben Schliff und Stil. Es gibt zwei trockene Rieslinge aus dieser Lage: Die Nummer 21 ist präzise und saftig und leicht herb im Nachhall; die Nummer 8 offenbart ein feineres Spiel und ist insgesamt zarter und klarer. Die feinherbe Badstube am Doctorberg hat eine leicht noble Art und animiert zum Trinken. Der fruchtsüße Kabinett aus dieser Lage tänzelt zart und saftig auf der Zunge, während die Spätlese im Stile einer zarten Auslese mit würzigem Nachhall verwöhnt. Der Weinbergsbesitz des Gutes in einigen der besten Lagen der Mittelmosel ist beachtlich. Hervorzuheben sind die Bernkasteler alte Badstube am Doctorberg und der im Alleinbesitz der Familie befindliche Ürziger Goldwingert. Der Schwerpunkt liegt hier auf der Erzeugung von fruchtigen Rieslingen (50 Prozent). Rund 70 Prozent der Produktion gehen ins Ausland.

MOSEL

Verkostete Weine 12
Bewertung 83–91 Punkte

83 2016 Ürziger Würzgarten Riesling trocken
 | 11,5% | 10,90 €
85 2016 Bernkasteler alte Badstube am Doctorberg
 Riesling trocken – 21 – | 12% | 13,85 €
84 2016 Bernkasteler Lay Riesling trocken
 | 12% | 14,– €
86 2016 Bernkasteler alte Badstube am Doctorberg
 Riesling trocken – 8 – | 12% | 15,– €
83 2016 Ürziger Goldwingert Riesling trocken
 | 12% | 18,– €
83 2016 Erdener Treppchen Riesling feinherb
 | 10,5% | 10,90 €
87 2016 Bernkasteler alte Badstube am Doctorberg
 Riesling feinherb | 10,5% | 13,50 €
88 2016 Wehlener Sonnenuhr Riesling Kabinett
 | 8% | 10,30 €
90 2016 Bernkasteler alte Badstube am Doctorberg
 Riesling Kabinett | 8% | 14,– €
90 2016 Graacher Himmelreich Riesling Spätlese
 | 8% | 13,– €
91 2016 Bernkasteler alte Badstube am Doctorberg
 Riesling Spätlese | 7,5% | 15,– €
89 2016 Ürziger Goldwingert Riesling Auslese
 | 8% | 25,– €

WEINGUT AXEL PAULY
54470 Lieser · Hochstraße 80
Tel (0 65 31) 61 43 · Fax 91 50 07
info@wein-pauly.de
www.wein-pauly.de
Inhaber Axel und Sabrina Pauly
Betriebsleiter und Kellermeister Axel Pauly
Verkauf nach Vereinbarung

Sehenswert moderne Vinothek und Weinarchitektur mit Dachterrasse und Blick in die Weinberge
Rebfläche 8,9 Hektar
Jahresproduktion 70.000 Flaschen
Beste Lagen Lieser Niederberg Helden
Boden Verwitterungsschiefer
Rebsorten 73% Riesling, 10% Dornfelder, 8% Müller-Thurgau, 4% Spätburgunder, 3% Kerner, 2% Frühburgunder
Mitglied Moseljünger

Axel Pauly widmet seine ganze Energie den trockenen und feinherben Weinen. Vom Jahrgang 2016 gibt es gleich drei bemerkenswerte trockene Rieslinge, alle aus der Lage Niederberg Helden. Am besten gefällt uns der Drei Helden Riesling, der nach Apfel duftet, sehr dicht ist und noch verschlossen. Viele Weine werden getragen von einer schmeichelnden Kühle und Leichtigkeit. Bei den Feinherben sticht der Kardinalsberg heraus, fein strukturiert mit kristallklarem Fluss. In den letzten Jahren wurde hier viel in Kellertechnik und ein neues Betriebsgebäude investiert. Jetzt widmet sich Pauly verstärkt der Verbesserung der Bodenvitalität in den Weinbergen, um die Traubenqualität weiter zu optimieren. Axel Pauly hatte bereits vom Jahrgang 2015 eine Reihe trockener Rieslinge mit viel Charakter vorgestellt. Sie sind niedrig im Alkohol, sehr reduktiv und brauchen zur Entfaltung viel Luft. Nach einem Großbrand in 2011 wurde ein neues Kelter- und Lagergebäude errichtet. Mittlerweile ist auf dem Weingut auch eine moderne Vinothek in Dienst gestellt worden. Und die Weinbergsfläche wächst weiter auf fast neun Hektar, darunter ein wirklich beeindruckend steiles Stück in Bernkastel mit alten Spätburgunderreben.

Verkostete Weine 14
Bewertung 84–90 Punkte

84 2016 Weißburgunder trocken | 12% | 7,60 €
85 2016 Riesling Tres Naris trocken | 11,5% | 7,60 €
88 2015 Weißburgunder trocken Barrique
| 13% | 18,- €
89 2016 Lieser Niederberg Helden Riesling Drei Helden trocken | 12,5% | 18,- €
89 2016 Lieser Niederberg Helden Riesling unfiltriert trocken Holzfass | 12,5% | 18,- €
87 2016 Lieser Schlossberg Riesling purist Kabinett trocken | 11% | 8,20 €
88 2016 Lieser Niederberg Helden Riesling Helden Spätlese trocken | 12% | 10,80 €
87 2016 Riesling Generations feinherb
| 10,5% | 7,60 €
90 2016 Bernkastel-Kueser Kardinalsberg Riesling Steinerd Spätlese feinherb | 10,5% | 10,80 €
88 2016 Bernkastel-Kueser Kardinalsberg Riesling Kabinett | 8,5% | 8,20 € | €
87 2016 Lieser Niederberg Helden Riesling Spätlese | 8% | 10,80 €
88 2016 Lieser Niederberg Helden Riesling Auslese | 7,5% | 9,80 €/0,375 Lit.
86 2015 Spätburgunder trocken Barrique
| 13% | 18,- €
87 2015 Lieser Niederberg Helden Frühburgunder trocken Barrique | 13% | 18,- €

WEINGUT PEIFER

56841 Traben-Trarbach · Kräuterhausweg 19
Tel (0 65 41) 60 65 · Fax 81 10 65
info@weingut-peifer.de
www.weingut-peifer.de
Inhaber Nicole und Harald Peifer
Verkauf Vinothek und Weincafé
Mo-So 10.00–18.00 Uhr und nach Vereinbarung

Nach einer ebenso feinen wie sehr kleinen Kollektion aus dem Jahrgang 2015 gibt es mit dem Jahrgang 2016 wieder ein normales Sortiment. An der Spitze stehen in diesem Jahr wieder zwei Rieslinge aus der Lösnicher Försterlay: die feinherbe Auslese und eine fruchtige Spätlese. Auch die trockenen Rieslinge sind absolut solide, der trockene Liter-Riesling ist ein veritables Schnäppchen für kleines Geld. Nicole und Harald Peifer entschlossen sich im Jahr 1998, das bis dahin nebenberuflich geführte Weingut zu ihrer Haupterwerbsquelle zu machen. Aktuell verfügen sie über 4,5 Hektar in Traben-Trarbach und Lösnich. Fast 90 Prozent der Gesamtproduktion werden trocken und halbtrocken ausgebaut.

Verkostete Weine 10
Bewertung 83–87 Punkte

83 2016 Riesling trocken | 12,5% | 5,80 €/1,0 Lit.
83 2015 Weißburgunder trocken | 13% | 6,80 €
84 2015 Riesling Hochgewächs trocken | 12% | 7,- €
85 2016 Lösnicher Försterlay Riesling Kabinett trocken | 11% | 7,50 €
83 2016 Riesling halbtrocken | 12% | 5,80 €/1,0 Lit.
85 2015 Riesling Hochgewächs feinherb
| 10,5% | 7,- €
86 2015 Trabener Kräuterhaus Riesling Kabinett feinherb | 10% | 7,50 €
87 2015 Lösnicher Försterlay Riesling Auslese feinherb | 11% | 10,80 €
85 2015 Riesling Hochgewächs | 9% | 7,- €
87 2016 Lösnicher Försterlay Riesling Spätlese | 8% | 9,30 €

Symbole Weingüter

€ Schnäppchenpreis · TOP Spitzenreiter · BIO Ökobetrieb
🍷 Trinktipp · 🔨 Versteigerungswein

| Sekt | Weißwein | Rotwein | Rosé |

★ MOSEL

WEINGUT ÖKONOMIERAT PETGEN-DAHM
66706 Perl-Sehndorf · Winzerstraße 3–7
Tel (0 68 67) 3 09 und 13 67
info@petgen-dahm.de
www.petgen-dahm.de
Inhaber Ralf Petgen
Kellermeister Ralf Petgen
Verkauf nach Vereinbarung

Auch dieses Jahr war der Holzeinsatz ein großes Thema beim Verkosten der Weine vom Weingut Petgen-Dahm. Mit Freude stellten wir fest, dass durch mehr Säure und Struktur eine viel bessere Balance als in den letzten Jahren hergestellt wurde. Das klappte vor allem beim Grauburgunder Grande Reserve und beim Sauvignon Blanc Tradition 1720 sehr gut. Beide gefallen durch Authentizität und Saftigkeit. Das für Moselverhältnisse mit 17 Hektar große und renommierte Weingut hat seinen Sitz in Perl-Sehndorf an der Obermosel.

Verkostete Weine 12
Bewertung 81–87 Punkte

- 81 2016 Auxerrois trocken | 12,5% | 7,50 €/1,0 Lit.
- 82 2016 Auxerrois trocken | 12,5% | 8,– €
- 84 2016 Weißburgunder trocken Alte Reben Holzfass | 12,5% | 13,– €
- 82 2016 Auxerrois Tradition 1720 trocken Barrique | 12,5% | 22,– €
- 84 2015 Chardonnay Tradition 1720 trocken Barrique | 13% | 22,– €
- 87 2015 Grauburgunder Grande Réserve trocken Barrique | 13% | 25,– €
- 87 2016 Sauvignon Blanc Tradition 1720 Auslese trocken Barrique | 12,5% | 22,– €
- 86 2015 Chardonnay Grande Réserve halbtrocken Barrique | 12% | 25,– €
- 83 2016 Gewürztraminer Auslese | 9% | 10,– €/0,5 Lit.
- 83 2016 Riesling Goldkapsel Auslese | 8% | 25,– €
- 86 2016 Gewürztraminer Beerenauslese | 9% | 40,– €/0,5 Lit.
- 87 2014 Spätburgunder Tradition 1720 trocken Barrique | 13,5% | 16,– €

WEINGUT PHILIPPS-ECKSTEIN
54470 Graach-Schäferei · Panoramastraße 11
Tel (0 65 31) 65 42 · Fax 45 93
info@weingut-philipps-eckstein.de
www.weingut-philipps-eckstein.de
Inhaber und Betriebsleiter Patrick Philipps
Verkauf Familie Philipps
Mo–Fr 8.30–18.00 Uhr, **Sa–So** 9.30–18.00 Uhr
Winzerwirtschaft Fr ab 17.00 Uhr
Sa–So ab 13.00 Uhr (Mai–Okt.)
Spezialität rustikale Winzerküche
Rebfläche 6,5 Hektar
Jahresproduktion 50.000 Flaschen
Beste Lagen Graacher Dompropst und Himmelreich
Boden Devonschiefer
Rebsorten 90% Riesling, 5% Spätburgunder, 3% Weißburgunder, 2% weiße Burgundersorten
Mitglied Bernkasteler Ring

Patrick Philipps erzeugte auch im Jahrgang 2016 ein breites Spektrum an feinherben und restsüßen Rieslingen. Dies sind Weine mit schmelziger Dichte, alle sind durchgängig sauber. Trotz hoher Reife des Leseguts arbeitet der Winzer eine klare, gelbfruchtige Aromatik heraus. Einige Weine allerdings sind für unseren Geschmack manchmal etwas zu reichhaltig, fast üppig-barock. An der Spitze der Kollektion steht die Spätlese von Alten Reben aus dem Graacher Dompropst. Sie offenbart verdichtete, noble Frucht, ist verspielt, klar und kraftvoll. Gefallen hat uns auch der Kabinett von Alten Reben aus derselben Lage mit seiner guten Säure und Länge und feinem Spiel. Patrick Philipps hatte vom Jahrgang 2015 sehr konzentrierte Weine vorgestellt, wobei die trockenen und feinherben fast ein wenig an die Untermosel erinnerten. Zuletzt wurden hier ein Weinkeller und eine Maschinenhalle neu errichtet. In den nächsten Jahren soll eine Panorama-Vinothek entstehen und die Anbaufläche vergrößert werden. Zum Übernachten stehen Gästezimmer zu wohlfeilen Preisen zur Verfügung. Der Betrieb ist Mitglied im renommierten Bernkasteler Ring.

Verkostete Weine 12
Bewertung 82–90 Punkte

82 2016 Grauburgunder trocken | 13,5% | 8,50 €
85 2016 Graacher Domprobst Riesling Kabinett trocken | 11% | 8,50 €
86 2016 Graacher Domprobst Riesling Spätlese trocken Alte Reben | 12% | 10,- €
85 2016 Graacher Domprobst Riesling Kabinett feinherb | 10,5% | 8,50 €
86 2016 Graacher Domprobst Riesling Spontan Spätlese feinherb | 10,5% | 9,50 €
86 2016 Graacher Domprobst Riesling Spätlese feinherb | 11,5% | 10,50 €
88 2016 Graacher Domprobst Riesling Kabinett Alte Reben | 7,5% | 8,50 € | €
89 2016 Graacher Himmelreich Riesling Spätlese ** | 7,5% | 9,- € | €
89 2016 Graacher Domprobst Riesling Laurine Spätlese | 7,5% | 9,50 € | €
86 2016 Graacher Himmelreich Riesling Gehr Spätlese | 7,5% | 12,- €
90 2016 Graacher Domprobst Riesling Spätlese Alte Reben *** | 7,5% | 12,50 €
89 2016 Graacher Domprobst Riesling Auslese | 7,5% | 17,- €

WEINGUT MICHAEL UND PATRICK PHILIPPS
54441 Ayl · Feldstraße 6
Tel (01 60) 96 68 69 71
info@philipps-saar.de
www.philipps-saar.de
Inhaber Michael Philipps
Verkauf nach Vereinbarung

Als kleiner Hobby-Betrieb im elterlichen Weingut haben die beiden Brüder Michael und Patrick Phillips im Jahr 2011 begonnen. Seitdem ist das Unternehmen auf 7,2 Hektar angewachsen und produziert mehr als 100.000 Flaschen jährlich. Von den guten, aber etwas einfachen Weinen konnte sich die Riesling Spätlese aus der Ayler Kupp abheben. Sie besticht mit animierendem Spiel und feiner Fruchtigkeit. Wie im letzten Jahr vermissen wir insgesamt die feine, spritzige Säure, die für die Saar so typisch ist.

Verkostete Weine 6
Bewertung 82–87 Punkte

84 2015 Riesling Sekt Brut | 12% | 9,50 €
82 2016 Ayler Riesling trocken | 12% | 6,50 €
83 2016 Ayler Riesling feinherb | 10,5% | 6,50 €
85 2016 Ayler Kupp Riesling Spätlese feinherb | 10% | 8,20 €
87 2016 Ayler Kupp Riesling Kabinett | 8% | 7,20 €
84 2016 Ayler Kupp Riesling Spätlese | 7,5% | 8,20 €

Symbole Weingüter
€ Schnäppchenpreis • TOP Spitzenreiter • BIO Ökobetrieb
Trinktipp • Versteigerungswein
Sekt　Weißwein　Rotwein　Rosé

★ | ★★ | MOSEL

WEINGUT KARL O. POHL
54470 Bernkastel-Kues · Reitzengang 9
Tel (0 65 31) 83 72 · Fax 17 92
info@weinpohl.de
www.weinpohl.de
Inhaber Stefan und Christopher Pohl
Kellermeister Stefan Pohl
Verkauf Stefan Pohl
Mo-So 10.00-18.00 Uhr

Die große Kollektion, die uns die Brüder Stefan und Christopher Pohl geschickt haben, war noch überzeugender als letztes Jahr. An der Spitze standen die Riesling Spätlese aus der Wehlener Sonnenuhr und die Auslese aus dem Graacher Himmelreich mit guter Struktur und animierender Säure. Auch die anderen Weine zeigten sich durch Authentizität und Klarheit auf hohem Niveau. Das traditionsreiche, fast 400 Jahre alte Weingut hat zwei Hektar Fläche in den Spitzenlagen Wehlener Sonnenuhr, Graacher Himmelreich und Graacher Domprobst.

Verkostete Weine 12
Bewertung 82-89 Punkte

84 2015 Riesling Sekt Brut | 12,5% | 11,- €
84 2016 Riesling trocken | 12,5% | 5,50 €
84 2016 Wehlener Sonnenuhr Riesling trocken | 12% | 7,50 €
83 2016 Graacher Himmelreich Riesling Kabinett trocken | 11% | 8,- €
85 2016 Wehlener Sonnenuhr Riesling Spätlese trocken | 11,5% | 9,80 €
85 2016 Graacher Domprobst Riesling Spätlese trocken | 12,5% | 11,- €.
82 2016 Graacher Himmelreich Riesling Kabinett halbtrocken | 11% | 8,- €
83 2016 Graacher Himmelreich Riesling Kabinett feinherb | 10% | 8,- €
86 2016 Graacher Himmelreich Riesling Spätlese feinherb | 11,5% | 9,- €
83 2016 Graacher Himmelreich Riesling Kabinett | 8% | 8,- €
89 2016 Wehlener Sonnenuhr Riesling Spätlese | 8% | 9,80 € | €
89 2016 Graacher Himmelreich Riesling Auslese | 7,5% | 14,- €

WEINGUT STEFFEN PRÜM
54484 Maring-Noviand · Trierer Straße 12
Tel (0 65 35) 4 20 · Fax 15 38
info@sgsteffenpruem.com
www.sgsteffenpruem.com
Inhaber und Kellermeister Gerd Steffen Prüm
Verkauf Gerd Steffen Prüm
Mo-Fr 8.00-12.00 Uhr · 14.00-18.00 Uhr
Rebfläche 3,8 Hektar
Jahresproduktion 33.000 Flaschen
Beste Lagen Lieser Niederberg Helden, Erdener Treppchen
Boden grauer Verwitterungsschiefer

Wir verfolgen die Entwicklung des Weinguts Steffen Prüm nun seit fünf Jahren. In dieser Zeit bewegte sich alles stets auf sehr hohem Niveau, das zudem mehrfach gesteigert wurde. Zu Beginn lag die Stärke vor allem im feinherben und fruchtigen Bereich, inzwischen sind die trockenen Rieslinge auf Augenhöhe angekommen. In diesem Jahr gefallen uns bei den Trockenen die Spätlesen aus dem Lieser Rosenlay und der Maringer Sonnenuhr am besten. Highlight des 2016er Sortiments sind die beiden fruchtigen Prädikate, Spätlese und Auslese, aus dem Erdener Treppchen. Neben der ausgezeichneten aktuellen Kollektion sind auch noch zwei wunderbar gereifte Edelsüße im aktuellen Programm. Der Betrieb aus Maring-Noviand an der Mittelmosel hat sich in den letzten Jahren um einen Hektar vergrößert und bewirtschaftet nun 3,8 Hektar Lagen in Noviand und im Lieser Niederberg Helden. Zum Weingut gehören auch eine gediegene Vinothek, eine nette Weinstube, eine Ferienwohnung sowie drei schöne Doppelzimmer mit Blick auf die vorbeifließende Lieser und die umliegenden Weinberge.

Symbole Weingüter
★★★★★ Weltklasse · ★★★★ Deutsche Spitze
★★★ Sehr Gut · ★★ Gut · ★ Zuverlässig

Verkostete Weine 11
Bewertung 84–93 Punkte

84 2016 Riesling No. 1 trocken | 12% | 9,50 €
87 2016 Lieser Rosenlay Riesling Spätlese trocken | 12% | 11,50 €
87 2016 Maringer Sonnenuhr Riesling Spätlese trocken | 12,5% | 12,50 €
85 2016 Maringer Honigberg Riesling Kabinett feinherb | 10,5% | 9,50 €
86 2016 Maringer Honigberg Riesling Kabinett | 9% | 9,50 €
86 2016 Maringer Sonnenuhr Riesling Spätlese | 8% | 11,50 €
87 2016 Maringer Honigberg Riesling Spätlese | 8,5% | 12,90 €
89 2016 Erdener Treppchen Riesling Spätlese | 8% | 14,50 €
90 2016 Erdener Treppchen Riesling Auslese | 8% | 15,50 €
93 2010 Erdener Treppchen Riesling Beerenauslese | 6,5% | 45,50 €/0,375 Lit.
92 2011 Maringer Sonnenuhr Riesling Trockenbeerenauslese | 6% | 59,- €/0,375 Lit.

WEINGUT JOH. JOS. PRÜM
54470 Bernkastel-Wehlen · Uferallee 19
Tel (0 65 31) 30 91 · Fax 60 71
info@jjpruem.com
www.jjpruem.com
Inhaber Dr. Manfred Prüm und Dr. Katharina Prüm
Kellermeister Dr. Manfred Prüm und Dr. Katharina Prüm
Außenbetrieb K. J. Heinz

Verkauf nach Vereinbarung

Historie gegründet 1911 nach Erbaufteilung des früheren Prüm'schen Betriebes
Sehenswert das in Jahrhunderten gewachsene Gutshaus
Rebfläche 20 Hektar
Jahresproduktion ca. 180.000 Flaschen
Beste Lagen Wehlener Sonnenuhr, Graacher Himmelreich, Bernkasteler Badstube, Zeltinger Sonnenuhr
Boden grauer Devonschiefer
Rebsorte 100% Riesling
Mitglied VDP

Vom Jahrgang 2016 zeigt dieses altrenommierte Wehlener Gut eine sehr gelungene Kollektion. Wenn uns die Kabinette auch ein wenig brav vorkommen, bringt etwa die Spätlese aus dem Himmelreich Pikanz und Präzision. Die Auslese aus derselben Lage ist klar, saftig und hat Struktur. Auch die Goldkapsel Auslese aus der Sonnenuhr ist ein feiner Süßwein. An der Spitze der Reihe steht die fulminante Goldkapsel Auslese aus dem Himmelreich. Die Regelmäßigkeit, mit der in diesem weltbekannten Gut große Jahrgänge entstehen, ist schon beeindruckend. Natürlich steckt dahinter neben außergewöhnlichen Weinbergen die große Erfahrung und Gelassenheit von Dr. Manfred Prüm, der auf mehr als 50 Jahrgänge zurückblicken kann. Zunehmend erfährt er von seiner Tochter Dr. Katharina Prüm Unterstützung.

Viel Schliff und Finesse
Im Jahrgang 2015 wurden im Weingut Joh. Jos. Prüm ausschließlich fruchtsüße Rieslinge erzeugt. Dabei wirkten die Einstiegskabinette, die immerhin rund 30 Gramm Restzucker aufweisen, wie trockene Rieslinge. Die Weine hatten diese kräuterige Würze, wie sie für dieses Haus

MOSEL

typisch ist. Darüber standen vier wunderbare Spätlesen, mit zwei Sonnenuhren an der Spitze. Insgesamt sechs Auslesen krönten die Kollektion. Ein Auslesejahr folgt in diesem Gut dem anderen, als ob es keine jahrgangsbedingten Schwankungen gäbe. Mag sein, dass dieses Phänomen einer gleichmäßigen Leistung auf hohem Niveau die besten Riesling-Erzeuger vom Rest abhebt. Die Reihe der Spitzenjahrgänge in diesem Haus jedenfalls ist schier endlos. In 2001 stellte der Wehlener Winzer die Spätlese des Jahres. Den Jahrgang 2002 schätzt Prüm als den etwas eleganteren ein. Die Himmelreich Lange Goldkapsel Auslese (Versteigerung) wurde beste Auslese des Jahrgangs 2002. Sein Abonnement auf den Titel Spätlese des Jahres löste Prüm mit dem Jahrgang 2003 wieder ein. Bestechend intensiv und fein zugleich ist dieser Wein, seinem Charme kann man sich nicht entziehen. Die 2004er entstammen einem typischen Spätlesejahr. Mineralität, feine Rasse und Fruchtnoten von weißem Weinbergpfirsich bilden eine elegante Allianz. In 2005 hatte Manfred Prüm, unterstützt von seiner ebenso charmanten wie kompetenten Tochter Katharina, wieder einmal alles richtig gemacht. Eine relativ frühe Lese erhielt den Weinen Rasse und Spiel. Wunderbar ausdrucksstarke Spät- und Auslesen aus Graach und Wehlen durften wir verkosten. Der Titel Kollektion des Jahres war der verdiente Lohn.

Dr. Manfred Prüm

Dr. Manfred Prüm in großen Jahren regelmäßig hochedle Weine erzeugt. In der Regel belässt er seinen lagerfähigen Weinen etwas natürliche Kohlensäure und auch Restsüße. Wie die Vinifikation im Detail vonstatten geht, darüber spricht der Hausherr kaum.

Verkostete Weine 12
Bewertung 88–94 Punkte

88 2016 Graacher Himmelreich Riesling Kabinett
| 8% | Preis auf Anfrage

89 2016 Wehlener Sonnenuhr Riesling Kabinett
| 8% | Preis auf Anfrage

90 2016 Zeltinger Sonnenuhr Riesling Spätlese
| 8% | Preis auf Anfrage

90 2016 Graacher Himmelreich Riesling Spätlese
| 8% | Preis auf Anfrage

90 2016 Wehlener Sonnenuhr Riesling Spätlese
| 8% | Preis auf Anfrage

92 2016 Wehlener Sonnenuhr Riesling Spätlese
| 8% | ↗ 106,21 €

89 2016 Wehlener Sonnenuhr Riesling Auslese
| 7,5% | Preis auf Anfrage

90 2016 Wehlener Sonnenuhr Riesling Auslese
| 7,5% | ↗

91 2016 Bernkasteler Lay Riesling Auslese
| 7,5% | Preis auf Anfrage

92 2016 Graacher Himmelreich Riesling Auslese
| 7,5% | Preis auf Anfrage

93 2016 Wehlener Sonnenuhr Riesling Auslese
Goldkapsel | 7,5% | ↗ 249,90 €

94 2016 Graacher Himmelreich Riesling Auslese
lange Goldkapsel | 7,5% | ↗ 474,81 €

Spitzenlagen, Spitzengut

Dieses Weingut zählt seit Jahrzehnten unbestritten zu den Ausnahmegütern in Deutschland. Weit über die Hälfte der Weinberge verteilt sich auf beste Parzellen in den Spitzenlagen Wehlener Sonnenuhr und Graacher Himmelreich, wo

WEINGUT S. A. PRÜM
54470 Bernkastel-Wehlen · Uferallee 25–26
Tel (0 65 31) 31 10 · Fax 85 55
info@sapruem.com
www.sapruem.com
Inhaberin und Betriebsleiterin Saskia A. Prüm
Verwalter Tomas Rancsik
Kellermeister Miguel Louro
Verkauf Raimund Prüm
Mo–Fr 10.00–12.00 Uhr · 13.00–17.00 Uhr
Sa 10.00–16.00 Uhr, **So** nach Vereinbarung

Landhaus acht Doppelzimmer sowie zwei Ferienwohnungen
Café »Joducus«
Erlebenswert öffentliche Jungweinprobe 24. März 2018, offene Weinkeller über Christi Himmelfahrt
Rebfläche 33 Hektar
Jahresproduktion 250.000 Flaschen
Beste Lagen Wehlener Sonnenuhr, Bernkasteler Lay und Graben, Graacher Himmelreich und Domprobst, Erdener Treppchen, Ockfener Bockstein, Sommerauer Schlossberg
Boden Devonschiefer
Rebsorte 100% Riesling
Mitglied VDP

Dieses traditionsreiche Weingut in Bernkastel-Wehlen ist jetzt auch mit seinen trockenen Rieslingen auf einem guten Weg. Dies sind selbstbewusste Weine mit einer herzhaft-kernigen Art. Das Große Gewächs aus der Lage Sonnenuhr ist relativ zart und zeigt Spiel und Rasse. Doch nach wie vor gelingen hier die fruchtsüßen Rieslinge am besten. Da bildet der Jahrgang 2016 keine Ausnahme. Vor allem der Ockfener Bockstein hat sich gut geschlagen. Der Kabinett wirkt kühl und steinig und etwas salzig. Die Spätlese ist präzis, hat Charakter und Feinheit. Die prachtvollen Gutsgebäude dieses 1911 durch Teilung des Prüm-Besitzes entstandenen Weingutes liegen in Wehlen direkt an der Mosel. Raimund und Saskia Andrea Prüm bringen ihre hochwertigen Gutsweine erst spät in Verkehr, da sie sich in der Jugend noch nicht sehr zugänglich zeigen, aber nach längerer Flaschenreife an Tiefe und Struktur zulegen. Raimund Prüm übernahm schon im Alter von 21 Jahren die Verantwortung, da sein Vater früh verstorben war. Mit großem Einsatz hat er dem Weingut zu einem besonderen Renommee an der Mosel

verholfen. Inzwischen beliefert er Händler weltweit. Etwa 80 Prozent der Produktion gehen in den Export. Auf der Preisliste stehen noch Weine bis zurück in die 1990er Jahre zum Verkauf. Mittlerweile hat Raimund Prüm das Gut an seine Tochter Saskia Andrea übergeben.

Verkostete Weine 12
Bewertung 84–91 Punkte

84 2016 Wehlener Riesling trocken | 12% | 19,50 €
85 2015 Graacher Domprobst Riesling »Großes Gewächs« | 13% | 34,50 €
87 2015 Wehlener Sonnenuhr Riesling »Großes Gewächs« | 12,5% | 38,50 €
84 2016 Riesling Prüm Blue Kabinett trocken | 11,5% | 13,50 €
86 2016 Riesling Sommerau halbtrocken | 10,5% | 16,50 €
86 2016 Riesling Sebastian A. Kabinett halbtrocken | 10,5% | 13,50 €
87 2016 Ürziger Würzgarten Riesling Kabinett | 8,5% | 16,50 €
88 2016 Wehlener Sonnenuhr Riesling Kabinett | 8% | 16,50 €
90 2016 Ockfener Bockstein Riesling Kabinett | 8% | 16,50 €
89 2016 Wehlener Sonnenuhr Riesling Spätlese | 7,5% | 21,50 €
91 2016 Ockfener Bockstein Riesling Spätlese | 7,5% | 21,50 €
91 2016 Ockfener Bockstein Riesling Auslese | 8% | 31,50 €

★★ MOSEL

WEIN- UND SEKTGUT RAUEN
54340 Detzem · Im Würzgarten 2
Tel (0 65 07) 32 78 · Fax 83 72
info@weingut-rauen.de
www.weingut-rauen.de
Inhaber Stefan Rauen und Doris Adams-Rauen
Kellermeister Stefan Rauen

Verkauf nach Vereinbarung

Weinprobierstube traumhafter Blick ins Moseltal
Historie Keller ruht auf Resten der alten Römerstraße Trier–Bingen am zehnten Meilenstein
Rebfläche 15,5 Hektar
Jahresproduktion 130.000 Flaschen
Beste Lagen Detzemer Maximiner Klosterlay und Würzgarten, Thörnicher Ritsch, Pölicher Held
Boden Schieferverwitterung, sandiger Kies
Rebsorten 60% Riesling, je 10% Müller-Thurgau, Spätburgunder und Weißburgunder, 8% Grauburgunder, 2% übrige Sorten

Verkostete Weine 8
Bewertung 82–87 Punkte

82 2016 Rivaner trocken | 12% | 5,80 €
83 2016 Detzemer Würzgarten Riesling Hochgewächs trocken | 12% | 6,80 €/1,0 Lit.
86 2016 Thörnicher Ritsch Riesling 1903 Spätlese trocken | 12,5% | 9,80 €
83 2016 Weißer Burgunder | 12% | 6,80 €
84 2016 Detzemer Würzgarten Riesling Hochgewächs feinherb | 11,5% | 6,80 €/1,0 Lit.
87 2016 Detzemer Maximiner Klosterlay Riesling Spätlese feinherb Alte Reben | 11% | 7,80 €
84 2016 Detzemer Würzgarten Riesling Hochgewächs | 10% | 6,80 €/1,0 Lit.
87 2016 Detzemer Maximiner Klosterlay Riesling Spätlese Alte Reben | 9,5% | 7,80 €

Vom Jahrgang 2016 stellte uns dieses Detzemer Gut eine eher durchwachsene Kollektion vor. Die Rieslinge wirken manchmal etwas behäbig durch die hohe Restsüße, vor allem bei den feinherben. Dies geht hier und da etwas auf Kosten der Präzision. Reife ist gut, aber eben nicht alles. Die trockene Spätlese aus der Lage Ritsch ist fruchtig und dicht sowie pikant und würzig. Die feinherbe Spätlese aus der Klosterlay wirkt nicht feinherb, sondern eher restsüß in ihrer üppigen Art. Zuletzt hat die Flurbereinigung in der Thörnicher Ritsch das Weingut gefordert. Trockenmauern wurden gebaut, die Weinberge durch den Einsatz der Monorack-Bahn erschlossen. Jetzt stehen die Erweiterung des Lagers an sowie weitere Verbesserungen in der Bewirtschaftung der Steillagen. Die trockenen Weine des Jahrgangs 2015 in diesem Detzemer Gut ließen ein wenig Druck und Tiefgang vermissen. Recht gut geraten aber war die trockene Spätlese aus der Thörnicher Ritsch. Ein ums andere Mal stellte uns Stefan Rauen saubere Kollektionen auf den Verkostungstisch. Das galt auch für den schwierigen Jahrgang 2013, wo wieder einmal bereits die Literweine mit ihrer klaren Struktur überzeugten. Mit den Problemen des Jahrgangs 2014 war der Detzemer Winzer auf ganz eigene Art umgegangen: Die Weine präsentierten sich hochfarbig und waren im Geschmack klarer als im Duft. Auch in 2014 waren die Literweine klar und saftig und boten großes Trinkvergnügen für wenig Geld.

★ ★★

WEINGUT FAMILIE RAUEN
54340 Thörnich · Hinterm Kreuzweg 5
Tel (0 65 07) 34 03 · Fax 83 82
info@weingut-familie-rauen.de
www.weingut-familie-rauen.de
Inhaber Maria und Harald Rauen
Verwalter Matthias Rauen
Kellermeister Harald und Matthias Rauen
Verkauf nach Vereinbarung

Familie Rauen scheint auf einem guten Weg: Schon die 2015er Kollektion hat uns gut gefallen, die 2016er ist sogar noch etwas stärker ausgefallen. Die Highlights liegen vor allem im feinherben und restsüßen Bereich. Neben den restsüßen Spitzen – von der sehr animierenden Spätlese über die solide Auslese bis zum äußerst fruchtintensiven Eiswein – kann auch der herb-würzige Riesling vom Schieferfels überzeugen. Dieser Thörnicher Betrieb hat sich in den vergangenen Jahren auf stattliche 12,5 Hektar vergrößert. In Detzem steht nach einem Umbau nun ein Ferienhaus mit fünf Appartements für Gäste zur Verfügung.

Verkostete Weine 11
Bewertung 83–91 Punkte

86 2016 Riesling Hinkellay trocken | 12% | 11,50 €
86 2016 Riesling Königsberg trocken | 13% | 11,50 €
84 2016 Riesling Kirchenberg Spätlese trocken Alte Reben | 12% | 7,– €
87 2016 Riesling vom Schieferfels feinherb | 11,5% | 11,50 €
85 2016 Riesling Grauschiefer Spätlese halbtrocken | 11,5% | 7,– €
86 2016 Riesling Meilenstein | 9,5% | 11,50 €
88 2016 Thörnicher Ritsch Riesling Spätlese Alte Reben | 7,5% | 8,50 € | €
88 2016 Riesling Auslese | 9% | 9,50 €/0,5 Lit.
91 2016 Riesling Eiswein | 8% | 30,– €/0,375 Lit.
84 2015 Spätburgunder trocken | 12% | 12,50 €

WEINGUT F.-J. REGNERY
54340 Klüsserath · Mittelstraße 39
Tel (0 65 07) 46 36 · Fax 30 53
mail@weingut-regnery.de
www.weingut-regnery.de
Inhaber Peter Regnery
Verkauf Andrea Regnery
Sa 10.00–18.00 Uhr und nach Vereinbarung

Die 2016er Kollektion des Weinguts Regnery ist sicher die bisher hochwertigste. An der Spitze der Rieslinge steht in diesem Jahr das trockene Große Gewächs aus der Klüsserather Bruderschaft, dicht gefolgt von den Alten Reben und einem fruchtigen Kabinett. Untypisch für einen Moselbetrieb, sind hier 30 Prozent der sieben Hektar Rebfläche mit roten Sorten bepflanzt. Die beiden roten Spitzenweine – ein Syrah und der feinste von vier eingereichten Spätburgundern – zählen zu den besten Rotweinen der Region. Neben Wein wird auch ein Verjus produziert, in Deutschland immer noch eine Rarität. Der Betrieb verfügt über eine geschmackvoll gestaltete neue Vinothek in Klüsserath und ist klar auf dem Weg weiter nach oben.

Verkostete Weine 12
Bewertung 83–90 Punkte

88 2016 Klüsserather Bruderschaft Riesling »Großes Gewächs« | 12% | 19,50 €
85 2016 Klüsserather Bruderschaft Riesling Edition Michelskirch Spätlese trocken | 12% | 10,50 €
87 2016 Klüsserather Bruderschaft Riesling Alte Reben Auslese trocken | 12,5% | 12,50 €
83 2016 Riesling feinherb | 11% | 6,50 €/1,0 Lit.
87 2016 Klüsserather Bruderschaft Riesling Edition Michelskirch Spätlese feinherb | 10,5% | 10,50 €
87 2016 Klüsserather Bruderschaft Riesling Kabinett | 9,5% | 8,50 €
85 2015 Klüsserather Bruderschaft Spätburgunder Bestes Fuder trocken | 13% | 10,– €
86 2015 Klüsserather Bruderschaft Spätburgunder trocken Barrique | 13,5% | 13,50 €
90 2015 Klüsserather Bruderschaft Syrah unfiltriert trocken Barrique | 14% | 21,50 €
88 2015 Klüsserather Bruderschaft Spätburgunder unfiltriert Auslese trocken Barrique | 13,5% | 19,– €

MOSEL

WEINGUT REH

54340 Schleich · Weierbachstraße 12
Tel (0 65 07) 9 91 10 · Fax 9 91 11
weingut-reh@myquix.de
www.weingut-reh.de

Inhaber Winfried und Sigrid Reh
Betriebsleiter und Kellermeister Winfried Reh
Verkauf Winfried und Sigrid Reh
nach Vereinbarung

Der Jahrgang 2016 knüpft im Weingut Reh an die ebenfalls sehr ordentliche 2015er Kollektion an. An der Spitze stehen zwei 2016er Rieslinge aus dem Mehringer Blattenberg, herausragend die zitrusfruchtige und animierende Beerenauslese, aber auch die druckvoll würzige Spätlese trocken Layet 1900 kann sich sehen lassen. Der Betrieb in Schleich bleibt seinem Stil reichhaltiger und kräftiger Rieslinge treu. Das Alter der Reben ist teilweise beträchtlich.

Verkostete Weine 12
Bewertung 82–92 Punkte

82 2016 Riesling trocken | 11,5% | 5,50 €/1,0 Lit.
83 2016 Riesling Schieferterrassen trocken | 12% | 7,- €
82 2016 Riesling Hochgewächs trocken | 11,5% | 6,- €
87 2016 Mehringer Blattenberg Riesling Layet 1900 Spätlese trocken | 12,5% | 9,- €
83 2016 Schleicher Sonnenberg Riesling Sonnenberg feinherb | 11% | 5,50 €/1,0 Lit.
84 2016 Riesling Schieferterrassen feinherb | 12% | 7,- €
85 2016 Mehringer Zellerberg Riesling Alte Reben Spätlese feinherb | 11,5% | 9,- €
82 2016 Schleicher Sonnenberg Riesling | 10% | 5,50 €/1,0 Lit.
86 2016 Mehringer Zellerberg Riesling Spätlese | 8,5% | 9,- €
87 2016 Mehringer Blattenberg Riesling Zenit Auslese | 8,5% | 10,- €/0,375 Lit.
92 2016 Mehringer Blattenberg Riesling Beerenauslese | 8,5% | 30,- €/0,375 Lit.
82 2016 Spätburgunder feinherb Rosé | 12% | 6,50 €

WEINGUT REUSCHER-HAART

54498 Piesport · Sankt-Michael-Straße 20/22
Tel (0 65 07) 24 92 · Fax 56 74
info@weingut-reuscher-haart.de
www.weingut-reuscher-haart.de

Inhaber und Betriebsleiter Mario Schwang
Verkauf Sabine und Mario Schwang
nach Vereinbarung

Mit dem Jahrgang 2016 zeigt das Piesporter Weingut Reuscher-Haart die dritte starke Kollektion in Folge. An der Spitze des Sortiments von Winzer Mario Schwang stehen die beiden 2016er Riesling Spätlesen - eine trockene und eine fruchtige - aus dem Piesporter Goldtröpfchen. Knapp dahinter kommen die feinherben und trockenen Spätlesen Überschwang und Urgestein.

Verkostete Weine 10
Bewertung 83–88 Punkte

85 2016 Piesporter Riesling trocken | 11,5% | 6,50 €
83 2016 Piesporter Riesling trocken | 12,5% | 5,50 €
84 2016 Cabernet Blanc trocken | 12,5% | 6,- €
88 2016 Piesporter Goldtröpfchen Riesling Spätlese trocken | 12,5% | 9,- € |
86 2016 Piesporter Domherr Riesling Urgestein Spätlese trocken | 12,5% | 10,- €
84 2016 Piesporter Goldtröpfchen Riesling Kabinett feinherb | 11% | 6,80 €
86 2016 Piesporter Goldtröpfchen Riesling Überschwang Spätlese feinherb | 11% | 9,50 €
84 2016 Piesporter Riesling | 9% | 5,50 €
86 2016 Piesporter Goldtröpfchen Riesling Kabinett | 9% | 6,80 €
88 2016 Piesporter Goldtröpfchen Rielsing Spätlese | 9% | 9,50 € |

Symbole Weingüter
★★★★★ Weltklasse · ★★★★ Deutsche Spitze
★★★ Sehr Gut · ★★ Gut · ★ Zuverlässig

Weinbewertung in Punkten
100 Perfekt · 95 bis 99 Überragend · 90 bis 94 Exzellent
85 bis 89 Sehr gut · 80 bis 84 Gut

★⯪

WEINGUT REVERCHON
54329 Konz-Filzen · Saartalstraße 2–3
Tel (0 65 01) 92 35 00 · Fax 92 35 09
kontakt@weingut-reverchon.de
www.weingut-reverchon.de
Inhaber Hans Maret
Betriebsleiter und Kellermeister Ralph Herke
Außenbetrieb Frank Kroll
Verkauf Vinothek
Mo–Do 8.00–14.00 Uhr, **Fr** 8.00–16.00 Uhr

Das Weingut Reverchon hat sich in kurzer Zeit ein gute Reputation für seine Sektkollektion aufgebaut. Schon der einfache Rieslingsekt bietet eine hohe Qualität für kleines Geld, der Crémant zählt zu den besten deutschen Rieslingsekten. An der Spitze der Stillweine steht der nachgereichte, weil spät gefüllte Riesling Alte Reben aus der neu zum Lagenportfolio hinzugekommenen Spitzenlage Ockfener Bockstein. Hans Maret, gebürtiger Trierer und früherer Gesellschafter von Sal. Oppenheim, ist erfolgreich zu seinen Wurzeln zurückgekehrt. Nach dem Erwerb des insolventen Gutes im Jahr 2007 zeigt sich allmählich das Potenzial des Betriebes. Betriebsleiter Ralf Herke ist vor drei Jahren von Schloss Vollrads hierher gewechselt und hat erkennbar neuen Schwung gebracht.

Verkostete Weine 13
Bewertung 82–90 Punkte

86 Riesling Sekt Brut | 12% | 11,90 €
90 2010 Riesling Crémant Sekt Brut Premium | 12% | 17,90 €
88 2011 Spätburgunder & Chardonnay Blanc et Noir Brut Premium | 12% | 15,90 €
83 2016 Weißburgunder trocken | 12% | 8,50 €
84 2016 Riesling trocken | 12% | 8,50 €
86 2016 Filzener Herrenberg Riesling trocken | 11,5% | 9,90 €
89 2016 Ockfener Bockstein Riesling trocken Alte Reben | 11,5% | 14,90 €
85 2016 Riesling Mineral feinherb | 11% | 8,50 €
86 2016 Filzener Herrenberg Riesling Kabinett feinherb | 10,5% | 10,90 €
84 2016 Riesling Schiefer | 9% | 8,50 €
85 2016 Filzener Pulchen Riesling Kabinett | 9,5% | 10,90 €
86 2015 Filzener Herrenberg Spätburgunder trocken | 13% | 13,90 €

WEINGUT MAX FERD. RICHTER
54486 Mülheim · Hauptstraße 85/37
Tel (0 65 34) 93 30 03 · Fax 12 11
weingut@maxferdrichter.com
www.maxferdrichter.com
Inhaber Dr. Dirk Richter
Betriebsleiter Constantin Richter
Verwalter Werner Franz
Kellermeister Walter Hauth, Claudia Steinmetz
Verkauf Dr. Dirk Richter und Anneliese Hauth
Mo–Fr 9.00–18.00 Uhr
Sa 9.00–13.00 Uhr und nach Vereinbarung
Historie seit 1680 im Familienbesitz
Sehenswert barockes Gutshaus, französischer Garten, Holzfasskeller von 1880
Rebfläche 20 Hektar
Jahresproduktion 135.000 Flaschen
Beste Lagen Elisenbergeberg, Brauner Juffer und Juffer-Sonnenuhr, Wehlener Sonnenuhr, Graacher Domprobst
Boden grauer, blauer und brauner Devonschiefer, Quarzit
Rebsorten 95% Riesling, 5% Weißburgunder

So gut war Max Ferd. Richter noch nie. Nach einem bereits gelungenen Jahrgang 2015 trumpft Constantin Richter mit den 2016ern erst recht auf. Alle Weine sind wunderbar ausbalanciert und vermitteln Trinkspaß in großen Schlucken. Bei den fruchtigen Kabinetten ringen Himmelreich und Sonnenuhr um Platz eins. Der Himmelreich strotzt vor Frische und explodiert regelrecht am Gaumen, während die Sonnenuhr zarter und verspielter wirkt mit wunderbarer Säure-Präzision. Bei den Spätlesen ist wieder die Sonnenuhr vorne mit dabei, auf Augenhöhe mit der Juffer Sonnenuhr. Dazu kommt als Höhepunkt ein animierender und klarer Eiswein aus dem Helenenkloster. Der junge Betriebsleiter Constantin Richter hat ein feines Gespür für ausbalancierte restsüße Weine. Hier wird der Riesling zu 100 Prozent in alten Fuderfässern mit Spontanhefen vergoren, in einem Keller, der zu den größten der Mittelmosel zählt. In den nächsten Jahren wird weiter in Weinberge, Keller und Gebäude investiert. Zuletzt wurden die ersten Spätburgunder-Reben in der Gutsgeschichte gepflanzt. Der Betrieb selbst geht zurück auf ein 1680 gegründetes Handelsunternehmen, das heute noch aktiv ist. Der Exportan-

MOSEL

★★✯

teil liegt in Zeiten, in denen viele Winzer der Mosel sich auf trockene Rieslinge konzentrieren, bei 90 Prozent. Die USA, Großbritannien und China sind Hauptabnehmer.

Verkostete Weine 18
Bewertung 86–95 Punkte

- 86 2016 Graacher Domprobst Riesling trocken Alte Reben | 12% | 16,50 €
- 88 2016 Brauneberger Juffer Riesling Kabinett trocken | 11,5% | 11,90 €
- 90 2016 Mülheimer Sonnenlay Riesling feinherb Alte Reben | 10% | 14,90 €
- 87 2016 Mülheimer Sonnenlay Riesling Kabinett feinherb | 10% | 9,90 €
- 90 2016 Wehlener Sonnenuhr Riesling Kabinett feinherb | 9,5% | 11,90 €
- 90 2016 Erdener Treppchen Riesling Kabinett | 8% | 10,90 €
- 89 2016 Veldenzer Elisenberg Riesling Kabinett | 8% | 11,90 €
- 89 2016 Brauneberger Juffer Riesling Kabinett | 8% | 11,90 €
- 92 2016 Graacher Himmelreich Riesling Kabinett | 8% | 11,90 €
- 92 2016 Wehlener Sonnenuhr Riesling Kabinett | 8% | 12,90 €
- 92 2016 Brauneberger Juffer Riesling Kabinett – 4 – | 8% | 12,90 €
- 90 2016 Veldenzer Elisenberg Riesling Spätlese | 7% | 16,50 €
- 93 2016 Wehlener Sonnenuhr Riesling Spätlese | 7,5% | 19,50 €
- 94 2016 Brauneberger Juffer-Sonnenuhr Riesling Spätlese | 7,5% | 19,50 € | TOP
- 93 2016 Graacher Himmelreich Riesling Auslese | 7,5% | 23,90 €
- 91 2016 Brauneberger Juffer-Sonnenuhr Riesling Auslese – 38 – | 7% | 29,- €/0,375 Lit.
- 94 2016 Mülheimer Helenenkloster Riesling Eiswein ** – 103 – | 6,5% | 85,- €/0,375 Lit. | TOP
- 95 2011 Brauneberger Juffer-Sonnenuhr Riesling Trockenbeerenauslese | 5,5% | 139,- €/0,375 Lit.

WEINGUT RICHARD RICHTER
56333 Winningen · Marktstraße 19
Tel (0 26 06) 3 11 · Fax 3 12
info@weingut-richter.net
www.weingut-richter.net
Inhaber Thomas und Claus-Martin Richter
Verkauf Familie Richter
Mo–Fr 8.00–18.00 Uhr und nach Vereinbarung
Rebfläche 8,6 Hektar
Jahresproduktion 68.000 Flaschen
Beste Lagen Winninger Brückstück, Uhlen, Röttgen und Hamm
Boden devonische Schieferverwitterung, teilweise mit Bims
Rebsorten 86% Riesling, 6% Spätburgunder, je 4% Chardonnay und Weißburgunder
Mitglied Bernkasteler Ring

Die Rieslinge dieses Winninger Traditionshauses sind im Jahrgang 2016 von zarter Cremigkeit und haltender Säure geprägt; ohne diese wären die Weine breiter ausgefallen. Die Trockenen zeigen Noten gelber Früchte und Reichhaltigkeit, gepaart mit zarter Herbheit. Bei den höheren Prädikaten würden wir uns ein wenig mehr Frische wünschen. Richter stellt drei Große Gewächse vor: sehr reife Weine, gerundet und mitunter mächtig. An der Spitze des Sortiments steht die Reserve von den Uhlen Laubach Terrassen, geprägt von neuem Holz, saftig und mit Zug am Gaumen sowie guter Säure. Im Jahrgang 2015 zog sich ein positiver Stil durch das gesamte Sortiment: Die Weine waren mit feiner Säure und viel Kraft ausgestattet. Dies war eine sehr homogene Kollektion ganz im Stile der Untermosel. Schon vom Jahrgang 2013 hatten wir hier nur charaktervolle Weine probiert. Das galt auch für die Weine des Jahrgangs 2014. Man kann die Familie Richter als echte Allrounder bezeichnen, auch was den Umgang mit verschiedenen anderen Rebsorten wie Weißburgunder, Chardonnay und Spätburgunder anbelangt.

Verkostete Weine 12
Bewertung 83–90 Punkte

- **83** 2016 Chardonnay trocken | 12,5% | 12,50 €
- **87** 2016 Winninger Brückstück Riesling Kabinett trocken | 12% | 8,- €
- **89** 2016 Winninger Brückstück Terrassen Riesling trocken | 12% | 13,50 €
- **88** 2016 Winninger Röttgen Terrassen Riesling »Großes Gewächs« | 13% | 19,50 €
- **88** 2016 Winninger Uhlen Laubach Terrassen Riesling »Großes Gewächs« | 13% | 19,50 €
- **89** 2016 Winninger Uhlen Roth Lay Terrassen Riesling »Großes Gewächs« | 13% | 19,50 €
- **87** 2016 Winninger Brückstück Terrassen Riesling feinherb | 12% | 13,50 €
- **87** 2016 Riesling Terra-V. Terrassen feinherb | 12% | 16,50 €
- **88** 2016 Winninger Brückstück Riesling Kabinett feinherb | 10,5% | 8,- € | €
- **90** 2015 Winninger Uhlen Laubach Terrassen Riesling Reserve | 13% | ♪
- **85** 2016 Winninger Brückstück Riesling Kabinett | 9,5% | 8,- €
- **86** 2016 Winninger Röttgen Riesling Spätlese Alte Reben | 9% | 16,50 €

WEINGUT RINKE
54318 Mertesdorf – Grünhäuser Mühle
Hauptstraße 4
Tel (01 51) 11 18 14 57 und 18 30 53 35
Fax (06 51) 99 53 76 68
info@rinke-weine.com
www.rinke-weine.com
Inhaber und Betriebsleiter Dr. Marion und Alexander Rinke
Verwalter Moritz Gogrewe
Kellermeister Gernot Kollmann un Moritz Gogrewe
Verkauf nach Vereinbarung und zu den Öffnungszeiten der Grünhäuser Mühle

Nach Jahren der Brache im Langsurer Brüderberg Terrassen, direkt an der Luxemburger Grenze gelegen, wurden auf etwa einem Hektar Brombeerbüsche gerodet und zu 90 Prozent Chardonnay, aber auch etwas Viognier, Muskateller und Traminer angepflanzt. Die Reben stehen in gemischtem Satz, darunter 25 verschiedene Chardonnay-Klone von überwiegend alter Genetik. Ausgebaut werden die Obermosel-Weine von Gernot Kollmann im Weingut Immich-Batterieberg. 2015/2016 wurde der Betrieb durch den Erwerb von Weinbergen an der Saar um etwa zwei Hektar erweitert. Es handelt sich bei den Riesling-Weinbergen im Oberemmeler Altenberg und dem Wiltinger Klosterberg ausschließlich um Steillagen mit durchschnittlich 50 Jahre alten Reben, die zum großen Teil noch in Einzelpfahlerziehung bewirtschaftet werden. Die in diesem Jahr erstmals vorgestellten Saarweine werden von Moritz Gogrewe in Oberemmel an der Saar ausgebaut. Im ersten gemeinsamen Jahr begegnen sich beide Betriebsteile auf Augenhöhe.

Verkostete Weine 5
Bewertung 84–88 Punkte

- **88** 2016 Langsurer Brüderberg Muschelkalk | 11,5% | 14,- €
- **84** 2016 Riesling Kabinett | 9% | 11,- €
- **85** 2016 Wiltinger Klosterberg Riesling Alte Reben | 9,5% | 12,50 €
- **88** 2016 Oberemmeler Altenberg Riesling Alte Reben | 10% | 13,- €
- **87** 2015 Langsurer Brüderberg Pinot Noir »S« trocken Barrique | 12% | 19,50 €

MOSEL

WEINGUT RÖMERHOF

54340 Riol · Burgstraße 2
Tel (0 65 02) 21 89 · Fax 2 06 71
mail@weingut-roemerhof.de
www.weingut-roemerhof.de
Inhaber Franz Peter und Daniel Schmitz
Kellermeister Franz Peter und Daniel Schmitz

Verkauf Franz Peter und Daniel Schmitz
nach Vereinbarung

Das acht Hektar große Weingut Römerhof in Riol wird in vierter Generation von der Familie Schmitz geführt. Vater Franz-Peter und Sohn Daniel können für ihren Wein unter anderem auf Spitzenlagen wie Schweicher Annaberg oder Longuicher Maximiner Herrenberg zurückgreifen. Aus Letzterem kommt die saftige Riesling Spätlese, die mit gelbfruchtigen Aromen und saftiger Struktur am meisten Eindruck hinterließ.

Verkostete Weine 9
Bewertung 82–85 Punkte

84 Cuvée Pinot Rigodulum Sekt Brut | 12,5% | 13,50 €
83 2016 Riesling trocken | 11,5% | 6,50 €
82 2016 Weißburgunder trocken | 12% | 7,– €
84 2016 Mehringer Blattenberg Riesling Kabinett trocken | 12% | 6,80 €
84 2016 Mehringer Zellerberg Riesling Spätlese trocken | 12,5% | 8,50 €
85 2016 Mehringer Zellerberg Riesling Spätlese trocken Alte Reben | 12,5% | 10,50 €
84 2016 Mehringer Zellerberg Riesling vom grauen Tonschiefer Spätlese feinherb | 12% | 9,30 €
85 2016 Longuicher Maximiner Herrenberg Riesling No. I Spätlese feinherb | 8,5% | 11,50 €
83 2014 Blauer Frühburgunder trocken Barrique | 13% | 13,50 €

Symbole Weingüter
★★★★★ Weltklasse • ★★★★ Deutsche Spitze
★★★ Sehr Gut • ★★ Gut • ★ Zuverlässig

WEINGUT SCHLOSS SAARSTEIN

54455 Serrig · Schloss Saarstein
Tel (0 65 81) 23 24 · Fax 65 23
weingut@saarstein.de
www.saarstein.de
Inhaber Christian Ebert
Kellermeister Christian Ebert

Verkauf Christian Ebert
nach Vereinbarung

Sehenswert Schloss, erbaut um die Jahrhundertwende, Terrasse über der Saar mit herrlicher Aussicht auf Weinberge und das Saartal
Rebfläche 10,8 Hektar
Jahresproduktion 80.000 Flaschen
Beste Lage Serriger Schloss Saarsteiner
Boden Devonschiefer
Rebsorten 90% Riesling, 8% Weißburgunder, je 1% Grauburgunder und Auxerrois
Mitglied VDP

Die Weine von Schloss Saarstein verkörpern einen klassischen Saartyp mit angenehmen Ecken und Kanten. Sie sind von kühler Würze getragen. Christian Ebert gelingt es, seine Rieslinge immer klarer und purer zu gestalten. Das Große Gewächs ist kraftvoll und dicht und erinnert an Kräuteraromen, ein trockener Riesling mit Toppotenzial. Der fruchtige Kabinett aus dem Serriger Schloss Saarsteiner ist klar, pur und fordernd, ein ursprünglicher Saar-Riesling. Und die fruchtige Spätlese zeigt bei aller Dichte feinstes Spiel und Leichtigkeit: Das ist die alte Saar im besten Sinne. In den letzten Jahren wurde hier größer investiert in die Erhaltung der Gebäude und der Keller. In der nächsten Zeit möchte Christian Ebert seine rund elf Hektar große Rebfläche noch ein wenig erweitern. Dieter Ebert, dessen Familie im Krieg ihre landwirtschaftlichen Güter in Brandenburg verloren hatte, kaufte 1956 das um die Jahrhundertwende erbaute Gutshaus mitsamt der Monopollage Serriger Schloss Saarstein. Sein Sohn Christian hat Mitte der 80er Jahre das Ruder übernommen. Die Moste vergären im Fuderfass oder - zunehmend - im Edelstahltank. Die von einer gut integrierten Säure geprägten trockenen Weine machen mehr als 30 Prozent der Produktion aus. Der trockene Spitzenriesling stammt von 1943 gepflanzten wurzelechten Reben.

★★★★

Verkostete Weine 10
Bewertung 84–92 Punkte

84 2016 Riesling trocken | 11% | 9,- €/1,0 Lit.
86 2016 Riesling trocken | 8% | 9,- €
84 2016 Pinot Blanc trocken | 12,5% | 9,50 €
85 2016 Schloss Saarstein Riesling trocken | 11% | 11,- €
86 2016 Schloss Saarstein Riesling Grauschiefer trocken | 11% | 12,50 €
89 2016 Serriger Schloss Saarsteiner Riesling »Großes Gewächs« | 13% | 28,- €
86 2016 Schloss Saarstein Riesling Alte Reben | 12,5% | 18,50 €
87 2016 Schloss Saarstein Riesling Kabinett feinherb | 9,5% | 12,50 €
90 2016 Serriger Schloss Saarsteiner Riesling Kabinett | 8,5% | 12,50 €
92 2016 Serriger Schloss Saarsteiner Riesling Spätlese | 7% | 18,50 €

WEINGUT WILLI SCHAEFER
54470 Graach · Hauptstraße 130
Tel (0 65 31) 80 41 · Fax 14 14
info@weingut-willi-schaefer.de
www.weingut-willi-schaefer.de
Inhaber Christoph und Andrea Schaefer
Kellermeister Christoph Schaefer
Verkauf Familie Schaefer
nach Vereinbarung
Historie Weinbau seit 1121 in der Familie
Sehenswert Schatzkammer mit Weinen bis zum Jahrgang 1921
Rebfläche 4 Hektar
Jahresproduktion 30.000 Flaschen
Beste Lagen Graacher Domprobst und Himmelreich
Boden Devonschiefer
Rebsorte 100% Riesling
Mitglied VDP

An das brillante Vorjahr können die 2016er nicht anschließen. Vielen Weinen fehlt die letzte Klarheit und durch eine etwas verwaschene Aromatik fehlt es auch an Strahlkraft. Dennoch stellt Schäfer ein gutes Sortiment vor, das seine Stärken hat. Dazu gehört zweifelsohne der Kabinett aus dem Domprobst, ein kühler Sponti mit feinem Apfelduft. Zwei Spätlesen ragen in diesem Jahrgang heraus, beide aus der Hauslage Domprobst. Die Nr. 10 hat feine Säure und einen pikanten Nachhall; die Nr. 13 präsentiert sich würzig, kühl und filigran. An der Spitze dieser Reihe steht die Goldkapsel Auslese mit feinen Kräuteraromen und einem stabilen Säuregerüst.

Supersaftige Auslesen
Dieses Weingut in Graach wurde immer als kleiner Familienbetrieb geführt. Die Leidenschaft für Riesling wurde von Generation zu Generation weitergetragen. So stieg Christoph Schaefer im Jahre 2002 in den Betrieb ein und profitierte vom Erfahrungsschatz seines Vaters Willi. Im Sommer 2015 legte dieser das Lebenswerk der Familie vollständig in die Hände seines Sohnes Christoph, der den Betrieb seither zusammen mit seiner Frau Andrea führt. Schon in den 1990er Jahren waren die Rieslinge hier von solcher Güte, dass wir Schaefer 1997 zum Aufsteiger des Jahres küren konnten. Seine Rieslinge aus 1995, 1997 und 1999 waren Klassiker, die durch Lagerung immer besser wurden. In 2006 zeigte

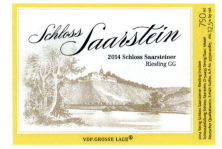

Schaefer eine tolle Serie von Spät- und Auslesen. Und dann der Jahrgang 2007: Lange hatten wir hier nicht diese Präzision im Riesling-Ausdruck erlebt und diese supersaftigen Auslesen genießen dürfen. Kein Wunder, dass der Graacher Winzer den Jahrgang 2007 mit 1971 verglich, einem ganz großen aus dem vergangenen Jahrhundert.

Willi und Christoph Schaefer

Trotz dieses hohen Niveaus in 2007 musste Schaefer im Folgejahrgang 2008 überhaupt keine Abstriche machen. Und selbst im schwierigen Jahrgang 2010 probierten wir eine rundum kompakte Kollektion von Rieslingen, die eine außergewöhnliche, von Zitrus- und Apfelaromen getragene Frische aufwies. Schon der einfache Kabinett konnte überzeugen. Besser noch die wunderbar saftigen Domprobst-Spätlesen, großartig die feinen, klassischen Auslesen. Die 2011er schlossen hier an. Großartig die Auslesen aus dem Domprobst, die Nummer 14 wunderbar klar und fokussiert, die 15 exotisch und an Maracuja erinnernd. Mit dem Jahrgang 2012 servierte Familie Schaefer jugendliche Weine, die erst durch längere Luftzufuhr ihre wahre Größe erkennen ließen. Mit insgesamt vier Auslesen jenseits der 90-Punkte-Marke erinnerte Schaefer eindrucksvoll daran, was sein Steckenpferd ist.

Ganz große Klassiker

Vier Auslesen gab es auch vom Jahrgang 2013, eine schöner als die andere. Auch die Spätlesen waren bestens gelungen. Richtige Muntermacher waren die Kabinette: präzise und frisch, voller Spannung. Und der feinherbe Gutswein zeigte in seiner saftigen Art, was möglich war in diesem problematischen Jahrgang. Und 2015 probierten wir völlig klare und präzise Rieslinge, die durch eine reife und kraftvolle Säure balanciert waren und die an die großen 1990er erinnerten. Kabinette, die eine feine Kühle verströmen, saftige Spätlesen, edel und verspielt, fast schwerelose Auslesen, delikat und hochfein.

Verkostete Weine 12
Bewertung 85–93 Punkte

- **85** 2016 Graacher Riesling feinherb | 11% | 9,80 €
- **86** 2016 Graacher Himmelreich Riesling Kabinett | 7,5% | 13,30 €
- **89** 2016 Graacher Domprobst Riesling Kabinett | 7,5% | 13,30 €
- **88** 2016 Graacher Himmelreich Riesling Spätlese | 7,5% | 18,50 €
- **91** 2016 Graacher Domprobst Riesling Spätlese – 10 – | 7,5% | 18,50 €
- **89** 2016 Wehlener Sonnenuhr Riesling Spätlese | 7,5% | 22,- €
- **90** 2016 Graacher Domprobst Riesling Spätlese – 5 – | 7,5% | 23,- €
- **92** 2016 Graacher Domprobst Riesling Spätlese – 13 – | 7,5% | ↗ 62,48 €
- **90** 2016 Graacher Himmelreich Riesling Auslese – 4 – | 7% | 29,- €
- **91** 2016 Graacher Domprobst Riesling Auslese – 11 – | 7,5% | 38,- €
- **91** 2016 Graacher Domprobst Riesling Auslese – 14 – | 7,5% | 55,- €
- **93** 2016 Graacher Domprobst Riesling Auslese Goldkapsel – 15 – | 7,5% | ↗ 199,92 €

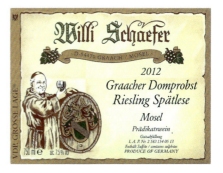

★⯪

WEINGUT FREIHERR VON SCHLEINITZ

56330 Kobern-Gondorf · Kirchstraße 17
Tel (0 26 07) 97 20 20 · Fax 97 20 22
weingut@vonschleinitz.de
www.vonschleinitz.de
Inhaber Familie Reufels
Betriebsleiter und Kellermeister Konrad Hähn
Verkauf nach Vereinbarung

Das Weingut Freiherr von Schleinitz aus Kobern-Gondorf an der Terrassenmosel baut auf mehr als zwölf Hektar steilster Terrassenlagen in und um Kobern vor allem Riesling und Burgundersorten an. Bis in das Jahr 1650 lässt sich die Geschichte des Weinbaus in der Familie Hähn zurückverfolgen. 1892 zog Peter Hähn nach Kobern und gründete sein eigenes Weingut. In 1956 expandierte sein Enkel Karlheinz Hähn, indem er das Weingut des Freiherrn von Schleinitz erwarb, unter dessen Namen das Weingut bis heute firmiert. Der Sohn und heutige Betriebsleiter Konrad Hähn war bereits Ende der 70er Jahre als Kellermeister im Weingut tätig. Nach seinem Geisenheim-Abschluss übernahm er im Jahr 1991 die Verantwortung für die Weinbereitung im Weingut von Schleinitz. Das aktuelle Sortiment knüpft nahtlos an die ebenfalls gut gelungenen Vorjahreskollektionen an.

Verkostete Weine 6
Bewertung 84–87 Punkte

85 2016 Riesling Nitor trocken | 12% | 8,– €
85 2016 Grauburgunder | 12,5% | 8,50 €
87 2016 Koberner Uhlen Riesling trocken | 12,5% | 11,– €
84 2016 Riesling feinherb | 11,5% | 7,– €
86 2016 Riesling Apollo feinherb | 11% | 9,– €
87 2016 Koberner Weißenberg Riesling | 10% | 8,50 €

★★

WEINGUT ANDREAS SCHMITGES

54492 Erden · Hauptstraße 24
Tel (0 65 32) 27 43 · Fax 39 34
info@schmitges-weine.de
www.schmitges-weine.de
Inhaber Andreas Schmitges
Verkauf Vinothek
Fr–Sa 15.00–19.00 Uhr, **So** 10.00–13.00 Uhr
Historie Weinbau seit 1744
Rebfläche 16 Hektar
Jahresproduktion 160.000 Flaschen
Beste Lagen Erdener Treppchen und Prälat
Boden grauer und roter Schiefer, sandiger Lehmboden
Rebsorten 80% Riesling, 5% Müller-Thurgau, 7% Weißburgunder, 5% Grauburgunder, 3% Spätburgunder
Mitglied Bernkasteler Ring

Dieses Erdener Gut macht mit einer Aktion auf sich aufmerksam, die es so wohl noch nicht in Deutschland gegeben hat. Im Herbst 2016 wurden im Erdener Treppchen die Trauben bei 93 Grad Öchsle gelesen und der Most zu jeweils einem Drittel in verschiedene Gebinde eingelagert. Nun dürfen die Kunden des Hauses entscheiden, welcher Wein ihnen am besten geschmeckt hat. Uns hat der Riesling aus dem Holzfass am besten gemundet, mit zartem Schmelz und etwas komplexer ausgefallen als die anderen beiden Weine. Dicht dahinter kommt der Wein aus dem Granitfass, ein knackig fordernder Riesling, kühl und präsent. Die Variante aus dem Stahltank hat uns am wenigsten gefallen. Das gesamte Sortiment ist zu sehr auf der süßen Seite. Ein früherer Lesezeitpunkt und weniger Restsüße könnte den Weinen mehr Frische verleihen, und damit letztlich auch mehr Charakter und Definition. An der Spitze des Sortiments steht eine wunderbar klare Beerenauslese mit einem guten Säurestrang. Im Jahrgang 2013 war Waltraud und Andreas Schmitges eine bemerkenswerte Kollektion gelungen, die sich vor allem im trockenen Bereich überzeugend zeigte. Die Basisweine waren klar, die trockenen Spätlesen hatten Format und im Erdener Prälat war Schmitges ein großes Wurf gelungen: Das Große Gewächs gehörte zu den besten seines Jahrgangs an der Mosel. Qualitätsweinbau wird in diesem Erdener Gut schon seit den 1980er Jahren betrieben. Bereits damals

---

Symbole Weingüter

€ Schnäppchenpreis · TOP Spitzenreiter · BIO Ökobetrieb
🍷 Trinktipp · ⚖ Versteigerungswein

| Sekt | Weißwein | Rotwein | Rosé |

MOSEL

machte der Betrieb mit gelungenen trockenen Spätlesen auf sich aufmerksam. Seither haben wir hier immer wieder Moselweine mit viel Tiefe und Charakter probiert.

Verkostete Weine 12
Bewertung 84–93 Punkte

84 2016 Riesling Grauschiefer trocken | 12,5% | 9,- €
85 2016 Erdener Treppchen Riesling Urgestein Kabinett trocken | 12% | 10,- €
86 2016 Erdener Treppchen Riesling Spätlese trocken Holzfass | 12% | 15,- €
87 2016 Erdener Treppchen Riesling Steel trocken | 12,5% | 20,- €
89 2016 Erdener Treppchen Riesling Stone trocken | 12,5% | 20,- €
90 2016 Erdener Treppchen Riesling Wood trocken | 12,5% | 20,- €
87 2016 Erdener Prälat Riesling »Großes Gewächs« Holzfass | 13,5% | 27,50 €
86 2016 Riesling Vom Berg feinherb | 12% | 9,- €
87 2016 Riesling Alte Reben Spätlese feinherb | 11,5% | 15,- €
86 2016 Riesling Vom roten Schiefer Kabinett | 8% | 10,50 €
86 2016 Erdener Treppchen Riesling Spätlese | 7,5% | 🍀
93 2015 Erdener Treppchen Riesling Beerenauslese | 6% | 49,50 €/0,375 Lit.

WEINGUT SCHMITT-WEBER
66706 Perl · Bergstraße 66
Tel (0 68 67) 3 66 · Fax 56 03 67
info@schmitt-weber.de
www.schmitt-weber.de
Inhaber und Betriebsleiter Thomas Schmitt
Kellermeister Thomas Schmitt
Verkauf nach Vereinbarung

Nach einigen Jahren, in denen Winzer Thomas Schmitt nur trockene Weine eingereicht hat, sind diesmal gleich vier gut gelungene Edelsüße dabei. Sein trockenes Sortiment unterteilt Schmitt in drei Linien: kaltvergorene Klassiker, Lagenweine mit mindestens sechs Monaten Hefelager im großen Holzfass und Premiumweine mit mindestens zwölf Monaten Hefelager.

Verkostete Weine 12
Bewertung 83–90 Punkte

83 2016 Grauburgunder trocken | 12,5% | 8,20 €
84 2015 Sehndorfer Marienberg Grauburgunder Spätlese trocken Holzfass | 14% | 11,50 €
84 2015 Perler Hasenberg Auxerrois Spätlese trocken Holzfass | 12,5% | 11,50 €
84 2015 Sehndorfer Klosterberg Chardonnay Spätlese trocken Holzfass | 14% | 11,50 €
85 2015 Sehndorfer Klosterberg Auxerrois 1725 Spätlese Premium Holzfass | 13,5% | 22,50 €
87 2015 Perler Hasenberg Chardonnay »S« 1725 Spätlese Premium Barrique | 13% | 25,- €
85 2015 Sehndorfer Klosterberg Weißburgunder 1725 Spätlese feinherb Premium Holzfass | 13% | 22,50 €
86 2015 Perler Hasenberg Grauburgunder 1725 Spätlese Premium Holzfass | 13,5% | 22,50 €
87 2015 Sehndorfer Marienberg Roter Traminer 1725 Auslese feinherb | 13% | 14,50 €/0,375 Lit.
87 2015 Perler Hasenberg Grauburgunder 1725 Auslese feinherb | 11,5% | 15,50 €/0,375 Lit.
90 2015 Perler Hasenberg Riesling Eiswein | 7,5% | 50,- €/0,375 Lit.
89 2015 Perler St. Quirinusberg Auxerrois Beerenauslese | 12% | 16,- €/0,375 Lit.

Weinbewertung in Punkten
100 Perfekt • 95 bis 99 Überragend • 90 bis 94 Exzellent
85 bis 89 Sehr gut • 80 bis 84 Gut

★★★★

**MAXIMIN GRÜNHAUS
SCHLOSSKELLEREI
C. VON SCHUBERT**

54318 Mertesdorf · Maximin Grünhaus 1
Tel (06 51) 51 11 · Fax 5 21 22
verwaltung@vonSchubert.de
www.vonSchubert.de

Inhaber Maximin und Dr. Carl-Ferdinand von Schubert
Betriebsleiter Stefan Kraml
Verkauf Dr. Carl-Ferdinand von Schubert
Mo–Fr 8.00–17.00 Uhr
Sa 8.00–12.00 Uhr und nach Vereinbarung
Historie erste urkundliche Erwähnung 966, Abtei St. Maximin, seit 1882 in Schubert'schem Besitz
Sehenswert Ensemble von Herrenhaus und Kavalierhaus sowie Kelterhaus mit Umfassungsmauer im gotischen Stil
Rebfläche 31 Hektar
Jahresproduktion 150.000 Flaschen
Beste Lagen Maximin Grünhäuser Abtsberg und Herrenberg
Boden blauer (Abtsberg) und roter (Herrenberg) Devonschiefer
Rebsorten 90% Riesling, 6% Weißburgunder, 4% Spätburgunder
Mitglied VDP

Dr. Carl-Ferdinand von Schubert

Vom Jahrgang 2016 probierten wir markante und charaktervolle trockene Rieslinge und wir konstatieren, dass dieses Gut in den letzten Jahr in diesem Segment immer stärker wurde. Für diese Entwicklung stehen die beiden Großen Gewächse, der Abtsberg mit wunderbarer Reichhaltigkeit, der Herrenberg mit feinem Duft von Cassis und Rauch und gesetzter Art.

Dominanter Riesling

Schon lange eine Spezialität des Hauses sind außerordentliche feinherbe Rieslinge, die besten mit dem Zusatz Superior. Diesmal steht der Abtsberg deutlich vorne, ein saftiger, konzentrierter und präziser Riesling. An fruchtsüßen Rieslingen wurden drei gute Kabinette und eine Spätlese vorgestellt. Sie lassen ein wenig das hier sonst so typische würzige Spiel vermissen. Der Kabinett aus dem Bruderberg aber zeigt Feinheit und ist klar und fest. Das Weingut Maximin Grünhaus liegt am Fuße eines ausgedehnten, steilen Südhanges auf der linken Seite der Ruwer, etwa zwei Kilometer vor deren Mündung in die Mosel. Es ist ein einzigartiges Anwesen auf dem Lande, wie es schöner nicht sein könnte. Mit großer Hingabe pflegt Dr. Carl-Ferdinand von Schubert, der auch den regionalen Verband der Prädikatsweingüter führt, diesen jahrhundertealten Familienbesitz. In der dazugehörigen, rund 30 Hektar großen, geschlossenen Weinbergslage wird das Ausgangsmaterial für Weine gewonnen, die immer wieder zu den besten deutschen Erzeugnissen gehören. Der Riesling ist mit 90 Prozent absolut dominant, die Burgundersorten (weiß und rot) bringen es immerhin auf einen Rebflächenanteil von rund zehn Prozent. Inhaber Carl-Ferdinand von Schubert kann auf Trauben aus drei Einzellagen zurückgreifen, die sich durch Bodenart, Hangneigung und Mikroklima unterscheiden: Abtsberg, Herrenberg und Bruderberg. Da die Grünhäuser Kellerei nur einen Steinwurf weit entfernt liegt, gelangen die geernteten Trauben binnen weniger Minuten auf die Presse. Der für Weinbau und Keller verantwortliche Stefan Kraml hat sich längst seine eigenen Meriten verdient. Vom Jahrgang 2014 schätzten wir vor allem die Weine aus dem Abtsberg, die für unseren Geschmack klarer, präziser und feiner ausgefallen sind als die Tropfen aus dem Herrenberg.

Abtsberg vor Herrenberg

Das traf auch im Jahrgang 2015 zu, etwa bei den fruchtigen Kabinetten. Da wurde der Herrenberg nicht nur vom präzisen und klaren Abtsberg überholt, sondern auch von dem kühlen und kräuterduftigen Bruderberg. Bei den Auslesen zeigte sich ein ähnliches Bild: Der Herrenberg entwickelte Zug und Klarheit, der Abtsberg zeigte seine unwiderstehliche, verspielte Art. Und bei den höherwertigen Auslesen wiederholte sich diese Rangfolge: Die Nummer 31 aus dem Herrenberg war von feinen Kräutern geprägt, die Nummer 24 aus dem Abtsberg war edel, verspielt

MOSEL

und wurde getragen von einer geradezu explosiven Säure. Und die Abtsberg Beerenauslese gehörte zu den besten Süßweinen des Jahrgangs.

Verkostete Weine 13
Bewertung 86–91 Punkte

- 86 2016 Maximin Grünhäuser Pinot Blanc Réserve trocken | 13% | 14,90 €
- 90 2016 Maximin Grünhäuser Herrenberg Riesling »Großes Gewächs« | 11,5% | 24,90 €
- 89 2016 Maximin Grünhäuser Abtsberg Riesling »Großes Gewächs« | 12% | 27,90 €
- 86 2016 Maximin Grünhäuser Riesling Monopol | 11,5% | 10,90 €
- 88 2016 Maximin Grünhäuser Riesling Alte Reben | 11,5% | 15,90 €
- 89 2016 Maximin Grünhäuser Herrenberg Riesling Superior feinherb | 11,5% | 24,90 €
- 91 2016 Maximin Grünhäuser Abtsberg Riesling Superior feinherb | 11% | 27,90 €
- 91 2016 Maximin Grünhäuser Bruderberg Riesling Kabinett | 7,5% | 13,90 €
- 88 2016 Maximin Grünhäuser Herrenberg Riesling Kabinett | 7,5% | 14,90 €
- 90 2016 Maximin Grünhäuser Abtsberg Riesling Kabinett | 7,5% | 15,90 €
- 91 2016 Maximin Grünhäuser Abtsberg Riesling Spätlese | 7% | 17,90 €
- 91 2016 Maximin Grünhäuser Herrenberg Riesling Eiswein | 7% | 75,– €/0,375 Lit.
- 87 2015 Maximin Grünhäuser Pinot Noir trocken Barrique | 13,5% | 32,– €

WEINGUT SCHUMACHER
56858 Sankt Aldegund · Am Moselstausee 32
Tel (0 65 42) 90 07 88 · Fax 90 07 89
joachim-schumacher@vinotheca-sutoris.de
www.vinotheca-sutoris.de
Inhaber Joachim Schumacher

Verkauf Probierstube
Mo–Fr 10.00–19.00 Uhr
Sa–So 10.00–18.00 Uhr

An der Spitze der Kollektion stehen zwei Riesling Auslesen aus dem Neefer Frauenberg, die fruchtige Auslese Augustus und die trockene Auslese Probus. Im Weingut Schumacher hat aber auch Rotwein eine deutlich größere Bedeutung als in der Moselregion üblich. Auch hier ist es mit der Spätburgunder Auslese Valentinianus ein Wein aus dem Neefer Frauenberg, der uns am meisten überzeugt. Die Kollektion von Joachim Schumacher enthält in diesem Jahr auch erstmals zwei ungeschwefelte Weine, den komplett durchgegorenen und reichlich orangefarbenen Riesling Urahn und einen derzeit sehr animalischen Cabernet Sauvignon.

Verkostete Weine 12
Bewertung 82–86 Punkte

- 84 2016 Neefer Frauenberg Riesling Urahn Landwein trocken Barrique | 11% | 14,50 €
- 83 2016 Riesling Facil Kabinett trocken | 11% | 8,50 €
- 84 2016 Neefer Frauenberg Riesling Antik Spätlese trocken | 11% | 8,50 €
- 86 2016 Neefer Frauenberg Riesling Probus Auslese trocken | 12% | 14,50 €
- 84 2016 Merler Stephansberg Riesling Hochgewächs feinherb | 10,5% | 7,50 €
- 83 2015 Riesling Devon Spätlese feinherb | 10% | 9,50 €
- 86 2015 Neefer Frauenberg Riesling Augustus Auslese | 8% | 14,50 €
- 82 2015 Cuvée Pinot trocken Barrique | 13% | 12,50 €
- 83 2015 Merler Klosterberg Cabernet Sauvignon trocken Barrique | 13% | 24,50 €
- 85 2015 Merler Klosterberg Cabernet Sauvignon trocken Barrique | 13% | 24,50 €
- 83 2015 Frühburgunder Commodus trocken Barrique | 14% | 32,50 €
- 86 2015 Neefer Frauenberg Spätburgunder Valentinianus Auslese trocken Barrique | 13,5% | 42,50 €

☆ ★★★★

WEINGUT SCHWAAB

56072 Koblenz · In der Laach 93
Tel (02 61) 4 03 08 40 · Fax 4 03 08 41
info@weinkeller-schwaab.de
Inhaber Christof Schwaab

Verkauf Christof Schwaab
Mo-Fr 9.00-12.00 Uhr · 14.00-18 Uhr
Sa 9.00-13.00 Uhr

Auch diesmal gefällt die angenehm frische und fest strukturierte Spätlese aus der Koblenzer Marienburg am besten. Der Rest der kleinen Kollektion ist zwar nicht auf dem Vorjahresniveau, aber die Weine sind von solider Qualität. Christof Schwaab bietet zu seinen Weinen interessante Erlebnistouren durch die Koblenzer Weinberge, um an die alte Weinbautradition und die dazugehörende Kultur zu erinnern.

Verkostete Weine 6
Bewertung 81-86 Punkte

- 81 2016 Koblenzer Marienberg Riesling 1890 trocken Silberkapsel | 13% | 7,90 €
- 83 2016 Koblenzer Marienberg Weißburgunder trocken Silberkapsel | 13,5% | 7,90 €
- 84 2016 Koblenzer Marienberg Riesling von Terrassen trocken Goldkapsel | 13% | 11,50 €
- 83 2016 Riesling Schieferlinie feinherb | 12,5% | 6,50 €
- 82 2016 Koblenzer Marienberg Riesling Manwerc feinherb Silberkapsel | 12,5% | 7,90 €
- 86 2015 Koblenzer Marienberg Riesling Spätlese Goldkapsel | 9% | 12,50 €

WEINGUT SELBACH-OSTER

54492 Zeltingen · Uferallee 23
Tel (0 65 32) 20 81 · Fax 40 14
info@selbach-oster.de
www.selbach-oster.de
Inhaber Johannes Selbach, Barbara Selbach
Kellermeister Klaus-Rainer Schäfer und Christian Vogt

Verkauf Familie Selbach
nach Vereinbarung

Historie seit 1600 Weinbau in der Familie
Rebfläche 22 Hektar
Jahresproduktion 150.000 Flaschen
Beste Lagen Zeltinger Schlossberg und Sonnenuhr, Wehlener Sonnenuhr, Graacher Domprobst
Boden steiniger blauer Devonschiefer, in Graach teilweise mit Lehm
Rebsorten 97% Riesling, 2% Weißburgunder, 1% Spätburgunder

Nach seinem großartigen Auftritt mit dem Jahrgang 2015 hat sich Johannes Selbach im Folgejahr eine kleine Ruhepause gegönnt. Wenn auch diese Leichtigkeit und Klarheit des Vorjahres nicht durchgängig vorhanden sind, so ist die 2016er Kollektion doch von zuverlässiger Güte. Zu erwähnen sind zwei schöne fruchtige Kabinette aus Schlossberg und Sonnenuhr mit kühler und würziger Aromatik und spannungsvollem Nachhall. Auch bei den Auslesen gibt es Höhepunkte, etwa der Schmitt aus dem Zeltinger Schlossberg. Diese Auslese zeigt eine kühle und feine Art, ist druckvoll und stimmig. Auch die Ein Sterne Auslese aus derselben Lage baut guten Druck auf, zeigt würzige Feinheit und klingt lange nach.

Ein großer Jahrgang

Johannes Selbach hatte die Vorgaben der Natur in 2015 optimal genutzt. Hier war ein ganz großer Jahrgang entstanden. Dies waren Rieslinge der feinsten, traditionellen Machart. Schon die trockenen Rieslinge waren eine Bank: der Kabinett zart schmelzig und fein gerundet, der Schlossberg Bömer mit dichtem Kern und Charakter. Die feinherbe Spätlese aus dem Domprobst gehörte zu den besten ihrer Kategorie bundesweit. Und dann die fruchtigen Rieslinge: die Kabinette feinwürzig und herzhaft, wunderbare alte Schule, die

MOSEL

Johannes Selbach

zarttraubige Sonnenuhr Spätlese mit Tiefe und Länge, die elegante Schlossberg Spätlese mit Schliff und perfekt eingebundener Säure. Die Phalanx von sage und schreibe acht Auslesen bewies die Größe des Jahrgangs. Domprobst, Anrecht, Schmitt, Rotlay und die Sonnenuhr Zweistern waren geradezu trinkanimierende Süßweine, wie sie nur an der Mosel entstehen können. 1993 hat Johannes Selbach das Weingut in seine Verantwortung übernommen. Dazu gehören beste Parzellen in berühmten Steillagen von Bernkastel, Graach, Wehlen und Zeltingen, die teilweise noch mit uralten, wurzelechten Rieslingreben bestockt sind. Im Keller werden alle zwei bis drei Jahre neue Fuderfässer eingesetzt. Die durchweg hochwertigen Weine werden etwa zur Hälfte fruchtig süß und trocken bis feinherb ausgebaut, wobei zukünftig der Anteil der trockenen und fruchtigen Qualitäten zu Lasten der halbtrockenen erhöht werden soll. Etwa zwei Drittel der Gutserzeugung gehen in den Export, vornehmlich in die USA, Japan und Südostasien. Über viele Jahre hinweg haben Vater und Sohn zuverlässig in diesem Spitzengut in seltener Eintracht gewirkt. Das harmonische Arbeiten von Hans und Johannes Selbach spiegelte sich durchaus auch im Charakter ihrer Weine wider. Seit dem Tod von Vater Hans Selbach Anfang 2005 führt der Sohn Johannes Selbach die Tradition dieses geschichtsträchtigen Hauses alleine fort.

Urgroßvater mit Dampfschiff

Der Urgroßvater von Johannes besaß einst ein Dampfschiff, mit dem er zu seiner Zeit die Fässer über Mosel und Rhein bis in die Nordseehäfen transportierte. Die Fässer wiederum stammten vom Küfer Matthias Oster, dem Urgroßvater väterlicherseits. In dieser Zusammenarbeit entwickelte sich der Familienbetrieb als Weingut, Kellerei und Handelshaus.

Verkostete Weine 20
Bewertung 83-93 Punkte

- **83** 2016 Riesling trocken | 12,5% | 8,- €/1,0 Lit.
- **86** 2016 Zeltinger Riesling Kabinett trocken | 12% | 10,- €
- **87** 2016 Zeltinger Sonnenuhr Riesling Spätlese trocken | 12,5% | 15,- €
- **88** 2016 Zeltinger Schlossberg Riesling Bömer Auslese trocken | 12,5% | 18,- €
- **86** 2016 Zeltinger Himmelreich Riesling Kabinett halbtrocken | 10,5% | 10,50 €
- **87** 2016 Graacher Domprobst Riesling Spätlese feinherb Alte Reben | 11,5% | 17,50 €
- **88** 2016 Zeltinger Sonnenuhr Riesling Spätlese feinherb Uralte Reben | 12% | 18,- €
- **90** 2016 Zeltinger Schlossberg Riesling Kabinett | 8,5% | 11,- €
- **90** 2016 Zeltinger Sonnenuhr Riesling Kabinett | 8,5% | 11,- €
- **90** 2016 Zeltinger Schlossberg Riesling Spätlese | 8,5% | 15,50 €
- **91** 2016 Zeltinger Sonnenuhr Riesling Spätlese | 8% | 16,- €
- **90** 2016 Zeltinger Sonnenuhr Riesling Spätlese * | 8% | 18,- €
- **90** 2016 Wehlener Sonnenuhr Riesling Spätlese * | 8% | 18,50 €
- **91** 2016 Graacher Domprobst Riesling Auslese | 8,5% | 21,- €
- **91** 2016 Zeltinger Himmelreich Riesling Anrecht Auslese | 8,5% | 23,- €
- **92** 2016 Zeltinger Schlossberg Riesling Auslese * | 8% | 23,- €
- **93** 2016 Zeltinger Schlossberg Riesling Schmitt Auslese | 8% | 31,- €
- **91** 2016 Zeltinger Sonnenuhr Riesling Rotlay Auslese | 8% | 35,- €
- **89** 2016 Zeltinger Himmelreich Riesling Eiswein | 7% | 60,- €/0,375 Lit.
- **89** 2016 Zeltinger Himmelreich Weißburgunder Beerenauslese | 7,5% | 36,50 €/0,375 Lit.

MOSEL

SELBACH OSTER

GRAACHER DOMPROBST
RIESLING FEINHERB 2014
"Alte Reben"

WEINGUT SPÄTER-VEIT

54498 Piesport · Brückenstraße 13
Tel (0 65 07) 54 42 · Fax 67 60
spaeter-veit@t-online.de
www.spaeter-veit.com
Inhaber und Betriebsleiter Heinz Welter
Kellermeister Niklas Welter

Verkauf Silvia und Heinz Welter
Mo-Fr 11.00-21.00 Uhr, **Sa-So** 10.00-21.00 Uhr
Straußwirtschaft Juni-Okt.
täglich ab 11.00 Uhr, Gästezimmer
Spezialitäten Riesling-Cremesuppe und geräucherte Forellen
Historie Weinbau seit über 300 Jahren
Sehenswert Panorama-Terrasse
Rebfläche 8,5 Hektar
Jahresproduktion 35.000 Flaschen
Beste Lagen Piesporter Goldtröpfchen und Domherr
Boden Schiefer und roter Schiefer
Rebsorten 68% Riesling, 15% Müller-Thurgau, 8% Spätburgunder, 7% Weißburgunder, 2% übrige Sorten

Verkostete Weine 12
Bewertung 86-92 Punkte

86 2016 Piesporter Riesling trocken | 11,5% | 7,- €/1,0 Lit.
89 2016 Piesporter Falkenberg Riesling Kabinett trocken | 11% | 8,50 € | €
88 2016 Riesling Spätlese trocken Alte Reben | 11,5% | 10,50 €
92 2015 Piesporter Goldtröpfchen Riesling Spätlese trocken Reserve | 12% | 15,- €
87 2016 Piesporter Grafenberg Riesling Kabinett feinherb | 10% | 8,50 €
91 2016 Piesporter Goldtröpfchen Riesling Kabinett feinherb | 9,5% | 9,50 € | €
89 2016 Riesling Spätlese feinherb Alte Reben | 10,5% | 10,50 €
89 2016 Piesporter Goldtröpfchen Riesling Krank Spätlese halbtrocken | 11% | 13,50 €
89 2016 Piesporter Goldtröpfchen Riesling Ginsterlay Spätlese feinherb | 11,5% | 13,50 €
90 2016 Piesporter Goldtröpfchen Riesling Armes Kabinett | 9% | 9,50 € | €
91 2016 Piesporter Goldtröpfchen Riesling Pichter Spätlese | 9% | 13,50 €
92 2016 Piesporter Goldtröpfchen Riesling Jupp Spätlese | 8% | 13,50 €

Die Weine dieses Piesporter Gutes sind alles andere als Mainstream. Heinz Welter mutet dem Riesling-Freund manchmal einiges zu, etwa bei seinem Versuch, Riesling-Trauben aus dem Goldtröpfchen trocken im neuen Holzfass auszubauen. Da trifft große Finesse auf die Aromatik des Holzes. Dieser Wein braucht viel Zeit zur Entwicklung, hat aber beste Anlagen. Überhaupt kann man sich beim Weingut Später-Veit schon einmal etwas hin- und hergerissen fühlen, etwa bei den trockenen und feinherben Rieslingen. Sie changieren zwischen tänzelnder Leichtigkeit auf der einen, kraftvoller Würze auf der anderen Seite. Der feinherbe Kabinett aus dem Goldtröpfchen mit seiner kühlen und frischen Art ist unser Favorit. Bei den fruchtigen Spätlesen ist es erneut der Jupp, der mit seiner kraftvollen Art und eingebundenen Süße überzeugt. Schwache Weine sind aus diesem Gut in den letzten Jahren so gut wie nicht mehr vorgestellt worden. Der Piesporter Winzer setzt vor allem auf Riesling sowie Weiß- und Spätburgunder. Letztere können hier beachtlich ausfallen. Grundlage für Welters Erfolg sind seine Rebflächen in Piesport und Wintrich, darunter anderthalb Hektar im Goldtröpfchen.

MOSEL

★★

WEINGUT STAFFELTER HOF
54536 Kröv · Robert-Schuman-Straße 208
Tel (0 65 41) 37 08 · Fax 39 33
info@staffelter-hof.de
www.staffelter-hof.de
Inhaber Jan Klein
Betriebsleiter Jan Klein
Außenbetrieb Beate Leopold und Gerd Klein
Kellermeister Beate Leopold und Jan Klein
Verkauf Familie Klein
Mo-Sa 9.00–12.00 Uhr · 14.00–19.00 Uhr
So nach Vereinbarung
Kulturscheune im alten Weingut mit zahlreichen Veranstaltungen
Sehenswert historische Hofanlage
Erlebenswert Sommersause mit Livemusik im Hof, Do (Ende Juni–Anfang Sept.)
Rebfläche 9 Hektar
Jahresproduktion 60.000 Flaschen
Beste Lagen Kröver Steffensberg und Letterlay, Dhron-Hofberger
Boden tiefgründiger Grauschiefer, Blau- und Rotschiefer
Rebsorten 73% Riesling, 12% Müller-Thurgau, 4% Spätburgunder, je 3% Regent und Sauvignon Blanc, 2% Frühburgunder, je 1% Arinto, Fernão Pires und Gelber Muskateller
Mitglied Ecovin, Slow Food, Klitzekleiner Ring

Den Weinen des Jahrgangs 2016 fehlt es in diesem Kröver Betrieb ein wenig an einer durchgängigen Stilistik. Ein Pluspunkt ist der trockene Kabinett Old School, der an reife Äpfel erinnert und von kühler Säure getragen wird. Auch der feinherbe Kabinett hat Struktur, selbst wenn er ein wenig zu sehr auf der süßlichen Seite steht. Recht gelungen erscheint uns der Steffensberg GeGe mit deutlicher Sponti-Nase, saftig, herb und markant. Für die Durchführung von Veranstaltungen in der Kulturscheune wurde eigens ein Verein gegründet. Ferienwohnung und Gästezimmer runden hier das Angebot ab. Der Jahrgang 2015 fiel in diesem Kröver Betrieb etwas hinter den Vorjahrgang zurück. Die Saftigkeit und vor allem die Klarheit der 2014er hatten wir bei einigen Weinen vergeblich gesucht. Der Name des Gutes geht zurück auf eine Schenkung des Urenkels Karls des Großen, Lothar II., der im Jahr 862 einen Weinhof in Kröv dem Kloster Stavelot überließ. So wurde die belgische Stadt Stavelot Namenspatron des Staffelter Hofes. Mit diesem Gut wird auch das Potenzial der Kröver Lagen Steffensberg und Letterlay sowie des Dhroner Hofbergs seriös in den Mittelpunkt gerückt. Seit 2012 wird der Betrieb in ökologischer Wirtschaftsweise geführt.

Verkostete Weine 12
Bewertung 83–88 Punkte

85 2016 Riesling & Sauvignon Blanc Little Bastard Tafelwein trocken Holzfass | 11,5% | 13,50 €
83 2016 Riesling trocken | 11,5% | 7,50 €/1,0 Lit.
85 2016 Riesling Magnus trocken | 11,5% | 7,50 €
85 2016 Riesling 862 trocken Alte Reben | 12% | 13,50 €
86 2016 Riesling Old School Kabinett trocken Holzfass | 10,5% | 9,– €
87 2015 Kröver Steffensberg Riesling GeGe trocken Holzfass | 12% | 19,50 €
85 2016 Kröver Paradies Riesling feinherb | 10,5% | 7,50 €
86 2016 Kröver Letterlay Riesling Kabinett feinherb | 10,5% | 11,50 €
85 2016 Riesling Knackarsch | 9,5% | 7,50 €
84 2016 Kröver Steffensberg Riesling Spätlese | 8,5% | 12,50 €
88 2016 Kröver Letterlay Riesling Eiswein | 9% | 39,– €/0,375 Lit.
83 2015 Spätburgunder Landwein trocken Holzfass | 12,5% | 12,50 €

★

WEINGUT STEFFENS-KESS

56861 Reil · Moselstraße 63
Tel (0 65 42) 12 46 · Fax 13 53
weingut@steffens-kess.de
www.steffens-kess.de
Inhaber Harald Steffens, Marita Keß
Kellermeister Harald Steffens

Verkauf nach Vereinbarung

Die durchweg trockene Kollektion des Weingutes Steffens-Keß hat dieses Jahr beeindruckt. Die Weine präsentierten sich sehr fein und klar, trotzdem fest zupackend und mit angenehm wenig Alkohol. Auch wenn sie jetzt schon gut trinkbar sind, ist noch einiges an Reifepotenzial vorhanden. Bester Wein der Reihe ist die trockene Spätlese aus dem Burger Hahnenschrittchen. Seit 1982 produziert Harald Steffens seine Steillagenweine nach ökologischen Richtlinien und ist Mitglied im Verband Ecovin.

Verkostete Weine 8
Bewertung 82–87 Punkte

82 2015 Riesling Sekt Brut | 12% | 11,20 €
84 2016 Riesling trocken Holzfass | 11% | 7,20 €/1,0 Lit.
84 2016 Burger Hahnenschrittchen Riesling trocken Holzfass | 11% | 7,20 €
84 2016 Reiler Goldlay Riesling trocken Holzfass | 11% | 7,30 €
85 2016 Burger Hahnenschrittchen Riesling Kabinett trocken | 11% | 8,30 €
85 2016 Reiler Goldlay Riesling Kabinett trocken Holzfass | 10,5% | 8,60 €
86 2016 Burger Wendelstück Riesling Spätlese trocken | 11,5% | 11,20 €
87 2016 Burger Hahnenschrittchen Riesling Spätlese trocken Holzfass | 11,5% | 11,40 €

★★★★⯪

WEINGUT GÜNTHER STEINMETZ

54472 Brauneberg · Moselweinstraße 154
Tel (0 65 34) 7 51 · Fax 94 09 21
info@weingut-guenther-steinmetz.de
www.weingut-guenther-steinmetz.de
Inhaber Stefan und Edith Steinmetz
Kellermeister Stefan Steinmetz

Verkauf Edith Steinmetz
nach Vereinbarung

Rebfläche 10 Hektar
Jahresproduktion 55.000 Flaschen
Beste Lagen Brauneberger Juffer, Dhroner Hofberg, Piesporter Goldtröpfchen, Wintricher Ohligsberg, Kestener Paulinshofberg
Boden blau-grau-braune Schieferverwitterung
Rebsorten 80% Riesling, je 10% Spätburgunder und weiße Burgundersorten

Im Vergleich zum Vorjahr haben die Weine aus diesem Brauneberger Gut deutlich zugelegt. Sie sind verspielter, klarer und feiner geworden. Vor allem die leichten trockenen Rieslinge können gefallen, da sie an zarte, kristallklare und trinkige Kabinettweine erinnern. Der Liter-Riesling steht an der Spitze dieser Kategorie in ganz Deutschland. Nur wenige Winzer füllen eine solche Qualität in die Literflasche. Der Brauneberger Ortswein hat Spannung und einen guten Zug. Der feinherbe Kabinett aus der Brauneberger Juffer braucht noch Zeit mit seiner fordernden Säure. Großartig ist der fruchtige Kabinett aus der Mülheimer Sonnenlay: vielschichtig, mit Druck und Länge. Er gehört zu den zehn besten seiner Gruppe im ganzen Land. Und die wunderbare Auslese aus dem Kestener Paulinsberg ist saftig-würzig und mit rassiger Säure ausgestattet. Sie kam in unserem Bundesfinale auf Platz sechs, eine tolle Leistung. In vielen Jahren kann man hier in diesem Gut fast jeden Wein blind kaufen. Hier scheint ein im positiven Sinne gemeinter Allrounder am Werk zu sein. Zehn Hektar bewirtschaftet Stefan Steinmetz mittlerweile. Seine häufig besten Rieslinge holt er aus der Brauneberger Juffer. Zuletzt wurde in weitere Weinbergsparzellen investiert. In den kommenden Jahren sollen Keller und Lagerräume erweitert werden.

Symbole Weingüter

€ Schnäppchenpreis · TOP/10 Spitzenreiter · BIO Ökobetrieb
🍷 Trinktipp · 🔨 Versteigerungswein

Sekt | Weißwein | Rotwein | Rosé

MOSEL

Verkostete Weine 11
Bewertung 86–94 Punkte

86 2016 Riesling trocken | 10% | 6,50 €/1,0 Lit. | TOP
90 2016 Brauneberger Riesling trocken
   | 10,5% | 8,50 € | €
86 2016 Pinot Blanc Maischevergoren trocken
   | 11% | 12,50 €
89 2016 Kestener Paulinshofberger Riesling GK
   trocken | 11,5% | 22,- €
90 2016 Wintricher Ohligsberg Riesling GW trocken
   | 12% | 22,- €
91 2016 Wintricher Geierslay Riesling GW trocken
   | 11% | 22,- €
91 2016 Piesporter Grafenberg Riesling GP trocken
   | 11,5% | 22,- €
90 2016 Brauneberger Juffer Riesling Kabinett
   feinherb | 10% | 9,50 € | €
88 2016 Brauneberger Juffer Riesling GB
   | 12% | 22,- €
92 2016 Mülheimer Sonnenlay Riesling Kabinett
   | 8,5% | 11,50 € | TOP
94 2016 Kestener Paulinsberg Riesling Auslese
   | 7% | 26,- € | TOP

WEINGUT STEPHAN STEINMETZ BIO
54439 Wehr · Am Markusbrunnen 6
Tel (0 65 83) 2 34 · Fax 18 48
info@stephan-steinmetz.de
www.stephan-steinmetz.de
Inhaber und Betriebsleiter Stephan Steinmetz
Verkauf Stephan und Petra Steinmetz
Mo–Sa nach Vereinbarung

Stephan Steinmetz hat seit Jahren einen der besten Betriebe an der Obermosel und stets sehr solide Qualität. So kann auch die aktuelle Kollektion nahtlos an die guten Vorjahre anknüpfen. Einen einzigen Ausreißer gibt es, und zwar nach oben: Der aus Spätburgunder erzeugte Crémant Rosé RosaRot gefällt uns in diesem Jahr ausgesprochen gut. »Kann es ein Weingut an der Mosel ohne Riesling geben?«, fragt Steinmetz auf seiner modern gestalteten Webseite. »Klar!«, ist seine Antwort, denn auf dem Muschelkalk der Obermosel, am Beginn des Pariser Beckens, gedeihen Elbling und Burgundersorten wirklich ganz vorzüglich. Nicht nur bei der Website, auch beim klaren Design von Flaschen und Etiketten hat Steinmetz ein gutes Händchen. Die Weine und Crémants wirken allein schon optisch wertig.

Verkostete Weine 5
Bewertung 84–88 Punkte

85 Elbling Crémant Brut | 11,5% | 10,- €
88 Spätburgunder RosaRot Crémant Brut
   | 12,5% | 12,50 €
84 2016 Elbling trocken | 11,5% | 5,80 €
85 2016 Weißburgunder trocken | 12% | 7,20 €
86 2016 Auxerrois trocken | 11,5% | 7,20 €

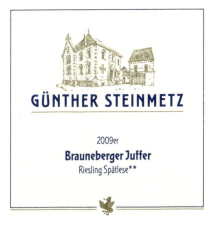

Weinbewertung in Punkten

100 Perfekt • 95 bis 99 Überragend • 90 bis 94 Exzellent
85 bis 89 Sehr gut • 80 bis 84 Gut

★

WEINGUT STUDERT-PRÜM MAXIMINHOF
54470 Bernkastel-Wehlen · Uferallee 22
Tel (0 65 31) 24 87 · Fax 39 20
info@studert-pruem.com
www.studert-pruem.com
Inhaber Michael und Stephan Studert
Betriebsleiter Michael Studert
Kellermeister Stephan und Michael Studert
Verkauf Familie Studert
Mo-Do 9.00–12.00 Uhr · 16.00–17.30 Uhr
Fr 9.00–12.00 Uhr und nach Vereinbarung

Die trockenen Rieslinge aus dem Jahrgang 2016 können uns nicht überzeugen. Die Weine sind etwas kurz und zeigen kaum Nachhall. Ein wenig besser sind die fruchtigen Rieslinge, etwa der Kabinett aus der Bernkasteler Badstube, der an reife Äpfel erinnert und am Gaumen etwas Druck erzeugt. Die Sekte, einstmals Aushängeschild dieses Traditionsgutes, wirken eher breit und grobperlig. Das Weingut wird von Stephan und Sohn Michael in der 14. Generation geführt. Es zog wieder zurück in das ursprüngliche, direkt an der Mosel gelegene Maximinerhaus in der Uferallee 22 in Wehlen. Der Maximinhof der früheren Abtei St. Maximin in Trier kam 1805 in den Besitz der Familie Studert. Später kam es zur Vereinigung der Weingüter Stephan Studert und Peter Prüm. Das Haus hat mit den Riesling-Sekten Maximiner Cabinet eine lange Sekttradition.

Verkostete Weine 10
Bewertung 80–86 Punkte

80 2015 Riesling Maximiner Cabinet Sekt trocken
| 12,5 % | 11,20 €
81 2015 Riesling Maximiner Cabinet Brut
| 12 % | 11,20 €
82 2016 Wehlener Riesling trocken Holzfass
| 12 % | 7,50 €
82 2016 Bernkasteler Graben Riesling Kabinett trocken Holzfass – 8 – | 11,5 % | 9,20 €
83 2016 Wehlener Sonnenuhr Riesling Spätlese trocken Holzfass – 6 – | 12 % | 10,50 €
84 2016 Wehlener Sonnenuhr Riesling Kabinett feinherb Holzfass – 12 – | 10,5 % | 9,20 €
85 2016 Wehlener Sonnenuhr Riesling Kabinett – 13 – | 8 % | 9,20 €
85 2016 Wehlener Sonnenuhr Riesling Kabinett – 15 – | 9,5 % | 9,20 €
86 2016 Bernkasteler Badstube Riesling Kabinett | 8,5 % | 9,20 €
86 2016 Wehlener Sonnenuhr Riesling Spätlese Holzfass | 8,5 % | 10,– €

WEINGUT WWE. DR. H. THANISCH ERBEN THANISCH
54470 Bernkastel-Kues · Saarallee 31
Tel (0 65 31) 22 82 · Fax 22 26
sofia@thanisch.com
www.thanisch.com
Inhaber Sofia Thanisch
Technischer Betriebsleiter Olaf Kaufmann
Verkauf Sofia Thanisch
Mo–Sa nach Vereinbarung
Historie Weinbau seit 1636 in der Familie, in der 4. Generation in weiblicher Hand
Sehenswert Felsenkeller aus dem 17. Jahrhundert unter dem Doctor-Weinberg, Doctor-Häuschen von 1889, Gutshaus von 1884
Rebfläche 8 Hektar
Jahresproduktion 58.000 Flaschen
Beste Lagen Berncasteler Doctor, Bernkasteler Lay und Badstube, Brauneberger Juffer-Sonnenuhr
Boden Devonschieferverwitterung
Rebsorte 100 % Riesling
Mitglied VDP

Wir sind zufrieden mit der Entwicklung in diesem altrenommierten Haus. Hier paart sich bei den Weinen immer mehr die Tradition (die gesetzte, würzige Art) mit der Moderne (Säure, kühle apfelige Art) und bringt zunehmend Weine mit mehr Eleganz als noch vor Jahren hervor. Das ist Klassik, modern interpretiert. Uns gefällt besonders der feinherbe Kabinett aus der Badstube, ein hochtransparenter Riesling mit feinem Spiel und leichter, kühler Art. Noch besser mundet uns der fruchtsüße Kabinett aus der Lage Doctor: edel, fein und komplex zugleich, wunderbar würzig. Von den Spätlesen ist eine besser als die andere. Wir ziehen ein wenig die Jubiläumsausgabe vor: ein saftiger langer Riesling voller Delikatesse, der trotz Dichte seine Leichtigkeit nicht verliert. Das Gut begründete mit der vorletzte Jahrhundertwende den Ruhm der Bernkasteler Lage Doctor. Die Trockenbeerenauslese des Jahrgangs 1921 war bahnbrechend für diese Qualitätsstufe an der Mosel. Nach der Spaltung des Betriebes in zwei Güter 1988 führt Sofia Thanisch den Betrieb, der seither den umständlichen Namen »Wwe. Dr. H. Thanisch - Erben Thanisch« führen muss. Nur zehn Prozent der Weine werden trocken ausgebaut, 75 Prozent gehen in den Export.

★★ MOSEL

Verkostete Weine 13
Bewertung 84-93 Punkte

- **84** 2016 Riesling trocken | 12,5% | 9,- €
- **87** 2016 Bernkasteler Graben Riesling »Großes Gewächs« | 13% | 24,- €
- **89** 2016 Berncasteler Doctor Riesling »Großes Gewächs« | 12,5% | 33,- €
- **90** 2016 Bernkasteler Badstube Riesling Kabinett feinherb | 9,5% | 13,- €
- **85** 2016 Riesling | 10,5% | 9,- €
- **88** 2016 Riesling Kabinett | 9,5% | 9,90 € | €
- **90** 2016 Bernkasteler Badstube Riesling Kabinett | 8,5% | 13,- €
- **91** 2016 Berncasteler Doctor Riesling Kabinett | 8% | 21,- €
- **91** 2016 Bernkasteler Badstube Riesling Spätlese | 8,5% | 16,- €
- **92** 2016 Berncasteler Doctor Riesling Spätlese | 8% | 28,- €
- **93** 2016 Berncasteler Doctor Riesling Jubiläum Spätlese | 8,5% | 38,- €
- **93** 2016 Berncasteler Doctor Riesling Spätlese | 8,5% | ⤴ 81,22 €
- **92** 2016 Berncasteler Doctor Riesling Auslese | 8,5% | 🍇

WEINGUT THANISCH
54470 Lieser · Moselstraße 56
Tel (0 65 31) 82 27 · Fax 82 94
info@thanisch.de
www.thanisch.de
Inhaber und Betriebsleiter Jörg Thanisch

Verkauf Petra Thanisch
Mo-So 10.00-18.00 Uhr

Rebfläche 8 Hektar
Jahresproduktion 75.000 Flaschen
Beste Lagen Lieser Niederberg Helden, Brauneberger Juffer
Boden Devonschiefer
Rebsorten 70% Riesling, 30% Burgundersorten

Jörg Thanisch hat sich in den letzten Jahren Stück für Stück nach oben gearbeitet. Zwar ist der ein oder andere Wein noch etwas behäbig, aber es kommt immer mehr Spannung auf. Prachtstück bei den trockenen Rieslingen sind die Alten Reben aus dem Niederberg Helden. Der Wein erinnert an gelbe Früchte, ist seidig und sanft und strahlt Charme aus - ein durch und durch vornehmer Riesling. Stark ist auch die feinherbe Spätlese aus dem Niederberg Helden, ein feiner Sponti, kompakt und markant, der sich noch gut entwickeln wird. Auch die fruchtige Spätlese aus derselben Lage findet unsere Anerkennung: Dies ist ein spannungsgeladener Riesling mit knackiger Säure, der an der Luft Schliff und Spiel entwickelt. Jörg Thanisch hat auch für Rotwein ein Händchen. Der Spätburgunder verströmt zartrauchigen Pinot-Duft und wäre mit etwas weniger Holz noch besser geraten. Jahr für Jahr sind hier vor allem die trockenen, feinherben und leicht restsüßen Weine - Kabinette und Spätlesen - von hoher Qualität und langer Lebensdauer. Äußerst zielstrebig geht Jörg Thanisch in diesem traditionellen Weingut seinen Weg. 2012 erwarb man eine Spitzenparzelle in der Lage Niederberg Helden, sodass nun acht Hektar in Bewirtschaftung sind. Eine moderne Vinothek hilft bei der Vermarktung.

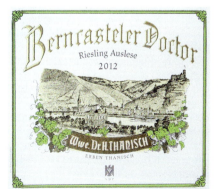

Verkostete Weine 11
Bewertung 83–90 Punkte

83 2016 Weißburgunder trocken | 13% | 7,90 €
84 2016 Riesling 1648 Tradition trocken
| 12% | 7,50 €
84 2016 Lieser Niederberg Helden Riesling Kabinett trocken | 11% | 8,90 €
87 2016 Lieser Niederberg Helden Riesling Spätlese trocken | 12% | 10,90 €
89 2016 Lieser Niederberg Helden Riesling »R« trocken Alte Reben | 12% | 16,90 €
87 2016 Lieser Niederberg Helden Riesling Kabinett feinherb | 10,5% | 8,90 €
88 2016 Lieser Niederberg Helden Riesling Spätlese feinherb | 10,5% | 10,90 €
86 2016 Bernkastel-Kueser Weisenstein Riesling Kabinett | 9% | 8,90 €
90 2016 Lieser Niederberg Helden Riesling Spätlese | 7% | 10,90 €
90 2016 Brauneberger Juffer Riesling Auslese | 7,5% | 16,90 €
86 2014 Spätburgunder unfiltriert trocken | 12,5% | 15,90 €

WEINGUT WWE. DR. H. THANISCH ERBEN MÜLLER-BURGGRAEF
54470 Bernkastel-Kues · Saarallee 24
Tel (0 65 31) 75 70 · Fax 79 10
weingut@dr-thanisch.de
www.dr-thanisch.de
Inhaber Barbara Rundquist-Müller
Betriebsleiter und Verwalter Maximilian Ferger
Kellermeister Maximilian Ferger und Edgar Schneider
Verkauf Barbara Rundquist-Müller
nach Vereinbarung

Historie Weinbau seit 1636 in der Familie, in der vierten Generation in weiblicher Hand
Sehenswert Felsenkeller unter dem Doctorberg, Schatzkammer
Rebfläche 14 Hektar
Jahresproduktion 75.000 Flaschen
Beste Lagen Berncasteler Doctor, Bernkasteler Graben, Badstube und Lay, Wehlener Sonnenuhr, Graacher Himmelreich, Brauneberger Juffer-Sonnenuhr
Boden Tonschieferverwitterung
Rebsorten 96% Riesling, 4% Spätburgunder

Dieses altrenommierte Gut in Bernkastel gibt seinen trockenen Weinen Zeit und stellte diesmal 2015er vor. Es sind durchweg herbe Rieslinge mit Charakter und Spannung. An der Spitze steht die trockene Spätlese aus dem Doctor mit leichtem Phenolton. Die trockene Spätlese aus der Sonnenuhr wird von Würze und Säure getragen. Die fruchtsüße Kollektion aus dem Jahrgang 2016 ist geprägt von sauberer Reife bis Hochreife, aber die Weine sind für unseren Geschmack alle zu hoch im Restzucker eingestellt. Darunter leidet ein wenig die Trinkanimation. Bereits im Jahrgang 2015 probierten wir feine, klassisch zarte, fruchtsüße Rieslinge mit einem Kabinett aus der Badstube an der Spitze. Auch die feinwürzige Spätlese aus dem Graben gehörte zu unseren Favoriten. Die Doctor-Spätlese probiert sich dicht und würzig, geradezu jugendhaft, und ist dabei völlig klar. Veränderungen in der Bewirtschaftung der Weinberge und ein Wechsel in der Betriebsleitung hatten hier zuletzt neue Impulse gesetzt. Vor allem im wahrlich nicht leicht zu vinifizierenden Jahrgang 2013 hatten auch die trockenen Weine an Qualität zugelegt. Bis 1988 wurde das Weingut Wwe. Dr. H. Thanisch als einheitlicher Betrieb geführt. Unterschiedliche Auffassungen über die Betriebsleitung haben schließlich zur Trennung geführt. Größtenteils wurden die Parzellen vertikal halbiert und auf die Stämme Erben Spier-Thanisch und Erben Müller-Burggraef verteilt.

Verkostete Weine 12
Bewertung 82–89 Punkte

- 82 2015 Riesling Sekt Brut | 12% | 15,- €
- 85 2015 Riesling Kabinett trocken | 11% | 10,- €
- 84 2015 Graacher Himmelreich Riesling Spätlese trocken | 10,5% | 18,- €
- 86 2015 Wehlener Sonnenuhr Riesling Spätlese trocken | 11% | 18,- €
- 87 2015 Berncasteler Doctor Riesling Spätlese trocken | 11% | 35,- €
- 86 2015 Berncasteler Doctor Riesling Kabinett | 7,5% | 20,- €
- 87 2016 Brauneberger Juffer-Sonnenuhr Riesling Spätlese | 8% | 18,- €
- 88 2016 Bernkasteler Graben Riesling Spätlese | 8% | 18,- €
- 88 2016 Berncasteler Doctor Riesling Spätlese | 8% | 35,- €
- 88 2016 Bernkasteler Lay Riesling Auslese | 8% | 30,- €
- 89 2016 Brauneberger Juffer-Sonnenuhr Riesling Auslese | 8% | 30,- €
- 86 2016 Berncasteler Doctor Riesling Auslese | 8% | 25,- €/0,375 Lit.

WEINGUT JULIUS TREIS

56861 Reil · Fischelstraße 24–26
Tel (0 65 42) 90 02 00 · Fax 90 02 01
weingut@julius-treis.de
www.julius-treis.de
Inhaber Familie Treis
Betriebsleiter Tobias Treis
Außenbetrieb Theo und Tobias Treis
Kellermeister Tobias Treis

Verkauf Familie Treis
Mo-Sa 8.00–18.00 Uhr und nach Vereinbarung

Die feine Riesling Spätlese aus dem Reiler Mullay-Hofberg beeindruckt mit feinem Biss und kraftvoll gelbfruchtiger Aromatik am meisten. Sie stand an der Spitze einer beachtenswerten Reihe von Weinen, die uns Julius Treis zugesandt hatte. Für das nächste Jahr hat er versprochen, auch Weine von seinem Weingut Sorentberg zu schicken, ein spannendes Projekt, bei dem ein fast vergessener Weinberg mit uralten Reben rekultiviert und neu bepflanzt wurde.

Verkostete Weine 8
Bewertung 83–88 Punkte

- 83 2014 Riesling Sekt Brut Prestige | 12% | 16,- €
- 85 2016 Weißburgunder trocken Holzfass | 13,5% | 8,- €
- 85 2016 Riesling trocken | 11,5% | 8,50 €
- 86 2016 Riesling trocken Alte Reben Holzfass | 12,5% | 14,50 €
- 84 2016 Riesling feinherb | 10,5% | 8,50 €
- 87 2016 Reiler Mullay-Hofberg Riesling Spätlese feinherb | 11% | 14,50 €
- 86 2016 Reiler Riesling vom heißen Stein Kabinett | 8% | 8,50 €
- 88 2016 Reiler Mullay-Hofberg Riesling Spätlese | 8% | 14,50 €

☆ ★★

WEINGUT MICHAEL TROSSEN
54536 Kröv · Jesuitenhofstraße 42
Tel (0 65 41) 81 20 05 · Fax 81 20 33
MT@das-weingut.com
www.das-weingut.com
Inhaber Michael Trossen
Verkauf Mai–Okt.
Mo–Sa 14.00–18.00 Uhr und nach Vereinbarung

Eigentlich gibt es an den Weinen vom Weingut Trossen nichts auszusetzen. Sie wirken solide, bieten gute Struktur und animierende Säure. Dennoch bleibt das Gefühl, dass mit mehr Präzision noch einiges an Eigenständigkeit und Qualität möglich wäre. Die Trauben für die Weine kommen aus den drei Kröver Lagen Steffensberg, Kirchlay und Letterlay. Für die Verarbeitung hat sich Michael Trossen im Jahr 2009 ein eigenständiges Betriebsgebäude mit angeschlossener Vinothek gebaut.

Verkostete Weine 10
Bewertung 81–86 Punkte

82 2016 Riesling trocken | 11% | 5,60 €/1,0 Lit.
81 2016 Weißburgunder trocken | 12,5% | 6,30 €
81 2016 Riesling & Weißburgunder RnB trocken | 12% | 7,90 €
83 2016 Kröver Kirchlay Riesling Kabinett trocken | 11% | 6,30 €
85 2016 Kröver Kirchlay Riesling Kabinett | 7,5% | 6,30 €
84 2016 Kröver Letterlay Riesling Bergblüter Spätlese trocken | 12% | 8,90 €
83 2016 Riesling halbtrocken | 10,5% | 5,60 €/1,0 Lit.
85 2016 Riesling feinherb | 10% | 6,30 €
83 2015 Kröver Letterlay Riesling Bergblüter Spätlese feinherb | 11,5% | 8,90 €
86 2016 Kröver Letterlay Riesling Bergblüter Spätlese | 7,5% | 8,90 €

DANIEL TWARDOWSKI
54347 Neumagen-Dhron · Im Hof 23
Tel (01 60) 97 76 67 14
hello@pinot-noix.com
www.pinot-noix.com
Inhaber Daniel Twardowski
Verkauf nach Vereinbarung
Rebfläche 3 Hektar
Jahresproduktion 2.500 Flaschen
Beste Lagen Dhroner Hofberg
Boden Schiefer

Waren die ersten beiden Jahrgänge von Daniel Twardowskis Pinot Noir aus dem Dhroner Hofberg noch nicht ganz präzise und der Holzeinsatz noch zu massiv, zeigte der Wein aus 2013 schon eine gute Struktur und sehr gute Balance. Dieses Jahr konnten wir den Jahrgang 2014 probieren und waren sehr angetan. »Primärfrucht elegant und seriös, Holzeinsatz perfekt, feste Struktur, stützende Säure«, steht auf dem Notizzettel. Somit steht einem guten Reifeprozess nichts im Wege. Vor zehn Jahren begann Daniel Twardowski damit, Weinberge im Dhroner Hofberg mit Pinot Noir-Reben zu bepflanzen. Dieses am Anfang ambitioniert anmutende Projekt hat sich inzwischen zu einem beachtlichen Betrieb von drei Hektar Größe gemausert.

Symbole Weingüter
€ Schnäppchenpreis · TOP Spitzenreiter · BIO Ökobetrieb
🍷 Trinktipp · 🔨 Versteigerungswein

| Sekt | Weißwein | Rotwein | Rosé |

MOSEL

Verkostete Weine 1
Bewertung 90–90 Punkte

90 2014 Dhroner Hofberg Spätburgunder Pinot Noix trocken Premium Barrique | 13% | 70,- €

Vorjahresweine

85 2011 Spätburgunder Pinot Noix trocken Premium Barrique | 13,5% | 70,- €
86 2012 Spätburgunder Pinot Noix trocken Premium Barrique | 13,5% | 70,- €
88 2013 Spätburgunder Pinot Noix trocken Premium Barrique | 13,5% | 70,- €

STIFTUNGSWEINGUT VEREINIGTE HOSPITIEN

54290 Trier · Krahnenufer 19
Tel (06 51) 9 45 12 10 · Fax 9 45 20 60
weingut@vereinigtehospitien.de
www.vereinigtehospitien.de
Inhaber Stiftung des öffentlichen Rechts
Betriebsleiter Joachim Arns
Kellermeister Klaus Schneider
Verkauf Claudia Denis und Marc Neumann
Mo–Do 8.00–12.30 Uhr · 13.30–17.00 Uhr
Fr 8.00–12.30 Uhr · 13.30–16.00 Uhr

Das Stiftungsweingut Vereinigte Hospitien ist langjähriges VDP-Mitglied und verfügt über Spitzenlagen von Piesport bis Serrig an der Saar. Da unsere Verkostungen in diesem Jahr später als üblich begonnen haben, war ein Teil der Kollektion bereits ausverkauft. Unter den noch verfügbaren Weinen kamen die beiden stärksten aus derselben Lage: Sowohl das Große Gewächs als auch der fruchtige Kabinett aus dem Scharzhofberg sind eine besondere Empfehlung wert.

Verkostete Weine 10
Bewertung 83–89 Punkte

85 2015 Riesling Sekt extra Brut | 12,5% | 12,50 €
83 2016 Trierer Riesling vom roten Fels trocken | 12% | 8,90 €
84 2016 Serriger Schloss Saarfelser Riesling trocken | 11,5% | 8,90 €
86 2016 Serriger Schloss Saarfelser Schlossberg Riesling »Großes Gewächs« | 12% | 20,- €
88 2016 Kanzemer Altenberg Riesling »Großes Gewächs« | 12% | 21,- €
89 2016 Scharzhofberger Riesling »Großes Gewächs« | 12% | 23,- €
84 2016 Wiltinger Hölle Riesling Kabinett feinherb | 10,5% | 9,20 €
85 2016 Serriger Schloss Saarfelser Schlossberg Riesling Kabinett | 7,5% | 8,90 €
87 2016 Scharzhofberger Riesling Kabinett | 8% | 11,80 €
84 2016 Trierer Augenscheiner Riesling Spätlese | 7,5% | 10,- €

Weinbewertung in Punkten
100 Perfekt • 95 bis 99 Überragend • 90 bis 94 Exzellent
85 bis 89 Sehr gut • 80 bis 84 Gut

★★★★

WEINGUT VOLLENWEIDER
56841 Traben-Trarbach · Wolfer Weg 53
Tel (0 65 41) 8 64 50 74
mail@weingut-vollenweider.de
www.weingut-vollenweider.de
Inhaber und Betriebsleiter Daniel Vollenweider
Außenbetrieb Zsoh Kiss
Verkauf nach Vereinbarung
Rebfläche 5 Hektar
Jahresproduktion 30.000 Flaschen
Beste Lage Wolfer Goldgrube, Schimbock
Boden blauer und roter Devonschiefer
Rebsorte 100% Riesling
Mitglied Klitzekleiner Ring

Wenn auch die 2016er Rieslinge von Daniel Vollenweider nicht ganz die so überaus klare Aromatik des Vorjahres aufweisen können, so zeigte uns der Winzer doch eine überzeugende Kollektion auf hohem Niveau. Bei unseren Verkostungen haben wir festgestellt, dass sich seine Weine durch Luftzufuhr immer weiter verändern, und das nicht zu ihrem Nachteil.

Aufbau aus dem Nichts
Sie haben vielmehr an Präzision gewonnen. Der Kabinett aus der Goldgrube ist ein leichter Riesling mit cremiger Aromatik und zartem Karamellton. Die Spätlese aus der Goldgrube ist würzig, kühl und klar mit feinem Säurekick im Abgang. Die Spätlese aus dem Steffensberg zeigt sich ein wenig weicher und schmelzig und klingt eher verhalten nach. Der aus 2015 nachgereichte trockene Riesling Schimbock zeigt Präzision und Klarheit und brilliert mit eingebundener klarer Säurestruktur. Daniel Vollenweiders Weine vom Jahrgang 2015 waren mächtiger ausgefallen als jene vom Jahrgang 2014. Das heißt aber nicht, dass sie deshalb weniger präzise waren. Die Weine ruhten in sich und wurden getragen von der reiferen Aromatik des 2015er Jahrgangs. Diese Charakteristik zeigte sich etwa bei der Auslese Goldkapsel, die eine große Dichte aufwies. Die Goldgrube Spätlese war delikat, jene aus dem Steffensberg eher karg und zartherb. Vollenweiders Kabinett ist ja schon ein Klassiker, von Jahr zu Jahr gehört er zu den besten im Lande, immer kühl und von großer Klarheit. Auch sein Riesling Gutswein Felsenfest spielt regelmäßig ganz vorne mit. Seine Trockenbeerenauslese ist ein echter Kracher und muss Konkurrenz nicht scheuen. Im Jahr 2000 hatte der Schweizer Daniel Vollenweider begonnen, die nicht flurbereinigte Lage Goldgrube im kleinen Ort Wolf durch seine Weine wieder bekannt zu machen. Im ersten Jahrgang hat er gerade mal 3.500 Flaschen abgefüllt. Mehr als genügend Platz für seine Produktion hat er in einem alten, dreistöckigen Felsenkeller in Traben-Trarbach.

Daniel Vollenweider

Beim Ausbau der Weine setzt er auf Edelstahl und das kommt der klaren Frucht seiner Spät- und Auslesen sehr zugute. Dabei sind seine Weine alles andere als stahlig. Durch die niedrigen Erträge aus weitgehend wurzelechten Reben zeigen sie viel Schmelz. Noch nie hatten wir von einem völligen Neuling der Branche, der sich alles aus dem Nichts aufbauen musste, auf Anhieb eine so überzeugende Kollektion (2001) verkostet. Die 2010er hatten uns überzeugt, und auch im Jahrgang 2011 hatte Vollenweider eine durchgängig starke Reihe aufgetischt.

Eine andere Stilistik
Bislang waren Vollenweiders Weine in Deutschland relativ unbekannt, da sie ausschließlich über den Fachhandel zu beziehen waren. Seit einiger Zeit vertreibt er seine Weine auch direkt an Privatkundschaft. Rund 80 Prozent der Erzeugung gehen ins Ausland. Die Vereinigten Staaten und Skandinavien sind die Hauptabnehmer. Neben seiner Hauslage Goldgrube hat sich Daniel Vollenweider auch in eine Parzelle des Trabener Würzgartens, Schimbock genannt, eingekauft. Sie ist der Wolfer Goldgrube benachbart und erhielt in alten Lagenklassifikationen höchste Bewertungen. Die von dort stammenden Weine weichen stilistisch deutlich von den klassischen Mosel-Rieslingen der Goldgrube ab. Sie sind hefewürziger, opulenter, mehr auf Tiefe denn auf

MOSEL

Eleganz angelegt. Mit diesem Projekt unterstützt Vollenweider auch eines der Hauptanliegen des Klitzkleinen Rings, dessen Mitglied er ist, auf vorbildliche Weise: den Erhalt alter, nicht flurbereinigter Weinberge mit hochwertigem Rebbestand. Und schon hat er wieder ein neues Projekt in Angriff genommen. Vollenweider stellt auf ökologische Wirtschaftsweise um. Er tut dies aber nach und nach und begann erst einmal mit einem Viertel der Weinbergsfläche.

Verkostete Weine 5
Bewertung 85–92 Punkte

85 2016 Riesling Felsenfest trocken | 12% | 10,50 €
92 2015 Riesling Schimbock trocken | 12,5% | 34,- €
89 2016 Wolfer Goldgrube Riesling Kabinett | 8,5% | 13,- €
90 2016 Kröver Steffensberg Riesling Spätlese | 8% | 18,50 €
92 2016 Wolfer Goldgrube Riesling Spätlese | 8% | 20,50 €

WEINGUT VOLS
54441 Ayl · Zuckerberg 3a   BIO
Tel (0 65 81) 9 85 03 00 · Fax 9 85 03 01
info@vols.de
www.vols.de
Inhaber und Betriebsleiter Helmut Plunien
Verkauf nach Vereinbarung
Rebfläche 7 Hektar
Jahresproduktion 40.000 Flaschen
Beste Lagen Wiltinger Braunfels, Kupp und Schlangengraben, Ayler Kupp und Schonfels
Boden blauer und roter Devonverwitterungsschiefer, zum Teil mit Quarzit
Rebsorten 85% Riesling, 8% weiße Burgundersorten, 7% Spätburgunder

Vom Jahrgang 2016 probierten wir aus diesem Saar-Weingut Rieslinge mit klarer Stilistik, wenn auch hier und da der letzte Schliff fehlt. Die Weine sind durchwegs herb und würzig und leichtgewichtig. Das Bemühen um Rieslinge mit noch mehr Charakter ist deutlich erkennbar, etwa im feinherben Gutsriesling, einem saftigen Wein mit knackiger Säure im modernen Stil. Die fruchtsüßen Rieslinge stehen an der Spitze. Der Kabinett aus der Ayler Kupp ist ein feiner Riesling mit Schliff und Balance, die Spätlese hat Charakter und eine verhaltene, eingebundene Süße. Das Sortiment dieses Gutes war im Jahrgang 2015 durch ein Auf und Ab in der Qualität geprägt. Ausgerechnet im für die Saar nun wirklich nicht einfachen Jahrgang 2013 stellte Helmut Plunien eine erstaunlich blitzblanke Kollektion vor. Daran konnte er im Jahrgang 2014 nicht in vollem Umfang anschließen. Nach seinem Weggang von den Bischöflichen Weingütern erwarb Helmut Plunien 2010 das Ayler Weingut Altenhofen mit Lagen in Ayl und Saarburg. Ebenso konnte er sich einen Weinberg in der Wiltinger Kupp mit 40 Jahre alten Reben sichern. Das Gut kann nun auf sieben Hektar zurückgreifen und dieses Potenzial hatte Helmut Plunien schon bald voll ausgeschöpft. Die Weine haben meist Stil und Schliff und verleugnen zu unserer Freude ihre Herkunft nicht.

Verkostete Weine 8
Bewertung 82–88 Punkte

- 83 2016 Weißburgunder trocken | 11% | 8,– €
- 86 2016 Riesling feinherb | 10% | 7,50 €
- 84 2016 Ayler Riesling feinherb | 10% | 8,50 €
- 84 2016 Wiltinger Riesling Kabinett | 10% | 8,50 €
- 85 2016 Wiltinger Kupp Riesling Kabinett | 8% | 12,50 €
- 88 2016 Ayler Kupp Riesling Kabinett | 7,5% | 12,50 €
- 88 2016 Riesling Vols I Spätlese | 8% | 18,– €
- 82 2016 Blanc de Noirs | 10% | 8,50 €

VAN VOLXEM

54459 Wiltingen · Dehenstraße 2
Tel (0 65 01) 1 65 10 · Fax 1 31 06
office@vanvolxem.com
www.vanvolxem.com
Inhaber Roman Niewodniczanski
Betriebsleiter und Kellermeister Dominik Völk
Verkauf nach Vereinbarung
Historie Weinbau seit 1700
Sehenswert denkmalgeschützte Gutsanlage, Jugendstil-Saal
Rebfläche 80 Hektar
Jahresproduktion 400.000 Flaschen
Beste Lagen Wiltinger Gottesfuß, Kupp und Braunfels, Scharzhofberger, Kanzemer Altenberg, Wawerner Goldberg, Ockfener Bockstein
Boden Devonschiefer
Rebsorten 96% Riesling, 4% Weißburgunder
Mitglied VDP

Vor mehr als hundert Jahren, etwa von 1890 bis zum Beginn des Ersten Weltkriegs, war deutscher Wein in aller Munde – nicht nur zu Hause, sondern in der ganzen Welt. Und die besten Rieslinge waren so begehrt wie heute einige der großen Bourgogne oder die Premiers Grands Crus aus Bordeaux. Und sie waren genauso teuer. An diese glorreichen Zeiten will der heutige Eigentümer von van Volxem, Roman Niewodniczanski, anknüpfen. Er präsentiert auf seiner höchst sehenswerten Homepage Weinlisten aus damaligen Luxus-Restaurants oder auch von Händlern, wo der Weinkenner etwa für die besten Saar-Rieslinge genauso viel bezahlen musste wie für Lafite, Margaux oder auch Château d'Yquem. Manchmal ging es sogar darüber hinaus. Auf einer der alten Preislisten nämlich wurde ein 1891er Cheval Blanc aus St. Emilion für 5,50 Mark angeboten, während ein 1893er Scharzhofberger von van Volxem für 10 Mark gelistet war.

Bester trockener Riesling
Erstmals seit Bestehen dieses Weinguide ist ein trockener Riesling der höchstbewertete Wein des gesamten Jahrgangs. Und dieser Wein kommt aus dem Hause van Volxem. Es ist zugleich der erste von Mosel oder Saar, der sich an die Spitze der besten deutschen trockenen Rieslinge setzen konnte. Und dies ist das Werk von Roman Niewodniczanski. Seit nunmehr 18 Jahren arbeitet er

MOSEL

zunächst an der Renaissance des ehedem so renommierten Wiltinger Weinguts, dann mehr und mehr an der Renaissance des Saar-Rieslings in einer Form, in der er bereits vor 100 bis 130 Jahren weltweit für Furore gesorgt hatte. Mit diesem Erfolg ist der Eigentümer von van Volxem seinem Ziel einen großen Schritt näher gekommen. Der beste Riesling des Jahrgangs 2016 ist übrigens der Scharzhofberger Pergentsknopp, ein grandioser Trockener. »Er ist die Quintessenz eines trockenen Rieslings«, notierten die Verkoster auf der Bundesfinalprobe: »Sublimer Duft von Weinbergpfirsich und Zitrusfrüchten, fein eingebundener weißer Pfeffer, vielschichtig, explodiert am Gaumen, geschliffener, klarer Nachhall: Dieser Wein braucht keine Süße, um zu glänzen.« Doch damit nicht genug. Auch bei den fruchtigen Riesling Kabinetten ließ van Volxem die gesamte Konkurrenz hinter sich. Der Ockfener Bockstein aus diesem Hause ist der beste Kabinett des Jahrgangs 2016: hochfein und zartwürzig, verspielt und zugleich kraftvoll, vielschichtig und dabei ungemein fein. Fast überflüssig zu erwähnen, dass sich die gesamte Kollektion auf höchstem Niveau bewegt. Die Weine haben eine durchdringende Strahlkraft, sind äußerst präzise, von geschliffener Säure durchzogen. Sie schließen damit nahtlos an das große Jahr 2015 an, ja, übertreffen es sogar.

Roman Niewodniczansky

tivierung des Ockfener Geisberges, ein zu Kaisers Zeiten hoch geschätzter Weinberg, dessen Weine auf den Trierer Versteigerungen ähnlich hohe Preise wie die Scharzhofberger erzielten.

Verkostete Weine 15
Bewertung 85–97 Punkte

85 2016 Riesling »VV« trocken | 12% | 9,90 €
87 2016 Riesling Schiefer Riesling trocken | 12% | 9,90 €
88 2016 Saar Riesling trocken | 12% | 12,60 €
89 2016 Wiltinger Riesling | 12% | 13,90 €
90 2016 Riesling trocken Alte Reben | 12% | 16,90 €
91 2016 Wawerner Goldberg Riesling »Großes Gewächs« | 12% | 26,– €
93 2016 Wiltinger Volz Riesling »Großes Gewächs« | 12% | 28,– €
94 2016 Scharzhofberger Riesling »Großes Gewächs« | 12% | 28,– €
92 2016 Wiltinger Gottesfuß Riesling Alte Reben »Großes Gewächs« | 12% | 39,– €
92 2016 Kanzemer Altenberg Riesling Alte Reben »Großes Gewächs« | 12% | 39,– €
97 2016 Scharzhofberger Riesling Pergentsknopp »Großes Gewächs« | 12% | 39,– € | TOP
94 2016 Wawerner Ritterpfad Riesling Kabinett | 8,5% | 14,90 € | TOP
95 2016 Ockfener Bockstein Riesling Kabinett | 8% | Preis auf Anfrage | TOP
93 2016 Ockfener Bockstein Riesling Spätlese | 8% | 19,90 €
93 2016 Kanzemer Altenberg Riesling Auslese | 7,5% | Preis auf Anfrage

Wie zu Kaisers Zeiten

Das im historischen Zentrum Wiltingens gelegene Weingut wurde auf Fundamenten einer römischen Hofanlage erbaut. Als ehemaliger Klosterbesitz hat es seit 300 Jahren Anteile in Kernstücken der Wiltinger Weinberge. Dass van Volxem eine Renaissance erlebt und seit 2007 VDP-Mitglied ist, verdankt es dem Engagement Roman Niewodniczanskis, der das Gut Ende 1999 übernommen hat. Die Genetik der Reben ist für ihn von großer Bedeutung; folgerichtig pflegt er 19 eigene Selektionen. Nächstes Projekt ist die Rekul-

WEINGUT STEFANIE VORNHECKE

56820 Senheim · Zeller Straße 74
Tel (0 26 73) 44 12 · Fax 96 02 94
stefanie.vornhecke@t-online.de
www.weingut-vornhecke.de
Inhaber und Betriebsleiter Stefanie Vornhecke
Verkauf Stefanie Vornhecke
Di-Sa 17.00-19.00 Uhr
So 10.00-13.00 Uhr (April-Okt.)
und nach Vereinbarung

Auch im aktuellen Jahrgang kann Stefanie Vornhecke an die beiden guten Vorjahreskollektionen anknüpfen. Die Spitze des 2016er Sortiments bilden zwei feinherbe Rieslinge, ganz oben die Riesling Spätlese Laydenschaft aus der Senheimer Lay, dicht gefolgt vom Riesling Andromeda II aus dem Senheimer Wahrsager. Aufgewachsen in Essen, war Stefanie Vornhecke nach ihrer ersten Begegnung mit Moselweinen so fasziniert, dass sie 2001 ihr eigenes Weingut gründete. Mittlerweile bewirtschaftet sie 2,4 Hektar in besten Senheimer Lagen. Im Weingut stehen auch mehrere Ferienwohnungen zu Verfügung.

Verkostete Weine 8
Bewertung 83-88 Punkte

83 2016 Riesling Grauschiefer trocken | 12% | 6,25 €
84 2016 Senheimer Wahrsager Riesling Kabinett trocken | 11% | 7,50 €
86 2016 Senheimer Lay Riesling Spätlese trocken | 12% | 9,50 €
85 2016 Riesling Grauschiefer feinherb | 11,5% | 6,25 €
87 2016 Senheimer Wahrsager Riesling Andromeda II | 11,5% | 11,- €
84 2016 Riesling Buntschiefer | 10,5% | 6,25 €
88 2016 Senheimer Lay Riesling Laydenschaft Spätlese | 11% | 18,- €
86 2015 Senheimer Lay Spätburgunder trocken Holzfass | 14% | 12,- €

WEINGUT DR. WAGNER

54439 Saarburg · Bahnhofstraße 3
Tel (0 65 81) 24 57 · Fax 60 93
info@weingutdrwagner.de
www.weingutdrwagner.de
Inhaberin Christiane Wagner
Kellermeisterin Christiane Wagner
Verkauf Ulrike und Christiane Wagner
Mo-Fr 9.30-12.00 Uhr · 13.30-17.00 Uhr
Sa 9.30-13.00 Uhr und nach Vereinbarung

Ferienhaus am Weingut, Ferienwohnung
Historie gegründet 1880 als erste Sekt- und Weinkellerei an der Saar
Sehenswert größter Gewölbekeller an der Saar, Weingutsvilla mit Park
Rebfläche 7 Hektar
Jahresproduktion 60.000 Flaschen
Beste Lagen Saarburger Rausch und Kupp, Ockfener Bockstein
Boden tiefgründiger Schiefer
Rebsorte 100% Riesling
Mitglied VDP, Pro Riesling

Die beiden Großen Gewächse aus dem Jahrgang 2016 sind starke trockene Rieslinge, getragen von purer packender Saar-Art. Während der Rausch ein hochfeines Spiel und Klarheit entwickelt, braucht der Bockstein Zeit, um all seine Qualitäten zu offenbaren. Bei den feinherben Rieslingen überzeugt uns der Josef Heinrich, ein Wein mit viel Schliff und Saft, der durch seine Kühle erfrischt. Und auch für die fruchtsüßen Rieslinge gilt: Der Stil in diesem Hause wird immer purer und geht in Richtung Frische, Zitrusaromatik und Leichtigkeit. In Saarburg und Ockfen besitzt die Familie Wagner beste Parzellen in den Lagen Rausch, Kupp und Bockstein. Seit Juli 2009 wird das 1880 von Josef Heinrich Wagner als Wein- und Sektkellerei gegründete Gut in fünfter Generation von Christiane Wagner geführt. Alle Reben werden in der traditionellen Einzelpfahlerziehung gehalten. Nach selektiver Handlese erfolgt der Ausbau der Weine in alten Fuderfässern im größten Gewölbekeller der Saar. Erklärtes Ziel des Weinguts ist es, den typischen, verspielten Charakter der Saarweine zu erhalten. In den kommenden Jahren soll die Vinothek ausgebaut und vergrößert werden.

Symbole Weingüter

€ Schnäppchenpreis · TOP Spitzenreiter · BIO Ökobetrieb
🍷 Trinktipp · 🔨 Versteigerungswein

Sekt | Weißwein | Rotwein | Rosé

Entdeckung d. Jahres   MOSEL

Verkostete Weine 11
Bewertung 84–91 Punkte

85 2016 Riesling trocken Holzfass | 12% | 8,60 €
87 2016 Riesling Alte Reben trocken Holzfass
| 12% | 14,90 €
89 2016 Saarburger Rausch Riesling »Großes
Gewächs« Holzfass | 12,5% | 21,50 €
91 2016 Ockfener Bockstein Riesling »Großes
Gewächs« Holzfass | 12% | 21,50 €
84 2016 Riesling Kabinett trocken Holzfass
| 10,5% | 10,80 €
87 2016 Riesling feinherb Holzfass | 10,5% | 8,60 €
88 2016 Riesling Kabinett feinherb Holzfass
| 9% | 10,80 €
90 2016 Saarburger Rausch Riesling Josef Heinrich
Spätlese feinherb Holzfass | 9% | 14,90 €
90 2016 Ockfener Bockstein Riesling Kabinett
Holzfass | 8% | 10,80 €
89 2016 Ockfener Bockstein Riesling Spätlese
Holzfass | 7% | 14,90 €
91 2016 Ockfener Bockstein Riesling Auslese
Holzfass | 8% | 22,50 €

SAARWEINGUT WEBER BRÜDER

54459 Wiltingen · Bahnhofstraße 58
Tel (01 76) 61 91 24 45 und 21 83 15 28
weber-brueder@gmx.de
www.weber-brueder.de
Inhaber Stephan und Michael Weber

Verkauf Stephan und Michael Weber
nach Vereinbarung

Stephan und Michael Weber führen diesen erst vor wenigen Jahren in Wiltingen gegründeten Betrieb, der über zwei Hektar Rebfläche verfügt, die nach und nach noch erweitert werden sollen. Im Verkauf sind derzeit sechs Weine, die ausnahmslos angestellt wurden. Schon der Rosaar genannte zartherbe Rosé, der an die Provence erinnert, ist ein Spaßwein. Und dann kommen die Rieslinge, und die machen mindestens genau so viel Freude: der Adonis kühl und karg, der Diabas fein und saftig, der Einklang würzig und dicht und der Phoenix frisch und blitzblank – eine rundum empfehlenswerte Kollektion aus dem Jahrgang 2016. Wenn es auf diesem Level weitergeht, hätten wir nichts dagegen. In jedem Fall ist dies unsere Entdeckung des Jahres. Herzlichen Glückwunsch!

Verkostete Weine 11
Bewertung 86–90 Punkte

89 2015 Riesling Adonis trocken | 11% | 15,50 €
89 2016 Riesling Adonis trocken | 11% | 15,50 €
87 2015 Riesling Einklang halbtrocken | 10,5% | 8,– €
90 2016 Riesling Einklang halbtrocken
| 10,5% | 8,– € | €
87 2015 Riesling Aphrodite feinherb | 9,5% | 9,– €
90 2016 Riesling Aphrodite feinherb
| 9,5% | 9,– € | €
87 2015 Riesling Diabas halbtrocken | 11% | 9,50 €
89 2016 Riesling Diabas halbtrocken
| 11% | 9,50 € | €
90 2015 Riesling Phoenix halbtrocken
| 10,5% | 9,50 € | €
90 2016 Riesling Phoenix halbtrocken
| 11% | 9,50 € | €
86 2016 Rosaar trocken | 11% | 9,– €

2008
Saarburger Rausch
Riesling Spätlese

Symbole Weingüter
★★★★★ Weltklasse • ★★★★ Deutsche Spitze
★★★ Sehr Gut • ★★ Gut • ★ Zuverlässig

SAARWEINGUT FELIX WEBER

54459 Wiltingen · Kirchstraße 30
Tel (0 65 01) 6 05 23 11
weber@saar-riesling-roots.de
www.saar-riesling-roots.de
Inhaber Felix Weber
Verkauf Felix Weber
nach Vereinbarung

Vor zwei Jahren hat Felix Weber den Betrieb seiner Eltern übernommen, den alten Gewölbekeller hergerichtet, ein paar moderne Gerätschaften hineingestellt und seinen ersten Wein gemacht. Die Weine aus seinem zweiten Jahrgang hat er uns jetzt vorgestellt und mit einigen große Begeisterung ausgelöst. Vor allem im trockenen bis feinherben Bereich haben seine Weine eine kräftige, aber sehr elegante Struktur und sind dennoch von filigraner Leichtigkeit. Nicht ganz auf dem Niveau sehen wir die beiden Auslesen. Ihnen fehlt es an aromatischer Feinheit.

Verkostete Weine 7
Bewertung 84–90 Punkte

88 2016 Wiltinger Braunfels Riesling Root 69 Volz Senior Kabinett trocken | 10% | 8,50 € | €
88 2015 Wiltinger Braunfels Riesling Root 69 Volz Senior halbtrocken | 9,5% | 7,90 € | €
90 2016 Auf Saarfeils Riesling Root 85 Kelterbäumchen Spätlese feinherb | 9,5% | 9,50 € | €
84 2016 Wiltinger Klosterberg Riesling Root 72 Hundsbuckel | 11% | 7,90 €
87 2016 Wiltinger Schlangengraben Riesling Root 90 Käpisch Spätlese | 9% | 8,90 €
84 2016 Wiltinger Klosterberg Riesling Root 72 Hundsbuckel Auslese | 9% | 9,50 €/0,375 Lit.
85 2016 Wiltinger Schlangengraben Riesling Root 85 Kelterbäumchen Auslese | 8,5% | 11,50 €/0,375 Lit.

Symbole Weingüter
★★★★★ Weltklasse · ★★★★ Deutsche Spitze
★★★ Sehr Gut · ★★ Gut · ★ Zuverlässig

WEINGÜTER WEGELER GUTSHAUS MOSEL

54470 Bernkastel-Kues · Martertal 2
Tel (0 65 31) 24 93 · Fax 87 23
info@wegeler.com
www.wegeler.com
Inhaber Familie Wegeler-Drieseberg
Betriebsleiter und Kellermeister Norbert Breit
Verkauf Norbert Breit
nach Vereinbarung

Historie 1900 wurden die ersten Weinberge (Doctor) erworben
Sehenswert Weinkeller im Doctor-Weinberg sowie historisches, nach dem Gravitationsprinzip konzipiertes Kelterhaus
Rebfläche 14 Hektar
Jahresproduktion 100.000 Flaschen
Beste Lagen Bernkasteler Doctor, Wehlener Sonnenuhr
Boden Schieferverwitterung
Rebsorte 100% Riesling
Mitglied VDP

Dieses altrenommierte Gut müsste aus den weltbekannten Lagen Wehlener Sonnenuhr und Bernkasteler Doctor eigentlich etwas mehr herausholen können. Dies sind durchweg modern vinifizierte Weine, mehr durch den Ausbau als durch die Herkunft geprägt. Trocken oder fruchtsüß, im Jahrgang 2016 ist hier alles auf einem ähnlichen Niveau. Bei den Trockenen stehen die Großen Gewächse vorne, wobei uns die Sonnenuhr etwas frischer und klarer als der Doctor vorkommt. Bei den fruchtigen Rieslingen kann der Doctor am höchsten punkten mit seiner reichhaltigen und kraftvollen Art. Der Jahrgang 2015 war ein ganz großes Jahr für die fruchtigen und edelsüßen Weine. Der Erwerb eines Teils der Lage Bernkasteler Doctor im Jahr 1900 stand am Anfang dieses Weinguts. Klassisch ausgebaute Rieslinge gaben in diesem Gut, das gerade im angelsächsischen Raum geschätzt wurde, lange Zeit den Ton an. Mitte der 80er Jahre setzte man dann auch auf die herbe Richtung, was in guten Jahren mit exzellenten trockenen Spätlesen belohnt wird. Da mittlerweile die Gastronomie Hauptkunde ist, werden fast zwei Drittel der Weine trocken ausgebaut. Mitte der 90er Jahre investierten die Inhaber erhebliche Summen in die Kellerei und engagierten mit Norbert Breit einen neuen Gutsverwalter. Das Gut wurde in den ver-

★★★★ MOSEL

gangenen Jahren auf 14 Hektar verkleinert. Zuletzt wurde in die Neuanlage von Weinbergen in Bernkastel und Wehlen investiert.

Verkostete Weine 10
Bewertung 85–88 Punkte

- 85 2016 Bernkasteler Riesling trocken | 11,5% | 13,50 €
- 87 2016 Wehlener Sonnenuhr Riesling »Großes Gewächs« | 12,5% | 29,– €
- 86 2016 Bernkasteler Doctor Riesling »Großes Gewächs« | 12,5% | 46,– €
- 85 2016 Riesling feinherb | 11% | 11,– €
- 86 2016 Graacher Riesling feinherb | 10,5% | 13,50 €
- 85 2016 Bernkasteler Lay Riesling feinherb | 11,5% | 21,– €
- 87 2016 Bernkasteler Badstube Riesling Kabinett | 8,5% | 15,– €
- 86 2016 Wehlener Sonnenuhr Riesling Spätlese | 8% | 21,– €
- 88 2016 Bernkasteler Doctor Riesling Spätlese | 8% | 46,– €
- 88 2016 Bernkasteler Doctor Riesling Auslese | 8% | 34,– €/0,375 Lit.

**WEINGUT NIK WEIS
SANKT URBANS-HOF**
54340 Leiwen · Urbanusstraße 16
Tel (0 65 07) 9 37 70 · Fax 93 77 30
info@urbans-hof.com
www.urbans-hof.com
Inhaber Nik Weis
Betriebsleiter Nik Weis
Verwalter Hermann Jostock
Kellermeister Rudolf Hoffmann
Verkauf Nicole Kochan-Platz
Mo–Fr 9.00–17.00 Uhr
Sa 9.00–15.00 Uhr nach Vereinbarung

Gourmet-Restaurant Landhaus St. Urban
in Naurath-Wald, Harald und Ruth Rüssel,
Tel (0 65 09) 9 14 00
www.landhaus-st-urban.de
Spezialitäten regionale Spitzenküche
Rebfläche 34 Hektar
Jahresproduktion 250.000 Flaschen
Beste Lagen Leiwener Laurentiuslay, Piesporter Goldtröpfchen, Ockfener Bockstein
Boden Devonschiefer
Rebsorten 95% Riesling, 5% übrige Sorten
Mitglied VDP

Nik Weis unterhält einen ausgedehnten Lagenbesitz an Mosel und Saar. Im Jahrgang 2016 hat in diesem Leiwener Gut die Saar am besten abgeschnitten. Das zeigt sich etwa bei den Großen Gewächsen, wo der Saarfeilser deutlich die Nase vorn hat. Dies ist ein schlanker, transparenter trockener Riesling, getragen von zarten Phenoltönen. Insgesamt scheint es uns, dass die Weine dieses Gutes ein wenig trockener und präsenter in ihrer Stilistik geworden sind. Und wie immer gilt: Hier haben schon die Gutsweine und Ortsweine Format. Etwa die Alten Reben aus Wiltingen, ein charaktervoller und würziger, kerniger und fester Riesling. Bei den fruchtigen Rieslingen ist erneut der Ockfener Bockstein führend. Die Spätlese ist frisch, vornehm und zurückhaltend, die Auslese nicht ganz so fein und eher kühl.

Die große Könnerschaft

Es ist immer wieder erstaunlich, wie Nik Weis in diesem nicht gerade kleinen Weingut mit seinem ausgedehnten Weinbergsbesitz an Mittelmosel und Saar Jahrgänge von durchgehend hoher Qualität präsentieren kann. 2012 war ein solcher

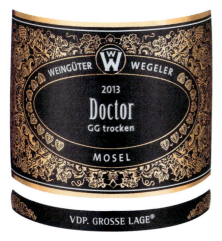

Jahrgang, in dem nahezu alles passte. Im Jahrgang 2013 konnten vor allem die fruchtsüßen Rieslinge auf diesem Niveau mithalten. Im Jahrgang 2014 sahen wir Vorteile bei den Saarweinen. Im Jahrgang 2015 hatte alles gepasst. Wir probierten ein homogenes Sortiment mit klarer Linie. Die Rieslinge waren von einer strahlenden Frucht getragen, die feinherben tendierten eher in Richtung trocken. Von den Großen Gewächsen sagte uns der Saarfeilser am meisten zu. Immer wieder blitzte die große Könnerschaft von Nik Weis durch, bei der Spätlese Zickelgarten etwa oder bei der noblen und vollsaftigen Auslese aus dem Bockstein. Und die Trockenbeerenauslesen gehörten zum Besten, was das Jahr zu bieten hatte. Den Grundstein für dieses dynamische Familienweingut legte Nicolaus Weis, der den Betrieb 1947 auf einer Anhöhe bei Leiwen erbaute. Von Beruf war er Schuhmachermeister und nebenher bearbeitete er auch einige Weinberge, die sich seit Jahrhunderten im Besitz der Familie befinden. Für seine Leistungen – auch als Politiker, der sich für den Weinbau insgesamt einsetzte – erhielt Nicolaus Weis den Titel Ökonomierat. Sein Sohn Hermann Weis, Förderer der Leiwener Jungwinzer und zudem einer der erfolgreichsten Rebveredler Deutschlands, hatte die Weinbergsfläche von vormals 20 Hektar durch Zukäufe an der Saar nahezu verdoppelt.

Nik Weis

Verkostete Weine 13
Bewertung 86–92 Punkte

91 2016 Schodener Saarfeilser Riesling »Großes Gewächs« | 12% | 27,50 €
89 2016 Ockfener Bockstein Riesling »Großes Gewächs« | 12% | 29,- €
89 2016 Leiwener Laurentiuslay Riesling »Großes Gewächs« | 12,5% | 45,- €
86 2016 Riesling Saar | 9,5% | 9,80 €
87 2016 Riesling Schiefer | 10,5% | 11,60 €
89 2016 Wiltinger Riesling Alte Reben | 10% | 15,80 €
89 2016 Mehringer Riesling Alte Reben | 11% | 17,80 €
87 2016 Piesporter Goldtröpfchen Riesling Kabinett | 8,5% | 15,80 €
89 2016 Ockfener Bockstein Riesling Kabinett | 8% | 15,80 €
88 2016 Piesporter Goldtröpfchen Riesling Spätlese | 7,5% | 27,50 €
89 2016 Leiwener Laurentiuslay Riesling Spätlese | 8% | 27,50 €
92 2016 Ockfener Bockstein Riesling Spätlese | 7,5% | 27,50 €
91 2016 Ockfener Bockstein Riesling Auslese | 7,5% | 19,50 €/0,375 Lit.

Die »Premier Crus« der Saar

Zuletzt wurde der Besitz von seinem Sohn Nik Weis wieder auf 34 Hektar zurückgeführt. Seine Basisrieslinge, hinter denen in der Tat mehr als beachtliche Flaschenzahlen stehen, erzeugt er von den umfangreichen Flächen im Leiwener Klostergarten, die das schöne Gutsgebäude umgeben. Auf Premier-Cru-Niveau sieht Weis die Saarfeilser Weinberge, Parzellen im Wiltinger Schlangengraben und einen alten Klosterbesitz innerhalb des Mehringer Blattenbergs, ein Layet genanntes Flurstück.

★★★★ MOSEL

WEINGUT WEISER-KÜNSTLER
56841 Traben-Trarbach · Wilhelmstraße 11
Tel (0 65 41) 81 99 43 · Fax 81 33 80
weingut@weiser-kuenstler.de
www.weiser-kuenstler.de

Inhaber und Betriebsleiter Konstantin Weiser und Alexandra Künstler

Verkauf nach Vereinbarung

Sehenswert alter Schieferstollen im Weinberg
Rebfläche 4,2 Hektar
Jahresproduktion 18.000 Flaschen
Beste Lage Enkircher Ellergrub und Zeppwingert, Trabener Gaispfad
Boden blauer Devonschiefer, blau-roter und grauer Schiefer
Rebsorte 100% Riesling
Mitglied Klitzkleiner Ring

Auch im Jahrgang 2016 haben Konstantin Weiser und Alexandra Künstler nicht nachgelassen und erneut charaktervolle Rieslinge auf hohem Niveau vorgestellt. Dies sind ganz entspannte Weine, wie wir sie hoch schätzen. Die fruchtigen Rieslinge sind wie immer sehr gut abgestimmt in der Restsüße.

100 Jahre alte Reben
Die Leistung in 2016 ist umso höher zu bewerten, weil man wegen starker Ausfälle durch falschen Mehltau etwa 40 Prozent Ertragseinbußen hatte. So müssen die Freunde des Hauses diesmal auf den gewohnten trockenen Kabinett aus dem Trabener Gaispfad und den Kabinett aus der Enkircher Ellergrub verzichten. Großartig bei den Trockenen ist wieder die Große Eule, zartsüßlich und kompakt. Auch der trockene Steffensberg weiß mit leichter Herbe zu überzeugen. Der fruchtige Kabinett aus der Wolfer Sonnenlay ist verspielt und würzig-kühl. Grandios ist die Spätlese aus der Ellergrub. Sie baut Druck auf, ist herrlich saftig und wunderbar nachhaltig. Und die Auslese aus derselben Lage zeigt eine hochfeine Stilistik und ist bestens abgestimmt. Hier gibt es auch einen höchst bemerkenswerten Riesling Sekt Brut. Dieses kleine Gut in Traben-Trarbach (4,2 Hektar), das erst 2005 von Konstantin Weiser und Alexandra Künstler gegründet wurde, pflegt seinen individuellen Stil. Für die trockenen Rieslinge wird hier eher die karge, salzige Aromatik präferiert. Der Weinbautechniker Konstantin Weiser war Betriebsleiter im Weingut Immich Batterieberg in Enkirch. Er und Alexandra Künstler starteten ihr eigenes Gut mit 1,8 Hektar in der Enkircher Ellergrub. Diese nicht flurbereinigte Parzelle, die ausschließlich mit wurzelechten, zum Teil über 100 Jahre alten Rieslingreben bestockt ist, bildet den Grundstock des Betriebs.

Konstantin Weiser und Alexandra Künstler

Aber auch die anderen Weinberge, etwa der Enkircher Zeppwingert und der Trabener Gaispfad, leisten ihren Beitrag zu den immer wieder großartigen Weinen. Alle Reben stehen in terrassierten Steillagen auf Schieferverwitterungsboden. Diese Lagen wurden bereits bei der Klassifikation von 1897 in der jeweils höchsten Kategorie eingestuft. Was die Ellergrub zu leisten in der Lage ist, legte nicht zuletzt der Jahrgang 2015 offen. Die fruchtigen Rieslinge waren von großer Klasse. Der jugendliche Kabinett war zart und kühl. Die Spätlese offenbarte eine feine Würze.

100 Prozent Öko
Und dann die Auslese, eine der besten des Jahrgangs mit edelstem Schmelz, klar wie ein Gebirgsbach, eine zum Trinken animierende Auslese auf allerhöchstem Niveau. Der Betrieb ist übrigens seit 2014 dabei, 100 Prozent der Betriebsfläche auf ökologische Bewirtschaftung umzustellen.

Verkostete Weine 9
Bewertung 85–94 Punkte

- 90 2015 Enkircher Zeppwingert Riesling Sekt Brut | 12% | 19,– €
- 89 2016 Enkircher Steffensberg Riesling trocken | 12% | 18,50 €
- 91 2016 Enkircher Ellergrub Riesling Große Eule trocken | 12% | 29,50 €
- 86 2016 Wolfer Sonnenlay Riesling Kabinett trocken | 9,5% | 12,90 €
- 85 2016 Riesling | 10% | 9,90 €
- 90 2016 Trabener Gaispfad Riesling | 11,5% | 26,50 €
- 92 2016 Wolfer Sonnenlay Riesling Kabinett | 7,5% | 12,90 €
- 94 2016 Enkircher Ellergrub Riesling Spätlese | 7,5% | 19,90 € | TOP 10
- 93 2016 Enkircher Ellergrub Riesling Auslese | 7% | 18,50 €/0,375 Lit.

WEINGUT WERNER

54340 Leiwen · Römerstraße 17
Tel (0 65 07) 43 41 · Fax 83 55
riesling@weingut-werner.de
www.weingut-werner.de
Inhaber Bernhard Werner und Margret Werner-Beierlorzer
Verkauf Margret Werner-Beierlorzer
Mo–Fr 10.00–18.00 Uhr, **Sa** 10.00–14.00 Uhr und nach Vereinbarung

Nach einem bereits sehr soliden Jahrgang 2015 legt Bernhard Werner in diesem Jahr noch einmal nach. Bei den trockenen Rieslingen stehen zwei sehr gut gelungene Große Gewächse an der Spitze, beim restsüßen Sortiment die beiden Riesling Auslesen aus Schweicher Annaberg und Trittenheimer Apotheke, den besten Lagen dieses Leiwener Weinguts.

Verkostete Weine 13
Bewertung 83–90 Punkte

- 87 Spätburgunder Crémant Brut Blanc de Noirs | 12% | 13,50 €
- 84 2016 Riesling vom steilen Hang trocken | 12% | 8,10 €
- 87 2016 Schweicher Annaberg Riesling »Großes Gewächs« | 13% | 19,– €
- 88 2016 Trittenheimer Apotheke Riesling »Großes Gewächs« | 13% | 19,– €
- 86 2016 Schweicher Annaberg Riesling Spätlese trocken | 11,5% | 10,50 €
- 84 2016 Trittenheimer Apotheke Riesling Kabinett feinherb | 10% | 7,80 €
- 85 2016 Leiwener Laurentiuslay Riesling Spätlese feinherb | 11% | 10,50 €
- 84 2016 Schweicher Annaberg Riesling Kabinett | 10% | 7,80 €
- 86 2016 Schweicher Annaberg Riesling Spätlese | 7,5% | 11,20 €
- 89 2016 Schweicher Annaberg Riesling Auslese | 7% | 18,– €
- 90 2016 Trittenheimer Apotheke Riesling Auslese Goldkapsel | 8,5% | 🍷
- 86 2015 Schweicher Annaberg Spätburgunder trocken Barrique | 13,5% | 14,50 €

Symbole Weingüter

€ Schnäppchenpreis · TOP Spitzenreiter · BIO Ökobetrieb
🍷 Trinktipp · 🔨 Versteigerungswein

| Sekt | Weißwein | Rotwein | Rosé |

MOSEL

WEINGUT WILLEMS-WILLEMS
54329 Konz-Oberemmel · Mühlenstraße 13
Tel (0 65 01) 1 58 16 · Fax 15 03 87
info@weingut-willems.de
www.schiefer-trifft-muschelkalk.de
Inhaber Carolin und Jürgen Hofmann
Betriebsleiter Peter Thelen
Kellermeister Peter Thelen
Verkauf Peter Thelen und Maria Willems
Mo-Fr 9.00-18.00 Uhr, **Sa** 10.00-16.00 Uhr
Gästehaus im Weingut
Historie in der 5. Generation in weiblicher Hand
Sehenswert Winzerhaus von 1854
Rebfläche 6 Hektar
Jahresproduktion 40.000 Flaschen
Beste Lagen Oberemmeler Altenberg und Rosenberg, Niedermenniger Herrenberg
Boden rötlicher Schiefer mit Grauwacke, grauer Devonschiefer
Rebsorten 90% Riesling, je 4% Spätburgunder und Weißburgunder, 2% übrige Sorten
Mitglied Moseljünger, Simply Wine, Vinissima

Die Güte der Weine aus diesem Saagut hat sich im Jahrgang 2016 über die gesamte Kollektion gesteigert. Die Rieslinge werden getragen von Präzision und Kühle. Bei den trockenen Rieslingen brilliert der Herrenberg, ein Riesling mit Schliff und Ausdruck, verspielt und tänzelnd, im Stile eines Kabinetts. Bei den Feinherben hat der Altenberg die Nase vorn, ein spielerischer Riesling mit zartem Holzton und komplexer Machart. Großartig ist auch der fruchtsüße Kabinett aus dem Altenberg, ein kühler und kraftvoller Riesling voller Transparenz. An der Spitze der Reihe steht eine würzige und zugleich sehr klare Beerenauslese, die nach Tannennadeln und Kräutern duftet. Betriebsleiter Peter Thelen bringt viel Weingefühl mit, was sich immer mehr auszahlt. Investiert wurde kürzlich in eine neue Vinothek, eine neue Traubenannahme und in alte Weinberge. Carolin Hofmann, geborene Willems, unterstützt nicht nur ihren Mann Jürgen Hofmann aus Appenheim bei der Weiterentwicklung seines rheinhessischen Betriebes, sondern ist auch im Gut ihrer Eltern an der Saar für den Weinausbau verantwortlich. Sie studierte Weinbau und Önologie und hat Erfahrungen im Ausland gesammelt. Mit ihren feinherben Rieslingen aus dem Oberemmeler Altenberg und dem Niedermenniger Herrenberg setzt sie deutliche Akzente für den kraftvollen, mineralisch-seidigen und doch eleganten Saar-Riesling.

Verkostete Weine 11
Bewertung 84-92 Punkte

84 2016 Riesling trocken | 11,5% | 8,80 €
86 2016 Riesling Schiefer trocken | 11,5% | 11,- €
88 2016 Niedermenniger Herrenberg Riesling trocken | 11,5% | 19,50 €
86 2016 Oberemmeler Rosenberg Riesling feinherb | 10,5% | 10,50 €
87 2016 Riesling Auf der Lauer feinherb | 10% | 11,- €
88 2016 Oberemmeler Altenberg Riesling feinherb | 10% | 19,50 €
85 2016 Riesling Kabinett feinherb | 8,5% | 9,50 €
90 2016 Oberemmeler Altenberg Riesling Kabinett | 8% | 14,80 €
89 2016 Niedermenniger Herrenberg Riesling Spätlese | 7,5% | 16,50 €
90 2015 Oberemmeler Altenberg Riesling Auslese Goldkapsel | 7,5% | 25,- €
92 2015 Niedermenniger Herrenberg Riesling Beerenauslese | 7% | 55,- €/0,375 Lit.

WEINGUT WÜRTZBERG

54455 Serrig · Würtzberg 1
Tel (0 65 81) 9 20 09 92 · Fax 9 20 09 93
office@weingut-wuertzberg.de
www.weingut-wuertzberg.de
Inhaber Familie Heimes
Betriebsleiter Günter Thies
Kellermeister Franz Lenz und Felix Heimes
Verkauf Familie Heimes
Do–Fr 14.00–18.00 Uhr, **Sa** 10.00–17.00 Uhr und nach Vereinbarung

Mitte 2016 haben Dorothee Heimes und Ludger Neuwinger-Heimes zusammen mit ihren Kindern das Weingut von Dr. Jochen Siemens übernommen und sich für die Rückkehr zum Gründungsnamen Würtzberg entschieden. Das ehemals preußische Gut von 1898 mit seinem denkmalgeschützten Chateau-Charakter hoch über der Saar hat mit den Serriger Steillagen Herrenberg und Würtzberg zwei Spitzenlagen im Alleinbesitz. Zurzeit bewirtschaftet man 14 Hektar, davon neun Hektar Riesling, drei Hektar Pinot Blanc und je einen Hektar Pinot Noir und Auxerrois. Weitere Anpflanzungen stehen an. Sohn Felix Heimes hat in Geisenheim Önologie studiert und soll sich die nächsten Jahre hier einarbeiten. Unterstützt wird er dabei vom langjährigen Kellermeister Franz Lenz und von Gutsverwalter Günter Thies.

Verkostete Weine 12
Bewertung 84–89 Punkte

84 2016 Auxerrois | 12% | 8,- €
84 2016 Riesling Scivaro | 12% | 9,- €
87 2016 Pinot Blanc »R« | 12,5% | 12,- €
85 2016 Serriger Herrenberg Riesling Blauschiefer | 11,5% | 12,50 €
86 2016 Serriger Würtzberg Riesling Rotschiefer Holzfass | 12% | 12,50 €
86 2016 Riesling Terra Saar Kabinett | 11,5% | 11,- €
87 2016 Serriger Würtzberg Riesling »T« Spätlese Holzfass | 11,5% | 16,- €
87 2016 Serriger Würtzberg Riesling Alte Reben Holzfass | 10% | 19,- €
87 2016 Serriger Würtzberg Riesling Kabinett | 8,5% | 11,- €
87 2016 Serriger Herrenberg Riesling Spätlese | 8% | 16,- €
89 2015 Pinot Noir Barrique | 13,5% | 15,- €

WEINGUT ZILLIKEN
FORSTMEISTER GELTZ

54439 Saarburg · Heckingstraße 20
Tel (0 65 81) 24 56 · Fax 67 63
info@zilliken-vdp.de
www.zilliken-vdp.de
Inhaber Hans-Joachim Zilliken
Kellermeister Hans-Joachim und Dorothee Zilliken
Verkauf Dorothee und Ruth Zilliken
nach Vereinbarung
Historie Ferdinand Geltz war königlich-preußischer Forstmeister
Sehenswert tiefe Gewölbekeller, neue Verkostungsräume
Rebfläche 11 Hektar
Jahresproduktion 80.000 Flaschen
Beste Lagen Saarburger Rausch, Ockfener Bockstein
Boden Devonschiefer und Diabas
Rebsorte 100% Riesling
Mitglied VDP

Nach der überragenden Kollektion aus dem Jahrgang 2015, als dieses Weingut in mehreren Kategorien die Top Ten stürmte, geht es im Jahrgang 2016 wesentlich ruhiger zu. Dennoch sind alle Weine sauber und haben den hier so geschätzten Stil der Saar-Rieslinge beibehalten. An der Spitze der trockenen Rieslinge steht das Große Gewächs aus dem Saarburger Rausch, der deutlich neues Holz verrät und eher zart und ein wenig karg erscheint. Die beiden fruchtigen Spätlesen sind typische Rieslinge von der Saar aus der Lage Rausch. Die Nummer zwei wird getragen von einem frischen Säurekick, die Nummer drei ist der etwas dichtere Versteigerungswein. An der Spitze der Kollektion steht die Auslese aus dem Rausch, ein dichter, konzentrierter und kühler fruchtsüßer Riesling mit zarter Würze.

Atemberaubende Auslesen

Rieslinge dieses Gutes stehen für die seidige Saar, sie sind nie laut, aber immer beeindruckend. Über Jahre schon begeistern die Weine uns mit ihrer samtigen Textur, die die Saarsäure so perfekt einbettet. Der Jahrgang 2015 stand für diesen Stil beispielhaft. Es waren die fruchtigen Rieslinge, die ihren großen Auftritt hatten: der feinherbe Diabas, verspielt und anhaltend, der großartige Bockstein Kabinett mit zartem Spiel und kühler

MOSEL

Art. Es ist die unvergleichliche Spätlese aus dem Saarburger Rausch, die uns mit ihrer Noblesse immer wieder begeistert. Und es sind die phantastischen Auslesen, die ein ewiges Leben versprechen. Wer einmal in die tiefen Keller dieses Weingutes gestiegen ist, erkennt schnell, wie traditionell im positiven Sinne hier gearbeitet wird. Die Holzfässer sind perfekt gepflegt und eignen sich wie kein anderes Behältnis, den von Hanno Zilliken angestrebten Weinstil über die Jahre hin zu bewahren. Und auf diesem Hintergrund kann Zilliken, unterstützt von seiner Tochter, der Geisenheim-Absolventin Dorothee, seine Lagen und die unterschiedlichen Jahrgänge geschmacklich präzise abbilden. Zuletzt waren die Jahrgänge 2010 und 2011 außerordentlich erfolgreich. In 2010 brillierten die Basisweine und die Spitze gleichermaßen. Eine solche Fülle atemberaubender Auslesen hatten wir zuvor kaum erlebt. Vom Jahrgang 2011 konnte das Gut in jeder Kategorie einen absolut überzeugenden Wein vorstellen. Der spielerisch feine Kabinett aus der Lage Saarburger Rausch, in der Zilliken insgesamt zehn Hektar bester Parzellen besitzt, wurde Bundessieger in dieser Kategorie. Und die Auslese aus eben dieser Lage trug in der Kategorie Riesling Auslese den Sieg davon.

In der besten Phase

Diese Rieslinge haben ein enormes Alterungspotenzial. So kommen die 1993er Auslesen gerade jetzt in ihre beste Phase. Die Spitzen aus den Jahrgängen 1990, 1989 und 1983 präsentieren sich zeitlos frisch und aus den 1960ern kann man noch auf so manche Überraschung stoßen. Aber nicht nur die Vergangenheit dieses im Jahre 1742 gegründeten Gutes leuchtet. Die Kollektionen des letzten Jahrzehnts - namentlich die 2003er, 2005er, 2007er und 2009er - hatten den Betrieb zurück an die Gebietsspitze geführt. Die 2005er übertrafen dabei alles bisher Dagewesene.

Hans-Joachim Zilliken

Verkostete Weine 11
Bewertung 83-93 Punkte

83 2016 Riesling trocken | 11,5% | 12,50 €/1,0 Lit.
86 2016 Saarburger Riesling trocken | 11% | 13,- €
87 2016 Saarburger Riesling trocken Alte Reben | 11,5% | 23,- €
90 2016 Saarburger Rausch Riesling »Großes Gewächs« | 11,5% | 35,- €
86 2016 Riesling Butterfly feinherb | 11% | 10,- €
87 2016 Saarburger Riesling feinherb | 10,5% | 13,- €
89 2016 Saarburger Rausch Riesling Diabas feinherb | 11% | 35,- €
88 2016 Saarburger Rausch Riesling Kabinett | 8,5% | 19,- €
93 2016 Saarburger Rausch Riesling Spätlese – 3 – | 7,5% | 28,- €
92 2016 Saarburger Rausch Riesling Spätlese – 2 – | 7,5% | ↗ 62,48 €
93 2016 Saarburger Rausch Riesling Auslese | 7,5% | 50,- €

WEINREGION **NAHE**

Die Zeit ist Nahe, heißt's so schön

Die Spätburgunder an der Nahe werden immer filigraner. Im Gebiet ist seit dem Jahrgang 2016 außerdem die Spontanvergärung höchst en vogue. Unter den Winzern beeindruckt uns vor allem Schäfer-Fröhlich.

Symbole Weingüter

★★★★★ Weltklasse
★★★★ Deutsche Spitze
★★★ Sehr gut
★★ Gut
★ Zuverlässig

WEINREGION

Nahe im Überblick

Rebfläche: 4.205 Hektar
Einzellagen: 310
Hauptrebsorten: Riesling (29%), Müller-Thurgau (13%), Dornfelder (10%), Silvaner (7%)
Böden: Schiefer, Quarzit, Porphyr, Melaphyr, Buntsandstein, Löss und Lehm
Selbstvermarktende Betriebe: 335
www.weinland-nahe.de

Karte und Angaben: DWI

Man lässt sich Zeit an der Nahe. Karsten Peter vom Gut Hermannsberg war Vorreiter, er brachte einige seiner Großen Gewächse erst spät auf den Markt. Viele folgten seinem Vorbild, sei es Caroline Diel mit ihrem trockenen Parade-Riesling vom Burgberg, das Weingut Prinz Salm in Wallhausen mit seinen Großen Gewächsen oder der Windesheimer Lindenhof mit seinem besten weißen und roten Burgunder. Dabei muss man allerdings zwischen Gütern unterscheiden, bei denen der Wein ganz normal gefüllt und nur später auf den Markt gebracht wird, und solchen, die dem Wein mehr Zeit im Fass geben. Etliche Betriebe haben Weine im Programm, auf die die Genießer noch etwas warten müssen. Da das Niveau der Region weiterhin bemerkenswert hoch ist, lohnt sich das allerdings auch.

Ein weiterer Trend hat sich offenbar durchgesetzt: die Spontangärung. Es ist eher eine stilistische Ära, deren wichtigster Vertreter an der Nahe Tim Fröhlich vom Weingut Schäfer-Fröhlich ist. Obwohl die Qualität seiner Einzelweine selten infrage gestellt wurde, stießen sich manche daran, dass sie alle so sehr von der Spontangärung geprägt seien, dass die Lagenunterschiede darunter verschwänden. Dabei lagen sie häufig stärker in der Struktur der Weine, im Spiel von Säure, weißen Tanninen, Dichte und Frische. Tim Fröhlichs Stil scheint in den letzten Jahren etwas weniger von den wilden Hefen geprägt zu sein, er wirkt in sich ruhender, dadurch trinkfreudiger. Sein Stil ist einzigartig, und kein anderer Winzer an der Nahe brilliert in Sachen Riesling in so vielen unterschiedlichen Kategorien – und auch bei den weißen Bur-

Man lässt sich Zeit an der Nahe? Die Landschaft lädt dazu ein

gundern steht er an der Gebietsspitze. Gut Hermannsberg war einer der ersten Betriebe, die Tim Fröhlichs Stil zu folgen schienen, genauso Sebastian Schäfer von Joh. Bap. Schäfer, beide dabei mit eigener Prägung. Werner und Frank Schönleber haben schon seit Jahren mit der Spontangärung gespielt, trotzdem überrascht es, wie stark sie in diesem Jahr zu spüren ist. Sie verleihen ihren Weinen durch unterschiedlich ausgeprägte Spontangärung deutlich mehr Dichte, ohne dabei an Eleganz und feiner Mineralität einzubüßen. Man kann von einer Weiterentwicklung des Hausstils sprechen, der sich treu bleibt, jedoch aromatisch erweitert wird - ein gelungener Balanceakt. Nach mehreren Jahren einer etwas indifferenten Entwicklung ist dies nun schon der zweite Jahrgang in Folge mit alter Stärke!

Kult-Rieslinge

Die Nahe hat einiges im Bereich trockener Kult-Rieslinge zu bieten. Seien es Hermannshöhle und Dellchen von Dönnhoff, Burgberg von Diel, Bastei von Crusius, Felseneck von Schäfer-Fröhlich oder Halenberg von Emrich-Schönleber. In diesem Jahr treten zwei Namen stärker hervor als früher: Auf der Ley von Emrich-Schönleber war niemals besser, dasselbe gilt für den seltenen Untitled von Crusius, in dem das Gut die besten Trauben seiner besten Lagen vereint, was einen bemerkenswert filigranen Wein ergibt. Überhaupt verdient Peter Crusius besondere Beachtung. Er ist der »last man standing« an der Nahe. Als einziger unter den großen, die letzten Jahrzehnte prägenden Nahe-Winzern - die anderen sind Armin Diel, Helmut Dönnhoff, Werner Schönleber, Stefan Rumpf - ist er noch immer federführend in seinem Gut tätig. Er ist einerseits Traditionalist mit völlig eigenem, markantem Stil, andererseits ein Winzer, der immer Neues versucht hat, unter anderem im Bereich der Burgunder. Ein stiller, bescheidener Mann, der in diesem Jahr sieben Weine mit mehr als 90 Punkten präsentierte, obwohl eine Spätlese das höchste Prädikat darstellt.

Allerdings war es allgemein kein Jahr für Edelsüße an der Nahe, allein Tim Fröhlich brachte wahrhaft Großes auf die Flasche - und Harald Hexamer bewies mit gleich vier Eisweinen, dass er einer der Könner dieser immer seltener werdenden

Die besten Riesling trocken 2016 unter 15 Euro

Römerberg Kauer (14,50 Euro)	89
Rosenheck Jakob Schneider (9,80 Euro)	88
Felsensteyer Karl Stein (10 Euro)	88
Hermannshöhle Jakob Schneider (11 Euro)	88
Le Mur Göttelmann (12,50 Euro)	88
Dorsheimer Joh. Bapt. Schäfer (14,80 Euro)	88

Die Spitzenbetriebe

★★★★★

Hermann Dönnhoff	S. 471
Schäfer-Fröhlich	S. 497

★★★★½

Dr. Crusius	S. 468
Emrich-Schönleber	S. 473

★★★★

Schlossgut Diel	S. 469
Gut Hermannsberg	S. 481
Jakob Schneider	S. 501

★★★½

Schäfer	S. 498
Schneider	S. 503

Gebietspreisträger Nahe

Winzer des Jahres: Peter Crusius

Aufsteiger des Jahres: K. H. Schneider

Entdeckung des Jahres: Daniel Gemünden

Weinbewertung in Punkten
100 Perfekt • 95 bis 99 Überragend • 90 bis 94 Exzellent
85 bis 89 Sehr gut • 80 bis 84 Gut

WEINREGION **NAHE**

Da freut sich der Tourist: Fachwerkromantik gibt's auch im Weinberg

Spielart ist. Obwohl Riesling die Hauptrolle an der Nahe spielt, zeigen auch einige Nebendarsteller sehr gute Leistungen. Bei den Spätburgundern belegen der Lindenhof und die Klostermühle Odernheim, welch animierender Stil im Gebiet möglich ist. Die Klostermühle hat endlich Holzeinsatz und Alkohol zurückgeschraubt und damit deutlich an Frische gewonnen. Christian Bamberger punktet im Bereich der fruchtopulenten, modernen Rotweine: Kalifornien an der Nahe.

Viel Bewegung an der Nahe

Bei Sauvignon Blanc hat sich zum Experten Genheimer-Kiltz nun das Weingut Closheim gesellt. Es herrscht viel Bewegung an der Nahe und fast immer geht es in die richtige Richtung. Das Weingut K. H. Schneider aus Sobernheim glänzt mit wunderbar tänzelnden und herrlich duftig-würzigen Weinen, Göttelmann und Hees überzeugen mit sehr individueller Stilistik, auch bei Edelberg und Gabelmann geht die Entwicklung in Sachen Qualität weiter, und selbst ein Klassiker wie das Vorzeige-Biogut Hahnmühle, seit über 30 Jahren in derselben personellen Besetzung (nun plus Sohn Johannes), vinifiziert den besten trockenen Riesling seiner Weingutsgeschichte. Dasselbe ist beim Weingut Gebrüder Kauer der Fall, das in den letzten Jahren mit seinen Rieslingen eine geradezu rasante Steigerung hingelegt hat, und nun fast moselanisch und spielerisch daherkommt.

Wer einen einheitlichen Stil an der Nahe sucht, kann lange suchen: Nicht nur die Böden sind hier extrem unterschiedlich, sondern auch die Handschriften der Winzer, und für die Preisgestaltung gilt das Gleiche: An der Nahe finden sich einige der preislich selbstbewusstesten deutschen Weingüter, aber auch einige, die Jahr für Jahr erstaunliche Schnäppchen abfüllen. Zu dieser Kategorie gehören Jakob Schneider oder K. H. Schneider und, nicht zu vergessen, Bamberger in Sachen Sekt. Die Nahe macht Weingenießern die Auswahl schwer, aber lohnt die Mühe reichlich.

Nicht unerwähnt lassen wollen wir eine Fastschon-Versöhnung mit einer Rebsorte, die traditionell einmal eine große Bedeutung an der Nahe hatte. Das Weingut Karl Stein erzeugt in Oberhausen einen Müller-Thurgau »Hahnegaade«, der in puncto Trinkspaß viele der heute so modernen Aromabomben wie etwa Sauvignon Blanc hinter sich lässt. Und wer wissen will, wie wunderbar Muskateller und Riesling zusammenpassen, der kann dies bei Korrell erfahren.

Carsten Henn

NAHE

WEINGUT ALT
55569 Monzingen · Hauptstraße 67
Tel (0 67 51) 9 45 60 · Fax 9 45 61
info@weingut-alt.de
www.weingut-alt.de
Inhaber und Kellermeister Holger Alt
Verkauf Holger und Nicole Alt
Mo–Sa 8.00–12.00 Uhr · 14.00–18.00 Uhr
und nach Vereinbarung

Auf den knapp neun Hektar Rebflächen der Familie Alt werden alle Trauben per Hand gelesen. Der Fokus liegt auf Riesling, von denen kein Rebstock jünger als 20 Jahre ist, und auf Weiß- und Grauburgunder, für die Holger Alt vermehrt auf Holzfässer setzt. Uns gefällt die klare Stilistik in diesem Betrieb, der bereits mit dem kernig-saftigen Riesling Grundlage einen guten Einstieg bietet. Der kraftvolle Grauburgunder spielt mit würzig-rauchigen Noten und ist von gelber Frucht unterlegt. Mit der neuen Abfüllanlage hat der Betrieb, der seine Weine ausschließlich in der Flasche vermarktet, eine weitere Investition getätigt. Das Weingut bietet Urlaubern elf Doppelzimmer zum Verweilen an, die Straußwirtschaft ist von April bis Oktober geöffnet.

Verkostete Weine 9
Bewertung 82–87 Punkte

- **82** 2016 Monzinger Frühlingsplätzchen Weißburgunder trocken | 13% | 5,60 €
- **83** 2016 Monzinger Riesling Grundlage trocken | 12,5% | 6,- €
- **85** 2016 Monzinger Halenberg Riesling vom Blauschiefer trocken | 12,5% | 8,40 €
- **86** 2016 Monzinger Frühlingsplätzchen Riesling vom Rotliegenden trocken | 13% | 8,40 €
- **85** 2016 Monzinger Frühlingsplätzchen Grauburgunder trocken Holzfass | 14% | 9,- €
- **83** 2016 Monzinger Frühlingsplätzchen Riesling halbtrocken | 12% | 6,- €
- **86** 2016 Monzinger Halenberg Riesling Spätlese | 9% | 7,- €
- **87** 2016 Monzinger Frühlingsplätzchen Riesling Auslese | 8% | 9,- €
- **84** 2015 Monzinger Edition A trocken Holzfass | 13,5% | 8,20 €

CHRISTIAN BAMBERGER
STEINHARDTER HOF
55566 Bad Sobernheim-Steinhardt
Kreuznacher Straße 2
Tel (0 67 51) 60 48 · Fax 60 49
info@cb-wein.de
www.cb-wein.de
Inhaber Christian Bamberger
Verkauf Christian Bamberger
Mo–Fr 8.00–12-00 Uhr · 14.00–18.00 Uhr
Sa 8.00–12.00 Uhr und nach Vereinbarung

50 Prozent der 18 Hektar Rebflächen von Christian Bamberger sind mit roten Rebsorten, unter anderem Cabernet, Merlot oder Spätburgunder bestockt. Vom letzteren hat er in dieser Kollektion mit den 2015ern erstmals seine Toplage Schlossböckelheimer Königsfels (Dichtpflanzung) separat ausgebaut. In Schlossböckelheim wurde eine Lage zugekauft, weitere Lageninvestitionen stehen an. Die nachgefragte Cuvée Linie Neo ist homogen und bietet viel Trinkspaß, der Sauvignon aus der CB7-Kollektion präsentiert nach Luftkontakt Cassis und exotische Frucht mit gutem Spannungsbogen am Gaumen. Die Top-Rotweine haben Power und setzen auf Gerbstoffpräsenz. Der Spätburgunder QX und die Cuvée »R« mit viel Frucht und Würze haben Tiefe und feste Struktur.

Verkostete Weine 12
Bewertung 82–87 Punkte

- **83** 2016 Merlot trocken Blanc de Noirs | 12,5% | 7,90 €
- **83** 2016 Cuvée Sorgenfrei trocken | 11,5% | 7,90 €
- **84** 2016 Cuvée Nachhall trocken | 13% | 8,90 €
- **85** 2016 Sauvignon Blanc trocken | 13% | 9,50 €
- **85** 2016 Grauburgunder Vulkangestein | 13,5% | 15,- €
- **87** 2016 Sauvignon Blanc Fumé | 13% | 15,- €
- **82** 2015 Cuvée Machtlust trocken | 13% | 8,90 €
- **82** 2015 Spätburgunder Rubinum trocken Holzfass | 13,5% | 12,50 €
- **84** 2015 Cuvée »S« Superior | 13,5% | 15,- €
- **84** 2015 Spätburgunder 7 | 13,5% | 19,50 €
- **86** 2012 Cuvée »R« Réserve trocken | 13,5% | 28,- €
- **86** 2015 Spätburgunder »QX« | 13,5% | 35,- €

WEIN- UND SEKTGUT BAMBERGER

55566 Meddersheim · Römerstraße 10
Tel (0 67 51) 26 24 · Fax 21 41
kontakt@weingut-bamberger.de
www.weingut-bamberger.de

Inhaber und Betriebsleiter Heiko Bamberger
Verkauf Familie Bamberger
Mo–Fr 8.00–12.00 Uhr · 14.00–18.00 Uhr
Sa 9.00–17.00 Uhr nach Vereinbarung
Sehenswert eigene Sektherstellung im Rüttelkeller, terrassierte Weinberge, Weinbergshäuschen, neuer Holzfasskeller
Rebfläche 15 Hektar
Jahresproduktion 100.000 Flaschen, davon 20.000 Flaschen Sekt
Beste Lagen Monzinger Frühlingsplätzchen, Meddersheimer Altenberg und Rheingrafenberg
Boden Rotliegendes und Quarzit, durchsetzt von Schiefer
Rebsorten 60% Riesling, 30% Burgundersorten, 10% übrige Sorten
Mitglied Nahetalente, Vinissima

Verkostete Weine 12
Bewertung 86–92 Punkte

87 2016 Meddersheimer Rheingrafenberg Grauburgunder trocken | 13% | 13,50 €
86 2013 Riesling Sekt Brut | 12,5% | 13,50 €
87 2014 Cuvée Pinot Sekt Brut | 13% | 13,50 €
91 2010 Cuvée Pinot Sekt Brut nature Reserve | 13% | 29,- €
92 2011 Riesling Sekt Brut nature | 13% | Preis auf Anfrage | TOP 10
90 2012 Riesling Sekt extra Brut Reserve | 12,5% | 21,- €
86 2016 Meddersheimer Rheingrafenberg Weißburgunder trocken | 12,5% | 10,50 €
88 2015 Meddersheimer Altenberg Riesling trocken Reserve | 13% | 16,50 €
89 2015 Monzinger Frühlingsplätzchen Riesling trocken Reserve | 13% | 16,50 €
87 2016 Monzinger Frühlingsplätzchen Riesling feinherb | 11% | 9,90 €
92 2016 Meddersheimer Rheingrafenberg Riesling Auslese | 7,5% | 15,- €/0,375 Lit.
90 2016 Meddersheimer Rheingrafenberg Riesling Eiswein | 6,5% | 27,- €/0,375 Lit.

Heiko Bamberger beschreibt die Sekterzeugung als seine Passion. Wie viel Können und Qualitätsbewusstsein in seinen Schaumweinen steckt, zeigt schon die vermeintlich einfache Qualität: ein 2013er Riesling und ein 2014er Cuvée Pinot. Noch mehr Zeit lässt er sich mit der beeindruckenden Spitze, zwei Reserve-Qualitäten aus 2012 und 2010. Bamberger bringt die Zeit gekonnt auf Flaschen, stets prägen feine Reifenoten seine mit viel Zug und Spannung ausgestatteten Sekte. Das gilt auch für seine Stillweine, bei denen ebenfalls Reserve-Qualitäten die Spitze bilden, wobei der Riesling vom Altenberg vollmundiger und dichter, der vom Frühlingsplätzchen feiner und verspielter ausfällt, aber auch mineralischer. Aus 2016 kann er sogar einen Eiswein aus dem Rheingrafenberg mit rassiger Säure (13,1 Gramm) als Sortimentsspitze anbieten – zum kleinen Preis. Noch mehr beeindruckt, auf welch durchgängig hohem Niveau sich die Kollektion befindet. Der Einstiegsriesling aus dem Frühlingsplätzchen bietet zum fairen Preis schon sehr viel Trinkspaß mit großer, blumiger Duftigkeit. Heiko Bambergers Passion mag der Sekt sein, doch im Keller ist er ein begabter Allrounder.

466

☆ ★★½ **NAHE**

HOTELWEINGUT BARTH
55590 Meisenheim · Lindenallee 23
Tel (0 67 53) 54 77 · Fax 12 48 49
hotelweingut-barth@t-online.de
www.hotelweingut-barth.de
Inhaber und Betriebsleiter Gregor Barth
Verkauf Gregor Barth
Mo-Sa 8.00-19.00 Uhr und nach Vereinbarung

Das sieben Hektar umfassende Weingut ist spezialisiert auf Riesling und Spätburgunder. Gregor Barth hat eine sichere Hand im Keller und ein gutes Gefühl für die roten Rebsorten. Der Spätburgunder Nummer eins zeigt reife rote Beerenfrucht und Aromen von Blutorange, am Gaumen ist er finessenreich mit feiner Säurestruktur. Der Pinot Noir ist dunkler in der Aromatik mit Noten von Waldboden, geräuchertem Speck und Kräutern, am Gaumen saftig und mit guter Länge. Von den Weißweinen gefällt uns der Riesling »S« trocken aus dem Raumbacher Schwalbennest, der nach weißen Pfirsichen duftet und sich am Gaumen saftig-kernig mit gutem Trinkfluss präsentiert.

Verkostete Weine 12
Bewertung 81-86 Punkte

81 2016 Raumbacher Schwalbennest Pinot Blanc trocken | 12,5% | 7,50 €
84 2016 Riesling Metamorphit trocken | 12% | 8,70 €
82 2016 Meisenheimer Obere Heimbach Weißburgunder -S- trocken | 13% | 9,80 €
85 2016 Raumbacher Schwalbennest Riesling -S- trocken | 12% | 9,90 €
83 2016 Meisenheimer Grauburgunder -S- trocken | 13% | 10,90 €
83 2016 Riesling Classic | 11,5% | 6,80 €
85 2016 Raumbacher Schwalbennest Riesling *** | 9% | 9,- €
81 2016 Raumbacher Schwalbennest Riesling Hochgewächs | 9,5% | 7,- €
84 2015 Meisenheimer Spätburgunder trocken Barrique | 13,5% | 12,- €
84 2015 Raumbacher Schwalbennest Frühburgunder trocken | 13,5% | 14,- €
85 2015 Meisenheimer Obere Heimbach Pinot Noir trocken Holzfass | 13,5% | 15,- €
86 2015 Rehborner Herrenberg Spätburgunder Nummer 1 trocken Holzfass | 13,5% | 16,- €

WEINGUT CLOSHEIM
55450 Langenlonsheim · Naheweinstraße 97
Tel (0 67 04) 13 14 · Fax 15 16
info@weingut-closheim.de
www.weingut-closheim.de
Inhaber Familie Closheim
Kellermeister Philipp und Anette Closheim
Verkauf Anette Closheim
Mo-Fr 10.00-12.00 Uhr · 14.00-18.00 Uhr
Sa 10.00-15.00 Uhr und nach Vereinbarung

Der Riesling Mit Freunden, eine Traubenselektion besonders fruchtiger Partien, ist ein super Einstieg in die Kollektion von Anette Closheim. Weißwein ist ihre Stärke, dies zeigt sich auch im vielschichtigen Sauvignon Blanc Loirista. Neu ist der Pinot Noir Reserve, in neuen Barrique ausgebaut und von Ehemann Philipp vinifiziert, der sich auf die Roten bestens versteht. In der Cuvée Rot wurde der Jungfernertrag von Cabernet Franc verwendet, dessen Anteil erweitert werden soll. Im nächsten Frühjahr wird die Vinothek, eine Kombination von Fachwerk und Glaskubus, eröffnet.

Verkostete Weine 10
Bewertung 83-88 Punkte

83 2016 Cuvée Blanc trocken | 12,5% | 7,20 €
84 2016 Riesling Mit Freunden trocken | 12,5% | 8,- €
85 2016 Langenlonsheimer Königsschild Weißer Burgunder trocken | 13,5% | 10,- €
84 2016 Sauvignon Blanc trocken | 12,5% | 12,- €
85 2016 Langenlonsheimer Löhrer Berg Riesling trocken | 12,5% | 12,- €
86 2015 Riesling Mont Solis trocken Holzfass | 12,5% | 15,- €
88 2015 Sauvignon Blanc Loirista trocken Barrique | 12,5% | 16,- € | 🍷
84 2015 Pinot Noir trocken Barrique | 13,5% | 16,- €
84 2014 Cuvée Rot trocken Barrique | 13,5% | 18,- €
86 2014 Pinot Noir trocken Reserve Barrique | 13% | 23,- €

Symbole Weingüter
€ Schnäppchenpreis · TOP Spitzenreiter · BIO Ökobetrieb
🍷 Trinktipp · Versteigerungswein
Sekt | Weißwein | Rotwein | Rosé

★★★★★

WEINGUT DR. CRUSIUS
55595 Traisen · Hauptstraße 2
Tel (06 71) 3 39 53 · Fax 2 82 19
info@weingut-crusius.de
www.weingut-crusius.de
Inhaber Dr. Peter Crusius
Verkauf Familie Crusius
Mo–Sa 9.00–12.00 Uhr · 13.30–17.00 Uhr
und nach Vereinbarung
Historie Familie urkundlich seit 1586 in Traisen als Schultheißen und Weinbauern ansässig
Sehenswert einzigartige Weinbergslage »Traiser Bastei« am Fuß des Rotenfelsen, Gewölbekeller, Innenhof mit mediterranem Flair
Rebfläche 20 Hektar
Jahresproduktion 120.000 Flaschen
Beste Lagen Traiser Bastei und Rotenfels, Schlossböckelheimer Felsenberg und Kupfergrube, Niederhäuser Felsensteyer, Norheimer Kirschheck
Boden vulkanisch und Schieferverwitterung, kiesiger Lehm
Rebsorten 65% Riesling, 25% Weißburgunder, 5% Spät- und Frühburgunder, 5% übrige Sorten
Mitglied VDP

Ein kurzer Blick zurück: Es könnte sein, dass Peter Crusius mit den 2015ern den Jahrgang seines Lebens eingebracht hat. Neben einer ganzen Phalanx erstklassiger trockener Rieslinge stellte der Traiser Winzer eine edelsüße Kollektion auf den Tisch, die an der Nahe nicht zu toppen war. Es sind grandiose Auslesen mit tänzerischer Leichtigkeit und faszinierende Beeren- und Trockenbeerenauslesen zwischen 96 und 98 Punkten. Und 2016? Obwohl die Edelsüßen fehlen, strahlt die ganze Kollektion. Im trockenen Bereich konnte Crusius gegenüber dem Vorjahr sogar noch einen draufsetzen. Für seinen Untitled II hat er die besten Rauben aus den Großes Gewächs-Lagen Felsenberg, Mühlberg und Bastei selektiert.

Viel Erfahrung im Spiel

Den Wein in Kleinstauflage gibt es nur in Ausnahmejahren – und er ist viel zarter als die Großen Gewächse, ein filigraner Wein, doch wie ein Balletttänzer mit Sehnen aus Stahl. Peter Crusius ist eine Ikone des Nahe-Weinbaus. Er ist der einzige der großen Nahewinzer, die das letzte Vierteljahrhundert prägten, der noch federführend in seinem Gut ist. Einerseits ist er Traditionalist mit völlig eigenem, kraftvoll-markantem Stil, andererseits ein Winzer, der immer Neues versucht hat, unter anderem im Bereich der Burgunder. Ein stiller, bescheidener Mann, der in diesem Jahr sieben Weine über 90 Punkte präsentierte, obwohl eine Spätlese das höchste Prädikat darstellt.

Dr. Peter Crusius

Bei Peter Crusius, Jahrgang 1955, ist viel Erfahrung mit im Spiel. Spontan- und Reinzuchthefenvergärung werden beide genutzt, je nach Jahrgang, und auch bei alten Holzfässern und Edelstahltanks gibt es keine dogmatischen Entscheidungen. Die Familie Crusius bewirtschaftet einige große Lagen der mittleren Nahe und doch gibt es eine, die man ganz besonders mit ihr verbindet: die Traiser Bastei. Kraftvoll mineralische und tiefgründige Weine erbringt sie mit Kräuterwürze und feiner Rauchnote. Mit nur 1,2 Hektar zählt sie zu den kleinsten Spitzenlagen Deutschlands und profitiert vom Rotenfelsmassiv, der höchsten Steilwand nördlich der Alpen, welche sie vor Witterungsunbilden schützt. Geröllschutt von Vulkanverwitterungsgestein (Rhyolith) findet sich im Boden, doch genauso ist es das besondere Mikroklima, das die Weine prägt.

Einstieg 1982

Im Weinberg legt Crusius viel Wert auf Laubarbeit und eine strenge Selektion bei der Lese. Seine ausgesprochen zupackenden Weine wirken wie Rohdiamanten. Mehr mineralische Substanz als in Crusius-Weinen geht kaum. Auch wenn in der Jugend manchmal prägnante Primäraromen die Kernigkeit überdecken – nicht täuschen las-

★★★★ NAHE

sen! Dass sie hervorragend reifen, versteht sich schon von selbst. Früh setzte die Familie auf Flaschenweine, doch erst mit Hans Crusius, dem 2009 verstorbenen Vater von Peter, stellte sich der Erfolg ein. In den 60er und 70er Jahren erwarb sich das Gut im englischsprachigen Raum ein großes Renommee. Crusius war der erste Familienbetrieb, der an der Nahe in die Phalanx der großen Kreuznacher Güter vordringen konnte. Später dann, im Jahr 1982, stieg Peter Crusius in den Betrieb ein, übernahm schließlich 1991 die alleinige Verantwortung und führte das Familiengut seitdem wieder in die Spitze der Nahe. Rund zwei Drittel des Besitzes sind Erste Lagen nach VDP-Statut.

Verkostete Weine 13
Bewertung 83–93 Punkte

- 83 2016 Burgundercuvée Connexxion trocken | 13% | 11,– €
- 85 2016 Riesling vom Fels trocken | 13% | 12,50 €
- 85 2016 Traiser Weißburgunder Kaffel trocken Holzfass | 13% | 15,50 €
- 87 2016 Traiser Rotenfels Riesling trocken | 13% | 15,50 €
- 89 2016 Norheimer In der Kirschheck Riesling trocken | 13% | 16,– €
- 90 2016 Riesling Top of the rock trocken | 13% | 17,50 €
- 90 2016 Schlossböckelheimer Felsenberg Riesling »Großes Gewächs« | 13% | 29,– €
- 92 2016 Schlossböckelheimer Kupfergrube Riesling »Großes Gewächs« | 13% | 29,– €
- 93 2016 Traiser Bastei Riesling »Großes Gewächs« | 13,5% | 38,– €
- 93 2016 Riesling Untitled II trocken | 13,5% | 48,– €
- 87 2016 Traiser Rotenfels Riesling Kabinett | 9,5% | 12,50 €
- 93 2016 Traiser Bastei Riesling Spätlese | 8,5% | 18,– €
- 93 2016 Schlossböckelheimer Felsenberg Riesling Spätlese | 8% | 🍷

SCHLOSSGUT DIEL
55452 Burg Layen
Tel (0 67 21) 9 69 50 · Fax 4 50 47
schlossgut@diel.eu
www.diel.eu
Inhaber Armin und Caroline Diel
Betriebsleiter und Kellermeister Caroline Diel, Christoph J. Friedrich
Verkauf Victor Diel, Bernd Benz
Mo–Do 8.00–17.00 Uhr, **Fr** 8.00–14.00 Uhr
Sa 11.00–16.00 Uhr (Mai–Sept.)
Proben nach Vereinbarung

Historie Burg Layen (12. Jahrhundert), seit 1802 im Besitz der Familie Diel
Sehenswert Ruine der Burg Layen, künstlerisch gestalteter Keller, historischer Gewölbekeller
Rebfläche 26 Hektar
Jahresproduktion 180.000 Flaschen
Beste Lagen Dorsheim Goldloch, Pittermännchen und Burgberg, Burg Layen Schlossberg
Boden kiesiger Lehm mit Schiefer, Quarzit
Rebsorten 60% Riesling, 40% rote und weiße Burgundersorten
Mitglied VDP, Deutsches Barrique Forum

Diel-Fans warten auf das neue Große Gewächs aus dem Burgberg, dem traditionell fulminantesten der trockenen Rieslinge des Schlossguts. Doch der 2016er wird erst 2018 vorgestellt, Caroline Diel und Kellermeister Christoph Friedrich gönnen ihrem Flaggschiff noch mehr Zeit. Nicht die einzige Veränderung in diesem Vorzeigebetrieb der unteren Nahe. Sowohl die Preise wie der Alkohol wurden gesenkt – da bereitet das Trinken gleich zweifach mehr Freude. Das Auf und Ab der Jahrgänge scheint am Schlossgut dagegen spurlos vorüberzuziehen. Das neue Kelterhaus mit seinen Möglichkeiten mag einen Teil zu dieser Entwicklung beigetragen haben. Vor allem aber ist die Weinbergsarbeit auf Topniveau, wobei mittlerweile auf einem Großteil der Fläche nach ökologischen Prinzipien gewirtschaftet wird.

Finesse vor Kraft

Hier geht zunehmend Finesse vor Kraft. 70 Prozent der Weine werden im Holzfass ausgebaut und ebenso viele werden spontan vergoren. Die fruchtsüßen, animierenden Kabinette gehören regelmäßig zu den besten des Gebiets und darüber hinaus - in diesem Jahr der nach tropischen Früchten duftende aus dem Goldloch. Noch mehr begeisterte uns aus dem 2016er Jahrgang jedoch die Spätlese aus dem Pittermännchen - ohnehin strahlt diese im Stil moselähnlichste der Diel-Lagen in diesem Jahr ganz besonders. Das Schlossgut Diel gehört zu den ganz wenigen Betrieben in Deutschland - es ist vielleicht eine Handvoll - die alle Spielarten der Weinerzeugung auf höchstem Niveau beherrschen. Neben exzellenten trockenen und natursüßen Rieslingen, den feinfühlig im Barrique vinifizierten weißen Burgundern sowie außergewöhnlichen Rotweinen gehören dazu auch nach der méthode champenoise vergorene Sekte. Sie kommen erst nach 70 bis 90 Monaten Hefelager auf den Markt. Es werden jeweils nur kleine Mengen degorgiert.

Armin und Caroline Diel

Alter Rebbestand

Beeindruckend ist, wie die unterschiedlichen Terroirs herausgearbeitet werden. Das kräuterwürzige Pittermännchen wird vom grauen Schiefer dominiert, das Goldloch strotzt fast vor pfälzischer Fülle und der Burgberg setzt auf eine feinnervige Mineralität, wie man sie vom Rüdesheimer Berg kennt. In den vergangenen Jahren kaufte man weitere Weinberge mit altem Rebbestand.

Verkostete Weine 19
Bewertung 83-94 Punkte

- 89 2008 Dorsheimer Goldloch Riesling Sekt Brut nature Prestige | 12% | 38,50 €
- 91 2008 Weißburgunder & Spätburgunder Cuvée Mo Sekt Brut nature Prestige Holzfass | 12% | 48,- €
- 83 2016 Riesling Nahesteiner trocken | 12% | 10,50 €
- 86 2016 Dorsheimer Riesling trocken | 12% | 14,- €
- 87 2016 Burg Layer Riesling trocken | 12,5% | 14,- €
- 87 2015 Weißburgunder Pinot Blanc trocken Reserve Holzfass | 13% | 23,- €
- 88 2015 Grauburgunder Pinot Gris trocken Reserve | 13% | 23,- €
- 89 2016 Dorsheimer Riesling Eierfels trocken Holzfass | 12,5% | 19,- €
- 89 2016 Burg Layer Schlossberg Riesling trocken Holzfass | 12,5% | 24,- €
- 91 2016 Dorsheimer Goldloch Riesling »Großes Gewächs« Holzfass | 12,5% | 34,- €
- 91 2016 Dorsheimer Pittermännchen Riesling »Großes Gewächs« Holzfass | 12,5% | 35,- €
- 92 2015 Dorsheimer Burgberg Riesling »Großes Gewächs« | 12,5% | 40,- €
- 89 2015 Weißburgunder & Grauburgunder Cuvée Victor trocken Prestige | 12,5% | 40,- €
- 88 2016 Dorsheimer Goldloch Riesling Kabinett feinherb | 8,5% | 16,- €
- 89 2016 Burg Layer Schlossberg Riesling Kabinett | 8% | 15,- €
- 91 2016 Dorsheimer Goldloch Riesling Spätlese | 7,5% | 26,50 €
- 94 2016 Dorsheimer Pittermännchen Riesling Spätlese | 7,5% | ⬇
- 92 2016 Dorsheimer Pittermännchen Riesling Auslese | 7,5% | 37,- €
- 88 2014 Spätburgunder Pinot Noir Caroline trocken Prestige Holzfass | 13% | 55,- €

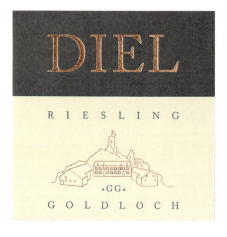

★★★★★　　　　　　　　　　　　　　　　　　　　　　　　　　　　　　NAHE

WEINGUT HERMANN DÖNNHOFF
55585 Oberhausen · Bahnhofstraße 11
Tel (0 67 55) 2 63 · Fax 10 67
weingut@doennhoff.com
www.doennhoff.com
Inhaber Cornelius Dönnhoff
Betriebsleiter Cornelius Dönnhoff
Verwalter Georg Köhler
Kellermeister Cornelius Dönnhoff
Verkauf Familie Dönnhoff
Mo–Fr 8.30–12.00 Uhr · 13.30–17.00 Uhr und nach Vereinbarung
Historie Weinbau in der Familie seit 1750
Sehenswert herrlicher Blick auf die Spitzenlagen von Niederhausen und Schlossböckelheim
Rebfläche 28 Hektar
Jahresproduktion 160.000 Flaschen
Beste Lagen Niederhäuser Hermannshöhle, Oberhäuser Brücke, Schlossböckelheimer Felsenberg, Norheimer Kirschheck und Dellchen, Roxheimer Höllenpfad
Boden Grauschiefer, Porphyr-, Melaphyr- und Vulkanverwitterung, roter Sandstein
Rebsorten 80% Riesling, 20% Weiß- und Grauburgunder
Mitglied VDP, Fair'n Green

Jedes Jahr wartet die deutsche Weinszene gespannt auf die Präsentation der Großen Gewächse vom Weingut Dönnhoff – und diskutiert sich dann die Köpfe heiß, ob die Hermannshöhle oder doch das Dellchen der größere Wein ist (in diesem Jahr hat übrigens die stoffige Hermannshöhle die Nase vorn). Das Felsentürmchen aus dem Felsenberg wäre bei 99 Prozent aller deutschen Winzer der beste trockene, hier bleibt ihm stets nur Platz drei auf dem Treppchen.

Große Lagen, alte Reben

Helmut Dönnhoff – und nun sein Sohn Cornelius, der den Betrieb komplett übernommen hat – führen in ihrem Gut die große Bodenvielfalt der Nahe zusammen. Der Gutsriesling stammt von Trauben, die in Oberhausen primär auf vulkanischem Gestein gewachsen sind. Und der frühere Leistenberg Kabinett trocken heißt Tonschiefer, weil die Reben auf eben diesem dort gedeihen. Dönnhoffs verstreuter Lagenbesitz bringt aber noch andere Bodenprofile ins Spiel. So stehen im Kreuznacher Kahlenberg (früher Plettenbergscher Besitz) Quarzit und Kies an und im Roxheimer Höllenpfad (ehedem Gutleuthof) findet man roten Sandstein, ganz so wie in Nierstein oder Siebeldingen. Dönnhoffs Rieslinge zeigen stets dieses Plus an mineralischer Struktur und aromatischer Tiefe, diese beeindruckende Festigkeit, die ebenso einzigartig wie begeisternd ist. Die Nähe zur perfekten Balance ist bei den besten Weinen stets spürbar, was sicher auch am Alter der Reben liegt, die mit 50 bis 60 Jahren eine besondere Tiefe erbringen. Vergärung und Lagerung geschehen in klassischen Holzfässern aus deutscher Eiche und im Edelstahl. Es gibt nur wenige deutsche Betriebe, die international eine vergleichbare Bedeutung haben. Das liegt neben den Weinen auch an Helmut Dönnhoff, der über Jahrzehnte diesen Musterbetrieb geprägt hat. Seine Liebe zu den großartigen Lagen der mittleren Nahe ist authentisch, seine Verbundenheit mit der Region in den Weinen spürbar. Mittlerweile hat sein Sohn Cornelius die Verantwortung in diesem 26-Hektar-Betrieb übernommen.

Helmut Dönnhoff

Mit der Region verbunden

Und wir haben den Eindruck, dass diese auf längere Zeit angelegte Betriebsübergabe zu einem guten Abschluss gekommen ist. Bereits in den äußerst schwierigen Jahrgängen 2013 und 2014 hatte dieser junge Winzer gezeigt, dass er auch mit großen Herausforderungen klarkommen kann. 2015 war hier dann ein großer Jahrgang. Auch Helmut Dönnhoff, der auf ein halbes Jahrhundert seines Schaffens zurückblicken kann, hat so gesunde und vollreife Trauben wie in 2015 nur selten erlebt. Das führte zum einen zu einer wunderbaren Reihe Großer Gewächse, erstmals auch in der Oberhäuser Brücke, der nur über die VDP-Versteigerung zu erwerben war. 2016 kann da naturgemäß nicht ganz mithalten, doch neben den wie stets überzeugenden trockenen Spitzenrieslingen gibt es aus dem Leistenberg einen herrlich feinfruchtig-verspielten Kabinett und aus der Hermannshöhle Spät- wie Auslese, die Mineralität und elegante Fruchtigkeit zusammenführen.

Verkostete Weine 12
Bewertung 84–93 Punkte

- 85 2016 Riesling Tonschiefer trocken | 12% | 13,50 €
- 86 2016 Kreuznacher Kahlenberg Riesling trocken | 12,5% | 18,50 €
- 88 2016 Roxheimer Höllenpfad Riesling trocken | 12,5% | 20,50 €
- 90 2016 Schlossböckelheimer Felsenberg Riesling Felsentürmchen »Großes Gewächs« | 13% | 36,- €
- 91 2016 Norheimer Dellchen Riesling »Großes Gewächs« | 13% | 39,50 €
- 93 2016 Niederhäuser Hermannshöhle Riesling »Großes Gewächs« | 13% | 46,- €
- 84 2016 Riesling feinherb | 10% | 9,90 €
- 86 2016 Kreuznacher Krötenpfuhl Riesling Kabinett | 8,5% | 12,50 €
- 88 2016 Oberhäuser Leistenberg Riesling Kabinett | 9% | 13,50 €
- 89 2016 Oberhäuser Brücke Riesling Spätlese | 8,5% | 25,- €
- 91 2016 Niederhäuser Hermannshöhle Riesling Spätlese | 8% | 28,50 €
- 92 2016 Niederhäuser Hermannshöhle Riesling Auslese Goldkapsel | 7,5% | 24,50 €/0,375 Lit.

WEINGUT EDELBERG
55627 Weiler bei Monzingen · Gonratherhof 3
Tel (0 67 54) 2 24 · Fax 94 58 81
info@weingut-edelberg.de
www.weingut-edelberg.de
Inhaber und Betriebsleiter Peter und Michael Ebert
Verkauf Familie Ebert
nach Vereinbarung

Das nach der Lage Meddersheimer Edelberg benannte Weingut hat sich im letzten Jahr um neun Hektar vergrößert, darunter um eine Parzelle im besten Teil eben dieser Lage. Die beiden Brüder Peter und Michael, die gemeinsam in Weinberg und Keller agieren, setzen auf 100-prozentige Handlese. Bei der letztjährigen Umstellung auf Edelstahl im Keller, dazu ein Teil neuer 500-Liter-Fässer für die Burgunder, wurde einiges investiert. Die Kollektion hat sich allgemein verbessert, die Rieslinge überzeugen durch geradlinige Art und festen Kern.

Verkostete Weine 12
Bewertung 80–86 Punkte

- 80 2016 Riesling trocken | 11% | 5,50 €/1,0 Lit.
- 81 2016 Riesling Rotliegendes trocken | 11,5% | 7,- €
- 82 2016 Weißburgunder trocken | 13% | 7,- €
- 81 2016 Grauburgunder trocken | 13% | 7,50 €
- 83 2016 Riesling Quarzit trocken | 11,5% | 8,90 €
- 85 2016 Meddersheimer Rheingrafenberg Riesling »S« trocken | 12% | 13,- €
- 84 2016 Weilerer Herrenzehntel Weißburgunder -S- trocken Holzfass | 13,5% | 16,- €
- 84 2016 Weilerer Herrenzehntel Grauburgunder -S- trocken Holzfass | 13,5% | 16,- €
- 86 2016 Weilerer Herrenzehntel Riesling trocken Alte Reben | 12% | 18,- €
- 82 2016 Riesling Kiesgestein halbtrocken | 11% | 7,- €
- 83 2016 Gelber Muskateller | 7,5% | 8,50 €
- 84 2013 Cuvée Edition trocken Holzfass | 14% | 11,- €

Symbole Weingüter
Schnäppchenpreis · Spitzenreiter · Ökobetrieb
Trinktipp · Versteigerungswein
Sekt Weißwein Rotwein Rosé

★ ★★★★✩ NAHE

WEINGUT EMMERICH-KOEBERNIK
55596 Waldböckelheim · Hauptstraße 44
Tel (0 67 58) 4 26 · Fax 76 97
weingut@emmerich-koebernik.de
www.emmerich-koebernik.de
Inhaber Doris und Ernst Günter Koebernik
Kellermeister Christiane und
Ernst Günter Koebernik
Verkauf Christiane Koebernik
Mo–Sa 9.00–19.00 Uhr und nach Vereinbarung

Mit Umgestaltung der Kelterhalle wurde das Weingut um eine moderne, lichthelle Vinothek erweitert. Tradition trifft Moderne - ein Motto, das auch auf die Weine zutrifft. Der bestehende, vielfältige Rebsortenspiegel bleibt erhalten und bietet Christiane Koebernik Raum zur Entfaltung und zum Ausprobieren. Im Fokus stehen Riesling und Burgundersorten, immer öfter lagentypisch ausgebaut, was gut gelingt. Christiane Koebernik (Winzerin und Jägerin), die das Weingut mit ihren Eltern leitet, baut die eigene Linie »Bock auf« weiter aus. Wir sind gespannt!

Verkostete Weine 12
Bewertung 81–87 Punkte

82 2016 Weißburgunder trocken | 12% | 6,80 €
85 2016 Riesling vom Tonschiefer trocken | 12% | 8,40 €
83 2016 Silvaner Bock auf Silvaner trocken | 12% | 8,80 €
84 2016 Grauburgunder vom Rotliegenden trocken | 13% | 8,80 €
84 2016 Riesling Bock auf Riesling trocken | 12% | 8,80 €
86 2016 Waldböckelheimer Kirchberg Riesling trocken | 11,5% | 12,80 €
87 2016 Waldböckelheimer Mühlberg Riesling trocken | 11,5% | 14,– €
83 2016 Scheurebe vom Sandstein feinherb | 12% | 8,40 €
84 2016 Riesling vom Porphyr feinherb | 11% | 8,40 €
83 2016 Spätburgunder vom Löss-Lehm feinherb Blanc de Noirs | 12% | 8,80 €
83 2016 Weißburgunder & Grauburgunder Bock auf Weiß & Grau feinherb | 12% | 8,80 €
81 2016 Riesling | 8% | 7,90 €

WEINGUT EMRICH-SCHÖNLEBER
55569 Monzingen · Soonwaldstraße 10a
Tel (0 67 51) 27 33 · Fax 48 64
weingut@emrich-schoenleber.de
www.emrich-schoenleber.de
Inhaber und Betriebsleiter Werner und
Frank Schönleber
Kellermeister Frank Schönleber
Verkauf Hannelore Schönleber
nach Vereinbarung

Historie mehr als 250 Jahre Weinbau in der Familie
Rebfläche 19,5 Hektar
Jahresproduktion 130.000 Flaschen
Beste Lagen Auf der Ley, Monzinger Halenberg und Frühlingsplätzchen
Boden Gemisch aus verschiedenen Schieferarten und Quarzit
Rebsorten 85% Riesling, 6% Grauburgunder, 6% Weißburgunder, 3% übrige Sorten
Mitglied VDP

So spontan wie bei den 2016ern erschienen uns die Schönlebers noch nie. Und das bezieht sich nicht darauf, dass Veränderungen in diesem klug und bedächtig geführten Betrieb stets langsam und überlegt vonstatten gehen, sondern auf die Noten der wilden Hefen in den Weinen. Das Beeindruckende dabei: Sie verleihen ihren Weinen deutlich mehr Dichte, ohne dabei an Eleganz und feiner Mineralität einzubüßen. Es ist eine schlüssige Weiterentwicklung des Hausstils, der sich gleichermaßen treu bleibt, wie aromatisch erweitert wird.

Frühlingsplätzchen wird Frühtau
Ein gelungener Balanceakt! Nach mehreren Jahren einer etwas indifferenten Entwicklung ist dies nun schon der zweite Jahrgang in Folge mit alter Stärke. Man muss sogar sagen: Solch eine Kollektion an großen trockenen Rieslingen durften wir hier noch nie verkosten. An der Spitze der Auf der Ley, welcher oberhalb des Halenbergs liegt, wo der Boden neben Schiefer stark von Kieselsteinen geprägt ist. Die Schönlebers selbst beschreiben sie als »die puristischsten und zugleich charakterstärksten in unserem Keller«. In diesem Jahr ist es auch der kraftvollste und zugleich feinste. Auf der VDP-Versteigerung in der Bad Kreuznacher Römerhalle erzielte das Weingut

für 228 Magnum-Flaschen davon jeweils 287 Euro. Frank Schönleber ist nicht nur gemeinsam mit seinem Vater Werner Inhaber des Monzinger 19-Hektar-Paradeweinguts sowie dessen Kellermeister (sein Vater beaufsichtigt den Außenbetrieb), sondern auch VDP-Gebietsvorsitzender. Das trockene Frühlingsplätzchen heißt seit einiger Zeit Frühtau, ein präziser, hefegeprägter Riesling. Aus dem trockenen Halenberg ist der Halgans geworden - ein Hinweis auf den ursprünglichen Namen dieses grandiosen Hanges. Es ist ein kraftvoller Riesling mit Tiefgang. Das Große Gewächs aus dem Frühlingsplätzchen wird getragen von rassiger Säure und erinnert an Zitrusfrüchte, während der Halenberg eine vibrierende Spannung vermittelt und zugleich trinkanimierend wirkt. Noch etwas verschlossen, dabei komplex und lang ist das Große Gewächs Auf der Ley. Es wird nur auf der VDP-Versteigerung angeboten, die jeweils im September stattfindet.

Werner Schönleber

Männlicher Halenberg

Das Augenmerk der Schönlebers liegt seit jeher ganz auf den Monzinger Lagen. Sie schlugen als einer der wenigen Spitzenbetriebe nicht zu, als Parzellen an der mittleren Nahe zum Verkauf standen. Die Weinwelt singt seit Jahrzehnten ein Loblied auf Werner Schönleber - und vergisst dabei, dass Sohn Frank bereits seit 2006 für den Keller verantwortlich ist. Hier ist der Übergang so fließend vonstatten gegangen, dass ihn kaum jemand außerhalb der Familie wahrnahm. Ihre Arbeit gleicht einer perfekten Deklination. Sie beschränken sich auf zwei Lagen, doch diese interpretieren sie in jeder Qualitätsstufe kongenial. Auf der einen Seite das feminine, feinduftig florale, früher zugängliche, von rotem Schiefer und Kiesel geprägte Frühlingsplätzchen, dessen Boden stark mit Lehm des Rotliegenden durchsetzt ist. Auf der anderen der maskulinere, mineralischere Halenberg mit blauem Schiefer und Quarzit. Das Große Gewächs aus Letzterem gehört mit

großer Regelmäßigkeit alljährlich zu den bedeutenden trockenen Rieslingen Deutschlands und zeigt aufs Feinste, wie sich Mineralik, Dichte und Filigranität vereinen lassen. Vergessen wird oftmals, dass die Schönlebers auch Grauburgunder sehr gut beherrschen. Ihr »R« zählt auch 2016 wieder zu den höchstbewerteten - nicht nur an der Nahe, sondern in ganz Deutschland.

Verkostete Weine 17
Bewertung 83-94 Punkte

83 2016 Weißburgunder trocken | 12,5% | 9,90 €
84 2016 Riesling trocken | 11,5% | 9,90 €
86 2016 Weißburgunder »S« trocken | 13% | 14,- €
87 2016 Riesling Mineral trocken | 12% | 14,90 €
87 2016 Grauburgunder »S« trocken | 13% | 15,50 €
89 2016 Monzinger Riesling Frühtau trocken | 12% | 17,50 €
90 2016 Monzinger Riesling Halgans trocken | 12% | 20,90 €
89 2015 Grauburgunder »R« trocken | 13,5% | 32,- €
92 2016 Monzinger Frühlingsplätzchen Riesling »Großes Gewächs« | 12% | 37,- €
94 2016 Monzinger Halenberg Riesling »Großes Gewächs« | 12,5% | 39,- €
94 2016 Monzinger Auf der Ley Riesling »Großes Gewächs« | 12,5% | 🍷 | TOP
86 2016 Riesling Lenz | 11% | 10,90 €
90 2014 Monzinger Halenberg Riesling »R« | 12,5% | 37,- €
89 2016 Monzinger Riesling Kabinett | 9,5% | 13,- €
90 2016 Monzinger Frühlingsplätzchen Riesling Spätlese | 8% | 19,50 €
92 2016 Monzinger Halenberg Riesling Spätlese | 8,5% | 21,- €
93 2016 Monzinger Halenberg Riesling Auslese | 7% | 36,- €

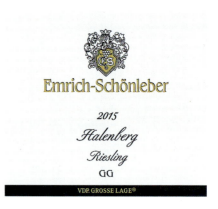

NAHE

WEINGUT ENK

55452 Dorsheim · Weinbergstraße 13
Tel (0 67 21) 4 54 70 · Fax 4 78 84
info@weingut-theo-enk.de
www.weingut-theo-enk.de
Inhaber Steffen Enk
Kellermeister und Betriebsleiter Steffen Enk
Verkauf nach Vereinbarung

Umfangreiche Investitionen in Kelterhaus, Flaschen- und Tanklager sind im Weingut Enk getätigt worden. Steffen Enk schließt mit seinen Weinen an die Qualitäten des Vorjahres an. Von den Rieslingen führen jene aus den Dorsheimer Lagen die Qualitäten an, insbesondere der trocken ausgebaute aus der Lage Goldloch. Etwas weniger Opulenz würden wir uns bei den Burgundern wünschen, den Chardonnay zeichnet Trinkfluss und saftige Frucht aus. Auf ihren 11,3 Hektar setzen die Winzer auf intensive Weinbergsarbeit, hundertprozentige Handlese und im Keller auf präzises Arbeiten mit Edelstahl und Reinzuchthefe.

Verkostete Weine 12
Bewertung 82–86 Punkte

82 2016 Grauburgunder trocken | 13% | 6,80 €
82 2016 Laubenheimer Karthäuser Weißburgunder trocken | 13,5% | 7,50 €
82 2016 Laubenheimer Fuchsen Riesling trocken | 12% | 7,90 €
83 2016 Riesling Steinreich trocken | 12% | 8,20 €
84 2016 Laubenheimer Fuchsen Riesling -Mariage VII- trocken | 12,5% | 9,– €
85 2016 Laubenheimer Karthäuser Riesling -S- trocken | 12,5% | 9,20 €
84 2016 Grauburgunder & Weißburgunder -Felix- trocken | 14% | 9,50 €
84 2016 Grauburgunder -Florian- trocken | 14% | 9,80 €
85 2016 Chardonnay -S- trocken | 12,5% | 11,80 €
86 2016 Dorsheimer Goldloch Riesling trocken | 12% | 13,80 €
84 2016 Dorsheimer Goldloch Riesling feinherb | 11% | 9,– €
85 2016 Dorsheimer Goldloch Riesling Kabinett | 8,5% | 8,– €

WEINGUT SEBASTIAN GABELMANN

55585 Niederhausen · Schulstraße 11
Tel (0 67 58) 8 00 40 70
kontakt@weingutgabelmann.de
www.weingutgabelmann.de
Inhaber Sebastian Gabelmann
Verkauf Nathalie Schwartz

Als Alleinkämpfer in Weinberg und Keller kann Sebastian Gabelmann die mittlerweile 4,4 Hektar Weinbergslagen noch gut bearbeiten. Sein letzter Zukauf ist ein 0,3 Hektar großer Teil in der Niederhäuser Klamm. Der aus Rheinhessen stammende Winzer wird von seinem Vater, einem erfahrenen Weinbautechniker, unterstützt. Die erste Weinbergsparzelle, die Gabelmann 2014 mit Riesling bestockt hat, liegt im Niederhäuser Rosenheck. Der aus dem Rosenheck produzierte 2016er Riesling enthält Trauben der Jungpflanzen, der große Anteil stammt allerdings aus älteren Rebanlagen. Er zeigt sich saftig mit mineralischen Noten, gelben Steinobstaromen und Kräutern, am Gaumen mit animierender Säure und guter Textur.

Verkostete Weine 9
Bewertung 82–87 Punkte

83 2016 Weißburgunder trocken | 12% | 6,70 €
82 2016 Riesling trocken | 12% | 6,90 €
83 2016 Waldböckelheimer Grauburgunder trocken | 12,5% | 7,60 €
83 2016 Waldböckelheimer Weißburgunder trocken | 12,5% | 7,60 €
84 2016 Schlossböckelheimer Riesling trocken | 11,5% | 7,90 €
85 2016 Duchrother Feuerberg Riesling trocken | 12,5% | 9,90 €
87 2016 Niederhäuser Rosenheck Riesling trocken | 12% | 11,20 €
84 2016 Waldböckelheimer Mühlberg Grauburgunder trocken Barrique | 12,5% | 13,70 €
84 2016 Waldböckelheimer Mühlberg Riesling Spätlese | 8,5% | 10,20 €

Symbole Weingüter
★★★★★ Weltklasse • ★★★★ Deutsche Spitze
★★★ Sehr Gut • ★★ Gut • ★ Zuverlässig

Weinbewertung in Punkten
100 Perfekt • 95 bis 99 Überragend • 90 bis 94 Exzellent
85 bis 89 Sehr gut • 80 bis 84 Gut

★ ☆

WEINGUT ALBERT GÄLWEILER
55595 Sankt Katharinen · Mühlenstraße 6
Tel (0 67 06) 4 05 · Fax 67 86
info@gaelweiler-wein.de
www.gaelweiler-wein.de
Inhaber und Betriebsleiter Andreas und Dr. Leo Gälweiler
Kellermeister Andreas Gälweiler
Verkauf nach Vereinbarung

Das Portfolio der Toplagen dieses Weinguts wurde erweitert und umfasst nun den Roxheimer Höllenpfad und Berg sowie die Kreuznacher Lagen Osterhöll und Kahlenberg. Die 25 Hektar umfassenden Rebflächen sind mit knapp 50 Prozent Burgundersorten bestockt, Riesling nimmt 20 Prozent der Rebfläche ein. Ein Händchen scheint man hier für viele Rebsorten zu haben und konnte die Qualität, vor allem der Top-Lagen, 2016 noch steigern. Der Riesling Höllenpfad weist Vielschichtigkeit und guten Druck auf, der Sauvignon Blanc ist anfangs verhalten, zeigt dann gelbe Stachelbeere und Kräuter.

Verkostete Weine 12
Bewertung 81–88 Punkte

82 2016 Rivaner trocken | 12,5% | 5,20 €
84 2016 St. Kathariner Fels Scheurebe trocken | 12,5% | 7,20 €
83 2016 Roxheimer Höllenpfad Riesling vom roten Sandstein trocken | 12% | 7,50 €
84 2016 St. Kathariner Fels Grauer Burgunder trocken | 13% | 7,50 €
86 2016 St. Kathariner Fels Sauvignon Blanc trocken | 12,5% | 8,20 €
86 2016 Kreuznacher Osterhöll Grauer Burgunder »S« trocken | 13,5% | 9,80 €
83 2015 Roxheimer Berg Chardonnay trocken Holzfass | 13,5% | 10,20 €
87 2016 Roxheimer Höllenpfad Riesling »S« trocken Holzfass | 12,5% | 10,50 €
83 2016 Roxheimer Berg Riesling feinherb | 11,5% | 7,30 €
88 2016 Roxheimer Berg Riesling Eiswein | 6,5% | 37,50 €/0,375 Lit.
81 2016 St. Kathariner Fels Frühburgunder trocken | 12,5% | 7,70 €
84 2015 Roxheimer Berg Pinot Noir trocken Barrique | 13,5% | 17,50 €

WEINGUT GEMÜNDEN
55545 Bad Kreuznach · Brückes 33
Tel (06 71) 2 79 25 · Fax 4 82 00 90
info@weingut-gemuenden.de
www.weingut-gemuenden.de
Inhaber Daniel Gemünden
Verkauf nach Vereinbarung

Daniel Gemünden bringt Gespür und Ideen in das elterliche Weingut ein. Nach der Lehre im Bad Kreuznacher Staatsweingut und dem Studium für Weinbautechnik und Önologie in Geisenheim ist er nun für die Kellerarbeit verantwortlich, und das sehr erfolgreich. Sein Steckenpferd sind die Weißweine, daher findet sich kein Rotwein im Sortiment. Die Qualitäten unterteilen sich in die zwei Linien Guts- und Spitzenwein. Die verschlossenen, aber gut strukturierten Lagenrieslinge brauchen etwas Luft. Der Nature Riesling, eine Traubenselektion aus den besten Lagen, wurde spontan vergoren, präsentiert sich mit guten Druck und entfaltet klare Aromen im Glas. Den Edelschliff, eine jährliche Selektion der Gebietsweinwerbung Weinland Nahe, ist ein trockener Riesling, für den 50 Prozent der Trauben spontan vergoren wurden, die andere Hälfte wurde mit Reinzuchthefen nach einigen Stunden Maischekontakt vergoren. Für die Basisweine würden wir uns etwas mehr Tiefe wünschen.

Verkostete Weine 12
Bewertung 80–86 Punkte

80 2016 Riesling trocken ** | 12,5% | 7,60 €
82 2016 Silvaner trocken ** | 12% | 7,60 €
81 2016 Grauburgunder trocken ** | 12,5% | 8,60 €
81 2016 Spätburgunder trocken Blanc de Noirs ** | 13% | 8,60 €
83 2015 Kreuznacher Forst Riesling trocken Premium *** | 12,5% | 12,– €
84 2016 Kreuznacher Brückes Riesling trocken Premium *** | 13% | 12,– €
84 2015 Kreuznacher Brückes Riesling trocken Premium *** | 12,5% | 12,– €
85 2016 Kreuznacher Forst Riesling trocken Premium *** | 13% | 12,– €
86 2016 Riesling Nature trocken Premium *** | 13% | 15,20 €
84 2016 Riesling Edelschliff trocken Premium *** | 13% | 17,80 €
80 2016 Scheurebe ** | 10,5% | 8,60 €
81 2016 Riesling Spätlese ** | 9,5% | 8,60 €

★★

WEINGUT GENHEIMER-KILTZ
55595 Gutenberg · Zum Sportfeld 6
Tel (0 67 06) 86 33 · Fax 63 19
info@genheimer-kiltz.de
www.genheimer-kiltz.de
Inhaber Georg, Gerlinde und Harald Kiltz
Betriebsleiter Georg und Harald Kiltz
Kellermeister Harald Kiltz

Verkauf nach Vereinbarung

Rebfläche 12,5 Hektar
Jahresproduktion 98.000 Flaschen
Beste Lagen Kreuznacher Narrenkappe und Forst, Gutenberger Schlossberg und Felseneck
Boden Lösslehm mit Naheschotter, Rotliegendes
Rebsorten 41% Sauvignon Blanc, 17% Riesling, 15% weiße Burgundersorten, je 8% Dornfelder und Spätburgunder, 11% übrige Sorten

Flavia heißt das neue Flaggschiff in Sachen Sauvignon Blanc, das in Sachen Tiefe und Länge ein neues Kapitel im Weingut aufschlägt, das sich wie kein Zweites seit Jahren um den Sauvignon Blanc verdient gemacht hat. Die aromatische Sorte gelingt im Gut ausgezeichnet - und setzt auch im Jahrgang 2016 Maßstäbe für die Nahe. Mit 40 Prozent ist sie die Nummer eins im Rebsortenspiegel des Gutenberger Betriebs. Schon die trockenen Basisweine sind ausgesprochen trinkanimierend. Früher teilten sich hier je zur Hälfte weiße und rote Sorten die Fläche in den Weinbergen. Heute hat sich das Verhältnis weißer zu roter Sorten zu drei Vierteln zugunsten der weißen verschoben. Georg und Harald Kiltz überzeugen durch qualitative Konstanz, eine klare, moderne Handschrift und setzen auf naturnahen Anbau bei ihrem bis zu 30-jährigen Rebbestand. Harry & George heißt eine Linie mit drei pfiffig im Comicstil etikettierten Weinen, von denen zum Beispiel der Rosé mit großer Trinkigkeit und zurückhaltender Süße überzeugt. Nicht ganz so begeistern konnten uns die Grauburgunder, deren Aromatik zu sehr von Bitternoten geprägt war. Viel besser gerieten die Pinot Noirs, denen man trotz 13,5 Prozent Alkohol Finesse und Schliff verleihen konnte. Im modern gestalteten Verkostungsbereich lassen sich all diese Weine prima probieren.

Verkostete Weine 12
Bewertung 81–88 Punkte

81 2016 Grauburgunder Terrassenkies trocken | 12,5% | 6,50 €
84 2016 Gutenberger Sauvignon Blanc trocken | 12,5% | 7,50 €
85 2016 Gutenberger Römerberg Sauvignon Blanc Beste Lagen trocken | 13% | 9,80 €
85 2016 Kreuznacher Narrenkappe Grauburgunder trocken Holzfass | 13,5% | 9,90 €
86 2016 Kreuznacher Narrenkappe Sauvignon Blanc Beste Lagen trocken | 13% | 12,- €
87 2016 Gutenberger Felseneck Sauvignon Beste Lagen trocken »sur lie« | 13% | 16,- €
88 2016 Gutenberger Felseneck Sauvignon Blanc Flavia trocken | 13% | 24,- €
86 2016 Gutenberger Römerberg Sauvignon Beste Lagen | 7,5% | 9,80 €
82 2016 Cuvée Harry & George trocken Rosé | 12% | 7,- €
83 2014 Gutenberger Spätburgunder trocken | 13% | 7,20 €
85 2015 Gutenberger Felseneck Pinot Noir Beste Lagen trocken Holzfass | 13,5% | 10,90 €
87 2015 Gutenberger Schlossberg Pinot Noir Beste Lagen trocken Barrique | 13,5% | 19,- €

WEINGUT GÖTTELMANN
55424 Münster-Sarmsheim · Rheinstraße 77
Tel (0 67 21) 4 37 75 · Fax 4 26 05
goettelmannWein@aol.com
www.goettelmann-wein.de
Inhaber Ruth Göttelmann-Blessing und Götz Blessing
Verkauf Familie Blessing nach Vereinbarung
Straußwirtschaft März–Nov. Fr–Sa 18.00–23.00 Uhr So 17.00–23.00 Uhr
Spezialitäten überbackene Wingertsknorzen, Backsteinkäs'
Rebfläche 13,5 Hektar
Jahresproduktion 90.000 Flaschen
Beste Lagen Münsterer Dautenpflänzer, Kapellenberg, Pittersberg und Rheinberg
Boden Schieferverwitterung, Löss
Rebsorten 66% Riesling, 12% Weiß- und Grauburgunder, 6% Spätburgunder, 4% Silvaner, 12% übrige Sorten

Das gelungene, neue Etikett ist nicht das einzig Erfreuliche an der 2016er Kollektion von Götz Blessing und seiner Frau Ruth, die diesen Betrieb in der vierten Generation führen - sie sind seit mehr als 30 Jahren im Geschäft. Die Rieslinge präsentieren sich allesamt mit kerniger Saftigkeit und großem Trinkfluss. Nach den 2015ern gab es im aktuellen Jahrgang zwar keine barocken Edelsüßen, für die das Weingut sich einen hervorragenden Ruf erarbeitet hat, doch die fein-aromatische Spätlese aus dem Dautenpflänzer lässt das schnell vergessen. Überragt wird sie allerdings um einen Hauch vom Münsterer Kapellenberg Le Mur. Blessings trockener Spitzenriesling kommt mit 12,5 Prozent Alkohol aus und bietet eine herrliche, vom Quarzit geprägt Struktur. Blessing hat trotz mehr als 30 Jahren Winzerdasein noch viel Unternehmergeist. So wird im vorderen Kapellenberg erstmals seit den 1970er Jahren wieder eine Silvaner-Anlage entstehen, vor 50 Jahren noch die Hauptrebsorte an der Nahe und in ganz Deutschland. Blessing schätzt die unkomplizierten, aber ausdrucksvollen Alltagsweine, die man daraus gewinnen kann. Mit zwei Drittel Anteil aber steht nach wie vor der Riesling im Mittelpunkt der Bemühungen. Alle Weine kann man wunderbar in der Straußwirtschaft des Gutes vertiefen, eine der beliebtesten an der Nahe. Auf den 67. Berliner Filmfestspielen war das auch möglich, die Blessings waren dort nämlich einer der »Official Supplier«.

Verkostete Weine 12
Bewertung 82–88 Punkte

82 2016 Münsterer Sauvignon Blanc trocken | 12,5% | 7,50 €
84 2016 Münsterer Kapellenberg Riesling trocken | 12,5% | 7,50 €
85 2016 Münsterer Pittersberg Riesling trocken | 12,5% | 7,50 €
86 2016 Münsterer Riesling Vom Schwarzen Schiefer trocken | 12,5% | 7,80 €
86 2016 Münsterer Riesling Vom Roten Schiefer trocken | 12% | 8,30 €
85 2016 Münsterer Chardonnay trocken Holzfass | 13,5% | 8,50 €
87 2016 Münsterer Dautenpflänzer Riesling trocken | 12,5% | 9,30 €
88 2016 Münsterer Kapellenberg Riesling Le Mur trocken | 12,5% | 12,50 €
83 2016 Münsterer Riesling feinherb | 12% | 7,20 €
88 2016 Münsterer Dautenpflänzer Riesling Spätlese | 7,5% | 8,50 € | €
86 2016 Münsterer Kapellenberg Riesling Spätlese | 7,5% | 8,90 €
86 2013 Münsterer Spätburgunder »S« trocken | 13,5% | 9,50 €

★★★ NAHE

WEINGUT HAHNMÜHLE
67822 Mannweiler-Cölln · Alsenzstraße 25 BIO
Tel (0 63 62) 99 30 99 · Fax 44 66
info@weingut-hahnmuehle.de
www.weingut-hahnmuehle.de
Inhaber Familie Linxweiler
Betriebsleiter Peter und Johannes Linxweiler
Kellermeister Johannes Linxweiler

Verkauf Martina Linxweiler
Mo–Fr 9.00–12.00 Uhr · 14.00–18.00 Uhr
Sa 9.00–15.00 Uhr

Historie die Hahnmühle, eine Wassermühle aus dem 13. Jahrhundert, ist seit dem Jahr 1898 in Familienbesitz
Rebfläche 15 Hektar
Jahresproduktion 90.000 Flaschen
Beste Lagen Oberndorfer Beutelstein, Alsenzer Elkersberg, Ebernburger Schlossberg
Boden Porphyr, Sandstein- und Schieferverwitterung
Rebsorten 50% Riesling, je 12% Weißburgunder und Silvaner, je 6% Traminer und Chardonnay, 9% Spätburgunder, 5% übrige Sorten
Mitglied Naturland

Vero X heißt die kräuterwürzige Weißwein-Cuvée mit Trauben aus dem Oberndorfer Beutelstein, die im neuen Holz ausgebaut wurde. Peter und Martina Linxweilers Innovationsgeist schafft immer noch spannende, neue Weine. So auch der ungemein cremige und fruchtbetonte Rote Traminer IZ, was für Interzelluläre Gärung steht. 50 Prozent der Trauben wurden handentrappt und als ganze Beeren sechs Wochen mitvergoren. Doch am meisten begeisterte uns der Riesling aus dem Alsenzer Elkersberg. Solch einen tiefgründigen, schmeichelnden und dabei eleganten Trockenen durften wir hier noch nie verkosten - wobei er mit neun Gramm Restsüße bei sieben Gramm Säure die Geschmacksstufe gekonnt ausreizt. 1986 haben Peter und Martina Linxweiler den Familienbetrieb übernommen. Ungeachtet aller Moden und Trends setzen die beiden Pioniere seit nunmehr 30 Jahren auf das Ökosystem Weinberg: keine Herbizide und Pestizide, dafür Artenvielfalt bei Pflanzen und Tieren und die Förderung der natürlichen Bodenfruchtbarkeit. Im Keller herrscht kontrolliertes Nichtstun. Die Rieslinge vergären im Holzfass, die anderen Rebsorten im Edelstahltank. Man lässt sich Zeit, achtet auf eine gezügelte Gärung und einen langen Hefekontakt. Dies fördert die Fülle, die Reife und den Schmelz der Weine, die mit Glasverschluss auf die Flasche kommen. Und der Nachwuchs steht bereit: Sohn Johannes hat im Keller bereits Verantwortung übernommen und wird Zug um Zug auch in die Betriebsleitung einsteigen.

Verkostete Weine 12
Bewertung 85–90 Punkte

85 2016 Riesling Alter Wingert trocken | 12% | 8,40 €
85 2016 Cöllner Rosenberg Riesling & Roter Traminer trocken | 12% | 8,80 €
86 2016 Steingrubener Silvaner trocken | 12% | 9,90 €
85 2016 Oberndorfer Weißburgunder trocken | 12,5% | 10,20 €
86 2016 Riesling Alisencia trocken | 12% | 12,50 €
86 2015 Vero X trocken Barrique | 14% | 14,50 €
87 2016 Alsenzer Elkersberg Riesling trocken | 12% | 18,50 €
88 2016 Oberndorfer Aspenberg Riesling trocken | 12% | 19,50 €
90 2016 Ebernburger Schlossberg Riesling trocken | 12% | 22,50 €
87 2016 Oberndorfer Beutelstein Riesling & Roter Traminer feinherb | 11% | 10,70 €
89 2016 Oberndorfer Beutelstein Roter Traminer I Z Spätlese | 12% | 9,90 €/0,375 Lit. | ●
87 2016 Oberndorfer Beutelstein Riesling Spätlese | 10% | 10,80 €

2012 Riesling Alisencia „S"

WEINGUT HEES

55569 Auen · Zur feuchten Ecke 6
Tel (0 67 54) 3 73 · Fax 94 69 25
info@heeswein.de
www.heeswein.de

Inhaber Marcus Hees
Betriebsleiter Guido und Marcus Hees
Kellermeister Marcus Hees
Verkauf Marcus und Anita Hees
Mo–So 9.00–20.00 Uhr
sowie im Gasthof
Landgasthof »Weingut, Essgut, Schlafgut Zum Jäger aus Kurpfalz«
Rebfläche 7 Hektar
Jahresproduktion 45.000 Flaschen
Beste Lagen Auener Römerstich, Monzinger Halenberg
Boden Sandsteinverwitterung, Tonschiefer, Schiefer
Rebsorten 55% Riesling, 35% Burgundersorten, 10% übrige Sorten
Mitglied Nahe Sieben

Obwohl das Weingut in Auen, am Rande des Soonwaldes, in einem Seitental der Nahe beheimatet ist, liegt seine berühmteste Lage in Monzingen: der Halenberg. Der tiefgründigste Riesling der Kollektion stammt von hier. Doch auch der Auener Römerstich bekommt, Achtung Wortwitz, mehr als einen Stich. Mit feinfruchtigem Spiel überzeugt die Spätlese, die Auslese setzt noch ein wenig Dichte drauf. Alle Weine von Marcus Hees sind geprägt von einer ganz klaren Sortenausprägung, viel Trinkanimation und einer reschen Säure. Von Jahrgang zu Jahrgang steigert sich Marcus Hees qualitativ – so auch mit dem 2016er, bei dem einige Spitzenweine elegante Noten der Spontangärung bieten. Aus 2015 begeisterte unter anderem eine wunderbar trinkanimierende fruchtige Riesling Spätlese im weinigen Stil. Schon im komplizierten 2013er Jahrgang hatte es Marcus Hees geschafft, seiner Linie der rassigen Weine treu zu bleiben, aber gleichzeitig überzeugende trockene Rieslinge mit gut integrierter Säure abzufüllen. Im nicht weniger schwierigen Jahrgang 2014 gelang es dem Auener Winzer, sich noch weiter zu steigern. Wir probieren puristische Weine, die ganz authentisch ihre Herkunft widerspiegeln. Marcus Hees lernte einst unter anderem bei dem Meddersheimer Riesling-Spezialisten Harald Hexamer und hat den Weißweinanteil im Betrieb mittlerweile auf 85 Prozent gesteigert. Er setzt bei der Weinbereitung im Keller zunehmend auf Spontangärung und ein langes Hefelager.

Verkostete Weine 10
Bewertung 83–90 Punkte

83 2016 Weißburgunder trocken | 12,5% | 8,70 €
84 2016 Riesling trocken | 12% | 8,70 €
86 2016 Auener Höhe Riesling trocken | 12% | 13,50 €
86 2016 Auener Höhe Weißburgunder trocken | 13% | 13,50 €
87 2016 Auener Römerstich Riesling trocken | 13% | 17,90 €
88 2016 Monzinger Halenberg Riesling trocken | 13% | 17,90 €
86 2016 Auener Römerstich Weißburgunder trocken | 13% | 18,90 €
87 2016 Auener Römerstich Riesling Kabinett | 9% | 9,90 €
89 2016 Auener Römerstich Riesling Spätlese | 8,5% | 12,90 €
90 2016 Auener Römerstich Riesling Auslese | 8,5% | 15,50 €/0,375 Lit.

NAHE

★★★★

GUT HERMANNSBERG
55585 Niederhausen · Ehemalige Weinbaudomäne
Tel (0 67 58) 9 25 00 · Fax 92 50 19
info@gut-hermannsberg.de
www.gut-hermannsberg.de
Inhaber Dr. Christine Dinse und Jens Reidel
Geschäftsführer Karsten Peter und Achim Kirchner
Außenbetrieb Philipp Wolf
Kellermeister Karsten Peter

Verkauf im Gut
Mo–So 10.00–18.00 Uhr

Gästehaus stilvolle Zimmer im früheren Direktoren-Domizil
Gastronomie Mi–So 10.00–18.00 Uhr (kleine Speisen zum Wein)
monatliche Weinschmecker Wochenenden
Historie Gründung 1902 als königlich-preußische Weinbaudomäne
Sehenswert Jugendstilgebäude mitten in Weinbergen
Rebfläche 30 Hektar
Jahresproduktion 150.000 Flaschen
Beste Lagen Niederhäuser Hermannsberg, Kertz und Steinberg, Schlossböckelheimer Kupfergrube und Felsenberg, Traiser Bastei, Altenbamberger Rotenberg
Boden Tonschiefer, Melaphyr, Porphyrit
Rebsorten 95% Riesling, 5% Weißburgunder
Mitglied VDP

Viele Weinfreunde werden ihre erste Begegnung mit diesem Weingut über einen Riesling namens »Just« gehabt haben. 50.000 Flaschen von diesem produziert man alljährlich, der straffe Riesling bietet viel Trinkspaß, aber auch Tiefe und Mineralität, für unter 10 Euro. Was die meisten Genießer nicht wissen: Sie trinken gerade einen trockenen Wein von Großen Lagen, quasi eine Cuvée aus Großen Gewächsen.

Geduld wird belohnt

Denn das Weingut besitzt rund 30 Hektar Rebfläche - ausschließlich klassifizierte Große Lagen. Darunter Kupfergrube (Melaphyr und Schiefergrus), Kertz (Karbonschiefer, Lemberg-Porphyrit) und Bastei (Ryolith). Ganz nach vorne stellt man die Monopollage Hermannsberg (Schieferton, Löss, Melaphyr). In den Weinbergen stehen nur noch Weißweinreben. Und Karsten Peter gelingt es, das enorme Potenzial der berühmten Lagen zu erschließen. Den Großen Gewächsen will er mehr Zeit zur Entwicklung lassen und hat einige von ihnen bereits im Jahrgang 2014 länger auf der Hefe gelassen. Die besten Weine werden erst mit einem Jahr Verspätung angeboten, sodass wir die vermutlich beeindruckendsten 2016er - Kupfergrube, Hermannsberg und Bastei - erst im nächsten Jahr verkosten können. Man kann sich die Wartezeit auf die besten Weine des Gutes aber gut verkürzen, etwa mit den saftigen und präzisen Ortsweinen aus Niederhausen und Schlossböckelheim. Fast schon Großes Gewächs-Niveau haben die Steinterrassen von 30 bis 60 Jahre alten Reben aus den Lagen Steinberg, Rotenberg und Kertz. Noch nicht ganz auf diesem Niveau ist der sehr eigenwillig und leicht krautig duftende Weißburgunder Halbstück.

Jens Reidel und Dr. Christine Dinse

Zimmer mit Lagennamen

Der Schriftzug auf dem Etikett verrät, an welches Erbe man anschließen möchte: »Vormals königlich-preußische Weinbaudomäne«. Seine besten Tage hatte das Haus allerdings nicht zu Kaisers Zeiten, sondern von 1960 bis in die 1980er Jahre. Unter dem legendären Direktor Hermann Goedecke und dem genialen Kellermeister Karl-Heinz Sattelmayer entstanden jene Prachtstücke, die den Namen der Staatsdomäne Niederhausen-Schlossböckelheim in der Weinwelt unsterblich werden ließen. 1998 hatte die Familie Maurer das Weingut vom Land Rheinland-Pfalz erworben. 2009 schließlich wurde es von Unternehmer Jens Reidel übernommen, der viel in das Gut investiert hat. Wer im Hermannsberg wohnen will, kann dies auch, denn zum Weingut gehört ein Gästehaus, das feinfühlig renoviert wurde. Es gibt Zimmer, die nach den berühmten Lagen des Guts benannt sind. Das frühere Kelterhaus ist als Präsentations- und Gastronomieraum hergerichtet, mit herrlichem Blick in die umgebenden Weinberge.

Verkostete Weine 14
Bewertung 85–93 Punkte

- 85 2016 Just Riesling trocken | 12% | 9,50 €
- 86 2016 Niederhäuser Riesling vom Schiefer trocken | 12,5% | 14,50 €
- 86 2016 Schlossböckelheimer Riesling vom Vulkan trocken | 12,5% | 14,50 €
- 86 2016 Weißburgunder Halbstück trocken Holzfass | 13% | 19,90 €
- 88 2016 Riesling Steinterrassen trocken | 12,5% | 19,90 €
- 90 2016 Altenbamberger Rotenberg Riesling »Großes Gewächs« | 12,5% | 26,– €
- 91 2016 Niederhäuser Steinberg Riesling »Großes Gewächs« | 12,5% | 26,– €
- 91 2016 Schlossböckelheimer Felsenberg Riesling »Großes Gewächs« | 12,5% | 36,– €
- 92 2015 Niederhäuser Hermannsberg Riesling »Großes Gewächs« | 12,5% | 42,– €
- 92 2015 Traiser Bastei Riesling »Großes Gewächs« | 12,5% | 45,– €
- 93 2015 Schlossböckelheimer Kupfergrube Riesling »Großes Gewächs« | 12,5% | 48,– €
- 89 2016 Riesling Kabinett | 9,5% | 11,50 €
- 89 2016 Altenbamberger Rotenberg Riesling Spätlese | 8,5% | 15,50 €
- 90 2016 Niederhäuser Steinberg Riesling Spätlese | 8,5% | 15,50 €

WEINGUT HEXAMER
55566 Meddersheim · Sobernheimer Straße 3
Tel (0 67 51) 22 69 · Fax 9 47 07
info@weingut-hexamer.de
www.weingut-hexamer.de
Inhaber Familie Hexamer
Betriebsleiter Harald Hexamer
Verkauf Familie Hexamer
Mo–Fr 8.00–19.00 Uhr, **Sa** 8.00–17.00 Uhr
Rebfläche 22,8 Hektar
Jahresproduktion 165.000 Flaschen
Beste Lagen Meddersheimer Rheingrafenberg, Schlossböckelheimer In den Felsen
Boden Buntsandsteinverwitterung mit hohem Quarzitanteil, Porphyr
Rebsorten 65% Riesling, 10% Weißburgunder, 9% Spätburgunder, 5% Grauburgunder, 11% übrige Sorten

Stolze vier Eisweine konnte Harald Hexamer in einem Jahr ernten, da fast alle anderen Kollegen an der Nahe nicht mal einen einzigen zustande brachten. Respekt! Domberg Nr. 1 heißt der klar beste dieser Riege. Der Meddersheimer Winzer hat einen ganz eigenen Stil entwickelt, der auf klare Zitrusnoten, viel Säure und viel Spannung in den Weinen setzt. Dadurch fällt die puffernd eingesetzte, etwas höhere Restsüße auch gar nicht auf, sie verleiht den Weinen trinkige Saftigkeit. Stärkster trockener Riesling ist der wundervoll würzige und zupackende Rheingrafenberg Nr. 1, doch der deutlich günstigere trockene Riesling vom Schlossböckelheimer Königsfels steht ihm dank großer Eleganz und Balance in nichts nach. Immer eine Empfehlung ist hier auch der Kabinett vom Meddersheimer Altenberg, der mit enorm viel Animation stets zu den besten und idealtypischsten der Region zählt. Harald Hexamer bewirtschaftet stolze 28,5 Hektar Rebfläche an der oberen Nahe, 70 Prozent davon sind mit Riesling bestockt. Seine wichtigsten Rieslinglagen sind der Meddersheimer Rheingrafenberg und der Schlossböckelheimer In den Felsen, wo er mit elf von 25 beziehungsweise 4,4 von 6,9 Hektar jeweils Haupteigner ist. Faszinierend, wie Hexamer die jeweilige Herkunft herausarbeitet – sei es Buntsandsteinverwitterung oder vulkanischer Porphyr. Hexamer mag zwar kein Bioweingut sein, doch seit mehreren Jahren verbraucht man hier keine fossilen Brennstoffe mehr für

NAHE

Heizung und Warmwasserbereitung - die gesamte Energie, die für diese Zwecke aufgewendet werden muss, stammt von Holz aus eigenem Wald und von der Sonne.

Verkostete Weine 12
Bewertung 83–93 Punkte

- 83 2016 Riesling trocken | 12% | 7,80 €
- 85 2016 Riesling Eisendell auf der Südseite trocken | 12% | 8,80 €
- 86 2016 Schlossböckelheimer In den Felsen Riesling trocken | 12% | 9,20 €
- 87 2016 Schlossböckelheimer Königsfels Riesling trocken | 12,5% | 10,50 €
- 87 2016 Meddersheimer Rheingrafenberg Riesling No. 1 trocken | 12% | 18,80 €
- 87 2016 Meddersheimer Altenberg Riesling Kabinett | 8,5% | 9,80 €
- 87 2016 Meddersheimer Rheingrafenberg Riesling Spätlese | 9% | 16,80 €
- 88 2016 Schlossböckelheimer In den Felsen Riesling Spätlese | 9% | 16,80 €
- 89 2016 Sobernheimer Domberg Riesling Eiswein | 8% | 39,- €/0,375 Lit.
- 91 2016 Meddersheimer Altenberg Riesling Eiswein | 6% | 46,- €/0,375 Lit.
- 92 2016 Meddersheimer Rheingrafenberg Riesling Eiswein | 6,5% | 78,- €/0,375 Lit.
- 93 2016 Sobernheimer Domberg Riesling Nr.1 Eiswein | 7% | 98,- €/0,375 Lit.

WEINGUT HONRATH

55450 Langenlonsheim · Obere Grabenstraße 2
Tel (0 67 04) 7 29 · Fax 7 17
info@weingut-honrath.de
www.weingut-honrath.de
Inhaber Clemens und Christian Honrath
Außenbetrieb Clemens Honrath
Betriebsleiter und Kellermeister Christian Honrath
Verkauf nach Vereinbarung
Gästehaus drei Appartements in ehemaligem Winzerhaus
Rebfläche 6,5 Hektar
Jahresproduktion 45.000 Flaschen
Beste Lagen Langenlonsheimer Rothenberg, Löhrer Berg und Königsschild
Boden roter Buntsandstein, Muschelkalk, Kies, Löss
Rebsorten 50% Riesling, je 10% Grauburgunder und Spätburgunder, 8% Weißburgunder, 6% Scheurebe, 16% übrige Sorten

»Herr Müller« nennt Clemens Honrath augenzwinkernd seinen Müller-Thurgau. Stärker fällt aber die trockene Scheurebe aus, bei der die Rebsorte wieder einmal beweist, welche Konkurrenz sie für den Sauvignon Blanc in den richtigen Händen sein kann. Mit Abstand stärkster Wein der Kollektion ist aber der herrlich von Spontangärung geprägte trockene Riesling aus dem Langenlonsheimer Rothenberg, der Druck mit Würze und Länge verbindet - und das bei nur 12 Prozent Alkohol. Das Gegenstück dazu ist der im Holzfass ausgebaute Grauburgunder aus dem Guldentaler Hipperich, den seine mächtigen 14 Prozent erdrücken. Doch das ist eine Ausnahme in einer grundsoliden Kollektion. Dieses Langenlonsheimer Gut entwickelt sich immer mehr zu einem zuverlässigen Lieferanten guter Weine zu günstigen Preisen. Es ist schon erstaunlich, welche Qualität der Kunde hier für etwas mehr als sechs Euro bekommt. In den letzten Jahren wurde hier viel investiert. In den 6,5 Hektar Weinbergen - darunter die Spitzenlagen Königsschild, Löhrer Berg und Rothenberg - wird zu 100 Prozent auf Handlese gesetzt. Der junge Christian Honrath ist studierter Geisenheimer und verdiente sich auch in Südafrika und Neuseeland seine Sporen. Er leitet den Keller, sein Vater Clemens den Außenbetrieb - ein wirklich dynamisches Duo!

Verkostete Weine 9
Bewertung 82–87 Punkte

- 82 2016 Müller-Thurgau Herr Müller trocken | 11,5% | 5,– €
- 84 2016 Scheurebe trocken | 11,5% | 6,– €
- 84 2016 Riesling Kieselstein trocken | 12% | 6,50 €
- 84 2016 Riesling Löss trocken | 12% | 6,50 €
- 83 2016 Langenlonsheimer Steinchen Weißer Burgunder trocken »sur lie« | 12,5% | 6,80 €
- 84 2016 Spätburgunder trocken Blanc de Noirs | 12,5% | 7,– €
- 85 2016 Langenlonsheimer Königsschild Riesling trocken | 12,5% | 7,80 €
- 83 2016 Guldentaler Hipperich Grauer Burgunder trocken Holzfass | 14% | 9,80 €
- 87 2016 Langenlonsheimer Rothenberg Riesling trocken | 12% | 12,50 €

WEINGUT AM KATHARINENSTIFT

55545 Bad Kreuznach-Bosenheim
Friedhofsweg 19
Tel (06 71) 6 24 90 · Fax 7 35 08
info@korrell-wein.de
www.korrell-wein.de
Inhaber Sebastian Korell

Verkauf Kathrin Korrell
nach Vereinbarung

Auf zehn Hektar Rebfläche, darunter im Kreuznacher Paradies, bewirtschaftet Sebastian Korell eine Vielzahl von Rebsorten. Das Weingut, das in der sechsten Generation geführt wird, hat in diesem Jahr mit dem Spätburgunder und dem Riesling aus dem Paradies die besten Weine eingereicht. Allgemein lassen die Weine in diesem Jahr etwas Klarheit und Tiefe vermissen. Die trockenen Weißweine liegen vom Restzucker überwiegend am oberen Ende des Möglichen und präsentieren sich unkompliziert leicht.

Verkostete Weine 11
Bewertung 78–83 Punkte

- 81 2016 Sauvignon Blanc trocken | 13% | 5,70 €
- 82 2016 Riesling Stückfass trocken | 12% | 5,70 €
- 79 2016 Grauburgunder trocken | 13,5% | 5,90 €
- 83 2016 Kreuznacher Paradies Riesling trocken | 12,5% | 5,90 €
- 81 2016 Riesling trocken | 12% | 4,50 €/1,0 Lit.
- 79 2016 Weißburgunder trocken | 12,5% | 5,70 €
- 81 2016 Chardonnay feinherb | 12% | 5,70 €
- 79 2016 Sauvignon Blanc | 10% | 5,70 €
- 78 2016 Chardonnay Renommé | 12,5% | 9,50 €
- 79 2016 Rosé feinherb | 11,5% | 5,– €
- 83 2015 Spätburgunder privée trocken | 13,5% | 14,50 €

NAHE

WEINGUT GEBRÜDER KAUER
55452 Windesheim · Bruchgasse 15
Tel (0 67 07) 2 55 · Fax 5 17
info@kauerwein.de
www.kauerwein.de
Inhaber Christoph und Markus Kauer
Kellermeister Christoph Kauer

Verkauf Markus Kauer
Di, Do 17.00–19.00 Uhr und nach Vereinbarung

Weinverkostung in der Kauerlounge
Di, Do 17.00–19.00 Uhr
und nach Vereinbarung
Historie Weingut seit über 300 Jahren in Familienbesitz
Rebfläche 11,5 Hektar
Jahresproduktion 90.000 Flaschen
Beste Lagen Windesheimer Römerberg und Rosenberg, Schlossböckelheimer Felsenberg
Boden roter Verwitterungssandstein, sandiger Lehm mit Kies, Vulkanverwitterung
Rebsorten 45% Burgundersorten, 42% Riesling, 8% Rivaner, 5% Scheurebe

Wer bei Blindproben für Verwirrung sorgen will, sollte die Rieslinge der Gebrüder Kauer hineinstellen - die meisten werden auf Mosel tippen. So rassig, so spielerisch, so leicht! Faszinierend, wie gut die Rieslinge in einem Betrieb sind, der überregional zuerst mit seinen weißen Burgundern auffiel. Bereits der Riesling vom roten Sandstein ist ausgesprochen trinkanimierend und der Römerberg noch ein ganzes Stück besser. Doch die Spitze stellt die mittlere Nahe. Der Schlossböckelheimer Felsenberg hat Kräuterwürze und Länge und liegt auf Großes Gewächs-Niveau - einen besseren trockenen Riesling durften wir hier nie verkosten. Und der fruchtige Kabinett aus derselben Lage hat viel Rasse und Säurezug - einer der besten der Nahe! Ein 2012er Rieslingsekt mit viel Druck rundet die starke Riesling-Kollektion ab. Die weißen Burgunder sind in dem Windesheimer Vorzeigebetrieb auch weiterhin eine Bank. Das zeigt sich auch bei der aktuellen Kollektion des Jahrgangs 2016. Der detailbesessene Christoph Kauer präsentiert trinkanimierende Weine: Schon der Weißburgunder Gutswein ist sehr klar und saftig. Ein ganz starker Wein ist der Weißburgunder Reserve mit feinem Holzeinsatz und knackiger Säure - einem prägenden Stilelement aller Kauerweine, die sämtlich super heranreifen können. In den nächsten Jahren soll weiter in den Außenbetrieb und den Keller investiert werden. Rund ein Drittel der Weine wird spontan vergoren. Die Kauerlounge, eine gutseigene Vinothek, bietet den passenden Rahmen, um die Weine des Hauses zu verkosten.

Verkostete Weine 12
Bewertung 83–90 Punkte

88 2012 Riesling Sekt Brut | 12,5% | 13,- €
83 2016 Weißburgunder trocken | 12,5% | 7,20 €
84 2016 Riesling trocken | 12% | 7,20 €
85 2016 Scheurebe trocken | 12% | 9,20 €
86 2016 Windesheimer Riesling Roter Sandstein trocken | 12% | 9,20 €
86 2016 Windesheimer Weißburgunder »S« trocken | 13% | 11,- €
87 2016 Grauburgunder »S« trocken | 13,5% | 11,- €
87 2016 Schlossböckelheimer Riesling Vulkangestein trocken | 12% | 11,50 €
89 2016 Windesheimer Römerberg Riesling trocken | 12,5% | 14,50 €
89 2015 Windesheimer Weißburgunder trocken Reserve | 13% | 15,- €
90 2016 Schlossböckelheimer Felsenberg Riesling trocken | 12,5% | 16,50 €
89 2016 Windesheimer Römerberg Riesling Kabinett | 9% | 8,40 € | €

★★⯪

WEINGUT KLOSTERMÜHLE ODERNHEIM
55571 Odernheim · Am Disibodenberg
Tel (0 67 53) 12 48 41 · Fax 12 48 47
mail@klostermuehle-odernheim.de
www.weingut-klostermuehle.de
Inhaber Christian Held und Partner
Geschäftsführer Christian Held, Thomas Zenz
Kellermeister Thomas Zenz
Verkauf Charlotte Held in Meisenheim
Mi–Sa 11.00–18.00 Uhr, **So** 9.00–16.00 Uhr
und nach Vereinbarung
Restaurant und Hotel »Meisenheimer Hof«,
www.meisenheimer-hof.de
Sehenswert Klosterruine Disibodenberg, historischer Adelshof mit Brennerei, Rittersaal und Hofkellerei im Herzen des mittelalterlichen Meisenheim
Erlebniswert Restaurant und Weinhotel »Meisenheimer Hof« mit kulinarischen Weinproben und Kochkursen
Rebfläche 13,5 Hektar
Jahresproduktion 100.000 Flaschen
Beste Lagen Odernheimer Kloster Disibodenberg und Montfort (Monopol)
Boden Tonschiefer- und Sandsteinverwitterung
Rebsorten 27% Spätburgunder, je 25% Grauburgunder und Riesling, 12% Weißburgunder, 6% Frühburgunder, 3% Chardonnay, je 1% Gewürztraminer und Silvaner

»Bunter Burgunder« heißt ein substanzreicher, nach Mandarine duftender Grauburgunder aus dem Barrique, der auch als Rosé durchgehen würde. Thomas Zenz zeigt mit ihm, dass er aktuelle Trends der Vinifikation beherrscht. Beeindruckender ist jedoch, wie er bei seinen Spitzenburgunder den Alkohol gezähmt und die Frische in die Flasche bekommen hat. Uns gefällt der Chardonnay aus dem Montfort, der das Holz perfekt integriert und würzige Finesse bietet. Auch dem 2015er Spätburgunder aus derselben Lage gelingt dieses Kunststück, wohingegen ältere, alkoholbetonte Rote nicht zu ihrem Vorteil herangereift sind. Die kleinen Burgunder des Hauses haben weiterhin zu viel davon, und wirken übermäßig üppig. Zu karg, grün und säurebetont dagegen die Rieslinge, die vor lauter Straffheit kaum gehen können. Wie immer überzeugend dagegen die Sekte des Hauses. 1992 hat der aus Meisenheim stammende Jurist Christian Held als Quereinsteiger diesen Betrieb abseits der Nahe übernommen und im Laufe der Jahre die

Rebfläche in den arbeitsintensiven Steillagen verdoppelt. In Meisenheim kann man im restaurierten Adelshof die Weine präsentieren, mit dem Meisenheimer Hof gegenüber wurde ein passender kulinarischer Rahmen samt Hotel geschaffen.

Verkostete Weine 22
Bewertung 81–91 Punkte

86 2015 Odernheimer Montfort Spätburgunder Sekt Brut | 12,5% | 13,40 €
87 2009 Odernheimer Montfort Spätburgunder Sekt Brut | 13,5% | 14,90 €
87 2015 Gewürztraminer Sekt Brut | 13% | 14,90 €
87 2015 Grauburgunder Bunter Burgunder Landwein trocken Barrique | 13% | 19,– €
81 2016 Riesling trocken | 12% | 6,90 €
83 2016 Weißburgunder trocken | 13,5% | 8,90 €
83 2016 Grauburgunder trocken | 13,5% | 8,90 €
82 2015 Riesling trocken *** | 12,5% | 9,40 €
86 2015 Odernheimer Montfort Chardonnay & Weißburgunder trocken Barrique | 12,5% | 15,90 €
87 2015 Odernheimer Kapellenberg Grauburgunder trocken Alte Reben Barrique | 13% | 19,– €
89 2015 Odernheimer Montfort Chardonnay trocken Barrique | 13% | 28,– €
84 2016 Odernheimer Kloster Disibodenberg Riesling Auslese trocken | 12% | 14,90 €
81 2016 Riesling feinherb | 11% | 6,90 €
88 2015 Odernheimer Kloster Disibodenberg Riesling Auslese | 8,5% | 14,90 €/0,5 Lit.
91 2011 Odernheimer Kapellenberg Grauburgunder Trockenbeerenauslese | 5,5% | 29,– €/0,5 Lit.
82 2016 Spätburgunder trocken Weißherbst | 13% | 8,40 €
84 2014 Spätburgunder trocken Barrique *** | 13% | 14,90 €
88 2014 Odernheimer Kapellenberg Frühburgunder trocken Barrique | 13% | 14,90 € 🟢
83 2011 Odernheimer Montfort Spätburgunder »unsere besten Fässer« trocken Barrique | 14,5% | 28,– €
88 2015 Odernheimer Montfort Spätburgunder trocken Barrique | 13% | 28,– €
85 2011 Odernheimer Montfort Spätburgunder M110 trocken Barrique | 15% | 44,– €
88 2013 Odernheimer Montfort Spätburgunder Beerenauslese | 7,5% | 19,– €/0,5 Lit.

NAHE

WEINGUT KORRELL JOHANNESHOF
55545 Bad Kreuznach-Bosenheim · Görzstraße 7
Tel (06 71) 6 36 30 · Fax 7 19 54
weingut@korrell.com
www.korrell.com
Inhaber Martin Korrell
Kellermeister Martin Korrell

Verkauf im Weingut
Mo-Fr 10.00-12.00 Uhr · 14.00-18.00 Uhr
Sa 10.00-15.00 Uhr

Historie Weinbau seit 1832, Familienwappen seit 1483
Sehenswert Barriquekeller, Vinothek
Rebfläche 26 Hektar
Jahresproduktion 180.000 Flaschen
Beste Lagen Kreuznacher Paradies und St. Martin, Schlossböckelheimer In den Felsen und Königsfels
Boden Mergel mit Muschelkalk, Kies mit Ton, Löss, Sandstein, Vulkanverwitterung
Rebsorten 55% Riesling, 30% Burgundersorten, 15% übrige Sorten
Mitglied Nahetalente

Verkostete Weine 12
Bewertung 82-89 Punkte

82 2016 Riesling trocken | 12% | 8,50 €
83 2016 Weißburgunder trocken | 12,5% | 8,50 €
83 2016 Grauburgunder trocken | 13% | 8,50 €
85 2016 Cuvée Steinmauer trocken | 13% | 15,- €
87 2016 Riesling von den großen Lagen trocken | 13% | 15,- €
87 2016 Kreuznacher Paradies Riesling trocken | 13% | 18,- €
87 2015 Kreuznacher Paradies Riesling trocken | 13,5% | 19,- €
82 2016 Riesling feinherb | 12% | 8,50 €
85 2016 Muskateller & Riesling | 8,5% | 9,- € | (●)
86 2016 Kreuznacher Paradies Riesling Auslese | 7,5% | 15,- €/0,375 Lit.
89 2016 Kreuznacher Paradies Riesling Eiswein | 6,5% | 32,- €/0,375 Lit.
86 2015 Kreuznacher Paradies Spätburgunder trocken Barrique | 13,5% | 25,- €

Martin Korrell ist seit Jahren einer der innovativsten Winzer der Nahe. Dass er sein Sortiment von 30 auf gerade einmal 12 Weine reduzierte, ist ein mutiger Schritt. Am radikalsten ist dabei, die Trauben aus solch berühmten Lagen wie Niederhäuser Klamm, Norheimer Kirschheck und Schlossböckelheimer In den Felsen und Königsfels in einer Cuvée »Von den großen Lagen« zu vermählen. Als Paradestück sieht Korrell jedoch seine Lage Kreuznacher Paradies, wo er zuletzt weitere 4.000 Stock Riesling gepflanzt hat und großartig selektieren kann. Mittlerweile steht auf 55 Prozent der Fläche Riesling, auf zwei Hektar testet man Bioanbau. Die Ausstattung aller Weine macht einen hochwertigen Eindruck und ist durchgängig schlüssig. Das gilt auch für den stets verlässlichen, modern vinifizierten Inhalt. Darunter sind Spezialitäten wie die Cuvée aus Muskateller und Riesling, oder edelsüße Preziosen - im 2016er Jahrgang ein Eiswein aus dem Paradies. Auch Rotweine gelingen souverän, Korrell bleibt trotz allen Veränderungen eine Bank.

★★★

WEINGUT KRUGER-RUMPF

55424 Münster-Sarmsheim · Rheinstraße 47
Tel (0 67 21) 4 38 59 · Fax 4 18 82
info@kruger-rumpf.com
www.kruger-rumpf.com

Inhaber Stefan und Georg Rumpf
Betriebsleiter Stefan und Georg Rumpf
Kellermeister Georg Rumpf
Verkauf Jörg Traunecker
Mo-Sa 9.00–19.00 Uhr, **So** 16.00–20.00 Uhr
Weinstube 17.00–23.00 Uhr,
So, feiertags ab 12.00 Uhr, Mo Ruhetag
Spezialitäten gute heimische Küche
Sehenswert 1830 erbautes, denkmalgeschütztes Gutshaus, idyllischer Hof mit altem Nahe-Pflaster, Gewölbekeller
Erlebenswert Veranstaltungen im grandios restaurierten Kreuzgewölbe, Gästezimmer
Rebfläche 27 Hektar
Jahresproduktion 145.000 Flaschen
Beste Lagen Münsterer Pittersberg, Dautenpflänzer, Rheinberg und Kapellenberg, Dorsheimer Burgberg, Binger Scharlachberg
Boden Schiefer, vulkanisch, Quarzitverwitterung, Löss
Rebsorten 65% Riesling, 10% Weißburgunder, je 5% Chardonnay, Grauburgunder, Scheurebe, Sauvignon Blanc und Spätburgunder
Mitglied VDP

Verkostete Weine 12
Bewertung 85–90 Punkte

85 2016 Riesling Quarzit trocken | 12% | 8,30 €
85 2016 Münsterer Riesling trocken | 12,5% | 9,90 €
87 2016 Dorsheimer Riesling trocken | 12,5% | 12,- €
86 2016 Münsterer Kapellenberg Riesling trocken | 13% | 13,- €
87 2016 Weißer Burgunder S trocken Holzfass | 13% | 16,- €
88 2016 Münsterer Dautenpflänzer Riesling »Großes Gewächs« Holzfass | 12,5% | 27,- €
89 2016 Binger Scharlachberg Riesling »Großes Gewächs« Holzfass | 12,5% | 30,- €
90 2016 Münsterer Im Pitterberg Riesling »Großes Gewächs« Holzfass | 12,5% | 30,- €
85 2016 Münsterer Rheinberg Riesling Kabinett halbtrocken | 8,5% | 10,- €
87 2016 Münsterer Pittersberg Riesling Kabinett halbtrocken Holzfass | 9,5% | 12,- €
88 2016 Binger Scharlachberg Riesling Spätlese | 8,5% | 18,- €
90 2016 Münsterer Im Pitterberg Riesling Spätlese | 8% |

Das Weingut Kruger-Rumpf hat immer schon bemerkenswert straffe, säurebetonte Rieslinge gekeltert - Vater Georg genau wie Sohn Stefan. Nun sind sie damit mitten im Trend. An der Spitze stehen zwei komplexe Weine aus der Paradelage Münsterer Im Pitterberg. Ein bemerkenswert festes und lange nachklingendes Großes Gewächs und eine spielerische fruchtsüße Spätlese mit festem Kern. Wie stets ist der Dautenpflänzer etwas stoffiger, aber dafür weniger komplex und kristallklar. Und immer besser gelingt der fruchtopulente Binger Scharlachberg. Doch nicht nur die großen trockenen Rieslinge sind hier gut geraten, schon die Basis ist sehr überzeugend und enorm saftig. Sehr überzeugend zum Beispiel der halbtrockene Kabinett aus dem Pittersberg, der mit 45 Gramm Restzucker und 9,4 Gramm Säure jetzt Trinkspaß pur bietet. Die großen Weine der Rumpfs brauchen Zeit, ihr wahres Potenzial zeigen sie erst mit der Reife.

NAHE

WEINGUT LINDENHOF MARTIN REIMANN
55452 Windesheim · Lindenhof
Tel (0 67 07) 3 30 · Fax 83 10
info@weingutlindenhof.de
www.weingutlindenhof.de
Inhaber und Kellermeister Martin Reimann

Verkauf Familie Reimann
Mo-Fr 10.00–12.00 Uhr · 14.00–18.00 Uhr
Sa 10.00–16.00 Uhr

Vinothek Parkett und Theke aus dem Holz früherer Barriques aus dem eigenen Keller gefertigt
Rebfläche 10 Hektar
Jahresproduktion 70.000 Flaschen
Beste Lagen Windesheimer Fels, Römerberg und Rosenberg
Boden Grauschiefer, rote Sandsteinverwitterung, sandiger Lehm
Rebsorten 50% Riesling, 47% Burgundersorten, 3% Gewürztraminer

Verkostete Weine 12
Bewertung 83-89 Punkte

83 2016 Riesling trocken | 12% | 8,– €
86 2016 Weißburgunder trocken | 12% | 8,– €
85 2016 Schweppenhäuser Riesling Grauschiefer trocken | 12,5% | 10,50 €
87 2016 Windesheimer Weißburgunder S trocken | 13% | 10,50 €
86 2016 Windesheimer Fels Riesling trocken | 12,5% | 14,50 €
87 2016 Windesheimer Sonnenmorgen Weißburgunder S trocken | 13,5% | 14,50 €
89 2016 Windesheimer Fels Riesling trocken Reserve | 12,5% | 21,50 €
89 2015 Windesheimer Sonnenmorgen Weißburgunder trocken Reserve Barrique | 13,5% | 24,50 €
84 2016 Riesling feinherb | 11% | 8,– €
85 2016 Windesheimer Römerberg Riesling Kabinett | 9% | 8,50 €
87 2015 Windesheimer Spätburgunder S trocken Barrique | 13,5% | 14,50 €
88 2015 Windesheimer Rosenberg Spätburgunder trocken Reserve Barrique | 13,5% | 21,50 €

Ein Jahr wie eine Achterbahnfahrt für Martin Reimann: Frostschäden dezimierten am 27. und 28. April die Ernte, Extremniederschläge im ersten Halbjahr hatten dann ein unglaubliches Wachstum zur Folge. Seiner Kollektion merkt man diese Turbulenzen nicht an. Der Stil des Hauses ist in den letzten Jahren immer eleganter geworden, der Holzeinsatz wurde subtiler, der Alkohol durch frühere Lese im Zaum gehalten. Dabei beherrscht Reimann den vinologischen Dreikampf: ob trockener Riesling (ein herrlich trinkanimierender Windesheimer Fels Reserve), weißer Burgunder (der balanciert schmelzige Reserve Barrique aus dem Sonnenmorgen) oder Spätburgunder (der feinfruchtige Rosenberg Reserve), Dabei liegt Reimanns bester 2015er Rotwein noch im Barrique und kommt erst 2018 auf den Markt, und auch ein Chardonnay wartet noch auf seine Füllung. Wer mit Martin Reimann in seinem geländegängigen Fahrzeug durch die Windesheimer Weinberge fährt, der merkt gleich, dass jeder seiner Rebstöcke genau dort steht, wo er die jeweils besten Bedingungen findet. Nur wenige haben ihre Lagen so intensiv studiert wie Reimann. Dass die Dinge zusammenpassen müssen, damit eine Harmonie entsteht, ist Leitmotiv, auch im gepflegten Gutshof am Ortsrand, seit Kurzem abgerundet von einer geschmackvoll gestalteten Vinothek.

★★✯

WEINGUT LORENZ UND SÖHNE
55543 Bad Kreuznach-Bosenheim
Rheinhessenstraße 87
Tel (06 71) 6 55 63 · Fax 7 60 15
info@lorenzwein.de
www.lorenzwein.de
Inhaber und Betriebsleiter Werner und Ulrich Lorenz

Verkauf Lorenz Weinkolonnade (Kurhausstr. 23, Bad Kreuznach)
Mo-Fr: 14.00-18.00 Uhr, **Sa:** 10.00-15.00 Uhr

Die Familie Lorenz bewirtschaftet nicht nur das Weingut in Bosenheim. Im Land-Restaurant Bonnheimer Hof bei Hackenheim, geführt von Matthias Lorenz, hat man Gelegenheit, die Weine in der neu eröffneten Vinothek zu verkosten. Eine weitere Vinothek findet sich im Kurviertel in Bad Kreuznach. Die Tatortserie, bestehend aus sechs Lagenweinen, zeigt im Jahrgang 2015 überzeugende Qualitäten mit dem vielschichtigen und geschliffenen Wallhäuser Johannisberg an der Spitze. Die Basisweine sind durchgehend solide und rebsortentypisch, der Riesling im Liter bietet viel Trinkspaß.

Verkostete Weine 12
Bewertung 82-88 Punkte

- 85 2016 Kreuznacher Brückes Riesling trocken | 12,5% | 8,50 €
- 82 2016 Kreuznacher Kauzenberg Riesling trocken | 12% | 5,50 €/1,0 Lit.
- 82 2016 Kreuznacher Riesling -Valentin- trocken | 12% | 6,50 €
- 83 2016 Kreuznacher Weißburgunder trocken | 12,5% | 7,- €
- 83 2016 Kreuznacher Grauburgunder trocken | 13,5% | 7,20 €
- 83 2016 Kreuznacher Chardonnay trocken | 13,5% | 7,20 €
- 83 2016 Kreuznacher Sauvignon Blanc trocken | 12,5% | 7,30 €
- 87 2015 Roxheimer Höllenpfad Riesling trocken Holzfass | 13% | 9,50 €
- 88 2015 Wallhäuser Johannisberg Riesling trocken | 13% | 12,- €
- 84 2016 Sauvignon Blanc feinherb Premium | 12,5% | 9,50 €
- 82 2016 Kreuznacher Muskateller | 8,5% | 7,50 €
- 84 2016 Kreuznacher Gewürztraminer Spätlese | 10% | 9,50 €

★★✯

WEINGUT MATHERN
55585 Niederhausen · Winzerstraße 5-7
Tel (0 67 58) 67 14 · Fax 81 09
info@weingut-mathern.de
www.weingut-mathern.de
Inhaber Gloria Mathern
Verwalter Christoph Bier
Kellermeister Julien Chevalier

Verkauf nach Vereinbarung

Die jungen Wilden, Kellermeister Julien Chevalier und Außenbetriebsleiter Christoph Bier, beide 27 Jahre alt, ergänzen sich als Team perfekt. Gloria Mathern lässt den beiden Raum, Ideen zu verwirklichen und entwickelt das Weingut strategisch weiter. Sie konnte zwei Terrassenweinberge erwerben, die neu bestockt wurden, und ließ alte Weinbergsmauern restaurieren. Ein weiterer Ankauf von Rebflächen ist geplant. Die Kollektion der 2016er Weine ist durchweg überzeugend; besonders die Lagenrieslinge haben uns gefallen, sie präsentieren sich balanciert und saftig, mit festem Kern und gutem Nachhall. Der Weißburgunder Sur Bois präsentiert kühle, verhaltene Frucht und dezent würzige Aromen. Das Weingut bietet Übernachtungsmöglichkeiten.

Verkostete Weine 9
Bewertung 80-87 Punkte

- 80 2016 Niederhäuser Riesling trocken | 12% | 6,- €/1,0 Lit.
- 83 2016 Riesling vom Rotliegenden trocken | 12% | 8,- €
- 83 2016 Cabernet Blanc trocken Holzfass | 12% | 8,50 €
- 85 2016 Weißburgunder »sur bois« trocken Holzfass | 12,5% | 14,- €
- 86 2016 Niederhäuser Rosenberg Riesling »Merum« Spätlese trocken | 12% | 13,- €
- 87 2016 Norheimer Dellchen Riesling Spätlese trocken | 12,5% | 13,- €
- 87 2016 Niederhäuser Hermannshöhle Riesling Spätlese trocken | 12,5% | 13,- €
- 82 2016 Riesling Classic | 11,5% | 7,50 €
- 83 2016 Riesling Kabinett feinherb | 11,5% | 8,- €

Symbole Weingüter
★★★★★ Weltklasse · ★★★★ Deutsche Spitze
★★★ Sehr Gut · ★★ Gut · ★ Zuverlässig

★ ★★ **NAHE**

WEINGUT ST. MEINHARD
55545 Bad Kreuznach-Winzenheim
Kirchstraße 13
Tel (06 71) 4 30 30 · Fax 4 30 06
info@weingut-meinhard.de
www.weingut-meinhard.de
Inhaber Steffen Meinhard
Kellermeister Steffen Meinhard
Verkauf Vinothek
Sa 10.00–13.00 Uhr und nach Vereinbarung

Für Steffen Meinhard, der seit zwei Jahren von seinem Neffen Matthias Schabler im Außenbetrieb unterstützt wird, stehen viele Veränderungen an. Das Weingut, in der Mitte des Kreuznacher Stadtteils gelegen, hat mit dem Umzug in nah gelegene neue Betriebsräume mehr Platz und die Möglichkeit für weitere Erweiterungen. Auch sechs Hektar Rebfläche, direkt an die eigenen grenzend, konnten übernommen werden. Trinkanimierende und rebsortentypische Weine hat die Kollektion in diesem Jahr gezeigt, die Spitze bildet der Grauburgunder Goldkapsel, ein aromatisch-vielschichtiger Wein mit Aromen von Quitte, gelbem Apfel und Honignoten, am Gaumen würzig und gehaltvoll, aber dennoch frisch.

Verkostete Weine 10
Bewertung 81–86 Punkte

82 2014 Pinot Sekt Brut | 13% | 9,- €
82 2016 Weißburgunder trocken | 12,5% | 5,50 €
83 2016 Grauburgunder trocken | 12,5% | 5,50 €
82 2016 Riesling trocken | 12% | 6,- €
84 2016 Winzenheimer Berg Weißburgunder »S« trocken | 13,5% | 9,- €
84 2016 Winzenheimer Berg Grauburgunder »S« trocken | 13,5% | 9,- €
84 2016 Bretzenheimer Pastorei Riesling »S« trocken | 11,5% | 9,- €
85 2016 Riesling Beste Lagen trocken | 11,5% | 9,80 €
86 2015 Kreuznacher St. Martin Grauburgunder »R« trocken Goldkapsel | 13,5% | 16,- €
81 2013 Bretzenheimer Pastorei Spätburgunder »S« trocken Selection Barrique | 13,5% | 9,- €

Weinbewertung in Punkten
100 Perfekt • 95 bis 99 Überragend • 90 bis 94 Exzellent
85 bis 89 Sehr gut • 80 bis 84 Gut

WEINGUT MONTIGNY
55452 Laubenheim · Weidenpfad 46
Tel (0 67 04) 14 68 · Fax 16 02
sascha.montigny@montigny.de
www.montigny.de
Inhaber Sascha Montigny
Verkauf Familie Montigny
nach Vereinbarung
Rebfläche 8 Hektar
Jahresproduktion 60.000 Flaschen
Beste Lage Laubenheimer Karthäuser und Krone
Boden rote Sandsteinverwitterung mit Lehm, Löss
Rebsorten 28% Riesling, 25% Spätburgunder, je 10% Grauburgunder und St. Laurent, je 7% Portugieser und Weißburgunder, 13% übrige Sorten

Seit vielen Jahren hat sich Sascha Montigny - als einer der wenigen Winzer an der Nahe - einen hervorragenden Ruf für seine Rotweine aufgebaut. Sie reifen in Stückfässern sowie in Barriques, die Reserve-Weine liegen gar 21 Monate im kleinen Holzfass. Die roten Tropfen sind in aller Regel straff, dicht, besitzen Struktur und reife Tannine. Sascha Montigny legt hohe Maßstäbe an. So hat er die besseren Fässer seiner 2014er nicht separat gefüllt, da sie seinen hohen Ansprüchen nicht genügen. Die Weine wurden in einer Cuvée zusammengeführt und diese in Literflaschen gefüllt. Von den roten 2015ern begeistert der St. Laurent »R« aus der Laubenheimer Krone am meisten, trotz 14 Prozent Alkohol zeigt er Finesse und Frische - wobei den Rotweinen insgesamt etwas weniger Alkohol gut stehen würde. Fast wie ein Neuer-Welt-Wein wirkt die opulente, kirschfruchtige Cuvée Mariage, wofür Spätburgunder, St. Laurent und Dunkelfelder nach 18-monatiger Fassreife vermählt werden. Doch Sascha Montigny nur auf seine Rotweine zu begrenzen wäre ein großer Fehler. Mit dem herrlich zupackenden, trockenen Riesling aus dem Laubenheimer Karthäuser zeigt er sein Ideal der Edelrebe. Auch mit seinem stets kräftigen Grauburgunder aus dieser Lage hat er schon viele Meriten errungen, der 2016er ist allerdings sehr vom Holz geprägt, was ihm etwas das Spiel nimmt. Davon sehr viel hat dagegen der Blanc de Noirs Sekt vom Spätburgunder, auch er ein kräftiger, erfrischender Vertreter mit viel Druck und Länge - auch Riesling beherrscht Montigny als Schaumwein sehr gut. All das wird zu sehr kundenfreundlichen Preisen angeboten.

Verkostete Weine 12
Bewertung 81–87 Punkte

- 86 2012 Spätburgunder Sekt Brut Blanc de Noirs | 13% | 13,– €
- 81 2016 Riesling trocken | 12% | 6,– €/1,0 Lit.
- 84 2016 Laubenheimer Riesling trocken | 12% | 6,– €
- 83 2016 Laubenheimer Weißburgunder trocken | 13% | 8,– €
- 87 2016 Laubenheimer Karthäuser Riesling trocken | 12,5% | 8,50 €
- 86 2016 Laubenheimer Karthäuser Grauburgunder trocken Barrique | 13,5% | 10,– €
- 83 2016 Saint Laurent trocken Rosé | 11,5% | 7,50 €
- 82 2015 Laubenheimer Spätburgunder & Dunkelfelder Les Deux trocken Holzfass | 13% | 9,50 €
- 86 2015 Laubenheimer Krone Frühburgunder trocken Barrique | 13,5% | 17,50 €
- 86 2015 Laubenheimer Krone Cuvée Mariage trocken Barrique | 14% | 18,50 €
- 87 2015 Laubenheimer Krone Saint Laurent R trocken Barrique | 14% | 22,50 €
- 85 2015 Laubenheimer Krone Spätburgunder trocken Barrique | 14,5% | 29,– €

WEINGUT S. J. MONTIGNY

55559 Bretzenheim · In den zehn Morgen 41
Tel (06 71) 48 31 30 40 · Fax 4 83 13 04 19
info@weingut-montigny.de
www.weingut-montigny.de
Inhaber und Betriebsleiter Steffen J. Montigny
Außenbetrieb Alfred Schmitt
Kellermeister Hermann Schott

Verkauf Steffen J. Montigny
Mo–Fr 9.00–12.00 Uhr · 14.00–17.00 Uhr
und nach Vereinbarung

Die gutseigene Klassifizierung teilt sich in die Kategorien Guts-, Ortsweine und herausragende Einzellagen ein, die für den Riesling reserviert sind, der 60 Prozent des Rebsortenspiegels ausmacht. Das Weingut hat in 2017 zwei Hektar Chardonnay und Weißburgunder mit klein- und lockerbeerigen Klonen bepflanzt und setzt weiterhin den Fokus auf Qualität. Erstmals eingereicht wurde die Kreuznacher Narrenkappe 500, ein im Tonneau ausgebauter Riesling mit langem Hefelager, ein Wein mit saftig-reifer Frucht von Pfirsich und Aprikose, dezent von Kräutern unterlegt. Am Gaumen zeigt er Schmelz und cremigen Touch.

Verkostete Weine 12
Bewertung 82–86 Punkte

- 83 2016 Kreuznacher Grauburgunder trocken | 12,5% | 8,50 €
- 83 2016 Kreuznacher Weißburgunder trocken | 12,5% | 8,50 €
- 84 2016 Kreuznacher Riesling trocken | 12% | 8,50 €
- 82 2016 Kreuznacher Sauvignon Blanc trocken | 13% | 10,– €
- 85 2016 Kreuznacher Riesling trocken | 12% | 10,– €
- 84 2016 Kreuznacher Steinberg Riesling trocken | 12% | 12,– €
- 86 2014 Kreuznacher Narrenkappe Riesling 500 trocken | 13% | 18,– €
- 86 2016 Kreuznacher Krötenpfuhl Riesling trocken | 12,5% | 18,– €
- 83 2015 Kreuznacher Chardonnay Auslese trocken Barrique | 13,5% | 14,– €
- 82 2016 Solaris & Felicia »So mookt wi dat« Landwein feinherb | 13% | 15,– €
- 83 2016 Kreuznacher Riesling feinherb | 11,5% | 8,50 €
- 82 2015 Kreuznacher Spätburgunder trocken Barrique | 13,5% | 14,– €

★★★⯪ NAHE

WEINGUT POSS
55452 Windesheim · Goldgrube 20–22
Tel (0 67 07) 3 42 · Fax 83 32
info@weingut-poss.de
www.weingut-poss.de

Inhaber und Betriebsleiter Karl-Hans und Harald Poss
Außenbetrieb Harald Poss
Kellermeister Karl-Hans Poss
Verkauf Familie Poss
Mi–Fr 10.00–13.00 Uhr, **Sa** 11.00–17.00 Uhr und nach Vereinbarung
Sehenswert Vinothek »Pinoteca« mit direktem Zugang zum original römischen Keller einer ehemaligen Villa Rustica aus dem 3. Jahrhundert
Erlebenswert stimmungsvolle Weinproben im Römerkeller
Rebfläche 12 Hektar
Jahresproduktion 70.000 Flaschen
Beste Lagen Winzenheimer Berg, Windesheimer Römerberg und Fels
Boden Lehm, zum Teil mit Kies, Ton, roter Sandstein
Rebsorten 40% Weißburgunder, 35% Grauburgunder, 10% Spätburgunder, 5% Riesling, 10% übrige Sorten

»Vogelfrei« heißt die neue Linie des Hauses mit Weinen in kleinen Chargen, verantwortet von der jungen Generation (Nikolay, Nadine und David). Darunter ein trockener, nelkenduftiger Würzer aus dem Barrique und ein Grauburgunder, der dank langer Maischestandzeit wie ein Rosé aussieht. Spannende Projekte! Mit großer Regelmäßigkeit stellt das Windesheimer Gut eine gute Kollektion nach der anderen vor. Auch das aktuelle Sortiment ist das Ergebnis penibler Arbeit in Weinberg und Keller. Der Weißburgunder aus dem Römerberg führt mit seiner Cremigkeit und Fülle die Kollektion an – noch vor dem teureren Grauburgunder aus dem Fels. Von den Poss-Brüdern kümmert sich Harald Poss um die Weinberge, während Karl-Hans für den Keller verantwortlich ist. Ihre Leidenschaft ist schmeckbar: Die Weine präsentieren sich angenehm cremig, fest, komplex und vielschichtig. Sie profitieren von intensiver Weinbergspflege, Traubenteilung, sorgsamer Selektion des Traubenguts, Maischestandzeiten und langem Hefelager. Für die Nahe außergewöhnlich ist der hohe Prozentsatz an Burgundersorten, die insgesamt 85 Prozent des Rebspiegels ausmachen. Verkosten kann man die Weine in einer der schönsten Vinotheken an der Nahe.

Verkostete Weine 10
Bewertung 83–88 Punkte

83 2016 Würzer – vogelfrei – Landwein trocken Barrique | 11,5% | 18,– €
84 2016 Weißburgunder trocken | 13% | 9,40 €
84 2016 Grauburgunder trocken | 13% | 9,40 €
86 2016 Grauburgunder »S« trocken | 13,5% | 13,90 €
87 2016 Weißburgunder »S« trocken | 13,5% | 13,90 €
84 2016 Riesling – vogelfrei – trocken | 12% | 18,– €
88 2015 Windesheimer Römerberg Weißburgunder trocken | 13,5% | 19,80 €
86 2016 Grauburgunder – vogelfrei – trocken | 14% | 23,– €
87 2014 Windesheimer Fels Grauburgunder trocken Barrique | 13,5% | 25,50 €
85 2015 Grauburgunder – vogelfrei – Landwein trocken Barrique | 14,5% | 35,– €

WEINGUT VON RACKNITZ
55571 Odernheim · Disibodenberger Hof
Tel (0 67 55) 2 85 · Fax 16 53
info@weingut-von-racknitz.com
www.weingut-von-racknitz.com
Inhaberin und Betriebsleiterin Luise von Racknitz
Kellermeisterin Luise von Racknitz
Verkauf nach Vereinbarung
Historie ehemaliger Wirtschaftshof des Klosters der Hildegard von Bingen auf dem Disibodenberg
Sehenswert Klosterruine, terrassierte Weinberge mit Sandsteintrockenmauern
Rebfläche 11 Hektar
Jahresproduktion 40.000 Flaschen
Beste Lagen Odernheimer Kloster Disibodenberg, Schloßböckelheimer Königsfels, Staudernheimer Herrenberg
Boden Disibodenberger Schichten
Rebsorten 95% Riesling, 5% übrige Sorten

Hildegard von Bingen machte den Disibodenberg einst berühmt, mit Luise Freifrau von Racknitz prägt nun eine andere starke Frau den Ruf der Erhebung. Sie hat ihren eigenen Weg eingeschlagen, strukturiert um, und zeichnet sich für die Geschicke des Weinguts alleine verantwortlich. Von einigen Weinbergen an der mittleren Nahe in Traisen, Niederhausen und Schloßböckelheim hat sie sich getrennt und konzentriert sich auf die familieneigenen Hänge rund um den Disibodenberg, den Schloßböckelheimer Königsfels und weitere Flächen, auch im benachbarten Staudernheim. Die Betriebsgröße ist somit von 14 auf rund elf Hektar geschrumpft. Ansonsten sorgt Luise von Racknitz für Kontinuität, denn die Verantwortung im Keller bleibt in ihren bewährten Händen. In diesem Hause wird der klassisch traditionelle Ausbaustil gepflegt. Spontan vergorene Weine, die Spitzen mit Lagenbezeichnung, werden bis zu zehn Monate auf der Feinhefe gelagert und ohne Schönung abgezogen. Schon der einfache 2016er Riesling bietet ungemein viel würzige Persönlichkeit und großen Zug - einer der besten Einstiegsweine an der Nahe! Der Riesling vom Vulkangestein setzt in Sachen Bodenprägung noch eins drauf und ist trotz geringerem Alkohol (nur 12 Prozent) noch dichter und druckvoller. Er stammt aus den Lagen Schloßböckelheimer Königsfels und Niederhäuser Pfaffenstein. Die Weinkarte des Hauses bietet auch gereifte Gewächse - und die Rieslinge des Hauses profitieren ungemein vom längeren Flaschenlager. Vom Jahrgang 2014 hat Luise von Racknitz kompromisslos trockene Weine im Programm: der Kieselstein kräutrig, der Schieferboden mineralisch. An der Spitze zwei Lagenweine (die mittlerweile nicht mehr im Portfolio sind): eine charaktervolle Klamm und ein toller Traiser Rotenfels. Einen Disibodenberg gab es in 2014 nicht: Zu gut haben den Vögeln die süßen Trauben geschmeckt!

Verkostete Weine 2
Bewertung 85–86 Punkte

85 2015 Riesling trocken | 12,5% | 8,- €
86 2015 Riesling Vulkangestein trocken | 12% | 13,- €

★ ☆ **NAHE**

WEINGUT RAPP

55583 Bad Münster am Stein-Ebernburg
Schlossgartenstraße 74
Tel (0 67 08) 23 12 · Fax 30 74
info@weingut-rapp.de
www.weingut-rapp.de
Inhaber Walter Rapp und Brigitte Sitzius-Rapp
Kellermeister Walter Rapp
Verkauf Walter Rapp
Mo-Sa 10.00-18.00 Uhr, **So** 10.00-13.00 Uhr

Um den Traiser Rotenfels konnte die Familie Rapp ihr Lagenportfolio erweitern und verfügt nun über 18,5 Hektar Rebfläche. Den Rebsortenspiegel führen Riesling und Burgundersorten an. Die angestellten Rieslinge konnten alle überzeugen, sie sind sauber gearbeitet und verfügen über saftige, animierende Säure. Der Traiser Rotenfels präsentiert sich mit reifen, gelben Fruchtnoten, kühlem Charakter und gutem Zug nach hinten. Die Auslese aus dem Ebernburger Schlossberg mit exotischer Frucht, feinem Säurespiel und gutem Nachhall bildet in diesem Jahr die Spitze der Kollektion. Das Gut samt Gästehaus liegt im Stadtteil Ebernburg.

Verkostete Weine 7
Bewertung 82-87 Punkte

82 2016 Altenbamberger Rotenberg Riesling trocken | 12% | 6,- €
82 2016 Ebernburger Riesling vom Tonstein trocken | 12% | 6,- €
83 2016 Ebernburger Schlossberg Riesling trocken | 12% | 6,50 €
85 2016 Traiser Rotenfels Riesling trocken | 12,5% | 12,- €
83 2016 Kreuznacher Paradies Riesling Spätlese feinherb | 11,5% | 5,50 €
85 2016 Ebernburger Stephansberg Riesling Spätlese halbtrocken | 11% | 6,50 €
87 2016 Ebernburger Schlossberg Riesling Auslese | 8,5% | 10,- €

WEINGUT MICHAEL ROHR

55592 Raumbach · Hauptstraße 104
Tel (0 67 53) 28 27 · Fax 62 78
info@weingut-rohr.de
www.weingut-rohr.de
Inhaber und Betriebsleiter Michael Rohr
Verwalter Marcel Rohr
Verkauf Monika Rohr
Mo-Fr 9.00-18.00 Uhr und nach Vereinbarung

Riesling ist mit über 50 Prozent Anteil die meist vertretene Rebsorte im Weingut Rohr, in dem drei Generationen zusammenarbeiten. Das am südwestlichen Rande des Anbaugebietes Nahe gelegene Weingut befindet sich in einem Seitental des Glans. Die Raumbacher Steillagen erfordern enormen Arbeitseinsatz der Familie, bieten aber gutes Terroir für die verschiedenen Rebsorten. In der diesjährigen Kollektion gefielen uns besonders der Rehborner Herrenberg mit hellgelber, kühler Frucht und sauberer Aromatik sowie der Raumbacher Schlossberg Riesling Hochgewächs feinherb mit Aromen von weißen Johannisbeeren, Klarapfel und saftigem Schmelz.

Verkostete Weine 8
Bewertung 79-83 Punkte

80 2016 Raumbacher Schlossberg Grauburgunder trocken | 12,5% | 6,50 €
81 2016 Raumbacher Schlossberg Traminer & Riesling trocken | 12% | 6,50 €
81 2016 Rehborner Herrenberg Weißburgunder S trocken Barrique | 13% | 8,- €
82 2016 Raumbacher Schwalbennest Riesling Hochgewächs trocken | 11,5% | 6,- €
83 2016 Rehborner Herrenberg Riesling Spätlese trocken | 11,5% | 7,50 €
83 2016 Raumbacher Schlossberg Riesling Hochgewächs feinherb Alte Reben | 11,5% | 6,50 €
79 2015 Raumbacher Schlossberg Pinot Noir trocken | 13,5% | 8,50 €
82 2015 Raumbacher Schlossberg Pinot Noir Spätlese trocken Barrique | 14% | 14,50 €

Symbole Weingüter
★★★★★ Weltklasse • ★★★★ Deutsche Spitze
★★★ Sehr Gut • ★★ Gut • ★ Zuverlässig

Weinbewertung in Punkten
100 Perfekt • 95 bis 99 Überragend • 90 bis 94 Exzellent
85 bis 89 Sehr gut • 80 bis 84 Gut

★★

WEINGUT PRINZ SALM

55595 Wallhausen · Schlossstraße 3 (BIO)
Tel (0 67 06) 94 44 11 · Fax 94 44 34
info@prinzsalm.de
www.prinzsalm.de
Inhaber und Betriebsleiter Felix Prinz zu Salm-Salm
Verkauf Silvia Messer
Mo–Fr 9.00–16.00 Uhr und nach Vereinbarung
Historie 1200 erstmals erwähnt; ältestes Weingut Deutschlands, das ununterbrochen im Familienbesitz ist
Sehenswert Schloss Wallhausen, Gewölbekeller (1565), Ruine der Dalburg
Rebfläche 18 Hektar
Jahresproduktion 120.000 Flaschen
Beste Lagen Wallhäuser Johannisberg und Felseneck, Binger Scharlachberg und Kirchberg, Roxheimer Berg, Dalberger Ritterhöhle, Sommerlocher Steinrossel
Boden Rotliegendes, grüner Schiefer
Rebsorten 74% Riesling, 12% Spätburgunder, 6% Weißburgunder, 4% Grauburgunder, je 2% Merlot und Scheurebe
Mitglied VDP

Verkostete Weine 10
Bewertung 83–88 Punkte

83 2016 Riesling trocken | 13% | 9,20 €
84 2016 Riesling Vom Roten Schiefer trocken | 12,5% | 13,50 €
85 2016 Riesling Grünschiefer trocken | 12,5% | 13,50 €
85 2016 Riesling Dalberger Ritterhölle trocken | 12,5% | 19,50 €
85 2015 Sommerlocher Steinrossel Riesling trocken | 12,5% | 19,50 €
83 2016 Riesling Two Princes feinherb | 10% | 9,20 €
84 2016 Riesling Kabinett feinherb | 8,5% | 9,50 €
86 2016 Roxheimer Berg Riesling Spätlese | 8,5% | 19,50 €
88 2016 Binger Scharlachberg (Rheinhessen) Riesling Auslese | 7% | 27,– €
83 2014 Spätburgunder trocken Barrique | 12% | 19,– €

Auf den Rückenetiketten der 2016er Kollektion zitiert die gläubige Winzerfamilie einen Psalm aus der Bibel: »Das Land brachte eine gute Ernte hervor, unser Gott hat uns reich beschenkt.« Und die im Alkohol stets angenehm moderaten Weine des Ökopionierbetriebs unterstreichen diesen Satz nachdrücklich. So die mandarinenduftige Spätlese aus dem Roxheimer Berg, oder an der Spitze der Kollektion eine saftige, pfirsichduftige Riesling Auslese vom Binger Scharlachberg. Wobei es vielleicht gar nicht die Spitze der Kollektion ist, denn die Großen Gewächse des 2016er Jahrgangs stellt der VDP-Betrieb erst 2018 vor. Wenn die Gewächse aus der Dalberger Ritterhölle und dem Sommerlocher Steinrossel ein Vorgeschmack darauf sind, werden sie kernig und straff ausfallen. In Deutschlands ältestem Familienweingut fasst Felix Prinz zu Salm-Salm (32. Generation) mehr und mehr Tritt. Seit Jahren strukturiert er um, reduziert die Anzahl der Weine und der Lagen. Und dass man auch als gläubiger Adliger augenzwinkernden Humor haben kann, zeigt der Name des saftigen, feinherben Gutsweins Two Princes.

★★★★★ NAHE

WEINGUT SCHÄFER-FRÖHLICH
55595 Bockenau · Schulstraße 6
Tel (0 67 58) 65 21 · Fax 87 94
info@weingut-schaefer-froehlich.de
www.weingut-schaefer-froehlich.de
Inhaber Hans, Karin und Tim Fröhlich
Betriebsleiter Tim Fröhlich
Außenbetrieb Hans Fröhlich
Kellermeister Tim und Karin Fröhlich
Verkauf Meike und Mats Genheimer
nach Vereinbarung
Historie Weinbau in der Familie seit 1800
Rebfläche 21 Hektar
Jahresproduktion 120.000 Flaschen
Beste Lagen Schlossböckelheimer Felsenberg und Kupfergrube, Bockenauer Felseneck, Monzinger Frühlingsplätzchen und Halenberg
Boden Porphyr, Konglomerat aus Schiefer und Quarzit, roter Schiefer
Rebsorten 85% Riesling, 15% Burgundersorten
Mitglied VDP

Tim Fröhlich

Als Journalist wünscht man sich ja gerne spannende Neuigkeiten - Tim Fröhlich macht einem da immer wieder einen Strich durch die Rechnung. Auch beim Jahrgang 2016 stellt er die beste Kollektion an der Nahe. Ob Große Gewächse (sechs Große Gewächse, alle über 90 Punkte!), ein mitreißender Kabinett aus dem Felseneck, eine Spätlese Goldkapsel aus derselben Lage, die Frische und Fülle vereint als gäbe es keinen Gegensatz, bis hin zu einer Eiswein Goldkapsel, die in ihrer strahlenden Opulenz zu den besten Edelsüßen des Jahrgangs in ganz Deutschland zählt. Selbst im feinherben Bereich punktet man mit einem Felseneck Unterm Brünnchen, der eine perfekte Balance erreicht.

Spiel mit wilden Hefen

Und das alles bei einem Weingut, das eher am Rande als im Herzen des Anbaugebiets liegt. Wenn man auf so hohem Niveau arbeitet wie Tim Fröhlich, wird fast schon erwartet, dass es jedes Jahr noch ein Stückchen aufwärts geht mit der Weinqualität. 2015 ist dies dem Bockenauer Winzer spielend gelungen, beim 2016er ist nicht vorstellbar, wie man diesen Jahrgang hätte kongenialer umsetzen können. Genau so wichtig wie die strahlenden Stars der Kollektion ist, dass die Basisweine erneut völlig untadelig sind, schon der Mittelbau setzt zu Höhenflügen an: Der Vulkangestein aus 20 bis 30 Jahre alten Reben von Felsenberg und Stromberg ist feinsaftig; der Schiefergestein (100 Prozent Felseneck) bringt Tiefe und Spannung ins Glas. Und - was oftmals vergessen wird - Tim Fröhlichs Weißburgunder gehören zu den rassigsten Vertretern dieser Rebsorte. Mehr Zug haben sie kaum woanders. Schwache Jahrgänge gibt es hier nicht mehr, egal, was die Natur den Trauben zugemutet hat. Hier kann man jede Flasche blind kaufen. Und, vielleicht noch wichtiger: Selbst eher einfache Tropfen entwickeln sich bestens, zeigen oft nach zehn und mehr Jahren eine Frische, die in anderen Betrieben gerne die Jungweine hätten.

Sportlicher Perfektionist

Tim Fröhlich beherrscht das Spiel mit wilden, nie völlig zu kontrollierenden Hefen wie kein anderer. Sicher hilft ihm das Vertrauen in seine Weinberge und deren penible Bearbeitung. Fröhlichs Gewächsen merkt man die aufwendige Arbeit nicht an. Sie wirken trotz all ihrer Brillanz unangestrengt. Tim Fröhlich hatte das Zeug zum Fußballprofi, bis ihn eine Verletzung aus dem Rennen warf. Die Disziplin eines Profisportlers bildet heute das Fundament für seinen Erfolg. Dabei sind die Weine heiß diskutiert: Man liebt sie oder kann nichts mit ihnen anfangen. Weine mit derartiger Prägung durch die Spontangärung sind Exoten, weltweit. Doch Tim Fröhlichs Spontis haben Klarheit und Prägnanz, die zeigt, wie exakt im Weingut gearbeitet wird. Ab Gutswein aufwärts wird ausschließlich mit Spontanvergärung oder selbst selektierten wilden Hefen gearbeitet. »Gesundes Lesegut, absolute Sauberkeit und exaktes Arbeiten sind Pflicht, will man mit diesen Hefen klare Aromen erhalten«, weiß Tim Fröhlich. Dem sportlichen Perfektionisten aus Bockenau gelingt dies tatsächlich auf ganz verblüffende Weise, wobei all seinen Weinen vor dem Genuss ein wenig Luft guttut, damit sie ihre Aromen besser entfalten

★★★½

können. In den nächsten Jahren ist ein Betriebsneubau geplant – wir sind sehr gespannt, was der Perfektionist aus Bockenau errichten wird!

Verkostete Weine 22
Bewertung 86–95 Punkte

86 2016 Weißer Burgunder trocken | 12,5% | 9,90 €
87 2016 Riesling trocken | 12% | 10,90 €
88 2016 Grauburgunder 'S' trocken | 13% | 15,50 €
89 2016 Weißer Burgunder 'S' trocken | 13% | 15,50 €
89 2016 Riesling Vulkangestein trocken | 12% | 15,50 €
90 2016 Riesling Schiefergestein trocken | 12,5% | 18,90 €
91 2016 Weißburgunder »R« trocken | 13% | 35,- €
91 2016 Monzinger Frühlingsplätzchen Riesling »Großes Gewächs« | 13% | 39,- €
92 2016 Schlossböckelheimer Felsenberg Riesling »Großes Gewächs« | 13% | 39,- €
93 2016 Schlossböckelheimer Kupfergrube Riesling »Großes Gewächs« | 12,5% | 39,- €
92 2016 Bockenauer Stromberg Riesling »Großes Gewächs« | 12,5% | 42,- €
93 2016 Monzinger Halenberg Riesling »Großes Gewächs« | 12,5% | 42,- €
94 2016 Bockenauer Felseneck Riesling »Großes Gewächs« | 12,5% | 45,- €
89 2016 Bockenauer Riesling Schiefergestein feinherb | 11,5% | 18,90 €
92 2016 Bockenauer Felseneck Riesling unterm Brünnchen feinherb | 12% | Preis auf Anfrage
92 2016 Bockenauer Felseneck Riesling Kabinett | 7,5% | 14,90 €
93 2016 Bockenauer Felseneck Riesling Spätlese | 7,5% | 18,90 €
94 2016 Bockenauer Felseneck Riesling Spätlese Goldkapsel | 7,5% | 23,- €
93 2016 Bockenauer Felseneck Riesling Auslese | 7% | 25,- €/0,375 Lit.
94 2016 Bockenauer Felseneck Riesling Auslese Goldkapsel | 7% | Preis auf Anfrage | TOP 10
95 2016 Bockenauer Felseneck Riesling Eiswein Goldkapsel | 6,5% | Preis auf Anfrage | TOP 10
86 2013 Bockenauer Spätburgunder »R« trocken | 14% | 28,- €

WEINGUT JOH. BAPT. SCHÄFER
55452 Burg Layen · Burg Layen 8
Tel (0 67 21) 4 35 52 · Fax 4 78 41
schaefer@jbs-wein.de
www.jbs-wein.de
Inhaber Sebastian Schäfer
Kellermeister Sebastian Schäfer
Verkauf Sebastian Schäfer
nach Vereinbarung
Sehenswert über 100 Jahre alter Gewölbekeller mit Eichenholzfässern
Rebfläche 8 Hektar
Jahresproduktion 60.000 Flaschen
Beste Lagen Dorsheimer Goldloch und Pittermännchen, Burg Layer Schlossberg, Laubenheimer Karthäuser
Boden kiesiger Lehm und Schieferverwitterung mit Steingrus
Rebsorten 60% Riesling, 30% Burgundersorten, 10% übrige Sorten
Mitglied VDP

Sebastian Schäfer, der das Weingut in vierter Generation leitet, weiß um die Bedeutung des Gutsweins. Seiner zählt zu den besten an der Nahe, mit 7,3 Gramm Säure herrlich resch, im Duft von Limonen geprägt, am Gaumen mit viel Zug. Die Trauben stammen aus Weinbergen in Laubenheim, Rümmelsheim und Dorsheim. Auch die trockene Scheurebe mit feinbitterer Grapefruit, fällt bei ihm jedes Jahr überzeugend und sehr straff aus. In Schäfers Kollektionen gibt es keine schwachen Weine. Aber alljährlich herausragende, das gilt vor allem für die beiden Großen Gewächse, wobei wir in diesem Jahr Goldloch und Pittermännchen auf selber Höhe sehen. Konnte der junge Burg Layer Winzer im letzten Jahr eine ganze Reihe wunderbarer fruchtiger und edelsüßer Weine präsentieren, so begeistert uns in diesem Jahr ein Riesling Kabinett aus dem Dorsheimer Pittermännchen, mit idealtypischer Säure, klarer Aromatik, viel Spiel, und wenig Alkohol. Sebastian Schäfer schafft individuelle Weincharaktere, die in ihrer Jugend manchmal ein bisschen karg sind, dafür mit der Reife zunehmend an Profil und Persönlichkeit gewinnen. Es sind allesamt Individualisten, weil der Burg Layer Winzer versucht, auf jede Lage oder auch Parzelle einzugehen und sie im Wein herauszuarbeiten. Für seine Spitzenklasse nutzt er deshalb die

NAHE

Holzfässer in dem sehenswerten, mehr als 100 Jahre alten Gewölbekeller, denn da geht es ihm nicht um vordergründige Frucht, sondern um Vielschichtigkeit und Textur, die durch langes Lager auf der Feinhefe noch betont wird.

Verkostete Weine 10
Bewertung 83–89 Punkte

84 2016 Scheurebe trocken | 12% | 9,90 €
85 2016 Riesling trocken | 12% | 9,90 €
83 2016 Weißburgunder trocken | 13% | 11,80 €
85 2016 Grauburgunder trocken | 13% | 11,80 €
87 2016 Rümmelsheimer Riesling trocken | 12% | 13,80 €
88 2016 Dorsheimer Riesling trocken | 12,5% | 14,80 €
88 2016 Burg Layer Schlossberg Riesling trocken | 12% | 18,– €
89 2016 Dorsheimer Pittermännchen Riesling »Großes Gewächs« | 12,5% | 29,– €
89 2016 Dorsheimer Goldloch Riesling »Großes Gewächs« | 12,5% | 31,– €
88 2016 Dorsheimer Pittermännchen Riesling Kabinett | 8,5% | 12,50 €

WEINGUT SCHAUSS
55569 Monzingen · Römerstraße 12
Tel (0 67 51) 28 82 · Fax 68 60
weingut-schauss@web.de
www.weingut-schauss.de
Inhaber und Betriebsleiter Elmar Schauß
Verkauf Familie Schauß
Mo–Fr 8.00–19.00 Uhr
Sa 9.00–18.00 Uhr und nach Vereinbarung

Das Weingut, das in der siebten Generation von Elmar Schauß geführt wird, verfügt über Spitzenlagen im Monzinger Frühlingsplätzchen und Halenberg. Die Rebfläche hat sich zugunsten von Riesling und den weißen Burgundersorten entwickelt, rote Sorten dagegen haben anteilig abgenommen. Die Familie Schauß plant derzeit den Umbau einer benachbarten Villa zu einem Hotel und Weingutsrestaurant, im Herbst 2018 ist die Eröffnung geplant. Die beiden Weine der Spitzenlinie Primus Omnium werden selektiv gelesen mit Fokus auf klein- und lockerbeerigen, vollreifen Trauben. Beide werden zu 40 Prozent in Barriques vergoren, wobei beim Grauburgunder neues Holz, beim Riesling gebrauchtes zum Einsatz kommt. Beide Weine präsentieren sich breitschultrig und kräftig.

Verkostete Weine 12
Bewertung 81–86 Punkte

82 2016 Rivaner trocken | 12,5% | 5,70 €
82 2016 Riesling trocken | 12,5% | 6,70 €
81 2016 Weißburgunder trocken | 13% | 7,20 €
82 2016 Grauburgunder trocken | 13,5% | 7,30 €
85 2016 Monzinger Frühlingsplätzchen Riesling Primus omnium trocken Premium | 13% | 13,80 €
85 2016 Monzinger Frühlingsplätzchen Grauburgunder Primus omnium trocken Premium | 14% | 13,80 €
83 2016 Monzinger Frühlingsplätzchen Riesling vom Rotliegenden Hochgewächs trocken | 12,5% | 7,80 €
84 2016 Monzinger Frühlingsplätzchen Riesling vom schiefrigen Kies Hochgewächs trocken | 12,5% | 7,80 €
85 2016 Monzinger Frühlingsplätzchen Riesling Spätlese trocken | 13% | 10,50 €
84 2016 Monzinger Frühlingsplätzchen Riesling »S« feinherb | 11,5% | 7,80 €
83 2016 Weilerer Herrenzehntel Riesling Hochgewächs | 10% | 7,80 €
86 2016 Monzinger Frühlingsplätzchen Riesling Spätlese | 9,5% | 11,50 €

☆

WEINGUT SCHILD

55595 St. Katharinen · Klosterstraße 7
Tel (0 67 06) 4 47 · Fax 62 98
info@schild-weingut.de
www.schild-weingut.de
Inhaber Thomas und Johannes Schild
Verkauf Familie Schild
nach Vereinbarung

Das Weingut Schild verfügt über elf Hektar Rebfläche unterschiedlicher Terroirs, die naturnah bewirtschaftet werden. Weinbautechniker Thomas Schild und Sohn Johannes, der in Geisenheim Önologie studiert hat, führen das Weingut als Team. Für Freunde von leichten, trockenen Weinen bietet der Riesling Knochentrocken mit knackiger Säure und saftigem Biss viel Trinkspaß. Harmonisch mit gutem Spannungsborgen ist der feinherbe Riesling aus der Braunweiler Michaeliskapelle, und die Spätlese aus dem Kreuznacher Hofgarten zeigt sich mit herben Fruchtnoten von Grapefruit, Kräutern und saftigem Schmelz.

Verkostete Weine 11
Bewertung 81–85 Punkte

- 82 2014 Pinot Sekt Holzfass | 13% | 9,50 €
- 82 2016 Riesling Knochentrocken trocken | 12% | 5,50 €
- 81 2016 Roxheimer Berg Weißburgunder trocken | 13% | 5,70 €
- 81 2016 Grauburgunder Drei Morgen trocken | 12,5% | 6,30 €
- 82 2016 Sauvignon Blanc trocken | 12,5% | 6,50 €
- 85 2016 Kreuznacher Hofgarten Riesling Spätlese trocken | 12,5% | 6,- €
- 84 2015 Roxheimer Sonnenberg Grauburgunder S Auslese trocken Barrique | 14% | 10,- €
- 83 2016 Riesling vom Buntsandstein feinherb | 11% | 5,30 €
- 84 2016 Braunweiler Michaeliskapelle Riesling feinherb | 11% | 6,- €
- 84 2016 Roxheimer Höllenpfad Scheurebe Spätlese | 8,5% | 5,50 €
- 81 2015 Portugieser Halbstück trocken Holzfass | 13% | 9,- €

☆

WEINGUT HEINRICH SCHMIDT

55452 Windesheim · Hauptstraße 8
Tel (0 67 07) 4 14 · Fax 17 25
weingut-heinrich-schmidt@t-online.de
www.weingutschmidt.com
Inhaber und Betriebsleiter Günter Schmidt
Verkauf Günter Schmidt
nach Vereinbarung

Lukas Schmidt, der sein Studium in Geisenheim im Sommer 2018 beenden wird, bringt bereits jetzt sein Wissen in verschiedenen Bereichen in den Betrieb ein. Vater Günter, der das Weingut seit 1990 leitet, setzt auf Handlese und schonenden Ausbau der Weine. Mit 68 Prozent führen die Burgundersorten im Anbau, gefolgt vom Riesling. Die Weine werden im Stahl und in Barriques ausgebaut, letztere liegen im sehenswerten Gewölbekeller des Weinguts. Die fast ausschließlich mit Reinzuchthefen vergorenen Weine sind stets sehr sauber, mit klarer Frucht und professionell vinifiziert. Bei den Burgundern bietet die Einstiegslinie bereits fruchtbetonten Trinkspaß, die Burgunder der S-Linie zeigen harmonische Säure, Frucht und gute Textur.

Verkostete Weine 9
Bewertung 82–84 Punkte

- 82 2016 Weißburgunder trocken | 12,5% | 6,50 €
- 83 2016 Grauburgunder trocken | 12,5% | 6,50 €
- 83 2016 Schweppenhäuser Schlossgarten Riesling »S« trocken | 12,5% | 8,50 €
- 83 2016 Weißburgunder »S« trocken | 13,5% | 8,50 €
- 84 2016 Grauburgunder »S« trocken | 13,5% | 8,50 €
- 84 2015 Windesheimer Fels Grauburgunder »R« trocken Goldkapsel | 14% | 10,60 €
- 84 2015 Weißburgunder »R« trocken Goldkapsel | 14% | 12,50 €
- 83 2014 Schweppenhäuser Schlossgarten Spätburgunder »S« trocken | 13% | 9,50 €
- 83 2013 Schweppenhäuser Schlossgarten Frühburgunder »R« trocken Goldkapsel | 14% | 16,50 €

Symbole Weingüter
★★★★★ Weltklasse • ★★★★ Deutsche Spitze
★★★ Sehr Gut • ★★ Gut • ★ Zuverlässig

Weinbewertung in Punkten
100 Perfekt • 95 bis 99 Überragend • 90 bis 94 Exzellent
85 bis 89 Sehr gut • 80 bis 84 Gut

☆   ★★★★   NAHE

WEINGUT SCHMIDT

67823 Obermoschel · Luitpoldstraße 24
Tel (0 63 62) 12 65 · Fax 41 45
info@weingut-schmidt.net
www.weingut-schmidt.net
Inhaber Andreas Schmidt
Kellermeister Andreas Schmidt
Verkauf Familie Schmidt
Mo–Fr 8.00–18.00 Uhr
Sa 8.00–15.00 Uhr, **So** nach Vereinbarung

In der Steillage Silberberg wurden im Mai 2017 zwei Parzellen neu mit Riesling bepflanzt, ebenfalls neu ist der Weinpark, der einerseits Erholungsort ist, aber auch als Veranstaltungsfläche für Hoffest, Geburtstage oder Hochzeiten fungiert. In diesem Jahr steht der Riesling Auslese an der Spitze der Kollektion, der Riesling Sekt mit viel reifer Frucht und angenehmer Perlage hat uns ebenso gefallen. Bei den Burgundern hätten wir uns etwas mehr Finesse und Intensität gewünscht.

Verkostete Weine 12
Bewertung 79–84 Punkte

- 83 2015 Obermoscheler Paradiesgarten Riesling Sekt trocken | 12,5% | 9,50 €
- 80 2016 Obermoscheler Langhölle Silvaner trocken | 12,5% | 5,80 €
- 79 2016 Obermoscheler Langhölle Riesling trocken | 12,5% | 6,30 €
- 79 2016 Weißburgunder trocken | 13% | 6,30 €
- 80 2016 Chardonnay trocken | 13% | 6,30 €
- 81 2016 Obermoscheler Silberberg Riesling Mittelstück trocken | 12,5% | 6,30 €
- 79 2016 Grauburgunder Classic | 13,5% | 7,10 €
- 82 2016 Obermoscheler Silberberg Riesling Spätlese feinherb | 12% | 9,– €
- 81 2016 Obermoscheler Schlossberg Riesling Spies | 10% | 6,30 €
- 83 2016 Obermoscheler Geißenkopf Gewürztraminer Spätlese | 9,5% | 9,– €
- 84 2016 Obermoscheler Silberberg Riesling Auslese | 7,5% | 11,– €
- 80 2015 Obermoscheler Silberberg Spätburgunder trocken Barrique | 13% | 12,– €

Symbole Weingüter
€ Schnäppchenpreis · TOP Spitzenreiter · BIO Ökobetrieb
💧 Trinktipp · 🔨 Versteigerungswein
Sekt | Weißwein | Rotwein | Rosé

WEINGUT JAKOB SCHNEIDER

55585 Niederhausen · Winzerstraße 15
Tel (0 67 58) 9 35 33 · Fax 9 35 35
info@schneider-wein.com
www.schneider-wein.com
Inhaber Jakob Schneider sen. und jun.
Außenbetrieb Jakob Schneider sen.
Kellermeister Jakob Schneider jun. und Christian Staab
Verkauf Jakob Schneider
Mo–Fr 9.30–11.30 Uhr · 13.00–17.30 Uhr
Sa 10.00–16.30 Uhr nach Vereinbarung
Historie Weinbau seit 1575
Sehenswert Gewölbekeller mit Holzfässern, Weinwanderweg
Rebfläche 24 Hektar
Jahresproduktion 140.000 Flaschen
Beste Lagen Niederhäuser Hermannshöhle, Felsensteyer und Klamm, Norheimer Dellchen und Kirschheck
Boden vulkanisch, Schiefer
Rebsorten 88% Riesling, 4% rote Sorten, 8% übrige Sorten
Mitglied Nahetalente, Generation Riesling

Die neueste Errungenschaft hier ist eine Raupe zur optimalen Bewirtschaftung der Steillagen – denn Jakob Schneider weiß, worauf es ankommt. Die Qualität wächst in den Weinbergen, und er hat einige der besten an der Nahe. Schon mit 16 Jahren hat er seinen ersten Wein gemacht, eine »Junior« genannte Auslese. Dieser hochwertige Riesling ist heute noch im Sortiment – und im Jahrgang 2016 neben dem grandiosen Eiswein das edelsüße Aushängeschild dieses vorbildlichen Niederhäuser Betriebs. Er ist die Krönung einer vom günstigsten bis zum teuersten Weine begeisternden Kollektion.

Frische und Mineralität

Doch nicht nur die Weine mit Süße brillieren. Schon der trockene Riesling Gutswein Grauschiefer bringt die feine Würzigkeit der Mittleren Nahe gekonnt und beschwingt auf die Flasche, trumpft mit toller Frische und Mineralität auf. Die trockenen Lagenweine bilden das Herzstück der Produktion: Hermannshöhle und Felsensteyer bilden die herzerfrischende Basis, Dellchen und Klamm den präzisen Mittelbau und der Hermannshöhle Magnus die fulminante Spitze. In der fruchtigen Abteilung haben uns vor allem der rassige Kabinett aus der Niederhäuser Klamm begeistert, der enormen Zug am Gaumen entwickelt, und die druckvolle Spätlese aus der Hermannshöhle. Es ist beeindruckend, mit welcher Konstanz seit dem Eintritt des jungen Jakob Schneider 2007 nach dem Abschluss in Geisenheim in diesem Gut in Niederhausen gearbeitet wird. Dies ist nur möglich, weil drei Generationen zusammenstehen und damit dem jungen Jakob den Raum zur Entfaltung geben. Jakob Schneider Senior kümmert sich um die Weinberge, Monika Schneider leitet Weinverkauf und Buchhaltung, Weinfachfrau Laura Schneider hilft in vielen Bereichen und Seniorchefin und Seele des Guts Oma Liesel betreut seit 40 Jahren die Kunden, die sie gerne auch mal mit einem Weingedicht unterhält. Ein echter Familienbetrieb eben. Das Fundament des Erfolgs liegt auch hier in der Weinbergsarbeit. Dank guter Humusversorgung haben die Schneider'schen Weinberge etwa den Trocken- und Hitzestress des 2015er Sommers besser überstanden als andere.

Jakob Schneider junior

Dynamische Entwicklung

Der Betrieb, dessen Geschichte bis ins Jahr 1575 zurückgeht, und der sich seit 1901 ausschließlich dem Weinbau widmet, hat sich in den letzten Jahren dynamisch entwickelt und die Rebfläche nahezu verdoppelt auf heute 24 Hektar, auf denen zu 85 Prozent Riesling angebaut wird. 52 Gesteinsformationen bilden etwa in Niederhausen die Basis, vornehmlich vulkanischen Ursprungs, aber auch schieferhaltig. Im Keller haben auch noch die traditionellen großen Holzfässer ihren Platz. Darin lagern die Spitzenweine lange auf ihrer Feinhefe. Zwei Drittel der Weine werden trocken ausgebaut, doch gelingen die Restsüßen immer wieder außerordentlich gut. Und der Erfolg bleibt nicht aus. Kein Wunder bei diesem ausgezeichneten Preis-Leistungs-Verhältnis.

Verkostete Weine 12
Bewertung 86–94 Punkte

86 2016 Riesling Grauschiefer trocken | 12% | 7,– €
88 2016 Niederhäuser Rosenheck Riesling trocken | 12,5% | 9,80 € | €
88 2016 Niederhäuser Hermannshöhle Riesling trocken | 12,5% | 11,– €
89 2016 Niederhäuser Klamm Riesling trocken | 13% | 15,– €
90 2016 Norheimer Dellchen Riesling trocken | 13% | 16,– €
93 2016 Niederhäuser Hermannshöhle Riesling Magnus trocken | 13% | 18,– €
90 2016 Niederhäuser Klamm Riesling Kabinett | 9,5% | 8,50 € | €
90 2016 Norheimer Kirschheck Riesling Spätlese | 9,5% | 10,– €
91 2016 Niederhäuser Hermannshöhle Riesling Spätlese | 9% | 12,– €
91 2016 Niederhäuser Hermannshöhle Riesling Auslese | 8% | 16,– €
92 2016 Niederhäuser Hermannshöhle Riesling Junior Auslese | 7,5% | 13,– €/0,375 Lit.
94 2016 Niederhäuser Klamm Riesling Eiswein | 7% | 50,– €/0,375 Lit. |

JAKOB SCHNEIDER

2010

Niederhäuser Hermannshöhle

Riesling trocken

MAGNUS

NAHE

WEINGUT K. H. SCHNEIDER

55566 Bad Sobernheim
Meddersheimer Straße 29
Tel (0 67 51) 25 05 · Fax 36 57
info@weingut-schneider.com
www.weingut-schneider.com

Inhaber Familie Schneider
Betriebsleiter Bernd Schneider
Außenbetrieb Christoph Schneider
Kellermeister Andi Schneider

Verkauf Familie Schneider
Mo–Fr 10.00–12.00 Uhr · 13.00–18.00 Uhr
Sa 10.00–16.00 Uhr

Rebfläche 13,6 Hektar
Jahresproduktion 70.000 Flaschen
Beste Lagen Sobernheimer Marbach und Domberg, Schlossböckelheimer Felsenberg
Boden Schiefer-Quarzit, roter Tonschiefer, oberes Rotliegendes, Porphyr
Rebsorten 50% Riesling, 25% Burgundersorten, 5% Sauvignon Blanc, 20% übrige Sorten

Die neue Kollektion dieses Bad Sobernheimer Guts ist eine Feier der Mittleren Nahe. So viel Spiel, so viel Feinwürzigkeit, so viel Leichtigkeit, so viel Trinkfluss, dass es eine große Freude ist. Schlanke, mineralische Rieslinge wie aus dem Bilderbuch! Gekrönt wird die Kollektion von einem trotz enormer Spannung geradezu tänzelnden Riesling trocken aus dem Schlossböckelheimer Felsenberg und gleich zwei fruchtsüßen Spätlesen, wobei die aus dem Sobernheimer Domberg mit einnehmender Fruchtigkeit und viel Saft punktet, die aus dem Felsenberg mit fester Struktur und großer Eleganz. Und das alles von einem Betrieb, der selbst Kennern der Nahe bis vor einigen Jahren unbekannt war. Das hat Andi Schneider gründlich geändert. Er hat die heimischen Weinberge Domberg und Marbach auf die Landkarte gebracht. Dazu kommen noch die Weine aus dem Schlossböckelheimer Felsenberg. Wir dachten, der junge Winzer hätte mit dem Jahrgang 2015 sein Meisterstück präsentiert. Es war eine Kollektion ohne Fehl und Tadel. Doch obwohl es 2016 nicht wieder zu einer grandiosen Trockenbeerenauslese reichte, sind die 2016er in ihrer Gesamtheit sogar noch überzeugender. Die Weine werden in diesem Betrieb überwiegend spontan vergoren und im Holzfass ausgebaut.

Über 70 Prozent der Weinberge sind Steillagen. Weitere Rieslingflächen in Spitzenlagen sollen in Zukunft folgen. Wir sind sehr gespannt!

Verkostete Weine 13
Bewertung 82–91 Punkte

82 2016 Grauburgunder trocken | 13% | 7,50 €
84 2016 Riesling trocken Holzfass | 11,5% | 7,50 €
86 2016 Sobernheimer Riesling Roter Tonschiefer trocken Holzfass | 12% | 9,80 €
85 2016 Sobernheimer Sauvignon Blanc trocken | 12,5% | 10,50 €
86 2016 Schlossböckelheimer Riesling Vulkanstein trocken Holzfass | 12% | 10,50 €
88 2016 Sobernheimer Domberg Riesling trocken Holzfass | 12,5% | 16,- €
88 2016 Sobernheimer Marbach Riesling trocken Holzfass | 12,5% | 16,- €
91 2016 Schlossböckelheimer Felsenberg Riesling trocken Holzfass | 12,5% | 17,50 €
89 2016 Sobernheimer Riesling Kabinett | 8,5% | 8,- € | €
91 2016 Schlossböckelheimer Riesling Kabinett | 8,5% | 9,- € | €
90 2016 Sobernheimer Marbach Riesling Spätlese | 8,5% | 10,- €
91 2016 Sobernheimer Domberg Riesling Spätlese | 9% | 10,50 €
91 2016 Schlossböckelheimer Felsenberg Riesling Spätlese | 8,5% | 12,- €

★

☆

WEINGUT SCHÖMEHL
55452 Dorsheim · Binger Straße 2
Tel (0 67 21) 4 56 75 · Fax 4 86 23
weingut@schoemehl.de
www.schoemehl.de
Inhaber Hartmut Hahn und Elke Schömehl-Hahn
Verkauf Familien Hahn und Schömehl
Mo–Sa 9.00–18.00 Uhr und nach Vereinbarung

Das Weingut Schömehl wird von Elke Schömehl-Hahn und Hartmut Hahn geleitet, Tochter Anna ist derzeit in Geisenheim und studiert Weinbau und Önologie, hilft aber bereits im Betrieb mit. Die soliden und sauber vinifizierten Weine stammen aus 15 Hektar Rebfläche. In diesem Jahr konnte der Riesling, die am meisten angebaute Rebsorte im Betrieb, vor allem aus dem Laubenheimer Karthäuser überzeugen. Geradlinig mit Aromen von Weinbergspfirsich ist der Kabinett, etwas intensiver und vielschichtiger mit gelber Kernobstfrucht die halbtrockene Spätlese. Die restsüße Spätlese offenbart reife Aprikose und ist saftig am Gaumen.

Verkostete Weine 12
Bewertung 81–85 Punkte

82 2016 Laubenheimer Weißburgunder trocken | 12,5% | 6,– €
81 2016 Laubenheimer Grauburgunder trocken | 13% | 6,20 €
83 2016 Dorsheimer Burgberg Riesling Alte Reben trocken | 12,5% | 7,50 €
84 2016 Dorsheimer Goldloch Riesling trocken | 12,5% | 7,80 €
83 2016 Laubenheimer Hörnchen Weißburgunder »S« trocken | 13% | 8,70 €
83 2016 Laubenheimer Hörnchen Grauburgunder »S« Spätlese trocken | 13,5% | 8,90 €
83 2016 Dorsheimer Pittermännchen Riesling halbtrocken | 11,5% | 6,80 €
84 2016 Laubenheimer Karthäuser Riesling Spätlese halbtrocken | 12% | 7,20 €
84 2016 Laubenheimer Karthäuser Riesling Kabinett | 9,5% | 6,80 €
85 2016 Laubenheimer Karthäuser Riesling Spätlese | 7,5% | 9,50 €
84 2015 Laubenheimer Krone Saint Laurent »B« Edition trocken | 13% | 9,70 €
84 2015 Laubenheimer Vogelsang Spätburgunder »S« trocken | 13,5% | 9,90 €

WEINGUT F. E. SCHOTT
55595 Wallhausen · An der Ruh 2
Tel (0 67 06) 4 02 · Fax 62 83
weingut@schottwein.de
www.schottwein.de
Inhaber Edwin, Michael und Benjamin Schott
Verkauf Familie Schott
Mo–Sa 8.00–18.00 Uhr
So, feiertags nach Vereinbarung

Das Weingut Schott hat sein Angebot mit dem Jahrgang 2016 in Guts-, Orts- und Lagenweine klar unterteilt. Michael Schott, der den Keller verantwortet, und Bruder Benjamin, der den Außenbetrieb leitet, führen den Familienbetrieb mit viel Passion. Die Weine werden schonend verarbeitet und nicht gepumpt. Bis zur Füllung liegen die Weine auf der Hefe, alle Lagenweine werden nicht filtriert. Die seit fünf Jahren eingeführte Metal Wines-Serie wird spontan vergoren. Für den Roten werden drei Cabernet-Sorten und Dunkelfelder, ausschließlich aus eigenen Weinbergen, verwendet. Ergänzt wird das Sortiment im nächsten Jahr durch eine eigenständige, neue Kollektion.

Verkostete Weine 12
Bewertung 81–84 Punkte

82 2016 Weißburgunder trocken | 12% | 6,90 €
82 2016 Riesling trocken | 12% | 6,90 €
83 2016 Grauburgunder trocken | 12,5% | 6,90 €
82 2016 Wallhäuser Grauburgunder trocken | 13% | 9,90 €
83 2016 Wallhäuser Weißburgunder trocken | 13% | 9,90 €
83 2016 Wallhäuser Riesling trocken | 13% | 9,90 €
83 2016 Wallhäuser Johannisberg Riesling trocken | 13% | 14,50 €
84 2015 Wallhäuser Höllenpfad Grauburgunder trocken Barrique | 13,5% | 14,50 €
81 2016 Riesling feinherb | 11,5% | 6,90 €
82 2016 Kreuznacher Riesling feinherb | 12,5% | 9,90 €
83 2015 Wallhäuser Johannisberg Spätburgunder trocken Barrique | 14% | 14,50 €
83 2015 Cuvée Black Hills trocken Barrique | 13% | 14,50 €

NAHE

WEINGUT BÜRGERMEISTER SCHWEINHARDT

55450 Langenlonsheim · Heddesheimer Str. 1
Tel (0 67 04) 9 31 00 · Fax 93 10 50
info@schweinhardt.de
www.schweinhardt.de

Inhaber und Betriebsleiter Axel Schweinhardt
Verkauf Axel und Ute Schweinhardt
Mo–Fr 9.00–18.00 Uhr
Sa–So 12.00–18.00 Uhr und nach Vereinbarung
Weincafé im Innenhof täglich geöffnet von 12:00 bis 18:00 Uhr
Hotel Heinrichs Bed & Breakfast in zwei Winzerhöfen
Sehenswert Brennerei, Besucherhof aus der Gründerzeit, alter Gewölbekeller mit Barrique-Fässern, Vinothek in historischer Kuhkapelle
Rebfläche 33 Hektar
Jahresproduktion 150.000 Flaschen
Beste Lagen Langenlonsheimer Rothenberg, Löhrer Berg und Königsschild
Boden Rotschiefer, Muschelkalk, Kies
Rebsorten 50% Riesling, 15% rote Sorten, 25% weiße Burgundersorten, 10% übrige Sorten

Verkostete Weine 6
Bewertung 83–89 Punkte

86 2016 Langenlonsheimer Löhrer Berg Riesling trocken | 12% | 8,50 €
83 2016 Langenlonsheimer Löhrer Berg Grauer Burgunder trocken | 14% | 8,70 €
87 2016 Langenlonsheimer Rothenberg Riesling trocken | 12% | 9,30 €
88 2016 Langenlonsheimer Rothenberg Riesling Terrasse trocken Holzfass | 12% | 18,50 €
84 2016 Langenlonsheimer Steinchen Chardonnay feinherb | 13% | 7,90 €
89 2016 Langenlonsheimer Rothenberg Riesling Spätlese | 8% | 9,50 € | €

Axel Schweinhardt zeigt Jahr für Jahr, dass man auch als großer Betrieb (33 Hektar), der wegen seiner vielen Privatkunden ein Sortiment mit vielen Positionen pflegt, hochseriös arbeiten kann. In einer schlüssigen, modern vinifizierten Kollektion sticht diesmal die saftige, feincremige Spätlese mit reifen Pfirsichnoten aus dem Langenlonsheimer Rothenberg hervor. Auch der Terrassen genannte trockene Spitzenriesling aus derselben Lage punktete mit klarer Frucht, schöner Balance und angenehm mineralischer Struktur. Frischer und verspielter kommt der kleine Bruder aus dem Löhrer Berg daher mit zitroniger Note. Die weißen Burgundersorten fallen bei Axel Schweinhardt in der Regel immer recht üppig aus, so auch der süß-füllige Chardonnay aus dem Steinchen, und der cremige Graububurger aus dem Löhrer Berg, der stark alkoholgeprägt ist (14 Prozent). Axel Schweinhardt mag nicht biologisch zertifiziert sein, doch er verwendet weder Insektizide noch Pestizide im Weinberg und wurde 2014 vom Land Rheinland-Pfalz als Partnerbetrieb Naturschutz ausgezeichnet.

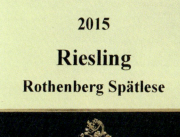

★★

WEINGUT SINSS

55452 Windesheim · Hauptstraße 18
Tel (0 67 07) 2 53 · Fax 85 10
weingut@sinss.de
www.sinss.de
Inhaber Familie Sinß
Betriebsleiter Johannes und Markus Sinß
Kellermeister Johannes Sinß
Verkauf Familie Sinß
nach Vereinbarung

Johannes und Markus Sinß führen das 13 Hektar umfassende Weingut gemeinsam in die Zukunft. Seit 2016 praktiziert die Familie ökologischen Anbau und investierte zuletzt in Lagen für Spätburgunder. Das Weingut konnte an die guten Qualitäten des Vorjahres nahtlos anschließen. Der Grauburgunder »R« aus dem Rosenberg präsentiert sich vielschichtig und dicht, ohne jegliche Schwere und am Gaumen saftig mit guter Balance und Länge. Beim Spätburgunder zeigte der 2014 Rosenberg »R« Aromen von roten Beeren, Blutorange und erdige Komponenten, am Gaumen ist er finessenreich mit Frische und feinem Nachhall.

Verkostete Weine 12
Bewertung 82–87 Punkte

- **82** 2016 Riesling trocken | 11,5% | 7,50 €
- **83** 2016 Windesheimer Riesling »S« trocken | 12% | 9,80 €
- **85** 2016 Windesheimer Weißburgunder »S« trocken | 12,5% | 10,– €
- **84** 2016 Windesheimer Sonnenmorgen Riesling trocken | 12,5% | 14,– €
- **86** 2016 Weißburgunder Stückfass trocken | 12,5% | 14,– €
- **85** 2016 Windesheimer Römerberg Riesling »R« trocken | 12,5% | 17,50 €
- **87** 2016 Windesheimer Rosenberg Grauburgunder »R« trocken Holzfass | 13,5% | 17,50 €
- **86** 2015 Windesheimer Rosenberg Grau- & Weißburgunder Reserve trocken Holzfass | 13,5% | 22,– €
- **84** 2016 Windesheimer Römerberg Riesling Kabinett | 8,5% | 9,50 €
- **84** 2015 Windesheimer Spätburgunder »S« trocken | 13% | 12,50 €
- **87** 2014 Windesheimer Rosenberg Spätburgunder »R« trocken Barrique | 13,5% | 19,50 €
- **84** 2014 Spätburgunder Konstantin trocken Barrique | 13,5% | Preis auf Anfrage

★

WEINGUT WILHELM SITZIUS

55450 Langenlonsheim · Naheweinstraße 87
Tel (0 67 04) 13 09 · Fax 27 81
weingut@sitzius.de
www.sitzius.de
Inhaber Sonja und Wilhelm Sitzius
Kellermeister Wilhelm Sitzius
Verkauf Sonja Sitzius
Mo-Sa 10.00–18.00 Uhr und nach Vereinbarung

Wilhelm Sitzius hat auch in diesem Jahr seine besten Qualitäten in den Top-Lagen geerntet. Die animierende, mineralische Riesling Spätlese Goldkapsel aus dem Langenlonsheimer Rothenberg präsentiert sich offen, fein strukturiert und mineralisch, die trockene Spätlese aus der Niederhäuser Hermannshöhle zeigt sich fest mit guter Tiefe und Länge. Historisch betrachtet ist dieses eines der ältesten Weingüter an der Nahe. Aufgrund vorzüglicher Lagen - auch an der mittleren Nahe - kann ein sehr interessanter Querschnitt unterschiedlicher Rebsortenweine angeboten werden, die man am besten im Gutsausschank probiert.

Verkostete Weine 10
Bewertung 80–85 Punkte

- **81** 2016 Silvaner trocken | 12% | 5,20 €
- **82** 2016 Riesling trocken | 12% | 6,– €
- **81** 2016 Weißburgunder trocken Silberkapsel | 13% | 8,– €
- **82** 2016 Oberhäuser Kieselberg Riesling Spätlese trocken | 11,5% | 7,70 €
- **84** 2016 Langenlonsheimer Königsschild Riesling Spätlese trocken | 11,5% | 8,70 €
- **85** 2016 Langenlonsheimer Rothenberg Riesling Spätlese trocken Goldkapsel | 12% | 11,90 €
- **85** 2016 Niederhäuser Hermannshöhle Riesling Spätlese trocken | 11,5% | 17,– €
- **83** 2016 Langenlonsheimer Löhrer Berg Riesling Spätlese feinherb | 11% | 7,80 €
- **81** 2013 Cuvée trocken Barrique | 14% | 12,– €
- **80** 2012 Pinot Noir trocken Prestige Barrique | 14% | 32,– €

Symbole Weingüter

€ Schnäppchenpreis · TOP10 Spitzenreiter · BIO Ökobetrieb
🍷 Trinktipp · 🔨 Versteigerungswein

Sekt | Weißwein | Rotwein | Rosé

NAHE

☆ WEINGUT STAAB

55585 Oberhausen · Naheweinstraße 18–20
Tel (0 67 55) 2 72 · Fax 18 50
service@weingut-staab.de
www.weingut-staab.de
Inhaber Peter und Christian Staab
Außenbetrieb Peter Staab
Kellermeister Christian Staab

Verkauf Peter Staab
Mo–Sa 9.00–20.00 Uhr und nach Vereinbarung

Katharina Staab war als Naheweinkönigin (2016/2017) viel unterwegs, um die Weine der Region zu präsentieren. Derweil konzentriert sich Bruder Christian Staab auf das Geschehen im Keller, unterstützt von Vater Peter. Das Familienweingut aus Oberhausen hat eine homogene Kollektion angestellt. Der fein-saftige, verspielte feinherbe Riesling aus dem Kieselberg macht Spaß, die trockene Spätlese aus dem Norheimer Kirschheck zeigt weiße Frucht und Zitrusaromen, etwas druckvoller ist der packende Riesling Auslese aus dem Oberhäuser Leistenberg, der jedoch ein wenig mehr Länge zeigen könnte.

Verkostete Weine 8
Bewertung 80–84 Punkte

80 2016 Schlossböckelheimer Burgweg Rivaner trocken | 12,5% | 4,80 €
81 2016 Spätburgunder trocken Blanc de Noirs | 13% | 7,20 €
82 2016 Oberhäuser Felsenberg Weißburgunder -S- trocken | 13% | 7,20 €
83 2016 Grauburgunder -S- trocken | 13% | 8,20 €
83 2016 Oberhäuser Leistenberg Riesling Spätlese trocken | 12,5% | 7,30 €
84 2016 Norheimer Kirschheck Riesling Spätlese trocken | 12,5% | 7,40 €
83 2016 Oberhäuser Kieselberg Riesling Spätlese feinherb | 12% | 6,90 €
84 2015 Oberhäuser Leistenberg Riesling Auslese | 7,5% | 10,50 €

★★ STAATSWEINGUT BAD KREUZNACH (BIO)

55545 Bad Kreuznach · Rüdesheimer Straße 68
Tel (06 71) 82 03 30 · Fax 82 03 01
info@staatsweingut.de
www.staatsweingut.de
Inhaber Land Rheinland-Pfalz
Außenbetrieb Gunter Schenkel
Kellermeister Rainer Gies

Verkauf Susanne Bollenbacher, Susanne Eß
Mo–Do 9.30–12.30 Uhr · 14.00–16.30 Uhr
Fr 9.30–16.30 Uhr

Nach Problemen mit dem Jahrgang 2013, die sicherlich auch der Umstellung auf ökologischen Weinbau geschuldet waren, war man im Kreuznacher Staatsweingut bereits mit dem Jahrgang 2014 erheblich besser zurechtgekommen. Der Jahrgang 2015 brachte eine weitere Steigerung der Leistungen. Daran schließen die 2016er nahtlos an. Bei den trockenen Rieslingen sehen wir diesmal den frisch-fruchtigen und säurebetonten Kreuznacher Kahlenberg Am Steinweg einen Tick vor dem etwas blumigeren Norheimer Kafels. Die fruchtsüße Spätlese aus derselben Lage bewegt sich in etwa auf dem Niveau der Vorjahre.

Verkostete Weine 6
Bewertung 85–89 Punkte

86 2016 Kreuznacher Kahlenberg Am Steinweg Riesling »S« trocken | 13% | 9,80 €
85 2016 Norheimer Kafels Riesling »S« trocken | 13% | 10,50 €
86 2015 Norheimer Kafels Riesling Spätlese trocken | 13% | 10,50 €
85 2015 Kreuznacher Kahlenberg Riesling Spätlese halbtrocken | 12% | 7,20 €
85 2016 Norheimer Kafels Riesling Spätlese | 8,5% | 8,90 €
89 2015 Kreuznacher Kahlenberg Riesling Beerenauslese | 6,5% | 32,– €/0,375 Lit.

Weinbewertung in Punkten
100 Perfekt • 95 bis 99 Überragend • 90 bis 94 Exzellent
85 bis 89 Sehr gut • 80 bis 84 Gut

Symbole Weingüter
★★★★★ Weltklasse • ★★★★ Deutsche Spitze
★★★ Sehr Gut • ★★ Gut • ★ Zuverlässig

☆ ★★

WEINGUT STEIGERHOF

55585 Altenbamberg · Steigerhof
Tel (0 67 09) 4 25 · Fax 7 09
weingut-steigerhof@t-online.de
www.weingut-steigerhof.de
Inhaber Josef Wollschied
Kellermeister Josef und Barbara Wollschied
Verkauf nach Vereinbarung

Josef Wollschied und Tochter Barbara, die mit dem Weißburgunder BW einen eigenen Wein kreiert hat, haben in diesem Jahr eine solide Kollektion vorgestellt. Das familiengeführte Weingut verfügt über Lagen in Altenbamberg, zu denen der Schlossberg, Kehrenberg und der Laurentiusberg gehören. Der Riesling steht im steilsten Teil der Lage und stellt, wie bereits im letzten Jahr, mit dem 2015er Beste Lage den am höchsten bewerteten Wein. Auch der Frühburgunder mit Aromen von Kirschen, Kräutern und würzigen Komponenten hat uns gefallen.

Verkostete Weine 10
Bewertung 80–85 Punkte

81 2016 Altenbamberger Riesling trocken | 12,5% | 4,90 €
81 2015 Weißburgunder 100% BW trocken Barrique | 11,5% | 7,20 €
85 2015 Altenbamberger Kehrenberg Riesling Beste Lage trocken | 12% | 8,– €
82 2016 Altenbamberger Schlossberg Riesling Hochgewächs trocken | 12% | 5,90 €
82 2016 Grauburgunder Spätlese trocken | 12% | 6,70 €
80 2016 Gewürztraminer feinherb | 11% | 6,90 €
83 2016 Altenbamberger Laurentiusberg Sauvignon Blanc | 11,5% | 8,– €
83 2015 Huxelrebe Auslese | 12% | 6,70 €
81 2016 Frühburgunder trocken Blanc de Noirs | 12% | 5,80 €
84 2013 Altenbamberger Schlossberg Frühburgunder trocken Premium Holzfass | 13% | 8,80 €

WEINGUT KARL STEIN

55585 Oberhausen · Auf dem Stiel 12
Tel (0 67 55) 2 42 · Fax 7 41
info@steinwein.de
www.steinwein.de
Inhaber Edith und Rainer Schneider
Betriebsleiter Edith und Rainer Schneider
Kellermeister Edith und Rainer Schneider
Verkauf Edith Schneider
Mo–Sa 8.00–18.00 Uhr und nach Vereinbarung
Erlebenswert Jahrgangspräsentation am 1. Sonntag nach Pfingsten, kulinarische Weinproben im Herbst
Rebfläche 13 Hektar
Beste Lagen Oberhäuser Leistenberg, Felsenberg und Kieselberg, Niederhäuser Felsensteyer
Boden Schiefer, Porphyr, Sand und Kies
Rebsorten 60% Riesling, 30% Weiß- und Grauburgunder, 10% übrige Sorten

Wolf heißt ein feinherber Riesling aus diesem Oberhäuser Gut – und hat passenderweise das Rotkäppchen auf dem Etikett. Er ist einer von drei Weinen mit pfiffiger Sonderausstattung. Der Silvaner Blitz hat bei acht Gramm Säure 9,6 Gramm Restzucker, was ihn zu einem sehr cremig-fülligen Typus verhilft. Ein Aushängeschild ist der ausgesprochen günstige Müller-Thurgau Hahngaade, der blind auch als Sauvignon Blanc durchgehen würde. Doch auch ohne Sonderetikett überzeugen die Weine dieses Zwölf-Hektar-Guts an der mittleren Nahe. Junior Rainer Schneider ist es, der den naturnahen Weinbau in diesem Gut in Oberhausen an der Nahe vorantreibt. Das Weingut von Edith und Rainer Schneider erzeugt fast nur Weißwein, baut diesen nahezu ausnahmslos im Edelstahl aus und hat mit 40 Prozent einen relativ hohen Anteil halbtrockener und fruchtsüßer Weine – aber die trockenen holen auf. An der Spitze der diesjährigen Kollektion reichen sie sich die Hand: der feinsaftige Riesling Spätlese aus dem Oberhäuser Felsenberg und sein trockenes, kerniges Pendant aus dem Niederhäuser Felsensteyer. Ein sehr gutes Händchen haben die Schneiders auch für den Gewürztraminer, egal ob in Kombination mit dem Riesling wie bei der rosenduftigen und verspielten Spätlese aus dem Rotenberg, oder noch besser solo aus derselben Lage. Nur die Burgunder können da noch nicht ganz mithalten, doch Trinkfreude bieten auch sie.

NAHE

Verkostete Weine 12
Bewertung 81–88 Punkte

81 2016 Weißburgunder trocken | 12% | 5,50 €
83 2016 Grauburgunder trocken | 12% | 5,50 €
86 2016 Müller-Thurgau Hahngaade trocken | 11,5% | 6,- €
85 2016 Silvaner Blitz trocken | 12% | 6,50 €
85 2016 Oberhäuser Kieselberg Riesling trocken Premium | 12,5% | 7,50 €
84 2016 Oberhäuser Kieselberg Chardonnay trocken | 12,5% | 8,- €
87 2016 Oberhäuser Leistenberg Riesling trocken Premium | 12,5% | 9,- €
88 2016 Niederhäuser Felsensteyer Riesling trocken Premium | 12,5% | 10,- €
84 2016 Riesling Wolf feinherb | 11% | 8,- €
86 2016 Oberhäuser Rotenberg Riesling & Gewürztraminer Spätlese | 8% | 7,50 €
88 2016 Oberhäuser Felsenberg Riesling Spätlese | 8% | 7,50 € | €
87 2016 Oberhäuser Rotenberg Gewürztraminer Spätlese | 8% | 8,- €

WEINGUT TESCH
55450 Langenlonsheim · Naheweinstraße 99
Tel (0 67 04) 9 30 40 · Fax 93 04 15
info@weingut-tesch.de
www.weingut-tesch.de
Inhaber Hartmut Tesch
Betriebsleiter Hartmut und Dr. Martin Tesch
Verkauf Hartmut Tesch
Mo–Fr 8.00–18.00 Uhr und nach Vereinbarung
Historie seit 1723 in Familienbesitz
Rebfläche 21,5 Hektar
Jahresproduktion 150.000 Flaschen
Beste Lagen Laubenheimer Karthäuser und St. Remigiusberg, Langenlonsheimer Königsschild und Löhrer Berg
Boden rote Sandsteinverwitterung, Ton, Lehm mit rotem Schotter, Löss
Rebsorten 84% Riesling, je 8% Weißburgunder und Spätburgunder

Martin Tesch pflegt seit Jahren eine besondere Beziehung zu seinen Kunden. Manchmal schickt er ihnen eine 3-D-Karte, die es spielerisch möglich macht, seine Lagen kennenzulernen. In diesem Jahr informiert er sie über Glyphosat, und darüber, dass es bei ihm nicht vorkommt. Martin Tesch war immer einer, der seinen eigenen Weg geht. Das macht die Faszination dieses Betriebs aus, der sein Sortiment als einer der Ersten in Deutschland konsequent reduzierte und sich auf seine Stärken konzentrierte - in diesem Fall trockener Riesling. Bester der bunt etikettierten Weine (das pfiffige Layout wurde leicht modernisiert) ist wieder einmal der St. Remigiusberg. Der Riesling von einer der kleinsten Einzellagen der Nahe wächst auf verwittertem Vulkangestein und eisenerzdurchzogenem Lehm. Typisch für ihn ist ein Duft nach Mandarinen und Wiesenkräutern, dazu gesellt sich beim 2016er eine wunderschöne Balance und große Trinkanimation. Wie alle 2016er Lagenweine findet sich auch bei ihm eine spürbare Süße, die zu viel Saftigkeit führt. Die Weine zeichnen sich nicht durch ihre Primärfrucht aus, sondern haben ihre ganz eigene, individuelle Stilistik. Tesch verfügt insgesamt über sechs Lagen, jeweils drei in Langenlonsheim und drei in Laubenheim. 84 Prozent sind mit Riesling bestockt, ein für die Nahe überragender Anteil. So klar wie die Angebotsstruktur ist auch die sehenswerte Homepage: keine überflüs-

sige Folklore, volle Konzentration auf das Wesentliche. Im Sinne des Umweltschutzes sind bereits 80 Prozent der Produktion in Leichtglasflaschen abgefüllt. Und für die Magnums werden Schraubverschlüsse verwendet - eine Europapremiere. Mit den Innovationen ist hier noch lange nicht Schluss!

Verkostete Weine 6
Bewertung 81–88 Punkte

- 81 2016 Riesling Unplugged trocken | 12,5% | 9,50 €
- 86 2016 Laubenheimer Krone Riesling trocken | 12,5% | 13,90 €
- 87 2016 Langenlonsheimer Löhrer Berg Riesling trocken | 12,5% | 13,90 €
- 87 2016 Langenlonsheimer Königsschild Riesling trocken | 12,5% | 13,90 €
- 87 2016 Laubenheimer Karthäuser Riesling trocken | 12,5% | 13,90 €
- 88 2016 Laubenheimer St. Remigiusberg Riesling trocken | 12,5% | 15,90 €

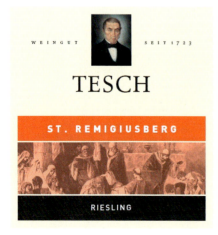

WEINGUT UDO WEBER

55569 Monzingen · Soonwaldstraße 41
Tel (0 67 51) 32 78 · Fax 20 76
info@weingut-udo-weber.de
www.weingut-udo-weber.de
Inhaber Udo und Sabine Weber
Kellermeister Laura und Udo Weber
Verkauf Sabine und Udo Weber
Mo–Sa 9.00–19.00 Uhr und nach Vereinbarung

Das Weingut wird im Keller von Udo Weber und Tochter Laura geleitet. Das richtige Händchen für Wein haben beide. Aus der L-Linie, von Laura vinifiziert, tut sich insbesondere der Sauvignon Blanc hervor, der vielfältig nach Cassis und Stachelbeere duftet und sich am Gaumen saftig und mit lebendiger Säure präsentiert. Der Riesling »S« aus dem Frühlingsplätzchen zeigt trinkanimierende Art, am Gaumen einen würzigen Kern und gute Dichte. Der Grauburgunder, in neuen regionalen Holzfässern und Barriques ausgebaut, zeigt feine Würze und harmonische Struktur.

Verkostete Weine 12
Bewertung 80–86 Punkte

- 80 2016 Monzinger Paradiesgarten trocken Cuvée | 12,5% | 4,30 €/1,0 Lit.
- 83 2016 Weißburgunder trocken | 13% | 6,30 €
- 82 2016 Riesling vom Vulkangestein trocken | 12% | 7,20 €
- 83 2016 Riesling vom Grünschiefer trocken | 12% | 7,20 €
- 82 2016 Chardonnay vom Lösslehm trocken | 12,5% | 7,90 €
- 85 2016 Sauvignon Blanc »L« Duo Surprise Nr.1 trocken | 12,5% | 8,90 €
- 85 2016 Monzinger Frühlingsplätzchen Grauburgunder »S« trocken Premium Goldkapsel | 13,5% | 9,90 €
- 86 2016 Monzinger Frühlingsplätzchen Riesling »S« trocken Premium lange Goldkapsel | 13% | 9,90 €
- 84 2015 Monzinger Frühlingsplätzchen Chardonnay »L« Nr.5 trocken Premium Barrique | 13,5% | 10,90 €
- 85 2015 Monzinger Halenberg Riesling Großer Genuss trocken Premium lange Goldkapsel | 12,5% | 12,50 €
- 84 2016 Monzinger Frühlingsplätzchen Riesling »L« Nr.53 Spätlese feinherb | 10,5% | 7,90 €
- 82 2015 Monzinger Frühlingsplätzchen Spätburgunder trocken Reserve Barrique | 13,5% | 18,90 €

★

WEINGUT IM ZWÖLBERICH

55450 Langenlonsheim · Schützenstraße 14 (BIO)
Tel (0 67 04) 92 00 · Fax 9 20 40
info@zwoelberich.de
www.zwoelberich.de
Inhaber Hartmut Heintz
Betriebsleiter Helmut Wolf

Verkauf Anna-Katharina Heintz
Mo–Fr 9.00–20.00 Uhr, **Sa** 10.00–16.00 Uhr
Jan.–Feb. **Mo–Fr** 9.00–16.00 Uhr

Hartmut Heintz ist nicht nur Vorreiter der Biodynamik (seit mehr als 20 Jahren) sondern auch in Sachen Marketing sehr einfallsreich. Viele seiner Flaschen haben einen QR-Code, nach dessen Einscannen man einen Blick in den jeweiligen Weinberg werfen kann. Ein Großteil des Sortiments ist vegan, was auf den Etiketten genauso vermerkt ist wie die Flaschennummer einiger Weine. Hartmut Heintz' 2015er waren von viel Frische und klaren Fruchtaromen gekennzeichnet, die 2016er liegen im Alkohol oftmals höher, was vor allem den Burgundern etwas Spiel raubt. Dagegen strahlen die Rieslinge in diesem Jahr besonders, sei es der kräuterwürzige Genesis oder als Krönung die druckvolle trockene Spätlese Alte Reben aus dem Steinchen.

Verkostete Weine 12
Bewertung 81–85 Punkte

- 81 2016 Langenlonsheimer Silvaner trocken | 13,5% | 7,90 €
- 82 2016 Grauburgunder Classic | 12,5% | 11,80 €
- 84 Edition »Z« trocken | 13% | Preis auf Anfrage
- 83 2016 Langenlonsheimer Löhrer Berg Riesling Genesis Kabinett trocken | 11,5% | 12,80 €
- 84 2016 Langenlonsheimer Königsschild Riesling Spätlese trocken | 12,5% | 19,80 €
- 85 2016 Langenlonsheimer Steinchen Riesling Spätlese trocken Alte Reben | 12,5% | 24,80 €
- 83 2016 Guldentaler Rosenteich Auxerrois Spätlese trocken Alte Reben | 13,5% | 29,– €
- 82 2016 Cuvée »Anna« Riesling feinherb | 11,5% | 10,80 €
- 82 2016 Auxerrois | 13% | 15,90 €
- 81 2016 Spätburgunder Weißherbst trocken | 13% | 10,80 €
- 82 2016 Spätburgunder trocken | 13,5% | 12,80 €
- 84 2015 Langenlonsheimer Spätburgunder Spätlese trocken Barrique | 13% | 19,80 €/0,5 Lit.

Symbole Weingüter

★★★★★ Weltklasse
★★★★ Deutsche Spitze
★★★ Sehr gut
★★ Gut
★ Zuverlässig

PFALZ WEINREGION

Cinderella-Jahrgang mit Happy End

Das Klima bereitete 2016 Sorgen – schwer hatten es vor allem die Biowinzer. Die Pfalz verzeichnet mit Sauvignon Blanc im Fumé-Stil und verschiedenen Syrahgewächsen einen neuen Trend, auch Orange Wine wird behutsam gepflegt. An Talenten herrscht kein Mangel.

WEINREGION

Pfalz im Überblick

Rebfläche: 23.590 Hektar
Einzellagen: 323
Hauptrebsorten: Riesling (25%), Dornfelder (13%), Müller-Thurgau (9%), Portugieser (9%), Spätburgunder (7%)
Böden: Buntsandstein, kalkhaltiger Lehm, Mergel, Keuper, Muschelkalk, Granit
Selbstvermarktende Betriebe: 1.115
www.pfalz.de

Karte und Angaben: DWI

Das hätte auch schiefgehen können, und zwar ganz gewaltig. Lange Zeit sah es überhaupt nicht so aus, als wäre in der Pfalz ein qualitativ hochwertiger Jahrgang 2016 möglich. Das Frühjahr verlief noch mäßig, drohende Spätfröste blieben gerade noch aus, doch dann kamen die Niederschläge in Form von Regen. Damit war der Nährboden für den Falschen Mehltau (Peronospera) bereitet. Die Spritzabstände wurden immer geringer - und bei den Biowinzern die Sorgenfalten immer tiefer: Bis auf Kupfer und Schwefel hatten sie nichts zur Verfügung, und die erlaubten Mengen daran sind gesetzlich beschränkt (s. S. 24-25). Es wurde geklagt und diskutiert, warum phosphorige Säure, die wohl helfen würde, im deutschen Bio-Anbau nicht zugelassen ist - anders als im europäischen Ausland.

Im Juli wendete sich das Blatt. Es kam der Sommer und mit ihm die Chance auf eine Rettung des vermeintlich verkorksten Jahrgangs. Das Wetter hielt. Wer schon ein Desaster wie 2006 erwartet hatte, wurde eines Besseren belehrt: Es könnte sein, dass 2016 zumindest bei den Weißweinen zu einem der besten Jahrgänge, wenn nicht zum besten Jahrgang dieses Jahrzehnts in der Pfalz geworden ist. Moderate Alkoholgehalte, gute Säure, völlig ausreichende Reifegrade. Aus einem Aschenbrödel wurde eine echte Prinzessin!

Das Niveau steigt

Ist es uns für unsere Vorproben wichtig, die Kollektion eines Weinguts als Ganzes zu beurteilen und den Betrieb unter Kenntnis der angestrebten Stilistik einordnen zu können, so verkosten wir während der regionalen Finalproben die Weine verdeckt. Was in den Vorproben 88 Punkte und mehr erreicht, steht dann nochmals auf dem Tisch. In den drei Kategorien Riesling, weiße Burgundersorten und Spätburgunder waren das diesmal satte 312 Weine! Keineswegs, weil wir freizügiger als sonst gewesen wären, sondern weil das Niveau einfach unglaublich hoch war. Wie immer gab es Überraschungen. Keiner der bislang führenden, seit Langem etablierten Betriebe sollte sich zu sicher sein: Die Nachrücker werden immer besser. Bei den weißen Burgundersorten zeigt sich immer mehr, wie sehr die Rebsorte Chardonnay in der Region angekommen ist. Offenbar ist sie sogar drauf und dran, dem Weißburgunder den Rang abzulaufen, weil sie in Sachen Fülle, Charakter und der Integration von Holz verdammt gute Ergebnisse erzielt.

Überhaupt der Umgang mit Holz! Es gab mal Zeiten - und die sind noch gar nicht so lange her -, da sah man Weißwein und vor allem kleine Holzfässer als keine glückliche Paarung. Das hat sich radikal geändert. Rieslinge aus dem Tonneau sind inzwischen keine Seltenheit mehr. Gut gelungen sind sie auch häufig, denn der Umgang mit kleinen Fässern ist inzwischen gelernt. Den Winzern muss man attestieren, den Wissensrückstand hierin innerhalb kürzester Zeit aufgeholt zu haben. Das gilt in erster Linie für Sauvignon Blanc. Was haben wir noch vor einiger Zeit für verrückte Ungeheuer probiert, die unharmonisch und verholzt waren. In unseren Ohren klingen noch die Vorhaltungen, von Winning würde die Weine massakrieren, sie zudecken mit Lohe. Schnee von vorgestern. Heute gibt es Fumés, die internationale Vergleiche nicht zu scheuen brauchen. Und wer die Scheureben aus dem Barrique von Pfeffingen oder Klein verpasst,

PFALZ

bringt sich um ein sensationelles Erlebnis. Das Rad dreht sich aber auch in anderen Bereichen weiter. Nachdem Syrah vor wenigen Jahren aus dem Versuchsanbau herausgetreten ist und für den allgemeinen Anbau freigegeben wurde, erleben wir jetzt eine wahre Flut davon. Nicht immer sind die Ergebnisse blendend, aber es gelingt den Winzern zunehmend, die mitunter anstrengend anmutende Pfeffrigkeit der Rebsorte zu einem Wohlklang zu gestalten, der es gestattet, mehr als nur ein Glas davon als angenehm zu empfinden.

Stichwort Orange Wine

Das nächste Stichwort ist natürlich Orange Wine. Offenbar wird er von vielen Betrieben als Chance gesehen, etwas Neues auszuprobieren, sich abzugrenzen. Rebsorten wie Silvaner, Gewürztraminer und auch Weißburgunder eignen sich anscheinend besser dafür als Riesling. Jedenfalls sind die Ergebnisse bei Wegner, Eymann oder auch Benzinger nicht von schlechten Eltern, denn der eigenwillige Stil wird von ihnen behutsam und nicht radikal umgesetzt.

Und dann sind da die Pfälzer Talente. Es gab, wie immer, Betriebe, die niemand wirklich auf der Uhr hatte, zum Beispiel Familienbetriebe, deren junge Generation das Austreten aus der Genossenschaft beförderte. Wir haben das bei Fußer in Niederkirchen schon erlebt, im selben Ort jetzt auch bei Seckinger. Eine immense Leistung von jungen Talenten, die allesamt noch in den Zwanzigern stecken und am Anfang ihres Wirkens sind, aber mit Höllentempo, mit Ideen, mit Plan, mit Druck, mit Leistung beeindrucken! SOPS (dahinter stecken Sven Ohlinger und Philipp Seeger, beide angestellt beim Weingut Knipser) sind ebenbürtige Mitstreiter, aber auch Andreas Pfaffmann-Wiedemann a.k.a. »Der Glücksjäger« soll hier erwähnt sein. Und im Pool schwimmen viele weitere, wie es scheint.

Abschließend noch ein Wort zum Pinot Noir – wir waren begeistert! Selbst junge Winzer wie Oliver Gabel reichten uns respektable Gewächse ein. Der Himmel freilich gehört in der Pfalz Knipser, Koch, Metzger und Rebholz. Unfassbare Qualitäten, auf die sie stolz sein dürfen. Und Becker mit seinem neuen Stil wird sich in einigen Jahren vielleicht wieder als Gigant erweisen. Mal schauen.

Matthias F. Mangold

Die besten Weißburgunder trocken 2016 unter zehn Euro

Sonnenberg Nauerth-Gnägy (9,20 Euro)	88
Rosengarten Fader (9,60 Euro)	88
Freinsheimer Kirchner (7,90 Euro)	87
Landschneckenkalk Pfirmann (8,20 Euro)	87

Die besten Riesling trocken unter 9,50 Euro

Vom Rotliegenden Wolf (9 Euro)	89
Granit Meier (9,40 Euro)	89
Schiefer Meier (9,40 Euro)	89

Die Spitzenbetriebe

★★★★★

Dr. Bürklin-Wolf	S. 535
Knipser	S. 570
Ökonomierat Rebholz	S. 606

★★★★✩

Dr. Wehrheim	S. 631

Gebietspreisträger Pfalz

Winzer des Jahres: Bürklin-Wolf

Aufsteiger des Jahres: Uli Metzger

Entdeckung des Jahres: SOPS

Weinbewertung in Punkten
100 Perfekt • 95 bis 99 Überragend • 90 bis 94 Exzellent
85 bis 89 Sehr gut • 80 bis 84 Gut

KÜCHEN KUNST

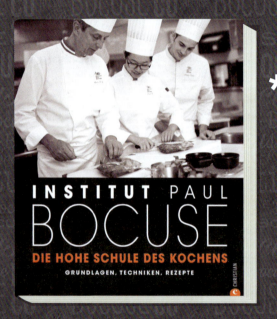

* Lernen von der Spitzenküche: Das neue Grundlagen-Kochbuch macht ambitionierte Anfänger und routinierte Hobbyköche Step-by-Step zu Meisterköchen.

720 Seiten · € (D) 98,–
ISBN 978-3-95961-019-3

Weitere Rezepte im Buchhandel und auf
www.christian-verlag.de

Im hochwertigen Schmuckschuber

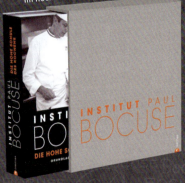

Christian Verlag GmbH, Infanteriestraße 11a, 80797 München

CHRISTIAN

★★★ PFALZ

WEINGUT ACHAM-MAGIN

67147 Forst · Weinstraße 67
Tel (0 63 26) 3 15 · Fax 62 32
info@acham-magin.de
www.acham-magin.de

 BIO

Inhaber Anna-Barbara Acham
Betriebsleiter Vinzenz Trösch
Kellermeister Anna-Barbara Acham und Rudolf Becker

Verkauf Anna-Barbara Acham
Mo-Di 10.00–12.00 Uhr
Mi-Sa 10.00–12.00 Uhr · 15.00–18.00 Uhr
So, feiertags 11.00–13.00 Uhr und nach Vereinbarung
Gutsausschank seit 1712 Mi-Do ab 16.00 Uhr, Fr-Sa ab 13.00 Uhr, So ab 11.00 Uhr
Spezialitäten saisonale Küche, Wild
Sehenswert Barockhaus, Sandstein-Gewölbekeller (18. Jahrhundert)
Rebfläche 10,6 Hektar
Jahresproduktion 70.000 Flaschen
Beste Lagen Ruppertsberger Reiterpfad, Deidesheimer Mäushöhle, Forster Musenhang, Pechstein, Ungeheuer, Kirchenstück und Jesuitengarten
Boden Basalt, sandiger Lehm mit Kalk- und Basalt, Buntsandsteinverwitterung
Rebsorten 75% Riesling, 8% Spätburgunder, 7% Weißburgunder, 10% übrige Sorten
Mitglied VDP

Verkostete Weine 14
Bewertung 83–90 Punkte

84 2015 Riesling Annissima Sekt Brut | 12,5% | 12,50 €
83 2016 Forster Riesling trocken | 12% | 7,50 €/1,0 Lit.
85 2016 Riesling Purist trocken | 12% | 9,- €
83 2016 Cabernet Blanc trocken | 13% | 9,50 €
87 2016 Deidesheimer Mäushöhle Riesling trocken | 12% | 10,50 €
87 2016 Scheurebe Alte Reben trocken | 13% | 11,- €
87 2016 Forster Musenhang Riesling trocken | 12% | 11,- €
88 2016 Riesling Ungeheere trocken | 12,5% | 12,50 €
88 2016 Riesling Eruption trocken | 12% | 15,50 €
89 2016 Forster Jesuitengarten Riesling »Großes Gewächs« | 12,5% | 28,- €
90 2016 Forster Pechstein Riesling »Großes Gewächs« | 13% | 32,- €
89 2016 Forster Ungeheuer Riesling »Großes Gewächs« | 12,5% | 38,- €
90 2016 Forster Kirchenstück Riesling »Großes Gewächs« | 13% | 42,- €
87 2014 Forster Elster Spätburgunder trocken | 13,5% | 22,- €

Barbara Acham und ihr Lebenspartner Vinzenz Trösch tischen seit Jahren Weine auf, die man gerne im Glas hat. Sie sind so herrlich unkompliziert, so unprätentiös und ungewollt. Es beginnt schon mit dem kleinsten Wein, dem Forster Ortswein (!) in der Literflasche: Das ist sowas von typisch Mittelhaardter Riesling, das ist frisch, saftig und hat, bei aller Leichtigkeit, Wumms dahinter. Sich hoch zu trinken im gelernten VDP-Gefüge geht bei Acham-Magin kaum, denn hier rangieren die Zweitweine aus dem Ungeheuer (Ungeheere) und dem Pechstein (Eruption) als Gutsweine noch über den Erste-Lage-Weinen. Sei's drum, man will sich nicht beschweren, solange auch die Großen Gewächse noch ein Schippchen drauflegen und ihren jeweiligen Lagencharakter schmeckbar transportieren. Selten haben wir hier übrigens einen so guten Spätburgunder bekommen!

WEINGUT ACKERMANN

76831 Ilbesheim · Oberdorfstraße 40
Tel (0 63 41) 3 06 64 · Fax 3 25 47
info@weingut-ackermann.de
www.weingut-ackermann.de

Inhaber Familie Ackermann
Kellermeister Frank Ackermann

Verkauf Familie Ackermann
Mo-Sa nach Vereinbarung

Rebfläche 14,3 Hektar
Jahresproduktion 60.000 Flaschen
Beste Lagen Ilbesheimer Kalmit, Leinsweiler Sonnenberg
Boden Landschneckenkalk, Lösslehm, Buntsandsteinverwitterung
Rebsorten 24% Riesling, je 10% Grauburgunder und Müller-Thurgau, je 8% Spätburgunder, Weißburgunder und Dornfelder, 4% Portugieser, 28% übrige Sorten

Verkostete Weine 10
Bewertung 82–88 Punkte

82 2016 Riesling trocken | 12% | 4,90 €/1,0 Lit.
84 2016 Sauvignon Blanc Glühwürmchen trocken | 12,5% | 6,90 €
85 2016 Leinsweiler Riesling Buntsandstein trocken | 12,5% | 8,- €
86 2016 Ilbesheimer Weißburgunder Landschneckenkalk trocken | 13% | 8,- €
87 2016 Ilbesheimer Riesling Landschneckenkalk trocken | 13% | 8,- €
88 2016 Ilbesheimer Rittersberg Sauvignon Blanc Fumé trocken | 13,5% | 12,50 €
87 2015 Leinsweiler Sonnenberg Riesling trocken | 13,5% | 13,- €
87 2016 Leinsweiler Sonnenberg Riesling trocken | 13% | 13,- €
88 2016 Ilbesheimer Kalmit Riesling trocken | 13% | 13,- €
86 2011 Cuvée Vincenz trocken | 14% | 9,- €

Über die Jahre hat sich Frank Ackermann im gehobenen Mittelfeld der Pfalz festgesetzt. Seine Weine wirken aufgeräumt und nicht effektheischend, repräsentieren ihren Macher also wunderbar. Obwohl wir ja von ihm in diesem Jahr - nur als Pröbchen unter der Hand, noch nicht offiziell - einen Orangewine probieren durften, etwas doch eher Verwegenes. Er besteht aus Weiß- und Rotweintrauben, beide maischevergoren. Welche Rebsorten genau, verrät er nicht. Das Ergebnis finden wir prima, doch die Welt muss noch warten. Und sich bis dahin mit Ackermanns normalen Weinen zufrieden geben, was auch gar nicht schlimm ist. Unsere Highlights sind der Riesling Kalmit und der Sauvignon Blanc, der das Holz schmelzig und harmonisch eingebunden hat. Doch auch die Landschneckenkalk-Serie aus Riesling und Weißburgunder kann sich sehen und schmecken lassen. Die uns diesmal vorgestellte Rotweincuvée Vincenz ist rund und saftig.

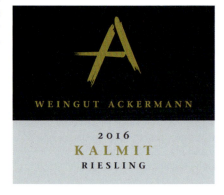

PFALZ

WEINGUT ALOISIUSHOF
67487 St. Martin · Mühlstraße 2
Tel (0 63 23) 20 99 · Fax 51 49
weingut@aloisiushof.de
www.aloisiushof.de
Inhaber und Betriebsleiter Bernhard, Michael, Andreas und Philipp Kiefer
Kellermeister Philipp Kiefer

Verkauf ab Gut
Mo-Sa 9.00-12.00 Uhr · 13.00-17.00 Uhr
Vinothek Maikammererstraße 24
Mo-Fr 9.00-12.00 Uhr · 13.00-17.00 Uhr
Sa-So 10.00-17.00 Uhr
Sehenswert Schatzkammer, neue Vinothek im Gewölbekeller
Rebfläche 21 Hektar
Jahresproduktion 280.000 Flaschen
Beste Lagen St. Martiner Kirchberg, Baron und Guckuckberg, Schloss Ludwigshöhe, Maikammer Mandelhöhe
Boden Buntsandstein, Kalkstein, Lösslehm und kalkhaltiger Lehm
Rebsorten 21% Riesling, 18% Portugieser, je 11% Spätburgunder und Weißburgunder, 8% Chardonnay, 7% Grauburgunder, 4% Gewürztraminer, 20% übrige Sorten
Mitglied Barrique Forum Pfalz, Spitzentalente VDP, Pinotimes

Verkostete Weine 13
Bewertung 84-92 Punkte

84 2016 Weißburgunder Element trocken | 13,5% | 6,90 €
86 2016 Riesling vom Buntsandstein trocken Holzfass | 13% | 9,90 €
86 2016 Gewürztraminer vom Löss trocken Holzfass | 13,5% | 9,90 €
86 2016 Pinot Blanc Pinotimes trocken Holzfass | 13% | 16,90 €
89 2016 St. Martiner Kirchberg Riesling Ambrosia trocken Holzfass | 13,5% | 16,90 €
88 2016 St. Martiner Baron Chardonnay Ambrosia trocken Barrique | 13,5% | 18,90 €
89 2016 St. Martiner Am Guckuckberg Sauvignon Blanc Ambrosia trocken Barrique | 13,5% | 22,90 €
92 2016 St. Martiner Am Guckuckberg Riesling Ambrosia trocken Holzfass | 13% | 22,90 €
85 2015 St. Laurent trocken Reserve Barrique | 13,5% | 13,90 €
87 2015 St. Martiner Baron Pinot Noir Ambrosia trocken Barrique | 13,5% | 18,90 €
87 2015 Pinot Noir Pinotimes trocken Barrique | 13% | 22,90 €
86 2015 Maikammer Heiligenberg Cabernet Sauvignon Ambrosia trocken Barrique | 14% | 24,90 €
87 2015 Maikammer Heiligenberg Cabernet Sauvignon & Merlot Ambrosia trocken Holzfass | 14% | 49,- €

Inzwischen braucht niemand mehr überrascht zu sein über die Qualitäten von Philipp Kiefer. Er hat sein Verständnis von Wein in den letzten Jahren soweit erweitert und gefestigt, dass ihm rein technisch gesehen nichts mehr daneben geht. Doch Wein machen ist eben mehr als Technik und da passt es nun bestens, dass er seine Messlatte entsprechend hoch legt. Wer eine feine Weinmesse wie die geschätzte Vértiable in seinen Räumlichkeiten ausrichtet, muss sich daran orientieren. Auch mit 2016 ist ihm dies gelungen. Der Sauvignon Blanc Fumé gehört mit zu den besten in der Pfalz, die Rieslinge scheinen immer noch einen kleinen Tick intensiver zu werden. Selbst die BDX-Cuvée aus Cabernet und Merlot ist nicht verwaschen, sondern füllig, im Aroma sehr typisch und vermeidet eine zu dicke Frucht.

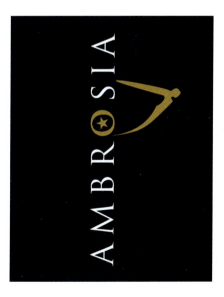

☆

WEINGUT WERNER ANSELMANN
67483 Edesheim · Staatsstraße 58-60
Tel (0 63 23) 9 41 20 · Fax 94 12 19
info@weingut-anselmann.de
www.weingut-anselmann.de
Inhaber und Betriebsleiter Ruth und Ralf Anselmann
Verkauf Ruth Anselmann
Mo-Sa 8.00-20.30 Uhr
So, feiertags 9.00-20.30 Uhr

Ruth und Ralf Anselmann führen einen der größten Betriebe der Pfalz. Insofern ist es mit zwölf Weinen kaum möglich, einen auch mengenmäßig repräsentativen Querschnitt aus einem Weingut zu verkosten, das eigentlich fast schon Genossenschaftsgröße hat. Die eingereichten trockenen Weißweine sind sauber und ordentlich gemacht, wenngleich nicht lang oder tiefgründig. Im Preis-Leistungs-Verhältnis stehen sie gut da. Qualitativ ganz anders sieht es aus bei den edelsüßen Weinen, wo die Anselmanns jedes Jahr echte Kracher abliefern. Unser Gewinner diesmal ist ein Riesling Eiswein.

Verkostete Weine 12
Bewertung 80-90 Punkte

80 2016 Grauburgunder trocken | 14,5% | 5,- €/1,0 Lit.
81 2016 Cabernet Blanc trocken | 13,5% | 6,- €
81 2016 Altdorfer Hochgericht Auxerrois trocken | 13,5% | 6,- €
82 2016 Edenkobener Kirchberg Sauvignon Blanc trocken | 14% | 6,50 €
84 2016 Edesheimer Rosengarten Riesling Spätlese trocken | 13% | 7,- €
86 2016 Edesheimer Rosengarten Siegerrebe Spätlese | 8,5% | 6,- €
84 2016 Birkweiler Königsgarten Gewürztraminer Spätlese | 9,5% | 7,- €
83 2015 Edesheimer Ordensgut Grauburgunder Auslese Barrique | 13,5% | 13,- €
88 2016 Silvaner Eiswein | 9,5% | 27,- €/0,375 Lit.
90 2016 Edesheimer Rosengarten Riesling Eiswein | 8% | 29,- €/0,375 Lit.
80 2016 Tempranillo trocken | 14% | 8,- €
84 2015 Edesheimer Ordensgut Cabernet Sauvignon trocken Barrique | 14,5% | 10,- €

☆

WEINGUT ARNOLD
76831 Heuchelheim · Hauptstraße 25
Tel (0 63 49) 14 80 · Fax 99 64 32
weingut.arnold@web.de
www.arnold-weingut.de
Inhaber Philipp Arnold
Verkauf Philipp Arnold
nach Vereinbarung

Philipp Arnold machte beim Wettbewerb »Die junge Südpfalz - da wächst was nach« im Mai 2017 mit ein paar wirklich gelungenen Weißweinen auf sich aufmerksam, sodass wir ihn einluden, seine Kollektion vorzustellen. Das hat sich gelohnt, vor allem für unsere Leser, die nun einmal mehr ein Talent ansteuern können, bei dem es Entdeckungen zu machen gibt, und wo nicht nur die Preise aufhorchen lassen. Auch die Qualitäten stimmen. Bei Rot geht sicher noch mehr, doch der junge Mann hat ja noch viel Zeit, um daran zu arbeiten.

Verkostete Weine 11
Bewertung 80-87 Punkte

80 2016 Riesling trocken | 12% | 4,20 €/1,0 Lit.
83 2016 Weißburgunder trocken | 13% | 5,40 €
84 2016 Riesling Buntsandstein trocken | 12,5% | 5,40 €
84 2016 Grauburgunder trocken | 13% | 5,40 €
84 2016 Sauvignon Blanc trocken | 12,5% | 6,20 €
85 2016 Weißburgunder Kalkmergel trocken | 13,5% | 6,80 €
85 2016 Riesling Kalkgestein trocken | 12,5% | 6,80 €
86 2016 Appenhofener Steingebiss Riesling trocken | 12,5% | 8,90 €
87 2016 Heuchelheimer Herrenpfad Grauburgunder trocken Holzfass | 13,5% | 8,90 €
81 2014 Cabernet Sauvignon & Merlot trocken | 13,5% | 8,90 €
84 2014 Spätburgunder trocken Barrique | 13% | 10,20 €

Weinbewertung in Punkten
100 Perfekt • 95 bis 99 Überragend • 90 bis 94 Exzellent
85 bis 89 Sehr gut • 80 bis 84 Gut

Symbole Weingüter
★★★★★ Weltklasse • ★★★★ Deutsche Spitze
★★★ Sehr gut • ★★ Gut • ★ Zuverlässig

★★ ★★★★ PFALZ

WEINGUT BÄRENHOF
67098 Bad Dürkheim-Ungstein · Weinstraße 4
Tel (0 63 22) 41 37 · Fax 82 12
weingut@baerenhof.de
www.baerenhof.de
Inhaber Günter, Heike und Jürgen Bähr
Betriebsleiter und Kellermeister Jürgen Bähr
Außenbetrieb Volker Helbig und Udo Unckrich
Verkauf Heike und Margit Bähr
Mo-Fr 8.00-18.00 Uhr, **Sa** 9.00-16.00 Uhr
So 10.00-12.00 Uhr

Jürgen Bähr hat in den letzten Jahren offenbar viele Hausaufgaben gemacht und fuhr damit ordentliche Erfolge ein. Zweitbester Jungwinzer Deutschlands und bester der Pfalz bei einem Wettbewerb, das kommt nicht von ungefähr. Und auch wir wissen seine Leistung zu schätzen. Die Weißweine werden immer straffer, haben mehr Zug und sind gleichzeitig harmonischer. Preislich ein absoluter Hit. Die Rotweine hinken da etwas hinterher.

Verkostete Weine 12
Bewertung 82-88 Punkte

82 2016 Riesling trocken | 12% | 4,- €/1,0 Lit.
87 2016 Cuvée »Lebenslang« trocken Holzfass Goldkapsel | 13% | 9,- €
83 2016 Ungsteiner Nußriegel Riesling Kabinett trocken | 12% | 4,50 €
84 2016 Dürkheimer Rittergarten Riesling Spätlese trocken Silberkapsel | 12% | 5,20 €
86 2016 Ungsteiner Weilberg Riesling Spätlese trocken Goldkapsel | 12,5% | 6,20 €
88 2016 Ungsteiner Herrenberg Riesling Spätlese trocken Goldkapsel | 12,5% | 6,20 € | € 🍷
87 2016 Ungsteiner Michelsberg Riesling »JB« Collection Spätlese trocken Holzfass | 12,5% | 9,- €
88 2016 Dürkheimer Spielberg Chardonnay »JB« Collection Spätlese trocken Holzfass | 14% | 12,- €
88 2016 Ungsteiner Kobnert Gewürztraminer Spätlese Silberkapsel | 8,5% | 5,60 € | 🍷
84 2015 Cuvée Ursus Mysticus trocken Barrique | 13,5% | 9,- €
86 2015 Cuvée Ursus trocken Barrique | 13,5% | 9,- €
84 2015 Merlot Ursus Magnus Auslese trocken Barrique | 14% | 13,80 €

Symbole Weingüter
€ Schnäppchenpreis · TOP Spitzenreiter · BIO Ökobetrieb
🍷 Trinktipp · 🔨 Versteigerungswein
Sekt · Weißwein · Rotwein · Rosé

**WEINGUT GEHEIMER RAT
DR. VON BASSERMANN-JORDAN**
67146 Deidesheim · Kirchgasse 10   BIO
Tel (0 63 26) 60 06 · Fax 60 08
info@bassermann-jordan.de
www.bassermann-jordan.de
Inhaberin Jana Niederberger
Geschäftsführer Gunther Hauck (kfm.) und Ulrich Mell (techn.)
Kellermeister Ulrich Mell
Verkauf Sebastian Wandt
Mo-Fr 8.00-18.00 Uhr
Sa-So, feiertags 10.00-15.00 Uhr
Gastronomie Hotel Ketschauer Hof, Restaurant »L.A. Jordan«, Bistro »1718«
Historie seit 1718 im Familienbesitz
Sehenswert die jahrhundertealten Gewölbekeller mit einzigartigem Weinmuseum
Rebfläche 50 Hektar
Jahresproduktion 450.000 Flaschen
Beste Lagen Deidesheimer Grainhübel, Hohenmorgen und Kalkofen, Forster Kirchenstück, Ungeheuer, Pechstein und Jesuitengarten, Ruppertsberger Reiterpfad
Boden Buntsandsteinverwitterung mit Porphyr, Löss und Basaltverwitterung
Rebsorten 85% Riesling, 15% übrige Sorten
Mitglied VDP

Kleine Geschichte vorweg. Schauplatz Malediven, natürlich Miniinsel, Unterwasserrestaurant 5.8, zehn Sitzplätze. Der Weinkellner bekommt mit, dass da Gäste aus Deutschland am Tisch sitzen, an Wein interessiert sind - und kommt unendlich stolz mit einer Flasche Riesling trocken Gutswein von Bassermann-Jordan an den Tisch. Die Gäste müssen Geheimer Rat aussprechen und erklären - und erläutern, dass es von diesem Weingut noch viel bessere Weine gibt!

Spitzenleistung durch Herausforderung

Die 2014er Kollektion von Uli Mell war derart begeisternd, dass es, wenn man realistisch ist, schwer war, dies zu toppen. Aber er hat es geschafft, dranzubleiben. Und das ist in einem Betrieb, der so überladen ist von Historie, von Erfolg und Bedeutung für den gesamten deutschen Weinbau, eine permanente Herausforderung. Rein technisch fehlt es natürlich an nichts, die Weine können gezielt gesteuert erzeugt werden, wobei Mell als Perfektionist ganz klare Vorstellungen hat, was am Ende herauszukommen hat. Sein Weinstil ist in den vergangenen Jahren trockener geworden als zuvor, gerade die Ersten Lagen und Großen Gewächse sind zisilierter, präziser, schlanker, weniger aufgehübscht. Um nicht immer nur auf der Spitze herumzureiten, ziehen wir als Beispiel den Ungeheuer Ziegler heraus. Unter ein Gramm Restzucker, bei knapp über 90 Grad Oechsle gelesen, hinterlässt er einen sehr mineralisch geprägten Eindruck, dynamisch, fordernd, gleichzeitig aber animierend und gar nicht schwierig zu trinken. Es ist ein moderner Wein, ohne modisch sein zu wollen. Vielleicht kann er stellvertretend für das gelten, was Bassermann-Jordan heute will. Ja, das Kirchenstück ist unser Favorit, einmal mehr. Nichts sonst hat diese Tiefe, diese Länge, diese Ausstrahlung.

Ulrich Mell

Verkostete Weine 17
Bewertung 83-94 Punkte

83 2016 Riesling trocken | 12% | 9,90 €
84 2016 Forster Riesling trocken | 12,5% | 12,50 €
87 2016 Deidesheimer Kieselberg Riesling trocken | 12,5% | 16,- €
88 2016 Ruppertsberger Hoheburg Riesling trocken | 13% | 17,- €
89 2016 Riesling Auf der Mauer trocken | 12,5% | 19,- €
89 2016 Forster Ungeheuer Riesling Ziegler trocken | 12,5% | 19,- €
84 2015 Grauburgunder »S« trocken Holzfass | 14% | 19,50 €
89 2016 Deidesheimer Grainhübel Riesling BASF exklusiv »Großes Gewächs« | 12,5% | 24,50 €
90 2016 Forster Freundstück Riesling »Großes Gewächs« | 13% | 35,- €
91 2016 Forster Ungeheuer Riesling »Großes Gewächs« | 13% | 35,- €
91 2016 Deidesheimer Hohenmorgen Riesling »Großes Gewächs« | 13% | 37,- €
91 2016 Forster Pechstein Riesling »Großes Gewächs« | 13% | 37,- €
90 2016 Forster Jesuitengarten Riesling »Großes Gewächs« | 12,5% | 42,- €
93 2016 Forster Kirchenstück Riesling »Großes Gewächs« | 13,5% | 69,- €
91 2016 Forster Jesuitengarten Riesling Spätlese | 7% | 35,- €
94 2016 Goldmuskateller Eiswein | 7,5% | 65,- €/0,375 Lit.
93 2016 Weißburgunder Beerenauslese | 7% | 39,- €/0,375 Lit.

★★★★ PFALZ

WEINGUT FRIEDRICH BECKER
76889 Schweigen · Hauptstraße 29
Tel (0 63 42) 2 90 · Fax 61 48
wein@friedrichbecker.de
www.friedrichbecker.de
Inhaber Friedrich Becker sen. und jun.
Verwalter Gerard Paul
Kellermeister Friedrich Becker jun.

Verkauf Ruth Thome
Fr 14.00–16.00 Uhr, **Sa** 11.00–16.00 Uhr und nach Vereinbarung

Sehenswert Gutsbrennerei, Innenhof
Rebfläche 22 Hektar
Jahresproduktion 110.000 Flaschen
Beste Lagen Schweigener Sonnenberg, Kammerberg, St. Paul
Boden Kalkmergel, Löss, Ton
Rebsorten 60% Burgundersorten, 22% Riesling, 18% übrige Sorten, darunter Silvaner, Gewürztraminer und Muskateller
Mitglied VDP, Fünf Winzer – Fünf Freunde

Das Weingut Friedrich Becker hat nichts von seiner Strahlkraft verloren, die es über die vergangenen 20 Jahre aufgebaut hat. Wenn bei einer Zehn-Jahre-danach-Verkostung von 2007er Spätburgundern ein Winzer dabeisitzt, der selbst hervorragende Pinots erzeugt, aber bei den Becker-Weinen fast schon feuchte Augen bekommt in Ehrfurcht und Anerkennung, dann muss von diesen Tropfen ein Zauber ausgehen, der irgendwo unerklärlich ist. Im ersten Jahrzehnt des dritten Jahrtausends gab es tatsächlich niemanden, der Becker in Deutschland das Wasser reichen konnte. Den Pinot schon mal gleich gar nicht.

Perfektion ist angestrebt
Senior Fritz Becker hat das Zepter inzwischen an seinen Sohn Fritz Friedrich abgegeben. Wer Ersteren kennt, weiß, dass er sich deswegen nicht völlig zurückzieht. Doch immerhin erkennt er an, dass der Junior (wenn man einen mittlerweile selbst zweifachen Vater so nennen darf) seinen eigenen Weg gehen will. Und dadurch auch den Stil eben dieser hochgelobten Pinots ändern wollte (siehe auch Seite 80). Der ehemals samtige, seidige Stil wurde ersetzt durch eine Weinbereitung, die auf eine Vergärung mit einem gewissen variablen Anteil von Rappen setzt, also dem Stielgerüst der Traube. Das ist im Burgund nicht unüblich. Es unterstützt nicht unbedingt den Charme der Weine in der Jugend, sorgt aber im besten Fall für ein wesentlich besseres Reifepotenzial. 2007 hat man damit begonnen, sich von der reinen Eleganz zu verabschieden. Das sind dann, je nach Jahrgangsverlauf, je nach Traubenreife, je nach Reife auch der Stiele (die schön braun sein müssen), zwischen 20 und 70 Prozent. Im Weinberg wird schon, ohne Handschuhe natürlich, pingeligst vorgelesen, im Weingut selbst dann läuft alles noch einmal über einen Lesetisch. Maximaler Aufwand, um dahin zu kommen, wo man sein möchte. Dem Burgund nicht nur nahe, sondern ebenbürtig.

Friedrich Becker

Weißweine nicht vergessen!
Nicht unterschlagen werden dürfen die Weißweine, für die Fritz Becker anno dunnemals berühmt war. Heute begeistern uns die Weißburgunder, insbesondere die gereiften. Der 2012er, gerade erst aktuell in den Verkauf gekommen, ist zart, schmelzig, hat was Butterweiches und ist dabei lang ohne Ende. Bei den Pinots rangiert der Heydenreich an vorderster Front. Der hat eine unglaubliche Power, der hat Druck und Temperament. Wir können uns gut vorstellen, dass einen das in zehn Jahren wieder wegbläst.

Verkostete Weine 12
Bewertung 87–93 Punkte

- 87 2016 Grauburgunder Kalkmergel trocken | 13% | 16,50 €
- 88 2016 Weißburgunder Kalkgestein trocken | 13% | 16,50 €
- 88 2015 Chardonnay Mineral trocken Barrique | 13,5% | 42,– €
- 92 2012 Weißburgunder Reserve trocken Barrique | 13,5% | 42,– €
- 90 2015 Weißburgunder Klosterstück trocken | 13% | Verkauf später
- 87 2015 Sonnenberg Riesling Erstes Gewächs | 12,5% | Verkauf später
- 87 2016 Gewürztraminer Spätlese feinherb | 9% | 17,– €
- 90 2015 Steinwingert Spätburgunder Erstes Gewächs | 13,5% | Verkauf später
- 91 2015 Herrenwingert Spätburgunder Erstes Gewächs | 13,5% | Verkauf später
- 91 2015 Sankt Paul Spätburgunder »Großes Gewächs« | 13,5% | Verkauf später
- 92 2015 Kammerberg Spätburgunder »Großes Gewächs« | 13,5% | Verkauf später
- 93 2015 Heydenreich Spätburgunder »Großes Gewächs« | 13,5% | Verkauf später

WEINGUT BECKER

76831 Heuchelheim-Klingen · Hauptstraße 34
Tel (0 63 49) 53 28 · Fax 80 56
info@beckerswine.de
www.beckerswine.de
Inhaber Karlheinz u. Dominik Becker
Betriebsleiter Dominik und Karlheinz Becker
Verkauf nach Vereinbarung

Karlheinz und Dominik Becker setzen sich mit erneut guten Eindrücken bei uns fest. Das gilt insbesondere für die trockenen Spätlesen, die teilweise im Holzfass ausgebaut sind. Die Bodenformationen, die auch auf dem Etikett erscheinen, sind jeweils schön herausgearbeitet, der Riesling Weißer Kalk hat dieses leicht belegte, willkommen Widerborstige im Mund, wie wir es vom Kalkboden kennen und schätzen. Weniger ausdrucksstark sind die Kabinette, bei denen man sich etwas mehr Druck wünschen würde. Sehr gut hingegen der Pinot Noir Im Käferflug mit feiner Würze und einer vornehmen Kühle.

Verkostete Weine 12
Bewertung 82–89 Punkte

- 82 2016 Riesling trocken | 12% | 5,80 €/1,0 Lit.
- 83 2016 Weißburgunder Kabinett trocken | 12,5% | 7,20 €
- 85 2016 Grauburgunder Kabinett trocken | 12,5% | 7,30 €
- 85 2016 Riesling Kabinett trocken | 12,5% | 7,40 €
- 86 2016 Silvaner Alte Reben Spätlese trocken | 12,5% | 9,30 €
- 87 2016 Weißburgunder Schwarzer Ton Spätlese trocken Holzfass | 13,5% | 9,30 €
- 88 2016 Grauburgunder Weißer Kalk Spätlese trocken Holzfass | 13,5% | 9,40 € | €
- 86 2016 Riesling Bunter Sand Spätlese trocken | 12,5% | 9,60 €
- 87 2016 Riesling Weißer Kalk Spätlese trocken | 12,5% | 9,60 €
- 84 2015 Chardonnay Im Käferflug Spätlese trocken Barrique | 14% | 13,80 €
- 83 2014 Spätburgunder Bunter Sand trocken Barrique | 14% | 10,80 €
- 89 2014 Pinot Noir Im Käferflug trocken Barrique | 14% | 19,50 €

Symbole Weingüter

€ Schnäppchenpreis • TOP Spitzenreiter • BIO Ökobetrieb
Trinktipp • Versteigerungswein

| Sekt | Weißwein | Rotwein | Rosé |

PFALZ

WEINGUT BENDERHOF
67169 Kallstadt · Neugasse 45
Tel (0 63 22) 15 20 · Fax 98 07 75
info@weingut-benderhof.de
www.weingut-benderhof.de
Inhaber und Betriebsleiter Karola Bender-Haaß, Otto und Martin Haaß
Kellermeister Martin Haaß

Verkauf Karola Bender-Haaß
Mo-Sa 9.00-12.00 Uhr · 13.00-18.00 Uhr
und nach Vereinbarung

Historie seit dem 17. Jahrhundert als Winzerfamilie in Kallstadt ansässig
Rebfläche 11 Hektar
Jahresproduktion 75.000 Flaschen
Beste Lagen Kallstadter Saumagen, Kreidekeller und Steinacker, Herxheimer Himmelreich
Boden Lösslehm auf Kalkgestein
Rebsorten 35% Riesling, 32% Burgundersorten, 7% St. Laurent, 6% Schwarzriesling, je 5% Scheurebe und Silvaner, 10% übrige Sorten
Mitglied Vinissima

Verkostete Weine 10
Bewertung 85-90 Punkte

- 86 2016 Riesling Kalkmergel trocken | 12,5% | 6,80 €
- 85 2016 Kallstadter Steinacker Weißburgunder trocken | 13% | 9,- €
- 85 2016 Kallstadter Steinacker Grauburgunder trocken | 13% | 9,- €
- 86 2016 Kallstadter Steinacker Riesling trocken | 12,5% | 9,- €
- 87 2016 Kallstadter Saumagen Riesling trocken | 12,5% | 10,- €
- 89 2016 Kallstadter Kreidekeller Riesling trocken Alte Reben | 12,5% | 11,- €
- 89 2016 Kallstadter Saumagen Riesling Nill trocken | 13% | 18,- €
- 85 2014 Kallstadter Steinacker Spätburgunder trocken | 13% | 10,- €
- 89 2014 Kallstadter Steinacker Spätburgunder »S« trocken | 13% | 17,- €
- 90 2014 Kallstadter Hasenlauf Spätburgunder »RS« trocken | 13% | 23,- €

Viele Jahre nun schon freuen wir uns, die Weine von Martin Haaß verkosten zu dürfen: »Da weiß man, was man hat«, lautete dereinst ein Werbeslogan, und er stimmt. Der Benderhof ist kein großes Weingut, so hat die Winzerfamilie auch die gute Möglichkeit, sich den einzelnen Partien gezielter widmen zu können. Bei den Weißweinen sind einmal mehr die Rieslinge ganz vorne - da holt man aus den Lagen wirklich das Beste heraus. Wenn diese Kreidekeller, Steinacker und Saumagen heißen, so verrät meist der Name schon den steinigen, oft kalkhaltigen Untergrund. Und den tragen diese Weine weiter. Sie sind nicht zahm, gefällig oder am Mainstream ausgerichtet, sie reizen und fordern vielmehr. Dazu erleben wir ein Reifepotenzial, welches dem fruchtgeprägter Gewächse einfach überlegen ist. So machen die Benderhof-Weine auch nach mehreren Jahren noch richtig Spaß. Sehr überzeugend sind auch die Spätburgunder: samtig und geschmeidig.

★★⯪

WEINGUT BERGDOLT-REIF & NETT
67435 Duttweiler · Dudostraße 24
Tel (0 63 27) 28 03 · Fax 14 85
info@weingut-brn.de
www.weingut-brn.de
Inhaber Bernhard und Christian Nett
Verkauf Familie Nett
Mo–Fr 8.00–17.00, **Sa** 9.00–16.00 Uhr

Einmal tief durchatmen in Duttweiler, denn es ist geschafft: der Kellerei-Neubau fertig, der erste Herbst darin eingefahren und verarbeitet. Ab jetzt soll alles viel einfacher werden. Dabei kann man bereits konstatieren, dass sich die Qualität der Weine von Christian Nett in den vergangenen Jahren permanent gesteigert hat. Die Weine wurden definierter, individueller, es wurde – bei allem Marketing, was ja auch sein muss – tatsächlich inhaltlich enorm viel verbessert. Der Sekt Reese van Ling spielt nun in einer anderen Liga, Weiß- und Grauburgunder im Prestige-Bereich sind top. Wo wird als nächstes angegriffen?

Verkostete Weine 10
Bewertung 83–90 Punkte

90 2015 Riesling Reese van Ling Sekt Brut | 12,5% | 14,90 €
83 2016 Grauburgunder Tradition trocken | 12,5% | 7,20 €
86 2016 Muskateller Avantgarde Märzen trocken | 12,5% | 10,– €
84 2016 Weißburgunder Avantgarde Elf trocken Holzfass | 13,5% | 14,– €
86 2016 Grauburgunder Avantgarde Hansen trocken Holzfass | 13,5% | 14,– €
86 2016 Grauburgunder Avantgarde Steinfass Hansen trocken | 13,5% | 19,– €
88 2016 Kirrweiler Mandelberg Weißburgunder trocken Prestige Barrique | 13,5% | 23,– €
89 2016 Duttweiler Mandelberg Grauburgunder trocken Prestige Barrique | 13% | 23,– €
86 2015 Lagrein Avantgarde Kolben trocken Barrique | 13,5% | 18,– €
86 2015 Kirrweiler Mandelberg Spätburgunder trocken Prestige Barrique | 14% | 28,– €

★★★⯪

WEINGUT BERGDOLT KLOSTERGUT ST. LAMPRECHT
67435 Neustadt-Duttweiler · Dudostraße 17 **BIO**
Tel (0 63 27) 50 27 · Fax 17 84
info@weingut-bergdolt.de
www.weingut-bergdolt.de
Inhaber Rainer Bergdolt
Kellermeister David Golitko und Caro Bergdolt
Verkauf Familie Bergdolt
Mo–Fr 8.00–12.00 Uhr · 14.00–18.00 Uhr
Sa 10.00–16.00 Uhr
Historie ehemaliges Hofgut des Klosters Sankt Lamprecht, 1754 von Jakob Bergdolt erworben
Erlebenswert Hoffest mit kulinarischer Weinprobe
Rebfläche 25 Hektar
Jahresproduktion 150.000 Flaschen
Beste Lagen Kirrweiler Mandelberg, Duttweiler Kalkberg, Ruppertsberger Reiterpfad
Boden Löss, sandiger Lehm, Buntsandstein, Kalkmergel
Rebsorten 35% Weißburgunder, 32% Riesling, 10% Spätburgunder, 23% übrige Sorten
Mitglied VDP, Barrique Forum

Am Anfang unserer Verkostung steht hier zumeist, sofern eingereicht, der Sekt. Und hier bei den Bergdolts war dies ein ganz wunderbarer Einstieg: Der Fluxus aus Chardonnay und Spätburgunder hat genau die richtige Balance aus cremiger Fülle und animierender Frische. Frisch und straff ging es auch mit den Weißweinen weiter. Der Fokus von Carolin und Rainer Bergdolt scheint in der Weinbereitung auf niedrigem Alkohol und eindeutiger Trockenheit zu liegen. Das lässt manche Tropfen, gerade im Unter- und Mittelbau, nach hinten am Gaumen etwas spitz werden, doch haben die Weine Charakter und Haltung. Das Große Gewächs vom Weißburgunder aus dem Mandelberg müssen wir in einem echten Loch erwischt haben, denn wir kennen es viel druckvoller und schmelziger. Die Spätburgunder sind dafür äußerst typisch und würzig.

PFALZ

Verkostete Weine 13
Bewertung 83–89 Punkte

- 89 2012 Chardonnay & Spätburgunder Fluxus Sekt extra Brut | 13% | 20,- €
- 87 2016 Deidesheimer Mäushöhle Riesling trocken | 12% | 14,- €
- 84 2016 Riesling vom Graf trocken | 11,5% | 8,50 €
- 83 2016 Chardonnay trocken | 13% | 8,59 €
- 83 2016 Weißburgunder Mineral trocken | 12,5% | 9,- €
- 85 2016 Duttweiler Riesling Kalkmergel trocken | 11,5% | 9,- €
- 87 2016 Ruppertsberger Riesling trocken | 12% | 9,- €
- 87 2016 Sauvignon Blanc Intense | 12% | 12,- €
- 88 2016 Duttweiler Kreuzberg Weißburgunder trocken | 13% | 14,50 €
- 87 2015 Weißburgunder Tempus trocken Barrique | 14% | 18,- €
- 88 2015 Weißburgunder trocken Reserve | 13,5% | 25,- €
- 89 2016 Kirrweiler Mandelberg Weißburgunder »Großes Gewächs« | 13,5% | 30,- €

WEINGUT BERNHART
76889 Schweigen · Hauptstraße 8
Tel (0 63 42) 72 02 · Fax 63 96
info@weingut-bernhart.de
www.weingut-bernhart.de
Inhaber und Betriebsleiter Gerd Bernhart
Kellermeister Gerd Bernhart, Damien Wagner
Verkauf Familie Bernhart
Mo–Fr 9.00–13.00 Uhr · 14.00–17.00 Uhr
Sa 9.00–16.00 Uhr
Rebfläche 16,5 Hektar
Jahresproduktion 110.000 Flaschen
Beste Lagen Schweigener Sonnenberg und Rädling
Boden Lösslehm, Sand, Ton und Kalkmergel
Rebsorten 30% Spätburgunder, 20% Weißburgunder, 18% Riesling, 15% Grauburgunder, 12% Chardonnay, 5% übrige Sorten
Mitglied VDP

Das ist eine ausgesprochen überzeugende Vorstellung, mit der uns Gerd Bernhart hier beglückt. Alle Weine sind in sich sehr stimmig, die aufsteigende Reihung passt, Trinkfluss steht angefangen beim kleinsten Weißburgunder im Vordergrund. Der Winzer aus Schweigen ist keiner, der um seine Weine großes Aufhebens macht, daher kann es leicht mal passieren, sie zu unterschätzen - was ein großer Fehler wäre. Was uns beeindruckt, ist die Konstanz, mit der er seine Rieslinge und vor allem die Burgundersorten extrem typisch auf die Flasche bringt. Der trockene Gewürztraminer hat Schmackes, doch gerade das steht ihm ausgezeichnet. Bestens gelungen sind die Spätburgunder: der »S« ist fein und würzig, der »R« hat dafür mehr Druck und Länge. Und das Große Gewächs dazu vereint alle Qualitäten in sich. Den St. Laurent darf man in diesem Zusammenhang nicht unterschlagen.

Verkostete Weine 12
Bewertung 83–91 Punkte

- 83 2016 Weißburgunder trocken | 12,5% | 7,40 €
- 84 2016 Schweigener Grauburgunder Kalkmergel trocken | 13,5% | 10,50 €
- 86 2016 Schweigener Weißburgunder Kalkmergel trocken | 13,5% | 10,50 €
- 87 2016 Schweigener Gewürztraminer Kalkmergel trocken | 14% | 10,50 €
- 87 2016 Schweigener Riesling Kalkmergel trocken | 12% | 10,50 €
- 87 2015 Schweigener Chardonnay S Tonmergel trocken | 13,5% | 13,80 €
- 89 2015 Schweigener Sonnenberg Riesling trocken Holzfass | 12,5% | 16,- €
- 90 2016 Schweigener Sonnenberg Weißburgunder »RG« »Großes Gewächs« | 13,5% | 21,- €
- 89 2015 St. Laurent »S« trocken Barrique | 13% | 17,50 € | 🍷
- 88 2015 Schweigener Sonnenberg Spätburgunder S trocken Barrique | 13% | 19,50 €
- 90 2015 Schweigener Sonnenberg Spätburgunder R trocken Barrique | 13% | 26,- €
- 91 2015 Schweigener Sonnenberg Spätburgunder »RG« »Großes Gewächs« | 13% | 37,- €

WEINGUT BIETIGHÖFER

76831 Mühlhofen · Oberdorfstraße 13
Tel (0 63 49) 86 98 · Fax 81 35
weingut.bietighoefer@t-online.de
www.weingut-bietighoefer.de
Inhaber Eckhard und Stefan Bietighöfer
Kellermeister Stefan Bietighöfer
Verkauf Familie Bietighöfer
Mo–Sa 9.00–18.00 Uhr und nach Vereinbarung

Rebfläche 19 Hektar
Jahresproduktion 80.000 Flaschen
Boden Löss, Lehm, Kalkmergel
Rebsorten 30% Spätburgunder, 25% Riesling, 20% Weißburgunder, 10% Grauburgunder, je 5% Chardonnay, Sauvignon Blanc, 5% übrige Sorten
Mitglied Generation Riesling

Stefan Bietighöfer weiß sehr wohl, dass er mit seinen Lagen rund um Mühlhofen nicht eben gesegnet ist, um grandiose Rieslinge zu erzeugen. Na und? Geht er eben auf ein anderes Konzept! Ausbau der Weine in kleineren Holzfässern als Réserve hilft, um Struktur hineinzubringen. Uns haben ein paar Spätburgunder sehr gut gefallen, vor allem der Rad ist genau das, was wir uns von dieser Rebsorte erwarten, er hat Würze, Kräutrigkeit und diese schöne Abwesenheit von einer überladenen Frucht. Und dann sind da ja noch die Weine, die er in Zusammenarbeit mit Stefan Dorst macht. Dorst hat sich schon vor Jahren einen Ruf erarbeitet als Berater für Fritz Becker, parallel betreute er in Südafrika und in Spanien Weingüter. Die gemeinsamen Weine laufen unter dem Namen Dorst & Consorten. Besonders der Pinotage sticht hier hervor. Bietighöfer stellt sich künftig mit den zugekauften Flächen eines anderen Weingutes noch breiter auf.

PFALZ

Verkostete Weine 15
Bewertung 83–88 Punkte

- 83 2016 Mühlhofener Gelber Muskateller trocken | 12% | 6,70 €
- 85 2016 Mühlhofener Weißburgunder trocken | 12,5% | 6,70 €
- 84 2015 Mühlhofener Riesling trocken Reserve | 13% | 9,90 €
- 84 2015 Mühlhofener Grauburgunder trocken Reserve | 13,5% | 9,90 €
- 85 2015 Mühlhofener Weißburgunder trocken Grande Reserve | 13% | 14,90 €
- 88 2015 Mühlhofener Sauvignon Blanc trocken Grande Reserve | 13,5% | 14,90 €
- 86 2016 Mühlhofener Pinot Blanc Das Ende der Fahnenstange trocken Premium | 13,5% | 35,– €
- 88 2016 Mühlhofener Blanc Fumé trocken Premium | 13% | 48,– €
- 86 2016 Mühlhofener Riesling Kabinett trocken | 12% | 6,70 €
- 88 2015 Mühlhofener Pinotage Dorst & Consorten trocken Premium | 13,5% | 25,– €
- 87 2015 Mühlhofener Pinot Noir Le Dernier Cri trocken Premium | 13,5% | 35,– €
- 84 2015 Mühlhofener Spätburgunder trocken Reserve | 13% | 9,90 €
- 85 2015 Mühlhofener Roter Berg Spätburgunder trocken Reserve | 13,5% | 25,– €
- 86 2015 Mühlhofener Rosenäcker Spätburgunder trocken Reserve | 13,5% | 25,– €
- 88 2015 Mühlhofener Spätburgunder Rad trocken Reserve | 13,5% | 25,– €

WEINGUT BORELL-DIEHL
76835 Hainfeld · Weinstraße 47
Tel (0 63 23) 98 05 30 · Fax 98 05 70
info@borell-diehl.de
www.borell-diehl.de
Inhaber Thomas Diehl und Annette Borell-Diehl
Betriebsleiter Thomas Diehl
Kellermeister Thomas und Georg Diehl
Verkauf Annette Borell-Diehl, Katharina Diehl
Mo–Fr 8.00–12.00 Uhr · 13.00–18.00 Uhr
Sa 9.00–17.00 Uhr

Sehenswert restaurierter Gewölbekeller mit großen Holzfässern, Fachwerkhaus von 1619, mediterraner Innenhof
Rebfläche 28 Hektar
Jahresproduktion 270.000 Flaschen
Beste Lagen Hainfelder Letten, Edesheimer Forst
Boden Lehm, Sand, Sandsteinverwitterung
Rebsorten 25% Riesling, 20% Grauburgunder, 15% Spätburgunder, 10% Dornfelder, je 7% Chardonnay und Weißburgunder, je 5% Auxerrois, Müller-Thurgau und Silvaner, 1% übrige Sorten

Nein, es darf eigentlich nicht wahr sein. Nicht schon wieder. Doch, ist es aber. Thomas Diehl hat einmal mehr eine Kollektion hingelegt, die staunen lässt. Es muss dieses wettbewerbsfreundliche Hainfelder Klima sein, welches zu Höchstleistungen ansporn. Aktuell können wir uns gar nicht entscheiden, worauf wir mehr Augenmerk verwenden sollen. Mögen wir die Rieslinge lieber, bei denen der Altenforst Schiefer Knackigkeit liefert und der Kupperwolf gelassen seine Tiefe ausspielt? Bevorzugen wir die weißen Burgundersorten, bei denen die Chardonnays mit dem Weißburgunder Reserve um die Vorherrschaft rangeln? Oder sehen wir dann doch die Spätburgunder vorne, weil sie so außerordentlich differenziert, würzig, kräutrig und luftig daherkommen? Ach, wissen Sie was? Wir überlassen das einfach Ihnen und halten uns da fein raus.

Verkostete Weine 15
Bewertung 84–92 Punkte

- 85 2016 Burrweiler Altenforst Riesling vom Schiefer trocken | 12,5% | 6,50 €
- 86 2016 Edesheimer Forst Riesling trocken Alte Reben | 13% | 8,– €
- 86 2016 Hainfelder Letten Grauburgunder trocken Alte Reben Holzfass | 13,5% | 9,– €
- 87 2016 Hainfelder Weißburgunder trocken Alte Reben Holzfass | 13% | 9,– €
- 88 2016 Edesheimer Rosengarten Riesling Kupperwolf trocken | 13% | 9,50 € | €
- 88 2016 Hainfelder Kirchenstück Chardonnay trocken Barrique | 13% | 13,– €
- 89 2016 Chardonnay vom Muschelkalk trocken Holzfass | 13,5% | 13,– €
- 88 2016 Weißburgunder trocken Reserve Barrique | 13,5% | 13,– €
- 87 2016 Sauvignon Blanc trocken Reserve Barrique | 12,5% | 15,– €
- 84 2016 Hainfelder Kirchenstück Grauburgunder Spätlese trocken | 13,5% | 7,– €
- 90 2016 Flemlinger Herrenbuckel Rieslaner Auslese | 8% | 9,50 € | €
- 92 2016 Hainfelder Kapelle Rieslaner Beerenauslese | 10% | 14,– €/0,375 Lit.
- 88 2015 Edesheimer Rosengarten Spätburgunder Kupperwolf trocken Holzfass | 13,5% | 13,50 € | €
- 90 2015 Pinot Noir trocken Reserve Barrique | 13,5% | 15,– €
- 92 2015 Hainfelder Letten Spätburgunder Georg XIII trocken Barrique | 13,5% | 18,80 €

WEINGUT BOUDIER KOELLER
67294 Stetten · Hauptstraße 19
Tel (0 63 55) 5 86 · Fax 9 55 09 49
info@boudierkoeller.de
www.boudierkoeller.de
Inhaber Dr. Robert Boudier und Elmar Koeller
Betriebsleiter Jan Gross
Verkauf Elmar Koeller
Di–Fr 14.00–18.00 Uhr, **Sa** 10.00–16.00 Uhr

Die beiden Quereinsteiger Robert Boudier und Elmar Koeller haben sich in den letzten Jahren einen Traum erfüllt und in einem Ensemble historischer Gebäude hoch über dem Zellertal mit Weingut, Vinothek und Gästehaus ein genussfreudiges Gesamtpaket geschnürt. Waren die Anfänge noch hemdsärmelig, so liegt die Weinbereitung längst in professionellen Händen – der Weinstil freilich ist sehr individuell geblieben. Oft stehen Leichtigkeit und etwas mehr Restzucker im Vordergrund. Anders ist es in jedem Fall. Oft werden die Weine als Landweine abgefüllt, was an dem Umstand liegt, dass hier Lagen von der Nahe und aus der Pfalz zusammenkommen. Never trust a Weingesetz, always go for the Geschmack.

Verkostete Weine 11
Bewertung 82–86 Punkte

- 82 2015 Müller-Thurgau Mathilde von Tuszien Landwein trocken | 11,5% | 9,80 €
- 83 2015 Sauvignon Blanc trocken | 11,5% | 11,80 €
- 85 2014 Kirchheimbolandener Schlossgarten Riesling trocken | 11,5% | 13,80 €
- 86 2015 Gauersheimer Goldloch Sauvignon Blanc trocken Barrique | 13% | 16,80 €
- 83 2016 Stettner Riesling halbtrocken | 9% | 11,80 €
- 83 2016 Stettner Heiligenhäuschen Riesling halbtrocken | 9% | 11,80 €
- 85 2015 Kirchheimbolandener Riesling feinherb | 10,5% | 11,80 €
- 84 2015 Stettner Riesling & Scheurebe Auslese | 9% | 16,80 €/0,375 Lit.
- 82 2015 Cuvée Vergessenes Tal Landwein trocken | 13,5% | 13,80 €
- 84 2015 Portugieser Roter Stern Landwein trocken Barrique | 13% | 13,80 €
- 86 2015 Syrah trocken Barrique | 14% | 22,80 €

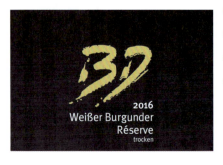

PFALZ

WEINGUT BRAUN
67149 Meckenheim · Hauptstraße 51
Tel (0 63 26) 85 96 · Fax 52 12
bws@braun-wein-sekt.de
www.braun-wein-sekt.de
Inhaber Familie Braun
Betriebsleiter Fritz, Michael und Martin Braun
Außenbetrieb Franz Käferböck
Kellermeister Michael Braun und Kristoffer Graß
Verkauf Familie Braun
Mo–Fr 9.00–18.30 Uhr, **Sa** 10.00–16.30 Uhr
Sept.–Okt. **So** 9.00–18.30 Uhr

Großer Aufbruch bei den Brauns in Meckenheim: Es werden eine neue Halle mit Holzfasskeller und eine neue Vinothek gebaut; erfreulicherweise hat man nach hinten im Hof entsprechend Platz und muss dafür nicht aussiedeln. Den Weinen soll dies mittelfristig Auftrieb verleihen. Wir sind aber auch so ganz zufrieden. Überall da, wo etwas Holz im Spiel ist, hat man sich verbessert, es ist wesentlich besser eingebunden schon in jungen Monaten. Bester Wein ist diesmal der Chardonnay Barrique.

Verkostete Weine 12
Bewertung 82–88 Punkte

- 82 2016 Riesling Alltag Auf der Höhe trocken | 12% | 6,50 €
- 85 2016 Ellerstadter Kirchenstück Riesling Individuell trocken | 12,5% | 8,– €
- 85 2016 Ellerstadter Kirchenstück Weißburgunder Individuell trocken | 13% | 8,– €
- 85 2016 Meckenheimer Neuberg Grauburgunder Individuell trocken | 13% | 8,– €
- 85 2016 Meckenheimer Neuberg Chardonnay Individuell trocken | 13% | 8,– €
- 88 2016 Riesling Unikat 2punkt0 trocken Holzfass | 13% | 11,50 €
- 87 2016 Meckenheimer Neuberg Grauburgunder Unikat 2punkt0 trocken Holzfass | 14% | 13,50 €
- 88 2016 Chardonnay Unikat 2punkt0 trocken Holzfass | 13,5% | 13,50 €
- 83 2015 Ellerstadter Kirchenstück Spätburgunder Individuell trocken Holzfass | 14% | 8,50 €
- 84 2014 Ellerstadter Bubeneck Spätburgunder Unikat 2punkt0 trocken Holzfass | 13,5% | 15,– €
- 85 2014 Cuvée »Lignum« Unikat trocken Holzfass | 14,5% | 15,– €
- 86 2014 Meckenheimer Spielberg Portugieser Unikat anno 1951 trocken Holzfass | 14% | 15,– €

WEINGUT BREMER
67308 Zellertal-Niefernheim
Brückenstraße 2
Tel (0 63 55) 8 63 91 66
info@weingutbremer.de
www.weingutbremer.de
Inhaber Familie Bremer
Betriebsleiterin Rebecca Bremer
Außenbetrieb Heiko Maul
Kellermeister Michael Adler
Verkauf Familie Bremer
Do–Fr 14.00–18.00 Uhr, **Sa** 11.00–15.00 Uhr

Weinbar Do–Fr ab 17.30 mit wechselnder Speisekarte
Rebfläche 18 Hektar
Jahresproduktion 60.000 Flaschen
Beste Lagen Zeller Schwarzer Herrgott, Apotheker und Heiland
Boden Kalkmergel
Rebsorten je 18% Spätburgunder, Riesling, Weißburgunder, Silvaner und Auxerrois, 10% Chardonnay

Im vergangenen Jahr erst hatten wir das Weingut Bremer neu aufgenommen. Lange ist es ja noch nicht her, dass sich die Familie Bremer – und hier insbesondere die weiblichen Mitglieder – in den Gebäuden und Kellern des ehemaligen Weinguts Herr in Zellertal neu erfunden hatte. Waren die ersten Produkte unter Betriebsleiter Michael Acker schon beachtlich, so ist die Entwicklung der letzten beiden Jahrgänge fast schon sensationell zu nennen. Wir sehen herrlich definierte Weißweine, wie einen Herrgott Riesling ohne Holz, sehr klar umgesetzt. Und würzig-sanfte Pinots. An der Spitze stehen die »MOM«-Weine, ein Kürzel für Michael, Otto (Kühnle) und Matthias (Hilse), die diese Weine als Freundschaftsprojekt aufgelegt haben und die teilweise 20 Monate mit Battonage im Fass durchliefen. Das Potenzial des Zellertals wird vom Weingut Bremer künftig mit Sicherheit noch stärker ausgelotet, wenn die neu bestockten Anlagen erst mal an Jahren gewonnen haben.

Verkostete Weine 12
Bewertung 80–90 Punkte

82 2016 Auxerrois trocken | 12% | 7,50 €
80 2016 Kleinkarlbacher Sauvignon Blanc trocken | 11,5% | 9,50 €
84 2016 Zeller Heiland Silvaner trocken | 12,5% | 14,- €
86 2016 Zeller Königsweg Chardonnay trocken Barrique | 12,5% | 17,50 €
87 2016 Zeller Schwarzer Herrgott Riesling trocken | 13% | 21,- €
87 2015 Riesling MOM trocken Holzfass | 13,5% | 45,- €
89 2015 Chardonnay MOM trocken Holzfass | 14% | 45,- €
84 2015 Spätburgunder trocken Barrique | 13% | 9,50 €
86 2015 Kleinkarlbacher Herrgottsacker Spätburgunder trocken Barrique | 13,5% | 25,- €
87 2015 Niefernheimer Apotheker Spätburgunder trocken Barrique | 13% | 25,- €
88 2015 Zeller Kreuzberg Spätburgunder Philippsbrunnen trocken Barrique | 13,5% | 25,- €
90 2015 Spätburgunder Mom trocken Barrique | 13,5% | 45,- €

WEINGUT BRENDEL
76889 Pleisweiler-Oberhofen · Hauptstraße 13
Tel (0 63 43) 84 50 · Fax (0 63 42) 74 48
info@weingut-brendel.de
www.weingut-brendel.de
Inhaber Walter, Waltraud und Christian Brendel
Verkauf nach Vereinbarung

Im Vergleich zum Vorjahr sehen wir Christian Brendel bei nahezu jedem einzelnen Wein einen Schritt weiter als zuvor. Seine Rieslinge haben Schmiss, Schmackes und, im Falle des Schlossberg, auch Länge und einen tiefen Nachhall. Auch beim Silvaner nicken wir in der Runde anerkennend, das hat schon Stil, genauso wie der Chardonnay. Es könnte ein positiver Nebeneffekt davon sein, dass die im vergangenen Jahr angesprochenen Restzuckergehalte diesmal erfreulich niedriger liegen und den Weinen die Molligkeit und den Speck genommen haben. Dadurch treten Muskeln und Sehnen nach vorne. Weine sind da eben auch nur menschlich.

Verkostete Weine 9
Bewertung 82–87 Punkte

82 2016 Riesling trocken | 12,5% | 4,50 €/1,0 Lit.
83 2016 Weißburgunder trocken | 12,5% | 6,30 €
84 2016 Grauburgunder trocken | 13,5% | 6,30 €
85 2016 Riesling Kalkmergel trocken | 13,5% | 7,30 €
85 2016 Oberhofener Schlossberg Silvaner trocken | 13% | 8,50 €
86 2016 Oberhofener Schlossberg Chardonnay trocken | 13,5% | 9,- €
87 2016 Oberhofener Schlossberg Riesling trocken | 13% | 9,- €
84 2015 Oberhofener Schlossberg Spätburgunder trocken | 14,5% | 9,80 €
83 2014 Blaufränkisch trocken | 13% | 11,50 €

Symbole Weingüter
€ Schnäppchenpreis · TOP Spitzenreiter · BIO Ökobetrieb
Trinktipp · Versteigerungswein

Sekt | Weißwein | Rotwein | Rosé

★★★★★ PFALZ

WEINGUT BÜHLER

67169 Kallstadt · Backhausgasse 2
Tel (0 63 22) 6 12 61 · Fax 98 10 90
weingut@buehler-pfalz.de
www.buehler-pfalz.de
Inhaber Jens, Pia und Werner Bühler
Kellermeister Jens Bühler
Verkauf Sarah Bühler
Mo–Fr 10.00–12.00 Uhr · 13.00–18.00 Uhr und nach Vereinbarung

In der Vergangenheit konnte man, wenn man streng war, des öfteren die Rotweine dieses Kallstadter Betriebs kritisieren, gerade in den Jahrgängen 2012 und 2013 erschienen sie etwas zu grün. Davon ist beim Merlot aus 2014 und beim Syrah aus 2015 nichts mehr zu spüren, beide präsentieren sich rund elegant und geschmeidig, wenngleich eher auf der fruchtigen Seite. Klasse der Sauvignon Der Chef aus dem Holzfass, er ist überaus elegant. Besser ist nur noch der Riesling Herzstück. Unser Tipp ist der Rosé Saignée, knackig und gut!

Verkostete Weine 11
Bewertung 82–88 Punkte

83 2016 Spätburgunder trocken Blanc de Noirs | 12% | 6,50 €
86 2016 Grauburgunder »S« trocken | 13% | 9,– €
85 2016 Chardonnay trocken »sur lie« Barrique | 13,5% | 9,90 €
87 2016 Sauvignon Blanc Der Chef trocken | 13% | 14,50 €
83 2016 Weißburgunder trocken | 12,5% | 7,– €
84 2016 Chardonnay & Weißburgunder trocken | 12,5% | 7,– €
82 2016 Sauvignon Blanc trocken | 12% | 8,– €
88 2015 Kallstadter Saumagen Riesling Herzstück trocken Holzfass | 13% | 14,50 €
85 2016 Rosé Saignée trocken | 12% | 6,10 €
84 2015 Syrah trocken Barrique **** | 13% | 18,– €
86 2014 Merlot trocken Barrique *** | 13% | 9,90 €

Weinbewertung in Punkten
100 Perfekt • 95 bis 99 Überragend • 90 bis 94 Exzellent
85 bis 89 Sehr gut • 80 bis 84 Gut

WEINGUT DR. BÜRKLIN-WOLF

67157 Wachenheim · Weinstraße 65   BIO
Tel (0 63 22) 9 53 30 · Fax 95 33 30
bb@buerklin-wolf.de
www.buerklin-wolf.de
Inhaberin Bettina Bürklin-von Guradze
Geschäftsführer Steffen Brahner
Leiter Außenbetrieb Alexander Strohschneider
Kellermeister Nicola Libelli
Verkauf Tom Benns und Regina Görg
Mo–So 11.00–18.00 Uhr
Gutsausschank Hofgut Ruppertsberg
Tel (0 63 26) 98 20 97, geöffnet Do–Mo
Historie gegründet 1597
Sehenswert Holzfasskeller, Englischer Garten
Rebfläche 86 Hektar
Jahresproduktion 500.000 Flaschen
Beste Lagen Forster Kirchenstück, Jesuitengarten, Pechstein und Ungeheuer, Ruppertsberger Reiterpfad und Gaisböhl, Deidesheimer Hohenmorgen und Kalkofen
Boden Basalt, Kalk, Terrassenschotter, gelber und roter Sandstein
Rebsorten 82% Riesling, 7% Weißburgunder, 6% Spätburgunder, 5% übrige Sorten
Mitglied VDP, Biodyvin

Wenn man in der Welt über Riesling spricht, kommt man an Bürklin-Wolf nicht vorbei. Dieses Haus atmet Historie, es ist ein Synonym für großartigen deutschen, trockenen Riesling der ganz großen Schule. Im Portfolio finden sich die besten Lagen der Mittelhaardt, darunter mit dem Gaisböhl auch eine Monopollage. Bettina Bürklin-von Guradze führt einen festen Stamm von etwa 30 Mitarbeitern, von denen nicht wenige bereits seit vielen Jahren im Betrieb sind. Immer ein gutes Zeichen, wenn es um internes Klima geht. Und dieses Team lebt Riesling.

Sensorik statt Analysewerte
Der Keller ist das Reich von Nicola Libelli, der seit 2010 bei Bürklin ist. Gemeinsam mit Außenbetriebsleiter Alexander Strohschneider steuert er die Qualitäten, und er tut dies in der absoluten Tradition. Die Weine werden zu großen Teilen in alten Fässern ausgebaut, was selbst für den einfachsten Gutsriesling gilt (hier sind es 50 Prozent davon), von dem immerhin 120.000 Flaschen erzeugt werden. Auch bei den Ortsweinen geht

man interessante Wege: Vom Wachenheimer Riesling etwa zwackt Libelli zehn Prozent ab, legt sie beiseite und bringt sie erst nach drei Jahren Fassreife auf den Markt. Beim Forster Riesling würde das kaum funktionieren, es gibt davon als Vorlese des Großen Gewächses Pechstein nur wenige Flaschen. Lange vor dem VDP hat Bürklin-Wolf eine vierstufige Qualitätspyramide entwickelt, deren obere Hälfte die PCs und darüber die GCs sind. Wie Premier Cru und Grand Cru. Beide verbleiben lange im Keller. Die 2016er PCs werden erst im März 2018 erscheinen, die GCs im September 2018. Das ist gut für die Entwicklung der Weine, die ohnehin begnadet altern, nein: reifen können. Bei Verkostungen der GCs nach zehn, 15, ja 20 Jahren zeigen sich diese nicht selten in einer unglaublich strahlenden Verfassung.

Bettina Bürklin-von Guradze

Verkostete Weine 14
Bewertung 85–96 Punkte

85 2016 Riesling trocken | 12% | 11,- €
87 2016 Wachenheimer Riesling trocken | 12% | 15,- €
87 2016 Forster Riesling trocken | 12% | 18,- €
90 2016 Wachenheimer Gerümpel »PC« trocken | 12,5% | 23,- €
90 2016 Wachenheimer Goldbächel Riesling »PC« Erstes Gewächs | 12,5% | 23,- €
91 2016 Wachenheimer Böhlig Riesling »PC« Erstes Gewächs | 13% | 23,- €
91 2016 Wachenheimer Altenburg Riesling »PC« Erstes Gewächs | 13% | 23,- €
91 2015 Ruppertsberger Gaisböhl Riesling »GC« »Großes Gewächs« | 13% | 45,- €
92 2015 Ruppertsberger Reiterpfad Riesling »GC« »Großes Gewächs« | 12,5% | 50,- €
93 2015 Deidesheimer Hohenmorgen Riesling »GC« »Großes Gewächs« | 13,5% | 50,- €
92 2015 Forster Ungeheuer Riesling »GC« »Großes Gewächs« | 13,5% | 55,- €
95 2015 Forster Pechstein Riesling »GC« »Großes Gewächs« | 13,5% | 70,- €
96 2015 Forster Kirchenstück Riesling »GC« »Großes Gewächs« | 13% | 100,- €
93 2015 Forster Riesling Auslese | 10% | 50,- €/0,375 Lit.

Spannender Pechstein

Oft ist der Pechstein GC zunächst der spannendste Wein in der Kollektion, doch mit den Jahren setzt sich die Ruhe des Kirchenstücks durch, der wie ein Monolith einfach nur dazusitzen scheint, komplett tiefenentspannt. Interessant ist der Umstand, dass Libelli während der gesamten Zeit im Keller ohne Analysewerte arbeitet. Diese kommen erst dann ins Spiel, wenn die Weine zur Qualitätsweinprüfung angemeldet werden. Und sie sind alle unter zwei Gramm Restzucker.

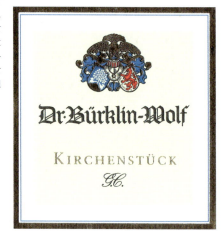

★★★★ PFALZ

WEINGUT REICHSRAT VON BUHL

67146 Deidesheim · Weinstraße 18–24 (BIO)
Tel (0 63 26) 96 50 19 · Fax 96 50 24
info@von-buhl.de
www.von-buhl.de

Eigentümer Familie Niederberger
Geschäftsführer Richard Grosche
Technischer Direktor Mathieu Kauffmann
Außenbetrieb Werner Sebastian
Kellermeister Mathieu Kauffmann
Verkauf Klaus Küsters
Mo–Fr 10.00–18.00 Uhr, **Sa–So** 10.00–17.00 Uhr
Sehenswert der gesamte Betrieb steht unter Denkmalschutz, historischer Keller, Herrschaftshaus für Veranstaltungen
Rebfläche 62 Hektar
Jahresproduktion 420.000 Flaschen
Beste Lagen Forster Freundstück, Jesuitengarten, Pechstein, Kirchenstück und Ungeheuer, Deidesheimer Kieselberg, Leinhöhle und Herrgottsacker, Ruppertsberger Reiterpfad
Boden sandiger Lehm, Kalksteinverwitterung und Basalt
Rebsorten 88% Riesling, 8% Spätburgunder, 4% übrige Sorten
Mitglied VDP

Als beim Weingut Reichsrat von Buhl vor fünf Jahren eine neue Richtung eingeschlagen wurde, wusste draußen noch niemand, wie das einzuordnen sein würde. Rasch aber wurde klar, dass es sich um nichts weniger handelte als um die komplette Veränderung des Weinstils. Geschäftsführer Richard Grosche und der technische Direktor Mathieu Kauffmann, früher beim Champagnerhaus Bollinger im Keller federführend, brachten eine neue Trockenheit in die Pfalz, die auf viele Weinfreunde und auch Kunden durchaus verstörend wirken konnte. Andere hingegen jubelten. Endlich völlig entschlackte Weine! Dass dem auch ein kompletter Relaunch der Etiketten folgte, ließ nicht nur Traditionalisten aufheulen – war aber nur logisch und konsequent.

Charakter auch im Kleinen

Seit Jahren nun ist Konstanz in den Buhlschen Weinen. Zuvor war es ja oft so, dass sie in allgemein kleineren Jahrgängen besser waren als die Mitbewerber, seltsamerweise in guten Jahren aber irgendwo mitliefen. Das ist jetzt anders. Buhl geht mit vorneweg und wurde auch zum Vorbild, gerade was den trockenen Stil betrifft. Selbst Große Gewächse unter einem Gramm Restzucker sind jetzt häufiger anzutreffen auf dem Markt. Und die alten Kunden, denen das nicht gefiel, wurden mehr als ersetzt durch neue. Inzwischen hat sich die Aufregung gelegt, der Fokus liegt allgemein wieder auf dem, was sich in den Flaschen befindet. Der Anspruch ist ja hoch, doch man wird ihm gerecht. Selbst die kleinen Weine wie der Von Buhl oder die Deidesheimer und Forster Riesling-Ortsweine sind eben nicht klein, sondern schon sehr charaktervoll. Allerdings werden sich die Weinfreunde künftig in noch mehr Geduld üben müssen, bevor sie an bestimmte Weine rankommen können. Jetzt schon werden Große Gewächse wie Freundstück, Reiterpfad Hofstück oder Kirchenstück erst nach zwei Jahren gezeigt, bei den Ersten Lagen sind das Paradiesgarten (intern ein abgestuftes Großes Gewächs), Herrgottsacker und Musenhang.

Mathieu Kauffmann (re.) und Richard Grosche

Erst warten, dann genießen

In spätestens drei Jahren wird dies bei allen Lagenweinen so sein. Die Weine reifen individuell entweder auf der Vollhefe im Fass oder eben in der Flasche und sind bei der Freigabe dann in Topform. Warten muss man auch noch auf die dann wohl richtig großen Sekte von Kauffmann, der diesen an die zehn Jahre Entwicklungszeit gönnen will. Als Appetithappen kommt zum Jahreswechsel 2017/2018 der erste Prestige-Sekt, ein Rosé aus 100 Prozent Spätburgunder als Saignée mit drei Jahren Hefelager. Wir sind gespannt und verkürzen uns die Zeit mit einem charmanten Reserve Brut von 80 Prozent Weißburgunder und 20 Prozent Chardonnay.

★★★★

Verkostete Weine 12
Bewertung 84–92 Punkte

- 88 2015 Riesling Sekt Brut | 12,5% | 14,90 €
- 91 Weißburgunder & Chardonnay Sekt Brut Reserve | 12,5% | 16,90 € | TOP 10
- 84 2016 Riesling trocken | 12,5% | 9,90 €
- 86 2016 Deidesheimer Riesling trocken | 12,5% | 11,90 €
- 87 2016 Forster Riesling trocken | 12,5% | 12,90 €
- 88 2016 Deidesheimer Leinhöhle Riesling trocken | 12,5% | 16,- €
- 89 2015 Deidesheimer Herrgottsacker Riesling trocken | 12,5% | 18,- €
- 90 2015 Deidesheimer Paradiesgarten Riesling trocken | 13,5% | 18,- €
- 91 2016 Deidesheimer Kieselberg Riesling »Großes Gewächs« Holzfass | 13% | 30,- €
- 90 2016 Forster Ungeheuer Riesling »Großes Gewächs« | 13% | 30,- €
- 91 2015 Ruppertsberger Reiterpfad Riesling Hofstück »Großes Gewächs« | 13% | 39,- €
- 92 2016 Forster Pechstein Riesling »Großes Gewächs« | 13% | 45,- €

WEINGUT A. CHRISTMANN

67435 Neustadt-Gimmeldingen
Peter-Koch-Staße 43
Tel (0 63 21) 6 60 39 · Fax 6 87 62
info@weingut-christmann.de
www.weingut-christmann.de
Inhaber und Betriebsleiter Steffen Christmann
Außenbetrieb Martin Eller und Stefan Jung
Kellermeister Steffen Christmann und Martin Eller
Verkauf Esther Grüttner
nach Vereinbarung
Sehenswert Gewölbekeller von 1575
Rebfläche 21 Hektar
Jahresproduktion 130.000 Flaschen
Beste Lagen Ruppertsberger Reiterpfad-Hofstück, Königsbacher Idig, Gimmeldinger Meerspinnen im Mandelgarten, Deidesheimer Langenmorgen
Boden Lehm, toniger Sand, Mergelkalk, Buntsandsteinverwitterung
Rebsorten 70% Riesling, 14% Spätburgunder, 8% Weißburgunder, 6% Grauburgunder, 2% übrige Sorten
Mitglied VDP

Es ist bemerkenswert, respektabel, aber gleichzeitig äußerst ungewöhnlich, dass jemand, der im Grunde sehr erfolgreich ist mit dem, was er tut, seine Arbeitsweise ändert - und damit noch besser wird. Genau dies hat Steffen Christmann getan. Vor einigen Jahren hinterfragte er seine Vorgehensweise, spät zu lesen (um damit möglichst viel Reife in die Trauben zu bekommen) und verlegte den Zeitpunkt einige Tage vor, in Teilen bis zu einer Woche, die er früher noch drangehängt hätte. Das Resultat war schon im nächsten Jahr anders. Nun ist eine neue Stilistik daraus geworden. Das ist die Größe eines Großen.

Hervorragender Mittelbau

Es ist daher auch nicht mal so neu, immer wieder auf den Idig als Großes Gewächs hinzuweisen, der ohnehin fast jedes Jahr unter den zehn besten trockenen Rieslingen Deutschlands zu finden ist und ein enormes Reifepotenzial besitzt. Das wissen Kenner schon lange. Viel spannender erachten wir die Entwicklung der Weine in den Bereichen darunter, also bei den Tropfen, die eher getrunken und nicht unbedingt zelebriert werden. Beste Beispiele sind die Ortsweine aus

PFALZ

Gimmeldingen und Königsbach: Beide Rieslinge verströmen schon einen animierenden Duft, sie sind einladend, beim ersten Schluck erfrischend, beim prüfenden zweiten bestätigend, beim dritten Einatmen ist die Flasche dann leider leer vor lauter Durst. Was da zwischen 11,5 und 12,5 Umdrehungen besitzt, hat Methode und zieht sich durch. Die Weißweine sind alle knochentrocken ausgebaut, da gibt es im Grunde nirgends mehr etwas mit mehr als drei Gramm Restzucker. Da capo.

Steffen Christmann

Luftig und wenig Alkohol

Und auch die Großen Gewächse erscheinen zunehmend in neuem Gewand. Leicht, bei aller Tiefe und Konzentration luftig. Alkohol spielt nicht die große Rolle. Und natürlich waren die Trauben reif, ganz klar. Doch Christmann hat jetzt den offenbar idealen Zeitpunkt gefunden, die Balance zwischen Reife und Frische zu halten und auf die Flasche zu bringen. Mit Weinen, die uns begeistern. Nach dem Idig sind dies vornehmlich Meerspinne, Langenmorgen und Ölberg-Kapelle. Was für eine Offensive!

Verkostete Weine 15
Bewertung 84–94 Punkte

- 84 2016 Riesling trocken | 11,5% | 11,– €
- 86 2016 Gimmeldinger Riesling trocken | 11,5% | 15,30 €
- 84 2016 Gimmeldinger Weißburgunder trocken | 12,5% | 17,50 €
- 87 2016 Königsbacher Riesling trocken | 12,5% | 17,50 €
- 88 2016 Gimmeldinger Kapellenberg Riesling trocken | 12,5% | 22,– €
- 90 2016 Königsbacher Ölberg Riesling trocken | 12,5% | 23,– €
- 90 2016 Ruppertsberger Reiterpfad-Hofstück Riesling »Großes Gewächs« | 13% | 38,– €
- 92 2016 Deidesheimer Langenmorgen Riesling »Großes Gewächs« | 12% | 42,– €
- 92 2016 Gimmeldinger Meerspinne im Mandelgarten Riesling »Großes Gewächs« | 12,5% | 44,– €
- 94 2016 Königsbacher Idig Riesling »Großes Gewächs« | 12,5% | 48,– €
- 92 2016 Königsbacher Ölberg-Hart Kapelle Riesling »Großes Gewächs« | 12,5% | 🍷
- 85 2014 Gimmeldinger Spätburgunder trocken | 12,5% | 21,50 €
- 86 2014 Gimmeldinger Biengarten Spätburgunder trocken | 13% | 31,50 €
- 88 2014 Königsbacher Ölberg Spätburgunder trocken | 13% | 31,50 €
- 88 2014 Königsbacher Idig Spätburgunder »Großes Gewächs« | 12,5% | 50,– €

A. Christmann

2012
IDIG
GG
PFALZ

⭐⭐½

WEIN- UND SEKTGUT CORBET
67434 Diedesfeld · Kreuzstraße 7
Tel (0 63 21) 8 61 44 · Fax 8 44 68
weingut@corbet.de
www.corbet.de
Inhaber Lukas Corbet
Kellermeister Lukas Corbet
Verkauf Christina Corbet
Fr 10.00–18.00 Uhr
Sa 10.00–16.00 Uhr und nach Vereinbarung

Als Einstieg in die Verkostung der Weine von Lukas Corbet öffneten wir die Cuvée Charlotte, einen Sekt Brut nature - sehr fein, elegant mit nicht zu aufdringlichem Mousseux. Der Schritt zu den Rieslingen war dann mindestens ebenso erfreulich, denn diese sind pointiert, klar, animierend und nicht zu fruchtüberladen. Vom Schlossberg zum Erkenbrecht ist es ein Sprung, der ruhig mehr als nur einen Euro ausmachen könnte. Die weiße Kollektion ist insgesamt stimmig, die Burgunder fallen hier nicht ab. Mit den Rotweinen hingegen haben wir wie immer unsere Probleme.

Verkostete Weine 12
Bewertung 80–87 Punkte

- **87** 2013 Cuvée Charlotte Sekt Brut nature | 13% | 14,– €
- **84** 2016 Riesling trocken | 12% | 5,50 €/1,0 Lit.
- **85** 2016 Riesling trocken | 12% | 6,20 €
- **84** 2016 Diedesfelder Graugurgunder vom Löss trocken | 13% | 8,– €
- **85** 2016 Diedesfelder Weißburgunder vom Löss trocken | 13,5% | 8,– €
- **86** 2016 Hambacher Riesling Buntsandstein trocken | 11,5% | 8,– €
- **85** 2016 Diedesfelder Sauvignon Blanc trocken | 12,5% | 8,50 €
- **86** 2016 Diedesfelder Johanniskirchel Weißburgunder - S - trocken | 13,5% | 10,– €
- **87** 2016 Hambacher Schlossberg Riesling trocken | 11,5% | 10,– €
- **87** 2016 Neustadter Erkenbrecht Riesling trocken | 12% | 11,– €
- **82** 2015 Spätburgunder - S - trocken | 13% | 10,– €
- **80** 2015 Spätburgunder - R - trocken | 13% | 18,– €

WEINGUT DARTING
67098 Bad Dürkheim · Am Falltor 4
Tel (0 63 22) 97 98 30 · Fax 9 79 83 26
info@darting.de
www.darting.de
Inhaber Helmut Darting
Betriebsleiter und Kellermeister Helmut Darting
Außenbetrieb Christof Reuther
Verkauf Familie Darting
Mo–Fr 8.00–12.00 Uhr · 13.00–18.00 Uhr
Sa 8.00–16.00 Uhr

Helmut Darting ist mit den 2016er Weißweinen wieder zu dem zurückgekehrt, wofür wir seine Qualitäten schon immer geschätzt haben. Ein Schluck vom Sauvignon Blanc ließ ahnen, was bereits mit dem trockenen Muskateller folgte: Trinkspaß! Klarheit in der Rebsorte, Spannung und, bei Restzucker, der dann doch oft im oberen Bereich des für Trockene erlaubten liegt, noch eine passende Säure, damit es nicht fad wird. Darting ist zudem schon immer eine perfekte Anlaufstelle gewesen für all diejenigen, die fürs Geld noch echten Gegenwert beim Wein suchen. Die Roten sind uns immer noch zu schwer.

Verkostete Weine 12
Bewertung 82–86 Punkte

- **83** 2016 Dürkheimer Schenkenböhl Grauburgunder trocken | 13% | 6,50 €
- **86** 2016 Dürkheimer Hochbenn Muskateller trocken | 12,5% | 7,50 €
- **85** 2015 Chardonnay trocken Barrique ** | 13,5% | 21,– €
- **82** 2016 Dürkheimer Fronhof Riesling Kabinett trocken | 12,5% | 5,50 €/1,0 Lit.
- **83** 2016 Dürkheimer Schenkenböhl Weißburgunder Kabinett trocken | 12,5% | 6,50 €
- **82** 2016 Kabinett trocken Blanc de Noirs | 12,5% | 7,– €
- **85** 2016 Dürkheimer Nonnengarten Chardonnay Kabinett trocken | 12,5% | 7,– €
- **84** 2016 Dürkheimer Schenkenböhl Sauvignon Blanc Kabinett trocken | 11,5% | 8,– €
- **84** 2016 Dürkheimer Fuchsmantel Riesling Kabinett trocken | 13% | 8,– €
- **86** 2016 Dürkheimer Michelsberg Riesling Spätlese trocken | 12,5% | 9,– €
- **84** 2015 Wachenheimer Mandelgarten Spätburgunder trocken | 14% | 8,– €
- **84** 2010 Dürkheimer Feuerberg Spätburgunder trocken Barrique ** | 14,5% | 16,– €

Symbole Weingüter
⭐⭐⭐⭐⭐ Weltklasse • ⭐⭐⭐⭐ Deutsche Spitze
⭐⭐⭐ Sehr Gut • ⭐⭐ Gut • ⭐ Zuverlässig

PFALZ

WEINGUT DENGLER-SEYLER
67487 Maikammer · Weinstraße Süd 6
Tel (0 63 21) 51 03 · Fax 5 73 25
info@dengler-seyler.de
www.dengler-seyler.de
Inhaber Familie Seyler
Kellermeister Matthias Seyler

Verkauf Familie Seyler
Mo–Fr 9.00–12.00 Uhr · 13.00–18.00 Uhr
Sa 9.00–17 Uhr

Gasthaus »Zum Winzer«,
Familie Albers, Tel (0 63 21) 54 10
Spezialitäten saisonale Küche
Sehenswert Weinbergshäuschen »Sonnentempel« (erbaut 1913) auf dem Heiligenberg
Rebfläche 15 Hektar
Jahresproduktion 100.000 Flaschen
Beste Lage Maikammer Heiligenberg
Boden Parabraunerde über Löss, sandiger und kiesiger Lehm mit Kalkeinlagerung
Rebsorten 45% Riesling, 35% weiße und rote Burgundersorten, 12% Bukettsorten, 8% übrige Sorten

Verkostete Weine 12
Bewertung 82–91 Punkte

82 2016 Riesling trocken | 11,5% | 4,80 €/1,0 Lit.
86 2016 Muskateller trocken | 11% | 7,80 €
85 2016 Alsterweiler Silvaner trocken Holzfass | 12,5% | 9,50 €
85 2016 Maikammer Grauburgunder trocken | 13,5% | 9,50 €
86 2016 Kirrweiler Weißburgunder trocken | 13,5% | 9,50 €
87 2016 Maikammer Riesling trocken | 12,5% | 9,50 €
86 2016 Cuvée »Autumnus« Chardonnay & Gewürztraminer trocken Holzfass | 13% | 10,50 €
88 2016 Alsterweiler Kapellenberg Weißburgunder trocken Holzfass | 14% | 12,50 €
89 2016 Maikammer Am Heiligen Berg Riesling trocken | 13% | 16,50 €
91 2016 Maikammer Im obern Weinsper Riesling trocken | 13% | 16,50 €
90 2016 Maikammer Heiligenberg Scheurebe Auslese | 9% | 10,– €/0,375 Lit. | 🍷
87 2015 Maikammer Heiligenberg Spätburgunder trocken Barrique | 13,5% | 18,– €

Eva und Matthias Seyler greifen bei den Bezeichnungen vor allem ihrer Rieslinge gerne auf alte Gewannenamen zurück. Da ihre besten Gewächse vom Heiligenberg zwischen Edenkoben und Maikammer stammen, einer recht großen Lage mit unterschiedlicher Bodenstruktur, Kleinklima und geografischer Ausrichtung, macht dies durchaus Sinn. Da gibt es neben dem ursprünglichen, namensgebenden Heiligenberg (Am Heiligen Berg) noch das Schlangengässel und den Im obern Weinsper, wo sich auf einer zusammenhängenden Fläche von zwei Hektar die ältesten Rieslingreben des Hauses befinden und durch den lockeren Boden sehr gelbfruchtige Weine ergeben. Allerdings lässt sich der Betrieb nicht auf Riesling reduzieren. Sehr gut gefällt uns der duftige, absolut klassische Silvaner, auch Scheureben oder Muskateller gelingen jedes Jahr ausgesprochen stimmig. Und hinter die Scheurebe Auslese für läppische zehn Euro setzen wir ein Ausrufezeichen. Nicht entgehen lassen sollte man sich das Weinbergspicknick am ersten Julisonntag rund um den sogenannten Sonnentempel: Vesper mitbringen, Weine dazu kaufen, Aussicht genießen.

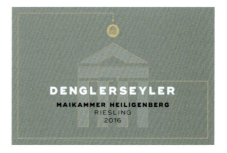

☆

WEINGUT DOLLT

76835 Flemlingen · Maxstraße 3
Tel (0 63 41) 51 00 46
info@weingut-dollt.de
www.weingut-dollt.de
Inhaber Thomas Dollt
Verkauf nach Vereinbarung

Regina und Thomas Dollt haben 2005 damit begonnen, ein eigenes Weingut aufzubauen. Was bedeutete, mit nichts zu starten und in den ersten Jahren mehr zu improvisieren, denn ein Kürprogramm fahren zu können. Aber man hat nun Weine im Angebot, die sich durchaus sehen lassen können. Der Riesling Kastanienbusch Von den Terrassen etwa ist saftig, schön dicht und von einer lagentypischen Präsenz. Der Betrieb engagiert sich besonders in der Rekultivierung aufgelassener Terrassen und Weinberge.

Verkostete Weine 10
Bewertung 81–86 Punkte

81 2016 Grüner Veltliner trocken | 13% | 7,90 €
83 2016 Birkweiler Kastanienbusch Riesling Vom Rotliegenden trocken | 11,5% | 5,50 €
82 2016 Weißburgunder trocken | 13% | 6,90 €
81 2016 Scheurebe trocken | 12,5% | 7,- €
81 2016 Grauburgunder Lust und Laune trocken Holzfass | 13,5% | 7,10 €
83 2016 Birkweiler Kastanienbusch Riesling Glanz und Gloria trocken | 12,5% | 7,20 €
84 2016 Ranschbacher Seligmacher Grauburgunder trocken Barrique | 13,5% | 9,40 €
86 2016 Birkweiler Kastanienbusch Riesling Von den Terrassen trocken | 13% | 9,60 €
83 2016 Gewürztraminer halbtrocken | 12,5% | 7,- €
85 2015 Flemlinger Herrenbuckel St. Laurent trocken Barrique | 14% | 15,- €

★★ ½

WEINGUT ELLERMANN-SPIEGEL

67483 Kleinfischlingen · Poststraße 3   (BIO)
Tel (0 63 47) 88 11 · Fax 20 53
info@ellermann-spiegel.de
www.ellermann-spiegel.de
Inhaber Frank Spiegel
Verkauf nach Vereinbarung

Beim ersten Durchgang nach dem großen Spätfrost im Mai 2017 war Frank Spiegel sehr blass, denn in Teilbereichen waren die Schäden schon erheblich. Gut, dass er wenigstens 2016 ordentliche Mengen mit teilweise sehr guten Qualitäten einbringen konnte. Schwächen? Können wir nicht ausmachen. Stärken? Ein Blick fürs Gesamtsortiment, aus dem in diesem Jahr vielleicht die Grauburgunder Goldkapsel ein wenig herausragt. Ansonsten eine geschlossene Mannschaftsleistung mit sehr saftigen Weintypen.

Verkostete Weine 12
Bewertung 83–88 Punkte

83 2016 Riesling trocken | 13% | 6,30 €
84 2016 Chardonnay trocken | 12,5% | 6,80 €
83 2016 Auxerrois trocken | 12,5% | 6,90 €
84 2016 Sauvignon Blanc trocken | 13% | 7,- €
86 2016 Riesling trocken Goldkapsel | 13% | 9,50 €
87 2016 Weißburgunder trocken Goldkapsel | 13% | 9,50 €
87 2016 Chardonnay trocken Goldkapsel | 13% | 9,50 €
88 2016 Grauburgunder trocken Goldkapsel | 13,5% | 9,50 € | €
86 2016 Sauvignon Blanc trocken Goldkapsel | 13,5% | 9,90 €
84 2015 Cuvée »No Name« trocken | 14,5% | 11,50 €
85 2015 Cuvée »Anno XV« trocken | 14,5% | 14,50 €
86 2015 Syrah Millésime trocken | 14,5% | 30,- €

Symbole Weingüter
★★★★★ Weltklasse · ★★★★ Deutsche Spitze
★★★ Sehr Gut · ★★ Gut · ★ Zuverlässig

Weinbewertung in Punkten
100 Perfekt · 95 bis 99 Überragend · 90 bis 94 Exzellent
85 bis 89 Sehr gut · 80 bis 84 Gut

PFALZ

WEINGUT EYMANN

67161 Gönnheim · Ludwigstraße 35 · BIO
Tel (0 63 22) 28 08 · Fax 6 87 92
info@weingut-eymann.de
www.weingut-eymann.de
Inhaber Rainer Eymann
Betriebsleiter Vincent Eymann
Kellermeister Vincent Eymann und Sebastian Schumacher

Verkauf Ingeborg Wagner-Eymann
Mo–Fr 8.00–12.00 Uhr · 13.00–19.00 Uhr
Sa 10.00–19.00 Uhr

Rainer Eymann hat den Schnitt gemacht und nach vielen Jahren als einer der Pioniere der deutschen Öko-Szene seinem Sohn Vincent (noch keine 30 Lenze jung) den Staffelstab im Betrieb vollständig übergeben. Und der macht das super, auch mit neuen, eigenen Ideen. Selten war der Chardonnay so druckvoll und gut mit Holz verwoben. Erstaunt hat uns der wunderbare Sekt Brut nature Blanc de Blancs Réserve, spielerisch und intensiv. Auch an Orange Wine versucht sich Vincent und nahm dafür einen Gewürztraminer. Muss man mögen, klar, ist aber fein gemacht, weil er nicht raubauzig geworden ist. Eine ausgezeichnete Kollektion!

Verkostete Weine 12
Bewertung 83–89 Punkte

89 Chardonnay Blanc de Blancs Sekt Brut nature Reserve | 12% | 24,– €
87 Riesling Sekt extra Brut | 12% | 14,90 €
86 2016 Gönnheimer Mandelgarten trockener Landwein trocken | 13% | 27,– € |
84 2016 Gönnheimer Alter Satz trocken | 12,5% | 7,50 €
86 2016 Gönnheimer Riesling trocken | 12% | 7,50 €
83 2016 Chardonnay Toreye trocken | 13% | 12,50 €
84 2016 Cuvée »Ménage à trois« Toreye trocken | 13% | 12,50 €
87 2016 Riesling Toreye trocken Alte Reben | 13% | 12,50 €
88 2015 Gönnheimer Sonnenberg Chardonnay trocken | 13% | 19,– €
87 2016 Gönnheimer Sonnenberg Riesling trocken | 13% | 24,– €
86 2015 Spätburgunder Toreye trocken | 13% | 14,90 €
86 2015 Gönnheimer Sonnenberg Pinot Noir trocken | 13,5% | 24,– €

WEINGUT FADER – KASTANIENHOF

76835 Rhodt · Theresienstraße 62
Tel (0 63 23) 51 93 · Fax 98 08 41
info@wein-fader.de
www.wein-fader.de
Inhaber Knut Fader
Betriebsleiter und Kellermeister Knut Fader
Verkauf Familie Fader
Mo–Sa 9.00–18.00 Uhr, **So** 9.00–12.00 Uhr

Knut Fader ist ein sehr gewissenhafter Winzer. Stets legt er uns zu ausgewählten Weinen noch ein paar Blätter mit Erklärungen bei, damit man eine noch bessere Vorstellung von dem hat, was sich im Glas befindet. Diesmal sind es Notizen zu seinen Reserve-Weinen, die er noch gar nicht so lange produziert. Die Trauben werden stark selektiert und nach Maischestandzeit werden die Weine meist in neuen Tonneaux ausgebaut. Das beste Ergebnis erzielte er damit 2016 mit seinem Weißburgunder Rosengarten, bei dem sich Wein und Holz sehr schön miteinander verbunden haben. Auch das übrige Sortiment bietet keinen Anlass zur Kritik.

Verkostete Weine 12
Bewertung 82–88 Punkte

82 2016 Riesling trocken | 12% | 4,40 €/1,0 Lit.
84 2016 Sauvignon Blanc trocken | 12,5% | 7,20 €
86 2016 Muskateller trocken | 12,5% | 7,20 €
84 2016 Rhodter Rosengarten Grauburgunder trocken Alte Reben | 14% | 9,– €
88 2016 Rhodter Rosengarten Weißburgunder trocken Reserve | 14% | 9,60 € | €
84 2016 Rhodter Klosterpfad Sauvignon Blanc trocken Reserve | 13% | 9,80 €
86 2016 Rhodter Klosterpfad Chardonnay trocken Reserve | 14% | 9,80 €
87 2016 Rhodter Schlossberg Riesling trocken Reserve | 12,5% | 10,20 €
84 2016 Rhodter Schlossberg Riesling Spätlese trocken | 12,5% | 6,70 €
87 2016 Rhodter Rosengarten Gewürztraminer Spätlese trocken | 13,5% | 7,70 €
87 2016 Riesling Buntsandstein Spätlese trocken Alte Reben | 13% | 8,20 €
86 2015 Godramsteiner Münzberg Pinot Noir trocken Reserve | 13,5% | 14,70 €

WEINGUT FAUBEL

67487 Maikammer · Marktstraße 86
Tel (0 63 21) 50 48 · Fax 5 73 88
info@weingut-faubel.de
www.weingut-faubel.de
Inhaber Familie Faubel
Kellermeister Gerd Faubel
Verkauf Christa und Silke Faubel
Mo–Fr 10.00–18.00 Uhr, **Sa** 10.00–16.00 Uhr

Historie Weinbau seit 1635
Sehenswert Remise des 1904 errichteten, denkmalgeschützten Guts, über 100-jähriger Ginkgo-Baum
Rebfläche 30 Hektar
Jahresproduktion 220.000 Flaschen
Beste Lagen Maikammer Heiligenberg und Kirchenstück, Haardter Herrenletten und Herzog
Boden Lehmlöss, Rotliegendes mit Letten, Kalkstein, Buntsandstein
Rebsorten 35% weiße Burgundersorten, 30% Riesling, 20% Spätburgunder, 10% St. Laurent, 5% übrige Sorten

Verkostete Weine 12
Bewertung 84–93 Punkte

85 2016 Riesling trocken | 12% | 6,- €/1,0 Lit.
84 2016 Maikammer Kapellenberg Weißburgunder trocken | 13,5% | 11,- €
85 2016 Maikammer Kapellenberg Chardonnay trocken | 13% | 11,- €
85 2016 Maikammer Kapellenberg Grauburgunder trocken | 13,5% | 11,- €
87 2016 Maikammer Kirchenstück Riesling trocken | 13% | 11,- €
88 2016 Haardter Herrenletten Riesling trocken | 13% | 11,- €
87 2016 Weißburgunder Kostbar trocken | 13,5% | 15,- €
89 2016 Riesling Kostbar trocken | 13% | 15,- €
89 2016 Maikammer Heiligenberg Riesling | 12,5% | 11,- €
90 2016 Gimmeldinger Mandelgarten Riesling Spätlese | 11,5% | 11,- €
93 2015 Maikammer Heiligenberg Riesling Beerenauslese | 7,5% | 18,- €/0,5 Lit.
86 2015 Maikammer Immengarten Spätburgunder trocken | 13% | 12,- €

Weinstile brauchen nicht festgelegt zu sein, um erfolgreich zu sein. Ein gutes Beispiel dafür ist Gerd Faubel. Entgegen dem Trend, der in vielen Bereichen den Restzucker am liebsten eher weit unten sieht, setzt er auf eine harmonische Fruchtigkeit in seinen Weinen, die dann auch durchaus das eine oder andere Gramm mehr aufweisen dürfen. Seien wir ehrlich: Es bringt deutlich mehr Geschmack. Zu bestaunen und zu verkosten etwa bei der Parade der Rieslinge. Die kommen allesamt saftig daher, wunderbar klar in der Aromatik, schmelzig, sie laufen ganz samtig den Gaumen hinunter. Hier mal viel Pfirsich, dort eher exotische Anklänge. Dass der Heiligenberg in der Spontangärung hängengeblieben ist, macht überhaupt nichts! Hier dominieren allerorten Rundheit und ein keineswegs komplizierter Zugang zum Wein. Was die Kunden sehr zu schätzen wissen. Und wir schätzen darüber hinaus noch die deutlichen Fortschritte beim Spätburgunder.

★ ✮   ★★★   **PFALZ**

WEINGUT FITZ-RITTER

67098 Bad Dürkheim · Weinstraße Nord 51 (BIO)
Tel (0 63 22) 53 89 · Fax 6 60 05
info@fitz-ritter.de
www.fitz-ritter.de
Inhaber Johann Fitz
Betriebsleiter Achim Eberle
Kellermeister Achim Eberle und Max Fisch
Verkauf Felix Wagemann, Johann Fitz
Mo-Fr 9.00–18.00 Uhr
Sa 11.00–17.00 Uhr, **So** 11.00–17.00 Uhr

Wir hatten gehofft und im Ansatz auch gesehen, dass der neue Betriebsleiter Achim Eberle die Weine wieder nach vorne bringen würde. Und genau das ist eingetreten. Noch löst das keine Jubelstürme aus, doch sind die Qualitäten inzwischen absolut stabil mit Kurve nach oben. Der Riesling Abtsfronhof war lange nicht mehr so saftig und rund, beide Gewürztraminer sind glockenklar und reintönig. Wenn dann erst noch die Abläufe in den neuen Räumlichkeiten in Gang kommen...

Verkostete Weine 12
Bewertung 81–90 Punkte

- 85 2011 Dürkheimer Hochbenn Riesling Sekt Brut | 12,5% | 13,- €
- 81 2016 Riesling trocken | 12% | 6,- €/1,0 Lit.
- 85 2016 Dürkheimer Riesling Rebarena trocken | 12,5% | 8,50 €
- 84 2016 Dürkheimer Sauvignon Blanc trocken | 12,5% | 9,- €
- 86 2016 Dürkheimer Gewürztraminer trocken | 12,5% | 10,- €
- 83 2016 Dürkheimer Spielberg Chardonnay trocken | 13,5% | 13,- €
- 86 2016 Dürkheimer Abtsfronhof Riesling trocken | 13,5% | 13,- €
- 87 2016 Dürkheimer Michelsberg Riesling »Großes Gewächs« | 13% | 25,- €
- 87 2016 Ungsteiner Herrenberg Riesling »Großes Gewächs« | 13% | 25,- €
- 86 2016 Dürkheimer Abtsfronhof Gewürztraminer Spätlese | 10% | 12,- €
- 90 2016 Dürkheimer Hochbenn Riesling Eiswein | 7% | 39,- €/0,375 Lit.
- 82 2011 Cuvée Revoluzzer trocken Barrique | 13% | 20,- €

WEINGUT FREY

76879 Essingen · Spanierstraße 9
Tel (0 63 47) 82 24 · Fax 72 90
info@weingut-frey.com
www.weingut-frey.com
Inhaber Jürgen und Peter Frey
Kellermeister Jürgen Frey
Verkauf nach Vereinbarung
Rebfläche 12 Hektar
Jahresproduktion 40.000 Flaschen
Beste Lagen Essinger Rossberg, Sonnenberg und Osterberg
Boden Löss und sandiger Lehm
Rebsorten 30% Riesling, je 10% Sauvignon Blanc, Spätburgunder und Weißburgunder, je 5% Cabernet Sauvignon, Chardonnay, Gewürztraminer, Merlot, Ortega, Scheurebe, St. Laurent, 5% übrige Sorten

Jürgen Freys Tätigkeit könnte auch als »Risikomanagement« bezeichnet werden. Als Winzer generell schon sehr stark abhängig von den Launen der Natur, hat sich Familie Frey auf edelsüße Weine spezialisiert. Nun soll es Menschen geben, für die der Klimawandel Fake News ist – doch die Realität ist gnadenlos, vor allem, wenn es um Eisweine geht. Erstmals seit 2012 konnten mit dem Jahrgang 2016 immerhin zwei Eisweine eingebracht werden – am 6. Januar 2017. Anders als im Vorjahr, wo wir eine aromatische Ähnlichkeit der Beerenauslesen und Trockenbeerenauslesen untereinander feststellten, treten heuer die Unterschiede stärker zutage. Was auch an der besser hervorgebrachten Säure liegen mag, die den Weinen guten Schliff gibt. Uns hat es, neben den Eisweinen, besonders die Spätburgunder Trockenbeerenauslese angetan. Größte Märkte für die Weine sind übrigens Japan und China.

Verkostete Weine 10
Bewertung 90–93 Punkte

- 93 2016 Sauvignon Blanc Eiswein | 6,5% | 50,– €/0,375 Lit.
- 90 2016 »Edition 40« Beerenauslese Cuvée Goldkapsel | 7% | 25,– €/0,375 Lit.
- 90 2016 Chardonnay Beerenauslese | 6,5% | 26,– €/0,375 Lit.
- 91 2016 Scheurebe Beerenauslese | 7% | 38,– €/0,375 Lit.
- 92 2016 frech & frey First Edition Trockenbeerenauslese Cuvée Goldkapsel | 6,5% | 46,– €/0,375 Lit.
- 92 2016 St. Laurent Trockenbeerenauslese Blanc de Noirs | 6% | 60,– €/0,375 Lit.
- 90 2016 Merlot Trockenbeerenauslese Blanc de Noirs | 6% | 62,– €/0,375 Lit.
- 93 2016 Spätburgunder Trockenbeerenauslese Blanc de Noirs | 6,5% | 66,– €/0,375 Lit.
- 93 2016 Spätburgunder & Merlot Eiswein Rosé | 6,5% | 48,– €/0,375 Lit.
- 91 2016 Merlot & Spätburgunder Beerenauslese Rosé | 6,5% | 39,– €/0,375 Lit.

WEINGUT MARTIN & GEORG FUSSER (BIO)
67150 Niederkirchen · Friedhofstraße 7
Tel (0 63 26) 25 97 82 · Fax 25 97 81
info@mfg-wein.de
www.mfg-wein.de
Inhaber Martin und Georg Fußer
Verkauf nach Vereinbarung

Die Fußer-Brüder Georg und Martin machen das mit dem eigenen Weingut ja im Grunde noch gar nicht so lange. Gerade mal zehn Jahre ist es her, dass sie sich daran wagten, einige Parzellen von den Eltern (die nach wie vor in der Genossenschaft abliefern) loszuweisen und in die Selbstvermarktung zu gehen. Es hat sich gelohnt. Besonders die Rieslinge zeigen eine eigene Charakteristik, wobei der kleine Ruppertsberger Ortswein fast so spannend ist wie der Topwein aus der Mäushöhle.

Verkostete Weine 10
Bewertung 81–89 Punkte

- 84 2016 Riesling trocken | 12% | 7,50 €
- 85 2016 Deidesheimer Riesling trocken | 12,5% | 9,50 €
- 83 2016 Deidesheimer Weißburgunder trocken | 12,5% | 10,– €
- 85 2016 Ruppertsberger Sauvignon Blanc trocken | 12,5% | 10,– €
- 87 2016 Ruppertsberger Riesling trocken | 12,5% | 11,– €
- 86 2016 Deidesheimer Paradiesgarten Riesling trocken | 12,5% | 15,– €
- 89 2016 Ruppertsberger Reiterpfad Riesling No.1 trocken | 13% | 25,– €
- 81 2015 Deidesheimer Spätburgunder trocken | 13% | 12,– €
- 83 2015 Deidesheimer Herrgottsacker Spätburgunder trocken | 13% | 20,– €
- 86 2015 Deidesheimer Mäushöhle Spätburgunder No.1 trocken | 13% | 28,– €

Symbole Weingüter
€ Schnäppchenpreis · TOP Spitzenreiter · BIO Ökobetrieb
Trinktipp · Versteigerungswein

Sekt · Weißwein · Rotwein · Rosé

★★ PFALZ

WEINGUT GABEL
67273 Herxheim am Berg · Weinstraße 45
Tel (0 63 53) 74 62 · Fax 9 10 19
wein@weingut-gabel.de
www.weingut-gabel.de
Inhaber und Betriebsleiter Oliver und Wolfgang Gabel
Kellermeister Oliver Gabel
Verkauf Familie Gabel
Mo–Fr 10–12 Uhr · 13.00–17.00 Uhr
Sa 9.00–12.00 Uhr und nach Vereinbarung
Rebfläche 20 Hektar
Jahresproduktion 120.000 Flaschen
Beste Lagen Herxheimer Honigsack, Bissersheimer Goldberg und Steig
Boden Kalk, Löss-Lehm-Mischungen
Rebsorten je 20% Riesling, Weißburgunder, Spätburgunder und Grauburgunder, je 10% Lagrein und St. Laurent
Mitglied BDO

Verkostete Weine 12
Bewertung 83–91 Punkte

- **83** 2016 Weißburgunder trocken Holzfass | 12% | 7,50 €
- **83** 2016 Sauvignon Blanc trocken | 12% | 7,50 €
- **84** 2016 Riesling trocken Holzfass | 12% | 7,50 €
- **86** 2016 Weißburgunder Tradition trocken Holzfass | 12,5% | 12,- €
- **87** 2016 Bissersheimer Goldberg Riesling trocken Holzfass | 13% | 16,- €
- **88** 2016 Bissersheimer Steig Weißburgunder trocken Barrique | 13% | 16,- €
- **89** 2015 Herxheimer Honigsack Spätburgunder trocken Barrique | 13% | 19,50 €
- **85** 2015 Spätburgunder trocken Barrique | 13% | 9,- €
- **85** 2015 Lagrein Tradition trocken Barrique | 13% | 12,50 €
- **86** 2015 Spätburgunder Tradition trocken Barrique | 13% | 14,50 €
- **83** 2015 Bissersheimer Held Blaufränkisch trocken Barrique | 13% | 19,50 €
- **91** 2015 Herxheimer Honigsack Spätburgunder Reserve trocken Barrique | 13% | ab 2020

Fangen wir diesmal ganz hinten an: Die Pinots haben uns super gefallen! Da ist alles dran, was man will, es fehlt nicht an Würze oder Schmelz, die Weine haben Struktur, Länge und, im Falle des Honigsack Reserve, einen langen, seidigen, eleganten Abgang. Womit wir überleiten zum kleinen weißen Bruder, dem Weißburgunder. Auch hier zeigt der Steig Biss und Kraft, galoppiert jedoch nicht im Alkohol davon. Irgendwie hat man das Gefühl, Oliver Gabel sei ein alter Hase und schüttle das eben mal so aus dem Ärmel. No Pinot-country for young men? Vergesst es. Da stehen im Keller manche Fässer, die bereits ihr drittes Jahrhundert erleben. Das ist in diesem Fall keine erdrückende Last der Tradition, wohl eher eine Ermutigung, Gelassenheit walten zu lassen. Der hier kultivierte saftige Lagrein ist übrigens eine Hommage an die Südtiroler Vorfahren der Familie.

2015 HONIGSACK
SPÄTBURGUNDER

WEINGUT KARL-HEINZ GAUL

67269 Grünstadt-Sausenheim
Bärenbrunnenstraße 15
Tel (0 63 59) 8 45 69 · Fax 8 74 98
info@weingut-gaul.de
www.weingut-gaul.de
Inhaber Karoline und Dorothee Gaul
Kellermeister Karoline und Dorothee Gaul
Verkauf Familie Gaul
Mo–Fr 8.00–12.00 Uhr · 13.00–18.00 Uhr
Sa 9.00–16.00 Uhr
Sehenswert Mediterraner Garten; Kubus inmitten der Weinberge mit Barriquekeller und Verkostungsraum
Rebfläche 19 Hektar
Jahresproduktion 130.000 Flaschen
Beste Lagen Sausenheimer Honigsack, Asselheimer St. Stephan, Neuleininger Schlossberg
Boden Kalkreicher Mergel mit sandigem Kies und Lehm
Rebsorten 38% Riesling, je 15% Spätburgunder und Weißburgunder, je 7% St. Laurent und Grauburgunder, 4% Portugieser, 18% übrige Sorten
Mitglied Generation Riesling

Verkostete Weine 13
Bewertung 82–89 Punkte

- **82** 2016 Riesling trocken | 12,5% | 4,90 €/1,0 Lit.
- **85** 2016 Asselheimer Riesling trocken | 12,5% | 9,50 €
- **86** 2016 Sausenheimer Honigsack Weißburgunder trocken | 14% | 11,50 €
- **88** 2016 Sausenheimer Hütt Riesling trocken | 13% | 12,50 €
- **89** 2016 Sausenheimer Honigsack Riesling trocken | 13% | 13,– €
- **89** 2016 Sausenheimer Hütt Riesling Zugpferd trocken | 13% | 19,50 €
- **84** 2016 Sausenheimer Gewürztraminer feinherb | 12% | 9,– €
- **87** 2016 Sausenheimer Gelber Muskateller feinherb | 11,5% | 9,50 €
- **86** 2016 Sausenheimer Honigsack Huxelrebe 500 Auslese Holzfass | 9% | 13,– €/0,5 Lit.
- **83** 2015 Asselheimer Spätburgunder trocken Holzfass | 13,5% | 10,50 €
- **85** 2015 Kirchheimer Geißkopf Blaufränkisch trocken Barrique | 13,5% | 16,– €
- **86** 2015 Sausenheimer Honigsack St. Laurent trocken Barrique | 13,5% | 16,– €
- **85** 2015 Sausenheimer Honigsack Spätburgunder Zugpferd trocken Barrique | 13,5% | 24,– €

Unsere Einschätzung der Vorjahre scheint sich zu bestätigen: Karoline und Dorothee Gaul finden immer besser ihren Weg und drücken dem Betrieb ihren Stempel auf. Das zeigt sich einmal mehr mit einigen hervorragenden Rieslingen, die besser im Alkohol eingestellt sind als noch vor wenigen Jahren. Wo Zugpferd draufsteht, ist die Spitzenware drin, doch es darf ruhig auch eine Etage tiefer sein, denn auch Hütt und Honigsack sind bemerkenswert. Die beiden Schwestern führen das Weingut auf einem Niveau, auf das ihr viel zu früh verstorbener Vater mächtig stolz wäre. 2017/2018 sind sie Mitglied in der Generation Pfalz und posierten kürzlich auch als ästhetisch umgesetzte Pin-Up-Girls für einen Weinkalender der etwas anderen Art. Ein echter Trink-Tipp ist der feinherbe Muskateller, ein Spaßwein als Apéro oder für den Sommer.

PFALZ

WEINGUT MATTHIAS GAUL
67269 Grünstadt-Asselheim · Weinstraße 10
Tel (0 63 59) 36 68 · Fax 8 65 75
gaul@gaul-weine.de
www.gaul-weine.de
Inhaber und Betriebsleiter Matthias Gaul
Kellermeister Matthias Gaul und Simon Lauinger
Verkauf Natalie Pletsch, Werner und Anne Gaul
Mo-Sa 8.00-12.00 · 13.00-18.00 Uhr

Rebfläche 27 Hektar
Jahresproduktion 220.000 Flaschen
Beste Lagen Mühlheimer Sonnenberg, Asselheimer St. Stephan
Boden steiniger Kalkmergel
Rebsorten je 20% Grauburgunder und Riesling, 15% Spätburgunder, je 10% Merlot und Sauvignon Blanc, je 5% Cabernet Sauvignon, Chardonnay, Frühburgunder, Scheurebe und Weißburgunder

Verkostete Weine 14
Bewertung 86-93 Punkte

89 2015 Chardonnay Hector trocken | 13% | 19,50 €
86 2016 Sauvignon Blanc trocken | 12% | 8,90 €
86 2016 Asselheimer Pinot Gris trocken | 13,5% | 9,80 €
89 2015 Asselheimer Riesling trocken | 13% | 12,50 €
87 2015 Asselheimer Sauvignon Blanc trocken Barrique | 12,5% | 14,50 €
88 2015 Asselheimer Chardonnay trocken Barrique | 14% | 14,50 €
89 2015 Riesling Steinrassel trocken | 13% | 14,90 €
91 2015 Asselheimer St. Stephan Riesling trocken | 13% | 25,- €
92 2016 Scheurebe Trockenbeerenauslese | 9,5% | auf Anfrage
86 2013 Cuvée »Crazy Gaul« trocken Cuvée | 14% | 14,50 €
88 2015 Pinot Noir »S« trocken Barrique | 13% | 25,- €
89 2015 Cabernet Franc trocken Reserve Barrique | 14% | 30,- €
93 2015 Asselheimer St. Stephan Pinot Noir trocken Barrique – 556 – | 13% | 35,- €
90 2015 Pinot Noir Steinrassel trocken Reserve Barrique | 13% | 39,- €

Es war eine dieser Verkostungen, bei denen man sich danach fragt, was für ein Zug da an einem vorbeigerauscht ist. Nicht zum ersten Mal präsentiert Matthias Gaul eine Kollektion ohne Schwachstellen. Eher das Gegenteil ist der Fall: Ein Highlight jagt das nächste. Wir steigen ein mit einem Sauvignon Blanc Basiswein, der die Sorte erkennen lässt, sie aber nicht überbetont - was gleichsam erfrischend wie unangestrengt wirkt. Die beiden Chardonnays sind herrlich balanciert und mit dem Holz sehr schön verbunden. Auch bei den Lagenrieslingen von Steinrassel und St. Stephan zeigt sich, dass Gaul sehr wohl weiß, was sehr gut und was noch besser ist. Die Tiefe und der Charakter beim St. Stephan sind beeindruckend. Zudem ist es ein erneuter Beweis dafür, wie vorteilhaft es für Weine auf einem gewissen Level sein kann, sie erst später und mit etwas Flaschenreife auf den Markt zu bringen. Absolut nachvollziehbar auch das Ranking bei den Pinots. Wir ziehen den Hut und lassen die Zügel ganz locker.

☆   ★★★⯪

WEINGUT GEISSER
76889 Schweigen-Rechtenbach · Längelstraße 1
Tel (0 63 42) 75 02 · Fax 61 60
info@geisser-schweigen.de
www.geisser-schweigen.de
Inhaber Uwe und Florian Geisser
Betriebsleiter Uwe Geisser
Außenbetrieb Hans Bickerich
Kellermeister Florian Geisser
Verkauf Karin Geisser
nach Vereinbarung

Wir haben Florian Geisser vor Jahren als eines der entdeckungswürdigen Talente der Südpfalz kennengelernt und wissen, was er kann. In diesem Jahr beweist er es uns wieder, etwa mit einem enorm traubigen, klaren und mundwässernden Goldmuskateller. Im Vergleich zu den beiden Vorjahren sind eigentlich alle Weine wieder auf einem wesentlich besseren Niveau, wofür der Chardonnay und der wirklich tolle Grauburgunder die besten Beispiele sind. Das Preis-Genuss-Verhältnis ist erwähnenswert!

Verkostete Weine 9
Bewertung 82–87 Punkte

87 2016 Schweigener Sonnenberg Grauburgunder trocken | 13% | 9,– €
82 2016 Riesling trocken | 12,5% | 5,50 €/1,0 Lit.
84 2016 Weißburgunder Steinwingert trocken | 13,5% | 7,30 €
85 2016 Chardonnay trocken | 13% | 7,30 €
83 2016 Schweigener Sonnenberg Sauvignon Blanc trocken | 12,5% | 8,10 €
86 2016 Schweigener Sonnenberg Goldmuskateller trocken | 12% | 8,10 €
84 2016 Riesling Kalkgestein trocken | 12,5% | 8,50 €
82 2015 Spätburgunder trocken | 13,5% | 7,80 €
84 2015 Schweigener Sonnenberg Pinot Noir trocken | 14% | 17,– €

WEINGUT GIES-DÜPPEL
76831 Birkweiler · Am Rosenberg 5
Tel (0 63 45) 91 91 56 · Fax 91 91 57
info@gies-dueppel.de
www.gies-dueppel.de
Inhaber Volker Gies
Betriebsleiter und Kellermeister Volker Gies
Verkauf Volker und Tanja Gies
Mo–Fr 9.00–12.00 Uhr · 14.00–18.00 Uhr
Sa 10.00–16.00 Uhr nach Vereinbarung

Sehenswert moderner Probierraum mit Panorama
Rebfläche 21 Hektar
Jahresproduktion 125.000 Flaschen
Beste Lagen Birkweiler Kastanienbusch und Mandelberg, Ranschbacher Seligmacher, Albersweiler Latt, Ilbesheimer Kalmit, Siebeldinger Sonnenschein
Boden Rotliegendes, Muschelkalk-, Buntsandstein- und Liasverwitterungsböden
Rebsorten 38% Riesling, 17% Spätburgunder, 14% Weißburgunder, 12% Grauburgunder, 19% übrige Sorten
Mitglied Südpfalz Connexion

Volker Gies scheint ein echter Sammler zu sein. Objekte seiner Begierde sind interessante, aber auch herausfordernde Lagen, in denen er sich in den letzten Jahren immer wieder Parzellen geschnappt hat. Sei es im Ransbacher Seligmacher (was für ein Name!), an der Kleinen Kalmit, in der Albersweiler Latt ganz oben am Waldrand oder im Siebeldinger Im Sonnenschein – vor zehn Jahren war das alles noch nicht im Portfolio. Wichtig ist, was man dann draus macht. Und hier zeigt sich dann die eigentliche Passion, die Gies mit seiner Frau Tanja dem Kunden vorführen kann: Schmeckt insbesondere der Riesling völlig anders aus verschiedenen Herkünften, aber von der Hand eines Winzers gemacht? Das zeigt Gies auf mindestens zwei Ebenen, nämlich mit der den Böden und der den Lagen zugeordneten Linie. In Ersterer liegt mit 2016 der Granit gleichauf mit dem Kalkstein, ein pulsierender, energischer Tropfen. Im oberen Bereich dann fällt es schwer, sich zu entscheiden, ob es der Kastanienbusch oder der Dachsberg ist, der die Nase vorn hat.

Symbole Weingüter
★★★★★ Weltklasse • ★★★★ Deutsche Spitze
★★★ Sehr Gut • ★★ Gut • ★ Zuverlässig

PFALZ

Verkostete Weine 12
Bewertung 83–90 Punkte

- **83** 2016 Weißburgunder trocken | 12,5% | 5,60 €/1,0 Lit.
- **86** 2016 Riesling Schiefer trocken | 12,5% | 9,80 €
- **88** 2016 Riesling Granit trocken | 12,5% | 9,80 € | €
- **88** 2016 Riesling Kalkstein trocken | 12,5% | 9,80 € | €
- **86** 2016 Birkweiler Rosenberg Weißburgunder trocken | 13,5% | 12,50 €
- **89** 2016 Albersweiler Latt Riesling trocken | 13% | 13,50 €
- **89** 2016 Ranschbacher Seligmacher Riesling trocken | 12,5% | 13,50 €
- **89** 2016 Birkweiler Am Dachsberg Riesling trocken | 13% | 13,50 €
- **89** 2016 Birkweiler Mandelberg Weißburgunder trocken | 14% | 17,50 €
- **90** 2016 Birkweiler Kastanienbusch Riesling trocken | 13% | 17,50 €
- **89** 2015 Siebeldinger Im Sonnenschein Spätburgunder trocken | 13,5% | 25,– €
- **89** 2015 Ilbesheimer Kalmit Spätburgunder trocken | 13,5% | 28,– €

DER GLÜCKSJÄGER

67482 Venningen · Raiffeisenstraße 5
Tel (0 63 23) 55 05 · Fax 69 37
info@derguecksjaeger.de
www.derguecksjaeger.de
Inhaber Andreas Pfaffmann-Wiedemann
Verkauf Andreas Pfaffmann-Wiedemann

Andreas Pfaffmann-Wiedemann nennt sich »Der Glücksjäger« und er ist in der Pfalz kein Unbekannter. In seinem Elternhaus beim Weingut Heinz Pfaffmann in Walsheim sorgte er bereits für Spitzen, die nach seinem Abgang dort nicht mehr erreicht wurden. Jetzt ist er nach Einheirat ins Venninger Weinessiggut Doktorenhof zwar hauptsächlich mit der letzten Stufe des Weins beschäftigt, doch seine eigenen Gewächse verdienen absolute Beachtung. Was als Landweine deklariert wird, ist in Wahrheit richtig guter Stoff. Dicht, körperreich, muskulös - aber im Nachgang doch mit Finesse. Das ist mehr als nur Hobby.

Verkostete Weine 7
Bewertung 84–89 Punkte

- **84** 2016 Riesling Landwein trocken Holzfass | 13,5% | 15,– €
- **85** 2015 Weißer Burgunder Landwein trocken Holzfass | 13,5% | 18,– €
- **86** 2016 Sauvignon Blanc Landwein trocken Barrique | 13,5% | 18,– €
- **86** 2016 Grüner Veltliner Landwein trocken Barrique | 13% | 18,– €
- **88** 2016 Riesling Landwein trocken Reserve Holzfass | 13,5% | 33,– €
- **89** 2012 Riesling Landwein trocken Reserve Holzfass | 13,5% | 33,– €
- **87** 2015 Cabernet Sauvignon Landwein trocken Barrique | 14% | 33,– €

Weinbewertung in Punkten
100 Perfekt • 95 bis 99 Überragend • 90 bis 94 Exzellent
85 bis 89 Sehr gut • 80 bis 84 Gut

★★

WEINGUT GRAF VON WEYHER
76835 Weyher · Borngasse 7
Tel (0 63 23) 98 00 64 · Fax 98 00 65
info@graf-von-weyher.de
www.graf-von-weyher.de
Inhaber Otmar Graf
Verkauf Jürgen Graf
Mo-Fr 9.00-12.00 Uhr · 13.00-18.00 Uhr
Sa 9.00-16.00 Uhr
Gutsausschank tägl. geöffnet (8. Sept.-22. Okt.)
Rebfläche 16 Hektar
Jahresproduktion 150.000 Flaschen
Beste Lagen Burrweiler Altenforst, Weyher Michelsberg, Edenkobener Schlossgarten
Boden Kalkmergel, Granit, Buntsandstein, Lösslehm
Rebsorten 21% Riesling, 12% Portugieser, 11% Müller-Thurgau, 8% Spätburgunder, 48% übrige Sorten
Mitglied KUW

Verkostete Weine 13
Bewertung 81-90 Punkte

- 81 2016 Weyher Riesling trocken | 11% | 5,50 €/1,0 Lit.
- 81 2016 Rhodter Schlossberg Cabernet Blanc trocken | 13% | 8,- €
- 86 2016 Weyher Michelsberg Grauburgunder trocken | 13% | 8,- €
- 84 2016 Burrweiler Altenforst Rieslaner trocken | 13% | 10,- €
- 86 2016 Edenkobener Schloss Ludwigshöhe Chardonnay trocken Holzfass | 13% | 10,- €
- 86 2016 Weyher Michelsberg Riesling Buntsandstein trocken | 13% | 10,- €
- 87 2016 Weyher Michelsberg Weißburgunder trocken Holzfass | 13% | 10,- €
- 88 2016 Weyher Michelsberg Riesling Kalkmergel trocken | 13% | 10,- €
- 88 2016 Burrweiler Altenforst Riesling Schiefer trocken | 13% | 10,- €
- 90 2016 Burrweiler Altenforst Riesling Granit trocken | 13% | 10,- €
- 83 2016 Burrweiler Altenforst Riesling Kabinett halbtrocken | 11% | 8,- €
- 84 2016 Rhodter Klosterpfad Muskateller | 12% | 8,- €
- 83 2014 Rhodter Rosengarten St. Laurent trocken Holzfass | 13,5% | 11,- €

Nein, sie sind nicht adelig, heißen nur so. Hochtrabend sind sie auch nicht, die Weine der Grafs, eher richtig gute Pfälzer. Mit ordentlich Druck und, wenn es passt, auch mit Feinheit ausgestattet. Das belegen vor allem die Rieslinge von Peter Graf, die er sehr differenziert aus den jeweiligen Untergründen herauskitzelt. Während der Riesling Kalkmergel sich von vornherein sehr offen zeigte, brauchen Schiefer und vor allem Granit eine längere Reifephase, um sich zu öffnen. Im Übrigen finden sich bei den Grafs noch eine ganze Reihe traditioneller Sorten - der Umschwung hin zu der Qualität, wie wir sie jetzt bei den Rieslingen sehen, ist erst wenige Jahre alt. Wir würden mal darauf tippen, dass die Anteile an Portugieser oder Müller-Thurgau demnächst rapide nach unten gefahren werden, denn die neue Kundschaft wünscht sich heute andere Weine.

PFALZ

WEINGUT GRIMM

76889 Schweigen-Rechtenbach
Pauliner Straße 3
Tel (0 63 42) 71 06 · Fax 2 49
info@weingutgrimm.de
www.weingutgrimm.de

Inhaber Bruno und Andreas Grimm
Betriebsleiter und Kellermeister Andreas Grimm

Verkauf nach Vereinbarung

Wenn ein Betrieb nur einen Riesling einreicht und der Rest aus einem Gewürztraminer und Burgundersorten besteht, ist die Wahrscheinlichkeit hoch, dass das Weingut in Schweigen liegt. So auch bei Andreas Grimm. Seine Weine sind absolut verlässlich, für etwas mehr als sieben Euro bekommt der Kunde Pinot Blanc und Pinot Gris zum Lippenlecken. Als besten Wein erachten wir einmal mehr den Pinot Noir âgé - aber nur, weil der erneut erstaunliche Gewürztraminer irgendwie außer Konkurrenz läuft.

Verkostete Weine 10
Bewertung 82–88 Punkte

83 2016 Weißburgunder trocken | 12,5% | 5,90 €
87 2016 Grauburgunder Pinot Gris trocken Silberkapsel | 14% | 7,10 €
82 2016 Silvaner trocken | 11,5% | 4,20 €/1,0 Lit.
82 2016 Riesling trocken | 11,5% | 5,90 €
84 2016 Grauburgunder trocken | 12,5% | 5,90 €
86 2016 Weißburgunder Pinot Blanc trocken Silberkapsel | 13% | 7,10 €
88 2016 Gewürztraminer halbtrocken | 12,5% | 5,90 € | €
83 2015 Spätburgunder trocken | 13,5% | 5,90 €
86 2015 Spätburgunder Kalkgestein trocken Silberkapsel | 13% | 12,– €
87 2015 Spätburgunder Pinot Noir âgé trocken Goldkapsel | 13% | 18,– €

GUT VON BEIDEN

67483 Kleinfischlingen · Hauptstraße 25
Tel (0 63 47) 70 08 96 · Fax 70 08 97
wein@gutvonbeiden.com
www.gutvonbeiden.com

Inhaber Jochen Laqué und Philipp Müller
Verkauf Jochen Laqué und Philipp Müller
Sa 10.00–15.00 Uhr

Philipp Müller hatte im vergangenen Jahr insbesondere mit seinem hervorragenden Chardonnay einen Granaten-Einstand in der Szene. Quasi aus dem Nichts heraus zogen der Geisenheimer und sein Weinpartner Jochen Laqué, der das elterliche Weingut ins Geschäft einbrachte, gleich mehrere richtig gelungene Weine aus dem Hut. Das geht auch, wenngleich ohne absolutes Highlight, diesmal so weiter. Die bunte Vielfalt der Rebsorten wird in teils mutigen Cuvées zu Weinen verarbeitet, die Spaß machen und gar nicht akademisch sein wollen. Und die Namen sind dazu noch einprägsam.

Verkostete Weine 10
Bewertung 65–86 Punkte

83 2016 Weißburgunder trocken | 12,5% | 6,90 €
84 2016 Riesling trocken | 12,5% | 6,90 €
86 2016 Grauburgunder trocken | 13% | 7,90 €
86 2016 Chardonnay trocken | 13,5% | 8,90 €
82 2016 Müller-Thurgau feinherb | 12% | 6,50 €/1,0 Lit.
84 2016 Cuvée »Hellseher« feinherb | 12% | 7,90 €
85 2016 Cuvée »Leuchtstoff« feinherb | 11,5% | 8,90 €
80 2016 Cuvée »Durchblick« feinherb | 12,5% | 7,90 €
83 2016 Cuvée »Erleuchtung« trocken | 13% | 8,90 €

Symbole Weingüter
★★★★★ Weltklasse • ★★★★ Deutsche Spitze
★★★ Sehr Gut • ★★ Gut • ★ Zuverlässig

Weinbewertung in Punkten
100 Perfekt • 95 bis 99 Überragend • 90 bis 94 Exzellent
85 bis 89 Sehr gut • 80 bis 84 Gut

WEINGUT HAHN-PAHLKE

67271 Battenberg · Kirchgasse 1
Tel (0 63 59) 21 18 · Fax 9 20 36
info@hahn-pahlke.de
www.hahn-pahlke.de

Inhaber und Betriebsleiter Carla, Thomas und Wolfgang Pahlke
Kellermeister Thomas Pahlke
Verkauf Carla Pahlke
Mo–Fr 8.00–12.00 Uhr · 13.00–18.00 Uhr
Sa 8.00–18.00 Uhr

Thomas Pahlke bewegt sich auf einem ordentlichen Weg. Er scheint ein Händchen zu haben für rote Burgundersorten, was wir bei einem doch noch recht jungen Mann eher selten antreffen. Zumindest ist der Frühburgunder sehr schön schmelzig mit feinen Tanninen, der Pinot Noir nicht zu fruchtig angelegt. Eine Besonderheit in diesem Weingut ist der Chenin Blanc, der Jahr für Jahr tolle Ergebnisse bringt. Der Holzeinsatz wird zunehmend besser bei eigentlich allen Weinen.

Verkostete Weine 12
Bewertung 80–87 Punkte

80 2016 Riesling trocken | 12% | 5,- €/1,0 Lit.
82 2016 Kleinkarlbacher Riesling trocken | 12% | 7,- €
83 2016 Sauvignon Blanc trocken | 12% | 8,- €
84 2016 Riesling Grasweg trocken | 13% | 9,- €
85 2016 Grauburgunder Mönchacker trocken Holzfass | 14% | 9,- €
86 2016 Weisenheimer Mandelgarten Chardonnay trocken | 13,5% | 9,- €
85 2016 Riesling Alpha trocken Premium | 13% | 12,50 €
87 2016 Chenin Blanc trocken Premium Holzfass | 13% | 12,50 €
84 2016 Weisenheimer Mandelgarten Chardonnay Réserve trocken Barrique | 13,5% | 16,50 €
86 2015 Frühburgunder Senn trocken Barrique | 13,5% | 11,50 €
85 2015 Pinot Noir trocken Premium Barrique | 13,5% | 16,50 €
84 2015 Cuvée Roter Hahn trocken Premium Barrique | 13,5% | 18,50 €

WEINGUT HAMMEL

67281 Kirchheim · Weinstraße Süd 4
Tel (0 63 59) 8 64 01 · Fax 8 64 31
info@weinhammel.de
www.weinhammel.de

Inhaber Christoph Hammel
Verkauf Christoph Hammel
nach Vereinbarung

Christoph Hammel bezeichnet sich und seine Weine als absoluten Mainstream, er kann mit extremen Geschmäckern nichts anfangen, das ist einfach nicht sein Ding. Gerade sein Stil läuft aber ja bestens im Glas, macht Spaß und ist völlig unakademisch unkompliziert. Die trockene Scheurebe glöckchenklar und animierend, der gereifte Spätburgunder aus der Magnum schön würzig. Und das neue Herzensprojekt, das Revival der Liebfraumilch in zwei Varianten, ist gar nicht mal so schlecht. Man darf's kaum zugeben: Das schmeckt auch noch!

Verkostete Weine 12
Bewertung 82–87 Punkte

86 2016 Kirchheimer Scheurebe trocken | 12% | 7,50 €
83 2016 Müller-Thurgau Große Tradition trocken Alte Reben Holzfass | 13% | 9,50 €
85 2016 Grüner Veltliner Halbstück trocken Holzfass | 13% | 12,50 €
87 2016 Sauvignon Blanc Halbstück trocken Holzfass | 12,5% | 12,50 €
86 2016 Cuvée Liebfraumilch Schwarze Madonna Alte Reben Holzfass | 11,5% | 12,50 €
83 2016 Cuvée Hammel & the Winepunk trocken Rosé Barrique | 12,5% | 14,50 €
82 2015 Cuvée Literweise trocken Holzfass | 13% | 4,80 €/1,0 Lit.
86 2015 Portugieser Kleines Holz trocken Alte Reben | 13% | 12,50 €
87 2016 St. Laurent Kleines Holz trocken Alte Reben Barrique | 14% | 12,50 € | 🍷
85 2014 Kleinkarlbacher Herrenberg Spätburgunder trocken Alte Reben Barrique | 13,5% | 25,- €
86 2015 Kleinkarlbacher Herrenberg Spätburgunder trocken Alte Reben Barrique | 14% | 25,- €
86 2011 Kleinkarlbacher Herrenberg Spätburgunder trocken Barrique | 14% | 55,- €/1,5 Lit.

☆ PFALZ

WEINGUT HARTMANN
67489 Kirrweiler · Marktstraße 45
Tel (0 63 21) 51 93 und 51 24 · Fax 57 62 85
info@weinguthartmann.de
www.weinguthartmann.de
Inhaber Christian Hartmann
Verkauf Christian Hartmann
nach Vereinbarung

Als Christian Hartmann 2017 völlig überraschend und aus dem Nichts heraus den Gesamtsieg beim Wettbewerb »Die junge Südpfalz - da wächst was nach« holte, war die allseitige Überraschung groß. Hartmann aus Kirrweiler? Nie gehört! Das hat sich geändert in nur wenigen Monaten. Der Erfolg des jungen Winzers hat zwei Gründe: sehr ordentliche Weinqualitäten zu Minipreisen. Die Gutsweine aus Scheurebe und Muskateller treffen genau den Punkt, die Literweine bieten wirklich viel. Sogar beim Pinot Noir waren wir positiv überrascht.

Verkostete Weine 8
Bewertung 82–86 Punkte

83 2016 Müller-Thurgau trocken | 12,5% | 3,10 €/1,0 Lit.
83 2016 Riesling trocken | 12,5% | 3,50 €/1,0 Lit.
82 2016 Weißburgunder trocken | 13% | 4,60 €
84 2016 Scheurebe trocken | 12,5% | 5,– €
85 2016 Kirrweiler Mandelberg Weißburgunder trocken | 13,5% | 6,80 €
86 2016 Kirrweiler Oberschloss Riesling trocken | 13% | 6,80 €
85 2016 Muskateller feinherb | 12,5% | 5,50 €
85 2015 Kirrweiler Mandelberg Pinot Noir trocken Premium Barrique | 14% | 13,50 €

HE-WEINE
76829 Landau · Rheinstraße 3
Tel (01 70) 7 74 87 52
info@he-weine.de
www.he-weine.de
Inhaber und Betriebsleiter Hans Erich Dausch
Verkauf Jutta Seeland
nach Vereinbarung
Rebfläche 1 Hektar
Jahresproduktion 3.500 Flaschen
Beste Lagen Eschbacher Hasen
Boden kalkhaltig mit Eisenauflage

Seien wir ehrlich. Es gab Beifall, es hagelte aber auch Kritik, als H. E. Dausch zur »Entdeckung des Jahres 2016« ausgerufen wurde. Mancher vermutete Kungelei dahinter, denn schließlich habe Dausch doch jahrelang selbst in Verkostungsjurys gesessen und kenne die dort handelnden Personen sehr gut. Geschenkt, wirklich. Und er sei ja gar kein richtiger Winzer - was immer das sein soll. Nein, er hat kein eigenes Weingut. Ja, er bewirtschaftet nur einen einzigen Hektar und hat dabei im Schnitt gerade mal um die 3.000 Flaschen als Ertrag. Ist es aber etwa ein falscher Winzer, der uns Weine abliefert, die zum Niederknien sind? Ab wieviel Hektar zählt man als Winzer? Wie oft ist Angelo Gaja draußen im Weinberg zum Reben schneiden oder zum Spritzen? Das Ergebnis zählt, das allein. H. E. Dausch besitzt die seltene Begabung, Weingeschmäcker sensorisch abspeichern zu können, weit über das normale Maß hinaus. Dies erlaubt ihm, andere Betriebe zu beraten und sie auf höhere Ebenen führen zu können, weil er weiß, was mit den gegebenen Voraussetzungen möglich ist. In der Pfalz sind Metzger und Bernhard Koch gute Beispiele dafür, beide wären heute sonst nicht da, wohin sie sich entwickelt haben. Und dann sind da noch Dauschs eigene Pinots. Gerade mal drei. Alle im erkennbaren Dausch-Stil, aber graduell nach oben einer begeisternder als der andere. Sie haben alles, wofür diese Rebsorte steht. Wer das nicht anerkennen kann, hat Probleme.

Verkostete Weine 3
Bewertung 91–93 Punkte

91 2015 Herrschaftswingert Pinot Noir trocken Barrique | 13,5% | 58,- €
91 2015 Eschbacher Hasen Pinot Noir trocken Barrique | 13,5% | 78,- €
93 2015 Pinot Noir trocken Barrique | 13,5% | 95,- €

WEINGUT HENSEL
67098 Bad Dürkheim · In den Almen 13
Tel (0 63 22) 24 60 · Fax 6 69 18
info@henselwein.de
www.henselwein.de
Inhaber und Betriebsleiter Thomas Hensel
Kellermeister Thomas Hensel
Verkauf Thomas Hensel, Patrick Dachnowski
Mo–Fr 9.00–11.00 Uhr · 13.00–18.00 Uhr
Sa 9.00–11.00 Uhr · 13.00–16.00 Uhr
Historie Weinbau in der Familie seit 300 Jahren
Rebfläche 23,5 Hektar
Jahresproduktion 290.000 Flaschen
Beste Lagen Dürkheimer Steinberg, Nonnengarten, Fronhof und Spielberg
Boden Sand, Buntsandstein, Lösslehm, Kalkverwitterungsgestein
Rebsorten 30% Riesling, 25% weiße Burgundersorten, je 10% Spätburgunder und St. Laurent, 9% Cabernet Sauvignon, 6% Dornfelder, 10% übrige Sorten

Also das hat man auch nicht alle Tage im Glas: Thomas Hensel führt uns einen im Holzfass sozusagen als Réserve ausgebauten Gewürztraminer vor – und das Ergebnis verzückt sogar Menschen, die mit dieser Rebsorte im Allgemeinen eher wenig anfangen können. Und auch sonst darf man sich bei diesen Weinqualitäten vorsichtshalber mal anschnallen. Der Sauvignon Blanc ist unangestrengt lässig, verrät die Rebsorte, reitet aber nicht auf ihr herum. Überhaupt wirkt die Aufwind-Serie sehr aufgeräumt, sehr cool, so machen sie den Höhenflug-Kameraden echt Konkurrenz, denn die befinden sich nur einen Tick höher. Auch, weil sie inhaltlich dann doch das Quäntchen dichter und länger sind. Gut wie immer – wenn es ihn in entsprechenden Jahrgängen gibt – ist der Ikarus, ein reinsortiger Cabernet Cubin. Und wer immer noch glaubt, aus diesen Cabernet-Neuzüchtungen ließe sich nichts Großes zaubern, darf sich hier umschulen lassen.

PFALZ

Verkostete Weine 11
Bewertung 84–90 Punkte

- 84 2016 Dürkheimer Hochbenn Riesling Aufwind trocken | 13% | 10,- €
- 86 2016 Sauvignon Blanc Aufwind trocken | 13% | 10,- €
- 86 2016 Grüner Veltliner Aufwind trocken | 13% | 10,- €
- 86 2016 Cuvée Blanc Aufwind trocken | 13% | 10,- €
- 87 2016 Dürkheimer Rittergarten Riesling Aufwind trocken | 13% | 12,- €
- 87 2015 Grüner Veltliner Höhenflug trocken Holzfass | 13,5% | 17,- €
- 88 2015 Gewürztraminer Höhenflug trocken Holzfass | 13% | 17,- €
- 86 2014 Spätburgunder Höhenflug trocken Barrique | 13% | 16,- €
- 87 2014 Merlot Höhenflug trocken Barrique | 13,5% | 16,- €
- 88 2014 Cuvée Höhenflug trocken Barrique | 14% | 16,- €
- 90 2014 Ikarus trocken Barrique | 13% | 35,- €

WEINGUT DR. FRITZ HERBERGER
67147 Forst · Weinstraße 80
Tel (0 63 26) 96 68 90 · Fax 96 68 90 10
info@weingut-fritz.de
www.weingut-fritz.de
Geschäftsführer Dr. Armand Herberger
Verkauf nach Vereinbarung

Es sind zwar nur vier Weine, die uns von diesem kleinen, in Forst ansässigen Betrieb vorgestellt wurden. Dennoch haben sie in diesem Führer ihre Berechtigung, denn sie sind gut oder sogar sehr gut. Dabei sind diese Rieslinge von Kellermeister Karl-Josef Kohlmann als eher altmodisch einzustufen. Klingt komisch? Ist aber durchaus begrüßenswert! Es bedeutet hier konkret, dass man keiner Primärfrucht hinterherläuft. Die Trauben werden streng selektiert, die Moste nicht geklärt, die Weine nicht geschönt. Ja, die Rieslinge sind nicht everybody's darling. Doch sie belohnen den sich darauf einlassenden Weinfreund in ihrer fordernden Art. Vor allem nach ein paar Jahren Reife.

Verkostete Weine 4
Bewertung 84–86 Punkte

- 84 2016 Königsbacher Jesuitengarten Riesling Spätlese trocken | 11,5% | 9,50 €
- 85 2016 Gimmeldinger Biengarten Riesling Spätlese trocken | 12% | 10,50 €
- 85 2016 Deidesheimer Mäushöhle Riesling Spätlese trocken | 12% | 11,50 €
- 86 2016 Königsbacher Ölberg Riesling Spätlese trocken | 12% | 12,50 €

★ ★★

HERRENGUT ST. MARTIN

67487 St. Martin · Maikammerer Straße 5
Tel (0 63 23) 80 44 25 · Fax 80 44 26
Weingut@herrengut.de
www.herrengut.de
Inhaber und Betriebsleiter Stephan Schneider
Außenbetrieb Christian Schneider
Kellermeister Wolfgang Renner
Verkauf Stephan Schneider
Mo–Sa 8.00–17.00 Uhr, **So** 9.30–12.00 Uhr

Familie Schneider ist einer der Big Player in der Südpfalz. Stephan Schneider führt mit seiner Frau das Hotel Consulat des Weines in St. Martin und noch zwei Weingüter, das Herrengut und die Vinifikation Ludwigshöhe (nur Cuvées). Im Stammhaus Herrengut, wo Sohn Christian den Betrieb unter seiner Ägide hat, sind die Roten schmelzig, geschmeidig und nachhaltig, wobei der Syrah mit extremer Pfeffrigkeit besticht. Bei den Weißen hat uns der Riesling Holzfass aus der Steillage Kirchberg ausgesprochen gut gefallen. Dass man sich auch auf Edelsüßes versteht, beweist die Ortega Trockenbeerenauslese eindrucksvoll.

Verkostete Weine 12
Bewertung 80–91 Punkte

84 2016 St. Martiner Baron Sauvignon Blanc Dritte Hartgewanne Spätlese trocken | 12,5% | 10,10 €
84 2016 St. Martiner Baron Weißburgunder Im Schraussental Spätlese trocken | 13,5% | 10,30 €
85 2016 St. Martiner Kirchberg Riesling Spätlese trocken Holzfass | 13% | 13,30 €
80 2016 Riesling halbtrocken | 11,5% | 5,50 €/1,0 Lit.
83 2016 St. Martiner Schloss Ludwigshöhe Weißburgunder feinherb | 12,5% | 6,20 €
81 2016 St. Martiner Baron Chardonnay In den Rothäckern Spätlese feinherb | 12,5% | 10,30 €
85 2016 St. Martiner Baron Gewürztraminer Im Raubfeld Spätlese | 11% | 7,30 €
91 2016 Ortega Trockenbeerenauslese | 6,5% | 22,30 €/0,375 Lit.
84 2016 St. Martiner Baron Spätburgunder Im untern Reit trocken | 13% | 10,60 €
85 2016 Maikammer Heiligenberg Cabernet Sauvignon Im Linsenfeld trocken | 13,5% | 10,60 €
86 2016 Edenkobener Kirchberg Merlot Auf der obern Höhe trocken | 14% | 10,60 €
87 2016 St. Martiner Baron Syrah trocken Barrique | 14% | 14,50 €

WEINGUT CHRISTIAN HEUSSLER

76835 Rhodt · Mühlgasse 5
Tel (0 63 23) 22 35 · Fax 98 05 33
info@heussler-wein.de
www.heussler-wein.de
Inhaber Herbert und Christian Heußler
Kellermeister Christian Heußler
Verkauf Familie Heußler
Mo–Fr 9.00–12.00 Uhr · 13.30–18.00 Uhr
Sa 10.00–17.00 Uhr

Historie Im Familienbesitz seit 1748
Sehenswert Altes Winzerhaus von 1763
Rebfläche 16,7 Hektar
Jahresproduktion 90.000 Flaschen
Beste Lagen Rhodter Schlossberg, Rosengarten und Klosterpfad
Boden Granit, roter Sandstein, Kalkmergel, Kiesellehm
Rebsorten 30% Riesling, 12% Grauburgunder, je 8% Dornfelder, Spätburgunder und Weißburgunder, 6% Chardonnay, 4% Portugieser, 24% übrige Sorten
Mitglied Slow Food

Christian Heußler hatte mit dem Jahrgangsvorgänger ein sattes Pfund hingelegt, eine Vorgabe, die schwer zu toppen schien. Und doch ist er mit seinen Weißweinen 2016 in Summe wieder pari, weil er über die gesamte Kollektion hinweg ausgeglichener zu sein scheint. Die Rieslinge sind erneut unterscheidbar, kein Nullachtfuffzehn. Der Riesling vom Kalkmergel hinterlässt eine lange, aber angenehme Belegtheit auf der Zunge, der vom Sandstein ist kühl und frisch, der Rosswingert geprägt von Pfirsich und Zitrusaromen - und der aus den Sandsteinterrassen ist rund und weist feine Mineralik auf. Die Grauburgunder sind dicht, aber nicht zu mächtig. Toll ist auch wieder der Syrah. Für die Rosswingert-Weine kam inzwischen ein neues Arbeitspferd zum Einsatz (das Steckenpferd von Senior Herbert), und in Kürze soll der doch sehr beengte Keller komplett ausgelagert werden.

PFALZ

Verkostete Weine 12
Bewertung 83–89 Punkte

- 83 2016 Riesling trocken | 12% | 4,40 €/1,0 Lit.
- 84 2016 Riesling Sandstein trocken | 12% | 5,90 €
- 85 2016 Muskateller trocken | 12,5% | 6,90 €
- 86 2016 Riesling Roter Sandstein trocken | 12,5% | 7,90 €
- 86 2016 Rhodter Rosengarten Grauburgunder Kalkmergel trocken | 13,5% | 7,90 €
- 85 2016 Rhodter Schlossberg Riesling Kalkmergel trocken | 12,5% | 8,50 €
- 87 2016 Rhodter Schlossberg Riesling Sandsteinterrassen trocken | 13% | 9,80 €
- 88 2016 Rhodter Schlossberg Riesling Roßwingert trocken | 13% | 9,80 € | €
- 87 2016 Rhodter Schlossberg Grauburgunder Roßwingert trocken Holzfass | 13,5% | 10,50 €
- 85 2016 Sauvignon Blanc Fumé trocken Holzfass | 13% | 10,80 €
- 89 2016 Gewürztraminer Spätlese | 12% | 7,90 € | €
- 87 2015 Rhodter Rosengarten Syrah trocken Barrique | 13,5% | 12,80 €

WEINGUT GERHARD HOCHDÖRFFER

76829 Landau-Nußdorf · Kaiserberg 13
Tel (0 63 41) 6 12 25 · Fax 6 38 41
info@weingut-hochdoerffer.de
www.weingut-hochdoerffer.de
Inhaber Gerhard Hochdörffer

Verkauf Gerhard Hochdörffer
nach Vereinbarung

Matthias Dollt und seine Frau Sabine Hochdörffer haben dieses Weingut in den letzten Jahren vom Auftritt und im Stil der Weine deutlich modernisiert und nach vorne gebracht. Die erzeugten Weine sind in der Regel sehr rebsortentypisch. Das ist exemplarisch an einer sehr guten feinherben Scheurebe nachzuvollziehen. Der auffällige Cassiston bei den Rotweinen verunsicherte uns zunächst, doch mit ein paar Stunden Luft stehen die dann doch richtig gut da.

Verkostete Weine 12
Bewertung 82–90 Punkte

- 82 2016 Riesling Literflasche graue Kapsel trocken | 12,5% | 4,60 €/1,0 Lit.
- 82 2016 Grüner Silvaner schwarze Kapsel trocken | 12,5% | 5,10 €
- 83 2016 Weißburgunder schwarze Kapsel trocken | 13,5% | 6,10 €
- 83 2016 Riesling Kalkmergel schwarze Kapsel trocken | 12,5% | 6,10 €
- 84 2016 Grauburgunder schwarze Kapsel trocken | 13,5% | 6,10 €
- 86 2016 Riesling Aurel trocken Premium Goldkapsel | 13% | 10,30 €
- 85 2015 Weißburgunder Aurel Spätlese trocken Premium Barrique Goldkapsel | 13,5% | 12,90 €
- 85 2016 Scheurebe schwarze Kapsel feinherb | 11% | 5,90 €
- 90 2015 Riesling Aurel Trockenbeerenauslese Premium Goldkapsel | 9% | 24,50 €/0,375 Lit.
- 84 2016 Spätburgunder schwarze Kapsel trocken Rosé | 12% | 5,10 €
- 85 2014 Spätburgunder -S- schwarze Kapsel trocken Reserve Barrique | 13,5% | 8,90 €
- 84 2014 St. Laurent trocken Reserve Barrique Goldkapsel | 13,5% | 10,40 €

Weinbewertung in Punkten
100 Perfekt • 95 bis 99 Überragend • 90 bis 94 Exzellent
85 bis 89 Sehr gut • 80 bis 84 Gut

★★✯ ☆

WEINGUT HÖRNER – HAINBACHHOF
76879 Hochstadt · Hainbachhof
Tel (0 63 47) 88 14 · Fax 78 61
info@hoerner-wein.de
www.hoerner-wein.de
Inhaber Reinhold und Thomas Hörner
Kellermeister Thomas Hörner
Betriebsleiter Reinhold Hörner
Verkauf Olivia Hauck und Thomas Hörner
Di–Fr 10.00–12.00 Uhr · 14.00–18.00 Uhr
Sa 10.00–12.00 Uhr · 14.00–17.00 Uhr

Reinhold Hörner wird vermutlich seinem Sohn Thomas noch mehr die Zügel in die Hand geben, denn seit 2017 ist er der neue Präsident des Weinbauverbands der Pfalz. Was wir vom Junior in den letzten Jahren präsentiert bekamen, war eh schon klasse. Er hat seine eigene Klassifikation eingeführt: aufsteigend sind es Stier, Steinbock und Widder an der Spitze. Gewohnt sind wir die guten Sauvignons, jetzt kommen tolle Weiß- und Grauburgunder hinzu. Erstaunt hat uns der Spätburgunder Widder in seiner kräutrigen und gleichzeitig dunklen Art.

Verkostete Weine 11
Bewertung 83–89 Punkte

83 2016 Müller-Thurgau Stier trocken | 11,5% | 6,50 €
83 2016 Riesling Stier trocken | 12% | 6,50 €
84 2016 Grauburgunder Steinbock trocken | 12,5% | 7,50 €
84 2016 Sauvignon Blanc Steinbock trocken | 12% | 7,50 €
85 2016 Weißburgunder Steinbock trocken | 12,5% | 7,50 €
86 2016 Gelber Muskateller Steinbock trocken | 12% | 8,- €
86 2015 Grauburgunder Widder trocken Holzfass | 13,5% | 14,- €
87 2015 Weißburgunder Widder trocken Holzfass | 13,5% | 14,- €
84 2016 Cuvée Horny Stier Rosé | 11,5% | 7,- €
87 2014 Spätburgunder Steinbock trocken Barrique | 12,5% | 12,- €
89 2014 Spätburgunder Widder trocken Barrique | 12,5% | 19,- €

WEINGUT HOF
76831 Heuchelheim-Klingen
Klingbachstraße 29
Tel (0 63 49) 15 91 · Fax 30 66
info@weingut-joachim-hof.de
www.weingut-joachim-hof.de
Inhaber Karin, Philipp, Julian und Joachim Hof
Betriebsleiter Philipp Hof
Außenbetrieb Julian Hof
Kellermeister Philipp und Julian Hof
Verkauf Philipp, Julian und Karin Hof
nach Vereinbarung

Arbeitsteilung unter Brüdern: Julian Hof leitet den Außenbetrieb, Philipp fungiert als Betriebsleiter – und den Keller verantworten sie beide gemeinsam. Das ist spannend, jedes Jahr wieder. Wir wissen nicht, wer nun genau welchen Stil bevorzugt, doch sind die Weine, wie auch in den vergangenen Jahren, nicht ganz einheitlich geraten. Bei manchen sehen wir eine schöne Steigerung, bei anderen gefällt uns der Holzeinsatz nicht wirklich. Die Ansätze sind erkennbar gut, doch an der Feinabstimmung darf noch gearbeitet werden.

Verkostete Weine 12
Bewertung 80–86 Punkte

80 2016 Riesling trocken | 11,5% | 4,50 €/1,0 Lit.
80 2016 Silvaner trocken | 11,5% | 4,50 €/1,0 Lit.
84 2016 Muskateller trocken | 11,5% | 6,50 €
83 2016 Klingener Herrenpfad Riesling Kabinett trocken | 11,5% | 5,50 €
83 2016 Klingener Herrenpfad Weißburgunder Kabinett trocken | 12,5% | 5,50 €
85 2016 Klingener Herrenpfad Grauburgunder Kabinett trocken | 12,5% | 5,50 €
83 2016 Klingener Herrenpfad Grauburgunder Spätlese trocken Holzfass | 13,5% | 9,50 €
83 2016 Klingener Herrenpfad Weißburgunder Spätlese trocken Barrique | 13% | 10,50 €
86 2015 Klingener Herrenpfad Chardonnay Spätlese trocken Barrique | 14% | 10,50 €
84 2015 Klingener Herrenpfad Gewürztraminer Auslese trocken Barrique | 14% | 15,- €/0,5 Lit.
83 2015 Klingener Herrenpfad Spätburgunder trocken Barrique | 13% | 10,50 €
85 2014 Klingener Herrenpfad Cabernet Sauvignon trocken Barrique | 13,5% | 18,- €

Symbole Weingüter

€ Schnäppchenpreis · Spitzenreiter · BIO Ökobetrieb
🍷 Trinktipp · 🔨 Versteigerungswein

| Sekt | Weißwein | Rotwein | Rosé |

PFALZ

WEINGUT HOLLERITH

67487 Maikammer · Gartenstraße 17
Tel (0 63 23) 61 68 · Fax 63 62
info@weingut-hollerith.de
www.weingut-hollerith.de
Inhaber Peter und Florian Hollerith
Betriebsleiter Peter Hollerith
Kellermeister Florian Hollerith

Verkauf nach Vereinbarung

Peter und Florian Hollerith zeigen in fast jedem Jahr zwei Gesichter - mit ihren Weinen. Während die Weißweine mit 2016 nicht unseren ungeteilten Applaus finden - sieht man mal vom schön im Holz ausgebauten Sauvignon Blanc Fumé ab -, legen Vater und Sohn bei den Rotweinen richtig los. Selbst die Spätburgunder haben wir selten so gut von ihnen gesehen. Dass sie Cuvées im Stil der Neuen Welt können, wissen wir eh, da schenken sich die einzelnen Weine aus Cabernet und Merlot nicht viel. Super gemacht.

Verkostete Weine 11
Bewertung 81-88 Punkte

- 82 2016 Riesling trocken | 12,5% | 4,80 €/1,0 Lit.
- 82 2016 Chardonnay trocken | 13% | 6,80 €
- 83 2016 Maikammer Kapellenberg Weißburgunder trocken | 13,5% | 7,80 €
- 81 2016 Maikammer Immengarten Gewürztraminer Alte Reben trocken | 13,5% | 9,50 €
- 83 2016 Sauvignon Blanc »S« trocken | 12,5% | 9,50 €
- 85 2016 Sauvignon Blanc Fumé trocken | 13% | 18,- €
- 84 2015 Spätburgunder trocken | 13,5% | 6,80 €
- 86 2014 Maikammer Heiligenberg Spätburgunder trocken | 13,5% | 12,- €
- 87 2014 Merlot & Cabernet Sauvignon Cuvée Prima Luce trocken | 14% | 20,- €
- 88 2014 Merlot & Cabernet Sauvignon Cuvée No Limit trocken | 14% | 25,- €
- 87 2014 Maikammer Heiligenberg Pinot Noir trocken | 13,5% | 32,- €

WEIN- UND SEKTGUT IMMENGARTEN HOF

67487 Maikammer · Marktstraße 62
Tel (0 63 21) 5 94 00 · Fax 5 74 37
info@immengarten-hof.de
www.immengarten-hof.de
Inhaber und Betriebsleiter Frank Höhn
Verkauf Eva Stöckl
Mo-Fr 14.00-18.00 Uhr, **Sa** 10.00-17.00 Uhr
So 10.30-12.30 Uhr und nach Vereinbarung

Eine propere Biene in einer Wabe ist seit einer gelungenen Gestaltungsumstellung das Signet von Frank Höhns Immengarten Hof. Was er uns an Weinen als Auswahl zur Verkostung probieren ließ, ist aber wohl nicht alles, was er in der Hinterhand hat. Kann es nicht sein. Zwar sind die Weißweine wirklich ordentlich gemacht, doch vermissen wir ein wenig den Druck, die Differenziertheit und die Spannung früherer Jahrgänge, in denen er als einer der hoffnungsvollsten Jungwinzer der Pfalz gehandelt wurde. Die Top-Rotweine aus 2015 kommen erst Ende des Jahres auf die Flasche. Aus 2013 und 2014 hatten wir hier nichts verkosten können.

Verkostete Weine 9
Bewertung 81-87 Punkte

- 84 2016 Gelber Muskateller trocken | 13% | 7,50 €
- 81 2016 Riesling trocken | 12% | 4,90 €/1,0 Lit.
- 84 2016 Riesling Buntsandstein trocken | 13% | 7,50 €
- 86 2016 Riesling Kiessand trocken | 13% | 7,50 €
- 84 2016 Maikammer Heiligenberg Weißburgunder trocken Holzfass | 13% | 8,90 €
- 87 2015 Maikammer Heiligenberg Chardonnay trocken Barrique | 13,5% | 10,90 €
- 82 2016 Riesling Honey feinherb | 11,5% | 6,90 €
- 83 2016 Gelber Muskateller feinherb | 11,5% | 7,30 €
- 82 2015 Maikammer Heiligenberg Spätburgunder trocken Holzfass | 14% | 8,90 €

Symbole Weingüter
★★★★★ Weltklasse · ★★★★ Deutsche Spitze
★★★ Sehr Gut · ★★ Gut · ★ Zuverlässig

Weinbewertung in Punkten
100 Perfekt · 95 bis 99 Überragend · 90 bis 94 Exzellent
85 bis 89 Sehr gut · 80 bis 84 Gut

★

WEINGUT JANSON BERNHARD
67308 Harxheim-Zellertal · Hauptstraße 5 (BIO)
Tel (0 63 55) 17 81 · Fax 37 25
info@weingutjansonbernhard.de
www.jansonbernhard.de
Inhaberin und Betriebsleiterin Christine Bernhard
Kellermeister Christine Bernhard und
Bernd Pflüger
Verkauf Martina Meidlinger
Mo–Fr 10.00–16.00 Uhr
Fr–Sa 10.00–17.00 Uhr und nach Vereinbarung

Christine Bernhard war, als sie 1989 den elterlichen Restbetrieb mit gerade mal 1,2 Hektar und fünf Altkunden übernahm, eine echte Pionierin im Zellertal. Heute ist vieles anders, aber von Modernität will die überzeugte Ökowinzerin nichts wissen, die Zusammenarbeit mit der gesamten Natur ist viel wichtiger - auch mit Tieren im Weinberg. Der Keller ist so tief, dass Weinbereitung und Ausbau ohne Kühlung funktionieren. Dafür strahlen die Weine - insbesondere nach zwei bis drei Jahren - eine tiefe Gelassenheit aus. Nein, es schreit einen keine Primärfrucht an. Braucht es auch nicht.

Verkostete Weine 12
Bewertung 82–88 Punkte

- 82 2016 Riesling trocken | 12% | 5,20 €/1,0 Lit.
- 84 2016 Zellertaler Weißburgunder trocken | 13% | 6,30 €
- 82 2016 Sauvignon Blanc trocken | 12,5% | 6,55 €
- 84 2016 Zeller Kreuzberg Chardonnay trocken | 12,5% | 7,15 €
- 86 2016 Zeller Schwarzer Herrgott Riesling Kalkfels trocken | 12% | 8,- €
- 84 2015 Zeller Schwarzer Herrgott Silvaner trocken Holzfass | 13% | 10,- €
- 87 2016 Zeller Kreuzberg Gewürztraminer Feine Rose trocken | 14% | 10,- €
- 83 2015 Harxheimer Herrgottsblick Grauburgunder trocken | 13,5% | 10,10 €
- 87 2015 Riesling Taubrunnen trocken | 13% | 11,80 €
- 88 2015 Riesling Eleonore Auslese | 11% | 16,80 €/0,5 Lit.
- 84 2016 Rosé Clairet feinherb | 11% | 5,70 €
- 84 2015 Incarnatum trocken | 12% | 7,40 €

★★½

WEINGUT JESUITENHOF
67246 Dirmstein · Obertor 6
Tel (0 62 38) 29 42 · Fax 46 01
jesuitenhof.dirmstein@t-online.de
www.jesuitenhof.de
Inhaber Klaus und Moritz Schneider
Kellermeister Moritz Schneider
Verkauf Familie Schneider
Mo–Fr 8.00–18.00 Uhr, **Sa** 8.00–16.00 Uhr

Klaus Schneider ist als deutscher Weinbaupräsident wohl oft zu Terminen außer Haus - doch seinen Sohn Moritz kann er eh machen lassen, denn der der weiß inzwischen sehr gut, wie es geht. Das Fundament legt er mit dem Riesling Fundament: als Gutswein reichlich mehr als ordentlich. Alles, was danach kommt, ist reines Schaulaufen in der Kür. Besonders die Weine aus dem Halbstück mit Riesling und Weißburgunder fanden unsere Zustimmung. Hatte jemand mal die Rotweine kritisiert? Diesmal nicht. Klasse Spätburgunder!

Verkostete Weine 12
Bewertung 84–88 Punkte

- 84 2016 Riesling Fundament trocken | 12,5% | 6,- €
- 86 2016 Laumersheimer Sauvignon Blanc Kalkmergel trocken | 12,5% | 7,50 €
- 84 2016 Dirmsteiner Weißburgunder Kalkmergel trocken | 13,5% | 8,- €
- 87 2016 Dirmsteiner Riesling Kalkmergel trocken | 13% | 8,- €
- 86 2016 Laumersheimer Silvaner Kalkmergel trocken | 13,5% | 8,50 €
- 87 2016 Dirmsteiner Jesuitenhofgarten Riesling trocken | 13% | 10,50 €
- 88 2016 Dirmsteiner Mandelpfad Riesling Halbstück trocken | 13% | 11,50 €
- 88 2016 Dirmsteiner Mandelpfad Weißburgunder Halbstück trocken | 13,5% | 11,50 €
- 87 2016 Laumersheimer Steinbuckel Sauvignon Blanc trocken | 13% | 14,- €
- 85 2015 Dirmsteiner Herrgottsacker Cabernet Sauvignon & Merlot trocken | 14% | 15,- €
- 86 2015 Laumersheimer Kirschgarten Spätburgunder trocken | 13,5% | 15,- €
- 87 2015 Dirmsteiner Jesuitenhofgarten Spätburgunder Kleiner Garten trocken | 13,5% | 18,- €

Symbole Weingüter
★★★★★ Weltklasse • ★★★★ Deutsche Spitze
★★★ Sehr Gut • ★★ Gut • ★ Zuverlässig

Weinbewertung in Punkten
100 Perfekt • 95 bis 99 Überragend • 90 bis 94 Exzellent
85 bis 89 Sehr gut • 80 bis 84 Gut

PFALZ

FRANK JOHN
HIRSCHHORNER WEINKONTOR

67435 Neustadt · Hirschhornring 34
Tel (0 63 21) 67 05 37 · Fax 9 70 62 93
f.john@hirschhornerhof.de
www.hirschhornerhof.de

Inhaber Frank und Gerlinde John
Betriebsleiter Frank John
Verkauf nach Vereinbarung
Sehenswert Original restaurierter Renaissancebau mit Kreuzgewölbe
Erlebenswert Hoffest zur Sommersonnenwende
Rebfläche 3 Hektar
Jahresproduktion 20.000 Flaschen
Boden Kalkstein, Buntsandstein
Mitglied Naturland

Verkostete Weine 3
Bewertung 90–92 Punkte

91 2012 Riesling 50 Sekt Brut | 12% | 33,– €
90 2016 Riesling trocken | 12% | 17,50 €
92 2015 Pinot Noir trocken | 13,5% | 36,– €

Frank John ist ein gefragter Mann. In ganz Europa ist er als Berater für biodynamisch arbeitende Betriebe unterwegs. Er kann in diesem Bereich, der sich bei immer mehr auch hochwertigsten Weingütern durchsetzt, auf eine sehr lange Erfahrung zurückblicken. Zu Hause in Neustadt führt John zusammen mit seiner Frau Gerlinde einen eigenen kleinen Betrieb und konzentriert sich dabei auf nur wenige Weine. Drei, um genau zu sein: einen Riesling Buntsandstein, einen Pinot Noir und einen Sekt. Die Nachfrage ist groß, die zur Verfügung stehende Menge sehr klein. John setzt auf reine Handarbeit und mehrere Lesedurchgänge, danach so gut wie keine Eingriffe mehr im Keller. Die Weine vergären spontan und gehen ohne Anschub in den biologischen Säureabbau über, reifen danach in Holzfässern im Kreuzgewölbekeller des über 400 Jahre alten Anwesens in Königsbach. Mit minimal Schwefel geht es dann ab auf die Flasche. In jungen Jahren wirken der Riesling und der Pinot etwas sperrig, doch mit zunehmender Reife offenbaren sie sich als tiefgründig, mineralisch geprägt und sehr anhaltend im Nachhall. Der uns diesmal vorgestellte Sekt wurde erst nach 50 Monaten Hefekontakt degorgiert und glänzt in feinster Champagnerart.

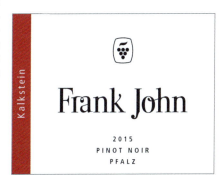

WEINGUT JÜLG

76889 Schweigen-Rechtenbach · Hauptstraße 1
Tel (0 63 42) 91 90 90 · Fax 91 90 91
info@weingut-juelg.de
www.weingut-juelg.de
Inhaber Werner Jülg
Betriebsleiter Werner und Johannes Jülg
Außenbetrieb Andreas Eck
Kellermeister Johannes Jülg und Sören Söllner
Verkauf Familie Jülg
Mo-Sa 9.00-12.00 Uhr · 13.00-17.00 Uhr
Weinstube Sa-Mi 11.00-22.00 Uhr
Spezialitäten eigene Erzeugung von Käse, Wurst und Schinken
Sehenswert altes Forsthaus, schöner Innenhof, großer Holzfasskeller
Rebfläche 20 Hektar
Jahresproduktion 150.000 Flaschen
Beste Lage Schweigener Sonnenberg, Springberg, St. Paul, Pfarrwingert und Wormberg
Boden Buntsandstein, Muschelkalk, Kalkmergel
Rebsorten 40% Riesling, 35% Weiß- und Graubugunder, 10% Spätburgunder, je 5% Schwarzriesling, St. Laurent, 5% übrige Sorten
Mitglied Generation Pfalz, Barrique Forum

Verkostete Weine 14
Bewertung 84-92 Punkte

- **85** 2016 Weißburgunder trocken | 12% | 7,10 €
- **86** 2016 Riesling Kalkmergel trocken | 13% | 8,50 €
- **88** 2016 Schweigener Sonnenberg Riesling trocken | 13,5% | 14,50 €
- **89** 2016 Schweigener Springberg Riesling trocken | 13% | 14,50 €
- **86** 2016 Schweigener Sonnenberg Weißburgunder trocken | 13% | 15,- €
- **87** 2016 Schweigener Sonnenberg Chardonnay trocken | 13% | 15,- €
- **90** 2016 Chardonnay Opus-O trocken | 13% | 48,- €
- **91** 2016 Sauvignon Blanc Opus-O trocken | 13% | 48,- €
- **92** 2016 Weißburgunder Opus-O trocken | 13% | 48,- €
- **84** 2016 Riesling trocken | 12,5% | 7,50 €
- **86** 2015 Spätburgunder Kalkmergel trocken | 13% | 10,50 €
- **87** 2015 Spätburgunder Réserve trocken | 14% | 16,- €
- **90** 2015 Schweigener Sonnenberg Spätburgunder trocken | 14% | 24,- €
- **91** 2015 Pinot Noir trocken | 14% | 36,- €

Man kann hier getrost das neue Lieblingswort der Weinverkosterszene in den Mund nehmen und liegt auf keinen Fall falsch, beim Probieren der Rieslinge und Chardonnays »salzig« vor sich hin zu nuscheln. Das ist den Schweigener Kalkböden geschuldet und der ganze Stolz von Johannes Jülg, der gerade an dieser Stilistik den großen Trinkfluss liebt. Bei den Weißweinen glänzt die an Großvater Oskar angelehnte Opus O.-Serie mit Sauvignon Blanc, Weißburgunder und Chardonnay aus 500-Liter-Tonneaux, bei denen das Holz, obwohl neu, zart und spielerisch eingesetzt ist. Die Spätburgunder sind komplett auf den Punkt, sehr akzentuiert, beim Pinot Noir unglaublich elegant. Auch im Hause Jülg sind Bauarbeiten angesagt: Gerade wird die Fassade des alten bayerischen Forsthauses wieder in Schuss gebracht, dann eine Vinothek errichtet. Hauptsache, man macht am Innenhof nichts. Und am Weinstil.

☆ ★ **PFALZ**

WEINGUT KARST
67098 Bad Dürkheim · In den Almen 15
Tel (0 63 22) 28 62 · Fax 6 59 65
info@weingut-karst.de
www.weingut-karst.de
Inhaber und Kellermeister Uli Karst
Verkauf Dr. Karina Karst
Di-Sa 10.00-12.00 Uhr · 14.00-18.00 Uhr

Es ging schon öfter mal einen Schritt vor, dann wieder einen zurück bei Uli Karst. Jetzt notieren wir eine deutliche Konsolidierung der Qualitäten, was überaus erfreulich ist. Jeder einzelne Wein ist besser geworden, was ganz besonders bei den Rotweinen auffällt, die mehr Ruhe in sich, mehr Struktur und mehr Gelassenheit aufweisen. Der gerade erfolgte Neubau des Kelterhauses mit verbesserter Struktur kann bestimmt einen weiteren Schub geben.

Verkostete Weine 12
Bewertung 82-86 Punkte

82 2016 Dürkheimer Riesling Kabinettstück trocken | 13% | 6,90 €
84 2016 Dürkheimer Hochbenn Riesling Kunststück trocken | 13% | 8,90 €
85 2016 Wachenheimer Königswingert Grauburgunder Kunststück trocken | 13% | 8,90 €
84 2016 Sauvignon Blanc Einzelstück trocken | 13,5% | 11,50 €
86 2016 Riesling Einzelstück trocken | 13,5% | 11,50 €
85 2015 Dürkheimer Rittergarten Riesling Goldstück Auslese | 10,5% | 19,90 €/0,5 Lit.
82 2016 Cabernet Sauvignon Kabinettstück Rosalie trocken | 12,5% | 6,90 €
82 2015 Dürkheimer Spätburgunder Kabinettstück trocken | 13% | 7,- €
84 2015 Cabernet Sauvignon Kunststück trocken | 13,5% | 8,90 €
84 2015 Syrah Kunststück trocken | 13,5% | 10,- €
82 2015 Kunststück Georg I. trocken | 13,5% | 11,50 €
85 2015 Spätburgunder Einzelstück trocken | 13,5% | 15,- €

WEINGUT KASSNER-SIMON
67251 Freinsheim · Am Musikantenbuckel 7
Tel (0 63 53) 98 93 20 · Fax 98 93 21
info@kassner-simon.de
www.kassner-simon.de
Inhaber und Kellermeister Thomas Simon
Verkauf Martina Simon
Mo-Sa 13.00-18.00 Uhr
So, feiertags 10.00-13.00 Uhr
und nach Vereinbarung

Es scheint, als habe die vor wenigen Jahren erfolgte Aussiedlung des Weinguts an den Ortsrand von Freinsheim Thomas Simon beflügelt. War schon die letzte Kollektion beachtlich und vielleicht die beste, die er je verantwortet hat, so wirft er jetzt noch einmal eine Schippe drauf. In den Rieslingen ist etwas mehr Zug drin, die Weine sind allesamt gut trocken, der Riesling-Sekt erfreulich: Die Säure erschlägt nicht. Die Rotweine sind auch besser denn je.

Verkostete Weine 12
Bewertung 82-89 Punkte

86 2012 Riesling Sekt extra Brut | 12,5% | 12,- €
82 2016 Riesling trocken | 12% | 5,50 €/1,0 Lit.
83 2016 Grauburgunder trocken | 13% | 6,80 €
84 2016 Riesling trocken | 12% | 6,80 €
83 2016 Freinsheimer Musikantenbuckel Sauvignon Blanc trocken Silberkapsel | 12,5% | 8,70 €
86 2016 Chardonnay & Weißburgunder Spätlese trocken Silberkapsel | 13,5% | 8,70 €
86 2016 Freinsheimer Oschelskopf Riesling Spätlese trocken Silberkapsel | 12,5% | 8,70 €
87 2016 Freinsheimer Im Tal Weißburgunder Spätlese trocken Goldkapsel | 14% | 13,- €
88 2016 Freinsheimer Oschelskopf Riesling Gross Spätlese trocken Goldkapsel | 13% | 13,- €
89 2016 Freinsheimer Oschelskopf Rieslaner Auslese | 9,5% | 10,40 €
87 2012 Cuvée Kostbar trocken Goldkapsel | 14% | 17,50 €
88 2014 Freinsheimer Im Tal Spätburgunder trocken Goldkapsel | 13,5% | 17,50 €

Symbole Weingüter
€ Schnäppchenpreis · TOP Spitzenreiter · BIO Ökobetrieb
Trinktipp · Versteigerungswein

Sekt | Weißwein | Rotwein | Rosé

★★ ★★

WEINGUT JULIUS FERDINAND KIMICH

67146 Deidesheim · Weinstraße 54
Tel (0 63 26) 3 42 · Fax 98 04 14
info@weingut-kimich.de
www.weingut-kimich.de
Inhaber Familie Arnold
Betriebsleiter Franz und Matthias Arnold
Kellermeister Matthias Arnold und Fabian Kerbech
Verkauf Mo-Sa 8.00-18.00 Uhr
So, feiertags 10.00-13.00 Uhr

Entgegen dem Jahrgangstrend warten die Weine von Matthias Arnold mit überraschend viel Alkohol auf und haben dazu noch in manchen Bereichen einen ungewohnt hohen Restzucker - das kennen wir so eigentlich nicht. Aus diesem Grund bleiben einige Weine blasser als sonst, was sogar auf den Grainhübel zutrifft, der eigentlich immer aus der Menge herausragt durch seine vielschichtige Art. Allerdings klagen wir hier auf hohem Niveau, das ist noch immer eine sehr gute Kollektion. In der wir als Neuheit einen runden, saftigen und typischen Syrah verkosten durften.

Verkostete Weine 11
Bewertung 82-89 Punkte

83 2016 Sauvignon Blanc trocken | 12% | 8,80 €
82 2016 Forster Mariengarten Riesling Kabinett trocken | 12,5% | 6,50 €/1,0 Lit.
85 2016 Deidesheimer Mäushöhle Riesling Kabinett trocken | 13% | 8,80 €
86 2016 Deidesheimer Kieselberg Riesling Spätlese trocken | 13,5% | 11,20 €
87 2016 Deidesheimer Kalkofen Riesling Spätlese trocken | 13,5% | 12,30 €
88 2016 Forster Pechstein Riesling Spätlese trocken | 13,5% | 12,30 €
86 2016 Forster Ungeheuer Riesling Spätlese trocken | 13,5% | 12,80 €
89 2016 Deidesheimer Grainhübel Riesling Spätlese trocken | 13,5% | 15,60 €
84 2015 Chardonnay Spätlese trocken Barrique | 14,5% | 16,30 €
83 2016 Deidesheimer Paradiesgarten Riesling Kabinett halbtrocken | 12% | 8,30 €
87 2015 Syrah trocken Barrique | 14% | 23,30 €

WEINGUT KIRCHNER

67251 Freinsheim · Burgstraße 21   BIO
Tel (0 63 53) 34 41 · Fax 5 05 69 00
info@weingut-kirchner.de
www.weingut-kirchner.de
Inhaber Familie Kirchner
Betriebsleiter Ralph Kirchner
Verkauf Familie Kirchner
Mo-So 9.00-18.00 Uhr und nach Vereinbarung
Gutsausschank Fr-Sa 14.00-18.30 Uhr
Rebfläche 18,5 Hektar
Jahresproduktion 130.000 Flaschen
Beste Lagen Freinsheimer Schwarzes Kreuz und Oschelskopf, Kallstadter Saumagen, Herxheimer Honigsack
Boden Sandiger Löss auf Ton, Kalkmergel
Rebsorten 19% Riesling, 13% Portugieser, 12% Weißburgunder, 8% Grauburgunder, 7% Dornfelder, 6% Sauvignon Blanc, je 5% Merlot und Spätburgunder, 25% übrige Sorten
Mitglied Pfälzer Barriqueforum

Ralph Kirchner ist derzeit echt happy, denn zu Hause im Weingut wurde einiges geschafft. Mit neuer Halle und Kelterhaus wurde die Produktion erweitert, der Barriquekeller direkt hinter den Verkaufsraum gelegt. Das scheint Schub gegeben zu haben, denn die Weine präsentieren sich in Hochform. Noch nie durften wir so hohe Punkte zücken in so großer Zahl. Der neue Riesling von alten Reben aus dem Honigsack feiert dabei auch gleich einen tollen Einstand. Der Terra Petra und der Saumagen-Riesling sind auf dem selben Level wie im Vorjahr, die weißen Burgundersorten empfinden wir als deutlich verbessert. Das gilt auch für die Rotweine, Spätburgunder, St. Laurent oder die Cuvée XXL. Dass Ralph Kirchner übrigens Ansporn empfindet und sich für die nächsten Jahre weitere qualitätssteigernde Maßnahmen vorgenommen hat, kann auch an dem banalen Grund liegen, dass seine Schwester mit Steffen Rings verheiratet ist. Motivation ist alles.

Symbole Weingüter
★★★★★ Weltklasse • ★★★★ Deutsche Spitze
★★★ Sehr Gut • ★★ Gut • ★ Zuverlässig

PFALZ

Verkostete Weine 12
Bewertung 84–89 Punkte

84 2016 Riesling Buntsandstein trocken | 12% | 6,– €
84 2016 Freinsheimer Grauburgunder trocken | 13% | 7,50 €
86 2016 Herxheimer Riesling trocken | 12% | 7,50 €
87 2016 Freinsheimer Weißburgunder trocken Holzfass | 13% | 7,90 €
88 2016 Freinsheimer Musikantenbuckel Riesling Terra Petra trocken | 12% | 16,– €
87 2016 Herxheimer Honigsack Riesling trocken | 12,5% | 18,– €
89 2016 Kallstadter Saumagen Riesling trocken | 12,5% | 20,– €
84 2016 Freinsheimer Oschelskopf Gewürztraminer Spätlese | 10,5% | 7,20 €
85 2016 Rosé trocken Holzfass | 12% | 10,50 €
87 2015 Freinsheimer Schwarzes Kreuz St. Laurent trocken Barrique | 13,5% | 17,– €
87 2014 Freinsheimer Rosenbühl Spätburgunder trocken Barrique | 13,5% | 17,– €
87 2015 XXL trocken Barrique | 13,5% | 24,– €

WEINGUT KLEIN
76835 Hainfeld · Weinstraße 38
Tel (0 63 23) 27 13 · Fax 8 13 43
info@kleinwein.com
www.kleinwein.com
Inhaber Peter, Gerhard und Sieglinde Klein
Betriebsleiter Peter Klein
Kellermeister Peter Klein und Jürgen Wadle
Verkauf Familie Klein
Mo–Fr 8.00–12.00 Uhr · 13.00–18.00 Uhr
Sa 10.00–16.00 Uhr
Rebfläche 26 Hektar
Jahresproduktion 150.000 Flaschen
Beste Lagen Hainfelder Letten, Burrweiler Altenforst, Weyherer Michelsberg, Ilbesheimer Kalmit
Boden schwerer Lehm, Löss, Schiefer
Rebsorten 28% Riesling, 15% Grauburgunder, 12% Weißburgunder, 9% Spätburgunder, 8% St. Laurent, 7% Frühburgunder, je 6% Grüner Veltliner und Muskateller, 9% übrige Sorten
Mitglied Generation Pfalz und Riesling

Bei Betrieben in einer gewissen Liga, die man gut zu kennen glaubt – und da zählen wir die Kleins ja schon dazu – ist es nicht unbedingt an der Tagesordnung, auf Überraschungen mit neuen Weinen zu stoßen. Doch genau das ist uns hier passiert. Einer der ersten Weine in der Verkostung war eine Scheurebe Fumé aus dem Barrique – was für ein Burner! In der Nase die pure Traubigkeit und im Mund der vom Holz zart umrandete Schmelz mit dieser so minimalen wie typischen Bitternis, die Scheu oder Muskateller gerne aufweisen. Die ganze Kollektion zeugt von Handschrift, da wird nichts zufällig so oder mal so. Inzwischen sind nicht mal mehr unbedingte Vorlieben oder Stärken auszumachen, weil nichts schwach ist. Rieslinge, Chardonnay, Frühburgunder, nun sogar auch Spätburgunder: Barbara und Peter Klein führen einen enorm starken Betrieb in die Zukunft.

Verkostete Weine 14
Bewertung 84–90 Punkte

84 2016 Riesling vom Kalkmergel trocken
| 13% | 9,– €
86 2016 Grüner Veltliner vom Löss trocken
| 13% | 10,– €
87 2016 Riesling vom Schiefer trocken
| 12,5% | 10,– €
86 2016 Hainfelder Letten Weißburgunder trocken Holzfass | 13,5% | 13,50 €
88 2016 Sauvignon Blanc Fumé trocken Barrique
| 13% | 13,50 €
90 2016 Scheurebe Fumé trocken Barrique
| 12,5% | 13,50 € | 🍷
88 2016 Weyher Michelsberg Grüner Veltliner trocken | 13% | 14,50 €
89 2016 Hainfelder Letten Chardonnay trocken Barrique | 13,5% | 14,50 €
87 2016 Ilbesheimer Kalmit Weißburgunder trocken
| 13,5% | 15,– €
88 2016 Ilbesheimer Kalmit Riesling trocken
| 13% | 15,– €
89 2016 Burrweiler Altenforst Riesling trocken
| 13% | 18,– €
89 2015 Frühburgunder »S« trocken Barrique
| 14% | 12,50 € | €
87 2015 Syrah »S« trocken Barrique | 14% | 20,– €
90 2015 Ilbesheimer Kalmit Spätburgunder trocken Barrique | 13,5% | 23,– €

WEINGUT ÖKONOMIERAT JOHANNES KLEINMANN
76831 Birkweiler · Hauptstraße 17
Tel (0 63 45) 35 47 · Fax 77 77
info@weingut-kleinmann.de
www.weingut-kleinmann.de
Inhaber Mathias Kleinmann
Kellermeister Mathias Kleinmann
Verkauf Hannelore und Edith Kleinmann
Mo–Fr 9.00–12.00 Uhr · 14.00–18.00 Uhr
Sa 10.00–16.00 Uhr

Historie 1733 kamen die Kleinmanns als Weinküfer nach Birkweiler
Rebfläche 12 Hektar
Jahresproduktion 100.000 Flaschen
Beste Lagen Birkweiler Kastanienbusch, Mandelberg und Rosenberg
Boden Buntsandstein, Porphyrverwitterung, kalkiger Mergel, Keuper
Rebsorten je 20% Riesling, Weißburgunder, Grauburgunder und St. Laurent, 10% Spätburgunder, 10% übrige Sorten

Wenn ein Winzer schon nicht sprunghaft ist – warum sollten es dann seine Weine sein? Seit Jahren kennen und schätzen wir den gelassenen Stil der Kleinmann'schen Weine. Sie haben Schmelz und Fülle, sie sind eher zum Essen gedacht als zur reinen Erfrischung zwischendurch, sie verlangen Aufmerksamkeit, wollen aber nicht akademisch daherkommen. Sie sprechen eher den Bauch an als den Kopf. Kein Wunder, dass der Sunset aus Weißburgunder und Chardonnay als perfektes After Work-Glas durchgeht. Der Minutenglück als Bordeaux-Cuvée ist allerdings eine Untertreibung, denn den möchte man stundenlang genießen. Spannend wird es, wenn Mathias Kleinmann seine weißen Burgundersorten aus kleineren Fässern präsentiert, etwa den Weißburgunder Signatur oder den 500 Tonneau derselben Rebsorte. Sie weisen Kraft auf ohne fett zu sein, hinterlassen nichts Alkoholisches, nichts Bitteres. So geht das!

PFALZ

Verkostete Weine 12
Bewertung 83–90 Punkte

- **83** 2016 Birkweiler Kastanienbusch Riesling trocken | 12,5% | 5,20 €/1,0 Lit.
- **84** 2016 Birkweiler Riesling & Gewürztraminer YummY trocken | 13% | 9,- €
- **85** 2016 Birkweiler Kastanienbusch Weißburgunder & Chardonnay Sunset trocken | 13% | 9,- €
- **86** 2016 Birkweiler Mandelberg Weißburgunder Muschelkalk trocken | 13% | 9,- €
- **89** 2016 Birkweiler Mandelberg Weißburgunder Signatur Spätlese trocken | 13% | 15,- €
- **89** 2016 Birkweiler Kastanienbusch Chardonnay Spätlese trocken | 13,5% | 15,- €
- **90** 2016 Birkweiler Rosenberg Weißburgunder 500 Tonneau Spätlese trocken »sur lie« | 13,5% | 18,- €
- **87** 2016 Birkweiler Mandelberg Muskateller feinherb | 12% | 10,- €
- **86** 2016 Birkweiler Kastanienbusch Riesling Eisenbuckel feinherb | 12,5% | 15,- €
- **88** 2014 Birkweiler Kastanienbusch Cuvee Johannes trocken Barrique | 13% | 13,50 € | €
- **87** 2015 Birkweiler Kastanienbusch Cabernet Sauvignon & Merlot Minutenglück trocken Barrique | 13,5% | 17,50 €
- **87** 2014 Birkweiler Kastanienbusch Spätburgunder Signatur Auslese trocken Barrique | 14% | 25,- €/0,5 Lit.

WEINGUT KLUNDT
76829 Landau-Mörzheim
Mörzheimer Hauptstraße 15
Tel (0 63 41) 3 23 92 · Fax 93 27 03
weingut@klundt.de
www.klundt.de
Inhaber und Betriebsleiter Hans und Sven Klundt
Kellermeister Sven Klundt

Verkauf nach Vereinbarung

Sven Klundt scheint einen erlesenen Geschmack zu haben. Nicht anders ist zu erklären, dass er seine Top-Weine so dicht und intensiv hinbekommt, wie er es von den Gewächsen hochrangiger Kollegen vermutlich schätzt. Und er ist nahe dran. Sein Riesling Obsession ist mindestens genauso spannend gemacht wie der Lagenbruder aus dem Godramsteiner Hochborn. Auch wenn die einfachen Gutsweine etwas blass bleiben. Nur bei den Rotweinen scheint echt noch eine Baustelle offen zu sein, sie dürften deutlich konturierter ausfallen.

Verkostete Weine 12
Bewertung 81–91 Punkte

- **81** 2016 Riesling trocken | 12% | 4,- €/1,0 Lit.
- **83** 2016 Chardonnay trocken | 12,5% | 5,90 €
- **83** 2016 Birkweiler Silvaner trocken | 12,5% | 8,-* €
- **85** 2016 Birkweiler Riesling trocken | 12,5% | 8,- €
- **84** 2016 Weißburgunder Obsession trocken | 12,5% | 8,50 €
- **88** 2016 Riesling Obsession trocken | 12,5% | 9,- € | €
- **87** 2016 Mörzheimer Wacholder Weißburgunder trocken | 13,5% | 11,- €
- **88** 2016 Godramsteiner Hochborn Riesling trocken | 13% | 13,- €
- **89** 2016 Birkweiler Kastanienbusch Riesling trocken | 13% | 15,- €
- **91** 2016 Silvaner Eiswein | 9% | 25,- €/0,375 Lit.
- **81** 2015 Pinot Noir Obsession trocken | 13% | 9,50 €
- **82** 2015 Birkweiler Kastanienbusch Pinot Noir trocken | 13,5% | 16,- €

Weinbewertung in Punkten
100 Perfekt • 95 bis 99 Überragend • 90 bis 94 Exzellent
85 bis 89 Sehr gut • 80 bis 84 Gut

★★★★★

WEINGUT KNIPSER

67229 Laumersheim · Hauptstraße 47–49
Tel (0 62 38) 7 42 und 24 12 · Fax 43 77
mail@weingut-knipser.de
www.weingut-knipser.de

Inhaber und Betriebsleiter Stephan, Volker und Werner Knipser
Verwalter Stephan Knipser und Sven Ohlinger
Kellermeister Stephan und Werner Knipser
Verkauf Dirk Rosinski, Marion Sailer
Mo–Fr 10.00–12.00 Uhr · 14.00–18.00 Uhr
Sa 10.00–16.00 Uhr
Weinstube »Knipsers Halbstück«, Hollergasse 2, 67281 Bissersheim, Tel (0 63 59) 9 45 92 11
Mo, Do–Fr 12.00–22.00 Uhr, Sa 10.00–22.00 Uhr, So 12.00–20.00 Uhr
Rebfläche 56 Hektar
Jahresproduktion 400.000 Flaschen
Beste Lagen Laumersheimer Mandelberg und Kirschgarten, Großkarlbacher Burgweg, Dirmsteiner Mandelpfad
Boden Kalkstein und Kalkmergel, teilweise mit Lehm und Lössauflage
Rebsorten 28% Spätburgunder, 20% Riesling, 9% Merlot, 8% Chardonnay, 7% Cabernet Sauvignon, 6% Dornfelder, 22% übrige Sorten
Mitglied VDP, Deutsches Barrique Forum

Die Knipsers

Die Frage ist immer, wo soll man eigentlich beginnen bei der Beschreibung eines derart kompletten Weinguts wie Knipser in Laumersheim. Bei der Varianz an Rebsorten, die auch Exoten wie Marsanne (hier als Marsannier, also Marsanne und Viognier aus Versuchsanbau) oder Gelben Orleans mit einschließen? Beim Rundgang mit staunenden Augen durch den vermutlich größten Barriquefasskeller Deutschlands? Oder bei der Charakterisierung der Familie Knipser, die nichts, aber auch gar nichts aus der Ruhe zu bringen scheint? Wir erinnern uns an einen recht desaströsen Hagel vor ein paar Jahren, zur Unzeit im August, der stoisch registriert und hingenommen wurde. Abgehakt, kannst eh nix machen.

Pinot as Pinot can

Keinen Spaß verstehen Stephan, Volker und Werner Knipser, wenn es um ihre Qualitäten geht. Vor allem Stehenbleiben ist nicht ihr Ding, es muss immer weiter nach vorne gehen. Am besten lässt sich dies an der Rebsorte Spätburgunder festmachen. Wenn wir zehn Jahre zurück gehen, waren die Pinots von Knipser immer eher muskulös, kräftig, zwar schon sehr gut, aber sie waren eben deutsch interpretiert. Was wir seit einigen Jahren freilich verkosten (und mit annähernd demütiger Begeisterung trinken!), ist fein, seidig, fließend, elegant und nahezu nicht zu überbieten in diesem Land. Obwohl diese 2015er Pinots erst in einigen Jahren überhaupt erst auf den Markt kommen und wir sie in einer Anfangsphase ihrer Entwicklung sehen, sind sie jetzt schon enorm ausgewogen und verspielt. Grandios thront die Réserve du Patron (RdP) über allem und ist unser Spätburgunder des Jahres 2015, ermittelt beim Bundesfinale! Auch die besten weißen Burgundersorten aus 2016 werden noch viel Zeit im Hause Knipser verbringen, bevor sie im Handel sind. Momentan sind sie noch sehr vom Holz geprägt, was sich, wie wir wissen, mit der Zeit harmonisieren wird. Dennoch sind die Chardonnays, der Weißburgunder Großes Gewächs Kirschgarten und der Riesling Großes Gewächs Mandelpfad Manifeste des Könnens der Knipsers auch im Weißweinbereich.

Verkostete Weine 27
Bewertung 84–96 Punkte

- 85 2016 Laumersheimer Kapellenberg Riesling trocken | 12% | 8,60 €
- 86 2016 Sauvignon Blanc trocken | 12% | 9,80 €
- 84 2016 Chardonnay & Weißburgunder trocken | 12,5% | 10,30 €
- 85 2016 Grauburgunder trocken | 12,5% | 12,40 €
- 86 2016 Riesling Kalkmergel trocken Holzfass | 12% | 12,40 €
- 86 2016 Silvaner Kalkmergel trocken Holzfass | 12,5% | 12,40 €
- 90 2016 Laumersheimer Steinbuckel Riesling »Großes Gewächs« | 13% | 27,– €

★★★★ PFALZ

- 93 2016 Laumersheimer Kirschgarten Weißburgunder »Großes Gewächs« | 13% | 27,- € | TOP
- 93 2016 Dirmsteiner Mandelpfad Riesling »Großes Gewächs« | 13% | 27,- €
- 87 2016 Marsanne & Viognier Marsannier trocken Barrique *** | 13% | Verkauf ab 9/20
- 89 2016 Grauburgunder trocken Barrique *** | 13,5% | Verkauf ab 9/20
- 91 2016 Riesling Halbstück trocken Holzfass | 13% | Verkauf ab 9/20
- 92 2016 Chardonnay trocken Barrique **** | 13,5% | Verkauf ab 9/21
- 93 2016 Chardonnay trocken Barrique *** | 13% | Verkauf ab 9/20 | TOP
- 85 2016 Clarette trocken Rosé | 12% | 8,60 €
- 84 2014 Cuvée Gaudenz trocken | 13% | 9,80 €
- 87 2015 Blauer Spätburgunder trocken Holzfass | 13% | 10,30 €
- 89 2015 Spätburgunder Kalkmergel trocken Barrique | 13,5% | 19,- €
- 88 2014 St. Laurent trocken Barrique | 13,5% | 22,- €
- 89 2014 Cabernet Sauvignon & Merlot trocken Barrique | 13% | 22,- €
- 90 2014 Cuvée X trocken Barrique | 13,5% | 39,- €
- 92 2014 Syrah trocken Barrique | 13,5% | 40,- €
- 96 2015 Spätburgunder RdP trocken Barrique | 13,5% | Verkauf ab 9/20 | TOP
- 94 2015 Spätburgunder trocken Reserve Barrique | 13,5% | Verkauf ab 9/20
- 92 2015 Laumersheimer Kirschgarten Spätburgunder »Großes Gewächs« | 13,5% | Verkauf ab 9/19
- 92 2015 Großkarlbacher Burgweg Spätburgunder »Großes Gewächs« | 13% | Verkauf ab 9/19
- 94 2015 Dirmsteiner Mandelpfad Spätburgunder »Großes Gewächs« | 13% | Verkauf ab 9/19 | TOP

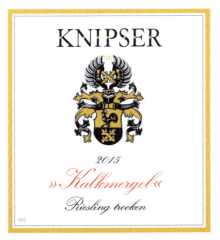

WEINGUT BERNHARD KOCH
76835 Hainfeld · Weinstraße 1
Tel (0 63 23) 27 28 · Fax 75 77
info@weingut-bernhard-koch.de
www.weingut-bernhard-koch.de
Inhaber und Betriebsleiter Bernhard Koch
Betriebsleiter Bernhard und Alexander Koch
Kellermeisterin Chie Sakata
Verkauf Christine Koch und André Ricken
Mo–Fr 10.00–12.00 Uhr · 13.00–18.00 Uhr
Sa 10.00–12.00 Uhr · 13.00–17.00 Uhr
So 13.00–19.00 Uhr (im Pavillon)
Gutsausschank im Weinpavillon
Mi–Sa 14.00–19.00 Uhr, So 12.00–19.00 Uhr
Sehenswert Keller mit 350 Barriques
Rebfläche 50 Hektar
Jahresproduktion 450.000 Flaschen
Beste Lagen Hainfelder Letten und Kirchenstück
Boden Lehm, Kalkmergel, Sand, Schiefer und Buntsandstein
Rebsorten 26% Riesling, 19% Spätburgunder, 15% Grauburgunder, 12% Weißburgunder, 6% Chardonnay, 5% Schwarzriesling, 4% Sauvignon Blanc, 3% Scheurebe, 10% übrige Sorten
Mitglied Barrique Forum Pfalz

Bernhard Koch hat sich mit seinen Weinen innerhalb weniger Jahre an die regionale Spitze der Pfalz katapultiert, ja mit einigen Gewächsen redet er sogar im bundesweiten Entscheid um die Krone mit. Wir sind uns sicher, dass diese Tatsache noch längst nicht allen Kunden von ihm, die selbst bei nur halbwegs tauglichem Wetter in seinem Hainfelder Weinpavillon sitzen und sich ein Viertel gönnen, bewusst ist. Für sie ist´s einfach der Bernhard Koch, zu dem sie seit Langem pilgern.

Breite und Spitze
Der Winzer selbst, ein bescheidener und eher zurückhaltender Mensch, mag es ähnlich sehen. Ihm ist jeder Trubel, jeder Hype fremd. Durch die Aufmerksamkeit freilich muss er nun durch, da hat er schon selber Schuld daran – was muss er auch so herrliche Weine machen! Die Pfalz verfügt ja über mehrere Betriebe, die ein breites Sortiment in unterschiedlichen Rebsorten und Qualitätsstufen anbieten, doch Koch ist da schon extrem. Die Preise bei seinen einfachen Weinen beginnen bei knapp über vier Euro für den Müller-

Thurgau aus der Literflasche, und auch hier schon ist es Wein, nicht irgendeine Plörre. Schließlich steht Koch drauf, folglich muss sich der Anspruch komplett durchziehen. Am anderen Ende der Fahnenstange rangieren Pinot Noirs, die an der 50-Euro-Marke kratzen. Dazwischen tummeln sich Tropfen, die wir mal gut, mal sehr gut und dann auch wieder im Spannungsfeld zwischen außerordentlich, unglaublich und überragend einstufen müssen. Bei den Weißweinen sind es dabei keineswegs nur die Rieslinge, die für Furore sorgen. Neben Weißburgundern sind es vor allem die Chardonnays, die als Réserve und Grande Réserve durch den Ausbau in kleineren und mittleren Holzfässern an Statur derart gewinnen, wie man es hier vor wenigen Jahren noch nicht für möglich gehalten hätte.

Bernhard Koch

Eine Flöte an Pinots

Und man muss auf die Spätburgunder zu sprechen kommen. Ja, auch Kochs andere Rotweine sind durchaus beachtlich, doch die Spätburgunder sind offenbar eine Herzensangelegenheit. Wir haben mal geschrieben, manches Weingut wäre froh, einen so guten Spätburgunder wie den »S« als Top-Wein zu haben - hier ist es der kleinste von sieben Pinots! Und jeder weitere Pinot nach oben ist geschmacklich logisch nachvollziehbar eine Steigerung. Dachten wir sonst, mehr als Réserve HE und Grande Réserve könnte nicht gehen, sehen wir in diesem Jahr einen BK als seidige, samtige, luftige Krönung.

Verkostete Weine 16
Bewertung 84-94 Punkte

- 89 2015 Cuvée »CH« Sekt Brut | 12,5% | 9,80 € | €
- 85 2016 Grauburgunder vom Löss trocken | 13% | 5,90 €
- 84 2016 Riesling Z trocken | 12,5% | 6,80 €
- 87 2016 Walsheimer Silberberg Weißburgunder Réserve trocken | 13% | 9,- €
- 88 2016 Hainfelder Letten Grauburgunder Réserve trocken | 13,5% | 9,- € | €
- 89 2016 Hainfelder Letten Riesling Réserve trocken | 12,5% | 12,50 €
- 93 2016 Hainfelder Letten Chardonnay Réserve trocken | 13,5% | 15,50 € | TOP 10
- 90 2016 Walsheimer Silberberg Weißburgunder Grande Réserve trocken | 13% | 16,50 €
- 93 2016 Hainfelder Letten Chardonnay Grande Réserve trocken | 13,5% | 24,- € | TOP 10
- 86 2015 Spätburgunder S trocken | 13,5% | 8,90 €
- 88 2015 Flemlinger Herrenbuckel Pinot Noir trocken | 13,5% | 14,- € | € | ♦
- 90 2015 Hainfelder Kirchenstück Pinot Noir trocken | 13,5% | 18,- €
- 92 2015 Hainfelder Letten Pinot Noir Réserve trocken | 13,5% | 24,- €
- 93 2015 Pinot Noir Réserve HE trocken | 13,5% | 28,- €
- 93 2015 Hainfelder Letten Pinot Noir Grande Réserve trocken | 13,5% | 39,50 €
- 94 2015 Hainfelder Letten Pinot Noir Grande Réserve BK trocken | 13,5% | 49,50 € | TOP 10

PFALZ

WEINGUT KOEHLER-RUPRECHT
67169 Kallstadt · Weinstraße 84
Tel (0 63 22) 18 29 · Fax 86 40
info@koehler-ruprecht.com
www.koehler-ruprecht.com
Geschäftsführer Dominik Sona
Verwalter Ulrich Meyer
Kellermeister Franziska Schmitt

Verkauf Franziska Schmitt
Mo-Fr 9.00-11.30 Uhr · 13.00-17.00 Uhr
und nach Vereinbarung

Sehenswert historischer Gutshof
mit Gewölbekeller von 1556
Rebfläche 12,5 Hektar
Jahresproduktion 80.000 Flaschen
Beste Lagen Kallstadter Saumagen, Steinacker und Annaberg
Boden Kalkgeröll, sandiger Lehm, teils mit Kies
Rebsorten 54% Riesling, 20% Spätburgunder, 8% Weißburgunder, je 3% Chardonnay und Grauburgunder, 12% übrige Sorten

Verkostete Weine 11
Bewertung 81-92 Punkte

85 2015 Kallstadter Riesling Kabinett trocken Holzfass | 13% | 7,- €
86 2015 Weißburgunder Kabinett trocken Holzfass | 12,5% | 7,- €
87 2015 Kallstadter Saumagen Riesling Kabinett trocken Holzfass | 13,5% | 10,- €
87 2015 Kallstadter Annaberg Chardonnay Spätlese trocken Holzfass | 13% | 12,- €
88 2015 Kallstadter Saumagen Riesling Spätlese trocken Holzfass | 14% | 18,- €
89 2015 Chardonnay Spätlese trocken Holzfass | 13% | 18,- €
88 2015 Kallstadter Saumagen Riesling Auslese trocken Holzfass | 14% | 30,- €
88 2015 Kallstadter Saumagen Riesling Auslese Holzfass | 10% | 25,- €/0,375 Lit.
92 2015 Kallstadter Saumagen Riesling Beerenauslese Holzfass | 9,5% | 96,- €/0,375 Lit.
81 2014 Spätburgunder Kabinett trocken Holzfass | 12,5% | 8,- €
85 2014 Pinot Noir Spätlese trocken Holzfass | 13% | 22,- €

Koehler-Ruprecht ist einer der wenigen Betriebe in der Pfalz, bei denen wir die Ausnahme machen, die Weine erst mit einjähriger Verspätung zu verkosten - jetzt also die Weißweine aus 2015. Das macht hier durchaus Sinn, denn die Weinbereitung unterscheidet sich doch erheblich von der moderner Betriebe. Das Weingut hat sich schon immer als sehr traditionell gesehen, Technik besteht nur im Allernotwendigsten. Seit Dominik Sona als Betriebsleiter das Ruder in die Hand genommen hat, sind die Weine zwar einen Tick früher trinkbar, doch brauchen sie dennoch ihre Zeit. Der Stil der Weine ist von alten Holzfässern geprägt, die Klassifizierung wird noch nach guter alter Sitte in Kabinett, Spätlese, Auslese usw. vorgenommen. Die trockene Riesling Spätlese aus dem Saumagen ist hervorragend, die entsprechende trockene Auslese sehr intensiv - und bei der Beerenauslese fangen wir ganz wohlig an zu schnurren.

☆

WEINGUT DR. ANDREAS KOPF BIO
76829 Landau-Mörzheim · Am Frohnacker 1
Tel (0 63 41) 3 23 55 · Fax 93 27 62
biolandhofkopf@t-online.de
www.weingut-dr-kopf.de
Inhaber Dr. Andreas Kopf
Verkauf nach Vereinbarung

Wenn ein Winzer auf der Startseite seiner Homepage mehr über die neue Geflügelzucht seiner jüngsten Tochter, die zugelaufene Katze namens Amerika und den entsprechenden Wein »Cuvée Chat au Garage« schreibt als über seine eigentlichen Erzeugnisse – dann muss es da extrem entspannt zugehen. Dr. Andreas Kopf kann sich das so leisten, denn hauptberuflich unterrichtet er am landwirtschaftlichen Dienstleistungszentrum in Neustadt. Was er in der Freizeit macht, ist immerhin so gut, dass wir es in diesen Führer aufgenommen haben. Es sind handwerklich vollkommen seriöse Weine, eigentlich alle im Bereich des sehr Guten. Selbst der einfache Silvaner ist eine wahre Freude.

Verkostete Weine 6
Bewertung 82–85 Punkte

84 2015 Pinot Sekt Brut Blanc de Blancs | 13% | 12,– €
82 2016 Spätburgunder Kabinett trocken Blanc de Noirs | 12,5% | 7,– €
85 2016 Grauburgunder Kabinett trocken | 13% | 7,– €
85 2016 Sylvaner anno 1959 Kabinett trocken Alte Reben | 12,5% | 7,– €
85 2016 Weißburgunder Kabinett trocken Barrique | 13% | 8,– €
85 2015 Spätburgunder Pfälzer Eiche trocken Barrique | 13,5% | 12,– €

★★★★

WEINGUT KRANZ BIO
76831 Ilbesheim · Mörzheimer Straße 2
Tel (0 63 41) 93 92 06 · Fax 93 92 07
info@weingut-kranz.de
www.weingut-kranz.de
Inhaber Boris Kranz
Betriebsleiter und Kellermeister Boris Kranz
Verkauf Kerstin und Boris Kranz
Mo–Mi 8.00–12.00 Uhr
Do–Fr 8.00–12.00 Uhr · 14.00–18.00 Uhr
Sa 9.00–16.00 Uhr und nach Vereinbarung
Sehenswert Terrassenwingerte unterhalb der Kleinen Kalmit, Vinothek in moderner Architektur, eigene Destillerie
Rebfläche 20 Hektar
Jahresproduktion 100.000 Flaschen
Beste Lagen Ilbesheimer Kalmit, Westerberg und Kirchberg, Arzheimer am Fürstenweg und am Klingenwingert
Boden Landschneckenkalk, Ton, Löss, Lehm
Rebsorten je 25% Riesling, Spätburgunder und Weißburgunder, 25% übrige Sorten
Mitglied VDP, Südpfalz Connexion

Die Verteilung der Rebsorten ist bei Boris Kranz sehr leicht zu merken: jeweils ein Viertel Riesling, Weißburgunder, Spätburgunder – und dann noch ein wenig Rest. Dazu gehört beispielsweise der Silvaner, den man in kleiner Version als unkomplizierten, typischen Gutswein und in gehobener Variante als Sylvaner vom Ton anbietet, der dann kräftig und sehr würzig rüberkommt. An diesen Heimatweinen der Südpfalz will Kranz unbedingt festhalten, auch wenn das Hauptaugenmerk natürlich woanders liegt.

Vorteil Kalksteinuntergrund

Nach dem Einstiegsbereich, wo sich neben den klassischen Sorten auch ein paar moderne, auf junges Publikum zielende Cuvées finden, wird es dann schon mit den Ortsweinen richtig interessant. Sehr unterschiedlich fallen die beiden Rieslinge vom Rotliegenden in Ranschbach und vom Landschneckenkalk aus Ilbesheim aus: druckvoll, präzise und knochentrocken der erste, voller mineralischer Prägung der zweite. Interessanterweise sind sich dann die Erste Lage vom Westerberg und die Großen Gewächse von Kalmit und Kirchberg fast ebenbürtig, wobei das Potenzial beim Kalmit-Riesling wohl letztlich doch die

Symbole Weingüter
€ Schnäppchenpreis · TOP Spitzenreiter · BIO Ökobetrieb
Trinktipp · Versteigerungswein
Sekt | Weißwein | Rotwein | Rosé

Nase vorne haben dürfte auf lange Sicht. Ein anderes Bild zeigt sich bei den Weißburgundern, hier strahlt der Kalmit eine überragende Dominanz aus, er spielt mit allen Vorteilen, die der massive Kalksteinuntergrund in Kombination mit der Rebsorte hat. Zwar sind fast alle der gehobenen Weine von Boris Kranz noch sehr verschlossen in ihrer kühlen und auch erfrischenden Art. Doch wir wissen aus der Erfahrung der vergangenen Zeit, welches Bild sich nach zwei bis drei Jahren ergibt.

Boris Kranz

Gas geben beim Spätburgunder

Gerne hätten wir neben den 2014er Spätburgundern auch die 2015er gesehen, doch die lagen zur Zeit unserer Verkostungen noch unverschnitten in den verschiedenen Fässern, selbst der Ortswein war noch nicht abgefüllt. Dieser Rebsorte wird im Betrieb künftig ein größerer Stellenwert eingeräumt, es wurden entsprechende Pflanzungen vorgenommen im Mix aus kleinbeerigen, geschmacksintensiven Klonen und lockerbeerigen, die mehr Frucht transportieren. Wir sind gespannt, denn das Bemühen, gerade hier weiter nach vorne zu kommen, ist eindeutig spürbar. Kranz ist als einer der Vizepräsidenten des Pfälzischen Weinbauverbands auch weinbaupolitisch aktiv.

Verkostete Weine 13
Bewertung 86–94 Punkte

- **86** 2016 Sylvaner trocken | 12,5% | 7,70 €
- **89** 2016 Ranschbacher Riesling Rotliegend trocken | 12,5% | 12,50 €
- **87** 2016 Ilbesheimer Weißburgunder vom Landschneckenkalk trocken | 13,5% | 15,50 €
- **88** 2016 Ilbesheimer Riesling vom Landschneckenkalk trocken | 12,5% | 15,50 €
- **90** 2016 Arzheimer Klingenwingert Weißburgunder trocken | 13,5% | 17,– €
- **90** 2016 Ilbesheimer Westerberg Riesling trocken | 12,5% | 17,– €
- **90** 2016 Arzheimer am Fürstenweg Chardonnay trocken | 13% | 17,– €
- **89** 2016 Ilbesheimer Kirchberg Riesling »Großes Gewächs« | 12,5% | 28,– €
- **90** 2016 Ilbesheimer Kalmit Riesling »Großes Gewächs« | 12,5% | 28,– €
- **94** 2016 Ilbesheimer Kalmit Weißburgunder »Großes Gewächs« | 13,5% | 28,– € | TOP
- **86** 2014 Spätburgunder trocken | 13% | 8,– €
- **89** 2014 Arzheimer am Fürstenweg Spätburgunder trocken | 13,5% | 18,– €
- **89** 2014 Ilbesheimer Kalmit Spätburgunder »Großes Gewächs« | 13% | 32,– €

WEINGUT KREBS

67251 Freinsheim · Großkarlbacher Straße 10
Tel (0 63 53) 31 49 · Fax 10 12
info@weingut-krebs.eu
www.weingut-krebs.eu
Inhaber Harald und Jürgen Krebs
Außenbetrieb Harald Krebs
Kellermeister Jürgen Krebs
Verkauf Harald Krebs
Mo-Fr 10.00-12.00 · 14.00-18.00 Uhr
Sa 9.00-17.00 Uhr und nach Vereinbarung

Rebfläche 17 Hektar
Jahresproduktion 70.000 Flaschen
Beste Lagen Freinsheimer Musikantenbuckel und Oschelskopf, Herxheimer Honigsack und Himmelreich
Boden Löss, Lehm, Sand, Kalk
Rebsorten 30% Riesling, 25% Spätburgunder, je 10% Merlot und Weißburgunder, 7% Sauvignon Blanc, 18% übrige Sorten
Mitglied VDP Spitzentalente Pfalz, Barrique Forum Pfalz, Generation Riesling

Verkostete Weine 12
Bewertung 82-90 Punkte

- **82** 2016 Riesling trocken | 12% | 5,- €/1,0 Lit.
- **85** 2016 Riesling trocken | 12% | 6,50 €
- **83** 2016 Freinsheimer Sauvignon Blanc trocken | 12,5% | 8,50 €
- **87** 2016 Freinsheimer Riesling trocken | 12,5% | 8,50 €
- **88** 2016 Freinsheimer Musikantenbuckel Riesling Halbstück trocken | 13% | 16,- €
- **88** 2016 Freinsheimer Musikantenbuckel Weißburgunder trocken | 13% | 16,- €
- **90** 2016 Herxheimer Honigsack Riesling trocken | 13% | 16,- €
- **90** 2016 Freinsheimer Musikantenbuckel Viognier trocken Reserve | 13% | 16,- €
- **89** 2016 Herxheimer Himmelreich Riesling trocken | 13,5% | 24,- €
- **84** 2015 Freinsheimer Spätburgunder trocken | 13% | 13,50 €
- **86** 2013 Portugieser trocken Reserve | 13,5% | 21,- €
- **88** 2015 Freinsheimer Musikantenbuckel Spätburgunder trocken | 13% | 28,- €

Das Begleiten eine Betriebs auf seinem Weg über mehrere Jahre hinweg, und dabei die Veränderungen, die Entwicklungen zu sehen und zu schmecken - das ist der größte Spaß und Lohn bei solch einem Weinführer. So konnten wir Jürgen Krebs verfolgen in dem, was er tut und an welchen Stellschrauben er dreht. Es passiert eine Menge, denn er sprüht nur so vor Leidenschaft für Wein, auch die Kellerausstattung wurde jüngst modernisiert mit Maischegärtanks, Cuves und mehr Barriques. Die Weine sind alle wunderbar trocken, was sie in der Jugend vielleicht mitunter etwas zurückhaltend erscheinen lässt, aber ein großes Potenzial für die Zukunft birgt. Jürgen Krebs arbeitet viel mit Holz, und das in unterschiedlichen Zusammenstellungen aus großem Holzfass, Halbstück, neuen und zweitbelegten Barriques. Mit herrlichen Ergebnissen beim Honigsack Riesling und besonders beim Himmelreich. Saftig und mit viel Struktur präsentiert sich der Viognier. Seit 2015 ist der Betrieb in Umstellung auf biologische Wirtschaftsweise.

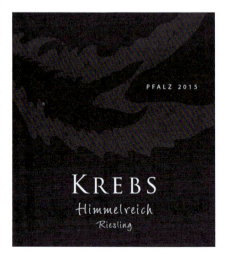

PFALZ

WEINGUT PHILIPP KUHN

67229 Laumersheim · Großkarlbacher Str. 20
Tel (0 62 38) 6 56 · Fax 46 02
info@weingut-philipp-kuhn.de
www.weingut-philipp-kuhn.de

Inhaber und Kellermeister Philipp Kuhn
Verkauf Familie Kuhn und Lars Lander
Mo-Fr 10.00-12.00 Uhr · 13.30-17.00 Uhr
Sa 10.00-12.00 Uhr · 13.30-16.00 Uhr
Rebfläche 28 Hektar
Jahresproduktion 200.000 Flaschen
Beste Lagen Laumersheimer Kirschgarten und Steinbuckel, Großkarlbacher Burgweg und Im Großen Garten, Zeller Schwarzer Herrgott, Kallstadter Saumagen
Boden Kalksteinfels, Kalkmergel, Löss, sandiger Lehm, Kies, Quarzsand
Rebsorten 25% Riesling, 25% Spätburgunder und Cabernet Sauvignon, 25% weiße Burgundersorten, 25% Dornfelder und andere rote Sorten
Mitglied VDP, Fair'n Green

Da denkt man nun, man kennt ein Weingut durch und durch, hat seinen Stil verinnerlicht - ja und dann kommt Philipp Kuhn daher mit so mancher Überraschung in der Verkostung! Nein, es ist kein völliger Bruch zu dem, was er bislang gemacht hat. Und doch ist es mit dem ersten Schluck schmeckbar, dass hier an ein paar Rädchen und Stellschrauben gedreht worden ist. Oder haben wir uns etwa geirrt?

Weniger Pflicht, mehr Kür

»Nein, es ist schon so, dass wir gerade jetzt ein paar Früchte der investierten Arbeit ernten können«, sagt Kuhn und meint damit die vor einigen Jahren vorgenommene Pflanzung alter, unverdorbener Klone in den markantesten Abschnitten seiner Lagen. Denen mit dem höchsten Kalkanteil. »Das kann nun von mir straffer, salziger und intensiver interpretiert werden. Ich muss nicht mehr auf jede Beere achten, sondern kann unheimlich spielen.« Die Resultate sind genau so. Selten zuvor empfanden wir beispielsweise Philipp Kuhns Rieslinge derart griffig und definiert, vor allem bei denen aus dem Kallstatter Saumagen, dem Steinacker und dem Schwarzen Herrgott. Er ist damit trockener geworden, was eine logische Konsequenz des eingeschlagenen Wegs ist. Ein salziger Riesling mit acht Gramm Restzucker wäre wohl süß-sauer-tödlich. So freilich haben wir sehr hohes Niveau und gleichzeitig Trinkspaß. Die Laumersheimer Rieslinge hingegen warten mit mehr, aber nicht zuviel Frucht und einer größeren Geschmeidigkeit auf. Überrascht hat zudem ein wahnsinnig gekonnter Pinot Noir Sekt Brut nature: Brot, Brioche, sehr champagnerartig, ganz feines Mousseux, ein Traum von einem Sekt. Dass Kuhn auch bei den Weißweinen mit Holz umgehen kann, zeigen die hierfür bestens geeigneten Sauvignon Blanc, Chardonnay oder auch Viognier.

Philipp Kuhn

Gestalten statt retten

Für die Zukunft liegt ein Grundinteresse des Winzers auf der Weiterentwicklung seiner Spätburgunder. Mit Rotweinen hat er ja lange Erfahrung, weil sich seine Sympathien auch auf Sorten wie Cabernet Sauvignon, Cabernet Franc oder Blaufränkisch ausdehnen. Wir sehen mit den 2016er Pinots mehr Straffheit, mehr Würze und weniger dunklen Pflaumenton als zuvor. Da scheint jemand auf einem sehr guten Weg zu sein.

Verkostete Weine 26
Bewertung 83-92 Punkte

- **90** 2013 Pinot Noir Sekt Brut Zero Dosage Blanc de Noirs | 12% | 18,- €
- **83** 2016 Riesling Tradition trocken | 12% | 9,10 €
- **87** 2016 Laumersheimer Riesling vom Kalksteinfels trocken | 12,5% | 12,90 €
- **84** 2016 Laumersheimer Gewürztraminer & Riesling Edelsatz trocken | 13% | 13,90 €
- **87** 2016 Laumersheimer Kapellenberg Riesling trocken | 13% | 16,90 €
- **89** 2016 Großkarlbacher Burgweg Riesling trocken | 13% | 16,90 €
- **89** 2016 Kallstadter Steinacker Riesling trocken | 13% | 16,90 €
- **87** 2016 Großkarlbacher Grauburgunder Réserve trocken Barrique | 13,5% | 20,- €
- **89** 2016 Dirmsteiner Sauvignon Blanc Réserve trocken Barrique | 12,5% | 20,- €

- **89** 2016 Dirmsteiner Chardonnay Réserve trocken Barrique | 13% | 20,- €
- **90** 2016 Laumersheimer Kirschgarten Pinot Blanc »Großes Gewächs« | 13% | 28,- €
- **90** 2016 Laumersheimer Steinbuckel Riesling »Großes Gewächs« | 13% | 28,- €
- **91** 2016 Großkarlbacher Im Großen Garten Riesling »Großes Gewächs« | 13% | 28,- €
- **90** 2016 Kallstadter Saumagen Riesling »Großes Gewächs« | 13% | 32,- €
- **91** 2016 Zeller Schwarzer Herrgott Riesling »Großes Gewächs« | 12,5% | 32,- €
- **92** 2016 Laumersheimer Kirschgarten Riesling »Großes Gewächs« | 13% | 32,- €
- **84** 2015 Spätburgunder -Tradition- trocken Holzfass | 13,5% | 12,50 €
- **88** 2015 Laumersheimer Saint Laurent trocken Reserve Barrique | 13% | 20,80 €
- **89** 2015 -LUITMAR- trocken Barrique | 14% | 25,- €
- **88** 2015 Großkarlbacher Frühburgunder trocken Reserve Barrique | 13,5% | 25,- €
- **89** 2015 Pinot Noir trocken Reserve Barrique | 13,5% | 25,- €
- **89** 2015 Blaufränkisch trocken Reserve Barrique | 13,5% | 25,- €
- **89** 2015 Cabernet Sauvignon trocken Reserve Barrique | 14% | 25,- €
- **90** 2015 Cabernet Franc trocken Reserve Barrique | 14% | 25,- €
- **90** 2015 Laumersheimer Steinbuckel Pinot Noir »Großes Gewächs« | 13% | 38,- €
- **91** 2015 Laumersheimer Kirschgarten Pinot Noir »Großes Gewächs« | 13,5% | 38,- €

★★⯪

WEINGUT LANGENWALTER
67256 Weisenheim am Sand · Bahnhofstr. 45
Tel (0 63 53) 73 90 · Fax 41 52
info@weingut-langenwalter.de
www.weingut-langenwalter.de
Inhaber und Betriebsleiter Thorsten Langenwalter
Verkauf Familie Langenwalter
Mo–Mi, Fr 10.00–12.00 Uhr · 14.00–18.00 Uhr
Sa 9.00–15.00 Uhr

Mit Thorsten Langenwalter wird es uns nie langweilig. Diesmal sind wir bass erstaunt ob der plötzlichen Qualitäten der Rotweine! Stach früher mal der eine raus, war der andere dafür ruppig. Das scheint Schnee von gestern zu sein, denn Langenwalter hat umgestellt und gibt seinen Barriqueweinen jetzt noch Partien aus 500-Liter-Fässern dazu, was sie im Ergebnis schön rund und elegant macht. Aus Portugieser kann man kaum mehr herausholen, das ist schon stark. Auch die Weißweine schlagen einen ganz anderen Ton an als noch 2015.

Verkostete Weine 12
Bewertung 83–88 Punkte

- **83** 2016 Riesling vom Löss trocken | 12,5% | 6,90 €
- **84** 2016 Weißburgunder vom Löss trocken | 13% | 6,90 €
- **83** 2016 Muskateller trocken | 11,5% | 7,25 €
- **86** 2016 Weisenheimer Altenberg Grauburgunder trocken Holzfass | 13,5% | 10,75 €
- **85** 2016 Weisenheimer Burgweg Riesling trocken | 13% | 16,80 €
- **88** 2015 Weisenheimer Hahnen Weißburgunder trocken | 13,5% | 16,80 €
- **84** 2016 Weisenheimer Hahnen Riesling Spätlese | 9% | 9,10 €
- **83** 2015 Cuvée Terra Silex trocken Holzfass | 13,5% | 11,65 €
- **87** 2014 Freinsheimer Schwarzes Kreuz St. Laurent trocken Barrique | 13% | 22,- €
- **86** 2014 Weisenheimer Auf dem Kalkstein Spätburgunder trocken | 13% | 23,10 €
- **87** 2014 Weisenheimer Goldberg Portugieser trocken Barrique | 13% | 23,10 €
- **88** 2014 Weisenheimer Goldberg Cuvée Der Goldberg trocken Barrique | 13,5% | 23,10 €

PFALZ

WEINGUT JÜRGEN LEINER

76831 Ilbesheim · Arzheimer Straße 14
Tel (0 63 41) 3 06 21 · Fax 3 44 01
info@weingut-leiner.de
www.weingut-leiner.de

Inhaber und Betriebsleiter Sven Leiner
Kellermeister Sven Leiner

Verkauf nach Vereinbarung

Sehenswert historischer Holzfasskeller
Rebfläche 16 Hektar
Jahresproduktion 100.000 Flaschen
Beste Lagen Ilbesheimer Kalmit
Boden Löss und Lehm, Buntsandsteinverwitterung, Ton mit Kalk
Rebsorten 25% weiße Burgundersorten, 15% Riesling, 33% rote Sorten, 27% übrige Sorten
Mitglied Südpfalz Connexion, Demeter

Verkostete Weine 12
Bewertung 83–90 Punkte

83 2016 Grauburgunder Handwerk trocken | 12,5% | 8,- €
84 2016 Riesling handwerk trocken | 11,5% | 8,- €
84 2016 Weißburgunder handwerk trocken | 12,5% | 8,- €
85 2016 Chardonnay handwerk trocken | 12% | 8,- €
85 2015 Ilbesheimer Grauer Burgunder trocken Holzfass | 13,5% | 14,- €
86 2015 Ilbesheimer Weißer Burgunder trocken Holzfass | 12,5% | 14,- €
87 2015 Göcklinger Riesling trocken | 12% | 14,- €
86 2015 Ilbesheimer Chardonnay trocken Holzfass | 13,5% | 18,- €
90 2015 Ilbesheimer Kalmit Riesling trocken Holzfass | 13,5% | 18,- €
90 2015 Ilbesheimer Kalmit Weißburgunder trocken Holzfass | 13,5% | 18,- €
86 2015 Dornfelder Kuriosum trocken Holzfass | 13,5% | 12,- € | 🍷
86 2014 Ilbesheimer Spätburgunder trocken Holzfass | 13% | 17,- €

Es gab in der Pfalz mal Zeiten, da wurde massiv Dornfelder gepflanzt und der Markt damit geflutet. Heute verstecken ihn die Winzer lieber in irgendeiner Cuvée, sollten sie überhaupt noch welchen haben. Sven Leiner jedoch schämt sich des Dornfelders mit keiner Faser – denn nirgends bekommt man ihn besser als bei ihm. Absoluter Trink-Tipp! Ansonsten bekommen wir die Weine, bis auf die Handwerk-Basis, immer mit einem Jahr Verzögerung eingereicht. Leiner arbeitet biodynamisch und auch im Keller in etwas anderen Denkzyklen. Lange Fasslagerung, späte Abfüllung, Ruhe zur Reifung kennzeichnen diesen Stil. Seine Rieslinge und weiße Burgundersorten sind nicht zwingend als frisch zu bezeichnen, doch sie halten sich in der Art, wie sie abgefüllt sind, viele Jahre auf gleichem Niveau. Besonders die Kalmit-Weine haben den Kalkboden verinnerlicht, sie sind energisch, nachdrücklich, aber nicht vordrängelnd.

☆   ★★

WEINGUT LEONHARD

76889 Pleisweiler-Oberhofen · Hauptstraße 19
Tel (0 63 43) 82 90 · Fax 20 88
info@weingut-leonhard.de
www.weingut-leonhard.de
Inhaber Volker, Susanne und Steffen Leonhard
Kellermeister Steffen Leonhard

Verkauf nach Vereinbarung

Erst vor zwei Jahren war Steffen Leonhard in unser Blickfeld gerückt und hatte beim Wettbewerb »Die junge Südpfalz« mit ein paar Weinen für Augenaufschlag gesorgt. Auch mit der aktuellen Kollektion bestätigt er, dass es sich lohnt, da ruhig wieder näher hinzuschauen. Als besonders gut gelungen kann man den Schlossberg Riesling bezeichnen, auch Chardonnay und Weißburgunder aus gleicher Lage überzeugen. Eine witzige Idee ist die trockene Cuvée Feinschliff in der halben Flasche für drei Euro.

Verkostete Weine 12
Bewertung 80–87 Punkte

82 2016 Riesling trocken | 12% | 4,20 €/1,0 Lit.
83 2016 Weißburgunder Klassiker trocken
    | 13% | 5,30 €
84 2016 Grauburgunder trocken | 13% | 5,30 €
85 2016 Riesling Klassiker trocken | 12,5% | 5,30 €
84 2016 Cuvée Feinschliff trocken
    | 12,5% | 3,– €/0,375 Lit.
87 2016 Oberhofener Schlossberg Riesling trocken
    | 13% | 6,50 €
86 2016 Oberhofener Schlossberg Weißburgunder
    trocken Holzfass | 13,5% | 8,60 €
86 2016 Oberhofener Schlossberg Chardonnay
    trocken Holzfass | 13,5% | 8,60 €
83 2016 Gelber Muskateller halbtrocken
    | 12% | 5,30 €
82 2016 Gewürztraminer Spätlese | 11,5% | 6,10 €
80 2014 Spätburgunder trocken Barrique
    | 13,5% | 9,50 €
80 2016 Schwarzriesling halbtrocken | 13% | 5,– €

WEINGUT LIDY

76833 Frankweiler · Frankenburgstraße 6
Tel (0 63 45) 34 72 · Fax 52 38
info@weingut-lidy.de
www.weingut-lidy.de
Inhaber Bertram und Marcel Lidy
Kellermeister Marcel und Nicolay Lidy

Verkauf Familie Lidy
Mo–Sa 9.00–11.30 Uhr · 13.00–17.00 Uhr

Rebfläche 22 Hektar
Jahresproduktion 150.000 Flaschen
Beste Lage Frankweiler Kalkgrube und Biengarten
Boden Kalk, Mergel, Buntsandstein, roter Keuper
Rebsorten 35% Riesling, 20% Spätburgunder, 8% Weißburgunder, je 5% Chardonnay, Grauburgunder, Silvaner und St. Laurent, 17% übrige Sorten

Nachdem 2015 ein eher schwieriger Jahrgang für Bertram Lidy und seine Söhne Marcel und Nicolay war, sieht es mit dem aktuellen Jahrgang wieder ein wenig positiver aus. Die Weine sind generell recht straff, denn die Lidys gehen einen trockenen Weg. Sie haben ein eigenes Bezeichnungssystem mit Kürzeln entwickelt: Ag für argentum (Silber), Au für aurum (Gold). Bei den Platin-Weinen (Pt) tun sie sich allerdings ein wenig schwer, nach ganz oben Spitzen zu setzen, denn ihre Weine werden dann gerne etwas streng - in der Jugend. Sie erscheinen ruppiger, als sie sich dann nach zwei bis drei Jahren geben. Das könnte auch auf den Einfluss der um Frankweiler vorherrschenden Kalkböden zurückzuführen sein, die eine gewisse Kernigkeit verursachen. Auf einem richtig guten Pfad sehen wir die Spätburgunder, die allerdings beim Alkohol auch mit einer Umdrehung weniger auskämen.

Symbole Weingüter
★★★★★ Weltklasse • ★★★★ Deutsche Spitze
★★★ Sehr Gut • ★★ Gut • ★ Zuverlässig

PFALZ

Verkostete Weine 12
Bewertung 81–88 Punkte

81 2016 Riesling Ag trocken | 12,5% | 4,60 €/1,0 Lit.
84 2016 Grauburgunder Ag trocken | 12,5% | 5,80 €
85 2016 Weißburgunder Ag trocken | 12,5% | 5,80 €
83 2016 Frankweiler Riesling Au trocken
    | 12,5% | 6,90 €
85 2016 Frankweiler Riesling Au trocken Alte Reben
    | 12,5% | 7,90 €
85 2016 Frankweiler Riesling Au vom gelben Fels
    trocken | 13% | 8,40 €
87 2016 Frankweiler Kalkgrube Riesling Pt trocken
    | 12,5% | 10,90 €
87 2016 Frankweiler Kalkgrube Weißburgunder Pt
    trocken | 13,5% | 10,90 €
87 2016 Frankweiler Kalkgrube Grauburgunder Pt
    trocken | 13,5% | 10,90 €
83 2015 Frankweiler Spätburgunder Au trocken
    Holzfass | 13,5% | 7,90 €
86 2015 Frankweiler Biengarten Spätburgunder Pt
    trocken Barrique | 14% | 12,90 €
88 2015 Frankweiler Kalkgrube Spätburgunder Pt
    trocken Barrique | 14% | 17,90 €

WEINGUT LUCASHOF
67147 Forst · Wiesenweg 1a
Tel (0 63 26) 3 36 · Fax 57 94
weingut@lucashof.de
www.lucashof.de
Inhaber und Betriebsleiter Klaus Lucas
Verwalter Hans Lucas
Kellermeister Klaus Lucas
Verkauf Familie Lucas
Mo-Fr 8.00–12.00 Uhr · 13.00–18.00 Uhr
Sa 8.00–16.00 Uhr, **So** 10.00–12.00 Uhr
Landhotel stilvoll eingerichtet, mit
sieben Doppelzimmern
Rebfläche 25 Hektar
Jahresproduktion 160.000 Flaschen
Beste Lagen Forster Ungeheuer, Pechstein,
Musenhang und Stift, Deidesheimer Herrgottsacker und Wachenheimer Goldbächel
Boden Lösslehm und Sand, Basalt, Buntsandsteinverwitterung
Rebsorten 90% Riesling, 10% übrige Sorten

Seit wir die Weine vom Lucashof kennen - und das geht nun ja schon eine ganze Zeit zurück -, sehen wir das Streben, die Individualität der kleinen Gegebenheiten. Diese Weine waren nie überbordend fruchtig, eher in der Jugend etwas verschlossen. Und unterscheidbar, in Qualitäten und Lagen bestens erkennbar. Auch mit 2016 ist dem so. Die Ersten Lagen der Rieslinge sind durch die Bank gut, aber jeder auf seine Weise. Der Riesling P. Lucas , von Junior Philipp gemacht, reiht sich da bestens ein. Richtig interessant wird es bei den Großen Lagen, wenn sich der Ungeheuer LS mit seiner voluminösen Kraft und dem jetzt schon vorhandenen Schmelz mit dem Pechstein LS mit seinem lauernden, eleganten und vielschichtigen Charakter duellieren. Uns wurden diesmal auch ein gelungener Sekt sowie ein wirklich respektabler Spätburgunder vorgestellt.

Verkostete Weine 12
Bewertung 82–90 Punkte

- 86 2015 Chardonnay Sekt Brut | 12,5% | 14,- €
- 82 2016 Forster Stift Riesling trocken | 12% | 6,- €/1,0 Lit.
- 82 2016 Weißburgunder trocken | 12% | 7,80 €
- 83 2016 Grauburgunder trocken | 12,5% | 8,- €
- 85 2016 Wachenheimer Luginsland Riesling trocken | 12% | 8,- €
- 86 2016 Forster Musenhang Riesling trocken | 12% | 9,50 €
- 86 2016 Forster Riesling P. Lucas trocken | 12,5% | 9,50 €
- 86 2016 Forster Ungeheuer Riesling trocken | 12,5% | 9,90 €
- 86 2015 Ruppertsberger Weißburgunder trocken | 13,5% | 13,- €
- 89 2015 Forster Ungeheuer Riesling LS trocken | 13,5% | 19,- €
- 90 2016 Forster Pechstein Riesling LS Spätlese trocken | 13% | 21,- €
- 86 2015 Wachenheimer Altenburg Spätburgunder trocken | 13% | 20,- €

WEINGUT MEHLING

67146 Deidesheim · Weinstraße 55
Tel (0 63 26) 2 74 · Fax 74 73
info@weingut-mehling.de
www.weingut-mehling.de

BIO

Inhaber Anne Mehling-Otte und Bernd Otte
Verwalter Christoph Knäbel
Kellermeister Christoph Knäbel und Kathrin Otte
Verkauf Familie Mehling-Otte
Mo-Sa 8.00–12.00 Uhr · 14.00–18.00 Uhr und nach Vereinbarung

Es ist in Deidesheim zugegebenermaßen nicht einfach, auf sich aufmerksam zu machen. Sehr viel Konkurrenz, sehr viel Historie, sehr prominente Wettbewerber. Und doch sehen wir Kathrin Otte und Christoph Knäbel als, man verzeihe den Vergleich, kleine gallische Kämpfer gegen die römische Übermacht auf einem richtigen Weg. Ihre Kollektion ist stimmig, überzeugt, ist restlos schlüssig aufgestellt – und macht vor allem Spaß. Maischestandzeiten, Spontanvergärung und Vollhefelager schlagen einfach positiv durch!

Verkostete Weine 12
Bewertung 82–88 Punkte

- 82 2016 Riesling trocken | 11,5% | 5,60 €/1,0 Lit.
- 83 2016 Riesling Herr Mehling trocken | 11,5% | 6,80 €
- 84 2016 Ruppertsberger Reiterpfad Riesling trocken | 12% | 7,80 €
- 85 2016 Deidesheimer Herrgottsacker Riesling trocken | 12% | 7,80 €
- 86 2016 Forster Musenhang Riesling trocken | 12% | 9,50 €
- 86 2016 Deidesheimer Kieselberg Riesling trocken | 12% | 9,50 €
- 87 2016 Deidesheimer Leinhöhle Riesling trocken | 12% | 9,50 €
- 87 2016 Deidesheimer Paradiesgarten Riesling trocken | 12% | 10,50 €
- 88 2015 Forster Ungeheuer Riesling trocken »sur lie« | 13,5% | 15,- €
- 88 2015 Deidesheimer Kalkofen Riesling trocken »sur lie« | 13,5% | 15,- €
- 88 2015 Königsbacher Ölberg Riesling trocken »sur lie« | 13% | 18,- €
- 85 2015 Deidesheimer Kalkofen Riesling Lux Capta Auslese | 12% | 15,- €/0,5 Lit.

PFALZ

WEINGUT MEIER
76835 Weyher · Hübühl 9
Tel (0 63 23) 98 85 99
info@wein-meier.de
www.wein-meier.de
Inhaber Helmut, Barbara und Georg Meier
Außenbetrieb Helmut Meier
Kellermeister Georg Meier

Verkauf Barbara Meier
Mo–Fr 14.00–19.00 Uhr, **Sa** 9.00–16.00 Uhr

Rebfläche 17 Hektar
Jahresproduktion 90.000 Flaschen
Beste Lagen Weyher Michelsberg, Burrweiler Altenforst, Hainfelder Letten
Boden Kalkmergel, Buntsandstein, Rotliegendes, Granit, Schiefer
Rebsorten 40% Riesling, je 20% Grauburgunder und Weißburgunder, 10% Spätburgunder, 10% übrige Sorten
Mitglied Barrique Forum Pfalz

Mit Georg Meier haben wir einen eher introvertierten, sehr ernsthaft vorgehenden Winzer vor uns, der wenig Energie dafür verwenden möchte, sich nach außen zu erklären, dessen Sprachrohr eher die Weine selbst sind. Er hat beim Wettbewerb »Die junge Südpfalz – da wächst was nach« in den sieben Jahre seines Bestehens mehrfach den Gesamtsieg abgeräumt und war ansonsten stets im vordersten Feld zu finden. Von einem Newcomer zu sprechen, verbietet sich also. Und dennoch genießt das Weingut nach außen noch nicht den Stellenwert, den es verdient hätte. Dabei sprechen diese Rieslinge für sich: Buntsandstein, Schiefer, Granit, Rotliegendes – das schmeckt alles jeweils so differenziert, ist so definiert und findet seinen Meister im Michelsberg Lagenwein. Preislich völlig traditionell pfälzisch kalkuliert (eine Umschreibung für: zu günstig). Die jeweiligen Terroirweine aus 2015, früher verschraubt, wurden jetzt verkorkt nachgeschoben, da Meier mehr Potenzial sieht. Können wir meist nachvollziehen.

Verkostete Weine 13
Bewertung 85–91 Punkte

85 2016 Weyher Scheurebe trocken | 12,5% | 6,90 €
86 2016 Weyher Riesling Buntsandstein trocken | 13% | 7,80 €
88 2016 Burrweiler Riesling Rotliegendes trocken | 13% | 9,40 € | €
89 2016 Burrweiler Riesling Schiefer trocken | 13% | 9,40 € | €
89 2016 Weyher Riesling Granit trocken | 13% | 9,40 € | € 🍇
87 2016 Roschbacher Chardonnay trocken Barrique | 13% | 10,40 €
88 2015 Weyher Riesling Schiefer trocken | 13% | 12,– €
89 2015 Weyher Riesling Rotliegendes trocken | 13% | 12,– €
90 2015 Weyher Riesling Granit trocken | 13% | 12,– €
90 2015 Weyher Michelsberg Riesling trocken | 13,5% | 17,– €
91 2016 Weyher Michelsberg Riesling trocken | 13,5% | 17,– €
88 2015 Burrweiler Altenforst Riesling trocken Holzfass | 13% | 22,– €
88 2013 Hainfelder Letten Spätburgunder trocken Barrique | 13,5% | 22,– €

WEINGUT HERBERT MESSMER

76835 Burrweiler · Gaisbergstraße 5
Tel (0 63 45) 27 70 · Fax 79 17
messmer@weingut-messmer.de
www.weingut-messmer.de
Inhaber Familie Meßmer
Betriebsleiter Gregor Meßmer
Kellermeister Gregor Meßmer und Bernd Henninger
Verkauf Vinothek Weinstraße 6
Mi–Do, So 13.00–19.00 Uhr, **Fr–Sa** 13.00–22.00 Uhr
Ferienwohnungen im Weingut
Restaurant »Ritterhof zu Rose«
Sehenswert Vinothek in moderner Architektur, 150 Jahre alte Holzspindelkelter
Rebfläche 26 Hektar
Jahresproduktion 180.000 Flaschen
Beste Lagen Burrweiler Schäwer, Schlossgarten und Altenforst, Weyher Michelsberg, Auf der Hohl
Boden Schiefer, Buntsandstein, Löss, Muschelkalk, Granit, sandiger Lehm
Rebsorten 40% Riesling, 20% Spätburgunder, je 10% Grauburgunder und Weißburgunder, 7% St. Laurent, 5% Chardonnay, 8% übrige Sorten
Mitglied VDP

Verkostete Weine 11
Bewertung 87–91 Punkte

- **87** 2016 Burrweiler Grauburgunder Muschelkalk trocken | 13% | 9,– €
- **87** 2016 Burrweiler Riesling Schiefer trocken | 12,5% | 9,40 €
- **87** 2015 Burrweiler Riesling einzig & artig trocken | 12,5% | 14,50 €
- **89** 2015 Weyher Michelsberg Riesling einzig & artig trocken Holzfass | 13% | 14,50 €
- **89** 2015 Burrweiler Schlossgarten Grauburgunder trocken | 13,5% | 16,50 €
- **90** 2015 Burrweiler Schlossgarten Grauburgunder trocken Barrique | 13,5% | 17,– €
- **90** 2015 Burrweiler Schäwer Riesling »Großes Gewächs« | 13% | 25,– €
- **91** 2015 Burrweiler Im goldenen Jost Weißburgunder »Großes Gewächs« | 14% | 25,– €
- **87** 2016 Muskateller feinherb | 12,5% | 11,50 €
- **89** 2014 St. Laurent trocken Barrique | 13% | 14,50 € | €
- **89** 2014 Burrweiler Auf der Hohl Spätburgunder »Großes Gewächs« | 13,5% | 30,– €

Als wir die Nasen ins Glas steckten, konnten wir es kaum glauben: Dieser St. Laurent kam uns wie ein Nebbiolo aus dem Piemont entgegen! Im Mund ein großer Schmeichler, die Tannine fein gewoben - herrlich! Sehr viel mehr wird man aus dieser Rebsorte wohl nicht herausholen können, als dies Gregor Meßmer hier gelungen ist. Gelungen finden wir aber noch mehr. Da wir die meisten Weine erst mit einem Jahr Verzögerung bekommen (und sie auch erst spät in den Verkauf gehen), erwischen wir und die Konsumenten sie mit besserer Flaschenreife. Das steht vor allem den Grauburgundern ganz hervorragend, wie beide Exemplare aus der Ersten Lage aus dem Schlossgarten beweisen - einmal mit, einmal ohne Barrique. Das Große Gewächs vom Spätburgunder heißt jetzt dafür Auf der Hohl und nicht mehr Schlossgarten. Die Weine von weiter oben, aus dem Schäwer, sind wie immer schön karg und zeigen klaren Charakter in ihrer Schiefrigkeit.

★★★★ PFALZ

WEINGUT ULI METZGER

67269 Grünstadt-Asselheim · Langgasse 34
Tel (0 63 59) 53 35 · Fax 8 32 18
info@weinmetzger.de
www.weinmetzger.de

Inhaber und Betriebsleiter Uli Metzger
Verwalter Uli Metzger, Carsten Kaiser
Kellermeister Uli und Lea Metzger und Martin Heinz
Verkauf Lea, Karin und Nane Metzger
Mo–Fr 9.00–12.00 Uhr · 13.00–18.00 Uhr
Sa 10.00–16.00 Uhr
Restaurant Weinstube mit Gästezimmern
Rebfläche 19 Hektar
Jahresproduktion 180.000 Flaschen
Beste Lagen Asselheimer St. Stephan, Mühlheimer Sonnenberg, Bockenheimer Vogelsang
Boden Kalkstein, Kalkmergel, Lehm
Rebsorten 25% Riesling, je 10% Dornfelder, Portugieser und Spätburgunder, 8% Grauburgunder, je 6% Chardonnay und Weißburgunder, 25% übrige Sorten
Mitglied Pro Riesling

Man sagt ja, dass der Flügelschlag eines Schmetterlings in Südamerika das Klima in Europa maßgeblich beeinflussen kann. Will sagen: Manchmal sind es kleine Dinge, die eine große Wirkung auslösen können. Wäre Uli Metzger schon als kleiner Nachwuchswinzer in einen magischen Zaubertrank gefallen, hätten wir das schon früher mitbekommen – doch das Weingut ist ja seit erst sechs, sieben Jahren mit Präsenz im Markt. Vermutlich waren es zwei Ursachen. Einmal hinsetzen und einen klaren Plan erstellen für eine qualitative und strategische Neuausrichtung des Familienbetriebs (auch beide Töchter sind schon voll mit dabei). Mit Hilfe eines Beraters von außen. Und dann dem Ganzen eine entsprechende Optik geben, die zu Metzger passt und auffällt. Beides gelungen. Und wirksam. Man kauft über ein Etikett auch immer eine Emotion. Und wenn ein Tim Mälzer Metzger-Weine zu seinen Hausweinen macht, läuft irgendwas richtig.

Auch klein schon gut

Es handelt sich um einen gar nicht mal so großen Betrieb mit etwas über 20 Hektar. Ein Mehrfaches davon wird als Trauben zugekauft – was völlig okay ist, wenn die Zulieferer entsprechend eingestellt sind, was der Fall ist. Diesmal durften wir gleich mehrfach staunen. Zunächst über einen hervorragend gemachten, trockenen Wild Hog-Rosé aus hochwertigstem Lesegut, ausgebaut im Barrique und in keinster Weise das Sommerwässerchen der üblichen Art. Dann über einen Riesling Special

Uli Metzger

Cut, über den Uli Metzger sagt, sie wollten einfach mal ausprobieren, was ein extrem niedriger Ertrag aus einem Riesling machen kann. Also unseren Segen hat er! Aber selbst die kleinen Weine sind völlig anständig gemacht und ihr Geld mehr als wert. Das scheint sich auch herumgesprochen zu haben.

Spätburgunder ganz vorn

Nicht neu ist, was auf diesem Weingut in Sachen Chardonnay und Spätburgunder aus dem Fass gezaubert wird – wir könnten jetzt schreiben, das robbt sich so langsam an die regionale oder sogar nationale Spitze heran. Pustekuchen! Die Pinots sind jetzt schon derart zauberhaft konturiert, haben einen zarten Schmelz und eine Feinheit, es hat uns umgarnt und betört, wie Melandor und Arthos sich drängeln um einen der vordersten Plätze. Innerhalb wirklich kürzester Zeit ist mit Metzger eine Macht entstanden, dass es dem Winzer selbst eigentlich fast unheimlich vorkommen könnte. Aber der, echt Pfälzer halt, bleibt mit beiden Beinen auf dem Boden.

★★

Verkostete Weine 15
Bewertung 83–94 Punkte

- 83 2016 Riesling trocken | 11,5% | 4,90 €/1,0 Lit.
- 84 2016 Sauvignon Blanc trocken | 12% | 7,90 €
- 86 2016 Mühlheimer Sonnenberg Riesling trocken | 12,5% | 9,40 €
- 89 2016 Bockenheimer Schlossberg Weißburgunder trocken Barrique | 12,5% | 13,50 €
- 91 2016 Asselheimer St. Stephan Chardonnay Réserve trocken Barrique | 13% | 16,50 €
- 86 2016 Silvaner Halbstück trocken Holzfass | 12,5% | 17,50 €
- 87 2016 Sauvignon Blanc Halbstück trocken Holzfass | 12,5% | 17,50 €
- 88 2016 Mühlheimer Sonnenberg Riesling Halbstück trocken Holzfass | 12,5% | 17,50 €
- 89 2016 Riesling Special Cut trocken | 12,5% | 24,50 €
- 92 2016 Asselheimer St. Stephan Chardonnay Grande Réserve trocken Barrique | 13% | 27,- €
- 87 2016 Wild Hog Rosé trocken Barrique | 13% |
- 88 2015 Pinot Noir trocken Barrique | 13% | 19,50 €
- 92 2015 Pinot Noir Prago trocken Barrique | 13% | 28,- €
- 94 2015 Pinot Noir Arthos trocken Barrique | 13% | 38,- € (TOP)
- 93 2015 Pinot Noir Melandor trocken Barrique | 13% | 48,- €

**WEINGUT KARL-HEINZ
UND ANDREAS MEYER**

76831 Heuchelheim-Klingen · Bahnhofstr. 10
Tel (0 63 49) 58 95 · Fax 78 12
mail@meyer-weingut.de
www.meyer-weingut.de
Inhaber Karl-Heinz und Andreas Meyer
Kellermeister Andreas Meyer und Hauke Kerkau
Verkauf Familie Meyer
Mo–Fr 9.00–12.00 Uhr · 13.00–18.00 Uhr
Sa 9.00–16.00 Uhr

Rebfläche 17 Hektar
Jahresproduktion 90.000 Flaschen
Beste Lagen Heuchelheimer Herrenpfad, Klingenmünster Maria Magdalena, Appenhofener Steingebiss
Boden Kalkgestein, Kalkmergel, Muschelkalk, Buntsandstein, Lösslehm
Rebsorten 25% Riesling, 30% weiße Burgundersorten, 10% Spätburgunder, je 8% Dornfelder und Grauburgunder, 6% Chardonnay, 8% Müller-Thurgau, 23% übrige Sorten
Mitglied VDP Spitzentalente, Die Junge Südpfalz

Bereits seit mehreren Jahren empfehlen wir die Weine von Andreas Meyer. Er hatte sich mal beim Wettbewerb »Die junge Südpfalz« ins Rampenlicht gespielt, aber danach als eigenständiger Charakter etabliert. Heute sehen wir ihn als ernsthaften Wettbewerber für arrivierte Betriebe in seinem Umfeld. Da gibt es keine Schwächen, nicht mal im Einstiegssegment. Und oben macht er mit dem Riesling Maria Magdalena oder dem Weißburgunder Barrique namhaften Betrieben echte Konkurrenz.

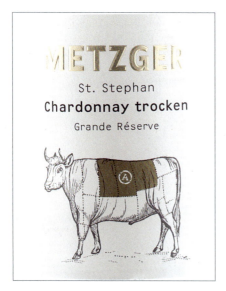

PFALZ

Verkostete Weine 12
Bewertung 84–89 Punkte

- 84 2016 Weißburgunder trocken | 12,5% | 6,10 €
- 84 2016 Riesling trocken | 12% | 6,10 €
- 84 2016 Heuchelheimer Grauburgunder Kalkmergel trocken Holzfass | 13,5% | 8,50 €
- 85 2016 Klingenmünster Riesling Buntsandstein trocken | 12,5% | 8,50 €
- 85 2016 Klingenmünster Weißburgunder Muschelkalk trocken | 13,5% | 8,50 €
- 86 2016 Heuchelheimer Riesling Kalkmergel trocken | 12,5% | 8,50 €
- 87 2016 Heuchelheimer Herrenpfad Riesling trocken | 13% | 13,90 €
- 87 2016 Heuchelheimer Herrenpfad Weißburgunder trocken Holzfass | 13,5% | 13,90 €
- 88 2015 Chardonnay Resérve trocken Barrique | 13,5% | 14,90 €
- 89 2015 Weißburgunder Resérve trocken Barrique | 14% | 14,90 €
- 89 2015 Klingenmünster Maria Magdalena Riesling trocken Holzfass | 13,5% | 17,50 €
- 85 2014 Heuchelheimer Herrenpfad Spätburgunder trocken Barrique | 13,5% | 15,90 €

WEINGUT KLAUS MEYER
76835 Rhodt · Theresienstraße 80a
Tel (0 63 23) 9 32 33 · Fax 9 32 35
weingut.klaus.meyer@t-online.de
www.weingut-meyer.com
Inhaber Klaus und Marius Meyer
Kellermeister Marius Meyer

Verkauf Klaus Meier
Mo-Sa 14.00–18.00 Uhr, **So** 10.00–12.00 Uhr

Bei Marius Meyer ist es immer eine schöne Entdeckungsreise durch die Welt des Rieslings in vielen seiner Spielarten – da scheint es in Rhodt und Weyher eh eine Art internen Wettbewerb der jungen Winzer zu geben. Und Meyer steht nicht hintan. Diesmal ist es aus der Terroirserie der Rotliegende, der uns mit seiner satten, aber mineralisch unterlegten und saftigen Frucht für sich gewinnt, auch wenn der Schlossberg am Ende noch ein Quäntchen draufsetzt. Im Alkohol würden wir uns ein wenig weniger Umdrehungen wünschen, was momentan noch kein Problem ist, aber vom Jahrgang her eher untypisch scheint.

Verkostete Weine 12
Bewertung 82–89 Punkte

- 82 2016 Riesling trocken | 12,5% | 4,70 €/1,0 Lit.
- 85 2016 Riesling Schiefer trocken | 13,5% | 9,50 €
- 87 2016 Riesling Granit trocken | 13,5% | 9,50 €
- 88 2016 Riesling Rotliegendes trocken | 13,5% | 9,50 € | 💶
- 86 2016 Rhodter Rosengarten Grauburgunder Im Tiergarten trocken | 13,5% | 12,50 €
- 87 2016 Weyher Michelsberg Riesling trocken | 13,5% | 12,50 €
- 87 2016 Edenkobener Bergel Riesling trocken | 13,5% | 12,50 €
- 87 2016 Burrweiler Schäwer Riesling trocken | 13,5% | 12,50 €
- 84 2016 Rhodter Schlossberg Sauvignon Blanc In der Blenk trocken | 13% | 15,– €
- 86 2016 Rhodter Rosengarten Weißburgunder trocken | 13,5% | 15,– €
- 89 2016 Rhodter Schlossberg Riesling trocken | 13% | 15,– €
- 88 2015 Rhodter Rosengarten Syrah trocken | 13,5% | 21,50 €

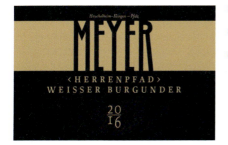

★ ★★★

WEINGUT STEFAN MEYER

76835 Rhodt · Edesheimerstraße 17
Tel (0 63 23) 23 48 · Fax 8 14 46
weingut@meyer-rhodt.de
www.meyer-rhodt.de
Inhaber und Betriebsleiter Stefan Meyer
Verkauf Stefan Meyer
Mo–Fr 13.00–18.00 Uhr, **Sa** 10.00–16.00 Uhr

Manche Weingüter versteigen sich bei der Bezeichnung ihrer Kategorien regelrecht. Nicht so Stefan Meyer. Bei ihm heißt es schlicht »3/4 Liter«, »aus Rhodt« oder eben nur »Lagenwein«. Alles gut nachvollziehbar. Dahinter stecken dann beispielsweise Weine wie der saftige, füllige, aber nicht dicke Chardonnay Rosengarten mit gutem Holzeinsatz oder einer der besten Syrahs in der Pfalz, in diesem Fall aus dem Klosterpfad. Der ganze Rest ist auch sehr ordentlich gemacht, doch da geht noch mehr.

Verkostete Weine 8
Bewertung 83–89 Punkte

83 2016 Riesling 3/4-liter trocken | 12% | 6,90 €
84 2016 Chardonnay trocken Holzfass | 13% | 10,50 €
83 2016 Grauburgunder trocken Holzfass | 13% | 11,- €
86 2016 Rhodter Rosengarten Chardonnay trocken Barrique | 13% | 16,- €
84 2015 Pinot Noir trocken Barrique | 13% | 11,- €
83 2015 Cuveé Großes Rhodt trocken Barrique | 13,5% | 18,- €
86 2015 Edenkobener Schwarzer Letten Pinot Noir trocken Barrique | 13% | 21,- €
89 2015 Rhodter Klosterpfad Syrah trocken Barrique | 13% | 23,- €

WEINGUT THEO MINGES

76835 Flemlingen · Bachstraße 11
Tel (0 63 23) 9 33 50 · Fax 9 33 51
info@weingut-minges.com
www.weingut-minges.com
Inhaber Theo Minges
Betriebsleiter Theo und Regine Minges
Kellermeister Theo Minges und Lukas Hummelmann
Verkauf Martina und Regine Minges
Mo–Fr 9.00–12.00 Uhr · 13.00–18.00 Uhr
Sa 9.00–17.00 Uhr
Sehenswert Zehntkeller aus dem 15. Jahrhundert
Rebfläche 25 Hektar
Jahresproduktion 180.000 Flaschen Wein und 10.000 Flaschen Sekt
Beste Lagen Gleisweiler Hölle und Faulenberg, Burrweiler Schäwer, Böchinger Rosenkranz
Boden Kalk, Mergel, Lösslehm, Buntsandstein, Schiefer
Rebsorten 35% Riesling, 20% weiße Burgundersorten, 12% Spätburgunder, 8% Scheurebe, 25% übrige Sorten
Mitglied VDP

Seit Jahren schon repräsentiert die quirlige Tochter Regine Minges (inzwischen oft begleitet von ihrem Mann) den Betrieb bei Messen und dergleichen nach außen. Das lässt Theo Minges mehr Zeit dort, wo er sich am wohlsten fühlt: im Keller. Er scheint dabei jedem Wein die gleiche Aufmerksamkeit zukommen zu lassen, denn alles ist richtig typisch gemacht, immer ganz klar an der Nase erkennbar. Das beginnt mit einer trockenen Scheurebe als erfrischendem Literwein, der einem nicht vor lauter aufgesetzter Aromatik den Durst verschlägt, geht weiter über einen Chardonnay in sehr feiner Stilistik und hangelt sich hoch zu den drei Großen Gewächsen. Der Riesling Schäwer zeigt mehr die strengere, salzige Art, der aus der Hölle ist fruchtbetonter, runder, charmanter und vielschichtiger. Langanhaltenden Applaus verdient der Weißburgunder Großes Gewächs Im Untern Kreuz, ein satter, druckvoller Wein. Die Rotweine sind für unseren Geschmack zu mächtig und reichen nicht an das Minges-Können bei den Weißen heran.

586

PFALZ

Verkostete Weine 12
Bewertung 83-91 Punkte

84 2016 Scheurebe trocken | 11,5% | 5,- €/1,0 Lit.
85 2016 Riesling Buntsandstein trocken | 12,5% | 12,- €
85 2016 Grauburgunder Muschelkalk trocken | 13% | 12,50 €
88 2016 Chardonnay Kalkmergel trocken | 13% | 12,50 €
88 2016 Riesling Kalkstein trocken | 12,5% | 14,- €
87 2014 Riesling Froschkönig trocken »sur lie« | 13% | 17,- €
90 2016 Burrweiler Schäwer Riesling »Großes Gewächs« | 13% | 24,- €
91 2016 Gleisweiler Hölle Riesling Unterer Faulenberg »Großes Gewächs« | 13% | 24,- €
91 2016 Böchinger Rosenkranz Weißburgunder Im untern Kreuz »Großes Gewächs« | 13,5% | 24,- €
84 2016 Goldmuskateller | 10,5% | 8,80 €
83 2012 Cuvée Eva trocken | 14% | 20,- €
85 2013 Spätburgunder ZE trocken | 14% | 22,- €

WEINGUT RUDI MÖWES
76835 Weyher · Hübühl 10
Tel (0 63 23) 56 02 · Fax 98 01 58
info@weingut-moewes.de
www.weingut-moewes.de
Inhaber und Betriebsleiter Rudi Möwes
Kellermeister Michael Möwes und Eva Herrbruck
Verkauf Familie Möwes
Mo-Fr 13.00-19.00 Uhr, **Sa** 9.00-16.00 Uhr

Einige Leser mögen sich erinnern, wie wir mit uns haderten, als Michael Möwes' Weine eine Schwächephase zu durchlaufen schienen. Seit vergangenem Jahr jedoch ist er im Aufwind und überzeugt uns in alter Form, wenngleich mit neuem Schwerpunkt: Plötzlich reicht er uns, statt der gewohnten Riesling-Flöte, gleich drei unterschiedliche Chardonnays mit ein. Unter denen ist der Goldkapsel Qualitätswein eindeutig der beste, weil sehr harmonisch. Und da steht dann auch noch ein ganz wunderbarer Muskateller, völlig auf den Punkt gemacht, animierend und strahlend. Und kostet fast nix.

Verkostete Weine 11
Bewertung 83-89 Punkte

83 2016 Rhodter Weißburgunder trocken | 12,5% | 5,- €
84 2016 Weyherer Riesling Schiefer trocken | 12% | 5,80 €
85 2016 Weyherer Riesling Kalkmergel trocken | 12% | 5,80 €
86 2016 Weyherer Riesling Rotliegendes trocken | 12% | 5,80 €
87 2016 Weyherer Gelber Muskateller trocken | 12% | 7,- €
87 2016 Hainfelder Letten Chardonnay trocken Goldkapsel | 13,5% | 7,50 €
87 2016 Weyherer Pfarrgarten Riesling Granit trocken Goldkapsel | 12,5% | 8,50 €
87 2016 Hainfelder Letten Chardonnay trocken Barrique Goldkapsel | 13,5% | 11,50 €
85 2015 Hainfelder Letten Chardonnay Auslese trocken Barrique Goldkapsel | 14,5% | 11,50 €
89 2016 Weyherer Michelsberg Rieslaner Auslese Goldkapsel | 8% | 9,- € | €
83 2015 Weyherer Pfarrgarten Spätburgunder Granit Auslese trocken Barrique Goldkapsel | 13,5% | 20,- €

Weinbewertung in Punkten
100 Perfekt • 95 bis 99 Überragend • 90 bis 94 Exzellent
85 bis 89 Sehr gut • 80 bis 84 Gut

★★★★

WEINGUT GEORG MOSBACHER
67147 Forst · Weinstraße 27
Tel (0 63 26) 3 29 · Fax 67 74
info@georg-mosbacher.de
www.georg-mosbacher.de
Inhaber Familien Mosbacher und Düringer
Betriebsleiter Jürgen Düringer
Verkauf Sabine Mosbacher-Düringer
Mo–Fr 8.00–12.00 Uhr · 13.30–18.00 Uhr
Sa 10.00–13.00 Uhr
Sehenswert wunderbarer Sandsteingewölbekeller aus dem 18. Jahrhundert
Rebfläche 20 Hektar
Jahresproduktion 140.000 Flaschen
Beste Lagen Forster Ungeheuer, Jesuitengarten, Freundstück und Pechstein, Deidesheimer Mäushöhle, Kieselberg und Leinhöhle, Wachenheimer Gerümpel und Goldbächels
Boden Buntsandsteinverwitterung mit Kalksteingeröll, Basalt und Ton
Rebsorten 80% Riesling, 20% übrige Sorten
Mitglied VDP, Vinissima

Jürgen Düringer und Sabine Mosbacher-Düringer

Es hatte sich bereits bei mehreren Gelegenheiten in diesem Jahr, zu denen die neuen Weine von Sabine Mosbacher-Düringer und Jürgen Düringer auf dem Tisch standen, angedeutet: Hier sind wieder die Gewächse im Glas, die wir vom Forster Vorzeigebetrieb kennen und schätzen. Vorbei die Jahrgänge, als die Rieslinge zu abgeschmelzt waren. Jetzt ist da wieder viel Druck drin, die Weine sind balanciert, haben Pfiff, Eleganz und laden mit ihrem Trinkfluss gleich zum nächsten Glas ein.

Mehr Spielmöglichkeiten

Das kommt natürlich alles nicht von ungefähr. Bei Mosbacher ist man dazu übergegangen, konsequent mit zwei Eimern parallel zu lesen, anstatt zwei getrennte Lesedurchgänge zu absolvieren. »Dadurch habe ich immer die ganze Traube in der Hand und kann jeweils die unterschiedlichen Qualitäten voneinander trennen«, erklärt Sabine Mosbacher-Düringer. Insbesondere in Jahren mit uneinheitlicher Stockreife ist das ein großer Vorteil. Im Weingut selbst wurde in den vergangenen Jahren der Holzfasskeller aufwändig renoviert und mit sieben neuen Doppelstückfässern, fünf Stückfässern und auch Tonneaux zusätzlich bestückt. Das lässt beim einen oder anderen Wein ein gutes Spiel aus großem und kleinem Holz sowie Anteilen aus dem Edelstahl zu. Dass man mit Tonneaux und Barriques umzugehen weiß, kennen wir seit etlichen Jahren nicht zuletzt durch den immer ausgezeichneten Sauvignon Blanc Fumé, der die Balance hält aus typischer Frucht und diesem wirklich nur dienenden Holz, das sich nicht in den Vordergrund drängt, sondern für Abrundung und ein wenig Cremigkeit sorgt.

Saftig und gelbfruchtig

Das sind auch schon die Stichworte für den Weinstil bei Mosbacher. Kantig oder zu mineralisch geprägt im Vordergrund mag man es hier nicht. Die Rieslinge sind oft von einer saftigen Gelbfrucht geprägt und werden darin unterstützt von einem Restzuckergehalt, der bei den Trockenen mehr in der oberen als in der unteren Hälfte liegt – eine Ausnahme ist der fast knochentrockene, herrlich knackige Kalkstein. Wir sind übrigens gespannt, wo dieser Wein und sein Pendant Basalt (aus dem Pechstein) landen, wenn der VDP verbandsintern auf der Einhaltung der Vierstufigkeit besteht. Noch kurz zu den Großen Gewächsen: wirklich großartig!

PFALZ

Verkostete Weine 15
Bewertung 85–92 Punkte

85 2016 Riesling trocken | 12% | 8,- €
86 2016 Cabernet Blanc trocken | 12,5% | 10,- €
87 2016 Deidesheimer Mäushöhle Riesling trocken | 12,5% | 11,- €
88 2016 Forster Musenhang Riesling trocken | 12,5% | 14,- €
87 2016 Wachenheimer Gerümpel Riesling trocken | 12,5% | 15,- €
89 2016 Deidesheimer Riesling Kalkstein trocken Holzfass | 13% | 15,- €
86 2016 Wachenheimer Altenburg Weißburgunder »SL« trocken Holzfass | 13,5% | 16,- €
88 2016 Wachenheimer Riesling Buntsandstein trocken | 13% | 16,- €
89 2016 Forster Riesling Basalt trocken Holzfass | 13% | 17,- €
86 2016 Sauvignon Blanc Fumé trocken Holzfass | 13,5% | 18,- €
90 2016 Deidesheimer Kieselberg Riesling »Großes Gewächs« | 13% | 28,- €
90 2016 Forster Freundstück Riesling »Großes Gewächs« | 13% | 28,- €
92 2016 Forster Ungeheuer Riesling »Großes Gewächs« | 13% | 33,- €
92 2016 Forster Pechstein Riesling »Großes Gewächs« | 13% | 33,- €
92 2016 Forster Jesuitengarten Riesling »Großes Gewächs« | 13% | 35,- €

WEINGUT MOTZENBÄCKER (BIO)
67146 Deidesheim · Weinstraße 80
Tel (0 63 26) 60 40 · Fax 41 79
info@villa-im-paradies.de
www.villa-im-paradies.de
Inhaber Familie Menger-Krug
Betriebsleiterin Marie Menger-Krug
Kellermeister Angie Hadjuk und Jochen Eberbach

Verkauf Familie Menger-Krug
Mo–Fr 10.00–18.00 Uhr

Bei Familie Menger-Krug fällt es nicht immer leicht, den Überblick zu behalten. Was läuft jetzt unter Menger-Krug, was ist Motzenbäcker, was Krug´scher Hof (in Rheinhessen), wo kommt die Villa im Paradies ins Spiel? Auflösung: Die Sekte unter dem Namen Menger-Krug werden, weil es die Rechte so vorsehen, von Henkell vermarktet, Motzenbäcker ist nunmehr in der Pfalz der zentrale Name, wo Marie Menger-Krug inzwischen den Keller verantwortet. Und sie beschenkt uns mit nicht nur sehr anständigen Weinen, sondern auch eben mit Sekten, die Klasse haben. Besonders die der »Méthode rurale« aus Sauvignon Blanc und Chardonnay sind echte Bringer.

Verkostete Weine 12
Bewertung 82–90 Punkte

87 2015 Spätburgunder Sekt Brut Rosé | 13% | 13,- €
90 2013 Chardonnay Sekt Brut Méthode rurale | 12,5% | 21,- €
90 2015 Sauvignon Blanc Sekt Brut Méthode rurale | 13% | 31,- €
87 2015 Weißburgunder & Auxerrois Sekt Brut nature | 12,5% | 12,- €
83 2016 Cuvée Hakuna Matata trocken | 12% | 7,- €
86 2016 Sauvignon Blanc Fumé trocken Holzfass | 13% | 13,- €
84 2016 Deidesheimer Paradiesgarten Riesling Kabinett trocken | 11,5% | 9,- €
82 2016 Deidesheimer Paradiesgarten Weißburgunder Spätlese trocken | 12% | 11,- €
86 2014 Ruppertsberger Hoheburg Riesling Spätlese trocken | 12% | 12,- €
86 2016 Ruppertsberger Reiterpfad Riesling ...dem Himmel so nah Spätlese trocken | 12% | 16,- €
87 2015 Ruppertsberger Reiterpfad Riesling Alte Reben Spätlese trocken | 12,5% | 25,- €
84 2014 Spätburgunder & Cabernet Sauvignon Cuvée Hakuna Matata trocken | 13% | 9,- €

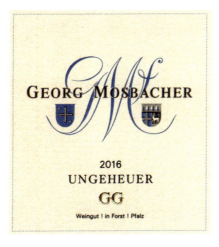

★★★★

WEINGUT MÜLLER-CATOIR
67433 Neustadt-Haardt · Mandelring 25 (BIO)
Tel (0 63 21) 28 15 · Fax 48 00 14
weingut@mueller-catoir.de
www.mueller-catoir.de
Inhaber Philipp David Catoir
Betriebsleiter und Kellermeister Martin Franzen
Verkauf Andrea Müller
Mo–Fr 8.00–12.00 Uhr · 13.00–17.00 Uhr
Sa 10.00–14.00 Uhr
Historie Weinbau seit 1744
Sehenswert Probierräume aus dem 18. Jahrhundert, Säulenportal, Innenhof, imposante Gründerzeitfassade
Rebfläche 21 Hektar
Jahresproduktion 140.000 Flaschen
Beste Lagen Haardter Herrenletten, Bürgergarten im Breumel und Herzog, Gimmeldinger Mandelgarten
Boden gelber Haardtsandstein mit Einlagen von Letten bis kiesigem Löss
Rebsorten 60% Riesling, 15% Weißburgunder, je 5% Grauburgunder, Muskateller, Rieslaner, Scheurebe und Spätburgunder
Mitglied VDP

Wenn ein Weinfreund vor 20, 25 Jahren gebeten wurde, doch ein paar Namen von Pfälzer Weingütern zu nennen, die bemerkenswert seien, wird er mit absoluter Sicherheit den Namen Müller-Catoir genannt haben. Das ist kein Graben in der Vergangenheit – es dokumentiert vielmehr, dass es sich hier um einen Betrieb handelt, der über eine lange Reputation verfügt und sein Niveau, seine Klasse über lange Zeit schon hält.

Es braucht Zeit
Wer Rotweine sucht, braucht sich gar nicht erst auf den Weg zu machen in dieses traditionsgeprägte Anwesen, welches für manche in der Außendarstellung so gar nicht in die oft eher derbe, lustige, offene, einladende Pfalz passen mag. Weißwein gibt den Ton an, ausschließlich. Bei Müller-Catoir geht es gepflegt zu, der Ton ist ruhiger, das Ambiente irgendwie britisch, antikes Mobiliar bestimmt die Einrichtung. Und doch fügt es sich wundersam zusammen, denn exakt so sind auch die Weine: unaufgeregt, nicht auf Moden setzend. Hier findet man keine primärfruchtigen Effektheischer, denen nach kurzem Sprint die Puste ausgeht. Das hat alles Stil. Martin Franzen hat als Kellermeister und Betriebsleiter sich auf seinem Weg nicht beirren lassen, den Geschmack des Hauses behutsam zu reformieren. Den (trockenen) Weinen muss man generell Zeit geben, sie entfalten ihren Zauber erst nach mehreren Jahren. Zu jung geöffnet, können sie hie und da sogar blass

Martin Franzen und Philipp David Catoir

oder spröde wirken. Was sie nicht sind. Die 2016er Weißweine stehen ausgesprochen gut da, wobei schon 2015 eine gute Vorlage gegeben hatte. Die Bukettsorten scheinen nonchalant aus dem Ärmel geschüttelt, Scheurebe wie Muskateller versprühen diese Kombination aus Lässigkeit und Eindringlichkeit, wie man sie nur antrifft, wenn man hundertprozentig weiß, was man zu tun hat.

Lässig und eindringlich
Die Rieslinge aus den Ersten Lagen und das Große Gewächs Breumel brauchen keinen Alkohol, um Spannung zu haben. Und bei den Edelsüßen sehen wir in der Pfalz traditionell eh niemanden, der in der Konstanz Müller-Catoir das Wasser reichen könnte.

PFALZ

Verkostete Weine 18
Bewertung 85–95 Punkte

85 2016 Riesling »MC« trocken | 12% | 9,- €
85 2016 Haardter Weißburgunder trocken | 12,5% | 12,- €
86 2016 Gimmeldinger Riesling trocken | 12% | 12,- €
86 2016 Haardter Scheurebe trocken | 12% | 12,- €
87 2016 Haardter Riesling trocken | 12% | 12,- €
87 2016 Haardter Muskateller trocken | 11,5% | 12,- €
87 2016 Haardter Herrenletten Weißburgunder trocken | 12,5% | 18,- €
88 2016 Haardter Mandelring Scheurebe trocken | 12,5% | 18,- €
89 2016 Haardter Bürgergarten Riesling trocken | 12% | 18,- €
91 2016 Haardter Herrenletten Riesling trocken | 12,5% | 18,- €
93 2016 Haardter Bürgergarten Riesling Im Breumel »Großes Gewächs« | 12,5% | 28,- €
86 2016 Mußbacher Riesling Kabinett | 9% | 12,- €
89 2016 Gimmeldinger Riesling Kabinett | 9% | 12,- €
90 2016 Haardter Bürgergarten Riesling Spätlese | 8,5% | 18,- €
91 2016 Gimmeldinger Schlössel Rieslaner Spätlese | 9,5% | 18,- €
93 2016 Haardter Herzog Rieslaner Auslese | 11% | 18,- €/0,375 Lit.
94 2016 Haardter Herzog Rieslaner Beerenauslese | 10% | 38,- €/0,375 Lit.
95 2016 Haardter Herzog Rieslaner Trockenbeerenauslese | 8,5% | 64,- €/0,375 Lit.

WEINGUT MÜLLER-RUPRECHT
67169 Kallstadt · Freinsheimer Straße 31
Tel (0 63 22) 27 92 · Fax 82 98
weingut@mueller-ruprecht.de
www.mueller-ruprecht.de
Inhaber Sabine Müller

Verkauf nach Vereinbarung

Beste Lagen Kallstadter Saumagen, Kreidekeller und Annaberg, Ungsteiner Weilberg und Herrenberg

Sabine Müller und ihr Mann Philipp Wöhrwag sind seit einiger Zeit Berufspendler, weil sie in zwei Weingütern eingebunden sind. Für den Betrieb in Kallstadt (der andere befindet sich in Stuttgart) wurde noch ein Betriebsleiter eingestellt, der das Gut jedoch aus dem EffEff kennt. Herauskommen teilweise hochspannende Weine, zumeist Rieslinge. Die drei Top-Gewächse der Rieslinge aus dem Weilberg und zwei Saumagen-Gewannen geraten sehr unterschiedlich und verdeutlichen, dass man hier dem Wein seinen Freiraum lässt und nicht zuviel herumdoktert. Während der Weilberg mehr die Gelbfrucht befördert und der Nill dagegen wesentlich mehr die Einflüsse des Kalkbodens befördert, strahlt der Horn große Ruhe und Präsenz aus.

Verkostete Weine 12
Bewertung 81–90 Punkte

83 2016 Weißburgunder trocken | 12,5% | 6,50 €
83 2016 Riesling trocken | 12,5% | 6,50 €
81 2016 Scheurebe trocken | 12% | 7,80 €
85 2016 Grauburgunder trocken | 13% | 7,80 €
85 2016 Gewürztraminer trocken | 13% | 7,80 €
86 2016 Kallstadter Saumagen Riesling trocken | 12,5% | 8,60 €
87 2016 Ungsteiner Weilberg Riesling trocken | 13,5% | 14,50 €
88 2016 Kallstadter Saumagen Riesling Nill trocken | 13,5% | 14,50 €
90 2016 Kallstadter Saumagen Riesling Horn trocken | 13,5% | 14,50 €
84 2016 Kallstadter Annaberg Riesling Kabinett trocken | 12% | 6,50 €
85 2016 Riesling Kabinett feinherb | 10% | 6,50 €
88 2016 Ungsteiner Weilberg Riesling für Felix Kabinett | 8% | 6,50 € | €

WEINGUT EUGEN MÜLLER
67147 Forst · Weinstraße 34a
Tel (0 63 26) 3 30 · Fax 68 02
kontakt@weingut-eugen-mueller.de
www.weingut-eugen-mueller.de
Inhaber Stephan Müller
Kellermeister Jürgen Meißner
Verkauf Christine und Stephan Müller
Mo–Fr 8.00–12.00 Uhr · 13.30–18.00 Uhr
Sa 9.00–16.00 Uhr, **So** nach Vereinbarung
Sehenswert moderner Barriquekeller und Veranstaltungsraum
Rebfläche 17 Hektar
Jahresproduktion 145.000 Flaschen
Beste Lagen Forster Kirchenstück, Jesuitengarten, Ungeheuer, Pechstein, Musenhang und Freundstück
Boden kalkiger Lehm, Sandsteingeröll, teilweise mit Basalt und Ton
Rebsorten 80% Riesling, je 10% Grau- und Weißburgunder sowie rote Sorten

Man konnte in der Vergangenheit bei manchen Jahrgängen des öfteren monieren, dass Stephan Müllers Weine, insbesondere vor dem Hintergrund seines phänomenalen Lagen-Portfolios, nicht die Gegebenheiten ausreizen würden, weil sie mit zu viel Restzucker auf die Flasche kommen. Mit 2016 lässt sich dies nun gar nicht behaupten. Nicht, dass sie plötzlich furztrocken seien - sie sind diesmal richtig unterschiedlich geraten und zeigen ihre Herkunft in Abgrenzung zur Nachbarlage jeweils äußerst gut. Der Riesling Pechstein ist fordernd und noch ganz unruhig, der aus dem Kirchenstück völlig gelassen und der aus dem Ungeheuer schwenkt die Fruchtfahne vor sich her. Gerade auch das macht den Reiz von Forst aus. Hinzu kommt ein ausnehmend wohlgeratener Sauvignon Blanc Fumé. Die Kollektion insgesamt hinterlässt uns glücklich.

PFALZ

Verkostete Weine 15
Bewertung 82–89 Punkte

- 84 2016 Sauvignon Blanc Zweitausend16 trocken | 13% | 9,- €
- 83 2016 Weißburgunder Bestes Fass trocken | 13% | 12,50 €
- 87 2016 Sauvignon Blanc Fumé trocken | 13% | 12,50 €
- 82 2016 Forster Riesling Kabinett trocken | 11,5% | 6,50 €/1,0 Lit.
- 85 2016 Forster Jesuitengarten Riesling Kabinett trocken | 12,5% | 9,90 €
- 89 2016 Forster Pechstein Riesling Spätlese trocken | 12,5% | 18,- €
- 89 2016 Forster Jesuitengarten Riesling Spätlese trocken | 13% | 18,- €
- 89 2016 Forster Freundstück Riesling Spätlese trocken | 13% | 18,- €
- 89 2016 Forster Ungeheuer Riesling Im Ziegler Spätlese trocken | 13% | 18,- €
- 89 2016 Forster Kirchenstück Riesling Cyriakus Spätlese trocken | 13% | 20,- €
- 84 2016 Gewürztraminer Reiterpfad Spätlese | 10% | 12,50 €
- 88 2016 Forster Ungeheuer Riesling Spätlese | 9,5% | 13,50 €
- 86 2016 Forster Kirchenstück Riesling Auslese | 9% | 16,50 €/0,5 Lit.
- 83 2013 Element trocken | 13,5% | 10,50 €
- 84 2014 Spätburgunder Bestes Fass trocken | 13,5% | 12,50 €

WEINGUT MÜNZBERG GUNTER KESSLER
76829 Landau-Godramstein · Böchinger Str. 51
Tel (0 63 41) 6 09 35 · Fax 6 42 10
wein@weingut-muenzberg.de
www.weingut-muenzberg.de
Inhaber Gunter Keßler
Betriebsleiter Gunter Keßler
Kellermeister Nico Keßler

Verkauf Familie Keßler
Mo-Fr 8.00–12.00 Uhr · 14.00–18.00 Uhr
Sa 9.00–16.00 Uhr

Weinbistro »5 Bäuerlein« am Marktplatz in Landau
Rebfläche 17 Hektar
Jahresproduktion 120.000 Flaschen
Beste Lagen Godramsteiner Münzberg, Stahlbühl, Schneckenberg, Ochsenloch und Kalkgrube
Boden Kalkiger, teils toniger Lehm, Kalkmergel
Rebsorten 34% Weißburgunder, 16% Spätburgunder, 15% Riesling, 9% Grauburgunder, je 8% Chardonnay und Silvaner, 6% Dornfelder, 4% übrige Sorten
Mitglied VDP, Fünf Winzer-Freunde

Es war in den vergangenen Jahren nicht alles rund gelaufen, als Gunter Kessler das Weingut intern neu organisierte. Doch was wir inzwischen wieder an Weinen von ihm sehen, lässt den alleinigen Schluss zu, dass Münzberg zurück in die Spur gefunden hat. Jetzt ist da Saftigkeit drin, die Weine haben Struktur, es macht richtig Spaß, sie nicht nur zu verkosten, sondern auch zu trinken. Die Rangfolgen der vierstufigen Klassifikation sind gut nachzuvollziehen, wie bestens bei Weiß- und Grauburgunder demonstriert. Auch die Großen Gewächse sind wieder das, was der Titel verspricht. Die Idee, sich auf Burgundersorten zu konzentrieren, wird im Hause weiter verfolgt, auch bei Neupflanzungen. Der Nachwuchs Friedrich durchläuft derzeit noch das Studium in Neustadt und wird noch eine Weile durch die Weinwelt ziehen, bevor er in einigen Jahren komplett in den Betrieb einsteigt.

Verkostete Weine 12
Bewertung 82–90 Punkte

- 82 2016 Weißburgunder trocken | 12% | 7,50 €
- 85 2016 Godramsteiner Weißburgunder Löss-Lehm trocken | 13,5% | 12,- €
- 85 2016 Godramsteiner Grauburgunder Kalkmergel trocken | 13,5% | 12,- €
- 87 2016 Godramsteiner Chardonnay Kalkgestein trocken Holzfass | 13% | 12,- €
- 87 2016 Godramsteiner Kalkgrube Riesling trocken Erste Lage | 12,5% | 16,- €
- 87 2016 Godramsteiner Schneckenberg Grauburgunder trocken Erste Lage | 13,5% | 16,- €
- 88 2016 Godramsteiner Ochsenloch Weißburgunder trocken Erste Lage | 13,5% | 16,- €
- 87 2016 Godramsteiner Stahlbühl Chardonnay trocken Erste Lage Barrique | 13,5% | 22,- €
- 89 2016 Godramsteiner Münzberg »Schlangenpfiff« Riesling »Großes Gewächs« | 12,5% | 22,50 €
- 90 2016 Godramsteiner Münzberg »Schlangenpfiff« Weißburgunder »Großes Gewächs« | 13,5% | 22,50 €
- 86 2014 Godramsteiner Spätburgunder Kalkgestein trocken Barrique | 13% | 18,- €
- 89 2014 Godramsteiner Münzberg »Schlangenpfiff« Spätburgunder »Großes Gewächs« | 13,5% | 30,- €

WEINGUT GEORG NAEGELE
67434 Neustadt-Hambach
Schloss-Straße 27–29
Tel (0 63 21) 28 80 · Fax 3 07 08
info@naegele-wein.de
www.naegele-wein.de
Inhaber Eva und Ralf Bonnet
Betriebsleiter Ralf Bonnet

Verkauf Familie Bonnet
Mo–Fr 9.30–12.00 Uhr · 13.00–17.30 Uhr
Sa 9.30–14.30 Uhr oder nach Vereinbarung

Historie In Familienbesitz seit 1796
Sehenswert Denkmalgeschütztes Gutshaus aus der Barockzeit
Erlebenswert Klassikfestival im romantischen Innenhof in der Fronleichnam-Woche, Vinothek, Fest »Schwarz, Rot, Gold« am 2. Juniwochenende
Rebfläche 14,6 Hektar
Jahresproduktion 140.000 Flaschen
Beste Lagen Kirchenberg, Heidengraben, Kirschgarten
Boden Sandig-lehmig, Buntsandsteinverwitterung
Rebsorten 34% Riesling, 12% Spätburgunder, je 8% Chardonnay und Grauburgunder, 6% Merlot, 5% Weißburgunder, 27% übrige Sorten
Mitglied Pfälzer Barrique-Forum

Wer in Hambach das gleichnamige Schloss besucht, die Wiege der deutschen Nationalfarben, sollte unbedingt auch einen Abstecher in das Weingut Naegele einplanen. Familie Bonnet erzeugt dort eine ganze Reihe von richtig gut gelungenen Weinen, wobei wir gar nicht mal sagen können, ob wir Weiß oder Rot bevorzugen. Während der Kirchberg Riesling fruchtig und verspielt ist und nach hinten eher weich ausläuft, ist der Riesling Schlossberg ein noch größerer Spaßfaktor mit seiner Saftigkeit. Toll stehen diesmal neben den weißen Burgundern ein feiner, unaufdringlicher Muskateller-Sekt und zwei tiefe Spätburgunder, bei denen das hausinterne Flaggschiff Kairos kräftig und schwer mit einem Tick zuviel Alkohol daherkommt, aber in sich völlig stimmig ist.

PFALZ

Verkostete Weine 12
Bewertung 82–88 Punkte

- 82 2013 Spätburgunder & Chardonnay Sekt ohne Namen 2.0 Brut nature Barrique | 13,5% | 15,- €
- 86 2015 Muskateller Muscat de Bonnet Sekt extra Brut | 13% | 13,50 €
- 82 2016 Riesling Alfred Bonnet trocken | 12,5% | 6,- €
- 85 2016 Hambacher am Heidegraben Grauburgunder trocken | 13,5% | 10,- €
- 87 2016 Hambacher im Kirschgarten Weißburgunder trocken | 13,5% | 10,50 €
- 87 2016 Hambacher am Kirchberg Riesling trocken | 13,5% | 11,- €
- 85 2016 Weißburgunder & Chardonnay Chronos trocken Barrique | 13,5% | 12,- €
- 88 2016 Hambacher Schlossberg Riesling Spätlese trocken | 13% | 8,20 € | € | 🍐
- 87 2016 Hambacher Römerbrunnen Riesling Spätlese | 10% | 8,20 €
- 85 2014 Hambacher Schlossberg Spätburgunder Feuer trocken Holzfass | 13,5% | 12,50 €
- 86 2015 Cuvée Chronos trocken Barrique | 14% | 15,- €
- 87 2015 Spätburgunder Kairos trocken Barrique | 14% | 20,- €

WEINGUT NAUERTH-GNÄGY

76889 Schweigen-Rechtenbach · Müllerstraße 5 (BIO)
Tel (0 63 42) 91 90 42 · Fax 91 90 43
info@nauerth-gnaegy.de
www.nauerth-gnaegy.de
Inhaber Familie Nauerth-Gnägy
Betriebsleiter Michael Gnägy und Mareen Nauerth
Verkauf Familie Nauerth-Gnägy
Sa 9.00–17.00 Uhr und nach Vereinbarung

Michael und Mareen Gnägy haben durch ihre Heirat zwei ehemals getrennte Betriebe zusammengeführt und in Rechtenbach einen Neubau ausgesiedelt, in dem sich dies nun auch logistisch perfekt umsetzen lässt. Seit einiger Zeit schon ist das Niveau der Weine erfreulich hoch. Waren es bislang eher die Weißweine, die überzeugen konnten (die mit dem Jahrgang 2016 freilich in Teilen auch etwas alkohollastig ausgefallen sind), schicken sich jetzt auch die Spätburgunder an, aufzuschließen.

Verkostete Weine 12
Bewertung 82–88 Punkte

- 82 2016 Riesling trocken | 12% | 4,80 €/1,0 Lit.
- 83 2016 Grauburgunder trocken | 13% | 6,10 €
- 84 2016 Weißburgunder trocken | 13,5% | 6,10 €
- 85 2016 Sylvaner trocken | 12,5% | 6,10 €
- 82 2016 Sauvignon Blanc trocken | 12,5% | 7,50 €
- 86 2016 Schweigen-Rechtenbacher Herrenwingert Riesling trocken | 13% | 9,20 €
- 86 2016 Schweigen-Rechtenbacher Pfarrwingert Grauburgunder trocken | 14% | 9,20 €
- 88 2016 Schweigener Sonnenberg Weißburgunder trocken | 14% | 9,20 € | €
- 88 2016 Schweigen-Rechtenbacher Herrenwingert Chardonnay trocken | 13% | 9,80 € | €
- 86 2016 Gewürztraminer | 13% | 7,10 €
- 84 2014 Schweigener Sonnenberg Spätburgunder trocken | 13,5% | 13,10 €
- 87 2014 Schweigen-Rechtenbacher Herrenwingert Pinot Noir trocken | 13,5% | 19,60 €

Symbole Weingüter

€ Schnäppchenpreis • (TOP) Spitzenreiter • (BIO) Ökobetrieb
🍐 Trinktipp • Versteigerungswein

Sekt | Weißwein | Rotwein | Rosé

☆

WEINGUT NEHB

67269 Grünstadt-Asselheim · Im Auweg 44
Tel (0 63 59) 64 37 · Fax 66 46
info@weingut-nehb.de
www.weingut-nehb.de
Inhaber Sascha Nehb
Verkauf Sascha Nehb
nach Vereinbarung

Wir hatten die Weine von Sascha Nehb immer wieder mal verkostet – jetzt hat er den Sprung geschafft. In den Flaschen mit dem Teufelshorn oder dem Engelsflügel auf dem Etikett (Reminiszenzen an die Lagen Höllenberg und Goldberg) stecken klar gemachte Tropfen, gerne mit etwas Restzucker. Gelungen sind etwa der schön balancierte Schwarzriesling, ein saftiger Chardonnay oder auch eine süffige Optima Spätlese.

Verkostete Weine 8
Bewertung 81–85 Punkte

81 2016 Asselheimer Goldberg Sauvignon Blanc
trocken | 11,5% | 6,80 €
81 2016 Asselheimer Schloss Grauburgunder
Spätlese trocken | 12,5% | 6,- €
84 2016 Asselheimer Schloss Chardonnay Spätlese
trocken | 12,5% | 6,50 €
82 2016 Weißburgunder feinherb Classic
| 12% | 6,- €
85 2016 Asselheimer St. Stephan Optima Spätlese
| 10,5% | 6,70 €
82 2016 Asselheimer Goldberg Schwarzriesling
terrain calcaire trocken Holzfass | 13% | 7,80 €
82 2015 Asselheimer Goldberg Cabernet Mitos
trocken Barrique | 13% | 9,80 €
85 2014 Asselheimer Goldberg Schwarzriesling
trocken Barrique | 14% | 10,30 €

★★★

WEINGUT NEISS

67271 Kindenheim · Hauptstraße 91
Tel (0 63 59) 43 27 · Fax 4 04 76
info@weingut-neiss.de
www.weingut-neiss.de
Inhaber und Betriebsleiter Axel Neiss
Außenbetrieb Christine Grasmück und Jochen Fleischmann
Kellermeister Hendrik Amborn
Verkauf Katja Neiss
Mo, Mi–Fr 10.00–12.00 Uhr · 13.30–17.00 Uhr
Sa 10.00–14.00 Uhr
Historie Weinbau seit 1873
Rebfläche 35 Hektar
Jahresproduktion 400.000 Flaschen
Beste Lagen Kindenheimer Burgweg, Bockenheimer Heiligenkirche und Sonnenberg
Boden Lehmboden mit Kalkstein
Rebsorten 40% Riesling, 20% Spätburgunder, 10% Weißburgunder, 30% übrige Sorten
Mitglied Fair'n Green

Er hat es angekündigt, er hatte es vor – und er hat Wort gehalten, er hat es getan. Axel Neiss hatte echte Pläne gemacht für die Zeit nach dem Neubau seiner kompletten Produktion. Bessere Abläufe, mehr Möglichkeiten, ja es beginnt schon beim besseren Überblick. Waren die Weine im Vorjahr bereits eine gute Steigerung im Vergleich zu dem, was wir bislang kannten, so setzt sich das eindrucksvoll fort mit den Weißweinen aus 2016. Die Rieslinge haben die richtige Ausgewogenheit aus Frische, Tiefe und gerade so viel Frucht, dass es nicht sättigend wirkt. Die weißen Burgundersorten druckvoll und mit körperlicher Präsenz, ohne fett zu sein. Trockenheit ist angesagt, was der Struktur der Weine entgegenkommt. Auch die roten Burgunder lassen uns mit der Zunge schnalzen. Ja, und dann hat uns der gute Herr Neiss noch ein Extrapäckchen gepackt mit etwas reiferen Weinen, zur Nachverkostung. Kluge Idee, denn wir sehen: Jugend allein ist es nicht. Die Reife hat was.

Symbole Weingüter
★★★★★ Weltklasse • ★★★★ Deutsche Spitze
★★★ Sehr Gut • ★★ Gut • ★ Zuverlässig

PFALZ

Verkostete Weine 12
Bewertung 83–90 Punkte

- 83 2016 Grauburgunder vom Kalkstein trocken | 12,5% | 8,90 €
- 89 2016 Bockenheimer Heiligenkirche Riesling trocken | 12,5% | 11,50 €
- 87 2016 Bockenheimer Schlossberg Weißburgunder trocken | 13% | 13,- €
- 88 2016 Bockenheimer Sonnenberg Riesling trocken Alte Reben | 12,5% | 15,50 €
- 86 2016 Bockenheimer Schlossberg Chardonnay trocken Barrique | 12,5% | 18,- €
- 88 2016 Kindenheimer Burgweg Weißburgunder trocken Barrique | 12,5% | 22,50 €
- 90 2016 Kindenheimer Burgweg Riesling trocken | 13% | 22,50 €
- 89 2015 Bockenheimer Vogelsang Frühburgunder trocken Barrique | 13,5% | 21,- €
- 88 2015 Bockenheimer Sonnenberg Cabernet Franc trocken Barrique | 13,5% | 25,- €
- 85 2015 Cabernet Sauvignon & Cabernet Franc That´s Neiß trocken Reserve Barrique | 13,5% | 25,- €
- 89 2015 Kindenheimer Vogelsang Spätburgunder Glockenspiel trocken Barrique | 13,5% | 26,50 €
- 89 2015 Kindenheimer Vogelsang Spätburgunder Glockenspiel trocken Reserve Barrique | 13,5% | 38,50 €

WEINGUT AM NIL
67169 Kallstadt · Neugasse 21
Tel (0 63 22) 80 11 · Fax 6 86 55
info@weingutamnil.de
www.weingutamnil.de
Inhaber Dr. Ana Pohl, Reinfried Pohl jun.
Betriebsleiter Johannes Häge
Verwalter Axel Lawall und Johannes Häge
Kellermeister Johannes Häge und Diana Schabehorn
Verkauf Andrea Hussong
Mo–Fr 8.00–12.00 Uhr · 13.00–17.00 Uhr
Sa 15.00–20.00 Uhr, **So** 12.00–20.00 Uhr

In ihren besten Weinen aus dem Herrenberg und dem Saumagen zeigt das Team vom Nil, was es drauf hat: Hier werden die Gegebenheiten gut ausgeschöpft, die Rieslinge haben Struktur, Frucht, Zug und eine sehr ordentliche Länge. Auch beim Spätburgunder aus dem Saumagen können wir einen deutlichen Fortschritt verzeichnen, der ist nun schön würzig und auch von Kräuteraromen geprägt. Was uns weiterhin etwas irritiert, sind die Weine des Einstiegs- und Mittelsegments, die dem Anspruch des Hauses nicht genug sein können. Ansonsten stimmt die Richtung!

Verkostete Weine 12
Bewertung 81–89 Punkte

- 81 2015 Riesling Sekt Brut | 11% | 14,90 €
- 87 2016 Kallstadter Riesling trocken | 13% | 14,50 €
- 84 2016 Riesling trocken | 12% | 8,90 €
- 82 2016 Weißburgunder trocken | 12% | 9,50 €
- 84 2016 Grauburgunder trocken | 12,5% | 9,50 €
- 83 2016 Chardonnay trocken Holzfass | 13% | 14,50 €
- 86 2016 Ungsteiner Riesling trocken | 13% | 14,50 €
- 82 2016 Kallstadter Steinacker Sauvignon Blanc trocken Holzfass | 12% | 17,50 €
- 89 2016 Ungsteiner Herrenberg Riesling trocken | 13,5% | 19,50 €
- 88 2016 Kallstadter Saumagen Riesling trocken | 13,5% | 21,90 €
- 84 2015 Spätburgunder trocken Barrique | 13,5% | 12,50 €
- 86 2015 Kallstadter Saumagen Spätburgunder trocken Barrique | 13,5% | 24,90 €

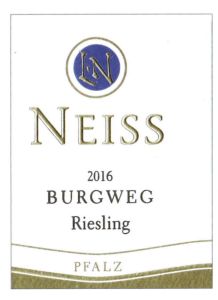

Weinbewertung in Punkten
100 Perfekt • 95 bis 99 Überragend • 90 bis 94 Exzellent
85 bis 89 Sehr gut • 80 bis 84 Gut

WEINGUT JOHANN F. OHLER

67435 Gimmeldingen · Meerspinnstraße 33
Tel (0 63 21) 61 16 · Fax 6 03 82
info@weingut-ohler.de
www.weingut-ohler.de
Inhaber Sabine Ohler-Jost
Verwalter Thomas Bauer
Kellermeisterin Sabine Ohler-Jost
Verkauf Sabine Ohler-Jost
Mo–Fr 9.00–12.00 Uhr · 14.00–17.30 Uhr
Sa 10.00–16.00 Uhr und nach Vereinbarung

Zwar hat Sabine Ohler die Praxis schon lange gut im Griff, doch mit ihrem Abschluss als Staatlich geprüfte Wirtschafterin für Weinbau und Oenologie hat sie 2017 dann auch noch die höheren Weihen erlangt. Mittlerweile führt sie ihren Keller alleine. Ohlers Weißweine sehen wir auf einem sehr guten Level, da macht es auch keinen großen Unterschied, ob es Rieslinge oder weiße Burgundersorten sind. Ihr Rosé CS zeigt sich als 2016er in Höchstform, erfrischend, leicht und knackig. Etwas kritischer beäugen wir die Rotweine, sie liegen uns schon länger nicht.

Verkostete Weine 12
Bewertung 79–88 Punkte

- 83 2016 Riesling trocken | 12,5% | 5,90 €/1,0 Lit.
- 84 2016 Riesling Aus den Gärten trocken | 13% | 7,- €
- 82 2016 Spätburgunder trocken Blanc de Noirs | 12,5% | 7,50 €
- 83 2016 Weißburgunder trocken | 13% | 8,- €
- 85 2016 Grauburgunder trocken | 13,5% | 8,- €
- 86 2016 Chardonnay trocken | 13,5% | 8,20 €
- 88 2016 Gimmeldinger Mandelgarten Riesling trocken Alte Reben | 13% | 11,- €
- 86 2015 Gimmeldinger Schlössel Riesling Kabinett trocken | 12,5% | 8,- €
- 86 2016 Cabernet Sauvignon »CS« trocken Rosé | 11,5% | 8,90 €
- 82 2014 Cuvée »Jo« trocken Holzfass | 12,5% | 8,- €
- 84 2015 Spätburgunder trocken Holzfass | 13% | 8,- €
- 79 2014 Spätburgunder trocken Alte Reben Barrique | 13% | 16,- €

WEINGUT PAN
THOMAS UND THEOBALD PFAFFMANN

76829 Landau-Nußdorf · Lindenbergstraße 36
Tel (0 63 41) 96 91 87 · Fax 96 91 88
info@vinopan.de
www.vinopan.de
Inhaber Thomas und Theobald Pfaffmann
Verkauf nach Vereinbarung

Während sein Vater als Rock 'n' Roll-Theobald in der Weinszene berühmt war, schlägt Thomas Pfaffmann etwas leisere Töne an. Aber nicht in der Weinqualität! Wir sind erfreut, was er uns seit ein, zwei Jahren einschenkt, beginnend mit einem Pinot Sekt in feinem Mousseux und cremiger Art. Ist ein Riesling Kalkmergel noch Pflicht, so ist beim Sauvignon Blanc Fumé, beim Riesling Zeitlos oder beim namensverwandten Weißburgunder das Schaulaufen angesagt. Es scheint alles aus einem Guss zu sein und Hand und Fuß zu haben.

Verkostete Weine 12
Bewertung 83–87 Punkte

- 87 2011 Pan Pinot Sekt Brut | 12,5% | 16,- €
- 83 2016 Riesling trocken | 12,5% | 5,20 €/1,0 Lit.
- 85 2016 Riesling Kalkmergel trocken | 12,5% | 7,50 €
- 85 2016 Sauvignon Blanc trocken | 12,5% | 9,- €
- 84 2016 Chardonnay trocken | 13% | 9,50 €
- 86 2016 Sauvignon Blanc Fumé trocken Barrique | 13% | 14,- €
- 86 2016 Weißburgunder Zeitlos trocken Barrique | 14% | 15,- €
- 86 2015 Riesling Zeitlos trocken Holzfass | 13,5% | 15,- €
- 87 2016 Riesling Zeitlos trocken Holzfass | 12,5% | 15,- €
- 83 2015 St. Laurent trocken Holzfass | 13% | 8,50 €
- 85 2014 Pan Noir trocken Barrique | 13,5% | 16,- €
- 84 2014 Pinot Noir trocken Barrique | 13,5% | 18,50 €

PFALZ

WEINGUT PETRI

67273 Herxheim am Berg · Weinstraße 43
Tel (0 63 53) 23 45 · Fax 41 81
info@weingut-petri.de
www.weingut-petri.de
Inhaber Sigrun und Gerd Petri
Kellermeister Gerd Petri
Verkauf Sigrun Petri
Mo-Fr 9.00-12.00 Uhr · 13.30-18.00 Uhr
Sa 9.00-12.00 Uhr · 13.30-17.00 Uhr

Sigrun und Gerd Peter können der Zukunft in Ruhe entgegensehen. Ihre beiden Söhne Maximilian und Philipp sind jetzt schon gut im Betrieb integriert und werden mit ihren Ideen definitiv Impulse setzen. Die Weine - übrigens noch eingeteilt in Qualitätswein, Kabinett und Spätlese, was wir völlig o.k. finden! - präsentieren sich insgesamt gefestigter als in manchen Vorjahren. An den Rieslingen hatten wir schon immer unsere Freude, und der Trend zeigt nach oben. Die Rotweine sind eher sanft und weisen eine starke Fruchtigkeit auf.

Verkostete Weine 12
Bewertung 81-87 Punkte

81 2016 Riesling trocken | 12% | 5,30 €/1,0 Lit.
83 2016 Herxheimer Honigsack Riesling Kabinett trocken | 11,5% | 5,50 €
82 2016 Grauburgunder Spätlese trocken | 13% | 7,30 €
85 2016 Herxheimer Honigsack Riesling Spätlese trocken | 12% | 7,30 €
87 2016 Kallstadter Saumagen Riesling Spätlese trocken | 12,5% | 8,90 €
84 2015 Chardonnay Spätlese trocken Barrique | 13,5% | 10,- €
87 2016 Herxheimer Honigsack Riesling Haute Futaie Spätlese trocken Barrique | 12,5% | 12,80 €
86 2016 Kallstadter Saumagen Riesling Alte Reben Spätlese feinherb | 12% | 11,10 €
87 2016 Herxheimer Honigsack Scheurebe Beerenauslese | 8,5% | 10,50 €/0,375 Lit.
83 2015 Frühburgunder Pinot Madeleine trocken Holzfass | 14% | 7,- €
82 2015 Herxheimer Honigsack Spätburgunder Spätlese trocken Barrique | 14% | 10,- €
84 2015 Herxheimer Honigsack Spätburgunder Spätlese trocken Selektion Barrique | 13,5% | 20,30 €

WEINGUT KARL PFAFFMANN

76833 Walsheim · Allmendstraße 1
Tel (0 63 41) 96 91 30 · Fax 9 69 13 20
info@karl-pfaffmann.de
www.karl-pfaffmann.de
Inhaber Helmut und Markus Pfaffmann
Kellermeister Markus Pfaffmann und Bernhard Schwaab
Verkauf Familie Pfaffmann
Mo-Fr 8.00-12.00 Uhr · 13.00-18.00 Uhr
Sa 10.00-16.00 Uhr

Vinothek Nußdorfer Straße 2, 76833 Walsheim
Rebfläche 63 Hektar
Jahresproduktion 450.000 Flaschen
Beste Lagen Gleisweiler Hölle, Walsheimer Silberberg, Nußdorfer Herrenberg
Boden sandiger Löss, Lösslehm, Kalkstein, Kalkmergel, Buntsandstein
Rebsorten je 25% Riesling und weiße Burgundersorten, 12% Spätburgunder, 10% Dornfelder, 8% Portugieser, 6% Silvaner, 14% übrige Sorten
Mitglied Fair'n Green

Es ist wie so oft, ja in jedem Jahr: Weißweine auf den Punkt, sehr saftig, eindeutig, rebsortentypisch. Im Umgang mit Holz sind die Weine aber sicherer geworden, wie der fantastische Chardonnay Barrique zeigt. Hier ist nichts mehr mit der Keule, die in der Vergangenheit schon mal geschwungen wurde. Ein Genuss-Fenster öffnet sich auch bei den edelsüßen Weinen, die von einer intensiven Riesling Beerenauslese angeführt werden. Dieser ganze diese ganze Bandbreite liefert ein Weingut, welches nicht eben klein ist. Hinter einzelnen Partien steckt eine beachtenswerte Flaschenzahl - und umso applauswürdiger ist die Präzision, die man hier an den Tag legt. Es sind dabei Weine für jeden Tag, was keineswegs negativ zu sehen ist, ganz im Gegenteil. Pfaffmann zu trinken bedeutet instinktiven Genuss ohne Erklärungen.

Verkostete Weine 14
Bewertung 85–94 Punkte

- 85 2016 Nußdorfer Bischofskreuz Grüner Silvaner trocken | 12,5% | 6,– €
- 86 2016 Walsheimer Silberberg Grauburgunder Selection trocken | 13,5% | 8,50 €
- 86 2016 Walsheimer Silberberg Riesling Selection trocken | 13,5% | 9,50 €
- 87 2016 Knöringer Hohenrain Weißburgunder Selection trocken | 13,5% | 9,50 €
- 86 2016 Walsheimer Linzenbuckel Chardonnay trocken | 13,5% | 11,50 €
- 87 2016 Nußdorfer Am weißen Kreuz Riesling Selection trocken | 13,5% | 11,50 €
- 89 2016 Walsheimer Silberberg Grauburgunder Pauline Réserve trocken Holzfass | 13,5% | 15,70 €
- 88 2016 Walsheimer Roßberg Riesling Grande Réserve trocken Barrique | 13,5% | 18,90 €
- 93 2016 Walsheimer Silberberg Chardonnay Grande Réserve trocken Barrique | 13,5% | 23,90 € | (TOP)
- 88 2016 Walsheimer Silberberg Riesling Spätlese | 9,5% | 8,50 € | (€)
- 91 2016 Walsheimer Silberberg Riesling Auslese | 8,5% | 14,50 €
- 94 2016 Walsheimer Silberberg Riesling Beerenauslese | 6,5% | 19,60 €/0,375 Lit.
- 88 2015 Merlot & Cabernet Sauvignon Cuvée Lara Réserve trocken Barrique | 14,5% | 21,90 €
- 89 2015 Walsheimer Silberberg Pinot Noir Charlotte Réserve trocken Barrique | 13,5% | 21,90 €

WEINGUT PFEFFINGEN
67098 Bad Dürkheim · Pfeffingen 2
Tel (0 63 22) 86 07 · Fax 86 03
info@pfeffingen.de
www.pfeffingen.de
Inhaber Doris und Jan Eymael
Betriebsleiter Jan Eymael
Kellermeister Rainer Gabel
Verkauf Doris und Karin Eymael
Mo–Fr 8.00–12.00 Uhr · 13.00–18.00 Uhr
Sa 9.00–12.00 Uhr · 13.00–16.00 Uhr
und nach Vereinbarung

Sehenswert Steinsarkophage im Gutshof
Erlebenswert Hoffest im Juli, Jahrgangspräsentation im Mai
Rebfläche 17 Hektar
Jahresproduktion 100.000 Flaschen
Beste Lagen Ungsteiner Herrenberg und Weilberg
Boden Terra Rossa, Kalkmergel, Löss
Rebsorten 60% Riesling, je 10% Scheurebe, Spätburgunder und Weißburgunder, 10% übrige Sorten
Mitglied VDP

Unbedarfte Menschen pauschalisieren gerne. So lehnen manche Riesling generell als zu säurelastig ab. Oder haben ein eindimensionales Geschmacksbild für Aromasorten wie Scheurebe im Kopf. Dass das nun ganz gewiss nicht stimmt, beweist Jan Eymael ein ums andere Jahr mit seiner Auswahl an unterschiedlichsten Stilen dieser Bukettrebsorte. Ja, das Exotische, die Grapefruit ist immer irgendwo vorhanden – aber in welcher Differenziertheit! Eymael tischt uns die Scheurebe als trockenen Ortswein auf, als Spätlese, Auslese, Beerenauslese, Trockenbeerenauslese – und dann noch im Barrique ausgebaut! Kein anderer Betrieb in ganz Deutschland dürfte in der Lage sein, diese Bandbreite so darzustellen.

Riesling in seinen Eigenheiten

Eigentlich aber sind ja 60 Prozent der Flächen dieses Weinguts mit Rieslingen bestockt. Einige Lagen sind sogar arrondiert, das heißt sie bilden eigenständige Einheiten, teils von Steinmauern begrenzt. Uns gefällt, wie unterschiedlich auch die Rieslinge hier geraten – immer ein Zeichen dafür, dass man den Wein nicht in ein bestimmtes Korsett zwängt, sondern ihm die Freiheit lässt, so zu werden, wie es sich von den Außenge-

PFALZ

gebenheiten und -bedingungen her anbietet und anbahnt. Immer wieder begeistern daher die zweieiigen Zwillinge Terra Rossa (verspielt, filigran, fast tänzelnd) und Kalkstein (fest, verschlossen, straff), die ihre jeweiligen Böden ganz gut widerspiegeln. Richtig interessant natürlich wird es dann im gehobenen Bereich bei den Großen Gewächsen, denn diese - das zeigen Verkostungen nach mehreren Jahren - sind oft Spätzünder. Umso erstaunlicher ist es, wie präsent sich jetzt schon das Große Gewächs vom Riesling aus dem Weilberg zeigt: schmeichelnde Frucht, tief, lange, sehr saftig und mit frisch pointierter Säure. Da hat es das Pendant aus dem Herrenberg etwas schwer, zu folgen.

Jan Eymael

Verkostete Weine 13
Bewertung 87–95 Punkte

- **87** 2016 Ungsteiner Scheurebe trocken | 12,5% | 12,- €
- **88** 2016 Ungsteiner Riesling Kalkstein trocken | 13% | 13,50 €
- **88** 2016 Ungsteiner Riesling Terra Rossa trocken | 12,5% | 13,50 €
- **87** 2016 Ungsteiner Roter Riesling -SP- trocken | 12,5% | 16,- €
- **89** 2016 Ungsteiner Nußriegel Riesling trocken | 12% | 16,80 €
- **90** 2016 Ungsteiner Scheurebe »SP« trocken | 13% | 17,- €
- **89** 2016 Ungsteiner Herrenberg Weißburgunder »Großes Gewächs« | 13% | 21,- €
- **91** 2016 Ungsteiner Herrenberg Riesling »Großes Gewächs« | 13,5% | 26,- €
- **93** 2016 Ungsteiner Weilberg Riesling »Großes Gewächs« | 13% | 26,- €
- **88** 2016 Ungsteiner Scheurebe Spätlese | 11% | 12,- €
- **92** 2016 Ungsteiner Herrenberg Scheurebe Auslese | 10% | 15,- €/0,375 Lit.
- **95** 2016 Ungsteiner Herrenberg Scheurebe Beerenauslese | 9% | 24,- €/0,375 Lit.
- **90** 2015 Ungsteiner Spätburgunder -SP- trocken | 13,5% | 22,- €

Weilberg vor Herrenberg

Dynamik scheint in Sachen Spätburgunder angesagt zu sein, denn hier ist deutlich mehr Pfiff und Zug drin als sonst. Die edelsüßen Scheureben sind wieder super, hatten aber mit 2015 eine Vorgabe, die 2016 kaum zu toppen war.

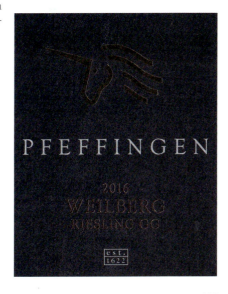

WEINGUT PFIRMANN
76829 Landau · Wollmesheimer Hauptstraße 84
Tel (0 63 41) 3 25 84 · Fax 93 00 66
info@weingut-pfirmann.de
www.weingut-pfirmann.de
Inhaber Jürgen Pfirmann
Kellermeister Jürgen Pfirmann
Verkauf Familie Pfirmann
nach Vereinbarung
Rebfläche 14 Hektar
Jahresproduktion 80.000 Flaschen
Beste Lage Wollmesheimer Mütterle, Leinsweiler Sonnenberg, Ilbesheimer Kalmit
Boden Kalkmergel, Buntsandstein, Landschneckenkalk
Rebsorten 35% weiße Burgundersorten, 30% Riesling, 10% Spätburgunder, 25% übrige Sorten

Verkostete Weine 13
Bewertung 85–90 Punkte

86 2016 Sauvignon Blanc trocken | 12,5% | 7,90 €
88 2016 Gelber Muskateller trocken | 12% | 7,90 € | €
85 2016 Riesling Kalkmergel trocken | 12,5% | 8,20 €
86 2016 Weißburgunder Kalkmergel trocken | 13% | 8,20 €
86 2016 Riesling Landschneckenkalk trocken | 13% | 8,20 €
87 2016 Weißburgunder Landschneckenkalk trocken | 13,5% | 8,20 €
87 2016 Weißburgunder Am Zollstock trocken | 13,5% | 11,– €
90 2016 Chardonnay Am Zollstock trocken Barrique | 14% | 11,– €
88 2016 Ilbesheimer Kalmit Weißburgunder trocken Holzfass | 14% | 14,50 €
88 2016 Wollmesheimer Mütterle Riesling trocken Holzfass | 13% | 14,50 €
89 2016 Ilbesheimer Kalmit Riesling trocken Holzfass | 13% | 14,50 €
90 2016 Wollmesheimer Mütterle Sauvignon Blanc trocken Barrique | 13% | 14,50 €
85 2015 Ilbesheimer Kalmit Spätburgunder trocken Barrique | 13,5% | 18,– €

Da hat sich aber einer leise, still, jedoch alles andere als heimlich nach oben gearbeitet! Jürgen Pfirmann ist es gelungen, den elterlichen Betrieb binnen zehn Jahren aus einem unscheinbaren Weingut mit noch reichlich Fassweinproduktion als einen ernst zu nehmenden Faktor in der Südpfalz zu etablieren. Und das bei nicht eben guten Voraussetzungen im heimischen Keller – dies wird derzeit durch einen entsprechenden Neubau korrigiert und optimiert. Sei's drum: Wir erfreuen uns ja an dem, was im Glas ist, und das lässt auch mit den 2016ern echte Freude aufkommen. So kritisch wir auch vorgingen, wir konnten keine Schwachstelle entdecken, was einer Wiederholung der eindrucksvollen Präsentation des Vorjahres entspricht. Rieslinge, Burgundersorten, Muskateller, Sauvignon aus dem Edelstahl oder als Fumé ausgebaut – nein, wir schrauben das nicht wieder zu.

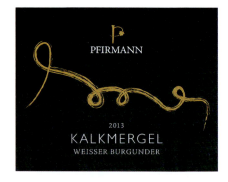

★★ ★★★ **PFALZ**

WEINGUT PFLÜGER

67098 Bad Dürkheim · Gutleutstraße 48 [BIO]
Tel (0 63 22) 6 31 48 · Fax 6 60 43
info@pflueger-wein.de
www.pflueger-wein.de
Inhaber Familie Pflüger
Betriebsleiter und Kellermeister Alexander Pflüger
Verkauf Christa Reuther
Mo–Fr 9.00–12.00 Uhr · 14.00–18.00 Uhr
Sa 10.00–16.00 Uhr

Alexander Pflüger ist nun doch schon einige Jahre Herr im Haus und hat den Betrieb mit eigenen Ideen weiter nach vorne gebracht. Immer wieder waren es die Rieslinge, die uns in ihrer Klarheit begeistern konnten. In diesem Jahr steht der Herrenberg an der Spitze, die nicht ganz so breit ist wie zuvor. Auch im Mittelsegment hatten wir schon mehr Brillanz gesehen. Dafür aber überraschten uns die Rotweine. Hier ist eine klare Steigerung der Pinot Noirs zu verzeichnen, die plötzlich mit einer Feinheit daherkommen, die Pflüger bislang nicht zu eigen war. Toll!

Verkostete Weine 12
Bewertung 81–88 Punkte

- 81 2016 Riesling trocken | 12% | 5,90 €/1,0 Lit.
- 83 2016 Riesling vom Buntsandstein trocken | 12% | 7,80 €
- 83 2016 Sauvignon Blanc vom Quarzit trocken | 12% | 7,80 €
- 84 2016 Chardonnay vom Quarzit trocken | 12,5% | 7,80 €
- 86 2016 Dürkheimer Riesling trocken | 12,5% | 10,– €
- 83 2016 Riesling & Gewürztraminer Cuvée Biodynamite | 12% | 10,90 €
- 87 2016 Dürkheimer Spielberg Riesling trocken | 13% | 13,50 €
- 88 2016 Ungsteiner Herrenberg Riesling trocken | 13% | 16,– €
- 87 2016 Ungsteiner Herrenberg Riesling Spätlese | 8% | 16,– €
- 84 2015 Friedelsheimer St. Laurent trocken | 13,5% | 11,50 €
- 86 2015 Dürkheimer Pinot Noir trocken | 13,5% | 11,50 €
- 87 2015 Dürkheimer Fronhof Pinot Noir trocken | 14% | 16,– €

WEINGUT PORZELT

76889 Klingenmünster · Steinstraße 91 [BIO]
Tel (0 63 49) 81 86 · Fax 39 50
info@weingut-porzelt.de
www.weingut-porzelt.de
Inhaber und Betriebsleiter Andreas Porzelt
Kellermeister Andreas Porzelt
Verkauf Anna und Andreas Porzelt
Mo–Fr 9.00–12.00 Uhr · 14.00–18.00 Uhr
Sa 10.00–16.00 Uhr
Vinothek »1786« im Sandsteingewölbe
Sehenswert Verkaufsraum im stilvoll renovierten Gewölbekeller
Rebfläche 15 Hektar
Jahresproduktion 75.000 Flaschen
Beste Lagen Klingenmünster Maria Magdalena, Gleiszeller Kirchberg
Boden Muschelkalk, Buntsandstein, Kiessand, Lehm, Ton
Rebsorten 23% Riesling, 20% Silvaner, 13% Portugieser, 11% Spätburgunder, 7% Grauburgunder, 6% Weißburgunder, 4% Chardonnay, 16% übrige Sorten
Mitglied Bioland

Hätten viele Geldinstitute heute nicht einen solch schlechten Ruf, würde man Andreas Porzelts Weine wohl eine sichere Bank nennen. Seit Jahren haben wir dort nichts verkostet, was nicht über jeden Zweifel erhaben wäre. Dabei sieht ein erster Blick auf den Rebsortenspiegel noch nach eher traditioneller Südpfalz aus: Silvaner und Portugieser überflügeln den Anteil an den kompletten Burgundersorten deutlich, jeder fünfte Rebstock ist ein Silvaner. Bedeutet aber auch: Bessere Silvaner als bei Porzelt findet man in der gesamten Pfalz wohl nicht. Der vom Muschelkalk etwa ist vom Typ her fränkisch, der aus dem Kirchberg dicht, aromatisch, kraftvoll und doch nicht überladen vom Holz. Ein ebenso gutes Händchen hat der Winzer auch bei Riesling, Weißburgunder oder Chardonnay. Das hat alles Hand und Fuß. Und kann reifen. Also ein paar Jahre weglegen und später die geschmacklichen Zinsen abräumen.

Symbole Weingüter
€ Schnäppchenpreis · TOP Spitzenreiter · BIO Ökobetrieb
Trinktipp · Versteigerungswein

Sekt | Weißwein | Rotwein | Rosé

★★★★★

Verkostete Weine 12
Bewertung 84–90 Punkte

- **84** 2016 Riesling trocken | 12% | 8,10 €
- **86** 2016 Klingenmünster Grauburgunder trocken Holzfass | 13,5% | 11,10 €
- **86** 2016 Klingenmünster Sauvignon Blanc trocken | 12% | 11,10 €
- **86** 2016 Klingenmünster Silvaner Tonmergel trocken | 12,5% | 12,10 €
- **88** 2016 Silvaner Muschelkalk trocken | 13% | 13,10 €
- **89** 2016 Klingenmünster Maria Magdalena Riesling trocken Holzfass | 12,5% | 17,10 €
- **89** 2016 Klingenmünster Kirchberg Weißburgunder trocken Barrique | 13,5% | 17,10 €
- **90** 2016 Klingenmünster Kirchberg Chardonnay trocken Barrique | 13% | 19,10 €
- **90** 2016 Gleizeller Kirchberg Silvaner trocken Holzfass | 13% | 22,10 €
- **85** 2015 Klingenmünster Merlot trocken Holzfass | 13,5% | 11,10 €
- **86** 2015 Klingenmünster Spätburgunder Muschelkalk trocken Barrique | 13% | 18,10 €
- **89** 2015 Klingenmünster Kirchberg Spätburgunder trocken Barrique | 13% | 26,10 €

WEINGUT ÖKONOMIERAT REBHOLZ

76833 Siebeldingen · Weinstraße 54
Tel (0 63 45) 34 39 · Fax 79 54
wein@oekonomierat-rebholz.de
www.oekonomierat-rebholz.de
Inhaber Hansjörg Rebholz
Verkauf Familie Rebholz
Mo–Fr 9.00–12.00 Uhr · 14.00–17.30 Uhr
Sa 10.00–16.00 Uhr

Historie Weinbau in der Familie seit über 350 Jahren
Rebfläche 23 Hektar
Jahresproduktion 120.000 Flaschen
Beste Lagen Birkweiler Kastanienbusch und Mandelberg, Siebeldinger im Sonnenschein, Ganz Horn im Sonnenschein, Albersweiler Latt, Frankweiler Biengarten
Boden Lösslehm, Muschelkalk, Buntsandsteinverwitterung, Rotliegendes, Hangschotter
Rebsorten 40% Riesling, 20% Spätburgunder, 15% Weißburgunder, je 8% Chardonnay und Grauburgunder, 9% übrige Sorten
Mitglied VDP, Fünf Winzer – Fünf Freunde, Renaissance des Appellations, Respekt

Das Weingut Rebholz steht als Inbegriff für den Aufstieg der Weine der Südlichen Weinstraße. Heute kann man sich gar nicht mehr vorstellen, dass es einmal anders gewesen sein soll, doch erst mit dem Zusammenschluss von Hansjörg Rebholz und Karl-Heinz-Wehrheim, Thomas Siegrist, Fritz Becker sowie Gunter und Rainer Keßler zur Winzergruppe Fünf Freunde kam der riesige Stein der Qualitätsverbesserung ins Rollen.

Ein ganz eigener Stil
Und Hansjörg Rebholz war ein Zugpferd dabei, schon immer. Der Vorsitzende des VDP Pfalz ist ein Weintüftler, einer, der es gerne ganz genau nimmt, möglichst nichts, was er selbst beeinflussen kann, dem Zufall überlässt. In seinen Weinbergen arbeitet er überzeugt ökologisch, sodass man manchen Wanderer im Kastanienbusch beim Vorbeigehen murren hört, da wachse es ja »zwischen den Rebzeilen wie Kraut und Rüben!« Nein, Rebholz weiß sehr genau, was er da macht. Nur: Wie genau er es jetzt macht, seinen Weinen diesen Schliff mitzugeben, der so ungeschliffen wirkt, dieses Strahlen in die Rieslinge aus dem

PFALZ

Siebeldinger Sonnenschein zu bringen, diesen immensen Druck in den Kastanienbusch-Riesling, diese Vornehmheit und Länge in den Chardonnay - da wäre man gerne Mäuschen im Keller. Natürlich gibt es heute, so sagen es viele Winzer, keine Geheimnisse mehr, doch ist er deutlich schmeckbar, dieser unvergleichliche Rebholz-Stil, der anfangs im Mund oft wenig spektakulär beginnt, sich aber ausbreitet und festsetzt, wo andere Weine längst schon wieder weg sind.

Hansjörg Rebholz

Orientierung für den Nachwuchs

Auch wenn Rieslinge (mit 40 Prozent) und Burgundersorten (46 Prozent) den Löwenanteil der Rebsorten stellen, so hat man sich hier noch nicht von den kleinen, traditionellen Sorten verabschiedet. Vom betont leichten Silvaner etwa oder vom unglaublich erfrischenden Muskateller, der mit knapp über 10 Volumenprozent Alkohol auskommt - wie auch viele andere Weine übrigens nicht viele Umdrehungen benötigen, um zu beeindrucken. Und sie spielen überall vorne mit, wo es darum geht, der Beste zu sein, egal ob bei den trockenen Rieslingen, den weißen Burgundersorten, dem Spätburgunder oder beim Sekt. Ein komplettes Weingut ohne jede Blöße, nur mit Stärken. Zehn Weine über 90 Punkte sind ein Wort. Ein Ausrufezeichen. Das ist fast schon beängstigend gut. Und ein Antrieb für jeden jungen Winzer, genau da mal hin zu wollen. Wir freuen uns schon heute darauf, den Kastanienbusch Riesling in zehn Jahren daraufhin zu überprüfen, wie er sich entwickelt hat. O. k., wir geben es zu: zwischendurch natürlich auch. So oft sich die Gelegenheit bietet.

Verkostete Weine 18
Bewertung 85–96 Punkte

- **93** 2008 »π-no« Sekt extra Brut »R« | 12,5% | 34,- € | TOP
- **85** 2016 Riesling trocken | 11,5% | 10,70 €
- **85** 2016 Muskateller trocken | 10% | 13,80 €
- **86** 2016 Weißer Burgunder vom Lößlehm trocken | 12,5% | 18,30 €
- **88** 2016 Riesling vom Buntsandstein trocken | 12% | 18,30 €
- **89** 2016 Birkweiler Riesling vom Rotliegenden trocken | 11,5% | 18,30 €
- **89** 2016 Siebeldinger Weißer Burgunder vom Muschelkalk trocken | 12,5% | 22,80 €
- **88** 2016 Frankweiler Biengarten Riesling trocken | 11,5% | 23,- €
- **93** 2016 Chardonnay »R« trocken | 13% | 31,- € | TOP
- **91** 2016 Birkweiler Mandelberg Weißer Burgunder »Großes Gewächs« | 13,5% | 39,- €
- **92** 2016 Siebeldinger im Sonnenschein Weißer Burgunder »Großes Gewächs« | 13% | 39,- €
- **91** 2016 Siebeldinger im Sonnenschein Riesling »Großes Gewächs« | 12,5% | 41,- €
- **93** 2016 Siebeldinger Ganz Horn Im Sonnenschein Riesling »Großes Gewächs« | 12,5% | 41,- €
- **96** 2016 Birkweiler Kastanienbusch Riesling »Großes Gewächs« | 12% | 46,- € | TOP
- **90** 2016 »π-no« trocken »R« | 13% | 31,- €
- **89** 2016 Birkweiler Riesling vom Rotliegenden Kabinett | 8% | 18,30 €
- **91** 2015 Siebeldinger Spätburgunder vom Muschelkalk trocken | 13% | 30,- €
- **93** 2015 Siebeldinger im Sonnenschein Spätburgunder »Großes Gewächs« | 13% | 58,- €

★★★★

WEINGUT RINGS
67251 Freinsheim · Dürkheimer Hohl 21 (BIO)
Tel (0 63 53) 22 31 · Fax 91 51 64
info@weingut-rings.de
www.weingut-rings.de
Inhaber und Betriebsleiter Steffen und Andreas Rings
Verkauf Familie Rings
Mo–Sa 10.00–12.00 Uhr · 13.00–17.00 Uhr
Rebfläche 33,5 Hektar
Jahresproduktion 200.000 Flaschen
Beste Lagen Freinsheimer Schwarzes Kreuz, Kallstadter Saumagen, Ungsteiner Weilberg, Leistadter Felsenberg
Boden Sand und Kies, Lösslehm, Kalkstein, Terra Rossa
Rebsorten je 30% Riesling und Spätburgunder, 20% weiße Burgundersorten, 20% übrige Sorten
Mitglied VDP

Wir haben bei diesem Weinführer das Prinzip, dass alles, was in der ersten Verkostungsrunde mehr als 88 Punkte bekommt, nach hinten gestellt wird, weil es später in die regionale Endrunde einfließt. Bei manchen Weingütern könnte man sogar blind und ohne zu probieren mit 80 Prozent der eingereichten Weine so verfahren. Rings ist einer dieser Fälle. Es ist ja nun nicht so, dass die uns nur ihre wirklich besten Weine schicken würden, nein: 19 der 21 erzeugten Weine wurden eingereicht, und selbst die Gutsweine als Einstiegsklasse haben schon Format. Bei Andreas und Steffen Rings ist der interne Anspruch offensichtlich dermaßen hoch, dass wohl selbst ein Schorlewein siebzehn Hürden durchlaufen müsste, um hernach das amtliche Prüfsiegel der Brüder zu erhalten. Wo Rings draufsteht, muss qualitativ Rings drin sein.

Immer investieren

Mit Wein wird heute richtig Geld verdient, da beißt die Maus keinen Faden ab. Das kann man auf die hohe Kante legen, das kann man aber auch investieren. Wir haben den Eindruck, dass bei Rings ständig Neues angeschafft wird, seien es kleine Edelstahltanks, große Fässer, Parzellen in Lagen wie Kallstadter Steinacker, Saumagen oder Leistadter Felsenberg. Jetzt wurden auch noch spezielle Sortierbänder zur noch penibleren Selektion des Traubenmaterials installiert – der Lesemannschaft stehen dann vermutlich auch Nachtschichten bevor. Das größte Projekt ist die seit Juni 2017 begonnene Aussiedlung des Guts in die Lage Schwarzes Kreuz. Da ist derzeit ein großes Loch, da kommt der komplette Betrieb rein, dann wird das wieder zugeschüttet und gut ist. Manche stehen auf Optik, andere auf Inhalt. Apropos Inhalt, das führt uns wieder zurück zu den Weinen.

Andreas (links) und Steffen Rings

Noch sind wir nicht hinter das Geheimnis gestoßen, was Andreas und Steffen Rings so anders machen als manche Kollegen. Klar ist aber, dass die Rieslinge unglaubliche Durchschlagskraft besitzen, sie sind bestechend präzise, haben Frucht, aber nicht zuviel davon. Salzig mag ein Modewort sein derzeit, doch beim Steinacker passt es ebenso wie beim Großen Gewächs aus dem Saumagen.

Große Reserve vom Syrah

Bei den Rotweinen heißt es eh: Atem anhalten. Der Syrah Große Reserve dürfte sich mit Knipser um die Vorherrschaft in Deutschland schlagen. Das wär´ doch mal was!

PFALZ

Verkostete Weine 19
Bewertung 84–92 Punkte

- 85 2016 Riesling Kalkmergel trocken | 12% | 8,60 €
- 84 2016 Freinsheimer Weißburgunder trocken | 13,5% | 12,- €
- 87 2016 Freinsheimer Riesling trocken | 13% | 12,- €
- 89 2016 Ungsteiner Nussriegel Riesling trocken | 13% | 17,- €
- 90 2016 Kallstadter Steinacker Riesling trocken | 13% | 19,- €
- 89 2016 Ungsteiner Weilberg Weißburgunder »Großes Gewächs« | 13,5% | 32,- €
- 91 2016 Ungsteiner Weilberg Riesling »Großes Gewächs« | 13% | 32,- €
- 91 2016 Kallstadter Saumagen Riesling »Großes Gewächs« | 13,5% | 36,- €
- 85 2015 Spätburgunder trocken Barrique | 12,5% | 11,90 €
- 87 2015 Freinsheimer Spätburgunder trocken Barrique | 13% | 16,- €
- 88 2015 Kallstadter Spätburgunder trocken Barrique | 13% | 19,- €
- 87 2015 Das kleine Kreuz trocken Barrique | 14% | 20,- €
- 89 2015 Kallstadter Steinacker Spätburgunder trocken Barrique | 13% | 28,- €
- 89 2015 Portugieser trocken Reserve Barrique | 13% | 32,- €
- 90 2015 Das Kreuz trocken Barrique | 14% | 40,- €
- 90 2015 Syrah trocken Reserve Barrique | 14% | 40,- €
- 90 2015 Kallstadter Saumagen Spätburgunder »Großes Gewächs« | 13% | 46,- €
- 92 2015 Leistadter Felsenberg Spätburgunder trocken Barrique | 13% | 69,- €
- 92 2015 Syrah trocken Große Reserve Barrique | 14% | 69,- €

WEINGUT RÖSSLER-SCHNEIDER
67487 St. Martin · Maikammererstraße 12
Tel (0 63 23) 50 75 · Fax 98 96 93
info@roessler-schneider.de
www.roessler-schneider.de
Inhaber und Betriebsleiter Robert Schneider

Verkauf Priska Schneider
Sa 8.00–17.00 Uhr, **So** 10.00–12.00 Uhr und nach Vereinbarung

Wer in St. Martin in der Maikammerer Straße, einer der Hauptschlagadern des beliebten Weindorfs, unterwegs ist, mag vielleicht das kleine Weingut von Robert und Priska Schneider fast übersehen – was ein großer Fehler wäre. Für einladend kleines Geld können hier absolut empfehlenswerte Weine erstanden werden, die genau das darstellen, was sie sollen. Besonders gut gelingen in der Regel die Kabinettweine, vor allem, wenn sie von Aromasorten wie Muskateller oder Scheurebe stammen. Die 2016er Kollektion ist in sich sehr stimmig, von Frucht und Saftigkeit geprägt.

Verkostete Weine 12
Bewertung 81–86 Punkte

- 81 2016 Riesling trocken | 12,5% | 5,- €/1,0 Lit.
- 85 2016 Gelber Muskateller trocken | 11,5% | 8,- €
- 85 2016 St. Martin Baron Riesling Kabinett trocken | 12% | 6,- €
- 86 2016 St. Martin Baron Scheurebe Kabinett trocken | 12% | 6,40 €
- 84 2016 Auxerrois Kabinett trocken | 12,5% | 7,- €
- 84 2016 St. Martin Baron Weißburgunder Kabinett trocken | 13% | 7,- €
- 85 2016 St. Martin Baron Riesling Spätlese trocken | 12,5% | 7,- €
- 86 2016 St. Martin Baron Grauburgunder Spätlese trocken | 13,5% | 8,50 €
- 83 2016 St. Martin Baron Grüner Silvaner Kabinett halbtrocken | 11,5% | 5,40 €
- 83 2016 St. Martin Baron Rieslaner Spätlese feinherb | 12,5% | 7,- €
- 83 2015 St. Laurent trocken | 13% | 7,- €
- 81 2015 St. Martin Baron Blauer Spätburgunder trocken | 14% | 8,90 €

Symbole Weingüter

€ Schnäppchenpreis · TOP Spitzenreiter · BIO Ökobetrieb
Trinktipp · Versteigerungswein

Sekt | Weißwein | Rotwein | Rosé

★

WEINGUT ROTHMEIER

76829 Landau-Mörlheim · Offenbacher Weg 8
Tel (0 63 41) 5 26 00 · Fax 5 30 33
info@weingut-rothmeier.de
www.weingut-rothmeier.de
Inhaber Ben Rothmeier
Verkauf Ben Rothmeier
nach Vereinbarung

Ben Rothmeier hatte von Beginn an eine gute Vorstellung, wo er mit seiner Weinqualität hin will. Auf ihm lastete keine große Familientradition - Vater Philipp hatte in den 1980er Jahren überhaupt erst mit der Flaschenweinvermarktung begonnen -, also nahm und nimmt er sich die Freiheiten, seinen eigenen Geschmack in den Vordergrund zu stellen. Besonders mit Scheureben war er in den letzten Jahren aufgefallen, doch Riesling kann er noch besser, wie der Kalmit beweist. Während die Spätburgunder mitunter etwas zu schwer und pflaumig werden, zeigt ein gereifter Merlot aus 2012 doch, dass Ben Rothmeier durchaus Rotwein kann. Und zwar richtig klasse.

Verkostete Weine 12
Bewertung 82–88 Punkte

82 2016 Riesling trocken | 12,5% | 4,70 €/1,0 Lit.
84 2016 Riesling trocken | 12% | 7,- €
85 2016 Weißburgunder trocken | 13% | 7,- €
84 2016 Scheurebe trocken | 12,5% | 8,- €
86 2016 Riesling Rambaa Zambaaa trocken | 12,5% | 9,50 €
87 2016 Ilbesheimer Kalmit Riesling trocken | 12,5% | 12,50 €
85 2016 Muskateller feinherb | 11,5% | 7,50 €
86 2016 Scheurebe feinherb | 12,5% | 8,- €
86 2016 Riesling Sweet K****garden Spätlese | 7,5% | 12,50 €
82 2016 Cuvée be Crazy feinherb Rosé | 11,5% | 7,50 €
84 2012 Pinot Noir Blacklist trocken | 13,5% | 30,- €
88 2012 Merlot Blacklist trocken | 14% | 35,- €

★★⯨

WEINGUT HEINER SAUER

76833 Böchingen · Hauptstraße 44   BIO
Tel (0 63 41) 6 11 75 · Fax 6 43 80
info@weingut-sauer.com
www.weingut-sauer.com
Inhaber Heiner Sauer
Kellermeister Felix Haertel
Verkauf Albert Zowka
Mo–Fr 9.00–18.00 Uhr, **Sa** 10.00–17.00 Uhr

Sehenswert Weinprobierstube in Stahl und Holz
Rebfläche 28 Hektar
Jahresproduktion 145.000 Flaschen
Beste Lagen Godramsteiner Münzberg, Gleisweiler Hölle, Burrweiler Schäwer
Boden Buntsandstein, Muschelkalk, Kalkmergel, Lehm, Löss
Rebsorten 26% Riesling, 17% Weißburgunder, 14% Grauburgunder, 12% Sauvignon Blanc, 8% Spätburgunder, 6% St. Laurent, 17% übrige Sorten
Mitglied Bioland

Heiner Sauer und seine Frau Moni konnten 2017 Jubiläum feiern: 30 Jahre Weingut Heiner Sauer. Der Blick zurück zeigt, wie weit Sauer vorausgegangen ist. Als Bio-Winzer der ersten Stunde war er stets davon überzeugt, in Ökologie und Nachhaltigkeit auf die richtige Karte zu setzen. Natürlich gab es Rückschläge, den Preis der Erfahrungen, doch in Summe steht nach drei Jahrzehnten ein dickes Plus in der Bilanz. So sehen wir auch aktuell seine Weine. Die weißen Burgundersorten strahlen Eleganz aus und punkten mit einer guten Präsenz; erneut ist es der Grünfränkisch, der mit seiner Eindringlichkeit begeistert. Auch die Rieslinge stehen nicht zurück, sie wurden uns als Top-Weine aus 2015 aus Hölle und Steinreich gezeigt und sind jetzt herrlich trinkreif. Bis auf den sehr guten St. Laurent konnten wir noch nichts Rotes verkosten, doch wir wissen ja auch durch Sauers Zweitbetrieb Bodegas Palmera in Spanien, dass er auch dafür ein Händchen hat.

★★ PFALZ

Verkostete Weine 12
Bewertung 83–90 Punkte

84 2016 Grauburgunder trocken | 12,5% | 6,90 €
84 2016 Weißburgunder trocken | 12% | 6,90 €
86 2016 Gleisweiler Riesling Buntsandstein trocken | 11,5% | 6,90 €
83 2016 Sauvignon Blanc Löss trocken | 12% | 8,50 €
87 2016 Nußdorfer Grauburgunder trocken | 14% | 9,50 €
90 2016 Godramsteiner Münzberg Weißburgunder trocken | 13,5% | 11,– €
89 2015 Gleisweiler Hölle Riesling trocken | 13,5% | 13,– €
89 2016 Godramsteiner Riesling Steinreich trocken | 13,5% | 13,– €
85 2015 Böchinger Rosenkranz Sauvignon Blanc trocken Holzfass | 11% | 14,50 €
90 2016 Böchinger Rosenkranz Grünfränkisch trocken Holzfass | 13% | 15,– €
87 2016 Nußdorfer Herrenberg Gewürztraminer | 12,5% | 11,50 €
87 2015 Böchinger St. Laurent Kalkmergel trocken Holzfass | 13% | 11,– €

WEINGUT KARL SCHAEFER

67098 Bad Dürkheim · Weinstraße Süd 30
Tel (0 63 22) 21 38 · Fax 87 29
info@weingutschaefer.de
www.weingutschaefer.de
Inhaber Dr. Job und Nana von Nell
Verwalter Patrick Müller
Kellermeister Gabriel Huber

Verkauf Thomas Sebastian
Mo–Fr 9.00–12.00 Uhr · 13.00–18.00 Uhr
Sa 10.00–16.00 Uhr

Historie Seit 1843 in Familienbesitz, historisches Gebäude und Parkensemble (für Veranstaltungen nutzbar), Verkauf von Möbeln und Accessoires im Landhausstil
Rebfläche 17,5 Hektar
Jahresproduktion 80.000 Flaschen
Beste Lagen Dürkheimer Michelsberg und Spielberg, Wachenheimer Gerümpel und Fuchsmantel, Forster Pechstein, Ungsteiner Weilberg und Herrenberg
Boden Muschelkalk, Löss, Lehm, Basalt, Buntsandstein, Mergel, Terra Rossa
Rebsorten 80% Riesling, 10% weiße Sorten, 10 % rote Sorten
Mitglied VDP

Seit Familie von Nell sich im Weingut Schaefer als Eigentümer engagiert, geht es in diesem ehrwürdigen und stolzen Betrieb wieder aufwärts, und das im Grunde mit jedem Jahr. Es greifen Neuerungen und Investitionen - doch der Kern der Marke Schaefer soll erhalten bleiben. Das bedeutet brillante, sehr trockene und schlanke Rieslinge. Was beim Literwein vielleicht doch noch etwas dünn gerät, hat darüber absolut Struktur und Präsenz. Nichts definiert sich hier über breite Frucht oder Molligkeit. Gabriel Huber kann als Kellermeister inzwischen wieder über einen modernen Keller verfügen. Job von Nell macht sich zunehmend auch einen Namen als Experte für effektive Mikroorganismen, die für mehr Bodenlockerheit, Pflanzengesundheit und besseres Reifepotenzial sowie komplettes Durchgären der Moste auch ohne Reinzuchthefen sorgen sollen. Ein spannendes Thema.

Verkostete Weine 12
Bewertung 80–89 Punkte

80 2016 Riesling Liter Grün trocken | 12,5% | 6,80 €/1,0 Lit.
84 2016 Riesling trocken | 12% | 8,- €
80 2016 Dürkheimer Weißburgunder trocken | 12% | 9,- €
85 2016 Dürkheimer Riesling Sonnentropfen trocken | 12% | 10,50 €
87 2016 Forster Riesling Basalt trocken Barrique | 12,5% | 12,- €
88 2016 Dürkheimer Spielberg Riesling trocken | 13% | 13,50 €
88 2016 Wachenheimer Fuchsmantel Riesling Quetschenbaum trocken | 12,5% | 13,50 €
89 2016 Wachenheimer Gerümpel Riesling trocken Holzfass | 12% | 15,- €
88 2016 Ungsteiner Herrenberg Riesling trocken | 12,5% | 25,- €
89 2016 Dürkheimer Michelsberg Riesling trocken | 13% | 25,- €
84 2016 Dürkheimer Hochbenn Muskateller | 9,5% | 11,- €
88 2016 Dürkheimer Spielberg Riesling Schöne Anna Spätlese | 10,5% | 15,- €

WEINGUT SCHENK-SIEBERT
67269 Grünstadt-Sausenheim
Leininger Straße 16
Tel (0 63 59) 21 59 · Fax 8 30 34
schenk-siebert@t-online.de
www.weingut-schenk-siebert.de
Inhaber Hildegard und Gerhard Siebert
Kellermeister Gerhard Siebert
Außenbetrieb Christoph Siebert
Verkauf Hildegard Siebert
Mo–Fr 10.00–18.00 Uhr
Sa 10.00–16.00 Uhr und nach Vereinbarung

Das Weingut Schenk-Siebert steckt in einer Findungsphase. Unserer Kritik der letzten beiden Jahre stimmte Gerhard Siebert im persönlichen Gespräch zu, zeigte aber auch die Optionen für die Zukunft auf, wenn alle drei Kinder, die sich weintechnisch ausbilden ließen und lassen, zu Hause an Bord sind. Mit einer sehr gelungenen Cuvée Trio oder dem Kalkstein Riesling geht es ja wieder in eine erfreuliche Richtung. Andere Baustellen bleiben.

Verkostete Weine 12
Bewertung 79–86 Punkte

81 2016 Riesling trocken | 12,5% | 5,20 €/1,0 Lit.
82 2016 Grauburgunder trocken | 13% | 6,30 €
83 2016 Grünstadter Bergel Grüner Silvaner Zweiter Haufen trocken | 12,5% | 6,30 €
83 2016 Sausenheimer Hütt Riesling Aufstand Kabinett trocken | 12,5% | 6,30 €
79 2015 Neuleininger Feuermännchen Chardonnay Spätlese trocken | 14% | 11,- €
85 2016 Sausenheimer Hütt Riesling Alte Reben Spätlese trocken | 12,5% | 11,- €
85 2016 Sausenheimer Honigsack Riesling Kalkstein Spätlese trocken | 12,5% | 11,- €
84 2016 Spätburgunder trocken Blanc de Noirs | 12,5% | 6,30 €
86 2014 Cuvée Trio trocken Barrique | 13% | 9,20 €
83 2015 Sausenheimer Honigsack Schwarzriesling trocken Barrique | 13,5% | 11,50 €
79 2015 Sausenheimer Honigsack Spätburgunder trocken Barrique | 13,5% | 13,50 €
81 2015 Neuleininger Feuermännchen Spätburgunder trocken Barrique | 13,5% | 17,- €

QUETSCHENBAUM
2010 Riesling trocken

Symbole Weingüter
★★★★★ Weltklasse • ★★★★ Deutsche Spitze
★★★ Sehr Gut • ★★ Gut • ★ Zuverlässig

PFALZ

WEINHOF SCHEU
76889 Schweigen-Rechtenbach · Hauptstraße 33
Tel (0 63 42) 72 29 · Fax 91 99 75
info@weinhof-scheu.de
www.weinhof-scheu.de
Inhaber Günter und Klaus Scheu
Kellermeister Klaus Scheu

Verkauf Günter und Klaus Scheu
Sa 10.00–18.00 Uhr und nach Vereinbarung

Rebfläche 14 Hektar
Jahresproduktion 90.000 Flaschen
Beste Lage Schweigener Sonnenberg, Rädling und Strohlenberg
Boden sandiger Lehm, Kalkmergel und Ton
Rebsorten 50% Burgundersorten, 33% Riesling, je 5% Gewürztraminer und Scheurebe, 7% übrige Sorten
Mitglied Südpfalz Connexion

Verkostete Weine 10
Bewertung 82–90 Punkte

82 2016 Riesling trocken | 12% | 5,10 €/1,0 Lit.
85 2016 Riesling léger trocken | 11,5% | 6,50 €
85 2016 Scheurebe trocken | 12% | 7,– €
85 2016 Schweigener Weißburgunder Kalkstein trocken | 13,5% | 9,– €
87 2016 Schweigener Riesling Kalkstein trocken | 12,5% | 9,– €
84 2016 Schweigener Sonnenberg »Rädling« Grauer Burgunder trocken | 13,5% | 15,– €
89 2016 Schweigener Sonnenberg Riesling trocken | 13% | 15,– €
89 2016 Schweigener Sonnenberg »Rädling« Weißburgunder trocken | 13,5% | 15,– €
90 2016 Schweigener Strohlenberg Weißburgunder trocken | 13,5% | 15,– €
90 2016 Schweigener Sonnenberg Gewürztraminer trocken | 14% | 15,– €

Klaus Scheu zeigt sich stark wie nie zuvor. Vor allem die Weißburgunder aus Raedling und Strohlenberg, Lagen auf französischem Boden also, sind kräftig, dicht, dabei jedoch immer auch elegant und nie alkoholisch. Der Gewürztraminer hat zwar dafür richtig Wumms - den darf er ruhig auch haben, wenn man ihn mit einem kräftigen Käse begleitet, denn genau dafür ist er gedacht. Diesmal hat uns Klaus Scheu noch ein kleines Extrapaket mit ein paar gereiften Weinen mitgebracht: Rieslinge und Weißburgunder aus 2008 und 2009, einen Grauburgunder aus 2002. Stehen allesamt hervorragend da, sind nicht dumpf oder fruchtlos. Der Kalkboden, auf dem Scheus beste Reben stehen, sorgt für Langlebigkeit und erhält die Frische. Das sagen wir auch für die 2016er voraus, die wir liebend gerne in zehn Jahren nachverkosten. Bevorzugt auch in der schönen, neu gebauten Vinothek des Weinguts.

☆

WEINGUT SCHEUERMANN

67150 Niederkirchen · Hauptstraße 115
Tel (0 63 26) 75 75
info@scheuermann-weine.de
www.scheuermann-weine.de
Inhaber Dominique Scheuermann
Verkauf Dominique Scheuermann
nach Vereinbarung

Und noch eine Neuentdeckung. Steffen und Gabriel Scheuermann haben in renommierten Betrieben gelernt und sind mit dem Jahrgang 2009 raus aus der Genossenschaft, um ihr eigenes Ding zu machen. Von Beginn an biodynamisch. Aus den 30 bewirtschafteten Hektar gehen die Trauben von 25 davon an hochrangige Weingüter, aus dem Rest entstehen die eigenen Weine. Und die haben sich gewaschen. Die Ruppertsberger Rieslinge und die Rotweine sind top.

Verkostete Weine 11
Bewertung 81–86 Punkte

84 2014 Weißburgunder & Chardonnay Sekt Brut nature Blanc de Blancs | 12% | 15,– €
81 2016 Riesling trocken | 12,5% | 5,– €/1,0 Lit.
83 2016 Riesling trocken | 12% | 7,50 €
83 2016 Weißburgunder trocken Holzfass | 11,5% | 8,50 €
85 2016 Ruppertsberger Riesling trocken | 11% | 10,– €
86 2015 Chardonnay trocken Premium Barrique | 13,5% | 15,– €
86 2015 Ruppertsberger Reiterpfad Riesling trocken | 12,5% | 16,– €
85 2016 Riesling Kabinett | 9% | 7,50 €
83 2015 Pinot Noir trocken Barrique | 13% | 11,– €
86 2014 Pinot Noir trocken Premium Barrique | 13% | 21,– €
86 2014 Cabernet Sauvignon & Merlot trocken Premium Cuvée | 13,5% | 23,– €

WEINGUT EGON SCHMITT

67098 Bad Dürkheim · Am Neuberg 6
Tel (0 63 22) 58 30 · Fax 6 88 99
info@weingut-egon-schmitt.de
www.weingut-egon-schmitt.de
Inhaber Familie Schmitt
Betriebsleiter Jochen Schmitt
Außenbetrieb Andreas Weißler
Kellermeister Meike Schwaab
Verkauf Familie Schmitt
Mo-Di, Do-Fr 10.00–12.00 Uhr · 14.00–18.00 Uhr
Sa 9.00–15.00 Uhr und nach Vereinbarung
Erlebenswert Hoffest am 3. Wochenende im August mit eisgekühlten Weinen und Sekten sowie feinen Speisen; Jahrgangspräsentation und Kulinarische WeinNacht am Frühling, Rotweinpräsentation im Spätherbst
Rebfläche 20,4 Hektar
Jahresproduktion 160.000 Flaschen
Beste Lagen Dürkheimer Spielberg und Hochbenn, Ungsteiner Herrenberg, Leistadter Kalkofen
Boden Kalkmergel, Kalksteinverwitterung mit Lehm, schwerer Löss, hitzige Sandböden, Buntsandsteinverwitterung
Rebsorten 40% Riesling, 35% weitere rote Sorten, 15% weiße Burgundersorten, 10% Spätburgunder
Mitglied Fair'n Green

Das Weingut Egon Schmitt ist keines von denen, die auf viele Generationen Weinbau zurückblicken können, wie es an der Mittelhaardt ja gar nicht so selten ist. Erst 1976 wurde der Grundstein gelegt für den Betrieb, der von Sohn Jochen seit seinem Einstieg permanent vorangebracht wurde. Die 2016er Weißweine sind sozusagen dessen 20. Jahrgang nach seinem Studium in Geisenheim - und einmal mehr beschert er uns eindrucksvolle Rieslinge. Gerade die Top-Gewächse aus dem Spielberg und dem Herrenberg sind bestechend individuell herausgearbeitet, hier kommen wirklich die Lagen zum Tragen. Der Kreidkeller-Riesling ist jetzt schon erstaunlich rund, das kennen wir auch wesentlich karger von Schmitt. Natürlich stellen hier auch die Rotweine einen beachtlichen Faktor dar. Die Cuvée Duca XI und den Spätburgunder aus dem Kalkofen goutieren wir sehr, doch dürfen wir nicht verschweigen, dass uns andere Rote sehr tanninbehaftet und alkoholisch erscheinen.

Weinbewertung in Punkten
100 Perfekt • 95 bis 99 Überragend • 90 bis 94 Exzellent
85 bis 89 Sehr gut • 80 bis 84 Gut

612

PFALZ

Verkostete Weine 12
Bewertung 83–89 Punkte

- **84** 2016 Riesling trocken | 11,5% | 7,- €/1,0 Lit.
- **85** 2016 Grauburgunder trocken | 13% | 9,- €
- **83** 2016 Dürkheimer Fronhof Weißburgunder trocken | 13% | 10,- €
- **87** 2016 Kallstadter Kreidekeller Riesling trocken | 12,5% | 10,50 €
- **88** 2016 Dürkheimer Spielberg Chardonnay trocken | 14,5% | 12,50 €
- **88** 2016 Dürkheimer Spielberg Riesling trocken Goldkapsel | 13,5% | 13,50 €
- **89** 2016 Ungsteiner Herrenberg Riesling Ausblick trocken | 13,5% | 15,50 €
- **84** 2014 Cuvée Drei Reben trocken Barrique | 14% | 11,- €
- **85** 2014 Merlot trocken Barrique | 14,5% | 13,50 €
- **87** 2014 Lagrein trocken Barrique | 14% | 14,- €
- **88** 2015 Leistadter Kalkofen Spätburgunder trocken Barrique Goldkapsel | 13% | 17,50 €
- **88** 2014 Cuvée »Duca XI« Cabernet Sauvignon & Merlot trocken Barrique | 14% | 20,- €

WEINGUT SCHNEIDER
67158 Ellerstadt · Am Hohen Weg 1
Tel (0 62 37) 72 88 · Fax 97 72 30
info@black-print.net
www.black-print.net
Inhaber Markus Schneider
Außenbetrieb Klaus Schneider
Kellermeister Markus Schneider
Verkauf Rosi und Nicole Schneider
Mo-Fr 9.00–17.30 Uhr, **Sa** 10.00–16.00 Uhr

Sehenswert neues Gutshaus und Kellerei inmitten der Weinberge, mit Säulenbuchen-Allee und terrassiertem Garten
Rebfläche 92 Hektar
Jahresproduktion 700.000 Flaschen
Beste Lage Ellerstadter Kirchenstück
Boden Kalkmergelsteine, Sandsteinverwitterung, sandiger Lehm, Löss
Rebsorten 20% Sauvignon Blanc, 12% Riesling, 6% Grauburgunder, je 5% Weißburgunder und Chardonnay, 2% Viognier, 15% Merlot, je 10% Syrah und Cabernet Franc, je 5% Blaufränkisch und Spätburgunder, 2% Portugieser, 3% übrige Sorten

Markus Schneider spaltet die Weinwelt. Da gibt es die Neider, die ihm nicht gönnen, was er in kaum zwei Jahrzehnten aufgebaut hat. Da gibt es die Verächter, die meinen, jemand verkaufe da Weine lediglich über sein aufgebauschtes Image. Und es gibt die überwiegende Mehrheit an Konsumenten, die einfach nur an unkompliziertem Weingenuss interessiert ist. Da ist man bei Markus Schneider goldrichtig. Seine Weine sind nicht akademisch verschwurbelt oder müssen groß erklärt werden. Nein: rein ins Glas und Spaß dabei! Schneider macht sich nicht mal die Mühe, Attribute wie trocken aufs Etikett zu schreiben. Es ist egal, der Wein muss schmecken, Analysen sind was für Gymnasiallehrer. Er hat bei allem Mainstream durchaus auch herrliche Weine, die jeden kritischen Test bestehen, den Riesling Alte Reben etwa mit enormer Länge. Oder den Syrah Holy Moly, der immer zu den besten seiner Sorte in der Region zählt. Und eine so gelungene Rotweincuvée wie den Tohuwabohu muss man lange suchen in der Pfalz.

Verkostete Weine 9
Bewertung 83–89 Punkte

- 83 2016 Chardonnay trocken | 12,5% | 9,10 €
- 85 2016 Weißburgunder trocken | 12,5% | 9,10 €
- 85 2016 Grauburgunder trocken | 12,5% | 9,10 €
- 86 2016 Sauvignon Blanc Kaitui trocken | 12% | 10,95 €
- 89 2016 Riesling trocken Alte Reben | 12,5% | 10,95 €
- 83 2016 Rosé | 12,5% | 8,20 €
- 84 2015 Ursprung trocken | 14% | 8,50 €
- 87 2015 Black Print trocken | 14% | 14,90 €
- 89 2013 Tohuwabohu trocken | 14,5% | 19,50 €

WEINGUT SCHOLLER

76831 Birkweiler · Alte Kirchstraße 7
Tel (0 63 45) 35 29 · Fax 85 35
info@weingut-scholler.de
www.weingut-scholler.de
Inhaber Helmut Scholler
Verkauf nach Vereinbarung

Viele geben Grundweine zu Dienstleistern, die daraus Sekte erzeugen, auf die dann wieder das Etikett des Winzers drauf kommt. Nicht so bei Helmut Scholler: Hier ist das Versekten mit dem täglichen Rütteln heimische Ehrensache, ein echtes Steckenpferd. Dass sie ihm gut von der Hand gehen, beweisen drei vorgestellte Sekte, unter denen der Spätburgunder Blanc de Noirs am elegantesten erscheint. Bei den Weißweinen überzeugt uns der Riesling Kastanienbusch, bei den Roten ist der gut gereifte Cabernet Sauvignon ein echtes Pfund.

Verkostete Weine 12
Bewertung 80–87 Punkte

- 86 2015 Birkweiler Spätburgunder & Cabernet Sauvignon Sekt Brut Rosé | 12% | 10,80 €
- 87 2015 Birkweiler Spätburgunder Sekt Brut Blanc de Noirs | 13% | 10,80 €
- 84 2016 Birkweiler Riesling Rotliegendes trocken | 11,5% | 6,– €
- 84 2016 Birkweiler Weißburgunder trocken | 12,5% | 6,– €
- 83 2016 Birkweiler Chardonnay trocken | 12,5% | 6,50 €
- 83 2016 Birkweiler Sauvignon Blanc trocken | 11,5% | 6,50 €
- 84 2016 Ranschbacher Seligmacher Grauburgunder trocken | 12,5% | 7,50 €
- 85 2016 Birkweiler Kastanienbusch Riesling trocken | 11% | 7,90 €
- 80 2016 Birkweiler Spätburgunder trocken Blanc de Noirs | 11,5% | 6,– €
- 82 2016 Birkweiler Merlot & Spätburgunder trocken Rosé | 11% | 6,– €
- 83 2015 Birkweiler Rosenberg Spätburgunder trocken Barrique | 13,5% | 8,90 €
- 86 2012 Birkweiler Kastanienbusch Cabernet Sauvignon trocken Barrique | 13,5% | 10,80 €

Weinbewertung in Punkten
100 Perfekt • 95 bis 99 Überragend • 90 bis 94 Exzellent
85 bis 89 Sehr gut • 80 bis 84 Gut

☆ ★★ PFALZ

WEIN- UND SEKTHAUS VOLKER UND BERND SCHREIECK

67487 Maikammer · Hartmannstraße 38
Tel (0 63 21) 50 67 · Fax 5 87 59
info@schreieck-maikammer.de
www.schreieck-maikammer.de
Inhaber Volker und Bernd Schreieck

Verkauf Sabine und Petra Schreieck
Mo-Fr 9.00–12.00 Uhr · 14.00–18.00 Uhr
Sa 9.00–17.00 Uhr, **So** 10.00–12.00 Uhr

Wir haben die Weine von Volker und Bernd Schreieck für uns wiederentdeckt. Am im Maikammer erfundenen Klappmeter (=Meterstab) sollen sich auch Weinqualitäten auf den Etiketten messen lassen: Die Gutsweine liegen bei 50 Zentimetern, die Lagenweine bei 100 und die aus den kleineren Holzfässern sowie die S-Klasse dürfen die vollen 200 ausloten. Das ist optisch wie geschmacklich gut geordnet, zur Sicherheit zudem verschraubt. Beste Tipps sind Riesling und Chardonnay S-Klasse.

Verkostete Weine 12
Bewertung 82–87 Punkte

83 2016 Riesling trocken | 12% | 4,80 €/1,0 Lit.
84 2016 Maikammer Heiligenberg Weißer Burgunder trocken | 13% | 5,50 €
84 2016 Maikammer Kapellenberg Chardonnay trocken | 13% | 6,– €
85 2016 St. Martiner Schloss Ludwigshöhe Riesling trocken | 12,5% | 6,– €
83 2016 Maikammer Kapellenberg Grüner Silvaner trocken | 13% | 6,50 €
83 2016 St. Martiner Baron Sauvignon Blanc trocken | 12% | 7,10 €
84 2016 Grauer Burgunder S-Klasse trocken | 13,5% | 7,50 €
86 2016 Chardonnay S-Klasse trocken | 13,5% | 7,50 €
87 2016 Riesling S-Klasse trocken | 13% | 7,50 €
83 2015 Merlot S-Klasse trocken | 14,5% | 8,50 €
85 2015 Spätburgunder S-Klasse trocken | 13,5% | 10,50 €
82 2015 Syrah XL trocken Barrique | 14% | 17,50 €

WEINGUT SCHUMACHER

67273 Herxheim am Berg · Hauptstraße 40
Tel (0 63 53) 9 35 90 · Fax 93 59 22
info@schumacher-weine.de
www.schumacher-weine.de
Inhaberin und Betriebsleiterin Annetrud Franke
Außenbetrieb und Kellermeister Daniel Möller

Verkauf Laura van Ackeren
Mi, Fr 14.00–17.00 Uhr, **Sa** 10.00–14.00 Uhr
und nach Vereinbarung

Der Familie Franke, denen das Weingut Schumacher gehört, werden derzeit von der Weinkontrolle einige Steine in den Weg gerollt. Die arrondierte Lage Garten darf im Augenblick nicht mehr auf dem Etikett genutzt werden, mit dem Felsenberg verhält es sich ebenso. Der Betrieb befindet sich aber ohnehin in einer Neuorientierung durch die neue Führung. Im Vergleich zu den Jahrgangsvorgängern stellen wir eine Steigerung fest, die zum gewohnten Niveau führt. Die Rieslinge gefallen uns wesentlich besser, bei den Spätburgundern ist noch ein wenig Luft nach oben – aber beschweren möchten wir uns in keinem Fall.

Verkostete Weine 12
Bewertung 83–87 Punkte

83 2016 Weißburgunder trocken | 12% | 9,– €
83 2016 Grauburgunder trocken | 12,5% | 9,– €
85 2016 Herxheimer Himmelreich Weißburgunder trocken | 12% | 12,– €
85 2016 Herxheimer Himmelreich Riesling trocken | 12% | 12,– €
85 2016 Kallstadter Saumagen Riesling trocken | 12,5% | 12,– €
86 2016 Herxheimer Himmelreich Auxerrois trocken Barrique | 13,5% | 16,– €
86 2016 Herxheimer Himmelreich Riesling »G« trocken | 12,5% | 16,– €
87 2016 Herxheimer Himmelreich Riesling »G« Reserve | 12,5% | 20,– €
83 2014 Cuvée »Roter Rock« trocken | 13% | 9,– €
83 2014 Dirmsteiner Herrgottsacker Spätburgunder trocken Barrique | 13% | 13,– €
86 2014 Herxheimer Himmelreich Spätburgunder »G« trocken Barrique | 13,5% | 23,– €
86 2013 Herxheimer Himmelreich Spätburgunder »G« trocken Reserve Barrique | 14% | 34,– €

Symbole Weingüter
★★★★★ Weltklasse · ★★★★ Deutsche Spitze
★★★ Sehr Gut · ★★ Gut · ★ Zuverlässig

☆

WEINGUT STEFAN SCHWAAB
67487 Maikammer · Marktstraße 7
Tel (0 63 21) 5 84 11 · Fax 54 21
info@weingutschwaab.de
www.weingutschwaab.de
Inhaber und Betriebsleiter Stefan Schwaab
Verkauf Stefan Schwaab
Mo–Fr 9.00–18.00 Uhr
Sa 9.30–17.00 Uhr, **So** 10.00–12.00 Uhr

Bei Stefan Schwaab haben wir es mit einem richtig ordentlichen Betrieb zu tun. Keine extremen Spitzen nach oben, keine wirklichen Ausreißer nach unten. Und dennoch nicht nur Mittelmaß, sonst würden wir ihn hier nicht aufführen. Schwaabs Können zeigt sich in den Burgundersorten. Der Grauburgunder D und der Weißburgunder D - wir reden hier von der römischen Zahl 500 und damit vom Ausbau in Tonneaux mit 500 Litern Fassungsvermögen - sind beide harmonisch und dicht. Auch der Auxerrois aus dieser Reihe gefällt uns wirklich gut.

Verkostete Weine 12
Bewertung 80–86 Punkte

80 2016 Maikammer Heiligenberg Riesling trocken | 12% | 5,90 €/1,0 Lit.
83 2016 Maikammer Mandelhöhe Grauer Burgunder trocken | 13,5% | 6,90 €
83 2016 Maikammer Mandelhöhe Weißer Burgunder trocken | 13,5% | 6,90 €
82 2016 Maikammer Heiligenberg Auxerrois trocken | 13% | 7,40 €
80 2016 Maikammer Heiligenberg Chardonnay »D« trocken Premium Holzfass | 14% | 12,90 €
84 2016 Maikammer Heiligenberg Riesling »D« Johanniskreuz trocken Premium Holzfass | 13,5% | 12,90 €
84 2016 Maikammer Auxerrois »D« trocken Premium Holzfass | 14% | 12,90 €
86 2016 Maikammer Heiligenberg Grauer Burgunder »D« trocken Premium Holzfass | 14% | 12,90 €
86 2016 Maikammer Kirchenstück Weißer Burgunder »D« trocken Premium Holzfass | 14% | 12,90 €
81 2016 Maikammer Mandelhöhe Cabernet Sauvignon trocken Blanc de Noirs | 12,5% | 9,50 €
84 2015 Maikammer Mandelhöhe Cuvée Noir trocken Holzfass | 13,5% | 7,40 €
83 2015 Diedesfelder Berg Spätburgunder Croda Negra 7315 trocken Premium Barrique | 14,5% | 25,50 €

★★

WEINGUT SCHWEDHELM
67308 Zell · Klosterhof (BIO)
Tel (0 63 55) 5 21 · Fax 36 73
info@schwedhelm-zellertal.de
www.schwedhelm-zellertal.de
Inhaber Schwedhelm GbR
Kellermeister Stephan Schwedhelm
Verkauf Georg Schwedhelm
Mo–Sa 8.00–18.00 Uhr
Vinothek für Weinproben und Veranstaltungen
Rebfläche 17 Hektar
Jahresproduktion 120.000 Flaschen
Beste Lagen Zeller Schwarzer Herrgott
Boden Kalkstein, Ton, Lehm, Kalkmergel
Rebsorten 25% Riesling, 14% Müller-Thurgau, je 9% Portugieser und Weißburgunder, 8% Spätburgunder, 7% Silvaner, 6% Dornfelder, 22% übrige Sorten
Mitglied VDP Pfalz Spitzentalente

Es ist noch gar nicht so lange her, dass das Weingut Schwedhelm auf der Pfälzer Weinbühne erschienen ist. Die nachrückende Generation hat verstanden, dass der Aufbruch jetzt kommen musste, und auch wenn vor ihm schon andere im Zellertal gute Weine produziert haben, so ist dieser junge Winzer für den aktuellen Drive ein gutes Stück mitverantwortlich. Die Weine von Stephan Schwedhelm (verheiratet übrigens mit Marie Menger-Krug) zeigen sich diesmal im unteren und mittleren Bereich zunächst eher verhalten. Da ist nicht viel Nase beim Silvaner oder beim Weißburgunder - es braucht ein paar Minuten im Glas, bis sie aufmachen. Die trockene Scheu kommt schon besser, und danach geht´s richtig los. Die Rieslinge finden ihren Star im Schwarzen Herrgott, auch Wotanfels und der Weißburgunder Karlspfad sind echte Pfunde. Die Spätburgunder erscheinen uns auf einem guten Weg, doch dürfte da schon noch mehr Eleganz rein.

PFALZ

Verkostete Weine 12
Bewertung 84–90 Punkte

84 2016 Riesling trocken | 12% | 6,- €
84 2016 Zellertaler Silvaner trocken | 12,5% | 7,- €
84 2016 Zellertaler Sauvignon Blanc trocken | 12,5% | 8,- €
85 2016 Zellertaler Riesling trocken | 12,5% | 8,- €
85 2016 Zellertaler Weißburgunder trocken | 12,5% | 8,- €
86 2016 Zellertaler Scheurebe trocken | 12,5% | 8,- €
87 2016 Zeller Kreuzberg Riesling trocken | 12,5% | 10,50 €
88 2016 Zeller Karlspfad Weißburgunder trocken | 13% | 11,- €
88 2016 Zeller Wotanfels Riesling trocken | 12,5% | 14,- €
90 2016 Zeller Schwarzer Herrgott Riesling trocken | 12,5% | 17,50 €
84 2015 Zellertaler Spätburgunder trocken | 13% | 8,90 €
85 2014 Zeller Klosterstück Spätburgunder trocken | 13,5% | 15,50 €

WEINGUT SECKINGER
67150 Niederkirchen · Hintergasse 26
Tel (0 63 26) 98 02 17
weingut-seckinger@t-online.de
www.weingut-seckinger.de
Inhaber Philipp und Jonas Seckinger
Verkauf Philipp und Jonas Seckinger
nach Vereinbarung

Das ist ja echt krass. Jonas und Philipp Seckinger, beide weit entfernt von 30, haben mit ihrem Bruder Lukas (noch jünger) einen Familienbetrieb fast aus dem Nichts aus der Taufe gehoben. Schwerpunkt Riesling, 8,5 Hektar, ökologisch, teils in bislang verwilderten, neu angelegten Terrassenlagen wie der Deidesheimer Petershöhle. Keine technische Weinbehandlung. Meist mit Holzfässern. Die Resultate sind großartig. Ein Riesling Kabinett und eine Spätlese fast wie an der Mosel. Ein Königsbacher Ortswein, der als kleiner Bruder fast so raffiniert ist wie sein größerer Ölberg-Lagenwein. Wir ziehen vor dieser Leistung den Hut. Das Zeichen an alle Nachwuchswinzer: Traut euch was zu! Seid anders! Die hier sind es. Und weil sie wissen, was sie wert sind, verschleudern sie auch ihre Weine nicht. Völlig richtig.

Verkostete Weine 11
Bewertung 84–89 Punkte

84 2016 Riesling Vom Löss trocken | 11,5% | 8,50 €
85 2016 Ruppertsberger Riesling trocken Holzfass | 12,5% | 11,50 €
85 2016 Deidesheimer Riesling trocken Holzfass | 12,5% | 12,50 €
87 2016 Königsbacher Riesling trocken Holzfass | 12,5% | 12,50 €
87 2016 Deidesheimer In der oberen Petershöhle Riesling trocken Holzfass | 12,5% | 21,- €
87 2016 Königsbacher Ölberg Riesling trocken Holzfass | 12,5% | 21,- €
87 2016 Deidesheimer Kieselberg Riesling Wurzelecht trocken Holzfass | 12,5% | 25,- €
88 2016 Deidesheimer Langenmorgen Riesling trocken Holzfass | 12% | 25,- €
87 2016 Deidesheimer Mäushöhle Riesling Kabinett Holzfass | 8,5% | 10,- €
89 2016 Deidesheimer Leinhöhle Riesling Spätlese Holzfass | 7,5% | 15,- €
84 2014 Spätburgunder trocken Junge Reben Barrique | 12,5% | 9,50 €

617

WEINGUT SIEGRIST

76829 Leinsweiler · Am Hasensprung 4
Tel (0 63 45) 13 09 · Fax 75 42
wein@weingut-siegrist.de
www.weingut-siegrist.de
Inhaber Familien Siegrist und Schimpf
Betriebsleiter Bruno Schimpf und Thomas Siegrist
Kellermeister Bruno Schimpf
Verkauf Familien Siegrist und Schimpf
Mo-Fr 8.00-12.00 Uhr · 13.30-18.00 Uhr
Sa 9.00-16.00 Uhr und nach Vereinbarung
Sehenswert Barriquekeller von 1555, Destillerie
Rebfläche 16 Hektar
Jahresproduktion 120.000 Flaschen
Beste Lage Leinsweiler Sonnenberg, Heidenbäumel, Hagedorn, Rothenberg, Ilbesheimer Kalmit
Boden Kalkmergel, Lösslehm, Buntsandsteinverwitterung
Rebsorten 30% Riesling, 17% weiße Burgundersorten, 14% Weißburgunder, 12% Spätburgunder, 6% Cabernet Sauvignon, 5% Frühburgunder, 16% übrige Sorten
Mitglied VDP, Deutsches Barrique Forum, Fünf Winzer - Fünf Freunde

Verkostete Weine 12
Bewertung 82-89 Punkte

83 2016 Weißburgunder trocken | 13% | 5,50 €/1,0 Lit.
85 2016 Riesling trocken | 11,5% | 7,50 €
84 2016 Weißburgunder trocken | 12% | 8,- €
85 2016 Grauburgunder trocken | 13% | 8,- €
83 2016 Sauvignon Blanc trocken | 12,5% | 9,- €
87 2016 Leinsweiler Weißburgunder trocken Selection | 12,5% | 16,- €
86 2016 Riesling Rudus Erstes Gewächs | 13% | 18,- €
87 2016 Sauvignon Blanc trocken Reserve Holzfass | 14% | 24,- €
89 2016 Riesling »Großes Gewächs« | 12,5% | 24,- €
82 2014 Cuvée trocken Barrique | 13% | 9,- €
85 2014 Leinsweiler Merlot trocken Selection Barrique | 13,5% | 14,- €
87 2013 Spätburgunder Schelmenstück Erstes Gewächs | 13% | 22,- €

Üblicherweise werden in diesem Weinführer die Weißweine des Vorjahres (in diesem Fall also aus 2016) verkostet und bewertet, die Rotweine noch ein Jahr zurück. Bei Thomas Siegrist und Bruno Schimpf rennen wir da nicht wirklich offene Türen ein, denn sie bringen in der Regel ihre besten Weine erst mit ein paar Jahren Fass- oder Flaschenreife auf den Markt. Aktuell wären bei den Top-Rotweinen die Jahrgänge 2011 und 2012 angesagt. Insofern ist die Beurteilung der Kollektion im Moment unvollständig, da uns nicht alles gezeigt werden kann, was relevant wäre. Dass wir den ausgezeichneten 2016er Riesling Großes Gewächs jetzt schon probieren können, ist also nur ein kleines Zugeständnis. Der überwiegende Teil dessen, was wir sehen, ist ein sehr gut organisierter Mittelbau, der die hauseigenen Ecken und Kanten aufweist, die Siegrist-Weine schon immer individuell machten.

★★★ PFALZ

WEINGUT SIENER
76831 Birkweiler · Weinstraße 31
Tel (0 63 45) 35 39 · Fax 91 91 00
info@weingutsiener.de
www.weingutsiener.de
Inhaber Peter Siener
Betriebsleiter Peter Siener
Kellermeister Peter Siener

Verkauf Sieglinde, Denise und Peter Siener
Mo, Mi-Fr 9.00-12.00 Uhr · 14.00-18.00 Uhr
Sa 10.00-16.00 Uhr

Erlebenswert gemütlicher Weinpavillon
Rebfläche 15,5 Hektar
Jahresproduktion 90.000 Flaschen
Beste Lagen Birkweiler Kastanienbusch und Mandelberg
Boden Buntsandstein, Kalkmergel, Lösslehm, Rotliegendes
Rebsorten 45% Riesling, 25% Spätburgunder, je 10% Grauburgunder, Weißburgunder, 10% übrige Sorten
Mitglied Südpfalz Connexion

Verkostete Weine 12
Bewertung 83-90 Punkte

- 87 2015 Chardonnay & Spätburgunder Sekt Brut | 12% | 15,50 €
- 84 2016 Weißburgunder trocken | 12% | 8,40 €
- 85 2016 Riesling trocken | 11,5% | 8,40 €
- 86 2016 Birkweiler Rosenberg Weißburgunder trocken | 12,5% | 13,50 €
- 87 2016 Birkweiler Kastanienbusch Riesling Rotliegend trocken | 12% | 13,50 €
- 88 2016 Birkweiler Dachsberg Riesling trocken | 13% | 13,50 €
- 88 2016 Birkweiler Mandelberg Chardonnay trocken Holzfass | 13% | 21,50 €
- 89 2016 Birkweiler Kastanienbusch Riesling Schiefer trocken | 12,5% | 21,50 €
- 90 2016 Birkweiler Mandelberg Weißburgunder trocken | 12,5% | 21,50 €
- 83 2016 Spätburgunder Blanc de Noir | 11% | 8,40 €
- 89 2015 Birkweiler Am Dachsberg Spätburgunder trocken | 13% | Preis auf Anfrage
- 90 2015 Birkweiler Kastanienbusch Pinot Noir trocken | 13% | Preis auf Anfrage

Wer durch Birkweiler fährt, dem fällt mit Sicherheit gleich der Gutsausschank vom Weingut Siener auf. Hier ist immer etwas los, es geht auch um sehen und gesehen werden. Natürlich gibt es hier glas- und flaschenweise die Weine von Peter Siener und seinen Freunden der Südpfalz ConneXion. Wer im Ausschank auf den Geschmack gekommen ist, kann ein paar Meter weiter in der Vinothek tiefer in die Materie einsteigen. Aus den Anfängen im Keller unter dem Wohnhaus ist längst ein moderner Betrieb geworden mit viel Platz zum organisierten Arbeiten. Inzwischen ist mit Florian Bollinger auch ein junger Weinbauingenieur im Team. Der Fokus liegt auf Riesling, doch sind 25 Prozent Spätburgunder schon etwas ungewöhnlich. Der Löwenanteil davon geht in den hervorragenden Gutswein, die Spitze bilden - aus absoluten Miniertägen - der Dachsberg und der Kastanienbusch Pinot Noir. Noch sind es meist ältere deutsche Klone, die nach und nach ersetzt werden durch kleinbeerige französische Klone, um noch mehr Dichte und Würze in die Weine zu bringen.

SOPS

67098 Bad Dürkheim · Römerplatz Nr. 6
Tel (01 79) 4 88 40 92
info@sops-wein.de
www.sops-wein.de
Inhaber Sven Ohlinger und Philipp Seeger

Verkauf nach Vereinbarung

Jahresproduktion 10.000 Flaschen
Beste Lagen Großkarlbacher Burgweg, Bissersheimer Steig

Verkostete Weine 8
Bewertung 84–90 Punkte

84 2016 Sauvignon Blanc trocken | 12% | 8,60 €
85 2016 Riesling vom Kalk trocken | 12% | 8,60 €
87 2016 Cuvée Trigund trocken | 13% | 9,80 €
88 2015 Chardonnay trocken Barrique | 13,5% | 15,- €
89 2014 Chardonnay trocken Barrique | 13,5% | 15,- €
88 2015 Riesling trocken Reserve Holzfass | 13,5% | 16,80 €
88 2013 Bissersheimer Steig Chardonnay trocken Reserve Barrique | 13% | 22,- €
90 2015 Chardonnay trocken Reserve Barrique | 13,5% | 22,- €

SOPS hört sich erstmal nicht nach einem traditionellen Pfälzer Weingut an - ist es auch nicht. Hinter der Wortschöpfung stecken die Initialen von Sven Ohlinger und Philipp Seeger, zwei befreundeten Winzern, die beide bei Knipser in Laumersheim arbeiten. 2010 haben sie gemeinsam aus einer Laune heraus auf überschaubaren 25 Ar Chardonnay gepflanzt. Inzwischen erzeugen sie - auf erweiterter Fläche natürlich - um die 10.000 Flaschen aus klassischen Rebsorten. Und das schmeckt nach deutlich mehr als nur nach einem Hobby. Die vorgestellten Chardonnays aus drei Jahrgängen haben allesamt ordentliches Format, auch der Riesling Reserve ist stattlich und hat richtigen Biss, Länge und Würze. Mit den Weinen zeigen die zwei jungen Männer, dass sie sich innerhalb kürzester Zeit einen Namen machen werden. Das Umfeld Knipser schadet in diesem Zusammenhang sicher nicht.

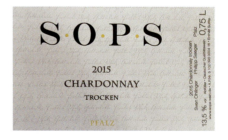

★★★ PFALZ

WEINGUT HEINRICH SPINDLER
67147 Forst · Weinstraße 46 (BIO)
Tel (0 63 26) 96 29 10 · Fax 9 62 91 22
info@weinguthenrichspindler.de
www.weinguthenrichspindler.de
Inhaber Hans und Markus Spindler
Betriebsleiter Markus Spindler
Kellermeister Berthold Klöckner

Verkauf Lola Spindler
Mo–Fr 9.00–12.00 Uhr · 13.00–18.00 Uhr
Sa 9.00–16.00 Uhr
Verkauf auch im Gutsausschank

Gutsausschank warme Küche
Di–Sa 11.30–21.30 Uhr
Spezialitäten Pfälzer Gerichte,
saisonal abgestimmt (Spargel, Wild)
Historie seit 1620 Weinbau in der Familie
Sehenswert Gewölbekeller, Gästegarten
Rebfläche 20 Hektar
Jahresproduktion 130.000 Flaschen
Beste Lagen Forster Pechstein, Freundstück,
Kirchenstück, Ungeheuer und Jesuitengarten,
Ruppertsberger Reiterpfad
Boden sandiger Lehm mit Basalt und Kalk
Rebsorten 85% Riesling, 5% Spätburgunder,
3% Sauvignon Blanc, 4% Weißburgunder,
2% Grauburgunder, 1% übrige Sorten
Mitglied Wine Changes

Verkostete Weine 12
Bewertung 83–93 Punkte

83 2016 Riesling Rural trocken | 11,5% | 6,80 €
85 2016 Weißburgunder trocken Holzfass | 12,5% | 8,20 €
85 2016 Forster Riesling trocken | 12% | 8,80 €
84 2016 Sauvignon Blanc trocken | 12% | 9,- €
86 2016 Forster Elster Riesling trocken Holzfass | 12% | 11,40 €
88 2016 Forster Musenhang Riesling trocken | 12,5% | 12,20 €
88 2016 Forster Freundstück Riesling trocken Holzfass | 13% | 17,- €
89 2016 Forster Ungeheuer Riesling trocken Holzfass | 13% | 17,50 €
90 2016 Forster Jesuitengarten Riesling trocken | 13% | 26,- €
90 2016 Forster Kirchenstück Riesling trocken | 13% | 28,- €
93 2015 Forster Ungeheuer Riesling Beerenauslese | 7,5% | 40,- €/0,375 Lit.
83 2015 Spätburgunder trocken Holzfass | 13% | 9,20 €

Die Spindlers haben das große Glück, dass ihre Vorfahren bereits Mitte des 17. Jahrhunderts in Forst damit begannen, Weinbau zu betreiben. Ursprung war wohl das vom Deidesheimer Spital gekaufte Forster Kirchenstück. Im Laufe der Zeit kamen immer mehr und immer bessere Parzellen hinzu, sodass man heute im Besitz von Anteilen aller Forster Lagen ist. Der reine Luxus also, denn neben besten Bodengegebenheiten heißt das auch noch extrem kurze Wege. Führend in der täglichen Arbeit ist heute Markus Spindler. Im Fokus steht dabei, wie könnte es anders sein, der Riesling. Im Guts- und Ortsweinbereich sind dessen Weine genau so, wie sie sein sollen, nämlich verlässlich, klar, stilistisch typisch. Mit den Erste-Lage-Weinen und den Großen Gewächsen geht dann die Post ab: Finesse, Präzision, Länge. Und eine Beerenauslese der Extraklasse on top.

★★ ☆ ☆

WEINGUT ERICH STACHEL
67487 Maikammer · Bahnhofstraße 40
Tel (0 63 21) 51 12 · Fax 5 85 61
info@weingut-stachel.de
www.weingut-stachel.de
Inhaber Erich und Matthias Stachel
Kellermeister Matthias Stachel
Verkauf Erich Stachel
Mo-Fr 9.00-12.00 Uhr, **Sa** 10.00-16.00 Uhr

Bei den Stachels in Maikammer haben wir inzwischen so unsere Ansprüche, weil sie uns und ihre Kunden in den vergangenen Jahren mit immer besseren Weinen regelrecht verwöhnt haben. Auch mit den jetzt eingereichten Proben liegen sie nicht daneben. Der Chardonnay Sekt ist einmal mehr ausgezeichnet (und dabei echt preiswert), der Kapellenberg Riesling für uns gutsintern Klassenbester bei den Weißen. Die Rotweine sind allesamt recht dicht, auch wenn wir hie und da auf eine Umdrehung Alkohol verzichten könnten. Dann wäre vielleicht sogar noch mehr Vielschichtigkeit drin.

Verkostete Weine 11
Bewertung 84-88 Punkte

87 2015 Chardonnay Sekt Brut | 12,5% | 10,60 €
84 2016 Kirrweiler Grauburgunder trocken | 13% | 6,80 €
84 2016 Diedesfelder Paradies Sauvignon Blanc trocken | 12,5% | 9,70 €
87 2016 Alsterweiler Kapellenberg Riesling trocken | 12,5% | 10,50 €
84 2015 Maikammer Kirchenstück Chardonnay trocken | 14% | 12,80 €
85 2015 Maikammer Kirchenstück Merlot trocken Barrique | 14,5% | 18,- €
84 2015 Maikammer Kirchenstück Cabernet Sauvignon trocken | 15% | 19,50 €
84 2015 Maikammer Heiligenberg Spätburgunder trocken | 13,5% | 20,- €
86 2015 Cuvée Ericius trocken | 14,5% | 25,- €
85 2014 Maikammer Heiligenberg Malbec trocken | 15% | 28,- €
88 2015 Maikammer Heiligenberg Syrah trocken | 14,5% | 32,- €

WEINGUT JÜRGEN STENTZ
76829 Landau-Mörzheim
Mörzheimer Hauptstraße 47   BIO
Tel (0 63 41) 3 01 21 · Fax 3 45 65
info@stentz.de
www.stentz.de
Inhaber und Kellermeister Jürgen Stentz
Verkauf Jürgen Stentz
Mi-Fr 10.00-12.00 Uhr · 14.00-18.00 Uhr
Sa 10.00-14.00 Uhr und nach Vereinbarung

Ein Weingut mit einem durchgehend empfehlenswerten Sortiment, das Rieslinge und Burgunder als Hauptsorten umfasst, aber auch Nebensächlichkeiten eine Bühne bietet: So kennen wir den Betrieb von Astrid und Jürgen Stentz, der das Weinmachen verantwortet. Ihm ist vorrangig wichtig, ein richtig gutes Handwerk abzuliefern, um die Extreme sollen sich andere kümmern. Selten aber findet man einen so animierenden Sekt wie jenen hier aus Muskateller. Halbtrocken!? Doch, sollte man probieren!

Verkostete Weine 9
Bewertung 82-86 Punkte

85 2015 Muskateller Sekt halbtrocken | 12,5% | 9,90 €
82 2016 Weißburgunder trocken | 12% | 6,50 €
83 2016 Muskateller trocken | 11,5% | 6,50 €
84 2016 Grauburgunder trocken | 12% | 6,50 €
84 2016 Riesling trocken | 12,5% | 6,50 €
84 2016 Chardonnay trocken | 12,5% | 7,50 €
86 2015 Grauburgunder trocken Premium Holzfass Goldkapsel | 13,5% | 9,90 €
86 2016 Weißburgunder trocken Premium Holzfass Goldkapsel | 13,5% | 11,50 €
86 2016 Muskateller | 9% | 7,50 €

Weinbewertung in Punkten
100 Perfekt · 95 bis 99 Überragend · 90 bis 94 Exzellent
85 bis 89 Sehr gut · 80 bis 84 Gut

Symbole Weingüter
★★★★★ Weltklasse · ★★★★ Deutsche Spitze
★★★ Sehr Gut · ★★ Gut · ★ Zuverlässig

★★ PFALZ

WEINGUT STERN
76879 Hochstadt · Hauptstraße 199
Tel (0 63 47) 70 05 80 und 86 34 · Fax 73 09
info@weingut-stern.de
www.weingut-stern.de
Inhaber Wolfgang und Dominic Stern
Betriebsleiter und Kellermeister Dominic Stern
Verkauf Marita und Anne Sophie Stern
Mo–Fr 9.00–18.00 Uhr, **Sa** 9.00–17.00 Uhr
Weinstube »Zum Sterne Sepp«, Hochstadt eigene Brennerei
Rebfläche 10 Hektar
Jahresproduktion 65.000
Beste Lagen Forster Ungeheuer, Ruppertsberger Reiterpfad
Boden Lehm, Löss, Kalk, Buntsandstein
Rebsorten 60% Burgundersorten, 20% Riesling, 20% übrige Sorten
Mitglied Barrique Forum Pfalz, Pinotimes

Verkostete Weine 12
Bewertung 84–90 Punkte

84 2011 Pinot Sekt Brut Barrique *** | 12,5% | 15,– €
84 2016 Riesling trocken | 12,5% | 5,30 €/1,0 Lit.
85 2016 Sauvignon Blanc trocken | 12,5% | 9,– €
84 2016 Hochstädter Roter Berg Riesling trocken Holzfass *** | 13% | 11,– €
86 2016 Pinot Blanc Pinotimes trocken Barrique | 13,5% | 16,90 €
88 2016 Ruppertsberger Reiterpfad Riesling trocken Alte Reben Holzfass *** | 12,5% | 22,– €
90 2016 Deidesheimer Kieselberg Riesling trocken Holzfass *** | 12,5% | 24,– €
90 2016 Forster Ungeheuer Riesling trocken Holzfass *** | 13% | 28,– €
90 2015 Pinot Noir trocken Reserve Barrique *** | 13,5% | 26,– €
87 2015 Pinot Noir Pinotimes trocken Barrique | 13% | 21,90 €
87 2016 Cuvée »55« trocken Barrique *** | 14,5% | 28,80 €
89 2015 Pinot Noir Pinotimes trocken Reserve Barrique | 13,5% | 65,– €

Dominic Stern scheint einen klaren Plan davon zu haben, wo er mit seinen Weinqualitäten hin will. Anders ist es nicht zu erklären, dass er sich mit den vergangenen Jahrgängen ein ums andere Mal gesteigert hat. Bereits der Liter-Riesling ist ein Genuss mit sehr typischer, ausgeprägter Frucht und einer marschierenden Säure. Die Geschwister aus Reiterpfad, Kieselberg und Ungeheuer setzen sich in spürbaren Nuancen voneinander ab, gerade die beiden Letztgenannten sind manchen Gewächsen von VDP-Betrieben mehr als ebenbürtig. Was uns ebenfalls beeindruckt sind die sehr schlüssig aufgestellten Pinots in ihrer Rangfolge. Der beste unter ihnen, der Réserve, könnte mal ein Big Player werden. Hier weiß einer, wo´s langgeht. Auch die Weine mit Cousin Philipp Kiefer vom St. Martiner Aloisiushof, die unter der Bezeichnung Pinotimes laufen, sind sehr gut.

THEODORUS WEIN- UND SEKTGUT
76835 Hainfeld · Thodorhof
Tel (0 63 23) 50 34 · Fax 98 04 30
info@theodorus-wein.de
www.theodorus-wein.de

Inhaber Thomas Lergenmüller

Verkauf nach Vereinbarung

Bei den besten Weinen, gerade in Weiß, hinken wir beim Bio-Winzer Thomas Lergenmüller ein Jahr hinterher; erst jetzt hat er uns Chardonnay, Grauburgunder und Riesling im gutsinternen Drei-Sterne-Ranking eingereicht. Und gerade der Riesling ist für uns der Hit, er hat eine wunderschöne Reife, ist lange im Finish und schön verwoben mit Holz. Eine gute Aromatik weist auch der Sauvignon Blanc auf - da könnten sich die beiden Gewürztraminer ein Beispiel nehmen. Die Roten haben wir verpasst, leider. Eine insgesamt runde Vorstellung.

Verkostete Weine 12
Bewertung 82–87 Punkte

83 2012 Blanc de Noir Sekt Brut »sur lie« ** | 12,5% | 13,80 €
83 2016 Hainfelder Grauer Burgunder trocken »sur lie« ** | 13% | 8,80 €
84 2016 Hainfelder Weißer Burgunder trocken »sur lie« ** | 12,5% | 8,80 €
85 2016 Siebeldinger Riesling Muschelkalk trocken »sur lie« ** | 12,5% | 8,80 €
85 2016 Flemlinger Sauvignon Blanc trocken ** | 12,5% | 9,80 €
86 2015 Edesheimer Rosengarten Chardonnay trocken Premium Barrique *** | 13,5% | 13,80 €
84 2016 Hainfelder Riesling Buntsandstein Kabinett trocken Holzfass ** | 11,5% | 9,80 €
84 2015 Siebeldinger im Sonnenschein Grauer Burgunder Spätlese trocken Premium Holzfass *** | 14% | 13,80 €
83 2015 Hainfelder Letten Gewürztraminer Spätlese trocken Premium Holzfass *** | 13,5% | 17,80 €
87 2015 Siebeldinger im Sonnenschein Riesling Spätlese trocken Alte Reben Holzfass *** | 13% | 19,80 €
82 2016 Hainfelder Letten Gewürztraminer Spätlese Premium *** | 9% | 8,20 €/0,375 Lit.
85 2015 Siebeldinger im Sonnenschein Spätburgunder trocken Premium Barrique *** | 13,5% | 24,80 €

WEINGUT UEBEL
76829 Landau-Nußdorf · Bauerngasse 40
Tel (0 63 41) 96 06 85 · Fax 96 01 16
weingut@uebel.eu
www.uebel.eu

Inhaber Jochen, Karl und Karin Uebel

Verkauf nach Vereinbarung

Nach unserer Verkostung der Weine von Jochen Uebel warfen wir prüfend einen Blick auf die Ergebnisse des Vorjahres - und stellten fest, dass sie nahezu deckungsgleich waren. Mal ein Punkt hin oder her, doch der junge Winzer hält das Niveau, durch welches er uns aufgefallen war. Star der Kollektion, aus der uns diesmal nur Weißweine vorgestellt wurden, ist erneut der zupackende Chardonnay in seiner hervorragenden Balance zwischen Frucht und Holz. Manches könnte noch ein wenig trockener sein, doch das ist gejammert auf gutem Niveau.

Verkostete Weine 9
Bewertung 82–88 Punkte

83 2016 Chardonnay trocken Silberkapsel | 13% | 6,90 €
83 2016 Riesling trocken Silberkapsel | 12,5% | 6,90 €
84 2016 Grauburgunder trocken Silberkapsel | 13% | 6,90 €
84 2016 Weißburgunder trocken Silberkapsel | 13% | 6,90 €
82 2016 Sauvignon Blanc trocken Silberkapsel | 13% | 7,90 €
86 2016 Edenkobener Bergel Riesling trocken Goldkapsel | 13% | 12,90 €
87 2016 Grauburgunder trocken Goldkapsel | 13% | 12,90 €
88 2016 Chardonnay trocken Goldkapsel | 13% | 12,90 €
84 2015 Edenkobener Bergel Riesling Crazy Shit! feinherb | 13,5% | 14,90 €

PFALZ

VIER JAHRESZEITEN WINZER EG
67098 Bad Dürkheim · Limburgstraße 8
Tel (0 63 22) 9 49 00 · Fax 94 90 37
info@vj-wein.de
www.vj-wein.de
Geschäftsführender Vorstand Walter Brahner
Vorstand Önologie Walter Brahner
Verkauf Rüdiger Damian
Mo–Fr 9.00–17.00 Uhr, **Sa** 9.00–14.00 Uhr

Bei Genossenschaften liegen Himmel und Hölle oft ganz dicht nebeneinander: mal wow, mal grausam. Das erlebt man bei den Vier Jahreszeiten Winzern so nicht, hier scheinen die Mitglieder von den Verantwortlichen in der Kellerei gut angeleitet zu werden. Nur so können solch saubere und anständige, teils begeisternde Weine erzeugt werden. Das Angebot deckt mit seinen unzähligen Positionen sämtliche Geschmacksrichtungen ab, daher ist unsere Auswahl nur ein Blick durchs Schlüsselloch. Wir haben sehr gerne geguckt!

Verkostete Weine 12
Bewertung 82–91 Punkte

83 2015 Weißburgunder Sekt Brut | 12,5% | 8,70 €
84 2016 Sauvignon Blanc trocken | 13% | 5,70 €
82 2016 Grüner Veltliner trocken | 13% | 6,95 €
85 2016 Dürkheimer Schenkenböhl Weißburgunder Spätlese trocken | 13% | 5,95 €
85 2016 Dürkheimer Hochmess Riesling Spätlese trocken | 13% | 6,60 €
86 2016 Weißburgunder Nr.1 Spätlese trocken Barrique | 14% | 11,95 €
84 2016 Riesling Classic | 13% | 4,60 €
90 2016 Dürkheimer Schenkenböhl Huxelrebe Auslese | 9,5% | 6,95 € | €
91 2016 Ungsteiner Nußriegel Scheurebe Trockenbeerenauslese | 8,5% | 21,20 €/0,375 Lit.
83 2016 Spätburgunder trocken | 13% | 5,20 €
84 2015 Spätburgunder & Cabernet Sauvignon Nr.1 trocken Barrique | 13,5% | 16,80 €
86 2015 Spätburgunder Nr.1 Spätlese trocken Barrique | 13,5% | 16,80 €

WEINGUT VILLA HOCHDÖRFFER
76829 Landau-Nußdorf · Lindenbergstraße 79
Tel (0 63 41) 6 15 98 · Fax 6 42 80
info@weingut-villa.de
www.weingut-villa.de
Inhaber Lieselotte Hahn-Hochdörffer
Verkauf Lieselotte Hochdörffer
Mo–Sa 8.30–12.00 Uhr · 13.30–19.00 Uhr
So und feiertags 9.00–15.00 Uhr
und nach Vereinbarung

Diesen Betrieb hatten wir schon länger auf dem Zettel, dann folgten ein paar schwankende Jahre. Nun aber, im Keller angeführt von Junior David Hochdörffer, schickt sich das schmucke Weingut an, wieder mitzumischen. Im Vergleich zu den beiden Vorjahren sehen wir jetzt mehr Konstanz. Beide Chardonnays beispielsweise sind sehr gelungen, sie interpretieren die Rebsorte auf unterschiedliche Arten, aber beide sind gut, der kleine vielleicht sogar spannender. Rotweine wurden uns diesmal nicht vorgestellt.

Verkostete Weine 9
Bewertung 82–86 Punkte

83 2016 Grauer Burgunder trocken | 12% | 6,30 €/1,0 Lit.
84 2016 Riesling Kalkstein trocken | 12% | 7,50 €
84 2016 Weißer Burgunder Löß trocken | 13% | 7,50 €
85 2016 Chardonnay Muschelkalk trocken | 12% | 7,50 €
82 2016 Sauvignon Blanc Letten trocken | 12,5% | 7,80 €
84 2016 Nußdorfer Kirchenstück Grauer Burgunder trocken Premium | 13,5% | 12,50 €
85 2016 Godramsteiner Münzberg Chardonnay trocken Premium | 13% | 12,50 €
86 2016 Frankweiler Biengarten Riesling trocken Premium | 13% | 12,50 €
82 2016 Grauer Burgunder Löß halbtrocken | 12% | 7,50 €

☆ ★★★

VINIFICATION LUDWIGSHÖHE

67480 Edenkoben · Villastraße 62
Tel (0 63 23) 80 44 25
weingut@cuvee.de
www.cuvee.de
Inhaber Stephan Schneider
Verkauf Stephan Schneider
nach Vereinbarung

Der Name Vinification Ludwigshöhe bezieht sich auf den Sitz des Betriebs im Cavaliersbau des Schlosses Villa Ludwigshöhe, hoch über Edenkoben. Wo früher Gäste, Künstler und Beamte untergebracht waren, residieren nun Fässer des Weinguts Schneider aus St. Martin. Aber eben als eigenständiges Gut, das ausschließlich Cuvées produziert. Die trockenen darunter sind beachtlich (weiß wie rot), diejenigen mit Restsüße geben uns mitunter Rätsel auf, zu welchen Gelegenheiten man sie trinken sollte. Dennoch: clevere Idee!

Verkostete Weine 8
Bewertung 82–87 Punkte

83 2016 Cuvée Fisch Riesling & Sauvignon Blanc trocken | 12,5% | 7,30 €
86 2016 Cuvée weiß No.1 Weiß- & Grauburgunder trocken | 13% | 11,60 €
82 2016 Cuvée Tradition Chardonnay & Riesling feinherb | 11,5% | 8,– €
82 2016 Cuvée weiß No.2 Weißburgunder & Chardonnay | 11,5% | 11,60 €
84 2015 Cuvée rot No.1 trocken | 13,5% | 13,30 €
87 2013 Cuvée Erstwein Cabernet Sauvignon & Spätburgunder trocken | 14% | 24,40 €
83 2016 Cuvée Wild Merlot & Spätburgunder feinherb | 13% | 8,90 €
84 2014 Cuvée rot No.2 Merlot & Cabernet Sauvignon | 12% | 13,30 €

WEINGUT WAGECK-PFAFFMANN

67281 Bissersheim · Luitpoldstraße 1
Tel (0 63 59) 22 16 · Fax 8 66 68
info@wageck-weine.de
www.wageck-weine.de
Inhaber Familie Pfaffmann
Betriebsleiter Frank und Thomas Pfaffmann
Außenbetrieb Gunter Pfaffmann
Kellermeister Frank und Thomas Pfaffmann
Verkauf Gertraud Pfaffmann, Silke Hügenell
Mo–Sa 9.00–12.00 Uhr · 13.00–18.00 Uhr
So 10.00–12.00 Uhr und nach Vereinbarung
Sehenswert Weinberg mit wurzelechten Portugieserreben (gepflanzt 1931), Barriquekeller
Rebfläche 39 Hektar
Jahresproduktion 320.000 Flaschen
Beste Lagen Bissersheimer Goldberg, Großkarlbacher Burgweg, Kirchheimer Steinacker
Boden kalkiger Tonmergel, teilweise auf Fels, Lösslehm mit Kies und Sand
Rebsorten je 25% Riesling, 20% Spätburgunder, je 15% Chardonnay und Weißburgunder, 25% übrige Sorten
Mitglied Barrique Forum Pfalz

Manchmal arbeitet man in einem Umfeld von Personen, da befruchtet man sich gegenseitig dermaßen, spornt sich so an, dass es unmöglich ist, nicht besser werden zu wollen und es tatsächlich zu werden. Frank und Thomas Wagecks Weine vor zehn, ach was: vor sechs Jahren mit denen heute zu vergleichen, deckt Weltenunterschiede auf. Die Erträge gehen immer weiter runter, die Fässer und Gebinde werden immer kleiner, die Ausbaustile immer raffinierter, pointierter, von Erfahrung geprägter. Die Angst, mit einem gerade erst gefüllten und daher noch extrem reduktiv erscheinenden Wein falsch verstanden zu werden, ist gerade bei den Burgundersorten (und hier bei den Spätburgundern am meisten) sehr ausgeprägt – aber unnötig. Wer hier nicht schon jetzt die Substanz, die Richtung und das Potenzial erkennt, wird es womöglich in fünf Jahren auch nicht können. Und das wäre extrem schade.

Weinbewertung in Punkten
100 Perfekt • 95 bis 99 Überragend • 90 bis 94 Exzellent
85 bis 89 Sehr gut • 80 bis 84 Gut

PFALZ

Verkostete Weine 16
Bewertung 84–91 Punkte

- 91 2010 Sekt extra Brut Prestige Barrique | 12,5% | 21,90 €
- 85 2016 Riesling Fundament trocken | 12% | 7,90 €
- 84 2016 Grauburgunder Tertiär trocken | 13,5% | 9,90 €
- 84 2016 Chardonnay & Weißburgunder Tertiär trocken | 13% | 9,90 €
- 86 2016 Sauvignon Blanc Tertiär trocken | 12% | 9,90 €
- 87 2016 Großkarlbacher Weißburgunder Kalkmergel trocken Holzfass | 13,5% | 13,90 €
- 88 2015 Bissersheimer Goldberg Riesling Schützenhaus trocken Holzfass | 13% | 19,90 €
- 89 2016 Bissersheimer Goldberg Chardonnay Sülzner Weg trocken Barrique | 13% | 22,90 €
- 90 2016 Bissersheimer Goldberg Chardonnay Geisberg trocken Barrique | 12,5% | 34,90 €
- 86 2015 Spätburgunder Tertiär trocken Holzfass | 13,5% | 11,90 €
- 85 2014 Cuvée Wilhelm trocken Barrique | 14% | 21,90 €
- 86 2015 Bissersheimer Held Portugieser HW31 trocken Reserve Barrique | 13,5% | 28,90 €
- 88 2015 Bissersheimer Goldberg St. Laurent trocken Reserve Barrique | 13,5% | 28,90 €
- 89 2015 Großkarlbacher Burgweg Spätburgunder trocken Barrique | 13% | 29,90 €
- 90 2015 Bissersheimer Goldberg Spätburgunder trocken Barrique | 13% | 29,90 €
- 91 2015 Bissersheimer Goldberg Pinot Noir Geisberg trocken Barrique | 13% | 54,90 €

WEINGUT WEEGMÜLLER
67433 Neustadt-Haardt · Mandelring 23
Tel (0 63 21) 8 37 72 · Fax 48 07 72
info@weegmueller.de
www.weegmueller.de
Inhaber Stefanie Weegmüller-Scherr
Verwalter Rainer Klein
Kellermeisterin Stefanie Weegmüller-Scherr
Verkauf Stefanie Weegmüller-Scherr und Gabriele Weegmüller
Mo–Fr 8.00–12.30 Uhr · 13.30–17.00 Uhr
Sa 9.00–14.00 Uhr
1. Sa im Monat geschlossen

Rebfläche 15 Hektar
Jahresproduktion 110.000 Flaschen
Beste Lagen Haardter Herrenletten, Herzog, Bürgergarten und Mandelring
Boden sandiger Lehm, mergeliger Ton
Rebsorten 60% Riesling, 6% Scheurebe, je 5% Gewürztraminer, Grauburgunder, Kerner und Weißburgunder, 14% übrige Sorten
Mitglied Vinissima, Pro Riesling

Um bei und mit den Weegmüller-Schwestern Spaß zu haben, braucht es nicht viel. Offenheit und Sinn für ein wenig Pfälzer Gebabbel sind schon mal ein Anfang. Und Lust auf Weißweine – denn bei Weegmüllers gibt´s sonst nix. Was wir gut finden. Winzerin Steffi macht nur das, was sie auch selbst gerne trinkt. Konsequent. Und auch nur in dem Stil, den sie mag. Mit 2016 sind ihre Weine balancierter als zuletzt, der Jahrgang mit etwas mehr Säure spielte ihr in die Hände. Die Alkohole sind niedriger, der fruchtige Schmelz ist da, aber eben nicht mit zuviel süßem Schwänzchen. Grandios ist die Gewürztraminer Spätlese trocken, bei der wir nicht wüssten, was man noch besser machen könnte. Diesmal sehr unterscheidbar sind auch die drei Emotionsrieslinge, die als elegant, mineralisch oder kräftig tituliert sind. Stimmt genau so. Und mit der trockenen Scheurebe rennt man bei uns offene Türen ein.

Verkostete Weine 13
Bewertung 82–90 Punkte

82 2016 Riesling trocken | 11,5% | 6,- €/1,0 Lit.
86 2016 Weißer Burgunder trocken | 12% | 8,50 €
86 2016 Riesling Der Elegante trocken | 12% | 8,50 €
87 2016 Riesling Der Kräftige trocken | 12% | 8,50 €
87 2016 Riesling Der Mineralische trocken | 12,5% | 8,50 €
88 2016 Scheurebe trocken | 12,5% | 8,50 € |
86 2016 Grüner Veltliner Vom Balkon der Pfalz trocken | 12% | 11,50 €
87 2016 Haardter Herrenletten Riesling Alte Reben Spätlese trocken | 13% | 16,50 €
87 2016 Haardter Herrenletten Grauer Burgunder Alte Reben Spätlese trocken | 13,5% | 16,50 €
90 2016 Haardter Bürgergarten Gewürztraminer Alte Reben Spätlese trocken | 13,5% | 16,50 € |
84 2016 Rieslaner Pegasus | 9% | 12,50 €
86 2016 Scheurebe Märchenzauber | 8% | 12,50 €
90 2016 Rieslaner Von 14 Zeilen Auslese | 8,5% | 13,50 €/0,375 Lit.

WEINGUT KARL WEGNER

67098 Bad Dürkheim · Am Neuberg 4
Tel (0 63 22) 98 93 27 · Fax 98 93 28
info@weingut-wegner.de
www.weingut-wegner.de
Inhaber und Betriebsleiter Joachim Wegner

Verkauf Joachim Wegner
Mo–Fr 9.00–12.00 Uhr · 13.00–18.00 Uhr
Sa 9.00–16.00 Uhr und nach Vereinbarung

Rebfläche 11,5 Hektar
Jahresproduktion 100.000 Flaschen
Beste Lagen Ungsteiner Herrenberg, Dürkheimer Spielberg, Fuchsmantel, Fronhof und Rittergarten
Boden Ton, Lehm mit hohem Kalkanteil, Löss, sandiger Lehm, Terra Rossa
Rebsorten 35% Riesling, 20% Spätburgunder, 10% Weißburgunder, 8% Chardonnay, je 5% Dornfelder und Sauvignon Blanc, 17% übrige Sorten
Mitglied Barrique Forum Pfalz, Pro Riesling

Schon mehrere Jahre in Folge gelingt es Joachim Wegner nun, mit ausdrucksstarken Weinen zu überzeugen. Seine Weißweine sind dabei selten auf der primärfruchtigen Schiene zu finden; sie genießen langen Hefekontakt und verlieren, wie Vergleiche mit Rückstellproben beweisen, auch nach mehreren Jahren nichts von ihrem Charakter. Überrascht hat uns nun der Riesling West Side aus dem Spielberg, der fast an seinen Top-Riesling Lunatic heranreicht, welcher allerdings im kleineren Holzfass ausgebaut wurde. Immer interessant sind die Rotweine, die oft erst mit fünf bis sechs Jahren Reife auf den Markt kommen.

★★★★✯ PFALZ

Verkostete Weine 13
Bewertung 82–89 Punkte

84 2016 Wachenheimer Königswingert Grauburgunder trocken »sur lie« | 12,5% | 7,60 €
84 2016 Dürkheimer Fuchsmantel Riesling Flaggenturm trocken »sur lie« | 12% | 8,30 €
82 2016 Dürkheimer Feuerberg Sauvignon Blanc Feuerspiel trocken »sur lie« | 12% | 8,90 €
85 2016 Dürkheimer Feuerberg Sauvignon Blanc Fumé trocken Barrique | 12% | 16,30 €
88 2015 Dürkheimer Schenkenböhl Chardonnay Augenstern trocken Barrique | 13,5% | 16,30 €
89 2016 Ungsteiner Herrenberg Riesling Lunatic trocken Barrique | 13% | 16,30 €
87 2015 Ungsteiner Herrenberg Riesling 14 trocken Barrique | 13,5% | 25,30 €
82 2016 Dürkheimer Fronhof Riesling Kabinett trocken »sur lie« | 12% | 5,50 €/1,0 Lit.
86 2016 Ungsteiner Herrenberg Riesling Vision Spätlese trocken »sur lie« | 13% | 9,50 €
88 2016 Dürkheimer Spielberg Riesling WestSide Spätlese trocken »sur lie« | 13% | 12,80 €
89 2012 Dürkheimer Schenkenböhl Pinot Noir R trocken Barrique | 13,5% | 15,30 €
88 2012 Dürkheimer Feuerberg Cuvée Philipp trocken Barrique | 14% | 18,80 €
87 2010 Dürkheimer Schenkenböhl Pinot Noir Kleinod trocken Barrique | 13,5% | 21,30 €

WEINGUT DR. WEHRHEIM
76831 Birkweiler · Weinstraße 8   BIO
Tel (0 63 45) 35 42 · Fax 38 69
wein@weingut-wehrheim.de
www.weingut-wehrheim.de
Inhaber Karl-Heinz und Franz Wehrheim
Betriebsleiter Karl-Heinz Wehrheim
Verwalter Patrick Christ
Kellermeister Franz Wehrheim

Verkauf Anette Falke
Mo–Fr 8.00–12.00 Uhr · 14.00–18.00 Uhr
Sa 10.00–16.00 Uhr

Gutsausschank drittes Wochenende im August
Rebfläche 19 Hektar
Jahresproduktion 110.000 Flaschen
Beste Lagen Birkweiler Kastanienbusch, Rosenberg, Dachsberg und Mandelberg
Boden Buntsandsteinverwitterung, Porphyr, kalkiger Mergel, Keuper, sandiger Lehm, Muschelkalk, Rotliegendes
Rebsorten 33% Riesling, 30% Weißburgunder, je 10% Grauburgunder und Spätburgunder, 7% Silvaner, 5% Chardonnay, 2% Muskateller, 3% übrige Sorten
Mitglied VDP, Fünf Winzer – Fünf Freunde

2016 war, was nur den Wein betrifft, für Karl-Heinz und Franz Wehrheim wieder ein sehr gutes Jahr. Nach dem Herbst allerdings verstarb im November der Senior Dr. Heinz Wehrheim in seinem 95. Lebensjahr. Noch fast bis ganz zum Schluss war er nicht nur emotional, sondern auch im Büro tatkräftig mithelfend eine tragende Säule des Betriebs gewesen.

Weiterentwicklung des Flaggschiffs

Was sein Vater ihm an Stütze, Anregung, aber auch Kritiker und Hinterfrager war, gibt Karl-Heinz Wehrheim nun an seinen Sohn Franz weiter, der seit wenigen Jahren die Geschäfte mit führt und auch in Sachen Weinbereitung großes Mitspracherecht besitzt. Dabei wird die Linie des Hauses sicher nicht umgekrempelt, aber doch an Feinheiten justiert und den Gegebenheiten der Zeit angepasst. Diskussionen gab es beispielsweise um den Charakter des Flaggschiffs, den Weißburgunder Mandelberg Großes Gewächs also. Die Trauben dafür wurden meist spät gelesen, sodass die Weine enorme Kraft entwickelten, aromatisch sehr tiefgründig und nachhaltig waren, da-

bei auch herrlich reifen konnten. Für viele Kollegen war das ein Vorbild, dem es nachzueifern galt. Diesmal wird uns der Wein als deutlich schärfer konturiert serviert, schlanker, weniger alkoholisch, aber dennoch voller Finesse, Druck und Präsenz. Es ist weniger Opulenz vorhanden, dafür mehr flirrende Salzigkeit auf der Zunge. Das ist spannend: erneut ein unverwechselbarer Weißburgunder, doch in einer anderen Ausprägung als in den vergangenen 15 Jahren.

Karl-Heinz und Franz Wehrheim

Die Böden sind prägend

Vor lauter Mandelberg darf der Rest nicht unterschlagen werden. Da sich fast alle Lagen in Birkweiler befinden, hat man sich schon vor längerem entschlossen, anstatt auf Ortsweine zu gehen lieber den Weg über die Bodengegebenheiten einzuschlagen, die an dieser extremen geologischen Bruchkante sehr unterschiedlich ausfallen. Muschelkalk, Rotliegendes, Buntsandstein, Keuper - daraus ist der Stoff, aus dem bei Wehrheims durchgehend Weine mit Handschrift gemacht werden. Während die Rieslinge oft schon früh trinkreif sind, brauchen die Spätburgunder ein paar Jahre. Dass die Familie hervorragender Gastgeber für viele Veranstaltungen quer durchs Jahr ist, hat sich längst herumgesprochen.

Verkostete Weine 20
Bewertung 83–93 Punkte

89 2014 Rosé Sekt Brut | 13% | 17,90 €
90 2013 Weißburgunder Sekt Brut | 12,5% | 18,20 €
84 2016 Weißburgunder Buntstück trocken | 12,5% | 8,90 €
84 2016 Riesling Buntstück trocken | 12% | 8,90 €
83 2016 Riesling Rotstück trocken | 12% | 9,- €
86 2016 Muskateller trocken | 12% | 10,- €
88 2016 Birkweiler Weißburgunder aus dem Buntsandstein trocken | 13,5% | 14,70 €
87 2016 Birkweiler Riesling aus dem Buntsandstein trocken | 12% | 15,- €
86 2016 Birkweiler Grauburgunder aus dem Keuper trocken | 13% | 15,60 €
89 2016 Birkweiler Riesling aus dem Rotliegenden trocken | 13% | 16,40 €
89 2016 Birkweiler Weißburgunder aus dem Muschelkalk trocken | 13% | 16,90 €
89 2016 Birkweiler Chardonnay aus dem Keuper trocken Barrique | 13,5% | 16,90 €
90 2016 Birkweiler Am Dachsberg Grauburgunder trocken | 13,5% | 21,- €
90 2016 Birkweiler Rosenberg Chardonnay trocken Barrique | 13,5% | 23,- €
91 2016 Birkweiler Am Dachsberg Riesling trocken | 13% | 24,- €
93 2016 Birkweiler Kastanienbusch Riesling »Großes Gewächs« | 12,5% | 33,- €
93 2016 Birkweiler Mandelberg Weißburgunder »Großes Gewächs« | 13% | 34,50 € [TOP]
89 2016 Birkweiler Kastanienbusch Riesling Auslese | 8% | 30,- €
90 2014 Siebeldinger Spätburgunder aus dem Muschelkalk trocken Barrique | 13% | 20,- €
91 2014 Birkweiler Kastanienbusch Köppel Spätburgunder »Großes Gewächs« | 13% | 41,- €

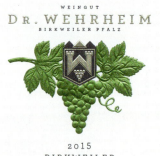

PFALZ

WEINGUT WEIK
67435 Neustadt-Mußbach · Lutwitzistraße 12
Tel (0 63 21) 6 68 38 · Fax 6 09 41
mail@weingut-weik.de
www.weingut-weik.de
Inhaber und Kellermeister Bernd Weik
Außenbetrieb Joan Weik

Verkauf Joan Weik
Di–Fr 14.00–18.00 Uhr, **Sa** 10.00–16.00 Uhr
und nach Vereinbarung

Sehenswert Historischer Gutshof
Rebfläche 6,5 Hektar
Jahresproduktion 40.000 Flaschen
Beste Lagen Königsbacher Idig, Am Rotheinstein Haardter Bürgergarten, Steinernes Bild, Gimmeldinger Biengarten
Boden Buntsandstein, Kalkmergel, kalkhaltiger Löss
Rebsorten je 25% Riesling und Sauvignon Blanc, 20% weiße Burgundersorten, 15% Spätburgunder, 15% übrige Sorten
Mitglied Vinissima, Barrique Forum Pfalz, Klassische Flaschengärer

Verkostete Weine 12
Bewertung 83–89 Punkte

84 2016 Riesling trocken | 12% | 7,– €
85 2016 Mußbacher Steinernes Bild Riesling trocken | 12,5% | 8,20 €
83 2016 Mußbacher Eselshaut Weißburgunder trocken | 13% | 8,60 €
88 2016 Königsbacher Idig Riesling trocken | 12,5% | 8,60 € | €
87 2016 Gimmeldinger Biengarten Riesling vom Kalkstein trocken | 12,5% | 8,80 €
87 2016 Mußbacher Meerspinne Sauvignon Blanc trocken | 12,5% | 10,20 €
88 2016 Riesling Löwenherz trocken | 12,5% | 14,– €
88 2016 Pinot Blanc Löwenherz trocken Barrique | 13% | 14,50 €
89 2016 Sauvignon Blanc Löwenherz trocken | 12,5% | 17,– €
88 2016 Mußbacher Steinernes Bild Riesling Auslese halbtrocken | 10% | 9,– € | €
86 2013 Mußbacher Am Rothenstein Pinot Noir trocken | 14% | 14,50 €
89 2014 Gimmeldinger Biengarten Pinot Noir trocken | 13,5% | 14,50 € | €

Der Blick auf die Rebsortenverteilung beim Weingut Weik ist äußerst aufschlussreich. Neben 25 Prozent Riesling steht da die gleiche Prozentzahl an Sauvignon Blanc! Gibt es das so nochmal irgendwo in Deutschland? Da nimmt es kaum Wunder, dass Joan und Bernd Weik bei Sauvignon Blanc nicht nur mit die Ersten in der Pfalz waren, sondern diesen Wissensvorsprung bis heute halten. Es ist einfach die Wahrheit, nachzuschmecken insbesondere beim Löwenherz Sauvignon, einem Aushängeschild für diese Sorte in Deutschland. No fake news. Inzwischen freilich ist man auch bei den Rieslingen auf diesem Stand, wobei zwischen den gleich bewerteten Idig und Löwenherz Riesling einfach stilistische, ausbautechnische Unterschiede liegen, die man im Individualfall so oder so bevorzugen mag. Hier die Klarheit und die Kühle, dort die elegante Kraft. Wer sich nicht entscheiden kann, trinkt Pinot Noir und macht damit auch keinen Fehler.

WEINGUT WILHELMSHOF

76833 Siebeldingen · Queichstraße 1
Tel (0 63 45) 91 91 47 · Fax 91 91 48
info@wilhelmshof.de
www.wilhelmshof.de
Inhaber Familie Roth-Ochocki
Betriebsleiter Barbara Roth
Kellermeister Thorsten Ochocki
Verkauf Familie Roth-Ochocki
Mo–Fr 8.00–12.00 Uhr · 13.00–18.00 Uhr
Sa 9.00–16.00 Uhr und nach Vereinbarung
Sehenswert Rüttelkeller, Führung nach Anmeldung am Sa 10.00 Uhr
Rebfläche 19 Hektar
Jahresproduktion 80.000 Flaschen Wein, 84.000 Flaschen Sekt
Beste Lagen Siebeldingen im Sonnenschein, Frankweiler Kalkgrube
Boden Buntsandsteinverwitterung, Muschelkalk
Rebsorten 32% Spätburgunder, 30% Riesling, 28% Weißburgunder, 10% Grauburgunder
Mitglied Verband der traditionellen klassischen Flaschengärer

Verkostete Weine 12
Bewertung 83–90 Punkte

- 90 2013 Cuvée Pinot B Sekt Brut | 12% | 21,- €
- 90 2007 Siebeldinger Königsgarten Cuvée Pinot B Patina Sekt Brut | 12,5% | 44,- €
- 88 2015 Siebeldinger Königsgarten Riesling Sekt extra Brut | 12,5% | 12,50 €
- 83 2016 Frankweiler Riesling Buntsandstein Kabinett trocken | 10,5% | 7,- €
- 85 2016 Siebeldinger im Sonnenschein Weißburgunder Kabinett trocken | 12% | 7,- €
- 87 2016 Frankweiler Petersbuckel Riesling Spätlese trocken | 12,5% | 11,50 €
- 86 2016 Siebeldinger im Sonnenschein Weißburgunder Spätlese trocken | 13% | 11,50 €
- 88 2016 Siebeldinger im Sonnenschein Grauburgunder Spätlese trocken | 13,5% | 11,50 €
- 87 2016 Siebeldinger im Sonnenschein Weißburgunder Spätlese trocken Alte Reben Holzfass | 13% | 19,- €
- 86 2015 Siebeldinger im Sonnenschein Burgunder Cuvée Barrique | 14% | 16,- €
- 85 2014 Siebeldinger im Sonnenschein Spätburgunder Spätlese trocken Barrique | 13% | 14,- €
- 88 2015 Siebeldinger im Sonnenschein Spätburgunder Wilhelm Spätlese trocken Alte Reben Barrique | 14% | 40,- €

Gewohnt schön. Der Riesling Buntsandstein ist wieder der extrem leichte und erfrischende Einstieg mit diesmal gerade 11,5 Umdrehungen. Nix Großes, läuft aber flott. Andere Kaliber sind da schon die weißen Burgundersorten, unter denen uns diesmal die Grauburgunder Spätlese trocken am beeindruckendsten erschien. Natürlich sind es aber in erster Linie die Sekte, für die Familie Roth-Ochocki weithin bekannt ist. Direkte Vergleichsverkostungen zeigen immer wieder das konstant hohe Niveau auf diesem Feld. Wenn dann so ein nun zehn Jahre alter Patina B Pinot-Cuvée-Sekt im Glase fein vor sich hin perlt, lernt man demütig die Kunst des Versektens zu schätzen. Und wohl auch die Kunst des Wartens. Wir sollten allerdings den Text nicht beschließen, ohne noch auf einen sehr guten Spätburgunder Wilhelm hinzuweisen. Sehr feine Art, elegant und geschmeidig. Wir sind übrigens alle gespannt, wie sich das Weingut nach dem momentan intensiven Umbau präsentieren wird.

★ ★★★★ PFALZ

WEINGUT WILKER

76889 Pleisweiler-Oberhofen · Hauptstraße 30
Tel (0 63 43) 22 02 · Fax 43 79
weingut@wilker.de
www.wilker.de
Inhaber Familie Wilker
Betriebsleiter Jürgen Wilker
Kellermeister Jürgen Wilker und Michael Naab
Verkauf Familie Wilker
Mo–Fr 9.00–18.00 Uhr, **Sa** 14.00–18.00 Uhr
So: 10.00–12.00 Uhr

Wir müssen lange zurückschlagen, um eine bessere Kollektion von Jürgen Wilker zu finden. Schlossberg Grauburgunder, Schlossberg Chardonnay und Schlossberg Spätburgunder: alles auf Top-Niveau. Ja, es sind insbesondere die Burgundersorten, die uns völlig überzeugt haben. Und Wilker stellt uns als einziger Winzer der Pfalz - und das ist schon mal eine Aussage - einen Dornfelder vor. Was sollen wir sagen? Gelungen!

Verkostete Weine 12
Bewertung 82–88 Punkte

82 2016 Sauvignon Blanc trocken | 13% | 8,20 €
84 2016 Riesling trocken | 12,5% | 8,20 €
84 2016 Weißburgunder trocken | 13,5% | 8,20 €
84 2016 Chardonnay trocken | 13,5% | 8,50 €
85 2016 Grauburgunder trocken | 14% | 8,50 €
87 2016 Pleisweiler Schlossberg Grauburgunder trocken | 14% | 14,- €
88 2016 Pleisweiler Schlossberg Chardonnay trocken | 13,5% | 14,- €
86 2016 Ruländer Spätlese | 10,5% | 8,20 €
85 2015 Dornfelder trocken Holzfass | 13,5% | 7,90 €
84 2014 Pleisweiler Schlossberg Cuvée No.9 trocken Barrique | 13,5% | 14,- €
88 2013 Pleisweiler Schlossberg Spätburgunder trocken Barrique | 13,5% | 17,- €
87 2015 Pleisweiler Schlossberg Frühburgunder trocken Barrique | 14% | 20,- €

WEINGUT VON WINNING

67146 Deidesheim · Weinstraße 10
Tel (0 63 26) 96 68 70 · Fax 79 20
weingut@von-winning.de
www.von-winning.de
Inhaberin Jana Niederberger
Geschäftsführer Stephan Attmann
Außenbetrieb Joachim Jaillet
Kellermeister Kurt Rathgeber
Verkauf Thomas Wagner und Barbara Weber
Mo–Fr 8.00–17.30 Uhr, **Sa** 10.00–17.30 Uhr
So 11.00–17.00 Uhr
Gastronomie Leopold Restaurant im historischen Pferdestall mit Kaisergarten
Erlebenswert Weinfest im Hof unter mächtiger Platane am 2. und 3. Augustwochenende
Historie gegründet 1849
Sehenswert Gutsgebäude in rotem und gelbem Buntsandstein, Veranstaltungsräume in der renovierten Gutsvilla, neu gestalteter Weinprobierraum
Rebfläche 44 Hektar
Jahresproduktion 260.000 Flaschen
Beste Lagen Deidesheimer Grainhübel, Kalkofen, Kieselberg, Langenmorgen und Mäushöhle, Ruppertsberger Reiterpfad, Linsenbusch und Spieß Forster Ungeheuer, Jesuitengarten, Kirchenstück und Pechstein
Boden Buntsandstein, Basaltschotter, toniger Sand, tertiärer Kalk, Lösslehm
Rebsorten 80% Riesling, 20% übrige Sorten
Mitglied VDP

Die Buntheit ist eingezogen bei von Winning. Seit zwei Jahren nun schon werden die Lagenweine in der Optik farblich variiert. Das modern gestaltete Wappen in Weiß und Gold bei den Großen Gewächsen etwa bleibt konstant, doch der Hintergrund ist jeweils verändert.

Und der Keller ist doch wichtig

Bei Kunden und auch bei Designern kommt dies gut an: Wein wird ja auch als Emotion betrachtet und ebenso getrunken. Und man kann sich seinen Lieblingswein besser merken - der Grüne ist der Grainhübel, der Blaue der Langenmorgen. Nur Kirchenstück und Pechstein, die obersten Repräsentanten des Weinguts also, behalten die bisherige noble Zurückhaltung bei. Qualitativ wird keine Zurückhaltung an den Tag gelegt. Be-

---

Symbole Weingüter
★★★★★ Weltklasse • ★★★★ Deutsche Spitze
★★★ Sehr Gut • ★★ Gut • ★ Zuverlässig

triebsleiter Stephan Attmann, Außenleiter Joachim Jaillet und Kellermeister Kurt Rathgeber haben sich mit den Jahren als perfektes Team aufeinander eingespielt. Draußen in den Weinbergen stehen in bestimmten Parzellen um die 10.000 Rebstöcke pro Hektar in Dichtbestockung - das soll junge Reben früh tief wurzeln lassen auf der Suche nach Nährstoffen, was auch früher zu charaktervolleren Weinen führt. Während viele Winzer den Einfluss des Kellers kleinzureden versuchen, hat man bei von Winning von Beginn an die Chance genutzt, einen eigenen Stil zu kreieren. »Zuviel Holz!« schrien die Kritiker, doch Attmann ließ sich als Oberstratege nicht beirren. Inzwischen ist klar, dass sein Weg den Weinen unglaublich viel an Statur mitgeben kann. Die früher mitunter vorhandenen Lohetöne vieler neuer Fässer sind inzwischen sehr differenzierten Nuancen gewichen.

Stephan Attmann

Freude, Genuss, Verneigung

Was brachte 2016? Eine Latte an ausdrucksstarken Weißweinen, ganz gewiss. Mit Freude trinken wir die Sauvignons, die hier in drei unterschiedlichen Qualitäten eigentlich immer ganz vorne an der Gebietsspitze zu finden sind. Mit Genuss sehen wir ein klasse Niveau bei den Ersten Lagen, wo der Reiterpfad das Feld anführt. Und wir verneigen uns vor den Großen Gewächsen, allen voran Pechstein und Kirchenstück. Richtig großes Kino.

Verkostete Weine 18
Bewertung 83–94 Punkte

84	2016 Riesling Drache trocken	12%	8,80 €
87	2016 Sauvignon Blanc II trocken	12,5%	11,- €
83	2016 Weißburgunder II trocken Holzfass	13%	13,- €
87	2016 Deidesheimer Paradiesgarten Riesling trocken Holzfass	12%	15,50 €
88	2016 Deidesheimer Herrgottsacker Riesling trocken	12%	15,50 €
90	2016 Ruppertsberger Reiterpfad Riesling trocken Holzfass	12%	16,50 €
89	2016 Sauvignon Blanc I trocken Holzfass	13%	19,50 €
86	2014 Weißburgunder I trocken Holzfass	13%	25,- €
90	2016 Deidesheimer Grainhübel Riesling »Großes Gewächs« Holzfass	12,5%	25,- €
91	2016 Forster Ungeheuer Riesling »Großes Gewächs« Holzfass	12,5%	29,- €
91	2016 Deidesheimer Kalkofen Riesling »Großes Gewächs« Holzfass	12,5%	29,- €
92	2016 Deidesheimer Langenmorgen Riesling »Großes Gewächs« Holzfass	12,5%	29,- €
91	2016 Deidesheimer Kieselberg Riesling »Großes Gewächs« Holzfass	12,5%	30,- €
92	2016 Forster Jesuitengarten Riesling »Großes Gewächs« Holzfass	12,5%	50,- €
93	2016 Forster Pechstein Riesling »Großes Gewächs« Holzfass	12,5%	50,- €
94	2016 Forster Kirchenstück Riesling »Großes Gewächs« Holzfass	12,5%	60,- €
83	2015 Cuvée Noir trocken Barrique	14%	24,- €
87	2015 Pinot Noir Violette trocken Barrique	13%	49,- €

☆ ★★⯪ **PFALZ**

WEINGUT WÖHRLE

67278 Bockenheim · Leininger Ring 64 (BIO)
Tel (0 63 59) 42 15 · Fax 94 93 67
info@weingut-woehrle.de
www.weingut-woehrle.de
Inhaber Andreas Wöhrle
Verkauf Christa, Martin und Andreas Wöhrle
Sa 9.00–15.00 Uhr und nach Vereinbarung

Seit Jahren darf man als Konsument sehr angetan sein von den Weinen aus dem Hause Wöhrle. Hier hat sich ein ökologisch arbeitender Betrieb beständig weiterentwickelt, ohne den Grundfaden zu verlieren, den Senior Martin Wöhrle als Gründungsmitglied von Ecovin ausgelegt hat. Sohn Andreas baut darauf auf. Bei den weißen 2016ern fehlt uns allerdings der gewohnte Druck, was uns wundert. Der Cabertin ist Cassis pur. Wir halten einfach die Füße still, weil wir wissen, was sonst möglich ist.

Verkostete Weine 12
Bewertung 81–85 Punkte

82 2016 Riesling trocken | 12,5% | 5,50 €/1,0 Lit.
82 2016 Bockenheimer Grafenstück Weißburgunder trocken | 13% | 5,90 €
83 2016 Bockenheimer Grafenstück Riesling trocken | 12% | 5,90 €
83 2016 Bockenheimer Schlossberg Grauburgunder trocken | 13,5% | 6,90 €
85 2016 Bockenheimer Vogelsang Riesling Kabinett trocken | 12,5% | 6,90 €
81 2016 Bockenheimer Heiligenkirche Cabernet Blanc Spätlese trocken | 13% | 7,30 €
84 2016 Bockenheimer Vogelsang Auxerrois Spätlese trocken | 14% | 8,50 €
84 2015 Bockenheimer Vogelsang Riesling Alte Reben Spätlese feinherb Alte Reben | 13% | 10,– €
81 2015 Bockenheimer Heiligenkirche Cabertin trocken | 14% | 8,50 €
83 2015 Bockenheimer Vogelsang Spätburgunder trocken | 12,5% | 8,50 €
82 2015 Bockenheimer Schlossberg Cabernet Sauvignon trocken | 13,5% | 17,– €
84 2015 Bockenheimer Schlossberg Spätburgunder Spätlese trocken | 13% | 14,– €

WEINGUT WOLF

76831 Birkweiler · Hauptstraße 36
Tel (0 63 45) 91 92 03 · Fax 91 92 04
info@weingut-wolf-birkweiler.de
www.weingut-wolf-birkweiler.de
Inhaber Klaus und Mathias Wolf
Kellermeister Mathias Wolf
Verkauf Klaus Wolf
Mo–Fr 9.00–12.00 Uhr · 13.00–18.00 Uhr
Sa 9.00–16.00 Uhr

Rebfläche 12 Hektar
Jahresproduktion 85.000 Flaschen
Beste Lagen Birkweiler Kastanienbusch und Mandelberg
Boden Rotliegendes, Muschelkalk, Buntsandstein
Rebsorten 30% Riesling, 15% Spätburgunder, 12% Weißburgunder, 10% Grauburgunder, 8% Chardonnay, 7% St. Laurent, 18% übrige Sorten

Es könnte dereinst mal so sein, dass sich junge Winzer künftiger Generationen mal an Mathias Wolf orientieren. Vielleicht tun sie es ja jetzt schon. Immerhin hat er bewiesen, wie es geht, sich aus einem ordentlichen, aber nicht eben in erster oder zweiter Reihe stehenden Betrieb nach vorne zu arbeiten. Stück für Stück, Jahr für Jahr. Wolfs Sprungbrett waren hervorragende Platzierungen beim Wettbewerb »Die junge Südpfalz«. Von da an ging es aufwärts, jetzt hatte er sein Podium - und den Anreiz, es immer noch besser machen zu wollen. Jetzt hat er schon wieder zugelangt und haut einen Riesling Kastanienbusch raus, der sich sowas von gewaschen hat. So sehr wir auch suchen, wir finden nichts zum Mäkeln. Hinzu kommt eine Preisgestaltung, die gelinde gesagt fair ist, aber eigentlich nicht dem entspricht, was hier an tollen Sachen im Glas entdeckt werden kann. Die Erfolge werden im Hause Wolf übrigens mit großer Bescheidenheit registriert, was es nochmal sympathischer macht.

Symbole Weingüter
€ Schnäppchenpreis · TOP Spitzenreiter · BIO Ökobetrieb
🍷 Trinktipp · 🔨 Versteigerungswein

Sekt · Weißwein · Rotwein · Rosé

Verkostete Weine 10
Bewertung 84–91 Punkte

84 2016 Riesling Roter Sandstein trocken | 12,5% | 6,- €
86 2016 Birkweiler Mandelberg Chardonnay vom Ton trocken | 13,5% | 9,- €
87 2016 Birkweiler Mandelberg Weißburgunder vom Muschelkalk trocken | 13,5% | 9,- €
88 2016 Birkweiler Am Dachsberg Riesling vom Buntsandstein trocken | 13,5% | 9,- € | €
89 2016 Birkweiler Kastanienbusch Riesling vom Rotliegenden trocken | 13% | 9,- € | €
89 2016 Birkweiler Kastanienbusch Weißburgunder aus der Terrassenlage trocken | 13,5% | 12,50 €
91 2016 Birkweiler Kastanienbusch Riesling vom Schiefer trocken | 13,5% | 12,50 €
88 2015 Birkweiler Mandelberg Spätburgunder vom Buntsandstein trocken | 13,5% | 9,- €
84 2015 Birkweiler Kastanienbusch Cabernet Sauvignon vom Buntsandstein trocken | 13,5% | 12,50 €
87 2015 Birkweiler Kastanienbusch Spätburgunder vom Buntsandstein trocken | 13,5% | 12,50 €

WEINGUT ZELT
67229 Laumersheim · Binsenstraße 2
Tel (0 62 38) 32 81 · Fax 12 33
info@weingutzelt.de
www.weingutzelt.de
Inhaber Ernst und Mario Zelt
Kellermeister Mario Zelt
Verkauf Familie Zelt
Mo-Fr 10.00–12.00 Uhr · 14.00–18.00 Uhr
Sa 10.00–16.00 Uhr

Sehenswert Weinprobierstube im restaurierten alten Fachwerkhaus
Rebfläche 15 Hektar
Jahresproduktion 120.000 Flaschen
Beste Lagen Laumersheimer Kirschgarten und Steinbuckel, Großkarlbacher Burgweg, Bissersheimer Goldberg
Boden Kalkmergel, Löss, Kies, Quarzsand, sandiger Lehm
Rebsorten 30% Riesling, je 15% Spätburgunder und Weißburgunder, je 10% Cabernet Sauvignon, Chardonnay, Merlot, 10% übrige Sorten
Mitglied Fair'n Green

Unsere Einschätzung der Weine von Mario Zelt hat sich im Grunde seit Jahren nicht wirklich geändert. Schon vor zehn Jahren machte er einen zupackenden Sauvignon Blanc, der nicht ins Grüne abdriftet. Das kann man über den 2016er auch sagen. Sein Riesling Kapellenberg von einer prähistorischen Sandbank ist zwar nicht kalkgeprägt wie seine großen Brüder aus Goldberg, Steinbuckel und Kirschgarten, doch ist es gerade seine luftige, klare Art, die uns für ihn einnimmt. Die Lagen sind tatsächlich sehr klar schmeckbar, wenn man die unterschiedlichen Gegebenheiten etwas kennt. Zelts Spätburgunder haben inzwischen fast durchgängig ein wirklich gutes Level erreicht - doch seltsamerweise gefällt uns seine Trilogie-Cuvée sogar noch besser. Was auf einem Pfälzer Weingut eine ziemliche Besonderheit sein dürfte.

PFALZ

Verkostete Weine 15
Bewertung 83–90 Punkte

- 84 2016 Riesling trocken | 11,5% | 7,50 €
- 88 2016 Muskateller trocken | 11,5% | 7,50 € | €
- 83 2016 Laumersheimer Grauburgunder Kalkstein trocken | 13% | 9,80 €
- 84 2016 Laumersheimer Weißburgunder Kalkstein trocken | 13% | 9,80 €
- 86 2016 Laumersheimer Riesling Kalkstein trocken | 12,5% | 9,80 €
- 86 2016 Laumersheimer Sauvignon Blanc trocken | 12,5% | 9,80 €
- 87 2016 Laumersheimer Kapellenberg Riesling trocken | 12,5% | 14,- €
- 88 2016 Bissersheimer Goldberg Riesling trocken | 13% | 21,- €
- 88 2016 Laumersheimer Kirschgarten Weißburgunder trocken | 13,5% | 21,- €
- 89 2016 Laumersheimer Steinbuckel Riesling trocken | 13% | 21,- €
- 90 2016 Laumersheimer Kirschgarten Riesling trocken | 13% | 21,- €
- 83 2015 Laumersheimer Spätburgunder Kalkstein trocken | 13,5% | 15,- €
- 87 2015 Großkarlbacher Burgweg Spätburgunder trocken | 13,5% | 20,- €
- 88 2015 Laumersheimer Kirschgarten Spätburgunder trocken | 13,5% | 28,- €
- 89 2015 Cuvée Trilogie trocken | 13,5% | 28,- €

WEINGUT OLIVER ZETER
67433 Neustadt-Haardt
ab Januar 2018: Eichkehle 2
Tel (0 63 21) 48 15 22
hallo@oliver-zeter.de
www.oliver-zeter.de
Inhaber Christian und Oliver Zeter
Betriebsleiter und Kellermeister Oliver Zeter
Verkauf Oliver Zeter
Mo–Do 10.00–15.00 Uhr
Fr 10.00–18.00 Uhr, **Sa** 10.00–15.00 Uhr
Rebfläche 16 Hektar
Jahresproduktion 145.000 Flaschen
Beste Lagen Maikammer Heiligenberg, Ungsteiner Weilberg und Nussriegel, Appenhofener Steingebiss
Boden Buntsandsteinverwitterung, Terra Rossa, Kalk
Rebsorten 26% Sauvignon Blanc, 14% Grauburgunder, 10% Riesling, 8% Cabernet Sauvignon, 7% Weißburgunder, je 5% Chardonnay, Muskateller, Spätburgunder und Viognier, je 3% Cabernet Franc und Syrah, 9% übrige Sorten

Wir sind es inzwischen gewohnt, dass Oliver Zeter immer neue Häschen aus dem Hut zaubert. Und bessere Qualitäten. In der Pfalz war er einer der Vorreiter für Sauvignon Blanc, diesmal hat er wieder vier davon angestellt. Der Baer ist im ersten Moment schwierig, es lohnt sich aber, ihn locker zwei Wochen im Kühlschrank Zeit zu geben. Und der normale Sauvignon Fumé ist der wesentlich zugänglichere Rivale, ebenbürtig, ein anderer Stil halt. Der Zafran Viognier ist herrlich austariert, die rote Cuvée Zahir voller Saft, Kraft und dennoch Eleganz. Lasst uns nachdenken, können wir nicht irgendwo motzen, nur ein kleines bisschen vielleicht? Schwierig, schwierig. Wir kennen ja auch die kleinen Weine von Zeter, und selbst die sind ihr Geld allemal wert. Aber was heißt schon klein bei einem Winzer, der in Vielem anders ist als seine Kollegen. Übrigens: Weingut und Weinhandel sind nun auch räumlich sauber voneinander getrennt.

Verkostete Weine 13
Bewertung 84–90 Punkte

84 2016 Muskateller trocken | 11% | 8,- €
85 2016 Ungsteiner Nussriegel Riesling trocken | 12% | 10,- €
85 2016 Sauvignon Blanc trocken | 12,5% | 11,50 €
86 2015 Appenhofener Steingebiss Sauvignon Blanc trocken | 12% | 13,50 €
87 2015 Ungsteiner Weilberg Riesling trocken | 13% | 16,- €
85 2015 Viognier trocken Holzfass | 13,5% | 17,- €
89 2015 Sauvignon Blanc Fumé trocken Barrique | 13% | 17,- €
87 2015 Chenin Blanc trocken | 13% | 18,50 €
88 2015 Viognier Zafran trocken Holzfass | 13,5% | 35,- €
90 2014 Sauvignon Blanc Baer trocken Holzfass | 12,5% | 35,- €
85 2014 Pinot Noir Réserve trocken Barrique | 13% | 20,- €
87 2014 Syrah trocken Holzfass | 13,5% | 23,- €
89 2014 Cuvée Zahir trocken Holzfass | 14% | 39,- €

WEINGUT ZIMMERMANN
67157 Wachenheim · Grabenstraße 5
Tel (0 63 22) 23 84 · Fax 6 51 60
info@wein-zimmermann.de
www.wein-zimmermann.de
Inhaber und Betriebsleiter Jürgen Zimmermann
Verkauf Familie Zimmermann
Mo–Fr 9.00–12.00 Uhr · 14.00–18.00 Uhr
Sa 9.00–16.00 Uhr
Gästehaus im Rieslinghof, mit 6 Gästezimmern
Rebfläche 11 Hektar
Jahresproduktion 80.000 Flaschen
Beste Lagen Wachenheimer Gerümpel und Fuchsmantel
Boden Buntsandsteinverwitterung
Rebsorten 60% Riesling, je 7% Weißburgunder und Spätburgunder, 6% Grauburgunder, 4% Scheurebe, 16% übrige Sorten

Dass Jürgen Zimmermann sich schon immer darauf verstand, tolle Rieslinge zu erzeugen, ist ein Erfahrungswert, den auch seine Kunden zu schätzen wissen. Gerade mit den trockenen Spätlesen gelingen ihm ein ums andere Mal durchaus imposante Tropfen. Mit 2016 allerdings haben die plötzlich sogar weniger Alkohol - bei noch interessanterem Geschmack! Zimmermann nutzte die Gunst des Jahrgangs. Während der letzten ein bis zwei Wochen im Herbst tat sich draußen nicht mehr viel, was Oechsle anbelangt, doch die Aromen reiften weiter. Daraus und aus entsprechenden Maischestandzeiten resultieren nun sehr differenzierte, individuelle Rieslinge, bei denen uns der aus dem Gerümpel am besten gefällt. Und alles trinkt sich sehr harmonisch, wofür wohl der Ausbau in den Holzfässern überaus nützlich war.

Verkostete Weine 12
Bewertung 82–89 Punkte

- 85   2016 Riesling Sekt Brut | 12,5% | 11,- €
- 82   2016 Weißburgunder trocken | 12,5% | 7,50 €
- 85   2016 Sauvignon Blanc trocken | 11,5% | 8,10 €
- 87   2016 Chardonnay trocken | 13,5% | 12,- €
- 82   2016 Riesling Kabinett trocken | 11,5% | 5,80 €/1,0 Lit.
- 83   2016 Riesling Kabinett trocken | 11% | 6,20 €
- 84   2016 Wachenheimer Luginsland Riesling Kabinett trocken | 12% | 7,50 €
- 86   2016 Wachenheimer Königswingert Riesling Kabinett trocken | 12% | 7,80 €
- 88   2016 Wachenheimer Fuchsmantel Riesling Spätlese trocken | 12,5% | 9,80 € | €
- 88   2016 Wachenheimer Altenburg Riesling Spätlese trocken | 12,5% | 12,- €
- 89   2016 Wachenheimer Gerümpel Riesling Spätlese trocken | 12,5% | 12,- €
- 87   2016 Gewürztraminer Spätlese | 12% | 9,50 €

Bungertshof

Events - Wein und mehr...

Ihr Raum für Veranstaltung

BUNGERTSHOF
Heisterbacher Straße 149
53639 Königswinter - Oberdollendorf
Tel. 02223 - 295 85 20
Fax 02223 - 295 85 23
E-Mail: info@Bungertshof.de
www.Bungertshof.de

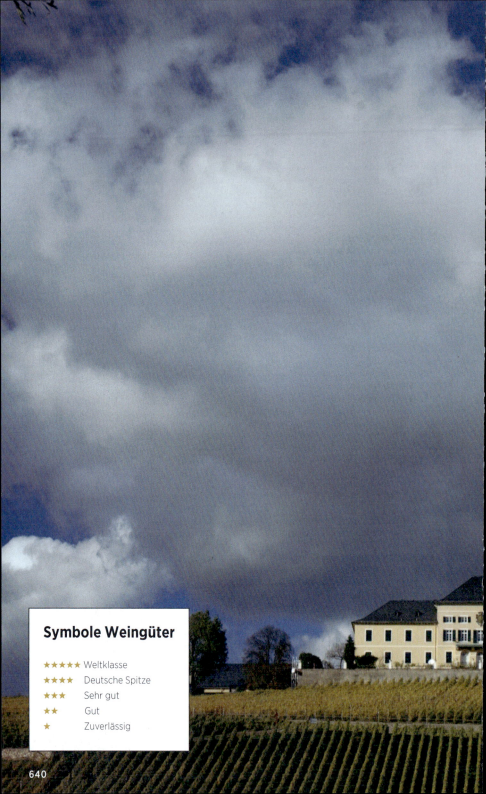

Symbole Weingüter

★★★★★ Weltklasse
★★★★ Deutsche Spitze
★★★ Sehr gut
★★ Gut
★ Zuverlässig

RHEINGAU WEINREGION

Jahrgang 2016: Im Rheingau viel Neues

Zwischen Wiesbaden und Rüdesheim tut sich einiges: Allendorf, Corvers-Kauter und Ehrhard steigern ihre Qualität. Die großen Gewächse werden immer geschliffener und es gibt feine Spätburgunder, viele mit französisch anmutender Eleganz.

Foto: DWI

WEINREGION

Rheingau im Überblick

Rebfläche: 3.186 Hektar
Einzellagen: 129
Hauptrebsorten: Riesling (79%), Spätburgunder (12%)
Böden: Mergel, kalkhaltiger Lehm, Schiefer, Quarzit, Kiesel und Sandstein
Selbstvermarktende Betriebe: 385
www.kulturland-rheingau.de

Karte und Angaben: DWI

Die Reben hatten 2016 im Rheingau gleich zwei Extreme zu verkraften. Nach Regenmassen im Juni kam es ab Anfang August zu einer Trockenperiode, die bis in den Oktober anhielt. Dieser herrliche Altweibersommer war aber auch die Rettung des Jahrgangs. Für die Winzer bedeutete die feuchte Periode zu Beginn des Sommers Weinbergsarbeit ohne Ende. Nur wer immer wieder zum rechten Zeitpunkt Spritzmittel ausbrachte, konnte hoffen, den Falschen Mehltau (Peronospora) in den Griff zu bekommen. Gerade für ökologisch arbeitende Betriebe war das eine gewaltige Herausforderung und führte teilweise zu erheblichen Mengenverlusten.

Danach beruhigte sich die Situation in den Weinbergen, selbst wenn Wassermangel vielerorts die Zuckereinlagerung in den Beeren bremste. Die Öchslegrade legten zuletzt kaum noch zu. So bedeutete jeder Tag am Stock und jede kühle Nacht einen Zugewinn an Aromen und eine bessere physiologische Reife. Was dann während der lang gezogenen Lese eingebracht werden konnte, ist allerdings beachtlich. Die Weine zeigen ein feines Spiel von Frucht und Säure bei relativ niedrigen Alkoholwerten. 2016 ist ein Jahr der Trinkanimation, nicht der Überwältigung. Edelsüße Prädikate finden sich nur wenige. Ende November konnten ein paar wenige Eisweine gelesen werden.

Neue Spitzenbetriebe

Im Rheingau probt man neue Stile und qualitativ gibt es viel Bewegung nach oben. Wie selbstverständlich tauchen die Weine von Carl Ehrhard unter den besten Rheingauern auf; das Gleiche gilt für Corvers-Kauter. Hier findet man nicht nur tolle Rieslinge, sondern auch herausragende Spätburgunder, besser gesagt Pinot Noir, wie die meisten Rheingauer französelnd die Gewächse nennen. Auch einer der großen Betriebe, Allendorf in Winkel, keltert von Jahr zu Jahr bessere Weine. Die vielleicht bemerkenswerteste Entwicklung vollzog sich in Erbach: Was Achim von Oetinger in den letzten fünf Jahren erreicht hat, ist schlicht großartig. Sein Marcobrunn Großes Gewächs steht jetzt an der Spitze im Rheingau.

Neue Stile

Doch wie sieht es bei den großen Traditionsgütern aus? Auf Schloss Johannisberg hat ein neues Führungsteam um die Geschäftsführer Stefan Doktor und Marcel Szopa die Leitung übernommen. Der erste durchgehend von ihnen verantwortete Jahrgang wird 2017 sein. Von Schloss Schönborn konnten wir eine deutlich verbesserte Kollektion verkosten. Auch Langwerth von Simmern präsentierte einen erfolgreichen Jahrgang. Klassische, sehr volle Rheingauer sind hier entstanden. Und Schloss Vollrads steht da nicht zurück. Der Kabinett Blaukapsel erinnert wieder an die Klassiker des Hauses. Sehr überzeugend Schloss Reinhartshausen: Man stellte einige sehr gute 2016er und exzellente Nachzügler aus dem Jahrgang 2015 vor. Insgesamt also eine Entwicklung, die erwartungsfroh stimmt.

Wenn es um neue Stile und Entwicklungen geht, sind sicher zuvorderst zwei Namen zu nennen. Dirk Würtz hat bei Ress eine eigene Interpretation des Rheingauer Rieslings etabliert. Weniger

RHEINGAU

säurebetont, oft länger im Holz gelagert, aber (oder gerade deswegen?) alterungsfähig. Und Jörn Goziewski beweist in seinem kleinen Gut in Geisenheim wirklich ein Händchen für ungewöhnliche Ausbauweisen. Hier schmeckt auch der Orange Wine! Eine besonders erfreuliche Entdeckung ist für uns der Ökobetrieb Asbach-Kretschmar von Peter Kreuzberger mit herrlich klassischen Rheingauern.

Wilhelm Weil ist es wieder gelungen, Weine aller Prädikatsstufen zu ernten, darunter einige Auslesen und Beerenauslesen, die seine 2015er in den Schatten stellen - für uns die edelsüßen Klassiker des Jahrgangs. Auch bei Spreitzer, Kühn und Wegeler finden sich feine Vertreter dieser Kategorie.

Trockener Riesling immer besser

Die Bedeutung der trockenen Rieslinge nimmt im Rheingau weiter zu und das heißt zum Glück nicht nur, dass der prozentuale Anteil steigt, sondern vor allem auch, dass die Qualität immer besser wird. Die großartigen Großen Gewächse von Oetinger (Marcobrunn), Künstler (Kirchenstück), Wegeler (Rothenberg), Spreitzer (Wisselbrunnen), Leitz (Kaisersteinfels) und vielen anderen sind hierfür ein deutlicher Beleg. Nicht vergessen darf man die trockenen Spitzen von Breuer, Ehrhard und Fricke. Aber fast noch wichtiger ist der Qualitätsschub bei Guts- und Ortsweinen. Hiermit werden die wirklichen Mengen vermarktet! Überhaupt scheint sich der Ortswein im Rheingau zu etablieren, gerade aus Rüdesheim, Hallgarten und Kiedrich konnten wir feine Exemplare probieren.

Der Jahrgang 2015 hat eine beachtliche Zahl feiner Spätburgunder entstehen lassen. Die meisten Weine zeigen eine französisch anmutende Eleganz, sodass einiges für die Bezeichnung Pinot Noir spricht. Beeindruckt hat uns der Höllenberg von Corvers-Kauter. Ein Wein, der zur deutschen Spitze gehört. Weitere exzellente Gewächse konnten wir von Chat Sauvage, Kesseler, Kühn, J. B. Becker, Künstler, Allendorf und den Staatsweingütern verkosten. Eine Quelle feinster Assmannshäuser fehlt in dieser Aufzählung, denn das Weingut Krone stellt in diesem Jahr erst die Spitzen der Jahrgänge 2012 und 2013 vor. Sie sind ausgesprochen fein, mit einem sublimen 2012er Juwel an der Spitze.

Dr. Peter Henk

Die besten Riesling trocken 2016 unter 15 Euro

Hendelberg Spreitzer (14 Euro)	90
Doosberg Spreitzer (14 Euro)	90
Stielweg Spätlese Himmel (10 Euro)	89
Wildsau Diefenhardt (10,90 Euro)	89
Hölle Kabinett Künstler (13 Euro)	89
Lenchen Abel (14,70 Euro)	89

Die besten fruchtigen Riesling Kabinett 2016 unter 15 Euro

Berg Roseneck Erhardt (12 Euro)	93
Jungfer Prinz (12 Euro)	90
Marcobrunn Langwerth (12,50 Euro)	90

Die Spitzenbetriebe

★★★★★
Peter Jakob Kühn	S. 684
Robert Weil	S. 720

★★★★½
Georg Breuer	S. 655

★★★★
Künstler	S. 686
Leitz	S. 690
Josef Spreitzer	S. 711
Wegeler	S. 718

Gebietspreisträger Rheingau

Winzer des Jahres: Achim von Oetinger

Aufsteiger des Jahres: Carl Ehrhard

Entdeckung des Jahres:
Peter Kreuzberger, Asbach-Kretschmar

Revolutionäre Bikes!

Eine außergewöhnliche Ausstellung der fünfzig bahnbrechendsten Bikes!

224 Seiten · ca. 200 Abb.
ISBN 978-3-95613-043-4
[D] 50,–

Faszination Technik

Diesen und viele weitere Titel unter
www.geramond.de oder im Buchhandel

★★ RHEINGAU

WEINGUT FERDINAND ABEL
65375 Oestrich-Winkel · Mühlstraße 32-34
Tel (0 67 23) 28 53 · Fax 8 74 54
mail@weingut-abel.de
www.weingut-abel.de
Inhaber und Betriebsleiter Reiner Abel
Verkauf Eva und Hildegard Abel
nach Vereinbarung
Straußwirtschaft während der Rheingauer Schlemmerwoche, Mo und Di Ruhetag
Spezialitäten hausgemachte Forellenterrine mit Senf-Honig-Sauce, »Abelpasti«
Rebfläche 9,5 Hektar
Jahresproduktion 75.000 Flaschen
Beste Lagen Oestricher Lenchen, Mittelheimer St. Nikolaus
Boden Löss, Lehm, Quarzit
Rebsorten 80% Riesling, 15% Spätburgunder, 5% Weißburgunder

Verkostete Weine 12
Bewertung 83-89 Punkte

84 2016 Oestricher Doosberg Riesling Kabinett trocken | 12,5% | 6,20 €
85 2016 Oestricher Lenchen Riesling Kabinett trocken | 12,5% | 6,20 €
85 2016 Hallgartener Schönhell Riesling Kabinett trocken | 12% | 6,20 €
85 2016 Oestricher Lenchen Riesling Spätlese trocken | 12,5% | 7,20 €
88 2016 Oestricher Doosberg Riesling Tradition Spätlese trocken Holzfass | 12,5% | 8,20 € | €
89 2016 Oestricher Lenchen Riesling Erstes Gewächs Holzfass | 12,5% | 14,70 €
83 2016 Riesling feinherb Classic | 12% | 5,70 €
85 2016 Oestricher Lenchen Riesling Spätlese halbtrocken | 12% | 7,20 €
86 2016 Oestricher Lenchen Riesling Edition Spätlese feinherb | 12,5% | 8,20 €
87 2016 Oestricher Lenchen Riesling Spätlese | 8,5% | 8,20 €
88 2015 Spätburgunder trocken Barrique | 13,5% | 10,50 € | €
89 2015 Spätburgunder »R« trocken Barrique | 14% | 16,- €

Beständigkeit auf hohem Niveau! Auch die 2016er des Weinguts Abel haben uns wieder gut gefallen. Die ortstypischen Rieslinge bieten wie immer ein ausgezeichnetes Preis-Leistungs-Verhältnis. Die im Holzfass ausgebaute und Tradition genannte trockene Spätlese aus dem Doosberg hat viel Saft und zeigt feine Apfel-Aromen. Ein veritables Schnäppchen! Aber schon die schnörkellosen Kabinette aus Lenchen und Schönhell erfrischen. Wie im letzten Jahr steht das Erste Gewächs aus dem Lenchen an der Spitze der Kollektion. Klare Holzprägung verbindet sich mit Spiel und feinem Fluss. Eine besondere Erwähnung verdienen in diesem Jahr die im Barrique ausgebauten 2015er Spätburgunder. Die einfache Version mit Kaffee-Note, Saft und guter Struktur wird noch übertroffen von der »R« genannten Selektion. Wir notierten: Kirschfrucht, feine Fülle, gute Säure und intensives Finish. Während der Rheingauer Schlemmerwochen ist die Straußwirtschaft geöffnet; eine gute Gelegenheit die Weine dieses mustergültigen Betriebes kennenzulernen.

★★★

WEINGUT FRITZ ALLENDORF
65375 Oestrich-Winkel · Kirchstraße 69
Tel (0 67 23) 9 18 50 · Fax 91 85 40 ·
allendorf@allendorf.de
www.allendorf.de
Inhaber Ulrich Allendorf, Christel Schönleber
Betriebsleiter Josef Schönleber
Außenbetrieb Stefan Debus
Kellermeister Max Schönleber
Verkauf Judith Roßberg
Mo-Fr 8.00–12.00 Uhr · 13.00–18.00 Uhr
Sa 10.00–18.00 Uhr
Vinothek, Rheinstraße 15, Rüdesheim
Mo-Sa 11.00–15.00 Uhr (Ostern-Silvester)
Gutsausschank Fr ab 16.00 Uhr (Mai, Juni, Sept.–Okt.) Sa-So, feiertags ab 12.00 Uhr
Spezialitäten kulinarische Weinprobe »Allendorf im Brentanohaus« mit Rheingauer Sonntagsküche, Do-Fr, Mo ab 17.00 Uhr, Sa-So ab 12 Uhr
Erlebenswert Lichteffekte in »Wein.Erlebnis.Welt«
Rebfläche 75 Hektar
Jahresproduktion 600.000 Flaschen
Beste Lagen Winkeler Jesuitengarten und Hasensprung, Rüdesheimer Berg Rottland und Berg Roseneck, Assmannshäuser Höllenberg
Boden Lehm, Lösslehm, Schiefer
Rebsorten 72% Riesling, 25% Spätburgunder, 3% übrige Sorten
Mitglied VDP

haus. Aus dem das Gebäude umgebenden Weinberg sollen zukünftig die Goetheweine aus dem Brentanohaus stammen.

Verkostete Weine 14
Bewertung 84–91 Punkte

84 2014 Cuvée Raffinesse Rosé Sekt Brut | 13% | 16,50 €
84 2016 Riesling trocken | 12,5% | 7,75 €
86 2016 Winkeler Riesling trocken | 12% | 9,- €
87 2016 Riesling trocken Charta | 12,5% | 11,- €
87 2016 Roter Riesling trocken | 13% | 12,- € | 🍷
89 2016 Winkeler Hasensprung Riesling »Großes Gewächs« | 12,5% | 25,- €
90 2016 Winkeler Jesuitengarten Riesling »Großes Gewächs« | 13% | 25,- €
89 2016 Rüdesheimer Berg Roseneck Riesling »Großes Gewächs« | 13% | 27,50 €
91 2015 Riesling Alter Hase trocken | 13% | 35,- €
85 2016 Riesling Kabinett trocken | 11,5% | 9,- €
85 2016 Riesling Kabinett | 10,5% | 9,- €
88 2015 Assmannshäuser Spätburgunder trocken | 13% | 13,50 € | €
89 2014 Spätburgunder Quercus trocken | 13,5% | 18,- €
90 2015 Assmannshäuser Höllenberg Spätburgunder »Großes Gewächs« | 13,5% | 27,50 €

Eine tolle Kollektion! Von den Basisweinen bis zu den Großen Gewächsen stimmt hier alles. Und das heißt nicht nur Riesling! Aus dem Assmannshäuser Höllenberg gibt es auch einen wunderbar feinfruchtigen Spätburgunder mit Noten von roten Beeren, einem Hauch Tee und belebendem Finish. Bei den Weißen sehen wir den kraftvoll klaren Jesuitengarten knapp vor Hasensprung und Roseneck. Eine besondere Erwähnung verdient der Alter Hase genannte 2015er aus dem Winkeler Hasensprung. Längeres Holzfasslager hat einen Wein hervorgebracht, der mit Noten von Zitrus, Kräutern, getrockneter Aprikose und großer Harmonie glänzen kann. Aber nicht nur die Spitze überzeugt. Der Winkeler Riesling und vor allem der Charta sind animierend-saftige Rheingauer. Immer einen Besuch wert ist das Weinlokal Allendorf im Brentano-

RHEINGAU

WEINGUT FRIEDRICH ALTENKIRCH
65391 Lorch · Binger Weg 2
Tel (0 67 26) 83 00 12 · Fax 24 83
info@weingut-altenkirch.com
www.weingut-altenkirch.com
Inhaber Franziska Breuer-Hadwiger
Geschäftsführer Jasper Bruysten
Kellermeister Jasper Bruysten und Lutz Loosen
Verkauf Ines Tennert, Ronny Licht
Mo–Fr 9.00–16.00 Uhr und nach Vereinbarung Vinothek auch während der Gutsausschankzeiten geöffnet
Gutsausschank mit Terrasse April–Okt.
Fr–Sa ab 17.00 Uhr, So, feiertags ab 15.00 Uhr
Spezialitäten Wild und Fisch aus der Region
Historie 1826 gegründet
Sehenswert historische Gewölbekeller
Rebfläche 15 Hektar
Jahresproduktion 100.000 Flaschen
Beste Lagen Lorcher Schlossberg, Lorcher Pfaffenwies Bodental-Steinberg und Krone
Boden Grauschiefer, Quarzit, Löss
Rebsorten 70% Riesling, 20% Spätburgunder, je 5% Sauvignon Blanc und Weißburgunder
Mitglied Zeilensprung

rig, dicht und intensiv fruchtig. Er sollte noch etwas lagern. Dies ist eine ausgesprochen empfehlenswerte Kollektion.

Verkostete Weine 12
Bewertung 84–90 Punkte

84 2016 Riesling Steillage trocken | 12% | 7,20 €
85 2016 Lorcher Riesling Grauschiefer trocken | 12,5% | 9,- €
87 2016 Lorcher Krone Riesling trocken | 12,5% | 12,50 €
89 2016 Lorcher Schlossberg Riesling trocken | 12,5% | 15,50 €
88 2016 Lorcher Bodental-Steinberg Riesling trocken Alte Reben | 12,5% | 15,50 €
90 2016 Lorcher Pfaffenwies Riesling Erstes Gewächs | 13% | 19,50 €
84 2016 Riesling Steillage feinherb | 11,5% | 7,20 €
85 2016 Lorcher Riesling Quarzschiefer feinherb | 12% | 9,- €
88 2016 Lorcher Kapellenberg Riesling Spätlese | 9% | 9,- € | €
85 2015 Spätburgunder trocken | 13% | 9,50 €
86 2015 Lorcher Spätburgunder Rotschiefer trocken | 13,5% | 12,50 €
87 2015 Lorcher Kapellenberg Frühburgunder trocken | 13% | 16,- €

In Lorch wachsen die Reben auf steinigen Schiefer- und Quarzitsteillagen mit bis zu 60 Prozent Gefälle. Bei allem mineralischen Ausdruck sind die Weine schlank, elegant, zuweilen filigran, mit intensiver Frucht und frischer Säure. Das Weingut Altenkirch bringt diesen Stil konsequent auf die Flasche. Schon die Basisrieslinge Steillage machen trocken wie feinherb Spaß. Grauschiefer und Quarzschiefer aus alten Rebanlagen vibrieren am Gaumen. Die Lagenweine spiegeln in feiner Deutlichkeit ihre Herkunft wider: die Krone fruchtig-pikant mit Aprikosen- und Ananasnoten; der Schlossberg gleichermaßen dicht und elegant mit ätherischen Aromen; der Bodental-Steinberg - noch verhalten - von geradliniger Struktur, mit kräutriger Würze und Kernobstnoten; das Erste Gewächs aus der Pfaffenwies muskulös, mineralisch druckvoll mit Aromen von Anis, Sternfrucht und Steinobst. Die süße Spätlese aus dem Kapellenberg ist einfach köstlich, zeigt kristalline Fruchtaromen von Rhabarber, Maracuja und Grapefruit. Der Frühburgunder ist Waldbeere pur, fruchtig und sehr attraktiv. Der Spätburgunder Rotschiefer ist mineralisch pfeff-

647

WEINGUT ASBACH-KRETSCHMAR

65375 Oestrich-Winkel · Weissgasse 1
Tel (0 67 23) 88 96 60
weingut@asbach-kretschmar.de
www.asbach-kretschmar.de
Inhaber Peter Kreuzberger

Verkauf nach Vereinbarung

Die Geschichte des 1978 gegründeten Weinguts ist mit der Weinbrennerei Asbach-Uralt verknüpft. Als 1991 die Firma Guiness Asbach erwarb, verblieb das Weingut im Besitz von Marit Kretschmar, einer geborenen Asbach. Peter Kreuzberger, der jetzige Inhaber, pachtete das Gut 1995 und kaufte es im Jahr 2000. Zuvor war man schon von Rüdesheim nach Winkel an den jetzigen Standort umgezogen. Kreuzberger ist von der Ausbildung Weinküfer und war in den 1980er Jahren bei Schönborn und später bei Schloss Reinhartshausen aktiv. Die 4,1 Hektar seines Betriebs bewirtschaftet er ökologisch. Und die so erzeugten Weine haben uns überzeugt. Die trockenen 2016er Spätlesen sind fein und ausdrucksstark, die 2015er Rottland Auslese ist ein animierender Klassiker. Auch ein 2013er Spätburgunder belegt den Anspruch des Hauses. Unsere Entdeckung des Jahres im Rheingau!

Verkostete Weine 8
Bewertung 84–91 Punkte

84 2016 Winkeler Hasensprung Riesling Kabinett trocken | 11,5% | 6,50 €
85 2016 Rüdesheimer Kirchenpfad Weißburgunder Kabinett trocken | 12% | 7,50 €
87 2016 Hallgartener Hendelberg Riesling Spätlese trocken | 12% | 8,50 €
88 2016 Rüdesheimer Berg Roseneck Riesling Spätlese trocken | 12% | 9,– € |
86 2016 Rüdesheimer Klosterlay Riesling Kabinett feinherb | 11% | 6,50 €
87 2016 Hallgartener Jungfer Riesling Kabinett | 8,5% | 6,50 €
91 2015 Rüdesheimer Berg Rottland Riesling Auslese | 8,5% | 20,– €
87 2013 Rüdesheimer Klosterlay Spätburgunder trocken | 13% | 10,50 €

WEINGUT HEINRICH BAISON

65239 Hochheim am Main
Delkenheimer Straße 18–20
Tel (0 61 46) 92 32 · Fax 92 42
weingut.baison@t-online.de
www.weingut-baison.de
Inhaber Heinrich Baison

Verkauf Heinrich Baison
nach Vereinbarung

Dies ist ein Sieben-Hektar-Gut in Hochheim, das seinen Riesling-Anteil in den letzten Jahren auf über 80 Prozent gesteigert hat. Der Jahrgang 2016 hat hier einiges zu bieten. Saft und feine Würze kennzeichnen den Kabinett aus der Hölle. Übertroffen wird er noch von der Junior genannten trockenen Spätlese, die reife Zitrusnoten, klare Säure und gute Länge zeigt. Die aus dem Flörsheimer Herrnberg stammenden Rieslinge sind zwar konzentriert, aber auch nicht so präzise wie die Hochheimer Pendants. Echte Klasse zeigt die Hölle Spätlese aus dem Jahrgang 2015: Ein Fruchtfülle und Reife durch feine Säure balancierender Klassiker.

Verkostete Weine 9
Bewertung 82–88 Punkte

83 2016 Flörsheimer Herrnberg Riesling Kabinett trocken | 11,5% | 6,30 €
85 2016 Hochheimer Hölle Riesling Kabinett trocken | 12% | 6,50 €
84 2016 Hochheimer Hölle Riesling Spätlese trocken | 12% | 8,– €
86 2016 Riesling Junior Spätlese trocken | 11,5% | 8,50 €
84 2016 Flörsheimer Herrnberg Riesling Spätlese trocken Alte Reben | 12% | 9,– €
85 2016 Hochheimer Hölle Riesling Spätlese trocken Alte Reben | 12% | 9,– €
82 2016 Riesling halbtrocken Classic | 11,5% | 6,– €
88 2015 Hochheimer Hölle Riesling Spätlese | 10% | 8,50 € |
82 2016 Spätburgunder feinherb Blanc de Noirs | 12,5% | 6,50 €

RHEINGAU

SEKTMANUFAKTUR BARDONG
65366 Geisenheim · Bahnstraße 7
Tel (0 67 22) 4 71 36 · Fax 4 75 55
info@bardong.de
www.bardong.de
Inhaber und Betriebsleiter Norbert Bardong

Verkauf Renate und Norbert Bardong
nach Vereinbarung

Sehenswert historischer Gewölbekeller
Erlebenswert individuelle Sektproben, Kulinarium, mediterrane Tafel im historischen Park
Rebfläche keine eigene
Jahresproduktion 25.000 Flaschen
Beste Lagen Assmannshäuser Höllenberg, Mariannenaue
Boden Sand, Lehm mit Lössanteilen, Quarzit, Kalk

Verkostete Weine 12
Bewertung 81–89 Punkte

84 2010 Deidesheimer Hofstück Riesling (Pfalz) Sekt Brut | 12,5% | 15,– €
85 2013 Geisenheimer Mönchspfad Spätburgunder Sekt Brut Rosé | 12,5% | 15,– €
87 2010 Weißburgunder Sekt Brut | 12,5% | 16,– €
88 2010 Erbacher Honigberg Riesling Sekt Brut | 12,5% | 16,– €
87 2013 Chardonnay Sekt Brut | 12,5% | 18,– €
83 2013 Hölder Sekt Brut | 13% | 19,– €
88 2013 Rüdesheimer Klosterberg Spätburgunder Sekt Brut | 13% | 21,– €
88 2008 Chardonnay Sekt Brut | 12,5% | 22,– €
89 1998 Riesling Reserve Sekt Brut | 13% | 28,– €
86 2012 Erbacher Honigberg Riesling Sekt extra Brut | 13% | 14,– €
86 2009 Erbacher Honigberg Riesling Sekt extra Brut | 12,5% | 17,– €
81 2008 Assmannshäuser Hinterkirch Spätburgunder Sekt extra Brut | 12,5% | 22,– €

Gegründet wurde die Sektmanufaktur 1984 von Norbert Bardong. In den Gewölben der ehemaligen Kellereien Schloss Rheinberg und Schloss Waldeck, die bereits im 19. Jahrhundert für die Sektherstellung genutzt wurden, fand der Betrieb seine Heimat. Die Leitlinie ist eine Produktion nach der Champagner-Methode, aber mit klarem regionalen Bezug. Spezialisiert hat sich das Haus auf Jahrgangs- und Lagensekte, die mindestens 36 Monate, aber auch schon einmal 18 Jahre auf der Hefe liegen. Der Charakter des jeweiligen Jahres soll erkennbar werden bzw. bleiben. Hierfür liefert die Reihe der Riesling-Sekte aus dem Erbacher Honigberg ein schönes Beispiel. Für uns steht der 2010er mit feinem Duft, dezent rauchiger Reife und weiniger Art an der Spitze. Der nach getrocknetem Apfel duftende und dabei auch an Manzanilla erinnernde 1998er Riesling Reserve ist mit seiner fein fließenden Art ein echtes Unikat. Beachtlich sind auch der knackig-klare 2013er Chardonnay und vor allem der saftige Blanc de Noirs aus dem Rüdesheimer Klosterberg, der im Duft an Brioche mit einem Hauch Himbeeren erinnert.

★★★½

WEIN- UND SEKTGUT BARTH

65347 Eltville-Hattenheim · Bergweg 20 (BIO)
Tel (0 67 23) 25 14 · Fax 43 75
mail@weingut-barth.de
www.weingut-barth.de
Inhaber Norbert und Mark Barth
Betriebsleiter Mark Barth
Kellermeister Marc Leitis

Verkauf Mark Barth
nach Vereinbarung

Vinothek mit Schatzkammer und Rebenpergola
Sehenswert Sektherstellung in klassischer Flaschengärung, handgerüttelt
Rebfläche 20 Hektar
Jahresproduktion 150.000 Flaschen
Beste Lagen Hattenheimer Wisselbrunnen, Schützenhaus und Hassel, Hallgartener Schönhell
Boden Lösslehm, Ton, Schieferverwitterung, tertiärer Mergel, Quarzit
Rebsorten 83% Riesling, 12% Spätburgunder, 2% Cabernet Sauvignon, 3% Weißburgunder
Mitglied VDP, Charta, Verband der traditionellen klassischen Flaschengärer, Ecovin

Verkostete Weine 14
Bewertung 86–93 Punkte

91 2011 Hattenheimer Hassel Riesling Sekt Brut | 12,5% | 65,- €
89 2011 Pinot Barth Ultra Sekt Brut nature Blanc de Blancs | 12,5% | 28,- €
90 2013 Hattenheimer Schützenhaus Riesling Sekt Brut nature | 12,5% | 35,- €
86 Riesling Sekt extra Brut | 12% | 15,- €
88 2016 Hallgartener Riesling trocken | 12% | 10,50 €
89 2016 Hattenheimer Schützenhaus Riesling trocken | 12,5% | 16,- €
90 2016 Hallgartener Schönhell Riesling »Großes Gewächs« | 13% | 32,- €
91 2016 Hattenheimer Wisselbrunnen Riesling »Großes Gewächs« | 13% | 33,- €
93 2015 Hattenheimer Hassel Riesling »Großes Gewächs« Holzfass | 12,5% | 35,- €
86 2016 Riesling Fructus halbtrocken | 11% | 8,50 €
86 2016 Rüdesheimer Riesling feinherb | 11% | 9,50 €
88 2016 Riesling Charta | 12% | 12,90 €
91 2016 Oestricher Lenchen Riesling Spätlese | 8% | 17,50 €
89 2015 Hattenheimer Hassel Riesling Spätlese | 9% | Preis auf Anfrage

Überzeugend! Sehr gute 2016er und feine Sekte unterstreichen die Qualitätsentwicklung, die der Betrieb in den letzten Jahren unter der Leitung von Marc Barth genommen hat. Die Besten der in diesem Jahr vorgestellten Sekte lagen noch etwas länger auf der Hefe und sind noch etwas niedriger dosiert als bisher. Und das Ergebnis ist Stil und Klasse! Die Reihe der Rieslinge, bei denen bewusst eine geschmeidige, nie aggressive Säure angestrebt wird, ist ohne Fehl und Tadel. Besonders herausheben möchten wir den saftigfrischen Hallgartener, den feinen, dezent vom Holz geprägten Schützenhaus und die Großen Gewächse aus Schönhell und Wisselbrunnen, die beide erst ganz am Anfang ihrer Entwicklung stehen. Wohin die Reise gehen kann, belegt der länger im Holz ausgebaute 2015er Hassel: Immer noch etwas Hefe, feine Säure, Struktur und Länge. Ein großer Wein!

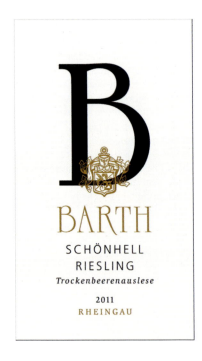

☆ # RHEINGAU

WEINGUT HANS BAUSCH

65347 Hattenheim · Waldbachstraße 103
Tel (0 67 23) 99 92 03 · Fax 99 92 91
info@weingut-hans-bausch.de
www.weingut-hans-bausch.de
Inhaber Hans Bausch
Verkauf Hans Bausch
Mo–Sa 9.00–17.00 Uhr, **So** 12.00–17.00 Uhr

Der Jahrgang 2016 kommt der fruchtig-frischen Stilistik der Bausch-Weine sehr gelegen. Schon der Sommerwein ist mehr als nur ein einfacher Schoppen. Der beschwingte Kabinett aus dem Schützenhaus ist ein echtes Schnäppchen, und die glasklare Spätlese aus derselben Lage setzt noch etwas Dichte oben drauf mit aparten Blüten-Honig Noten. Das Erste Gewächs aus dem Engelmannsberg zeigt eine schöne herbe Würze und markiert die Spitze der Kollektion. Floral, erdig, vielschichtig. Die fruchtsüße Spätlese aus dem Wisselbrunnen ist richtig toll! Sternfrucht, Grapefruit, kandierte weiße Früchte – eher schlank, nicht zu fett. Wer es dichter und exotischer mag, wählt die Auslese aus der Lage Hassel – wir entdecken hier kandierte gelbe Früchte. Wir vermissen in diesem Jahr die Rotweine, die uns immer gut gefallen haben.

Verkostete Weine 11
Bewertung 82–88 Punkte

82 2016 Riesling Sommerwein trocken | 12% | 5,50 €
83 2016 Riesling trocken | 11,5% | 5,50 €
87 2016 Hattenheimer Engelmannsberg Riesling Erstes Gewächs | 12% | 15,50 €
84 2016 Hattenheimer Schützenhaus Riesling Kabinett trocken | 12% | 6,– €
85 2016 Hattenheimer Schützenhaus Riesling Spätlese trocken | 12% | 8,– €
82 2016 Riesling feinherb Classic | 11,5% | 6,– €
83 2016 Hattenheimer Schützenhaus Riesling Kabinett halbtrocken | 11,5% | 6,– €
83 2016 Oestricher Lenchen Riesling Kabinett | 8% | 6,– €
86 2016 Hattenheimer Wisselbrunnen Riesling Spätlese | 8% | 8,– €
88 2015 Hattenheimer Hassel Riesling Auslese | 8% | 23,– €
83 2016 Spätburgunder halbtrocken Weißherbst | 11,5% | 6,– €

J. B. BECKER WEINBAU

65396 Walluf · Rheinstraße 6
Tel (0 61 23) 7 48 90 · Fax 7 30 64
info@jbbecker.de
www.jbbecker.de
Inhaber Maria und Hans-Josef Becker
Kellermeister Hans-Josef Becker
Weinbau Kevin Müller
Verkauf Maria und Eva Becker
Mo–Fr 9.00–12.00 Uhr · 14.00–17.00 Uhr
Sa–So nach Vereinbarung
Gutsausschank »Der Weingarten« (April–Okt.)
Mo–Fr 17.00–24.00 Uhr
Sa–So 15.00–24.00 Uhr
www.der-weingarten.com
Sehenswert Grundmauern einer römischen Turmburg
Rebfläche 11 Hektar
Jahresproduktion 45.000 Flaschen
Beste Lagen Wallufer Walkenberg, Eltviller Rheinberg
Boden tiefgründiger Lösslehm
Rebsorten 81% Riesling, 17% Spätburgunder, 2% Müller-Thurgau

Da hat Hans-Josef Becker aber noch einmal seinen Hut in den Ring geworfen. Seine 2015er sind beeindruckend. Wie immer stellen wir die Weine um ein Jahr versetzt vor. Und dies ist die natürliche Konsequenz aus seiner Ausbau-Philosophie. Er hat auf ökologischen Anbau umgestellt und seine mit Naturhefe spontan vergorenen Weißweine reifen wie früher fast ein Jahr im großen Holzfass, die Rotweine sogar oft an die drei Jahre. Die 2015er Spätburgunder konnten wir nun, zwei Jahre nach der Lese, erstmals probieren. Es sind fruchtintensive, fast schmelzige Weine, deren Struktur sich im Nachhall offenbart. Wir freuen uns auf eine erneute Verkostung in fünf Jahren. Vier trockene 2015er Rieslinge aus dem Walkenberg, vom Kabinett bis zur Auslese, wurden vorgestellt. Alle sind gut, die Spätlese Alte Reben und die Auslese begeistern. Wir notierten für letztere weiße Johannisbeere, Weinbergspfirsich, geschliffene Fülle und klares Finish. Aber Hans-Josef Becker hat 2015 auch dazu genutzt, fruchtsüße Spät- und Auslesen zu erzeugen. Und das heißt bei ihm ja immer, die Süße ist verhalten und bestens in das Säurespiel eingebunden. Eine tolle Reihe saftiger Rheingauer mit großem Lagerpotenzial ist hier entstanden!

Verkostete Weine 14
Bewertung 86–94 Punkte

- 86 2015 Wallufer Walkenberg Riesling Kabinett trocken | 12% | 10,- €
- 89 2015 Wallufer Walkenberg Riesling Spätlese trocken | 12,5% | 14,- €
- 91 2015 Wallufer Walkenberg Riesling Spätlese trocken Alte Reben | 12,5% | 17,50 €
- 93 2015 Wallufer Walkenberg Riesling Auslese trocken | 13% | 33,- €
- 87 2015 Wallufer Oberberg Riesling Kabinett halbtrocken | 11% | 10,- €
- 92 2015 Martinsthaler Rödchen Riesling Auslese feinherb | 11,5% | 24,- €
- 88 2015 Wallufer Berg Bildstock Riesling Kabinett | 10,5% | 10,- €
- 89 2015 Eltviller Sonnenberg Riesling Spätlese | 11,5% | 14,- €
- 91 2015 Wallufer Walkenberg Riesling Spätlese | 11,5% | 14,- €
- 91 2015 Wallufer Oberberg Riesling Auslese | 11,5% | 24,- €
- 93 2015 Wallufer Berg Bildstock Riesling Auslese | 11,5% | 24,- €
- 94 2015 Wallufer Walkenberg Riesling Trockenbeerenauslese | 8,5% | Preis auf Anfrage
- 90 2015 Wallufer Walkenberg Spätburgunder Spätlese trocken Alte Reben | 13,5% | Preis auf Anfrage
- 90 2015 Wallufer Walkenberg Spätburgunder Auslese trocken | 13,5% | Preis auf Anfrage

BIBO & RUNGE

65375 Oestrich-Winkel-Hallgarten
Eberbacherstraße 5
Tel (0 67 23) 9 98 69 00 · Fax 9 98 69 01
info@bibo-runge-wein.de
www.bibo-runge-wein.de
Inhaber Walter Bibo und Kai Runge
Betriebsleiter Walter Bibo

Verkauf Walter Bibo
nach Vereinbarung

Rebfläche 3,5 Hektar
Jahresproduktion 30.000 Flaschen
Beste Lagen Hallgartener Jungfer, Oestricher Lenchen und Doosberg
Boden Taunusquarzit, Muschelkalk, Lösslehm, Mergel
Rebsorte 100% Riesling
Mitglied Slowfood

Holz, Hefe und viel Substanz! Die 2016er von Bibo & Runge konnten wir mit Ausnahme der Jungfer Spätlese nur als füllfertige Fassmuster verkosten. Aber schon das war vielversprechend. Wir sind auf die gefüllten Weine im nächsten Jahr gespannt. Wohin die Reise gehen kann, belegte der stilvolle 2015er Revoluzzer, bei dem die Noten des Holzausbaus perfekt integriert sind. Das Gemeinschaftsprojekt von Walter Bibo und Kai Runge startete im Jahr 2013. Walter Bibo, bekannt als Betriebsleiter auf Schloss Reinhartshausen oder als langjähriger Kellermeister bei Dr. Heger, kümmert sich vornehmlich um die Weinbereitung. Kai Runge, ein Quereinsteiger, der als Kunstschreiner unter anderem einen Teil des Innenausbaus auf Schloss Johannisberg gestaltete, ist hingegen für die Vermarktung zuständig. Die beiden arbeiten bisher mit zugekauften Trauben im Rahmen von Bewirtschaftungsverträgen. Diese stammen unter anderem aus Oestrich, Walluf oder auch Hallgarten. Der Ausbau erfolgt zu großen Teilen in Stück- und Halbstückfässern, die den Weinen Struktur und eine erkennbare Holz-Prägung verleihen. Stilistisch ganz anders ist die reduktive Art der geschliffenen restsüßen Spätlese. So vielfältig ist Riesling! Kurz vor Redaktionsschluss erreichte uns noch die Nachricht, dass Walter Bibo zukünftig mit Markus Bonsels zusammenarbeiten wird. Kai Runge wird sich neuen Aufgaben widmen.

RHEINGAU

Verkostete Weine 7
Bewertung 84–90 Punkte

- 86 2013 Riesling Sekt Brut Holzfass | 12,5% | 17,50 €
- 84 2016 Riesling trocken Holzfass | 12,5% | 11,- €
- 87 2016 Riesling Hargardun trocken Holzfass | 12,5% | 16,- €
- 89 2016 Riesling Revoluzzer trocken Holzfass | 12,5% | 25,- €
- 90 2015 Riesling Revoluzzer trocken Holzfass | 13,5% | 25,- €
- 86 2016 Riesling halbtrocken Holzfass | 11,5% | 11,- €
- 89 2016 Hallgartener Jungfer Riesling Spätlese Holzfass | 10% | 15,- €/0,5 Lit.

WEINGUT MANFRED BICKELMAIER
65375 Oestrich-Winkel · Rheingaustraße 7
Tel (0 67 23) 35 73 · Fax 8 82 57
weingut@bickelmaier.de
www.bickelmaier.de
Inhaber und Betriebsleiter Andreas Bickelmaier
Verkauf Manfred Bickelmaier
Mo–Sa 9.00–17.00 Uhr und nach Vereinbarung

Wir haben eine kleine Auswahl aus der 2016er Kollektion des Familienweinguts in 12. Generation verkosten können. Die Bickelmaiers feierten im Vorjahr ihr 375-jähriges Bestehen und hatten zum Jubiläum den trockenen Riesling 1641 auf den Markt gebracht. In 2016 ist dieser Wein aus dem Holzfass ein echtes Schnäppchen. Klare gelbe Frucht, pur und frisch am Gaumen. Die trockenen Prädikatsrieslinge setzen diesen frischen Stil fort. Ganz anders der im Barrique ausgebaute Weißburgunder Theodorus, der nur etwas für echte Fans von kräftigem Holzeinsatz sein dürfte. Anderen mag das gefallen, uns fehlt hier die Fruchtanmutung. Klar positiv ist der Holzeinsatz beim roten Pendant: Rheingau meets Rioja! Mit der Flaschenreife gefällt uns dieser 2013er Wein noch besser als bei unserer ersten Begegnung - weißer Pfeffer in der Nase, animalische Noten von Leder und Teer am Gaumen.

Verkostete Weine 6
Bewertung 82–87 Punkte

- 84 2016 Riesling 1641 trocken Holzfass | 12,5% | 6,20 €
- 84 2015 Weißburgunder Theodorus trocken Barrique | 14% | 16,80 €
- 83 2016 Oestricher Gottesthal Riesling Kabinett trocken | 12% | 6,20 €
- 85 2016 Oestricher Doosberg Riesling Spätlese trocken | 12,5% | 9,- €
- 82 2016 Riesling Classic | 12% | 6,20 €
- 87 2013 Spätburgunder Theodorus trocken Barrique | 14% | 12,80 €

Symbole Weingüter
Schnäppchenpreis · Spitzenreiter · Ökobetrieb
Trinktipp · Versteigerungswein

Sekt   Weißwein   Rotwein   Rosé

BISCHÖFLICHES WEINGUT RÜDESHEIM

65385 Rüdesheim · Marienthaler Straße 3
Tel (0 67 22) 91 05 60 · Fax 91 05 62
info@bischoefliches-weingut.de
www.bischoefliches-weingut.de
Inhaber Bistum Limburg
Geschäftsführerin Silke Trick
Betriebsleiter und Kellermeister Peter Perabo
Verkauf Vinothek
Mo–Fr 14.00–17.00 Uhr
Sa 10.00–15.00 Uhr (April–Okt 2. und 4. Sa im Monat, Nov–März 2. Sa im Monat)
Sehenswert alter Gewölbekeller
Rebfläche 9,2 Hektar
Jahresproduktion 50.000 Flaschen
Beste Lagen Rüdesheimer Bischofsberg, Berg Schlossberg, Berg Rottland, Berg Roseneck
Boden Taunusquarzit, Lösslehm, Schiefer
Rebsorten 82% Riesling, 18% Spätburgunder
Mitglied Zeilensprung

Verkostete Weine 15
Bewertung 84–90 Punkte

87 2016 Rüdesheimer Berg Rottland Riesling trocken Holzfass | 12,5% | 12,20 €
84 2016 Riesling a priori trocken | 11,5% | 7,– €
84 2016 Rüdesheimer Riesling trocken | 12% | 8,50 €
87 2016 Rüdesheimer Riesling Laudate trocken | 12,5% | 12,– €
87 2016 Rüdesheimer Riesling Episcopus trocken Holzfass | 12% | 14,80 €
87 2016 Rüdesheimer Berg Roseneck Riesling trocken | 12,5% | 15,50 €
88 2016 Rüdesheimer Berg Schlossberg Riesling Ehrenfels trocken Holzfass | 12,5% | 16,50 €
89 2016 Rüdesheimer Berg Schlossberg Riesling Katerloch trocken Holzfass | 12,5% | 16,50 €
88 2016 Rüdesheimer Berg Rottland Riesling 1960 trocken | 12,5% | 18,– €
85 2016 Riesling a priori feinherb | 11,5% | 7,– €
86 2016 Riesling Maischegärung Landwein | 12% | 13,– €
88 2016 Rüdesheimer Riesling Spätlese | 9% | 15,– €
88 2015 Rüdesheimer Pinot Noir trocken | 13,5% | 17,– €
90 2015 Assmannshäuser Spätburgunder »S« trocken Barrique | 14% | 26,– €
90 2015 Rüdesheimer Spätburgunder »S« trocken Barrique | 13,5% | 26,– €

Der Jahrgang 2016 hat hier eine ganze Reihe rassig-feiner Rüdesheimer erbracht. Die Basisweine heißen »a priori« und sind sowohl trocken als auch feinherb sauber-knackige Rheingauer mit stimmiger Apfelnote. Der geschmeidige Laudate weist kräuterig-aromatische Noten auf, die an Estragon erinnern. Beim Episcopus ist der gute Kern zur Zeit noch von Ausbau-Noten verdeckt. Aber dieser Wein wird sich entwickeln. Bei den Lagen-Rieslingen gefiel uns in diesem Jahr der Schlossberg Katerloch besonders. Die mineralischen Noten sind hier fein in den klaren Fluss verwoben. Der stoffige Rottland von 1960 gepflanzten Reben überzeugt mit dem Duft reifer Äpfel und kerniger Art. Die frisch gefüllten 2015er Pinot Noirs präsentierten sich noch sehr verschlossen. Sie zeichnet eine elegante, straffe Art und ein klares Finish aus. Vielversprechend!

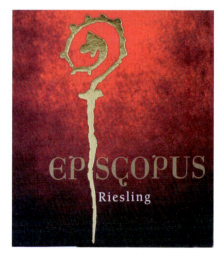

★ ★★★★✩ RHEINGAU

WEINGUT BOTT

65474 Bischofsheim · Frohnseestraße 24
Tel (0 61 44) 13 65 · Fax 4 69 93 81
riesling@weingut-bott.de
www.weingut-bott.de
Inhaber Michael Bott

Verkauf nach Vereinbarung

Für uns ist die erneute Begegnung mit den weißen und roten Weinen aus dem Kostheimer St. Kiliansberg eine Steigerung gegenüber dem Vorjahr. Der St. Kiliansberg ist die direkte westliche Verlängerung der Hochheimer Weinbergsgemarkung auf gleicher Höhe und bei gleicher Exposition. Ausstattung und Stil der Weine von Michael Bott zeigen Modernität und Klasse. Schon die preiswerten Basisqualitäten bereiten viel Trinkfreude. So ist der Riesling trocken sehr frisch mit viel Frucht, leicht nussig und ohne Bitterstoffe - einfach lecker! Die Kalkessenz mit ihrer steinigen Mineralität und noch mehr das Erste Gewächs zeigen Noblesse, Eleganz und feine Würze - Weine für Kenner. Sehr prägnant ist der Holzeinsatz bei zwei Weinen: Ob der rauchige Riesling trocken der Linie Bott privat das Barrique so gut einbinden kann wie die ausgezeichnete 2014er Variante? Auch der Merlot übertreibt es mit den rauchig-speckigen Karamellnoten; hier ist aber viel schwarze Frucht als Gegenpol vorhanden.

Verkostete Weine 9
Bewertung 83–88 Punkte

83 2016 Riesling trocken | 12,5% | 5,50 €/1,0 Lit.
84 2016 Kostheimer Riesling trocken | 12,5% | 6,40 €
85 2016 Grauburgunder trocken Holzfass | 12,5% | 7,20 €
85 2016 Kostheimer St. Kiliansberg Riesling Kalkessenz trocken | 13% | 8,40 €
86 2015 Kostheimer St. Kiliansberg Riesling Bott Privat trocken Barrique | 13,5% | 12,80 €
88 2014 Kostheimer St. Kiliansberg Riesling Bott Privat trocken Holzfass | 12,5% | 12,80 €
87 2016 Kostheimer St. Kiliansberg Riesling Erstes Gewächs Holzfass | 13% | 18,– €
87 2015 Kostheimer St. Kiliansberg Spätburgunder trocken Barrique | 13,5% | 12,– €
87 2016 Kostheimer St. Kiliansberg Merlot trocken Barrique | 13,5% | 12,– €

WEINGUT GEORG BREUER

65385 Rüdesheim am Rhein · Grabenstraße 8
Tel (0 67 22) 10 27 · Fax 45 31
info@georg-breuer.com
www.georg-breuer.com
Inhaber Marcia und Theresa Breuer
Betriebsleiter Hermann Schmoranz
Kellermeister Markus Lundén

Verkauf Vinothek
Mo–So 10.00–18.00 Uhr

Weinhotel Breuer's Rüdesheimer Schloss, Steingasse 10, Tel (0 67 22) 9 05 00
Sehenswert historischer Gewölbekeller »Breuer's Kellerwelt«, Grabenstraße 8
Rebfläche 34,5 Hektar
Jahresproduktion 250.000 Flaschen
Beste Lagen Rüdesheimer Berg Schlossberg, Berg Rottland, Berg Roseneck, Rauenthal Nonnenberg
Boden Taunusquarzit mit Schiefereinlagen, steinig-grusige Phyllitböden
Rebsorten 85% Riesling, 11% Spätburgunder, 4% weiße Burgundersorten
Mitglied Deutsches Barrique Forum, Zeilensprung

Theresa Breuer, Bernhard Breuers Tochter, führt den Betrieb, unterstützt durch den langjährigen Betriebsleiter Hermann Schmoranz und den jungen Kellermeister Markus Lundén. Nur wenige deutsche Winzer verstehen sich so gut auf lagerfähigen, trockenen Riesling wie dieses Team. Seit 2011 arbeitet man ökologisch. Der Aufbau des Sortiments ist klar durchdacht. Für die Markenweine Sauvage und Charm werden zu einem nicht unwesentlichen Teil zugekaufte Trauben verwendet. Sie sind immer im besten Sinne kernige, solide und frische Rieslinge. Darauf folgen die Ortsweine aus Rüdesheim und Rauenthal. Die Weine sind in diesem Jahr sehr schlank, haben Charakter, erreichen das Niveau der 2015er aber nicht ganz. Großartig ist vom Jahrgang 2016 der Montosa. Er versetzt einige Große Gewächse in Angst und Schrecken. Hier vereinen sich Charakter und Trinkvergnügen. Wie sagt man im Weinhandel so schön: Ein Top-Wert!

Berg-Weine

Die Reihe der Berg-Weine beginnt für uns mit dem kernigen und intensiven, fein vom Holz geprägten Rottland. Den saftigen Nonnenberg umspielt ein Hauch von Orangenblüte. Wir sehen bei beiden Weinen erhebliches Potenzial. Der Schlossberg ist in sich gekehrt, ganz langsam zeigt sich ein Anflug von Veilchen und Maiglöckchen. Die tiefe Mineralität und eine Andeutung von Schmelz sind Vorboten seiner vielversprechenden Zukunft. Der auf kargem Schieferfelsen wachsende Berg Roseneck wird zukünftig erst fünf Jahre nach der Lese in den Verkauf kommen. »Am liebsten würde ich das mit allen meinen Lagenweinen machen«, sagt Theresa Breuer. Doch das wäre ökonomisch wohl kaum zu vertreten. Warum sie das macht, belegen immer wieder wunderbar gereifte Gewächse aus ihrem Keller in unseren Zehn-Jahre-danach-Proben.

Familie Breuer

Verkostete Weine 10
Bewertung 84–94 Punkte

84 2016 Riesling GB Sauvage trocken | 11,5% | 9,90 €
86 2016 Riesling Estate Rüdesheim trocken | 11,5% | 13,50 €
87 2016 Riesling 'Estate' Rauenthal trocken | 11,5% | 13,50 €
91 2016 Riesling Terra Montosa trocken Holzfass | 11,5% | 19,50 €
91 2016 Rüdesheimer Berg Rottland Riesling trocken Holzfass | 11,5% | 38,- €
91 2016 Rauenthaler Nonnenberg Riesling trocken Holzfass | 12% | 48,- €
94 2016 Rüdesheimer Berg Schlossberg Riesling trocken Holzfass | 11,5% | 56,- €
85 2015 Spätburgunder GB Rouge trocken Holzfass | 12% | 12,50 €
88 2015 Spätburgunder trocken Barrique | 12,5% | 19,50 €
90 2015 Spätburgunder »B« trocken Barrique | 13% | 36,- €

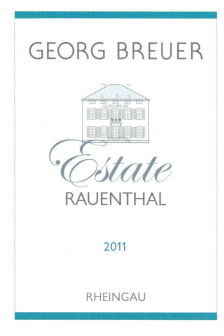

☆ RHEINGAU

WEINMANUFAKTUR STEFAN BREUER
65345 Eltville-Rauenthal
Auf der großen Straße 10
Tel (0 61 23) 9 74 21 36 · Fax 9 74 79 72
sb@breuer-wein.de
www.breuer-wein.de
Inhaber und Betriebsleiter Stefan Breuer
Verkauf nach Vereinbarung

Seit der Gründung in 2006 hat Stefan Breuer seine Fläche kontinuierlich von einem auf heute 6,5 Hektar erweitert - vorwiegend im Rheingau sowie ein Hektar in der Umgebung von Großwinternheim in Rheinhessen. In diesem Jahr bilden erneut die zusammen mit Klaus Singer-Fischer in Rheinhessen erzeugten Weine der Linie Two Faces die Spitze der Kollektion, weiß wie rot. Die Rieslinge aus Schlossberg und Bockstein wachsen auf Muschelkalk und bleiben lange auf der Feinhefe liegen. Dieses Hefelager ist im Schlossberg deutlich erkennbar: druckvoll, gute Struktur, Gerbstoffe, attraktive Aromen von gelben Früchten. Der Bockstein hat eine mineralische Seele, ist kernig-cremig und zeigt Orangenaromen. Bei den roten Burgundern - beide mit sensiblem Holzeinsatz - ist der Frühburgunder mit attraktiven Himbeernoten charmanter als der ernsthafte 2014er Schlossberg Spätburgunder mit rauchiger Würze.

Verkostete Weine 11
Bewertung 82–86 Punkte

82 2016 Riesling trocken Selztal (Rheinhessen) | 12,5% | 6,90 €/1,0 Lit.
83 2016 Grauburgunder G3 trocken Selztal (Rheinhessen) | 13% | 7,95 €
83 2016 Weißburgunder W3 trocken Selztal (Rheinhessen) | 12,5% | 7,95 €
84 2016 Sauvignon Blanc S3B3 trocken Selztal (Rheinhessen) | 12% | 7,95 €
86 2015 Riesling Two Faces Schlossberg trocken (Rheinhessen) »sur lie« | 13% | 12,50 €
86 2015 Riesling Two Faces Bockstein trocken (Rheinhessen) »sur lie« | 13% | 12,70 €
83 2016 Riesling R2 Kabinett trocken | 11% | 8,95 €
82 2016 Riesling Rz feinherb | 12,5% | 7,95 €
83 2016 Spätburgunder Rosé trocken Selztal (Rheinhessen) | 12% | 7,95 €
85 2015 Frühburgunder Two Faces trocken Selztal (Rheinhessen) Barrique | 14,5% | 16,50 €
85 2014 Spätburgunder R Two Faces Schlossberg Spätlese trocken Premium Barrique | 13,5% | 16,50 €

WEINGUT CHAT SAUVAGE
65366 Johannisberg · Hohlweg 23
Tel (0 67 22) 9 37 25 86 · Fax 9 37 25 88
pinot@chat-sauvage.de
www.chat-sauvage.de
Inhaber Günter Schulz
Kellermeisterin Verena Schöttle
Außenbetrieb Tobias Müller
Verkauf Verena Schöttle
Mo-Fr 8.00–17.00 Uhr und nach Vereinbarung
Rebfläche 8 Hektar
Jahresproduktion 35.000 Flaschen
Beste Lagen Johannisberger Hölle, Assmannshäuser Höllenberg, Lorcher Kapellenberg und Schlossberg
Boden Quarzit, Schiefer, Lösslehm
Rebsorten 70% Pinot Noir, 30% Chardonnay
Mitglied Zeilensprung

Das Weingut Chat Sauvage bleibt in guten Händen! Nach dem Wechsel des Kellermeisters und Betriebsleiters Michel Städter zu Schloss Johannisberg kümmert sich Verena Schöttle mit großem Engagement um das Acht-Hektar-Weingut, das sich in Rekordzeit weit über die Rheingauer Grenzen hinaus als feste Größe für ausgezeichnete Spätburgunder und Chardonnays im französischen Stil etabliert hat. Sie hat bei Rainer Schnaitmann in Württemberg gelernt und hatte bereits seit 2015 die Außenbereichsleitung von Chat Sauvage inne. Die Philosophie ist unverändert: Burgunder mit Eleganz und Feinheit. Die Route dahin ebenfalls: höchster Qualitätsanspruch, traditioneller Holzfassausbau und unfiltrierte Abfüllung. Die Ortsweine aus Lorch, Assmannshausen und Rüdesheim zeigen in individueller Art und kraftvoller Eleganz den burgundischen Rotweinstil des Hauses. Die unterschiedlichen Temperamente der Lagen-Pinot Noirs sind offenkundiges Spiegelbild der Rheingauer Spitzenterroirs, auf denen sie gewachsen sind. Der Kapellenberg ist am feingliedrigsten. Betörende Assmannshäuser Art, üppige Frucht und Pfeffer zeigt der Höllenberg, währenddessen die strukturierte Hölle aus Johannisberg kühl und steinig mit Noten von Schattenmorellen aufwartet. Expressive Frucht und Röstaromen zeigt der mineralische Drachenstein. Vom Schlossberg konnten wir eine Dreier-Vertikale verkosten: Die Weine aus dem schiefergeprägten Lorch sind feingliedrig, äußerst vielschichtig und tief. Die

★★★½

Spitze stellt der Jahrgang 2013 dar, er hat an Substanz und feinfruchtigem Spiel noch zugelegt. Seidige Noblesse prägt den 2014er während der verspielte 2015er mit feiner Mineralik und schmelziger Cassisfrucht auftritt. Maskulines Gegenstück ist der Rouge de Schulz Nr. 1: Druckvoll mit konzentrierter, reifer Frucht und kräftigem Tannin, behauptet er den ersten Rang in der 2015er Rotweinkollektion. Von den weißen Burgundern dürfen der intensive, im Barrique vergorene Chardonnay Clos de Schulz und die gleichermaßen kraftvolle wie edle Sekt Cuvée »S« Brut nature mit 15-prozentigem Pinot Noir-Anteil nicht unerwähnt bleiben.

Verkostete Weine 15
Bewertung 86–93 Punkte

86 2014 Pinot Noir Rosé Sekt Brut Barrique | 12% | 17,50 €
89 2013 Chardonnay Cuvée »S« Sekt Brut nature | 13% | 35,- €
87 2015 Chardonnay trocken Barrique | 13% | 16,- €
89 2015 Chardonnay Clos de Schulz trocken Barrique | 13,5% | 35,- €
86 2014 Pinot Noir trocken Barrique | 14% | 17,- €
87 2014 Assmannshäuser Pinot Noir trocken Barrique | 14% | 28,- €
87 2015 Rüdesheimer Pinot Noir trocken Barrique | 13,5% | 28,- €
88 2014 Lorcher Kapellenberg Pinot Noir trocken Barrique | 14% | 45,- €
90 2014 Johannisberger Hölle Pinot Noir trocken Barrique | 14% | 45,- €
90 2014 Assmannshäuser Höllenberg Pinot Noir trocken Barrique | 14% | 45,- €
91 2014 Rüdesheimer Drachenstein Pinot Noir trocken Barrique | 14,5% | 45,- €
91 2014 Lorcher Schlossberg Pinot Noir trocken Barrique | 14% | 65,- €
92 2015 Pinot Noir Rouge de Schulz Nr.1 trocken Barrique | 13,5% | 150,- €
93 2013 Lorcher Schlossberg Pinot Noir trocken Barrique | 13,5% | 150,- €
91 2015 Lorcher Schlossberg Pinot Noir trocken Barrique | 14% | Preis auf Anfrage

WEINGUT DR. CORVERS-KAUTER BIO
65375 Oestrich-Winkel · Rheingaustraße 129
Tel (0 67 23) 26 14 · Fax 24 04
info@corvers-kauter.de
www.corvers-kauter.de
Inhaber Dr. Matthias und Brigitte Corvers
Betriebsleiter und Kellermeister Dr. Matthias Corvers

Verkauf Vinothek Nov.–Dez.
Fr–Sa 14.00–18.30 Uhr, **So** 10.00–12.00 Uhr
April–Okt.
Mo 9.00–13.00 Uhr, **Mi–Fr** 16.00–20.00 Uhr
Sa 14.30–20.00 Uhr
So 10.00–12.00 Uhr · 14.30–20.00 Uhr
Gutsausschank April–Okt. Mi–Fr ab 17.00 Uhr, Sa–So 15.00–23.00 Uhr
Spezialitäten Regionalküche mit mediterranem Einfluss
Sehenswert 200 Jahre altes Gutshaus mit Weingarten und schönem Gewölbekeller, Vinothek Terra 50 Grad
Rebfläche 14 Hektar
Jahresproduktion 90.000 Flaschen
Beste Lagen Rüdesheimer Berg Roseneck, Berg Rottland und Berg Schlossberg, Rüdesheimer Bischofsberg, Drachenstein, Assmannshäuser Höllenberg
Boden Taunusquarzit mit Schiefer, steinig-grusiger Phyllit, Lösslehm
Rebsorten 75% Riesling, 20% Spätburgunder, 5% übrige Sorten
Mitglied Slow Food

Wow! Was für Pinot Noirs! Die 2015er aus Assmannshausen und dem Rüdesheimer Drachenstein gehören zu den Topgewächsen des Rheingaus. Die keineswegs besonders farbintensiven Weine integrieren den Barrique Ausbau perfekt. An der Spitze zeichnet sie eine sublime Frucht, beste Struktur und eine feine Länge aus. Nun stehen die 2016er Rieslinge aber keineswegs zurück. Wie immer eine Bank ist der saftige R 3 (Rheingau Riesling Remastered). Feine Mineralität zeigt der Roseneck Kabinett und die feinherbe Hasensprung Spätlese offenbart einen würzigen Kern. Aber unzweifelhaft stehen Schlossberg und Rottland an der Spitze. Der Lagencharakter ist bei beiden unverkennbar, der Holzeinsatz stimmiger als im Vorjahr. In der Frucht erinnert der Rottland an reifen Apfel mit einem Hauch

★★ RHEINGAU

Ananas, der Schlossberg bleibt nobel und verhalten. Ein saftig-knackiger Kabinett und eine feine Spätlese runden diese exzellente Kollektion ab.

Verkostete Weine 15
Bewertung 87–92 Punkte

- 88 2016 Riesling Remastered trocken | 12,5% | 9,50 € | €
- 87 2016 Rüdesheimer Berg Roseneck Riesling Kabinett trocken | 12% | 9,50 €
- 88 2016 Rüdesheimer Bischofsberg Riesling Vom Löss Spätlese trocken | 12,5% | 22,- €
- 88 2016 Rüdesheimer Drachenstein Riesling Spätlese trocken | 12,5% | 22,- €
- 89 2016 Oestricher Doosberg Riesling Spätlese trocken Holzfass | 13% | 22,- €
- 90 2016 Rüdesheimer Berg Rottland Riesling Spätlese trocken Holzfass | 12,5% | 31,- €
- 92 2016 Rüdesheimer Berg Schlossberg Riesling Spätlese trocken Holzfass | 12,5% | 31,- €
- 92 2016 Rüdesheimer Berg Roseneck Riesling Spätlese trocken | 12,5% | 31,- €
- 88 2016 Winkeler Hasensprung Riesling Spätlese feinherb | 12,5% | 12,50 €
- 88 2016 Mittelheimer Edelmann Riesling Schwerelos Kabinett | 11% | 11,- €
- 90 2016 Oestricher Doosberg Riesling Spätlese Holzfass | 10,5% | 19,50 €
- 88 2015 Assmannshäuser Pinot Noir trocken Barrique | 13,5% | 28,- €
- 91 2015 Rüdesheimer Drachenstein Pinot Noir trocken Barrique | 13,5% | 48,- €
- 92 2015 Assmannshäuser Höllenberg Pinot Noir trocken Barrique | 13,5% | 68,- €

WEINGUT CRASS

65346 Eltville-Erbach · Taunusstraße 2
Tel (0 61 23) 6 31 69 · Fax 67 68 78
info@weingut-crass.de
www.weingut-crass.de
Betriebsleiter und Kellermeister Matthias Craß
Verkauf Matthias Craß
Do–Fr 14.00–18.00 Uhr, **Sa** 11.00–18.00 Uhr und nach Vereinbarung

Gutsrestaurant im historischen Weingutsgebäude Do-Mo
Erlebenswert viele Veranstaltungen rund um den Wein
Rebfläche 8 Hektar
Jahresproduktion 65.000 Flaschen
Beste Lagen Erbacher Siegelsberg, Steinmorgen und Hohenrain
Boden tiefgründiger Lösslehm, tertiärer Mergel, Quarzit
Rebsorten 72% Riesling, 12% Spätburgunder, 6% Grauburgunder, 4% Sauvignon Blanc, je 2% Frühburgunder, Gelber Muskateller und Merlot

Mit Matthias Craß geht's im Weingut beständig aufwärts. Die neue Vinothek bietet einen guten Rahmen zur Präsentation der breiten Rebsortenpalette. Wie dem Gelben Muskateller. Nach Holunderblüten duftend, ist er cremig am Gaumen mit Noten von Melone. Von den Sauvignon Blancs ziehen wir die im Stahltank ausgebaute Variante vor: intensive Aromatik von Kiwi bei gut balancierter Säure. Die Premiumweine - wie auch das Große Gewächs aus dem Siegelsberg - wurden zu Teilen in neuen Fässern ausgebaut. Sie sind kraftvoll, extraktreich mit guter Struktur und sind zur Lagerung bestimmt. Jung verkostet ist der Holzeinsatz noch sehr präsent. Die elegante Trockenbeerenauslese aus der Lage Michelmark ist geschliffen mit kandierter Ananas. Die Rotweine waren bis zum Redaktionsschluss leider noch nicht gefüllt.

659

Verkostete Weine 12
Bewertung 82–90 Punkte

- 82 2016 Riesling trocken | 12% | 5,90 €/1,0 Lit.
- 83 2016 Erbacher Riesling trocken | 11,5% | 6,40 €
- 84 2016 Gelber Muskateller trocken | 11% | 7,40 €
- 86 2016 Sauvignon Blanc trocken | 11,5% | 7,40 €
- 86 2016 Erbacher Steinmorgen Riesling trocken | 12,5% | 7,90 €
- 85 2016 Erbacher Hohenrain Riesling trocken | 12,5% | 8,90 €
- 87 2016 Erbacher Michelmark Grauburgunder trocken Holzfass | 13,5% | 9,90 €
- 87 2016 Hallgartener Hendelberg Sauvignon Blanc trocken Holzfass | 13% | 9,90 €
- 88 2016 Erbacher Siegelsberg Riesling Erstes Gewächs Holzfass | 13% | 15,40 €
- 88 2016 Erbacher Siegelsberg Riesling feinherb Alte Reben Holzfass | 13% | 11,90 €
- 86 2016 Erbacher Siegelsberg Riesling Spätlese | 8,5% | 8,90 €
- 90 2015 Erbacher Michelmark Riesling Trockenbeerenauslese | 7% | 79,90 €/0,375 Lit.
- 2015 Erbacher Steinmorgen Frühburgunder trocken | 13% | 11,40 €

WEINGUT ALOIS DAHN

65375 Oestrich-Winkel · Fontanestraße 3
Tel (0 67 23) 34 82 · Fax 8 81 52
info@weingut-dahn.de
www.weingut-dahn.de
Inhaber und Betriebsleiter Karl Dahn
Kellermeister Michael Dahn

Verkauf Familie Dahn
nach Vereinbarung

Wieder eine durchgehend stimmige Kollektion! Bei den Roten 2015ern sticht besonders die elegante Spätlese »R« mit rotbeeriger Frucht und klarem Finish heraus. Die zuweilen eigenwillig altmodischen 2016er Rieslinge haben ihre Stärken bei dem saftigen und substanzreichen Jesuitengarten und den holzgeprägten Alten Reben. Die 2015er sind typische, kraftvolle Vertreter des Jahrgangs. Die erneut vorgestellte Spätlese Alois hat sich gut entwickelt.

Verkostete Weine 11
Bewertung 82–88 Punkte

- 86 2016 Winkeler Jesuitengarten Riesling trocken | 12,5% | 7,90 €
- 86 2015 Winkeler Jesuitengarten Riesling Erstes Gewächs | 13,5% | 13,90 €
- 82 2016 Winkeler Gutenberg Riesling Kabinett trocken | 12% | 6,40 €
- 85 2016 Winkeler Hasensprung Riesling Kabinett trocken | 11,5% | 6,80 €
- 87 2016 Riesling Alte Reben feinherb | 12% | 8,60 €
- 86 2015 Winkeler Hasensprung Riesling Spätlese | 11,5% | 7,30 €
- 88 2015 Winkeler Hasensprung Riesling Alois Spätlese | 11,5% | 9,50 € | €
- 83 2016 Spätburgunder trocken | 11,5% | 6,50 €
- 85 2015 Frühburgunder trocken | 13,5% | 9,90 €
- 87 2015 Spätburgunder »R« Spätlese trocken | 13,5% | 11,50 €
- 82 2015 St. Laurent | 11% | 6,10 €

RHEINGAU

WEINGUT DIEFENHARDT
65344 Martinsthal · Hauptstraße 11
Tel (0 61 23) 7 14 90 · Fax 7 48 41
weingut@diefenhardt.de
www.diefenhardt.de
Inhaber Peter und Julia Seyffardt
Verwalter Peter Nägler
Kellermeister Julia und Peter Seyffardt
Verkauf Julia Seyffardt
Di-Sa 10.00-12.00 Uhr · 14.00-20.00 Uhr
Jan.-Feb.
Di-Sa 10.00-12.00 Uhr · 14.00-18.00 Uhr
Gutsausschank im Weingut
Feb.-Dez. Di-Sa ab 17.00 Uhr
Okt.-Dez. So ab 17.00 Uhr
Sehenswert historischer Holzfasskeller aus dem 17. Jahrhundert
Rebfläche 18 Hektar
Jahresproduktion 100.000 Flaschen
Beste Lagen Martinsthaler Langenberg und Wildsau, Rauenthaler Rothenberg
Boden steiniger Lehm aus mineralisiertem Phyllitt, Eisenoxide aus verwittertem Quarzit, Grünschiefer
Rebsorten 85% Riesling, 15% Spätburgunder
Mitglied VDP

Verkostete Weine 14
Bewertung 84-91 Punkte

84 2016 Riesling Estate trocken | 12,5% | 6,80 €
88 2016 Martinsthaler Riesling trocken Alte Reben | 12,5% | 9,90 € | €
85 2016 Riesling Charta trocken | 12,5% | 10,50 €
89 2016 Martinsthaler Wildsau Riesling trocken | 12,5% | 10,90 €
88 2015 Riesling Wildes Holz trocken | 12,5% | 11,- €
87 2016 Rauenthaler Rothenberg Riesling trocken | 13% | 12,90 €
88 2016 Martinsthaler Schlenzenberg Riesling »Großes Gewächs« | 12,5% | 23,50 €
86 2016 Riesling Kabinett trocken | 12% | 7,80 €
85 2016 Martinsthaler Wildsau Riesling Kabinett feinherb | 11,5% | 8,20 €
87 2016 Rauenthaler Riesling Kabinett feinherb | 11% | 8,50 €
89 2016 Martinsthaler Langenberg Riesling Spätlese | 7,5% | 14,50 €
91 2015 Martinsthaler Langenberg Riesling Beerenauslese | 8% | 35,- €/0,375 Lit.
88 2015 Martinsthaler Wildsau Spätburgunder trocken | 13% | 13,40 € | €
89 2015 Martinsthaler Schlenzenberg Spätburgunder »Großes Gewächs« | 13% | 26,- €

Wieder eine sehr gute Kollektion. Die Rieslinge haben Dichte und Würze, die 2015er Spätburgunder zeigen Konzentration und tiefe Frucht. Inzwischen ist in den Betrieb von Peter Seyffardt, dem Vorsitzenden des Rheingauer Weinbauverbands, Tochter Julia eingestiegen. Sie hat in Geisenheim studiert und bringt durch Praktika im Burgund frankophile Ideen mit, die auch bei den kraftvollen 2015er Rotweinen erkennbar werden. Das Große Gewächs Schlenzenberg stammt aus den besten Parzellen der Lage Martinsthaler Wildsau. Sozusagen das Filet der Wildsau! Fülle, Saft und Frucht sind vorhanden, Schliff und Eleganz müssen sich noch einstellen. Bei den Rieslingen stehlen die Alten Reben und die Erste Lage Wildsau fast dem Großen Gewächs aus dem Schlenzenberg etwas die Schau. Bestechen erstere mit Schliff, feiner Würze und animierender Herbe, so wirkt der trockene Spitzenwein noch ausgesprochen sperrig. Warten wir seine Entwicklung ab.

DOMDECHANT WERNER'SCHES WEINGUT

65234 Hochheim · Rathausstraße 30
Tel (0 61 46) 83 50 37 · Fax 83 50 38
weingut@domdechantwerner.com
www.domdechantwerner.com

Inhaber Dr. Franz-Werner Michel
Verwalter und Kellermeister Michael Bott
Verkauf Catharina Mauritz und Ute Fischer
Mo–Fr 8.00–18.00 Uhr
Sa 8.00–13.00 Uhr nach Vereinbarung
Historie der Vater des Domdechanten Dr. Franz Werner kaufte das Gut 1780
Sehenswert alter Gutshof, seit 1780 im Familienbesitz, Biedermeiergutshaus, historischer Gewölbekeller
Rebfläche 13 Hektar
Jahresproduktion 90.000 Flaschen
Beste Lagen Hochheimer Domdechaney, Kirchenstück, Stein, Hölle
Boden Kalk, Lehm und Löss
Rebsorten 98% Riesling, 2% Spätburgunder
Mitglied VDP

Verkostete Weine 12
Bewertung 85–91 Punkte

85 2016 Riesling trocken | 12,5% | 9,50 €
87 2016 Hochheimer Kirchenstück Riesling trocken | 14% | 15,– €
88 2016 Hochheimer Domdechaney Riesling trocken | 14% | 17,50 €
88 2016 Hochheimer Kirchenstück Riesling »Großes Gewächs« | 13,5% | 28,– €
89 2016 Hochheimer Domdechaney Riesling »Großes Gewächs« | 13,5% | 28,– €
91 2015 Hochheimer Domdechaney Riesling »Großes Gewächs« | 14,5% | 30,– €
90 2012 Hochheimer Kirchenstück Riesling »Großes Gewächs« | 13% | Preis auf Anfrage
86 2016 Riesling Kabinett trocken | 12% | 10,95 €
86 2016 Riesling halbtrocken Classic | 12% | 10,95 €
86 2016 Hochheimer Hölle Riesling Kabinett | 9,5% | 10,95 €
88 2016 Hochheimer Hölle Riesling Spätlese | 10% | 15,– €
89 2015 Hochheimer Hölle Riesling Spätlese | 11% | 15,– €

Feine und lagentypische 2016er – jahrgangsbedingt etwas schlanker als 2015! Wie im Vorjahr gibt es sowohl aus dem Kirchenstück, als auch aus der Domdechaney zwei Weine. Das Große Gewächs und einen Zweitwein, der den Titel Erste Lage erhält. Nicht im Sinne der Qualitätspyramide des VDP, aber sei's drum. Die Weine sind gut. Uns gefallen in diesem Jahr die Versionen aus der Domdechaney leicht besser. Fülle und Schliff gehen hier eine animierende Verbindung ein. Sehr fein entwickelt hat sich auch der 2015er aus dieser Lage. Und das Potenzial des Kirchenstücks macht das 2012er Große Gewächs deutlich. Von der Terrasse des traditionsreichen Gutshauses bietet sich ein wunderschöner Blick über Main und Rhein hinüber nach Mainz und zur Laubenheimer Höhe. Ein geschichtsgesättigter Platz! Aber der Keller ist ganz der Gegenwart zugewandt. Die Weine werden im Edelstahl ausgebaut und haben in den letzten Jahren an Schliff und Feinheit gewonnen.

★ RHEINGAU

WEINGUT EGERT

65347 Hattenheim · Erbacher Landstraße 22
Tel (0 67 23) 55 57 · Fax 49 58
egert@weingut-egert.de
www.weingut-egert.de
Inhaber und Betriebsleiter Manfred Egert
Verkauf Rheinallee 33, Hattenheim
nach Vereinbarung

Von der besten Lage des Hauses, dem Hattenheimer Wisselbrunnen, stammen in diesem Jahr auch die besten Weine. Sei es das substanzreiche Erste Gewächs aus dem Jahr 2015 oder die apfelduftigen trockenen Spätlesen aus 2016. Bei den meisten der sieben vorgestellten Kabinettweine empfanden wir die apfelige Herbe, vor allem auch im Finish, als herausfordernd. Preisgünstig und stimmig ist die trockene Version aus dem Heiligenberg. Nachwuchssorgen gibt es hier keine. Tochter Sophie studiert Weinbau und Önologie und Sohn Max wird bei Künstler zum Winzer ausgebildet.

Verkostete Weine 12
Bewertung 82–86 Punkte

86 2015 Hattenheimer Wisselbrunnen Riesling Erstes Gewächs | 13% | 21,50 €
84 2016 Hattenheimer Heiligenberg Riesling Kabinett trocken | 11,5% | 6,20 €
82 2016 Hattenheimer Hassel Riesling Kabinett trocken | 12,5% | 6,80 €
83 2016 Oestricher Doosberg Riesling Kabinett trocken | 12% | 7,20 €
84 2016 Hattenheimer Wisselbrunnen Riesling Spätlese trocken | 12,5% | 8,50 €
85 2016 Hattenheimer Wisselbrunnen Riesling hommage à Jean Spätlese trocken | 12,5% | 9,50 €
83 2016 Riesling halbtrocken Classic | 11,5% | 5,90 €
83 2016 Oestricher Doosberg Riesling Kabinett feinherb | 12% | 6,80 €
84 2016 Oestricher Lenchen Riesling Kabinett halbtrocken | 11,5% | 6,90 €
83 2016 Oestricher Doosberg Riesling Kabinett feinherb | 11,5% | 7,– €
84 2016 Hattenheimer Hassel Riesling Kabinett | 10% | 6,80 €
85 2016 Mittelheimer St. Nikolaus Riesling Spätlese | 8,5% | 8,90 €

WEINGUT CARL EHRHARD

65385 Rüdesheim am Rhein Geisenheimer Straße 3
Tel (0 67 22) 4 73 96 · Fax 40 66 90
info@carl-ehrhard.com
www.carl-ehrhard.de
Inhaber Carl Ehrhard
Betriebsleiter Carl und Petra Ehrhard, Alexander Nerius
Kellermeister Carl Ehrhard
Verkauf Vinothek
Di–Fr 17.00–19.00 Uhr, **Sa** 10.00–15.00 Uhr
Winebar und Gutsrestaurant mit großer Auswahl deutscher und internationaler Weine, Craft Beer und Whisky
Sehenswert direkter Zugang zum 130 Jahre alten Gewölbekeller durch eine Wendeltreppe direkt in der Winebar, Di–Sa 17.00–24.00 Uhr
Rebfläche 9 Hektar
Jahresproduktion 60.000 Flaschen
Beste Lagen Rüdesheimer Berg Rottland, Berg Roseneck, Bischofsberg, Klosterlay
Boden Schiefer
Rebsorten 85% Riesling, 13% Spätburgunder, 2% Grauburgunder

Carl Ehrhard ist unser Aufsteiger des Jahres im Rheingau! Auch bei den 2016ern finden sich mehrere seiner Weine in den Spitzenreiter-Listen des Gebiets weit vorne. Und das unabhängig davon, ob es sich um trockene oder feinherbe Rieslinge, Kabinett oder Spätlese handelt. Nachdem er die Kooperation mit dem Weingut Künstler beendet hat, kann er wieder auf alle seine Parzellen in den Lagen Rottland, Roseneck und Bischofsberg zurückgreifen. Im Keller setzt er vor allem auf Stückfässer, die in einer beachtlichen Zahl in den letzten Jahren gekauft wurden. Neueste Anschaffung ist eine weitere Korbpresse. Gerne greift er zur Kennzeichnung auf alte Lagennamen zurück. So heißt der beste trockene Riesling Rottland Urstück Rottland - auch in diesem Jahr der beste trockene Wein seiner Kollektion: Verhalten vom Holz geprägt, besitzt er eine saftige Kernigkeit und einen animierenden Fluss. Das Reifepotenzial seiner Weine kann Carl Ehrhard mit vorzüglichen Flaschen aus den 90er Jahren belegen, etwa einer bestens erhaltenen trockenen Rottland Auslese aus dem Jahrgang 1992. 25 years after!

Verkostete Weine 14
Bewertung 84–93 Punkte

- **84** 2016 Rüdesheimer Riesling trocken | 11,5% | 7,50 €
- **87** 2016 Rüdesheimer Klosterlay Riesling Urstück Backhaus trocken Holzfass | 12% | 9,50 €
- **88** 2016 Rüdesheimer Bischofsberg Riesling Urstück Kuhweg trocken Holzfass | 12% | 13,– €
- **88** 2016 Rüdesheimer Berg Rottland Riesling Urstück Wilgert trocken Holzfass | 12,5% | 16,– €
- **89** 2016 Rüdesheimer Berg Roseneck Riesling Urstück Unterer Platz trocken Holzfass | 12% | 16,– €
- **90** 2016 Rüdesheimer Berg Rottland Riesling Urstück Am Brunnen trocken | 12,5% | 16,– €
- **92** 2016 Rüdesheimer Berg Rottland Riesling Urstück Rottland trocken Holzfass | 12,5% | 16,– €
- **85** 2016 Rüdesheimer Riesling Kabinett trocken Holzfass | 11,5% | 8,50 €
- **85** 2016 Rüdesheimer Berg Rottland Riesling Kabinett trocken Junge Reben Holzfass | 11,5% | 9,50 €
- **92** 2016 Rüdesheimer Berg Roseneck Riesling Urstück Oberer Platz feinherb Holzfass | 12% | 16,– € | TOP
- **93** 2016 Rüdesheimer Berg Roseneck Riesling Kabinett | 8% | 9,– € | € TOP
- **93** 2016 Rüdesheimer Berg Rottland Riesling Spätlese | 7,5% | 16,– €
- **89** 2016 Rüdesheimer Berg Roseneck Riesling Spätlese | 7,5% | 13,– €/0,375 Lit.
- **90** 2016 Rüdesheimer Berg Rottland Riesling Auslese | 7,5% | 20,– €/0,375 Lit.

WINZER VON ERBACH
65346 Erbach · Ringstraße 28
Tel (0 61 23) 6 24 14 · Fax 47 99
info@winzer-von-erbach.de
www.winzer-von-erbach.de
Vorstandsvorsitzender Ronald Müller-Hagen
Betriebsleiter Ronald Müller-Hagen
Kellermeister Jochen Bug
Verkauf Vinothek
Mo–Fr 10.00–12.00 Uhr · 13.00–18.00 Uhr
Sa 10.00–13.00 Uhr

Beeindruckt hat uns die Erbacher Winzergenossenschaft. Extraktreich, fruchtig-würzig mit guter Struktur stehen einige Rieslinge den renommierten Nachbarbetrieben in Erbach kaum nach. Die trockene Spätlese aus der Lage Michelmark ist griffig, mineralisch-würzig mit Aromen von Kernobst und rosa Grapefruit. Saftig ist der würzige Rote Riesling. Die Trockenbeerenauslese ist hervorragend und leider ebenso rar. Goldgelb, viskos, fast ölig, betört sie mit Aromen von Trockenfrüchten und Karamell, die salzig lange am Gaumen bleiben. Der 2014er Spätburgunder aus dem Barrique ist gelungen. Dicht und herb-würzig mit guter Länge zeigt dieser mit Noten von schwarzen Beerenfrüchten viel Rasse. Er wird Zeit brauchen, um seine Ecken und Kanten abzuschleifen. Jochen Bug verantwortet mit seinem Nachfolger Hannes Seppelt noch die Ernte 2017, bevor er vollständig zu Schloss Vollrads wechselt.

Verkostete Weine 10
Bewertung 81–91 Punkte

- **81** 2016 Erbacher Honigberg Riesling trocken | 12,5% | 6,40 €/1,0 Lit.
- **83** 2016 Erbacher Honigberg Riesling trocken | 12,5% | 5,90 €
- **84** 2016 Roter Riesling trocken weiß gekeltert | 10,5% | 7,20 €
- **85** 2016 Erbacher Honigberg Riesling trocken Alte Reben | 14% | 8,90 €
- **84** 2016 Riesling Kabinett trocken | 10,5% | 6,90 €
- **86** 2016 Erbacher Michelmark Riesling Spätlese trocken | 12% | 7,80 €
- **84** 2016 Erbacher Steinmorgen Riesling Kabinett halbtrocken | 11% | 6,90 €
- **83** 2016 Erbacher Honigberg Riesling Kabinett | 9,5% | 6,90 €
- **91** 2015 Erbacher Hohenrain Riesling Trockenbeerenauslese | 6,5% | 49,– €/0,375 Lit.
- **85** 2014 Erbacher Spätburgunder trocken Barrique | 14% | 14,90 €

RHEINGAU

WEINGUT AUGUST ESER

65375 Oestrich-Winkel · Friedensplatz 19
Tel (0 67 23) 50 32 · Fax 8 74 06
mail@eser-wein.de
www.eser-wein.de
Inhaber Désirée Eser-Freifrau zu Knyphausen, Dodo Freiherr zu Knyphausen
Betriebsleiterin Désirée Eser-Freifrau zu Knyphausen
Verkauf Familie Eser
Mo–Fr 9.00–12.00 Uhr · 13.00–17.00 Uhr
Sa 9.00–12.00 Uhr

Der 2013er Spätburgunder aus dem Mittelheimer St. Nikolaus ist ein gelungener Vertreter dieses oft etwas unterschätzten Jahrgangs. Kirsch- und Heidelbeer-Noten verbinden sich auf ansprechende Weise mit einer klaren und schlanken Art sowie einem guten Finish. Von den 2016er Rieslingen, die insgesamt nicht ganz das Niveau des Vorjahres erreichen, möchten wir den Engelmannsberg herausheben: Ein saftiger Hattenheimer mit Substanz und Art.

Verkostete Weine 12
Bewertung 83–88 Punkte

84 2016 Oestricher Lenchen Riesling vom Löss trocken | 12% | 8,50 €
83 2016 Riesling My Way trocken | 12% | 7,90 €
83 2016 Winkeler Riesling trocken | 12% | 8,50 €
84 2016 Hattenheimer Riesling trocken | 12% | 8,50 €
85 2016 Winkeler Jesuitengarten Riesling vom Aueboden trocken | 12% | 9,50 €
84 2016 Rauenthaler Rothenberg Riesling trocken | 12,5% | 12,50 €
86 2016 Hattenheimer Engelmannsberg Riesling trocken | 12% | 12,50 €
85 2016 Riesling trocken Charta | 12% | Preis auf Anfrage
84 2016 Rauenthaler Riesling feinherb | 11% | 8,50 €
85 2016 Rüdesheimer Riesling feinherb | 11,5% | 8,50 €
84 2016 Oestricher Riesling feinherb | 11,5% | 8,90 €
88 2013 Mittelheimer St. Nikolaus Spätburgunder trocken | 12,5% | 13,90 € | €

WEINGUT H. T. ESER

65375 Oestrich-Winkel · Rheingaustraße 12
Tel (0 67 23) 6 01 69 80 · Fax 6 01 69 85
post@weingut-eser.de
www.weingut-eser.de
Inhaber Christoph und Thomas Eser
Betriebsleiter Christoph Eser
Außenbetrieb Christian Franzbäcker
Kellermeister Thomas Eser
Verkauf Christoph Eser und Elisabeth Uebe
Mo–Fr 8.00–12.30 Uhr, **Fr** 14.00–18.00 Uhr
Sa 11.00–16.00 Uhr und nach Vereinbarung

Die Weine der Gebrüder Eser brauchen Zeit, um ihre mineralische Kraft in der Flasche zu entwickeln - sind dann aber richtig gut! Die 2016er Basis ist mineralisch-klar und weißfruchtig - wie etwa der steinige Mineralist und der herbsaftige Purist. Das lange Hefelager ließ den 2015er Spitzenweinen ausreichend Zeit für ihre Entwicklung: Die kraftvollen Alten Reben Urwerk sowie der komplexe Editus - ehemals das Erste Gewächs - gefallen mit Fülle, Würze und cremigem Schmelz. Das nachgereichte Powerpaket Editus aus 2013 steht an der Spitze der verkosteten Weine und beweist, dass die Rieslinge von H.T. Eser mit der Reife noch deutlich zulegen können. Der Spätburgunder Barrique Urwerk Alte Reben gefällt mit üppiger Frucht und ätherischen Zedernholz-Noten in der Nase; am Gaumen eine schöne Dichte und ein dezenter Holzton.

Verkostete Weine 9
Bewertung 83–88 Punkte

83 2016 Riesling No 1 trocken | 11,5% | 7,30 €
84 2016 Oestricher Lenchen Riesling Mineralist trocken | 12,5% | 8,60 €
84 2016 Riesling Der Purist trocken | 12,5% | 8,90 €
85 2015 Sauvignon Blanc trocken | 13% | 9,80 €
87 2015 Riesling Urwerk trocken Alte Reben | 12,5% | 12,- €
87 2015 Oestricher Doosberg Riesling Editus trocken | 13% | 22,- €
88 2013 Oestricher Doosberg Riesling Editus trocken | 13,5% | 22,- €
86 2015 Oestricher Doosberg Riesling 1894 feinherb | 12% | 16,20 €
87 2015 Spätburgunder Urwerk trocken Alte Reben Barrique | 14% | 15,40 €

Symbole Weingüter
★★★★★ Weltklasse • ★★★★ Deutsche Spitze
★★★ Sehr Gut • ★★ Gut • ★ Zuverlässig

☆ ★★½

WEINGUT FRIEDRICH FENDEL

65385 Rüdesheim am Rhein
Marienthaler Straße 46
Tel (0 67 22) 9 05 70 · Fax 90 57 66
info@friedrich-fendel.de
www.friedrich-fendel.de
Inhaber Familie Fendel-Hetzert
Kellermeister Paul P. Hetzert
Außenbetrieb Paul Hetzert
Verkauf Walter Hetzert
nach Vereinbarung

Wir erinnern uns, vom Weingut Fendel auch schon eine deutlich stärkere Kollektion verkostet zu haben. Der Riesling Fum Allerhinnerschde war immer ein saftiger, typischer Rheingauer. In diesem Jahr ist er zwar wieder saftig, zeigt aber wie die meisten Weine deutlich herbe Noten. Ein Spätburgunder mit Sauerkirschfrucht und klarem Fluss ist ein ansprechender Gruß aus dem Jahrgang 2015.

Verkostete Weine 11
Bewertung 79–85 Punkte

83 2015 Riesling Sekt Brut | 12,5% | 14,90 €
82 2016 Riesling trocken | 12,5% | 7,60 €
79 2016 Weißburgunder trocken | 12,5% | 8,50 €
81 2016 Rüdesheimer Riesling trocken | 12,5% | 8,90 €
82 2016 Rüdesheimer Klosterlay Riesling »S« trocken | 13% | 11,90 €
83 2016 Rüdesheimer Berg Rottland Riesling trocken Alte Reben | 12,5% | 14,90 €
80 2016 Riesling feinherb | 12% | 8,– €/1,0 Lit.
82 2016 Riesling fum Allerhinnerschde feinherb | 12% | 7,70 €
83 2016 Rüdesheimer Riesling feinherb | 12% | 8,90 €
84 2016 Rüdesheimer Berg Schlossberg Riesling Spätlese | 8,5% | 14,90 €
85 2015 Spätburgunder trocken | 14% | 8,90 €

WEINGUT JOACHIM FLICK

65439 Flörsheim-Wicker · Straßenmühle
Tel (0 61 45) 76 86 · Fax 5 43 93
info@flick-wein.de
www.flick-wein.de
Inhaber und Betriebsleiter Reiner Flick
Außenbetrieb Dirk Bohnensack
Kellermeister Reiner Flick und Dirk Bohnensack
Verkauf Reiner Flick
Mo–Fr 15.00–19.00 Uhr
Sa 10.00–14.00 Uhr und nach Vereinbarung
Weinbistro »Flörsheimer Warte«, geöffnet Sa und So
Historie Weinbau in der Familie seit 1775
Erlebenswert Weinprobe im Kreuzgewölbekeller, Hoffest am zweiten Augustwochenende, Weihnachtsmarkt am ersten Dezemberwochenende
Sehenswert renovierte Sektkellerei für Feiern bis 400 Personen, Hochheimer Victoriaberg mit Denkmal von 1854
Rebfläche 19,5 Hektar
Jahresproduktion 180.000 Flaschen
Beste Lagen Wickerer Nonnberg (Alleinbesitz), Mönchsgewann und Stein, Hochheimer Hölle, Hochheimer Königin Victoriaberg (Alleinbesitz)
Boden Lösslehm, Kalkstein, Tonmergel
Rebsorten 81% Riesling, 8% Spätburgunder, 11% übrige Sorten
Mitglied VDP

Wir konnten in diesem Jahr den 2011er Nonnberg »R« verkosten: Noten rauchiger Reife verbinden sich mit klarer Frucht und einem wunderbar balancierten Fluss. Ein deutlicher Beleg, dass diese Weine Zeit benötigen. Und die sollte man auch dem 2016er Großen Gewächs aus derselben Lage gönnen. Kraft und Substanz sind vielversprechend. In 20 Jahren baute Reiner Flick seinen Betrieb auf fast 15 Hektar Rebfläche aus. Dazu gehören der historische, bereits 1281 urkundlich erwähnte Wickerer Nonnberg sowie die Lage Mönchsgewann. Der Alleinbesitz der Lage Hochheimer Königin Victoriaberg eröffnet ihm die Möglichkeit, in einer unumstrittenen Traditionslage sein Können zu beweisen. Aber auch in diesem Jahr fehlt uns hier noch der herausragende Wein. Toll und wieder aus Wicker ist der Spätburgunder Großes Gewächs aus dem Nonnberg: Kirsche, Kaffee, Schmelz und im kernigen Finish ein Anklang an schwarze Johannisbeeren!

Symbole Weingüter

 Schnäppchenpreis · Spitzenreiter · BIO Ökobetrieb
🍷 Trinktipp · ⚒ Versteigerungswein

Sekt | Weißwein | Rotwein | Rosé

RHEINGAU

Verkostete Weine 15
Bewertung 82–90 Punkte

- 84 2016 Riesling F. vini et vita trocken | 12,5% | 7,- €
- 82 2016 Sauvignon Blanc trocken | 13% | 9,50 €
- 85 2016 Lorcher Riesling trocken | 12,5% | 9,80 €
- 86 2016 Wicker Riesling trocken Alte Reben Holzfass | 12,5% | 9,80 €
- 87 2016 Wicker Nonnberg Riesling Monopol trocken Holzfass | 12,5% | 11,- €
- 85 2016 Hochheimer Königin Victoriaberg Riesling Monopol trocken | 12,5% | 12,- €
- 88 2016 Hochheimer Hölle Riesling Kantelborn »Großes Gewächs« Holzfass | 13% | 21,50 €
- 89 2016 Wicker Nonnberg Riesling Monopol Vier Morgen »Großes Gewächs« Holzfass | 13% | 21,50 €
- 87 2016 Hochheimer Königin Victoriaberg Riesling Monopol »Großes Gewächs« Holzfass | 13% | 25,50 €
- 90 2011 Wicker Nonnberg Riesling »R« trocken | 12,5% | Preis auf Anfrage
- 83 2016 Riesling halbtrocken Classic | 12% | 7,- €
- 85 2016 Riesling halbtrocken Charta Holzfass | 12% | 9,80 €
- 84 2016 Hochheimer Königin Victoriaberg Riesling Kabinett | 9,5% | 12,50 €
- 90 2016 Wicker Mönchsgewann Riesling Eiswein | 8,5% | 38,- €/0,375 Lit.
- 89 2015 Wicker Nonnberg Spätburgunder Monopol Fuchshohl »Großes Gewächs« Holzfass | 14,5% | Verkauf ab Mai 2018

WEINGUT MEINE FREIHEIT

65375 Oestrich-Winkel · Rheinstraße 3
Tel (0 67 23) 9 98 04 20 · Fax 9 98 04 22
info@weingutmeinefreiheit.de
www.weingutmeinefreiheit.de
Vorstand Sascha Magsamen
Aufsichtsrat Peter Magsamen
Verkauf Susanne Ossendorf
Sa-So 12.00–18.00 Uhr und nach Vereinbarung

»Meine Freiheit« nennt der Investmentbanker Sascha Magsamen sein junges Weingut, mit dem er frei von Traditionen neue Wege gehen möchte. Sein Asset: rund 60 Parzellen im mittleren Rheingau, in Assmannshausen und an der Nahe. Sein Portfolio: Sekte, Weiß- und Rotweine, die in kontemporärem Life-Styling präsentiert werden. Der Spätburgunder Jahrgangssekt von der Nahe ist cremig mit feinen Hefenoten. Der kraftvolle Blanc de Noirs Spätburgunder ist straff am Gaumen. Beim Weißweinstil fällt der Jahrgang 2016 fruchtig aus bei balancierter Säure und Feuersteinwürze. Der Rote Riesling ist küchenkräuterwürzig mit Apfelaromatik. Der Riesling Papa zeigt Aromen von Pfirsich und Ananas. Der feinherbe Riesling ist üppig und gefällt uns mit Noten von Orangenblüten und Aprikose. Die restsüße Mama hätte ausdrucksstärker sein können. Der Blaue Spätburgunder aus dem Höllenberg mit Vanille und süßlichen Barriquenoten ist noch stark vom Holz geprägt. Unterm Strich ansprechende Weine, die in der neuen Vinothek probiert werden können.

Verkostete Weine 9
Bewertung 83–86 Punkte

- 85 2014 Spätburgunder Sekt Brut Rosé | 13% | 13,- €
- 86 2015 Spätburgunder Edition Gutenburg Sekt extra Brut Blanc de Noirs | 13,5% | 15,- €
- 84 2016 Riesling Papa Spätlese trocken | 11,5% | 8,90 €
- 83 2016 Roter Riesling Spätlese trocken | 12,5% | 11,- €
- 84 2016 Spätburgunder Edition Gutenburg Spätlese trocken Blanc de Noirs | 12% | 11,- €
- 84 2016 Riesling Spätlese feinherb | 11,5% | 8,90 €
- 85 2016 Riesling Mama Spätlese | 9,5% | 8,90 €
- 84 2014 Assmannshäuser Höllenberg Spätburgunder trocken | 13% | 12,- €
- 85 2014 Assmannshäuser Höllenberg Spätburgunder trocken Barrique | 13% | 15,- €

★

WEINGUT FREIMUTH
65366 Geisenheim-Marienthal
Am Rosengärtchen 25
Tel (0 67 22) 98 10 70 · Fax 98 10 71
info@freimuth-wein.de
www.freimuth-wein.de
Inhaber Alexander Freimuth
Kellermeister Jonas Freimuth
Verkauf Karin Freimuth
nach Vereinbarung

Das Weingut Freimuth hat sein Sortiment breit aufgestellt. Sowohl Sauvignon Blanc, in diesem Jahr in einer Cuvée mit Weißburgunder, als auch Roter Riesling werden angeboten und beide fallen gut aus. Die Spätburgunder aus Rüdesheimer Lagen haben Substanz und eine ansprechende kernige Art. Bei den durchgehend guten Rieslingen finden sich mit dem Zero eine unplugged Version und dann auch, etwas extremer, ein buttriger, ein Jahr gereifter Reserve sowie ein nach Honig und Estragon duftender Orange-Wein. Zum Abschluss gibt es noch einen Gruß aus Rheinhessen: einen stilvoll-klassischen Niersteiner.

Verkostete Weine 12
Bewertung 83–88 Punkte

86 2016 Riesling Landwein trocken | 11,5% | 14,50 €
83 2016 Riesling trocken | 12,5% | 7,– €/1,0 Lit.
84 2016 Sauvignon Blanc & Pinot Blanc trocken | 12,5% | 8,– €
85 2016 Rüdesheimer Riesling Zero trocken | 12,5% | 8,50 €
85 2016 Geisenheimer Riesling trocken Alte Reben | 12,5% | 8,50 €
84 2016 Geisenheimer Roter Riesling trocken | 12,5% | 9,50 €
86 2015 Geisenheimer Riesling trocken Reserve | 12,5% | 11,50 €
85 2015 Rüdesheimer Bischofsberg Riesling trocken | 14% | 23,– €
86 2015 Geisenheimer Kläuserweg Riesling trocken | 13% | 23,– €
87 2016 Niersteiner Riesling trocken (Rheinhessen) | 13% | 23,– €
86 2014 Rüdesheimer Blauer Spätburgunder Lignum trocken | 13% | 11,– €
88 2014 Rüdesheimer Magdalenenkreuz Blauer Spätburgunder trocken | 13,5% | 23,– €

WEINGUT EVA FRICKE
65343 Eltville · Elisabethenstraße 6
Tel (0 61 23) 70 36 58
info@evafricke.com
www.evafricke.com
Inhaberin Eva Fricke
Verkauf Eva Fricke
nach Vereinbarung

Rebfläche 10 Hektar
Jahresproduktion 36.000 Flaschen
Beste Lagen Lorcher Krone und Schlossberg, Lorchhäuser Seligmacher
Boden Schiefer und Quarzit
Rebsorten 99% Riesling und Weißburgunder, 1% übrige Sorten

Die Diplomingenieurin Eva Fricke ist einer der »Shootingstars« (Hugh Johnson) des deutschen Weinbaus. In ihrem Besitz befinden sich rund zehn Hektar Rebfläche. Der Schwerpunkt liegt bei den von Schieferböden geprägten Steillagen von Lorch, aber auch Parzellen in Kiedrich, Eltville und Hattenheim gehören zum Portfolio. Und von hier kommt 2016 ein neuer Wein. Die Cuvée von Partien aus dem Schützenhaus und der Eltviller Sandgrub nennt sie »Elements«; ein Wein, der Kraft und Tiefe vereint. Das übrige Sortiment entspricht im Aufbau schon vollständig der Qualitätspyramide des VDP. Auf einen fein abgestimmten Gutswein folgen zwei sehr gute Ortsweine. Wir geben dem klaren, lang anhaltenden Kiedricher leicht den Vorzug. Der noch verschlossene, dichte Premium-Wein aus der Lorcher Krone offenbart seine ganze Cremigkeit und Tiefe am besten in einem großen Burgunder-Glas. Der auf den schönen Namen Wisperwind hörende und sehr ansprechende Lorcher leitet über zu den feinherben Gewächsen. Sicherlich eine besondere Stärke von Eva Fricke. Und der an Moselweine erinnernde Seligmacher sowie der balancierte Schlossberg bestätigen diese Erwartungen nachdrücklich. Auch hier sollte man den feinen, klassischen Weinen noch Zeit zur Entwicklung gönnen. Spät- und Auslese aus dem Schlossberg gehören zur Spitzengruppe in ihrer jeweiligen Kategorie im Rheingau. Eine gelungene Kollektion!

RHEINGAU

Verkostete Weine 11
Bewertung 85–93 Punkte

86 2016 Riesling trocken | 12% | 12,- €
87 2016 Lorcher Riesling trocken | 12% | 16,- €
88 2016 Kiedricher Riesling trocken | 12% | 16,- €
89 2016 Riesling Elements trocken | 12% | 22,- €
91 2016 Lorcher Krone Riesling trocken
     | 12,5% | 36,- €
85 2016 Riesling Mellifluous feinherb | 12% | 12,- €
87 2016 Lorcher Riesling Wisperwind feinherb
     | 11,5% | 16,- €
91 2016 Lorchhäuser Seligmacher Riesling feinherb
     | 12% | 25,- €
91 2016 Lorcher Schlossberg Riesling feinherb
     | 11,5% | 36,- €
92 2016 Lorcher Schlossberg Riesling Spätlese
     | 7,5% | 27,- €
93 2016 Lorcher Schlossberg Riesling Auslese
     | 7% | 45,- €/0,375 Lit.

WEINGUT GEORGE
65366 Geisenheim · Winkeler Straße 111
Tel (0 67 22) 98 03 43 · Fax 98 03 44
info@wagenitz.de
www.wagenitz.de
Inhaber und Betriebsleiter Familie Wagenitz
Kellermeister Jens Wagenitz
Verkauf Familie Wagenitz
nach Vereinbarung

Eine gute, durchgehend stimmige Kollektion! Der saftig-klare, frische Flora ist eine animierende Basis-Qualität. Es folgt dann eine ganze Reihe trockener Rieslinge aus dem Rüdesheimer Bischofsberg bis hinauf zu einem gehaltvollen Ersten Gewächs. Uns hat vor allem auch der sur lie ausgebaute Trio gut gefallen. Ein feiner Hefe-Ton verbindet sich hier mit gutem Saft und einer zitronigen Note. Die stärker vom Holzausbau geprägten Weine aus dem Rottland ergänzen mit ihrer kraftvollen Art das Sortiment auf stimmige Weise.

Verkostete Weine 12
Bewertung 83–86 Punkte

85 2015 Riesling Sekt Brut | 13% | 9,80 €
83 2016 Riesling trocken | 11,5% | 5,80 €/1,0 Lit.
84 2016 Riesling Flora trocken | 11,5% | 6,90 €
83 2016 Riesling Mephisto trocken Barrique
     | 12% | 7,80 €
85 2016 Rüdesheimer Bischofsberg Riesling trocken
     | 12% | 7,90 €
85 2016 Rüdesheimer Bischofsberg Riesling Big Fish
     trocken | 12% | 8,90 €
86 2016 Rüdesheimer Berg Rottland Riesling
     Schiefertraum trocken Barrique | 12% | 12,50 €
86 2016 Rüdesheimer Bischofsberg Riesling Erstes
     Gewächs Holzfass | 13% | 15,50 €
83 2016 Riesling Villa Clara feinherb | 12% | 5,80 €
86 2015 Rüdesheimer Berg Rottland Riesling
     Traumtänzer feinherb | 12% | 12,50 €
86 2016 Rüdesheimer Bischofsberg Riesling Trio »sur
     lie« | 12% | 8,90 €
84 2015 Rüdesheimer Drachenstein Pinot Noir
     trocken Barrique | 13% | 8,90 €

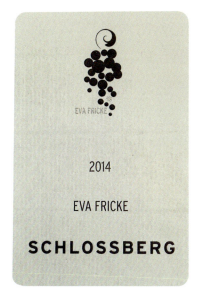

Weinbewertung in Punkten
100 Perfekt • 95 bis 99 Überragend • 90 bis 94 Exzellent
85 bis 89 Sehr gut • 80 bis 84 Gut

669

WEINGUT GOLDATZEL

65366 Johannisberg · Hansenbergallee 1a
Tel (0 67 22) 5 05 37 · Fax 60 09
wein@goldatzel.de
www.goldatzel.de
Inhaber Gerhard und Andrea Groß
Betriebsleiter Gerhard Groß
Kellermeister Johannes Groß
Verkauf Andrea Groß
Di–So 10.00–18.00 Uhr
März-Nov. im Gutsausschank
Terrasse mit herrlichem Blick über die Rheinlande
Rebfläche 12 Hektar
Jahresproduktion 100.000 Flaschen
Beste Lagen Johannisberger Hölle und Goldatzel, Winkeler Hasensprung, Geisenheimer Kläuserweg
Boden Quarzit, Lösssedimente, Tonschiefer, Mergel, Lehm
Rebsorten 70% Riesling, 25% Spätburgunder, 5% Burgundersorten
Mitglied Zeilensprung

Verkostete Weine 13
Bewertung 83–95 Punkte

84 2016 Riesling trocken | 11,5% | 5,70 €/1,0 Lit.
88 2016 Geisenheimer Kläuserweg Riesling Erstes Gewächs Holzfass | 13% | 16,80 €
85 2016 Winkeler Hasensprung Riesling Kabinett trocken | 11,5% | 7,30 €
87 2016 Johannisberger Goldatzel Riesling Bestes Fass Spätlese trocken Holzfass | 12,5% | 10,20 €
88 2016 Winkeler Hasensprung Riesling Spätlese trocken Holzfass | 12,5% | 16,80 €
83 2016 Riesling wie im Fluge feinherb | 10% | 6,50 €
88 2016 Johannisberger Vogelsang Riesling feinherb Alte Reben | 12,5% | 13,50 €
84 2016 Johannisberger Goldatzel Riesling Kabinett feinherb | 10,5% | 7,30 €
89 2016 Johannisberger Goldatzel Riesling Spätlese feinherb Holzfass | 11,5% | Verkauf später
87 2016 Johannisberger Hölle Riesling Kabinett | 10% | 7,30 €
87 2016 Winkeler Hasensprung Riesling Spätlese | 9% | 9,- €
93 2015 Johannisberger Hölle Riesling Trockenbeerenauslese | 6,5% | 65,- €/0,5 Lit.
95 2015 Winkeler Hasensprung Riesling Trockenbeerenauslese | 5,5% | 95,- €/0,5 Lit.

Wieder sehr gut: Die 2016er setzen den positiven Trend der letzten Jahre fort. Die Weine haben Kraft und Substanz und sind geprägt von einer präsenten Säure. Vor allem gilt dies für die Phalanx von trockenen und feinherben Spätlesen aus Johannisberger und Geisenheimer Lagen. Immer wieder notierten wir: aromatischer Apfel, saftige Fülle und animierende Säure. Bei den trockenen Weinen stehen der zupackende Hasensprung und das nach Orangenblüte duftende, fast etwas karge Erste Gewächs aus dem Kläuserweg an der Spitze. Bei den feinherben Versionen ist es vor allem die im Holzfass ausgebaute und erst später in den Handel kommende Goldatzel Spätlese: ein Rheingauer Klassiker! Großartig sind die 2015er Trockenbeerenauslesen. Notierten wir für die Hölle Honig, Mirabelle, reife Ananas und Feige im Finish, so waren es beim Hasensprung Sultaninen, Honig, hochreifer Apfel, Sahne und feinstes Säurespiel. Der Gutsausschank mit schön gelegener Terrasse ist von März bis November geöffnet und bietet eine gute Gelegenheit, die Weine kennenzulernen.

RHEINGAU

WEINGUT HAMM

65375 Oestrich-Winkel · Hauptstraße 60 [BIO]
Tel (0 67 23) 24 32 · Fax 8 76 66
info@hamm-wine.de
www.hamm-wine.de

Inhaber und Betriebsleiter Karl-Heinz Hamm
Verkauf Karl-Heinz und Christine Hamm
Mo–Fr 8.00–12.00 Uhr und im Gutsausschank

Das Weingut Hamm besitzt langjährige Erfahrung im ökologischen Weinbau. Begonnen wurde mit der Umstellung bereits 1977, zertifiziert ist man seit 1990. Die sieben Hektar Weinbaufläche sind zu 90 Prozent mit Riesling und zu zehn Prozent mit Spätburgunder bestockt. Ein besonderes Augenmerk gilt den Weinen von alten Reben. Die stilvolle 2016er Spätlese aus dem Jesuitengarten ist dann auch ein eindrücklicher Beleg für das Potenzial solcher Weinberge. Der trockene Kabinett zeigt, dass auch leichtere Weine saftig und animierend sein können. Der kraftvolle Dachsberg benötigt noch Zeit, um sein Potenzial zu entfalten. Eine gute Kollektion!

Verkostete Weine 6
Bewertung 83–88 Punkte

- 84 Riesling & Spätburgunder Cuveé Aurelia Sekt Brut | 12,5% | 14,90 €
- 83 2016 Riesling trocken | 12,5% | 6,80 €
- 87 2016 Winkeler Dachsberg Riesling trocken | 12,5% | 13,50 €
- 85 2016 Riesling Kabinett trocken | 11,5% | 8,80 €
- 84 2016 Riesling Kabinett | 10% | 8,80 €
- 88 2016 Winkeler Jesuitengarten Riesling Spätlese Alte Reben | 8,5% | 14,50 €

WEINGUT HANKA

65366 Johannisberg · Grund 41
Tel (0 67 22) 88 79 · Fax 7 54 30
info@weingut-hanka.de
www.weingut-hanka.de

Inhaber Veit Hanka
Verkauf nach Vereinbarung

Der ambitionierte Jungwinzer Sebastian Hanka bringt extraktreiche Weine mit Power auf die Flasche. Bei den Basisqualitäten fehlt es zugunsten der Kraft und Fruchtigkeit zuweilen an Finesse. Beeindruckt waren wir vom Sauvignon Blanc. Druckvoll und saftig mit viel exotischen Früchten steht er für uns an der Spitze der Weißweine. Bei den Rieslingen punktet gleich dreifach die Lage Kläuserweg. Aus ihr wird die trockene Spätlese gekeltert sowie der Generation 3, der uns mit sensiblem Holzfasseinsatz, der beschwingten Art und den exotischen Aromen gefällt, wie auch die feinherbe Spätlese, die feine Mineralik und Aromen von weißem Pfirsich aufweist. Ebenfalls gut gelungen ist der Spätburgunder. Von natürlicher Art ist er aromatisch, druckvoll und hat ein pfeffrig-würziges Finish. Zum Weingut gehört die wohlbekannte Straußwirtschaft in Johannisberg. Die gemütliche Gutsschänke ist im Winter für einige Wochen geöffnet und stets gut besucht.

Verkostete Weine 11
Bewertung 82–87 Punkte

- 83 2015 Roter Riesling Sekt Brut | 13% | 9,50 €
- 82 2016 Riesling trocken | 11,5% | 5,40 €/1,0 Lit.
- 83 2016 Oestricher Doosberg Roter Riesling trocken | 12% | 7,– €
- 84 2016 Weißburgunder trocken | 13,5% | 8,50 €
- 87 2016 Sauvignon Blanc trocken | 14% | 8,50 €
- 85 2016 Riesling Generation 3 trocken | 13,5% | 14,– €
- 83 2016 Winkeler Hasensprung Riesling Kabinett trocken | 12,5% | 6,40 €
- 83 2016 Geisenheimer Kläuserweg Riesling Spätlese trocken | 13,5% | 8,50 €
- 85 2016 Geisenheimer Kläuserweg Riesling Spätlese feinherb | 13% | 8,50 €
- 83 2016 Spätburgunder Weißherbst trocken | 12% | 6,40 €
- 87 2015 Spätburgunder trocken | 14% | 9,50 €

Weinbewertung in Punkten
100 Perfekt • 95 bis 99 Überragend • 90 bis 94 Exzellent
85 bis 89 Sehr gut • 80 bis 84 Gut

Symbole Weingüter
★★★★★ Weltklasse • ★★★★ Deutsche Spitze
★★★ Sehr Gut • ★★ Gut • ★ Zuverlässig

WEINGUT HIMMEL

65239 Hochheim · Holger-Crafoord-Straße 4
Tel (0 61 46) 65 90 · Fax 60 15 70
info@weingut-himmel.de
www.weingut-himmel.de
Inhaber Annette und Emmerich Himmel
Betriebsleiter Emmerich Himmel und Sascha Lauer
Verkauf Annette Himmel und Yvonne Lauer
Mo, Mi 9.00–12.30 Uhr, **Di, Do–Fr** 14.00–19.00 Uhr
Sa 9.00–12.30 Uhr und nach Vereinbarung
Weintheke jeden 1. Sa im Monat
11.00–17.00 Uhr freie Verkostung
Jahrgangspräsentation Jungweinverkostung im April, Spitzengewächsverkostung Anfang Sept.
Erlebenswert kulinarisches Hoffest Anfang Sept.
Rebfläche 6,7 Hektar
Jahresproduktion 40.000 Flaschen
Beste Lagen Hochheimer Kirchenstück, Hölle, Reichestal, Stielweg und Stein
Boden Lehm, Ton, Kalkmergel, Sand, Löss
Rebsorten 85% Riesling, 10% Spätburgunder, 5% Weißburgunder

Verkostete Weine 14
Bewertung 82–92 Punkte

88 2014 Cuvée Perlenspiel Sekt Brut nature | 12% | 15,- €
83 2016 Riesling L-Linie trocken | 11,5% | 5,- €/1,0 Lit.
89 2016 Hochheimer Kirchenstück Riesling Erstes Gewächs Holzfass | 12,5% | 18,- €
85 2016 Riesling Himmel Kabinett trocken | 11,5% | 7,- €
86 2016 Riesling Himmelstraum Spätlese trocken | 12% | 8,50 €
88 2016 Hochheimer Hölle Riesling Spätlese trocken | 12,5% | 10,- €
89 2016 Hochheimer Stielweg Riesling Spätlese trocken | 12% | 10,- €
86 2015 Weißburgunder Spätlese trocken Barrique | 13% | 15,- €
89 2016 Hochheimer Kirchenstück Riesling Stückfass Spätlese trocken | 13% | 15,- €
92 2015 Hochheimer Kirchenstück Riesling Lumen Naturale Spätlese trocken Holzfass | 13,5% | 20,- €
82 2016 Riesling Liebenswert/L-Linie feinherb | 11% | 6,- €
84 2016 Riesling halbtrocken Classic | 12% | 7,- €
84 2016 Wickerer Mönchsgewann Riesling L-Linie | 10% | 8,50 €
89 2016 Hochheimer Hofmeister Riesling Eiswein | 8% | 30,- €/0,375 Lit.

Die Familien Himmel und Lauer haben sich zusammengetan und führen nun die beiden Weingüter unter dem Namen Himmel. Dabei ist auch, bereitet aus Trauben beider Betriebe, die L-Linie entstanden: »Der grundgute Einstieg in ein junges, frisch-freches Weinsortiment«. Der knackige Liter passt gut zu diesem Konzept. Die 2016er Guts- und Ortsweine haben uns gefallen. In der Premium-Reihe gibt es einen neuen Lagenwein, den Schmelz und Schliff verbindenden Stielweg - eine treffliche Ergänzung des Sortiments. Hölle Spätlese und das Erste Gewächs aus dem Kirchenstück bewegen sich auf dem Niveau des sehr guten Vorjahres. Begeistert hat uns der 2015er Lumen Naturale. Der mit ganzen Trauben vergorene und ein Jahr im Fass gereifte Wein besitzt bereits eine vorzügliche Balance, hat aber auch das Potenzial, fein zu reifen. Der großartige 2009er belegt das nachdrücklich!

RHEINGAU

WEINGUT HIRSCHMANN
65375 Oestrich-Winkel · Hauptstraße 10
Tel (0 67 23) 28 00 · Fax 88 54 84
info@hirschmann-wein.de
www.hirschmann-wein.de
Inhaber und Betriebsleiter Christoph Hirschmann

Verkauf nach Vereinbarung

Zwei Weine stechen aus der aktuellen Kollektion heraus. Zum einen der Kirschfrucht, feine Säure und frische Art verbindende Spätburgunder aus dem Jahr 2015, zum anderen das gut strukturierte, saftige Erste Gewächs aus der Lage Lenchen. Aber auch die übrigen Rieslinge bieten bei sehr fairen Preisen guten Gegenwert: Etwa der schlanke Doosberg Kabinett oder der klare und zupackende Hasensprung Edition. Nicht zuletzt sei der saubere und runde, nicht mit Alkohol prunkende Liter erwähnt. Ein stimmiger Einstieg in dieses solide Sortiment.

Verkostete Weine 12
Bewertung 83–87 Punkte

- 83 2016 Winkeler Gutenberg Riesling trocken | 11,5% | 5,10 €/1,0 Lit.
- 84 2016 Mittelheimer Edelmann Riesling trocken Alte Reben | 12% | 7,20 €
- 85 2016 Winkeler Hasensprung Riesling Edition trocken | 12,5% | 9,60 €
- 87 2016 Oestricher Lenchen Riesling Erstes Gewächs | 13% | 15,– €
- 84 2016 Oestricher Doosberg Riesling Kabinett trocken | 12% | 6,10 €
- 84 2016 Oestricher Lenchen Riesling Spätlese trocken | 12,5% | 7,80 €
- 83 2016 Riesling Classic | 12% | 5,60 €
- 83 2016 Winkeler Hasensprung Riesling Kabinett halbtrocken | 11,5% | 6,10 €
- 84 2016 Oestricher Doosberg Riesling Spätlese halbtrocken | 12% | 7,80 €
- 85 2016 Oestricher Lenchen Riesling Spätlese | 8,5% | 7,80 €
- 84 2016 Spätburgunder feinherb Weißherbst | 12% | 6,10 €
- 86 2015 Oestricher Lenchen Spätburgunder »S« trocken | 13% | 9,60 €

WEINGUT HÖHN
65201 Wiesbaden · Freudenbergstraße 200
Tel (06 11) 7 16 87 89 · Fax 7 14 28 17
info@weinguthoehn.de
www.weinguthoehn.de
Inhaber Jürgen Höhn

Verkauf nach Vereinbarung

Mit einer stimmigen Kollektion ist das Weingut Höhn ein besonders empfehlenswerter Betrieb. Die im Süden und Westen von Wiesbaden bewirtschafteten Lagen liegen in Dotzheim, Schierstein und Frauenstein. Die Weine zeichnen sich durchweg durch Frische, Reintönigkeit und Eleganz aus. Gut gefallen hat uns der Chardonnay mit klarer Burgunder Frucht - feinwürzig und ohne Schminke. Bei den Rieslingen überzeugen die Weine aus der Schiersteiner Hölle: Die trockene Spätlese ist stoffig apart, das Erste Gewächs zeigt ein attraktives Bouquet mit floralen Komponenten, am Gaumen eine geradlinige Struktur, Anklang von Marillen. Die fruchtsüße Spätlese versprüht einen Duft von weißen Blüten, am Gaumen Kandiszucker und Maracuja. Auch die beiden Spätburgunder aus dem Frauensteiner Herrnberg zeigen Klasse: Mit ätherischen Noten und Anmutung von roten Beerenfrüchten sind beides ernsthafte Rotweine. Der 2014er aus dem großen Barriquefass zeigt Tiefe und lässt ein gutes Reifepotenzial erwarten.

Verkostete Weine 10
Bewertung 82–86 Punkte

- 82 2016 Riesling trocken | 11,5% | 5,30 €/1,0 Lit.
- 84 2016 Chardonnay trocken | 12,5% | 7,80 €
- 86 2016 Schiersteiner Hölle Riesling Erstes Gewächs | 12% | 15,50 €
- 83 2016 Dotzheimer Judenkirsch Riesling Kabinett trocken | 10,5% | 5,80 €
- 85 2016 Schiersteiner Hölle Riesling Spätlese trocken | 12% | 7,90 €
- 83 2016 Dotzheimer Judenkirsch Riesling Kabinett halbtrocken | 10% | 5,80 €
- 86 2016 Schiersteiner Hölle Riesling Spätlese | 7,5% | 7,90 €
- 82 2016 Spätburgunder trocken Blanc de Noirs | 12,5% | 6,– €
- 85 2015 Frauensteiner Herrnberg Spätburgunder trocken | 13,5% | 12,50 €
- 86 2014 Frauensteiner Herrnberg Spätburgunder trocken | 14,5% | 12,50 €

★★

JÖRNWEIN

65366 Geisenheim · Gartenstraße 18
Tel (01 72) 4 77 69 42
wein@joernwein.de
www.joernwein.de
Inhaber Jörn Goziewski

Verkauf nach Vereinbarung

Rebfläche 1,3 Hektar

Beste Lagen Rüdesheimer Berg Schlossberg, Winkeler Hasensprung, Johannisberger Hölle

Rebsorten 80% Riesling, 20% übrige Sorten

Verkostete Weine 6
Bewertung 86–91 Punkte

89 2015 Rüdesheimer Berg Rottland Riesling Landwein trocken | 14,5% | 19,90 €
90 2013 Winkeler Hasensprung Riesling Landwein trocken | 12,5% | 19,90 €
91 2014 Rüdesheimer Berg Roseneck Riesling Landwein trocken | 14% | 19,90 € | 🍷
90 2014 Riesling Experimentell Arancia Landwein trocken | 12% | 35,- €
86 2014 Rüdesheimer Drachenstein Spätburgunder Landwein trocken | 13,5% | Preis auf Anfrage
87 2015 Rüdesheimer Drachenstein Spätburgunder Landwein trocken | 13,5% | Preis auf Anfrage

Naturwein, Orange-Wein, wie früher, mehrjähriger Holzfass-Ausbau. All das sind Schlagworte oder Mosaiksteine, die die Arbeit und die Weine von Jörn Goziewski erfassen sollen. Ja, es gibt einen 2014er, der Arancia heißt, das italienische Wort für Orange, und er ist ein beispielhaft gelungener Vertreter dieses Stils: leicht trübes, mattes Altgold, Weihrauch-artige Würze, klar und ohne jede Strenge fließend, absolut stabil an der Luft. Ja, es gibt die über zwei und mehr Jahre im Holz ausgebauten Rieslinge. Wir empfehlen den 2013er Hasensprung und vor allem den 2014er Roseneck zu probieren. Das Holz ist präsent, aber nicht aufdringlich, eine feine Zitrus-Note wird erkennbar und das Finish ist ganz klar. Die Entwicklung über Tage an der Luft ist beeindruckend. Inzwischen hat Jörn Goziewski einen eindrucksvollen, alten Keller im ehemaligen Weingut Zwierlein beziehen können. Hier will er seinen eigenen Betrieb aufbauen. Auch Pinot Noir aus dem Drachenstein gibt es bei ihm. Diesen kernig-klaren, tanninbetonten Weinen sollte auf jeden Fall jedoch noch etwas Zeit zur Reifung gegönnt werden. Wir sind gespannt auf das nächste Kapitel, das hier aufgeschlagen wird.

RHEINGAU

SCHLOSS JOHANNISBERG
65366 Geisenheim-Johannisberg
Schloss Johannisberg
Tel (0 67 22) 7 00 90 · Fax 70 09 33
info@schloss-johannisberg.de
www.schloss-johannisberg.de
Geschäftsführer Stefan Doktor und Marcel Szopa
Betriebsleiter Gerd Ritter
Außenbetriebsleiter Michel Städter
Kellermeister Gerd Ritter

Verkauf Stefan Eiser
Mo-Fr 10.00-18.00 Uhr, **Sa-So** 11.00-18.00 Uhr
Restaurant »Schlossschänke« mit Terrasse,
Mo-So 11.30-23.00 Uhr
Tel (0 67 22) 9 60 90, Fax 73 92, Weinprobierstand am Goetheblick Sa-So 11.00-21.00 Uhr
Historie um 1100 Gründung
als Benediktinerkloster
Sehenswert Barockschloss aus dem
18. Jahrhundert, Basilika aus dem
12. Jahrhundert, Schlosskeller von 1721
Rebfläche 37 Hektar
Jahresproduktion 230.000 Flaschen
Beste Lage Schloss Johannisberger
Boden Taunusquarzit, mit Lehm- und Lössauflage
Rebsorte 100% Riesling
Mitglied VDP

Verkostete Weine 6
Bewertung 84-91 Punkte

84 2016 Schloss Johannisberger Riesling Gelblack trocken | 12,5% | 15,- €
86 2016 Schloss Johannisberger Riesling Bronzelack trocken | 12,5% | 22,- €
88 2016 Schloss Johannisberger Riesling Silberlack »Großes Gewächs« | 13% | 42,- €
87 2016 Schloss Johannisberger Riesling Rotlack Kabinett feinherb | 11% | 22,- €
88 2016 Schloss Johannisberger Riesling Grünlack Spätlese | 8% | 36,- €
91 2016 Schloss Johannisberger Riesling Rosalack Auslese | 7,5% | 74,- €

Mit einem gestrafften Sortiment wollen die neuen Geschäftsführer Stefan Doktor und Marcel Szopa Schloss Johannisberg eine klarere Kontur verleihen. Es gibt zukünftig nur noch drei trockene Weine: Gelblack, Bronzelack (in etwa der alte Kabinett trocken) und wie bisher das Große Gewächs mit der Bezeichnung Silberlack. Mit Restsüße folgen dann aufsteigend der Kabinett Rotlack, die Spätlese Grünlack und die Auslese Rosalack. Aber um alte Größe wiederzuerlangen, ist sicherlich mehr nötig. Deswegen soll auch die Weinbergsarbeit noch stärker im Fokus stehen. Hierzu ist mit Michel Städter, der von Chat Sauvage kam, auch ein neuer Mann an Bord. Der bisherige Kellermeister Gerd Ritter hat zusätzlich noch die Rolle des Betriebsleiters übernommen. Der Ausbau der Weine erfolgt wieder vermehrt im traditionellen Schlosskeller und damit in einer stattlichen Reihe klassischer Stückfässer. Von den soliden 2016ern spielt nur die klassische Auslese in der oberen Liga mit. Der erste wirklich von dem neuen Team bestimmte Jahrgang wird 2017 sein.

WEINGUT JOHANNISHOF

65366 Johannisberg · Grund 63
Tel (0 67 22) 82 16 · Fax 63 87
info@weingut-johannishof.de
www.weingut-johannishof.de
Inhaber Johannes Eser
Betriebsleiter Johannes Eser
Außenbetrieb Sascha Huth
Kellermeister Johannes Eser

Verkauf Sabine Eser
Mo–Fr 8.00–12.00 Uhr · 13.00–18.00 Uhr
Sa 10.00–15.00 Uhr
im »Weintempel« neben dem Gut
Sa 15.00–18.00 Uhr, **So** 11.00–17.00 Uhr

Historie erstmals 817 urkundlich erwähnt, seit 1685 in Familienbesitz
Sehenswert Gewölbekeller, Schatzkammer, Skulptur Vier Jahreszeiten, Vinothek
Rebfläche 17,7 Hektar
Jahresproduktion 120.000 Flaschen
Beste Lagen Johannisberger auf der Höll, Hölle und Klaus, Rüdesheimer Ramstein und Berg Rottland, Winkeler Jesuitengarten
Boden Löss, Lösslehm, Schieferauflage, Quarzitverwitterungsböden
Rebsorte 100% Riesling
Mitglied VDP, Charta

Verkostete Weine 12
Bewertung 84–88 Punkte

86 2016 Johannisberger Auf der Höll Riesling trocken | 11% | 11,50 €
86 2016 Rüdesheimer Ramstein Riesling trocken | 11,5% | 11,50 €
87 2016 Winkeler Jesuitengarten Riesling trocken Alte Reben | 11,5% | 14,40 €
87 2016 Johannisberger Hölle Riesling »Großes Gewächs« | 11,5% | 26,- €
88 2016 Rüdesheimer Berg Rottland Riesling »Großes Gewächs« | 11% | 26,- €
84 2016 Riesling trocken | 12% | 7,- €/1,0 Lit.
85 2016 Riesling Mineral trocken | 11,5% | 8,20 €
87 2016 Riesling trocken Charta | 11% | 11,- €
85 2016 Johannisberger Riesling »S« Kabinett feinherb | 10,5% | 10,40 €
87 2016 Rüdesheimer Riesling »K« Kabinett feinherb | 11% | 10,70 €
86 2016 Johannisberger Riesling »V« Kabinett | 9% | 9,90 €
88 2016 Johannisberger Klaus Riesling Spätlese | 8% | 14,60 €

Die Weine des Johannishofs kommen von Rüdesheimer und Johannisberger Weinbergen. Und 2016 hat für uns Rüdesheim die Nase vorn. Während sich die Erste-Lage-Weine Auf der Höll und Ramstein auf Augenhöhe begegnen, so hat für uns bei den Kabinetten doch klar der »K« aus Rüdesheim die Nase vorn. Grüner Apfel und feine Säure charakterisieren diesen animierenden Wein. Auch bei den großen Gewächsen sehen wir den Rottland leicht vor der Hölle. Der Winkeler Jesuitengarten von alten Reben überzeugt mit feinen Zitrus-Noten, und trotz der eher leichten Art fehlt es ihm nicht an Saft und Kraft. Noten von Cox Orange kennzeichnen die schmelzige Spätlese aus dem Johannisberger Klaus. Weine in diesem Stil sind eine Stärke des Hauses.

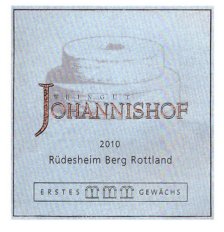

RHEINGAU

WEINGUT JAKOB JUNG
65346 Erbach · Eberbacher Straße 22
Tel (0 61 23) 90 06 20 · Fax 90 06 21
info@weingut-jakob-jung.de
www.weingut-jakob-jung.de
Inhaber Alexander Johannes Jung
Außenbetrieb Ludwig Jung und
Burkhard Kirchner
Kellermeister Alexander Johannes Jung
Verkauf Alexander Jung
Mo–Fr 13.00–18.00 Uhr, Sa 10.00–17.00 Uhr
Historie seit 1799 in Familienbesitz
Sehenswert 250 Jahre alter Felsenkeller
Rebfläche 16 Hektar
Jahresproduktion 100.000 Flaschen
Beste Lagen Erbacher Hohenrain, Steinmorgen, Michelmark und Siegelsberg
Boden tiefgründiger Lösslehm, schwerer tertiärer Mergel, Rheinschiefer
Rebsorten 76% Riesling, 16% Spätburgunder, je 3% Sauvignon Blanc und Weißburgunder, 2% Chardonnay
Mitglied VDP, Charta

Verkostete Weine 18
Bewertung 83–90 Punkte

83 2016 Riesling trocken | 12% | 7,60 €/1,0 Lit.
84 2016 Riesling trocken | 12% | 7,90 €
84 2016 Erbacher Riesling trocken | 12% | 9,40 €
86 2016 Sauvignon Blanc trocken | 12,5% | 11,90 €
86 2016 Weißburgunder & Chardonnay trocken | 12,5% | 11,90 €
88 2016 Erbacher Steinmorgen Riesling trocken | 12,5% | 12,90 €
87 2016 Riesling trocken Alte Reben | 12,5% | 12,90 €
86 2016 Riesling trocken Charta | 12,5% | 12,90 €
88 2016 Erbacher Hohenrain Riesling »Großes Gewächs« Holzfass | 13% | 23,40 €
89 2016 Erbacher Siegelsberg Riesling »Großes Gewächs« | 13% | 27,40 €
84 2016 Erbacher Steinmorgen Riesling feinherb | 11,5% | 12,90 €
87 2016 Erbacher Michelmark Riesling Kabinett | 10% | 9,40 €
89 2016 Erbacher Hohenrain Riesling Spätlese | 7,5% | 23,40 €
87 2014 Spätburgunder Tradition trocken Holzfass | 13% | 9,40 € | ♠
88 2013 Erbacher Steinmorgen Spätburgunder trocken Barrique | 13,5% | 15,40 €
89 2012 Spätburgunder Alexander Johannes trocken Barrique | 14% | 20,40 €
90 2013 Spätburgunder »R« Alexander Johannes trocken Barrique | 13,5% | 38,40 €

Was für starke Rotweine man im schwierigen Jahr 2014 auf die Flasche bringen konnte, zeigt uns Alexander Johannes Jung schon mit dem Spätburgunder Tradition: Der hat richtig Biss, schöne Kirschfrucht und eine gute Länge. Eine Schippe drauf legt der dichte, mineralische Steinmorgen. Die Krönung ist der Alexander Johannes R. Er ist präzise, hat Tiefe, Länge, reife Süßkirsche und Potenzial für viele Jahre. Toll! Die 2016er Weißweine sind druckvoll, haben Substanz, mineralischen Zug und nachhaltige Frische. Das große Sortiment ist über alle Rebsorten hinweg gelungen. Neu ist eine cremig-frische Weißburgunder & Chardonnay Cuvée. Die Rieslinge machen schon in der Basis Freude. Die Alten Reben sind kühl, geschliffen und druckvoll; der Steinmorgen am Gaumen vibrierend mit Noten von reifer Sternfrucht. Von den beiden Großen Gewächsen hat der lebhafte Siegelsberg mit seiner kraftvollen Schieferwürze und reifen Aprikose-Mango-Noten die Nase vor. Delikater Abschluss ist die fruchtige Hohenrain Spätlese. Sie ist ohne Botrytis gekeltert und betört mit kandierter Ananas und reifen Zitrusnoten.

★★

WEINGUT GRAF VON KANITZ

65391 Lorch · Rheinstraße 49 BIO
Tel (0 67 26) 3 46 · Fax 21 78
info@weingut-kanitz.de
www.weingut-kanitz.de
Inhaber Sebastian Graf von Kanitz
Betriebsleiter und Kellermeister Jens Pape
Verkauf Dorothee Gerold
Mo–Fr 9.00–16.30 Uhr
Sa 10.00–15.00 Uhr
(Nov.–April nur 2. Sa im Monat)
und nach Vereinbarung
Historie erwähnt im 13. Jahrhundert, später im Besitz der Freiherrn vom Stein, seit 1926 der Grafen von Kanitz
Rebfläche 13,3 Hektar
Jahresproduktion 60.000 Flaschen
Beste Lagen Lorcher Bodental-Steinberg, Kapellenberg, Pfaffenwies
Boden Quarzit, Schieferverwitterung und sandiger Lehm
Rebsorten 75% Riesling, 15% Spätburgunder, 10% übrige Sorten
Mitglied VDP, Ecovin

Verkostete Weine 13
Bewertung 83–90 Punkte

- 83 2016 Riesling trocken | 12% | 7,80 €/1,0 Lit.
- 85 2016 Riesling trocken | 12,5% | 7,30 €
- 84 2016 Lorcher Riesling trocken | 12% | 7,70 €
- 86 2016 Lorcher Pfaffenwies Riesling trocken | 12% | 8,90 €
- 86 2016 Lorcher Pfaffenwies Riesling Schiefer trocken | 11,5% | 11,50 €
- 87 2016 Lorcher Krone Riesling trocken Alte Reben | 12,5% | 15,50 €
- 87 2016 Lorcher Kapellenberg Riesling »Großes Gewächs« | 12,5% | 25,– €
- 90 2016 Lorcher Pfaffenwies Riesling Röder »Großes Gewächs« | 12,5% | 25,– €
- 90 2008 Lorcher Pfaffenwies Riesling trocken Goldkapsel | 12,5% | Preis auf Anfrage
- 87 2016 Lorcher Kapellenberg Riesling Kabinett | 10% | 9,90 €
- 86 2016 Spätburgunder trocken | 12% | 7,90 €
- 88 2016 Lorcher Schlossberg Spätburgunder trocken | 13% | 13,90 € | €

Betriebsleiter und Kellermeister Jens Pape stellt uns in diesem Jahr eine durch die Bank gelungene Kollektion vor. Mit dem Jahrgang 2014 wurde er allein verantwortlich für dieses traditionsreiche, schon lange ökologisch arbeitende Weingut und mit den 2016ern hat er seine Linie vollends gefunden. Die auf Quarzit- und Schieferböden wachsenden Lorcher Rieslinge sind klar, saftig und animierend. Besonders die Reihe der Weine aus der Lage Pfaffenwies haben uns gefallen. An der Spitze steht mit Apfel- und Zitrus-Noten das mineralisch-kompakte Große Gewächs, ein Wein, dem man Zeit lassen muss, sich zu öffnen. Das Alterungspotenzial der trockenen Pfaffenwies-Rieslinge belegt die fein gereifte, wunderbar klare 2008er Goldkapsel. Ein Gruß aus der Zeit von Kurt Gabelmann. Der Kabinett im feinherben Stil ist ein erfrischender Trunk. Der Stil der Rotweine ist leicht und elegant. Und uns gefällt das gut!

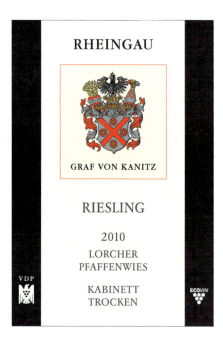

RHEINGAU

WEINGUT KAUFMANN
65347 Eltville-Hattenheim · Rheinallee 6
Tel (0 67 23) 24 75 · Fax 79 63
info@kaufmann-weingut.de
www.kaufmann-weingut.de
Inhaber Urban Kaufmann
Kellermeister Urban Kaufmann
Verkauf Eva Raps
Mo–Fr 9.00–17.00 Uhr, **Sa** 9.00–13.00 Uhr
und nach Vereinbarung
Erlebenswert Schweizer Käsefondue (im Winter)
Sehenswert Vinothek in historischem Gebäude am Marktplatz in Hattenheim
Rebfläche 20 Hektar
Jahresproduktion 120.000 Flaschen
Beste Lagen Hattenheimer Wisselbrunnen und Hassel, Hallgartener Schönhell und Hendelberg
Boden kiesiger Lehm, Buntschiefer, Löss, Tonmergel
Rebsorten 80% Riesling, 10% Spätburgunder, 5% Weißburgunder, 5% übrige Sorten
Mitglied VDP, Deutsches Barrique Forum, Ecovin

Verkostete Weine 9
Bewertung 85–89 Punkte

85 2016 Riesling trocken | 12,5% | 10,50 €
87 2016 Hattenheimer Riesling trocken | 11,5% | 13,80 €
88 2016 Riesling Tell trocken | 12,5% | 18,50 €
88 2016 Chardonnay & Weißburgunder Uno trocken | 13% | 18,50 €
89 2016 Hattenheimer Wisselbrunnen Riesling »Großes Gewächs« | 13% | 25,– €
89 2016 Hattenheimer Hassel Riesling »Großes Gewächs« | 12,5% | 25,– €
86 2016 Riesling Kabinett feinherb | 12% | 13,80 €
87 2015 Pinot Noir trocken Barrique | 12,5% | 18,50 €
89 2015 Hattenheimer Hassel Pinot Noir »Großes Gewächs« | 13% | 35,– €

Ein gutes Jahr auch hier! Urban Kaufmann, Appenzeller Käseproduzent aus der Schweiz, und seine Lebensgefährtin Eva Raps haben das Weingut Lang 2014 übernommen. Mit dem Jahrgang 2016 wurden nur noch Weine, die den Namen Kaufmann tragen, vorgestellt. Für uns Anlass, das Gut jetzt auch unter diesem Namen zu führen. Die 2016er Kollektion startet mit einem kernig-ehrlichen Gutswein und rassig geschliffenen Hattenheimern. Vor die Großen Gewächse hat Kaufmann den Tell gesetzt - einen dichten, noch etwas verschlossenen Rheingauer. Wisselbrunnen und Hassel sehen wir gleichauf und trauen beiden noch einige Entwicklung zu. Beachtlich die »Uno« genannte Cuvée aus Chardonnay und Weißburgunder. Der Pinot Noir leitet mit Noten von Rosmarin, Kirsche und klarer, fester Art über zum bestens strukturierten Großen Gewächs aus dem Hassel, dem sich mit Luft feine Beerennoten entlocken lassen. Eine gute Kollektion!

WEINGUT AUGUST KESSELER

65385 Assmannshausen · Lorcher Straße 16
Tel (0 67 22) 9 09 92 00 · Fax 9 09 94 00
info@august-kesseler.de
www.august-kesseler.de
Inhaber und Betriebsleiter August Kesseler
Außenbetrieb Endre Kasa
Kellermeister Matthias Himstedt und Simon Batarseh
Verkauf nach Vereinbarung
Sehenswert alter, doppelgeschossiger Weinkeller von 1792 im Schieferberg
Rebfläche 33 Hektar
Jahresproduktion 260.000 Flaschen
Beste Lagen Assmannshäuser Höllenberg, Rüdesheimer Berg Schlossberg, Bischofsberg, Berg Roseneck, Lorcher Schlossberg und Kapellenberg, Lorchhäuser Seligmacher
Boden Schiefer-Phyllit, Schiefer, Quarzitböden, sandiger Lehm
Rebsorten 60% Riesling, 35% Spätburgunder, 5% Silvaner
Mitglied VDP, Deutsches Barrique Forum

Verkostete Weine 5
Bewertung 84–92 Punkte

85 2016 Rüdesheimer Riesling trocken | 12% | 14,90 €
84 2016 Riesling The Daily August trocken | 12% | Preis auf Anfrage
88 2016 Lorchhäuser Seligmacher Riesling »Großes Gewächs« | 12,5% | Preis auf Anfrage
91 2014 Pinot Noir Cuvée Max trocken | 13,5% | 75,- €
92 2015 Assmannshäuser Höllenberg Pinot Noir »Großes Gewächs« | 14% | Preis auf Anfrage

Ein Gut im Umbruch. Durch einen Investor kommen Lagen im mittleren Rheingau hinzu, die zuvor zum Weingut Knyphausen in Erbach gehört haben. Dies ist sicherlich einer der Gründe für die Einführung eines neuen Basis-Rieslings The Daily August. Ein stimmiger Trunk. In Zukunft möchte man gerne den Weinen einige Zeit auf der Flasche gönnen, bevor sie vorgestellt werden. Ein Konzept, das wir gerne respektieren. So stellen wir drei Weine vor, die wir bei unserem Besuch im Juni verkostet haben. Neben dem bereits genannten sind dies ein kernig-kraftvoller Ortswein aus Rüdesheim und die jetzt gefüllt verfügbare Cuvée Max 2014. Und das ist ein eindrucksvoller Spätburgunder mit klarer Frucht, gebändigter Fülle und gut integriertem Alkohol. Die Ergebnisse unserer Verkostung von der Wiesbadener Präsentation der Großen Gewächse fügen wir ebenfalls bei. Der 2015er Höllenberg ist vielversprechend, ein großer Wein am Beginn seiner Entfaltung!

★ ★★ RHEINGAU

**KLOSTERWEINGUT
ABTEI ST. HILDEGARD**
65385 Rüdesheim · Abtei St. Hildegard 1
Tel (0 67 22) 49 91 30 · Fax 49 91 85
weingut@abtei-st-hildegard.de
www.abtei-st-hildegard.de
Inhaber Benediktinerinnenabtei St. Hildegard
Betriebsleiter Schwester Thekla
Verwalter Arnulf Steinheimer
Kellermeister Arnulf Steinheimer

Verkauf Schwester Thekla
Mo–Fr 9.30–11.45 Uhr · 14.00–17.00 Uhr
1. März–4. Advent
So, feiertags 14.00–17.00 Uhr

Ehrfurcht gebietend thront die Abtei St. Hildegard hoch oben in den Weinbergen über Rüdesheim. Ihre Entstehung lässt sich auf Hildegard von Bingen zurückführen. Der Weinanbau war stets eng mit dem Kloster verknüpft. Schwester Thekla zeigt sich weltoffen. Die Weine sind zeitgenössisch; im Auftritt mit bekennendem Bezug zu ihrer religiösen Herkunft. Der unkomplizierte Pilgertrunk kann die ermatteten Kräfte wiederherstellen. Mit klarer Rieslingfrucht, feiner Mineralik und von eleganter Struktur sind in diesem Jahr die Premiumweine Domus Domini, Mons Sanctus, Benedictus und Abbatissa. Sie sind im besten Sinne von dieser Welt und den privilegierten Lagen des Rüdesheimer Bergs zuzuschreiben. Der Spätburgunder aus der Lage Hinterkirch ist mit Aromen von reifer Süßkirsche und weichen Tanninen gleichermaßen empfehlenswert. In der Klostervinothek ist der Pilgertrunk für den durstigen Weinbergswanderer zu verkosten und gekühlt zu erwerben. Zum Genuss vor Ort gibt's die Leihgläser gratis dazu.

Verkostete Weine 6
Bewertung 83–87 Punkte

85 2016 Riesling Domus Dominus Spätlese trocken | 13% | 12,50 €
83 2016 Riesling Pilgertrunk feinherb | 11,5% | 8,80 €
85 2016 Riesling Mons Sanctus Spätlese feinherb | 12,5% | 11,50 €
86 2016 Riesling Benedictus Spätlese feinherb | 11,5% | 12,– €
87 2016 Riesling Abbatissa Kabinett | 9% | 13,50 €
85 2015 Assmannshäuser Hinterkirch Spätburgunder trocken Holzfass | 13,5% | 19,50 €

WEINGUT BARON KNYPHAUSEN
65346 Erbach · Erbacher Straße 28
Tel (0 61 23) 79 07 10 · Fax 7 90 71 18
weingut@baron-knyphausen.de
www.baron-knyphausen.de
Geschäftsführer Frederik zu Knyphausen
Kellermeister Arne Wilken

Verkauf Frederik zu Knyphausen
Mo–Mi 10.00–17.00 Uhr, **Do–Fr** 10.00–19.00 Uhr
Sa–So 10.00–16.00 Uhr

Aus dem Jahrgang 2016 konnten wir hier knackige, oft betont trockene Rieslinge verkosten. Und dieser Stil hat uns gefallen. Der durchgegorene Erbacher etwa ist ein Ortswein mit Kern und Ausdruck. Der Steinmorgen bietet noch etwas mehr feine Frucht und ein klares, rassiges Finish. Aber schon die Gutsweine und Spezialitäten wie der Gemischte Satz sowie der Rote Riesling überzeugen. Allein die restsüßen Prädikate fallen etwas ab. Nach der Trennung von einem langjährigen Partner und Investor ist das Gut nun wieder unter familiärer Führung, hat aber eine Reihe von Weinbergen, u.a. im Wisselbrunnen, abgeben müssen. Das ist bedauerlich, wie das sehr gute 2015er Große Gewächs belegt.

Verkostete Weine 11
Bewertung 83–89 Punkte

84 2016 Riesling trocken | 12,5% | 8,70 €
86 2016 Erbacher Riesling trocken | 12,5% | 11,– €
86 2016 Gemischter Satz trocken | 12% | 15,– €
87 2016 Erbacher Steinmorgen Riesling trocken | 12,5% | 19,– €
89 2015 Hattenheimer Wisselbrunnen Riesling »Großes Gewächs« | 13% | 28,50 €
86 2016 Riesling Kabinett trocken Charta | 12,5% | 12,– €
84 2016 Riesling feinherb | 11,5% | 8,70 €
85 2016 Roter Riesling feinherb | 11,5% | 15,– €
83 2016 Riesling Spätlese | 8,5% | 13,50 €
87 2016 Riesling Auslese | 8,5% | 19,50 €
86 2015 Spätburgunder trocken Barrique | 13% | 14,50 €

Symbole Weingüter
★★★★★ Weltklasse · ★★★★ Deutsche Spitze
★★★ Sehr Gut · ★★ Gut · ★ Zuverlässig

★

WEINGUT KOEGLER
HOF BECHTERMÜNZ
65343 Eltville · Kirchgasse 5
Tel (0 61 23) 24 37 · Fax 8 11 18
info@weingut-koegler.de
www.weingut-koegler.de
Inhaber und Betriebsleiter Ferdinand Koegler
Kellermeister Ferdinand Koegler
Verkauf Vinothek
Mo-Fr ab 8.00 Uhr, **Sa-So** ab 10.00 Uhr

Ferdinand Koegler hat sein Programm konsequent auf unterschiedliche Zielgruppen ausgerichtet. Neben frischen, unkomplizierten Weinen in moderner Aufmachung zum zeitnahen Genuss werden die Spätburgunder und Rieslinge erst spät gefüllt und vermarktet. Die längere Reifezeit kommt gerade dem im Holzfass ausgebauten Alta Villa zugute: Der 2015er hat sich sehr zu seinem Vorteil entwickelt, hat die Anmutung eines Ersten Gewächses. Die Fassprobe vom 2016er steht noch sehr am Anfang, zeigt aber bereits jetzt ein noch höheres Potenzial. Die Kultivierung von Grünem Veltliner und Blauem Zweigelt spiegelt die Affinität des Winzers zur österreichischen Wachau wider. Gelungen ist hier vor allem der Zweigelt mit Noten von Pflaumen und blauen Beeren. Koegler bevorzugt bei allen Roten einen würzig-kräftigen Stil mit erkennbarem Holzfasseinsatz, der beim harmonisch gereiften Rubeus aus dem Jahrgang 2012 besonders gut gelungen ist.

Verkostete Weine 11
Bewertung 81–87 Punkte

81 2016 Cuvée Sommersturm Perlwein trocken | 12% | 7,50 €
82 2016 Cuvée Sommersturm trocken | 12% | 6,- €
82 2016 Riesling trocken | 11,5% | 6,- €
82 2016 Grüner Veltliner trocken | 11,5% | 9,- €
85 2015 Riesling Alta Villa trocken Alte Reben Holzfass | 12,5% | 9,- €
86 2016 Riesling Alta Villa trocken Alte Reben Holzfass | 12,5% | Verkauf später
86 2015 Riesling 1467 feinherb Alte Reben Holzfass | 12,5% | 9,- €
82 2016 Weiß aus Rot trocken Blanc de Noirs | 12% | 9,- €
87 2009 Eltviller Sonnenberg Spätburgunder Erstes Gewächs | 14,5% | 45,- €
85 2013 Zweigelt trocken | 13,5% | 9,- €
87 2012 Pinot Noir Rubeus trocken | 14,5% | 19,- €

WEINGUT ROBERT KÖNIG
65385 Assmannshausen · Landhaus Kenner 1
Tel (0 67 22) 10 64 · Fax 4 86 56
info@weingut-robert-koenig.de
www.weingut-robert-koenig.de
Inhaber Philipp König
Betriebsleiter Birgit Block
Kellermeister Birgit Block und Philipp König
Verkauf Robert König
Mo-Sa 9.00–12.00 Uhr und nach Vereinbarung
Straußwirtschaft Während der Rheingauer Schlemmerwochen und an allen folgenden Wochenenden und Feiertagen im Mai sowie an den Tagen der offenen Weinkeller im unteren Rheingau – jeweils Sa und So ab 11.00 Uhr
Historie Weingut besteht seit 1704
Rebfläche 7 Hektar
Jahresproduktion 45.000 Flaschen
Beste Lagen Assmannshäuser Höllenberg und Frankenthal
Boden Taunusquarzitverwitterung, Phyllitschieferverwitterung
Rebsorten 90% Spätburgunder, 5% Riesling, je 2% Weißburgunder und Frühburgunder, 1% übrige Sorten

Nach dem Tod von Robert König ging das Gut an seinen Sohn Philipp über. Er leitet die Geschicke des Hauses nun gemeinsam mit Betriebsleiterin Birgit Block, mit der er gemeinsam auch den Keller verantwortet. Nicht zuletzt auf ihren Einfluss geht eine Stiländerung bei den Spätburgundern zurück. Die leichte Süße, die die Weine oft gekennzeichnet hat, ist verschwunden. Sie sind jetzt keineswegs klotzig-international oder farbtiefer, aber sie haben einen wunderbar klaren, präzisen Fluss. Das beste Beispiel ist der 2015er Zenith »S«. In drei Jahre alten Barriques ausgebaut, zeigt er klare Frucht, tolle Säure und feine Länge mit Frucht-Widerhall. Zenith und Empor sind Begriffe, die zukünftig Kabinett und Spätlese ersetzen sollen. Über eine Rückkehr in den VDP wird zumindest nachgedacht. Geht es hier also weiter? Aber ja, und wie!

RHEINGAU

Verkostete Weine 6
Bewertung 86–90 Punkte

- 88 2015 Rüdesheimer Spätburgunder Edition B trocken | 13% | 17,25 €
- 87 2013 Pinot Noir Edition X trocken | 13% | Preis auf Anfrage
- 86 2015 Assmannshäuser Höllenberg Spätburgunder Empor Kabinett trocken | 12,5% | 9,75 €
- 87 2015 Assmannshäuser Frankenthal Spätburgunder Empor Kabinett trocken | 12,5% | 9,75 €
- 90 2015 Assmannshäuser Höllenberg Spätburgunder »S« Zenith Spätlese trocken | 13,5% | 23,– €
- 89 2015 Assmannshäuser Höllenberg Spätburgunder Robert König Auslese trocken | 14,5% | 33,25 €

WEINGUT KRONE

65385 Assmannshausen · Niederwaldstraße 2
Tel (0 67 22) 25 25 · Fax 4 83 46
info@weingut-krone.de
www.weingut-krone.de
Inhaber Anja und Tom Drieseberg
Betriebsleiter Michael Burgdorf
Außenbetrieb Dominic Borswardt
Kellermeister Michael Burgdorf, Peter Perabo
Verkauf Vinothek Sommer–Herbst
Fr ab 16.00 Uhr, **Sa** ab 14.00 Uhr, **So** ab 13.00 Uhr
Historie Weinbau seit dem 18. Jahrhundert
Sehenswert in Felsen gehauener Naturkeller, 60 Meter unter der Lage Frankenthal, Gutshaus aus dem Jahr 1860
Rebfläche 5,5 Hektar
Jahresproduktion 20.000 Flaschen
Beste Lagen Assmannshäuser Höllenberg und Frankenthal
Boden Schiefer
Rebsorten 90% Spätburgunder, je 5% Riesling und Weißburgunder

Das Weingut Krone ist im gleichen Besitz und wird weitgehend vom gleichen Team geleitet wie Wegeler in Oestrich. Alte Assmannshäuser sind sich einig, dass die Krone einige der besten Parzellen der Schieferlage Höllenberg besitzt. Und die Reben stammen aus Burgund und wurden in den 1960er Jahren gepflanzt. Dieses Potenzial wurde schmeckbar, seitdem Peter Perabo den Weinausbau verantwortet. Der Holzeinsatz ist erkennbar gefühlvoll, ohne die Frucht zu übertönen. Beachtenswert ist auch die Entwicklung der Weine an der Luft. Sie lässt die Klasse von Rebsorte und Terroir noch einmal besser hervortreten. Und auch die Flaschenreife ist diesen Weinen sehr zuträglich, wie wir bei der erneuten Verkostung der 2012er erkennen konnten. Für den Juwel notierten wir: Cassis und Kirsche, ein Anflug von Schokolade, tief und lang. Der neu vorgestellte 2014er Assmannshäuser ist ein feinfruchtiger, klarer Vertreter dieses nicht ganz einfachen Rotweinjahrs. Die 2016er Weißweine sind erfrischend und klar. Der im großen Stückfass ausgebaute Weißburgunder von Hallgartener Reben zeigt Rasse und Schliff.

★★★★★

WEINGUT PETER JAKOB KÜHN

65375 Oestrich · Mühlstraße 70
Tel (0 67 23) 22 99 · Fax 8 77 88
info@weingutpjkuehn.de
www.weingutpjkuehn.de
Inhaber Peter Jakob Kühn
Betriebsleiter Peter Jakob und Peter Bernhard Kühn
Kellermeister Peter Bernhard Kühn
Verkauf Familie Kühn
Mo–Fr 9.00–17.00 Uhr, **Sa** 11.00–17.00 Uhr
nach Vereinbarung
Kulinarische Jahrgangspräsentation 25./26. Nov. 2017, 28./29. April 2018, 1./5./6. Mai 2018 und 1.–2. Sept. 2018
Rebfläche 21 Hektar
Jahresproduktion 120.000 Flaschen
Beste Lagen Oestricher Lenchen und Doosberg, Mittelheimer St. Nikolaus; Hallgartener Hendelberg
Boden toniger Lehm, von grauem und rotem Taunusquarzit durchzogen, Buntschiefer
Rebsorten 90% Riesling, 10% Spätburgunder
Mitglied VDP, Demeter, La Renaissance des Appellations

Verkostete Weine 8
Bewertung 86–94 Punkte

89 2016 Weißburgunder trocken | 13% | 19,- €
88 2016 Riesling Alte Reben feinherb | 12% | 16,50 €
87 2016 Spätburgunder feinherb Blanc de Noirs | 11% | 16,50 €
86 2014 Spätburgunder trocken Holzfass | 12% | 18,50 €
89 2014 Assmannshäuser Spätburgunder trocken Holzfass | 12,5% | 22,- €
92 2012 Assmannshäuser Höllenberg Spätburgunder trocken Barrique | 13,5% | 42,- €
91 2013 Assmannshäuser Höllenberg Spätburgunder trocken Barrique | 13% | 43,- €
94 2012 Assmannshäuser Spätburgunder Juwel trocken Barrique | 14% | 63,- €

Der Jahrgang 2016 war kein Spaziergang für die Familie Kühn. Die anhaltenden Regenfälle im Juni haben den uneingeschränkten Einsatz des gesamten Teams erfordert. Nur so konnte ein guter Teil der Ernte gerettet werden. Einbußen in der Menge mussten hingenommen werden, aber bei der Qualität gab es keine Abstriche. Kein anderer hat im Rheingau so konsequent und akribisch auf biodynamische Bewirtschaftung umgestellt wie Peter Jakob Kühn. Hier fließen Biodynamie und Lebensphilosophie in eins. Auf der önologischen Seite resultieren daraus sehr individuelle, präzise Rieslinge mit würziger Kräuteraromatik und enormer Spannkraft.

Feine 2016er, große 2015er

Die ersten fünf trockenen Rieslinge des Jahrgangs 2016 lassen die Wetterkapriolen nicht erkennen. Namentlich der saftige und geradlinige Quarzit und der vom Holz geprägte, mit Aromen von getrockneten Aprikosen und weißen Johannisbeeren prunkende Hendelberg sind hier zu nennen. Die beiden Großen Gewächse aus 2015, St. Nikolaus und Doosberg, sind großartig und zählen zur absoluten deutschen Spitze. Sie sollte

RHEINGAU

man einen Tag vor dem Genuss öffnen, um ihr volles Aromenspiel genießen zu können. Die Art ihres Ausbaus erlaubt es auch, eine offene Flasche über eine Woche oder mehr zu verfolgen. Eine spannende Erfahrung, aber nur, wenn man dem Trinkvergnügen nicht nachgibt. Der sehr gute 2015er Spätburgunder aus dem Frühernberg darf nicht vergessen werden. Er zeigt intensive Kirsche, Konzentration, ohne fett zu sein, und endet kernigklar. Aus 2016 stellen die Kühns auch drei feine, geschliffene Spezial-Lesen vor. Dies sind: eine animierende, im Mosel-Stil gehaltene Spätlese, die bestens balancierte, fein-komplex nach Earl Grey und Honig duftende Auslese sowie eine Beerenauslese mit Noten von Mango und frischer Ananas. Bemerkenswert ist auch der Wandel, den die Ausstattung genommen hat.

Peter Jakob Kühn

Verkostete Weine 12
Bewertung 85–96 Punkte

85 2016 Riesling Jacobus trocken | 12% | 11,50 €
87 2016 Hallgartener Riesling Rheinschiefer trocken | 11,5% | 14,50 €
89 2016 Oestricher Riesling Quarzit trocken | 12% | 16,50 €
88 2016 Oestricher Klosterberg Riesling trocken Holzfass | 12% | 20,50 €
90 2016 Hallgartener Hendelberg Riesling trocken Holzfass | 12% | 21,50 €
95 2015 Mittelheimer St. Nikolaus Riesling »Großes Gewächs« Holzfass | 13% | 35,- €
95 2015 Oestricher Doosberg Riesling »Großes Gewächs« Holzfass | 13% | 37,- €
87 2016 Oestricher Lenchen Riesling Kabinett | 9,5% | 14,- €
94 2016 Oestricher Lenchen Riesling Spätlese | 8% | 23,- € | TOP 10
94 2016 Oestricher Lenchen Riesling Auslese | 7% | 35,- €/0,375 Lit.
96 2016 Oestricher Lenchen Riesling Beerenauslese | 6,5% | 80,- €/0,375 Lit. | TOP 10
91 2015 Hallgartener Frühenberg Spätburgunder trocken | 13% | 44,- €

Feine Prädikate

Gefüllt werden die Weine in nun wieder mit Kork verschlossene, schwere, braune Schlegelflaschen. Das neue Etikett leugnet die Gutsgeschichte nicht, ist aber schlichter und eleganter zugleich. Ein stilvoller Auftritt!

★★★★

WEINGUT KÜNSTLER

65239 Hochheim/Main
Geheimrat-Hummel-Platz 1a
Tel (0 61 46) 8 38 60 · Fax 73 35
info@weingut-kuenstler.de
www.weingut-kuenstler.de
Inhaber und Betriebsleiter Gunter Künstler
Außenbetrieb Rolf Schregel
Kellermeister Gunter Künstler und Rolf Schregel
Verkauf Johannes Ott
Mo-Fr 8.00-12.00 Uhr · 13.00-18.00 Uhr
Sa 10.00-15.00 Uhr
Rebfläche 40 Hektar
Jahresproduktion 240.000 Flaschen
Beste Lagen Hochheimer Hölle, Kirchenstück und Domdechaney, Rüdesheimer Berg Schlossberg und Rottland
Boden leichter bis toniger Lehm
Rebsorten 85% Riesling, 14% Spätburgunder, 1% Chardonnay
Mitglied VDP

Gunter Künstler

Große Weiße - starke Rote. Vor knapp 30 Jahren hat Gunter Künstler das Weingut von seinem Vater Franz übernommen. Mit Ausdauer und Umsicht hat er es beständig erweitert, mit Nachhaltigkeit an der Präzision der Weine gefeilt. Seit langem ist es ein Spitzenbetrieb Deutschlands und Aushängeschild für die Region. Gunter Künstler hat uns eine hervorragende Kollektion präsentiert. Die Alkoholwerte in 2016 waren moderat, die Trauben physiologisch reif bei niedrigen PH-Werten.

Weißweine fokussiert

Die Weißweine zeigen sich über alle Qualitäten hinweg fokussiert und ausdrucksstark. Die 2015er Rotweine schließen dicht auf. Schon auf sehr hohem Niveau starten die substanzreichen, glasklaren Basisrieslinge. Die Kabinette sind feinfruchtig elegant. Das charmante Kirchenstück ist ein schönes Pendant zur markanten Hölle. Bei den Großen Gewächsen hat Hochheim dieses Jahr vor Rüdesheim die Nase vorn. Doch Verlierer gibt es keine: Die unterschiedlichen Charaktere der Terroirs an beiden Enden des Rheingaus sind meisterlich zum Ausdruck gebracht. Der Berg Schlossberg ist der eleganteste der Großen Fünf - verspielt mit unterschwelliger Kraft. Der noch verhaltene Rottland ist ein mineralisches Powerpaket. Bei der dichten Weiß Erd vibriert die Mineralik förmlich am Gaumen. Hochheim par excellence ist das Kirchenstück. Präzise, aprikosenfruchtig, klar und konzentriert tritt es mit seinem jugendlichen Charme momentan vor die Grande Dame aus der Hölle, die mit ihrer klaren, balancierten Frucht und kräftigen Mineralik ihre große Zeit noch vor sich hat. Der Stielweg kann sich mit seiner Kraft und Eleganz in diesem Jahr problemlos in die Riege der Großen einreihen. Was sie alle vereint ist unangestrengte Kraft. Bei den restsüßen Rieslingen ist der Einsatz der neuen Korbpresse besonders erkennbar: Blumig und filigran umspielen sie mit glasklarer Frucht den Gaumen.

Kraftvolle Rote

Die cremigen, orangenfruchtigen Chardonnays sind vom Holz geprägt. Die Rotweine sind enorm kraftvoll, strukturiert und brauchen Zeit, sind aber fruchtiger als zuvor: Der Höllenberg ist elegant mit straffer Mineralik, der Reichestal enorm muskulös mit reifer Frucht und Röstaromen. Gunter Künstler beherrscht es scheinbar mühelos, jeden Wein seines großen Sortiments vorzüglich auf die Flasche zu bringen.

Verkostete Weine 22
Bewertung 85-94 Punkte

85 2016 Riesling trocken | 12,5% | 9,90 €
87 2016 Riesling Mainterrassen trocken | 12,5% | 10,50 €
88 2016 Hochheimer Herrnberg Riesling trocken | 12,5% | 11,- €
87 2016 Chardonnay Kalkstein trocken Holzfass | 12% | 14,90 €
91 2016 Hochheimer Stielweg Riesling trocken Alte Reben Holzfass | 12,5% | 17,50 €

RHEINGAU

- 90 2016 Hochheimer Domdechaney Riesling trocken Holzfass | 12,5% | 18,50 €
- 91 2016 Kostheimer Weiß Erd Riesling »Großes Gewächs« Holzfass | 13% | 24,- €
- 90 2016 Chardonnay trocken Barrique | 13% | 27,50 €
- 91 2016 Rüdesheimer Berg Rottland Riesling »Großes Gewächs« Holzfass | 12,5% | 32,- €
- 94 2016 Hochheimer Kirchenstück Riesling »Großes Gewächs« Holzfass | 13% | 32,- €
- 93 2016 Hochheimer Hölle Riesling »Großes Gewächs« Holzfass | 12,5% | 34,- €
- 91 2016 Rüdesheimer Berg Schlossberg Riesling »Großes Gewächs« Holzfass | 12,5% | 45,- €
- 88 2016 Hochheimer Kirchenstück Riesling Kabinett trocken | 11,5% | 13,- €
- 89 2016 Hochheimer Hölle Riesling Kabinett trocken | 12% | 13,- €
- 88 2016 Hochheimer Reichestal Riesling Kabinett | 8,5% | 10,50 €
- 90 2016 Hochheimer Hölle Riesling Spätlese | 7,5% | 16,50 €
- 87 2015 Assmannshäuser Spätburgunder trocken Holzfass | 13% | 19,50 €
- 89 2015 Hochheimer Stein Spätburgunder trocken Barrique | 14% | 25,50 €
- 90 2015 Hochheimer Reichestal Spätburgunder »Großes Gewächs« | 13% | 45,- €
- 90 2015 Assmannshäuser Höllenberg Spätburgunder »Großes Gewächs« | 13% | 55,- €

WEINGUT LORENZ KUNZ
65375 Oestrich-Winkel · Rheingaustraße 74
Tel (0 67 23) 45 22 · Fax 8 82 33
info@weingut-lorenz-kunz.de
www.weingut-lorenz-kunz.de
Inhaber und Betriebsleiter Michael Kunz

Verkauf nach Vereinbarung

Bei diesem alteingesessenen Familienbetrieb stimmen Preis und Leistung! Der Kunde profitiert von den strengen Auflagen des VDP, weil Große und Erste Lagen z.B. aus Doosberg und Lenchen als Ortswein bzw. Gutswein abgefüllt werden. Das sympathische Winzer-Ehepaar Tanja und Michael Kunz hat die Frische und Lebendigkeit des Jahrgangs 2016 sehr gut auf die Flasche gebracht. Der Oestricher Ortswein - ehemals Kabinett - zeigt einen erdigen Stil mit geschliffener Mineralik. Der Riesling trocken Alte Reben aus dem Winkeler Jesuitengarten ist unser Coup de Coeur in diesem Jahr: weiße Johannisbeere, weißer Pfirsich, Feuerstein, Vanillenoten. Durch die Anschaffung neuer Eichenholz-Stückfässer ist dieser Wein noch deutlich vom Holz geprägt - attraktiv cremig und mit viel Charme. Beständig gut mit viel Frucht und Spiel sind die fruchtsüßen Weine des Guts. Die Spätlese aus dem Doosberg fällt jahrgangstypisch schlank und elegant aus, mineralisch-druckvoll mit Orangenaromen und Anklängen von exotischen Früchten.

Verkostete Weine 9
Bewertung 82–87 Punkte

- 82 2015 Spätburgunder Sekt extra trocken Blanc de Noirs | 12% | 10,- €
- 82 2016 Riesling trocken | 12% | 6,90 €
- 84 2016 Oestricher Riesling trocken | 11,5% | 8,10 €
- 86 2016 Winkeler Jesuitengarten Riesling trocken Alte Reben Holzfass | 12% | 12,50 €
- 84 2016 Riesling halbtrocken | 11,5% | 6,90 €
- 83 2016 Riesling feinherb Classic | 12% | 7,90 €
- 84 2016 Riesling Maximilian Lukas Kabinett | 9,5% | 8,40 €
- 86 2016 Winkeler Hasensprung Riesling Spätlese | 8,5% | 10,- €
- 87 2016 Oestricher Doosberg Riesling Spätlese | 9% | 10,- €

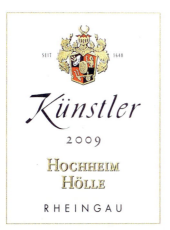

WEINGUT FREIHERR LANGWERTH VON SIMMERN

65343 Eltville · Kirchgasse 6
Tel (0 61 23) 9 21 10 · Fax 92 11 33
weingut-langwerth-von-simmern@t-online.de
www.weingut-langwerth-von-simmern.de
Inhaber Georg-Reinhard Freiherr Langwerth von Simmern
Kellermeister Uwe Lex
Verkauf Andrea Freifrau Langwerth von Simmern
Mo–Fr 9.00–12.00 Uhr · 14.00–17.00 Uhr
Vinothek
Sa 10.00–17.00 Uhr
Gutsausschank Gelbes Haus
Di–Sa ab 16.00 Uhr, So ab 11.30 Uhr
Spezialitäten Rheingauer Küche
Historie 1464 als Lehen des Herzogs von Pfalz-Zweibrücken an seinen Kanzler Johann Langwerth von Simmern
Sehenswert Langwerther Hof mit Park
Rebfläche 31,5 Hektar
Jahresproduktion 180.000 Flaschen
Beste Lagen Erbacher Marcobrunn, Rauenthaler Baiken, Hattenheimer Nussbrunnen, Wisselbrunnen und Mannberg
Boden tertiärer Mergel, kalkhaltiger Löss, sandiger Lehm, Phyllitschiefer
Rebsorten 96% Riesling, 2% Spätburgunder, 2% übrige Sorten
Mitglied VDP

Verkostete Weine 12
Bewertung 84–98 Punkte

- 84 2016 Riesling trocken | 12,5% | 10,– €/1,0 Lit.
- 89 2016 Erbacher Marcobrunn Riesling trocken Alte Reben | 13,5% | 25,– €
- 89 2016 Hattenheimer Mannberg Riesling trocken Alte Reben | 13,5% | 25,– €
- 86 2016 Riesling 1464 Kabinett trocken | 12% | 9,90 €
- 86 2016 Hattenheimer Riesling Kabinett trocken | 12% | 9,90 €
- 86 2016 Rauenthaler Riesling Kabinett trocken | 12% | 9,90 €
- 87 2016 Hattenheimer Nussbrunnen Riesling Kabinett trocken | 12,5% | 12,50 €
- 88 2016 Rauenthaler Baiken Riesling Kabinett trocken | 12,5% | 12,50 €
- 90 2016 Erbacher Marcobrunn Riesling Kabinett | 9% | 12,50 €
- 90 2015 Erbacher Marcobrunn Riesling Blaukapsel Spätlese | 9,5% | 20,– €
- 91 2016 Erbacher Marcobrunn Riesling Blaukapsel Spätlese | 9,5% | 20,– €
- 98 2005 Erbacher Marcobrunn Riesling Trockenbeerenauslese | 7,5% | 350,– €/0,375 Lit.

Ein gelungenes Jahr für dieses Traditionsweingut. Das hervorragende Lagenportfolio wurde genutzt, um eine Reihe saftig-animierender, zuweilen etwas ins Opulente neigender klassischer Rheingauer zu erzeugen. Das Prädikat Kabinett spielt hier nach wie vor auch bei den trockenen Weinen eine bedeutende Rolle. Schon die Orts-Kabinette aus Hattenheim und Rauenthal sind saftig und klar. Die Lagen-Kabinette, im Stil trockener Spätlesen gehalten, aus Nussbrunnen und Baiken besitzen Rasse und klare Länge. Darüber stehen dann die gediegen-gehaltvollen Alten Reben aus Mannberg und Marcobrunn. Die restsüßen Prädikate sind Rheingau par excellence. Feinste Fülle, cremiger Schmelz, vielschichtiges Bukett charakterisieren die 2005er Trockenbeerenauslese aus dem Marcobrunn. Ein wahrhaft großer Wein!

★★

RHEINGAU

WEINGUT PAUL LAQUAI

65391 Lorch · Gewerbepark Wispertal 2
Tel (0 67 26) 83 08 38 · Fax 83 08 40
kontakt@weingut-laquai.de
www.weingut-laquai.de
Inhaber und Betriebsleiter Gundolf und Gilbert Laquai
Verkauf Weinwirtschaft Ostern bis Okt.
Mi–Fr ab 17.00 Uhr, **Sa–So** ab 15.00 Uhr und nach Vereinbarung
Gutsausschank Weinwirtschaft im alten Fachwerkhaus von 1716
Sehenswert Dampfbrennerei von 1924
Rebfläche 24 Hektar
Jahresproduktion 130.000 Flaschen
Beste Lagen Lorcher Schlossberg, Kapellenberg, Pfaffenwies, Bodental-Steinberg
Boden Schieferverwitterung, Schiefer mit Löss, violetter Phyllitschiefer
Rebsorten 60% Riesling, 25% Spätburgunder, 7% Weißburgunder, je 2% Cabernet Sauvignon, Merlot, Silvaner, 2% übrige Sorten

Verkostete Weine 12
Bewertung 82–88 Punkte

83 2015 Lorcher Kapellenberg Blauer Spätburgunder Sekt Brut Blanc de Noirs | 13,5% | 11,50 €
83 2016 Lorcher Riesling trocken | 12% | 6,50 €
84 2016 Lorcher Kapellenberg Blauer Spätburgunder trocken Blanc de Noirs | 12% | 7,50 €
83 2016 Lorcher Bodental-Steinberg Weißburgunder trocken | 12% | 8,50 €
84 2016 Lorcher Kapellenberg Riesling vom Löss trocken | 12,5% | 8,50 €
85 2016 Lorcher Schlossberg Riesling vom Schiefer trocken | 12% | 8,50 €
84 2016 Lorcher Bodental-Steinberg Auxerrois trocken | 12,5% | 11,50 €
87 2016 Lorcher Schlossberg Riesling Erstes Gewächs | 13,5% | 18,– €
85 2016 Lorcher Schlossberg Riesling »Q« 1716 Spätlese trocken | 12,5% | 14,50 €
82 2016 Lorcher Riesling vom Quarzit feinherb | 11% | 8,50 €
82 2016 Lorcher Kapellenberg Blauer Spätburgunder feinherb Weißherbst | 10,5% | 7,50 €
88 2015 Lorcher Bodental-Steinberg Blauer Spätburgunder trocken | 13% | 11,50 € | 🌿

Nach der sehr gelungenen Kollektion des Vorjahres sind die 2016er für uns nun leider ein Schritt zurück. Wir vermissen den Saft und die Animation der 2015er. Bei den Rieslingen des mittleren Segments fällt der klare Schlossberg Vom Schiefer mit Saft und etwas Spiel positiv auf. Das Erste Gewächs aus derselben Lage zeigt gute Fülle und entwickelt sich an der Luft ansprechend. Für den beachtlichen 2015er Spätburgunder aus dem Bodental-Steinberg notierten wir: geröstete Nüsse, rote Zwetschge, cremige Mitte und klares Finish. In dem umfangreichen Rebsorten-Sortiment des Hauses haben auch Weißburgunder und Auxerrois ihren Platz. Sie sind immer wieder für Überraschungen gut!

★★★★

WEINGUT LEITZ
65385 Rüdesheim · Theodor-Heuss-Straße 5
Tel (0 67 22) 4 87 11 · Fax 4 76 58
johannes.leitz@leitz-wein.de
www.leitz-wein.de
Inhaber Johannes Leitz
Betriebsleiter Johannes Leitz und Markus Roll
Außenbetrieb Antonio Climenti
Kellermeister Johannes Leitz und Manuel Zuffer

Verkauf Rüdesheimer Straße 8a, Geisenheim
Mo–Fr 8.00–17.00 Uhr

Rebfläche 43 Hektar
Jahresproduktion 380.000 Flaschen
Beste Lagen Rüdesheimer Berg Schlossberg, Berg Roseneck, Berg Rottland, Berg Kaisersteinfels
Boden Schieferverwitterung, Quarzit
Rebsorten 98% Riesling, 2% Spätburgunder
Mitglied VDP, Fair'n Green

Eine sehr gute Kollektion mit einem ausgezeichneten Mittelbau. Ob ausgebaut im alten Holzfasskeller des Guts an der Theodor-Heuss-Straße in Rüdesheim oder im Edelstahl in der neuen Kellerei am Ortsrand von Geisenheim – immer darf man hier einen animierenden Rheingauer erwarten. Die Größe des Betriebs ist ebenso beeindruckend wie die Art und Weise, wie Johannes Leitz und sein Team alle Prozesse und Arbeitsschritte im Griff haben. Die Weinbergsarbeit ist vorbildlich und legt die Basis für ein Sortiment, das auch 2016 sowohl in der Breite als auch in der Spitze überzeugt.

Mittelbau und Spitze
Im aktuellen Jahrgang besticht hier wirklich die Qualität unterhalb der Top-Produkte. Der Rüdesheimer Ortswein ist klar und saftig-mineralisch. Der Kabinett aus dem Kirchenpfad apfelig-erfrischend. Der zitrusfruchtige, lebendige Drachenstein rückt manchem Großen Gewächs auf die Pelle und nicht zuletzt ist der Magic Mountain zu nennen. Ein saftiger, fein vom Holz geprägter, animierender Rüdesheimer. Die fünf Großen Gewächse decken eine beachtliche Spannbreite ab und wirken im ersten Moment etwas verschlossener als früher. Johannes Leitz führt das unter anderem darauf zurück, dass er auf die Vorklärung der Moste in diesem Jahr verzichtet hat. Die Weine sind dadurch etwas phenolischer und entwickeln sich an der Luft langsamer. Es wird spannend sein, den Reifeprozess dieser Weine zu verfolgen. Schon jetzt gehören Rottland und Kaisersteinfels wieder zur Rheingauer Spitze. Besticht der erste durch Saft, Kraft und eine feine Holzprägung, so offenbart der Kaisersteinfels eine wunderbare mineralische Cremigkeit. Eine Spätlese aus den Berglagen konnten wir in diesem Jahr leider nicht verkosten. Diese Weine standen schon oft in unserer Bestenliste und können vorzüglich reifen. Die 2007er Roseneck Spätlese verteidigte in unserer Nachprobe ihren ersten Platz von vor zehn Jahren. Ein toller Wein!

Johannes Leitz

★★ RHEINGAU

Verkostete Weine 12
Bewertung 84–92 Punkte

84 2016 Riesling Eins-Zwei-Dry trocken
| 12% | 8,90 €
87 2016 Rüdesheimer Riesling trocken | 12% | 12,– €
90 2016 Riesling Magic Mountain (51/17) trocken
Holzfass | 12,5% | 17,50 €
89 2016 Rüdesheimer Drachenstein Riesling Erste
Lage trocken Holzfass | 12,5% | 25,– €
90 2016 Rüdesheimer Berg Roseneck Riesling
Katerloch »Großes Gewächs« Holzfass
| 12,5% | 35,– €
92 2016 Rüdesheimer Berg Kaisersteinfels Riesling
Terrassen »Großes Gewächs« Holzfass
| 12% | 35,– €
92 2016 Rüdesheimer Berg Rottland Riesling
Hinterhaus »Großes Gewächs« Holzfass
| 12,5% | 38,– €
91 2016 Rüdesheimer Berg Schlossberg Riesling
Ehrenfels »Großes Gewächs« Holzfass
| 12,5% | 40,– €
89 2016 Rüdesheimer Rosengarten Riesling »Großes
Gewächs« | 12,5% | Preis auf Anfrage
87 2016 Rüdesheimer Kirchenpfad Riesling Kabinett
halbtrocken | 11,5% | 12,– €
90 2016 Rüdesheimer Berg Kaisersteinfels Riesling
Kabinett feinherb | 9,5% | 22,50 €
88 2016 Rüdesheimer Magdalenenkreuz Riesling
Spätlese | 7,5% | 12,50 €

WEINGUT FÜRST LÖWENSTEIN
63924 Kleinheubach · Schlosspark 5
Tel (0 93 71) 9 48 66 00 · Fax 9 48 66 33
weingut@loewenstein.de
www.loewenstein.de
Geschäftsführerin Dr. Stephanie zu Löwenstein
Außenbetrieb Henning Brömser
Kellermeister Peter Arnold
Verkauf Andrea Paul
Mo–Fr 10.00–12.00 Uhr · 13.00–18.00 Uhr
Sa 10.00–15.00 Uhr und nach Vereinbarung

Historie seit 1875 bewirtschaften die Fürsten zu
Löwenstein Weinberge in Hallgarten im Rheingau
Rebfläche 8 Hektar
Jahresproduktion 50.000 Flaschen
Beste Lagen Hallgartener Schönhell und Jungfer
Boden Lehm, Löss, Braunerde und Quarzit
Rebsorten 80% Riesling, 20% Spätburgunder
Mitglied VDP

In diesem Jahr konnten wir hier klare Rieslinge verkosten, die ihre Hallgartener Herkunft auf animierende Art widerspiegeln. Im Basis-Bereich verdient der saftige feinherbe Riesling eine besondere Erwähnung. Das hat Rheingauer Art und ist trinkanimierend bei einem fairen Preis. Der trockene Ortswein zeigt Schliff, der Hendelberg klaren Lagenausdruck. Eine stimmige Reihe. Wir sind gespannt auf die Jahrgangsspitze. Nach der Lese erfolgt der Transport der Trauben ins Fränkische. Die Weine werden dann auf dem Stammsitz des Guts in Kleinheubach ausgebaut. Gerade in Jahren mit heiklen Reifeverläufen ist es sicher keine ganz einfache Aufgabe für Kellermeister Peter Arnold, den Zeitpunkt der Lese in beiden Gebieten zu koordinieren. In 2016 hat es aber gepasst. Ein gelungener Akzent in Rot ist der Spätburgunder »CF«: Mandelkern, Kirsche, Leichtigkeit und guter Frucht-Widerhall kennzeichnen diesen Gutswein.

Verkostete Weine 6
Bewertung 83–88 Punkte

83 2016 Riesling Rheingau trocken | 12,5% | 6,80 €
87 2016 Hallgartener Riesling trocken | 12,5% | 12,– €
88 2016 Hallgartener Hendelberg Riesling H trocken | 12,5% | 17,– €
85 2016 Riesling Rheingau feinherb | 12% | 6,80 €
86 2016 Hallgartener Schönhell Riesling Kabinett feinherb | 11,5% | 12,– €
86 2014 Spätburgunder CF trocken | 12,5% | 9,80 €

WEINHOF MARTIN

65346 Eltville-Erbach · Bachhöller Weg 4
Tel (0 61 23) 6 28 56 · Fax 8 11 15
info@weinhof-martin.de
www.weinhof-martin.de
Inhaber Günter Martin
Kellermeister Michael Martin
Verkauf Michael Martin
Mo–Sa 9.00–13.00 Uhr · 15.00–19.00 Uhr
und nach Vereinbarung

In den späten 60er Jahren in den Weinbergen der Erbacher Bachhöll gebaut ist aus dem Aussiedlerhof inzwischen der Weinhof Martin mit Gutsausschank, Wintergarten und neu gestaltetem Gutshof entstanden. Neben Riesling wird Weißburgunder, Chardonnay und Goldmuskateller angebaut. Die Rotweinsorten machen ein Drittel der Produktion aus. Dies sind Spätburgunder, Dornfelder, Regent und Cabernet Sauvignon, die wir jedoch nicht verkosten konnten. Die Weißweine sind vorwiegend mild in der Säure und reif in der Fruchtaromatik. Von den Rieslingen gefiel uns der Karat am besten. Feinherb am Gaumen zeigt er klare Fruchtnoten von Papaya und grünen exotischen Früchten. Herausragend gut ist der Goldmuskateller, der intensiv aromatisch nach weißen Blüten, Steinobst, und Zitrusfrüchten schmeckt.

Verkostete Weine 6
Bewertung 81–85 Punkte

81 2016 Riesling Smart trocken | 10% | 6,20 €
82 2016 Weißburgunder trocken | 12,5% | 7,20 €
83 2016 Erbacher Michelmark Riesling trocken Alte Reben | 12,5% | 8,80 €
82 2016 Spätburgunder feinherb Blanc de Noirs | 12% | 6,90 €
84 2016 Erbacher Steinmorgen Riesling Karat feinherb Premium | 12,5% | 8,80 €
85 2016 Goldmuskateller feinherb | 12% | 9,50 €

RHEINGAU

WEINGUT BERNHARD MEHRLEIN

65375 Oestrich-Winkel · Urbanstraße 29
Tel (0 67 23) 29 34 · Fax 8 75 41
info@weingut-mehrlein.de
www.weingut-mehrlein.de
Inhaber Thorsten Mehrlein

Verkauf nach Vereinbarung

Über 60 Hektar mit 97 Prozent Riesling stehen Thorsten Mehrlein, der das Gut in dritter Generation betreibt, zur Verfügung. Das sind Dimensionen, die erst einmal vermarktet sein wollen. Und wie er das angeht, lässt sich der gut gemachten, äußerst professionellen Website des Guts entnehmen. Aber natürlich ist die Qualität der Weine die Basis für den Erfolg. Aus der stimmigen Kollektion möchten wir zwei Weine herausheben: Die feinfruchtige, harmonisch fließende Spitzen-Cuvée Gentleman und den saftigen, restsüßen Liter aus dem Lenchen. Ein spannendes Projekt, genannt Riesling Venture, zusammen mit Theresa Breuer und ihrem Kellermeister Markus Lundén initiiert, soll dem feinen Süße-Säure-Spiel des Rheingauer Rieslings Ausdruck verleihen.

Verkostete Weine 11
Bewertung 81–86 Punkte

- 82 2016 Johannisberger Erntebringer Riesling trocken | 12% | 6,- €/1,0 Lit.
- 82 2016 Mittelheimer Edelmann Riesling trocken | 12% | 6,- €
- 86 2016 Riesling Gentleman trocken | 12% | 8,90 €
- 84 2015 Mittelheimer Edelmann Riesling Spätlese trocken | 12% | 7,10 €
- 83 2016 Hallgartener Mehrhölzchen Riesling halbtrocken | 11,5% | 6,- €/1,0 Lit.
- 81 2016 Riesling Classic | 12% | 6,- €
- 84 2016 Johannisberger Erntebringer Riesling halbtrocken | 11,5% | 6,- €
- 85 2015 Oestricher Lenchen Riesling | 9,5% | 6,- €/1,0 Lit.
- 85 2015 Johannisberger Erntebringer Riesling Spätlese | 9,5% | 6,90 €
- 85 2015 Johannisberger Erntebringer Spätburgunder trocken | 13,5% | 6,50 €

WEINGUT MOHR

65391 Lorch · Rheinstraße 21 **BIO**
Tel (0 67 26) 94 84 · Fax 16 94
info@weingut-mohr.de
www.weingut-mohr.de
Inhaber und Betriebsleiter Jochen Neher

Verkauf Jochen Neher
nach Vereinbarung
Straußwirtschaft Mai und Juni, Mitte Okt.–Mitte Nov., Do–Sa ab 17.00 Uhr,
feiertags ab 15.00 Uhr
Spezialitäten Wild, Forellen, regionale und türkische Gerichte
Sehenswert Gewölbekeller, Straußwirtschaft im Innenhof und Terrasse
Erlebenswert türkische Kochkurse
Rebfläche 6,5 Hektar
Jahresproduktion 40.000 Flaschen
Beste Lagen Lorcher Krone, Bodental-Steinberg und Schlossberg, Assmannshäuser Höllenberg
Boden blauer und roter Phyllitschiefer, Quarzit
Rebsorten 72% Riesling, 12% Spätburgunder, 10% Weißburgunder, 6% übrige Sorten
Mitglied Ecovin

Animierende 2016er Rieslinge - eine rundum gelungene Kollektion! Schon die beiden Basis-Rieslinge bereiten echtes Trinkvergnügen. Und dann geht es über die Spätlese trocken und Alte Reben hinauf zu drei sehr feinen Lorcher Lagenweinen. Intensiven Duft nach reifem Apfel und auch etwas Mandarine verströmt das saftig-klare Erste Gewächs aus der Krone. Bei dem Pendant aus dem Bodental-Steinberg notierten wir die Aromen von Birne und Mango. An der Spitze steht der mineralisch-tiefe, präzise Schlossberg, gewonnen aus den Trauben von 1934 gepflanzten Reben. Wie immer eine Bank ist auch der Sekt. Dieses Mal ein animierender Riesling mit feiner Cremigkeit. Das ökologisch arbeitende Weingut von Jochen Neher ist nicht nur beim Wein eine feste Größe in Lorch. Auch seine mediterran inspirierte Gutsküche ist einen Besuch wert. Da auch der Spätburgunder aus dem Höllenberg überzeugt, können wir nur sagen: Hier geht die Tendenz klar nach oben!

Verkostete Weine 11
Bewertung 85–89 Punkte

- 88 2014 Riesling Sekt Brut | 12,5% | 18,50 €
- 87 2015 Pinot Blanc Anas Orange Tafelwein trocken | 13% | 30,– €
- 85 2016 Riesling trocken | 11,5% | 8,90 €
- 87 2016 Riesling trocken Alte Reben | 12% | 15,90 €
- 88 2016 Lorcher Krone Riesling Erstes Gewächs | 12,5% | 25,– €
- 89 2016 Lorcher Schlossberg Riesling 34 trocken | 12,5% | 28,– €
- 88 2016 Lorcher Bodental-Steinberg Riesling Erstes Gewächs | 12,5% | 28,– €
- 86 2016 Riesling Spätlese trocken | 12,5% | 15,90 €
- 85 2016 Riesling feinherb | 11,5% | 8,90 €
- 87 2016 Riesling Spätlese | 9,5% | 15,90 €
- 88 2015 Assmannshäuser Höllenberg Spätburgunder trocken Holzfass | 12,5% | 17,90 €

WEINGUT GEORG MÜLLER STIFTUNG
65347 Hattenheim · Eberbacher Straße 7–9
Tel (0 67 23) 20 20 · Fax 20 35
info@georg-mueller-stiftung.de
www.georg-mueller-stiftung.de
Inhaber Peter Winter
Betriebsleiter und Kellermeister Tim Lilienström
Verkauf Tim Lilienström
Mo–Fr 9.00–12.00 Uhr · 14.00–17.00 Uhr
April–Okt. **Sa–So** 14.00–18.00 Uhr

Die 2015er Rotweine haben uns gut gefallen. Der »Edition PW« genannte Frühburgunder zeigt klare typische Art und hat das Holz des Barrique-Ausbaus gut integriert. Für das Große Gewächs aus der Lage Hassel notierten wir schwarze Kirsche, Hauch Schokolade, schmelzige Fülle und gute Länge. Die 2016er Rieslinge zeigen gute Substanz und eine gewisse Herbe. Eine klassische Auslese und ein typischer Eiswein runden die Kollektion ab.

Verkostete Weine 12
Bewertung 83–89 Punkte

- 83 2016 Riesling trocken | 12% | 8,80 €
- 84 2016 Hattenheimer Schützenhaus Riesling trocken | 12,5% | 14,80 €
- 84 2016 Oestricher Klosterberg Riesling trocken | 12,5% | 14,80 €
- 85 2016 Hattenheimer Hassel Riesling »Großes Gewächs« | 13,5% | 27,50 €
- 87 2015 Hattenheimer Wisselbrunnen Riesling »Großes Gewächs« | 13,5% | 38,– €
- 85 2016 Oestricher Lenchen Riesling Kabinett | 10,5% | 18,50 €
- 86 2016 Hattenheimer Nussbrunnen Riesling Spätlese Goldkapsel | 10% | 48,– €/0,375 Lit.
- 88 2016 Hattenheimer Hassel Riesling Auslese | 8,5% | 58,– €/0,375 Lit.
- 89 2016 Hattenheimer Hassel Riesling Eiswein | 8% | Auf Anfrage
- 87 2015 Frühburgunder Edition PW trocken Barrique | 13% | 16,80 €
- 86 2015 Spätburgunder Daniel trocken Barrique | 13,5% | 19,80 €
- 89 2015 Hattenheimer Hassel Spätburgunder »Großes Gewächs« | 14% | 48,– €

Symbole Weingüter
€ Schnäppchenpreis · TOP Spitzenreiter · BIO Ökobetrieb
Trinktipp · Versteigerungswein

Sekt | Weißwein | Rotwein | Rosé

RHEINGAU

WEINGUT G. H. VON MUMM

65366 Geisenheim-Johannisberg
Am Erntebringer 9a
Tel (0 67 22) 7 00 90 · Fax 70 09 33
info@schloss-johannisberg.de
www.mumm.de
Inhaber G. H. von Mumm'sches Weingut KG
Geschäftsführer Christian Witte
Betriebsleiter Hans Kessler
Kellermeister Gerd Ritter
Verkauf Heribert Heyn, Stefan Eiser
Mo–Fr 10.00–18.00 Uhr, **Sa–So** 11.00–17.00 Uhr

Die Fassprobe des 2015er Assmannshäuser Spätburgunders hat uns gut gefallen. Der Holzeinsatz ist fein, Beerennoten und ein Anflug von schwarzem Tee akzentuieren den geschliffenen Wein. Der feinherbe Rote Riesling ist saftig und klar. Er präsentiert sich animierender als die meisten Rieslinge der aktuellen Kollektion. Die erneut vorgestellten 2015er haben sich nicht verbessert.

Verkostete Weine 12
Bewertung 82–89 Punkte

82 2016 Riesling trocken | 12,5% | 7,20 €/1,0 Lit.
83 2016 Riesling Mineral trocken | 13% | 8,50 €
82 2016 Weißburgunder trocken | 13,5% | 9,30 €
83 2016 Rüdesheimer Riesling trocken
    | 12,5% | 11,50 €
84 2016 Johannisberger Riesling trocken
    | 12,5% | 11,50 €
86 2015 Johannisberger Schwarzenstein Riesling
    trocken | 12,5% | 16,- €
85 2015 Rüdesheimer Berg Rottland Riesling
    »Großes Gewächs« | 13,5% | 26,- €
82 2016 Riesling Kabinett trocken | 11% | 11,50 €
84 2016 Riesling Taunusquarzit feinherb
    | 12% | 8,50 €
85 2016 Roter Riesling feinherb | 12,5% | 13,- €
85 2015 Spätburgunder trocken | 13,5% | 10,- €
89 2015 Assmannshäuser Spätburgunder trocken
    | 13,5% | 15,- €

WEINGUT DR. NÄGLER

65385 Rüdesheim · Friedrichstraße 22
Tel (0 67 22) 28 35 · Fax 4 73 63
info@weingut-dr-naegler.de
www.weingut-dr-naegler.de
Inhaber Wiltrud Nägler
Pächter Tilbert Nägler
Betriebsleiter und Kellermeister Tilbert Nägler
Verkauf Tilbert Nägler
nach Vereinbarung

Seit dem frühen 19. Jahrhundert besitzt die Familie Nägler Parzellen im Rüdesheimer Berg. Aus den von Taunusquarzit und Schiefer durchzogenen Steillagen sind auch im Jahrgang 2016 nervige und mineralische Weine entstanden. Schon der beständig gute Literriesling steht für diesen Weintyp. Der Riesling vom Schiefer ist feingliedrig und zeigt vibrierende mineralische Würze. Den mineralisch-knackigen Steinkaut sehen wir in diesem Jahr vor den Alten Reben an der trockenen Spitze der Kollektion. Bei den feinherben Weinen ist der würzig-kühle und klare Kabinett aus dem Bischofsberg gut gelungen. Ihn trinken wir fast lieber als die schlanke Spätlese, die delikat nach rosa Grapefruit schmeckt, der es aber etwas an Spiel fehlt.

Verkostete Weine 8
Bewertung 82–86 Punkte

83 2016 Riesling trocken | 11% | 6,- €/1,0 Lit.
85 2016 Rüdesheimer Riesling vom Schiefer trocken
    | 12% | 9,- €
86 2016 Rüdesheimer Steinkaut Riesling trocken
    | 12% | 11,- €
85 2016 Rüdesheimer Riesling Alte Reben trocken
    | 13% | 14,- €
82 2016 Riesling feinherb Classic | 11,5% | 7,- €
83 2016 Rüdesheimer Riesling feinherb | 11% | 9,- €
85 2016 Rüdesheimer Bischofsberg Riesling Kabinett
    feinherb | 11% | 11,- €
86 2016 Rüdesheimer Berg Rottland Riesling
    Spätlese | 8,5% | 16,- €

★⯪

WEINGUT HEINZ NIKOLAI
65346 Erbach · Ringstraße 16
Tel (0 61 23) 6 27 08 · Fax 8 16 19
weingut@heinz-nikolai.de
www.heinz-nikolai.de
Inhaber Katharina und Frank Nikolai
Kellermeister Frank Nikolai
Außenbetrieb Florian Kremer
Verkauf Katharina und Helga Nikolai
Mo–Sa 10.00–19.00 Uhr, **So** 10.00–14.00 Uhr

Ein Weingut ohne Allüren führen Frank und Katharina Nikolai in der sechsten Generation. Ihre Weine wachsen vorwiegend auf würzigem Taunusquarzit und Löss-Lehm-Böden in Erbacher Lagen, die den Rieslingen exotische Frucht bescheren. Das Konzept sind harmonische Weine, die durch eine gewisse fruchtige Süße abgerundet werden. Maischestandzeit und Spontangärung sorgen für eine attraktive Herbe am Gaumen. Die Spätlese aus einem Filetstück des Michelmarks gefällt uns mit Kraft und pikanter Frische. Bei den Ersten Gewächsen sehen wir den eleganten Steinmorgen mit seinen attraktiven Noten von Sternfrucht vor dem würzigen und kraftvollen Siegelsberg. Bei den Roten gefallen uns die Alte Reben Johann Jakob mit apartem Vanilleton. Dieser Wein benötigt noch eine gewisse Reifezeit.

Verkostete Weine 14
Bewertung 82–87 Punkte

84 2014 Spätburgunder Rosé Sekt extra trocken | 13% | 9,– €
82 2016 Riesling Placidus trocken | 12% | 6,– €
84 2016 Sauvignon Blanc trocken | 13% | 7,50 €
84 2016 Erbacher Michelmark Riesling Filetstück trocken | 13% | 8,50 €
85 2016 Riesling Primus Maximus trocken | 13% | 9,50 €
87 2016 Erbacher Steinmorgen Riesling Erstes Gewächs | 13% | 16,– €
87 2016 Erbacher Siegelsberg Riesling Erstes Gewächs | 13% | 16,– €
83 2016 Hallgartener Schönhell Riesling Kabinett trocken | 12% | 7,– €
82 2016 Riesling feinherb Classic | 12% | 6,50 €
84 2016 Erbacher Steinmorgen Riesling feinherb Alte Reben | 12,5% | 8,50 €
84 2015 Erbacher Michelmark Spätburgunder trocken Holzfass | 13% | 7,– €
86 2015 Spätburgunder Johann Jakob trocken Alte Reben Holzfass | 13,5% | 12,50 €

★★★⯪ **Aufsteiger des Jahres**

WEINGUT ACHIM VON OETINGER
65346 Erbach · Rheinallee 1–3
Tel (0 61 23) 6 25 28 · Fax 6 26 91
info@von-oetinger.de
www.von-oetinger.de
Inhaber und Kellermeister Achim von Oetinger
Verkauf Achim von Oetinger
Mo, Mi–Fr 14.30–22.00 Uhr, **Sa–So** 11.00–22.00 Uhr
Gutsausschank »von Oetinger«
mit schattiger Gartenterrasse direkt am Rhein,
Mo, Fr ab 16.00 Uhr, Sa–So, feiertags ab 12.00 Uhr
Spezialitäten gehobene, rheingautypische bis mediterrane Küche, mit Hotel
Rebfläche 12 Hektar
Jahresproduktion 60.000 Flaschen
Beste Lagen Erbacher Marcobrunn, Siegelsberg, Hohenrain, Michelmark, Steinmorgen
Boden Lösslehm
Mitglied VDP

Großartige 2016er mit Schliff und Tiefgang! Achim von Oetinger hat sich mit diesem Jahrgang endgültig in der Spitze des Rheingaus etabliert. Seine akribische Arbeit trägt inzwischen reiche Früchte. Neben dem Riesling überzeugt hier auch Grauburgunder, jetzt »Gee« genannt, und vor allem der Müller-Thurgau »Jott«. Ausgebaut mit fünf Tagen Maischestandzeit und Jungfernbeeren im Tank, präsentiert er sich jetzt kernigklar, mit tiefer Frucht und feiner Herbe im Finish. Aus der Reihe der animierenden Rieslinge verdiente jeder Wein eine besondere Empfehlung - sei es der rassige Mineral, die geschliffenen Alten Reben mit Noten von reifen Zitrusfrüchten oder die tiefer Tradition. Als einziger ist er länger im Holz ausgebaut und erreicht schon das Niveau der Großen Gewächse. Bei diesen legen Hohenrain und Siegelsberg die Basis für den Auftritt eines majestätischen Marcobrunn. Die große Klasse dieses durchgegorenen Weins mit seiner sublimen Riesling-Aromatik ist schon erkennbar, aber natürlich lohnt sich Geduld hier besonders. Eine Spitzen-Kollektion!

RHEINGAU

Verkostete Weine 12
Bewertung 85–95 Punkte

85 2016 Riesling Lösslehm trocken | 12,5% | 8,90 €
85 2016 Spätburgunder Blanc de Noirs trocken | 13% | 9,50 €
89 2016 Müller-Thurgau Jott trocken | 13% | 11,90 € | 🍷
88 2016 Riesling Mineral trocken | 13% | 12,90 €
87 2016 Gee trocken | 13,5% | 14,90 €
90 2016 Riesling trocken Alte Reben | 13% | 16,90 €
91 2016 Riesling Tradition trocken | 13% | 19,90 €
90 2016 Erbacher Siegelsberg Riesling »Großes Gewächs« | 13% | 35,- €
91 2016 Erbacher Hohenrain Riesling »Großes Gewächs« | 13% | 35,- €
95 2016 Erbacher Marcobrunn Riesling »Großes Gewächs« | 13% | 69,- € | TOP
88 2016 Erbacher Michelmark Riesling Spätlese | 10% | 13,90 €
94 2015 Erbacher Siegelsberg Riesling Trockenbeerenauslese | 7% | 95,- €/0,375 Lit.

WEINGUT JOHANNES OHLIG

65375 Oestrich-Winkel · Hauptstraße 68
Tel (0 67 23) 20 12 · Fax 8 78 72
info@weingut-ohlig.de
www.weingut-ohlig.de
Inhaber und Betriebsleiter Johannes Ohlig
Verkauf Inga Ohlig
Mo–Fr 10.00–12.00 Uhr · 14.00–18.00 Uhr
Sa 10.00–16.00 Uhr

Der Zehntenhof ist der Sitz dieses Winkeler Gutes. Früher hat hier die Bevölkerung ihre Steuern in Naturalien an das Erzbistum Mainz abgegeben. Heute wird hier Wein, vorwiegend Riesling, gekeltert. Der Stil des Hauses ist kräftig-würzig, zuweilen kommen Botritysbeeren zum Einsatz. Die Basis ist leider unpräzise. Die saftigen Alten Reben zeigen reife Orangenaromen und einen feinherben Zug. Die feinherbe, florale Spätlese aus dem Edelmann hat eine schöne Substanz und Noten von Pomelo und Maracuja. Das kraftvolle Beste Fass aus dem Jesuitengarten braucht Luft und Zeit. Animierend-saftig, klar und stimmig ist der Rote Riesling.

Verkostete Weine 12
Bewertung 81–85 Punkte

81 2016 Mittelheimer St. Nikolaus Riesling trocken | 12% | 5,70 €
85 2016 Riesling Alte Reben trocken | 12,5% | 9,- €
83 2016 Winkeler Gutenberg Riesling Kabinett trocken | 11,5% | 6,30 €
84 2016 Johannisberger Klaus Riesling Spätlese trocken | 12% | 7,80 €
82 2016 Weißburgunder feinherb | 12% | 5,70 €
83 2016 Riesling Classic | 12% | 6,- €
84 2016 Winkeler Hasensprung Roter Riesling feinherb | 11,5% | 9,- €
85 2016 Riesling bestes Fass feinherb | 12% | 13,- €
83 2016 Winkeler Hasensprung Riesling Kabinett feinherb | 11% | 6,30 €
85 2016 Mittelheimer Edelmann Riesling Spätlese feinherb | 11,5% | 7,80 €
84 2016 Johannisberger Goldatzel Riesling Spätlese | 10,5% | 7,80 €
82 2016 Johannisberger Erntebringer Spätburgunder feinherb Rosé | 12% | 6,- €

697

WEINGUT PRINZ VON HESSEN
65366 Johannisberg · Grund 1
Tel (0 67 22) 40 91 80 · Fax 4 09 18 20
weingut@prinz-von-hessen.com
www.prinz-von-hessen.com
Inhaber Hessische Hausstiftung
Vorstand Donatus Landgraf von Hessen, Rainer Prinz von Hessen und Jan Rinnert
Betriebsleiter Dr. Clemens Kiefer
Verwalter Martin Walther
Kellermeister Sascha Huber

Verkauf Rainer Prinz von Hessen
Mo-Fr 9.00–17.00 Uhr
Sa 11.00–16.00 Uhr und nach Vereinbarung

Sehenswert Holzfasskeller, Garten, Dachsberg
Rebfläche 41 Hektar
Jahresproduktion 280.000 Flaschen
Beste Lagen Johannisberger Klaus, Winkeler Hasensprung, Jesuitengarten und Dachsberg, Kiedricher Sandgrub
Boden tiefgründiger Löss auf Kies, tertiärer Mergel, Quarzitverwitterung
Rebsorten 92% Riesling, 3% Weißburgunder, je 2% Merlot und Spätburgunder, 1% Scheurebe
Mitglied VDP

Verkostete Weine 12
Bewertung 84–90 Punkte

84 2016 Riesling trocken | 12% | 8,90 €
85 2016 Johannisberger Klaus Riesling trocken | 13% | 12,90 €
86 2015 Riesling Dachsfilet trocken | 13% | 22,50 €
88 2016 Johannisberger Klaus Riesling »Großes Gewächs« | 13% | 28,90 €
89 2016 Winkeler Hasensprung Riesling »Großes Gewächs« | 12,5% | 28,90 €
90 2016 Winkeler Jesuitengarten Riesling »Großes Gewächs« | 12,5% | 28,90 €
86 2016 Riesling Royal Kabinett trocken | 12% | 12,90 €
86 2016 Winkeler Riesling feinherb | 12,5% | 12,90 €
88 2016 Winkeler Hasensprung Riesling Spätlese | 9% | 22,50 €
90 2015 Riesling Steckenpferd Spätlese | 12,5% | 22,50 €
90 2016 Johannisberger Klaus Riesling Auslese | 8,5% | 19,50 €/0,375 Lit.
88 2015 Riesling Goldstück Beerenauslese | 11% | 49,– €/0,375 Lit.

Das hat uns gut gefallen: Die 2016er Rieslinge vereinen klare Frucht, guten Saft und feine Würze. Heinrich Donatus Landgraf von Hessen und Betriebsleiter Dr. Clemens Kiefer haben den großartigen Lagen des Guts damit wieder Weine entlockt, die dem Anspruch des Hauses entsprechen. Viel Spaß hat uns schon der feinherbe Winkeler gemacht: ein animierender Rheingauer, der Ehre für die Ortswein-Kategorie einlegt. Bei den kraftvollen Großen Gewächsen, die mitunter auch eine deutliche Holzprägung aufweisen, sticht der klare und präzise Auftritt des Jesuitengartens heraus. Der klassisch feinherbe, vom Holzausbau geprägte Stil der Steckenpferd genannten 2015er Spätlese verdient eine besondere Erwähnung. Das hat Klasse! Eine gediegene, feinschmelzige Auslese, die Noten von Honig, Apfel und Melone vereint, rundet die Kollektion ab.

RHEINGAU

WEINGUT PRINZ

65375 Hallgarten · Im Flachsgarten 5
Tel (0 67 23) 99 98 47 · Fax 99 98 48
info@prinz-wein.de
www.prinz-wein.de

Betriebsleiter Fred Prinz

Verkauf Sabine Prinz
nach Vereinbarung

Rebfläche 8,5 Hektar

Jahresproduktion 60.000 Flaschen

Beste Lagen Hallgartener Jungfer, Schönhell, Frühernberg und Hendelberg

Boden Lösslehm, Buntschiefer, Taunusquarzit

Rebsorten 91% Riesling, 7% Spätburgunder, 2% Sauvignon Blanc

Mitglied VDP

Verkostete Weine 14
Bewertung 86–91 Punkte

- 86 2016 Riesling trocken | 12% | 9,- €
- 86 2016 Sauvignon Blanc trocken | 13,5% | 16,60 €
- 87 2016 Roter Riesling trocken | 12,5% | 16,60 €
- 87 2016 Riesling Kabinett trocken | 11,5% | 11,40 €
- 87 2016 Hallgartener Riesling trocken | 12% | 11,40 €
- 88 2016 Hallgartener Hendelberg Riesling trocken | 13% | 16,60 €
- 90 2016 Hallgartener Frühernberg Riesling trocken | 13% | 16,60 €
- 90 2016 Hallgartener Schönhell Riesling »Großes Gewächs« | 13% | 22,80 €
- 91 2016 Hallgartener Jungfer Riesling »Großes Gewächs« | 13% | 28,80 €
- 90 2008 Hallgartener Jungfer Riesling Erstes Gewächs | 13% | Preis auf Anfrage
- 90 2016 Hallgartener Jungfer Riesling Kabinett | 8% | 12,- €
- 91 2008 Hallgartener Jungfer Riesling Kabinett Goldkapsel | 8% | Preis auf Anfrage
- 89 2016 Hallgartener Jungfer Riesling Spätlese | 8,5% | 22,- €
- 90 2014 Hallgartener Hendelberg Spätburgunder trocken Barrique | 13% | 22,- €

Wieder eine tolle Kollektion - für uns die beste der letzten Jahre! Knackig klare trockene und saftige, lebendige fruchtsüße Hallgartener Rieslinge zeichnen den Ökobetrieb von Fred Prinz schon seit Jahren aus. Und in diesem Jahr sind die Weine, die ohne jede Effekthascherei auskommen, in jeder Kategorie noch einmal besser. Beginnend mit dem saftigen Gutsriesling über den nervigen Kabinett und den Hallgartener mit Apfelsinen-Note bis hin zu den trockenen Spitzen ist das stimmig durchkomponiert. Eine besondere Erwähnung verdient der Apfel-duftige, saftig-geschliffene Frühernberg. Dies ist der Name einer besonderen Parzelle in der Schönhell, die den Status einer Ersten Lage erhalten hat. Die konzentriert klare Jungfer mit Noten von Mirabelle und herbem Weinbergspfirsich ist mit ihrer in sich ruhenden Art ein würdiges Großes Gewächs und der Star der Kollektion. Wie herrlich die Weine reifen können, belegen zwei 2008er. Das Erste Gewächs entwickelt mit Luft feine Würze, hat eine saftige Art und eine animierende reife Säure. Der Goldkapsel Kabinett mit verwobener Süße ist perfekte, klare Rheingau-Klassik. Nicht vergessen werden darf der saftig-elegante, nach Vanille duftende 2014er Spätburgunder.

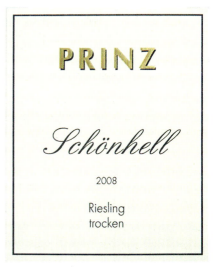

★★★

WEINGUT QUERBACH
65375 Oestrich · Lenchenstraße 19
Tel (0 67 23) 38 87 · Fax 8 74 05
info@querbach.com
www.querbach.com
Inhaber Peter Querbach
Betriebsleiter Peter Querbach
Kellermeister Peter Weritz
Verkauf Peter Querbach
Mo-Fr 8.00-12.00 Uhr · 14.00-17.30 Uhr
Sa 9.00-14.00 Uhr
Gästehaus im Weingut am Ortsrand
Rebfläche 10 Hektar
Jahresproduktion 80.000 Flaschen
Beste Lagen Oestricher Lenchen und Doosberg, Winkeler Hasensprung, Hallgartener Schönhell
Boden tiefgründig toniger Lehm und lehmiger Löss
Rebsorten 88% Riesling, 12% Spätburgunder

und vor allem den Doosberg Milestone. Unser Favorit ist der saftig-pikante 2008er mit feiner Länge. Eine beeindruckende Präsentation!

Verkostete Weine 11
Bewertung 87–92 Punkte

87 2011 Riesling Edition | 12,5% | 9,90 €
89 2001 Riesling Edition | 12% | 9,90 € | €
87 2009 Riesling »sur lie« | 12% | 8,70 €
89 2012 Riesling Edition | 12% | 9,90 € | €
88 2013 Riesling Edition | 12% | 9,90 € | €
89 2008 Riesling Edition | 12% | 9,90 € | €
88 2002 Riesling Edition | 12% | 9,90 € | €
91 2013 Oestricher Doosberg Riesling Milestone »Großes Gewächs« | 12,5% | 20,40 €
92 2012 Oestricher Doosberg Riesling Milestone »Großes Gewächs« | 12,5% | 20,40 €
92 2008 Oestricher Doosberg Riesling Milestone »Großes Gewächs« | 12,5% | 20,40 €
90 2001 Oestricher Lenchen Riesling No.1 | 12,5% | 14,40 €

Das große Thema der Querbachs ist das Reifepotenzial des (ihres) Rieslings. Sie gehen dafür nicht nur beim Verschluss eigene Wege und setzen auf den Kronkorken. Nach einer Vorlese von Hand schwören sie auf die Maschinenlese, damit die Trauben genau zum richtigen Reifezeitpunkt schnell eingebracht werden können. Im Keller werden die Weißweine spontan vergoren und ausschließlich im Edelstahltank, meistens nicht ganz trocken ausgebaut, »international trocken«, wie man das hier gerne nennt. Und dies gilt auch oft für die besten Lagenweine. Dies ist einer der Gründe, weswegen das Gut aus dem VDP ausgetreten ist. Diese Linie ist nicht mit dem Konzept der Großen Gewächse kompatibel. Die Querbachschen Weine sind ungemein langlebig und entwickeln sich über die Jahre, was eine Nachprobe älterer Jahrgänge auch in diesem Jahr wieder gezeigt hat. Und aus diesem Grund, und weil die Weine auch immer noch angeboten werden, führen wir sie hier auf und nicht die eigentlich jetzt anstehenden 2015er, so vielversprechend sich erste Vertreter auch präsentiert haben. Der Basis-Riesling des Hauses heißt Edition und von ihm konnten wir Beispiele bis zurück zum immer noch frischen, klaren 2001er verkosten. Ein ausgezeichnetes Niveau halten auch die Jahrgänge 2002, 2008, 2012 und 2013. Und dies gilt, auf noch etwas höherem Niveau, auch für den Lenchen No. 1

RHEINGAU

SCHLOSS REINHARTSHAUSEN

65346 Eltville-Erbach · Hauptstraße 39
Tel (0 61 23) 67 63 33 · Fax 42 22
service@schloss-reinhartshausen.de
www.schloss-reinhartshausen.de
Inhaber Familie Lergenmüller
Betriebsleiter Stefan Lergenmüller
Außenbetrieb Norbert Weiß
Kellermeister Martin Vogel

Verkauf Gerda Kruger
Mo–So 10.00–18.00 Uhr

Schlossschänke Mo–Fr ab 16.00 Uhr,
Sa–So ab 11.00 Uhr
Gourmetrestaurant »Prinzess von Erbach«
Historie 1337 gegründet, 1800 Bau des Schlosses mit Festsaal
Erlebenswert Kellerführung und Besichtigung der Insel Mariannenaue mit Weinprobe, kulinarische Weinprobe
Rebfläche 68 Hektar
Jahresproduktion 300.000 Flaschen
Beste Lagen Erbacher Marcobrunn, Schlossberg, Siegelsberg und Hohenrain, Hattenheimer Wisselbrunnen und Nussbrunnen
Boden Schwemmkies, tiefgründiger Mergel und Löss
Rebsorten 80% Riesling, 7% Weißburgunder, je 5% Chardonnay und Spätburgunder, 3% übrige Sorten

Verkostete Weine 14
Bewertung 85–95 Punkte

85 2016 Riesling Schloss Reinhartshausen trocken | 12% | 11,20 €
86 2016 Weißburgunder & Chardonnay trocken | 10,5% | 11,60 €
89 2016 Hattenheimer Wisselbrunnen Riesling trocken | 12% | 18,50 €
91 2016 Erbacher Hohenrain Riesling trocken Alte Reben | 12,5% | 21,- €
87 2016 Roter Riesling trocken | 12% | 23,60 €
90 2015 Erbacher Siegelsberg Riesling 19/16 trocken | 12,5% | 32,- €
87 2015 Erbacher Schlossberg Riesling trocken | 13,5% | 39,- €
89 2014 Erbacher Marcobrunn Riesling trocken | 14% | 45,- €
88 2016 Hattenheimer Nussbrunnen Riesling Kabinett | 9,5% | 15,50 €
89 2016 Erbacher Marcobrunn Riesling Kabinett | 9,5% | 18,- €
90 2015 Erbacher Hohenrain Riesling Spätlese | 7% | 23,- €
91 2015 Erbacher Schlossberg Riesling Auslese | 7% | 45,- €
95 2015 Erbacher Marcobrunn Riesling Auslese | 9,5% | 75,- €
87 2014 Assmannshäuser Spätburgunder trocken | 14% | 18,50 €

Das Weingut Schloss Reinhartshausen und damit auch das Hofgut Mariannenaue ist nun im Besitz der Pfälzer Familie Lergenmüller. Betriebsleiter ist Stefan Lergenmüller, der auch auf dem Gut lebt. Zusammen mit Kellermeister Martin Vogel hat er den Betrieb wieder ausgerichtet und will ihn in die Rheingauer Spitze zurückführen. Und was wir in diesem Jahr verkosten konnten, lässt das Potenzial des Hauses erkennen. Beginnend mit einem kernig-klaren Gutswein ist die Kollektion ohne Tadel. Der 2016er Hohenrain Alte Reben ist konzentriert und tief, aber auch unglaublich animierend. Der vom Holzausbau geprägte 2015er Siegelsberg lässt erst jetzt erkennen, was in ihm steckt. Über allem thront die klassische Auslese aus dem Marcobrunn. Ein Gruß aus dem großen Jahr 2015.

WEINGUT BALTHASAR RESS

65347 Eltville-Hattenheim · Rheinallee 7–11
Tel (0 67 23) 9 19 50 · Fax 91 95 91
info@balthasar-ress.de
www.balthasar-ress.de
Inhaber Christian Ress
Betriebsleiter Dirk Würtz
Außenbetrieb Oliver Schmid
Kellermeister Dirk Würtz und Dennis Paul
Verkauf Vinothek, Rheinallee 50
Mo–Fr 9.00–18.00 Uhr, **Sa–So** 11.30–17.30 Uhr
Weinbar mit Vinothek in Wiesbaden
Erlebenswert Veranstaltungen im Gutshaus mit Gewölbekeller, Winebank, nördlichster Weinberg Deutschlands in Keitum auf Sylt
Rebfläche 46 Hektar
Jahresproduktion 250.000 Flaschen
Beste Lagen Hattenheimer Nussbrunnen und Engelmannsberg, Rüdesheimer Berg Schlossberg und Berg Rottland
Boden Löss, tertiärer Mergel, Quarzit
Rebsorten 90% Riesling, 10% Spätburgunder
Mitglied VDP

Verkostete Weine 15
Bewertung 84–93 Punkte

86 2016 Riesling Von Unserm trocken | 12% | 10,50 €
84 2016 Oestricher Riesling trocken | 12% | 11,- €
87 2016 Rüdesheimer Riesling trocken | 12,5% | 14,- €
89 2016 Hattenheimer Engelmannsberg Riesling trocken | 12,5% | 24,- €
87 2013 Hattenheimer Engelmannsberg Riesling trocken | 12,5% | 25,- €
89 2016 Hattenheimer Wisselbrunnen Riesling »Großes Gewächs« | 12,5% | 35,- €
90 2016 Hattenheimer Nussbrunnen Riesling »Großes Gewächs« | 12,5% | 35,- €
92 2016 Rüdesheimer Berg Rottland Riesling »Großes Gewächs« | 12,5% | 37,- €
92 2015 Rüdesheimer Berg Rottland Riesling »Großes Gewächs« | 12,5% | 38,- €
93 2012 Hattenheimer Nussbrunnen Riesling »Großes Gewächs« | 12,5% | 38,- €
87 2016 Hallgartener Riesling feinherb | 11,5% | 12,70 €
85 2016 Hallgartener Hendelberg Riesling feinherb | 11% | 15,90 €
88 2016 Schloss Reichartshausen Riesling Kabinett | 8% | 15,- €
87 2015 Pinot Noir »S« Von Unserm trocken | 12,5% | 25,- €
90 2015 Pinot Noir Caviar trocken | 13,5% | 75,- €

Ein wirklich gelungenes Jahr! Betriebsleiter Dirk Würtz und sein Team haben 2016 eine Reihe saftiger, harmonisch fließender Rieslinge erzeugt. So ist der Markenwein Von Unserm wie immer ein Trinkvergnügen. Zwei gelungene Ortsweine setzen die Reihe fort. Der Rüdesheimer tut dies mit Apfel- und Zitrusfrucht, Saft und Mineralik, der Hallgartener eher mit Klarheit und stimmiger Herbe. Der zupackende Engelmannsberg bewegt sich schon auf dem Niveau der Großen Gewächse. Bei diesen sticht für uns der Rottland heraus. Er verbindet auf sublime Art Gutsstil und Lagenausdruck. Und der feine 2015er steht ihm da nicht nach. Demjenigen, der die Reifefähigkeit der Weine anzweifelt, sei der 2012er Nussbrunnen empfohlen. Hier hat sich alles auf das Feinste verbunden. Last but not least wollen wir auf die eleganten 2015er Pinot Noirs hinweisen. Der Caviar besitzt eine feine Holznote, die zur Zeit noch die tiefe Frucht etwas verdeckt. Am Gaumen ist er dann saftig und klar, im Finish zeigt sich ein Hauch Himbeere. Vielversprechend!

☆ RHEINGAU

DAS KLEINE RIESLINGGUT
65375 Hallgarten · Niederwaldstraße 10a
Tel (01 77) 7 61 96 13
info@daskleinerieslinggut.de
www.daskleinerieslinggut.de
Inhaber Christoph Schütt und Andreas Frosch
Verkauf Andreas Frosch
nach Vereinbarung

Der Name ist Programm, auch wenn sich inzwischen ein Grüner Veltliner ins Sortiment geschlichen hat. Die bis zu 60 Jahre alten Riesling-Reben wachsen in Kleinstparzellen in besten Rheingauer Lagen. Die Cuvées der Cousins Christoph Schütt und Andreas Frosch drücken das unverfälschte Geschmacksbild der Rieslinge aus. Klare Frucht ist gewünscht. Botrytisbeeren werden konsequent aussortiert - und das schmeckt man auch. Der Steillagenwein Niveau ist der Stahlige. Er ist kühl, mit geschliffener Mineralität, feiner Kräuterwürze und Steinobstaromen. Der feinherbe Charisma ist der Charmante und uns der Liebste. Er betört mit seiner kraftvollen seidigen Art, mit weißer Pfirsichfrucht, Orangenblüten und feiner mineralischer Würze. Die Zicke ist opulent und erinnert an Grapefruit. Die reife Säure puffert die Süße gut ab. Einziger Lagenwein des Guts ist der trockene Riesling aus dem Rüdesheimer Berg Rottland. Die Aromatik ist noch etwas verschlossen. Am Gaumen ist er schlank und filigran mit schöner Struktur. Ein kleines Sortiment mit großer Sorgfalt bereitet - eine wirkliche Empfehlung für Riesling-Puristen.

Verkostete Weine 7
Bewertung 81–86 Punkte

83 2016 Riesling Basis trocken | 12% | 6,50 €
84 2016 Rüdesheimer Riesling Niveau trocken | 12% | 8,- €
81 2016 Grüner Veltliner trocken | 11,5% | 9,- €
85 2016 Rüdesheimer Berg Rottland Riesling trocken | 13% | 14,50 €
83 2016 Riesling Magda feinherb | 11,5% | 7,- €
86 2016 Riesling Charisma | 12,5% | 8,50 €
84 2016 Riesling Zicke | 8,5% | 8,50 €

WEINGUT W. J. SCHÄFER
65239 Hochheim · Elisabethenstraße 4
Tel (0 61 46) 48 21 und 21 12 · Fax 6 15 60
info@wj-schaefer.de
www.wj-schaefer.de
Inhaber Josef Schäfer
Verkauf Jutta und Josef Schäfer
Mo–Fr 10.00–19.00 Uhr
Sa 10.00–14.00 Uhr und nach Vereinbarung

Die solide 2016er Kollektion wird von einer Reihe saftiger Kabinettweine aus verschiedenen Hochheimer Lagen eröffnet. Für uns hat die nach reifem Apfel duftende Version aus der Hölle knapp die Nase vorn. Sehr ansprechend ist die Domdechaney Spätlese mit ihrer schlanken, präzisen Art und einem Hauch von exotischen Aromen. Die Spätburgunder verbinden ebenso wie der im Barrique ausgebaute Weißburgunder Fülle mit guter Struktur. Das mächtige 2015er Erste Gewächs hat genug Substanz, um die hohe Reife einzubinden. Ein sehr guter Wein!

Verkostete Weine 12
Bewertung 82–89 Punkte

88 2015 Hochheimer Hölle Riesling Erstes Gewächs | 15% | 16,- €
84 2016 Hochheimer Reichestal Riesling Kabinett trocken | 12,5% | 6,50 €
84 2016 Hochheimer Stielweg Riesling Kabinett trocken | 12,5% | 7,- €
85 2016 Hochheimer Hölle Riesling Kabinett trocken | 12,5% | 7,50 €
85 2016 Hochheimer Kirchenstück Riesling Spätlese trocken | 12,5% | 10,50 €
85 2015 Weißburgunder Spätlese trocken Barrique | 14% | 13,50 €
84 2016 Hochheimer Reichestal Riesling Kabinett halbtrocken | 10,5% | 6,50 €
87 2016 Hochheimer Domdechaney Riesling Spätlese | 9% | 10,50 €
89 2016 Riesling Eiswein | 7% | 25,- €/0,375 Lit.
82 2016 Spätburgunder trocken Blanc de Noirs | 12,5% | 6,50 €
85 2015 Hochheimer Reichestal Spätburgunder trocken Holzfass | 14,5% | 10,50 €
86 2015 Hochheimer Reichestal Spätburgunder Spätlese trocken Barrique | 14% | 15,- €

★★

WEINGUT SCHAMARI-MÜHLE
65366 Johannisberg · Grund 65
Tel (0 67 22) 6 45 37
mail@schamari.de
www.schamari.de
Inhaber Dr. Peter Reck
Betriebsleiter Uli Philipp

Verkauf Erik Andersson
Mo-Fr 10.00–12.00 Uhr · 13.00–18.00 Uhr
Sa 11.00–18.00 Uhr

Straußwirtschaft im historischen Garten (saisonal)
Historie Mühle bereits 1593 erwähnt
Sehenswert denkmalgeschütztes Mühlengebäude, großer, gepflegter Garten mit Springbrunnen
Rebfläche 5 Hektar
Jahresproduktion 40.000 Flaschen
Beste Lagen Geisenheimer Kläuserweg, Johannisberger Hölle, Assmannshäuser Höllenberg, Lorcher Kapellenberg
Boden Taunusquarzit, lehmig-tonig, Schiefer
Rebsorten 60% Riesling, 25% Spätburgunder, 7% Dornfelder, je 4% Frühburgunder und Regent

Verkostete Weine 15
Bewertung 82–87 Punkte

83 2015 Geisenheimer Kläuserweg Riesling Sekt extra Brut | 12,5% | 13,50 €
83 2016 Johannisberger Erntebringer Riesling trocken | 12% | 6,50 €/1,0 Lit.
85 2015 Chardonnay Barrique | 13,5% | 9,50 €
84 2016 Johannisberger Erntebringer Riesling Kabinett trocken | 12,5% | 6,90 €
87 2016 Geisenheimer Kläuserweg Riesling EEE Spätlese trocken | 12,5% | 7,90 €
86 2016 Geisenheimer Kläuserweg Riesling Scha-to-Marie Spätlese trocken Holzfass | 12,5% | 11,– €
83 2016 Geisenheimer Kilzberg Riesling Kabinett feinherb | 11% | 6,90 €
83 2016 Geisenheimer Kilzberg Spätburgunder Blanc de Noirs feinherb | 11,5% | 6,50 €
82 2015 Spätburgunder Partisan trocken | 12,5% | 6,50 €
85 2015 Lorcher Kapellenberg Spätburgunder trocken | 12,5% | 7,50 €
85 2016 Geisenheimer Kilzberg Dornfelder Don Veldo die Monte Cilzo trocken | 12,5% | 7,50 € (🍷)
87 2015 Assmannshäuser Höllenberg Pinot Noir trocken Barrique | 13,5% | 19,– €
87 2015 Johannisberger Hölle Pinot Noir La Déesse trocken Barrique | 14% | 35,– €

Dr. Peter Reck ist der neue Inhaber der denkmalgeschützten Schamari-Mühle. Er und sein Vater Werner erfüllen sich damit einen lange gehegten Traum. Erik Andersson steht weiter an ihrer Seite und kann sich jetzt ganz auf seine Leidenschaften - Weinberg und Keller konzentrieren. Besondere Sorgfalt widmet das Weingut seinen Basis-Rieslingen. Von einem Schoppen zu sprechen, ist eindeutig untertrieben. Schön gestaffelt steigern sich die trockenen Rieslinge bis zum EEE - allesamt reintönig, mit präziser Rieslingfrucht und Spannung am Gaumen. Den würzigen Dornfelder aus dem Kiltzberg nennt Andersson spitzbübisch »Don Veldo di Monte Cilzo«. Er ist ausgesprochen kräftig ausgefallen, weil die Frühjahrsfröste eine Ertragsreduktion auf 4.000 Liter pro Hektar zur Folge hatten. Leider reicht der La Déesse aus 2015 aktuell nicht an den legendären 2013er heran. Er ist im Moment kantig und mit weniger Frucht als zuvor. Wir werden den Wein beobachten, hier liegt sicher gutes Reifepotenzial. Zukünftig soll die idyllische Straußwirtschaft wieder regelmäßig betrieben werden.

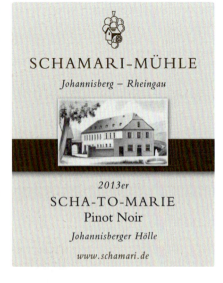

RHEINGAU

DOMÄNENWEINGUT SCHLOSS SCHÖNBORN
65347 Hattenheim · Hauptstraße 53
Tel (0 67 23) 9 18 10 · Fax 91 81 91
schloss-schoenborn@schoenborn.de
www.schloss-schoenborn.com
Inhaber und Betriebsleiter Paul Graf von Schönborn
Betriebsleiter Christian Valk
Außenbetrieb Dörthe Stein
Kellermeister Florian Franke

Verkauf Vinothek
Mo-So 9.00–18.00 Uhr (Winter)
Mo-So 9.00–22.00 Uhr (Sommer)

Vinothek mit Weinbistro und großer Sonnenterrasse
Erlebenswert Weinproben und Weingutsführungen mit Besichtigung des 500 Jahre alten Fasskellers
Historie Weinbau seit 1349 urkundlich in der Familie belegt
Historie Weinbau urkundlich seit 1349 in der Familie Schönborn belegt
Sehenswert 500 Jahre alter Fasskeller
Rebfläche 40 Hektar
Jahresproduktion 200.000 Flaschen
Beste Lagen Hattenheimer Pfaffenberg und Nussbrunnen, Erbacher Marcobrunn, Rüdesheimer Berg Rottland und Berg Schlossberg, Hochheimer Domdechaney
Boden Ton, Löss, Mergel, Schiefer, Quarzit
Rebsorten 95% Riesling, 3% Spätburgunder, 2% Weißburgunder

Das Team um Betriebsleiter Christian Valk und Kellermeister Florian Müller stellt sich hier einer großen Aufgabe und die kann in diesem traditionsreichen Betrieb nur lauten: Zurück in die Rheingauer Spitze. Denn kaum ein anderes Haus besitzt mehr Spitzenlagen wie das Weingut der Grafen von Schönborn. Und wir stellen fest, mit der aktuellen Kollektion ist ein beachtlicher, erster Schritt gelungen. Die beiden Gutsweine, vor allem die feinherbe Version, sind ein stimmiger Einstieg. Der klar gezeichnete Johannisberger verbindet eine feine Zitrusnote mit frischer Säure. Für uns der beste von vier Ortsweinen, bei denen aber auch der stilvolle Erbacher nicht unerwähnt bleiben soll. Die Ersten Gewächse des Jahrgangs 2016 will man erst im nächsten Jahr vorstellen. Eine sinnvolle Entscheidung, denn einigen 2015ern hat ein Jahr auf der Flasche gut getan. Namentlich der Rüdesheimer Berg Schlossberg hat sich gut entwickelt. Sehr gelungen präsentiert sich auch der im Barrique ausgebaute 2014er Pfaffenberg.

Verkostete Weine 14
Bewertung 83–90 Punkte

88 2015 Hochheimer Domdechaney Riesling Erstes Gewächs | 13% | 23,50 €
90 2015 Rüdesheimer Berg Schlossberg Riesling Erstes Gewächs | 13% | 23,90 €
84 2016 Riesling trocken | 12% | 7,90 €
87 2016 Johannisberger Riesling trocken | 12% | 10,90 €
83 2016 Hochheimer Riesling trocken | 12% | 11,50 €
85 2016 Rüdesheimer Riesling trocken | 12% | 11,50 €
86 2016 Erbacher Riesling trocken | 12% | 12,50 €
86 2015 Geisenheimer Weißburgunder trocken Holzfass | 12% | 23,60 €
90 2014 Hattenheimer Pfaffenberg Riesling Spätlese trocken | 12,5% | 23,60 €
85 2016 Riesling feinherb | 11% | 7,90 €
88 2015 Hattenheimer Nussbrunnen Riesling -R- feinherb | 12,5% | 13,50 €
87 2016 Hattenheimer Pfaffenberg Riesling -R- feinherb | 11,5% | 23,90 €
88 2015 Hattenheimer Pfaffenberg Riesling -R- feinherb | 13,5% | 25,90 €
84 2016 Hattenheimer Pfaffenberg Riesling Kabinett | 10% | 13,50 €

☆

WEINGUT SCHÖNLEBER-BLÜMLEIN

65375 Oestrich-Winkel · Kirchstraße 39
Tel (0 67 23) 31 10 · Fax 8 73 81
weingut@schoenleber-bluemlein.de
www.schoenleber-bluemlein.de
Inhaber Frank Schönleber
Betriebsleiter Claudia und Frank Schönleber
Außenbetrieb Thomas Hillabrand
Kellermeister Frank Schönleber
Verkauf nach Vereinbarung

Der Jahrgang 2016 kommt Frank Schönleber mit der fruchtig-frischen Weißwein-Stilistik sehr gelegen. Wir finden in diesem Jahr die feinherben Weine stimmiger als die trockenen: Eine echte Rarität aus Versuchsanbau ist ein feinherber Wein aus der aromatischen japanischen Koshu-Rebe mit moderater Säure und einem attraktiven Frucht-Potpourri von Melone, Nashi-Birne und Ananas. Bester Wein der Kollektion ist der feinherbe Alte Reben aus dem St. Nikolaus: exotisch gelb-fruchtiges Bouquet, saftig und herb-würzig am Gaumen mit schöner Dichte. Wir vermissen die Rotweine, die uns in den Vorjahren immer gut gefallen haben.

Verkostete Weine 12
Bewertung 81–86 Punkte

81 2016 Riesling trocken | 12% | 6,90 €/1,0 Lit.
82 2016 Mittelheimer St. Nikolaus Pinot Noir trocken Blanc de Noirs | 12% | 8,50 €
83 2016 Winkeler Dachsberg Grauburgunder trocken | 12,5% | 8,50 €
84 2016 Winkeler Hasensprung Riesling Kabinett trocken | 11,5% | 7,20 €
85 2016 Mittelheimer St. Nikolaus Riesling Spätlese trocken | 12% | 9,50 €
81 2016 Riesling Classic | 12% | 6,90 €
84 2015 Mittelheimer Edelmann Koshu aus Versuchsanbau | 11% | 29,90 €
84 2016 Oestricher Lenchen Riesling Spätlese feinherb | 11,5% | 9,50 €
86 2016 Mittelheimer St. Nikolaus Riesling Spätlese feinherb Alte Reben | 11,5% | 12,50 €
83 2016 Oestricher Lenchen Gewürztraminer Spätlese | 10,5% | 9,50 €
86 2016 Mittelheimer St. Nikolaus Riesling Spätlese | 9% | 9,50 €
82 2016 Mittelheimer Edelmann Spätburgunder feinherb Weißherbst | 12% | 7,90 €

WEIN- UND SEKTGUT F. B. SCHÖNLEBER

65375 Oestrich-Winkel · Obere Roppelsgasse 1
Tel (0 67 23) 34 75 · Fax 47 59
info@fb-schoenleber.de
www.fb-schoenleber.de
Inhaber Bernd und Ralf Schönleber
Außenbetrieb Ralf Schönleber
Kellermeister Bernd Schönleber
Verkauf Familie Schönleber
nach Vereinbarung
Weinstube Tel (0 67 23) 9 17 60,
Mi-Sa 16.00–23.00 Uhr, So 15.00–23.00 Uhr
Hotel 17 Zimmer, teilweise mit Rheinblick
Sehenswert eigene Sektherstellung
Rebfläche 12 Hektar
Jahresproduktion 85.000 Flaschen, davon 22.000 Flaschen Sekt
Beste Lagen Oestricher Doosberg und Lenchen, Mittelheimer St. Nikolaus und Edelmann, Erbacher Steinmorgen, Winkeler Hasensprung und Jesuitengarten
Boden Lehm, Löss
Rebsorten 90% Riesling, 8% Spätburgunder, 2% Weißburgunder
Mitglied VDP, Verband der traditionellen klassischen Flaschenvergärer

Die Großen Gewächse des Jahrgangs 2016 stechen aus der aktuellen Kollektion deutlich heraus. Der druckvolle St. Nikolaus verbindet würzigen Duft und guten Saft mit einer stimmigen Herbe im Finish. Noch etwas besser präsentiert sich der holzgeprägte Jesuitengarten: ein Wein mit beachtlicher Substanz, feiner Cremigkeit und guter Länge. Die solide Mittelbau besitzt Saft und Fülle, zeigt aber wenig Spiel und endet meist recht brav. Gut gelungen hingegen ist der Edelmann Bestes Fass. Bei den Sekten hat uns der Riesling Brut Nature viel Spaß bereitet, weil er typische Frucht und Fülle mit guter Struktur verbindet. Auch die Creation aus Riesling und Spätburgunder geht in diese Richtung und liegt im Alkohol auf animierende Weise etwas niedriger.

RHEINGAU

Verkostete Weine 12
Bewertung 83–90 Punkte

- 86 Riesling Cuvée Katharina Sekt Brut | 13% | 13,30 €
- 87 Riesling & Spätburgunder Creation Sekt Brut | 12,5% | Preis auf Anfrage
- 87 2014 Riesling Sekt Brut nature | 13% | Preis auf Anfrage
- 85 Riesling Sekt extra Brut | 13% | 13,30 €
- 83 2016 Riesling trocken | 12,5% | 7,30 €/1,0 Lit.
- 84 2014 Mittelheimer Riesling Franz Bernhard trocken | 12,5% | 7,60 €
- 85 2016 Oestricher Klosterberg Riesling trocken Alte Reben | 13% | 10,30 €
- 87 2016 Mittelheimer Edelmann Riesling Bestes Fass trocken | 13% | 12,30 €
- 89 2016 Mittelheimer St. Nikolaus Riesling »Großes Gewächs« | 13% | 23,60 €
- 90 2016 Winkeler Jesuitengarten Riesling »Großes Gewächs« | 13% | 23,60 €
- 85 2016 Riesling Edition Edelmann feinherb | 12,5% | 8,30 €
- 86 2016 Erbacher Steinmorgen Riesling feinherb | 12,5% | 12,30 €

WEINGUT SCHREIBER (BIO)
65239 Hochheim · Johanneshof
Tel (0 61 46) 91 71 · Fax 6 17 37
info@weingut-schreiber.de
www.weingut-schreiber.de
Inhaber Uwe und Simon Schreiber
Kellermeister Uwe und Simon Schreiber

Verkauf Uwe Schreiber
Mo–Fr 10.00–19.00 Uhr, **Sa** 10.00–16.00 Uhr

Besonderes Vergnügen bereiten die edlen Riesling-Sekte dieses Hochheimer Familienbetriebs. Der Brut nature ist elegant, mit mineralischem Zug und nobler Fruchtaromatik. Der Brut hat durch präsente Hefenoten fast eine Champagner-Anmutung. Die Weißweine sind vollaromatisch mit Noten von reifem Steinobst und exotischen Früchten. An der Spitze der Rieslinge stehen die lebendigen, feinfruchtigen Alten Reben aus dem Reichestal und das dichte, mineralische Erste Gewächs aus dem Kirchenstück mit Noten von Zitrus und Aprikose. Die Rotweine sind saftig-fruchtig. Der leichtere Spätburgunder schmeckt nach Kirschen und Brombeeren, der Merlot aus der Hölle ist reif, reichhaltig und samtig.

Verkostete Weine 12
Bewertung 82–87 Punkte

- 87 2015 Hochheimer Stein Riesling Sekt Brut | 13% | 9,– €
- 87 2015 Hochheimer Stein Riesling Sekt Brut nature | 13% | 9,– € | (◆)
- 85 2016 Hochheimer Reichestal Riesling trocken Alte Reben | 12,5% | 8,– €
- 82 2016 Hochheimer Stein Weißburgunder trocken | 12,5% | 8,50 €
- 86 2016 Hochheimer Kirchenstück Riesling Erstes Gewächs | 13% | 15,– €
- 84 2016 Hochheimer Hölle Riesling Kabinett trocken | 12% | 6,50 €
- 83 2016 Hochheimer Stielweg Riesling Kabinett halbtrocken | 11% | 6,50 €
- 85 2016 Hochheimer Riesling Kabinett | 9% | 5,90 €
- 83 2016 Hochheimer Spätburgunder feinherb Rosé | 12% | 6,50 €
- 84 2015 Hochheimer Spätburgunder trocken | 13% | 8,90 €
- 84 2015 Hochheimer Hölle Merlot trocken | 13,5% | 12,50 €

⭐⭐✯

WEINGUT SCHUMANN-NÄGLER

65366 Geisenheim · Nothgottesstraße 29
Tel (0 67 22) 52 14 · Fax 52 46
info@schumann-naegler.de
www.schumann-naegler.de
Inhaber und Betriebsleiter Fred Schumann
Außenbetrieb Philipp und David Schumann
Kellermeister David Schumann
Verkauf Fred Schumann
Mo–Fr 8.00–17.00 Uhr
in der Gutsschänke
Mi–Sa ab 17.00 Uhr, **So, feiertags** ab 15.00 Uhr

Die 2016er Rieslinge dieses 40 Hektar großen, traditionsreichen (Weinbau in der 25. Generation) Betriebs, besitzen klare Frucht und guten Saft. Schon der Oscar überzeugt mit Noten von grünem Apfel und Zitrus. Der Kabinett aus dem Schützenhaus zeigt sich klar, kernig und präzise im Finish. Ein animierender Klassiker ist die fruchtsüße Spätlese. Die Spitzen aus dem Jahr 2015 beginnen, sich zu öffnen und zeigen, was in ihnen steckt. Sternfrucht, aromatischer Apfel, Schmelz und edelherbes Finish notierten wir für das Erste Gewächs aus dem Kläuserweg.

Verkostete Weine 13
Bewertung 83–90 Punkte

84 2016 Riesling Oscar trocken | 12% | 7,- €
84 2016 Weißburgunder trocken | 12% | 7,- €
86 2016 Riesling Réserve trocken | 12% | 8,- €
85 2015 Cuvée S trocken | 12,5% | 14,50 €
88 2015 Geisenheimer Rothenberg Riesling Erstes Gewächs | 13% | 21,- €
87 2016 Hattenheimer Schützenhaus Riesling Kabinett trocken | 12% | 10,- €
86 2016 Hattenheimer Wisselbrunnen Riesling Spätlese trocken | 12,5% | 14,- €
84 2016 Riesling Réserve halbtrocken | 11,5% | 8,- €
88 2016 Geisenheimer Kläuserweg Riesling Spätlese | 9% | 10,- €
88 2015 Geisenheimer Rothenberg Riesling Auslese | 9% | 16,- €
89 2015 Geisenheimer Rothenberg Riesling Beerenauslese | 11% | 65,- €/0,375 Lit.
90 2015 Geisenheimer Rothenberg Riesling Trockenbeerenauslese | 10% | 125,- €/0,375 Lit.

⭐⭐✯

WEINGUT SOHNS

65366 Geisenheim · Nothgottesstraße 33
Tel (0 67 22) 89 40 · Fax 7 55 88
info@weingut-sohns.de
www.weingut-sohns.de
Inhaber Erich und Pascal Sohns
Verkauf Pascal Sohns
Mo–Fr 9.00–12.00 Uhr · 14.00–18.00 Uhr
Sa 10.00–15.00 Uhr und auf Anfrage

Eine durchgängig gelungene Kollektion dieses Geisenheimer Betriebs! Bereits der saftige Riesling Ortswein überzeugt mit seiner zupackenden Art. Und die Lagenweine von Fuchsberg, Hasensprung und Seligmacher setzen diese Linie stimmig fort. Das vom Holz geprägte Erste Gewächs aus dem Kläuserweg lässt gute Substanz und Schliff erkennen, braucht aber noch etwas Zeit, um sich voll zu entfalten. Beachtlich sind auch die Spätburgunder ausgefallen. So prägt den 2014er »M« Kirschfrucht, Tiefe und ein präzises Finish. Der Trend zeigt nach oben.

Verkostete Weine 12
Bewertung 83–88 Punkte

84 2015 Cuvée Pascal Sekt Brut | 12,5% | 11,50 €
85 2016 Geisenheimer Riesling trocken | 12,5% | 7,- €
83 2016 Geisenheimer Mönchspfad Weißburgunder trocken | 13% | 7,80 €
86 2016 Geisenheimer Fuchsberg Riesling trocken | 12,5% | 9,- €
86 2016 Winkeler Hasensprung Riesling trocken | 13% | 10,50 €
87 2016 Lorchhäuser Seligmacher Riesling trocken | 13% | 11,50 €
86 2015 Geisenheimer Mönchspfad Weißburgunder M trocken Barrique | 13,5% | 12,- €
88 2016 Geisenheimer Kläuserweg Riesling Erstes Gewächs Holzfass | 12,5% | 16,- €
86 2015 Geisenheimer Kläuserweg Riesling Bene trocken Barrique | 12,5% | 19,- €
86 2016 Geisenheimer Kläuserweg Riesling feinherb Alte Reben Holzfass | 12,5% | 12,50 €
87 2015 Geisenheimer Mönchspfad Spätburgunder trocken Barrique | 13,5% | 10,50 €
88 2014 Geisenheimer Mäuerchen Spätburgunder M trocken Barrique | 13,5% | 16,- €

Symbole Weingüter
★★★★★ Weltklasse · ★★★★ Deutsche Spitze
★★★ Sehr Gut · ★★ Gut · ★ Zuverlässig

Weinbewertung in Punkten
100 Perfekt · 95 bis 99 Überragend · 90 bis 94 Exzellent
85 bis 89 Sehr gut · 80 bis 84 Gut

RHEINGAU

SEKTHAUS SOLTER
65385 Rüdesheim am Rhein
Zum Niederwald-Denkmal 2
Tel (0 67 22) 25 66 · Fax 91 04 02
mail@sekthaus-solter.de
www.sekthaus-solter.de
Geschäftsführerin Verena Solter
Betriebsleiterin Bettina Appelshäuser
Kellermeisterin und Außenbetrieb Sabrina Schach
Verkauf Verena Solter Betty Enchelmaier-Tietz
Mo–Fr 8.00–12.00 Uhr · 13.00–17.00 Uhr
und nach Vereinbarung
Sehenswert schöne Parkanlage mitten in Rüdesheim, sechs Meter hohe Sektflasche und Giraffe, die in die Sektflasche schaut
Erlebenswert Hoffest im Sommer
Rebfläche 8 Hektar
Jahresproduktion 350.000 Flaschen, davon 60.000 eigene Produktion
Beste Lagen Rüdesheimer Berg Schlossberg und Berg Roseneck, Assmannshäuser Höllenberg, Geisenheimer Rothenberg
Boden Quarzit, Schieferverwitterung, Kalk und Löss
Rebsorten 50% Riesling, 20% Spätburgunder, 14% Chardonnay, 10% Weißburgunder, je 2% Gewürztraminer, Grauburgunder und Pinot Meunier
Mitglied Verband der traditionellen klassischen Flaschengärer, Zeilensprung

Verkostete Weine 12
Bewertung 85–90 Punkte

85 Riesling Sekt Brut | 11,5% | 12,50 €
86 Spätburgunder Sekt Brut Rosé | 12,5% | 12,50 €
88 2012 Cuvée Henri Sekt Brut Reserve | 12,5% | 15,– €
89 2011 Cuvée Pinot Sekt Brut | 12% | 16,– €
90 2012 Riesling & Gewürztraminer Cuvée Dolce Vita Sekt Brut | 12,5% | 21,– €
87 2012 Rüdesheimer Berg Roseneck Riesling Sekt Brut Reserve | 12,5% | 21,– €
87 2014 Pinot Meunier Sekt Brut | 12,5% | 25,– €
87 2013 Chardonnay Sekt Brut Reserve | 12,5% | 25,– €
89 2009 Rüdesheimer Berg Roseneck Riesling Sekt Brut Reserve | 12,5% | 30,– €
89 2005 Rüdesheimer Berg Roseneck Riesling Sekt Brut Reserve | 12,5% | 30,– €
90 2001 Cuvée Pinot »H« Sekt Brut Reserve | 12,5% | 35,– €
87 2013 Chardonnay & Weißburgunder Sekt extra Brut Blanc de Blancs | 12,5% | 13,50 €

Aus der aktuellen Kollektion sticht für uns besonders die Cuvée Dolce Vita heraus. Der klare Rosenduft leitet über zu einem feinen, animierenden Sekt. Verena Solter leitet die Geschicke des Unternehmens als Inhaberin und Geschäftsführerin. Und während über Frauenquoten in Vorstandsetagen diskutiert wird, steht im Sekthaus Solter heute ein weibliches Quartett an der Spitze. Und dieses Team führt unaufgeregt und kompetent das Sekthaus Solter in die Zukunft. Immer noch kann man auf Sekte zurückgreifen, die von Helmut Solter, der 2013 gestorben ist, konzipiert wurden. Etwa auf die großartigen Riesling-Jahrgangssekte aus dem Rüdesheimer Berg Roseneck. Der 2009er und vor allem der 2005er haben uns erneut begeistert. Feinste, cremige Reife und eine strukturgebende Säure sind hier aufs Beste verbunden. Noch etwas älter ist die eindrucksvolle Cuvée »H« aus dem Jahr 2001. Noten von Himbeeren und schwarzen Johannisbeeren geben dem immer noch sehr lebendigen Sekt viel Ausdruck.

★★

SOLVEIGS PINOT NOIR
65366 Geisenheim · Rheinstraße 7c
Tel (0 67 01) 91 60 33 · Fax 91 60 39
mail@solveigs.de
www.solveigs.de
Inhaber Jens Heinemeyer

Verkauf Jens Heinemeyer
nach Vereinbarung

Rebfläche 2 Hektar
Jahresproduktion 6.000 Flaschen
Beste Lagen Mickeberg, Presenteberg
Boden roter Phyllit-Schiefer

(BIO)

Verkostete Weine 12
Bewertung 85–90 Punkte

85 2011 Pinot Noir Phyllit | 14,5% | 16,– €
86 2008 Pinot Noir Phyllit | 13% | 32,– €/1,5 Lit.
87 2013 Pinot Noir Steil | 13,5% | 22,– €
88 2013 Pinot Noir Present | 13,5% | 35,– €
89 2013 Pinot Noir Micke | 13,5% | 35,– €
89 2009 Pinot Noir Micke | 14% | 35,– €
89 2011 Pinot Noir Present | 14% | 35,– €
90 2011 Pinot Noir Micke | 13,5% | 35,– €
88 2011 Pinot Noir Précoce Koloss | 15,5% | 49,– €
88 1999 Pinot Noir Present | 13% | Ausverkauft
89 1995 Pinot Noir Steil | 13% | Ausverkauft
90 2009 Pinot Noir Present | 14% | Ausverkauft

Pinot Noir – einhundert Prozent! So stellt Jens Heinemeyer sein Projekt Solveigs Weine vor. Die Reben stehen in Assmannshausen auf Phyllit-Schiefer, ausschließlich in eigenen Weinbergen. Er setzt auf Holzfassausbau und langsame Reifung, auf Sedimentation statt Filtration. So sollen Weine entstehen, die ihre Herkunft widerspiegeln. Das Sortiment gliedert sich in vier Weine und eine Spezialität. An der Basis steht der Phyllit, ihm folgt der Steil und dann die beiden Lagenweine Micke und Present. Sie stammen aus besonderen Parzellen mit den alten Flurnamen Mickeberg bzw. Presenteberg und werden nur in guten Jahren gefüllt. Und was wir davon aus den Jahren 2013, 2011 und 2009 verkosten konnten, hat uns begeistert: Tiefe, eigenständige Pinots mit Substanz und Alterungspotenzial. Eine Spezialität ist der Koloss, ein Frühburgunder, der hier «Pinot Noir Précoce» genannt wird, im Amarone-Stil.

★★ ★★★★ # RHEINGAU

WEINGUT SPEICHER-SCHUTH

65399 Kiedrich · Suttonstraße 23
Tel (0 61 23) 8 14 21 · Fax 6 16 15
info@speicher-schuth.de
www.speicher-schuth.de
Inhaber und Betriebsleiter Ralf Schuth
Verkauf Ralf und Annamaria Schuth
nach Vereinbarung

Die 2015er Rotweine zeigen Klasse. Schon der fruchtig-kernige Pinot Noir überzeugt mit Noten von schwarzer Johannisbeere und Schlehe. Bei der deutlich opulenteren Barrique-Version beginnen sich Schmelz, Frucht, Struktur und Holz vielversprechend zu verbinden. Für den bemerkenswerten Cabernet Franc notierten wir Kirsche, Eukalyptus, reife Tannine und viel Schmelz. Auch Rosé und Blanc de Noirs sind in diesem Jahr animierend ausgefallen. Der saftige Classic ist ein Basiswein par excellence. Allein bei der Terroir-Reihe würden wir uns noch etwas mehr Ausdruck und Charakter wünschen.

Verkostete Weine 11
Bewertung 83–90 Punkte

83 2016 Kiedricher Sandgrub Riesling trocken | 12,5% | 6,– €
85 2016 Riesling Classic | 12,5% | 6,– €
84 2016 Kiedricher Wasseros Riesling Terroir trocken | 12,5% | 8,50 €
85 2016 Pinot Noir Blanc de Noirs trocken | 12% | 8,50 €
85 2016 Kiedricher Gräfenberg Riesling Terroir trocken | 12,5% | 8,50 €
85 2016 Kiedricher Klosterberg Riesling Terroir trocken | 12,5% | 8,50 €
84 2016 Kiedricher Sandgrub Riesling Kabinett | 11% | 6,– €
84 2016 Pinot Noir trocken | 12% | 8,50 €
87 2015 Pinot Noir trocken | 13% | 9,50 €
89 2015 Pinot Noir Barrique trocken | 14% | 15,– €
90 2015 Cabernet Franc trocken Barrique | 14% | 15,– €

Symbole Weingüter
€ Schnäppchenpreis · TOP 10 Spitzenreiter · BIO Ökobetrieb
Trinktipp · Versteigerungswein
Sekt | Weißwein | Rotwein | Rosé

WEINGUT JOSEF SPREITZER

65375 Oestrich · Rheingaustraße 86
Tel (0 67 23) 26 25 · Fax 46 44
info@weingut-spreitzer.de
www.weingut-spreitzer.de
Inhaber Bernd und Andreas Spreitzer
Betriebsleiter Bernd Spreitzer
Kellermeister Andreas Spreitzer
Verkauf Mareike und Bernd Spreitzer, Chiara Rauth
Mo–Fr 9.00–12.00 Uhr · 13.30–18.30 Uhr
Sa 10.00–16.00 Uhr
Erlebenswert »Schlemmerwochen« an zehn Tagen Ende April/Anfang Mai
Spezialitäten regionale Gerichte rund um den Riesling
Sehenswert Gewölbekeller von 1745 mit Eichenholzfässern, Jugendstilvilla
Rebfläche 22 Hektar
Jahresproduktion 160.000 Flaschen
Beste Lagen Oestricher Lenchen, Rosengarten und Doosberg, Winkeler Jesuitengarten, Hattenheimer Wisselbrunnen, Mittelheimer St. Nikolaus
Boden tiefgründiger Lehm und Löss, teilweise mit Quarzit
Rebsorten 95% Riesling, 5% Spätburgunder
Mitglied VDP

Eine Kollektion auf Top-Niveau! Neben Weil ist dies der einzige Betrieb, der alle oder fast alle Prädikate erzeugt hat. Die durchgehend hohe Qualität, die Andreas und Bernd Spreitzer auch 2016 erreicht haben, ist bewundernswert. Ein Kennzeichen des Guts bleibt das Trinkvergnügen, das die Weine bereiten, ohne dass dies zu Lasten von Charakter und Tiefe geht.

Hallgarten und Hattenheim

Dieser Titel klingt bei einem Oestricher Betrieb etwas verdächtig! Und tatsächlich kommt für uns die einzige kleine Enttäuschung aus Oestrich. Das Große Gewächs aus dem Rosengarten ist nicht ganz auf dem Niveau der restlichen Kollektion. Ganz im Gegensatz zu dem prachtvollen Doosberg Alte Reben, der uns wieder viel Freude bereitet hat. Der im November gelesene Hendelberg Alte Reben lässt seinen Holzausbau erkennen, verfügt vor allem aber über eine feine, reife Säure und animierenden Saft. Apfelsine, feine Holz-Note, klarer Saft, brillanter Fluss notierten wir für das Große Gewächs aus dem St. Nikolaus.

Der Star dieser Reihe ist für uns unzweifelhaft der Wisselbrunnen aus Hattenheim. Pfirsich, weiße Johannisbeeren, tiefe Würze und ein fast salziges Finish charakterisieren diesen großartigen Wein. Aber nicht nur die trockene Spitze weiß hier zu überzeugen. Auch der Gutsriesling und die Ortsweine aus Oestrich (Muschelkalk) und Hallgarten (Buntschiefer) halten ein Top-Niveau. Auslese, Eiswein und Trockenbeerenauslese - alles einem Jahrgang abgetrotzt, der nicht prädestiniert war für die Erzeugung großer edelsüßer Weine. Doch das Ergebnis wirkt keineswegs erzwungen, sondern selbstverständlich.

Bernd und Andreas Spreitzer

Edelsüßer Schmelz

Vor allem den Eiswein Goldkapsel und die Trockenbeerenauslese zeichnen cremiger Schmelz und große Klarheit aus. Diese großen Rheingauer runden den Auftritt des Oestricher Guts eindrucksvoll ab.

Verkostete Weine 19
Bewertung 85-95 Punkte

- 85 2016 Riesling trocken | 12% | 7,90 €
- 88 2016 Hallgartener Riesling Buntschiefer trocken Holzfass | 12% | 10,- €
- 88 2016 Oestricher Riesling Muschelkalk trocken | 12% | 10,- €
- 87 2016 Riesling Charta Holzfass | 12% | 13,- €
- 88 2016 Geisenheimer Schlossgarten Riesling trocken Alte Reben | 12,5% | 14,- €
- 90 2016 Hallgartener Hendelberg Riesling trocken Alte Reben Holzfass | 12,5% | 14,- €
- 90 2016 Oestricher Doosberg Riesling trocken Alte Reben Holzfass | 12,5% | 14,- €
- 89 2016 Oestricher Rosengarten Riesling »Großes Gewächs« Holzfass | 13% | 25,- €
- 93 2016 Hattenheimer Wisselbrunnen Riesling »Großes Gewächs« Holzfass | 13% | 25,- €
- 92 2016 Mittelheimer St. Nikolaus Riesling »Großes Gewächs« Holzfass | 13% | Preis auf Anfrage
- 86 2016 Riesling 101 | 11% | 9,40 €
- 90 2016 Winkeler Jesuitengarten Riesling halbtrocken Alte Reben Holzfass | 12,5% | 14,- €
- 88 2016 Oestricher Lenchen Riesling Kabinett | 8,5% | 10,- €
- 91 2016 Oestricher Lenchen Riesling Spätlese | 7,5% | 14,- €
- 92 2016 Oestricher Lenchen Riesling 303 Spätlese | 7,5% | 22,- €
- 93 2016 Hallgartener Hendelberg Riesling Auslese | 7,5% | 19,50 €/0,375 Lit.
- 94 2016 Hallgartener Würzgarten Riesling Eiswein | 8% | 90,- €/0,375 Lit.
- 95 2016 Hallgartener Würzgarten Riesling Eiswein Goldkapsel | 8% |
- 94 2016 Oestricher Lenchen Riesling Trockenbeerenauslese | 7% | 90,- €/0,375 Lit.

RHEINGAU

HESSISCHE STAATSWEINGÜTER KLOSTER EBERBACH

65346 Eltville · Kloster Eberbach
Tel (0 67 23) 6 04 60 · Fax 6 04 64 20
weingut@kloster-eberbach.de
www.kloster-eberbach.de

Inhaber Land Hessen
Geschäftsführer Dieter Greiner
Vertriebsleiterin Monika Nitschka
Außenbetrieb Stefan Seyffardt
Kellermeister Bernd Kutschick, Frank Werle
Önologe Ralf Bengel
Verkauf Vinothek Eberbach
Mo–So 10.00–19.00 Uhr (April–Okt.)
Mo–So 10.00–18.00 Uhr (Nov.–März)
Vinothek Bergstraße, Darmstädter Straße 133, Heppenheim
Mo–So 10.00–19.00 Uhr (April–Okt.)
Nov.–März
Mo–Fr 10.00–18.00 Uhr
Sa, So, feiertags 10.00–16.00 Uhr
Gastronomie Gutsausschank »Im Baiken« Tel (0 61 23) 90 03 45; Klosterschänke Eberbach Tel (0 61 23) 99 32 99; Schwarzes Häuschen im Steinberg (April–Okt.) Tel (06 11) 1 74 37 18
Historie 850-jährige Weinbautradition
Sehenswert Kloster Eberbach mit Zisterzienser-Museum, Steinbergkeller
Rebfläche 252 Hektar
Jahresproduktion 2,5 Mio. Flaschen
Beste Lagen Steinberg, Rauenthaler Baiken, Erbacher Marcobrunn, Rüdesheimer Berg Schlossberg, Hochheimer Domdechaney, Assmannshäuser Höllenberg
Boden Schieferverwitterung, Quarzit, Lösslehm, Mergel, Taunusphyllitschiefer
Rebsorten 78% Riesling, 13% Spätburgunder, 9% übrige Sorten
Mitglied VDP

Viele gute Weine und nur wenig Platz für den Text. Daher im Telegramm-Stil: Schon der Basis-Riesling Kloster Eberbach ist überzeugend. Der Erste Lage Riesling, hier Crescentia genannt, zeigt feine Nuancen. Herauszuheben sind Baiken und Neroberg. Die Großen Gewächse aus 2016 geben sich noch verhalten, der Schlossberg 2015 entwickelt sich gut. Tolle Rote aus Assmannshausen und Rüdesheim, etwa der Höllenberg Großes Gewächs mit typischen Cassis-Minze-Noten, strukturierter Fülle und beachtlichem Finish.

Verkostete Weine 17
Bewertung 84–90 Punkte

85 2016 Riesling trocken | 12% | 8,20 €
86 2016 Rauenthaler Gehrn Riesling Crescentia trocken | 12% | 11,40 €
87 2016 Steinberger Riesling Crescentia trocken | 12% | 11,40 €
87 2016 Rüdesheimer Hinterhaus Riesling Crescentia trocken | 12% | 11,40 €
88 2016 Rauenthaler Baiken Riesling Crescentia trocken | 11,5% | 11,40 €
88 2016 Wiesbadener Neroberg Riesling Crescentia trocken | 12% | 11,40 €
89 2016 Erbacher Marcobrunn Riesling »Großes Gewächs« Holzfass | 12% | 32,- €
90 2015 Rüdesheimer Berg Schlossberg Riesling »Großes Gewächs« Holzfass | 12,5% | 32,- €
89 2015 Steinberger Riesling aus dem Cabinetkeller Holzfass | 12,5% | 59,- €
84 2016 Rüdesheimer Berg Roseneck Riesling Crescentia feinherb | 11,5% | 11,40 €
87 2016 Steinberger Riesling Crescentia Kabinett | 8% | 11,40 €
89 2016 Erbacher Siegelsberg Riesling Crescentia Spätlese | 9,5% | 16,20 €
87 2015 Assmannshäuser Höllenberg Spätburgunder Crescentia trocken Holzfass | 12,5% | 20,50 €
90 2015 Rüdesheimer Berg Schlossberg Spätburgunder »Großes Gewächs« Holzfass | 13% | 39,- €
90 2015 Assmannshäuser Höllenberg Spätburgunder »Großes Gewächs« Holzfass | 13% | 59,- €
88 2015 Assmannshäuser Höllenberg Frühburgunder Crescentia trocken Holzfass Goldkapsel | 13% | 🔥
89 2015 Assmannshäuser Höllenberg Spätburgunder Crescentia trocken Holzfass Goldkapsel | 12,5% | 🔥

WEINGUT STEINMACHER

65399 Kiedrich · Eltviller Straße 39
Tel (0 61 23) 63 03 13 · Fax 47 90
winfried.steinmacher@kiedrich.de
www.wibbes.de
Inhaber Winfried Steinmacher
Verkauf nach Vereinbarung

Winfried Steinmacher ist Bürgermeister des gotischen Weindorfs Kiedrich und führt eines der ältesten Weingüter des Ortes. Die Rieslinge und Spätburgunder sind 100 Prozent Kiedricher Gewächse. Sie sind von schlanker Struktur und ungeschminkter Art. Wie auch der trockene Terroir: Er ist prägnant und hat Aromen von Zitronencreme und Kernobst. Auch die exotisch-fruchtigen Alten Reben sind gelungen. Schön sind die beiden 2015er Auslesen: Die opulente Sandgrub ist markant mit Noten von getrockneten Feigen, der delikate Gräfenberg hat Aromen von weißen, kandierten Früchten und eine attraktive Mineralik. Der Spätburgunder ist arg rustikal - in 2015 hätte mehr drin sein können. Der fein strukturierte Riesling Sekt Brut aus dem Heiligenstock hat uns gut gefallen. Die gelbfruchtigen Aromen werden durch eine feinbittere Komponente ergänzt, die sich ebenfalls in den Riesling-Weinen findet.

Verkostete Weine 12
Bewertung 81–88 Punkte

85 2015 Kiedricher Heiligenstock Riesling Sekt Brut | 12,5% | 8,90 €
81 2016 Kiedricher Wasseros Riesling trocken – 23 – | 12,5% | 5,– €/1,0 Lit.
81 2016 Kiedricher Klosterberg Riesling trocken | 12,5% | 5,– €
83 2016 Kiedricher Wasseros Riesling Edition Johannes trocken – 27 – | 12,5% | 6,– €
85 2016 Kiedricher Sandgrub Riesling Terroir trocken | 12,5% | 7,80 €
82 2016 Kiedricher Sandgrub Riesling halbtrocken – 25 – | 12% | 5,50 €/1,0 Lit.
82 2016 Kiedricher Riesling Classic | 12% | 5,80 €
83 2016 Kiedricher Klosterberg Riesling feinherb Alte Reben – 29 – | 12% | 6,50 €
87 2015 Kiedricher Sandgrub Riesling Auslese | 8,5% | 14,80 €
88 2015 Kiedricher Gräfenberg Riesling Auslese | 8% | 14,80 €
82 2016 Kiedricher Sandgrub Pinot Noir Kabinett feinherb Weißherbst | 11% | 5,80 €
82 2015 Kiedricher Wasseros Pinot Noir trocken Holzfass | 13% | 6,50 €

WEINGUT TRAPP & SOHN

65385 Rüdesheim am Rhein · Am Rech 5
Tel (0 67 22) 45 40 · Fax 40 64 02
info@weingut-trapp.de
www.weingut-trapp.de
Inhaber Martin Trapp
Verkauf Martin Trapp
nach Vereinbarung

Das Weingut Trapp und Sohn liegt oberhalb von Rüdesheim in unmittelbarer Nähe des Klosters Abtei St. Hildegard. Bewirtschaftet werden ungefähr 7,5 Hektar in guten Lagen von Rüdesheim, Assmannshausen und Geisenheim. Und dieses Potential wird auch genutzt, wie etwa die frischkernige, trockene 2016er Rottland Spätlese mit Apfel- und Zitrusnoten belegt. Ein stimmiger Basiswein ist der Classic mit animierend feinherber Art. Dass man auch Ambitionen bei Pinot Noir hat, belegt der vom Holz geprägte klare Bischofsberg. Wir sind auf die Fortsetzung gespannt.

Verkostete Weine 8
Bewertung 82–88 Punkte

82 2016 Rüdesheimer Kirchenpfad Riesling trocken | 12% | 4,60 €
84 2016 Rüdesheimer Berg Roseneck Riesling Kabinett trocken | 12% | 5,70 €
86 2016 Rüdesheimer Berg Rottland Riesling Spätlese trocken | 13% | 7,– €
84 2016 Riesling feinherb Classic | 11,5% | 5,70 €
84 2015 Rüdesheimer Magdalenenkreuz Riesling Spätlese halbtrocken | 12,5% | 6,50 €
88 2013 Rüdesheimer Berg Roseneck Riesling Auslese | 10% | 9,– €/0,375 Lit.
83 2016 Rüdesheimer Klosterberg Spätburgunder feinherb | 12% | 5,80 €
86 2015 Rüdesheimer Bischofsberg Pinot Noir trocken | 13% | Preis auf Anfrage

Symbole Weingüter

€ Schnäppchenpreis • TOP Spitzenreiter • BIO Ökobetrieb
Trinktipp • Versteigerungswein

| Sekt | Weißwein | Rotwein | Rosé |

RHEINGAU

WEINGUT TRENZ
65366 Johannisberg · Schulstraße 1
Tel (0 67 22) 75 06 30 · Fax 7 50 63 10
info@weingut-trenz.de
www.weingut-trenz.de
Inhaber und Betriebsleiter Michael Trenz

Verkauf Thomas Porsch
Mo-Fr 8.30–17.00 Uhr
Sa ab 10.00 Uhr, **So** ab 12.00 Uhr
Gutsausschank ganzjährig Mi–Sa ab 16 Uhr,
So, feiertags ab 12 Uhr, Tel (0 67 22) 7 50 63 11
Spezialitäten regionale Klassiker und kreative Küche
Historie Weinbau seit 1670
Sehenswert beleuchtetes Schatzkammergewölbe, mediterraner Innenhof
Rebfläche 25 Hektar
Jahresproduktion 200.000 Flaschen
Beste Lage Johannisberger Hölle und Vogelsang
Boden Taunusquarzit, Lösslehm
Rebsorten 80% Riesling, 15% Spätburgunder, 3% Weißburgunder, 2% Sauvignon Blanc

Verkostete Weine 12
Bewertung 84–90 Punkte

89 2013 Winkeler Hasensprung Riesling Erstes Gewächs Holzfass | 12,5% | 24,90 €
84 2016 Riesling Basic trocken | 12% | 6,60 €
86 2016 Riesling Steinhaus trocken | 11,5% | 8,20 €
84 2013 Johannisberger Riesling trocken Alte Reben Holzfass | 12% | 12,90 €
86 2015 Johannisberger Riesling trocken Alte Reben Holzfass | 12% | 12,90 €
84 2016 Johannisberger Riesling Kabinett trocken | 10% | 7,20 €
88 2016 Johannisberger Vogelsang Riesling Spätlese trocken | 12% | 9,20 € | €
86 2016 Rüdesheimer Magdalenenkreuz Riesling Spätlese feinherb | 10,5% | 9,20 €
90 2016 Johannisberger Hölle Riesling Spätlese | 9% | 9,20 € | €
87 2011 Johannisberger Hölle Riesling Auslese | 8% | 18,– €/0,375 Lit.
89 2011 Johannisberger Hölle Riesling Trockenbeerenauslese | 9% | 69,– €/0,375 Lit.
87 2013 Pinot Noir trocken Barrique | 14% | 14,90 €

Gute 2016er und ein kraftvolles 2013er Erstes Gewächs prägen die aktuelle Kollektion. Der Steinhaus zeigt Noten von aromatischem Apfel, guten Saft und lädt durch seine schnörkellose Art zum Zechen ein. Feine Frucht und Säure kennzeichnen die trockene Spätlese aus dem Vogelsang. Schlank und rank, belebend und stilvoll präsentiert sich die restsüße Spätlese aus der Hölle. Das im Holz ausgebaute 2013er Erste Gewächs aus dem Hasensprung hat sich gut entwickelt - ein Wein von animierender Kernigkeit. Die erneut vorgestellten 2011er edelsüßen Spezialitäten mit ihren Korinthen-Noten und feinherber Art haben uns nicht begeistert. Ein saftiger Pinot Noir mit zart säuerlich-fruchtigem Touch belegt, dass man sich auch auf Rotwein versteht. Zum Familienbetrieb in Johannisberg gehören eine schmucke Vinothek sowie ein Gutsrestaurant mit saisonaler Frischeküche und - natürlich - Riesling-Raritäten.

☆ ★★

WEINGUT TRINKS-TRINKS

65366 Geisenheim · Bischof-Blum-Platz 4
Tel (0 67 22) 40 60 97
weingut@trinks-trinks.de
www.trinks-trinks.de
Inhaber Johanna Döring und Matthias Friedel
Verkauf Johanna Döring
nach Vereinbarung

Johanna Döring und Matthias Friedel arbeiten am Institut für Weinbau der Hochschule Geisenheim in Forschung und Lehre. Im Jahr 2009 haben sie einen alten, abbruchreifen Hof in Geisenheim erworben und renoviert. Weinberge, die zu diesem Hof gehörten, konnten sie 2013 übernehmen und somit war 2014 ihr erster Jahrgang. Zur Bezeichnung der von ihnen erzeugten Weine nutzen sie die alten Gewannen-Namen. Und was wir verkosten konnten, zeigt kernige Substanz und hat Art und Charakter. Etwa der 2014er Im Schorchen mit guter Säurestruktur und feinherbem Fluss.

Verkostete Weine 8
Bewertung 83–85 Punkte

84 2014 Geisenheimer Mönchspfad Riesling Feiertag Sekt Brut | 12,5% | 14,– €
83 2015 Geisenheimer Mönchspfad Riesling Mitanand trocken | 12% | 8,– €
83 2015 Geisenheimer Riesling Im Schorchen trocken | 12,5% | 11,– €
83 2015 Geisenheimer Mönchspfad Riesling Steingrub trocken | 12,5% | 11,– €
83 2014 Riesling In allen Ehren trocken Holzfass | 12,5% | 11,– €
84 2015 Geisenheimer Mönchspfad Riesling In Allen Ehren trocken Holzfass | 12,5% | 11,– €
85 2014 Riesling Im Schorchen trocken | 12% | 11,– €
85 2014 Riesling Steingrub feinherb | 12,5% | 11,– €

SEKTMANUFAKTUR SCHLOSS VAUX

65343 Eltville · Kiedricher Straße 18a
Tel (0 61 23) 6 20 60 · Fax 6 33 39
kontor@schloss-vaux.de
www.schloss-vaux.de
Vorstand Nikolaus Graf von Plettenberg
Geschäftsleitung Christoph Graf
Betriebsleiter Joachim Renk
Kellermeister Maike Maria Münster
Verkauf Torsten Koch
Mo–Fr 8.00–18.00 Uhr, **Sa** 10.00–14.00 Uhr
Sehenswert Villa mit eleganten Salons
Erlebenswert Rheingauer Edelsektparade (Nov.)
Rebfläche 7 Hektar
Jahresproduktion 420.000 Flaschen
Beste Lagen Steinberg, Erbacher Marcobrunn, Rüdesheimer Berg Schlossberg
Rebsorten 14% Spätburgunder, 86% Riesling
Mitglied Verband traditioneller klassischer Flaschengärer

Wieder sehr gut – die aktuellen Sekte der Sektmanufaktur Schloss Vaux überzeugen! Der 2015er Riesling Brut ist ein saftiger Einstieg, und mit feinen Rebsorten-Sekten geht es weiter. Etwa dem Sauvignon, der typische grüne Fruchtaromen zeigt, dem schon dezent reifen, stilvollen Pinot Blanc aus biologischem Anbau oder dem apfelduftigen, animierenden Blanc de Noirs. Zwei Riesling-Sekte und einen Spätburgunder Rosé sehen wir an der Spitze. Im Einzelnen sind dies: der Riesling Réserve mit feinreifer Rheingauer Art, der cremige, speckig-rauchige 2010er aus dem Rüdesheimer Berg Schlossberg und der bestens strukturierte, an Champagner erinnernde Rosé Réserve. Zum Betrieb gehört inzwischen auch das Weingut Erbslöh in Geisenheim. Das Potenzial der Sektmanufaktur erweitert sich also noch. Wir freuen uns auf die nächsten Jahrgänge.

RHEINGAU

Verkostete Weine 9
Bewertung 83–89 Punkte

- 85 2015 Riesling Sekt Brut | 12,5% | 13,- €
- 86 2015 Blanc de Noirs Sekt Brut | 12,5% | 15,- €
- 86 2014 Sauvignon Sekt Brut | 12,5% | 16,- €
- 86 2014 Pinot Blanc Bio Sekt Brut | 13% | 16,- €
- 88 2014 Riesling Réserve Sekt Brut | 12% | 19,- €
- 83 2014 Grüner Veltliner Sekt Brut | 12% | 20,- €
- 86 2013 Assmannshäuser Pinot Noir Sekt Brut | 12,5% | 24,- €
- 89 2014 Spätburgunder Rosé Sekt Brut Reserve | 12% | 26,- €
- 88 2010 Rüdesheimer Berg Schlossberg Riesling Sekt Brut | 12,5% | 44,- €

WEINGUT SCHLOSS VOLLRADS
65375 Oestrich-Winkel · Schloss Vollrads 1
Tel (0 67 23) 6 60 · Fax 66 66
info@schlossvollrads.com
www.schlossvollrads.com
Inhaber Nassauische Sparkasse
Gutsdirektor Dr. Rowald Hepp und Christine Müller
Außenbetrieb Gregor Vollmer
Kellermeister Jochen Bug und Fabian Hey
Verkauf Silvia Bock, Christof Cottmann Apr.–Okt.
Mo–Fr 9.00–18.00 Uhr, **Sa–So** 10.00–18.00 Uhr
Nov.–März
Mo–Fr 9.00–17.00 Uhr, **Sa–So** 10.00–16.00 Uhr
Gutsrestaurant »Im Kavaliershaus«,
April–Okt. Do–Di 12.00–21.30 Uhr, So 12.00–18.00 Uhr
Nov.–Dez. und Feb.–März Di und Mi Ruhetag
Historie 1211 erste urkundliche Erwähnung des Weinverkaufs
Rebfläche 80 Hektar
Jahresproduktion 640.000 Flaschen
Beste Lage Schloss Vollrads, Schloss Vollrads Schlossberg und Greiffenberg
Boden Lehm, Löss, im Untergrund Schiefer, Taunusquarzit, Rotliegendes
Rebsorte 100% Riesling
Mitglied VDP

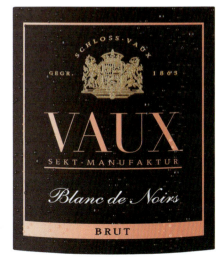

Dieses herrlich gelegene Weingut mit seinen prachtvollen Gebäuden ist sicherlich ein Kulminationspunkt deutscher Weinkultur. Rowald Hepp und seinem Team kommt die Aufgabe zu, der großen Vergangenheit Gegenwart und Zukunft zu geben. Und die 2016er sind ein guter Schritt in diese Richtung. Klar, frisch und mit feiner Säure präsentieren sich die Gutsweine und Kabinette. Namentlich der fruchtsüße Kabinett erinnert an die feinen Klassiker der 1980er Jahre, als Schloss Vollrads maßgebend war für die Renaissance des Rieslings und die Verbindung von Speisen und Wein. Ein 1985er erwies sich bei der Verkostung auf dem Gut als immer noch lebhaft und animierend. Bei den trockenen Spitzen, den Alten Reben und dem Großen Gewächs, erreichen die gefüllten Versionen nicht ganz die Animation der Fassproben, die wir verkosten konnten. Aber auch hier ist der positive Trend unverkennbar.

Verkostete Weine 12
Bewertung 85–94 Punkte

85 2016 Riesling trocken | 12,5% | 10,80 €
88 2016 Riesling trocken Alte Reben | 13% | 18,90 €
88 2016 Schlossberg Riesling »Großes Gewächs« Holzfass | 13,5% | 28,50 €
86 2016 Riesling Kabinett trocken | 12% | 12,50 €
85 2016 Riesling feinherb | 12% | 10,80 €
86 2016 Riesling Edition feinherb | 13% | 14,50 €
87 2016 Riesling Kabinett feinherb | 10,5% | 12,50 €
89 2016 Riesling Kabinett | 8,5% | 12,50 €
89 2016 Riesling Spätlese | 7,5% | 15,50 €
87 2016 Schlossberg Riesling Auslese | 7,5% | 24,80 €/0,375 Lit.
94 2012 Riesling 24/13 Eiswein | 7% | 125,– €/0,375 Lit.
90 2010 Riesling 14/11 Trockenbeerenauslese | 10% | 175,– €/0,375 Lit.

WEINGÜTER WEGELER
GUTSHAUS RHEINGAU

65375 Oestrich-Winkel · Friedensplatz 9–11
Tel (0 67 23) 9 90 90 · Fax 99 09 66
info@wegeler.com
www.wegeler.com
Inhaber Familie Wegeler-Drieseberg
Geschäftsführer Dr. Tom Drieseberg
Betriebsleiter Michael Burgdorf
Kellermeister Andreas Holderrieth und Maike Münster
Verkauf Barbara Engerer
Mo–Fr 8.00–17.00 Uhr
Sa 11.00–16.00 Uhr und nach Vereinbarung

Rebfläche 45 Hektar
Jahresproduktion 330.000 Flaschen
Beste Lagen Rüdesheimer Berg Schlossberg und Berg Rottland, Winkeler Jesuitengarten, Geisenheimer Rothenberg
Boden Schieferverwitterung, Lösslehm, Taunusquarzit
Rebsorte 100% Riesling
Mitglied VDP

Seinen Platz in der Rheingauer Spitze hat das Gut mit vorzüglichen 2016ern eindrucksvoll bestätigt. Dieses Traditionshaus war immer ein Verfechter des klassischen Rheingauers. Mitte der 80er Jahre wurde hier eine beispielgebende trockene Spätlese ohne Lagenangabe konzipiert: der Geheimrat »J«. Jeweils ein Jahr später vorgestellt, besticht er mit klassischen Tugenden: verhalten präziser Frucht, komplexer Tiefe und feiner Säure. Der 2015er setzt hier ein weiteres Glanzlicht!

Rothenberg vorn

Das Weinangebot folgt hier streng der Qualitätspyramide des VDP und beginnt mit einem saftigen Gutswein, dem ein Hauch Süße gut steht. Die Ortsweine kommen aus Oestrich und Johannisberg. Der feinherbe Johannisberger ist erfrischend mit feinen Apfelnoten, der trockene Oestricher kraftvoll und klar. Die Reihe der vier Großen Gewächse ist beachtlich und von bester Qualität. Der schlanke und klare Rosengarten zeigt etwas Pfirsich und feine Länge, während der Jesuitengarten ein klassischer Rheingauer mit Kern und guter Länge ist. Mineralisches Spiel demonstriert der lang anhaltende Berg Schlossberg, ein typischer Vertreter dieser Lage. An der

Spitze steht der vorzügliche Rothenberg. Seine Kraft und Tiefe wird sich erst mit der Zeit ganz offenbaren. Der 2015er hat inzwischen schon einen deutlichen Schritt in diese Richtung getan. Stilvoll und fein sind der Kabinett aus dem Schlossberg und die Spätlese aus dem Rottland. Letztere verbindet eine tiefe Frucht mit Schliff und feinem Spiel. Ein Rheingauer Klassiker! Gekrönt wird die Kollektion von einer cremigen und klaren Trockenbeerenauslese. Ein erstaunlicher Erfolg in diesem für edelsüße Weine nicht einfachen Jahr.

Anja Wegeler-Drieseberg und Tom Drieseberg

Verkostete Weine 12
Bewertung 85–94 Punkte

- 85 2016 Riesling trocken | 12% | 11,- €
- 87 2016 Oestricher Riesling trocken | 12,5% | 13,50 €
- 91 2016 Winkeler Jesuitengarten Riesling »Großes Gewächs« | 13% | 29,- €
- 92 2016 Rüdesheimer Berg Schlossberg Riesling »Großes Gewächs« | 13% | 29,- €
- 92 2015 Geheimrat »J« Riesling trocken | 12,5% | 30,- €
- 91 2016 Oestricher Rosengarten Riesling »Großes Gewächs« | 13% | 32,- €
- 94 2016 Geisenheimer Rothenberg Riesling »Großes Gewächs« | 13% | 52,- €
- 94 2015 Geisenheimer Rothenberg Riesling »Großes Gewächs« | 13% | 53,- €
- 87 2016 Johannisberger Riesling feinherb | 11,5% | 13,50 €
- 89 2016 Rüdesheimer Berg Schlossberg Riesling Kabinett | 8% | 15,- €
- 92 2016 Rüdesheimer Berg Rottland Riesling Spätlese | 7,5% | 21,- €
- 94 2016 Geisenheimer Rothenberg Riesling Trockenbeerenauslese | 6% | 310,- €/0,375 Lit.

Lagerpotenzial
Dass seine Weine vorzüglich reifen können, belegt Inhaber Tom Drieseberg mit seiner Vintage-Collection. Hier finden sich die edelsüßen Prädikate großer Jahre ebenso wie die Großen Gewächse. Aber auch viele Jahrgänge Geheimrat »J« sind verfügbar und lohnen die erneute Verkostung.

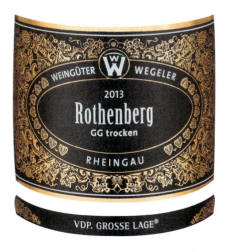

★★★★★

WEINGUT ROBERT WEIL

65399 Kiedrich · Mühlberg 5
Tel (0 61 23) 23 08 und 56 88 · Fax 15 46
info@weingut-robert-weil.com
www.weingut-robert-weil.com
Inhaber Suntory, Wilhelm Weil
Gutsdirektor Wilhelm Weil
Außenverwalter Clemens Schmitt und Philipp Bicking (Stellvertreter)
Kellermeister Christian Engel und Fabian Kretschmer
Verkauf Martina Weil, Dirk Cannova, Jochen Becker-Köhn, Nicolas Pfaff
Vinothek Jan Christensen
Mo–Fr 8.00–17.30 Uhr, **Sa** 10.00–17.00 Uhr
So 11.00–17.00 Uhr
Historie Gutshof wurde von einem englischen Edelmann, Baron Sutton, erbaut und 1879 von Dr. R. Weil erworben
Sehenswert im englischen Landhausstil erbautes Gutshaus mit Park,
Vinothek mit besonderem Flair
Rebfläche 90 Hektar
Jahresproduktion 650.000 Flaschen
Beste Lagen Kiedricher Gräfenberg, Turmberg und Klosterberg
Boden steinig grusige Böden aus Phylliten, zum Teil mit Lösslehmbeimengung
Rebsorte 100% Riesling
Mitglied VDP

Wilhelm Weil

In Deutschland gibt es nur wenige Betriebe mit einer solchen internationalen Ausstrahlung und einem so unverwechselbaren Markenkern, wie sie das Weingut Robert Weil besitzt. Welche jahrgangsbedingten Unterschiede es auch immer geben mag, das hellblaue Etikett bürgt für den Inhalt der Flasche. Und das war in 2016 nicht anders. Wieder konnten Weine aller Prädikatsstufen in vorzüglicher Qualität geerntet werden. Aber noch wichtiger für die Marke Robert Weil: Der Gutswein und der Ortswein aus Kiedrich sind in diesem Jahr beispielhaft in ihrer Kategorie. Saftig-kernige Rheingauer! Und die Zahl der gefüllten Flaschen ist mehr als beachtlich.

2016: Rheingauer par excellence

Bei den trockenen Lagenweinen hat in diesem Jahr, und das mag ein kleiner Wermutstropfen sein, der Turmberg Erste Lage die Nase vorn. Ein präziser und kerniger, im Holz vergorener Lagenwein. Er braucht ebenso wie der sehr verschlossene Gräfenberg etwas Luft, um sich zu öffnen. Beide Weine sind ein Versprechen auf die Zukunft. Ein von feinem Apfel geprägte Gräfenberg Spätlese mit großer Tiefe eröffnet den Reigen der in diesem Jahr vorzüglichen fruchtsüßen und edelsüßen Gewächse. Unser Liebling des Jahres ist aber die Turmberg Auslese: ein absolut animierender Rheingauer Klassiker und eine echte Auslese und keine verkappte Beerenauslese. So ist es kein Wunder, dass dieser Wein sich beim Bundesfinale an die Spitze aller Auslesen Deutschlands stellte – und das völlig zu Recht! Vom Mostgewicht her fast eine Trockenbeerenauslese ist die Gräfenberg Auslese Goldkapsel – ein Wein, den klare Frucht, tolle Säure und eine mustergültige Balance auszeichnen. Übertroffen wird sie noch von der Fruchtkonzentration, dem Schmelz und der grandiosen Klarheit der Beerenauslese Goldkapsel, die bei den edelsüßen Rieslingen bundesweit den zweiten Rang belegt.

Reifepotenzial

Wenn in den letzten 15 Jahren jemand dafür gearbeitet, ja gekämpft hat, das Reifepotenzial trockener Rheingauer Rieslinge einem breiteren Publikum wieder nahezubringen, dann ist es Wilhelm Weil. Gewiss, eine kleine Schar von Kennern hatte dieses Wissen nicht verloren, aber für die meisten Weinfreunde war das kein Thema mehr. Auch der konsequente Aufbau eines großen, neuen Stückfasskellers hat damit zu tun. Denn Holz unterstützt die Reifefähigkeit des Rieslings. Eindrucksvoll belegt wurde dieses Konzept durch eine Probe von 11 Jahrgängen Turmberg. Der 2009er und der 2011er ragen zur Zeit aus der hochklassigen Reihe heraus.

RHEINGAU

Verkostete Weine 18
Bewertung 83–95 Punkte

- 83 2016 Riesling trocken | 12% | 13,60 €/1,0 Lit.
- 87 2016 Riesling trocken | 12% | 14,40 €
- 89 2016 Kiedricher Riesling trocken | 12,5% | 17,70 €
- 89 2016 Kiedricher Klosterberg Riesling trocken Holzfass | 12,5% | 26,10 €
- 92 2016 Kiedricher Turmberg Riesling trocken Holzfass | 12,5% | 26,10 €
- 91 2016 Kiedricher Gräfenberg Riesling »Großes Gewächs« Holzfass | 13% | 41,40 €
- 87 2016 Riesling Kabinett | 8,5% | 17,70 €
- 91 2016 Kiedricher Turmberg Riesling Spätlese | 8,5% | 41,40 €
- 92 2016 Kiedricher Gräfenberg Riesling Spätlese | 8,5% | 41,40 €
- 94 2016 Kiedricher Gräfenberg Riesling Auslese | 8,5% | 37,50 €/0,375 Lit. | TOP 10
- 95 2016 Kiedricher Turmberg Riesling Auslese | 8,5% | 37,50 €/0,375 Lit. | TOP 10
- 95 2016 Kiedricher Gräfenberg Riesling Auslese Goldkapsel | 8,5% |
- 94 2016 Kiedricher Gräfenberg Riesling Eiswein | 8% | 215,- €/0,375 Lit.
- 94 2016 Kiedricher Turmberg Riesling Beerenauslese | 7,5% | 160,- €/0,375 Lit. | TOP 10
- 94 2016 Kiedricher Gräfenberg Riesling Beerenauslese | 8% | 160,- €/0,375 Lit.
- 95 2016 Kiedricher Gräfenberg Riesling Beerenauslese Goldkapsel | 7,5% | | TOP 10
- 94 2016 Kiedricher Turmberg Riesling Trockenbeerenauslese | 7% | 325,- €/0,375 Lit.
- 95 2016 Kiedricher Gräfenberg Riesling Trockenbeerenauslese | 7% | 325,- €/0,375 Lit. | TOP 10

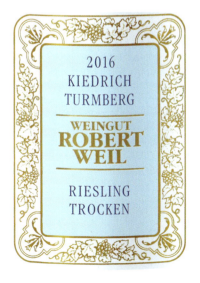

WEINGUT IM WEINEGG

65239 Hochheim · Kirchstraße 38
Tel (0 61 46) 90 73 99 13 · Fax 90 73 99 83
f.schmidt@weingut-weinegg.de
www.weingut-weinegg.de
Inhaber und Betriebsleiter Fabian Schmidt

Verkauf Fabian Schmidt
Mi 18.00–20.00 Uhr, **Fr** 18.00–21.00 Uhr
Sa 12.00–14.00 Uhr · 18.00–21.00 Uhr
So 14.00–19.00 Uhr und nach Vereinbarung

Verhaltene, klare Frucht und zurückgenommene Säure kennzeichnen die 2016er von Fabian Schmidt. Zwei typische Beispiele sind die konzentrierte, sanft fließende trockene Domdechaney und die stilvolle Spätlese aus dem Kirchenstück mit edelherbem Finish. Ganz anders präsentieren sich die 2015er Alten Reben aus Hölle und Reichestal: Saft und Kraft werden durch den Holzfassausbau vermählt, die leichte Restsüße trägt zusätzlich zur Balance bei. Ebenfalls vom Holz geprägt ist der Grauburgunder: ein rebsortentypischer Wein mit cremiger Mitte und sauberem Finish.

Verkostete Weine 12
Bewertung 82–88 Punkte

- 82 2016 Hochheimer Riesling trocken | 11,5% | 5,80 €/1,0 Lit.
- 85 2016 Hochheimer Hölle Riesling Kabinett trocken | 12% | 7,- €
- 86 2016 Hochheimer Hofmeister Grauburgunder Spätlese trocken Holzfass | 12,5% | 8,50 €
- 86 2016 Hochheimer Reichestal Riesling Spätlese trocken Holzfass | 12% | 8,50 €
- 87 2016 Hochheimer Domdechaney Riesling Spätlese trocken | 13,5% | 14,50 €
- 83 2016 Hochheimer Riesling Kabinett feinherb | 10,5% | 6,- €
- 85 2016 Hochheimer Hofmeister Riesling Spätlese feinherb | 11,5% | 8,50 €
- 87 2015 Hochheimer Hölle Riesling Spätlese feinherb Alte Reben Holzfass | 12,5% | 12,50 €
- 87 2015 Hochheimer Reichestal Riesling Spätlese feinherb Alte Reben Holzfass | 12,5% | 12,50 €
- 88 2016 Hochheimer Kirchenstück Riesling Spätlese | 8% | 14,50 €
- 85 2015 Hochheimer Spätburgunder trocken | 12% | 8,50 €
- 86 2015 Hochheimer Reichestal Merlot trocken Holzfass | 13,5% | 14,50 €

☆   ★★

WEINGUT DR. CHRISTOPHER WOLF
65347 Hattenheim · Weinbergstraße 7
Tel (0 67 23) 8 83 02 · Fax 8 83 02
rheingauwolf@web.de
www.rhein-wein.com
Inhaber Dr. Christopher Wolf
Verkauf Dr. Christopher Wolf
nach Vereinbarung

Der Arzt Dr. Christopher Wolf hat schon bessere Kollektionen präsentiert. Bei den Rieslingen fehlt in diesem Jahr die Klarheit und Frische. Die feinherbe Spätlese aus dem Nussbrunnen gefällt uns am besten: Durch langes Hefelager überzeugt sie mit Noten von Feuerstein und schöner Säurebalance; der Stil ist kernig mit attraktiver Bitterspannung. Unsere Erstbegegnung mit dem feinherben Gewürztraminer ist rundweg positiv: Der Wein ist herrlich saftig und sensorisch trockener als dies der Zuckergehalt erwarten lässt. Beim Men only, einem Spätburgunder Rosé Barrique, fehlt diese Frische und Frucht; er gibt sich etwas unharmonisch mit seiner rauchig-speckigen Anmutung. Bester Wein in diesem Jahr ist der Spätburgunder aus dem Schützenhaus, steinig-mineralisch mit guter Frische, für 2014 sehr gelungen.

Verkostete Weine 8
Bewertung 81–85 Punkte

81 2016 Hattenheimer Schützenhaus Riesling Kabinett trocken | 12% | 5,– €
83 2016 Hattenheimer Nussbrunnen Riesling Kabinett trocken | 12% | 7,– €
81 2016 Hattenheimer Hassel Weißburgunder Edition MP Kabinett feinherb | 12% | 4,80 €
82 2016 Hallgartener Hendelberg Riesling Kabinett feinherb | 10% | 6,80 €
83 2016 Hallgartener Hendelberg Gewürztraminer Spätlese feinherb | 11,5% | 8,– €
84 2015 Hattenheimer Nussbrunnen Riesling Spätlese feinherb | 13,5% | 8,– €
84 2014 Hattenheimer Schützenhaus Spätburgunder Wolf Men only trocken Rosé Barrique | 12% | 14,50 €
85 2014 Hattenheimer Schützenhaus Spätburgunder Edition F trocken Barrique | 13% | 7,50 €

WEINGUT WURM
65391 Lorch · Binger Weg 1a
Tel (0 67 26) 83 00 83 · Fax 83 00 84
info@weingut-wurm.de
www.weingut-wurm.de
Inhaber und Betriebsleiter Robert Wurm
Kellermeister Peter Barth
Verkauf Robert Wurm
nach Vereinbarung

Gutsausschank März.–Juni, Sept.–Okt.
Fr ab 17 Uhr, Sa–So, feiertags ab 15.00 Uhr
Spezialitäten regionale und mediterrane Küche
Historie Weinbau seit 1841 in der Familie
Sehenswert herrlicher Blick auf das Weltkulturerbe Mittelrhein
Rebfläche 8 Hektar
Jahresproduktion 50.000 Flaschen
Beste Lagen Lorcher Kapellenberg, Bodental-Steinberg und Krone
Boden Schiefer, Quarzit, Phyllit
Rebsorten 70% Riesling, 24% Spätburgunder, 5% Cabernet Sauvignon, 1% Weißburgunder

Das vormalige Weingut Ottes ist nun endgültig in das Weingut Wurm überführt. Das neue Etikett des Hauses ist stark asiatisch inspiriert. Korea nennt Robert Wurm seine zweite Heimat. Ein wirklich eigenständiger, ins Auge springender Auftritt ist so entstanden. Mit den letzten Jahrgängen wurde hier bereits die Qualitätspyramide neu aufgestellt und der VDP-Klassifizierung angenähert. Auch wurde das Produktprogramm im Bereich der Orts- und Gutsweine gestrafft. Auf die Prädikate Kabinett und Spätlese wird bei trockenen Rieslingen verzichtet. Die 2015er Rotweine der aktuellen Kollektion sind gelungen. Der opulente und im Duft an Port erinnernde Namu steht an der Spitze der stimmigen Reihe. Den Stil der Weißweine empfanden wir als wenig animierend. Hier wurde offensichtlich Neues ausprobiert. Warten wir die Entwicklung ab.

Symbole Weingüter
★★★★★ Weltklasse · ★★★★ Deutsche Spitze
★★★ Sehr Gut · ★★ Gut · ★ Zuverlässig

Verkostete Weine 12
Bewertung 82–88 Punkte

- 83 2016 Lorcher Riesling plus trocken | 12% | 9,– €
- 84 2016 Lorcher Riesling trocken | 12% | 9,– €
- 82 2016 Lorcher Kapellenberg Riesling trocken | 13,5% | 15,50 €
- 83 2016 Lorcher Schlossberg Riesling trocken | 13,5% | 15,50 €
- 85 2016 Lorcher Riesling Schiefer trocken | 13,5% | 22,50 €
- 88 2015 Lorcher Kapellenberg Riesling Auslese | 8,5% | 39,80 €/0,375 Lit.
- 83 2016 Lorcher Spätburgunder & Cabernet Sauvignon trocken Rosé | 12,5% | 7,90 €
- 85 2015 Lorcher Cabernet Sauvignon trocken | 13% | 10,50 €
- 86 2015 Lorcher Spätburgunder trocken | 13,5% | 10,50 €
- 84 2015 Lorcher Spätburgunder & Cabernet Sauvignon Fusion trocken | 13,5% | 12,50 €
- 87 2015 Lorcher Pfaffenwies Spätburgunder trocken | 13,5% | 15,50 €
- 88 2015 Lorcher Spätburgunder Namu trocken | 14,5% | 28,90 €

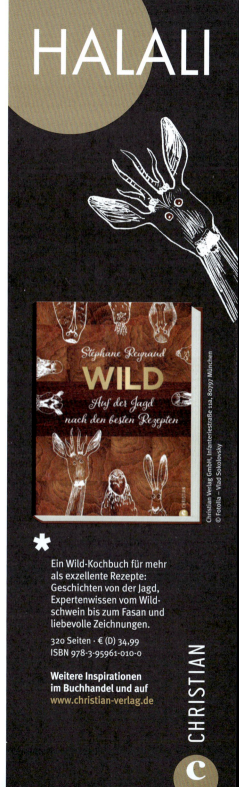

HALALI

Stéphane Reynaud
WILD
Auf der Jagd nach den besten Rezepten

Christian Verlag GmbH, Infanteriestraße 11a, 80797 München
© Fotolia – Vlad Sokolovsky

*
Ein Wild-Kochbuch für mehr als exzellente Rezepte: Geschichten von der Jagd, Expertenwissen vom Wildschwein bis zum Fasan und liebevolle Zeichnungen.

320 Seiten · € (D) 34,99
ISBN 978-3-95961-010-0

Weitere Inspirationen im Buchhandel und auf
www.christian-verlag.de

CHRISTIAN

RHEINHESSEN WEINREGION

Der Weinbau und das Glamourgirl

Der Winzer-Zusammenschluss »Maxime Herkunft« hat offenbar Erfolg im Gebiet. Der Spätburgunder erreicht im Spitzensegment Preise wie in der Bourgogne und auch der Rote Hang entwickelt sich sehr dynamisch.

Symbole Weingüter

★★★★★ Weltklasse
★★★★ Deutsche Spitze
★★★ Sehr gut
★★ Gut
★ Zuverlässig

WEINREGION

Rheinhessen im Überblick

Rebfläche: 26.628 Hektar
Einzellagen: 414
Böden: Löss, Sand, Mergel, Kalkstein, Ton, rotliegender Schiefer, Quarzit und Porphyr
Hauptrebsorten: Müller-Thurgau (16%), Riesling (17%), Dornfelder (13%), Silvaner (9%)
Selbstvermarktende Betriebe: 1.405
www.rheinhessenwein.de

Karte und Angaben: DWI

Ziemlich genau 200 Jahre nach der Gründung Rheinhessens in Folge der Napoleonischen Kriege und fast 50 Jahre nach Inkrafttreten des Deutschen Weingesetzes von 1971 haben sich etwa 70 Winzer des Anbaugebietes zusammengeschlossen zur Vereinigung »Maxime Herkunft Rheinhessen«. Ziel ist die Schärfung des Profils unter strikter Anwendung der vom Verband der Prädikatsweingüter (VDP) übernommenen dreistufigen Gliederung in Gutswein, Ortswein und Lagenwein - wobei der VDP personell die Keimzelle der Vereinigung bildet. Damit schafft sich erstmals eine größere Gruppe von Weingütern eine bezeichnungsrechtliche Basis, die heutigem Weinverständnis nahekommt, aber auch mit modernen Vertriebsstrukturen kompatibel ist. Beitrittswillige sind in großer Zahl vorhanden. Das lässt deutlich erkennen, wie groß in der Region das Interesse an zukunftsfähigen Konzepten ist.

Wie erfolgreich sich rheinhessische Weine heute vermarkten lassen, zeigt beispielsweise ein Joint Venture des Lonsheimer Kellereibetriebes von Wolfgang Trautwein mit dem Weingut Robert Weil aus dem Rheingau, dem unter dem Label »Robert Weil junior« ein sehr erfolgreiches Produkt gelungen ist, das übrigens zu einem ambitionierten Preis exklusiv über Edeka vertrieben wird. Am deutlichsten wird der wirtschaftliche Erfolg des rheinhessischen Weins vielleicht an Personen wie Kai Schätzel oder Jochen Dreissigacker, die international vor allem in Skandinavien von der Weinszene zuweilen wie Popstars gefeiert werden.

Historisch vergleichbar ist dieser Boom mit der Gründung der großen Traditionshäuser an der pfälzischen Mittelhaardt und in Bernkastel an der Mosel während der Gründerzeitjahre. Fragt man heute die besten Sommeliers in Paris, New York oder Wien nach eleganten, finessenreichen Rieslingen, so erhält man fast unisono als Empfehlung die großen Weine aus dem Morstein oder Pettenthal. Der Wonnegau mag die ursprüngliche Keimzelle dieses Weinwunders sein, doch spätestens seit der Einheirat von Hans Oliver Spanier ins Weingut Kühling-Gillot und der Übernahme der Spitzenweinberge des früheren Weinguts Franz Karl Schmitt durch Klaus-Peter Keller und St. Antony hat die Dynamik auch die vorher eher betuliche Region um den Roten Hang erreicht. Jetzt bringt auch Johannes Hasselbach das Traditionsweingut Gunderloch wieder auf Fahrt.

Die trockenen Rieslinge bei Gunderloch, Kühling-Gillot und St. Antony sind heute so gut wie nie. Kai Schätzel scheint noch ein wenig auf der Suche. Seine Weine wirken alle früh gelesen und leben ganz von der Spannung und ihrer reduktiven Art. 2016 gelang dies recht gut, weniger gut beim 2015er Pettenthal.

Mehr als Riesling

Wer aber glaubt, Rheinhessens neu erworbener internationaler Ruf gründe sich nur auf dem Riesling, der irrt gewaltig. Bei der VDP-Auktion im September 2017 in Bad Kreuznach wurden für 360 Flaschen 2015er Morstein Spätburgunder aus dem Weingut Keller 683 Euro bezahlt - wohlgemerkt: pro Flasche. Das sind Dimensionen, die selbst in der Bourgogne nur namhafte Betrieb für ihre Pinot Noir Grand Crus erzielen. Auch andere Rheinhessen erzeugten 2015 großartige Pinots, so etwa das

RHEINHESSEN

Leuchtende Farben, arbeitsreiche Zeit: herbstliche Traubenernte in Nierstein

Saulheimer Weingut Thörle oder Rudolf Geil aus Bermersheim. Einen ganz anderen Ansatz hat der Spätburgunder aus dem Frauenberg von Albrecht Engel aus Flörsheim-Dalsheim. Dieser Wein lebt ganz von seiner Frische und energetischen Spannung. Der Stil erinnert an die früheren Weine von Jayer-Gilles aus den Hautes Côtes de Nuits.

Bei den weißen Burgundersorten tut sich ebenfalls einiges. Einen ganz eigenen, authentisch rheinhessischen Stil verfolgt Karl-Hermann Milch. Er produziert kraftvolle, nachhaltige Weine mit feinstem Holzeinsatz. Der Monsheimer Winzer hat allein 13 verschiedene Chardonnays vorgestellt. Einen wiederum anderen Weg beschreitet das Weingut Knewitz. Dessen Chardonnay-Réserve-Weine erinnern mit ihrer brillanten Säure und fordernden Art an große Meursault von Boisson-Vadot oder Arnaud Ente.

Rheinhessische Frauenpower

Längst spielen die Frauen weit mehr als eine Nebenrolle in der rheinhessischen Winzerschaft. Was

Die besten Silvaner trocken 2016

Feuervogel Keller (28 Euro)	91
Mission Teschke (120 Euro)	91
Erster unter Gleichen Teschke (11,50 Euro)	89
19-29 Teschke (16,50 Euro)	89
19-68 Teschke (23 Euro)	89

Die Spitzenbetriebe

★★★★★
Keller	S. 775
Wittmann	S. 837

★★★★½
Battenfeld-Spanier	S. 732
Kühling-Gillot	S. 782
Raumland	S. 801

★★★★
Gunderloch	S. 761

Gebietspreisträger Rheinhessen

Winzer des Jahres: Oliver Spanier, Battenfeld-Spanier

Aufsteiger des Jahres: Johannes Hasselbach, Gunderloch

Entdeckung des Jahres: Andreas Paukner, Büsser-Paukner

Weinbewertung in Punkten
100 Perfekt • 95 bis 99 Überragend • 90 bis 94 Exzellent
85 bis 89 Sehr gut • 80 bis 84 Gut

WEINREGION **RHEINHESSEN**

Preisgekrönt: 2012 wurde der Ausblick vom Brudersberg zur »Schönsten Weinsicht« in Rheinhessen gekürt

vor Jahren mit Gesine Roll, Dr. Eva Vollmer und Carolin Gillot begann, bricht sich mittlerweile auf breiter Front Bahn. Junge Frauen übernehmen traditionsreiche Familienbetriebe, sie revolutionieren die Weinbergsarbeit sowie Kellertechnik und erreichen bei den Weinen ganz neue Standards. In dieser Riege zählen Christine Huff, Katharina Wechsler, Eva Pauser und Lisa Bunn beinahe schon zum Establishment. Mit Johanna Bossert, Sina Mertz und Katja Rettig drängt bereits die nächste Generation nach.

Mehr als Riesling

So sehr allein die Vielzahl an begabten Winzerinnen in Rheinhessen auffällt - ein Phänomen in der jüngeren Geschichte des Anbaugebiets ist der Hype in allen Medien, den das Glamourgirl des deutschen Weinbaus ausgelöst hat. Durch ihre persönliche Präsenz und die Kreation eines Drei-Freunde-Weins mit Matthias Schweighöfer und Joko Winterscheidt hat Juliane Eller es geschafft, Kreise auf den rheinhessischen Wein aufmerksam zu machen, die zuvor eher zu Alcopops neigten. Und Rummel beiseite: Juliane Eller hat (u.a. bei Klaus Peter Keller) etwas gelernt und bringt unter dem Label »Juwel« bereits respektable Weine auf die Flasche.

Wenn es den Akteuren der Region gelingt, ungeachtet des wirtschaftlichen Erfolges und trotz der Verlockungen des schnellen Geschäfts im Bemühen um eine weitere Verbesserung der Weinqualität nicht nachzulassen, wird der rheinhessische Weinbau noch großen Zeiten entgegengehen.

Dr. Eckhard Kiefer

Das Schönste von Mensch und Natur!

© Guenther Bayerl

Frederking & Thaler im Bruckmann Verlag GmbH, Infanteriestraße 11a, 80797 München

WELTERBE
Günther Bayerl · Florian Heine
Deutschlands lebendige Vergangenheit

FREDERKING & THALER

320 Seiten · ca. 200 Abb.
29,5 × 37,5 cm
Hardcover mit Leineneinband
ISBN 978-3-95416-190-4
€ (D) 98,00

Abenteuer Leben
FREDERKING & THALER

Diesen und viele weitere Titel unter
www.frederking-thaler.de oder im Buchhandel

☆

WEINGUT ACHENBACH
55599 Wonsheim · Kirchgasse 1
Tel (0 67 03) 7 07 · Fax 36 27
info@weingut-achenbach.de
www.weingut-achenbach.de
Inhaber Gernot und Frank Achenbach
Betriebsleiter Gernot Achenbach
Kellermeister Frank und Constanza Achenbach
Verkauf nach Vereinbarung

Das aktuelle Sortiment dieses Betriebes in der rheinhessischen Schweiz ist sehr stimmig. Die Weine offenbaren ein gutes Spiel von Frucht und Saftigkeit. Uns gefällt besonders der nach Quitte und Äpfeln duftende Weißburgunder vom Löss. Der Weißburgunder Lagenwein aus dem Volxheimer Mönchberg steht qualitativ noch darüber. Bester trockener Riesling des Jahrgangs ist der Ortswein vom Porphyr. Bei den Rotweinen ist der 2012er St. Laurent aus dem Barrique besonders gut geraten. Er erinnert an Maulbeere und Pfeffer. Zuletzt wurde in den Holzfasskeller und die Rekultivierung von Steillagen investiert. In den nächsten Jahren soll auch ein Exportgeschäft aufgebaut werden. Im Keller haben mittlerweile Frank Achenbach und seine Frau Constanza die Regie übernommen.

Verkostete Weine 11
Bewertung 82–86 Punkte

84 2016 Grauburgunder trocken | 12% | 4,50 €
83 2016 Grauburgunder Urmeer trocken | 12,5% | 6,- €
84 2016 Weißburgunder Löss trocken | 13% | 6,- €
84 2016 Sauvignon Blanc Löss trocken | 12,5% | 6,50 €
85 2016 Riesling Porphyr trocken | 12,5% | 7,- €
86 2015 Volxheimer Mönchberg Weißburgunder trocken | 13,5% | 9,- €
83 2013 Sylvaner Mockenhöll trocken Premium Holzfass | 13% | 13,- €
82 2016 Scheurebe Urmeer feinherb | 12,5% | 6,- €
82 2016 Riesling Turm feinherb | 11% | 6,50 €
84 2016 Auxerrois Löss feinherb | 12,5% | 7,50 €
86 2012 St. Laurent Uralt trocken Premium Barrique | 13% | 23,- €

★★½

ADAMSWEIN
55218 Ingelheim · Altegasse 28
Tel (0 61 32) 79 08 00 · Fax 7 90 80 70
info@adamswein.de
www.adamswein.de
Inhaber und Betriebsleiter Dr. Simone Adams
Verkauf nach Vereinbarung

»Ich glaube nicht, dass wir dem Klima hier am 50. Breitengrad mit Überreife, maximaler Extraktion und möglichst hoher Alkoholausbeute gerecht werden. Ich möchte die Einzigartigkeit des Ingelheimer Terroirs so authentisch wie möglich auf meine Weine übertragen.« Dieser Überzeugung der Ingelheimer Winzerin Simone Adams können wir ohne Abstriche zustimmen. Und die Hobbyjägerin setzt ihre Maxime auch in die Tat um. Die Spätburgunder-Linie ist geprägt von feinen Kirschnuancen, der Holzeinsatz wird nicht übertrieben. Das ergibt klassische Pinot Noir-Typen, etwa den Wein Kaliber 36 mit feiner Würze und guter Balance. Und auch die Weißweine haben zuletzt zugelegt: straffer, klarer Weißburgunder, geschmackvoller Chardonnay mit passendem Holz.

Verkostete Weine 10
Bewertung 83–88 Punkte

84 2016 Weißburgunder Kaliber 9 trocken | 13% | 9,- €
83 2016 Grauburgunder Kaliber 19 trocken Holzfass | 13% | 13,- €
85 2016 Cuvée White Wedding Kaliber 21 trocken | 12,5% | 17,- €
87 2015 Chardonnay Kaliber 25 trocken Barrique | 13% | 24,- €
84 2015 Spätburgunder Kaliber 12 trocken Holzfass | 13% | 11,- €
83 2014 St. Laurent Kaliber 16 trocken Holzfass | 13% | 13,- €
85 2015 Cuvée Browning Baby Kaliber 20 trocken | 13% | 17,- €
86 2014 Frühburgunder Kaliber 24 trocken Holzfass | 13% | 19,- €
87 2014 Spätburgunder Kaliber 36 trocken Barrique | 13% | 26,- €
88 2014 Spätburgunder Kaliber 48 trocken Barrique | 13% | 36,- €

Symbole Weingüter
★★★★★ Weltklasse • ★★★★ Deutsche Spitze
★★★ Sehr Gut • ★★ Gut • ★ Zuverlässig

Weinbewertung in Punkten
100 Perfekt • 95 bis 99 Überragend • 90 bis 94 Exzellent
85 bis 89 Sehr gut • 80 bis 84 Gut

RHEINHESSEN

WEINGUT ST. ANTONY
55283 Nierstein · Wilhelmstraße 4
Tel (0 61 33) 50 91 10 · Fax 50 91 12 99
info@st-antony.de
www.st-antony.de
Inhaber Familie Meyer
Geschäftsführer Felix Peters
Außenbetrieb Bartlomij Ciezadlik
Kellermeister Felix Peters
Verkauf Ira Lorch, Kim Kappeller
Mo-Fr 8.00-18.00 Uhr
Sa 10.00-15.00 Uhr nach Vereinbarung

Sehenswert schön gestaltete neue Vinothek
Rebfläche 34 Hektar
Jahresproduktion 260.000 Flaschen
Beste Lagen Niersteiner Oelberg, Pettenthal, Orbel und Hipping, Nackenheimer Rothenberg
Boden roter Schiefer, Kalk
Rebsorten 65% Riesling, 10% Spätburgunder, 8% Blaufränkisch, 7% Weißburgunder, 10% übrige Sorten
Mitglied VDP

Die Großen Gewächse aus 2016 sind beachtlich. Der Zehnmorgen, im Alleinbesitz des Gutes, wird von gelben Früchten geprägt und ist elegant, der klassische Hipping duftet nach Kräutern und ist charakterstark und der Pettenthal an der Spitze wirkt feiner mit viel Schliff. Doch fast noch beeindruckender ist hier die Qualität der Basisweine, etwa der Rotschiefer Riesling in seiner würzigen und warmen Art. Während es den Pinot Noirs mitunter etwas an Schliff und Eleganz fehlt, hat sich dieses Gut in den letzten Jahren zu einem wahren Experten für Blaufränkisch entwickelt. Der Rothe Bach an der Spitze einer tollen Reihe ist ein großer Rotwein mit feinem Tannin und langem Nachhall. Namensgeber für dieses Weingut ist die erste Eisenhütte im Ruhrgebiet, die 1758 nach dem Schutzheiligen St. Antony benannt wurde. Da für die Eisenproduktion sehr viel Kalk benötigt wurde, erwarb die Gute-Hoffnungs-Hütte 1912 ein kalkreiches Terrain mit umliegenden Weinbergen im Süden Niersteins. Zunächst wurde Kalk abgebaut, nach dem Ersten Weltkrieg, als die Nachfrage nach Eisen zusammenbrach, 1920 der erste Wein erzeugt. Nach und nach wurden weitere Weinberge dazugekauft. 2005 ging das Weingut an die Familie Meyer, ein Jahr später

übernahm Felix Peters die Geschäftsführung, der vor allem in den letzten Jahren kräftig an der Qualitätsschraube drehte.

Verkostete Weine 15
Bewertung 86-92 Punkte

86 2016 Chardonnay trocken Holzfass | 13% | 8,50 €
86 2016 Riesling Rotschiefer trocken Holzfass | 11,5% | 10,80 €
86 2016 Niersteiner Riesling trocken Holzfass | 12,5% | 14,80 €
87 2016 Niersteiner Orbel Riesling »Großes Gewächs« Holzfass | 12,5% | 18,90 €
88 2016 Niersteiner Oelberg Riesling »Großes Gewächs« | 12,5% | 22,- €
90 2016 Niersteiner Zehnmorgen Riesling »Großes Gewächs« | 12,5% | 28,- €
91 2016 Niersteiner Pettenthal Riesling »Großes Gewächs« Holzfass | 12,5% | 25,- €
92 2016 Niersteiner Hipping Riesling »Großes Gewächs« Holzfass | 12,5% | 22,- €
87 2015 Niersteiner Paterberg Pinot Noir »Großes Gewächs« Holzfass | 12,5% | 38,- €
88 2015 Niersteiner Pinot Noir trocken Holzfass | 12,5% | 16,- €
88 2015 Niersteiner Kranzberg Pinot Noir »Großes Gewächs« Holzfass | 12,5% | 25,- €
87 2015 Blaufränkisch Am Turm trocken Holzfass | 12,5% | 14,80 €
89 2015 Blaufränkisch Lange Berg trocken Holzfass | 12,5% | 36,- €
90 2015 Blaufränkisch Alte Reben trocken Holzfass | 13% | 17,- € | 🍷
92 2015 Blaufränkisch Rothe Bach trocken Holzfass | 13% | 42,- €

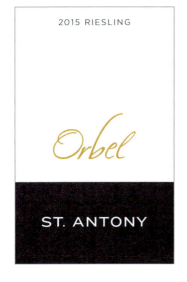

☆

WEINGUT JOHANNES BALZHÄUSER
67577 Alsheim · Mittelgasse 25
Tel (0 62 49) 94 51 30
mail@balzhaeuser.de
www.balzhaeuser.de
Inhaber Dr. Herbert und Johannes Balzhäuser
Betriebsleiter und Kellermeister Johannes Balzhäuser
Außenbetrieb Dr. Herbert Balzhäuser
Verkauf nach Vereinbarung

Dieser Betrieb im Südosten des Anbaugebiets stellt eine sehr ausgewogene und saftige Weinlinie vor. Die vier Gutsweine von Riesling, Weißburgunder, Grauburgunder und Chardonnay treffen sich auf Augenhöhe. Der Lagenriesling aus dem Alsheimer Kälbchen steht an der Spitze der Weißweine. Gut gelungen ist auch der Rosé aus dem Barrique: Shiraz und Cabernet Sauvignon finden hier zu einer pfeffrigen Cuvée zusammen. Johannes Balzhäuser repräsentiert die neunte Generation in dem Familienweingut. Er hat Agrarwissenschaften in Stuttgart studiert, Weinbauerfahrung sammelte er an der luxemburgischen Mosel und in Australien. Die Reben der Familie Balzhäuser in Alsheim wachsen auf Löss- und Kalksteinböden. Geplant ist die Errichtung einer neuen Vinothek.

Verkostete Weine 7
Bewertung 84–86 Punkte

84 2016 Riesling trocken | 11,5% | 7,50 €
84 2016 Weißburgunder trocken | 12,5% | 7,50 €
84 2016 Grauburgunder trocken | 12,5% | 7,50 €
84 2016 Chardonnay trocken | 12,5% | 7,50 €
84 2015 Alsheimer Grauburgunder trocken Holzfass | 14% | 10,– €
86 2015 Alsheimer Kälbchen Riesling trocken | 13,5% | 15,– €
86 2015 Shiraz & Cabernet Sauvignon trocken Rosé Barrique | 12,5% | 13,– €

★★★★✯ **Winzer des Jahres**

WEINGUT BATTENFELD-SPANIER
67591 Hohen-Sülzen · Bahnhofstraße 33 BIO
Tel (0 62 43) 90 65 15 · Fax 90 65 29
kontakt@battenfeld-spanier.de
www.battenfeld-spanier.de
Inhaber H. O. Spanier und Carolin Spanier-Gillot
Vertriebsleiter Frank Schuber
Kellermeister H. O. Spanier und Axel Thieme
Verkauf Oelmühlstr. 25, 55294 Bodenheim
Mo–Fr 9.00–12.00 Uhr · 14.00–17.00 Uhr
Sa 10.00–14.00 Uhr
Weinbar Liquid Life sechsmal im Jahr in Bodenheim
Historie im Alter von 20 Jahren hat H. O. Spanier sein eigenes Weingut gegründet, bereits 1993 Umstellung auf ökologischen Weinbau
Erlebenswert »Liquid Life« Do–Sa ab 17.00 Uhr
Rebfläche 28 Hektar
Jahresproduktion 150.000 Flaschen
Beste Lagen Nieder-Flörsheimer Frauenberg, Hohen-Sülzer Kirchenstück, Mölsheimer Zellerweg am Schwarzen Herrgott
Boden Kalksteinverwitterung, Muschelkalk, Tonmergel
Rebsorten 75% Riesling, 15% Spätburgunder, 10% übrige Sorten
Mitglied VDP, Maxime Herkunft, La Renaissance des Appellations

Auch wenn Hans Oliver Spanier auf viele noch wie ein junger Mann wirkt, so hat er fast schon die Leistung einer ganzen Generation hinter sich gebracht. Als gerade mal 20-Jähriger gründete er 1991 sein eigenes Weingut und arbeitete schon früh nach ökologischen und biodynamischen Richtlinien.

Weine brauchen Zeit
Anfangs tastete er sich noch an das Terroir im Wonnegau heran, verstand es im Laufe der Jahre immer besser und so nahmen auch seine Weine an Persönlichkeit zu. Spanier hat aber noch weitergehende Verdienste erworben. Er hat das Zellertal zurückgebracht in den Fokus der Weinkenner, hat quasi im Alleingang eine der ältesten Weinbergslagen überhaupt reaktiviert: den Mölsheimer Zellerweg am Schwarzen Herrgott. Die Weinberge im Zellertal und auch teilweise im Wonnegau liegen im Regenschatten des Donnersbergs. Aufziehende Unwetter aus dem Wes-

RHEINHESSEN

Hans Oliver Spanier

ten bleiben an ihm hängen. Gut für den Kalkfels, der hier den Boden bestimmt. Der würde sich sonst wie ein Kreidestück mit Wasser vollsaugen. Wer in diesem Gut früh zugängliche, einfach verständliche oder nur von Frucht getragene Weine sucht, ist völlig fehl am Platz. So lange, wie es dauert, bis die Reben hier in den Kalkstein hineingewachsen sind und Fuß gefasst haben, so braucht auch die Entwicklung der Weine seine Zeit. Das sieht man etwa im Jahrgang 2016, wo gerade die Mölsheimer Rieslinge sich erst wenig geöffnet haben. Die Rieslinge aus Hohen-Sülzen sind da schon etwas weiter. Man kann diese unterschiedlichen Stufen sehr schön bei den Ortsweinen verfolgen, die wie immer auf hohem Niveau stehen. Dass Spanier auch Silvaner kann, zeigt er mit seinem Gutswein vom Grünen Silvaner, der sich wunderbar frisch und mit Zug am Gaumen probiert.

Immer bei den Besten

Bei seinen Großen Gewächsen hat Hans Oliver Spanier eine beeindruckende Konstanz entwickelt. Jahr für Jahr stellt er Spitzenrieslinge auf den Verkostungstisch, die immer zu den besten in Rheinhessen und nicht selten auch in ganz Deutschland gehören. Im Jahrgang 2016 verfolgen wir fasziniert das Kopf-an-Kopf-Rennen zwischen dem Nieder-Flörsheimer Frauenberg und dem Mölsheimer Schwarzen Herrgott und wir können derzeit noch nicht sagen, wer auf die Distanz letztlich die Nase vorne haben wird. In außergewöhnlichen Jahren erzeugt Spanier seinen Riesling CO Liquid Earth, diesmal wurde der 2012er präsentiert, ein großer trockener Riesling mit zartrauchiger Note. Dem Jahrgang 2016 setzen zwei fruchtsüße Rieslinge die Krone auf: Sowohl die Spätlese als auch die Auslese sind frische und animierende Weine, die zum Trinken einladen. All dies sind schlagkräftige Argumente, Hans Oliver Spanier zu unserem Winzer des Jahres auszurufen. Herzlichen Glückwunsch!

Verkostete Weine 14
Bewertung 84–94 Punkte

87 2016 Grüner Sylvaner trocken | 12,5% | 9,90 €
84 2016 Riesling trocken | 12% | 11,– €
88 2016 Hohen-Sülzener Riesling trocken | 12% | 17,50 €
88 2016 Pinot Blanc Louis trocken | 12,5% | 18,50 €
89 2016 Grüner Sylvaner Leopold trocken | 12% | 18,50 €
88 2016 Mölsheimer Riesling trocken | 12% | 21,– €
92 2016 Hohen-Sülzener Kirchenstück Riesling »Großes Gewächs« | 12,5% | 37,– €
94 2016 Mölsheimer Zellerweg Am Schwarzen Herrgott Riesling »Großes Gewächs« | 12,5% | 45,– €
94 2016 Nieder-Flörsheimer Frauenberg Riesling »Großes Gewächs« | 12,5% | 45,– €
93 2012 Riesling CO Liquid Earth by H.O. Spanier trocken | 12,5% | 140,– €
92 2016 Mölsheimer Zellerweg Am Schwarzen Herrgott Riesling Spätlese | 9,5% | 19,50 €
93 2016 Nieder-Flörsheimer Frauenberg Riesling Auslese | 9,5% | 39,– €
87 2015 Spätburgunder Holzfass trocken | 13% | 14,50 €
90 2015 Hohen-Sülzener Kirchenstück Spätburgunder »Großes Gewächs« | 13% | 35,– €

WEINGUT BECK HEDESHEIMER HOF

55271 Stadecken-Elsheim · Schildweg 2
Tel (0 61 36) 24 87 · Fax 92 44 13
weingut@hedesheimer-hof.de
www.hedesheimer-hof.de
Inhaber und Kellermeister Michael Beck

Verkauf Michael Beck
Mi-Fr 14.00–19.00 Uhr
Sa 9.00–16.00 Uhr und nach Vereinbarung

Rebfläche 26,5 Hektar
Jahresproduktion 180.000 Flaschen
Beste Lagen Stadecker Lenchen und Spitzberg, Elsheimer Bockstein und Blume, Jugenheimer Goldberg
Boden schwerer Ton, Lehm, Lössablagerungen
Rebsorten 25% Riesling, 17% Grauburgunder, 14% Spätburgunder, 13% Weißburgunder, 9% Portugieser, 7% Silvaner, 6% Dornfelder, 9% übrige Sorten

Verkostete Weine 11
Bewertung 81–87 Punkte

83 2016 Weißburgunder trocken | 12,5% | 6,50 €
83 2016 Grauburgunder trocken | 12,5% | 6,50 €
83 2016 Riesling Terra Fusca trocken | 12% | 7,50 €
86 2016 Stadecker Lenchen Grauburgunder trocken | 13,5% | 9,50 €
87 2016 Stadecker Horn Weißburgunder trocken | 14% | 9,50 €
87 2016 Stadecker Horn Riesling trocken | 12,5% | 13,50 €
87 2016 Elsheimer Marhans Riesling trocken | 13% | 13,50 €
84 2016 Muskateller Freestyler Kabinett feinherb | 10% | 7,50 €
87 2016 Elsheimer Blume Riesling Late Night Spätlese | 8% | 8,50 €
84 2015 Blauer Spätburgunder trocken | 13% | 6,50 €

Michael Beck stellt eine recht homogene Kollektion aus dem Jahrgang 2016 vor. Wir probierten einfache und solide trockene Gutsweine, und auch der feinherbe Muskateller zeigt eine schöne Nase. 2016 kann an das Vorjahr nicht ganz anschließen, wenn auch die besten trockenen Rieslinge diesmal wieder aus dem Stadecker Horn und dem Elsheimer Marhans stammen. Der Weißburgunder aus dem Horn ist klar ausgefallen, hat für unseren Geschmack aber etwas zu viel Körper. Die Riesling Spätlese aus der Elsheimer Blume bekommt Balance durch eine präsente Säure. Michael Beck setzt im malerischen Selztal auf die klassischen Rebsorten, zu denen der Winzer auch Portugieser und Auxerrois zählt. Beck ist seit gut 30 Jahren ein fester Bestandteil der rheinhessischen Winzerszene. Fernab aller Trends und Moden konzentriert sich Beck auf das Wesentliche. Die Weine kann man sich am besten in der Probierstube munden lassen, deren Mobiliar Beck selbst entworfen und gebaut hat. Zusammen mit seiner Frau Doris hat er den Hedesheimer Hof stilvoll umgebaut und man bietet auch großzügige und helle Gästezimmer an. Geplant sind jetzt noch die Neuanlage des Außenbereichs sowie Verbesserungen in der Kellertechnik.

RHEINHESSEN

WEINGUT BECKER LANDGRAF

55239 Gau-Odernheim · Im Felsenkeller 1
Tel (0 67 33) 74 49 · Fax 18 47
weingut@beckerlandgraf.de
www.weingut-beckerlandgraf.de

Inhaber Julia und Johannes Landgraf
Kellermeister Julia und Johannes Landgraf
Verkauf Julia und Johannes Landgraf
nach Vereinbarung
Rebfläche 15 Hektar
Jahresproduktion 150.000 Flaschen
Beste Lagen Gau-Odernheimer Herrgottspfad, Rosenberg und Ölberg
Boden Kalkmergel, Muschelkalk, tiefgründiger Löss und Ton
Rebsorten 45% Riesling, 23% Spätburgunder, 11% Weißburgunder, je 6% Grauburgunder und St. Laurent, 9% übrige Sorten
Mitglied Message in a bottle

Verkostete Weine 12
Bewertung 83–89 Punkte

83 2016 Riesling trocken | 12% | 7,80 €
85 2016 Gau-Odernheimer Riesling trocken | 12% | 11,20 €
86 2016 Gau-Odernheimer Weißburgunder trocken Holzfass | 12,5% | 11,20 €
86 2016 Gau-Odernheimer Grauburgunder trocken | 12,5% | 12,40 €
87 2013 Gau-Odernheimer Herrgottspfad Riesling trocken Holzfass | 12,5% | 20,– €
88 2015 Gau-Odernheimer Herrgottspfad Riesling trocken Holzfass | 12,5% | 20,– €
89 2016 Gau-Odernheimer Weißburgunder Muschelkalk trocken Barrique | 12,5% | 22,– €
88 2015 Gau-Odernheimer Spätburgunder trocken Barrique | 13,5% | 12,40 € | €
85 2013 Gau-Odernheimer St. Laurent Muschelkalk trocken Barrique | 13,5% | 18,– €
88 2013 Gau-Odernheimer Spätburgunder Muschelkalk trocken Barrique | 13,5% | 20,– €
88 2012 Gau-Odernheimer Rosenberg Spätburgunder trocken Barrique | 13,5% | 26,– €
89 2012 Gau-Odernheimer Herrgottspfad Spätburgunder trocken Barrique | 13,5% | 36,– €

Für dichte und dunkle Spätburgunder mit viel Holz und ausgeprägter Nachhaltigkeit ist dieses Gut von Julia und Johannes Landgraf eine Topadresse. Uns hat es vor allem der Gau-Odernheimer angetan, ein toller Ortswein-Pinot und ein echtes Schnäppchen. Die beiden Lagen-Spätburgunder aus Rosenberg und Herrgottspfad aus dem Jahrgang 2012 zeigen viel Potenzial. Die Rieslinge sind von guter Struktur und substanzielle, tolle Speisebegleiter. Von den weißen Burgundersorten-Ortsweinen ist für uns der schlanke und frische Grauburgunder der Gewinner. Bei den Weißburgundern verbergen sich hinter vordergründigem Holz richtig gute Weine. Das Weingut Becker Landgraf liegt am Fuß des von Reben bewachsenen Petersbergs in der Mitte des Anbaugebiets. Johannes Landgraf bringt das Potenzial der Weinberge am Petersberg zum Klingen. So lassen zahlreiche Weine dank ihrer salzigen Mineralität die Sedimente eines Urmeeres wieder schmeckbar werden: mächtige Anschwemmungen verschiedener Tongebilde.

WEINGUT BRÜDER DR. BECKER

55278 Ludwigshöhe · Mainzer Straße 3-7 (BIO)
Tel (0 62 49) 84 30 · Fax 76 39
weingut@brueder-dr-becker.de
www.brueder-dr-becker.de
Inhaber Lotte Pfeffer-Müller, Hans Müller
Betriebsleiter und Kellermeister Hans Müller
Verkauf jeder erste Sa im Monat und nach Vereinbarung
Historie Weinbau seit dem Ende des 19. Jahrhunderts
Sehenswert Holzfässer im Gewölbekeller, ökologischer Weinbau
Rebfläche 11,5 Hektar
Jahresproduktion 80.000 Flaschen
Beste Lage Dienheimer Tafelstein und Falkenberg
Boden Löss, Lösslehm, Kalklehmmergel
Rebsorten 38% Riesling, 17% Scheurebe, 16% Silvaner, 14% Spätburgunder, 10% weiße Burgundersorten und Müller-Thurgau, 5% Regent
Mitglied VDP, Ecovin, Demeter

Verkostete Weine 9
Bewertung 82–87 Punkte

86 2014 Spätburgunder Pinot Sekt Brut Rosé | 12,5% | 14,50 €
82 2016 Silvaner trocken | 12,5% | 6,20 €/1,0 Lit.
85 2016 Scheurebe trocken | 12,5% | 8,- €
84 2016 Riesling trocken | 12,5% | 8,20 €
84 2016 Ludwigshöher Silvaner trocken »sur lie« | 13% | 12,50 €
86 2016 Dienheimer Riesling trocken »sur lie« | 13% | 12,50 €
87 2016 Dienheimer Tafelstein Riesling »Großes Gewächs« »sur lie« | 13% | 24,- €
87 2016 Dienheimer Falkenberg Riesling »Großes Gewächs« »sur lie« | 13,5% | 24,- €
82 2016 Müller-Thurgau & Riesling Till feinherb | 12% | 6,20 €

Dies ist einer der unbestrittenen Ökopioniere im deutschen Weinbau. Schon Ende der 70er Jahre wurde hier die ökologische Bewirtschaftung der Weinberge eingeführt. Im Keller kommen lagerfähige, mineralische Weine in die Holzfässer, Schoppenweine und Bukettsorten werden in Edelstahl ausgebaut. Die Weine brauchen Zeit für ihre Entwicklung und zeigen dann Feinheit und Balance. Im grundsoliden 2016er Sortiment probierten wir geradlinige und kräftige Rieslinge von Charakter. Schon der Gutswein mit feinem Aprikosenduft macht Laune, der Dienheimer hat Dichte und Substanz, ganz oben stehen wieder die Großen Gewächse aus Tafelstein und Falkenberg. Der Silvaner, die traditionsreiche rheinhessische Brot- und Buttersorte, spielt immer schon eine besondere Rolle in diesem Gut, etwa der nachhaltige Ludwigshöher Silvaner. Scheurebe kann hier schon als Gutswein überzeugen, in 2016 zeigt er sich typisch und zupackend. Eine schöne Abrundung erfährt die Kollektion durch einen Rosé-Sekt Brut vom Spätburgunder mit reifer, aber feiner Pinotfrucht.

☆ ★★★　　　　　　　　　　RHEINHESSEN

WEINGUT BERNHARD

55578 Wolfsheim · Klostergasse 3
Tel (0 67 01) 35 78 und 71 30 · Fax 71 17
service@weingut-bernhard.de
www.weingut-bernhard.de
Inhaber und Betriebsleiter Jörg und Martina Bernhard

Verkauf nach Vereinbarung

Die 2016er Weißweine sind in diesem Wolfsheimer Gut besonders gut gelungen. Insbesondere die Lagenweine zeigen Charakter, etwa der Chardonnay aus der Lage Götzenborn mit Duft nach Birne und Mirabelle und kräftigem Schmelz. Der Silvaner aus der Lage St. Kathrin erinnert dezent an Honigmelone und ist nachhaltig ausgefallen, der Riesling aus dem Wolfsheimer Osterberg hat Kräuterwürze und ist geschliffen. Jörg Bernhard führt das Weingut zusammen mit Tochter Martina. Die Reben wachsen hier überwiegend auf kalkhaltigen Böden, manche mit Blick auf den Wißberg, im relativ hoch gelegenen Wolfsheim, das auf halber Strecke zwischen Alzey und Gau-Algesheim liegt.

Verkostete Weine 12
Bewertung 82–86 Punkte

- 82 2016 Weißburgunder trocken | 12% | 7,- €
- 84 2016 Wolfsheimer Silvaner trocken | 12,5% | 9,50 €
- 84 2016 Wolfsheimer Riesling trocken | 12,5% | 9,50 €
- 85 2016 Wolfsheimer Grauburgunder trocken | 12% | 9,50 €
- 85 2016 Wolfsheimer Weißburgunder trocken | 13% | 9,50 €
- 85 2016 Wolfsheimer Götzenborn Chardonnay trocken | 13% | 17,50 €
- 86 2016 Wolfsheimer Sankt Kathrin Silvaner trocken | 12,5% | 17,50 €
- 86 2016 Wolfsheimer Osterberg Riesling trocken | 12,5% | 17,50 €
- 83 2016 Riesling feinherb Alte Reben | 12% | 17,50 €
- 82 2016 Portugieser feinherb Rosé | 11% | 5,60 €
- 83 2013 St. Johanner Spätburgunder trocken | 12,5% | 10,- €

Symbole Weingüter

€ Schnäppchenpreis · TOP Spitzenreiter · BIO Ökobetrieb
🍷 Trinktipp · 🔨 Versteigerungswein

Sekt · Weißwein · Rotwein · Rosé

WEINGUT J. BETTENHEIMER

55218 Ingelheim am Rhein · Stiegelgasse 32
Tel (0 61 32) 30 41 · Fax 78 67 95
info@weingut-bettenheimer.de
www.bettenheimer.de
Inhaber und Betriebsleiter Jens Bettenheimer

Verkauf nach Vereinbarung

Gutsausschank »Zum Kuhstall«, März-Mitte Juli, Sept.–Mitte Dez., Do-Sa ab 18.00 Uhr, So, feiertags ab 15.30 Uhr
Gästezimmer im Weingut
Rebfläche 14,5 Hektar
Jahresproduktion 100.000 Flaschen
Beste Lagen Ingelheimer Täuscherspfad und Burgberg, Appenheimer Eselspfad und Hundertgulden
Boden Kalkstein, Kalkmergel, Löss
Rebsorten je 20% Silvaner und Spätburgunder, je 15% Grauburgunder und Weißburgunder, je 10% Chardonnay und Riesling, 5% Frühburgunder, 5% übrige Sorten

Jens Bettenheimer zeigt auch im Jahrgang 2016, dass er ein Händchen für Silvaner hat. Der Gutswein ist saftig und klar, der Ingelheimer Ortswein packend, der Lagenwein aus dem Appenheimer Eselspfad knackig. Die Rieslinge sind eher kernig und von einer schönen Frische geprägt. Der Ingelheimer zeigt florale Noten, der Illumino wirkt salzig und herb, an der Spitze steht wieder der Appenheimer Hundertgulden, aromatisch und komplex. Bei den weißen Burgundersorten stört uns ein wenig das vordergründige und aromatisch doch sehr einfache Holz. Eine Ausnahme bildet der Grauburgunder Aureus, der in seiner puren Art Strahlkraft entwickelt. Im Glas steht der Wein hochfarbig, fast orange. Aber im Geschmack ist er ganz präzise und wirkt geradezu frisch. Er animiert zum Trinken, und das auch noch in großen Schlucken. In den letzten Jahren hat Bettenheimer seine Rebflächen stark umstrukturiert. Dornfelder und Portugieser wurden ausgehackt, um Platz zu schaffen für Burgunder, Silvaner und Riesling. Der Ingelheimer Winzer setzt auf eine langsame Spontangärung, schonende Verarbeitung, wenig Schwefel und klassischen Holzfassausbau. Das Ergebnis sind meist individuelle Weine mit Charakter.

★★★

Verkostete Weine 12
Bewertung 84–89 Punkte

84 2016 Silvaner trocken | 12,5% | 4,90 €/1,0 Lit. | 🌢
84 2016 Ingelheimer Riesling trocken | 12,5% | 9,90 €
85 2016 Ingelheimer Grauburgunder trocken | 14% | 9,90 €
86 2016 Ingelheimer Grüner Silvaner Granit trocken | 13% | 14,90 €
86 2016 Ingelheimer Chardonnay trocken | 13,5% | 14,90 €
87 2016 Ingelheimer Burgberg Riesling Illumino trocken | 13% | 14,90 €
87 2016 Appenheimer Eselspfad Sylvaner trocken | 13% | 14,90 €
89 2016 Ingelheimer Sonnenhang Grauburgunder Aureus trocken | 14% | 14,90 €
89 2016 Appenheimer Hundertgulden Riesling trocken | 13% | 16,90 €
85 2015 Ingelheimer Sonnenhang Blauer Spätburgunder trocken | 14% | 15,90 €
86 2015 Ingelheimer Schlossberg Blauer Frühburgunder trocken | 13,5% | 16,90 €
86 2015 Ingelheimer Täuscherspfad Blauer Spätburgunder trocken | 13,5% | 22,90 €

WEINGUT BISCHEL
55437 Appenheim · Sonnenhof 15
Tel (0 67 25) 26 83 · Fax 51 27
info@weingut-bischel.de
www.weingut-bischel.de
Inhaber Familie Runkel
Betriebsleiter Christian und Matthias Runkel
Verkauf Heike Runkel
Mo–Sa 9.00–18.00 Uhr und nach Vereinbarung
Rebfläche 18,5 Hektar
Jahresproduktion 120.000 Flaschen
Beste Lagen Binger Scharlachberg, Appenheimer Hundertgulden, Gau-Algesheimer Johannisberg, Goldberg und St. Laurenzikapelle, Siefersheimer Heerkretz
Boden Quarzit, Kalkstein, Tonmergel, Lösslehm, Porphyr
Rebsorten 20% Riesling, 17% Spätburgunder, je 15% Weißburgunder und Grauburgunder, 13% Silvaner, 20% übrige Sorten
Mitglied Message in a bottle, Maxime Herkunft

Christian und Matthias Runkel tragen ein gerüttelt Maß Anteil daran, dass Appenheim in den letzten Jahren zu den bedeutenden Weinorten in Rheinhessen aufschließen konnte. Vom Jahrgang 2016 stellen sie eine sehr trockene, maskuline Riesling-Reihe vor, wobei der Appenheimer Ortswein Terra Fusca - das steht für Kalkstein - besonders charmant und elegant geraten ist. Längst haben sich die Brüder auch jenseits der Ortsgrenzen Weinberge in interessanten Lagen gesichert, wobei der früher schon einmal hoch geschätzte Binger Scharlachberg die größte Bedeutung hat. Durch einen Lagentausch mit Daniel Wagner in Siefersheim kann man bei Bischel jetzt auch einen Heerkretz probieren, und der hat sich im Jahrgang 2016 schon mal direkt an die Spitze des Sortiments gesetzt. Die Hauslage Hundertgulden wirkt derzeit noch sehr verschlossen, ein monolithischer Riesling. Die Reserve-Weine werden in kleinen Eichenholzfässern nach burgundischem Vorbild ausgebaut. Der Chardonnay mit seiner feinen Holzprägung hat uns am besten gefallen. Die Rotweine sind intensiv pigmentiert, sehr konzentriert und tanninreich und damit nicht unbedingt burgundertypisch. Das Weingut liegt etwas außerhalb im Sonnenhof, den der Großvater in den 60er Jahren erbaut hat.

RHEINHESSEN

Verkostete Weine 15
Bewertung 83–90 Punkte

83 2016 Weißburgunder trocken | 12,5% | 8,40 €
84 2016 Riesling trocken | 12% | 8,40 €
86 2016 Binger Riesling Quarzit trocken | 12,5% | 12,90 €
86 2016 Gau-Algesheimer Silvaner Terrassen trocken | 13% | 12,90 €
86 2016 Appenheimer Weißburgunder & Chardonnay trocken | 13% | 12,90 €
87 2016 Appenheimer Riesling Terra Fusca trocken | 12,5% | 12,90 €
85 2016 Sauvignon Blanc Réserve trocken | 13% | 18,90 €
89 2016 Chardonnay Réserve trocken | 13% | 18,90 €
87 2016 Weißburgunder Réserve trocken | 13% | 22,- €
88 2016 Gau-Algesheimer Goldberg Silvaner trocken | 13% | 22,- €
87 2016 Appenheimer Hundertgulden Riesling trocken | 13% | 23,- €
89 2016 Binger Scharlachberg Riesling trocken | 13% | 23,- €
90 2016 Siefersheimer Heerkretz Riesling trocken | 13% | 23,- €
87 2015 Gau-Algesheimer Johannisberg Spätburgunder trocken | 13% | 24,- €
88 2015 Pinot Noir Réserve trocken | 13% | 34,- €

WEINGUT BOSSERT
67598 Gundersheim · Hauptstraße 15
Tel (01 76) 20 35 31 05
info@bossert-gundersheim.de
www.bossert-gundersheim.de
Inhaber Bossert GbR
Betriebsleiter Johanna und Philipp Bossert
Verkauf Familie Bossert
nach Vereinbarung
Rebfläche 4,1 Hektar
Beste Lagen Gundersheimer Höllenbrand und Königsstuhl
Mitglied Maxime Herkunft

Hier wächst etwas heran. Johanna und Philipp Bossert halten in der Rotwein-Enklave Gundersheim die Fahne des Qualitätsweinbaus hoch. Mit gut vier Hektar ist die Rebfläche überschaubar. Aber was auf den Kalksteinböden wächst, ist bemerkenswert. Bei den Weißen überzeugt an der Spitze der Riesling aus der Lage Königstuhl mit animierender Säure. Insgesamt sind die Weißweine sehr fruchtbetont. Stars der Kollektion sind zweifellos die Spätburgunder, der Ortswein mit feiner Kirschfrucht, vor allem aber der druckvolle Höllenbrand: alles in allem tolle Pinot Noirs mit Tiefgang und Charakter. Die Spätburgunder-Reben werden hier übrigens in der Lyra-Erziehung gepflegt, was zu einer besseren Belüftung der Traubenzone und perfekter Reife führen soll. Ebenfalls ungewöhnlich sind die tierischen Helfer im Weinberg: Schafe helfen bei der Entlaubung der Reben, eine effektive und zugleich bodenschonende Methode. Die Erträge sind gedeckelt: zwischen 80 Hektoliter pro Hektar beim Gutswein bis runter auf 40 beim Lagenwein. Dies alles hat natürlich seinen Preis.

Verkostete Weine 7
Bewertung 84–89 Punkte

84 2016 Riesling trocken | 12,5% | 9,70 €
86 2016 Gundersheimer Riesling trocken
| 12,5% | 15,70 €
86 2016 Gundersheimer Weißburgunder trocken
| 12,5% | 15,70 €
88 2016 Gundersheimer Königstuhl Riesling trocken
| 12,5% | 27,- €
86 2015 Spätburgunder trocken | 13,5% | 11,30 €
88 2015 Gundersheimer Spätburgunder trocken
| 13,5% | 17,30 €
89 2015 Gundersheimer Höllenbrand Spätburgunder
trocken | 13% | 30,- €

WEINGUT BOXHEIMERHOF

67550 Worms-Abenheim · Wonnegaustraße 31
Tel (0 62 42) 6 01 80 · Fax 27 65
info@boxheimerhof.de
www.boxheimerhof.de
Inhaber Walter und Johannes Boxheimer
Außenbetrieb Walter Boxheimer
Kellermeister Johannes Boxheimer

Verkauf nach Vereinbarung

Dieses Familienweingut im Norden von Worms stellt eine handwerklich solide Kollektion vor. Die trockenen Rieslinge haben durchaus Format, der Brummelochsenboden probiert sich knackig-frisch mit Biss und ist für 6,50 Euro ein veritables Schnäppchen, der Riesling von Alten Reben zeigt Apfel- und Quittentöne und wirkt kompakt. Überzeugt hat uns auch der vollmundige Chardonnay aus dem Holzfass. Und auch die Roten sind stark, an der Spitze der Spätburgunder in seiner ausgewogenen und vollmundigen Art. Die fruchtigen Prädikate sind nicht unbedingt die Stärken dieses Hauses, das bereits seit 1783 besteht.

Verkostete Weine 12
Bewertung 82–86 Punkte

83 2016 Chardonnay trocken | 12,5% | 6,20 €
84 2016 Abenheimer Klausenberg Sauvignon Blanc
trocken | 12% | 6,50 €
85 2016 Abenheimer Klausenberg Riesling vom
Brummelochsenboden trocken | 12% | 6,50 €
86 2016 Chardonnay trocken Holzfass
| 12,5% | 9,50 €
85 2016 Riesling trocken Alte Reben | 12% | 10,- €
83 2016 Kerner halbtrocken | 12,5% | 4,80 €/1,0 Lit.
84 2016 Grauburgunder feinherb | 12,5% | 6,20 €
82 2016 Abenheimer Klausenberg Gewürztraminer
Spätlese | 10% | 6,50 €
83 2016 Kerner Spätlese | 9,5% | 6,50 €
86 2014 Privat Cuveé trocken | 13% | 7,30 €
85 2014 Dornfelder trocken Reserve Barrique
| 13% | 10,50 €
86 2014 Spätburgunder Pinot Noir trocken Premium
Barrique | 13% | 13,50 €

RHEINHESSEN

WEINGUT BRAUNEWELL
55270 Essenheim · Am Römerberg 34
Tel (0 61 36) 8 89 17 · Fax 8 12 26
info@weingut-braunewell.de
www.weingut-braunewell.de
Inhaber Familie Braunewell
Betriebsleiter Axel, Stefan und Christian Braunewell
Kellermeister Stefan und Christian Braunewell
Verkauf Familie Braunewell
Mo–Do 13.30–19.00 Uhr
Fr 10.00–12.00 Uhr · 13.30–19.00 Uhr
Sa 9.00–17.00 Uhr
Sehenswert Terrassenweinberg an der Brandungsküste des Urmeers in der Lage Blume
Rebfläche 26 Hektar
Jahresproduktion 220.000 Flaschen
Beste Lagen Essenheimer Teufelspfad und Klopp, Elsheimer Blume
Boden Kalkstein, Tonmergel, Kalkmergel
Rebsorten 50% Burgunder, 30% Riesling, je 10% Aromasorten und internationale Rotweinsorten
Mitglied Selection Rheinhessen, Maxime Herkunft, Fair'n Green

Verkostete Weine 16
Bewertung 82–89 Punkte

89 2013 François Pinot Prestige Sekt Brut nature | 12,5% | 18,– €
82 2016 Riesling trocken | 12% | 6,50 €/1,0 Lit.
83 2016 Riesling trocken | 12% | 7,65 €
84 2016 Essenheimer Grauburgunder Kalkmergel trocken | 12,5% | 11,50 €
85 2016 Essenheimer Riesling Kalkstein trocken | 12,5% | 11,50 €
87 2016 Elsheimer Blume Riesling trocken | 13% | 18,50 €
89 2016 Essenheimer Teufelspfad Riesling trocken | 13% | 18,50 €
89 2016 Essenheimer Teufelspfad Grauburgunder trocken | 12,5% | 18,50 €
87 2016 Essenheimer Klopp Grauburgunder trocken | 13% | 22,50 €
87 2016 Braunewell – Dinter: der Rosé trocken | 13% | 25,– €
87 2015 Essenheimer Spätburgunder Kalkmergel trocken | 13% | 15,– €
86 2015 Essenheimer Teufelspfad Portugieser trocken | 13% | 22,50 €
89 2015 Elsheimer Blume Spätburgunder trocken | 13,5% | 22,50 €
88 2015 St. Laurent trocken Reserve | 13% | 22,50 €
89 2015 Essenheimer Teufelspfad Spätburgunder trocken | 13,5% | 25,– €
88 2015 François Reserve trocken | 14% | 30,– €

Der Jahrgang 2015 war in diesem 26 Hektar großen Gut, unweit von Mainz gelegen, ausgesprochen gut gelungen. Die Rieslinge des Hauses erreichen im Jahrgang 2016 nicht ganz das Vorjahresniveau. Allerdings kann der Teufelspfad begeistern in seiner straffen und zupackenden Art und seiner ausgeprägten Länge. Aus dieser Lage kommt auch der beste Grauburgunder des Jahrgangs. Die Braunewell-Brüder erzeugen aus dieser Rebsorte auch einen Orange Wine, einen fast roten Landwein, gewonnen durch lange Maischestandzeiten, mit mostigen Noten, etwas für Freunde dieser Ausbauart. Beachtlich ist der Rosé Braunewell-Dinter, ein kraftvoller Vertreter seiner Art, sehr strukturiert. Die Brüder Braunewell stellen eine ganze Phalanx an Rotweinen vor, dunkle, füllige, saftige Tropfen. Einige davon tragen etwas schwer am Holz und sind leicht süßlich geraten. Der Spätburgunder aus der Elsheimer Blume ist ein klarer und feiner 2015er. Stefan und Christian Braunewell legen den Grundstein für hohe Qualität durch große Anstrengungen in den Weinbergen. In den nächsten Jahren sollen der Holzfasskeller und eine Vinothek neu errichtet werden.

WEINGUT ERNST BRETZ

55234 Bechtolsheim · Langgasse 35
Tel (0 67 33) 3 56 · Fax 48 88
info@weingutbretz.de
www.weingutbretz.de
Inhaber Horst Bretz
Außenbetrieb Harald Bretz
Kellermeister Horst und Harald Bretz
Verkauf Horst Bretz
Mo-Fr 8.00–12.00 Uhr · 13.00–18.00 Uhr
Sa 10.00–17.00 Uhr

In diesem Bechtolsheimer Weingut hat man ein Händchen für sehr saubere, saftige und fruchtbetonte Weine. Das gilt für den exotischen Sauvignon Blanc vom Petersberg genauso wie für die trockene Riesling Spätlese aus derselben Lage. Gut gelungen ist auch der 2015er Chardonnay aus dem Barrique. An der Spitze der Reihe stehen zwei ganz klare edelsüße Weine: die Ortega Trockenbeerenauslese von 2015 mit feinem Rosinenduft und der Eiswein vom Spätburgunder, der an Erdbeeren und Sahnebonbons erinnert. Horst Bretz ist sehr stolz auf einige bedeutende Auszeichnungen. Tochter Victoria hat ihr Studium in Geisenheim bald abgeschlossen und unterstützt die Familie mehr und mehr.

Verkostete Weine 11
Bewertung 83–88 Punkte

83 2016 Cuvée Fleurant trocken | 12% | 5,90 €
85 2016 Bechtolsheimer Petersberg Sauvignon Blanc trocken | 12% | 9,50 €
86 2015 Chardonnay trocken Barrique | 12,5% | 12,30 €
85 2016 Bechtolsheimer Petersberg Weißburgunder Spätlese trocken | 12,5% | 9,20 €
85 2015 Bechtolsheimer Petersberg Riesling Spätlese trocken | 12% | 10,50 €
88 2015 Bechtolsheimer Petersberg Ortega Trockenbeerenauslese | 8% | 28,30 €/0,375 Lit.
88 2016 Bechtolsheimer Petersberg Spätburgunder Eiswein Rosé | 6,5% | 32,70 €/0,375 Lit.
85 2014 Bechtolsheimer Petersberg St. Laurent trocken Barrique | 14% | 12,40 €
84 2014 Bechtolsheimer Petersberg Regent trocken Barrique | 13,5% | 13,90 €
85 2013 Bechtolsheimer Petersberg Cabernet Sauvignon & Merlot trocken Barrique | 13,5% | 17,30 €
85 2013 Bechtolsheimer Petersberg Frühburgunder trocken Reserve | 14% | 18,30 €

WEINGUT BRINKMANN

55270 Jugenheim · Hintergasse 48
Tel (0 61 30) 18 17
info@weingut-brinkmann.de
www.weingut-brinkmann.de
Inhaber Familie Brinkmann
Betriebsleiter Gerd und Axel Brinkmann
Kellermeister Axel und Gerd Brinkmann
Verkauf Gerd und Axel Brinkmann
Mo-Sa 8.00–18.00 Uhr und nach Vereinbarung

Der Jahrgang 2016 hält nicht ganz das Vorjahresniveau. Dennoch kann Gerd Brinkmann wieder einige Spitzen vorstellen. Beim trockenen Riesling ist es der Goldberg, der am besten gefällt, aber auch ein halbtrockener Jugenheimer Ortswein kann überzeugen. Bester Wein des Sortiments ist ein trockener Silvaner von Alten Reben, ebenfalls aus dem Jugenheimer Goldberg. Die weißen Burgundersorten lassen diesmal ein wenig Klarheit vermissen. In jedem Fall findet der Konsument eine ganze Reihe von Weinen mit einem vorzüglichen Preis-Genuss-Verhältnis.

Verkostete Weine 12
Bewertung 82–86 Punkte

82 2016 Riesling trocken | 12% | 4,40 €/1,0 Lit.
83 2016 Weißburgunder trocken | 12,5% | 4,20 €
84 2016 Silvaner trocken | 12,5% | 4,20 €
82 2016 Grauburgunder trocken | 13% | 4,30 €
83 2016 Jugenheimer Weißburgunder trocken | 13,5% | 4,90 €
83 2016 Jugenheimer Riesling trocken | 12,5% | 5,– €
84 2016 Jugenheimer Grauburgunder trocken | 13,5% | 5,– €
86 2016 Jugenheimer Goldberg Silvaner Alte Reben trocken | 13,5% | 5,60 €
84 2016 Jugenheimer Hasensprung Riesling trocken | 12% | 6,40 €
85 2016 Jugenheimer Goldberg Riesling trocken | 13% | 8,– €
85 2016 Jugenheimer Riesling Spätlese halbtrocken | 11,5% | 4,80 €
83 2016 Jugenheimer Grauburgunder Auslese | 10% | 5,– €

Symbole Weingüter

€ Schnäppchenpreis · TOP Spitzenreiter · BIO Ökobetrieb
Trinktipp · Versteigerungswein

Sekt Weißwein Rotwein Rosé

★ ★★ RHEINHESSEN

WEINGUT BÜSSER-PAUKNER
55239 Gau-Odernheim · Mainzer Straße 50
Tel (0 67 33) 60 01 · Fax 83 19
info@ae-wein.de
www.ae-wein.de
Inhaber Eva und Andreas Paukner
Verkauf Eva Paukner
nach Vereinbarung

Erst seit 2014 führen Eva und Andreas Paukner dieses kleine Familiengut (sechs Hektar) in Gau-Odernheim. Es gibt Gutsweine oder Lagenweine. Die Scheurebe Lieblingsstück ist ein feiner fruchtiger Einstieg. Der Riesling aus dem Herrgottspfad ist feingliedrig und offenbart seine Herkunft vom Muschelkalk. Beim Chardonnay sowie bei den Rotweinen lässt sich erkennen, dass man in diesem Haus auch den Umgang mit Holzfässern beherrscht. Lediglich die Gerbstoffe bei den Spätburgundern sind zuweilen noch etwas hart. Der St. Laurent probiert sich würzig, hat Saft und eine feine Säure.

Verkostete Weine 10
Bewertung 82–86 Punkte

83 2016 Riesling trocken | 12% | 4,80 €
83 2016 Pinot Blanc trocken | 12,5% | 5,50 €
84 2016 Scheurebe Lieblingsstück trocken | 12% | 6,30 €
86 2016 Gau-Odernheimer Herrgottspfad Riesling trocken | 12,5% | 7,80 €
86 2015 Alsheimer Sonnenberg Chardonnay trocken Barrique | 13% | 8,40 €
82 2016 Weißburgunder feinherb | 12% | 4,70 €
83 2015 Spätburgunder trocken Holzfass | 12,5% | 5,50 €
85 2015 Spätburgunder Am Lieberg trocken Barrique | 12,5% | 10,50 €
85 2014 Gau-Odernheimer Herrgottspfad Spätburgunder Hösel trocken Barrique | 13% | 15,50 €
86 2014 Alsheimer Stratzenberg St. Laurent trocken Barrique | 14% | 14,50 €

WEINGUT LISA BUNN
55283 Nierstein · Mainzer Straße 86
Tel (0 61 33) 5 92 90 · Fax 6 03 09
info@weingut-bunn.de
www.lisa-bunn.de
Inhaber und Betriebsleiter Lisa Bunn-Strebel und Bastian Strebel
Außenbetrieb Bastian Strebel
Kellermeisterin Lisa Bunn-Strebel
Verkauf Eva Bunn
Di–Fr 13.00–17.00 Uhr, **Sa** 10.00–17.00 Uhr
Rebfläche 21 Hektar
Jahresproduktion 80.000 Flaschen
Beste Lagen Niersteiner Hipping, Orbel und Oelberg
Boden Roter Ton- und Sandstein, Kalk, Lösslehm
Rebsorten 25% Riesling, 20% Burgundersorten, 25% Bukettsorten, 30% rote Sorten
Mitglied Roter Hang

Zusammen mit ihrem Freund Bastian Strebel hat Lisa Bunn ihr elterliches Weingut in den letzten Jahren umstrukturiert und so ziemlich alles auf den Kopf gestellt, mit den bekannt guten Ergebnissen. Jetzt haben die beiden geheiratet und danach wurde das Weingut Bunn mit dem Weingut Strebel in Wintersheim fusioniert. Dadurch hat sich die Rebfläche auf 21 Hektar mehr als verdoppelt. 2018 soll in Wintersheim ein gemeinsamer Keller errichtet werden. Die 2016er Kollektion hat ihre Stärken eindeutig beim Riesling. Der Orbel ist kraftvoll, der Ölberg straff und zeigt Niersteiner Herkunft und an der Spitze steht der elegante Hipping. Beim Chardonnay aus dem Tafelstein ist das Holz gut eingebunden. Bei den Rotweinen gefällt uns der würzige und klarfruchtige St. Laurent.

Verkostete Weine 12
Bewertung 82–88 Punkte

82 2016 Riesling fleißiges Lieschen trocken | 12,5% | 7,90 €
83 2016 Riesling vom Kalkstein trocken | 12,5% | 9,50 €
85 2016 Sauvignon Blanc trocken | 12,5% | 9,50 €
85 2016 Niersteiner Riesling vom Rotliegenden trocken »sur lie« | 12,5% | 10,50 €
86 2016 Niersteiner Orbel Riesling »Großes Gewächs« »sur lie« | 13% | 16,50 €
87 2016 Niersteiner Oelberg Riesling »Großes Gewächs« | 13% | 17,- €
87 2016 Dienheimer Tafelstein Chardonnay trocken Reserve Holzfass | 13% | 20,- €
88 2016 Niersteiner Hipping Riesling »Großes Gewächs« | 13,5% | 20,- €
83 2014 Merlot trocken Reserve Barrique | 14% | 25,- €
86 2015 Niersteiner Saint Laurent vom Rotliegenden trocken Barrique | 13,5% | 10,50 €
86 2015 Wintersheimer Spätburgunder trocken Barrique | 13,5% | 14,50 €
86 2014 Spätburgunder trocken Reserve Barrique | 13,5% | 19,- €

WEINGUT JEAN BUSCHER

67595 Bechtheim · Wormser Straße 4-6
Tel (0 62 42) 8 72 · Fax 8 75
weingut@jean-buscher.de
www.jean-buscher.de
Inhaber Jean Michael Buscher und Jean Raphael Buscher
Kellermeister Matthias Schanz und Jean Raphael Buscher
Verkauf Jean Raphael und Nicole Buscher
Mo–Fr 8.00–17.00 Uhr und nach Vereinbarung
Wein-Lounge Veranstaltungsräume für bis zu 140 Personen
Historie gegründet 1844
Sehenswert alter Gewölbekeller mit Holzfässern, Schatzkammerweine bis 1911, historische Weinprobierstube
Rebfläche 16 Hektar
Jahresproduktion 160.000 Flaschen
Beste Lagen Bechtheimer Geyersberg, Stein und Rosengarten
Boden Lösslehm und Kalkmergel
Rebsorten 28% Riesling, 18% Spätburgunder, je 10% Dornfelder, Grauburgunder und Weißburgunder, 8% Muskateller, 6% Schwarzriesling, 4% Silvaner, 2% Rosenmuskateller, 4% übrige Sorten
Mitglied Generation Riesling

Jean Raphael Buscher hat 2012 in fünfter Generation die Verantwortung von seinem Vater Jean Michael Buscher übernommen und setzt neue Akzente. Er hat in Burgund gelernt - und so wunderten wird uns nicht, dass die mit Abstand besten Weißweine der aktuellen Kollektion zwei Weiße Burgunder sind. Der Lagenwein aus dem Bechtheimer Stein hat bereits Format, noch übertroffen von dem formidablen Lammstein. Es sind dichte, und zugleich elegante Weißburgunder, deren Klasse auch dadurch zum Ausdruck kommt, dass der subtile Holzeinsatz kaum spürbar ist. Ein ungewöhnlicher Wein ist die Dornröschen genannte Cuvée von Gewürztraminer und Muskateller: Rose pur und sehr geschmackvoll, dazu eine märchenhafte Ausstattung. Dieses Haus hat sich im Laufe der Jahre auch eine Expertise für Schwarzriesling erarbeitet: Der 2014er Geyersberg ist von großer Klarheit, das Holz perfekt eingebunden. Beliebt sind in diesem modernen Weingut die stilvollen Veranstaltungsräume mit historischen Balken, die Weinlounge, der

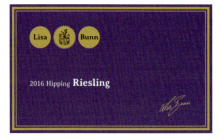

RHEINHESSEN

Walk of Wine ist eine Erlebniswelt. Schließlich ist Buscher in Rheinhessen auch Pionier für Wein- und Eventkultur, dazu kommen regelmäßige Ausstellungen mit Künstlern. Auch im Weinberg herrscht reiches Leben: Quessantschafe, bretonische Zwergschafe, übernehmen die Laubarbeit in den Rebzeilen.

Verkostete Weine 9
Bewertung 80-90 Punkte

- 83 2016 Riesling trocken | 12% | 6,20 €
- 85 2016 Bechtheimer Weißburgunder trocken | 13% | 8,20 €
- 88 2015 Bechtheimer Stein Weißburgunder trocken Holzfass | 13% | 19,90 €
- 90 2015 Weißburgunder Lammstein Landwein trocken Holzfass | 13% | 45,– €
- 85 2016 Muskateller | 9% | 6,20 €
- 86 Gewürztraminer & Muskateller Dornröschen | 11% | 10,20 €
- 83 2016 Bechtheimer Spätburgunder feinherb Blanc de Noirs | 11,5% | 8,20 €
- 88 2014 Bechtheimer Geyersberg Schwarzriesling trocken Barrique | 13% | 24,90 €

WEINGUT K. & K. DAUTERMANN

55218 Ingelheim · Unterer Schenkgarten 6
Tel (0 61 32) 12 79 · Fax 43 11 91
info@dautermannwein.de
www.dautermannwein.de
Inhaber und Betriebsleiter Kristian Dautermann
Verkauf Kristian Dautermann
Mo-Fr 8.00-12.00 · 13.00-18.00 Uhr
Sa 9.00-14.00 Uhr

Die Hälfte der Weinberge dieses Gutes ist mit roten Reben bestockt, wie es sich für Ingelheim gehört. Kristian Dautermann hat denn auch seine Stärken bei den Roten, doch für unseren Geschmack sind sie oft zu alkoholreich und der Holzeinsatz ein wenig zu intensiv. Man nennt dies wohl modernen Stil. Der Pinot Madeleine 2014 kommt an seinen Vorgänger nicht ganz heran und wird vom 2013er Spätburgunder aus der Lage Sonnenberg überflügelt. Von den 2016er Weißweinen sprechen uns die Pinots besonders an: der Grauburgunder mit Birnenduft und feiner Säure, der Weißburgunder mit etwas mehr Holz und spürbarem Schmelz.

Verkostete Weine 12
Bewertung 82-87 Punkte

- 82 2016 Grüner Silvaner trocken | 12% | 5,80 €
- 82 2016 Ingelheimer Cabernet Blanc trocken | 12,5% | 7,80 €
- 84 2016 Ingelheimer Grauburgunder trocken | 12,5% | 7,80 €
- 84 2016 Ingelheimer Weißburgunder trocken | 12,5% | 8,90 €
- 82 2016 Ingelheimer Riesling trocken | 12% | 9,90 €
- 85 2016 Ingelheimer Kirchenstück Riesling trocken | 12,5% | 18,– €
- 83 2016 Ingelheimer Spätburgunder trocken | 13,5% | 8,90 €
- 84 2014 Ingelheimer Frühburgunder trocken | 13,5% | 9,90 €
- 85 2014 Ingelheimer Sonnenhang Blauer Spätburgunder trocken | 14% | 19,80 €
- 86 2013 Ingelheimer Horn Pinot Noir trocken | 13,5% | 23,– €
- 86 2014 Ingelheimer Pares Pinot Madeleine trocken | 14% | 29,50 €
- 87 2013 Ingelheimer Sonnenberg Spätburgunder Berg trocken | 14% | 29,90 €

★ ☆

WEINGUT DOMHOF

67583 Guntersblum · Bleichstraße 14
Tel (0 62 49) 80 57 67 · Fax 8 00 39
baumann@weingut-domhof.de
www.weingut-domhof.de
Inhaber und Betriebsleiter Alexander Baumann
Verkauf Alexander Baumann
Do–Fr 17.00–19.00 Uhr
Sa 10.00–12.00 und nach Vereinbarung

Das hat uns gefreut: Inhaber Alexander Baumann stellt vom Jahrgang 2016 eine ausdrucksvolle Kollektion ohne nennenswerte Schwächen vor, sieht mal einmal vom Blanc de Noirs ab. Schon der Einstieg mit dem frischen und sauberen Liter-Riesling überzeugt. Bei den Niersteiner Rieslingen aus Pettenthal, Heiligenbaum und Paterberg gelingt es Baumann, den Terroir-Charakter herauszuarbeiten. Die Guntersblumer Rieslinge wirken dagegen etwas behäbiger und in der Säure ein wenig milder. Früher gehörte dieses Gut dem Domstift Worms, 1874 ging es in Familienbesitz über. Seit 2004 wird der Domhof von Alexander Baumann in der vierten Generation als Weingut geführt.

Verkostete Weine 10
Bewertung 80–86 Punkte

83 2016 Riesling trocken | 12,5% | 5,60 €/1,0 Lit.
84 2016 Guntersblumer Bornpfad Silvaner trocken | 12% | 8,90 €
84 2016 Guntersblumer Riesling vom Löss trocken | 12% | 9,90 €
85 2016 Niersteiner Paterberg Riesling vom Kalk trocken | 12% | 9,90 €
86 2016 Niersteiner Heiligenbaum Riesling vom Roten Hang trocken | 12% | 9,90 €
84 2016 Guntersblumer Himmelthal Riesling trocken | 13% | 13,50 €
86 2016 Niersteiner Pettenthal Riesling trocken | 13% | 13,50 €
83 2016 Niersteiner Riesling Jule | 10,5% | 7,90 €
80 2016 Guntersblumer Blauer Spätburgunder trocken Blanc de Noirs | 13% | 6,90 €
83 2014 Guntersblumer Kreuzkapelle Blauer Spätburgunder trocken Barrique | 13% | 16,50 €

WEINGUT DREIHORNMÜHLE

67593 Westhofen · An der Brennerei 35
Tel (0 62 44) 44 09 · Fax 90 98 29
fredorb@gmx.de
www.dreihornmuehle.de
Inhaber Fred Orb
Verkauf Fred Orb
nach Vereinbarung

Dies ist eine erfreuliche Entdeckung in Westhofen. Zwar sind die sauberen Basisweine eher ein wenig brav geraten, wobei uns die Burgundersorten am besten gefallen, allen voran der Grauburgunder. Beim Lagenriesling aber kommt Spannung auf. Der Kirchspiel steht an der Spitze der trockenen Linie. Bemerkenswert ist die fruchtsüße Auslese aus derselben Lage, ein feiner, stilvoller Riesling und der beste Wein des Sortiments. In jedem Fall interessant ist der Orange Wine, ein auf der Maische vergorener Traminer, der unfiltriert auf die Flasche kommt. Der Urgroßvater von Fred Orb, dem heutigen Inhaber, hatte die Mühle 1928 erworben, seither wird dort Weinbau betrieben.

Verkostete Weine 10
Bewertung 81–89 Punkte

86 2015 Gewürztraminer gelbroth Landwein trocken Orange Wine Barrique Goldkapsel | 13,5% | 16,– €
83 2016 Weißburgunder trocken | 13% | 4,70 €
83 2016 Chardonnay trocken | 13,5% | 4,70 €
84 2016 Grauburgunder trocken | 13,5% | 4,70 €
82 2016 Riesling trocken | 12,5% | 4,70 €
86 2016 Westhofener Kirchspiel Riesling trocken Holzfass | 13% | 7,90 €
81 2016 Silvaner feinherb | 12,5% | 3,90 €/1,0 Lit.
89 2015 Westhofener Kirchspiel Riesling Auslese Goldkapsel | 10% | 6,50 €/0,5 Lit. | €
85 2016 Westhofener Steingrube Frühburgunder trocken Barrique | 13% | 7,– €
84 2015 Westhofener Steingrube Spätburgunder trocken Barrique Goldkapsel | 13,5% | 10,– €

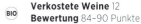

WEINGUT DREISSIGACKER

67595 Bechtheim · Untere Klinggasse 4–6 BIO
Tel (0 62 42) 24 25 · Fax 63 81
info@dreissigacker-wein.de
www.dreissigacker-wein.de
Inhaber Familie Dreissigacker
Betriebsleiter Jochen Dreissigacker
Kellermeister Jochen Dreissigacker

Verkauf Ute Dreissigacker
Mo–Fr 8.00–12.00 Uhr · 13.00–18.00 Uhr
Sa 9.00–16.00 Uhr und nach Vereinbarung

Rebfläche 32 Hektar
Jahresproduktion 200.000 Flaschen
Beste Lagen Bechtheimer Geyersberg, Hasensprung und Rosengarten, Westhofener Morstein, Kirchspiel und Aulerde
Boden Kalkstein, Kalkmergel, Lösslehm, Ton
Rebsorten 60% Riesling, je 10% Grauburgunder, Spätburgunder und Weißburgunder, je 5% Chardonnay und Silvaner
Mitglied Message in a bottle

Verkostete Weine 12
Bewertung 84–90 Punkte

84 2016 Riesling trocken | 12% | 10,50 €
87 2016 Weißburgunder trocken | 13% | 10,50 €
85 2016 Bechtheimer Riesling trocken | 12,5% | 17,- €
86 2016 Riesling Wunderwerk trocken | 12,5% | 21,- €
89 2016 Bechtheimer Chardonnay trocken | 13% | 21,- €
87 2016 Bechtheimer Hasensprung Riesling trocken | 13% | 23,- €
88 2016 Westhofener Kirchspiel Riesling trocken | 12,5% | 36,- €
88 2016 Bechtheimer Geyersberg Riesling trocken | 13% | 39,- €
89 2016 Weißburgunder Einzigacker trocken | 13,5% | 40,- €
89 2016 Westhofener Morstein Riesling trocken | 12,5% | 55,- €
90 2016 Bechtheimer Geyersberg Riesling Legenden trocken | 13,5% | 250,- €
86 2014 Bechtheimer St. Laurent trocken | 12,5% | 19,- €

Jochen Dreissigacker hat diesen 1728 gegründeten Bechtheimer Betrieb in gerade mal einem Jahrzehnt in neue Dimensionen geführt. Die Bilanz ist beeindruckend: Die Rebfläche wurde seit 2005 auf 32 Hektar verdoppelt, in kurzer Zeit wurde das Gut als Ökobetrieb zertifiziert, zwei benachbarte Güter wurden übernommen, Weine in der Spitzengastronomie und im Ausland platziert. Das alles war natürlich nur möglich, weil Dreissigacker unermüdlich an der Weinqualität feilt, weil er sich auf die Klassiker wie Riesling und Burgunder konzentriert und sich die Arbeit mit seinem Bruder Christian klug aufteilt. Am Betriebssitz im Ortskern ist es längst zu eng geworden, also wurde eine hochmoderne Kellerei in den Weinbergen errichtet. Es ist ein nachhaltiges Bauwerk, das den Strombedarf selbst erzeugt und wo mit getrockneten Trestern die Heizung angefeuert wird. Vom Jahrgang 2016 stellte Dreissigacker eine solide und stimmige Kollektion vor. Die Rieslinge sind sehr säuregeprägt, fast alle mit einer pikanten Bitternote im Abgang ausgestattet. An der Spitze der Riesling-Reihe stehen die Legenden aus dem Geyersberg mit feiner Zitrusaromatik. Schon die Gutsweine können sich hier zu erstaunlicher Qualität aufschwingen, etwa der feine und nachhaltige Weißburgunder.

★ ★

WEINGUT EBERLE-RUNKEL

55437 Appenheim · Niedergasse 25
Tel (0 67 25) 28 10 · Fax 52 73
info@weingut-eberle-runkel.de
www.weingut-eberle-runkel.de
Inhaber Michael Runkel
Kellermeister Stefan Runkel

Verkauf nach Vereinbarung

Mit der aktuellen Kollektion konnte der junge und talentierte Stefan Runkel die Weinqualität noch steigern. An der Spitze der trockenen Rieslinge steht, wie nicht anders zu erwarten, die Spätlese aus der Lage Hundertgulden. Aber der trockene Kabinett auf dem See bewegt sich durchaus auf Augenhöhe. Aus dem Jahrgang 2015 stellt Runkel zwei spannende Rotweine vor. Sowohl der Pinot Noir als auch der Frühburgunder konnten uns überzeugen. Hier bekommt der Konsument viel Wein für sein Geld. In den Sommermonaten kann man die Weine dieses Hauses in der gemütlichen Straußwirtschaft zu deftigen Speisen verkosten. Geplant ist eine neue Vinothek mit Außenbereich.

Verkostete Weine 10
Bewertung 82–87 Punkte

82 2016 Silvaner trocken | 12% | 5,40 €
86 2016 Riesling auf dem See Kabinett trocken | 11,5% | 6,20 €
83 2016 Riesling Spätlese trocken | 12% | 5,90 €
84 2016 Grauburgunder Spätlese trocken | 13% | 5,90 €
85 2016 Weißburgunder Spätlese trocken | 13% | 5,90 €
84 2016 Appenheimer Silvaner Spätlese trocken | 12,5% | 7,20 €
85 2016 Nieder-Hilbersheimer Honigberg Riesling Spätlese trocken | 12% | 9,30 €
86 2016 Appenheimer Hundertgulden Riesling Spätlese trocken | 12% | 9,30 €
86 2015 Appenheimer Pinot Noir Spätlese trocken | 13,5% | 6,20 €
87 2015 Appenheimer Frühburgunder Auslese trocken | 13,5% | 10,30 €

WEINGUT ALBRECHT ENGEL

67592 Flörsheim-Dalsheim · Untergasse 39
Tel (0 62 43) 65 74 · Fax 90 57 65
gruessgott@engelalbrecht.de
www.engelalbrecht.de
Inhaber Udo Engel
Betriebsleiter und Kellermeister Albrecht Engel

Verkauf Udo Engel
Mo–Fr 8.00–12.00 Uhr · 13.00–18.00 Uhr
Sa 9.00–16.00 Uhr und nach Vereinbarung

Albrecht Engel baut seine Weine seit 2012 im Familienweingut in Flörsheim-Dalsheim aus. Aus der großen Kollektion hat uns der Himmlische Liter, ein supersaftiger Verschnitt von Müller-Thurgau und Bacchus, sehr gut geschmeckt. Engel hat auch einige gereifte Weine vorgestellt, wovon uns der Riesling Reserve aus 2014 mit seiner tollen Frische sehr gut mundet. An der Spitze der 2016er Reihe steht der Riesling Frauenberg, der unbedingt dekantiert werden sollte, denn erst nach guter Belüftung tritt sein Potenzial nach vorne.

Verkostete Weine 15
Bewertung 82–88 Punkte

83 2016 Silvaner trocken | 12% | 6,90 €
85 2016 Scheurebe trocken | 12% | 7,50 €
84 2016 Grauer Burgunder trocken | 13% | 7,90 €
85 2015 Dalsheimer Riesling trocken | 12,5% | 11,90 €
86 2015 Nieder-Flörsheimer Riesling trocken | 12,5% | 11,90 €
85 2015 Viognier trocken Barrique | 13% | 14,50 €
87 2014 Riesling trocken Reserve | 12,5% | 16,– €
88 2016 Nieder-Flörsheimer Frauenberg Riesling »Großes Gewächs« | 12,5% | 19,50 €
84 2016 Müller-Thurgau & Bacchus Himmlischer Liter weiß feinherb | 11% | 4,– €/1,0 Lit. | 🍷
84 2016 Cuvée Engelstropfen | 9,5% | 6,50 €
84 2014 Spätburgunder trocken Barrique | 12,5% | 10,90 €
84 2014 Portugieser trocken Reserve Barrique | 12,5% | 11,90 €
85 2014 Schwarzriesling Kieselstein trocken Barrique | 12,5% | 14,50 €
87 2014 Nieder-Flörsheimer Spätburgunder »Großes Gewächs« | 12,5% | 19,50 €

Symbole Weingüter
★★★★★ Weltklasse · ★★★★ Deutsche Spitze
★★★ Sehr Gut · ★★ Gut · ★ Zuverlässig

Weinbewertung in Punkten
100 Perfekt · 95 bis 99 Überragend · 90 bis 94 Exzellent
85 bis 89 Sehr gut · 80 bis 84 Gut

☆ ★★ RHEINHESSEN

WEINGUT EPPELMANN
55271 Stadecken-Elsheim · Kirchgasse 10
Tel (0 61 36) 27 78 · Fax 34 03
info@eppelmann.de
www.eppelmann.de
Inhaber Timo und Simone Eppelmann
Betriebsleiter Timo und Simone Eppelmann
Verkauf Vinothek
Di–Fr 13.00–18.00 Uhr
Sa 10.00–17.00 Uhr und nach Vereinbarung

Timo und Simone Eppelmann sind mit dem Jahrgang 2016 gut zurechtgekommen. Besonders gefällt uns der mineralische und elegante Riesling Kalkmergel. Kräftig und rund zeigt sich der Pinot Gris vom Kalkmergel, während das Holz beim Chardonnay ein wenig zu dominant geraten ist. Angetan sind wir auch vom kompakten und kräuterwürzigen Silvaner Alte Reben. Das Weingut in Stadecken-Elsheim befindet sich in einem multifunktionalen Gebäudeensemble, gleichermaßen auf Produktion und Präsentation ausgerichtet. Dazu gehören die Barrique-Scheune und die Garten-Terrasse. In der Zukunft soll wieder mehr Weißwein erzeugt werden, überwiegend von traditionellen Rebsorten.

Verkostete Weine 12
Bewertung 82–86 Punkte

83 2016 Riesling Tradition trocken | 11% | 5,90 €
83 2016 Weißburgunder Tradition trocken | 13% | 5,90 €
85 2016 Elsheimer Blume Pinot Gris Kalkmergel trocken | 13,5% | 8,30 €
85 2016 Elsheimer Silvaner trocken Alte Reben | 12,5% | 8,30 €
82 2016 Sauvignon Blanc First 17 trocken | 13% | 8,90 €
84 2015 Elsheimer Blume Chardonnay Turmjuwel trocken Barrique ***** | 13,5% | 12,90 €
86 2016 Elsheimer Blume Riesling Kalkmergel Spätlese trocken | 12,5% | 8,60 €
84 2016 Elsheimer Blume Riesling Turmjuwel Spätlese trocken ***** | 13% | 10,90 €
85 2016 Stadecker Spitzberg Huxelrebe Tradition Spätlese | 10% | 7,30 €
83 2016 Spätburgunder trocken Blanc de Noirs | 12% | 5,90 €
83 2015 Spätburgunder Tradition trocken Holzfass | 12,5% | 5,90 €
84 2013 Elsheimer Bockstein Cabernet Sauvignon Turmjuwel trocken Barrique ***** | 13% | 18,90 €

WEINGUT FAMILIE ERBELDINGER
67595 Bechtheim West 3 · West 3
Tel (0 62 44) 49 32 · Fax 71 31
info@weingut-erbeldinger.de
www.weingut-erbeldinger.de
Inhaber Stefan Erbeldinger
Betriebsleiter Stefan und Christoph Erbeldinger
Verkauf Familie Erbeldinger
Mo–Fr 8.00–18.00 Uhr
Sa 9.00–17.00 Uhr, **So** 9.00–12.00 Uhr

Dieses stattliche Weingut in Bechtheim verfügt über 38 Hektar Rebfläche. Dahinter steht eine große Familie, die Wert auf Teamarbeit legt. Der Weingutsname lautet nunmehr Familie Erbeldinger. Und was die Familie auf den Tisch bringt, kann sich schmecken lassen. Aus einer rundum soliden Kollektion probierten wir eine charmante Scheurebe, charakterstarke Rieslinge, an der Spitze die Lagenweine aus Geyersberg und Morstein. Doch schon der Bechtheimer Riesling überzeugt in seiner frischen, knackigen Art. Und immer eine Bank ist hier der seriöse Chardonnay Sekt Brut.

Verkostete Weine 12
Bewertung 82–87 Punkte

86 Chardonnay Sekt Brut | 12,5% | 15,70 €
83 2016 Riesling trocken | 11,5% | 4,70 €/1,0 Lit.
86 2016 Scheurebe trocken | 12,5% | 6,70 €
84 2016 Bechtheimer Riesling trocken | 12,5% | 7,70 €
84 2016 Bechtheimer Weißburgunder trocken | 13% | 7,70 €
82 2015 Bechtheimer Hasensprung Weißburgunder trocken Holzfass | 14,5% | 15,70 €
86 2016 Bechtheimer Geyersberg Riesling trocken | 13% | 15,70 €
87 2016 Westhofener Morstein Riesling trocken | 13% | 15,70 €
85 2016 Bechtheimer Heiligkreuz Gewürztraminer feinherb | 12,5% | 15,70 €
83 2016 Riesling Hochgewächs feinherb | 11% | 7,70 €
87 2016 Rieslaner Auslese | 9% | 15,70 €
85 2014 Gundheimer Sonnenberg Spätburgunder trocken Holzfass | 13,5% | 18,70 €

Symbole Weingüter

€ Schnäppchenpreis · TOP Spitzenreiter · BIO Ökobetrieb
🍷 Trinktipp · 🔨 Versteigerungswein

Sekt | Weißwein | Rotwein | Rosé

WEINGUT ESPENHOF

55237 Flonheim-Uffhofen · Hauptstraße 81
Tel (0 67 34) 9 40 40 · Fax 94 04 50
weingut@espenhof.de
www.espenhof.de
Inhaber Nico und Wilfried Espenschied
Kellermeister Nico Espenschied
Verkauf Familie Espenschied
Mo-Sa 8.00–18.00 Uhr
So 9.00–11.00 Uhr und nach Vereinbarung
Gastronomie Weinrestaurant & Landhotel mit Tagungsräumen
Sehenswert Holzfasskeller, Sandsteinscheune
Rebfläche 26 Hektar
Jahresproduktion 220.000 Flaschen
Beste Lagen Uffhofener La Roche, Flonheimer Binger Berg, Rotenpfad und Geisterberg
Boden Rotliegendes, Buntsandstein, Muschelkalk, Kies, sandiger Löss und Tonmergel
Rebsorten je 30% Riesling und weiße Burgundersorten, 12% Spätburgunder, 5% Dornfelder, je 4% Merlot und Sauvignon Blanc, je 3% Scheurebe und Silvaner, 9% übrige Sorten
Mitglied Generation Riesling, Flonheimer Winzer IG, Slow Food

Verkostete Weine 14
Bewertung 83–88 Punkte

88 2012 Chardonnay & Pinot Noir Lena Marie Sekt Brut nature | 12,5% | 16,– €
83 2016 Sylvaner trocken Holzfass | 12% | 6,90 €
84 2016 Riesling trocken | 12% | 6,90 €
85 2016 Scheurebe Herz+Hand trocken | 12% | 7,50 €
83 2016 Grauburgunder trocken Holzfass | 12,5% | 7,90 €
85 2016 Sauvignon Blanc trocken | 12% | 7,90 €
83 2016 Flonheimer Weißburgunder trocken Holzfass | 12,5% | 9,50 €
85 2016 Flonheimer Riesling trocken Holzfass | 12,5% | 9,50 €
86 2016 Riesling Herz+Hand trocken Holzfass | 12,5% | 9,90 €
86 2016 Grauburgunder Herz+Hand trocken Holzfass | 12,5% | 9,90 €
84 2015 Chardonnay & Weißburgunder Bauchgefühl trocken | 12,5% | Auf Anfrage
84 2016 Uffhofener La Roche Riesling Kabinett | 9% | 7,50 €
85 2016 Uffhofener La Roche Riesling Spätlese | 8% | 9,– €
86 2015 Cuvée Stammbaum 417 trocken Barrique | 13,5% | 10,50 €

Der Espenhof ist eine unternehmerische Herausforderung – 26-Hektar-Weingut, schmuckes Landhotel und ambitioniertes Weinrestaurant – da ist die ganze Familie Espenschied gefordert. Und der Jahrgang 2016 hat durchaus seine Lichtblicke. Uns hat etwa die Serie Herz+Hand recht gut gefallen: Grauburgunder, Riesling und Scheurebe sind gute Vertreter ihrer jeweiligen Sorte. Interessant auch der Rotwein Stammbaum, eine Cuvée aus Cabernet Franc, Syrah und Merlot, die an Kirschen, Maulbeeren und Lorbeer erinnert. Und, wie so oft in diesem Hause, der Sekt ist richtig stark: eine Vermählung von Chardonnay und Pinot Noir, straff, etwas kühl, kräftige Perlage, zupackend – ein Sekt, der Trinkfreude erzeugt.

RHEINHESSEN

WEINGUT ALEXANDER FLICK

55234 Bechtolsheim · Brückesgasse 15
Tel (0 67 33) 68 14 · Fax 96 18 63
info@weingut-flick.de
www.weingut-flick.de
Inhaber Alexander und Ulrich Flick
Verkauf Familie Flick
nach Vereinbarung

Der Sitz dieses 21-Hektar-Gutes ist in Bechtolsheim im Herzen Rheinhessens, aber der Lagenbesitz erstreckt sich vom westlichen Rand in Siefersheim bis in den Wonnegau in Westhofen. Und von dort, genauer gesagt aus der Spitzenlage Morstein, kommt auch Alexander Flicks bester Wein, ein großartiger trockener Riesling, voller salziger Mineralität, zupackend und energiegeladen. Auch die anderen Lagenrieslinge haben Format, allen voran der Gundersheimer Höllenbrand, nicht zu vergessen den Gau-Odernheimer Herrgottspfad. Der druckvolle und zugleich elegante Silvaner aus dem Siefersheimer Goldenen Horn spielt ebenfalls in dieser Liga mit. Zwei stilvolle Rote runden diese sehr schlüssige Kollektion ab.

Verkostete Weine 12
Bewertung 82–89 Punkte

82 2016 Riesling trocken | 12% | 6,20 €
84 2016 Sauvignon Blanc trocken | 12,5% | 7,50 €
84 2016 Siefersheimer Silvaner trocken | 12,5% | 8,90 €
84 2016 Gau-Odernheimer Riesling trocken | 12,5% | 8,90 €
85 2016 Bechtolsheimer Weißburgunder trocken | 12,5% | 8,90 €
84 2016 Gau-Odernheimer Chardonnay trocken | 12,5% | 9,90 €
86 2016 Siefersheimer Goldenes Horn Silvaner trocken | 12,5% | 17,90 €
86 2016 Gau-Odernheimer Herrgottspfad Riesling Selection Rheinhessen trocken | 12,5% | 17,90 €
88 2016 Gundersheimer Höllenbrand Riesling trocken | 12,5% | 17,90 €
89 2016 Westhofener Morstein Riesling Selection Rheinhessen trocken | 12,5% | 20,90 €
85 2015 Cuvée Maria-Elisabeth trocken | 13,5% | 17,90 €
87 2015 Pinot Noir Johanna trocken | 13% | 17,90 €

WEINGUT FOGT SCHÖNBORNER HOF

55576 Badenheim · Schönborner Hof
Tel (0 67 01) 74 34 · Fax 71 33
info@weingut-fogt.de
www.weingut-fogt.de
Inhaber Karl-Heinz und Georg Fogt
Betriebsleiter Georg Fogt
Außenbetrieb Karl-Heinz und Georg Fogt
Kellermeister Georg Fogt
Verkauf Brunhilde und Georg Fogt
Sa 10.00–16.00 Uhr und nach Vereinbarung

Dieses Familienweingut an der westlichen Grenze Rheinhessens, nicht weit von der Nahemetropole Bad Kreuznach entfernt, hat mit 32 Hektar eine stattliche Größe erlangt. Die aktuelle Kollektion hat ihre Stärken eindeutig bei den trockenen Rieslingen. Der Siefersheimer Steinmeer entwickelt Feinheit am Gaumen, der Badenheimer Riesling ist klar, saftig und kühl, während an der Spitze das Wöllsteiner Äffchen viel Potenzial zeigt. Eine exotische, aprikosenduftige Huxelrebe Beerenauslese krönt das Sortiment.

Verkostete Weine 12
Bewertung 80–87 Punkte

80 2016 Riesling trocken | 12,5% | 5,20 €/1,0 Lit.
82 2016 Weißburgunder trocken | 13,5% | 8,90 €
83 2016 Grauburgunder trocken | 13% | 8,90 €
83 2016 Scheurebe trocken | 12% | 8,90 €
86 2016 Badenheimer Riesling trocken | 12,5% | 8,90 €
85 2016 Siefersheimer Riesling Steinmeer trocken Alte Reben | 12,5% | 8,90 €
84 2016 Spätburgunder trocken Blanc de Noirs | 13,5% | 9,80 €
85 2015 Chardonnay & Weißburgunder trocken Cuvée | 14% | 12,– €
87 2016 Wöllsteiner Äffchen Riesling trocken | 12,5% | 12,– €
83 2016 Riesling Vom Muschelkalk feinherb | 11,5% | 7,80 €
82 2016 Riesling Kabinett | 9,5% | 7,80 €
87 2015 Huxelrebe Beerenauslese | 7% | 25,– €/0,5 Lit.

★

WEINGUT FRANZ
55437 Appenheim · Hauptstraße 3
Tel (0 67 25) 9 60 60 · Fax 9 60 62
info@weingut-franz.de
www.weingut-franz.de
Inhaber Heinrich Josef Franz
Kellermeister Christopher Franz

Verkauf Familie Franz
Mo–Sa 9.00–18.00 Uhr
So, feiertags 10.00–14.00 und nach Vereinbarung

Der junge Christopher Franz stellt auch in diesem Jahr eine stimmige Kollektion vor, bei der bereits die Gutsweine ansprechend ausgefallen sind. Der Umgang mit dem Holz beim Weißburgunder-Ortswein ist gekonnt. Der Lagenriesling aus dem Appenheimer Hundertgulden hebt sich von den übrigen Rieslingen deutlich ab: Er ist zupackend und klar und alles andere als ein Fruchtmonster. Der saftige Frühburgunder löst Trinkfreude aus. Die Weine probiert man am besten in der stilvollen Vinothek in Appenheim, wo Christopher Franz dem Betrieb eine moderne Ausstattung verpasst hat. Alles in allem verzeichnet dieses Sechs-Hektar-Gut aufsteigende Tendenz.

Verkostete Weine 10
Bewertung 82–86 Punkte

- 83 2016 Riesling trocken | 13% | 6,10 €
- 83 2016 Silvaner trocken | 13% | 6,10 €
- 83 2016 Weißburgunder trocken | 13% | 6,80 €
- 84 2016 Sauvignon Blanc trocken | 13% | 6,80 €
- 83 2016 Appenheimer Riesling trocken | 13% | 7,80 €
- 84 2016 Appenheimer Chardonnay trocken Holzfass | 13% | 7,80 €
- 86 2016 Appenheimer Weißburgunder trocken Barrique | 13% | 7,80 €
- 86 2016 Appenheimer Hundertgulden Riesling trocken | 12,5% | 12,- €
- 82 2016 Cuveé Rosé | 12% | 5,80 €
- 86 2015 Appenheimer Frühburgunder trocken | 13% | 12,- €

★

WEINGUT FREY
55234 Ober-Flörsheim · Weedegasse 10
Tel (0 67 35) 94 12 72 · Fax 94 12 73
info@frey-wines.com
www.frey-wines.com
Inhaber Stefan, Christopher und Philipp Frey
Betriebsleiter Christopher Frey
Kellermeister Philipp Frey

Verkauf nach Vereinbarung

Ein tadelloses Sortiment stellten Christopher und Philipp Frey aus Ober-Flörsheim vor. Schon der Riesling Gutswein hat Biss und einen Hauch Exotik, der Weißburgunder gefällt uns in seiner geschmeidigen Art. Der Sommerwende Riesling duftet nach Orangenschale und ist ein geradliniger, anhaltender Lagenwein. Bei den Roten lassen selbst die Pinot Noirs schon Muskeln spielen, was aber besser zu Cabernet und Merlot passt. Das sind sehr dunkle Weine mit kräftigen Tanninen, vollmundig und intensiv, im internationalen Stil ausgebaut. Alles in allem eigenständige Gewächse mit individueller Prägung. Weiter so!

Verkostete Weine 10
Bewertung 83–87 Punkte

- 83 2016 Grauburgunder trocken | 13% | 7,- €
- 84 2016 Weißburgunder trocken | 13% | 7,- €
- 84 2016 Riesling trocken | 12,5% | 7,50 €
- 85 2016 Hangen-Weisheimer Riesling trocken | 12,5% | 12,- €
- 84 2016 Chardonnay Reserve trocken | 13% | 13,- €
- 86 2016 Hangen-Weisheimer Sommerwende Riesling trocken | 13% | 20,- €
- 85 2015 Pinot Noir trocken | 13,5% | 11,- €
- 86 2015 Cabernet Sauvignon & Merlot Assemblage trocken | 14% | 13,- €
- 85 2015 Hangen-Weisheimer Sommerwende Pinot Noir trocken | 13,5% | 19,- €
- 87 2014 Cabernet Sauvignon trocken | 14% | 25,- €

RHEINHESSEN

WEINGUT FULL
67591 Mölsheim · Hauptstraße 21
Tel (0 62 43) 78 66
info@full-wein.de
www.full-wein.de
Inhaber Claudia und Thomas Full

Verkauf Claudia Full
nach Vereinbarung

Das Weingut Full liegt im Zellertal in der Gemeinde Mölsheim. Hier, im südwestlichen Wonnegau, treffen Rheinhessen und die Pfalz aufeinander. Thomas Full führt diesen Betrieb, aber zunehmend macht sich auch die Handschrift von Sohn Christopher bemerkbar. Er hat eine eigene Linie, die ein bunt schillernder Schmetterling ziert. Die Weine tragen Bezeichnungen wie Full of Joy, Wonderfull oder auch Beautifull. Das uns vorgestellte Sortiment enthielt keinen schwachen Wein. Die Scheurebe Reserve wirkt elegant und stilvoll, die Rieslinge aus dem Schwarzen Herrgott sind fein, straff und schlank. Wir sind gespannt, was noch kommt.

Verkostete Weine 11
Bewertung 82–86 Punkte

- **84** 2016 Scheurebe & Müller-Thurgau Full of Joy trocken Holzfass | 12% | 7,50 €
- **82** 2016 Müller-Thurgau Full of Joy trocken Holzfass | 12% | 6,- €
- **83** 2016 Riesling Full of Joy trocken | 11,5% | 6,50 €
- **82** 2016 Chardonnay Full of Joy trocken Barrique | 13% | 8,50 €
- **82** 2016 Spätburgunder Beautifull trocken Blanc de Noirs Barrique | 12% | 9,50 €
- **86** 2016 Scheurebe Wonderfull trocken Reserve Barrique | 13% | 11,- €
- **86** 2016 Mölsheimer Zellerweg am schwarzen Herrgott Riesling »Großes Gewächs« | 12% | 16,- €
- **83** 2016 Riesling Full of Joy Kabinett | 9,5% | 7,- €
- **84** 2015 Nieder-Flörsheimer Frauenberg Portugieser »Großes Gewächs« | 12,5% | 16,- €
- **86** 2015 Mölsheimer Zellerweg am schwarzen Herrgott Spätburgunder »Großes Gewächs« | 13,5% | 17,- €

WEINGUT GÄNZ
55546 Hackenheim · Bosenheimer Straße 46
Tel (06 71) 8 96 34 53 · Fax 8 96 34 55
info@gaenz.com
www.gaenz.com
Inhaber Albert Gänz

Verkauf Albert Gänz
Mo-Fr 14.00–19.00 Uhr, **Sa** 10.00–14.00 Uhr

Bereits seit 1997 arbeitet dieses Zehn-Hektar-Gut an der Grenze zum Anbaugebiet Nahe nach strengen ökologischen Prinzipien und ist Mitglied bei Bioland. Das Gros der Weinberge liegt in Rheinhessen, im Hackenheimer Kirchberg und Sonnenberg. Ein Teil der Reben steht aber auf der Kreuznacher Gemarkung im Rosenberg und gehört damit zur Nahe. Aus dem Kirchberg kommen die besten Weine, der trockene Riesling erinnert an Limette, Apfel und Zitrus. Der halbtrockene Classic ist von erstaunlicher Güte. Die Weine haben eine herbe Struktur und sind sehr gradlinig. Hier wird Nachhaltigkeit gelebt, auch im angeschlossenen, fein möblierten Biohotel.

Verkostete Weine 9
Bewertung 81–85 Punkte

- **81** 2016 Riesling trocken | 12% | 6,50 €
- **82** 2016 Grauburgunder trocken | 13% | 6,80 €
- **84** 2016 Hackenheimer Sonnenberg Spätburgunder trocken Blanc de Noirs | 12% | 8,- €
- **85** 2016 Hackenheimer Kirchberg Riesling trocken »sur lie« | 12% | 8,- €
- **82** 2016 Hackenheimer Kirchberg Sauvignon Blanc trocken | 12,5% | 9,- €
- **84** 2015 Hackenheimer Kirchberg Riesling trocken | 12,5% | 9,- €
- **84** 2016 Riesling halbtrocken Classic | 11,5% | 5,90 €/1,0 Lit.
- **83** 2015 Dornfelder trocken | 12% | 6,50 €
- **82** 2013 Hackenheimer Sonnenberg Spätburgunder trocken Holzfass | 12,5% | 8,- €

Symbole Weingüter
★★★★★ Weltklasse · ★★★★ Deutsche Spitze
★★★ Sehr Gut · ★★ Gut · ★ Zuverlässig

Weinbewertung in Punkten
100 Perfekt · 95 bis 99 Überragend · 90 bis 94 Exzellent
85 bis 89 Sehr gut · 80 bis 84 Gut

★

WEINGUT KLAUS GALLÉ
55237 Flonheim · Langgasse 69
Tel (0 67 34) 89 61 · Fax 66 76
info@weingut-galle.de
www.weingut-galle.de
Inhaber Klaus und Ortrud Gallé
Betriebsleiter und Kellermeister Klaus Gallé
Verkauf Ortrud Gallé
nach Vereinbarung

Klaus Gallé ist ein anerkannter Portugieser-Spezialist. Als er 1995 mit seinem Weingut in Flonheim begann, hat er diese damals geschmähte Sorte nicht ausgehackt, sondern die Erträge reduziert. Wie ein ordentlicher Portugieser schmecken kann, zeigt der 2013er Flonheimer Rotenpfad mit feiner Würze, Kräuteranklang und guter Länge. Die Weißweine sind in 2016 etwas hochfarbig und meist kräftig. An der Spitze steht der Riesling La Roche, ein zupackender Trockener mit feinem Schmelz. Zuprosten kann man sich mit dem Chardonnay Sekt, leicht fruchtig und getragen von feiner Säure.

Verkostete Weine 12
Bewertung 81–87 Punkte

- **85** 2013 Chardonnay Sekt Brut | 12% | 9,20 €
- **82** 2016 Grauburgunder trocken | 12,5% | 6,80 €
- **82** 2016 Riesling trocken | 12,5% | 6,80 €
- **84** 2016 Riesling Identität trocken | 13% | 7,80 €
- **84** 2016 Grauburgunder Identität trocken | 13% | 7,80 €
- **81** 2016 Sauvignon Blanc Identität trocken | 13% | 8,50 €
- **83** 2016 Weißburgunder Identität trocken | 13% | 8,50 €
- **85** 2016 Uffhofener La Roche Riesling Jonathan Gallé No. 1 trocken | 13% | 13,– €
- **83** 2015 Saint Laurent trocken | 13% | 6,80 €
- **82** 2013 Spätburgunder Identität trocken Holzfass | 13,5% | 9,80 €
- **87** 2013 Flonheimer Rotenpfad Portugieser trocken Barrique | 13,5% | 21,– €
- **86** 2015 Uffhofener La Roche Spätburgunder trocken Barrique | 13,5% | 24,– €

WEINGUT GEHRING
55283 Nierstein · Außerhalb 17
Tel (0 61 33) 54 70 · Fax 92 74 89
info@weingut-gehring.com
www.weingut-gehring.com
Inhaber Theo und Diana Gehring
Kellermeister Theo Gehring
Verkauf Diana Gehring
Fr 17.00–19.00 Uhr
Sa 10.00–16.00 Uhr und nach Vereinbarung

Gute Roséweine sind selten, doch der 2016er Weißherbst vom Spätburgunder aus diesem Niersteiner Weingut hat uns gefallen. Er zeigt eine klare Erdbeernote und vermittelt Trinkspaß. An der Spitze der trockenen Rieslinge steht der Niersteiner Pettenthal, ein mineralischer Wein, der an Limette, Apfel und Pfirsich erinnert. Empfehlenswert ist auch der trockene Grauburgunder-Gutswein für wenig Geld. Die Weinberge von Theo und Diana Gehring sind mit traditionellen Rebsorten bestockt und bis zu 45 Jahre alt. Zum breiten Angebot dieses Hauses gehören eine Weinwirtschaft mit regionalen Speisen und eine Event-Location.

Verkostete Weine 11
Bewertung 82–86 Punkte

- **82** 2016 Weißburgunder trocken | 12% | 5,90 €/1,0 Lit.
- **82** 2016 Weißer Burgunder trocken | 12% | 6,90 €
- **83** 2016 Riesling Riverside trocken | 12% | 6,90 €
- **85** 2016 Grauburgunder trocken | 12,5% | 6,90 €
- **84** 2016 Niersteiner Auflangen Riesling trocken | 11,5% | 8,50 €
- **83** 2016 Niersteiner Oelberg Chardonnay trocken | 12,5% | 9,50 €
- **86** 2016 Niersteiner Pettenthal Riesling Holzfass | 13% | 18,50 €
- **84** 2016 Gelber Muskateller | 9,5% | 6,90 €
- **84** 2016 Riesling Hillside | 11% | 6,90 €
- **85** 2016 Spätburgunder Weißherbst | 11% | 6,90 €
- **84** 2016 Cuvée Vollmond trocken | 12,5% | 7,90 €

Weinbewertung in Punkten
100 Perfekt • 95 bis 99 Überragend • 90 bis 94 Exzellent
85 bis 89 Sehr gut • 80 bis 84 Gut

Symbole Weingüter

RHEINHESSEN

**WEINGUT OEKONOMIERAT
JOH. GEIL I. ERBEN**
67595 Bechtheim · Kuhpfortenstraße 11
Tel (0 62 42) 15 46 · Fax 69 35
info@weingut-geil.de
www.weingut-geil.de
Inhaber Karl und Johannes Geil-Bierschenk
Betriebsleiter und Kellermeister Johannes Geil-Bierschenk
Verkauf Elisabeth Geil-Bierschenk
Mo–Fr 8.00–11.30 Uhr · 13.00–17.00 Uhr
Sa 9.00–11.30 Uhr · 13.00–16.00 Uhr
Rebfläche 32 Hektar
Jahresproduktion 280.000 Flaschen
Beste Lagen Bechtheimer Geyersberg, Rosengarten und Hasensprung
Boden Lösslehm, Kalkmergel
Rebsorten 32% Riesling, 12% Weißburgunder, 10% Spätburgunder, 6% Frühburgunder, 5% Silvaner, 35% übrige Sorten
Mitglied Message in a bottle, Maxime Rheinhessen

den nächsten Jahren soll der Weinkeller erweitert und der große Holzfasskeller mit neuen Fässern ausgestattet werden.

Verkostete Weine 12
Bewertung 83–91 Punkte

86 2016 Grüner Silvaner trocken | 12,5% | 6,90 €
83 2016 Riesling trocken | 12% | 7,10 €
85 2016 Bechtheimer Riesling trocken | 12,5% | 9,80 €
88 2016 Bechtheimer Grüner Silvaner trocken | 13,5% | 9,80 € | €
88 2016 Bechtheimer Chardonnay trocken | 13,5% | 11,90 €
87 2016 Bechtheimer Hasensprung Riesling trocken | 12,5% | 12,60 €
88 2016 Bechtheimer Geyersberg Riesling trocken | 13% | 16,20 €
87 2016 Bechtheimer Rosengarten Riesling trocken | 13% | 16,90 €
91 2016 Bechtheimer Rieslaner Beerenauslese | 8% | 14,90 €/0,375 Lit.
86 2015 Bechtheimer Frühburgunder trocken Barrique | 14% | 12,90 €
88 2015 Bechtheimer Spätburgunder trocken Barrique | 13,5% | 13,20 € | €
88 2015 Bechtheimer Geyersberg Frühburgunder trocken Barrique | 14% | 22,90 €

Die Silvaner von Johannes Geil-Bierschenk gehören seit geraumer Zeit schon zu den besten der Region. Natürlich imponiert in der Spitze der Bechtheimer Silvaner mit Dichte, Struktur und feiner Mineralität. Doch uns begeistert vielleicht noch mehr der einfache Silvaner-Gutswein, der eine strahlende Frische und Saftigkeit ins Glas bringt, wie man sie bei Basisweinen nicht so häufig findet. Die 2016er Rieslinge sind alle frisch und leicht sowie mit guter Säure ausgestattet, können aber in der Komplexität mit den starken 2015ern nicht ganz mithalten. Dass Johannes Geil-Bierschenk ein Händchen für den Ausbau im Holzfass hat, zeigt er bei den weißen Burgundersorten. Der fruchtige Chardonnay wird nur so stark vom Holz geschmacklich gestützt, wie es ihm gut steht. Das Gleiche gilt für die Rotweine. Die Frühburgunder sind ganz feine, elegante Weine mit zarter Frucht. Dies ist klassische Machart, wie wir sie mögen, meilenweit entfernt vom modernen, internationalen Stil, der oft laut und protzig daherkommt. Die Anstrengungen in diesem Gut, die Qualität zu sichern und noch zu steigern, sind weiterhin groß. Zuletzt wurde in ein Weinlager, in Edelstahltanks und Holzfässer (Tonneaux) investiert, die Hofgestaltung ist abgeschlossen. In

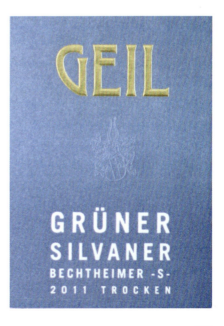

☆

WEINGUT HELMUT GEIL

55234 Monzernheim · Am Römer 26
Tel (0 62 44) 2 20 · Fax 5 74 89
info@geilwein.de
www.geilwein.de
Inhaber Andreas Geil
Verwalter Helmut Geil
Kellermeister Andreas Geil

Verkauf Familie Geil
Mo–Fr 9.00–12.00 Uhr · 13.00–18.00 Uhr
Sa 9.00–13.00 Uhr und nach Vereinbarung

Andreas Geil führt nun dieses Familienweingut in Monzernheim in der neunten Generation. Die eigene Klassifikation mit Bonus, Melior und Optimus lehnt sich an die VDP-Dreiteilung in Gutswein, Ortswein und Lagenwein an. Die Weine der 2016er Reihe fallen allesamt sauber und klar aus. Schon die trockene Basis ist eine Bank. Der Sauvignon Blanc zeigt die typische grüne Aromatik. An der Spitze der Weißen stehen die Kirchspiel Rieslinge Melior und Optimus.

Verkostete Weine 12
Bewertung 82–85 Punkte

83 2016 Riesling Bonus trocken | 11,5% | 6,10 €
83 2016 Grauburgunder Bonus trocken | 11,5% | 6,10 €
83 2016 Scheurebe Bonus trocken | 11% | 6,90 €
84 2016 Bechtheimer Hasensprung Weißburgunder Melior trocken | 12% | 8,50 €
84 2016 Westhofener Kirchspiel Grauburgunder Melior trocken | 12,5% | 8,50 €
85 2016 Westhofener Kirchspiel Riesling Melior trocken | 12,5% | 8,50 €
84 2016 Bechtheimer Hasensprung Sauvignon Blanc Melior trocken | 12% | 9,50 €
85 2016 Westhofener Kirchspiel Riesling Optimus trocken | 12,5% | 15,20 €
82 2016 Scheurebe feinherb | 11% | 4,80 €/1,0 Lit.
85 2016 Westhofener Kirchspiel Albalonga Melior Spätlese | 9,5% | 8,10 €
85 2016 Westhofener Kirchspiel Riesling 1736 Spätlese | 9,5% | 8,10 €
84 2015 Westhofener Steingrube Spätburgunder Melior trocken Barrique | 13% | 9,10 €

GEILS SEKT- UND WEINGUT

67593 Bermersheim bei Worms
Zeller Straße 8
Tel (0 62 44) 44 13 · Fax 5 73 84
mail@geils.de
www.geils.de
Inhaber Rudolf, Florian und Birgit Geil
Kellermeister Florian R. Geil

Verkauf nach Vereinbarung
Historie Familienbesitz seit 300 Jahren
Sehenswert historischer Holzfasskeller und mediterraner Garten, seit alters her »Die Schweiz« genannt
Erlebenswert kleine kulturelle Weintage
Rebfläche 14 Hektar
Jahresproduktion 90.000 Flaschen
Beste Lagen Nieder-Flörsheimer Frauenberg, Dalsheimer Bürgel und Sauloch, Gundersheimer Höllenbrand
Boden Muschelkalk, Ton, Buntsandstein, Löss
Rebsorten 18% Riesling, 14% Weißburgunder, 12% Grauburgunder, 11% Müller-Thurgau, 10% Spätburgunder, je 9% Portugieser und Silvaner, je 6% Chardonnay und Dornfelder, 5% übrige Sorten
Mitglied Generation Riesling, Maxime Herkunft

Hier startet einer voll durch: Nach Praktika beim Pinot Noir-Betrieb Chat Sauvage im Rheingau und Méo-Camuzet im Burgund und einem önologischen Studium in Geisenheim widmet sich Florian Geil voll und ganz dem heimischen Weingut in Bermersheim bei Worms. Nicht, dass es von Rudolf und Birgit Geil bislang keine guten Weine gegeben hätte, ganz im Gegenteil. Doch Sohn Florian scheint Zug um Zug in neue Dimensionen vorzustoßen. Wir probierten eine durch und durch seriöse Weißweinpalette mit einem fulminanten trockenen Riesling aus dem Frauenberg an der Spitze. Großartig auch der trockene Weißburgunder, in seiner Präzision und Frische ein echter Trink-Tipp. Und dann die Spätburgunder, wunderbar duftige Weine mit Struktur und Tiefe. Der Dalsheimer ist ein beeindruckender Ortswein, der Bürgel ein großer Lagenwein. Er gehört zu den besten Spätburgundern in ganz Rheinhessen. Nach Investitionen in schonenden Traubentransport und -annahme soll demnächst ein neuer Barriquekeller in Angriff genommen werden.

Symbole Weingüter

 ·

RHEINHESSEN

Verkostete Weine 12
Bewertung 84–91 Punkte

- 85 2014 Weißburgunder Sekt Brut | 12,5% | 14,50 €
- 86 2012 Pinot 3 Sekt Brut | 12,5% | 19,50 €
- 84 2016 Riesling trocken | 12% | 7,70 €
- 87 2016 Weißburgunder trocken | 12,5% | 7,70 € | 🍷
- 85 2016 Grauburgunder trocken | 12,5% | 8,– €
- 87 2015 Nieder-Flörsheimer Riesling »S« trocken | 13% | 13,40 €
- 85 2015 Cuvée P. »S« trocken | 13,5% | 16,80 €
- 89 2015 Nieder-Flörsheimer Frauenberg Riesling trocken | 13% | 22,50 €
- 88 2013 Cuvée »Nocturne« trocken | 13% | 12,20 € | €
- 85 2014 Bermersheimer Frühburgunder »S« trocken | 13% | 12,60 €
- 89 2014 Dalsheimer Spätburgunder »S« trocken | 13% | 17,50 €
- 91 2014 Dalsheimer Bürgel Spätburgunder trocken | 13% | 30,– €

WEINGUT GÖHRING
67592 Flörsheim-Dalsheim · Alzeyer Straße 60
Tel (0 62 43) 4 08 · Fax 65 25
info@goehring-wein.de
www.goehring-wein.de
Inhaber und Betriebsleiter Arno Göhring
Außenbetrieb Wilfried und Arno Göhring
Verkauf Familie Göhring
Di–Fr 8.00–11.30 Uhr · 14.00–18.00 Uhr
Sa 9.00–11.30 Uhr · 14.00–17.00 Uhr
und nach Vereinbarung
Historie Weinbau in der Familie seit 1819
Erlebenswert Weinfest im Weingut am vorletzten August-Wochenende
Rebfläche 19,2 Hektar
Jahresproduktion 80.000 Flaschen
Beste Lagen Nieder-Flörsheimer Frauenberg und Goldberg, Dalsheimer Bürgel und Sauloch, Mölsheimer Silberberg, Zellerweg am schwarzen Herrgott
Boden Muschelkalk, Ton, Buntsandstein, Löss mit Kalksteinen durchsetzt
Rebsorten 20% Riesling, 18% weiße Burgundersorten, 10% Spätburgunder, 52% übrige Sorten
Mitglied Message in a bottle, Maxime Herkunft

Mit dem Jahrgang 2016 kam Arno Göhring in Flörsheim-Dalsheim sehr gut zurecht. Es gibt keinen schwachen Wein, die Kollektion ist durchgängig auf sehr gutem Niveau. Schon der Liter-Riesling macht etwas her, der Riesling-Gutswein zeigt tollen Fluss. Und der Chardonnay-Gutswein ist mit seiner puren Sortenart ein echtes Schnäppchen. Einer unserer Lieblinge ist die aromenstarke und supersaftige Scheurebe, ein veritabler Trink-Tipp. An der Spitze der Weißwein-Reihe steht der Riesling aus dem Bürgel, der noch etwas Reifezeit braucht. Auch die Rotweine hat Göhring im Griff, der ein Händchen für den Holzfassausbau hat. Der Pinot Meunier (Schwarzriesling) zeigt eine feine Nase, der Portugieser ist dunkel, dicht und sehr saftig. Auch mit dem Sektausbau klappt es hier prima. Der Blanc de Noirs Brut spielt mit feinen Aromen von roten Früchten und ist für zehn Euro ausgesprochen günstig. In den nächsten Jahren will Göhring Zug um Zug den 19-Hektar-Betrieb auf ökologische Wirtschaftsweise umstellen.

Verkostete Weine 12
Bewertung 83–87 Punkte

- 87 2015 Blanc de Noirs Sekt Brut | 12,5% | 10,- €
- 83 2016 Riesling trocken | 11,5% | 4,50 €/1,0 Lit.
- 86 2016 Chardonnay trocken | 12,5% | 5,50 €
- 84 2016 Gelber Muskateller trocken | 11,5% | 6,- €
- 85 2016 Riesling trocken | 12% | 6,- €
- 87 2016 Scheurebe trocken | 12,5% | 6,- € | 💧
- 85 2016 Flörsheimer Grauburgunder trocken | 13,5% | 7,- €
- 87 2016 Dalsheimer Bürgel Riesling »Großes Gewächs« | 12% | 15,- €
- 84 2016 Riesling feinherb | 11% | 6,- €
- 87 2016 Albalonga Auslese | 7,5% | 11,- €
- 87 2012 Portugieser trocken Reserve Barrique | 13% | 17,- €
- 86 2014 Pinot Meunier trocken Reserve Barrique | 13,5% | 20,- €

WEINGUT GOLDSCHMIDT

67551 Worms-Pfeddersheim
Enzingerstraße 27–31
Tel (0 62 47) 70 44 · Fax 62 05
weingut.goldschmidt@t-online.de
www.wein-goldschmidt.de
Inhaber Uli Goldschmidt
Verkauf Elke Goldschmidt
Fr 13.00–18.00 Uhr
Sa 10.00–12.00 Uhr · 13.00–18.00 Uhr
und nach Vereinbarung

BIO

Der Riesling Brut Sekt ist ein schöner Einstieg in die aktuelle Kollektion dieses Biobetriebes aus Worms-Pfeddersheim. Der trockene Riesling aus dem Osthofener Liebenberg hat ein fruchtiges Aufspiel und frische Säure. Und der Grauburgunder der Edition Jonas wirkt saftig und klar. In dem Familienbetrieb mit Winzermeister Uli Goldschmidt an der Spitze arbeiten drei Generationen Hand in Hand, wobei der Nachwuchs zunehmend Verantwortung übernimmt. Nach Abschluss seiner Winzerlehre ist Sohn Jonas im Keller tätig und hat auch schon eine eigene Linie mit im Holz vergorenen Weißweinen platziert.

Verkostete Weine 12
Bewertung 81–85 Punkte

- 84 2015 Riesling Sekt Brut | 12% | 9,- €
- 83 2016 Osthofener Klosterberg Silvaner trocken | 12,5% | 5,70 €
- 82 2016 Scheurebe Jeanette trocken | 12,5% | 5,80 €
- 83 2016 Sauvignon Blanc trocken | 12% | 6,- €
- 83 2016 Pfeddersheimer Kreuzblick Weißburgunder trocken | 13,5% | 6,20 €
- 85 2016 Osthofener Liebenberg Riesling »S« trocken | 12% | 8,80 €
- 83 2016 Pfeddersheimer St. Georgenberg Gewürztraminer »S« Edition Jonas trocken | 13,5% | 12,90 €
- 84 2016 Pfeddersheimer Kreuzblick Chardonnay »S« Edition Jonas trocken | 13,5% | 12,90 €
- 85 2016 Pfeddersheimer St. Georgenberg Grauburgunder »S« Edition Jonas trocken | 13,5% | 12,90 €
- 82 2016 Riesling feinherb | 12% | 4,50 €/1,0 Lit.
- 83 2016 Pfeddersheimer Kreuzblick Huxelrebe Spätlese | 9% | 5,90 €

RHEINHESSEN

WEINGUT GRES

55437 Appenheim · Ingelheimer Straße 6
Tel (0 67 25) 33 10 · Fax 55 29
info@weingut-gres.de
www.weingut-gres.de
Inhaber und Betriebsleiter Klaus Gres
Außenbetrieb Hans-Jürgen Gres
Verkauf Isabell Gres
Mo–Sa 9.00–18.00 Uhr

Dies ist ein rheinhessischer Familienbetrieb, wie er typischer nicht sein könnte. Vater Hans-Jürgen Gres, früher mal Bürgermeister der Gemeinde Appenheim, kümmert sich um die Pflege der Weinberge, während Mechthild Gres Straußwirtschaft und Gästezimmer betreut. Sohn Klaus Gres, studierter Önologe, ist für den Ausbau der Weine zuständig. Und die haben in den letzten Jahren an Qualität zugelegt, wenn auch im Jahrgang 2016 die Basisweine etwas blass bleiben. Der Silvaner vom Muschelkalk zeigt hingegen guten Zug und animiert zum Trinken. Auch die Lagen-Rieslinge aus dem Appenheimer Hundertgulden und dem Niersteiner Hipping überzeugen. Der Eiswein vom Spätburgunder markiert mit seiner Klarheit und guter Säure den Höhepunkt des Sortiments. Die Rotweine haben uns mit ihrer Primärfrucht und hohen Konzentration nicht so sehr angesprochen.

Verkostete Weine 12
Bewertung 82–89 Punkte

83 2016 Grüner Silvaner trocken | 12,5% | 5,80 €
82 2016 Engelstädter Riesling von der Kreide trocken | 12,5% | 7,60 €
85 2016 Appenheimer Silvaner vom Muschelkalk trocken | 12,5% | 7,60 €
82 2016 Appenheimer Riesling vom Tertiär trocken | 12,5% | 9,30 €
85 2016 Appenheimer Chardonnay vom Korallenriff trocken | 13,5% | 11,- €
84 2016 Appenheimer Daubhaus Sauvignon Blanc trocken | 13% | 11,80 €
86 2016 Niersteiner Hipping Riesling trocken | 12,5% | 11,80 €
86 2016 Appenheimer Hundertgulden Riesling trocken | 12,5% | 11,80 €
85 2016 Appenheimer Daubhaus Gewürztraminer Auslese | 10% | 9,30 €
89 2016 Engelstädter Römerberg Spätburgunder Eiswein Blanc de Noirs | 9% | 17,90 €/0,5 Lit.
83 2015 Nummer I trocken | 13,5% | 11,- €
85 2013 Cuvée Patriarch trocken | 14% | 24,50 €

WEINGUT GRITTMANN

67574 Osthofen · Alter Westhofer Weg 32
Tel (0 62 42) 71 08 · Fax 68 06
grittmannhof@t-online.de
www.grittmannhof.de
Inhaber Jens Grittmann
Verkauf Jens Grittmann
Mo–Fr 8.00–12.00 Uhr · 14.00–18.00 Uhr
Sa 8.00–12.00 Uhr und nach Vereinbarung

Jens Grittmann setzt in diesem Osthofener Weingut im südlichen Rheinhessen ganz auf das goldene G. Es soll wohl stehen für die hohe Qualität der Grittmann-Weine, es ziert die Flaschen und die Homepage. Getreu dem Motto: Es ist nicht alles Gold, was glänzt, waren wir von der aktuellen Kollektion nicht rundum angetan. Empfehlen können wir allerdings den trockenen Riesling-Gutswein, der nach Nektarinen duftet und sich klar und straff präsentiert. Er ist der Star des Sortiments, der auch den eher reif wirkenden Lagenwein aus dem Kirchberg auf die Plätze verweist.

Verkostete Weine 6
Bewertung 80–83 Punkte

80 2016 Silvaner trocken | 13% | 5,- €/1,0 Lit.
83 2016 Riesling trocken | 12,5% | 6,30 €
81 2016 Grauburgunder trocken | 13% | 8,90 €
83 2016 Osthofener Riesling trocken | 13% | 8,90 €
83 2016 Osthofener Kirchberg Riesling trocken | 13,5% | 12,90 €
82 2014 Pinot Noir trocken | 13% | 6,80 €

WEINGUT K. F. GROEBE

67593 Westhofen · Mainzer Straße 18
Tel (0 62 44) 45 23
info@weingut-k-f-groebe.de
www.weingut-k-f-groebe.de
Inhaber Friedrich Groebe

Verkauf Friedrich Groebe
nach Vereinbarung

Historie Gründung 1763
Sehenswert 500 Jahre alter Gewölbekeller in Westhofen, Weinbergshaus in der Lage Krichspiel
Rebfläche 8,5 Hektar
Jahresproduktion 50.000 Flaschen
Beste Lagen Westhofener Aulerde, Kirchspiel und Morstein
Boden Lösslehm, Lehm, Kalksteinverwitterung, Tonmergel
Rebsorten 70% Riesling, 18% Burgundersorten, 12% Silvaner
Mitglied VDP

Verkostete Weine 6
Bewertung 84–91 Punkte

84 2016 Riesling trocken Holzfass | 11,5% | 9,70 €
85 2016 Riesling 1763 trocken Holzfass | 11,5% | 10,70 €
87 2016 Westhofener Riesling trocken Holzfass | 13,5% | 15,25 €
89 2016 Westhofener Aulerde Riesling »Großes Gewächs« Holzfass | 12,5% | 30,- €
91 2016 Westhofener Kirchspiel Riesling »Großes Gewächs« Holzfass | 13% | 30,- €
89 2016 Westhofener Riesling Alte Reben feinherb Holzfass | 12,5% | 15,25 €

Eine kleine, aber sehr feine Riesling-Kollektion hat Friedrich Groebe vom Jahrgang 2016 vorgestellt. Ein großer Wurf ist der Westhofener Ortswein von alten Reben, ein feiner, eleganter Riesling von großer Präzision. Es gibt nicht viele Ortsweine auf diesem hohen Niveau. Bei den Großen Gewächsen erinnert die Aulerde an Trockenaprikosen, ein ausgewogener Wein mit Trinkanimation. Das Kirchspiel ist ein großer Riesling mit Ausstrahlung. Die Spezialität von Friedrich Groebe sind langlebige Rieslinge, die nach traditioneller Methode im Eichenholzfass ausgebaut werden. Diese Rebsorte ist für den Westhofener Winzer »Maßstab für den Wert eines Weinberges«. Er gilt als einer der Vorreiter der Großen Gewächse in Rheinhessen, ein Viertel der Lagen des Weingutes liegen heute im Bereich klassifizierter Großer Lagen. Die Weinberge sind natürlich begrünt, damit die Reben in einen gesunden Konkurrenzkampf ums Wasser treten und so tiefer wurzeln. Im Keller setzt Groebe auf eine langsame, kühle und spontane Gärung.

RHEINHESSEN

WEINGUT GROH

67595 Bechtheim · Deichelgasse 8
Tel (0 62 42) 14 43 · Fax 6 00 46
weine@heinrichgroh.de
www.heinrichgroh.de
Inhaber Axel Groh, Jochen und Christian Dreissigacker
Betriebsleiter Axel Groh
Verkauf nach Vereinbarung

Ein Weingut ganz ohne Riesling, eine Ausnahmeerscheinung in Rheinhessen. Axel Groh hat sich in Bechtheim im Wonnegau als Burgunderspezialist etabliert und zeigt auch im Jahrgang 2016 eine solide Kollektion, wenn auch einige Weine deutlich vom Holz geprägt sind. Der sortentypische Grauburgunder schmeckt uns mit am besten in seiner straffen und klaren Art. Die nachgereichten Chardonnays aus dem Jahrgang 2015 sind sehr kraftvoll und haben Schmelz, an der Spitze der Schlossberg. Axel Groh war schon sehr früh von der Bourgogne fasziniert. Folglich setzte er auch zu Hause in Bechtheim auf weiße Burgundersorten und den Ausbau im kleinen Eichenholzfass. Mitte der 1990er Jahre baute er schließlich seinen ersten Chardonnay aus dem Bechtheimer Rosengarten im Barrique aus.

Verkostete Weine 10
Bewertung 81-87 Punkte

- 81 2016 Weißburgunder & Chardonnay Grohsartig trocken | 12,5% | 8,- €
- 83 2016 Sauvignon Blanc trocken | 12% | 8,50 €
- 84 2016 Grauburgunder trocken | 12,5% | 8,50 €
- 84 2016 Chardonnay Grohstoff trocken Holzfass | 13,5% | 15,- €
- 85 2016 Weißburgunder Grohkost trocken Holzfass | 13,5% | 15,- €
- 86 2015 Bechtheimer Rosengarten Chardonnay trocken Barrique | 14% | 26,- €
- 87 2015 Schlossberg Chardonnay trocken Barrique | 14% | 26,- €
- 85 2016 Huxelrebe Auslese | 9% | 10,- €
- 83 2016 Rosé trocken | 12% | 8,50 €
- 85 2015 Spätburgunder Grohmaul trocken Holzfass | 13,5% | 15,- €

Symbole Weingüter
Schnäppchenpreis · Spitzenreiter · Ökobetrieb
Trinktipp · Versteigerungswein
Sekt · Weißwein · Rotwein · Rosé

WEINGUT GUNDERLOCH

55299 Nackenheim · Carl-Gunderloch-Platz 1
Tel (0 61 35) 23 41 · Fax 24 31
info@gunderloch.de
www.gunderloch.de
Inhaber und Betriebsleiter Johannes Hasselbach
Außenbetrieb Markus Weickert
Kellermeister Johannes Hasselbach und Markus Weickert
Verkauf Agnes Hasselbach-Usinger
Mo-Fr 9.00–16.00 Uhr und nach Vereinbarung
Historie Weingut 1890 von Bankier Carl Gunderloch gegründet
Rebfläche 24 Hektar
Jahresproduktion 180.000 Flaschen
Beste Lagen Nackenheimer Rothenberg, Niersteiner Pettenthal und Hipping
Boden roter Tonschiefer
Rebsorten 80% Riesling, 6% Burgundersorten, 5% Silvaner, 9% übrige Sorten
Mitglied VDP

Mit den Weinen des Jahrgangs 2016 hat Johannes Hasselbach seinem im Oktober 2016 verstorbenen Vater ein Denkmal gesetzt. Wer noch Zweifel daran hatte, ob der Sohn die großen Fußstapfen des Fritz Hasselbach ausfüllen könne, der kann nun sicher sein: Er kann es. Nur wenigen Winzern in Rheinhessen gelang vom Jahrgang 2016 eine solch großartige Kollektion. Alle trockenen Rieslinge sind fein und elegant, ja, sie wirken nahezu schwerelos.

Dreikampf an der Spitze

Wir konnten uns anfangs gar nicht entscheiden, welches der drei Großen Gewächse wir als unseren Favoriten sehen, zu nahe lagen diese großen trockenen Rieslinge vom Roten Hang bei einer ersten Verkostung beieinander. Doch in einer weiteren Runde hatte dann der Rothenberg, der große Klassiker dieses traditionsreichen Hauses, die Nase deutlich vorne. Doch das Vergnügen beginnt bei Johannes Hasselbach nicht erst bei den Großen Gewächsen, sondern schon bei den frischen und knackigen Gutsweinen, und setzt sich fort bei den trockenen Riesling-Ortsweinen aus Nierstein und Nackenheim und dem unwiderstehlichen feinherben Kabinett Jean Baptiste, der schon seit Jahrzehnten immer aufs Neue Trinkspaß bereitet. Dies ist eines der größten Schnäppchen, die man beim deutschen Riesling von einem weltweit renommierten Gut machen kann. Der fruchtige Kabinett aus dem Rothenberg ist ein wunderbar animierender Riesling, pikant, ausgestattet mit Zitrusnoten und kaum schmeckbarer Süße. Die Spätlese strahlt genauso wie die Auslese, dies sind Rothenberg-Rieslinge mit einer perfekten Harmonie von Süße und Säure. Johannes Hasselbach ist bestens für seine neue Aufgabe gerüstet. Er hat sich in den Jahren vor der Übernahme des elterlichen Betriebes in Weingütern auf der ganzen Welt umgesehen, auch auf der anderen Seite unseres Planeten.

Johannes Hasselbach

Träume verwirklichen

Dabei ging es ihm weniger darum, dortige Weinbereitungsmethoden nach Nackenheim zu importieren. Vielmehr sei es ihm wichtig gewesen zu sehen, wie andere Menschen im Winzerberuf es anstellten, ihre Träume zu verwirklichen. Nun ist er selbst zu Hause dabei, seinen Traum in die Tat umzusetzen. Und eine Tatsache wird ihm dabei ungemein helfen: dass er auf die großartige Lebensleistung von Fritz Hasselbach und Agnes Hasselbach-Usinger aufbauen kann. Und nach dem Neubau eines Kelterhauses sowie der Renovierung des denkmalgeschützten Gutshauses sind auch räumlich alle Voraussetzungen erfüllt.

Verkostete Weine 12
Bewertung 84–94 Punkte

84 2016 Riesling trocken | 12% | 8,90 €
86 2016 Riesling Als wär's ein Stück von mir trocken | 12,5% | 12,– €
85 2016 Nackenheimer Silvaner x.t. trocken | 12,5% | 12,90 €
86 2016 Niersteiner Riesling trocken | 12,5% | 12,90 €
87 2016 Nackenheimer Riesling trocken | 12,5% | 14,90 €
91 2016 Niersteiner Hipping Riesling »Großes Gewächs« | 12,5% | 25,– €
92 2016 Niersteiner Pettenthal Riesling »Großes Gewächs« | 12,5% | 30,– €
94 2016 Nackenheimer Rothenberg Riesling »Großes Gewächs« | 12,5% | 35,– €
88 2016 Riesling Jean Baptiste Kabinett feinherb | 10% | 8,90 € | €
89 2016 Nackenheimer Rothenberg Riesling Kabinett | 9% | 22,50 €
91 2016 Nackenheimer Rothenberg Riesling Spätlese | 7,5% | 25,– €
92 2016 Nackenheimer Rothenberg Riesling Auslese | 7,5% | 17,50 €/0,375 Lit.

RHEINHESSEN

WEINGUT LOUIS GUNTRUM

55283 Nierstein · Rheinallee 62
Tel (0 61 33) 9 71 70 · Fax 97 17 17
info@guntrum.de
www.guntrum.de
Inhaber Louis Konstantin Guntrum
Betriebsleiter und Kellermeister Dirk Roth
Verkauf Angelika Hamm
Mo-Do 7.00-12.00 Uhr · 13.00-16.30 Uhr
Fr 7.00-12.00 Uhr und nach Vereinbarung

Dieses altrenommierte Haus in Nierstein hat vor allem einen Namen für Riesling, und das zeigt sich auch in 2016. Neben dem fruchtigen Kabinett aus der Lage Bergkirche überzeugt der trockene Riesling aus dem Ölberg: Er weist Aromen von Limette, Äpfeln und gelben Früchten auf. Ansonsten macht der 2014er Pinot Noir von sich reden mit seinen Kirsch- und Schokonoten und grünem Pfeffer im Nachhall. Klare Linienführung, stilvolles Design, zeitgemäßer Schriftzug - die Ausstattung von Louis Guntrum ist modern. Für ein stilvolles Weinerlebnis am Rhein steht Guntrums Weingarten, der die begehrte Auszeichnung Best of Tourism der Great Wine Capitals bekam.

Verkostete Weine 11
Bewertung 83-87 Punkte

83 2016 Riesling trocken | 12% | 7,80 €/1,0 Lit.
84 2016 Scheurebe trocken | 12% | 7,- €
83 2016 Grauburgunder trocken | 13,5% | 8,20 €
83 2016 Weißburgunder trocken | 13% | 8,20 €
83 2016 Niersteiner Silvaner trocken | 12,5% | 10,- €
84 2016 Niersteiner Riesling trocken | 12,5% | 10,- €
84 2016 Oppenheimer Sackträger Riesling trocken | 13% | 15,- €
87 2016 Niersteiner Oelberg Riesling trocken | 13% | 15,- €
83 2016 Oppenheimer Riesling feinherb | 12% | 10,- €
85 2016 Niersteiner Bergkirche Riesling Kabinett | 10,5% | 9,- €
87 2014 Pinot Noir trocken Reserve Barrique | 13,5% | 25,- €

WEINGUT GUTZLER

67599 Gundheim · Roßgasse 19
Tel (0 62 44) 90 52 21 · Fax 90 52 41
info@gutzler.de
www.gutzler.de
Inhaber und Betriebsleiter Christine und Michael Gutzler
Kellermeister Michael Gutzler
Verkauf Familie Gutzler
nach Vereinbarung
Sehenswert Holzfasskeller, Garten Brennerei, neuer Barriquekeller
Rebfläche 16 Hektar
Jahresproduktion 100.000 Flaschen
Beste Lagen Wormser Liebfrauenstift Kirchenstück, Westhofener Morstein, Steingrube und Brunnenhäuschen, Gundersheimer Höllenbrand, Dorn Dürkheimer Römerberg
Boden Lehm, Ton und Kalk, Sand, Kies
Rebsorten 33% Riesling, 32% Spätburgunder, 17% weiße Burgundersorten, 7% Silvaner, 11% übrige Sorten
Mitglied VDP, Deutsches Barrique Forum, Message in a bottle, Maxime Herkunft

Seit dem 1. September 2014 befindet sich dieses Gundheimer Gut in der Umstellung zum ökologischen Weinbau. Umso erstaunlicher, was hier zuletzt geleistet wurde. Die Weißweine bestechen durch ihre Klarheit, allen voran der Dorn-Dürkheimer Silvaner, der zu den besten dieser Sorte im Gebiet zählt: tolle Intensität und Tiefe. Bei den trockenen Rieslingen hat eindeutig der Morstein die Nase vorn, ein starkes Großes Gewächs. Doch auch der Westhofener Chardonnay überzeugt mit dezenter Nase und feiner Struktur. Und die Roten? Hier reiht sich ein starker Wein an den anderen, der klare Spätburgunder-Gutswein ist eine wirklich bemerkenswerte Basis, auf der alles Weitere aufbaut, etwa der Westhofener Spätburgunder-Ortswein mit gutem Zug am Gaumen und natürlich die großen Gewächse von 2014 oder auch der Pinot Noir Reserve aus demselben Jahrgang: feine und ausdrucksvolle Weine. Nachdem Gerhard Gutzler im April 2017 mit nur 60 Jahren verstorben ist, wollen Christine und Michael Gutzler das fortführen, was Gerhard Gutzler vor 35 Jahren begonnen hatte. Das gilt auch für die Brennerei, die schon lange einen sehr guten Namen hat.

Symbole Weingüter
★★★★★ Weltklasse ★★★★ Deutsche Spitze
★★★ Sehr Gut ★★ Gut ★ Zuverlässig

Verkostete Weine 15
Bewertung 83–90 Punkte

83	2016 Riesling trocken | 11,5% | 8,- €
84	2016 Weißburgunder trocken | 11,5% | 8,- €
87	2016 Westhofener Chardonnay trocken | 13,5% | 13,40 €
87	2016 Westhofener Riesling trocken | 12,5% | 13,40 €
88	2016 Dorn-Dürkheimer Silvaner trocken Alte Reben | 13% | 14,70 €
87	2016 Wormser Liebfrauenstift Kirchenstück Riesling »Großes Gewächs« | 13% | 21,- €
89	2016 Westhofener Morstein Riesling »Großes Gewächs« | 13,5% | 28,50 €
87	2014 Chardonnay trocken Reserve | 13,5% | 38,- €
86	2015 Spätburgunder trocken | 13% | 9,20 €
87	2012 Cuvée R GS trocken | 13,5% | 14,70 €
88	2015 Westhofener Spätburgunder trocken | 13% | 14,70 € | €
86	2011 Flur 1 Nr. 361 trocken Reserve | 13% | 30,- €
88	2014 Westhofener Morstein Spätburgunder »Großes Gewächs« | 13% | 31,- €
89	2014 Pinot Noir trocken Reserve | 13% | 35,- €
90	2014 Westhofener Brunnenhäuschen Spätburgunder »Großes Gewächs« | 13% | 42,50 €

WEINGUT ALEXANDER GYSLER
55232 Alzey-Weinheim · Großer Spitzenberg 8   BIO
Tel (0 67 31) 4 12 66 · Fax 4 40 27
info@alexander-gysler.de
www.alexander-gysler.de
Inhaber und Betriebsleiter Alexander Gysler
Verkauf Sebastian Oberhausen
Mo–Fr 9.00–17.00 Uhr und nach Vereinbarung
Historie Gründung im 18. Jahrhundert, eigenen Rieslingklon gezüchtet
Sehenswert fränkische Hofreite, Gutshaus von 1750, alte Gewölbekeller, umgebaute Scheune mit Bankettsaal
Rebfläche 12 Hektar
Jahresproduktion 80.000 Flaschen
Beste Lagen Weinheimer Mandelberg, Hölle und Kirchenstück
Boden Sandsteinverwitterung aus dem Rotliegenden
Rebsorten 45% Riesling, 15% Graubugunder, je 10% Huxelrebe, Scheurebe, Silvaner und Spätburgunder
Mitglied Demeter, Message in a bottle

Dass Alexander Gysler alles andere als ein Marktschreier ist, denen man auch zunehmend bei der Vermarktung von Wein begegnet, zeigen schon die Namen, die er seinen Weinen gibt. Da ist von Sonnentau und Sternenglanz die Rede, da erklingt ein Kammerton oder auch mal ein ganzes Klangwerk - und so moderat seine Weinbezeichnungen ausfallen, so zurückhaltend, ja geradezu intellektuell sind auch seine Weine. Man muss sich Zeit nehmen beim Genuss und sich auf sie einlassen. So wie Gysler sich auf die Natur einlässt und seit 2004 biodynamisch arbeitet. Die aktuelle Kollektion bewegt sich durchgängig auf hohem Niveau. Die Burgunder sind frisch und klar, die Scheurebe eher dezent, lang und elegant, ein echter Trink-Tipp. Die Riesling-Reihe reicht vom Sandstein mit sanfter Säure und Aprikosenaroma bis hin zum Klangwerk, das an der Spitze steht. Dazwischen ein Riesling besser als der andere: klassisch, mineralisch, mirabellenduftig. Und als ob das nicht genug wäre, gibt es noch zwei formidable Sekte: der Blanc de Noir kräftig, der Riesling frisch und belebend. Weiter so!

RHEINHESSEN

Verkostete Weine 10
Bewertung 85–88 Punkte

- 87 2014 Pinot Sekt Brut | 13% | 14,– €
- 88 2015 Riesling Sekt Brut | 12,5% | 14,– €
- 85 2016 Grauburgunder Feldstärke trocken »sur lie« | 12,5% | 8,90 €
- 85 2016 Riesling Sandstein trocken »sur lie« | 12% | 8,90 €
- 86 2016 Weißburgunder Sternenglanz trocken »sur lie« | 12,5% | 8,90 €
- 87 2016 Scheurebe Sonnentau trocken »sur lie« | 12% | 8,90 € | 🍷
- 86 2016 Weinheimer Riesling Kammerton trocken »sur lie« | 12,5% | 12,50 €
- 87 2015 Weinheimer Riesling Kammerton trocken »sur lie« | 12,5% | 12,50 €
- 88 2016 Riesling Klangwerk vum Helle trocken »sur lie« | 12,5% | 18,50 €
- 87 2016 Riesling Feldgeflüster Kabinett feinherb »sur lie« | 8,5% | 8,90 €

WEINGUT HAUCK
55234 Bermersheim vor der Höhe
Albigerstraße 15 / Sonnenhof
Tel (0 67 31) 12 72 und 31 95 · Fax 4 56 52
vinum@weingut-hauck.de
www.weingut-hauck.de
Inhaber und Betriebsleiter Heike und Heinz Günter Hauck

Verkauf nach Vereinbarung

Dieser Betrieb liegt in Bermersheim vor der Höhe, nördlich von Alzey. In dem Weingut mit 29 Hektar bewirtschaften Heike und Heinz Günther Hauck ihre Weinberge naturnah. Die aktuelle Kollektion hat uns gut gefallen. Sie ist ohne Schwachpunkte. Die mineralische Weißburgunder Spätlese duftet fein nach Blüten, der ausdrucksvolle Silvaner nach Netzmelone. Und die Cuvée von Chardonnay & Sauvignon Blanc zeigt eine tolle Harmonie. Über allen Weinen aber steht die Klosterberg Riesling Spätlese von alten Reben, ein feiner und mineralischer Wein. Ein kräftiger Sekt mit feiner Perlage rundet das Sortiment trefflich ab.

Verkostete Weine 12
Bewertung 82–88 Punkte

- 86 2015 Pinot Noir & Pinot Blanc Sekt Brut | 12,5% | 10,50 €
- 82 2016 Weißburgunder trocken | 12,5% | 4,80 €/1,0 Lit.
- 86 2016 Silvaner Hildegard trocken | 12,5% | 5,80 €
- 85 2016 Weißburgunder & Auxerrois Kunststück trocken | 12,5% | 7,20 €
- 86 2015 Chardonnay & Sauvignon Blanc trocken Barrique | 14% | 12,– €
- 86 2016 Bermersheimer Hildegardisberg Weißburgunder Spätlese trocken | 13% | 7,20 €
- 88 2016 Bermersheimer Klosterberg Riesling Spätlese trocken Alte Reben | 12% | 7,20 € | 💶
- 85 2016 Bermersheimer Hildegardisberg Chardonnay Spätlese trocken | 12,5% | 7,50 €
- 86 2016 Bermersheimer Hildegardisberg Grauburgunder Spätlese trocken | 13,5% | 7,50 €
- 84 2015 Bermersheimer Hildegardisberg Weißburgunder Auslese | 11% | 10,– €
- 84 2015 Bermersheimer Klosterberg Merlot & Cabernet Sauvignon essential trocken Barrique | 14% | 9,80 €
- 85 2015 Bermersheimer Hildegardisberg Spätburgunder trocken Reserve Barrique | 14% | 10,50 €

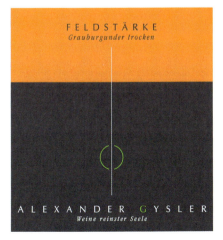

☆   ★★★

WEINGUT HESSERT
55457 Horrweiler · Weinbergstraße 2
Tel (0 67 27) 4 69 · Fax 95 24 42
wein@hessert.de
www.weingut-hessert.de
Inhaber Christian Hessert
Verkauf nach Vereinbarung

Freunde von Auslesen der Sorte Ortega kommen in diesem Gut im Nordwesten des Anbaugebiets voll auf ihre Kosten. Wir fragen uns allerdings, wie man eine solche süße Spezialität so günstig erzeugen kann, dass der Verkaufspreis gerade mal bei 5,50 Euro liegt. Dem Kunden kann es recht sein, denn hier wird generell Wein zu Tiefstpreisen angeboten und einige haben uns ganz gut gefallen, etwa der an Quitten erinnernde Chardonnay aus dem Barrique. Auch die Rotweine sind ordentlich vinifiziert und charakteristisch für die jeweilige Rebsorte. Christian Hessert leitet dieses Weingut mit 20 Hektar Rebfläche in Horrweiler bei Bingen. Zuletzt wurde in neue Technik investiert sowie in Weinberge in den besten Lagen.

Verkostete Weine 12
Bewertung 82–85 Punkte

82 2016 Riesling trocken | 12% | 4,– €/1,0 Lit.
84 2016 Weißburgunder trocken | 13% | 4,80 €
83 2016 Spätburgunder trocken Blanc de Noirs | 13% | 5,– €
84 2016 Graubungunder »H« trocken | 13% | 6,50 €
84 2016 Riesling »H« trocken | 12,5% | 6,50 €
85 2016 Chardonnay »H« trocken Barrique | 13% | 6,50 €
84 2016 Scheurebe | 8% | 5,– €
82 2016 Gewürztraminer Spätlese | 10% | 4,80 €
85 2016 Ortega Auslese | 10% | 5,50 €
85 2015 Nero »H« trocken Barrique | 12,5% | 6,50 €
85 2015 Cabernet Sauvignon trocken Barrique | 13,5% | 8,– €
85 2015 Spätburgunder »H« trocken Barrique | 13% | 8,– €

WEINGUT HEYL ZU HERRNSHEIM
55283 Nierstein · Wilhelmstraße 4
Tel (0 61 33) 50 91 10 · Fax 50 91 12 99
info@st-antony.de
www.heyl-zu-herrnsheim.de
Inhaber Familie Meyer
Betriebsleiter Felix Peters
Außenbetrieb Bartlomiej Ciezadlik
Kellermeister Felix Peters
Verkauf Felix Peters
nach Vereinbarung
Rebfläche 12 Hektar
Jahresproduktion 70.000 Flaschen
Beste Lagen Niersteiner Brudersberg und Pettenthal, Nackenheimer Rothenberg
Boden roter Tonschiefer
Rebsorten 90% Riesling, 10% Weißburgunder
Mitglied VDP

Der Jahrgang 2016 ist in diesem Traditionshaus noch besser gelungen als das Vorjahr. Der trockene Guts-Riesling ist ein saftiger, frischer Vertreter der Rheinfront. Der Weißburgunder-Gutswein steht ihm nicht nach: eine feine Burgundernase, eine elegante Erscheinung. An der Spitze steht wieder einmal das Große Gewächs aus dem Brudersberg, ein feiner, mineralischer Riesling, der das ganze Potenzial dieser großartigen Lage verkörpert. Die nachgereichte 2014er Ölberg Riesling Spätlese ist zart und aromatisch, geprägt von Zitrus- und Kräuternoten. Durch das Engagement der Familie Ahr gelang es zu Beginn der 90er Jahre, den Betrieb als eines der Flaggschiffe für Rheinhessen zu konsolidieren. 2006 übernahm die Familie Meyer den Betrieb und investierte auch in die Weinbergsbewirtschaftung. Das Team um Felix Peters setzt den ökologischen Weinbau im Steillagenbereich fort. Der Name Heyl zu Herrnsheim ist als Weinlinie innerhalb des Weingutes St. Antony erhalten geblieben und der mineralische, elegante, ernsthafte Heyl-Stil wird weiter gepflegt. Er geht zurück auf den einstigen Geschäftsführer Peter von Weymarn, eine bedeutende Persönlichkeit im deutschen Weinbau. Von Weymarn führte das Weingut von 1968 bis 1998. Er war Präsident des VDP, dem er wesentliche Impulse gab. Während seiner Amtszeit wurde die Mainzer Weinbörse ins Leben gerufen. Zudem war er Mitbegründer des Bundesverbandes Ökologischer Weinbau, heute Ecovin genannt.

RHEINHESSEN

Verkostete Weine 5
Bewertung 85–90 Punkte

86 2016 Riesling trocken Holzfass | 11,5% | 8,– €
86 2016 Weißburgunder trocken | 12,5% | 8,– €
90 2016 Niersteiner Brudersberg Riesling »Großes Gewächs« | 12,5% | 25,– €
85 2016 Riesling Baron Heyl Estate | 9,5% | 9,50 €
88 2014 Niersteiner Oelberg Riesling Spätlese | 9% | 9,80 € | €

WEINGUT HIESTAND
67583 Guntersblum · Nordhöferstraße 19
Tel (0 62 49) 22 66 · Fax 78 35
info@hiestand-weingut.com
www.hiestand-weingut.com
Inhaber Gunther Hiestand

Verkauf Familie Hiestand
Sa 10.00–16.00 Uhr und nach Vereinbarung

Aus dem Jahrgang 2015 wurden zwei edelsüße Rieslinge nachgereicht, beide aus der Lage Kreuzkapelle. Sowohl die Beerenauslese wie auch die Trockenbeerenauslese sind sauber und sehr klar gearbeitet. Aus dem Jahrgang 2016 stammt der Guntersblumer Schwarzriesling, der an Räucherspeck erinnert und eine tolle, saftige Kirschfrucht offenbart. Die Großen Gewächse von Riesling und Weißburgunder wirken schon etwas reif. Gunther Hiestand möchte die Konsumenten für die Guntersblumer Lagen an der Rheinfront begeistern, wo die Reben auf teils kargen, kalkhaltigen Böden stehen. Hiestand setzt auf die Liaison von Spontangärung und Holzfass.

Verkostete Weine 11
Bewertung 82–88 Punkte

82 2016 Grüner Sylvaner trocken | 11% | 6,90 €
83 2016 Weißburgunder trocken | 12,5% | 7,50 €
84 2016 Riesling trocken Holzfass | 12% | 7,50 €
83 2016 Guntersblumer Riesling trocken Holzfass | 12,5% | 10,50 €
85 2016 Guntersblumer Gewürztraminer trocken Holzfass | 13% | 10,50 €
86 2016 Guntersblumer Kreuz Riesling »Großes Gewächs« Holzfass | 13% | 19,50 €
86 2015 Guntersblumer Kachelberg Weißburgunder »Großes Gewächs« Holzfass | 13% | 19,50 €
85 2016 Guntersblumer Gewürztraminer Spätlese | 10,5% | 10,50 €
88 2015 Guntersblumer Kreuzkapelle Riesling Beerenauslese | 8% | 29,50 €/0,5 Lit.
88 2015 Guntersblumer Kreuzkapelle Riesling Trockenbeerenauslese | 8,5% | 60,– €/0,375 Lit.
86 2016 Guntersblumer Schwarzriesling trocken Holzfass | 13% | 10,50 €

Symbole Weingüter
€ Schnäppchenpreis · TOP10 Spitzenreiter · BIO Ökobetrieb
Trinktipp · Versteigerungswein
Sekt   Weißwein   Rotwein   Rosé

★

WEINGUT HIRSCHHOF
67593 Westhofen · Seegasse 29 (BIO)
Tel (0 62 44) 3 49 · Fax 5 71 12
info@weingut-hirschhof.de
www.weingut-hirschhof.de
Inhaber Tobias Zimmer
Kellermeister Tobias Zimmer
Verkauf Familie Zimmer
Mo–Fr 8.00–12.00 Uhr · 13.00–17.00 Uhr
Sa nach Vereinbarung

Gemessen an der Betriebsgröße von 30 Hektar war die kleine Kollektion von sechs Weinen, die wir probieren konnten, sehr überschaubar. Die Weißweine sind die Stärken. Schon der Liter-Riesling hat eine gute Struktur und erinnert an gelbes Steinobst. Der trockene Riesling Spätlese aus dem Morstein weist Aromen von Limette und weißem Pfirsich auf, präsentiert sich würzig und dicht. Doch auch der Weißburgunder aus dem Kirchspiel kann mit klarer und saftiger Art punkten. Dieses Gut arbeitet seit 1991 nach ökologischen Prinzipien (Ecovin). Mittlerweile hat Tobias Zimmer die Betriebsführung von seinen Eltern übernommen.

Verkostete Weine 6
Bewertung 82–87 Punkte

82 2016 Riesling trocken | 12,5% | 6,– €/1,0 Lit.
86 2016 Westhofener Kirchspiel Weißburgunder trocken Selection Goldkapsel | 13,5% | 12,50 €
84 2016 Westhofener Kirchspiel Chardonnay Spätlese trocken | 13,5% | 8,40 €
87 2016 Westhofener Morstein Riesling Spätlese trocken | 13% | 8,40 €
84 2015 Merlot & Cabernet Sauvignon Platzhirsch trocken Barrique Goldkapsel | 13,5% | 10,90 €
84 2015 Westhofener Morstein Spätburgunder trocken Selection Barrique Goldkapsel | 13,5% | 13,– €

Symbole Weingüter
★★★★★ Weltklasse · ★★★★ Deutsche Spitze
★★★ Sehr Gut · ★★ Gut · ★ Zuverlässig

★★★

WEINGUT HOFMANN
55437 Appenheim · Vor dem Klopp 4
Tel (0 67 25) 30 00 63 · Fax 30 04 77
info@schiefer-trifft-muschelkalk.de
www.schiefer-trifft-muschelkalk.de
Inhaber Carolin und Jürgen Hofmann
Betriebsleiter Jürgen Hofmann
Verkauf Mo–Sa 10.00–17.00 Uhr
Sehenswert neues Weingut im Bauhaus-Stil mitten im Grünen, mit gläserner Vinothek
Rebfläche 22 Hektar
Jahresproduktion 220.000 Flaschen
Beste Lagen Appenheimer Hundertgulden und Eselspfad, Niersteiner Oelberg, Gau-Algesheimer St. Laurenzikapelle
Boden Muschelkalk, roter Schiefer
Rebsorten 28% weiße Burgundersorten, 25% Riesling, 20% Silvaner, 15% Sauvignon Blanc, 10% Spätburgunder, 2% Huxelrebe
Mitglied Simply Wine, Vinissima, Maxime Herkunft

Nach der Hochzeit von Carolin und Jürgen Hofmann 2006 wurde gleich mit der kompletten Aussiedlung des Betriebs an den Ortsrand begonnen. Zehn Jahre danach ist sie abgeschlossen und das neue Weingut im Bauhausstil mit der prächtigen Vinothek ist sehenswert. Dies ist der passende Rahmen für die Weine von Jürgen Hofmann, der zu Recht als der eigentliche Pionier von Appenheim gilt. Er hat nicht nur früh das ganze Potenzial des Muschelkalks und vor allem der Toplage Hundertgulden erkannt, er hat dieses Potenzial auch am konsequentesten in Spitzenweine umgesetzt. Der Jahrgang 2016 ist ein Beispiel hierfür. Der Hundertgulden steht an der Spitze der Riesling-Reihe. Doch längst hat Hofmann auch andere Lagen für sich erschlossen, etwa im benachbarten Gau-Algesheim. Aus der St. Laurenzikapelle kommen erstaunliche Sauvignon Blancs, vor allem der Ovum aus dem Betonei hat uns in seiner Komplexität angesprochen. Und aus dem Goldberg probierten wir einen erfrischenden trockenen Riesling. Kürzlich kam in St. Johann der Steinberg hinzu, in dem Hofmann einen holzbetonten Chardonnay erzeugt. Besser hat uns der feine Weißburgunder aus dem Appenheimer Eselspfad geschmeckt. Die Basisweine erreichen nicht ganz das Niveau des Vorjahres, abgesehen von der sehr saftigen und typischen Scheurebe.

RHEINHESSEN

Verkostete Weine 17
Bewertung 82–89 Punkte

- 83 2016 Grüner Silvaner trocken | 12,5% | 7,60 €
- 84 2016 Weißburgunder trocken | 12,5% | 7,60 €
- 86 2016 Scheurebe trocken | 12,5% | 7,60 €
- 82 2016 Riesling trocken | 12,5% | 7,80 €
- 85 2016 Appenheimer Grüner Silvaner aus der Tiefe trocken | 12,5% | 10,50 €
- 84 2016 Chardonnay vom Korallenriff trocken | 13,5% | 10,80 €
- 84 2016 Sauvignon Blanc trocken | 12,5% | 10,80 €
- 85 2016 Appenheimer Weißburgunder Urmeer trocken | 13% | 10,80 €
- 86 2016 Appenheimer Riesling vom Muschelkalk trocken | 12,5% | 10,80 €
- 85 2016 Niersteiner Riesling vom roten Stein trocken | 12,5% | 14,20 €
- 86 2016 Niersteiner Ölberg Riesling trocken | 12% | 19,20 €
- 87 2016 Gau-Algesheimer St. Laurenzikapelle Sauvignon Blanc trocken Barrique | 13% | 19,20 €
- 88 2016 Gau-Algesheimer Goldberg Riesling trocken | 12,5% | 19,20 €
- 88 2016 St. Johanner Steinberg Chardonnay trocken | 13% | 19,20 €
- 89 2016 Appenheimer Hundertgulden Riesling trocken | 12,5% | 19,20 €
- 89 2016 Gau-Algesheimer St. Laurenzikapelle Sauvignon Blanc Ovum trocken | 13% | 19,20 €
- 89 2016 Appenheimer Eselspfad Weißburgunder trocken | 13% | 19,20 €

WEINGUT HUFF-DOLL
55457 Horrweiler · Weedstraße 6
Tel (0 67 27) 3 43 · Fax 53 66
weingut@huff-doll.de
www.huff-doll.de
Inhaber Bettina und Ulrich Doll

Verkauf Bettina Doll
nach Vereinbarung

Die trockenen Silvaner und Rieslinge sind im Jahrgang 2016 nicht unbedingt unsere Favoriten. Da überzeugten uns schon eher der Chardonnay Frederick aus dem Barrique und auch der Grauburgunder Prestige. Die besten Weine sind hier rot, wobei man gerne auf Cuvées setzt: die Rote Leidenschaft und auch Milena Johanna sind jeweils aus St. Laurent, Spätburgunder und Cabernet komponiert. Uli Doll hat dieses Gut südlich von Bingen bereits vor gut 15 Jahren von seinen Eltern Gudrun und Ernst übernommen. 2011 ist seine Frau Bettina in den Betrieb eingestiegen und verantwortet das Büro und das Marketing. Die Events wurden reduziert auf Wandern, Jahrgangspräsentation und Jazzabende.

Verkostete Weine 10
Bewertung 82–88 Punkte

- 82 2016 Silvaner trocken | 12% | 5,20 €/1,0 Lit.
- 83 2016 Scheurebe Independent trocken | 12% | 6,90 €
- 83 2016 Silvaner trocken Prestige | 13,5% | 8,90 €
- 84 2016 Grauburgunder trocken Prestige | 13,5% | 8,90 €
- 83 2016 Horrweiler Gewürzgärtchen Riesling trocken | 13% | 11,50 €
- 85 2016 Chardonnay Frederick trocken Barrique | 13,5% | 12,90 €
- 85 2014 Chardonnay trocken Reserve Barrique | 13,5% | 19,90 €
- 86 2016 Riesling Spätlese | 8,5% | 7,50 €/0,5 Lit.
- 87 2015 Cuvée Rote Leidenschaft trocken | 13,5% | 9,20 €
- 88 2015 Cuvée Milena Johanna trocken Barrique | 14% | 12,90 € | €

**HOFMANN
2010
„HUNDERTGULDEN"
RIESLING TROCKEN**

Weinbewertung in Punkten
100 Perfekt • 95 bis 99 Überragend • 90 bis 94 Exzellent
85 bis 89 Sehr gut • 80 bis 84 Gut

769

★★

WEINGUT FRITZ EKKEHARD HUFF

55283 Nierstein-Schwabsburg · Hauptstraße 90
Tel (0 61 33) 5 80 03 · Fax 5 86 17
info@weingut-huff.de
www.weingut-huff.de

Inhaber und Betriebsleiter Ekkehard und Christine Huff
Kellermeister Christine Huff und Jeremy Bird-Huff
Verkauf Doris und Christine Huff
nach Vereinbarung
Rebfläche 8 Hektar
Jahresproduktion 50.000 Flaschen
Beste Lagen Niersteiner Schloss Schwabsburg, Pettenthal, Orbel und Paterberg
Boden Rotliegendes, Kalkstein, Lösslehm, Ton
Rebsorten 40% Riesling, 30% Burgundersorten, 30% übrige Sorten
Mitglied Roter Hang, Maxime Herkunft

Verkostete Weine 12
Bewertung 83–91 Punkte

83 2016 Weißburgunder trocken | 12,5% | 6,90 €
84 2016 Riesling trocken | 12% | 6,90 €
84 2016 Niersteiner Grauburgunder trocken Holzfass | 13% | 8,30 €
86 2016 Niersteiner Riesling vom Rotliegenden trocken | 12% | 8,30 €
84 2016 Niersteiner Sauvignon Blanc The Yellow Bird trocken | 12,5% | 8,70 €
85 2016 Schwabsburger Riesling trocken | 11,5% | 9,20 €
86 2016 Niersteiner Orbel Riesling trocken | 11,5% | 13,80 €
88 2016 Niersteiner Schloss Schwabsburg Riesling Rabenturm trocken | 12,5% | 20,70 €
87 2012 Niersteiner Schloss Schwabsburg Riesling Rabenturm trocken | 13% | 23,– €
87 2016 Niersteiner Pettenthal Riesling trocken | 12,5% | 25,–
84 2016 Riesling feinherb | 11% | 6,– €
91 2015 Niersteiner Schloss Schwabsburg Riesling Beerenauslese | 9% | 28,50 €/0,375 Lit.

Der Jahrgang 2016 steht auf einem soliden Fundament. Vor allem die Guts- und Ortsweine haben uns gut geschmeckt. Schon der einfache trockene Riesling probiert sich ausgesprochen saftig und macht Lust auf mehr. Der Schwabsburger trockene Riesling ist hier genauso eine Bank wie der Niersteiner vom Rotliegenden. Bei den Lagenweinen nimmt der trockene Riesling aus dem Pettenthal eine Sonderstellung ein. Er resultiert nämlich aus einem gemeinsamen Projekt mit den Mainzer Winzerinnen Eva Vollmer und Mirjam Schneider (www.pettenthal.de). Christine Huff ist hier die dritte im Bunde. Eine Ausnahmestellung gebührt auch dem Schloss Schwabsburg Rabenturm, mit großer Regelmäßigkeit der beste trockene Riesling im Sortiment. Der Wein stammt aus einer nicht flurbereinigten Parzelle von zwischen 50 und 80 Jahre alten Reben. An der Spitze steht wieder eine Riesling Beerenauslese, ein edelsüßer Weine mit feiner Botrytis. Christine Huffs neuseeländischer Ehemann Jeremy Bird-Huff baut übrigens einige Weine selbst aus, etwa den Sauvignon Blanc The Yellow Bird. Ganz nebenbei zieht er noch mit großer Hingabe einige Lämmer groß, eine weitere Reminiszenz an seine Heimat.

2015 | SCHWABSBURGER
Riesling trocken

RHEINHESSEN

WEINGUT GEORG GUSTAV HUFF
55283 Nierstein-Schwabsburg · Woogstraße 1
Tel (0 61 33) 5 05 14 · Fax 6 13 95
info@weingut-huff.de
www.weingut-huff.com
Inhaber Famillie Huff
Außenbetrieb Dieter Huff
Kellermeister Daniel Huff, Stefan Huff
Verkauf Helga und Stefanie Huff
Mo–Fr 8.00–12.00 Uhr · 13.30–18.00 Uhr
Sa 9.00–17.00 Uhr, **So** 10.00–12.00 Uhr
Rebfläche 22 Hektar
Jahresproduktion 180.000 Flaschen
Beste Lagen Niersteiner Pettenthal, Hipping und Schloss Schwabsburg
Boden Rotliegendes, Löss, Ton, Muschelkalk
Rebsorten 40% Burgundersorten, 35% Riesling, 25% übrige Sorten
Mitglied Roter Hang, Maxime Herkunft

Verkostete Weine 10
Bewertung 82–88 Punkte

82 2016 Riesling Roter Hang trocken | 12% | 5,60 €
85 2016 Niersteiner Kirchplatte Silvaner trocken | 12,5% | 9,70 €
86 2016 Niersteiner Pettenthal Riesling trocken | 12,5% | 11,- €
87 2016 Niersteiner Schloss Schwabsburg Riesling trocken | 12% | 11,20 €
85 2016 Pinot Blanc trocken Reserve | 13% | 12,- €
87 2016 Niersteiner Hipping Riesling trocken Alte Reben | 12,5% | 16,- €
88 2016 Niersteiner Pettenthal Riesling Rehbacher Steig Sommerseite trocken | 12,5% | 22,- €
88 2016 Niersteiner Schloss Schwabsburg Riesling Auslese | 8,5% | 11,- €
85 2014 Frühburgunder trocken Barrique | 13% | 10,50 €
86 2014 Spätburgunder trocken Alte Reben Barrique | 13% | 17,- €

Vor allem mit Riesling setzt das Weingut Georg Gustav Huff weiterhin Akzente am Roten Hang. Wir probierten eine ansprechende Kollektion mit herkunftsgeprägten Weinen. Der Schloss Schwabsburg ist kräuterwürzig und kühl, der Hipping hat eine gute Struktur. An der Spitze der trockenen Riesling-Serie steht der Pettenthal Rehbacher Steig, geprägt von der Würze des Roten Hangs, ausgestattet mit zartem Schmelz und guter Balance. Die weißen Burgundersorten sind etwas zu stark vom Holz geprägt. Nachdem Sohn Stefan Huff seine Ausbildung beendet hat, verantwortet er den Rotweinausbau. Da kann er Erfahrungen einbringen, die er bei den Weingütern Peth-Wetz (Rheinhessen), Burggarten (Ahr) sowie in Österreich und Australien gesammelt hat. Der Frühburgunder ist hier ein fester Bestandteil des Programms. Der Spätburgunder duftet sortentypisch, hat einen schlanken Körper und wird von einer feinen Säure getragen. Dieter Huff führt den Betrieb nunmehr seit 1989. Sohn Daniel verantwortet den Ausbau der Weißweine. Zuletzt wurde investiert in Stück- und Barriquefässer sowie Weinberge am Roten Hang in Lagen wie Pettenthal, Ölberg, Kranzberg und Heiligenbaum.

★★

WEINGUT JOHANNINGER
55546 Biebelsheim · Hauptstraße 4–6
Tel (0 67 01) 83 21 · Fax 32 95
mail@johanninger.de
www.johanninger.de
Inhaber Markus Haas, Gabriel Schmidt, Lara Haas und Oliver Herzer
Betriebsleiter Markus Haas
Verwalter und Kellermeister Oliver Herzer
Verkauf Oliver Herzer
Mo–Fr 8.00–18.00 Uhr
Sa 9.00–16.00 Uhr und nach Vereinbarung
Restaurant »Nickl's Speisekammer« mit Kochschule, www.nickls-speisekammer.de
Erlebenswert in der Weingutslounge individuelle Weinevents für Gruppen und Tagungen von Firmen
Rebfläche 21 Hektar
Jahresproduktion 120.000 Flaschen sowie 20.000 Flaschen Sekt
Beste Lagen Biebelsheimer Kieselberg, Kreuznacher Himmelgarten, Römerhalde und Junker
Boden Terrassenkies, tiefgründiger Löss, Fersiallit, Ton mit hohem Kalkgehalt
Rebsorten 60% Burgundersorten, je 10% Riesling, Silvaner, je 5% St. Laurent und Sauvignon Blanc, 10% übrige Sorten
Mitglied Ecovin

BIO

Verkostete Weine 12
Bewertung 83–87 Punkte

83 2016 Grauburgunder trocken | 13% | 7,– €
84 2016 Sauvignon Blanc trocken | 12,5% | 8,50 €
84 2015 Riesling trocken Reserve Holzfass | 13% | 14,80 €
85 2015 Pinot Gris trocken Reserve Barrique | 14,5% | 15,40 €
85 2015 Chardonnay trocken Reserve Barrique | 14% | 15,40 €
86 2015 Weißburgunder »S« trocken Reserve Barrique | 14,5% | 24,50 €
86 2015 Grauburgunder »S« trocken Reserve Barrique | 14,5% | 27,50 €
84 2016 Riesling Kies halbtrocken | 11% | 7,– €
84 2016 Pinot Noir trocken Rosé | 12,5% | 6,50 €
87 2015 P.N. & P. Rosé trocken Reserve Barrique | 13% | 11,50 €
85 2014 Pinot Noir trocken Reserve Barrique | 13% | 19,– €
86 2014 Spätburgunder »S« trocken Reserve Barrique | 13,5% | 29,– €

Der vom Bodensee stammende Kellermeister Oliver Herzer, der seit dem Jahrgang 2013 die alleinige Verantwortung für den Weinausbau hat, gehört jetzt auch zu den Inhabern dieses Weinguts mit Sitz an der Grenze zur Nahe. Die Weingüter Haas und Schufried hatten 1994 zum Weingut Johanninger mit Rebflächen in Rheinhessen und an der Nahe fusioniert. Sitz ist das rheinhessische Biebelsheim. Herzer setzt seine Linie mit leichten, frischen, und fruchtigen Weinen an der Basis fort. Der Sauvignon Blanc protzt nicht mit Aromen, sondern wird getragen von eher dezenten Cassisnoten. Bemerkenswert sind hier die Rosés, die andernorts oft unsauber ausfallen. Bereits der für 6,50 Euro günstige Pinot Noir Rosé ist frisch, saftig und ein idealer Begleiter an heißen Sommertagen. Und der P.N. & P. Rosé ist ein toller Speisenbegleiter. Die im Barrique ausgebauten 2015er weißen Burgundersorten fallen für unseren Geschmack durch die Bank zu kraftvoll aus. Hier wünschen wir uns etwas mehr Eleganz und Trinkfluss. Den Roten würde etwas weniger Alkohol auch gut stehen.

★ ☆ # RHEINHESSEN

WEINGUT JULIANENHOF
55283 Nierstein am Rhein · Uttrichstraße 9
Tel (0 61 33) 5 81 21 · Fax 5 74 51
schmitt@weingut-julianenhof.de
www.weingut-julianenhof.de
Inhaber Jochen Schmitt
Verkauf nach Vereinbarung

Mit dem Jahrgang 2016 bestätigt Jochen Schmitt, dass er auf dem Weg weiter nach oben ist. Vor allem seine Rieslinge sind eine Bank. Dies sind saftige Weine, sehr präzise gearbeitet. Von den trockenen Rieslingen hat für uns der Rote Hang mit saftiger Apfelnote und Veilchenaromatik knapp die Nase vorn. Die Reihe wird gekrönt von einer sauberen Beerenauslese aus dem Pettenthal. Das Weingut in Nierstein, das auch ein Gästehaus mit sieben Zimmern beherbergt, wird von Jochen Schmitt und seiner Frau Beatrice geleitet. Mutter Juliane Schmitt ist die gute Seele des Hauses.

Verkostete Weine 12
Bewertung 83–89 Punkte

83 2016 Rivaner trocken | 12% | 4,– €/1,0 Lit.
84 2016 Niersteiner Grauburgunder trocken | 12% | 5,50 €
83 2016 Niersteiner Chardonnay trocken | 13% | 6,50 €
86 2016 Niersteiner Roter Hang Riesling trocken | 12,5% | 7,– €
84 2016 Niersteiner Hipping Riesling trocken | 12% | 9,50 €
85 2016 Niersteiner Orbel Riesling trocken | 12% | 9,50 €
85 2016 Niersteiner Pettenthal Riesling trocken | 12% | 12,50 €
85 2016 Niersteiner Riesling Vom Rotliegenden feinherb | 12% | 7,– €
84 2016 Niersteiner Roter Hang Riesling Spätlese | 9,5% | 7,– €
86 2015 Niersteiner Chardonnay Auslese | 8,5% | 8,50 €
89 2015 Niersteiner Pettenthal Riesling Beerenauslese | 8,5% | 16,– €/0,375 Lit.
83 2016 Spätburgunder Weißherbst | 12% | 4,70 €

WEINGUT JULIUS
67599 Gundheim · Hauptstraße 5
Tel (0 62 44) 90 52 18 · Fax 90 52 19
info@weingut-julius.de
www.weingut-julius.de
Inhaber Christine und Georg Julius
Verkauf nach Vereinbarung

Die Kollektion des 2016er Jahrgangs ist in diesem Gundheimer 19-Hektar-Betrieb weitgehend homogen ausgefallen. Die Weine sind durchweg klar und zupackend. Der halbtrockene Goldmuskateller ist würzig und zeigt eine gute Balance, der Rivaner weist die typische Muskatnote auf und ist ein schöner Wein für jeden Tag – und für 4,80 Euro in der Literflasche wahrlich sein Geld wert. Winzermeister Georg Julius hat jetzt schon zehn Jahre Erfahrung mit dem ökologischen Anbau, seit 2007 gehört er der Vereinigung Naturland an. Der Biowinzer pflegt nördlich von Worms neben seinen Gundheimer Lagen noch Weinberge in Worms-Abenheim, Westhofen und Nieder-Flörsheim.

Verkostete Weine 10
Bewertung 77–83 Punkte

82 2016 Rivaner trocken | 12% | 4,80 €/1,0 Lit.
82 2016 Westhofener Rotenstein Silvaner trocken »sur lie« | 12% | 7,20 €
81 2016 Bermersheimer Hasenlauf Riesling trocken »sur lie« | 12% | 7,50 €
80 2016 Nieder-Flörsheimer Frauenberg Grauburgunder trocken »sur lie« | 13% | 7,90 €
81 2016 Abenheimer Klausenberg Sauvignon Blanc trocken »sur lie« | 12% | 7,90 €
81 2016 Abenheimer Klausenberg Chardonnay trocken »sur lie« | 12,5% | 7,90 €
83 2016 Westhofener Morstein Riesling trocken »sur lie« | 12% | 15,– €
82 2016 Westhofener Rotenstein Goldmuskateller halbtrocken Junge Reben »sur lie« | 11,5% | 8,50 €
83 2015 Gundheimer Sonnenberg Spätburgunder trocken Barrique | 13% | 12,50 €

JUWEL WEINE

67577 Alsheim · Außerhalb 9 am Kellerpfad
Tel (0 62 49) 46 66 · Fax 40 58
info@juwel-weine.de
www.juwel-weine.de
Inhaber Thomas und Juliane Eller
Kellermeisterin Juliane Eller
Außenbetrieb Juliane und Thomas Eller
Verkauf nach Vereinbarung

Dieses 18-Hektar-Weingut in Alsheim hat umfirmiert. Es heißt jetzt Juwel Weine, und entsprechend zieren Zeichnungen von Edelsteinen die Flaschenetiketten. Nach wie vor aber haben Thomas und Juliane Eller das Sagen. Juliane Eller hat Weinbau studiert und auch Spitzenwinzern wie Klaus-Peter Keller über die Schulter geschaut. Und dabei einiges mitgenommen, wie auch das aktuelle Sortiment wieder mal beweist. Wir probiern eine stabile und ausgeglichene Kollektion ohne Schwächen. Die Lagenweine sind mittlerweile noch etwas präziser und charaktervoller ausgefallen. An der Spitze der Weißen steht der trockene Riesling aus der Lage Alsheimer Frühmesse. Doch auch der Alsheimer Spätburgunder mit seiner feinen Pinot-Nase hat uns beeindruckt.

Verkostete Weine 6
Bewertung 84–86 Punkte

84 2016 Riesling trocken | 12,5% | 8,50 €
84 2016 Grauburgunder trocken | 12,5% | 8,50 €
84 2016 Silvaner trocken | 12,5% | 8,50 €
85 2016 Weißburgunder trocken | 12,5% | 8,50 €
86 2016 Alsheimer Frühmesse Riesling trocken | 13% | 18,– €
86 2015 Alsheimer Spätburgunder trocken | 12,5% | 15,– €

WEINGUT KAMPF

55237 Flonheim · Langgasse 75   BIO
Tel (0 67 34) 16 26 · Fax 71 17
info@weingut-kampf.de
www.weingut-kampf.de
Inhaber Familie Kampf
Betriebsleiter Hanspeter und Patrick Kampf
Verkauf Patrick Kampf und Nadine Schoch
Mo–Fr 8.00–18.00 Uhr, **Sa** 8.00–15.00 Uhr und nach Vereinbarung

Vom Sortiment des Jahrgangs 2016 haben uns zwei Weine recht gut gefallen. Da ist zum einen der trockene Riesling aus der Lage Uffhofener La Roche mit zarter Pfirsichfrucht. Und dann ist da noch die trockene Scheurebe, saftig und pur, mit deutlicher Cassis-Nase und für gerade mal 7,50 Euro ein veritabler Trinktipp. Leider fällt der große Rest der Kollektion gegenüber den Vorjahren deutlich ab. Normalerweise betont der junge Patrick Kampf (Jahrgang 1986) die feine Eleganz und lässt sich von den Böden und Lagen in Flonheim inspirieren. Das Gut ist 13 Hektar groß, die Weinberge werden seit 2008 ökologisch bewirtschaftet, die Zertifizierung erfolgte drei Jahre später.

Verkostete Weine 10
Bewertung 82–86 Punkte

83 2016 Cuvée Weiß trocken | 12,5% | 6,– €
83 2016 Riesling trocken | 12,5% | 7,50 €
84 2016 Grauburgunder trocken | 13% | 7,50 €
84 2016 Weißburgunder & Chardonnay trocken | 13% | 7,50 €
86 2016 Scheurebe trocken | 13% | 7,50 € 🍀
83 2016 Sauvignon Blanc trocken | 13,5% | 8,50 €
84 2016 Flonheimer Riesling trocken | 12,5% | 12,– €
86 2016 Uffhofener La Roche Riesling trocken | 12,5% | 22,– €
82 2016 Riesling Kabinett | 8,5% | 9,50 €
84 2016 Spätburgunder trocken Rosé | 12,5% | 7,– €

☆ ★★★★★ RHEINHESSEN

WEINGUT KAPELLENHOF – ÖKONOMIERAT SCHÄTZEL ERBEN

55278 Selzen · Kapellenstraße 18
Tel (0 67 37) 2 04 · Fax 86 70
Kapellenhof@t-online.de
Inhaber Thomas Schätzel
Verkauf Thomas Schätzel
Mo–Fr 8.00–19.00 Uhr, **Sa** 9.00–18.00 Uhr

Dieser 17-Hektar-Betrieb liegt im Osten des Anbaugebietes, unweit von Nierstein und Oppenheim etwas im Hinterland. Die Rieslinge des Sortiments sind auch im Jahrgang 2016 knackig und klar, wobei uns der Hahnheimer Knopf am besten mundet. Aber auch der trockene Kabinett überzeugt mit seinem saftig-süßen Säurespiel und der Chardonnay aus dem Selzener Osterberg spielt mit Aromen von rosa Pampelmuse. Der Kapellenhof mit mehr als 600 Jahren Geschichte ist seit fünf Generationen im Besitz der Familie Schätzel. Thomas und Sabine Schätzel ist es dabei wichtig, den Hof mit Leben zu füllen: Davon zeugen regelmäßige Veranstaltungen wie Konzerte, Feste und Aufführungen.

Verkostete Weine 11
Bewertung 82–86 Punkte

83 2016 Riesling trocken | 12% | 5,– €/1,0 Lit.
83 2016 Grüner Silvaner trocken | 12% | 5,90 €
84 2016 Hahnheimer Riesling Kalkmergel trocken | 12% | 7,80 €
85 2016 Hahnheimer Knopf Riesling Ökonomierat E trocken »sur lie« | 12% | 15,– €
84 2016 Selzener Osterberg Sylvaner trocken Alte Reben »sur lie« | 12% | 15,– €
86 2016 Selzener Osterberg Chardonnay Beyond trocken Barrique | 13% | 21,– €
84 2016 Riesling Kabinett trocken | 11,5% | 6,– €
83 2016 Hahnheimer Riesling feinherb | 12% | 7,20 €
83 2016 Hahnheimer Weißburgunder Kalkmergel feinherb | 13% | 7,20 €
83 2016 Sörgenlocher Grauburgunder Kalkstein feinherb | 12,5% | 7,20 €
82 2016 Selzener Riesling Spätlese | 7% | 7,20 €

WEINGUT KELLER

67592 Flörsheim-Dalsheim · Bahnhofstraße 1
Tel (0 62 43) 4 56 · Fax 66 86
info@keller-wein.de
www.keller-wein.de
Inhaber Klaus Keller
Kellermeister Klaus und Klaus-Peter Keller
Verkauf Familie Keller
Mo–Fr 8.00–11.30 Uhr · 13.00–17.00 Uhr
Sa 10.00–15.00 Uhr und nach Vereinbarung
Historie Familie Keller betreibt seit 1789 Weinbau in achter Generation
Sehenswert Natursteinturm im Hubacker
Rebfläche 15,8 Hektar
Jahresproduktion 100.000 Flaschen
Beste Lagen Dalsheimer Hubacker, Frauenberg und Bürgel, Westhofener Kirchspiel, Morstein und Abtserde, Niersteiner Pettenthal und Hipping
Boden Kalksteinverwitterung, Muschelkalk, Tonmergel, Rotlatosol, Terra Fusca, Rotschiefer
Rebsorten 60% Riesling, 30% Burgundersorten und Silvaner, 10% Rieslaner und Scheurebe
Mitglied VDP, Message in a bottle

Das Jahr 2016, das ist eine Erkenntnis von Klaus-Peter Keller, hat diejenigen Winzer belohnt, die geduldig waren. Denn der trockene Herbst mit seinen kühlen Nächten habe zu einer ganz entspannten Lese geführt, die sich bei den Kellers bis Anfang November hinzog. Dass zum guten Schluss überhaupt noch so reife Trauben eingefahren werden konnten, daran hatte Mitte des Jahres keiner mehr geglaubt – nach einem derart nassen Frühjahr. Extrem viel Handarbeit war im Weinberg gefordert. Ein Teil des Ertrags war allerdings schon zur Blütezeit dem falschen Mehltau zum Opfer gefallen, nicht wenige Winzer rechneten mit dem Schlimmsten. »Anfang August noch lag die Reife drei Wochen hinter einem Normaljahr zurück«, erinnert sich Keller. Belohnt wurden die risikofreudigen Winzer letztlich mit gesunden Trauben und moderatem Alkohol. Selbst der trockene Kult-Riesling G-Max kam mit 12,5 Volumenprozent in die Flasche – bei manchem Montrachet würde man sich genau das wünschen.

Lange Reifeperiode

Klaus-Peter Keller ist überzeugt, dass die 2016er auch aufgrund der langen Reifezeit am Stock ein Versprechen für die Zukunft sind. Eleganz, Ex-

---

Symbole Weingüter
€ Schnäppchenpreis · TOP Spitzenreiter · BIO Ökobetrieb
Trinktipp · Versteigerungswein
Sekt · Weißwein · Rotwein · Rosé

trakt und Säure stünden im Vordergrund. Er zieht einen Vergleich aus der Welt des Sports: »2016 gleicht eher dem Eiskunstlauf, 2015 war mehr wie Eishockey.« Und wie steht es mit der Haltbarkeit? Immerhin tönten noch während der laufenden Ernte die Auguren von schnell zugänglichen Weinen, die man nicht erst lange hinlegen müsse. Das ist bei Klaus-Peter Keller ganz anders. Sowohl sein spät gefüllter Morstein als auch der G-Max präsentierten sich auf unserer Bundesfinalprobe noch völlig verschlossen. Das große Potenzial ist zu ahnen, der Weg bis zur völligen Entfaltung aber noch lang. So duftet der G-Max nach frisch gemahlenem weißen Pfeffer und Heuschnitt, zeigt sich verdichtet und konzentriert und mit besten Anlagen für ein langes Leben. Vor den Morstein hat sich diesmal die zugänglichere Abtserde geschoben, auch aus Westhofen: pikant und kräuterig, tänzelnd und verspielt, feiner Aprikosenkern, ein durch und durch faszinierender trockener Riesling.

Klaus-Peter Keller

Stolz auf Rheinhessen

Weltklassewinzer Keller hat neben den Abläufen in seinem eigenen Betrieb immer auch die Entwicklung der Region im Blick. Und was er da sieht, macht ihn stolz auf Rheinhessen. Fast in jedem Monat bekomme er Weine zum Verkosten gebracht, oft von Winzern, deren Namen er noch nie gehört habe. Und das Beste daran: »Die Weine schmecken.« Ganz entscheidend sei die gute Ausbildung: »Die jungen Leute haben heute einen komplett anderen Horizont als noch vor 20 Jahren«, ist Keller sicher. Für ihn bilden drei Dinge die Basis für Spitzenweine: Neben Leistung sind dies Demut und Bescheidenheit.

Verkostete Weine 20
Bewertung 85–96 Punkte

85 2016 Grüner Silvaner trocken | 12% | 8,50 €
88 2016 Scheurebe trocken | 12% | 9,80 € | €
88 2016 Riesling von der Fels trocken | 12% | 17,- €
91 2016 Silvaner Feuervogel trocken | 13% | 28,- € | TOP
89 2016 Niersteiner Riesling trocken | 12,5% | 29,- €
90 2016 Westhofener Riesling trocken | 12,5% | 29,- €
92 2016 Westhofener Kirchspiel Riesling »Großes Gewächs« | 13% | 38,- €
92 2016 Dalsheimer Hubacker Riesling »Großes Gewächs« | 12,5% | 42,- €
95 2016 Westhofener Abtserde Riesling »Großes Gewächs« | 12,5% | 75,- € | TOP
96 2016 Riesling G-Max trocken | 12,5% | Preis auf Anfrage | TOP
94 2016 Westhofener Morstein Riesling »Großes Gewächs« | 12,5% | Preis auf Anfrage
94 2016 Niersteiner Pettenthal Riesling »Großes Gewächs« | 12,5% | 🍷
91 2016 Niersteiner Hipping Riesling feinherb | 11,5% | Preis auf Anfrage
91 2016 Niersteiner Pettenthal Riesling Kabinett | 9% | 30,- €
91 2016 Niersteiner Hipping Riesling Kabinett | 8,5% | 🍷
91 2016 Westhofener Abtserde Riesling Spätlese | 8,5% | 50,- €
93 2016 Niersteiner Hipping Riesling Auslese | 8% | 75,- €
94 2016 Westhofener Abtserde Riesling Auslese | 8% | 75,- € | TOP
95 2016 Niersteiner Pettenthal Riesling Auslese | 7,5% | 75,- € | TOP
94 2016 Niersteiner Hipping Riesling Beerenauslese | 7,5% | 198,- €/0,375 Lit. | TOP

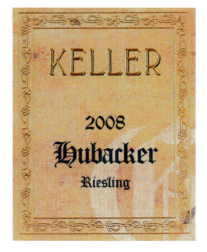

★★ RHEINHESSEN

WEINGUT KELLER
67549 Worms-Pfiffligheim
Landgrafenstraße 74–76
Tel (0 62 41) 7 55 62 · Fax 7 48 36
info@weingutkeller.de
www.weingutkeller.de
Inhaber Markus Johannes Keller
Betriebsleiter Petra und Judith Keller
Außenbetrieb Karlheinz Keller
Kellermeister Markus Keller
Verkauf Judith und Petra Keller, Ingrid Striegel
Mo–Fr 9.00–18.00 Uhr
Mi 9.00–13.00 Uhr, **Sa** 9.00–14.00 Uhr

Rebfläche 22,5 Hektar
Jahresproduktion 180.000 Flaschen
Beste Lagen Nieder-Flörsheimer Frauenberg, Pfeddersheimer St. Georgenberg, Mettenheimer Schlossberg
Boden Terra Rossa, Löss, Kalkstein, Muschelkalk
Rebsorten 25% Riesling, je 15% Spätburgunder und St. Laurent, je 10% Chardonnay, Grauburgunder und Weißburgunder, je 5% Lagrein und Sauvignon Blanc, 3% Syrah, 2% Grüner Veltliner
Mitglied Vinovation Worms

Verkostete Weine 12
Bewertung 83–87 Punkte

83 2016 Sauvignon Blanc trocken | 12,5% | 6,50 €
85 2016 Pfeddersheimer St. Georgenberg Weißburgunder trocken Holzfass | 13% | 6,50 €
84 2016 Wormser Nonnenwingert Grüner Veltliner trocken | 13% | 7,50 €
85 2016 Pfeddersheimer St. Georgenberg Riesling trocken | 13% | 7,50 €
85 2016 Nieder-Flörsheimer Frauenberg Riesling trocken | 13% | 7,50 €
86 2016 Mettenheimer Schlossberg Riesling trocken Holzfass | 13,5% | 10,80 €
84 2015 Pfeddersheimer Hochberg Spätburgunder trocken Holzfass | 13% | 9,80 €
86 2015 Cuvée Gabriel trocken Holzfass | 13,5% | 10,80 €
85 2014 Pfeddersheimer St. Georgenberg Spätburgunder trocken Barrique | 14% | 14,80 €
85 2015 Wormser Nonnenwingert Syrah trocken Barrique | 13,5% | 25,– €
86 2015 Wormser Nonnenwingert Zinfandel trocken Barrique | 13,5% | 25,– €
87 2015 Pfeddersheimer St. Georgenberg Lagrein trocken Barrique | 13,5% | 25,– €

In diesem 22 Hektar großen Gut in Worms-Pfiffligheim ist Vielfalt Trumpf. Fast 40 verschiedene Weine werden hier Jahr für Jahr erzeugt, darunter einige Exoten, die man andernorts in Deutschland nur schwerlich findet. Dazu gehört sicherlich der Lagrein, diese für Südtirol so bezeichnende Traube, für die Markus Johannes Keller ein gutes Gespür entwickelt hat. Der jetzt vorgestellte 2015er ist ein saftiger Wein mit toller Frucht. Keller wagt sich aber auch an andere Sorten heran, etwa den Zinfandel, den man aus Kalifornien kennt und der hier in Pfiffligheim recht puristisch ausfällt. Wo ein Lagrein ist, ist ein Grüner Veltliner nicht weit. Diese österreichische Spezialität hat Keller schon länger im Programm, sie fällt diesmal allerdings ein wenig gefällig aus. Das mag auch an dem Restzucker liegen, mit dem hier manche Weißweine abgeschmeckt werden, das macht sie natürlich sehr publikumskompatibel. Zuletzt wurde größer in einen Barriquekeller investiert, geplant ist in nächster Zeit die Errichtung eines neuen Kelterhauses mit Tanklager.

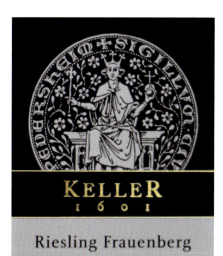

WEINGUT KISSINGER

55278 Uelversheim · Außerhalb 13
Tel (0 62 49) 79 69 · Fax 79 89
info@weingutkissinger.de
www.weingutkissinger.de
Inhaber und Kellermeister Jürgen Kissinger
Verkauf nach Vereinbarung

Jürgen Kissinger scheint der Jahrgang 2016 besonders zu liegen. Wir probierten eine stimmige Kollektion, von vorne bis hinten. Die Burgunder sind klar und saftig, der Umgang mit dem Holzfass ist gekonnt, das belegt insbesondere der Weißburgunder aus dem Tafelstein. Bei den Bukettsorten, aus dem Gemeinschaftsprojekt von Vater Jürgen und Sohn Moritz, hat die duftige Scheu Duo No. 2 mit ihren Maracujanoten die Nase knapp vor dem wilden und würzigen Sauvignon Blanc Duo Nr.1. Die Riesling-Kollektion ist stringent und stimmig, allen voran der balancierte Geierscheiß, rassig, mit Zug am Gaumen und kalkiger Mineralität. So kann es weitergehen.

Verkostete Weine 12
Bewertung 82–88 Punkte

87 2016 Scheurebe Duo N° 2 trocken
| 12,5% | 7,40 € | ⬤
82 2016 Gunterblumer Steinberg Chardonnay trocken | 12,5% | 8,20 €
83 2016 Oppenheimer Herrenberg Riesling trocken | 12,5% | 8,20 €
85 2016 Uelversheimer Tafelstein Weißburgunder trocken | 12,5% | 8,20 €
84 2016 Dienheimer Kreuz Grauburgunder trocken | 12,5% | 9,20 €
86 2016 Sauvignon Blanc Fumé Duo N° 1 trocken Barrique | 12,5% | 9,70 €
84 2016 Uelversheimer Tafelstein Chardonnay trocken Barrique | 13% | 12,30 €
85 2016 Dienheimer Tafelstein Riesling trocken | 12,5% | 12,30 €
87 2016 Uelversheimer Tafelstein Weißburgunder »S« trocken Premium Holzfass | 13,5% | 17,80 €
88 2016 Riesling Geierscheiß trocken Premium Holzfass | 12,5% | 17,80 €
87 2016 Oppenheimer Sackträger Riesling Auslese | 8% | 12,30 €
85 2014 Oppenheimer Herrenberg Spätburgunder trocken Premium Barrique | 13,5% | 14,10 €

WEINGUT KLIEBER

55234 Hangen-Weisheim · Kreisstraße 33
Tel (0 67 35) 4 21 · Fax 17 07
info@weingut-klieber.de
www.weingut-klieber.de
Inhaber Familie Klieber
Betriebsleiter und Kellermeister Martin Klieber
Verkauf nach Vereinbarung

Martin Klieber scheint ein Spezialist für sommerliche Spaßweine zu sein. Da ist zunächst der feinherbe Merlot, ein frischer Rosé, saftig und trinkig. Dann gibt es noch die Cuvée Lauser, unkompliziert und gut gemacht. Und schließlich den gradlinigen Sauvignon Blanc, der an Stachelbeeren und frisch geschnittenes Gras erinnert. Die Weißweine sind die Stärken des Sortiments: zumeist sauber und mit animierender Säure ausgestattet. Winzer Martin Klieber ist Techniker für Weinbau und Kellerwirtschaft und sammelte Auslandserfahrung in Südafrika. Mit der Bearbeitung von 20 Hektar Rebfläche hat er alle Hände voll zu tun. Die Weinberge liegen überwiegend bei Hangen-Weisheim und Gundersheim.

Verkostete Weine 12
Bewertung 81–84 Punkte

83 2016 Riesling Silber Edition trocken | 12% | 6,30 €
81 2016 Grauburgunder Silber Edition trocken | 12,5% | 6,50 €
83 2016 Chardonnay Gold Edition trocken | 12,5% | 6,70 €
84 2016 Sauvignon Blanc Silber Edition trocken | 12% | 6,90 €
84 2016 Weißburgunder Silber Edition trocken | 12% | 6,90 €
82 2016 Gundersheimer Höllenbrand Riesling Gold Edition trocken | 12% | 7,90 €
83 2016 Cuvée Lauser feinherb | 10,5% | 6,– €
83 2016 Gundersheimer Höllenbrand Riesling Gold Edition feinherb | 11% | 7,40 €
84 2016 Merlot Silber Edition feinherb Rosé | 11% | 6,30 €
82 2015 Pinot Noir Silber Edition trocken Holzfass | 14% | 6,90 €
81 2015 Hangen-Weisheimer Sommerwende Cabernet Sauvignon & Merlot Gold Edition trocken Barrique | 14% | 13,50 €
84 2015 Gundersheimer Höllenbrand Pinot Noir R Gold Edition Auslese trocken Barrique | 14,5% | 13,50 €

RHEINHESSEN

WEINGUT KNEWITZ

55437 Appenheim · Rheinblick 13
Tel (0 67 25) 29 49 · Fax 9 60 03
info@weingut-knewitz.de
www.weingut-knewitz.de
Inhaber und Betriebsleiter Familie Knewitz
Kellermeister Tobias und Björn Knewitz
Verkauf Gerold Knewitz
nach Vereinbarung
Rebfläche 20 Hektar
Jahresproduktion 120.000 Flaschen
Beste Lagen Appenheimer Hundertgulden, Gau-Algesheimer Goldberg, Nieder-Hilbersheimer Steinacker
Boden Kalkstein, Eisenerz, toniger Lehm, gelber Sand
Rebsorten 38% Riesling, 22% Weißburgunder, 15% Chardonnay, 10% Silvaner, 15% übrige Sorten
Mitglied Maxime Herkunft

Verkostete Weine 12
Bewertung 84–94 Punkte

- 84 2016 Riesling trocken | 12,5% | 8,90 €
- 86 2016 Appenheimer Silvaner trocken | 13% | 11,90 €
- 86 2016 Appenheimer Riesling Kalkstein trocken | 12,5% | 13,50 €
- 87 2016 Nieder-Hilbersheimer Riesling Eisenerz trocken | 12,5% | 13,50 €
- 88 2016 Appenheimer Weißburgunder trocken | 13% | 13,50 €
- 88 2016 Chardonnay trocken Holzfass | 13% | 13,50 €
- 87 2016 Gau-Algesheimer Goldberg Riesling trocken | 12,5% | 20,- €
- 90 2016 Appenheimer Eselspfad Weißburgunder trocken | 13% | 23,- €
- 92 2015 Chardonnay trocken Reserve | 13% | 24,- €
- 88 2016 Appenheimer Hundertgulden Riesling trocken | 12,5% | 25,- €
- 89 2016 Nieder-Hilbersheimer Steinacker Riesling trocken | 12,5% | 25,- €
- 94 2016 Chardonnay trocken Reserve | 13% | 25,- € | TOP 10

Dass Tobias Knewitz großartige trockene Rieslinge in Appenheim und Umgebung erzeugen kann, stellt er seit einigen Jahren unter Beweis. In der aktuellen Kollektion sind es aber vor allem die weißen Burgundersorten, mit denen er in neue Höhen vorstößt. Eine grandiose Säure sorgt bei Weißburgunder und Chardonnay für eine rassige und kalkgeprägte Mineralität, wie man sie sonst nur aus Burgund kennt. Knewitz Burgunder sind weit entfernt von jener Schwere und Opulenz, wie man sie nur zu oft in deutschen Exemplaren dieser Gattung findet. Stattdessen erinnern seine Weine an Meursault, diesen hochrenommierten Weinort in der Bourgogne. Knewitz gibt seinen Burgundern eine Energie und Vitalität mit, wie wir sie sonst nur beim Riesling finden. Lohn für diesen großartigen Stil ist das phantastische Abschneiden beim Bundesfinale, wo dem 2016er Chardonnay Reserve der Sprung auf Platz eins der weißen Burgundersorten gelang. Chapeau! Ach ja, der Riesling, auch den gibt es in 2016 bei Knewitz, sehr trocken, mit großer Präzision und Klarheit ausgestattet. Der beste kommt aus dem Nieder-Hilbersheimer Steinacker, einer bislang weitgehend unbekannten Lage. Der Appenheimer Winzer hat erst 2008 mit dem Weinausbau begonnen, und mit nicht mal 30 Jahren gelingen ihm solche Weine - wir fragen uns, wo das enden soll? In jedem Fall sind wir sehr gespannt.

WEINGUT KNOBLOCH

55234 Ober-Flörsheim · Saurechgässchen 7 BIO
Tel (0 67 35) 3 44 · Fax 82 44
info@bioweingut-knobloch.de
www.bioweingut-knobloch.de
Inhaber Ralf und Arno Knobloch
Kellermeister Ralf Knobloch

Verkauf nach Vereinbarung

Ralf und Arno Knobloch führen diesen Betrieb seit Jahren in ökologischer Wirtschaftsweise, bei einer Rebfläche von mehr als 35 Hektar ist dies eine beachtenswerte Leistung. Sie sind unter anderem bekannt für ihre mitunter mächtigen Rotweine. Diese sind zwar alkoholreich, doch ist der Alkohol geschmacklich gut eingebunden. Die Spätburgunder sind sortentypisch, duften nach Kirschen und werden getragen von feiner Säure. Und dies ist auch eine gute Adresse für trockene Weißweine, etwa den Weißburgunder Achat aus dem Westhofener Morstein oder den Riesling Nr. 1 aus dem Gundersheimer Höllenbrand mit seiner feinen und saftigen Zitrusnote. Niedrige Erträge, ausgedehnte Maischestandzeiten, lange Feinhefelagerung mit Battonage und neue 500-Liter-Holzfässer machen sich bezahlt.

Verkostete Weine 9
Bewertung 83–87 Punkte

84 2016 Grauburgunder trocken »sur lie« | 12% | 6,30 €
83 2016 Weißburgunder trocken »sur lie« | 12% | 6,30 €
84 2016 Sauvignon Blanc trocken »sur lie« | 12% | 8,– €
86 2016 Westhofener Morstein Weißburgunder Achat trocken »sur lie« | 13,5% | 9,50 €
87 2016 Gundersheimer Höllenbrand Riesling No.1 trocken »sur lie« | 12,5% | 19,– €
84 2016 Riesling Kabinett trocken »sur lie« | 11,5% | Nur im Fachhandel
86 2015 Westhofener Morstein Spätburgunder Turmalin trocken Holzfass | 14% | 9,50 €
86 2015 Ober-Flörsheimer Blücherpfad Regent Violan trocken Holzfass | 14% | 9,50 €
87 2015 Westhofener Morstein Spätburgunder SK trocken Barrique | 14% | 25,– €

WEINGUT BÜRGERMEISTER CARL KOCH

55276 Oppenheim · Wormser Straße 62 BIO
Tel (0 61 33) 23 26 · Fax 41 32
info@ck-wein.de
www.ck-wein.de
Inhaber Paul Berkes
Betriebsleiter und Kellermeister Heiner Maleton

Verkauf Paul Berkes
nach Vereinbarung

In diesem Oppenheimer Traditionsgut lässt man sich Zeit. Entsprechend wurden noch einige 2015er nachgereicht, darunter auch der beste Wein der aktuellen Kollektion. Der Oppenheimer Sackträger Erster Sack hat eine gute Frische und schöne Mineralität. Ansonsten präsentiert sich der Jahrgang 2015 bereits sehr reif. Vom Jahrgang 2016 kann vor allem der Riesling aus dem Oppenheimer Herrenberg punkten. Dieser Betrieb ist bereits seit 1921 unter den Selbstvermarktern in Rheinhessen und zählt damit zu den Pionieren. Die Weinberge in Oppenheim und Dienheim werden seit 2010 ökologisch bewirtschaftet.

Verkostete Weine 12
Bewertung 82–86 Punkte

82 2016 Riesling trocken | 12% | 5,– €/1,0 Lit.
82 2016 Silvaner Verde trocken | 12% | 5,50 €
83 2016 Oppenheimer Krötenbrunnen Müller-Thurgau Kröten-Müller trocken | 11,5% | 5,50 €
84 2016 Oppenheimer Herrenberg Riesling trocken | 12,5% | 7,50 €
84 2016 Gewürztraminer trocken | 12,5% | 7,50 €
83 2015 Oppenheimer Herrenberg Chardonnay & Weißburgunder Goldberg-Variationen trocken | 13% | 15,– €
84 2015 Oppenheimer Kreuz Riesling Crux trocken | 12,5% | 15,– €
84 2015 Oppenheimer Sackträger Riesling »R« trocken Holzfass | 12% | Verkauf ab Mitte 2018
86 2015 Oppenheimer Sackträger Riesling Erster Sack trocken Holzfass | 13% | Verkauf ab Mitte 2018
84 2015 Oppenheimer Sackträger Riesling Spätlese trocken | 13,5% | 8,50 €
82 2016 DJ Bürgermeister halbtrocken | 12% | 7,– €
85 2015 Dienheimer Tafelstein Gewürztraminer Spätlese Holzfass | 12,5% | 12,50 €

Symbole Weingüter

€ Schnäppchenpreis · TOP Spitzenreiter · BIO Ökobetrieb
Trinktipp · Versteigerungswein

Sekt | Weißwein | Rotwein | Rosé

RHEINHESSEN

WEINGUT KRÄMER

55578 Gau-Weinheim · Untere Pforte 19
Tel (0 67 32) 84 60 · Fax 6 32 88
info@kraemer-straight.de
www.kraemer-straight.de
Inhaber Tobias Krämer

Verkauf nach Vereinbarung

Nach seiner Ausbildung und einem Studium in Geisenheim hat Tobias Krämer das elterliche Weingut in Gau-Weinheim übernommen. Bereits 2011 war er vom Bauernverband zu einem der besten Nachwuchswinzer Deutschlands ausgezeichnet worden. Dass die Juroren damals nicht ganz falsch gelegen haben durften, zeigt Krämer mit seiner aktuellen Kollektion. Es sind durchweg frische, knackige Weine. Schon die Gutsweine haben ein gewisses Format, etwa der klare Silvaner. Der Chardonnay wird getragen von stilvollem Holzeinsatz. Beim Riesling dominiert der zupackende La Roche. Krämers Reben wachsen ansonsten am Wißberg, einer für rheinhessische Verhältnisse stattlichen Erhebung aus weißem Kalkstein, gelegen auf halber Strecke zwischen Alzey und Bingen.

Verkostete Weine 7
Bewertung 82–86 Punkte

- 83 2016 Grauburgunder Straight trocken | 12,5% | 7,90 €
- 84 2016 Riesling Straight trocken | 12,5% | 7,90 €
- 84 2016 Silvaner Straight trocken | 12,5% | 7,90 €
- 82 2016 Sauvignon Blanc Straight trocken Abfüllerwein | 12,5% | 8,90 €
- 86 2016 Chardonnay Straight trocken | 12,5% | 8,90 €
- 86 2016 Uffhofener La Roche Riesling trocken | 13% | 14,50 €
- 84 2014 Red Stuff trocken | 13% | 8,90 €

WEINGUT KRUG'SCHER HOF

55239 Gau-Odernheim · Am grünen Weg 15
Tel (0 67 33) 13 37 · Fax 17 00
menger-krug@t-online.de
www.villa-im-paradies.de
Inhaber Familie Menger-Krug
Verwalter Eugen Birk
Kellermeister Erich Acker

Verkauf Eugen Birk
nach Vereinbarung

Die Familie Menger-Krug erzeugt bekannte Sekte und auch Weine in der Pfalz und in Rheinhessen. Der Krug'sche Hof hat seinen Sitz in Gau-Odernheim und verfügt immerhin über 60 Hektar Rebfläche. Das Weingut ist seit 1758 in Familienbesitz. Die Weinberge erstrecken sich von Alzey bis nach Bechtheim im Wonnegau. Wir probierten eine kompakte Kollektion mit klaren, sauberen Weinen. Die Burgundersorten haben diesmal die etwas kantigen Rieslinge überrundet. Der Grauburgunder aus dem Gau-Köngernheimer Vogelsang überzeugt ebenso wie der Weißburgunder Keltic Terre.

Verkostete Weine 9
Bewertung 80–85 Punkte

- 83 2016 Weißburgunder trocken | 11,5% | 8,60 €
- 83 2016 Sauvignon Blanc trocken | 12% | 9,– €
- 80 2015 Riesling Kabinett trocken | 11% | 9,– €
- 84 2016 Gau-Köngernheimer Vogelsang Grauburgunder Spätlese trocken | 12,5% | 16,– €
- 85 2016 Weißburgunder Keltic Terre Spätlese trocken | 12% | 16,– €
- 83 2016 Gau-Odernheimer Herrgottspfad Riesling Spätlese trocken | 12% | 18,– €
- 84 2015 Bechtheimer Rosengarten Riesling Spätlese trocken | 12% | 18,– €
- 82 2016 Grauburgunder Kabinett feinherb | 11% | 7,– €
- 84 2015 Merlot trocken | 13% | 12,– €

Symbole Weingüter
★★★★★ Weltklasse · ★★★★ Deutsche Spitze
★★★ Sehr Gut · ★★ Gut · ★ Zuverlässig

Weinbewertung in Punkten
100 Perfekt · 95 bis 99 Überragend · 90 bis 94 Exzellent
85 bis 89 Sehr gut · 80 bis 84 Gut

★★★★✩ Winzerin des Jahres

WEINGUT KÜHLING-GILLOT
55294 Bodenheim · Ölmühlstraße 25 (BIO)
Tel (0 61 35) 23 33 · Fax 64 63
info@kuehling-gillot.de
www.kuehling-gillot.de
Inhaber Carolin Spanier-Gillot und H. O. Spanier
Vertriebsleiter Frank Schuber
Kellermeister H. O. Spanier und Axel Thieme
Verkauf Frank Schuber
Mo–Fr 9.00–12.00 Uhr · 14.00–17.00 Uhr
Sa 10.00–14.00 Uhr und nach Vereinbarung
Weinbar Liquid Life mit Gastköchen an 6 Wochenenden im Jahr
Sehenswert parkähnlicher Garten mit Jugendstilpavillon, Sammlung mediterraner und exotischer Bäume, moderne Vinothek
Rebfläche 18 Hektar
Jahresproduktion 90.000 Flaschen
Beste Lagen Oppenheimer Kreuz, Niersteiner Pettenthal, Hipping und Oelberg, Nackenheimer Rothenberg
Boden roter Schiefer, Kalkmergel
Rebsorten 75% Riesling, 20% Spätburgunder, 5% übrige Sorten
Mitglied VDP, Maxime Herkunft, Vinissima

Der Erfolg der besten Weingüter des Landes beruht natürlich in erster Linie auf den Menschen, die die Verantwortung in diesen Betrieben tragen. Ganz wesentlich ist aber auch die Güte der Weinberge. Die Trauben von Kühling-Gillot wachsen in allerbesten Parzellen in Nierstein und Nackenheim. Das Stück im Pettenthal ist mit mehr als 70 Prozent Neigung der steilste Weinberg Rheinhessens. Das Felsband, das sich durch den gesamten Roten Hang zieht, kommt hier der Oberfläche sehr nahe. Die Humusschicht ist folglich extrem dünn, die Rebe muss tief im steinigen Boden wurzeln. Die Gewanne in Nackenheim ist das steilste Stück im Rothenberg und durch eine Steinmauer eingefasst. Die Reben sind dort tief im roten Schiefer verankert. Sie gehören zu den ältesten Riesling-Rebstöcken Deutschlands und sind wurzelecht.

Platz zwei mit 97 Punkten

Schon seit Jahren kommen aus diesen Ausnahme-Weinbergen die besten Weine des Hauses. 2014 war das Große Gewächs aus dem Rothenberg der beste Riesling in ganz Deutschland. Damals noch eine kleine Sensation, scheint dieser große Erfolg so langsam zur Gewohnheit zu werden. Denn der 2016er aus dieser großartigen Lage schaffte es in diesem Jahr beim Bundesfinale auf Platz zwei - mit sage und schreibe 97 Punkten, ein Punkt mehr als beim Sieg vor zwei Jahren. Chapeau! Der aktuelle Zweitplatzierte überzeugt mit betörendem Duft von weißen Johannisbeeren, intensiver Fruchtfülle, wunderbarer Transparenz und einem präzisen und glasklaren Finish.

Carolin Spanier-Gillot

Doch auch das Große Gewächs aus dem Pettenthal, ein hocheleganter trockener Riesling, gehört wieder zur deutschen Spitze. Über den Erfolg der Spitzenweine sollte nicht in Vergessenheit geraten, welche Qualität hier bereits an der Basis vorhanden ist. Der Gutswein Qvinterra ist puristisch trocken, aber es sind vor allem die Ortsweine, die groß auftrumpfen: der Nackenheimer Riesling mit seiner rauchigen Art, der Niersteiner mit feiner Länge. Dazu kommt noch eine großartige fruchtige Spätlese aus dem Pettenthal, die ebenfalls den Sprung unter die besten Zehn des Landes geschafft hat: ein wunderbarer, nach Mandarinen und Zitronenschale duftender fruchtsüßer Riesling.

Ein gemeinsamer Weg

Carolin Spanier-Gillot und Hans Oliver Spanier haben einen langen Weg zurückgelegt. 2002 war der erste eigenverantwortliche Jahrgang von Carolin Spanier-Gillot und 2004 der erste Jahrgang, in dem Pettenthal und Rothenberg in Hohen-Sülzen auf dem Weingut Battenfeld-Spanier ausgebaut wurden. Dann kam 2005 die Umstellung auf ökologische Wirtschaftsweise, die Weine wurden spontan vergoren, bekamen Maischestandzeit - was auch zu einer Stiländerung führte. Heute werden die Weine getragen von einem feingliedrigen Säuregerüst, sind moderat

RHEINHESSEN

Verkostete Weine 12
Bewertung 85–90 Punkte

- 85 2016 Weißburgunder Löss trocken | 12,5% | 7,90 €
- 85 2016 Grauburgunder trocken Alte Reben | 13% | 9,90 €
- 86 2016 Grauburgunder trocken Reserve | 13,5% | 16,90 €
- 87 2016 Weißburgunder trocken Reserve | 13% | 16,90 €
- 87 2016 Chardonnay trocken Reserve | 13% | 16,90 €
- 86 2016 Oppenheimer Herrenberg Riesling Bestes Gewächs Spätlese trocken *** | 13% | 14,90 €
- 88 2016 Weinolsheimer Kehr Riesling Bestes Gewächs Spätlese trocken *** | 13% | 18,90 €
- 88 2016 Oppenheimer Herrenberg Riesling Auslese *** | 8,5% | 11,50 €
- 90 2016 Weinolsheimer Kehr Spätburgunder Eiswein Blanc de Noirs | 8% | 26,50 €/0,375 Lit.
- 88 2014 Cuvée »M« trocken | 13,5% | 14,90 € | €
- 88 2016 Oppenheimer Herrenberg Spätburgunder trocken *** | 13,5% | 19,50 €
- 89 2014 Oppenheimer Herrenberg Spätburgunder trocken Reserve | 13,5% | 29,50 €

WEINGUT MARGARETENHOF ECKHARD

55270 Schwabenheim · Am Sportfeld 23-25
Tel (0 61 30) 9 40 27 01
weingut@margaretenhof.info
www.margaretenhof.info
Inhaber Steve und Sascha Eckhard

Verkauf Steve und Sascha Eckhard
nach Vereinbarung

Bester Wein der aktuellen Kollektion ist die Gewürztraminer Spätlese aus dem Schwabenheimer Schlossberg, der die typischen Rosenaromen verströmt und eine feine Süße mit guter Säurestruktur verbindet. Hier gibt es auch einen gelungenen, frischen Blanc de Noirs sowie einen nach Zeder und Tabak duftenden Syrah. Der Margaretenhof wurde 1965 gegründet, Otfried und Silke Eckhard entwickelten den damaligen landwirtschaftlichen Gemischtbetrieb zu einem Weingut weiter. Darauf baut Sohn Steve Eckhard auf. Der Margaretenhof liegt in Schwabenheim südlich von Ingelheim. Ein Restaurant und eine Konditorei gehören mit zum Gesamt-Genuss-Angebot inklusive Vinothek.

Verkostete Weine 12
Bewertung 80–84 Punkte

- 80 2016 Grauburgunder trocken | 12,5% | 5,40 €/1,0 Lit.
- 81 2016 Silvaner trocken | 12% | 4,20 €
- 82 2016 Chardonnay trocken | 13% | 5,20 €
- 83 2016 Schwabenheimer Klostergarten Auxerrois Collection trocken | 13,5% | 6,90 €
- 83 2016 Schwabenheimer Sonnenberg Riesling Justus trocken | 12,5% | 6,90 €
- 82 2016 Weißburgunder halbtrocken | 12% | 4,90 €
- 84 2016 Schwabenheimer Schlossberg Gewürztraminer Spätlese | 10% | 5,90 €
- 84 2016 Blanc de Noirs trocken | 12% | 4,90 €
- 81 2014 Pinot Noir trocken | 13% | 4,90 €
- 81 2015 Frühburgunder trocken | 13% | 5,20 €
- 81 2014 Saint Laurent trocken | 12,5% | 5,20 €
- 83 2015 Syrah trocken | 13,5% | 5,20 €

Symbole Weingüter
€ Schnäppchenpreis · TOP Spitzenreiter · BIO Ökobetrieb
Trinktipp · Versteigerungswein

| Sekt | Weißwein | Rotwein | Rosé |

★

WEINGUT MARX

55232 Alzey-Weinheim · Hauptstraße 83
Tel (0 67 31) 4 13 13 · Fax 4 52 90
info@weingut-marx.de
www.weingut-marx.de
Inhaber und Kellermeister Klaus Marx
Verkauf Bärbel Marx
Mo-Fr 8.00–12.00 Uhr · 13.00–18.00 Uhr
Sa 9.00–16.00 Uhr

Die aktuelle Kollektion dieses zwölf Hektar großen Gutes in Alzey-Weinheim hat uns überrascht. In allen Weinen war die Aromatik präzise herausgearbeitet, ein blitzsauberes Sortiment. Der Riesling von alten Reben wird von salziger Mineralität geprägt und steht an der Spitze der trockenen Reihe. Begeistert hat uns die Spätlese von der Siegerrebe mit ihrem Anklang von Rosen und Feigen, ein veritabler Trink-Tipp. Immer besser werden die Rotweine. Der Spätburgunder ist transparent und elegant, der Cabernet Mitos aus dem Barrique tiefdunkel und hat die typische Cabernet-Nase. Klaus Marx leitet dieses Familienweingut in einem filigranen Sandsteinhaus mit modern ausgestatteter Vinothek.

Verkostete Weine 11
Bewertung 82–87 Punkte

82 2016 Weinheimer Silvaner trocken
| 12% | 4,50 €/1,0 Lit.
83 2016 Weinheimer Riesling trocken | 12% | 5,10 €
84 2016 Weinheimer Grauburgunder trocken
| 12,5% | 5,50 €
86 2016 Weinheimer Riesling Premium trocken
Alte Reben | 12,5% | 7,30 €
84 2016 Weinheimer Sauvignon Blanc trocken
| 12,5% | 7,90 €
84 2016 Weinheimer Riesling halbtrocken
| 11% | 5,10 €
82 2016 Weinheimer Leicht und lecker feinherb
| 10,5% | 6,20 €
85 2016 Weinheimer Scheurebe Kabinett
| 9,5% | 4,90 €
87 2016 Weinheimer Siegerrebe Spätlese
| 9,5% | 7,50 € | 🌢
86 2015 Weinheimer Spätburgunder trocken
Holzfass | 13% | 7,30 €
87 2015 Weinheimer Cabernet Mitos trocken
Premium Barrique | 13% | 9,70 €

★★★

WEINGUT KARL MAY

67574 Osthofen · Ludwig-Schwamb-Straße 22 [BIO]
Tel (0 62 42) 23 56 · Fax 36 90
info@weingut-karl-may.de
www.weingut-karl-may.de
Inhaber Karl, Peter und Fritz May
Kellermeister Peter und Fritz May
Verkauf Irmtraud May
Mo-Fr 8.00–12.00 Uhr · 13.00–17.00 Uhr
und nach Vereinbarung

Historie der Hof wurde 1309 den Dominikanern in Worms geschenkt; seit 1815 im Besitz der Familie
Sehenswert Fachwerkhaus, neue Vinothek
Erlebenswert Feier der Osthofener Weinhock am 1. Juli-Wochenende
Rebfläche 34 Hektar
Jahresproduktion 150.000 Flaschen
Beste Lagen Osthofener Goldberg, Bechtheimer Geyersberg
Boden Kalkstein, tiefgründiger Löss, Lehm
Rebsorten 30% Riesling, je 15% Spätburgunder und Weißburgunder, je 10% Grauburgunder, Silvaner, je 5% Chardonnay und Sauvignon Blanc, 10% übrige Sorten
Mitglied Message in a bottle, Maxime Herkunft

Dies ist mit 34 Hektar wahrlich kein kleiner Betrieb, in den zurückliegenden Jahren kamen einige neue Weinberge zusätzlich ins Portfolio. Es ist eine starke Leistung der Brüder Fritz und Peter May, mit solch einer Betriebsgröße Weine auf so hohem Qualitätsniveau zu erzeugen. Eine wichtige Komponente ist in diesem Osthofener Gut sicher der geringe Ertrag von 55 Hektolitern pro Hektar, der doch ein ganzes Stück unter dem rheinhessischen Schnitt rangiert. Das wirkt sich etwa auf die Rotweine aus, die durch die Bank kraftvoll, farbintensiv und konzentriert ausfallen. Wer diesen Stil liebt, wird hier exzellent bedient. Auch für die weißen Burgundersorten hat diese Familie ein Händchen. Rundum empfehlenswert ist der Weißburgunder-Gutswein, der von großer Frische dominiert wird und zum Weitertrinken einlädt. Ähnlich der Osthofener Grauburgunder, ein straffer Wein mit Trinkanimation. Die Rieslinge könnten etwas charmanter sein. In Anlehnung an die Karl May-Jugendbücher werden einige Cuvées Blutsbruder genannt, es gibt aber auch einen Großen Bruder. Auch das Ambiente ist stimmig. Die moderne Vinothek steht im Kontrast

RHEINHESSEN

zum 300 Jahre alten Fachwerkhaus. Die Investitionen gehen indes in eine neue Runde: Familie May hat mit der Errichtung eines neuen Kellereigebäudes begonnen.

Verkostete Weine 12
Bewertung 82–89 Punkte

- 82 2016 Riesling trocken | 12,5% | 6,– €/1,0 Lit.
- 83 2016 Riesling trocken | 12,5% | 7,90 €
- 86 2016 Weißburgunder trocken | 12,5% | 7,90 €
- 84 2016 Osthofener Riesling trocken | 13% | 10,90 €
- 87 2015 Osthofener Grauburgunder trocken | 13,5% | 11,90 €
- 86 2016 Osthofener Goldberg Riesling trocken | 13% | 18,90 €
- 86 2015 Chardonnay trocken Reserve | 13,5% | 25,– €
- 86 2015 Blutsbruder trocken | 13,5% | 11,90 €
- 86 2015 Bechtheimer Geyersberg Spätburgunder trocken | 13% | 18,90 €
- 87 2015 Osthofener Vordere Mulde Frühburgunder trocken | 14% | 18,90 €
- 88 2015 Der Alte Fritz trocken | 14% | 18,90 €
- 89 2015 Großer Bruder trocken | 14% | 30,– €

WEINGUT MERTZ

55599 Eckelsheim · Hauptstraße 16
Tel (0 67 03) 12 71 · Fax 38 06
info@weingut-mertz.de
www.weingut-mertz.de
Inhaber Familie Mertz
Betriebsleiter Gunter und Sina Mertz

Verkauf Familie Mertz
nach Vereinbarung

Gunter und Carmen Mertz haben den Grundstein gelegt, Tochter Sina hat jetzt übernommen. Bereits 2011 hat sie den ersten Wein ihrer Kollektion Sina vorgestellt. Seither ist viel passiert, unter anderem Praktika in renommierten Gütern, auch bei Klaus-Peter Keller in Flörsheim-Dalsheim. Nach dem Abschluss des dualen Studiengangs für Weinbau und Önologie in Neustadt/Weinstraße hat sie im elterlichen Weingut in Eckelsheim die Verantwortung übernommen. Wir probieren eine blitzsaubere Kollektion ohne Schwächen. Es sind Weine, die sich immer auf der feinen, eleganten und frischen Seite befinden. Die 2016er Rieslinge sind säurebetont und noch ziemlich verschlossen. Bei den trockenen hat uns auch die Scheurebe vom Eckelsheimer Kliff beeindruckt und ein gelungener fruchtsüßer Riesling Kabinett mit toller Frische und Zitrusaromen. Auch der Spätburgunder aus der Lage Eselstreiber hat Format. Weiter so!

Verkostete Weine 9
Bewertung 83–86 Punkte

- 83 2016 Tanz! Mariechen Perlwein | 11% | 5,50 €
- 83 2016 Silvaner trocken | 12% | 4,– €/1,0 Lit.
- 84 2016 Grauburgunder trocken | 13,5% | 5,20 €
- 86 2016 Eckelsheimer Scheurebe vom Kliff trocken | 12% | 6,70 €
- 83 2016 Eckelsheimer Riesling vom Porphyr trocken | 11% | 9,80 €
- 84 2016 Eckelsheimer Kirchberg Riesling trocken | 12% | 13,20 €
- 86 2016 Eckelsheimer Riesling Kabinett | 9% | 7,30 €
- 84 2015 Dornfelder »R« trocken Barrique | 12,5% | 12,50 €
- 86 2015 Eckelsheimer Eselstreiber Spätburgunder trocken Barrique | 13% | 13,20 €

★⯨

WEINGUT METT & WEIDENBACH

55218 Ingelheim · Mainzer Straße 31
Tel (0 61 32) 26 82 · Fax 32 71
info@weingut-mett.de
www.weingut-mett.de
Inhaber Jürgen Mett
Verkauf Jürgen Mett und Silke Weidenbach
Di–Fr 9.00–12.30 Uhr · 14.00–18.00 Uhr
Sa 9.00–14.00 Uhr

Eine der Stärken dieses Betriebes sind die Rotweine, von denen Jürgen Mett eine ganze Reihe vorstellt. Uns überzeugt vor allem der Frühburgunder aus der Lage Pares mit seinen feinen Kirschnoten und gut eingebundenem Holz, wobei das Tannin etwas feiner sein dürfte. Dass Mett auch Weißwein kann, zeigt er zum einem mit seinem Grauburgunder-Ortswein, vor allem aber mit seinem Riesling aus der Lage Ingelheimer Unft, ein Wein mit saftigen Pfirsicharomen. Dem Sortiment setzt der Eiswein Blanc de Noirs vom Spätburgunder mit Noten von kandierten Zitrusfrüchten die Krone auf.

Verkostete Weine 12
Bewertung 83–88 Punkte

83 2016 Ingelheimer Chardonnay »S« trocken | 13% | 8,80 €
85 2016 Ingelheimer Grauburgunder »S« trocken | 13,5% | 8,80 €
84 2016 Ingelheimer Sylvaner »S« trocken | 12% | 8,90 €
86 2016 Ingelheimer In der Unft Riesling trocken | 12,5% | 10,50 €
83 2016 Spätburgunder trocken Blanc de Noirs | 12,5% | 6,30 €
88 2016 Ingelheimer Lottenstück Spätburgunder Eiswein Blanc de Noirs | 7,5% | 26,– €/0,375 Lit.
84 2014 Ingelheimer Blauer Spätburgunder »S« trocken | 13% | 9,20 €
85 2014 Ingelheimer Früh- & Spätburgunder Mariage trocken | 13% | 9,20 €
85 2014 Ingelheimer Cabernet Sauvignon & Spätburgunder No. 6 trocken | 13% | 9,20 €
85 2014 Ingelheimer Pares Blauer Spätburgunder trocken Selection Barrique | 13,5% | 16,50 €
87 2014 Ingelheimer Pares Blauer Frühburgunder trocken Selection Barrique | 13,5% | 18,90 €
85 2012 Ingelheimer Höllenweg Blauer Spätburgunder trocken Reserve | 13,5% | 24,50 €

WEINGUT MICHEL-PFANNEBECKER

55234 Flomborn · Langgasse 18/19
Tel (0 67 35) 3 55 und 13 63 · Fax 83 65
info@michel-pfannebecker.de
www.michel-pfannebecker.de
Inhaber Heinfried und Gerold Pfannebecker
Kellermeister Gerold Pfannebecker
Verkauf Gerold Pfannebecker
nach Vereinbarung

Zuletzt gab es in diesem Weingut südlich von Alzey keinen schwachen Jahrgang mehr. 2016 kann sich hier leider nicht einreihen. Die ganze Weinlinie kommt uns ein wenig uniform vor. Die Unterschiede zwischen den einzelnen Qualitäten sind sehr gering. Dies gilt nicht ganz für die trockene Riesling Spätlese aus dem Flomborner Feuerberg und auch der 2014er Spätburgunder aus dem Westhofener Morstein kann sich vom Rest der Kollektion ein wenig absetzen.

Verkostete Weine 12
Bewertung 81–86 Punkte

82 2016 Riesling trocken | 12% | 4,80 €/1,0 Lit.
81 2016 Flomborner Feuerberg Silvaner trocken Selection Rheinhessen | 13% | 9,80 €
85 2016 Westhofener Steingrube Riesling trocken Selection | 13% | 10,50 €
85 2016 Flomborner Feuerberg Scheurebe Spätlese trocken | 13% | 6,50 €
84 2016 Flomborner Feuerberg Gewürztraminer Spätlese trocken | 13,5% | 6,80 €
84 2016 Flomborner Feuerberg Grauburgunder Spätlese trocken | 13% | 7,20 €
85 2016 Eppelsheimer Felsen Riesling Spätlese trocken | 12,5% | 7,20 €
86 2016 Flomborner Feuerberg Riesling Spätlese trocken | 12% | 7,20 €
84 2016 Flomborner Feuerberg Weißburgunder Spätlese trocken | 13% | 7,40 €
85 2016 Westhofener Morstein Riesling Spätlese trocken | 12,5% | 8,70 €
84 2015 Flomborner Feuerberg Spätburgunder trocken | 13,5% | 7,80 €
86 2014 Westhofener Morstein Spätburgunder trocken Selection | 14% | 16,50 €

Symbole Weingüter
★★★★★ Weltklasse · ★★★★ Deutsche Spitze
★★★ Sehr Gut · ★★ Gut · ★ Zuverlässig

RHEINHESSEN

★

CISTERZIENSER WEINGUT MICHEL

67596 Dittelsheim-Hessloch
Dalbergstraße 28
Tel (0 62 44) 49 21 · Fax 54 99
info@cisterzienser-weingut.de
www.cisterzienser-weingut.de
Inhaber Ulrich Michel

Verkauf nach Vereinbarung

Die aktuelle Kollektion dieses 34-Hektar-Gutes hat klare Stärken im Rotweinsektor. Ganz vorne steht der 2014er Spätburgunder Kalkstein, ein eleganter Tropfen, der zugleich tief und nachhaltig ist. Der Frühburgunder ist fein, duftig und klar. Bei den Weißen hat der Weißburgunder Eminenz die Nase vorn. Es ist ein nachhaltiger Burgunder, der ein wenig vom Holz verdeckt ist. Der Betrieb liegt in Dittelsheim-Hessloch, im Zentrum Rheinhessens. Ulrich Michel leitet in der achten Generation das traditionsreiche Gut, auf dem Mönche bereits im 12. Jahrhundert Wein erzeugt haben.

Verkostete Weine 12
Bewertung 82–87 Punkte

84 2015 Sauvignon Blanc Sekt Brut | 12,5% | 12,50 €
83 2016 Riesling trocken | 12,5% | 4,30 €/1,0 Lit.
82 2016 Grauburgunder Weißer Stein trocken | 13% | 6,50 €
83 2016 Sauvignon Blanc trocken | 13% | 6,50 €
84 2016 Chardonnay & Riesling trocken | 13% | 6,50 €
85 2015 Riesling »S« Löwenerz trocken | 13% | 8,30 €
84 2015 Chardonnay trocken | 13,5% | 9,50 €
86 2015 Weißburgunder Eminenz trocken | 13% | 14,50 €
83 2016 Merlot trocken Rosé | 12,5% | 6,50 €
84 2016 Merlot trocken | 13% | 10,30 €
86 2014 Frühburgunder »S« Kalkstein trocken | 13% | 10,30 €
87 2014 Spätburgunder »S« Kalkstein trocken | 13,5% | 12,90 €

★★

WEINGUT MILCH

67590 Monsheim–Rüstermühle · Mählstraße 14
Tel (0 62 43) 3 37 · Fax 67 07
info@weingut-milch.de
www.weingut-milch.de
Inhaber Karl-Hermann Milch
Kellermeister Karl-Hermann Milch

Verkauf Familie Milch
Mo–Fr nach Vereinbarung
Sa 9.00–12.00 Uhr · 13.00–17.00 Uhr

Sehenswert Kreuzgewölbekeller, Jugendstildeckenmalerei in der Probierstube, Holzfasskeller
Rebfläche 13 Hektar
Jahresproduktion 70.000 Flaschen
Beste Lagen Monsheim Im Blauarsch, Mörstadter Nonnengarten und Wasserland
Boden Lösslehm, Kies, Kalkstein, Sand
Rebsorten 45% Chardonnay, 20% Spät- und Frühburgunder, 13% weiße Burgundersorten, 11% Riesling, 11% übrige Sorten
Mitglied Maxime Herkunft

Dies ist ein völlig ungewöhnlicher Betrieb im südlichen Wonnegau, dessen Weinberge fast zur Hälfte mit Chardonnay bepflanzt sind. Insgesamt 13 (!) Exemplare wurden vorgestellt, wobei wir die 2015er wegen ihrer präsenteren Säure vorziehen. Ob Blauarsch, Nonnengarten oder Wasserland, ein Wein ist besser als der andere. 2016 ist Karl-Hermann Milch auch ein großartiger Grauburgunder gelungen. Der Blauarsch ist rauchig, präzise und lang anhaltend. Milch hat einen völlig eigenen Stil bei den weißen Burgundersorten entwickelt mit großer Traubigkeit und ohne die Schwere des Holzes. Milch kann eben mit dem Holzfass umgehen und er schafft es, die Weine nicht übermäßig damit zu belasten. In den letzten Jahren wurden neue Tanks und Barriques angeschafft und die Grauburgunder- und Chardonnay-Anlagen in den Weinbergen erweitert.

Weinbewertung in Punkten
100 Perfekt • 95 bis 99 Überragend • 90 bis 94 Exzellent
85 bis 89 Sehr gut • 80 bis 84 Gut

Verkostete Weine 17
Bewertung 82–90 Punkte

82 2016 Grauburgunder vom Kalkstein trocken
| 13% | 7,40 €
83 2016 Chardonnay Valentin trocken | 13% | 7,40 €
85 2016 Monsheimer Weißburgunder trocken
| 13% | 9,50 €
85 2016 Monsheimer Chardonnay trocken
| 13,5% | 11,50 €
85 2016 Monsheimer Grauburgunder trocken
| 13% | 11,50 €
88 2016 Mörstadter Nonnengarten Chardonnay
trocken | 13,5% | 17,50 €
89 2016 Monsheimer Rosengarten Chardonnay
trocken | 13,5% | 17,50 €
89 2016 Monsheimer Im Blauarsch Chardonnay
trocken | 13,5% | 17,50 €
88 2015 Chardonnay 809 trocken | 13,5% | 25,- €
88 2016 Chardonnay 809 trocken | 13,5% | 25,- €
88 2016 Monsheimer Im Blauarsch Chardonnay
Réserve trocken | 13,5% | 29,- €
89 2016 Mörstadter Nonnengarten Chardonnay
Réserve trocken | 13,5% | 29,- €
90 2015 Monsheimer Im Blauarsch Chardonnay
Réserve trocken | 14% | 29,- €
90 2015 Mörstadter Nonnengarten Chardonnay
Réserve trocken | 14% | 29,- €
90 2016 Monsheimer Im Blauarsch Grauburgunder
Réserve trocken | 13,5% | 29,- €
90 2015 Mörstadter Im Wasserland Chardonnay
trocken | 13,5% | 49,- €
90 2016 Mörstadter Im Wasserland Chardonnay
trocken | 13,5% | 49,- €

WEINGUT MÜLLER-DR. BECKER
67592 Dalsheim · Vordergasse 14–18 (BIO)
Tel (0 62 43) 55 24 · Fax 62 27
info@mueller-dr-becker.de
www.mueller-dr-becker.de
Inhaber und Betriebsleiter Jochen Becker
Betriebsleiter Radek Niskiewicz und
Jochen Becker
Verkauf Jochen Becker
Mo–Fr 9.00–12.00 Uhr · 14.00–17.00 Uhr
und nach Vereinbarung

Sehenswert parkähnlicher Gutsgarten, historischer Gewölbekeller, Verkostungstafel im Barriquekeller, Fleckenmauer
Rebfläche 14,5 Hektar
Jahresproduktion 130.000 Flaschen
Beste Lagen Dalsheimer Bürgel, Hubacker, Sauloch
Boden Muschelkalk, Terra Fusca, Lösslehm
Rebsorten je 30% Riesling und rote Burgundersorten, 20% weiße Burgundersorten, je 7% Müller-Thurgau und Silvaner, 6% Muskateller

Jochen Becker ist mit seinem Dalsheimer Weingut seit Jahren auf dem Weg nach oben. Mit seinem Riesling aus dem Sauloch und dem Chardonnay aus dem Bürgel stellt der Dalsheimer Winzer zwei Weine vor, die in ihrer jeweiligen Kategorie in die erweiterte Gebietsspitze gehören. Der Riesling, der auf den schönen Namen vom Brummelochsenboden hört, ist ein wunderbar komplexer Wein, der Chardonnay duftet nach Birne und Quitte und wird von rauchigem Holz getragen. Doch auch die Rotweine geraten hier vortrefflich, etwa der aromatische und eher sanfte St. Laurent oder auch der helle, kirschfruchtige Schwarzriesling, ein besonderer Liebling von uns. Jochen Beckers Interesse für Wein wurde im Anschluss an sein Studium in Hohenheim durch ausgedehnte Praktika bei renommierten Weingütern in Kalifornien und Südfrankreich zur Leidenschaft. 2006 hat er die Regie im elterlichen Betrieb übernommen.

RHEINHESSEN

Verkostete Weine 12
Bewertung 83–89 Punkte

- 84 2016 Müller-Thurgau trocken | 11,5% | 4,50 €/1,0 Lit.
- 83 2016 Riesling trocken | 11,5% | 5,– €/1,0 Lit.
- 83 2016 Grüner Silvaner trocken | 11,5% | 5,50 €
- 86 2016 Dalsheimer Bürgel Riesling trocken | 13% | 7,30 €
- 86 2016 Dalsheimer Steig Weißburgunder Alte Reben trocken | 13% | 9,40 €
- 89 2016 Dalsheimer Sauloch Riesling Vom Brummelochsenboden trocken | 13% | 9,50 € | €
- 88 2016 Dalsheimer Bürgel Chardonnay MDCXXV trocken | 13% | 9,80 € | €
- 85 2016 Dalsheimer Muskat Ottonel & Gelber Muskateller feinherb | 12% | 8,30 €
- 86 2015 Dalsheimer Bürgel Schwarzriesling trocken | 12,5% | 7,30 € | 🍷
- 86 2015 Dalsheimer Burg Rodenstein Cuvée Arras trocken | 13% | 12,– €
- 86 2014 Dalsheimer Bürgel St. Laurent MDCXXV trocken | 14% | 16,– €
- 86 2014 Dalsheimer Steig Spätburgunder MDCXXV trocken | 13,5% | 18,– €

WEINGUT NEEF-EMMICH

67593 Bermersheim bei Worms
Alzeyer Straße 15
Tel (0 62 44) 90 52 54 · Fax 90 52 55
info@neef-emmich.de
www.neef-emmich.de
Inhaber und Betriebsleiter Dirk Emmich
Kellermeister Dirk Emmich

Verkauf nach Vereinbarung

Mehr als 20 Hektar Reben bewirtschaften Dirk Emmich und seine Frau Antje. Das Gut liegt in Bermersheim, aber auch Weinberge umliegender Orte werden beackert. In der Spitze setzen sie auf den Höllenbrand in Gundersheim. Der krönt auch die 2016er Riesling-Reihe und zeigt seine Herkunft vom Kalkboden. Der charaktervolle Riesling vom Hundskopf steht ihm nur wenig nach. Auch die Weißburgunder wissen zu überzeugen. Insbesondere der Dalsheimer mit filigranem Holzeinsatz hat uns zugesagt. Lediglich der Grauburgunder Reserve hätte etwas finessenreicher sein können.

Verkostete Weine 11
Bewertung 82–87 Punkte

- 82 2016 Weißburgunder trocken | 12,5% | 6,80 €
- 83 2016 Riesling trocken | 12% | 6,80 €
- 84 2016 Dalsheimer Riesling trocken | 12,5% | 8,90 €
- 85 2016 Westhofener Weißburgunder trocken Holzfass | 13% | 8,90 €
- 85 2016 Westhofener Rotenstein Weißburgunder trocken Premium »sur lie« | 13% | 13,– €
- 86 2016 Albiger Hundskopf Riesling trocken Premium Holzfass | 12,5% | 13,– €
- 87 2016 Gundersheimer Höllenbrand Riesling trocken Premium Holzfass | 12,5% | 19,– €
- 85 2015 Grauburgunder trocken Reserve Barrique | 14% | 25,– €
- 85 2016 Huxelrebe Auslese | 8% | 7,– €
- 84 2013 Bermersheimer Spätburgunder trocken Barrique | 14,5% | 15,– €
- 83 2013 Westhofener Frühburgunder trocken Barrique | 14,5% | 19,– €

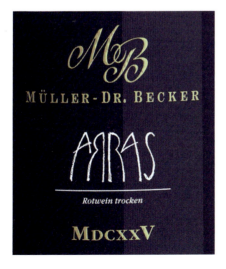

Symbole Weingüter

€ Schnäppchenpreis · TOP Spitzenreiter · BIO Ökobetrieb
Trinktipp · Versteigerungswein

| Sekt | Weißwein | Rotwein | Rosé |

793

WEINGUT JAKOB NEUMER

55278 Uelversheim
Guntersblumer Straße 52–56
Tel (0 62 49) 82 58 · Fax 71 28
kontakt@weingut-neumer.de
www.weingut-neumer.de
Inhaber und Kellermeister Theo Weinmann
Außenbetrieb Hubertus Weinmann
Verkauf nach Vereinbarung

Ein Teil der Weine dieses Uelversheimer Betriebes ist ein wenig schwer ausgefallen, es fehlt uns an Säure und Präzision. Bei den Rotweinen dominiert der Pinot Noir Black Label mit feinen Holznoten, bei den Weißen steht der Riesling Black Label an der Spitze, der etwas wuchtig geraten ist. Dies ist mit fast 40 Hektar eines der größeren Güter des Anbaugebiets. Zur Hälfte wird dort Riesling angebaut, rote und weiße Burgundersorten runden das Portfolio ab. Lucia und Hubertus Weinmann wirtschaften schon seit 1991 ökologisch und setzen konsequent auf vegane Weine. Inzwischen hat ihr Sohn Theo Weinmann den Betrieb und die Verantwortung im Keller übernommen.

Verkostete Weine 12
Bewertung 83–87 Punkte

84 2016 Weißburgunder trocken | 13% | 6,- €
84 2016 Riesling trocken | 12% | 6,- €
83 2016 Herrnsheimer Sauvignon Blanc trocken | 13% | 8,- €
83 2016 Gau-Odernheimer Riesling trocken Holzfass | 12,5% | 8,- €
85 2016 Uelversheimer Riesling trocken Holzfass | 12% | 8,- €
85 2016 Herrnsheimer Riesling trocken | 12,5% | 8,- €
85 2016 Gau-Odernheimer Weißburgunder trocken Holzfass | 13% | 8,- €
86 2015 Dienheimer Tafelstein Weißburgunder Black Label trocken Premium Barrique | 13,5% | 19,- €
86 2015 Dienheimer Tafelstein Riesling Black Label trocken Premium Holzfass | 13% | 19,- €
83 2016 Gewürztraminer Spätlese feinherb | 10% | 6,- €
85 2015 Spätburgunder trocken Barrique | 13,5% | 6,- €
87 2015 Dienheimer Tafelstein Pinot Noir Black Label trocken Premium Barrique | 13,5% | 19,- €

WEINGUT J. NEUS

55218 Ingelheim · Bahnhofstraße 96
Tel (0 61 32) 7 30 03 · Fax 26 90
info@weingut-neus.de
www.weingut-neus.de
Inhaber Familie Schmitz
Betriebsleiter Lewis Schmitt
Kellermeister Julien Meissner
Verkauf Familie Schmitz
Di–Fr 10.00–17.00 Uhr und nach Vereinbarung
Veranstaltungsbereich www.villa-neus.de
Sehenswert Über 100 Jahre alter Gewölbekeller mit Eichenholzfässern, historischer Gutshof, Parkanlage, Villa Neus
Rebfläche 12 Hektar
Jahresproduktion 55.000 Flaschen
Beste Lagen Ingelheimer Pares und Horn
Boden Löss, Lehm, Muschelkalk
Rebsorten 68% Spätburgunder, 12% Weißburgunder, je 8% Riesling und St. Laurent, 4% Silvaner
Mitglied VDP

Seitdem die Mainzer Unternehmerfamilie Schmitz dieses traditionsreiche Weingut mitten in der altrenommierten Rotweinstadt 2012 übernommen hat, stehen hier die Zeichen auf Aufbruch. Christian Schmitz möchte gerne anknüpfen an die glorreichen Zeiten nach der Gründung des Hauses durch Josef Neus senior im Jahre 1881. Damals war die Familie qualitativer Vordenker der Region. Der Neus-Klon wurde wegen seiner ausgezeichneten Eigenschaften auch von anderen Spitzenweingütern angepflanzt. Heute sollen auf der Basis alter Reben, die in den kalkhaltigen Ingelheimer Weinbergen wachsen, in den gut gepflegten Holzfässern im größten Gewölbekeller Rheinhessens wieder Spitzenrotweine entstehen. Die ältesten Fässer stammen aus den Jahren 1893 und 1897, sie sind seitdem kontinuierlich im Gebrauch. Das ambitionierte Team um Betriebsleiter Lewis Schmitt und Kellermeister Julien Meissner soll dem Ingelheimer Spätburgunder aus dem Hause Neus neuen Glanz verleihen. Erste Ansätze sind erkennbar. Die Spätburgunder sind im traditionellen Stil gehalten, eher hell und zugleich saftig. Die Großen Gewächse aus Horn und Pares stehen an der Spitze, haben sich aber nicht meilenweit von den anderen Spätburgundern entfernt. Ganz außerordentlich gelingen hier die Blanc de Noirs. In den

RHEINHESSEN

nächsten Jahren soll auf nahezu 100 Prozent Burgundersorten und auf ökologischen Weinbau umgestellt werden.

Verkostete Weine 12
Bewertung 83–88 Punkte

- 85 2016 Silvaner trocken | 13,5% | 7,50 €
- 83 2016 Ingelheimer Riesling trocken | 13% | 13,50 €
- 84 2016 Ingelheimer Weißburgunder trocken | 13% | 13,50 €
- 85 2016 Pinot Noir trocken Blanc de Noirs | 13,5% | 7,50 €
- 86 2016 Ingelheimer Spätburgunder trocken Alte Reben Blanc de Noirs | 13% | 22,– €
- 84 2014 Spätburgunder trocken | 13% | 8,– €/1,0 Lit.
- 85 2015 Spätburgunder Muschelkalk trocken | 13% | 8,90 €
- 86 2015 Ingelheimer Spätburgunder trocken | 13,5% | 13,50 €
- 87 2015 Ingelheimer Frühburgunder trocken | 13,5% | 13,50 €
- 87 2015 Ingelheimer Spätburgunder trocken Alte Reben | 13,5% | 18,– €
- 88 2014 Ingelheimer Horn Spätburgunder »Großes Gewächs« | 13,5% | 32,– €
- 87 2014 Ingelheimer Pares Spätburgunder »Großes Gewächs« | 13,5% | 35,– €

WEINGUT OHNACKER-DÖSS

67592 Flörsheim-Dalsheim · Alzeyer Straße 80
Tel (0 62 43) 3 33 · Fax 57 62
kontakt@weingut-ohnacker-doess.de
www.bitteeinwein.de
Inhaber und Betriebsleiter Michael Döß
Verkauf Astrid Döß
Mo–Fr 8.00–11.00 Uhr · 13.00–18.00 Uhr
Sa 9.00–16.00 Uhr und nach Vereinbarung

Frische in den Weinen scheint für Michael Döss ein wichtiger Faktor zu sein. Einige Weine schäumen nach dem Öffnen und geben ihre Füllkohlensäure frei. Dennoch liefert dieses Gut im Wonnegau eine grundsolide Vorstellung. Das Sortiment ist von durchgehend guter Qualität, schon der trockene Riesling-Gutswein hat Format. Das gilt auch für die Rotweine. Der St. Laurent Goldkapsel erinnert an Maulbeere und feines Leder, der Spätburgunder an Kirsche und Unterholz. Dieses Weingut ist in Flörsheim-Dalsheim im südlichen Wonnegau zu Hause. Die Weine werden hier sortenrein ausgebaut, die Trauben ertragsreduziert geerntet.

Verkostete Weine 9
Bewertung 83–86 Punkte

- 83 2016 Weißburgunder Spätlese trocken | 13,5% | 5,90 €
- 83 2016 Grauburgunder Spätlese trocken | 12,5% | 5,90 €
- 84 2016 Chardonnay Spätlese trocken | 13% | 6,10 €
- 85 2016 Riesling Spätlese trocken | 12,5% | 6,10 €
- 83 2016 Riesling halbtrocken Classic | 13% | 6,10 €
- 83 2016 Sauvignon Blanc feinherb | 10,5% | 6,30 €
- 84 2014 St. Laurent trocken Holzfass | 13,5% | 6,80 €
- 85 2015 Spätburgunder trocken Premium Holzfass Goldkapsel | 13% | 10,40 €
- 86 2015 St. Laurent trocken Premium Barrique Goldkapsel | 14% | 19,90 €

★

WEINGUT PAUSER

55237 Flonheim · Im Baumfeld 40
Tel (0 67 34) 87 64 · Fax 67 56
info@weingut-pauser.de
www.weingut-pauser.de
Inhaber Familie Pauser
Kellermeister Friedrich Pauser und Eva Pauser-Brand
Verkauf Cornelia und Eva Pauser-Brand
Mo–Sa 9.00–12.00 Uhr · 13.00–18.00 Uhr
und nach Vereinbarung

Das breit aufgestellte Angebot dieses Flonheimer Betriebes ist in Gutsweine, Orts- und Lagenweine aufgeteilt. Im gutsinternen Ranking werden reichlich Sterne verteilt. Bei den Lagenweinen von Chardonnay und Grauburgunder wurde mit Holz gearbeitet. Einige trockene Weine fallen in diesem Jahr für unseren Geschmack etwas zu süß aus. Der 2011er Cabernet Sauvignon zeigt sich noch sehr frisch mit typischer Sortenaromatik und steht an der Spitze des diesjährigen Sortiments. Weinbar und Panoramaterrasse laden die Besucher zum Verkosten ein. Eva Pauser-Brand und ihr Vater Friedrich Pauser arbeiten Hand in Hand.

Verkostete Weine 11
Bewertung 81–86 Punkte

81 2016 Flonheimer Riesling trocken
| 12,5% | 4,30 €/1,0 Lit.
83 2016 Flonheimer Grauburgunder Wega trocken
**** | 13,5% | 5,80 €
84 2016 Flonheimer Weißburgunder Wega trocken
**** | 13,5% | 5,80 €
82 2016 Flonheimer Klostergarten Scheurebe Sirius trocken ***** | 12,5% | 7,90 €
84 2016 Flonheimer Geisterberg Grauburgunder Sirius trocken ***** | 13,5% | 7,90 €
84 2016 Flonheimer Geisterberg Chardonnay Sirius trocken ***** | 13,5% | 7,90 €
84 2016 Flonheimer Geisterberg Sauvignon Blanc Sirius trocken ***** | 12,5% | 7,90 €
82 2016 Flonheimer Chardonnay Wega feinherb **** | 13,5% | 6,10 €
82 2016 Flonheimer Sauvignon Blanc Wega feinherb **** | 12% | 6,30 €
86 2011 Flonheimer Binger Berg Cabernet Sauvignon Sirius trocken Barrique ***** | 14% | 10,80 €
82 2014 Flonheimer Cabernet Sauvignon & Merlot Vincent feinherb Holzfass **** | 13% | 6,20 €

★★

WEINGUT PETH-WETZ

67593 Bermersheim bei Worms
Alzeyer Straße 16   (BIO)
Tel (0 62 44) 44 24 · Fax 44 94
info@peth-wetz.com
www.peth-wetz.com
Inhaber Christian Peth
Kellermeister Christian Peth
Verkauf Maja und Christian Peth
nach Vereinbarung

Rebfläche 30 Hektar
Jahresproduktion 200.000 Flaschen
Beste Lagen Westhofener Rotenstein, Bermersheimer Hasenlauf, Dalsheimer Hubacker
Boden Kalkmergel, Löss über Kalkstein, Porphyr
Rebsorten je 25% Riesling und weiße Burgundersorten, 20% rote Sorten, 16% Spätburgunder, 8% Sauvignon Blanc, 6% Müller-Thurgau

Das ist einer der führenden Rotweinbetriebe in Rheinhessen, der sich insbesondere auch mit internationalen Rotweinsorten einen Namen gemacht hat. Christian Peth, der bei den Spitzengütern Knipser in Laumersheim und Keller in Flörsheim-Dalsheim gelernt hat und sich auch in Chile, Australien und den USA inspirieren ließ, keltert Rotweine im internationalen Stil. Es ist erstaunlich, was Peth in Bermersheim bei Worms so alles auf die Flasche zieht. Bordeauxsorten stehen dabei im Mittelpunkt, etwa der Cabernet Sauvignon oder auch Petit Verdot. Das sind substanzielle Rotweine mit ungeheurer Dichte der Fruchtaromen und entsprechendem Alkoholgehalt. Wer auf tiefe Farbe und Druck beim Rotwein steht, ist hier gut aufgehoben. Zur Erfrischung gibt es hier auch guten Riesling, kräuterig, mit Aprikosenaroma und guter Spannung. Christian Peth ist zudem immer auf der Suche nach Neuem, er experimentiert gern, auch beim Weißwein. So hat er einen Pinot Gris mit langer Maischestandzeit ausgebaut. Dieser spannende Naturwein steht orangefarben im Glas, hat Gerbstoff und nicht die sonst oft zu beklagenden Fehltöne bei diesen Orange Wines.

RHEINHESSEN

Verkostete Weine 12
Bewertung 82–89 Punkte

82 2014 Chardonnay & Weißburgunder trocken | 13% | 8,- €
86 2016 Sauvignon Blanc trocken | 12% | 8,- €
87 2016 Riesling Unfiltered trocken | 13% | 11,50 €
86 2015 Pinot Gris Unfiltered trocken | 14% | 16,- €
87 2015 Chardonnay Unfiltered trocken | 14% | 16,- €
88 2016 Riesling »RR« trocken | 12,5% | 25,- €
86 2014 Assemblage unfiltered trocken | 14% | 9,- €
88 2014 Assemblage Reserve trocken | 14% | 28,- €
87 2014 Merlot Grand Vintage trocken | 14% | 42,- €
89 2014 Cabernet Sauvignon Grand Vintage trocken | 14% | 42,- €
89 2014 Petit Verdot Grand Vintage trocken | 14% | 48,- €
88 2014 Malbec Grand Vintage trocken | 14% | 50,- €

WEINGUT WOLFGANG UND RENÉ PETH
67592 Flörsheim-Dalsheim · Alzeyer Straße 28
Tel (0 62 43) 90 88 00 · Fax 9 08 80 90
wolfgang@peth.de
www.peth.de
Inhaber und Betriebsleiter Wolfgang und René Maurice Peth
Verkauf Jutta Peth
Fr 13.00–18.00, **Sa** 10.00–17.00 Uhr

Familie Peth stellt uns eine durch und durch homogene Kollektion vor. Die Weißweine sind brav und solide, beginnend bei der ansprechenden und frischen Scheurebe in der Literflasche bis zum feinfruchtigen Riesling Kabinett aus dem Nieder-Flörsheimer Goldberg. Die Rotweine haben mehr zu bieten. Der Frühburgunder ist ein eleganter Vertreter seiner Art und regt zum Trinken an. Der Spätburgunder von alten Reben wird getragen von zarten Holznoten und einem feinen Pinot-Aroma. Mit etwas weniger Alkohol würde er noch raffinierter erscheinen. Winzer Wolfgang Peth hat vor geraumer Zeit Verstärkung von Sohn René bekommen. Beide bearbeiten nun gemeinsam den 15-Hektar-Betrieb im Wonnegau.

Verkostete Weine 12
Bewertung 82–87 Punkte

83 2016 Scheurebe trocken | 12,5% | 4,- €/1,0 Lit.
84 2016 Nieder-Flörsheimer Frauenberg Scheurebe trocken Alte Reben | 13% | 6,- €
83 2016 Kriegsheimer Rosengarten Morio-Muskat Rosenkavalier trocken | 12,5% | 7,50 €
83 2016 Dalsheimer Bürgel Grauburgunder Spätlese trocken | 13% | 5,80 €
84 2016 Nieder-Flörsheimer Frauenberg Weißburgunder Spätlese trocken | 12,5% | 5,80 €
84 2016 Nieder-Flörsheimer Goldberg Riesling Spätlese trocken | 12% | 6,50 €
82 2016 Kriegsheimer Rosengarten Schwarzriesling Spätlese trocken Blanc de Noirs | 13% | 7,50 €
84 2016 Nieder-Flörsheimer Goldberg Riesling Kabinett | 9,5% | 6,50 €
83 2016 Nieder-Flörsheimer Steig Siegerrebe Spätlese | 9,5% | 6,90 €
85 2016 Frühburgunder trocken | 13,5% | 7,90 €
84 2015 Portugieser trocken Holzfass | 14% | 9,80 €
87 2015 Spätburgunder trocken Alte Reben Barrique | 14% | 19,- €

WEINGUT PFANNEBECKER

67551 Worms-Pfeddersheim · Zum Neusatz 14 (BIO)
Tel (0 62 47) 2 86 · Fax 90 52 87
info@weingutpfannebecker.de
www.weingutpfannebecker.de
Inhaber Holker und Max Pfannebecker
Kellermeister Max Pfannebecker
Verkauf Familie Pfannebecker
Mo–Fr 14.00–18.00 Uhr, **Sa** 10.00–16.00 Uhr

Rebfläche 21 Hektar
Jahresproduktion 110.000 Flaschen
Beste Lagen Pfeddersheimer Sankt Georgenberg und Hochberg
Boden sandiger Lehm, Löss
Rebsorten je 25% Riesling und weiße Burgundersorten, 15% Spätburgunder, 35% übrige Sorten
Mitglied Message in a bottle

Verkostete Weine 11
Bewertung 84–86 Punkte

84 2016 Sauvignon Blanc trocken | 12% | 7,50 €
85 2016 Goldmuskateller trocken | 12% | 8,– €
84 2016 Pfeddersheimer Weißburgunder trocken | 13% | 12,– €
84 2016 Pfeddersheimer Grauburgunder trocken | 13% | 12,– €
85 2016 Pfeddersheimer Riesling trocken | 12,5% | 12,– €
85 2016 Pfeddersheimer St. Georgenberg Weißburgunder trocken Holzfass | 13% | 21,– €
85 2016 Pfeddersheimer St. Georgenberg Riesling trocken | 12,5% | 21,– €
86 2016 Pfeddersheimer St. Georgenberg Riesling Kirchenstück trocken | 13% | 30,– €
85 2015 Pfeddersheimer Spätburgunder trocken Barrique | 13% | 14,– €
85 2015 Pfeddersheimer St. Georgenberg Cuvée Maximus trocken Barrique | 13,5% | 16,– €
86 2015 Pfeddersheimer St. Georgenberg Spätburgunder trocken Barrique | 13% | 21,– €

Vom Jahrgang 2016 stellte das Weingut Pfannebecker eine ausgewogene Kollektion vor. Einige Weine haben uns gut gemundet, sie überzeugen durch Präzision. Der trockene Goldmuskateller ist feinfruchtig mit Noten von Litschi und Maracuja. An der Spitze der Weißen steht der Riesling Kirchenstück aus dem Sankt Georgenberg, ein Wein mit Aromen von Apfel und Limette. Der beste Rote ist der Spätburgunder aus derselben Lage, ein feiner Roter mit deutlicher Kirschfrucht. Das ist einer der führenden Wormser Betriebe. Max Pfannebecker trägt bereits seit 2003 die Verantwortung im Keller. Seit 2007 wird ökologisch gewirtschaftet. Die Rebfläche beläuft sich mittlerweile auf 21 Hektar. In den letzten Jahren wurde in ein neues Barriquelager, eine Abfüllhalle und ein neues Flaschenlager investiert. Geplant ist der Aufbau einer eigenen Abfüllung.

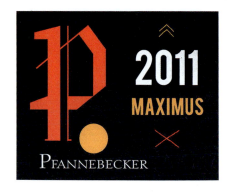

RHEINHESSEN

★ WEINGUT POSTHOF DOLL & GÖTH

55271 Stadecken-Elsheim
Kreuznacher Straße 2
Tel (0 61 36) 30 00 · Fax 60 01
weingut.posthof@doll-goeth.de
www.doll-goeth.de
Inhaber Erika und Roland Doll
Betriebsleiter und Kellermeister Roland und Linus Doll
Außenbetrieb Manuel Paul
Verkauf Erika Doll
Mo-Fr 8.00–12.00 Uhr · 13.30–18.30 Uhr
Sa 9.00–17.00 Uhr und nach Vereinbarung

Der Chardonnay-Sekt ist ein cremiger, aber animierender Einstieg in die Kollektion. Die Weine sind sauber gearbeitet, einige davon sind von der Süße her eher im oberen Bereich angesiedelt. Der straffe Kellersberg Riesling bildet hier die Ausnahme. Die fruchtigen Rebsorten sind etwas dezent in der Aromatik. Auch hier ist ein Generationswechsel im Gange. Linus Doll hat nach Lehrjahren an der Nahe und in Nierstein und seinem Studium in Geisenheim 2017 im Keller den Ausbau der Weine übernommen.

Verkostete Weine 12
Bewertung 81–86 Punkte

86 2014 Chardonnay Sekt Brut | 13% | 11,60 €
82 2016 Silvaner trocken | 12,5% | 5,80 €
83 2016 Morio Muskat trocken | 13% | 6,50 €
81 2016 Grauburgunder trocken | 13% | 6,60 €
84 2016 Stadecker Lenchen Riesling trocken | 12,5% | 7,10 €
84 2016 Stadecker Spitzberg Weißburgunder trocken | 13% | 7,10 €
82 2016 Gewürztraminer trocken | 12,5% | 7,40 €
85 2015 Gau-Bischofsheimer Kellersberg Riesling trocken | 12,5% | 8,10 €
86 2016 Gau-Bischofsheimer Kellersberg Riesling trocken | 12% | 8,10 €
84 2016 Huxelrebe Spätlese | 10% | 6,10 €
84 2014 Cuvee R trocken Holzfass | 13,5% | 8,10 €
84 2015 Elsheimer Bockstein Merlot trocken Barrique | 14% | 15,60 €

★★ WEINGUT RADDECK

55283 Nierstein · Am Hummertal 100
Tel (0 61 33) 5 81 15 · Fax 5 83 31
info@raddeckwein.de
www.raddeckwein.de
Inhaber Familie Raddeck
Betriebsleiter Familie Raddeck
Kellermeister Anna-Karina und Stefan Raddeck
Verkauf Birgit und Anna-Karina Raddeck
Mo-Fr 9.00–18.00 Uhr, **Sa** 9.00–16.00 Uhr und nach Vereinbarung
Rebfläche 18 Hektar
Jahresproduktion 140.000 Flaschen
Beste Lagen Niersteiner Heiligenbaum, Ölberg, Pettenthal, Orbel und Schloss Schwabsburg
Boden roter Tonschiefer, Kalkgestein, Löss
Rebsorten 40% Riesling, 25% Spätburgunder, je 10% Grauburgunder, Silvaner und Weißburgunder, 5% übrige Sorten
Mitglied roter Hang

Schon seit 2003 wird hier nach den Richtlinien des ökologischen Weinbaus gewirtschaftet. Was seine Eltern begonnen haben, setzt Sohn Stefan Raddeck konsequent fort. Einst bester Nachwuchswinzer Deutschlands und ausgebildet beim fränkischen Biopionier Gerhard Roth in Wiesenbronn, hat der studierte Geisenheimer in den 2009 eingeweihten neuen Betriebsgebäuden mit Blick auf Nierstein und den Rhein beste Voraussetzungen, um qualitativ zu arbeiten. Dass er sie nutzt, zeigt Raddeck auch mit dem Jahrgang 2016. Vorgestellt wurden sehr saubere Weine, die leicht verständlich und ordentlich vinifiziert sind. Viele Weine leben von der Primärfrucht. Ganz vorne in der aktuellen Riesling-Reihe stehen Orbel und Pettenthal Edition S. Ein 2015er Weißburgunder aus dem Barrique mit Substanz rundet die weiße Linie ab. Dass Raddeck auch ein Händchen für Rotweine hat, zeigt die 2014er Cuvée von Spätburgunder und Cabernet Sauvignon, die große Kraft mit Tiefgang vereint.

Verkostete Weine 12
Bewertung 82–87 Punkte

- 82 2016 Riesling trocken | 12,5% | 6,– €
- 84 2016 Sauvignon Blanc trocken | 13,5% | 7,50 €
- 84 2016 Niersteiner Riesling Vom Kalkstein trocken | 13% | 8,70 €
- 84 2016 Weißburgunder Edition 2Hügel trocken | 13,5% | 8,70 €
- 85 2016 Niersteiner Roter Hang Riesling Edition 2Hügel trocken | 12,5% | 8,70 €
- 85 2016 Niersteiner Heiligenbaum Riesling Edition S trocken | 12,5% | 12,50 €
- 87 2016 Niersteiner Pettenthal Riesling Edition S trocken | 12,5% | 13,– €
- 86 2016 Niersteiner Orbel Riesling Edition S trocken | 12,5% | 14,50 €
- 86 2015 Weißburgunder trocken Reserve Barrique | 13,5% | 14,50 €
- 85 2015 Cuvée MC trocken | 13,5% | 9,50 €
- 85 2014 Spätburgunder Edition 2Hügel trocken Barrique | 13,5% | 12,50 €
- 87 2014 Spätburgunder & Cabernet Sauvignon Edition S trocken Barrique | 13,5% | 16,50 €

WEINGUT RAPPENHOF

67577 Alsheim · Bachstraße 47
Tel (0 62 49) 40 15 · Fax 47 29
weingut.rappenhof@t-online.de
www.weingut-rappenhof.com
Inhaber und Betriebsleiter Klaus Muth
Verwalter Hermann Muth
Kellermeister Christian Hahn

Verkauf nach Vereinbarung

Der Riesling spielt neben den Burgundersorten in diesem Traditionshaus eine tragende Rolle. Die Großen Gewächse aus dem Oppenheimer Herrenberg und dem Niersteiner Pettenthal präsentieren sich noch recht verschlossen. Etwas entwickelter zeigt sich der Riesling-Gutswein Hieronymus und Alexander, der gleichnamige Weiße Burgunder ist sehr trocken, klar und straff. Ein Spaßwein ist der feinherbe Gewürztraminer, der nach Pfingstrosen duftet und mit guter Säure ausgestattet ist. Pure Beerenfrucht versprüht die Pettenthal Riesling Beerenauslese, die nach Korinthen schmeckt.

Verkostete Weine 12
Bewertung 83–90 Punkte

- 83 2016 Grauburgunder trocken | 13,5% | 7,50 €
- 83 2016 Chardonnay trocken | 13% | 7,50 €
- 84 2016 Weißburgunder trocken | 13% | 7,50 €
- 85 2016 Weißburgunder Hieronymus und Alexander trocken | 13,5% | 7,50 €
- 85 2016 Riesling Hieronymus und Alexander trocken | 13,5% | 7,50 €
- 84 2016 Riesling trocken Alte Reben | 14% | 7,50 €
- 83 2016 Sauvignon Blanc trocken | 11,5% | 8,– €
- 86 2016 Oppenheimer Herrenberg Riesling »Großes Gewächs« | 13,5% | 27,– €
- 87 2016 Niersteiner Pettenthal Riesling »Großes Gewächs« | 13,5% | 32,– €
- 84 2016 Riesling feinherb | 11,5% | 7,50 €
- 86 2016 Gewürztraminer feinherb | 11,5% | 8,– € 🍇
- 90 2015 Niersteiner Pettenthal Riesling Beerenauslese | 8% | 40,– €/0,375 Lit.

Symbole Weingüter
★★★★★ Weltklasse · ★★★★ Deutsche Spitze
★★★ Sehr Gut · ★★ Gut · ★ Zuverlässig

RHEINHESSEN

★★★★✭

SEKTHAUS RAUMLAND

67592 Flörsheim-Dalsheim
Alzeyer Straße 123c
Tel (0 62 43) 90 80 70 · Fax 90 80 77
info@raumland.de
www.raumland.de

Inhaber und Betriebsleiter Volker Raumland

Verkauf Heide-Rose und Volker Raumland
Mo-Fr 8.00–16.30 Uhr, **Sa** 10.00–13.00 Uhr

Rebfläche 9,9 Hektar
Jahresproduktion 100.000 Flaschen
Beste Lagen Dalsheimer Bürgel, Hohen-Sülzer Kirchenstück, Bockenheimer Schlossberg, Mölsheimer Silberberg
Boden Muschel- und Algenkalk, Terra Fusca, Schwemmland mit Mergel
Rebsorten je 39% Chardonnay und Spätburgunder, 10% Riesling, 9% Weißburgunder, 3% Pinot Meunier
Mitglied Verband der klassischen Flaschengärer

Mit dem Begriff Winzersekt kann sich Volker Raumland nicht identifizieren. Das mag ganz einfach daran liegen, dass seine Schaumweine nichts, aber auch gar nichts mit Winzersekten gemein haben. Aber mit Champagner umso mehr. Champagner darf er seine Produkte auf keinen Fall nennen, auch wenn er viele davon aus den klassischen Champagner-Rebsorten Chardonnay, Pinot Noir und Pinot Meunier komponiert hat. Darüber wacht eine strenge Aufsicht in der Champagner-Metropole Reims, und das weltweit. Also muss sich Volker Raumland damit trösten, dass seine Sekte im Stil oft mit Jahrgangschampagner verglichen werden. Oder sich an jenes legendäre Menü auf Sylt erinnern, als sein Chardonnay Prestige und sein Triumvirat in den direkten Vergleich mit 2002er Champagner-Legenden traten, Seite an Seite mit Pol Roger und Ruinart, mit Bollinger und Dom Perignon, mit Roederer und Jacquesson.

Behutsam und von Hand

Volker Raumland stammt ursprünglich aus einem pfälzischen Winzerbetrieb in Bockenheim an der Weinstraße. Dort liegt heute noch ein Teil seiner Weinberge, die anderen in Dalsheim und Hohen-Sülzen. Mit seiner aus einem namhaften Stuttgarter Weingut stammenden Frau Heide-Rose bewirtschaftet er zehn Hektar komplett ökologisch. Die Trauben werden behutsam von Hand gelesen, dabei selbst der kleinste Fäulnisansatz vermieden. 80.000 bis 100.000 Flaschen kommen Jahr für Jahr in den Keller, zu den 800.000, die dort schon lagern und reifen, die besten liegen zehn Jahre und länger auf der Feinhefe. Natürlich ist Volker Raumlands Vorbild die Champagne. Er kennt alle namhaften Betriebe dort, kein Detail ist ihm fremd. Doch Kopieren ist seine Sache nicht. Raumland zieht aus dem Wissen um den Kulturschatz in der Champagne seine eigenen Erkenntnisse für die Produktion zu Hause im südlichen Rheinhessen. Raumland Sekt reift mindestens 36 Monate in der Flasche auf der Feinhefe, um ein sehr feines Mousseux sowie Komplexität zu erreichen.

Volker Raumland

Perlende Schönheiten

Wir könnten nun hier endlos Verkostungsnotizen ausbreiten, nur um am Ende zum x-ten Male zu verkünden: Hier wird oft der beste Sekt in Deutschland hergestellt, der aber auch weltweit keine Konkurrenz zu scheuen braucht. Dass keiner der vorgestellten Sekte weniger als 88 Punkte bekommen hat, spricht allein schon für sich. Und da sind in der Basis Schaumweine dabei, die gerade mal zwischen 16 und 18 Euro kosten – ein außerordentliches Preis-Genuss-Verhältnis. Natürlich schwingen sich die Besten auch preislich auf das Niveau von Prestige Champagner, aber die Qualität ist eben auch auf diesem Top-Level. An der Spitze stehen zwei perlende Schönheiten aus dem Jahrgang 2007: der Chardonnay Vintage Brut Prestige und der MonRose Brut Prestige, eine Cuvée der klassischen Champagner-Rebsorten. Übrigens: Wenn die Flasche Sekt erst mal offen ist, so denken viele, dann sollte sie auch schnell ausgetrunken werden. Nicht so beim Triumvirat, der an der Luft noch enorm zulegt und unbedingt ein großes Glas zur Entfaltung braucht – und ein wenig Geduld, auch wenn es schwer fällt. Jede Flasche Raumland Sekt reift mindestens 36 Monate in der Flasche auf der Feinhefe um ein sehr feines Mousseaux sowie eine tiefe Komplexität zu erreichen.

Verkostete Weine 12
Bewertung 88–93 Punkte

- 88 2012 Riesling Sekt Brut Prestige | 12% | 16,- €
- 88 2012 »Cuvée Katharina« Sekt Brut Prestige | 12% | 17,- €
- 90 2012 Cuvée »Marie Luise« Pinot Noir Sekt Brut Prestige | 12% | 17,- €
- 92 2012 Pinot Noir Sekt Brut Prestige Rosé | 12% | 18,- € | TOP 10
- 89 2010 Pinot Noir Sekt Brut Prestige | 12% | 23,50 €
- 89 2008 Riesling Sekt Brut Prestige | 12% | 24,- €
- 91 2009 Weißburgunder Blanc de Blanc Sekt Brut Prestige | 12% | 25,- €
- 92 2011 Chardonnay Sekt Brut Prestige | 12% | 31,- € | TOP 10
- 91 2009 9. Triumvirat Grande Cuvée Sekt Brut Prestige | 12,5% | 38,- €
- 92 2004 Pinot Noir Vintage Sekt Brut Prestige | 12% | 68,- € | TOP 10
- 93 2007 Chardonnay Vintage Sekt Brut Prestige | 12% | 68,- € | TOP 10
- 93 2007 »MonRose« Sekt Brut Prestige | 12% | 85,- € | TOP 10

WEINGUT RETTIG

67593 Westhofen · Gundheimer Straße 1
Tel (0 62 44) 49 28 · Fax 90 50
info@weingut-rettig.de
www.weingut-rettig.de
Inhaber Klaus Rettig

Verkauf nach Vereinbarung

Familie Rettig aus Westhofen ist mit ihrem Weingut auf einem guten Weg. Erneut stellt sie eine seriöse Kollektion ohne Schwächen vor. Die Trinkanimation steht hier immer im Mittelpunkt, alle Weine haben Aufspiel und Frische. Der Riesling aus der Steingrube erinnert an Steinobst und ist fein mineralisch. Der Westhofener Silvaner ist druckvoll und zeigt schönes Säurespiel. Die dunkle Rotwein-Cuvée ist etwas für Freunde des internationalen Stils. Klaus Rettig führt den Betrieb, den die Großeltern gründeten, zusammen mit seiner Frau Jutta weiter und mit den Töchtern Katja und Tina hat sich bereits die nächste Generation auf den Weg gemacht. Die Weinberge liegen in Westhofen oder grenzen dort an. Die Böden sind von Kalkmergel oder Lösslehm geprägt.

Verkostete Weine 10
Bewertung 83–86 Punkte

- 83 2016 Riesling trocken | 12,5% | 5,80 €
- 84 2016 Weißer Burgunder trocken | 13% | 6,- €
- 84 2016 Bechtheimer Auxerrois trocken | 12,5% | 6,40 €
- 85 2016 Westhofener Silvaner trocken | 12,5% | 7,70 €
- 86 2016 Westhofener Steingrube Riesling trocken | 12,5% | 8,50 €
- 86 2016 Westhofener Weißer Burgunder trocken | 13% | 9,50 €
- 85 2016 Westhofener Morstein Riesling trocken | 12,5% | 16,- €
- 86 2015 Westhofener Pinot Madeleine trocken | 13,5% | 9,50 €
- 85 2016 Bechtheimer Pinot Noir trocken | 13% | 9,50 €
- 86 2015 Cuvée Kudu trocken | 13,5% | 12,- €

Weinbewertung in Punkten

100 Perfekt • 95 bis 99 Überragend • 90 bis 94 Exzellent
85 bis 89 Sehr gut • 80 bis 84 Gut

★★★ RHEINHESSEN

WEINGUT RIFFEL

55411 Bingen-Büdesheim · Mühlweg 14a
Tel (0 67 21) 99 46 90 · Fax 99 46 91
service@weingut-riffel.de
www.weingut-riffel.de
Inhaber Carolin und Erik Riffel
Kellermeister Erik Riffel
Verkauf Familie Riffel
April–Dez. **Mo–Do** 17.00–19.00 Uhr
Fr 13.00–19.00 Uhr, **Sa** 10.00–17.00 Uhr
Jan.–März **Mo–Fr** 17.00–19.00 Uhr,
Sa 10.00–16.00 Uhr
Sehenswert Turmzimmer mit Blick auf den Binger Scharlachberg
Rebfläche 15 Hektar
Jahresproduktion 100.000 Flaschen
Beste Lage Binger Scharlachberg und Bubenstück
Boden Quarzit mit Lehmanteilen, Lösslehm, Tonmergel
Rebsorten 45% Riesling, 8% Weißburgunder, je 7% Dornfelder und Silvaner, 6% Müller-Thurgau, 5% Grauburgunder, je 4% Chardonnay und Spätburgunder, 14% übrige Sorten
Mitglied Ecovin, Vinothek Rheinhessen

tenzial ist deutlich spürbar. Abseits der Spitzen gibt es hier mit dem Quarzit Silvaner und dem Quarzit Riesling zwei sehr gute Weine aus dem mittleren Qualitätssegment.

Verkostete Weine 11
Bewertung 83–89 Punkte

86 2015 Silvaner Landwein trocken Reserve Barrique | 12,5% | 24,50 €
83 2016 Riesling trocken | 12% | 7,90 €
84 2016 Binger Weißburgunder Tonmergel trocken Holzfass | 13% | 12,- €
86 2016 Binger Silvaner Quarzit trocken Holzfass | 12,5% | 12,- €
87 2016 Binger Riesling Quarzit trocken | 12,5% | 12,- €
88 2016 Binger Scharlachberg Silvaner trocken Holzfass | 12,5% | 22,- €
87 2016 Binger Scharlachberg Gewürztraminer trocken | 12,5% | 24,50 €
89 2016 Binger Scharlachberg Riesling trocken Holzfass | 13% | 24,50 €
85 2016 Binger Scharlachberg Riesling Kabinett | 9,5% | 9,90 €
89 2016 Binger Scharlachberg Riesling Auslese | 7,5% | 12,90 €/0,375 Lit.
88 2014 Pinot Noir trocken Reserve Barrique | 13% | 24,50 €

Der Binger Scharlachberg hatte mal einen Namen, der vor Jahrzehnten bei Weinkennern in aller Munde war. Dann verfiel die Lage in eine Depression, und Erik Riffel kommt das Verdienst zu, als erster Binger Winzer bereits Anfang der 1990er Jahre die Renaissance gestartet zu haben. So richtig kam das Wiederbelebungsprojekt in Gang, nachdem Erik und Carolin Riffel 2005 den Betrieb übernommen hatten und in einem wenig später bezogenen Neubau alle modernen Möglichkeiten der Weinbereitung einsetzen konnten. Dazu kam der Wechsel auf ökologischen Weinbau und Biodynamie. Seit einigen Jahren ernten die Riffels nun die Früchte ihrer großen Anstrengungen. Der Scharlachberg ist heute gefragter denn je, auch unter Winzerkollegen in der Nachbarschaft. Und Riffel selbst stellt einen starken Wein nach dem anderen aus dieser Lage vor. Etwa im Jahrgang 2016, wo ihm ein toller Silvaner mit großer Präzision und Spannung gelungen ist. Dieser Wein gehört oft zu den besten seiner Sorte im Gebiet. Mit dem Riesling aus dem Scharlachberg stellt Riffel wieder einen großen Wein vor, der sich erst langsam an der Luft öffnet. Das Po-

☆

WEINGUT F. & C. ROLL
67596 Dittelsheim-Hessloch
Kloppbergstraße 36
Tel (0 62 44) 74 38 · Fax 77 51
info@weingut-roll.de
www.weingut-roll.de
Inhaber Friedrich und Christian Roll
Betriebsleiter Christian Roll
Verkauf Friedrich Roll
Mo–Fr 8.00–18.00 Uhr und nach Vereinbarung

Dieser 20-Hektar-Betrieb tischt bis auf wenige Weine eine ansprechende Kollektion auf. Es sind meist sauber gearbeitete Weine, der Holzeinsatz wirkt gekonnt. Beim Riesling hat der Geiersberg die Nase vorn, ein straffer Weine mit guter Struktur. Auch der birnenduftige, schmelzige Grauburgunder hat uns angesprochen. Ganz vorne rangiert der saftige Sauvignon Blanc Barrique, ein guter Speisenbegleiter, aber mit einem abgehobenen Preis. Bei den Rotweinen ist noch deutlich Luft nach oben. Friedrich Roll und sein Sohn Christian führen das Weingut im Wonnegau.

Verkostete Weine 12
Bewertung 79–86 Punkte

83 2016 Dittelsheimer Leckerberg Riesling Edition trocken Premium | 12% | 10,70 €
83 2016 Dittelsheimer Weißburgunder trocken | 12,5% | 8,– €
81 2016 Dittelsheimer Pfaffenmütze Sauvignon Blanc trocken Premium | 12,5% | 9,70 €
84 2016 Dittelsheimer Leckerberg Grauburgunder trocken Premium | 13% | 10,20 €
85 2015 Dittelsheimer Leckerberg Weißburgunder Hügelkind trocken Reserve Barrique | 12,5% | 12,30 €
86 2015 Sauvignon Blanc trocken Reserve Barrique | 13% | 32,– €
84 2016 Dittelsheimer Geiersberg Riesling Spätlese trocken Premium | 13% | 10,20 €
84 2016 Dittelsheimer Gewürztraminer Spätlese | 11% | 8,– €
82 2015 Frühburgunder trocken Holzfass | 13% | 10,70 €
82 2015 Dittelsheimer Geiersberg Spätburgunder trocken Reserve Barrique | 13% | 15,– €
82 2014 Dittelsheimer Mönchshube Cabernet Sauvignon trocken Reserve Barrique | 12,5% | 15,30 €

★★⯪

WEINGUT RUPPERT-DEGINTHER
67596 Dittelsheim-Hessloch
Kämmererstraße 8
Tel (0 62 44) 2 92 · Fax 5 71 34
kontakt@ruppert-deginther.de
www.ruppert-deginther.de
Inhaber Justus Ruppert
Betriebsleiter Karl-Joachim Ruppert
Verkauf nach Vereinbarung

Der junge Justus Ruppert stellt vom Jahrgang 2016 saubere, von der Primärfrucht geprägte Weißweine vor. Dem Riesling Calx steht die präsente Säure sehr gut. Calx steht übrigens für kargen, sehr kalkigen Charakter. Die Weißwein-Reihe wird angeführt vom stoffigen und klaren Grauburgunder. Bei den Roten hat der typische Spätburgunder mit klarer Frucht die Nase vorn. Justus Ruppert will die Hesslocher Lagen weiter nach vorne bringen. Er ist felsenfest von deren Güte überzeugt. Ruppert lernte bei Klaus-Peter Keller in Flörsheim-Dalsheim und bekam durch intensive Weinbergsarbeit, aber auch durch gemeinsames Verkosten eine genaue Vorstellung davon, was einen Spitzenwein ausmacht.

Verkostete Weine 10
Bewertung 80–86 Punkte

80 2016 Sauvignon Blanc trocken | 13% | 7,70 €
82 2016 Hesslocher Silvaner trocken | 12,5% | 7,70 €
85 2016 Bechtheimer Grauburgunder trocken | 13,5% | 8,10 €
83 2016 Westhofener Riesling trocken | 12,5% | 8,35 €
80 2016 Hesslocher Riesling trocken | 12,5% | 8,50 €
83 2015 Chardonnay Calx trocken | 14% | 12,80 €
84 2016 Riesling Calx trocken | 12,5% | 17,– €
86 2014 Bechtheimer Spätburgunder trocken | 13% | 11,05 €
85 2015 Cuvée Schwarzwild trocken | 14% | 12,90 €
83 2014 Cuvée Rotwild trocken | 14% | 15,60 €

RHEINHESSEN

WEINGUT RUSSBACH
55234 Eppelsheim · Alzeyer Straße 22
Tel (0 67 35) 96 03 02 · Fax 84 12
info@weingut-russbach.de
www.weingut-russbach.de
Inhaber und Betriebsleiter Bernd Russbach
Verkauf nach Vereinbarung
Rebfläche 21,5 Hektar
Jahresproduktion 185.000 Flaschen
Beste Lagen Eppelsheimer Felsen, Flomborner Feuerberg
Boden Kalkstein und Lösslehm
Rebsorten 30% Burgunder, je 20% Riesling und Silvaner, je 10% Dornfelder, Müller-Thurgau und Sauvignon Blanc
Mitglied Selection Rheinhessen

Verkostete Weine 12
Bewertung 82–87 Punkte

82 2016 Silvaner trocken | 12% | 5,90 €/1,0 Lit.
82 2016 Eppelsheimer Weißburgunder trocken | 11,5% | 6,90 €
82 2016 Eppelsheimer Riesling trocken | 12% | 7,50 €
84 2016 Eppelsheimer Chardonnay trocken »sur lie« | 12,5% | 7,90 €
84 2016 Eppelsheimer Sauvignon Blanc trocken | 11,5% | 7,90 €
87 2016 Eppelsheimer Felsen Silvaner Kalkstein trocken Premium »sur lie« | 12% | 9,80 €
85 2016 Eppelsheimer Felsen Sauvignon Blanc Terra Fusca trocken Premium »sur lie« | 12% | 11,50 €
87 2016 Eppelsheimer Felsen Chardonnay Fumé trocken Premium »sur lie« | 13% | 11,50 €
86 2016 Westhofener Morstein Riesling trocken Premium »sur lie« | 12% | 12,50 €
85 2016 Flomborner Feuerberg Grauburgunder Spätlese trocken Premium | 13% | 11,50 €
84 2016 Eppelsheimer Felsen Riesling Kalkstein Spätlese feinherb Premium | 11% | 11,50 €
86 2015 Eppelsheimer Felsen Frühburgunder trocken Premium Holzfass | 13,5% | 10,50 €

In den zurückliegenden Jahren hat Bernd Russbach ausgesprochen zuverlässig gearbeitet. Selbst in Jahrgängen wie 2013 und 2014, die nicht einfach zu handhaben waren, war auf den Triathleten unter den rheinhessischen Winzern Verlass. Auch der Jahrgang 2016 bildet hier keine Ausnahme. Russbach stellte uns eine durchweg gute Kollektion mit leichten, sortentypischen Weinen vor. Die beiden Silvaner sind repräsentative Vertreter ihrer Sorte: neben dem sauberen Liter vor allem der Silvaner vom Kalkstein aus der Lage Felsen, ein Wein mit Kraft und Ausdruck, der dennoch filigran bleibt und feine Kernobstnoten verströmt. Dem Chardonnay Fumé, ebenfalls aus dem Felsen, gelingt es, das zurückhaltende Holz mit guter Säure und eleganter Art zu verbinden. Beim Riesling steht der straffe, nach Zitrusfrüchten duftende trockene Morstein an der Spitze.

★★★

WEINGUT SANDER

67582 Mettenheim · In den Weingärten 11 (BIO)
Tel (0 62 42) 15 83 · Fax 65 89
info@sanderweine.de
www.sanderweine.de
Inhaber Familie Sander
Betriebsleiter Stefan Sander
Kellermeister Stefan Sander
Verkauf Familie Sander
Mo-Fr 10.00-17.00 Uhr, **Sa** 9.00-12.00 nach Vereinbarung
Historie Großvater Otto Heinrich Sander war bereits in den 50er Jahren Pionier des ökologischen Weinbaus
Rebfläche 31 Hektar
Jahresproduktion 200.000 Flaschen
Beste Lagen Mettenheimer Schlossberg und Michelsberg, Bechtheimer Geyersberg
Boden Löss und Lehm, Sand und Schwemmland
Rebsorten 30% Riesling, 18% Weißburgunder, je 10% Chardonnay, Sauvignon Blanc und Spätburgunder, 22% übrige Sorten
Mitglied Naturland, Demeter, Message in a bottle

Verkostete Weine 11
Bewertung 85-89 Punkte

86 2016 Weißburgunder trocken | 12% | 8,50 €
85 2016 Riesling Lössterrassen trocken | 12,5% | 10,90 €
86 2016 Chardonnay trocken | 13% | 10,90 €
87 2016 Sauvignon Blanc trocken | 12,5% | 10,90 €
87 2016 Silvaner Alte Reben trocken | 12,5% | 14,90 €
88 2016 Mettenheimer Michelsberg Weißburgunder trocken | 13% | 15,50 €
88 2016 Mettenheimer Michelsberg Riesling trocken | 13% | 17,90 €
89 2016 Chardonnay & Weißburgunder trocken Barrique | 13% | 17,90 €
88 2016 Mettenheimer Schlossberg Riesling trocken | 13% | 22,50 €
86 2015 Spätburgunder Lössterrassen trocken | 13,5% | 13,90 €
88 2015 Mettenheimer Michelsberg Spätburgunder trocken Barrique | 13,5% | 13,90 € | €

Das ist wieder ein homogenes Sortiment aus den Sander'schen Bioweinbergen rund um Mettenheim. Vor allem die Burgundersorten haben uns sehr gut gefallen. Schon die Gutsweine von Chardonnay und Weißburgunder präsentieren sich saftig und mit schönem Schmelz, was erst recht auf den Weißburgunder Michelsberg und die Cuvée von Chardonnay und Weißburgunder zutrifft. Doch hier gelingen auch andere Sorten vortrefflich. Der Silvaner von alten Reben ist mineralisch, straff und frisch, der knackige Sauvignon Blanc ganz auf der grünen Seite angesiedelt. Die trockenen Rieslinge könnten für unseren Geschmack etwas puristischer angelegt sein, sprich mit etwas weniger Restsüße. Das hübsche Etikett dieses Gutes mit dem Marienkäfer ist kein Marketinggag, sondern vielmehr ein Symbol für die biodynamische Arbeitsweise. Die Umstellung nahm bereits Großvater Otto Heinrich vor mehr als 60 Jahren vor. Einst galt er als grüner Spinner, heute wird er als Pionier gewürdigt. Seinem Vorbild fühlen sich die nachfolgenden Generationen auf Deutschlands ältestem Bioweingut verpflichtet. Gespannt sind wir 2018 auf die erste Ernte vom Grünfränkisch, einer historischen Rebsorte, die Stefan Sander gepflanzt hat.

RHEINHESSEN

WEINGUT SCHÄTZEL
55283 Nierstein · Oberdorfstraße 34
Tel (0 61 33) 55 12 · Fax 6 01 59
weingut@schaetzel.de
www.schaetzel.de
Inhaber und Betriebsleiter Kai Schätzel
Außenbetrieb Ulrich Damerow
Kellermeister Kai Schätzel

Verkauf Familie Schätzel
nach Vereinbarung

Historie Familie betreibt seit mehr als 650 Jahren Weinbau am Rhein
Sehenswert 300 Jahre altes Gutshaus mit Probierstube, 700 Jahre alter Gewölbekeller mit klassischen Holzfässern
Erlebenswert Traditionsstube »Schätzel Kabi-Nett«, »SchätzelKino« im alten Kelterhaus, Veranstaltungsreihe »Tatort & Blutwurst«
Rebfläche 15 Hektar
Jahresproduktion 80.000 Flaschen
Beste Lagen Niersteiner Pettenthal, Hipping, Ölberg und Heiligenbaum, Nackenheimer Rothenberg
Boden roter Tonschiefer, Lehmlöss mit Kalkmergel
Rebsorten 70% Riesling, 15% Silvaner, 8% Spätburgunder, 7% übrige Sorten
Mitglied Roter Hang, VDP, Maxime Herkunft

im alten Gewölbekeller und langjährige Erfahrung mit dem Ausbau im großen Holzfass. Kai Schätzel gelingt es immer wieder, Spannung, Ausdruck und Eleganz zu zeigen, bei teils sensationell niedrigem Alkoholgehalt.

Verkostete Weine 12
Bewertung 83–90 Punkte

84 2016 ReinWeiß trocken Holzfass | 11% | 6,50 €
83 2016 Silvaner trocken Holzfass | 11% | 8,50 €
84 2016 Riesling trocken Holzfass | 11% | 9,50 €
85 2016 Niersteiner Silvaner trocken Holzfass | 11% | 15,- €
87 2016 Niersteiner Riesling ReinSchiefer trocken Holzfass | 11% | 15,- €
88 2016 Niersteiner Ölberg Riesling »Großes Gewächs« Holzfass | 11,5% | 25,- €
89 2016 Niersteiner Hipping Riesling »Großes Gewächs« Holzfass | 11,5% | 35,- €
87 2015 Niersteiner Pettenthal Riesling »Großes Gewächs« Holzfass | 11,5% | 39,- €
86 2016 Niersteiner Riesling Kabinett Holzfass | 8% | 15,- €
88 2016 Niersteiner Hipping Riesling Kabinett Holzfass | 7,5% | 25,- €
90 2016 Niersteiner Pettenthal Riesling Kabinett Holzfass | 7,5% | 🗡
87 2016 Niersteiner Riesling Spätlese | 7% | 20,- €

Nehmen wir eins vorweg: Die Reihe der fruchtigen Riesling Kabinettweine ist auch im Jahrgang 2016 außerordentlich gelungen. Die Weine werden getragen von einer großartigen Zitrusfrische, wunderbarer Kräuterwürze und einem schwerelosen Fluss. Bei den trockenen Rieslingen stehen in diesem Jahr die Großen Gewächse aus dem Hipping und dem Ölberg aus Nierstein an der Spitze. Das 2015er Große Gewächs vom Pettenthal kann diesmal nicht an die Leistungen in anderen Jahrgängen anknüpfen. Alle Weine sind in 2016 sehr reduktiv, haben zum Teil deutliche Schwefelnoten, sind verschlossen und brauchen viel Luft. Einige klingen mit leichten Bittertönen ab. Nach wie vor ist dies einer der spannendsten Betriebe in der ganzen Region. Kai Schätzel verfügt über eine ganze Mixtur an wertvollen Komponenten: Rotliegendes, alte Reben, originäre Silvanerklone, aufwendige Handarbeit sowohl bei der Bodenbearbeitung als auch bei der Lese, strikte Ertragsreduzierung, Ausbau

WEINGUT SCHERNER-KLEINHANSS

67592 Flörsheim-Dalsheim · Alzeyer Straße 10
Tel (0 62 43) 4 35 · Fax 56 65
info@scherner-kleinhanss.de
www.scherner-kleinhanss.de
Inhaber Klaus Scherner
Kellermeister Klaus Scherner
Verkauf Monika Bank-Scherner
nach Vereinbarung

Klaus Scherner versteht sein Handwerk nach Jahrzehnten Erfahrung in der praktischen Umsetzung bestens. Diese schmeckt man auch in den Weinen. Der Flörsheim-Dalsheimer Betrieb stellte eine durch und durch homogene Kollektion vor. Ganz vorne rangiert der Riesling Goldberg mit eleganter Pfirsichnote, und auch beim mineralischen Dalsheimer Weißburgunder kommt Freude auf. Das Weingut befindet sich seit 1726 in Familienbesitz. Klaus Scherner betreibt es in der neunten Generation. Die Böden der Weinberge sind teils von Lösslehm, teils von Kalk, Quarz und Kies geprägt.

Verkostete Weine 11
Bewertung 82–87 Punkte

86 2015 Weißburgunder Blanc de Blancs Sekt Brut
 | 12% | 15,– €
83 2016 Riesling vom Muschelkalk trocken
 | 12% | 6,50 €/1,0 Lit.
84 2016 Weißburgunder Lössterrassen trocken
 | 12,5% | 7,50 €
85 2016 Grauburgunder trocken | 12,5% | 7,50 €
85 2016 Sauvignon Blanc trocken | 12% | 10,50 €
85 2016 Dalsheimer Riesling trocken | 12% | 10,50 €
86 2016 Dalsheimer Weißburgunder trocken
 | 12,5% | 10,50 €
87 2016 Nieder-Flörsheimer Goldberg Riesling
 trocken | 12,5% | 15,– €
82 2016 Spätburgunder trocken Weißherbst
 | 12,5% | 7,50 €
86 2015 Blauer Spätburgunder trocken Holzfass
 | 13% | 7,50 €
85 2015 Cabernet Sauvignon & Cabernet Mitos
 Cuvée J trocken Barrique | 13% | 10,50 €

WEINGUT SCHLOSSMÜHLENHOF

55234 Kettenheim · Kirchstraße 18
Tel (0 67 31) 4 34 59 · Fax 4 21 05
info@schlossmuehlenhof.de
www.schlossmuehlenhof.de
Inhaber Walter und Nicolas Michel
Verwalter Walter Michel
Betriebsleiter und Kellermeister Nicolas Michel
Verkauf nach Vereinbarung

Vom Jahrgang 2016 probierten wir vom Schlossmühlenhof eine homogene Kollektion ohne einen schwachen Wein. Von den trockenen konnte der Riesling aus der Lage Kettenheimer Wartberg die höchste Punktzahl ergattern, ein ausdrucksvoller Riesling. Klar und kräftig ist der Grauburgunder-Gutswein ausgefallen und der feinherbe Gelbe Muskateller mit toller Frucht ist ein Spaßwein und ein veritabler Trink-Tipp. Walter und Gabriele Michel führen den Betrieb südlich von Alzey. Sohn Nicolas hat derweil die Regie im Keller übernommen.

Verkostete Weine 14
Bewertung 82–86 Punkte

82 2016 Riesling trocken | 12,5% | 5,– €/1,0 Lit.
84 2016 Silvaner trocken | 12,5% | 6,– €
84 2016 Chardonnay trocken | 13,5% | 6,20 €
84 2016 Riesling trocken | 12,5% | 6,50 €
85 2016 Grauburgunder trocken | 13,5% | 6,50 €
84 2016 Weißburgunder trocken | 12,5% | 6,50 €
84 2016 Sauvignon Blanc trocken | 12,5% | 7,– €
84 2016 Alzeyer Riesling Muschelkalk trocken
 | 13% | 8,50 €
86 2016 Kettenheimer Wartberg Riesling von der
 Mauer trocken | 13% | 10,– €
83 2016 Alzeyer Grauburgunder trocken Holzfass
 | 13,5% | 12,– €
85 2016 Alzeyer Weißburgunder trocken Holzfass
 | 13% | 12,– €
85 2016 Gelber Muskateller feinherb
 | 11,5% | 6,50 € |
86 2016 Huxelrebe Spätlese | 9,5% | 8,50 €

RHEINHESSEN

☆

WEINGUT DANIEL SCHMITT
67582 Mettenheim · In den Weingärten 7
Tel (0 62 42) 17 17 · Fax 6 00 04
info@schmitt-weine.com
www.schmitt-weine.com
Inhaber und Betriebsleiter Daniel Schmitt

Verkauf nach Vereinbarung

Daniel Schmitt hat mit dem Jahrgang 2016 seine guten Leistungen aus 2015 wiederholen können. Zwar gibt es ein leichtes Auf und Ab der Qualitäten im Sortiment, doch die besten Weine haben durchaus Format. Der Mettenheimer Riesling ist saftig und zeigt feine Nuancen von Limetten und Kräutern. Vor allem für Rotweine scheint Schmitt ein Händchen zu haben. An der Spitze steht der Cabernet Franc aus dem Bechtheimer Stein. Nach Weinbaustudium und Auslandsaufenthalten in Neuseeland und Südafrika übernahm Daniel Schmitt das Ruder in diesem Familienbetrieb. Das 18 Hektar große Gut liegt am Ortsrand von Mettenheim in den Weinbergen, nördlich von Osthofen im Wonnegau.

Verkostete Weine 10
Bewertung 82–86 Punkte

- **83** 2016 Riesling trocken | 12% | 6,50 €
- **82** 2016 Chardonnay & Weißburgunder trocken | 12,5% | 6,80 €
- **83** 2016 Grauburgunder trocken | 13% | 6,80 €
- **83** 2016 Mettenheimer Weißburgunder trocken | 12,5% | 8,50 €
- **84** 2016 Mettenheimer Riesling trocken | 12,5% | 8,60 €
- **83** 2015 Mettenheimer Schlossberg Silvaner trocken | 13% | 12,50 €
- **83** 2014 Spätburgunder trocken | 13% | 6,80 €
- **84** 2014 Bechtheimer Stein Spätburgunder trocken Barrique | 13,5% | 15,50 €
- **85** 2012 Mettenheimer Schlossberg Spätburgunder trocken Barrique | 14% | 17,50 €
- **86** 2014 Bechtheimer Stein Cabernet Franc trocken Barrique | 13,5% | 18,50 €

☆

WEINGUT BÜRGERMEISTER ADAM SCHMITT
(BIO)
55278 Mommenheim · Gaustraße 19
Tel (0 61 38) 12 14 · Fax 82 56
weingut.b.a.schmitt@t-online.de
weingut-schmitt-mommenheim.de
Inhaber Eckhard Höbel

Verkauf Vinothek »Wilder Wein«, Rheinallee 32, Mainz
Mi–Fr 16.00–19.00 Uhr, **Sa** 13.00–17.00 Uhr

Dieses kleine Mettenheimer Gut hat im Jahrgang 2016 seine Stärken beim Riesling, etwa der trockenen Spätlese in ihrer würzigen Art mit Zitrusanklängen sowie herber Struktur. Die Basisweine sind eher einfach gehalten, auch bei den Rotweinen ist noch Luft nach oben. Eckhard Höbel führt das Weingut zwischen Nierstein und Nieder-Olm als ökologischen Betrieb. Er legt viel Wert auf Handarbeit, etwa bei der Selektion der Trauben. Vergoren werden die meisten Weine mit kellereigenen Hefen. Seit dem Jahrgang 2014 sind seine Weine vegan. Höbel hat auch Weinberge im Rauenthaler Rothenberg im Rheingau, von dem der säurefrische Riesling Ungezähmt stammt.

Verkostete Weine 9
Bewertung 82–85 Punkte

- **83** 2016 Eppelsheimer Felsen Grüner Veltliner Lausbua trocken | 12% | 6,– €
- **83** 2016 Grauburgunder Spätlese trocken | 13% | 6,– €
- **85** 2016 Riesling Spätlese trocken | 12% | 6,– €
- **85** 2016 Rauenthaler Rothenberg (Rheingau) Riesling Ungezähmt Spätlese trocken Alte Reben Holzfass | 12,5% | 9,90 €
- **85** 2016 Mommenheimer Grauburgunder Spätlese trocken Reserve »sur lie« | 13% | 9,90 €
- **82** 2016 Silvaner halbtrocken | 12,5% | 4,50 €/1,0 Lit.
- **85** 2016 Selzer Osterberg Riesling Spätlese feinherb »sur lie« | 11,5% | 8,– €
- **82** 2015 Dunkelfelder Rheinhessenblut trocken Holzfass | 12,5% | 6,90 €/1,0 Lit.
- **83** 2015 Merlot trocken Holzfass | 12,5% | 9,– €

Symbole Weingüter
★★★★★ Weltklasse • ★★★★ Deutsche Spitze
★★★ Sehr Gut • ★★ Gut • ★ Zuverlässig

Weinbewertung in Punkten
100 Perfekt • 95 bis 99 Überragend • 90 bis 94 Exzellent
85 bis 89 Sehr gut • 80 bis 84 Gut

★★

WEINGUT GEORG ALBRECHT SCHNEIDER
55283 Nierstein · Wilhelmstraße 6
Tel (0 61 33) 56 55 · Fax 54 15
info@schneider-nierstein.de
www.schneider-nierstein.de
Inhaber Ursula und Steffen Müller
Kellermeister Steffen Müller
Verkauf nach Vereinbarung
Rebfläche 15 Hektar
Jahresproduktion 90.000 Flaschen
Beste Lagen Niersteiner Hipping, Ölberg, Orbel und Pettenthal
Boden roter Tonschiefer, Lösslehm, Kalkmergel
Rebsorten 52% Riesling, 17% Müller-Thurgau, je 8% rote Sorten, Silvaner und Weißburgunder, 7% übrige Sorten
Mitglied Roter Hang

Verkostete Weine 10
Bewertung 83–89 Punkte

83 2016 Niersteiner Riesling trocken | 11,5% | 5,80 €/1,0 Lit.
84 2016 Grauburgunder trocken | 12,5% | 6,80 €
84 2016 Weißburgunder trocken | 12,5% | 6,80 €
84 2016 Sauvignon Blanc trocken | 12% | 7,20 €
84 2016 Niersteiner Riesling vom Kalk trocken | 12% | 8,30 €
85 2016 Niersteiner Riesling vom Rotliegenden trocken | 12,5% | 8,30 €
87 2016 Niersteiner Paterberg Riesling Hummerthal trocken | 12,5% | 13,50 €
88 2016 Niersteiner Hipping Berg Riesling trocken | 12% | 17,50 €
89 2016 Niersteiner Hipping Riesling Spätlese | 8,5% | 8,30 € | €
87 2016 Niersteiner Paterberg Riesling Eiswein | 9,5% | 20,– €/0,375 Lit.

Inhaber und Kellermeister Steffen Müller erntet seine besten Rieslinge in der Niersteiner Toplage Hipping. Das hat sich auch im Jahrgang 2016 wieder gezeigt. In der sehr soliden, typischen Niersteiner Kollektion stehen die Hipping-Weine deutlich an der Spitze: der trockene mit toller Aromatik, die fruchtsüße Spätlese als typischer Vertreter der Rheinfront von großer Klasse - zwei durch und durch charaktervolle Rhein-Rieslinge. Doch auch der Unterbau hat für den Genießer einiges zu bieten. Schon der Liter-Riesling animiert zum Zechen, der Orts-Riesling vom Rotliegenden ist saftig und typisch und der Sauvignon Blanc verströmt frisches Stachelbeeraroma. 2010 war eine Ära zu Ende gegangen. Albrecht Schneider hatte weit über 40 Jahre mit Passion Wein gemacht, 2010 war sein letzter Jahrgang. 2011 übernahmen Tochter Ursula und ihr Mann Steffen Müller, der selbst ein Weingut in Nierstein-Schwabsburg besitzt. Die Zahl der trockenen Weine hat seither zugenommen, der Übergang ist reibungslos geglückt.

RHEINHESSEN

WEINGUT MIRJAM SCHNEIDER

55129 Mainz-Hechtsheim
Klein-Winternheimer Weg 6
Tel (0 61 31) 5 96 78 · Fax 9 72 88 04
info@schneider-weingut.com
www.schneider-weingut.com
Inhaber und Betriebsleiter Lothar und Mirjam Schneider
Außenbetrieb Marc Schühle
Kellermeisterin Mirjam Schneider
Verkauf Mirjam Schneider
Mo-Di, Do-Fr 9.00–12.00 Uhr · 14.00–18.00 Uhr
Mi 9.00–12.00 Uhr, **Sa** 8.30–14.00 Uhr und nach Vereinbarung

Mirjam Schneiders Riesling aus dem Niersteiner Pettenthal zeigt saftige Zitrusnoten, Aprikose und eine schöne Dichte. Ihre anderen Lagenweine können ebenso überzeugen. Auch für den Spätburgunder hat die Winzerin ein Gespür. Der 2014er Kellersberg zeigt Kirschduft, feine Säure und gutes Tannin. Mirjam Schneider bietet eine enorme Bandbreite und erfährt auch durch den Hofladen nebst Vinothek regen Zuspruch. Nach der Ausbildung zur Technikerin für Weinbau und Önologie ging sie für ein halbes Jahr nach Neuseeland und ließ sich vom Ausbau im Barrique inspirieren.

Verkostete Weine 12
Bewertung 83–87 Punkte

83 2016 Silvaner trocken *** | 12,5% | 6,60 €
83 2016 Riesling trocken *** | 12,5% | 7,– €
84 2016 Bodenheimer Weißburgunder trocken **** | 13,5% | 8,– €
84 2016 Hechtsheimer Grauburgunder trocken **** | 14% | 8,20 €
84 2016 Laubenheimer Sauvignon Blanc Wirbelwind trocken **** | 12,5% | 8,40 €
84 2016 Laubenheimer Scheurebe Distelfink trocken **** | 12,5% | 8,40 €
85 2016 Laubenheimer Edelmann Silvaner trocken ***** | 13% | 10,90 €
85 2016 Laubenheimer Edelmann Riesling trocken ***** | 13% | 13,50 €
87 2016 Niersteiner Pettenthal Riesling trocken ***** | 13% | 25,– €
84 2016 Laubenheimer Scheurebe feinherb **** | 12,5% | 7,80 €
85 2014 Gau-Bischofsheimer Spätburgunder trocken Holzfass **** | 13,5% | 9,90 €
87 2014 Gau-Bischofsheimer Kellersberg Spätburgunder trocken Barrique ***** | 14% | 17,80 €

WEINGUT DR. SCHREIBER

67550 Worms-Abenheim · Fronstraße 34
Tel (0 62 42) 22 75 · Fax 6 00 32
info@weingutschreiber.de
www.weingutschreiber.de
Inhaber Dr. Andreas Schreiber
Verkauf nach Vereinbarung

Der einfache Sauvignon Blanc hat uns von der 2016er Kollektion dieses Gutes im Wormser Norden am besten gefallen. Er ist knackig, duftig und frisch, ganz Sauvignon Blanc eben. Der Abenheimer Riesling »S« hat Zug und feine Reifenoten. Ganz überzeugen kann uns das diesjährige Sortiment allerdings nicht, da es den Weinen mitunter ein wenig an Klarheit und Spritzigkeit fehlt. Als Mitglied der Wormser Winzergruppe Vinovation macht sich Dr. Andreas Schreiber übrigens zusammen mit drei anderen Winzern für das Image des Wormser Weins stark.

Verkostete Weine 12
Bewertung 78–83 Punkte

81 2015 Spätburgunder Pinot Sekt Brut | 13% | 9,70 €
82 2016 Grüner Silvaner trocken | 12,5% | 5,70 €
81 2016 Grauburgunder trocken | 12,5% | 5,80 €
83 2016 Abenheimer Riesling »S« trocken | 12,5% | 5,90 €
83 2016 Sauvignon Blanc trocken | 13% | 6,50 €
83 2016 Osthofener Sauvignon Blanc »S« trocken | 12,5% | 7,20 €
82 2016 Riesling »S« Kapelle trocken | 12,5% | 8,70 €
82 2016 Herrnsheimer Weißburgunder »S« trocken | 12,5% | 6,70
80 2015 Abenheimer Saint Laurent »S« trocken Rosé | 12,5% | 8,20 €
81 2016 Portugieser trocken Alte Reben Holzfass | 13,5% | 9,20 €
81 2014 Spätburgunder trocken Reserve Barrique | 12,5% | 11,70 €

☆

☆

WEINGUT ARNO SCHRÖDER

55234 Wahlheim · Alzeyer Straße 42
Tel (0 67 31) 4 33 22
info@schroeder-wein.de
www.schroeder-wein.de
Inhaber und Betriebsleiter Arno und Patrick Schröder
Kellermeister Patrick Schröder
Verkauf nach Vereinbarung

Die Weinberge im Kühlen Grund bei Wahlheim und weitere Flächen bei Alzey und Weinheim bieten Arno und Patrick Schröder gute Voraussetzungen. Von den kalkhaltigen Böden bei Wahlheim profitieren vor allem die Burgundersorten, etwa der leicht rauchige und cremige Chardonnay mit dezentem Holzton. Dahinter fällt der Grauburgunder zurück. Insgesamt könnten diese Weine noch ein wenig mehr Ausdruck vertragen. Die Rieslinge sind puristisch ausgefallen, eher kühl und schlank. Eine markante Säure und Mineralität prägen sie. Alles in allem eine eher durchwachsene Kollektion aus dem Jahrgang 2016.

Verkostete Weine 8
Bewertung 82–85 Punkte

82 2016 Riesling trocken | 12% | 5,30 €
82 2016 Grauburgunder trocken | 12,5% | 5,50 €
83 2016 Riesling »270 NN« trocken | 11,5% | 6,30 €
84 2016 Chardonnay »S« trocken | 12,5% | 7,– €
83 2016 Alzeyer Rotenfels Riesling trocken | 12,5% | 10,40 €
83 2016 Riesling feinherb | 11% | 5,– €
85 2016 Alzeyer Rotenfels Riesling Spätlese | 7,5% | 6,20 €
85 2016 Riesling Auslese | 7% | 9,50 €

WEINGUT SCULTETUS-BRÜSSEL

67595 Bechtheim · Winzerstraße 15
Tel (0 62 42) 70 48 · Fax 70 77
info@bruessel-wein.de
www.bruessel-wein.de
Inhaber Dieter und Janine Brüssel
Verkauf Janine Brüssel
Mo, Mi, Fr 8.00–12.00 Uhr · 13.00–18.00 Uhr
Sa 9.00–16.00 Uhr und nach Vereinbarung

Der Name in Goldbronze auf hell-freundlichem Blau, darüber in Englisch Charming Wine – der Auftritt dieses Zehn-Hektar-Gutes in Bechtheim wirkt elegant und international. Doch eines hat sich nicht verändert: Dies ist ein zuverlässiger Lieferant klar definierter Weine. Bei den Weißen sagt uns der feine Silvaner mit Schmelz zu, der Trinkfreude bereitet. Auch der schlanke und in seiner Sortenart nicht aufdringliche Gewürztraminer weiß zu überzeugen. An der Spitze stehen zwei Spätburgunder, saftig und ausgestattet mit feiner Säure. Alles in allem eine solide Kollektion aus dem Wonnegau. Die beiden Weinbautechniker Dieter Brüssel und Tochter Janine sind für den Ausbau der Weine verantwortlich. Tatkräftig unterstützt werden sie von Ehefrau Martina Brüssel.

Verkostete Weine 9
Bewertung 81–85 Punkte

83 2016 Grüner Silvaner trocken | 12% | 4,80 €
82 2016 Weißburgunder trocken | 13% | 6,10 €
83 2016 Chardonnay trocken | 13% | 6,10 €
84 2016 Gewürztraminer trocken | 13,5% | 6,50 €
83 2016 Gelber Muskateller feinherb | 11% | 6,10 €
85 2016 Riesling Spätlese | 8,5% | 6,50 €
81 2016 Spätburgunder trocken Blanc de Noirs | 13% | 4,80 €
85 2015 Bechtheimer Spätburgunder trocken Barrique | 13% | 9,50 €
85 2015 Bechtheimer Stein Spätburgunder trocken Barrique | 13% | 13,50 €

Symbole Weingüter
★★★★★ Weltklasse · ★★★★ Deutsche Spitze
★★★ Sehr Gut · ★★ Gut · ★ Zuverlässig

Weinbewertung in Punkten
100 Perfekt · 95 bis 99 Überragend · 90 bis 94 Exzellent
85 bis 89 Sehr gut · 80 bis 84 Gut

RHEINHESSEN

WEINGUT SEEBRICH
55283 Nierstein · Schmiedgasse 3–5
Tel (0 61 33) 6 01 50 · Fax 6 01 65
kontakt@weingut-seebrich.de
www.weingut-seebrich.de
Inhaber Heinrich und Jochen Seebrich
Kellermeister Jochen Seebrich

Verkauf nach Vereinbarung

Historie Weingut wurde 1783 gegründet und ist seitdem in Familienbesitz
Sehenswert altes Kellergewölbe, Holzfasskeller
Rebfläche 15 Hektar
Jahresproduktion 150.000 Flaschen
Beste Lagen Niersteiner Heiligenbaum, Ölberg, Kranzberg und Hipping, Schloss Schwabsburg
Boden Lösslehm, rotliegender Tonschiefer, Kalk
Rebsorten 45% Riesling, 16% Grauburgunder, je 10% Müller-Thurgau und Sauvignon Blanc, 8% Spätburgunder, 6% Dornfelder, 5% Weißburgunder
Mitglied Roter Hang, Maxime Herkunft

Verkostete Weine 11
Bewertung 83–88 Punkte

83 2015 Niersteiner Paterberg Grauburgunder Trutzturm trocken Holzfass | 13,5% | 13,70 €
83 2016 Riesling trocken | 11,5% | 6,50 €/1,0 Lit.
84 2016 Niersteiner Riesling Roter Schiefer Kabinett trocken | 12% | 7,– €
85 2016 Niersteiner Oelberg Riesling Spätlese trocken | 12% | 7,90 €
86 2016 Niersteiner Kranzberg Riesling Mathildengarten trocken | 13,5% | 10,90 €
86 2016 Niersteiner Hipping Riesling Steilhang trocken | 13,5% | 13,90 €
88 2016 Niersteiner Schloss Schwabsburg Riesling trocken | 12,5% | 18,– €
85 2016 Niersteiner Hipping Riesling Spätlese feinherb | 12% | 8,10 €
84 2016 Sauvignon Blanc | 12% | 7,30 €
87 2016 Niersteiner Oelberg Riesling Kabinett | 9% | 6,80 €
85 2016 Niersteiner Hipping Riesling Spätlese | 8,5% | 7,90 €

Es scheint uns mittlerweile so, als ob Jahrgangsschwankungen in diesem 1783 im alten Ortskern von Nierstein gegründeten Gut, das seither ununterbrochen in Familienbesitz ist, so gut wie unbekannt sind. Jochen Seebrich gelingt es Jahr für Jahr, in seinen Weinen eine filigrane Frucht zu entfalten, die immer wieder erfrischend wirkt. Der Jahrgang 2016 bildet hier keine Ausnahme. Erneut steht bei den trockenen Rieslingen der Schloss Schwabsburg am Kopf der Reihe, ein strahlender, in sich ruhender Wein. Aber es ist die gesamte Kollektion, die überzeugt, und das beginnt schon beim saftigen Liter-Riesling, und reicht bis zum fruchtigen Kabinett aus dem Ölberg. Für uns nur schwer durchschaubar ist das hauseigene Bezeichnungssystem. Einige trockene Weine werden als Qualitätswein deklariert, andere als Prädikatsweine (Kabinett, Spätlese, Auslese) mit dem Zusatz trocken. Zuletzt wurde einiges in den Anbau des Kellers investiert mit dem Ziel einer noch schonenderen Traubenverarbeitung. Zudem wurde der Bau eines neuen Flaschenlagers abgeschlossen.

★★★✯

WEINGUT SEEHOF
FAMILIE FAUTH

67593 Westhofen · Seegasse 20
Tel (0 62 44) 49 35 · Fax 90 74 65
info@weingut-seehof.de
www.weingut-seehof.de
Inhaber Ernst, Ruth und Florian Fauth
Kellermeister Florian Fauth
Verkauf Familie Fauth
Mo–Fr 9.00–12.00 Uhr · 13.00–18.00 Uhr
Sa 9.00–12.00 · 13.00–16.00 Uhr
nach Vereinbarung
Gästezimmer mit Frühstück
Historie 1.200 Jahre alter Seehof
Sehenswert Seebach entspringt direkt hinter dem Haus, wasserstärkste Quelle Rheinhessens; 400 Jahre altes Gewölbe
Rebfläche 16,5 Hektar
Jahresproduktion 75.000 Flaschen
Beste Lagen Westhofener Kirchspiel, Morstein und Steingrube
Boden Kalksteinmergel, Lösslehm, Tonmergel
Rebsorten 32% Riesling, 28% weiße Burgundersorten, 9% Müller-Thurgau, je 7% Scheurebe, Silvaner und Spätburgunder, 10% übrige Sorten
Mitglied Message in a bottle

Von Florian Fauth sind wir in den vergangenen Jahren schon mit etlichen sehr guten Tropfen verwöhnt worden. Doch bei den Weinen, die der junge Winzer diesmal auftischte, haben wir uns ein ums andere Mal die Augen gerieben. Am meisten beeindrucken die ausgesprochen fein balancierten, aber dennoch kraftvollen Burgunder, denen auch ein ganz dezenter Holzeinsatz zugute kommt. Schon der Gutswein von Weißburgunder und Chardonnay ist elegant und saftig, die Weißburgunder Reserve aus dem Morstein sowie der Chardonnay Reserve aus der Steingrube gehören zu den Gebietsbesten. Doch auch die Rieslinge werden in diesem Westhofener Betrieb immer besser, der Westhofener Kalkstein steht dafür sinnbildlich. Kirchspiel und vor allem die Steingrube sind großartige Lagenweine, werden aber vom Morstein noch deutlich überflügelt: ein ganz fokussierter Tropfen, voller Spannung und Tiefgang. Und Scheurebe, die hätten wir fast vergessen, Scheurebe kann er auch, der Florian Fauth. Die trockene Variante vom Kalkstein ist eine Bank, doch die Auslese, die

feinstes Cassis verströmt, zeigt das ganze Potenzial dieser Sorte im fruchtigen Bereich. Einige Weine dieses Gutes wirken auf den ersten Schluck nicht spektakulär, sondern zeigen ihre wahren Werte oft erst nach einigen Jahren Flaschenreife. Fauth, der in der Pfalz bei den Spitzenbetrieben Dr. Wehrheim und Mosbacher gelernt hat, versteht eben sein Handwerk!

Verkostete Weine 13
Bewertung 84–91 Punkte

84 2016 Riesling trocken | 12,5% | 6,90 €
86 2016 Weißburgunder & Chardonnay trocken | 13% | 7,- €
86 2016 Westhofener Scheurebe vom Kalkstein trocken | 13% | 7,80 €
86 2016 Westhofener Weißburgunder vom Kalkstein trocken | 13% | 8,50 €
86 2016 Westhofener Riesling vom Kalkstein trocken | 12,5% | 8,90 €
87 2016 Westhofener Steingrube Grauburgunder »S« trocken Holzfass | 13,5% | 12,90 €
87 2016 Westhofener Kirchspiel Riesling trocken | 13% | 14,90 €
89 2016 Westhofener Morstein Weißburgunder trocken Reserve | 13,5% | 15,- €
89 2016 Westhofener Steingrube Chardonnay trocken Reserve | 13,5% | 15,90 €
89 2016 Westhofener Steingrube Riesling trocken | 13% | 19,50 €
91 2016 Westhofener Morstein Riesling trocken Alte Reben | 13% | 25,- €
88 2016 Westhofener Morstein Riesling Kabinett | 9% | 8,- € | €
90 2016 Westhofener Morstein Scheurebe Auslese | 8,5% | 12,- €

☆ ★ RHEINHESSEN

WEINGUT SOMMER

55599 Siefersheim · Mühlweg 19 (BIO)
Tel (0 67 03) 39 77 · Fax 45 53
info@weingut-sommer.com
www.weingut-sommer.com
Inhaber Erik und Heinz-Willi Sommer
Verkauf Erik Sommer
nach Vereinbarung

Dieses Siefersheimer Gut ist ein Aktivposten in der rheinhessischen Schweiz. Vom Jahrgang 2016 probierten wir eine gut strukturierte Kollektion, die Weine sind sortentypisch ausgebaut. Uns haben die Steinwunder-Cuvées, sowohl weiß als auch rot, gut gefallen. Bei den Lagenrieslingen hat der Höllberg gegenüber der Heerkretz deutlich die Nase vorn. Sandra und Erik Sommer liegt die Natur am Herzen. Seit 2011 ist das mitten in den Weinbergen gelegene Gut, zu dem auch eine Rebveredlung gehört, als EU-Biobetrieb zertifiziert. Aus den Siefersheimer Weinbergslagen Heerkretz und Höllberg holen sie ihre besten Weine. Probieren kann man diese auch in der gemütlichen Weinstube des Hauses.

Verkostete Weine 9
Bewertung 82–86 Punkte

82 2016 Silvaner trocken | 12% | 4,90 €/1,0 Lit.
84 2016 Siefersheimer Weißburgunder trocken | 13% | 6,– €
84 2016 Scheurebe trocken | 13% | 6,50 €
85 2016 Siefersheimer Heerkretz Riesling Max trocken | 12,5% | 8,50 €
86 2016 Siefersheimer Höllberg Riesling trocken | 12,5% | 8,50 €
85 2016 Grau- & Weißburgunder Steinwunder trocken Holzfass | 12,5% | 14,50 €
84 2016 Siefersheimer Riesling halbtrocken | 12% | 6,– €
83 2016 Siefersheimer Sauvignon Blanc halbtrocken | 12,5% | 7,50 €
85 2015 Frühburgunder & Spätburgunder Steinwunder trocken Holzfass | 13% | 14,50 €

WEINGUT UWE SPIES

67596 Dittelsheim-Hessloch · Hauptstraße 26
Tel (0 62 44) 74 16 · Fax 5 75 00
info@weingut-spies.de
www.weingut-spies.de
Inhaber Ingrid und Uwe Spies
Kellermeister David Spies
Verkauf Familie Spies
Mo–Fr: 14.00–18.00 Uhr, **Sa:** 9.00–17.00 Uhr

David Spies, der 2011 aus einem Berufswettkampf als Europas bester Winzerlehrling hervorging, zeichnet seit dieser Zeit auch für den Weinausbau im elterlichen Betrieb verantwortlich. Und seine Handschrift wird zunehmend auch in den Weinen schmeckbar. Vom Jahrgang 2016 gibt es aus diesem 18-Hektar-Betrieb im Wonnegau eine stimmige Kollektion mit sauberen, klaren und animierenden Weinen. Das Alkoholmanagement bei den Weißweinen ist gelungen. Die Rieslinge sind mitunter vom Kalkboden geprägt und zeigen feine Zitrusnoten, allen voran der trockene Leckerberg, der sich straff und frisch präsentiert. Der sauber gearbeitete Grauburgunder »S« schließt an der Spitze die aktuelle Reihe ab.

Verkostete Weine 12
Bewertung 81–86 Punkte

81 2016 Riesling trocken | 11,5% | 5,10 €/1,0 Lit.
82 2016 Grüner Silvaner trocken | 12% | 5,80 €
83 2016 Dittelsheimer Grauburgunder trocken | 13% | 6,50 €
83 2016 Dittelsheimer Sauvignon Blanc trocken | 12% | 6,90 €
83 2016 Dittelsheimer Riesling trocken | 12% | 7,– €
85 2016 Dittelsheimer Grauburgunder »S« trocken | 13,5% | 7,90 €
86 2016 Dittelsheimer Leckerberg Riesling trocken | 12% | 12,30 €
86 2016 Dittelsheimer Leckerberg Riesling Spätlese | 9% | 8,50 €
84 2016 Westhofener Brunnenhäuschen Scheurebe kalk.stein.scheu Auslese | 9,5% | 9,90 €/0,5 Lit.
81 2016 Merlot feinherb Rosé | 10,5% | 5,90 €
83 2015 Cuvée Davids Goliat trocken Barrique | 14% | 9,20 €
83 2015 Dittelsheimer Geiersberg Spätburgunder Blutmond trocken Barrique | 14% | 13,– €

Symbole Weingüter
★★★★★ Weltklasse • ★★★★ Deutsche Spitze
★★★ Sehr Gut • ★★ Gut • ★ Zuverlässig

Weinbewertung in Punkten
100 Perfekt • 95 bis 99 Überragend • 90 bis 94 Exzellent
85 bis 89 Sehr gut • 80 bis 84 Gut

WEINGUT SPIESS RIEDERBACHERHOF

67595 Bechtheim · Gaustraße 2
Tel (0 62 42) 76 33 · Fax 64 12
info@spiess-wein.de
www.spiess-wein.de
Inhaber Jürgen, Johannes und Christian Spiess
Betriebsleiter Jürgen Spiess
Verwalter Christian Spiess
Kellermeister Johannes Spiess
Verkauf Familie Spiess
Mo–Fr 8.00–12.00 Uhr · 13.00–18.00 Uhr
Sa 8.00–12.00 Uhr · 13.00–16.30 Uhr und nach Vereinbarung

Der Jahrgang 2016 wird in diesem großen Bechtheimer Gut wohl nicht in die Geschichte eingehen. Wir waren doch einigermaßen überrascht von der Weinreihe, die wir präsentiert bekamen. Die Gutsweine sind gewiss ordentlich, es sind vor allem die Burgundersorten, die kaum den Ansprüchen dieses Hauses genügen. Einige erinnern an Übersee-Weine, der Holzeinsatz wirkt übertrieben. An der Spitze der Linie steht der feine, von Hefe dominierte Geyersberg. Die Rotweine sind hingegen weitaus besser geraten. Mit Johannes und Christian Spiess sowie Christians Frau Sina hat die nächste Generation das Ruder übernommen. Dieser Bechtheimer Familienbetrieb bietet Wohlfühlambiente nebst einem sehenswerten Barriquekeller.

Verkostete Weine 11
Bewertung 79–86 Punkte

81 2016 Riesling trocken | 12,5% | 6,40 €
81 2016 Grauburgunder trocken | 13% | 8,10 €
81 2016 Bechtheimer Riesling trocken | 12,5% | 11,90 €
84 2016 Bechtheimer Geyersberg Riesling trocken | 12,5% | 21,– €
82 2016 Chardonnay »R« trocken | 13,5% | 25,– €
83 2016 Weißburgunder »R« trocken | 13% | 25,– €
83 2016 Riesling Kabinett | 7,5% | 7,– €
83 2014 Spätburgunder trocken | 13% | 7,20 €
86 2014 Merlot »R« trocken | 13,5% | 19,– €
86 2014 Bechtheimer Hasensprung Spätburgunder trocken | 13% | 22,– €

SPIESS WEINMACHER

67574 Osthofen · Friedrich-Ebert-Straße 53
Tel (0 62 42) 6 08 99
info@wein-spiess.de
www.wein-spiess.de
Inhaber Burkhard und Christine Spieß
Betriebsleiter Burkhard Spieß
Verkauf Christine Spieß
Mo–Fr 9.00–12.00 Uhr · 14.00–18.00 Uhr
Sa 9.00–17.00 Uhr und nach Vereinbarung

Burkhard Spieß aus Osthofen im Wonnegau stellt auch vom Jahrgang 2016 wieder eine tolle Riesling-Linie vor: Der Bechtheimer Riesling wird von feiner Säure getragen, der Goldberg ist ausdrucksstark, zugleich schlank und erinnert an Mirabellen. Den Burgundern fehlt in diesem Jahr ein wenig die gewohnte Eleganz, sie sind etwas mehr auf der cremigen Seite. Die Spätburgunder würden uns mit etwas weniger Alkohol noch besser gefallen. Burkhard Spieß hat sich weitgehend auf Riesling und die Burgundersorten spezialisiert, die er in Osthofen, Westhofen und Bechtheim erntet. Der Weinmacher achtet vor allem darauf, dass die Rebsorten mit den Böden harmonieren: Kalkmergel, Muschelkalk oder Lösslehm.

Verkostete Weine 12
Bewertung 80–87 Punkte

81 2016 Scheurebe trocken | 12% | 6,80 €
84 2016 Riesling trocken | 12% | 6,90 €
80 2016 Chardonnay & Weißburgunder trocken Holzfass | 13% | 7,10 €
83 2016 Bechtheimer Grauburgunder trocken Holzfass | 13% | 9,20 €
84 2016 Osthofener Weißburgunder trocken | 13% | 9,80 €
85 2016 Bechtheimer Riesling trocken | 12,5% | 9,80 €
85 2016 Westhofener Chardonnay trocken Holzfass | 13% | 11,80 €
86 2016 Osthofener Goldberg Riesling trocken | 12,5% | 16,50 €
84 2016 Riesling feinherb | 12% | 7,– €
86 2015 Osthofener Spätburgunder trocken Holzfass | 13,5% | 12,90 €
84 2015 Westhofener Merlot trocken Holzfass | 14% | 15,– €
87 2014 Bechtheimer Geyersberg Spätburgunder trocken Holzfass | 14% | 25,– €

☆ ★★ RHEINHESSEN

WEINGUT SPOHR

67550 Worms-Abenheim · Welschgasse 3
Tel (0 62 42) 91 10 60 · Fax 9 11 06 30
info@weingutspohr.de
www.weingutspohr.de
Inhaber Christian und Heinz Spohr
Betriebsleiter Christian Spohr
Verkauf Birgit Wenzel
Mo–Fr 8.00–17.30 Uhr, **Sa** 9.00–13.00 Uhr
und nach Vereinbarung

Die weißen Burgundersorten dieses Wormser Gutes sind im Holzfass ausgebaut und präsentieren sich im Jahrgang 2016 eher auf der schmelzigen Seite. Der Abenheimer Weißburgunder erinnert frappant an reifen Apfel. Beim Riesling zeigt uns Christian Spohr diesmal lediglich den gebietstypischen Ortswein. Ein Pluspunkt ist der Riesling Sekt Brut, schön reif, mit Karamell- und Apfelnoten. Zuletzt wurde ein Bürogebäude mit einem kleinen Probierraum errichtet. In nächster Zeit ist an den Bau eines neuen Flaschenlagers gedacht. Mit 27 Hektar ist dies kein kleiner Familienbetrieb im südlichen Rheinhessen. Die Burgundersorten und der Riesling spielen in den Weinbergen die erste Geige.

Verkostete Weine 10
Bewertung 82–85 Punkte

- 85 Riesling Sekt Brut | 12% | 7,90 €
- 82 2016 Riesling trocken | 12,5% | 7,10 €
- 83 2016 Weißer Burgunder trocken | 12% | 7,10 €
- 83 2016 Chardonnay trocken | 13% | 7,10 €
- 84 2016 Burgunder-Cuvée Wildwechsel trocken Barrique | 13,5% | 9,50 €
- 85 2016 Abenheimer Weißer Burgunder trocken Holzfass | 13% | 9,90 €
- 85 2016 Wormser Liebfrauenstift-Kirchenstück Chardonnay trocken Holzfass | 13% | 14,50 €
- 82 2015 Lemberger trocken | 13% | 7,10 €
- 84 2015 Cuvée Wildwechsel trocken Barrique | 13,5% | 9,50 €
- 83 2015 Cabernet Sauvignon & Merlot Cuvée CS trocken Barrique | 13,5% | 16,50 €

Symbole Weingüter
€ Schnäppchenpreis · TOP Spitzenreiter · BIO Ökobetrieb
Trinktipp · Versteigerungswein

Sekt | Weißwein | Rotwein | Rosé

STAATLICHE WEINBAUDOMÄNE OPPENHEIM

55276 Oppenheim · Wormser Straße 162
Tel (0 61 33) 93 03 05 · Fax 93 03 23
info@domaene-oppenheim.de
www.domaene-oppenheim.de
Inhaber Land Rheinland-Pfalz
Betriebsleiter Direktor Otto Schätzel
Verwalter Gunter Schenkel
Kellermeister Thorsten Eller
Verkauf Liane Jünger
Mo–Do 9.00–12.00 Uhr · 13.00–16.00,
Fr bis 18.00 Uhr, **Sa** nach Vereinbarung
Historie 1895 eine Gründung des Großherzogs Ludwig von Hessen als Versuchs- und Musterbetrieb
Sehenswert denkmalgeschütztes Gutshaus im späten Jugendstil, moderne Lehr- und Versuchskellerei
Rebfläche 24 Hektar
Jahresproduktion 120.000 Flaschen
Beste Lagen Niersteiner Glöck (Alleinbesitz) und Oelberg, Oppenheimer Herrenberg, Nackenheimer Rothenberg
Boden Löss, Kalkmergel, Rotliegendes
Rebsorten 50% Riesling, 12% Silvaner, 10% Spätburgunder, 4% Weißburgunder, je 3% Chardonnay, Grauburgunder und St. Laurent, 15% übrige Sorten
Mitglied VDP

Die Weine des Staatsweingutes aus dem Jahrgang 2016 kommen an das Niveau des Vorjahres nicht ganz heran. Vor allem die Basisweine fallen gegenüber 2015 doch deutlich ab. Die Ortsweine sind da schon von einem anderen Kaliber, etwa der Niersteiner Riesling in seiner zupackenden und kühlen Art. An der Spitze der Trockenen stehen die Lagenweine, wobei der Glöck deutlich die Nase vorn hat. Die fruchtigen Prädikate krönen auch diesmal das Sortiment. 1895 gründete Ernst Ludwig, Großherzog von Hessen, die Weinbaudomäne. Heute ist die Staatliche Weinbaudomäne Oppenheim im Besitz des Landes Rheinland-Pfalz. Auf 23,7 Hektar der besten Lagen entlang der Rheinterrassen von Dienheim, Oppenheim über Nierstein, Nackenheim bis nach Bodenheim werden vor allem klassische Rebsorten anbaut.

★★

WEINGUT STALLMANN-HIESTAND

55278 Uelversheim · Eisgasse 15
Tel (0 62 49) 84 63 · Fax 86 14
info@stallmann-hiestand.de
www.stallmann-hiestand.de
Inhaber und Betriebsleiter Christoph Hiestand
Kellermeister Christoph Hiestand
Verkauf Familie Hiestand
Mo–Sa 9.00–18.00 Uhr nach Vereinbarung

Sehenswert großer Gewölbekeller aus dem 18. Jahrhundert, Hof und Gärten mit Skulpturen, im Sommer Ausstellungen
Erlebenswert Weinmenüs im Mai und November, Jahrgangspräsentation am letzten Mai-Wochenende
Rebfläche 20 Hektar
Jahresproduktion 180.000 Flaschen
Beste Lagen Dienheimer Tafelstein, Dienheimer Kreuz, Guntersblumer Kreuzkapelle, Uelversheimer Aulenberg, Niersteiner Hipping
Boden Löss, Kalkmergel, Rotliegendes
Rebsorten 27% Riesling, 25% weiße Burgundersorten, 10% Silvaner, 8% Spätburgunder, 6% Sauvignon Blanc, 24% übrige Sorten

Verkostete Weine 12
Bewertung 80–90 Punkte

- 80 2016 Riesling trocken | 12% | 5,50 €/1,0 Lit.
- 81 2016 Silvaner trocken | 12,5% | 6,- €
- 84 2016 Oppenheimer Silvaner Kalkmergel trocken | 13% | 10,- €
- 82 2016 Dienheimer Riesling Löss trocken | 13% | 11,- €
- 84 2016 Oppenheimer Riesling Kalkmergel trocken | 13% | 11,- €
- 85 2016 Niersteiner Riesling Rotliegend trocken | 13% | 11,- €
- 86 2016 Nackenheimer Rothenberg Riesling »Großes Gewächs« | 13% | 20,- €
- 88 2016 Niersteiner Glöck Riesling »Großes Gewächs« | 13% | 25,- €
- 89 2016 Niersteiner Oelberg Riesling Spätlese | 9% | 10,- €
- 90 2016 Oppenheimer Herrenberg Riesling Auslese | 8% | 9,- €/0,5 Lit.
- 89 2015 Niersteiner Glöck Riesling Beerenauslese Barrique | 14,5% | 31,- €/0,5 Lit.
- 88 2015 Pinot Noir »G« trocken | 13% | 14,50 € | €

Die trockenen Weine des Jahrgangs 2016 werden hier nicht in die Geschichte eingehen. Wir probierten eine eher herbe Linie mit zum Teil hohem Phenolgehalt und Alkohol, der nicht in jedem Fall gut eingebunden war. Das trifft nicht auf den 2015er Chardonnay zu, dessen Holz nicht belastet und der eine cremige Struktur aufweist. Der beste Wein in der Reihe ist die fruchtige Spätlese Geierscheiß, ein Riesling, der nach Zitronenschale und Karamell duftet und ein schönes Süße-Säure-Spiel aufweist. Christoph und Nora Hiestand haben die Leitung und Verantwortung in diesem Uelversheimer Traditionsgut übernommen. Sie sagen: »Mittlerweile stehen die richtigen Rebsorten auf den passenden Standorten und wir begreifen unsere Weinberge und ihre Gegebenheiten mehr.« Weinmacher Christoph Hiestand pflegt sein Faible für den - insbesondere spontan vergorenen - Riesling und will die unterschiedlichen Lagen noch besser herausarbeiten. Werner und Siglinde Hiestand wirken im selbst ernannten Unruhestand nach wie vor mit - in einem Team, das sich blind versteht.

RHEINHESSEN

Verkostete Weine 12
Bewertung 83–86 Punkte

84 2016 Sauvignon Blanc trocken | 12% | 8,20 €
84 2016 Dienheimer Tafelstein Riesling trocken | 13% | 8,20 €
83 2016 Uelversheimer Aulenberg Weißburgunder trocken | 13,5% | 8,40 €
83 2016 Uelversheimer Aulenberg Grauburgunder trocken | 14% | 10,50 €
84 2016 Dienheimer Kreuz Riesling trocken | 13% | 10,50 €
84 2016 Guntersblumer Kreuzkapelle Chardonnay trocken | 14% | 16,- €
84 2016 Uelversheimer Schloss Grauburgunder trocken | 14% | 16,- €
85 2015 Chardonnay trocken | 14% | 16,- €
86 2016 Uelversheimer Geierscheiß Riesling Spätlese | 8,5% | 9,50 €
83 2015 Unikum trocken | 13,5% | 10,50 €
84 2015 Merlot trocken | 13,5% | 14,50 €
85 2015 Dienheimer Tafelstein Spätburgunder trocken | 14% | Preis auf Anfrage

WEINGUT STEITZ

55599 Stein-Bockenheim · Mörsfelder Straße 3
Tel (0 67 03) 9 30 80 · Fax 93 08 90
mail@weingut-steitz.de
www.weingut-steitz.de
Inhaber Familie Steitz
Kellermeister Christian Steitz
Verkauf Familie Steitz
Mo–Di, Do–Fr 11.00–17.00 Uhr
Sa 10.00–17.00 Uhr und nach Vereinbarung

Wo das rheinhessische Hügelland in das Nordpfälzer Bergland übergeht, liegt das Weingut der Familie Steitz in Stein-Bockenheim. Der Vulkangesteinsboden ist ungewöhnlich für Rheinhessen und erinnert daran, dass die Naheregion nur einen Steinwurf weit entfernt liegt. Im Jahrgang 2016 gab es hier offenbar Probleme, durch die Kollektion ziehen sich deutliche Safrannoten. Da halten wir uns lieber an den Silvaner Goldenes Horn aus 2015, der an getrocknete Aprikosen erinnert. Auch die Cuvée Rot Eins punktet mit Klarheit und viel Saft. Hochstimmung kommt beim Sekt auf. Der Pinot Brut hat feinen Schmelz und schönen Trinkfluss.

Verkostete Weine 12
Bewertung 79–88 Punkte

88 2011 Pinot Sekt Brut nature | 12% | 15,- €
82 2016 Grauburgunder trocken | 12,5% | 7,20 €
80 2016 Riesling trocken | 12% | 7,50 €
80 2016 Sauvignon Blanc trocken | 12,5% | 8,50 €
81 2016 Chardonnay & Weißburgunder trocken | 12% | 8,50 €
82 2016 Stein-Bockenheimer Weißburgunder trocken | 13% | 11,- €
85 2016 Neu-Bamberger Riesling trocken Holzfass | 12% | 11,- €
86 2015 Siefersheimer Goldenes Horn Silvaner trocken | 12,5% | 15,- €
82 2016 Riesling feinherb | 11% | 7,50 €
86 2013 Cuvée Rot Eins trocken | 12% | 11,- €
83 2013 Fürfelder Eichelberg Spätburgunder trocken Barrique | 12,5% | 18,50 €

Symbole Weingüter

€ Schnäppchenpreis · TOP Spitzenreiter · BIO Ökobetrieb
Trinktipp · Versteigerungswein

Sekt   Weißwein   Rotwein   Rosé

819

STRAUCH SEKTMANUFAKTUR

67574 Osthofen · Dalbergstraße 14–18
Tel (0 62 42) 91 30 00 · Fax 9 13 00 20
info@strauch-sektmanufaktur.de
www.strauch-sektmanufaktur.de

Geschäftsführer Isabel Strauch-Weißbach und Tim Weißbach
Kellermeister Tim Weißbach
Verkauf Isabel Strauch-Weißbach
Mo−Fr 8.00–12.00 Uhr · 13.00–18.00 Uhr
Sa 10.00–14-00 Uhr und nach Vereinbarung
Sekt-Samstag 1. Sa im Monat 10.00–17.00 Uhr
Sehenswert Kapelle auf dem Michelsberg, neue Kellerräume
Rebfläche 25 Hektar
Jahresproduktion 40.000 Flaschen
Beste Lagen Osthofener Goldberg und Liebenberg, Mettenheimer Michelsberg
Boden Lösslehm
Mitglied Generation Riesling

Verkostete Weine 9
Bewertung 84–89 Punkte

84 2015 Siegerrebe Cuvée Marie-Christin Sekt | 12% | 17,90 €
86 2014 Riesling Sekt Brut | 12% | 13,90 €
85 2014 Silvaner & Chardonnay Sekt Brut Blanc de Blancs | 12% | 15,90 €
87 2014 Pinot Blanc Sekt Brut | 12% | 15,90 €
88 2014 Rosé Sekt Brut Holzfass | 12% | 18,90 €
86 2012 Mettenheimer Michelsberg Riesling & Gewürztraminer Sekt Brut | 12% | 35,– €
89 2014 Weißburgunder Zero Dosage Sekt Brut nature Barrique | 12% | 19,90 €
86 2015 Gewürztraminer Cuvée Isabel Sekt Demi Sec | 12% | 15,90 €
87 2012 Riesling Sekt extra Brut | 12% | 17,50 €

Dies ist die einzige biozertifizierte Sektmanufaktur Deutschlands. Und es sind erstaunliche Sekte, die aus diesem Osthofener Betrieb kommen. Die Sektmanufaktur ist erst 2011 aus der Sektkellerei Dalberger Hof entstanden. Hier verarbeiten Isabel Strauch-Weißbach und Tim Weißbach Sekte in der klassischen Flaschenvergärung und verwenden dafür eigene Grundweine. Sekte mit sehr langem Hefelager kommen erst nach und nach ins Programm, etwa der 2012er Riesling Brut mit 40 Monaten Hefelager. An der Spitze der diesjährigen Kollektion stehen ein saftiger, animierender Rosé-Sekt aus einer Burgunder-Cuvée und vor allem ein ganz frischer und rassiger 2014er Weißburgunder-Sekt, der ganz auf Dosage verzichtet. Das eigentliche Flaggschiff des Hauses, der 2012er Michelsberg, besticht durch feinste Perlage, irritiert aber mit seiner doch sehr ungewöhnlichen Nase.

★ # RHEINHESSEN

WEINGUT STROHM

67591 Offstein · Neu-Offsteiner Straße 44
Tel (0 62 43) 90 51 17 · Fax 90 51 18
info@weingut-strohm.de
www.weingut-strohm.de
Inhaber Rüdiger Strohm und Lydia Bollig-Strohm
Betriebsleiter und Kellermeister Rüdiger Strohm
Verkauf Rüdiger Strohm und Lydia Bollig-Strohm nach Vereinbarung

Dieses Weingut in Offstein, ganz im Süden des Anbaugebiets gelegen, wird von Rüdiger Strohm und der früheren Deutschen Weinkönigin Lydia Bollig-Strohm geführt. In diesem Jahr gefallen vor allem die Rotweine, etwa der ausdrucksstarke 2013er IX Cultus, eine ungewöhnliche Cuvée aus Spätburgunder, Cabernet Dorsa und Acolon. Hier verzichtet man vollkommen auf Lagenbezeichnungen und Prädikate, auch bei den Weißweinen. An der Spitze der Weißen steht der 2015er Riesling von alten Reben, der intensiv nach Aprikosen duftet. Auch der puristische 2016er Chardonnay mit seiner klaren Frucht kann überzeugen.

Verkostete Weine 11
Bewertung 83–87 Punkte

83 2016 Rivaner trocken * | 11% | 5,50 €
84 2016 Weißburgunder trocken ** | 13,5% | 7,50 €
83 2016 Riesling trocken ** | 13% | 7,80 €
85 2016 Chardonnay trocken ** | 13,5% | 7,80 €
85 2015 Riesling trocken Alte Reben *** | 13% | 13,– €
84 2014 Chardonnay & Weißburgunder IX Nobilis trocken Barrique *** | 13% | 15,– €
83 2016 Riesling halbtrocken * | 11,5% | 5,80 €/1,0 Lit.
84 2016 Riesling feinherb * | 11% | 8,50 €
83 2016 Spätburgunder & Portugieser trocken Rosé ** | 11% | 7,– €
85 2011 Spätburgunder & Acolon V Amicus trocken *** | 13,5% | 13,– €
87 2013 Cuvée IX Cultus trocken Barrique *** | 13% | 23,– €

WEINGUT STRUB

55283 Nierstein · Rheinstraße 42
Tel (0 61 33) 56 49 · Fax 55 01
info@strub1710.de
www.strub1710.de
Inhaber und Betriebsleiter Sebastian R. Strub
Verkauf Margit und Walter Strub
Mo–Fr 8.00–17.00 Uhr
Sa nach Vereinbarung

Historie Weinbau in der 12. Generation
Sehenswert Gewölbekeller und Fachwerkhaus aus dem 17. Jahrhundert, Generationenfassboden von 1929
Rebfläche 14,6 Hektar
Jahresproduktion 80.000 Flaschen
Beste Lagen Niersteiner Orbel, Oelberg, Hipping und Pettenthal
Boden roter Tonschiefer, Löss und Kalk
Rebsorten 79% Riesling, je 6% Müller-Thurgau und Silvaner, je 3% Grüner Veltliner, Spätburgunder und Weißburgunder
Mitglied Roter Hang, Maxime Herkunft

Die Weine des 2016er Jahrgangs sind balanciert und aufgrund der niedrigen Alkoholwerte ausgesprochen trinkanimierend. Die Rieslinge sind sauber und bestechend klar. Sie zeigen Niersteiner Herkunft. Das trifft insbesondere auf den Kabinett Herzstück zu. Bei den trockenen Rieslingen hat der etwas filigranere Oelberg die Nase gegenüber dem Orbel vorn. Sebastian Strub ist in die Fußstapfen von Vater Walter Strub getreten und hat dieses Niersteiner Traditionsgut nun in zwölfter Generation übernommen. Sebastian Strub war sechs Monate in Neuseeland im Weingut Burn Cottage (Central Otago) tätig, beendete im Juli 2014 sein Studium in Geisenheim und ist nun Inhaber und Betriebsleiter. Die 2014er waren hier stärker denn je, mit Spannung und Zugkraft, ganz auf der eleganten und feinen Seite. Diese Finesse steht nicht nur dem Roten Hang sehr gut zu Gesicht, auch viele Konsumenten schätzen solche heiteren, rassigen Weißweine. Die 2015er waren ebenfalls wohltuend ausbalanciert: saftig, voller Kick und Spiel.

Verkostete Weine 12
Bewertung 83–89 Punkte

83 2016 Silvaner trocken | 11,5% | 7,- €
84 2016 Grüner Veltliner trocken | 11,5% | 7,- €
84 2016 Niersteiner Weißburgunder trocken | 12,5% | 7,50 €
84 2016 Niersteiner Riesling trocken | 12% | 8,- €
87 2016 Niersteiner Orbel Riesling »Steillage« trocken Premium »sur lie« | 12,5% | 12,50 €
88 2016 Niersteiner Oelberg Riesling »Im Taubennest« trocken Premium »sur lie« | 12,5% | 12,50 €
86 2016 Niersteiner Oelberg Riesling »Roter Schiefer« feinherb »sur lie« | 11,5% | 10,- €
87 2016 Niersteiner Hipping Riesling »Thal« feinherb »sur lie« | 11,5% | 10,- €
85 2016 Riesling »Soil to Soul« Kabinett | 8,5% | 7,50 €
87 2016 Niersteiner Brückchen Riesling »Herzstück« Kabinett | 8,5% | 10,- €
86 2016 Niersteiner Paterberg Riesling Spätlese | 9% | 12,50 €
89 2016 Niersteiner Hipping Riesling »Flächenhahl« Spätlese | 9,5% | 14,- €

WEINGUT MICHAEL TESCHKE
55435 Gau-Algesheim · Laurenziberg 14
Tel (0 67 25) 23 31 · Fax 96 36 33
info@weingut-teschke.de
www.weingut-teschke.de
Inhaber und Betriebsleiter Michael Teschke

Verkauf Michael Teschke, Kerstin Adolph nach Vereinbarung

Sehenswert Blick über die drei Weinregionen Rheinhessen, Nahe und Rheingau, 55 Jahre alte Silvanerrebberge in Herz'scher Reberziehung
Erlebenswert Weingut mit toskanischem Flair, Jahrgangspräsentation »Vinissimo« im Mai/Juni, Hoffest »Bacchanal« im August
Rebfläche 6 Hektar
Jahresproduktion 40.000 Flaschen
Beste Lagen auf die Angabe von Lagen wird verzichtet
Boden Ton, Mergel, Lösslehm, Muschelkalk
Rebsorten 35% Silvaner, 15% weiße Burgundersorten, 12% Riesling, 9% Spätburgunder, 5% Portugieser, 24% übrige Sorten
Mitglied Freak und Frei

Viele Winzer brennen für ihren Beruf, dem sie mit großer Leidenschaft und Akribie nachgehen. Michael Teschke gehört in diese Kategorie, aber nicht nur das. Er ist ein Weinverrückter, der nichts dem Zufall oder Dritten überlassen möchte. Im Herbst, wenn die Trauben reif sind, dauert seine Nachtruhe gerade mal drei Stunden, der Tag könnte für ihn besser 36 oder 48 Stunden haben, nie reicht die Zeit, um alles zu erledigen. Doch was Teschke erledigt bekommt, das gefällt uns, sogar sehr. Der Gau-Algesheimer ist Spezialist für Silvaner, hier Sylvaner genannt. Zuletzt gelang es ihm, selbst in die Phalanx der besten Frankenwinzer einzudringen, die für sich in Anspruch nehmen, die besten Silvaner überhaupt zu erzeugen. Teschke aber platzierte seinen Mission genannten besten Silvaner aus 2016 in der Top Ten auf der Bundesfinalprobe, noch vor Klaus-Peter Kellers Feuervogel. Damit stellt er im Jahrgang 2016 den besten Silvaner Rheinhessens, und das hat Gründe. Teschkes Weine sind ausgesprochen spannend. Es sind naturbelassene Silvaner, die ohne Filter und Schönung auskommen. Deshalb stehen sie mitunter nicht blitzblank, sondern mit leichter Trübung im Glas, was ihre Klasse nicht schmälert. Im Gegenteil. Al-

☆ ★

WEINGUT WAGNER

55270 Essenheim · Hauptstraße 30
Tel (0 61 36) 8 74 38 · Fax 81 47 09
info@wagner-wein.de
www.wagner-wein.de
Inhaber Ulrich und Dr. Andreas Wagner
Verwalter Philipp Aufmkolk
Kellermeister Ulrich und Christian Wagner
Verkauf Dr. Andreas Wagner
Mo–Sa 8.00–20.00 Uhr, **So** 13.00–18.00 Uhr

Den 2016er Weißen fehlt es ein wenig an Ausdruck und Klarheit, hin und wieder tauchen Safrannoten auf. Die Riesling Reserve aus dem Teufelspfad ist mit Abstand vorne. Die kraftvollen Roten sind insgesamt besser geraten. Die Spätburgunder zeigen reife Fruchtnoten. Zu diesem Weingut in der Nähe von Mainz gehört eine der schönsten Straußwirtschaften der Region. Gut besucht sind die Hoffestspiele im Juli und Krimilesungen vom schreibenden Mitinhaber Dr. Andreas Wagner. Den Keller verantworten Christian und Ulrich Wagner.

Verkostete Weine 12
Bewertung 80–85 Punkte

80 2016 Essenheimer Silvaner trocken | 12,5% | 5,– €
82 2016 Essenheimer Teufelspfad Riesling vom sandigen Löss Jean trocken | 13% | 8,– €
82 2016 Essenheimer Teufelspfad Riesling vom tertiären Mergel Jean trocken | 13% | 8,– €
81 2016 Essenheimer Teufelspfad Grauburgunder Jean Spätlese trocken | 13% | 8,– €
81 2016 Essenheimer Teufelspfad Scheurebe Wuchtbrumme Spätlese trocken | 12,5% | 8,– €
82 2016 Essenheimer Teufelspfad Sauvignon Blanc Jean Spätlese trocken | 13% | 8,– €
85 2016 Essenheimer Teufelspfad Riesling Spätlese trocken Reserve Holzfass | 13% | 20,– €
83 2014 Essenheimer Teufelspfad Cabernet Sauvignon Drei Jungs trocken Barrique | 13% | 15,– €
84 2013 Essenheimer Teufelspfad Cabernet Sauvignon & Merlot trocken Holzfass | 13% | 15,– €
82 2015 Essenheimer Teufelspfad Spätburgunder vom tertiären Mergel Jean Spätlese trocken Holzfass | 14% | 10,– €
84 2013 Essenheimer Teufelspfad Spätburgunder Spätlese trocken Reserve Barrique | 14% | 20,– €

WEINGUT WALLDORF-PFAFFENHOF

55291 Saulheim · Mainzer Straße 50
Tel (0 67 32) 50 55 · Fax 6 32 49
walldorf@pfaffenhof.de
www.walldorf-wein.de
Inhaber Hans-Jürgen Dexheimer und Kerstin Walldorf-Dexheimer
Betriebsleiter Hans-Jürgen Dexheimer
Kellermeister Maximilian Dexheimer
Verkauf Kerstin Walldorf-Dexheimer
Mo–Fr 9.00–12.00 Uhr · 15.00–18.00 Uhr
Sa 10.00–12.00 Uhr und nach Vereinbarung

Nach überzeugenden Weinen aus den Vorjahren legt dieser Saulheimer Betrieb eine kleine Verschnaufpause ein. Die Weine sind nicht ganz auf dem Niveau der Vorjahre. Ausnahmen sind der Saulheimer Silvaner mit feiner Würze und Aprikosennoten, der 2015er Riesling aus der Probstey, ein gelbfruchtiger Vertreter mit zarten Blütennoten, und der 2014er Spätburgunder aus derselben Lage mit einer dunklen Frucht und Anklängen an Schokolade. Der Sekt Hannes Brut Nature zeigt reife Noten und erinnert an frische Brioche. Hans-Jürgen Dexheimer und Kerstin Walldorf-Dexheimer führen das 1896 gegründete Weingut in vierter Generation. Sohn Max ist für den Keller verantwortlich. Einen besonderen Service bieten sie mit individuellen Weinpräsenten an.

Verkostete Weine 10
Bewertung 82–86 Punkte

86 2014 Hannes Sekt Brut nature | 12% | 18,– €
82 2016 Silvaner trocken | 12% | 7,– €
83 2016 Weißburgunder trocken | 12% | 7,– €
85 2016 Riesling trocken | 12% | 7,– €
84 2016 Chardonnay trocken | 12,5% | 7,50 €
84 2015 Saulheimer Weißburgunder trocken | 14% | 12,– €
85 2015 Saulheimer Silvaner trocken | 12,5% | 12,– €
86 2015 Saulheimer Probstey Riesling trocken | 13% | 18,– €
84 2014 Saulheimer Spätburgunder trocken Barrique | 13% | 17,– €
86 2014 Saulheimer Probstey Spätburgunder trocken Barrique | 13% | 30,– €

Symbole Weingüter
★★★★★ Weltklasse • ★★★★ Deutsche Spitze
★★★ Sehr Gut • ★★ Gut • ★ Zuverlässig

RHEINHESSEN

WEINGUT WAGNER-STEMPEL
55599 Siefersheim · Wöllsteiner Straße 10
Tel (0 67 03) 96 03 30 · Fax 96 03 31
info@wagner-stempel.de
www.wagner-stempel.de
Inhaber Daniel Wagner
Verkauf Cathrin Wagner
Mo–Fr 9.00–12.00 Uhr · 13.00–17.00 Uhr
Sa 10.00–16.00 Uhr

Gästehaus über altem Kreuzgewölbe
Sehenswert idyllischer Innenhof mit alter Kastanie
Rebfläche 20 Hektar
Jahresproduktion 150.000 Flaschen
Beste Lagen Siefersheimer Höllberg und Heerkretz, Binger Scharlachberg
Boden Rhyolith, Vulkanverwitterungsgestein, Quarzit
Rebsorten 50% Riesling, 25% weiße Burgundersorten, je 10% rote Sorten und Silvaner, 5% übrige Sorten
Mitglied VDP, Message in a bottle, Maxime Herkunft

Daniel Wagner gehört unbestritten in den engeren Führungszirkel in Rheinhessen. Seine Weine sind vielleicht nicht immer so spektakulär, aber das Gesamtangebot ist von so zuverlässiger Güte auf hohem Niveau, dass wir es gar nicht oft genug loben können. Die Gutsweine sind hier immer eine Bank, egal ob Riesling, Weißburgunder oder Scheurebe. Die Ortsweine erreichen einen Level, das manch einer gerne in seinen Spitzenweinen hätte, etwa der Neu-Bamberger Riesling oder der Siefersheimer Weißburgunder. Die Großen Gewächse setzen dann noch eins drauf, wobei für uns in diesem Jahr der Höllberg die Nase vorn hat: ein kräuterwürziger Riesling mit Zitrusfrucht und rauchigen Aromen. Die Rieslinge sind durchweg säurebetont, die Ortsrieslinge verfügen über eine schöne Grundreife, gepaart mit Energie und Spannung. Mit Interesse verfolgen wir den Lagentausch zwischen Wagner-Stempel und dem Weingut Bischel in Appenheim. So ist Daniel Wagner zu einem Stück Binger Scharlachberg gekommen, mit dem er auf Anhieb bestens zurechtkam. Seit 2008 setzt Daniel Wagner auf ökologische Arbeitsweise. Er pflegt mit großem Engagement Weinberge in der Rheinhessischen Schweiz - und damit die Kulturlandschaft. Demnächst sollen Trockenmauern restauriert und im Fürfelder Eichelberg eine neue Steillage angelegt werden. Saniert und umgestaltet wurde das Gästehaus mit großzügigen Apartments. Das historische Kreuzgewölbe lädt als moderner Weinverkostungsraum ein.

Verkostete Weine 12
Bewertung 85–92 Punkte

85 2016 Riesling trocken | 12% | 8,90 €
86 2016 Weißburgunder trocken | 12,5% | 8,90 €
86 2016 Scheurebe trocken | 12% | 8,90 €
86 2016 Siefersheimer Silvaner trocken | 13% | 16,- €
87 2016 Neu Bamberger Riesling Rotliegend trocken | 13% | 16,- €
88 2016 Siefersheimer Riesling Porphyr trocken | 12,5% | 16,- €
88 2016 Fürfelder Riesling Melaphyr trocken | 12,5% | 16,- €
88 2016 Siefersheimer Weißburgunder trocken | 13% | 16,- €
92 2016 Siefersheimer Höllberg Riesling »Großes Gewächs« | 13% | 28,- €
90 2016 Binger Scharlachberg Riesling »Großes Gewächs« | 13% | 36,- €
91 2016 Siefersheimer Heerkretz Riesling »Großes Gewächs« | 13% | 36,- €
90 2016 Siefersheimer Heerkretz Riesling Spätlese | 8% | 16,- €

Verkostete Weine 12
Bewertung 84–91 Punkte

84 2016 Riesling trocken | 12% | 9,20 €
86 2016 Saulheimer Riesling Kalkstein trocken
| 12,5% | 14,- €
87 2016 Saulheimer Probstey Riesling trocken
| 12,5% | 24,- €
88 2016 Saulheimer Probstey Silvaner trocken
| 13% | 24,- €
89 2016 Chardonnay trocken Reserve | 13% | 26,- €
88 2016 Saulheimer Schlossberg Riesling trocken
| 12,5% | 27,- €
90 2016 Saulheimer Hölle Riesling trocken
| 12,5% | 30,- €
86 2016 Saulheimer Hölle Riesling Kabinett
| 9,5% | 16,- €
88 2016 Saulheimer Hölle Riesling Spätlese
Goldkapsel | 9% | 21,- €
88 2015 Saulheimer Spätburgunder Kalkstein
trocken | 13% | 18,- €
91 2015 Saulheimer Probstey Spätburgunder
trocken | 13% | 29,- €
90 2015 Saulheimer Hölle Spätburgunder trocken
| 12,5% | 39,- €

WEINGUT DR. EVA VOLLMER

55129 Mainz-Ebersheim
Nieder-Olmer Straße 65 BIO
Tel (0 61 36) 4 64 72 · Fax 4 64 89
info@evavollmer-wein.de
www.evavollmer-wein.de
Inhaber Dr. Eva Vollmer und Robert Wagner
Außenbetrieb Robert Wagner
Kellermeister Dr. Eva Vollmer
Verkauf Dr. Eva Vollmer
Mo–Di, Do 16.00–19.00 Uhr, **Sa** 9.00–18.00 Uhr

Eva Vollmer war vor Jahren fulminant gestartet, mit sehr guten Weinen. Doch scheint hier in Laufe der Jahre der Fokus immer stärker auf die Vermarktung gerückt zu sein. Weinflaschen werden weitgehend sinnfrei beschriftet in einer Art, die vom tatsächlichen Inhalt wegführt. Da heißt es beim Silvaner: »Wer fruchtelt denn da so betörend? Es ist die Birnenquittenwolke aus Ihrem Glas. Wer sagt, Silvaner riecht nach nix, hat ab sofort Nasenverbot.« Wir haben unsere Nase besonders intensiv in die Weine gesteckt und festgestellt, dass sie ziemlich grob in der Machart geraten sind. Wirkliche Klasse zeigt eigentlich nur der Pettenthal mit seiner kräuterwürzigen Spannung.

Verkostete Weine 12
Bewertung 82–87 Punkte

82 2016 Riesling trocken | 12% | 8,90 €
84 2016 Weißburgunder trocken | 13% | 9,20 €
85 2016 Scheurebe Kalkader trocken | 12,5% | 11,20 €
83 2016 Silvaner Tonmergel trocken »sur lie«
| 13% | 11,80 €
84 2016 Riesling Kalkader trocken | 13% | 12,20 €
83 2016 Roter Riesling trocken | 13% | 13,20 €
85 2014 Weißburgunder Halbstück trocken »sur lie«
| 13% | 14,20 €
84 2015 Ebersheimer Hüttberg Riesling trocken
| 13% | 17,20 €
85 2015 Gau-Bischofsheimer Herrnberg Riesling
trocken | 13% | 18,20 €
87 2016 Niersteiner Pettenthal Riesling trocken
| 13% | 25,- €
83 2016 Cuvée »11Komma2« feinherb | 11,5% | 8,50 €
84 2016 Riesling Tonmergel feinherb
| 12,5% | 10,50 €

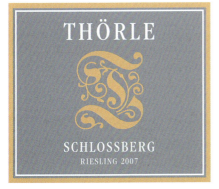

RHEINHESSEN

le Weine der Kollektion offenbaren eine gute Frische und sind sehr präzise gearbeitet. Auf ähnlich hohem Niveau wie der Mission bewegen sich der Silvaner 19-68 und der 19-29, das sind Nummern der Weinbergsparzellen, wo die Trauben gewachsen sind. Auch der Erste unter Gleichen gehört zu den stärksten Weinen im Sortiment, ein Wein mit großer Spannung, ebenso der Blaue Sylvaner 19-27 mit hoher Dichte und langem Nachhall. Aber auch die einfacheren Weine dieses Hauses fallen nicht ab: Hier kann man blind kaufen und wird nicht enttäuscht!

Verkostete Weine 12
Bewertung 85–91 Punkte

- 85 2016 Grauburgunder Naiv Landwein trocken | 11,5% | 9,50 €
- 86 2016 Weißburgunder Naiv Landwein trocken | 11,5% | 10,- €
- 86 2016 Riesling Naiv Landwein trocken | 11% | 9,50 €
- 85 2016 Silvaner Naiv Landwein trocken | 11% | 11,50 €
- 87 2016 Blauer Silvaner Naiv Landwein trocken | 11% | 15,- €
- 86 2016 Blauer Silvaner Landwein trocken | 11% | 7,70 €
- 87 2016 Silvaner ohne Grenzen Landwein trocken | 11% | 9,30 €
- 88 2016 Blauer Silvaner 19-27 Landwein trocken | 12% | 14,50 €
- 89 2016 Silvaner Erster unter Gleichen Landwein trocken | 12% | 11,50 €
- 89 2016 Silvaner 19-29 Landwein trocken | 12% | 16,50 €
- 90 2016 Silvaner 19-68 Landwein trocken | 12,5% | 23,- €
- 91 2016 Silvaner Mission Landwein trocken | 12,5% | 120,- € [TOP 10]

WEINGUT THÖRLE
55291 Saulheim · Ostergasse 40
Tel (0 67 32) 54 43 · Fax 96 08 60
info@thoerle-wein.de
www.thoerle-wein.de
Inhaber und Betriebsleiter Rudolf, Johannes und Christoph Thörle
Kellermeister Johannes und Christoph Thörle
Verkauf Uta Mück-Thörle
Mo–Fr 9.00–12.00 Uhr · 14.00–18.00 Uhr
Sa 9.00–17.00 Uhr
Rebfläche 19,5 Hektar
Jahresproduktion 120.000 Flaschen
Beste Lagen Saulheimer Hölle, Schlossberg und Probstey
Boden Kalksteinverwitterung, Tonmergel, Lösslehm
Rebsorten 38% Burgundersorten, 35% Riesling, 10% Silvaner, 17% übrige Sorten
Mitglied Message in a bottle

Hier gibt es mit die besten Spätburgunder des ganzen Anbaugebietes. Den Gebrüdern Thörle gelingt es immer besser, die ganze Feinheit des Pinots bei guter Substanz herauszuarbeiten. Dazu kommt, dass sie den Saft ihrer optimal reifen Trauben nicht durch zu viel oder zweitklassiges Holz strapazieren. Dabei spielt sicherlich eine Rolle, dass sie inzwischen gute Beziehungen zu Fassmachern in Burgund aufgebaut haben. Dort wählen sie jedes Jahr ihre Fässer für Chardonnay, Weißburgunder und Spätburgunder, die jeweilige Toastung und die Herkunft des Holzes aus. Auch die 2016er Weißen machen eine gute Figur. Der Silvaner aus der Lage Probstey ist ein feiner Wein mit Substanz und Struktur. Den Rieslingen fehlt manchmal vielleicht etwas Charme, es ist eher eine maskuline Interpretation. Der Lagenwein aus der Lage Hölle zeigt sich straff und gut strukturiert. Guts- und Ortswein sind ohne Fehl und Tadel. Von 1985 an haben Rudolf und Uta Thörle in Saulheim ein Weingut geschaffen, das inzwischen zu den Spitzenbetrieben in Rheinhessen zählt, und 2006 haben die Söhne Christoph und Johannes das Ruder übernommen.

RHEINHESSEN

WEINGUT WASEM

55218 Ingelheim · Edelgasse 5
Tel (0 61 32) 22 20 · Fax 24 48
info@weingut-wasem.de
www.weingut-wasem.de
Inhaber Holger und Burkhard Wasem
Außenbetrieb Julius Wasem
Kellermeister Burkhard und Julius Wasem
Verkauf Philipp Wasem
Mo–Fr 7.30–18.30 Uhr, **Sa** 9.30–18.00 Uhr
So 12.00–17.00 Uhr

Auch in der aktuellen Kollektion dieses Ingelheimer Traditionsbetriebes ist wieder für fast jeden Geschmack etwas dabei. Bei den trockenen Weißen markiert der stoffige Weißburgunder mit feiner Frucht die Spitze. Vorgestellt wurden diesmal auch fruchtig-süße Auslesen, wobei hier der Gewürztraminer mit feinem Rosenduft und einer guten Balance von Süße und Säure überzeugt. Die Roten strotzen nur so vor Kraft und Holz. Hier würden wir uns ein wenig mehr Klarheit und Eleganz wünschen. Der Einzylinder ist eine witzig aufgemachte, trinkige Rotweincuvée mit modernem Erscheinungsbild. Genießen kann man die Weine im Ambiente des Klosters Engelthal, von der Familie zu einem gelungenen Ensemble für Genuss und Gastlichkeit umgebaut.

Verkostete Weine 11
Bewertung 82–87 Punkte

82 2016 Grauburgunder trocken Holzfass
| 13% | 7,– €
84 2016 Elsheimer Weißburgunder trocken
| 13% | 7,50 €
83 2015 Elsheimer Blume Riesling trocken
| 13,5% | 9,50 €
85 2016 Huxelrebe Auslese | 8% | 15,– €
87 2016 Gewürztraminer Auslese | 7,5% | 15,– €
86 2015 Riesling Trockenbeerenauslese
| 6,5% | 100,– €/0,375 Lit.
83 2013 Ingelheimer Frühburgunder trocken
| 13,5% | 11,– €
84 2014 Cuvée Einzylinder trocken | 13% | 11,20 €
84 2014 Ingelheimer Sonnenhang Spätburgunder
trocken Barrique | 14% | 15,– €
86 2013 Ingelheimer Horn Frühburgunder trocken
Barrique | 13,5% | 22,– €

WEINGUT WECHSLER

67593 Westhofen · Wormser Straße 1
Tel (01 51) 42 32 24 82 · Fax (0 62 44) 56 36
katharina@weingut-wechsler.de
www.weingut-wechsler.de
Inhaber Katharina Wechsler
Betriebsleiter Katharina Wechsler
Außenbetrieb Krzysztof Slawik
Kellermeister Katharina Wechsler
Verkauf nach Vereinbarung
Rebfläche 17 Hektar
Jahresproduktion 90.000 Flaschen
Beste Lagen Westhofener Benn, Kirchspiel, Morstein und Steingrube
Boden Kalksteinverwitterung, Tonmergel, Lösslehm
Rebsorten 35% Riesling, 20% Burgundersorten, je 6% Scheurebe und Silvaner, 33% übrige Sorten
Mitglied Maxime Herkunft

Da gibt es keinen schwachen Wein! Katharina Wechsler hat eine blitzsaubere 2016er Kollektion vorgestellt. Und wieder zeigt sie, dass sie nicht nur Riesling kann. Die kräftige Scheurebe hat einen feinen Cassisduft, der Westhofener Silvaner zeigt gute Frische und einen langen Nachhall. Beim Riesling überzeugen der Gutswein, knackig und frisch, und die Lagenweine. Der Kirchspiel erinnert an einen Kräuterstrauß, der Benn zeigt eher die gelbfruchtige Seite des Rieslings und an der Spitze steht der eindrucksvolle Morstein, geprägt von rauchiger Mineralität. Vater Wechsler hatte mit 17 Hektar einen Fassweinbetrieb gegründet und legte so den Grundstein für Tochter Katharina, die in den Weingütern Keller und Gutzler gelernt hat. Seit 2009 macht sie nun den Wein, von dem sie sich wünscht, dass er sie selbst »und andere bewegt«. In Zukunft können Neugierige die Weine auch in einer Vinothek und Weinbar verkosten, die in Westhofen entstehen soll.

Verkostete Weine 12
Bewertung 84–89 Punkte

- 84 2016 Weißburgunder trocken | 12,5% | 7,70 €
- 84 2016 Riesling trocken | 12% | 7,90 €
- 86 2016 Scheurebe trocken | 12,5% | 8,20 €
- 87 2016 Westhofener Silvaner trocken | 13% | 9,80 €
- 85 2016 Westhofener Riesling trocken | 12,5% | 11,50 €
- 88 2016 Westhofener Benn Riesling trocken | 12,5% | 19,- €
- 87 2016 Westhofener Kirchspiel Riesling trocken | 12,5% | 21,- €
- 89 2016 Westhofener Morstein Riesling trocken | 13% | 26,- €
- 85 2016 Westhofener Kirchspiel Riesling feinherb | 11,5% | 17,- €
- 86 2016 Riesling Schweißtröpfchen | 7,5% | 13,- €
- 88 2016 Riesling Auslese | 9,5% | 18,- €
- 85 2015 Spätburgunder trocken Barrique | 13% | 10,50 €

WEINGUT WEDEKIND

55283 Nierstein · Karolingerstraße 1 BIO
Tel (0 61 33) 49 31 71 · Fax 50 99 74
mail@weingut-wedekind.de
www.weingut-wedekind.de
Inhaber Philipp Wedekind

Verkauf Esther Wedekind
Di–Fr 14.00–18.00 Uhr, **Sa** 10.00–18.00 Uhr
Vinothek am Marktplatz in Nierstein

So etwas wünscht man sich am Roten Hang häufiger: anspruchsvolle, maskuline Weine, die nicht weichgespült sind. Das klingt (und schmeckt) bei Philipp Wedekind im Jahrgang 2016 dann so: Der Oelberg Riesling Premium hat schönes Spiel und Rasse, der Heiligenbaum Riesling Premium ist echt trocken, der Niersteiner Pinot Blanc ist ein Burgunder für Riesling-Freunde und der Riesling trocken vom Roten Hang verbindet Zitrusaromen mit der Wärme des Roten Hangs. Philipp Wedekind baute parallel zum Önologiestudium in Geisenheim sein eigenes Weingut nach ökologischen Standards auf, seit 2008 ist er Mitglied bei Ecovin. Kunden können die Weine des Gutes in der Vinothek am Marktplatz in Nierstein probieren.

Verkostete Weine 6
Bewertung 83–88 Punkte

- 84 2016 Niersteiner Pinot Blanc trocken | 13,5% | 8,50 €
- 85 2016 Niersteiner Roter Hang Riesling trocken | 12,5% | 8,90 €
- 86 2016 Niersteiner Heiligenbaum Riesling Spätlese trocken Premium *** | 12,5% | 12,- €
- 83 2016 Niersteiner Silvaner halbtrocken | 11% | 5,80 €
- 84 2016 Niersteiner Roter Hang Riesling halbtrocken | 12% | 8,90 €
- 88 2016 Niersteiner Oelberg Riesling feinherb Premium *** | 12% | 12,- €

RHEINHESSEN

WEINGUT WEEDENBORN

55234 Monzernheim · Am Römer 4-6
Tel (0 62 44) 3 87 · Fax 5 73 31
weingut@weedenborn.de
www.weedenborn.de

Inhaberin und Betriebsleiterin Gesine Roll

Verkauf Gesine Roll
nach Vereinbarung

Sehenswert alter Gutshof im Ortskern, Holzfasskeller
Rebfläche 18 Hektar
Jahresproduktion 130.000 Flaschen
Beste Lagen Westhofener Steingrube, Westhofener Kirchspiel
Boden Terra Rossa, Kalksteinverwitterung, Kalkmergel, Lösslehm
Rebsorten 25% Riesling, 20% Sauvignon Blanc, 15% Weißburgunder, je 10% Spätburgunder und St. Laurent, 20% übrige Sorten
Mitglied Message in a bottle

Verkostete Weine 12
Bewertung 84–90 Punkte

84 2016 Weißburgunder trocken | 12,5% | 8,90 €
84 2016 Riesling trocken | 12,5% | 8,90 €
87 2016 Sauvignon Blanc trocken | 12% | 9,90 €
85 2016 Westhofener Chardonnay trocken | 13% | 12,90 €
85 2016 Westhofener Riesling Terra Rossa trocken | 12,5% | 12,90 €
86 2016 Westhofener Weißburgunder vom Kalkmergel trocken | 12% | 12,90 €
87 2016 Westhofener Sauvignon Blanc Terra Rossa trocken | 13% | 17,50 €
86 2016 Westhofener Kirchspiel Riesling trocken | 13% | 22,- €
90 2015 Sauvignon Blanc Fumé trocken | 13% | 28,50 €
88 2015 Chardonnay trocken Reserve | 13% | 28,50 €
88 2015 Pinot Noir trocken Reserve | 13,5% | 30,- €
89 2015 St. Laurent trocken Reserve | 13,5% | 30,- €

Das ist ungewöhnlich: Der Anteil des Sauvignon Blanc in diesem Weingut ist auf ein Viertel gestiegen. Wenn man die Weine probiert, weiß man, warum, denn der Umgang mit dieser Sorte ist im Weingut Weedenborn beispielhaft: Sie werden in unterschiedlichem Stil ausgebaut. Der einfache Sauvignon bringt große Frische und Rasse an den Gaumen, der Terra Rossa wirkt etwas wärmer, während der Fumé mit Komplexität und Tiefgang überzeugt. Andernorts ist er meist nur ein Modewein, hier wird seriös mit dieser internationalen Sorte umgegangen - und die Nachfrage steigt. Doch Gesine Roll kann auch Rotwein. Der Pinot Noir ist konzentriert, verfügt über Struktur und Länge. Und der Saint Laurent ist ein toller Roter, verströmt eine elegante Kirschfrucht, das Holz ist hier ganz harmonisch eingebunden, wie man es nicht oft findet. Die Rieslinge könnten noch einen Tick mehr Ausdruck vertragen - und wir haben wenig Zweifel, dass dies in Kürze schon gelingen wird.

☆ ★★⯨

WEINGUT WEINBACH

55234 Ober-Flörsheim · Wormser Straße 41
Tel (0 67 35) 3 40 · Fax 96 10 05
info@weingut-weinbach.de
www.weingut-weinbach.de
Inhaber Wilfried und Christoph Weinbach
Kellermeister Christoph Weinbach
Verkauf Christoph Weinbach
nach Vereinbarung

Die Weißweine dieser gelungenen Kollektion werden von zwei trockenen Rieslingen angeführt. Während die Alten Reben an gelbes Steinobst erinnern und eine schöne Balance aufweisen, ist der Westhofener Morstein klar und würzig und weist eine gute Länge auf. Auch der feinherbe Gelbe Muskateller bereitet Freude. Die Rotweine sind ansprechend: Die Cuvée Philipp kraftvoll und mit Tabaknoten, der Spätburgunder ist ein eher transparenter Typ mit hellem Ziegelrot. Wilfried, Verena und Sohn Christoph Weinbach bewirtschaften gemeinsam das Weingut in Ober-Flörsheim, das südlich von Alzey gelegen ist. Auch Schwiegertochter Christina hilft neben ihrem Hauptberuf mit.

Verkostete Weine 10
Bewertung 81–85 Punkte

81 2016 Riesling trocken | 12% | 4,30 €/1,0 Lit.
81 2016 Chardonnay trocken | 13% | 5,50 €
82 2016 Gundersheimer Höllenbrand Merlot trocken Blanc de Noirs | 12,5% | 5,80 €
83 2016 Sauvignon Blanc trocken | 12% | 5,80 €
84 2016 Hillesheimer Sonnheil Riesling trocken Alte Reben | 12,5% | 5,80 €
85 2016 Westhofener Morstein Riesling »S« trocken Holzfass | 13% | 9,30 €
82 2016 Pinot Blanc feinherb | 12% | 5,50 €
84 2016 Westhofener Morstein Gelber Muskateller feinherb | 12% | 5,80 €
84 2015 Cuvée Philipp trocken Barrique | 13,5% | 8,40 €
85 2015 Hillesheimer Sonnheil Spätburgunder »R« trocken Barrique | 13% | 9,30 €

WEINGUT WEINREICH

67595 Bechtheim · Riederbachstraße 7 BIO
Tel (0 62 42) 76 75 · Fax 76 78
info@weinreich-wein.de
www.weinreich-wein.de
Inhaber Weinreich GbR
Betriebsleiter Marc Weinreich
Kellermeister Marc und Jan Weinreich
Verkauf Marc Weinreich
Mo–Fr 13.00–17.00 Uhr und nach Vereinbarung
Rebfläche 20 Hektar
Jahresproduktion 150.000 Flaschen
Beste Lagen Bechtheimer Geyersberg, Stein, Hasensprung und Rosengarten
Boden Löss, Lehm, Kalkmergel
Rebsorten 35% weiße Burgundersorten, 30% Riesling, 25% Silvaner, je 5% rote Burgundersorten und Schwarzriesling
Mitglied Generation Riesling, Maxime Herkunft

Marc Weinreich trifft offenbar den Nerv der Zeit. Seine Kollektion der so genannten Naturweine, oder auch Orange Wines wird immer breiter, die Flaschenzahl nimmt kontinuierlich zu. Weinreich setzt davon bereits einiges im Ausland ab. Wir tun uns zugegebenermaßen schwer mit diesen naturtrüben, maischevergorenen Tropfen, die viele schlicht als fehlerhaft zurückweisen. Das tun wir nicht in jedem Fall. Wir finden sogar, dass der Bacchus Tacheles eine tolle Nase hat und dass der Chardonnay »Des Wahnsinns fette Beute« durchaus charaktervoll ist. Von einer Bewertung sehen wir allerdings vorerst ab. In jedem Fall lässt sich Weinreich einiges einfallen. Nicht viele Winzer würden ihren Kunden einen Sekt, in diesem Fall einen Petillant naturel, vorsetzen mit dem Titel »Perlen vor die Säue«. Ganz schön frech! Aber auch erfrischend! Das normale Sortiment dieses Biowinzers ist ohne Fehl und Tadel. Das trifft auf die Gutsweine und die Ortsweine gleichermaßen zu. An der Spitze steht der Riesling Hasensprung mit guter Präzision. Und der Sekt vom Pinot Meunier trumpft mit einer ganz feinen Perlage auf. Na dann: prost!

Weinbewertung in Punkten

100 Perfekt • 95 bis 99 Überragend • 90 bis 94 Exzellent
85 bis 89 Sehr gut • 80 bis 84 Gut

RHEINHESSEN

Verkostete Weine 8
Bewertung 83–88 Punkte

- 88 2014 Pinot Meunier Sekt Brut nature Holzfass | 12% | 21,50 €
- 84 2016 Silvaner trocken | 12% | 8,– €
- 83 2016 Grauburgunder trocken | 13% | 8,50 €
- 84 2016 Riesling trocken | 12% | 8,50 €
- 85 2016 Weißburgunder & Chardonnay trocken | 13% | 9,– €
- 86 2016 Bechtheimer Riesling trocken | 12,5% | 12,– €
- 86 2016 Bechtheimer Weißburgunder trocken Holzfass | 13% | 12,– €
- 88 2016 Bechtheimer Hasensprung Riesling trocken | 13% | 18,50 €

WEINGUT DIRK WENDEL
67551 Worms-Pfeddersheim
Zellertalstraße 48   BIO
Tel (0 62 47) 57 20 und 15 40 · Fax 57 18
info@weingut-wendel.de
www.weingut-wendel.de
Inhaber und Betriebsleiter Dirk Wendel
Kellermeisterin Sandra Wendel

Verkauf Ann-Kathrin Wendel
Mo–Fr 9.00–12.00 Uhr · 14.00–18.00 Uhr
Sa 9.00–16.00 Uhr

Die Anzahl der Biobetriebe in der Umgebung von Worms und im Wonnegau ist beachtlich. Dirk Wendel leitet dieses biozertifizierte Gut in Worms-Pfeddersheim in dritter Generation. Im aktuellen Sortiment können die Weißweine ausnahmslos überzeugen. Der Sauvignon Blanc ist eher im kühlen Stil gehalten, die Rieslinge sind von Aromen gelber Früchte geprägt und schmecken saftig und klar, allen voran der Dalsheimer Hubacker. Die Rotweine repräsentieren einen kraftvollen, internationalen Typ. Das trifft vor allem auf den Cabernet Cubin Sammlerstück zu.

Verkostete Weine 8
Bewertung 82–86 Punkte

- 82 2016 Riesling trocken | 11,5% | 5,50 €/1,0 Lit.
- 83 2016 Grauer Burgunder trocken Holzfass | 13% | 7,50 €
- 83 2016 Sauvignon Blanc trocken | 12,5% | 7,50 €
- 86 2016 Dalsheimer Hubacker Riesling trocken »sur lie« | 12,5% | 7,50 €
- 83 2015 Spätburgunder trocken Barrique | 13% | 7,50 €
- 83 2015 Cabernet Sauvignon & Cabernet Mitos Cuvée Due trocken | 13,5% | 13,– €
- 85 2015 Cuvée Inflagranti trocken | 13,5% | 13,– €
- 86 2015 Cabernet Cubin Sammlerstück trocken Barrique | 13,5% | 15,– €

★★★

WEINGUT ARNDT F. WERNER
55218 Ingelheim · Mainzer Straße 97
Tel (0 61 32) 10 90 · Fax 43 13 35
info@weingutwerner.de
www.weingutwerner.de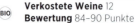
Inhaber Arndt und Birgit Werner
Betriebsleiter Arndt Werner
Außenbetrieb Christian Dickenscheid
Kellermeister Arndt und Thomas Werner
Verkauf Birgit und Thomas Werner
Di–Fr 9.00–12.30 Uhr · 14.00–18.00 Uhr
Sa 9.30–14.00 Uhr nach Vereinbarung
Historie 1819 gegründet, neben der Kaiserpfalz
Sehenswert Innenhof, Probierraum, historisches Kelterhaus
Erlebenswert Weinseminare, Führungen durch Kaiserpfalz mit Museum
Rebfläche 19 Hektar
Jahresproduktion 100.000 Flaschen
Beste Lagen Ingelheimer Pares, Burgberg, Sonnenhang, Steinacker, Höllenweg
Boden Muschelkalkverwitterung, Kalkflugsand
Rebsorten 19% Spätburgunder, 17% Riesling, 16% übrige rote Sorten, 15% weiße Burgundersorten, 12% Portugieser, 10% Silvaner, 7% Frühburgunder, 4% übrige weiße Sorten
Mitglied Ecovin, Bioland, Maxime Herkunft

Verkostete Weine 12
Bewertung 84–90 Punkte

84 2016 Cabernet Blanc trocken | 12,5% | 6,80 €
85 2016 Ingelheimer Chardonnay »S« trocken | 12,5% | 10,80 €
84 2016 Ingelheimer Grauburgunder »S« trocken | 13,5% | 11,80 €
86 2016 Gau-Algesheimer Johannisberg Silvaner trocken Selection | 13,5% | 12,80 €
86 2016 Ingelheimer Lottenstück Weißburgunder »S« trocken | 13,5% | 13,80 €
85 2016 Ingelheimer Horn Riesling trocken Selection | 13% | 13,80 €
86 2016 Ingelheimer Lottenstück Chardonnay Aula Regia trocken | 13% | 15,80 €
84 2016 Ingelheimer Riesling »S« feinherb | 12,5% | 9,80 €
88 2015 Ingelheimer Lottenstück Frühburgunder »S« trocken | 14% | 19,80 €
88 2015 Ingelheimer Höllenweg Cabernet Sauvignon »S« trocken | 14% | 19,80 €
88 2015 Ingelheimer Burgberg Spätburgunder Aula Regia trocken Selection | 14% | 23,80 €
90 2015 Ingelheimer Sonnenhang Portugieser Aula Regia trocken Selection | 13,5% | 24,80 €

Arndt Werner in Ingelheim gehört zu den Ökopionieren des Landes. Bereits seit 1981 werden seine Weinberge nach ökologischen Richtlinien bewirtschaftet. Und er ist ein absoluter Rotweinspezialist, was sich für einen Ingelheimer Winzer ja auch so gehört. Es gibt hier eine ganze Palette charaktervoller Roter zur probieren, die meist recht straff gebaut sind, mit stützenden Tanninen, mitunter hoch im Alkohol. Werner pflegt einen eher modernen Rotweinstil, weit weg vom klassischen Burgunder, aber in sich schlüssig. Was er etwa aus der früher nicht sehr geschätzten Sorte Portugieser herausholt, ist schon erstaunlich: Die Selection Aula Regia ist ein großer Rotwein. Von den Weißen spricht uns am ehesten der Chardonnay an: der Ingelheimer trocken und klar, das Lottenstück noch fokussierter. Die Weißweine stehen aber deutlich hinter den Roten zurück. Mittlerweile macht der Nachwuchs von sich reden: Mit Sohn Thomas ist die nächste Generation eingestiegen. Der rundum geschlossene und begrünte Innenhof ist das Aushängeschild des Weingutes.

RHEINHESSEN

WEINGUT WERNERSBACH

67596 Dittelsheim-Hessloch · Spitalstraße 41
Tel (0 62 44) 44 77 · Fax 2 49
weingut@wernersbach-weine.de
www.wernersbach-weine.de

Inhaber Stephan Wernersbach
Außenbetrieb Florian und Hans Wernersbach
Verkauf Regina Wernersbach
nach Vereinbarung
Rebfläche 10 Hektar
Jahresproduktion 65.000 Flaschen
Beste Lagen Bechtheimer Hasensprung, Hesslocher Mondschein, Liebfrauenberg und Edle Weingärten, Westhofener Aulerde
Boden kalksteinhaltiger Tonmergel, Ton mit Brauneisenstein und Eisenerz, Lösslehm
Rebsorten 30% Riesling, 20% Silvaner, 15% Scheurebe, je 10% Portugieser, Spätburgunder und Weißburgunder, 5% übrige Sorten

Verkostete Weine 12
Bewertung 82–87 Punkte

- 83 2016 Riesling trocken | 12,5% | 6,50 €
- 82 2016 Hesslocher Grauburgunder vom Kalkstein trocken | 13% | 8,50 €
- 82 2016 Hesslocher Gelber Muskateller vom Kalkstein trocken | 13% | 8,50 €
- 84 2016 Hesslocher Weißburgunder vom Kalkstein trocken | 13% | 8,50 €
- 85 2016 Hesslocher Scheurebe vom Kalkstein trocken | 13% | 8,50 €
- 85 2016 Hesslocher Riesling Auf den Aupern trocken | 13,5% | 8,50 €
- 86 2016 Bechtheimer Riesling vom Eisenerz trocken | 12,5% | 8,50 €
- 86 2016 Hesslocher Liebfrauenberg Riesling trocken | 13,5% | 15,90 €
- 86 2016 Hesslocher Mondschein Riesling trocken | 13% | 15,90 €
- 87 2016 Westhofener Aulerde Riesling trocken | 13% | 15,90 €
- 83 2016 Grüner Silvaner | 12,5% | 6,50 €
- 86 2015 Hesslocher Edle Weingärten Blauer Portugieser trocken | 13% | 15,90 €

Die Weine des Jahrgangs 2016 präsentieren sich klar und straff. Der Silvaner ist ein leichter Wein für jeden Tag. Bei den Riesling-Ortsweinen schießt in diesem Jahr der etwas strukturiertere Bechtheimer den Vogel ab. Die Aulerde ist verspielt und präsentiert sich bereits sehr fruchtig. Auch der Portugieser ist ein sortentypischer Vertreter. Nach dem Studium in Geisenheim hat Stephan Wernersbach 2005 das ehemals von seinem Vater im Hobby bewirtschaftete Weingut übernommen und baut es zusammen mit Bruder Florian auf. Die beiden setzen das mehrstufige Qualitäts- und Herkunftssystem nach Vorbild des VDP konsequent um. »Hier in den rheinhessischen Highlands, wo die Durchschnittstemperatur um bis zu drei Grad niedriger ist als in Westhofen, Bechtheim oder im Rheintal, bieten die Kalkböden beste Voraussetzungen für aromatische Weißweine mit lebhafter Säurestruktur - ein verborgener Schatz«, sagt Stephan Wernersbach, der sich bewusst durch seinen »Nordic-Style« abheben möchte.

WEINGUT WERTHER WINDISCH

55278 Mommenheim · Schulstraße 3
Tel (0 61 38) 9 41 76 65 · Fax 9 81 67 49
info@werther-windisch.de
www.werther-windisch.de
Inhaber Familie Windisch
Betriebsleiter Jens Windisch
Kellermeister Jens Windisch
Verkauf nach Vereinbarung
Rebfläche 12 Hektar
Jahresproduktion 60.000 Flaschen
Beste Lagen Mommenheimer Silbergrube, Harxheimer Lieth, Harxheimer Schlossberg
Boden Kalkmergel, toniger Lehm, Lösslehm
Rebsorten 30% Silvaner, 25% Riesling, 15% Weißburgunder, 10% Bacchus, 20% übrige Sorten
Mitglied Generation Riesling

Verkostete Weine 12
Bewertung 83–88 Punkte

88 2012 Silvaner Sekt Brut nature | 13% | 14,50 €
83 2016 trocken Cuvée | 11,5% | 5,90 €
84 2016 Riesling trocken | 12% | 7,50 €
84 2016 Silvaner trocken | 12% | 7,50 €
85 2016 Weißburgunder trocken | 12% | 7,50 €
85 2016 Silvaner 8grad 14minuten trocken | 12,5% | 11,– €
86 2016 Riesling 8grad 14minuten trocken | 12,5% | 11,– €
87 2016 Weißburgunder 8grad 14minuten trocken | 12,5% | 11,– €
88 2016 Harxheimer Lieth Silvaner trocken | 12,5% | 18,50 €
88 2016 Harxheimer Schlossberg Riesilng trocken | 12,5% | 18,50 €
85 2016 Riesling Kabinett | 9% | 9,– €
87 2015 Spätburgunder trocken | 12,5% | 7,50 €

Aus diesem Betrieb kommt eine rundum überzeugende, geradlinige Kollektion. Die Weine sind eher reduktiv ausgebaut und daher noch etwas verschlossen. Doch schon die Gutsweine haben Format, erst recht der Mittelbau, der mit 8 grad 14 minuten den Längengrad der bewirtschafteten Weinberge in den Gemeinden Selzen, Mommenheim und Harxheim bezeichnet. Wie beim Gutswein hat uns auch hier der Weißburgunder am besten geschmeckt. Charaktervolle Lagenweine krönen das Sortiment. Uns gefällt besonders gut der Silvaner aus dem Harxheimer Lieth, der eine tolle Länge aufweist. Silvaner kann auch sprudeln: Der Brut nature ist durch und durch trocken, hat eine gute Frucht, ein pures Sekt-Erlebnis. Jens Windisch, der jetzt auch die Leitung von Werther Windisch übernommen hat, pflegt zwölf Hektar Weinberge in den höchsten Lagen Rheinhessens rund um Mommenheim. Er absolvierte seine Ausbildung beim Johner Estate in Neuseeland, bei Eckehart Gröhl in Weinolsheim und bei Wagner-Stempel in Siefersheim sowie ein Weinbaustudium in Geisenheim.

RHEINHESSEN

WEINGUT SCHLOSS WESTERHAUS
55218 Ingelheim · Westerhaus
Tel (0 61 30) 66 74 · Fax 66 08
info@schloss-westerhaus.de
www.schloss-westerhaus.de
Inhaber Johannes Graf und Ivonne Gräfin von Schönburg-Glauchau
Kellermeister Toni Frank
Verkauf Ivonne Gräfin von Schönburg-Glauchau
Di–Fr 9.00–12.00 Uhr · 14.00–18.00 Uhr
Sa 11.00–16.00 Uhr und nach Vereinbarung
Historie ursprünglich Weingut der Familie Opel
Sehenswert jahrhundertealte Bausubstanz, Monopollage, Pferdegestüt
Erlebenswert Jazzkonzerte im Schlosshof, Ausfahrten zum Schloss
Rebfläche 17,5 Hektar
Jahresproduktion 100.000 Flaschen
Beste Lagen Ingelheimer Schloss Westerhaus
Boden Kalkstein mit Lössüberdeckung
Rebsorten je 35% Riesling und weiße Burgundersorten, 30% rote Burgundersorten
Miglied VDP, Maxime Herkunft

Verkostete Weine 12
Bewertung 83–88 Punkte

86 2014 Schloss Westerhaus Pinot Noir Sekt Brut Blanc de Noirs | 12,5% | 12,– €
87 2012 Schloss Westerhaus Monopol Sekt Brut nature Cuvée | 12,5% | 35,– €/1,5 Lit.
83 2016 Weiß- & Grauburgunder trocken | 12,5% | 7,50 €
85 2016 Riesling trocken | 12,5% | 7,50 €
84 2016 Chardonnay & Weißburgunder trocken | 12,5% | 9,50 €
85 2016 Ingelheimer Weißburgunder trocken | 13% | 12,– €
87 2016 Ingelheimer Chardonnay Y86 trocken Holzfass | 12,5% | 14,50 €
88 2016 Schloss Westerhaus Riesling »Großes Gewächs« | 12,5% | 22,– €
87 2016 Riesling Kabinett | 9,5% | 9,50 €
84 2015 Spätburgunder trocken Holzfass | 13% | 9,50 €
86 2015 Ingelheimer Frühburgunder trocken Holzfass | 13% | 17,– €
86 2015 Schloss Westerhaus Spätburgunder »Großes Gewächs« | 13% | 27,– €

In der aktuellen Kollektion dieses traditionsreichen Hauses nimmt das Große Gewächs vom Riesling die Spitzenposition ein. Der Wein zeigt reife Frucht und Mineralität. Mit Holzwürze unterlegt, cremig und zugleich frisch, präsentiert sich der Chardonnay Y86, der fruchtige Riesling Kabinett ist rauchig, saftig und wird von feiner Süße getragen. Hier gelingt auch der Sekt, etwa der Brut nature mit Anklängen von Brioche und prägnanter Säure. Allein schon die Lage und das Anwesen sind eine Augenweide: Die klassifizierte Monopollage Schloss Westerhaus liegt malerisch an der Abrisskante der pittoresken Schlossanlage. Hier stehen Riesling und Burgunder und profitieren von Kühle, Kalk und der ökologischen Kreislaufwirtschaft. Der hochtalentierte Kellermeister Toni Frank und Johannes Graf von Schönburg-Glauchau sind auf einem sehr guten Weg. Und es wird weiter in noch mehr Qualität investiert, der Holzfasskeller erweitert und eine schonende Traubenannahme sowie Traubenverarbeitung installiert. Schon seit einigen Jahren nutzt man im Herbst ein Kühlhaus zur Mazeration der Trauben.

★★★½

WEINGUT WINTER

67596 Dittelsheim · Heilgebaumstraße 34
Tel (0 62 44) 74 46 · Fax 5 70 46
info@weingut-winter.de
www.weingut-winter.de
Inhaber Edmund und Stefan Winter
Kellermeister Stefan Winter

Verkauf Familie Winter
Mo–Fr 8.00–12.00 Uhr · 13.00–18.00 Uhr
Sa 9.00–17.00 Uhr nach Vereinbarung

Historie Familie bereits 1469 erwähnt, Werner Winter pflanzte schon um 1600 Riesling und Silvaner
Rebfläche 22 Hektar
Jahresproduktion 100.000 Flaschen
Beste Lagen Dittelsheimer Leckerberg, Kloppberg und Geyersberg
Boden Kalksteinverwitterung, tiefgründiger Tonmergel, Lösslehm
Rebsorten 55% Riesling, 40% Burgundersorten, 5% Silvaner
Mitglied VDP, Message in a bottle

Verkostete Weine 10
Bewertung 85–90 Punkte

85 2016 Silvaner trocken | 12% | 8,50 €
85 2016 Riesling trocken | 12% | 8,50 €
86 2016 Grauburgunder trocken | 13% | 8,50 €
87 2016 Dittelsheimer Riesling trocken | 12,5% | 12,50 €
87 2016 Dittelsheimer Chardonnay & Weißburgunder trocken Holzfass | 13% | 12,50 €
88 2016 Dittelsheimer Weißburgunder trocken Holzfass | 13% | 12,50 €
89 2016 Dittelsheimer Geiersberg Riesling »Großes Gewächs« | 12,5% | 27,- €
89 2016 Dittelsheimer Kloppberg Riesling »Großes Gewächs« | 12,5% | 27,- €
90 2016 Dittelsheimer Leckerberg Riesling »Großes Gewächs« | 12,5% | 27,- €
90 2014 Dittelsheimer Spätburgunder trocken Holzfass | 13% | 19,- €

Die Gutsweine in diesem Dittelsheimer Gut sind auch im Jahrgang 2016 eine sichere Bank. Schon der Silvaner probiert sich saftig und mit gut strukturierter Säure. Aber auch Grauburgunder und Riesling zeigen sich frisch, pikant und super saftig. Die Riesling-Kollektion des Jahrgangs ist beeindruckend. Die Weine zeigen große Frische und Präzision bei zugleich guter Saftigkeit. Bei den Großen Gewächsen aus den Dittelsheimer Lagen Kloppberg, Geiersberg und Leckerberg tritt noch eine rauchige Komplexität hinzu, aber alles bei ganz moderatem Alkohol. Stefan Winters Burgunder stehen auf ähnlich hohem Level. Der Weißburgunder-Ortswein verströmt Blütenduft und erinnert an weißen Pfirsich, der Dittelsheimer Spätburgunder aus dem Jahrgang 2014 ist sehr attraktiv durch feinen Kirschduft, viel Saft und eine schöne Länge. Stefan Winter hat ein neues Domizil am Fuß des Kloppbergs errichtet. Der Winzer arbeitet nach Biorichtlinien und brachte den einst in der Weinwelt unbekannten Ort Dittelsheim-Hessloch auf die Landkarte. Dies ist eine beachtliche Leistung, die einerseits in der Güte der Weinlagen begründet liegt – und im Talent des Ausnahmewinzers Stefan Winter.

WEINGUTWINTER

Chardonnay
Weißburgunder
trocken

Dittelsheim 2009

★★★★★ RHEINHESSEN

WEINGUT WITTMANN

67593 Westhofen · Mainzer Straße 19
Tel (0 62 44) 90 50 36 · Fax 55 78
info@wittmannweingut.com
www.wittmannweingut.com
Inhaber Günter und Philipp Wittmann
Kellermeister Philipp Wittmann, Georg Rieser
Verkauf Sophia Mauer
Mo–Fr 8.00–17.00 Uhr
Sa 11.00–15.00 Uhr nach Vereinbarung
Historie 1663 erste urkundliche Erwähnung der Vorfahren als Erbbeständer des Kurpfälzischen Seehofes in Westhofen
Sehenswert großer Gewölbekeller, mediterraner Garten
Rebfläche 28 Hektar
Jahresproduktion 180.000 Flaschen
Beste Lagen Westhofener Morstein, Brunnenhäuschen, Kirchspiel und Aulerde
Boden Tonmergel, Kalksteinverwitterung, Löss, Lehm
Rebsorten 65% Riesling, 20% Burgundersorten, 10% Silvaner, 5% übrige Sorten
Mitglied VDP, Naturland, Message in a bottle, Respekt

BIO

Philipp Wittmann

Entwicklung aber auch mit Wittmanns Bestreben zu tun, das Weinangebot weiter zu straffen und noch klarer aufzustellen. Natürlich setzt der VDP-Chef Rheinhessens die Statuten seines Verbandes lupenrein um, aber nicht jeder Betrieb dieser Größenordnung füllt von seinem wichtigsten Ortswein, hier dem Westhofener, gleich 70.000 bis 80.000 Flaschen. Und da ist richtig Musik drin! Eigentlich von jungen Reben gewonnen, hat dieser Riesling ein Format, das schon Richtung Großer Gewächse geht - kein Wunder, denn die jungen Reben sind mittlerweile schon zehn bis 20 Jahre alt. Neu ist der Gundersheimer Ortswein, von dem gerade mal ein Stückfass erzeugt wurde. Natürlich sind die Großen Gewächse die Aushängeschilder des Betriebes und mit rund 30.000 Flaschen pro Jahr auch ein wirtschaftlicher Faktor. Alle Spitzenweine vergären spontan, wobei Wittmann kein Freund überlanger Gärung ist: »Wir haben genügend Frucht in den Weinen, die muss nicht noch durch Kaltgärung gefördert werden«, ist das Credo des Westhofeners. Bei der Geschmacksprägung seiner Weine setzt Wittmann lieber auf den Kalkstein in den Weinbergen und die zum Teil uralten Reben, etwa in der Lage Kirchspiel, einem unserer Favoriten im Jahrgang 2016. Gleichauf bewegen sich der Morstein und der La Borne, eine Parzelle in derselben Lage. Sein Vater Günter Wittmann brachte das Gut bereits als Pionier für trockenen rheinhessischen Riesling nach vorne, er kümmert sich heute um die Pflege der Weinberge. Das Gut liegt mitten in einem mediterran wirkenden Garten.

Philipp Wittmann erinnert sich gerne an den Jahrgang 2015, schwärmt von den Rieslingen mit kristalliner Struktur und puristischer Fruchtaromatik - genau so, wie er seine Rieslinge gerne hat. Auch wenn es landläufige Meinung ist, dass viele 2016er schwächer als 2015 ausgefallen sind, der Westhofener Winzer sieht dies differenziert. Sicher seien die 2016er etwas leichter und schlanker geraten, aber diese Proportionen stehen den Weinen nicht schlecht. 2002 und 2012 fallen Wittmann ein, wenn er nach Vergleichen in der Vergangenheit sucht, wahrlich keine schwachen Jahrgänge.

Trockene Tradition

Die Erzeugung trockener Weine hat in diesem großartigen Gut Tradition. Doch Philipp Wittmann treibt die Entwicklung auf die Spitze. 97 Prozent seiner Weine baut er trocken aus, süße Tropfen gibt es nur noch, wenn es passt: »Ich kümmere mich um die gesunden Trauben, gibt es im Herbst Edelfäule, dann gibt es auch Auslesen, sonst nicht. Es muss passen, so wie in 2015 zum Beispiel.« Eine fruchtsüße Spätlese gab es zuletzt 2012, davor in 2008. Vielleicht hat diese

Gewann La Borne

Georg und Irmgard Wittmann, die den Betrieb in den 60er Jahren formten, nahmen ihren Sohn Günter früh in die Verantwortung. Eine Bonitierung von 1930 belegt bereits die Güteklasse eins von Lagen wie Aulerde, Kirchspiel oder Morstein, wo die Wittmanns gewichtige Anteile haben. »La Borne« nannten die Westho-

837

fener die oberen Gewanne im Westhofener Morstein. Es ist einer der ältesten Weinberge des Gutes mit kleinbeerigen Trauben.

Verkostete Weine 15
Bewertung 86-96 Punkte

86 2016 Weißburgunder trocken | 12,5% | 11,70 €
86 2016 Riesling trocken | 12% | 11,70 €
87 2016 Grauburgunder trocken | 13% | 11,70 €
88 2016 Gundersheimer Riesling trocken | 12% | 17,- €
88 2016 Niersteiner Riesling trocken | 12,5% | 18,50 €
88 2016 Westhofener Weißburgunder & Chardonnay trocken | 13% | 19,- €
89 2016 Westhofener Riesling trocken | 12,5% | 19,- €
90 2016 Westhofener Aulerde Riesling »Großes Gewächs« | 12,5% | 33,50 €
91 2015 Chardonnay trocken Reserve | 14% | 35,50 €
91 2015 Weißburgunder trocken Reserve | 13,5% | 35,50 €
94 2016 Westhofener Kirchspiel Riesling »Großes Gewächs« | 12,5% | 42,50 €
92 2016 Westhofener Brunnenhäuschen Riesling »Großes Gewächs« | 12,5% | 48,50 €
96 2016 Westhofener Morstein Riesling »Großes Gewächs« | 12,5% | 48,50 € | TOP
95 2016 Westhofener Morstein La Borne Riesling trocken Alte Reben | 12,5% | ✈ | TOP
89 2015 Westhofener Spätburgunder trocken | 12,5% | 21,50 €

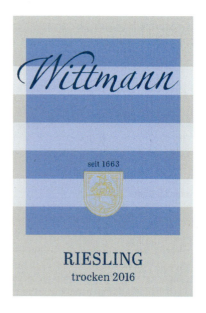

WEINGUT ARTHUR UND FABIAN ZIMMERMANN
55599 Siefersheim · Backhausgasse 3
Tel (0 67 03) 96 03 20 · Fax 96 03 24
mail@weingut-zimmermann.de
www.weingut-zimmermann.de
Inhaber Arthur und Fabian Zimmermann
Verkauf Arthur und Fabian Zimmermann
Mo-Fr: 18.00-19.00 Uhr, **Sa:** 13.00-18.00 Uhr
So: 10.00-12.00 Uhr und nach Vereinbarung

Hier scheint man ein Händchen für die roten Sorten zu haben. Die beiden St. Laurent, einer davon mit Dornfelder verschnitten, sind brombeerwürzige Weine mit kräftigem Körper. Am besten schneidet der Spätburgunder Freundschaftsspiel aus dem Barrique ab, der im Duft an Süßkirschen und Vanille erinnert, mit gut eingebundenem Holzton. Die Weißweine können da nicht mithalten, wobei uns der Weißburgunder Fazit aus der Lage Äffchen durch seine Ausgewogenheit noch am besten gefällt. Arthur und Jörg Zimmermann leiten das Weingut bereits seit 1990. Fabian Zimmermann, der 2015 seine Technikerausbildung abgeschlossen hat, hinterlässt zunehmend seine Handschrift, etwa mit der eigenen Linie Fazit. Diese Weine stammen aus den besten Lagen des Betriebs.

Verkostete Weine 12
Bewertung 81-86 Punkte

84 2015 Weißburgunder Pinot Blanc Sekt Brut nature | 13% | 12,- €
81 2016 Rivaner trocken | 12,5% | 4,20 €/1,0 Lit.
82 2016 Riesling trocken | 12,5% | 4,80 €/1,0 Lit.
83 2016 Siefersheimer Goldenes Horn Silvaner trocken | 12,5% | 5,80 €
83 2016 Wöllsteiner Äffchen Weißburgunder trocken | 13% | 6,20 €
82 2016 Siefersheimer Höllberg Riesling trocken | 12,5% | 6,80 €
82 2016 Siefersheimer Höllberg Riesling Fazit trocken | 13% | 9,50 €
84 2015 Wöllsteiner Äffchen Weißburgunder Fazit trocken | 13,5% | 9,50 €
82 2016 Wöllsteiner Äffchen Spätburgunder feinherb Rosé | 12,5% | 6,20 €
84 2015 Dornfelder & St. Laurent Johanna L. trocken Barrique | 14% | 7,50 €
85 2015 Wöllsteiner Äffchen St. Laurent Fazit trocken Barrique | 14% | 12,- €
86 2015 Spätburgunder Freundschaftsspiel trocken Barrique | 13,5% | 14,- €

WEINGUT ZÖLLER

55599 Eckelsheim · Brunnenstraße 12
Tel (0 67 03) 12 73 · Fax 46 97
info@weingutzoeller.de
www.weingutzoeller.de
Inhaber und Betriebsleiter Jürgen und Torsten Zöller
Kellermeister Torsten Zöller

Verkauf nach Vereinbarung

Das Eckelsheimer Weingut, in dem Vater Jürgen Zöller für die Weinberge zuständig ist und Sohn Torsten sich um den Keller kümmert, ist eine Quelle für gute Alltagsweine zu einem fairen Preis. Den Weinen merkt man an, dass in Weinberg und Keller sauber gearbeitet wird. Die Burgunder sind klar und trinkanimierend, der Riesling ist saftig, wenn ihm auch hier und da noch der letzte Kick fehlt. Der Spätburgunder ist frisch und der nach Dörrpflaumen duftende Dornfelder kommt ein wenig im internationalen Stil daher. Dieses Gut ist ein weiterer Pluspunkt für die Rheinhessische Schweiz, die an das Anbaugebiet Nahe angrenzt und zum Teil auch über deren Böden verfügt, etwa den vulkanischen Porphyr.

Verkostete Weine 9
Bewertung 82–85 Punkte

- 82 2016 Riesling trocken | 12% | 4,80 €
- 84 2016 Weißburgunder trocken | 12,5% | 4,90 €
- 84 2016 Grauburgunder trocken | 12,5% | 4,90 €
- 84 2016 Eckelsheimer Riesling »S« trocken | 12,5% | 7,50 €
- 84 2016 Eckelsheimer Grauburgunder »S« trocken | 13% | 7,80 €
- 83 2016 Riesling feinherb | 11,5% | 4,60 €
- 82 2016 Würzer Spätlese | 10% | 4,80 €
- 84 2015 Spätburgunder trocken | 13,5% | 5,– €
- 85 2015 Eckelsheimer Dornfelder trocken Barrique | 13% | 8,90 €

Symbole Weingüter

Schnäppchenpreis · Spitzenreiter · Ökobetrieb
Trinktipp · Versteigerungswein

Sekt · Weißwein · Rotwein · Rosé

LECKER BISSEN

LAROUSSE
Das große Buch der
Kleinigkeiten
Amuse gueules,
Fingerfood und andere
Leckerbissen

CHRISTIAN

Christian Verlag GmbH, Infanteriestraße 11a, 80797 München
© Fotolia – thitiya

Was könnte verlockender sein als ein Tisch voller Appetithäppchen und Kleinigkeiten? Einfach vorzubereiten, machen aufgespießte Mini-Hamburger oder Buchweizen-Whoopies mit Räucherlachs schnell was her.

480 Seiten · € (D) 36,99
ISBN 978-3-86244-378-9

**Weitere Rezepte
im Buchhandel und auf
www.christian-verlag.de**

Symbole Weingüter

★★★★★ Weltklasse
★★★★ Deutsche Spitze
★★★ Sehr gut
★★ Gut
★ Zuverlässig

SAALE-UNSTRUT WEINREGION

Die starke 51 und ihre fabulösen Weine

An Saale und Unstrut ist die Winzervereinigung Breitengrad 51 weiter tonangebend, das Gut Böhme & Töchter überrascht mit einer tollen Kollektion und wir entdeckten klasse Gutsweine. Nach nicht immer einfachen Jahren gibt es in der Region wieder Grund zur Freude.

WEINREGION

Saale-Unstrut im Überblick

Rebfläche: 765 Hektar
Einzellagen: 34
Hauptrebsorten: Müller-Thurgau (15%), Weißburgunder (14%), Silvaner (8%), Riesling (9%)
Böden: Muschelkalk, Buntsandstein, Lösslehm und Kupferschiefer
Selbstvermarktende Betriebe: 73
www.natuerlich-saale-unstrut.de

Karte und Angaben: DWI

Die Winzer an Saale und Unstrut hatten 2016 Grund zur Freude. Nach warmem März und launischem April mit leichten Spätfrösten kam es zu einem guten Austrieb und sehr guter Blüte, ehe dann der Juni mit hochsommerlichen Temperaturen einsetzte. Doch trotz einiger Unwetter im Juli und vereinzelten Hagelschäden um Freyburg war der Vegetationsverlauf recht stabil. Der August startete eher kühl und bremste das Wachstum etwas ein, bevor es dann hochsommerlich bis Mitte September weiterging.

Gerade bei Junganlagen war etwas Bewässerung notwendig, um Trockenstress zu vermeiden. Nach einer kurzen Regenphase Mitte September konnte dann aber sehr selektiv und bei besten Temperaturen gelesen werden. Das machte den Jahrgang nicht nur qualitativ, sondern auch von den Erntemengen zu einem der erfolgreichsten in der nicht immer einfachen jüngsten Weinbaugeschichte der Region. Viele Winzer brachten es so auf den Punkt: »Ein arbeitsreicher Jahrgang im Sommer, der durch eine lange und trockene Lese belohnt wurde.«

Ausnahme Traminer

Vor allem die Säurewerte bei den Burgundersorten sind auffallend besser balanciert als im Vorjahr und auch die Rieslinge gefielen uns dieses Jahr einen Tick besser als zuvor. Nicht immer ist Kraft alles, das zeigten vor allem die Lagenweine aus dieser Rebsorte, die subtiler gelungen sind als noch 2015. Nicht ganz so stark präsentierten sich die Bukettsorten wie Bacchus oder Kerner, auch Scheurebe und Sauvignon blanc haben wir hier schon ausdrucksstärker verkostet. Einzige Ausnahme bildet der spät reifende Traminer, noch nie war die Dichte an guten Weinen dieser Rebsorte so hoch wie in 2016! Der Rotweinjahrgang 2015 ist noch nicht abschließend zu bewerten, da die uns vorgestellten Weine teilweise noch zu jung und vom Holz geprägt waren. Gerade hinsichtlich Eleganz und Balance wird er allerdings nicht ganz an andere Jahrgänge heranreichen. Insgesamt hält die positive Entwicklung in der Region aber an. Die besten Betriebe haben ihr Portfolio weiter differenziert und teilen die Weine in klare Qualitätsstufen ein. Auffällig ist hierbei die deutliche Verbesserung der Gutsweine. Der Mittelbau, entweder durch Bodenformationen oder Ortsnamen gekennzeichnet, zeigt dagegen noch nicht die besondere Ausprägung von Ortsweinen aus anderen Weinbauregionen. Vor allem beim Lagenwein verkosteten wir dieses Jahr dagegen sehr individuelle Tropfen, die nicht nur die Herkunft, sondern auch immer stärker die Handschrift des Winzers repräsentieren.

An der Spitze der Region bleibt André Gussek. Er hat mit der aktuellen Kollektion in fast jedem Bereich Weine präsentiert, die zu den besten an Saale und Unstrut gehören. In den Kategorien Riesling und weiße Burgunder gehört er sogar zu den besten Erzeugern aller neuen Bundesländer. Aber auch Sorten wie Traminer und Blauer Zweigelt sind bei ihm in besten Händen. Auch wenn die aktuell vorgestellten Rotweine jahrgangsbedingt nicht herausragen, zeigen sie doch, wie gut Gussek mit ihnen umzugehen weiß. Er versteht es, Balance und Finesse immer besser herauszukitzeln. Bernard Pawis zeigt dieses Jahr eine Kollektion von großer Stringenz, seine Weine wirken trockener in den

Vorjahren und gewissermaßen »entschleunigter«. Das mag an zunehmender Gelassenheit des Winzes liegen oder an der Möglichkeit, die Weine erst später zu präsentieren. Wie auch immer, uns gefällt die aktuelle Kollektion sehr gut! Gerade die Großen Gewächse wirken gesetzter und nicht zu sehr vom Holz geprägt.

Pawis wirkt entschleunigt

Anders in der Machart, gleichfalls sehr interessant, ist der Weg des jungen Matthias Hey. Seine Weine sind eigen, mit klarer Handschrift. Mittlerweile vergärt er fast nur spontan, was mit kleinen Ausnahmen sehr gut gelingt: Die Weine sind individueller denn je. Matthias Hey scheut sich auch nicht, neue Wege zu gehen. Sein Grauburgunder aus dem Steinmeister ist maischevergoren, trotzdem trinkig und nicht sperrig wie viele dieser Weine. Der Holzeinsatz bei den Rotweinen könnte noch reduziert werden, ansonsten gelingt es Hey immer mehr, seine eigene Stilistik als Alleinstellungsmerkmal herauszukitzeln.

In Gleina konnten wir beim Weingut Böhme und Töchter den größten Qualitätssprung feststellen. Die gesamte Kollektion hat an Spannkraft gewonnen, die Lagenweine haben Druck und Feinheit zugleich und zeigen, dass man hier gelernt hat, den Holzfasseinsatz weiter zu perfektionieren. Gerade die Burgunder sind Gebietsspitze. Dabei zeigt sich der langjährige Austausch in der Interessensgemeinschaft Breitengrad 51. Diese setzt, ähnlich dem VDP, auf eine Qualitätspyramide, an deren Spitze die Breitengrad-Weine stehen, die durch strenge Kontrolle und mehrfache Verkostungen gekürt werden. Man darf die Truppe als Talentschmiede der Region begreifen, auch die Neumitglieder haben sich signifikant in ihren Kollektionen verbessert. Dazu zählen das Weingut Frölich-Hake und der kleine Betrieb von Wolfram Proppe im Gleistal. Zu den empfehlenswerten Betrieben zählen so alte Hasen wie das Weingut Thürkind oder der Weinbau von Hendrik Bobbe in Nebra.

Die qualitative Dichte ermöglicht eine Bestenliste der weißen Burgunder der Region mit allen Vertreter der Familie, die in den Flusstälern auf Muschelkalk oder Buntsandstein wachsen.

Matthias Dathan

Die besten Burgunder 2016 von Saale und Unstrut

Schweigenberg Weißburgunder Breitengrad 51 Böhme & Töchter (20 Euro)	89
Schweigenberg Chardonnay trocken Böhme & Töchter (11 Euro)	88
Edelacker Grauburgunder Großes Gewächs Pawis (19,80 €)	88
Steinmeister Weißburgunder Breitengrad 51 Hey (21 Euro)	88
Steinmeister Grauburgunder Hey (21 Euro)	88
Rappental Weißburgunder Spätlese trocken Klaus Böhme (9,50 Euro)	87
Rappental Weißburgunder Bergstern Klaus Böhme (19 Euro)	87

Die Spitzenbetriebe

★★★
Gussek	S. 847

★★½
Hey	S. 848
Pawis	S. 851

★★
Klaus Böhme	S. 845
Böhme & Töchter	S. 846

Gebietspreisträger Saale-Unstrut

Winzer des Jahres: André Gussek

Aufsteiger des Jahres: Böhme & Töchter

Entdeckung des Jahres: Wolfram Proppe

☆   ☆

WEINGUT BEYER

06636 Dorndorf (Unstrut) · Gleinaer Straße 2
Tel (03 44 62) 18 99 00
johannes@weingut-beyer.de
www.weingut-beyer.de
Inhaber und Betriebsleiter Johannes Beyer

Verkauf Grit Schulz
Mi 15.00–18.00 Uhr
Fr 15.00–18.00 Uhr, **Sa** 10.00–17.00 Uhr

Der junge Winzer Johannes Beyer hat sich in der Region mittlerweile gut etabliert. Seine umfangreiche Erfahrung als Kellermeister im Weingut Pawis und im eigenen, kleinen Nebenerwerbsbetrieb ließen den Schritt in die Selbstständigkeit zu. Gerade bei den Silvanern zeigt sich das Herzblut des Winzers. Der Einsatz des Holzfasses gelingt beim Weißburgunder sehr gut, beim Silvaner empfinden wir es etwas unharmonisch. Sehr unterschiedlich die zwei präsentierten Süßweine: Der Weißburgunder Eiswein aus dem Barrique wirkt recht alkoholisch, die klassischere Trockenbeerenauslese besticht mit Waldhonignoten und ausgewogenem Süße-Säure-Spiel. Größte Fortschritte sind beim Rotwein zu verzeichnen. Sowohl Portugieser als auch die Cuvée gefallen mit wohl dosiertem Holz, trinkiger Art und belebender Säure.

Verkostete Weine 12
Bewertung 82–89 Punkte

85 2015 Karsdorfer Hohe Gräte Weißburgunder Sekt Brut | 12% | 14,85 €
83 2016 Dorndorfer Rappental Müller-Thurgau trocken | 11,5% | 7,60 €
85 2016 Karsdorfer Hohe Gräte Silvaner trocken Alte Reben | 12% | 7,60 €
83 2014 Karsdorfer Hohe Gräte Silvaner Sonnentanz trocken Holzfass | 12% | 19,- €
84 2016 Steigraer Hahneberg Riesling Kabinett trocken | 10% | 9,35 €
84 2013 Karsdorfer Hohe Gräte Silvaner Kabinett trocken Alte Reben | 12% | 9,50 €
84 2015 Karsdorfer Hohe Gräte Weißburgunder Spätlese trocken Barrique | 12,5% | 10,35 €
86 2016 Karsdorfer Hohe Gräte Weißburgunder Eiswein Barrique | 14,5% | 35,- €/0,375 Lit.
89 2015 Karsdorfer Hohe Gräte Weißburgunder Trockenbeerenauslese | 10,5% | 42,- €/0,375 Lit.
82 2016 Karsdorfer Hohe Gräte Bacchus & Portugieser trocken Rotling | 12% | 7,60 €
83 2016 Karsdorfer Hohe Gräte Portugieser trocken Holzfass | 13% | 8,60 €
85 2016 Dorndorfer Rappental Cuvée Glockendreiklang trocken Holzfass | 13% | 11,45 €

WEINGUT BOBBE

06642 Nebra-Reinsdorf · Unterdorf 08
Tel (01 76) 22 89 13 95
info@weingut-bobbe.de
www.weingut-bobbe.de
Inhaber Hendrik Bobbe

Verkauf Hendrik Bobbe
Mo–Fr 16.00–20.00 Uhr, **Sa–So** 10.00–20.00 Uhr
und nach Vereinbarung

Der Literaturwissenschaftler Hendrik Bobbe aus Reinsdorf unweit von Nebra bewirtschaftet Weinberge in Steigra, Karsdorf und Memleben. Die Weine werden klar nach Bodenstrukturen benannt und kommen entweder trocken oder als feinherbe Varianten auf den Markt. Die trockene Klaviatur beherrscht der Winzer mittlerweile sehr gut: Müller-Thurgau und Silvaner sind sehr ordentliche Gutsweine. Selbst eine trockene Müller-Thurgau Spätlese kann überzeugen. Bei den feinherben Varianten glückt der Spagat zwischen Restzucker und Trinkfluss nicht ganz, viele dieser Weine wirken etwas platt und glanzlos. Das große Angebot ließe sich durch eine Beschränkung auf die gekonnt gemachten trockenen Weine gut straffen. Trotzdem eine Empfehlung!

Verkostete Weine 12
Bewertung 80–84 Punkte

83 2015 Steigraer Hahnenberg Silvaner Muschelkalk trocken | 13% | 10,- €
83 2016 Müller-Thurgau Buntsandstein trocken | 12% | 10,- €
84 2015 Weißburgunder Buntsandstein trocken | 13% | 12,- €
84 2015 Cuvée weiß trocken | 13% | 16,- €
84 2016 Karsdorfer Hohe Gräte Müller-Thurgau Quarz und Muschelkalk Spätlese trocken | 12% | 14,- €
83 2015 Steigraer Hahnenberg Grauburgunder Muschelkalk Auslese trocken | 13,5% | 18,- €
82 2016 Kerner Buntsandstein | 12,5% | 10,- €
84 2016 Steigraer Hahnenberg Silvaner Muschelkalk | 11,5% | 10,- €
83 2016 Weißburgunder Buntsandstein | 12% | 12,- €
82 2016 Kerner »S« Bundsandstein | 12% | 10,- €
80 2016 Steigraer Hahnenberg Dornfelder & Portugieser Pink | 12,5% | 16,- €
82 2015 Dornfelder trocken Barrique | 12% | 20,- €

★★ # SAALE-UNSTRUT

WEINGUT KLAUS BÖHME
06636 Kirchscheidungen · Lindenstraße 42
Tel (03 44 62) 2 03 95 · Fax 2 27 94
weingut.boehme@t-online.de
www.weingut-klaus-boehme.de
Inhaber Klaus Böhme

Verkauf Ina Paris
nach Vereinbarung

Historie 300 Jahre Landwirtschaft und Weinbau in der Familie
Sehenswert idyllische Hofstelle mit altem Kopfsteinpflaster
Rebfläche 11,5 Hektar
Jahresproduktion 90.000 Flaschen
Beste Lagen Burgscheidunger Veitsgrube, Dorndorfer Rappental
Boden Muschelkalkverwitterung
Rebsorten je 20% Müller-Thurgau und Weißburgunder, je 10% Riesling und Silvaner, je 5% Bacchus, Dornfelder, Frühburgunder, Gutedel, Kerner, Portugieser, Spätburgunder und Traminer

Verkostete Weine 11
Bewertung 83–88 Punkte

83 2016 Weißburgunder trocken | 11,5% | 7,50 €
84 2016 Riesling trocken | 11,5% | 8,- €
85 2016 Weißburgunder trocken Holzfass | 12,5% | 9,50 €
85 2016 Dorndorfer Rappental Silvaner trocken Alte Reben | 11,5% | 9,50 €
87 2016 Dorndorfer Rappental Riesling Spätlese trocken | 12% | 9,- €
87 2016 Dorndorfer Rappental Weißburgunder Spätlese trocken | 12,5% | 9,50 €
88 2015 Dorndorfer Rappental Riesling Bergstern Spätlese trocken | 12% | 19,- €
87 2016 Dorndorfer Rappental Weißburgunder Bergstern Auslese trocken | 13% | 19,- €
86 2016 Dorndorfer Rappental Traminer Spätlese | 12% | 13,- €
83 2016 Dorndorfer Rappental Portugieser trocken Holzfass | 13,5% | 11,- €
84 2015 Dorndorfer Rappental Frühburgunder trocken Holzfass | 14% | 13,- €

Klaus Böhme gehört zu den Urgesteinen des Weinbaus an der Unstrut. Er hat es geschafft, den Weinen eine eigene Handschrift zu geben, und sich dadurch ein sehr treues Publikum erarbeitet. Er baut seine Weine gern mit viel Frische, sortentypischer Frucht und absoluter Klarheit aus. Die leichte Uniformität, die teilweise kritisiert wurde, konnten wir in diesem Jahr nicht entdecken. Selbst die Gutsweine haben eine schöne Mineralität und wirklich nur soviel Restsüße wie gerade nötig. Die Serie an Weißburgundern und Rieslingen zeigt, wie präzise der Winzer mittlerweile im Ausbau der verschiedenen Qualitätsstufen geworden ist. Das beste Preis-Genuss-Verhältnis bieten die trockenen Spätlesen aus dem Rappental. Aber auch der im Holzfass ausgebaute Weißburgunder konnte auf Anhieb begeistern. Die Rotweine zeigen frische Säure und sind für die Fans eleganter Weine sicherlich ein Kauftipp! Insgesamt eine erfreuliche Verbesserung!

★★

WEINGUT BÖHME & TÖCHTER
06632 Gleina · Ölgasse 11
Tel (03 44 62) 2 20 43 · Fax 6 06 91
info@boehme-toechter.de
www.boehme-toechter.de
Inhaber Frank Böhme
Kellermeister Marika Sperk und Frank Böhme
Verkauf Familie Böhme im Hofladen nach Vereinbarung
Sehenswert alter Bauernhof
Rebfläche 4,7 Hektar
Jahresproduktion 41.000 Flaschen
Beste Lagen Freyburger Schweigenberg und Mühlberg
Boden Muschelkalkverwitterung, zum Teil mit Löss und Lehm
Rebsorten 16% Weißburgunder, 15% Müller-Thurgau, 11% Spätburgunder, je 10% Kerner und Riesling, 8% Dornfelder, 30% übrige Sorten
Mitglied Breitengrad 51

Verkostete Weine 10
Bewertung 84–89 Punkte

84 2016 Müller-Thurgau trocken | 11,5% | 7,50 €
85 2016 Freyburger Riesling trocken | 11% | 8,50 €
85 2015 Freyburger Kerner trocken | 12,5% | 8,50 €
85 2016 Freyburger Schweigenberg Silvaner trocken | 12,5% | 10,- €
87 2016 Freyburger Schweigenberg Weißburgunder trocken | 13% | 11,- €
88 2016 Freyburger Schweigenberg Chardonnay trocken | 13% | 11,- € | 🍷
87 2016 Freyburger Schweigenberg Roter Traminer trocken | 12,5% | 15,- €
89 2016 Freyburger Schweigenberg Weißburgunder Breitengrad 51 trocken Barrique | 13% | 20,- €
85 2015 Zscheiplitzer Himmelreich Spätburgunder Lager trocken | 12,5% | 12,- €
87 2015 Freyburger Schweigenberg Spätburgunder Breitengrad 51 trocken Barrique | 13% | 22,- €

Was Frank Böhme in den letzen Jahren vorgestellt hat, hatte immer Hand und Fuß. Nachdem die Töchter mit in den Betrieb eingestiegen sind, konnte sich das Weingut immer wieder steigern. Die auf Muschelkalkböden wachsenden Weine zeigen dieses Jahr eine deutliche Steigerung. Selbst die Gutsweine sind tief strukturiert, fein abgestimmt in der Säure und zeigen würzigkräutrige Aromen. Die Stärke des Weinguts sind sicher die Burgunder. Neben den Weißburgundern kann auch der Chardonnay wieder einmal vollends überzeugen. Die Weine wirken noch besser ausbalanciert und in sich ruhend. Die Lagenweine aus dem Schweigenberg sind die qualitativen Highlights des Betriebs. Aber auch die beiden Spätburgunder gehören mit zum Feinsten aus dieser Rebsorte in der Region. Dabei besticht der Breitengrad 51-Wein mit fein ziselierter Frucht, gut eingebundenem Holz und feinstem Nachhall. Insgesamt eine sehr schöne Steigerung, die zur Vergabe von zwei Sternen führt!

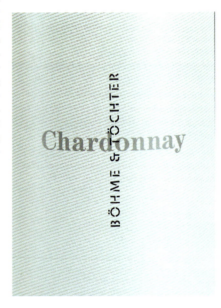

★ ★★★ **SAALE-UNSTRUT**

WEINGUT FRÖLICH-HAKE
06618 Naumburg-Roßbach · Am Leihdenberg 11
Tel (0 34 45) 26 68 00 · Fax 26 68 01
weingut-froelich-hake@t-online.de
www.weingut-froelich-hake.de
Inhaber Sandra und Volker Frölich
Kellermeister Volker Frölich
Verkauf Sandra Frölich
Mo-So 11.00–20.00 Uhr

Das mittlerweile auf zehn Hektar angewachsene Weingut hat in den letzten Jahren einiges umgestellt. Die Qualität der Basisweine wurde verbessert, im Mittelbau werden nun auf den Etiketten die Böden wie Muschelkalk, Roter Ton oder Buntsandstein angegeben. Alle Topweine kommen mit der entsprechenden Einzellage gekennzeichnet auf den Markt. Die diesjährige Kollektion zeigt sich gefestigt und im Detail noch besser ausgearbeitet. Die klaren Gutsweine haben Rasse, die Rieslinge Tiefgang und mineralisch geprägte Struktur. Der Muschelkalk Wein gefällt uns einen Tick besser. Auch die Grauburgunder überzeugen bei aller barocker Kraft, sie zeigen durch ihre Säure eine ausbalancierte Art und wirken nicht alkoholisch. Der Spätburgunder ist fein gereift, das Holz sehr gut verwoben und die dunkel-rauchige Art macht Lust auf mehr. Wir vergeben gern den ersten Stern für dieses im Aufwind befindliche Weingut!

Verkostete Weine 7
Bewertung 83–87 Punkte

83 2016 Momente Müller-Thurgau & Silvaner trocken | 12,5% | 8,50 €
84 2016 Scheurebe trocken | 12% | 8,50 €
85 2016 Riesling Roter Ton trocken | 12,5% | 9,50 €
86 2016 Riesling Muschelkalk trocken | 12% | 9,50 €
86 2016 Freyburger Edelacker Grauburgunder trocken | 14% | 12,– €
87 2016 Naumburger Steinmeister Grauburgunder trocken | 13,5% | 12,– €
86 2013 Dorndorfer Rappental Spätburgunder trocken | 13% | 23,– €

Symbole Weingüter
★★★★★ Weltklasse • ★★★★ Deutsche Spitze
★★★ Sehr Gut • ★★ Gut • ★ Zuverlässig

WINZERHOF GUSSEK
06618 Naumburg · Kösener Straße 66
Tel (0 34 45) 7 81 03 66 · Fax 7 81 03 60
winzerhofgussek@t-online.de
www.winzerhof-gussek.de
Inhaber und Betriebsleiter André Gussek
Außenbetrieb Thomas Gussek
Kellermeister Hella Päger
Verkauf Ilona Huppenbauer und André Gussek
Mo-Fr 10.00–18.00 Uhr
Sehenswert Gedenkstein für Unterlagenzüchter Dr. Carl Börner, halbjährlich wechselnde Kunstausstellungen
Rebfläche 9,5 Hektar
Jahresproduktion 60.000 Flaschen
Beste Lagen Naumburger Steinmeister, Kaatschener Dachsberg
Boden Löss, Lehm und Muschelkalkverwitterung
Rebsorten 17% Riesling, je 16% Müller-Thurgau und Spätburgunder, 14% Weißburgunder, 9% Silvaner, je 8% Grauburgunder und Portugieser und Zweigelt, 6% übrige Sorten
Mitglied Breitengrad 51

André Gussek geht seinen eigenen Weg in der Region und hat sich mittlerweile den festen Platz an der Gebietsspitze gesichert. Das dreistufige Qualitätsmodell hat zur Straffung des Sortiments geführt, und trotzdem bleibt dem Winzer Platz für besondere Weine. Er ist Mitbegründer der Winzergruppe Breitengrad 51 und hier einer der Vordenker. Die diesjährige Kollektion zeigt erstmals auch ein paar Weinhaus Gussek-Weine. Trauben, die durch Pachtbewirtschaftung entstehen, werden hier vinifiziert. Die Muschelkalkweine weisen bereits die salzige Mineralität auf, die so typisch für die Gussek-Weine ist. Besonders gelungen ist der 2015 Steinmeister Riesling Breitengrad 51, der zum Besten zählt, was die Region jemals im trockenen Bereich hervorgebracht hat. Auch ein maischevergorener, gelungener Grauburgunder zeigt, dass Gussek durchaus mit der Zeit geht. Der Rote Traminer feinherb hat enorme Balance und kein Gramm Restsüße zuviel, neben dem von Pawis sicher der gelungenste Wein dieser Rebsorte in der Region. Die 2015er Rotweine sind recht schlank und verfügen nicht über die Tiefe vergangener Jahre. Die Müller-Thurgau Trockenbeerenauslese kann Sauternes-Freunde begeistern: Enorme Würze, nicht nur durch das Holz, und frische Säure kennzeichnen den fünf Jahre im Barrique gereiften Wein.

★★★

Verkostete Weine 12
Bewertung 83–89 Punkte

83 2016 Weißburgunder trocken | 13,5% | 9,50 €
84 2016 Riesling trocken | 11,5% | 9,50 €
85 2016 Grauburgunder Muschelkalk trocken | 12% | 11,- €
85 2016 Silvaner Muschelkalk trocken | 12,5% | 11,- €
87 2016 Kaatschener Dachsberg Grauburgunder trocken Holzfass *** | 14% | 19,- €
88 2015 Kaatschener Dachsberg Weißburgunder trocken Barrique | 13,5% | 21,- €
89 2015 Naumburger Steinmeister Riesling Breitengrad 51 trocken Goldkapsel | 13% | 21,- €
87 2015 Kaatschener Dachsberg Grauburgunder trocken | 13,5% | 16,- €/0,5 Lit.
87 2016 Roter Traminer Spätlese feinherb | 12,5% | 15,- €
89 2011 Naumburger Steinmeister Müller-Thurgau Trockenbeerenauslese Barrique | 8,5% | 65,- €/0,5 Lit.
87 2015 Kaatschener Dachsberg Spätburgunder trocken Barrique | 13% | 22,- €
86 2015 Kaatschener Dachsberg Blauer Zweigelt Breitengrad 51 trocken Barrique Goldkapsel | 13% | 28,- €

WEINGUT HEY
06618 Naumburg · Weinberge 1d
Tel (0 34 45) 6 77 10 41
kontakt@weinguthey.de
www.weinguthey.de
Inhaber und Betriebsleiter Matthias Hey
Verkauf Matthias Hey
Mi–So 12.00–18.00 Uhr (April–Sept.)
Fr–So 12.00–18.00 Uhr (Okt.)
Fr–Sa 12.00–18.00 Uhr (Nov.–Dez.)
Straußwirtschaft April–Sept. Sa–So 12.00–20.00 Uhr
Spezialitäten regionale und mediterrane Speisen
Erlebenswert Sommertheater, Jazz- und Klassikkonzerte, Lesungen
Rebfläche 5 Hektar
Jahresproduktion 25.000 Flaschen
Beste Lagen Naumburger Steinmeister
Boden Muschelkalkverwitterung
Rebsorten 46% Riesling, 18% Weißburgunder, je 10% Blauer Zweigelt und Gutedel, 16% übrige Sorten
Mitglied Breitengrad 51

Der junge Winzer Matthias Hey präsentierte vor sechs Jahren seinen ersten Wein und hat sich über die Jahre immer weiter gesteigert. Als Mitinitiator der Winzergruppe Breitengrad 51 gilt er als Vordenker eines neuen Qualitätsbewusstseins vieler junger Winzer in der Region. Seine besten Weine kommen aus den steilen Parzellen des Naumburger Steinmeisters. Dort wurden auch weitere Junganlagen gepflanzt. Das Sortiment wird in Guts-, Orts- und Lagenweine gegliedert. Diese sind jetzt alle spontan vergoren, was die Weine individueller macht. Trotzdem bleibt die Handschrift des Winzers klar erkennbar. Im Ortsweinbereich sticht der Riesling Muschelkalk mit mineralischer Länge heraus. Auch die Weißburgunder sind rundum gelungen. An der Spitze steht der Breitengrad 51-Wein, welcher zu den besten Burgundern der Region zählt. Perfekt eingebundenes Holz und viel Struktur kennzeichnen diesen Wein. Darüber hinaus bleibt Zeit für Neues: Ein auf der Maische angegorener Grauburgunder dürfte polarisieren, wir waren positiv überrascht ob der Trinkigkeit und Balance. Bei den Rotweinen würden wir uns mehr rebsortentypische Frucht und etwas weniger schmeckbares Holz wünschen. Insgesamt aber eine stimmige Kollektion.

SAALE-UNSTRUT

Verkostete Weine 12
Bewertung 83–88 Punkte

83 2016 Weißburgunder trocken | 12,5% | 8,90 €
84 2016 Riesling | 11,5% | 8,90 €
83 2016 Naumburger Riesling Buntsandstein trocken | 12% | 12,90 €
86 2016 Naumburger Riesling Muschelkalk | 11,5% | 12,90 €
86 2016 Naumburger Weißburgunder trocken | 13% | 12,90 €
86 2016 Naumburger Steinmeister Riesling trocken | 12,5% | 21,- €
88 2016 Naumburger Steinmeister Weißburgunder Breitengrad 51 trocken | 13,5% | 21,- €
88 2016 Naumburger Steinmeister Grauburgunder trocken | 13% | 21,- € | 🌢
85 2016 Silvaner & Riesling Weißer Hey trocken | 12% | Preis auf Anfrage
88 2015 Naumburger Steinmeister Riesling Auslese | 9,5% | 24,- €/0,5 Lit.
84 2015 Naumburger Blauer Zweigelt trocken Barrique | 13,5% | 12,90 €
86 2014 Naumburger Steinmeister Blauer Zweigelt trocken Barrique | 13,5% | 18,- €

LANDESWEINGUT KLOSTER PFORTA

06628 Bad Kösen · Saalberge 73
Tel (03 44 63) 30 00 · Fax 3 00 25
service@kloster-pforta.de
www.kloster-pforta.de
Inhaber Landgesellschaft Sachsen-Anhalt
Direktor Prof. Dr. Fritz Schumann
Weinbauleiterin Franziska Zobel
Kellermeister Christoph Lindner

Verkauf Vinothek Schulpforte
Mo–So 10.00–18.00 Uhr

Das Staatsweingut zählt zu den alteingesessenen Erzeugern der Region und hat seinen Ursprung im Kloster Pforta. Kellermeister und Weinbauleiterin haben als junges Team einiges zum Guten verändern können. Dieses Jahr konnten wir eine sehr homogene Kollektion verkosten. Neu im Verkauf ist eine sehr alte Sorte, der Weiße Heunisch, die hier im Versuchsanbau steht. Die Zahl der spontan vergorenen Weine wächst und besticht durch Eigenständigkeit. Der Riesling aus dem Dechantenberg zählt wieder zu den besten der Region. Gekrönt wird die Kollektion durch einen fulminant konzentrierten 2015er Traminer Eiswein. Auch der Weißburgunder Breitengrad 51 kann bestehen, ist jahrgangsbedingt aber sehr kraftvoll. Die Rotweine sind wie immer von zuverlässiger Güte. Weiter so!

Verkostete Weine 12
Bewertung 81–94 Punkte

85 2016 Cuvée Tradition Sekt Brut | 12% | 9,90 €
82 2016 Müller-Thurgau trocken | 12% | 7,60 €
85 2016 Pfortenser Köppelberg Weißer Heunisch trocken | 12% | 10,- €
85 2015 Eulauer Heideberg Grauburgunder trocken Holzfass | 12,5% | 12,50 €
84 2016 Gosecker Dechantenberg Weißburgunder trocken | 13,5% | 14,90 €
86 2016 Gosecker Dechantenberg Riesling trocken | 12% | 16,90 €
86 2015 Saalhäuser Weißburgunder Breitengrad 51 trocken Barrique | 13,5% | 21,- €
81 2015 Cuvée Gipfelstürmer halbtrocken | 11,5% | 6,60 €
94 2015 Traminer Eiswein | 6,5% | 43,- €/0,375 Lit.
81 2016 Blauer Portugieser feinherb Rosé | 12,5% | 6,- €
83 2015 Eulauer Heideberg André trocken Barrique | 13,5% | 16,90 €
85 2013 Saalhäuser Blauer Zweigelt trocken Alte Reben Holzfass | 14% | 18,90 €

WINZEREI LÜTTMER

13353 Berlin · Willdenowstraße 15
Tel (01 75) 4 16 87 27
winzereiluettmer@email.de
www.winzereiluettmer.de
Inhaber und Kellermeister Klaus Lüttmer
Verkauf nach Vereinbarung

Der Quereinsteiger Klaus Lüttmer bepflanzte vor einigen Jahren einen Weinberg in der alten Kernlage des Weischützer Nüssenbergs mit Frühburgunder. Reiner Muschelkalkboden und eine intensive Bewirtschaftung des Weinbergs führten zu ersten, guten Ergebnissen. 2015 wurde ein neues Kelterhaus an der Vitzenburg bezogen, wo auch die Weine ausgebaut werden. Mittlerweile hat uns der biologisch arbeitende Winzer den fünften Jahrgang vorgestellt und weiter an sich gearbeitet. Der Rosé konnte jahrgangsbedingt nicht erzeugt werden, sodass sich das Portfolio auf die zwei Frühburgunder beschränkt. Diese haben sich in ihrer Stilistik etwas geändert, sind eleganter und frischer geworden. Auch die Ausstattung ist moderner geworden und hat einen hohen Wiedererkennungswert. Der Frühburgunder »S« ist eine Fass-Selektion und besticht durch mehr Tiefe und Länge als der normale Wein. Die Weinberge in der historischen Toplage Vitzenburger Schlossberg bei Nebra mit Riesling und Spätburgunder sind extrem schwachwüchsig und werden erst in den nächsten Jahren in den Ertrag kommen.

Verkostete Weine 2
Bewertung 85–86 Punkte

85 2015 Weischützer Nüssenberg Frühburgunder Frau Lüttmer trocken Barrique | 12,5% | 18,– €
86 2015 Weischützer Nüssenberg Frühburgunder Herr Lüttmer trocken Selection | 13% | 25,- € | 🍷

WEINGUT LÜTZKENDORF

06628 Bad Kösen · Saalberge 31
Tel (03 44 63) 6 10 00 · Fax 6 10 01
weingut.luetzkendorf@t-online.de
www.weingut-luetzkendorf.de
Inhaber und Betriebsleiter Uwe Lützkendorf
Verkauf Uwe Lützkendorf
nach Vereinbarung

Uwe Lützkendorf ist ein Pionier der ersten Stunde an Saale und Unstrut. Seine Spitzenlage Karsdorfer Hohe Gräte bringt mit ihren speziellen Böden, Quarzit und Röth, recht eigenständige, aber langlebige Weine hervor. Neben der alten Kernlage wurden auch in einem Tagebau Weinberge aufgerebt. Nach einigen schwierigen Jahren und familiären Schicksalsschlägen konnten wir mit dem Jahrgang 2016 eine Reihe recht anspruchsvoller Weine verkosten. Der Silvaner zeigt was im Osten mit der Rebsorte möglich ist, doch vor allem der Roter Traminer ist ein Beispiel mineralischer Brillanz.

Verkostete Weine 4
Bewertung 86–89 Punkte

86 2016 Karsdorfer Hohe Gräte Weißburgunder »Großes Gewächs« | 13% | 25,– €
87 2016 Karsdorfer Hohe Gräte Silvaner »Großes Gewächs« | 13% | 25,– €
89 2016 Karsdorfer Hohe Gräte Traminer »Großes Gewächs« | 12,5% | 25,– €
87 2015 Karsdorfer Hohe Gräte Traminer Auslese | 13% | 16,– €

Weinbewertung in Punkten
100 Perfekt · 95 bis 99 Überragend · 90 bis 94 Exzellent
85 bis 89 Sehr gut · 80 bis 84 Gut

Symbole Weingüter
★★★★★ Weltklasse · ★★★★ Deutsche Spitze
★★★ Sehr Gut · ★★ Gut · ★ Zuverlässig

SAALE-UNSTRUT

WEINGUT PAWIS
06632 Freyburg-Zscheiplitz · Auf dem Gut 2
Tel (03 44 64) 2 83 15 · Fax 6 67 27
info@weingut-pawis.de
www.weingut-pawis.de
Inhaber Bernard und Kerstin Pawis
Betriebsleiter und Kellermeister Bernard Pawis
Verkauf Familie Pawis
Mo–Fr 10.00–12.00 · 13.00–18.00 Uhr
Sa 10.00–12.00 · 14.00–18.00 Uhr
So 10.00–12.00 Uhr
Sehenswert Betrieb im ehemaligen Klostergut Zscheiplitz, Aussichtsturm und Klosterkirche, restauriertes Brunnenhaus
Erlebenswert Hochzeitsfeiern und Firmenevents im Brunnenhaus mit offenem Kochbereich
Rebfläche 15 Hektar
Jahresproduktion 80.000 Flaschen
Beste Lagen Freyburger Edelacker, Zscheiplitzer Himmelreich
Boden Kalksteinverwitterung, Löss, Buntsandstein
Rebsorten 35% Riesling, je 15% Müller-Thurgau, rote Sorten und Weißburgunder, je 10% Grauburgunder und Silvaner
Mitglied VDP

Verkostete Weine 12
Bewertung 83–88 Punkte

83 2016 Grüner Silvaner trocken | 12% | 7,50 €
84 2016 Müller-Thurgau trocken | 11,5% | 8,– €
85 2016 Zscheiplitzer Himmelreich Weißburgunder trocken | 13% | 12,– €
85 2016 Riesling Quarz trocken | 12% | 12,– €
86 2016 Zscheiplitzer Himmelreich Grauburgunder Muschelkalk trocken | 13,5% | 12,– €
87 2016 Freyburger Edelacker Traminer trocken | 13% | 14,– €
87 2016 Freyburger Edelacker Riesling R 736 trocken | 12,5% | 14,– €
86 2016 Freyburger Edelacker Weißburgunder »Großes Gewächs« | 14% | 19,80 €
88 2016 Freyburger Edelacker Grauburgunder »Großes Gewächs« | 13,5% | 19,80 €
87 2015 Zscheiplitzer Himmelreich Riesling Auslese | 13,5% | 16,– €/0,5 Lit.
88 2016 Freyburger Edelacker Weißburgunder Beerenauslese | 12,5% | 19,– €/0,5 Lit.
85 2016 Freyburger Edelacker Blauer Zweigelt trocken Barrique | 13,5% | 17,80 €

Bernard Pawis ist mittlerweile eine Institution im Gebiet und hat dem Ort Zscheiplitz zu neuem Glanz verholfen. Die Investitionen der letzten Jahre zahlen sich langsam aus und man merkt dem Winzer wieder eine gewisse Gelassenheit an. Gegenüber dem letzten Jahrgang zeigen sich die Weine leicht verbessert. Die Gutsweine sind enorm viel Wein fürs Geld und auch die Rieslinge von Quarz und Muschelkalk versprechen viel Trinkvergnügen. Mittlerweile zeigt sich die Riege an Grauburgundern besser als die vergleichbaren Weißburgunder. Sowohl beim Lagenwein als auch beim Großen Gewächs gefielen uns hier die Grauburgunder aufgrund der Würze und Finesse besser. Immer eine Kaufempfehlung sind die Traminer, hier in perfekter Balance zwischen Duftigkeit, Säure und Süße! Aber auch beim Rotwein kann Pawis leichte Verbesserungen aufzeigen, der Zweigelt besticht mit kühler Frucht und fein eingesetztem Holz. Wer Freund elsässischer Weine ist, sollte zum Riesling Auslese greifen, dieser ist nicht zu süß und zeichnet in vinophiler Form eine Rubensfigur. Insgesamt eine sehr stimmige Leistung, bei der man die Philosophie des Winzers klar herausschmeckt.

★

WEINGUT WOLFRAM PROPPE

07646 Laasdorf · Im Kleinen Dorf 12
Tel (03 64 28) 54 76 00 · Fax (03 64 28) 54 76 00
info@wolfram-proppe.de
www.wolfram-proppe.de
Inhaber Wolfram Proppe
Verkauf nach Vereinbarung

Der in Jena geborene Wolfram Proppe war Kellermeister im Thüringer Weingut in Bad Sulza und pflegt nun hauptberuflich seine seit 2006 im Eigenbesitz befindlichen Weinberge im Gleistal in der Nähe von Jena. Im nahegelegenen Löberschütz werden die Weine, welche auf Muschelkalk wachsen, schonend im Stahl oder Holzfass ausgebaut. Vor allem Burgundersorten und ein paar Neuzüchtungen pflegt der Winzer hier und zeigt mit dem aktuellen Jahrgang seine Erfahrung. Alle Weine sind klar im Sortenausdruck, haben eine straffe Art und zeigen rassig mineralische Züge. Vor allem die Cuvée von Weißburgunder und Chardonnay und der Chardonnay zeigen, dass der Winzer auch gut mit dem Holzfass arbeiten kann. Neben gekonnter Holzwürze gefallen auch hier die mineralische Säurestruktur und die frische Art. Die angesprochenen Neuzüchtungen zeigen sich etwas zwiespältig. Der Cabernet Jura gefällt uns dabei besser als der Cabernet Blanc. Insgesamt eine sehr stringente Kollektion, die wir gerne mit dem ersten Stern belohnen.

Verkostete Weine 7
Bewertung 83–86 Punkte

83 2016 Müller-Thurgau trocken | 12,5% | 8,50 €
84 2016 Golmsdorfer Weißburgunder trocken | 13% | 11,50 €
83 2016 Golmsdorfer Gleisburg Cabernet Blanc Neuer Meister trocken | 12% | 13,50 €
85 2016 Golmsdorfer Gleisburg Auxerrois trocken | 13% | 13,50 €
86 2016 Golmsdorfer Gleisburg Pinot Blanc & Chardonnay striking wine trocken Holzfass | 13% | 15,- €
85 2016 Golmsdorfer Gleisburg Chardonnay trocken Barrique | 13% | 14,50 €/0,5 Lit.
84 2015 Golmsdorfer Gleisburg Cabernet Jura Neuer Meister trocken Holzfass | 13,5% | 14,50 €

☆

WEINGUT THÜRKIND

06632 Gröst · Neue Dorfstraße 9
Tel (03 46 33) 2 28 78 · Fax 9 07 62
info@weingut-thuerkind.de
www.weingut-thuerkind.de
Inhaber Mario Thürkind
Kellermeister Rudolf Thürkind
Verkauf Mo–Sa 10.00–18.00 Uhr
und nach Vereinbarung

Wir freuen uns, dieses schon seit 1991 bestehende Weingut als empfehlenswerten Betrieb listen zu können. Mario Thürkind bewirtschaftet den Betrieb in der dritten Generation und hat sich in den letzten Jahren kontinuierlich verbessert. Dabei schlägt er auch neue Wege ein. Die Gutsweine werden zum Teil spontan vergoren. Gerade im Einstiegsbereich verkosteten wir sehr ordentliche Weine. Der Gröster Steinberg ist die Hauptlage des Weinguts und erbringt in guten Jahren auch einige Spätlesen. Auch beim Rotwein gibt es Steigerungen. Ob Holzfass oder Barrique, beide Portugieser sind von schöner Eleganz und Dichte. Am besten genießt man die Weine vor Ort. Von Juni bis September stehen die Tore der Straußwirtschaft weit offen. Bei einem Glas Wein und frischer, hausgemachter Wurst kann man die Ruhe des alten Bauernhofs genießen.

Verkostete Weine 8
Bewertung 82–84 Punkte

82 2016 Gröster Steinberg Weißburgunder trocken | 12% | 8,- €/1,0 Lit.
82 2016 Burgwerbener Herzogsberg Müller-Thurgau trocken | 12% | 7,50 €
83 2016 Gröster Steinberg Riesling trocken | 12% | 9,- €
84 2016 Gröster Steinberg Grauburgunder trocken | 12,5% | 9,- €
84 2015 Gröster Steinberg Riesling Spätlese trocken | 12% | 12,- €
83 2016 Gröster Steinberg Muscaris Auslese | 12% | 14,- €
82 2015 Gröster Steinberg Blauer Portugieser trocken Holzfass | 12,5% | 9,- €
84 2015 Gröster Steinberg Blauer Portugieser trocken Barrique | 12,5% | 12,50 €/0,5 Lit.

EINE SPANISCHE VERFÜHRUNG IN SECHS AKTEN.

Jetzt PLAYBOY *lesen, sparen und erstklassige Weine genießen!*

SEÑORÍO DE UÑUELA RESERVA 2011

Weingut: Bodegas Patrocinio
Der Señorío de Uñuela Reserva besticht durch seine dunkle, rubinrote Farbe und einer hohen Viskosität, die am Glasrand erkennbar ist. Die Nase erreichen reife Aromen von Süßkirschen, und Beerenfrüchten sowie Rauch, Wiesenkräuter, Vanille und Röstaromen. Am Gaumen wirkt der Wein fleischig, saftig, würzig, harmonisch und lang.

0,75 l / 14,0 % Alkohol

SILBER
3 Sterne der Fachzeitschrift Selection JG 2010

SABOR REAL RESERVA VIÑAS CENTENARIAS 2011

Weingut: Campina - Sabor Real
Sabor Real = Königlicher Geschmack. Es ist nahezu unmöglich dem Charme und der Eleganz dieses Spitzenweins nicht zu erliegen. Er zeigt die typische Kraft der Tinta de Toro mit einem seidig elegantem Abgang, der Lust auf den nächsten Schluck macht. Das breite Spektrum der Aromen bietet Anklänge von reifen Beerenfrüchten, Pflaumen, dezent Kirschen und florale Anklänge, auch Vanille und feine Holzwürze, dazu Kaffee.

0,75 l / 14,5 % Alkohol

GOLD
4 Sterne der Fachzeitschrift Selection

TARANTINTO CRIANZA „EL CACHO" 2014

Weingut: Bodegas Vinos-Espana
Der Tarantinto Crianza „el cacho" besitzt eine Vielzahl an fruchtig-würzigen Aromen, welche von reifen Waldbeeren, Schwarzkirschen, Pflaume, Paprika und Kräutern dominiert werden. Am Gaumen wiederholt er diese Aromenvielfalt und ergänzt zudem noch Holzrauch, Leder, Tabak, Mokka und Schokolade. Dieser Wein stammt von alten Rebstöcken ab, er ist saftig, fleischig, besitzt eine schöne Frische und einen vollen Körper.

0,75 l / 14,0 % Alkohol

GOLD
4 Sterne der Fachzeitschrift Selection

Lieferung direkt von Silkes Weinkeller:

🍷 Vielfach ausgezeichneter Weinhändler
🍷 Hochwertige Premium-Weine
🍷 Die Portokosten für das Paket übernehmen wir für Sie

Silkes Weinkeller

BESTER HÄNDLER SPANIEN/PORTUGAL 2015/2016 • BESTER WEIN HÄNDLER DEUTSCHLANDS 2011/2012/2013 • BESTER HÄNDLER FRANKREICH 2015/2016

DAS SPARPAKET FÜR PLAYBOY-LESER:

PLAYBOY

Testen Sie den PLAYBOY und genießen Sie drei erstklassige Spitzenweine aus Spanien im Sechserpaket*.

IHR PLAYBOY WEIN-SPARPAKET:	
Exklusives Spanien-Wein-Paket*...	74,60 €
6 Ausgaben PLAYBOY	37,50 €
Regulärer Preis	112,10 €
Ihre Ersparnis	73,60 €
Gesamtpaket nur	**38,50 €**

Sie sparen 66%

*Sechserpaket spanischer Weine (Sie erhalten von jedem Wein zwei Flaschen).

Gleich bestellen:

Aktions-Nr.: 640013BVIN

☎ **0180 6 55 61 770**** 💻 **playboy-abo.de/weinpaket**

Ein Angebot der PLAYBOY Deutschland Publishing GmbH, Arabellastraße 5, 81925 München; Amtsgericht München; HRB 136790. Alle angebotenen Weine enthalten Sulfite. Alle Preise in Euro inkl. der gesetzl. MwSt. sowie inkl. Versandkosten. Silkes Weinkeller behält sich aufgrund Verfügbarkeiten an einen Jahreswechsel vor. Sie haben ein gesetzliches Widerrufsrecht. Die Belehrung können Sie unter www.playboy-abo.de/agb abrufen. ***€ 0,20/Anruf aus dem dt. Festnetz, aus dem Mobilnetz max. € 0,60/Anruf

Symbole Weingüter

★★★★★ Weltklasse
★★★★ Deutsche Spitze
★★★ Sehr gut
★★ Gut
★ Zuverlässig

SACHSEN WEINREGION

Ein Lächeln für das Weinland Sachsen

Nach wie vor steht der Winzer Martin Schwarz souverän an der Spitze des Anbaugebietes. Der Weinskandal, der in den Vorjahren das Gebiet erschütterte, ist aufgearbeitet. Bemerkenswert ist die Dynamik in der Vereinigung »Gemischte Bude«.

WEINREGION

Sachsen im Überblick

Rebfläche: 499 Hektar
Einzellagen: 17
Hauptrebsorten: Müller-Thurgau (15%), Riesling (14%), Weißburgunder (12%), Grauburgunder (10%), Spätburgunder (9%)
Böden: Granit, Porphyrverwitterungen, Lehm, Löss und Sandstein
Selbstvermarktende Betriebe: 43
www.weinbauverband-sachsen.de

Karte und Angaben: DWI

Der Jahrgang 2016 wird bei vielen Winzern für ein Lächeln im Gesicht sorgen: Ein langer und ausgesprochen sonniger, trockener Herbst ermöglichte vielen Weingütern die Ernte sehr gesunder und vollreifer Trauben. Die hohen Temperaturen im September veranlassten viele Betriebe zu besonders selektiver Lese, um genug Säure in den Trauben zu erhalten. So entstanden bei den weißen Sorten wundervoll aussagekräftige Weine mit frischer, rebsortentypischer Frucht und straffem Rückgrat. Im Vergleich zu den 2015er Weinen haben vor allem die Basisweine des aktuellen Jahrgangs einen Tick mehr Finesse und Strahlkraft.

Zwar sind die Nachwirkungen des Weinbauskandals im letzten Jahr noch vorhanden, jedoch haben alle nicht beteiligten Winzer gemeinsam mit dem Weinbauverband Regularien erarbeitet, die eine Wiederholung ausschließen sollen. So werden alle Weine vor Vergabe der Amtlichen Prüfnummer extern begutachtet. Gehen wir davon aus, dass dies dazu beiträgt, reinen Tisch mit den Verbrauchern zu machen und verlorenes Vertrauen zurückzuerobern.

Unterschiedliche Qualität bei den Roten

Die uns vorgestellten Qualitäten sollten jedenfalls dazu beitragen. Besonders gelungen präsentieren sich die Bukettsorten wie Kerner, Scheurebe, Bacchus und Traminer. Aber auch einige Rieslinge zeigen, dass man bei dieser Rebsorte die Säure erhalten konnte. Der beste Wein ist dennoch ein Burgunder: der 2016er Chardonnay von Martin Schwarz aus Radebeul vereint Kraft mit burgundischer Frucht und fein ziselierter Säure bei feinster Holzwürze. Bei den roten Sorten war die Qualität der Weine etwas uneinheitlich. Gerade die 2015er sind oft massiv vom Holz geprägt, einige 2014er und 2013er könnten mehr Frische und Eleganz vertragen. Hier wäre ein Blick nach Süden hilfreich, wo die meisten Spätburgunder längst feingliedriger geworden sind. Dass es auch anders geht, zeigt Stefan Bönsch mit seinem 2015er Spätburgunder, der nicht nur fein strukturiert ist, sondern auch im Fruchtausdruck ein Zeichen setzt.

Martin Schwarz hat sich an der Gebietsspitze etabliert und stellt auch dieses Jahr die ausgewogenste und stärkste Kollektion vor. Wieder begeistern uns die Weine durch perfekt ausgewogenen Holzeinsatz und Feinheit im Detail. Selbst die Basisweine bieten viel Trinkgenuss. In der Spitze gelingen Weine mit überregionalem Anspruch. Klaus Zimmerling hat in den letzten Jahren seine ganz eigene Handschrift gefunden und erzeugt unverwechselbare Weine, welche das Zeug zum Klassiker haben. Bei den besten Lagenweinen finden sich durchaus auch kontroverse Tropfen, die aber zeigen, dass sich der Winzer nicht auf seinem Image ausruht. Gerade Traminer und Gewürztraminer zählen zum Besten in der Region.

Die großen Schlossweingüter Wackerbarth und Proschwitz zu vergleichen fällt schwer, zu unterschiedlich sind die Ansätze der beiden Vorzeigebetriebe. Schloss Wackerbarth hat sich einen sehr guten Ruf für seine Sekte und Weine erarbeitet, von den Spitzengewächsen gibt es zwar nur wenige Flaschen, aber die besitzen viel Individualität. Bei den Rotweinen hat man an Qualität zugelegt und auch bei den Basisweinen entstehen langlebige Erzeugnisse. Auf Schloss Proschwitz hingegen sind die Basisweine schön frisch, von gutem Trinkfluss und ordentlicher Güte, aber über die Jahre doch recht technisch geworden. Gerade bei Ortsweinen und Großen Gewächsen müsste es möglich sein, an die Gebietsspitze anzuknüpfen.

Ein Gewinner des Jahrgangs ist Friedrich Aust in Radebeul, der gerade bei den Lagenweinen höchst individuelle, mineralisch trockene Gewächse präsentiert. Sie haben viel Zug am Gaumen und perfekt integriertes Holz. Eine schöne Entwicklung zeigen die kleinen Weingüter der »Gemischten Bude«, einem Zusammenschluss von fünf Weingütern und Matthias Gräfe von »Wein&Fein« in Radebeul, der nach neuen Wegen der Vermarktung und des Qualitätsaustauschs sucht. Den deutlichsten Sprung dabei machten der Winzer Stefan Bönsch sowie die Güter Kastler und Friedland. Auch Hanke aus Jessen hält als Nordlicht des sächsischen Weinbaus die Fahne hoch und zählt zu den empfehlenswerten Betrieben.

Wir wünschen uns für die Region noch mehr Winzer, die mit individueller Handschrift Weine erzeugen, die in ihrer Ansprache kompromisslos sind und ihr Publikum nicht nur vor der Haustür suchen. Solch ein Weg kann auch mit der Begrenzung auf wenige Weine beginnen, denn insgesamt ist es immer wieder erstaunlich, welch große Rebsortenvielfalt selbst bei kleinsten Weingütern erzeugt wird. Keine Rebsorte scheint zu exotisch, vom Muskateller über den für Sachsen eher ungewöhnlichen Silvaner bis zu Auxerrois und sogar Nebbiolo - Sachsens Winzer sind besonders offen für Neues. Hinzu kommen pilzresistente Neuzüchtungen wie Muscaris, Cabernet Blanc oder Johanniter. Dabei gäbe es mit Sorten wie Scheurebe und Traminer genug Spielraum, sich überregional eigenständig zu behaupten. Mit dem Traminer gelingt dies auch schon sehr gut! In unterschiedlichsten Spielarten und sehr von der Philosophie des jeweiligen Weingutes geprägt, gelingen damit Weine, die zu den deutschlandweit besten ihrer Art gehören können. Vom leichten Kabinett über kraftvoll trockene Essensbegleiter bis hin zu Spezialitäten im Edelsüßen ist alles möglich. Auch die Sekte aus Traminer sind beachtenswert. Dass die Rebsorte gut reifen kann, zeigen einige ältere Weine, die wir verkosten durften. Es lohnt sich sehr, in den Weingütern danach zu fragen. *Matthias Dathan*

Die besten Traminer 2016

Königlicher Weinberg Gewürztraminer Großes Gewächs Zimmerling (19 Euro)	89
Goldener Wagen Traminer Spätlese Wackerbarth (15,90 Euro)	88
Goldener Wagen Traminer »R« Fourré (15 Euro)	88
Traminer Spätlese Drei Herren (16 Euro)	86
Gorrenberg Traminer trocken Hanke (9,50 Euro)	86
Traminer Fourré (13,50 Euro)	86
Kapitelberg Traminer trocken Vincenz Richter (12,50 Euro)	86

Die Spitzenbetriebe

★★★
Martin Schwarz	S. 867

★★★⯪
Schloss Wackerbarth	S. 865
Klaus Zimmerling	S. 868

★★
Karl Friedrich Aust	S. 859
Schloss Proschwitz	S. 863

Gebietspreisträger Sachsen

Winzer des Jahres: Martin Schwarz
Aufsteiger des Jahres: Kastler & Friedland
Entdeckung des Jahres: Stefan Bönsch

Weinbewertung in Punkten
100 Perfekt • 95 bis 99 Überragend • 90 bis 94 Exzellent
85 bis 89 Sehr gut • 80 bis 84 Gut

KLASSIKER
... neu entdecken!

192 Seiten · € (D) 15,–
ISBN 978-3-95961-106-0

192 Seiten · € (D) 14,99
ISBN 978-3-95961-016-2

SACHSEN

WEINGUT KARL FRIEDRICH AUST

01445 Radebeul · Weinbergstraße 10
Tel (03 51) 89 39 01 00 · Fax 89 39 00 98
kontakt@weingut-aust.de
www.weingut-aust.de

Inhaber und Betriebsleiter Karl Friedrich Aust
Außenbetrieb Philipp Galle
Verkauf nach Vereinbarung
Weinstube mit Flaschenweinverkauf
Spezialität regionale Küche
Historie Gutsanlage aus dem 17. Jahrhundert Uriger Garten, Künstler-Malschule auf dem Weingut
Erlebenswert lange Gartennacht im Sept., Weihnachtsmarkt, Kunst von Frederike Curling-Aust
Rebfläche 6,3 Hektar
Jahresproduktion 30.000 Flaschen
Beste Lagen Radebeuler Goldener Wagen, Johannisberg und Steinrücken
Boden Syenit und Löss auf felsigem Untergrund
Rebsorten 26% Kerner, je 20% Riesling, Spätburgunder und Weißburgunder, 5% Traminer, 9% übrige Sorten
Mitglied Weinbauverband Sachsen e.V.

Verkostete Weine 7
Bewertung 83–88 Punkte

83 2016 Genussmensch Müller-Thurgau & Kerner trocken | 11,5% | 9,50 €
84 2016 Bacchus trocken | 11,5% | 13,- €
85 2015 Auxerrois trocken | 12% | 15,- €
87 2015 Radebeuler Goldener Wagen Riesling trocken | 12,5% | 18,- €
87 2015 Radebeuler Steinrücken Weißburgunder trocken | 12,5% | 18,- €
88 2015 Radebeuler Goldener Wagen Weißburgunder trocken | 12,5% | 18,- €
88 2015 Traminer Spätlese | 13% | 15,- € | 🌢

Karl Friedrich Aust gilt längst nicht mehr als rebellischer Jungwinzer. Neben seinen Weinbergen bewirtschaftet er erfolgreich eine kleine Gastwirtschaft im Weingut und hat mit den letzten schwierigen Jahrgängen weiter an Erfahrung gewonnen. Die Weine sind schlanker, mineralischer und je nach Jahrgang auch trockener geworden, was wir sehr begrüßen. Die uns dieses Jahr vorgestellte Kollektion gliedert sich in Weinhaus-Qualitäten und gutseigene Lagenweine. Die Einstiegsweine sind kompromisslos trocken und knackig frisch, die Lagenweine aus 2015 zeigen, was in diesem Jahrgang möglich war. Die Zeit zur Reifung hat sich gelohnt, der Winzer präsentiert neben einem Riesling aus dem Goldenen Wagen mit phenolig kraftvoller Struktur auch zwei Weißburgunder, von welchem uns der Goldene Wagen noch einen Tick besser gefällt. Beide sind kraftvoll, aber perfekt in das Holz integriert. Auffällig die trotzdem moderaten Alkoholgehalte. Der Traminer gehört zu den besten der Region und hat großes Reifepotenzial. Insgesamt eine der besten Kollektionen des Weinguts bislang!

★

★

WINZER STEFAN BÖNSCH
01465 Langebrück · Badstraße 30
Tel (01 76) 57 50 43 29
stefan-boensch@gmx.de
www.stefan-boensch.de
Inhaber Stefan Bönsch
Verkauf über Wein&Fein, Radebeul

Stefan Bönsch ist ein gelernter Winzer und hat sich mittlerweile in Langebrück selbstständig gemacht. Nach Stationen bei Schloss Wackerbarth und Martin Schwarz vermarktet er seine Weine nun selbst. Er hat sowohl Flächen in Radebeul als auch links der Elbe in Meißen gepachtet, welche vor allem durch die kalkhaltigen Böden perfekt für den Spätburgunder geeignet sind. 2015 wurde erstmalig auch eine Scheurebe aus diesen Lagen geerntet. Die diesjährige Kollektion ist wie aus einem Guss und besticht durch ihre Präzision. Die kleine Gutscuvée bietet enormen Trinkspaß, die Scheurebe betört mit feinem Sortenduft und knackiger Säure. Der Riesling zeigt sehr mineralische Anklänge und auch bei den Burgundern kann Stefan Bönsch punkten. Gerade beim Grau- und Spätburgunder stimmt der Holzeinsatz und die Balance zwischen Kraft und Eleganz. Wir vergeben gern den ersten Stern!

Verkostete Weine 6
Bewertung 84-87 Punkte

84 2016 Cuvée Viermalweiß trocken | 11% | 9,50 €
85 2016 Spätburgunder trocken Blanc de Noirs | 11,5% | 12,50 €
85 2016 Scheurebe trocken | 12% | 14,50 €
86 2016 Riesling trocken | 11,5% | 16,50 €
86 2016 Grauburgunder trocken Holzfass | 12% | 16,50 €
87 2015 Spätburgunder trocken Barrique | 13% | 24,50 €

WEINGUT DREI HERREN
01445 Radebeul · Weinbergstraße 34
Tel (03 51) 7 95 60 99 · Fax 7 95 63 15
info@weingutdreiherren.de
www.weingutdreiherren.de
Inhaber Prof. Dr. Rainer Beck
Kellermeister Jacob Öhler
Verkauf Andreas Kretschko
Mo-Mi 10.00-16.00 Uhr, **Do-Sa** 14.00-20.00 Uhr
So 11.00-20.00 Uhr

Am Hermannsberg in Radebeul befindet sich dieses Weingut, welches mittlerweile aus zwei Herren besteht. Der neue Kellermeister ist zwar schon seit 2012 im Haus, nun aber das erste Mal federführend. Deswegen waren wir sehr gespannt auf die Ergebnisse. Nun haben wir dieses Jahr eine Kollektion verkostet, welche etwas zwiespältig erscheint. Die 2016er Weine wirken etwas uniform, Ausnahmen sind zumindest die feinduftige Scheurebe und der kraftvolle Traminer. Die Weine aus den Vorjahren, die uns gezeigt wurden, sind da aus anderem Guss. Die Rieslinge bestechen durch phenolische Tiefe und feine Fruchtanklänge, sogar exotische Komponenten. Der Grauburgunder aus dem Holzfass zeigt feine Holzwürze und auch der Rotwein Eigensinn aus 2014 wird den Freunden feiner Loire-Weine gefallen (Cabernet Franc). Hier wird es sicher noch etwas mehr Feinabstimmung brauchen, um wieder an die Qualität der letzten Jahre anzuknüpfen.

Verkostete Weine 11
Bewertung 81-86 Punkte

81 2016 Müller-Thurgau trocken | 11,5% | 9,- €
82 2016 Weißburgunder trocken | 12,5% | 14,- €
82 2016 Scheurebe trocken | 12,5% | 15,- €
82 2016 Grauburgunder trocken | 13% | 16,- €
85 2015 Grauburgunder trocken Barrique | 13% | 19,- €
84 2016 Muskateller & Traminer Spätlese trocken | 13,5% | 21,- €
86 2015 Riesling Stückfass halbtrocken Holzfass | 13% | 19,- €
86 2016 Traminer Spätlese | 12,5% | 16,- €
86 2015 Riesling Spontan Spätlese feinherb | 12,5% | 16,- €
85 2014 Cabernet Franc Eigensinn trocken Barrique | 13,5% | 17,- €
82 2013 Spätburgunder trocken Barrique | 14,5% | 28,- €

Symbole Weingüter
★★★★★ Weltklasse • ★★★★ Deutsche Spitze
★★★ Sehr Gut • ★★ Gut • ★ Zuverlässig

SACHSEN

★ WEINBAU FRÉDÉRIC FOURRÉ
01129 Dresden · Kleiststraße 12
Tel (01 79) 6 79 08 63
fourre.fred@googlemail.com
www.weinbau-fourre.de
Inhaber und Betriebsleiter Frédéric Fourré
Kellermeister Frédéric Fourré

Verkauf Amrei Niessen
nach Vereinbarung

Der erste Franzose, der in Sachsen eigene Weine vermarktet, hat sich in den letzten Jahren sehr verbessert und seine Ausbaustilistik geschärft. Die Weine werden von ihm auf Schloss Proschwitz ausgebaut, gewachsen sind die meisten in Radebeul am Goldenen Wagen. Verkosten kann man die Weine mit herrlichem Blick über das Elbtal am Fuße des Spitzhauses oberhalb von Radebeul. Die diesjährige Kollektion zeigt Licht und Schatten. Während die einfachen Gutsweine wie Gutedel und Pinot Blanc recht einfach daherkommen, können die Cuvées Chimäre de Saxe und Tu le mérites mit Struktur und feiner Frucht punkten. Gerade im trockenen Bereich zeigt der Winzer seine Stärken. Die beiden vorgestellten Traminer könnten gegensätzlicher nicht sein: Staubtrocken und trotzdem wunderbar fruchtig zeigt der Traminer, was in diesem Jahrgang steckt. Die Kür gibt es in Form der »R«-Qualität, eine Auslese mit fein integrierter Süße, enormem Trinkvergnügen und tänzelnder Leichtigkeit!

Verkostete Weine 7
Bewertung 82–88 Punkte

86 2016 Chimäre de Saxe Grau- & Spätburgunder
trocken Blanc de Noirs | 12,5% | 13,50 €
82 2016 Radebeuler Goldener Wagen Gutedel
trocken | 11,5% | 13,50 €
84 2016 Pinot Blanc trocken | 12% | 13,50 €
86 2016 Traminer trocken | 12,5% | 13,50 €
84 2016 Gourmetage Edition trocken Cuvée
| 12,5% | 16,99 €
85 2016 Cuvée »Tu le mérites« halbtrocken
| 12,5% | 19,50 €
88 2016 Radebeuler Goldener Wagen Traminer »R«
| 8,5% | 15,– €/0,5 Lit.

☆ WEINGUT HANKE
06917 Jessen · Alte Schweinitzer Straße 80
Tel (0 35 37) 21 27 70 · Fax 20 05 61
ingo.hanke@t-online.de
www.weingut-hanke.de
Inhaber Frank und Ingo Hanke

Verkauf Mo–Sa 8.00–18.00 Uhr

Das Nordlicht des sächsischen Weinbaus bewirtschaftet etwa 15 Hektar Rebfläche in der Lage Jessener Gorrenberg. Der Rebsortenspiegel ist reichhaltig und man probiere über die Jahre einiges aus. Die Weine haben sich über die Jahre leicht verbessert und so waren wir auf die aktuelle Kollektion gespannt. Diese zeigt neben knochentrockenen Gutsweinen einige interessante Kabinette, wobei der jetzt vorgeführte 2012er Riesling Alte Reben mit an der Spitze steht. Feine Reife, kraftvolle gelbe Frucht und knackige Säure kennzeichnen diesen Kabinett. Auch der Traminer überzeugt mit kraftvoller Art, ordentlich Saft und exotischer Frucht. Die Rotweine halten leider nicht ganz das Niveau der Vorjahre.

Verkostete Weine 10
Bewertung 80–86 Punkte

80 2016 Jessener Gorrenberg Müller-Thurgau
trocken | 12% | 6,50 €
82 2016 Jessener Gorrenberg Riesling Kabinett
trocken | 12,5% | 7,50 €
83 2016 Jessener Gorrenberg Kerner Kabinett
trocken | 13% | 7,50 €
83 2016 Jessener Gorrenberg Scheurebe
halbtrocken | 12,5% | 6,50 €
85 2012 Jessener Gorrenberg Riesling Kabinett Alte
Reben | 12% | 12,– €
86 2016 Jessener Gorrenberg Traminer Spätlese
| 13,5% | 9,50 €
83 2016 Jessener Gorrenberg Regent trocken Rosé
| 13% | 7,50 €
80 2015 Jessener Gorrenberg Schwarzriesling
trocken | 13% | 8,– €
83 2015 Jessener Gorrenberg Acolon trocken
| 13% | 8,– €
84 2015 Jessener Gorrenberg Acolon trocken
Barrique | 13% | 13,– €

Weinbewertung in Punkten
100 Perfekt • 95 bis 99 Überragend • 90 bis 94 Exzellent
85 bis 89 Sehr gut • 80 bis 84 Gut

★★⯪

☆

KASTLER FRIEDLAND
01445 Radebeul · Coswiger Straße 23
Tel (01 75) 1 78 07 63 · Fax (03 51) 4 24 19 47
friedland@kastlerfriedland.de
www.kastlerfriedland.de
Inhaber und Betriebsleiter Dr. Bernd Kastler und Enrico Friedland
Verkauf im Restaurant »Charlotte K.«, Coswiger Str. 23, Radebeul, und nach Vereinbarung

Das Weingut Kastler Friedland hat sich in den letzten Jahren sehr gut entwickelt und gehört mittlerweile zu den besten Betrieben in Radebeul. Die Weine werden im Keller in Radebeul-Zitzschewig ausgebaut und kommen von den Toplagen rund um Radebeul. Die aktuelle Kollektion ist nochmals einen Schritt präziser geworden. Gerade bei den Bukettsorten zeigt sich das Gespür des Kellermeisters. Morio-Muskat in reinster Form und eine duftige Scheurebe punkten mit knackiger Art und mineralischer Länge. Aber auch die Weißburgunder haben an Qualität gewonnen. Neu sind die Rotweine aus Spätburgunder und Regent, und selbst hier waren wir sofort positiv überrascht! Der Holzeinsatz ist sowohl beim Weißburgunder als auch bei den Rotweinen jahrgangsbedingt abgestimmt und trägt die Weine feinwürzig. Weiter so!

Verkostete Weine 9
Bewertung 84–86 Punkte

84 2016 Radebeuler Goldener Wagen Silvaner trocken | 11,5% | 12,50 €
84 2016 Radebeuler Johannisberg Morio Muskat trocken | 11,5% | 13,50 €
85 2016 Weißburgunder trocken | 12,5% | 13,50 €
85 2016 Radebeuler Steinrücken Kerner | 12,5% | 13,50 €
86 2016 Scheurebe trocken | 12% | 13,50 €
86 2015 Weißburgunder trocken Holzfass | 13,5% | 16,– €
86 2015 Radebeuler Steinrücken Kerner Auslese feinherb | 13% | 16,50 €
84 2015 Regent trocken Barrique | 12% | 17,50 €
84 2015 Spätburgunder trocken Holzfass | 13% | 19,– €

WEINBAU ANDREAS KRETSCHKO
01454 Radeberg · Langebrücker Straße 67
Tel (01 52) 33 86 80 19 · Fax (03 21) 21 46 25 75
kretschko@weinbau-berater.de
www.weinbau-berater.de
Inhaber Andreas Kretschko
Verkauf nach Vereinbarung

Andreas Kretschko hat nach einigen Jahren auf Schloss Wackerbarth, wo er den Außenbetrieb leitete, den Sprung in die Selbstständigkeit gewagt. Neben dem Job als Weinbauberater ist es ihm gelungen, alte Weinbergsparzellen in Meißen und Radebeul zu pachten. Nach den Verkostungen in den vergangenen Jahren waren wir gespannt, zumal das Portfolio an Weinen etwas erweitert wurde. Alle Weine sind sehr trocken und zeigen feinkräutrige Anklänge. Vor allem die Grauburgunder konnten uns dieses Jahr überzeugen, beim Riesling bleibt der Winzer etwas hinter den Kollektionen der Vorjahre zurück. Nach dem fulminanten Auftritt letztes Jahr waren wir zu Recht gespannt. Die Weine des aktuellen Jahrgangs bestechen durch ihre trockene Art. Der Solaris zeigt sich leicht verbessert, die Burgunder gefallen mit mineralischer Note und kompromissloser Art. Diese Ecken und Kanten hat auch der Riesling mit feinster Aprikosenfrucht, welcher die Kollektion anführt und zeigt, dass Andreas Kretschko auf dem richtigen Weg ist.

Verkostete Weine 7
Bewertung 83–86 Punkte

83 2015 Riesling Sekt Brut | 12,5% | 16,– €
84 2016 Weißburgunder trocken | 12,5% | 13,50 €
86 2016 Grauburgunder trocken | 13,5% | 14,50 €
84 2016 Riesling trocken | 12,5% | 16,– €
86 2016 Grauburgunder trocken Barrique | 12,5% | 16,– €
83 2016 Riesling & Solaris Offroad trocken | 12,5% | 18,– €
84 2016 Spätburgunder trocken Holzfass | 13% | 22,– €

Weinbewertung in Punkten
100 Perfekt • 95 bis 99 Überragend • 90 bis 94 Exzellent
85 bis 89 Sehr gut • 80 bis 84 Gut

SACHSEN

☆ WINZER LUTZ MÜLLER

01099 Dresden · Bautzener Straße 130
Tel (03 51) 3 28 92 17
mail@winzerlutzmueller.de
www.winzerlutzmueller.de
Inhaber Lutz Müller
Verkauf März–Okt.
Sa–So, feiertags 11.00–19.00 Uhr
und nach Vereinbarung

Lutz Müller konnte seinen Traum des eigenen Weinkellers 2011 verwirklichen und arbeitet nun unmittelbar oberhalb seiner Weinberge, die sehr malerisch am Elbhang nahe der romantischen Schlösser Albrechtsberg, Eckberg und Lingnerschloss liegen. Dazu kommen Parzellen in Pillnitz, welche der Winzer im Haupterwerb bewirtschaftet. Nach schlanken 2015ern probierten wir jetzt wiederum Weine, die wenig Alkohol und eine sehr schlanke Struktur aufweisen. Der Trinkfluss ist hoch, hier und da würden wir uns aber etwas mehr Kraft wünschen, gerade bei den Spätlesen. Sehr ordentlich ist ein aus der eher exotisch anmutenden Domina gewonnener Rosé, ein Wein mit perfekter Säure und rotfruchtiger Art. Die Gäste des Gutsausschankes - hier wird ein großer Teil der Weine mit traumhaftem Blick auf das Elbtal konsumiert - wird es freuen!

Verkostete Weine 6
Bewertung 82–85 Punkte

- 82 2016 Dresdner Elbhänge Müller-Thurgau trocken | 11% | 9,50 €
- 84 2016 Dresdner Elbhänge Scheurebe Kabinett trocken | 10,5% | 11,– €
- 84 2016 Dresdner Elbhänge Grauburgunder Kabinett trocken | 12,5% | 11,– €
- 85 2016 Dresdner Elbhänge Kerner Kabinett | 7,5% | 13,– €
- 83 2016 Dresdner Elbhänge Rosé trocken | 10,5% | 11,– €
- 83 2015 Dresdner Elbhänge Acolon trocken Barrique | 12% | 13,– €

★★ WEINGUT SCHLOSS PROSCHWITZ

01665 Zadel über Meißen · Dorfanger 19
Tel (0 35 21) 7 67 60 · Fax 76 76 76
weingut@schloss-proschwitz.de
www.schloss-proschwitz.de
Inhaber Dr. Georg Prinz zur Lippe
Leiter Vertrieb Stephanie Lorenz
Außenbetriebsleiter Walter Beck
Kellermeister Jacques du Preez
Verkauf Vinothek im Weingut
Mo–So 10.00–18.00 Uhr
Restaurant »Lippe'sches Gutshaus« Öffnungszeiten unter www.lippesches-gutshaus.de, Tel (0 35 21) 76 76 73
Spezialität regionale Frischküche
Pension 10 Doppelzimmer, zwei Ferienwohnungen
Historie ältestes Weingut Sachsens
Sehenswert restauriertes Barockschloss in Proschwitz und Vierseithof in Zadel
Rebfläche 89,6 Hektar
Jahresproduktion 455.000 Flaschen
Beste Lage Schloss Proschwitz, Kloster Heilig Kreuz
Boden roter Granit mit Lössauflage
Rebsorten 16% Grauburgunder, 15% Müller-Thurgau, 12% Weißburgunder, 9% Elbling, je 8% Riesling und Scheurebe, je 7% Goldriesling und Spätburgunder, 6% Dornfelder, 5% Frühburgunder, 4% Traminer, 2% Regent, 1% Schwarzriesling
Mitglied VDP

Das Weingut Schloss Proschwitz gilt als Vorzeigebetrieb der neuen Bundesländer und ist Gründungsmitglied des regionalen VDP. Dr. Georg Prinz zur Lippe hat in den letzten Jahren viel investiert und die Rebfläche auf etwa 90 Hektar erweitert. Mit Jacques du Preez hat er einen sehr kompetenten Betriebsleiter und Kellermeister an der Seite, mit welchem er seine Vorstellungen sehr genau umsetzen kann. Die Gutsweine sind sehr sauber vinifiziert und auch trinkig trocken. Die Lagenweine wirken allerdings weiter sehr technisch und könnten einfach mehr Tiefe gebrauchen. Auch in der Spitze vermissen wir noch individuellere Weine, gerade bei den Großen Gewächsen könnte man perfekt selektieren. Eine große Freude sind immer die Sekte des Weinguts: Der diesmal vorgestellte Pinot Rosé Brut gehört sicher zu den besten der Region!

Verkostete Weine 12
Bewertung 82–86 Punkte

- 85 2012 Pinot Sekt Brut Rosé | 12,5% | 19,– €
- 82 2016 Cuvée Clemens trocken | 11,5% | 9,50 €
- 83 2016 Müller-Thurgau trocken | 11,5% | 9,50 €
- 83 2016 Elbling trocken | 11,5% | 11,– €
- 85 2015 Kloster Heilig Kreuz Grauburgunder trocken | 13% | 16,50 €
- 86 2015 Kloster Heilig Kreuz Weißburgunder trocken | 12,5% | 16,50 €
- 84 2015 Weißburgunder Kabinett trocken | 12,5% | 13,– €
- 86 2015 Traminer & Riesling Spätlese trocken | 14% | 16,50 €
- 82 2015 Riesling feinherb | 11,5% | 13,– €
- 85 2013 Dornfelder trocken Barrique | 13% | 17,50 €
- 85 2015 Spätburgunder trocken Barrique | 12,5% | 23,50 €
- 85 2014 Schloss Proschwitz Spätburgunder »Großes Gewächs« | 13% | 37,– €

WEINGUT VINCENZ RICHTER

01662 Meißen · Kapitelholzsteig 1
Tel (0 35 21) 73 16 06 · Fax 73 19 23
weingut@vincenz-richter.de
www.vincenz-richter.de
Inhaber Thomas Herrlich

Verkauf Vinothek Kapitelholzsteig 1
Di–Sa 14.00–18.00 Uhr
Vinothek Dresdner Straße 147
Mo–Fr 9.00–14.00 Uhr

Auch wenn die Konkurrenz unter den Meißner Weinbaubetrieben größer wird: Thomas Herrlich hat sich mit der Qualität seiner Weine etabliert. Das Sortiment steht für Kontinuität; der Winzer setzt weniger auf Experimente denn auf verlässliche Geschmacksbilder. Das architektonisch attraktive Weingut unterhalb des Kapitelbergs lädt zu Weinproben ein, weiter oberhalb bewirtschaftet der Winzer seine beste Lage, den Kapitelberg. Im Jahrgang 2016 setzt Thomas Herrlich seine gute Arbeit fort: Die zwei strukturierten Rieslinge aus dem Kapitelberg gefallen uns hierbei am besten. Gerade diese überzeugen mit phenolischer Länge, viel gelber Frucht und langem Nachhall, haben aber auch Säure und Rasse. Der Traminer fällt trocken und dieses Jahr auch wieder etwas feiner aus – ein Stil, der gerade den Fans dieser Rebsorte gefallen könnte. Insgesamt eine sehr stabile Kollektion!

Verkostete Weine 6
Bewertung 82–86 Punkte

- 82 2016 Meißner Spaargebirge Müller-Thurgau trocken | 12% | 7,90 €
- 83 2016 Kerner trocken | 12% | 8,90 €
- 86 2016 Meißner Kapitelberg Riesling Präbende trocken | 12,5% | 8,90 €
- 83 2016 Auxerrois trocken | 12% | 10,– €
- 86 2016 Meißner Kapitelberg Traminer trocken | 12% | 12,50 €
- 86 2016 Meißner Kapitelberg Riesling Spätlese trocken | 11,5% | 13,90 €

Symbole Weingüter
★★★★★ Weltklasse · ★★★★ Deutsche Spitze
★★★ Sehr Gut · ★★ Gut · ★ Zuverlässig

★ SACHSEN

ROTHES GUT
01662 Meißen · Lehmberg 4
Tel (01 73) 3 82 52 30 · Fax (0 35 21) 7 54 00 43
tim-strasser@web.de
www.rothesgut.de
Inhaber und Betriebsleiter Tim Strasser
Kellermeister Martin Biedermann
Verkauf Annekatrin Rade
Mo–Fr 10.00–16.00 Uhr, **Sa–So** 13.00–15.00 Uhr

Tim Strasser bewirtschaftet mittlerweile über zwölf Hektar Weinberge in der Nähe der Meißner Albrechtsburg. Sein junges Weinbauteam bringt Erfahrungen durch die frühere Arbeit auf den Schlössern Proschwitz und Wackerbarth mit ein. Nach dem guten Jahr 2012 wurde weiter an den Stellschrauben gedreht. Die aktuelle Kollektion besteht aus 2016er Weinen mit recht straffer Säurestruktur. Neu ist die Vierte Generation, eine weiß gekelterte Burgunder-Cuvée in Erinnerung an die Vorfahren. Der Riesling zeigt, dass sich die Ansprüche von Tim Strasser gesteigert haben: Dieser Wein ist kompromisslos gelungen. Die trockenen Spätlesen kommen aus dem Jahrgang 2015. Der Grauburgunder glänzt mit perfekt integriertem Holz und zeigt sich gut gereift. Der Traminer ist ein rauchigkühler Vertreter seiner Art und nichts für Freunde duftiger Blümchen-Traminer. Mittlerweile kann man das Weingut nach kleiner Wanderung von der Albrechtsburg aus besuchen und zum Beispiel ein Glas Rosé im liebevoll restaurierten alten Backhaus von 1526 genießen.

Verkostete Weine 6
Bewertung 84–86 Punkte

84 2015 Cuvée 4. Generation Landwein trocken
   | 12,5% | 14,– €
84 2016 Meißner Ratsweinberg Helios trocken
   | 12,5% | 8,90 €
85 2016 Meißner Ratsweinberg Riesling trocken
   | 13% | 12,50 €
85 2015 Meißner Ratsweinberg Grauburgunder
   Spätlese trocken | 13% | 13,– €
86 2015 Meißner Ratsweinberg Traminer Spätlese
   trocken | 13% | 15,– €
84 2016 Meißner Rosé | 11% | 10,50 €

SÄCHSISCHES STAATSWEINGUT SCHLOSS WACKERBARTH
01445 Radebeul · Wackerbarthstraße 1
Tel (03 51) 8 95 50 · Fax 8 95 51 50
kontakt@schloss-wackerbarth.de
www.schloss-wackerbarth.de
Inhaber Sächsische Aufbaubank
Geschäftsführerin Sonja Schilg
Oenologe Jürgen Aumüller
Kellermeister Christiane Spieler
Verkauf Michael Thomas
Mo–So 10.00–19.00 Uhr
Gasthaus Di–Sa 12.00–22.00 Uhr,
So 10.00–18.00 Uhr
Historie erbaut 1727/29 von August Christoph Graf von Wackerbarth, saniert 1999 bis 2002, älteste Sektkellerei Sachsens
Sehenswert barocke Schlossanlage, Terrassenweinberge, gläserne Manufaktur, tägliche Führungen (14.00 Uhr Weintour, 17.00 Uhr Sekttour)
Rebfläche 104 Hektar
Jahresproduktion 600.000 Flaschen
Beste Lagen Radebeuler Steinrücken, Goldener Wagen, Paradies und Wackerbarthberg
Boden Verwitterungsgestein, Syenit, Porphyr, Lehm und Sand
Rebsorten 26% Riesling, 10% Müller-Thurgau, 9% Spätburgunder, 8% Bacchus, 6% Grauburgunder, 5% Weißburgunder, je 4% Scheurebe und Traminer, 28% übrige Sorten

Wer ein Weingut mit allen Sinnen erleben will, der muss das Sächsische Staatsweingut in Radebeul besuchen. Der bemerkenswerte Kontrast zwischen dem hochmodernen Erlebnisweingut à la Napa Valley und dem Barockschloss von 1727 ist einmalig und extrem gut gelungen. Das Team um den Önologen Jürgen Aumüller kann mit dem Jahrgang sehr zufrieden sein. Die Qualitäten können sich durchaus sehen lassen. Die Kabinettweine sind leicht und elegant und zeigen jetzt schon eine schöne Mineralität. Die trockene Cuvée Edition 1950 vereint vier Rebsorten aus einem Weinberg und stellt die Spitze im trockenen Bereich dar. Gerade im fruchtigen Segment wurde aber eine extrem starke Kollektion präsentiert. Der Riesling Kabinett und die Spätlese aus dem Paradies erinnern an gute Moselweine, hier stimmt die Säure-Süße Balance! Auch der Traminer zeigt komplexe Noten trotz der Restsüße und dürfte seine Freunde finden. Jahrgangsbedingt kraftvoller kommen der Pinot Brut und der Blaufränkisch daher. Der Rotwein besitzt feinste Holznoten und trotzdem die straffe Art seiner burgenländischen Vorbilder.

Verkostete Weine 9
Bewertung 84–88 Punkte

- 84 2014 Pinot Sekt Brut Holzfass | 12% | 18,90 €
- 84 2016 Grauburgunder trocken | 12,5% | 13,50 €
- 87 2016 Radebeuler Goldener Wagen trocken Alte Reben | 13% | 19,90 €
- 85 2016 Scheurebe | 11,5% | 13,50 €
- 85 2016 Radebeuler Paradies Riesling & Traminer Kabinett | 10,5% | 14,90 €
- 86 2016 Radebeuler Wackerbarthberg Riesling Kabinett | 9,5% | 14,90 €
- 87 2016 Radebeuler Paradies Riesling Spätlese | 9% | 15,90 €/0,5 Lit.
- 88 2016 Radebeuler Goldener Wagen Traminer Spätlese | 12% | 15,90 €/0,5 Lit.
- 85 2015 Blaufränkisch trocken Barrique | 14% | 18,90 € 🍷

WEINGUT SCHUH

01640 Sörnewitz · Dresdner Straße 314
Tel (0 35 23) 8 48 10 · Fax 8 48 20
info@weingut-schuh.de
www.weingut-schuh.de
Inhaber Katharina Pollmer und Matthias Schuh
Verwalter Holger Horter
Kellermeister Matthias Schuh

Verkauf vom 15.1.–23.12.
Di–Fr 12.00–18.00 Uhr, **Sa–So** 11.00–16.00 Uhr

Nach dem Generationswechsel steht das Weingut nun unter der Regie von Matthias Schuh und dessen Schwester Katharina Pollmer. Der Auftritt der Weine wurde komplett neu gestaltet. Man spürt deutlich, wie Matthias Schuh die Eigenverantwortung im Keller genießt. Die Weine könnten klar in zwei Linien unterteilt werden: heiter und ernst. Sowohl die Einstiegslinie in weiß, rosé und rot als auch Rosa Secco und ein Regent in Portstilistik haben weinbautechnische Klasse, sind aber für junges Publikum gemacht. Die Rebsortenweine aus dem Klausenberg und dem Kapitelberg hingegen zeigen, dass durchaus Terroiranspruch im Weingut herrscht. Die diesjährigen Weine kommen hier etwas zarter und spielerischer zur Geltung, die 2015er Lagenweine sind jetzt gut ausgereift. Hier darf gern noch etwas kompromissloser und ernsthafter agiert werden, der Ehrgeiz dürfte ja durch Kollegen in der Nachbarschaft angestachelt werden.

Verkostete Weine 10
Bewertung 83–86 Punkte

- 84 2016 Schieler Secco Perlwein trocken | 11% | 7,50 €/0,5 Lit.
- 84 2016 Cuvée »Der Weiße Schuh« | 12% | 9,90 €
- 85 2016 Meißner Klausenberg Weißburgunder trocken | 12,5% | 12,50 €
- 85 2015 Meißner Kapitelberg Riesling trocken | 12,5% | 12,50 €
- 86 2015 Meißner Klausenberg Grauburgunder Spätlese trocken Holzfass | 13% | 18,90 €
- 85 2016 Traminer | 12,5% | 14,50 €
- 84 2016 Der rosa Schuh trocken | 12% | 9,90 €
- 84 2014 Meißner Klausenberg Dunkelfelder trocken | 13,5% | 14,50 €
- 83 2016 Der rote Schuh | 12% | 11,50 €
- 85 2009 Meißner Klausenberg Regent Likörwein | 16% | 32,50 €/0,5 Lit.

SACHSEN

WINZER MARTIN SCHWARZ
01662 Meißen · Dresdener Straße 71
Tel (03 51) 8 95 60 72 · Fax 8 95 60 79
kontakt@schwarz-wein.de
www.schwarz-wein.de
Inhaber Martin Schwarz
Verkauf nach Vereinbarung
Rebfläche 2,5 Hektar
Jahresproduktion 15.000 Flaschen
Beste Lagen Seußlitzer Heinrichsburg, Meißner Kapitelberg, Radebeuler Goldener Wagen
Boden Granit- und Syenitverwitterung
Rebsorten 30% Spätburgunder, 25% Weißburgunder, je 10% Müller-Thurgau und Grauburgunder, 15% Riesling, je 5% Portugieser und Traminer

Verkostete Weine 10
Bewertung 83–90 Punkte

84 2016 Cuvée »Der kleine Schwarz« trocken | 12,5% | 12,- €
86 2016 Müller-Thurgau trocken Holzfass | 12,5% | 14,50 €
86 2016 Spätburgunder Weiß von Schwarz trocken Blanc de Noirs | 13,5% | 26,- €
87 2015 Riesling & Traminer trocken Holzfass | 12,5% | 26,- €
87 2016 Riesling Friedstein trocken | 12% | 26,- €
87 2016 Weiß- & Grauburgunder trocken Barrique | 13% | 26,- €
88 2016 Meißner Kapitelberg Riesling trocken | 12,5% | 26,- €
90 2016 Chardonnay trocken Barrique | 13% | 28,- €
83 2016 Cuvée Rosarot trocken | 12,5% | 12,- €
86 2014 Spätburgunder & Portugieser trocken Barrique | 13,5% | 28,- €

Martin Schwarz ist ein vielbeschäftigter Mann. Neben seinen eigenen Weinen werden in der Weinmanufaktur die Trauben des Weinprojektes Wolkenberg in Brandenburg (sechs Hektar) und von Anja Fritz (Weingut Mariaberg) vinifiziert. Die Weine des aktuellen Jahrgangs zeigen sich bereits von ihrer besten Seite, auch wenn sie recht spät gefüllt wurden. Schon die Einstiegscuvée begeistert mit Finesse und Trinkfluss. Im Riesling-Duell hat auch dieses Jahr der Kapitelberg die Nase vor dem Friedstein, aber auch der zweitplazierte Wein zeigt sich verbessert. Die Burgunder-Cuvée und der Riesling & Traminer zeigen, wie perfekt man mit dem Holzfass umgehen kann. Der stärkste Wein des Guts ist ebenfalls ein Weißwein: Der Chardonnay ist der beste trockene Wein der Region und erinnert an feine Burgunder. Bei den Rotweinen wurde nur der Spätburgunder & Portugieser gezeigt. Dieser ist noch etwas zu sehr vom Holz gezeichnet und jahrgangsbedingt nicht der stärkste des noch jungen Weinguts. Martin Schwarz verteidigt mit dieser Kollektion souverän den Spitzenplatz in Sachsen!

★

WEINGUT HAUS STEINBACH
01445 Radebeul-Oberlössnitz · Bennostraße 41
Tel (03 51) 3 32 11 57 · Fax 3 32 91 52
info@haus-steinbach.de
www.haus-steinbach.de
Inhaber Lutz Gerhardt
Kellermeister Dr. Volker Gerhardt
Verkauf nach Vereinbarung

Auch hier ist der Generationswechsel nun abgeschlossen: Lutz Gerhardt hat die Regie im Weingut Haus Steinbach übernommen. Der letzte Jahrgang bot die Möglichkeit, wieder besser zu selektieren und Weine auf die Flasche zu bringen, die deutlich mehr Struktur und Strahlkraft haben als im Vorjahr. Die diesjährige Kollektion zeigt den eigenen Weg von Lutz Gerhardt, die Weine wirken ausgereifter, etwas phenoliger und kräftiger. Vor allem der Grauburgunder punktet mit kabinetttypischer frischer Säure und Rasse, die bei anderen Weinen durch cremigere Strukturen etwas abgepuffert scheint. Die mengenbedingte Cuvée aus Früh- und Spätburgunder zeigt, dass es sich lohnt, die Weine perfekt ausreifen zu lassen. Der 2013er Wein zeigt perfekte Balance bei feiner Frucht und gut eingebundenem Holzfass. Eine sehr solide und beständige Kollektion. Ein Großteil der Weine wird innerhalb des eigenen Hofguts verkauft und getrunken, von daher lohnt der Weg ins idyllische Weingut an den Hängen zu Radebeul allemal!

Verkostete Weine 6
Bewertung 81–85 Punkte

83 2016 Radebeuler Goldener Wagen Kerner
   Sächsischer Landwein trocken | 13% | 14,– €
82 2016 Radebeuler Goldener Wagen Müller-
   Thurgau trocken | 12% | 11,50 €
84 2016 Radebeuler Goldener Wagen
   Weißburgunder trocken | 13% | 13,50 €
85 2016 Radebeuler Goldener Wagen
   Grauburgunder Kabinett trocken | 13,5% | 14,50 €
81 2016 Radebeuler Goldener Wagen Früh- &
   Spätburgunder Sächsischer Landwein trocken
   Rosé | 12% | 12,– €
85 2013 Radebeuler Goldener Wagen Früh- &
   Spätburgunder trocken Holzfass | 13,5% | 19,50 €

★★⯪

WEINGUT KLAUS ZIMMERLING
01326 Dresden-Pillnitz · Bergweg 27
Tel (03 51) 2 61 87 52 · Fax 2 61 87 52
info@weingut-zimmerling.de
www.weingut-zimmerling.de
Inhaber Klaus Zimmerling
Verkauf Klaus Zimmerling
nach Vereinbarung

Sehenswert Weinkeller im Pillnitzer Schloss, Skulpturen der Künstlerin Malgorzata Chodakowska
Rebfläche 5 Hektar
Jahresproduktion 15.000 Flaschen
Beste Lage Pillnitzer Königlicher Weinberg
Boden Sand und Lehm auf Verwitterungsgestein
Rebsorten 22% Riesling, je 18% Grauburgunder und Kerner, je 12% Gewürztraminer und Müller-Thurgau, 7% Weißburgunder, 6% Traminer, 5% Bacchus
Mitglied VDP

Bei Klaus Zimmerling ist in den letzten Jahren etwas Ruhe eingekehrt. Nach Neubau des Weinguts und Investitionen im Weinberg konnte der Winzer auch die letzten schwierigen Jahrgänge gut meistern. Das Zusammenspiel von Weinberg, Architektur des Kellers und der Kunst seiner Frau, die Holzplastiken gestaltet, ist einmalig in Deutschland. Im aktuellen Jahrgang konnte der Winzer gut selektieren und stellt uns bei fast allen Weinen sowohl Gutsweine als auch »R«-Qualitäten (Mittelbau) sowie einige Lagenweine (zum Teil Große Gewächse) vor. Die Handschrift des Winzers kommt dabei im Regionalvergleich immer stärker zum Tragen. Viel Extrakt bei auffallend wenig Säure. Wo es möglich ist, sind die Weine sehr trocken, oft aber eben auch an der Grenze zum Feinherben. Sehr gut gefallen uns dabei die Rieslinge und auch der Kerner mit seinem exotischen Fruchtspiel. Die Grauburgunder können überzeugen, vor allem der Topwein mit langer Maischestandzeit und fast roséfarbener Prägung trifft unseren Nerv. Bei den Weißburgundern vermissen wir etwas Zug am Gaumen. In der Spitze reicht das Niveau nicht ganz an die Besten der Region heran und bleibt auch etwas hinter den eigenen Weinen aus den Vorjahren zurück. Der Gewürztraminer aber ist einer der besten Weine der Region aus diesem Jahrgang und bei einem Glas Riesling »R« kann man vor dem Weingut wunderbar die Seele baumeln lassen.

Verkostete Weine 12
Bewertung 83–89 Punkte

83 2016 Weißburgunder trocken | 11% | 16,– €
85 2016 Riesling trocken | 11,5% | 18,– €
85 2016 Traminer trocken | 13,5% | 15,– €/0,5 Lit.
87 2016 Riesling »R« trocken | 12,5% | 16,– €/0,5 Lit.
89 2016 Pillnitzer Königlicher Weinberg Gewürztraminer »Großes Gewächs« | 13,5% | 19,– €/0,5 Lit.
84 2016 Muskateller trocken | 12% | 20,– €/0,5 Lit.
86 2016 Grauburgunder »R« trocken | 13% | 20,– €/0,5 Lit.
88 2016 Pillnitzer Königlicher Weinberg Grauburgunder »Großes Gewächs« | 13% | 20,– €/0,5 Lit.
87 2016 Pillnitzer Königlicher Weinberg Riesling Grosse Lage | 12% | 24,– €/0,5 Lit.
85 2016 Kerner »R« | 13% | 13,– €/0,5 Lit.
86 2016 Pillnitzer Königlicher Weinberg Weißburgunder Grosse Lage | 13,5% | 20,– €/0,5 Lit.
84 2016 Spätburgunder Illusion trocken Blanc de Noirs | 13% | 14,– €/0,5 Lit.

SKULPTUR: MALGORZATA CHODAKOWSKA

Symbole Weingüter

★★★★★ Weltklasse
★★★★ Deutsche Spitze
★★★ Sehr gut
★★ Gut
★ Zuverlässig

WÜRTTEMBERG WEINREGION

Der beste Lemberger aller Zeiten

Der Merlot tritt in Württemberg als eine Art Dornfelder 2.0 auf. Die Rieslinge zeigen im aktuellen Jahrgang ihre mineralische Rasse. Und die alkoholischen Schwergewichte sind im Ländle immer seltener zu finden.

WEINREGION

Württemberg im Überblick

Rebfläche: 11.306 Hektar
Einzellagen: 210
Hauptrebsorten: Trollinger (20%), Riesling (19%), Lemberger (15%)
Böden: Keuper mit Muschelkalkinseln
Selbstvermarktende Betriebe: 527
www.weininstitut-wuerttemberg.de

Karte und Angaben: DWI

Ein Württemberger Weißweinjahrgang mit Frische und niedrigen Alkoholgehalten, das war 2016. Was will man mehr? Nun, vielleicht wären auch etwas Charme und Schliff nicht schlecht. Insbesondere beim Riesling, der, was häufig vergessen wird, in Württemberg die zweithäufigste Rebsorte ist. Es war bei unseren Verkostungen hin und wieder deutlich zu schmecken, dass das Ringen um ausreichende physiologische Reife der Trauben nicht immer zu 100 Prozent erfolgreich war. Nicht selten kennzeichnete dann eine mit dem Anglizismus grip so wunderbar zu beschönigende aromatische wie haptische Herbheit das Finish der Weine. Doch wo es gelang, diese Herausforderung des Jahrgangs zu meistern, fand sich ein interessanter Rieslingstil.

2016 wird in Württemberg zwar sicher kein Jahrgang für Freunde der Primärfrucht beim Riesling werden. Wer aber an der mineralischen Rasse der Rebe besondere Freude hat, der dürfte so manch faszinierende Abfüllung finden. Exemplarisch hierfür ist das Große Gewächs aus dem Pulvermächer von Moritz Haidle, das mit seiner in sich ruhenden Energie und der geradezu salzigen Mineralität im Moment eher den Zungen- als den Nasentrinker anspricht und durch Lagerung wohl zu einer echten Grand-Cru-Persönlichkeit ohne jede Vordergründigkeit heranwachsen wird.

Gaumenschmeichelnde Rotweine

Geradezu spiegelbildlich hierzu war die Herausforderung an die Winzer beim Rotweinjahrgang 2015. Die generöse Reife, die die Natur wie aus einem Füllhorn über die schwäbischen Reben ausgeschüttet hatte, machte kluges Lesemanagement besonders wichtig. Denn die Versuchung, in solch einem Jahr nach noch schöneren Trauben zu streben, konnte rasch ins Negative umschlagen. Der Grat zwischen voller Reife mit einladender Fruchtigkeit und Überreife mit langweiligen Fruchtmonstern war 2015 besonders schmal. Doch insgesamt sind uns durch das gewachsene Fingerspitzengefühl der Württemberger Winzer - von einigen Spätburgundern und Merlots aus der 15%-Alkohol-Klasse abgesehen - solche Superschwergewichtler erfreulicherweise selten ins Glas gekommen. Stattdessen können sich Weingenießer auf viele wunderbar runde, feinsaftige und charmante Rotweine freuen und damit auf eine insbesondere im Vergleich zum Vorgängerjahrgang interessante Alternative. Wer auf der Suche nach Rückgrat, Würze und Lebhaftigkeit ist, der wird mit dem 2014er glücklich werden, wer hingegen Lust auf gaumenschmeichelnden Charme hat, der wird den 2015er bevorzugen. Wir empfehlen beide im Keller zu haben und je nach Stimmung und Anlass zu genießen.

Durchbruch des Lemberger?

Einer der großen Gewinner des Jahrgangs 2015 ist sicherlich der Lemberger. Die Reife des Vegetationsverlaufs und das zunehmende Einfühlungsvermögen der Winzer für diese Sorte haben so manche Gewächse mit bisher ungeahnter Finesse und betörend seidigem Schliff entstehen lassen. Aldingers Großes Gewächs konnte mit spektakulären 94 Punkten sogar die höchste Note einfahren, die wir jemals für einen Wein der Sorte vergeben

WÜRTTEMBERG

haben. Vor wenigen Jahren wäre sie noch undenkbar gewesen. Der Durchbruch des Lembergers unter die großen Rotweine Europas also? Nicht so ganz, denn offensichtlich glauben die schwäbischen Winzer selbst noch nicht wirklich daran, was man an dem Preisgefüge in vielen Weingütern erkennen kann.

Beispielhaft das Weingut Graf Neipperg, das wie kein anderes die Geschichte der Sorte in Schwaben mitgeprägt hat. Der unvergleichliche Schlossberg Lemberger, der wahrscheinlich zu den zehn besten Weinen dieser Rebe in Europa zählt, kostet 30 Euro. Der Cabernet Sauvignon des Gutes, der ebenfalls sehr gut, aber wahrscheinlich durch Tausend andere Weine weltweit ersetzbar ist, kostet 47 Euro. Ähnlich sieht es bei Aldingers aus. Der Lämmler Lemberger als der wohl beste Wein, der jemals in Deutschland aus dieser Sorte erzeugt wurde, kostet 34 Euro, der Spätburgunder aus gleicher Lage hingegen 42 Euro. Den schlauen Schnäppchenjäger dürfte diese Preisstellung freuen. Ob sie aber langfristig dem Lemberger seine verdiente Position verschafft, ist zweifelhaft.

Die besten Lemberger 2015

Lämmler Großes Gewächs Aldinger (33,90 Euro)	94
Schlossberg Großes Gewächs Neipperg (30 Euro)	92
Gernhalde Großes Gewächs Haidle (48 Euro)	92
Lämmler Großes Gewächs Schnaitmann (38 Euro)	91
Mönchsberg Neipperg (20 Euro)	90
Berg Großes Gewächs J. Ellwanger (28 Euro)	90
Ruthe Großes Gewächs Neipperg (30 Euro)	90
Berge Großes Gewächs Haidle (38 Euro)	90

Die Spitzenbetriebe

★★★★⯪
Aldinger	S. 876

★★★★
Graf Neipperg	S. 903
Rainer Schnaitmann	S. 905

★★★⯪
Dautel	S. 882
Karl Haidle	S. 889
Albrecht Schwegler	S. 907

★★★
Cleebronn-Güglingen	S. 880
J. Ellwanger	S. 886
Staatsweingut Weinsberg	S. 909
Wachtstetter	S. 912
Wöhrwag	S. 913
Zimmerle	S. 914

Gebietspreisträger Württemberg

Winzer des Jahres: Aldinger

Aufsteiger des Jahres: Cleebronn-Güglingen

Echt Württemberg: gaumenschmeichelnde Weine, augenschmeichelnde Kurven

Foto: DWI

WEINREGION **WÜRTTEMBERG**

2015 erforderte kluges Lesemanagement, sonst drohte das Fruchtmonster

Eine andere Rebsorte scheint in Württemberg hingegen in der Versenkung verschwunden und durch einen prominenten Namen ersetzt worden zu sein. Der Stern des Dornfelder als ebenso lukrativer wie belangloser, aber vordergründig irgendwie dichter und scheinbar kosmopolitisch anmutender Rotwein ist offensichtlich tief gesunken. Kein einziger Wein dieser Sorte wurde uns dieses Jahr in ganz Württemberg mehr vorgestellt. Dafür aber umso häufiger Merlots, die nun quasi als »Dornfelder 2.0« dieses Marktsegment übernehmen sollen. Offensichtlich gehen immer mehr Betriebe dazu über, die ursprünglich zur Erzeugung besonders hochwertiger Blends eingeführte Rebsorte mit hohem Ertrag und kurzem Ausbau ohne kostspieligen Barrique-Einsatz als Cash-Cow und trendigen Dornfelder-Ersatz zu nutzen. Leider hat unsere Verkostungsrunde deutlich gezeigt, dass diesem Weg nur sehr bedingt Erfolg beschieden ist, da so schwachbrüstig erzeugte Merlots die der Rebsorte dann eigene, unangenehme Pflanzlichkeit nur schwer verbergen können.

Aldinger in der Führungsrolle

In der Hierarchie der Württemberger kann die Familie Aldinger ihre Führungsrolle für das Anbaugebiete nicht nur souverän halten, sondern sogar noch ausbauen. Flankiert werden die Fellbacher im schwäbischen Führungstrio von ihrem Nachbarn Rainer Schnaitmann und dem Grafen Neipperg. Eine interessante Konstellation, da Ersterer wie wohl kein anderer das »neue Württemberg« verkörpert, während Letzterer auf eine über Jahrhunderte zurückreichende und das Anbaugebiet maßgeblich prägende Geschichte blicken kann. Das Verfolgerfeld wird mit Christian Dautel, Aaron Schwegler und Moritz Haidle von drei jungen Männern angeführt, die auf die schon großartige Leistung ihrer Väter aufbauen konnten und diese sogar noch gesteigert haben! Hier sieht man exemplarisch, welche Dynamik eine kluge und vertrauensvolle Betriebsübergabe freisetzen kann.

Ein bemerkenswerter Aufsteiger der letzten Jahre ist die Genossenschaft Cleebronn-Güglingen, die als beste Genossenschaft Deutschlands gelten darf. Hier ist besonders zu bemerken, dass wir die drei Sterne nicht nur wegen der sehr guten Spitzenweine vergeben haben, sondern vor allem auch wegen des bemerkenswert durchgängigen Qualitätsniveaus, das auch den Unterbau der kleineren und günstigeren Weine umfasst.

Frank Kämmer MS

★★

WÜRTTEMBERG

WEINGUT GRAF ADELMANN
71711 Kleinbottwar · Burg Schaubeck 1
Tel (0 71 48) 92 12 20 · Fax 9 21 22 25
weingut@graf-adelmann.com
www.graf-adelmann.com
Inhaber Felix Graf Adelmann
Verwalter und Kellermeister Ruben Röder
Verkauf Felix Graf Adelmann
Mo-Fr 9.00–12.00 Uhr · 14.00–18.00 Uhr
Sa 9.00–13.00 Uhr
1. So im Monat 13.00–17.00 Uhr
Gastronomie »Burg-Café« So 13.00–17.00 Uhr (im Sommerhalbjahr)
Historie Weinbau seit 1297, reichsunmittelbar bis 1803
Sehenswert Burg Schaubeck, 13. Jahrhundert, mit Fachwerkinnenhof, in einem alten englischen Park gelegen
Rebfläche 21 Hektar
Jahresproduktion 110.000 Flaschen
Beste Lagen Kleinbottwarer Süßmund und Oberer Berg
Boden Keuper, roter Mergel, Muschelkalk
Rebsorten 18% Lemberger, 15% Riesling, 10% Graubugunder, 9% Trollinger, je 7% Clevner, Samtrot und Spätburgunder, je 5% Muskattrollinger und Weißburgunder, 17% übrige Sorten
Mitglied VDP, Deutsches Barrique Forum, Hades

Verkostete Weine 12
Bewertung 81–88 Punkte

84 2016 Muskateller Sekt trocken | 12% | 14,90 €
83 2016 Cuvée »Der weiße Löwe« trocken | 12,5% | 9,80 €
85 2015 Kleinbottwarer Lichtenberg Weißburgunder trocken | 13% | 13,50 €
87 2015 Graubugunder trocken Hades | 13,5% | 19,50 €
84 2016 Cabernet »Sommer im Park« trocken Rosé | 13% | 8,90 €
81 2015 Trollinger trocken | 11,5% | 6,50 €
84 2015 Lemberger trocken | 13% | 8,90 €
86 2014 Cuvée »Herbst im Park« trocken | 12% | 16,90 €
86 2015 Lemberger »Der rote Löwe« trocken | 14% | 16,90 €
87 2015 Merlot trocken Hades | 14% | 19,50 €
88 2014 Kleinbottwarer Oberer Berg Lemberger »Großes Gewächs« | 12,5% | 29,– €
88 2015 Cuvée »Vignette« trocken Hades | 13,5% | 33,– €

Felix Graf Adelmann überzeugt mit seinen Klassikern: Das Große Gewächs vom Lemberger hat duftige Brombeerfrucht, die Cuvée Vignette zeigt Delikatesse und noblen Stil. Die Cuvée Herbst im Park ist mit langer Fassreife im Reserva-Stil gehalten, der Hades Merlot präsentiert die eher elegante Seite der Rebsorte. Einen Gutswein mit durchaus gewisser Finesse gibt es vom Lemberger, für höhere Ansprüche empfiehlt sich der Rote Löwe mit schönem Cassis-Aroma. Bei den Weißweinen gefällt der feinwürzige Hades Graubugunder mit gutem Holz, der Weißburgunder hat angenehmen Schliff. Der Muskateller-Sekt ist eine bewährte Spezialität des Traditionsguts. Neu ist der Cabernet Rosé mit durchaus charaktervoller Frucht.

WEINGUT ALDINGER

70734 Fellbach · Schmerstraße 25
Tel (07 11) 58 14 17 · Fax 58 14 88
info@weingut-aldinger.de
www.weingut-aldinger.de
Inhaber Gert Aldinger
Betriebsleiter Gert Aldinger und Söhne
Verwalter Hansjörg Aldinger
Kellermeister Matthias Aldinger

Verkauf Sonja Aldinger, Marco Talarico
Mo-Fr 9.00-12.00 Uhr · 14.00-18.00 Uhr
Sa 9.00-13.00 Uhr
und nach Vereinbarung

Historie Weinbau in der Familie seit 1492
Rebfläche 30 Hektar
Jahresproduktion 210.000 Flaschen
Beste Lagen Untertürkheimer Gips, Fellbacher Lämmler, Stettener Pulvermächer, Marienglas
Boden Gipskeuper, roter Keuper, Sandsteinverwitterung
Rebsorten 28% Riesling, je 13% Lemberger und Spätburgunder, 10% Trollinger, 7% Cabernet Sauvignon, 6% Sauvignon Blanc, 5% Merlot, 4% Chardonnay, 14% übrige Sorten
Mitglied VDP

Superlative ist man bei den Aldingers mittlerweile ja schon gewohnt. Aber mit dem 2015er Großen Gewächs vom Lemberger aus der Lage Lämmler stellten sie uns nun etwas derart Außergewöhnliches vor, dass es selbst für die so erfolgsverwöhnte Familie aus Fellbach ein großer Meilenstein sein dürfte: den wohl besten jemals in Deutschland erzeugten Wein seiner Art!

Großes selbst in der zweiten Reihe

Doch im Glanz dieses so unerhört feinen Lembergers sollte man nicht die anderen Highlights im Keller der Aldingers übersehen. So ist der 2010er Crémant Brut nature nicht nur der bei weitem bester Sekt des Anbaugebiets, sondern konnte sich beim Bundesfinale gar an der Spitze aller deutschen Sekte platzieren: eine großartige Leistung! Auch der Lämmler Riesling spielt - wie schon seit Jahren - in einer eigenen Liga in Württemberg. Die beiden ungemein feinen und eleganten Großen Gewächse vom Spätburgunder bewegen sich ebenfalls auf extrem hohen Niveau, die Sauvignons sind schon fast moderne Klassiker und das Große Gewächs vom Weißburgunder bleibt in der Region unerreicht. Übertroffen wird dieses in der aktuellen Kollektion jedoch vom überwältigenden Chardonnay, bei dem man Matthias Aldingers Vorliebe für große Meursaults förmlich schmecken kann. Bei all diesen Highlights darf man aber nicht vergessen, dass auch bei der urschwäbischen Sorte Trollinger mit dem 2015er Sine der ganz klar beste Wein seiner Art gelang. Viele Weine aus der zweiten Reihe verdienen eine genaue Betrachtung. Stellvertretend hierfür sei der Lemberger aus dem Hanweiler Berg genannt, der als ungemein nobler Wein mit fast pinothafter Struktur für rund 15 Euro ein herausragendes Preis-Genuss-Verhältnis bietet.

Gert Aldinger mit Söhnen

Familiäres Teamwork

Die aktuelle Kollektion aus dem Hause Aldinger ist wiederum ein eindrucksvoller Beweis, wie wichtig das familiäre Teamwork vor allem auch in eher schwierigen Jahrgängen sein kann. Es ist in der Tat bemerkenswert, wie gut hier die bestens ausgebildeten und dabei stets hochmotivierten Söhne Hansjörg und Matthias mit ihrem Vater harmonieren. Im Gespräch mit der Familie wird allerdings auch sehr schnell klar: Es sind die Weine der jungen Generation, die wir heute verkosten können. Doyen Gert Aldinger hält sich immer mehr im Hintergrund, lässt seinen Söhnen alle nötigen Freiheiten und greift nur dort ein wenig korrigierend ein, wo er es für unbedingt nötig und geboten hält.

WÜRTTEMBERG

Verkostete Weine 20
Bewertung 85–94 Punkte

- 93 2010 Pinot Crémant Brut nature | 12% | 50,– € | TOP
- 85 2016 »Rebhuhn« Riesling trocken | 11,5% | 6,70 €
- 86 2016 Fellbacher Riesling trocken Alte Reben | 12% | 9,50 €
- 88 2016 Untertürkheimer Gips Riesling trocken | 12,5% | 10,60 €
- 87 2016 Untertürkheimer Gips Weißburgunder trocken | 12,5% | 10,90 €
- 89 2016 Sauvignon Blanc trocken Reserve | 12% | 18,70 €
- 90 2016 Untertürkheimer Gips Marienglas Riesling »Großes Gewächs« | 12,5% | 29,90 €
- 90 2015 Untertürkheimer Gips Marienglas Weißburgunder »Großes Gewächs« | 13% | 29,90 €
- 92 2016 Fellbacher Lämmler Riesling »Großes Gewächs« Holzfass | 12,5% | 29,90 €
- 91 2015 Chardonnay trocken Reserve | 12,5% | 33,90 €
- 90 2015 »Ovum« Sauvignon Blanc trocken Reserve | 13% | 39,– €
- 88 2016 Stettener Pulvermächer Riesling | 11,5% | 10,60 €
- 87 2015 »Sine« Trollinger Landwein trocken | 11,5% | 14,10 € |
- 85 2015 Fellbacher Trollinger trocken Alte Reben | 13% | 9,50 €
- 88 2015 Untertürkheimer Gips Spätburgunder trocken | 12,5% | 15,30 €
- 89 2015 Hanweiler Berg Lemberger trocken | 13% | 15,30 €
- 91 2015 Merlot trocken Reserve | 14% | 29,90 €
- 91 2015 Untertürkheimer Gips Spätburgunder Marienglas »Großes Gewächs« | 12,5% | 33,90 €
- 94 2015 Fellbacher Lämmler Lemberger »Großes Gewächs« | 13,5% | 33,90 €
- 91 2015 Fellbacher Lämmler Spätburgunder »Großes Gewächs« | 12,5% | 42,– €

WEINGUT WOLFGANG ALT

74336 Brackenheim-Neipperg
Schwaigerner Straße 1
Tel (0 71 35) 93 65 14 · Fax 93 65 14
info@wolfgangalt-weingut.de
www.wolfgangalt-weingut.de
Inhaber und Kellermeister Wolfgang Alt

Verkauf nach Vereinbarung

Wolfgang Alt hat sich mit ganzem Herzen dem Lemberger verschrieben. Rund zwei Drittel seiner knapp drei Hektar umfassenden Weinberge sind mit dieser Rebe bepflanzt, was selbst in Württemberg einzigartig sein dürfte. Die Rotweine sind hier außergewöhnlich, wenngleich oft etwas verstörend im Aroma aufgrund der niedrigen Schwefelausstattung und daher kaum vorhandenem Oxidationsschutz. Typisch hierfür ist der nur schwer in übliche sensorische Bewertungen einzuordnende Nebbiolo mit etwas luftiger Frucht, aber toller Struktur. Überaus probierenswert ist der Lemberger Zweifelberg mit wunderbar komplexem Brombeeraroma und großer Eigenständigkeit. Ebenso gut, aber etwas feiner und lebhafter ist der Steingrube Lemberger. Der aktuelle Weißburgunder präsentiert sich saftig mit eher ländlicher Frucht. Der Betrieb ist ein echter Geheimtipp für Weinliebhaber auf der Suche nach individuellen Gewächsen abseits des Mainstreams.

Verkostete Weine 4
Bewertung 83–87 Punkte

- 83 2016 Weißburgunder trocken | 12,5% | 9,50 €
- 86 2014 Nebbiolo trocken | 13% | 19,– €
- 87 2014 Brackenheimer Zweifelberg Lemberger Landwein trocken | 12% | 21,– € |
- 87 2014 Neipperger Steingrube Lemberger trocken | 12,5% | 21,– €

Symbole Weingüter
Schnäppchenpreis · TOP Spitzenreiter · BIO Ökobetrieb
Trinktipp · Versteigerungswein
Sekt | Weißwein | Rotwein | Rosé

★　　　　　　　　　　　　★★

WEINGUT GRAF VON BENTZEL-STURMFEDER

74360 Ilsfeld-Schozach · Sturmfederstraße 4
Tel (0 71 33) 96 08 94 · Fax 96 08 95
weingut@sturmfeder.de
www.sturmfeder.de
Inhaber Kilian Graf von Bentzel-Sturmfeder
Betriebsleiter Holger Matz
Verkauf Kilian Graf von Bentzel-Sturmfeder
Mo–Fr 9.00–17.00 Uhr
Sa 10.00–14.00 Uhr und nach Vereinbarung

Kilian Graf von Bentzel-Sturmfeder präsentierte uns stimmige Weißweine. Der Grauburgunder ist klar und zugänglich, der Weißburgunder hat feine Dichte und Schliff. Der Riesling bietet diskret pflanzliche, reinrassige Frucht, der Sauvignon zeigt gute Dichte und Sortenfrucht. Doch die Stärke liegt hier klar bei den Roten. Der Samtrot ist ein unaufgeregter Klassiker des Hauses, der Lemberger hat feine, transparente Art, der Cabernet Dorsa ist angenehm saftig, der Cabernet Sauvignon ist unkompliziert süffig. Bei den Topweinen präsentiert sich das Große Gewächs vom Lemberger mit subtil würziger Textur, das von Spätburgunder durchaus nobel im seidigen Kleid. Die Cuvée Grand Philipp ist rund und hat samtige Eleganz.

Verkostete Weine 12
Bewertung 83–87 Punkte

84　2016 Grauburgunder trocken ** | 12,5% | 7,90 €
85　2015 Schozacher Roter Berg Weißburgunder trocken *** | 13,5% | 11,90 €
85　2016 Schozacher Roter Berg Riesling trocken *** | 13% | 11,90 €
86　2016 Schozacher Roter Berg Sauvignon Blanc trocken *** | 13% | 11,90 €
83　2016 Merlot trocken ** | 13% | 7,90 €
84　2014 Schozacher Roter Berg Samtrot trocken *** | 12,5% | 12,90 €
85　2015 Schozacher Roter Berg Cabernet Sauvignon trocken *** | 12,5% | 12,90 €
85　2014 Schozacher Roter Berg Cabernet Dorsa trocken | 13% | 12,90 €
86　2015 Schozacher Roter Berg Lemberger trocken *** | 13% | 12,90 €
87　2015 Cuvée »Grand Philipp« trocken | 13,5% | 21,90 €
87　2013 Schozacher Roter Berg Spätburgunder »Großes Gewächs« | 13,5% | 21,90 €
87　2014 Schozacher Roter Berg Lemberger »Großes Gewächs« | 13% | 21,90 €

WEINGUT BEURER

71394 Stetten im Remstal · Lange Straße 67
Tel (0 71 51) 4 21 90 · Fax 4 18 78
info@weingut-beurer.de
www.weingut-beurer.de
Inhaber und Betriebsleiter Jochen Beurer
Kellermeister Jochen Beurer
Verkauf Familie Beurer
Fr 14.00–19.00 Uhr
Sa 9.00–14.00 Uhr und nach Vereinbarung
Sehenswert gutseigener Museumswengert an der Y-Burg mit mittelalterlichen Rebsorten
Rebfläche 10 Hektar
Jahresproduktion 70.000 Flaschen
Beste Lagen Stettener Pulvermächer, Häder
Boden Gipskeuper, Schilf- und Kieselsandstein
Rebsorten 60% Riesling, je 20% Rotweinsorten und weitere Weißweinsorten
Mitglied Junges Schwaben, Ecovin, Demeter

Jochen Beurer erzeugte in biodynamischer Wirtschaftsweise ausgesprochen charaktervolle Gewächse, die durchaus Ecken und Kanten haben dürfen. Besonders interessant ist aktuell der Vergleich der 2015er Rieslinge von Kieselsandstein und Schilfsandstein: Ersterer ist etwas offener und fein aufgefächert, Letzterer etwas fokussierter und mit zusätzlicher Länge. Der Riesling Junges Schwaben ist markant mit wuchtigem Aroma und feinem Nerv, das Große Gewächs zeigt eigenwillige Persönlichkeit mit prägnanter Mineralität und festem Grip. Der Gemischte Satz aus historischen Reben ist herzhaft mit bemerkenswerter Saftigkeit und Rückgrat. Der fast roséartige Trollinger ist verspielt und heiter, der Zweigelt hat schöne Balance mit feiner Frische. Der Lemberger gefällt mit pinothafter, komplexer Frucht, als Großes Gewächs ist er charaktervoll und würzig mit sehr eigenständiger Persönlichkeit. Immer noch reduktiv im Duft, aber mit ungemein viel Leben und Energie im Kern, ist der Spätburgunder ein Wein mit offensichtlich gutem Entwicklungspotenzial.

WÜRTTEMBERG

Verkostete Weine 12
Bewertung 83–88 Punkte

- 83 2016 Cuvée »Weiß« trocken | 11,5% | 8,- €
- 88 2015 Stettener Pulvermächer Riesling Rittersberg »Großes Gewächs« | 12,5% | 35,- €
- 85 2016 Stettener »Gipskeuper« Riesling | 11,5% | 12,- €
- 87 2015 Stettener »Schilfsandstein« Riesling | 12% | 12,- €
- 86 2015 Stettener »Kieselsandstein« Riesling | 12,5% | 14,50 €
- 87 2015 Stettener Häder Riesling »Junges Schwaben« | 12,5% | 28,- €
- 86 2015 »Rettet die Reben« Gemischter Satz | 12,5% | 30,- €
- 83 2016 Trollinger trocken | 11,5% | 8,- €
- 87 2014 Stettener Mönchberg Spätburgunder Öde Halde »Großes Gewächs« | 12,5% | 35,- €
- 88 2014 Stettener Mönchberg Lemberger Schalksberg »Großes Gewächs« | 13% | 35,- €
- 85 2016 Stettener »Untere Bunte Mergel« Zweigelt | 12% | 12,- €
- 86 2015 Stettener »Untere Bunte Mergel« Lemberger | 12,5% | 14,50 €

WEINGUT BIRKERT

74626 Adolzfurt · Unterheimbacher Straße 28
Tel (0 79 46) 4 84 · Fax 33 78
info@weingut-birkert.com
www.weingut-birkert.com
Inhaber Boris und Regina Birkert
Betriebsleiter und Kellermeister Boris Birkert
Verkauf ganzjährig in der Vinothek
So nach Vereinbarung

Birkerts Aushängeschilder sind seine herzhaften Barrique-Rotweine der Roburis-Linie. Der Lemberger hat hier selbstbewusste Holzwürze und gutes Tannin, der Merlot zeigt reife, transparente Frucht und etwas feuriges Finish. Bester Wein ist die Cuvée CM mit feinrauchigem Aroma und guter Struktur. Mit nur zurückhaltender Sortenfrucht, aber spürbar alkoholischem Finish zeigt sich hingegen der Syrah. Bei den Weißweinen ist der Pinot Blanc S mit seidigem Körper und gewisser Holzwürze hervorzuheben.

Verkostete Weine 12
Bewertung 80–86 Punkte

- 81 2015 Pinot Sekt Brut Rosé | 12% | 10,50 €
- 83 2016 Adolzfurter Schneckenhof Chardonnay trocken | 13% | 7,- €
- 83 2016 Adolzfurter Schneckenhof Muskateller trocken | 12% | 7,- €
- 83 2016 Adolzfurter Lindelberg Sauvignon Blanc trocken | 12,5% | 8,50 €
- 84 2016 Bretzfelder Goldberg Pinot Blanc »S« trocken | 13,5% | 8,50 €
- 80 2016 Bacchus halbtrocken | 13% | 4,30 €/1,0 Lit.
- 81 2016 Adolzfurter Schneckenhof Müller-Thurgau feinherb | 12,5% | 6,- €
- 81 2016 Trollinger Blanc de Noirs | 10% | 5,50 €
- 86 2014 »Roburis L« Lemberger trocken | 13,5% | 13,50 €
- 85 2014 »Roburis M« Merlot trocken | 14,5% | 15,- €
- 84 2015 »Roburis S« Syrah trocken | 15% | 16,50 €
- 86 2014 Adolzfurter Schneckenhof »Roburis Cuvée CM« trocken | 14% | 20,- €

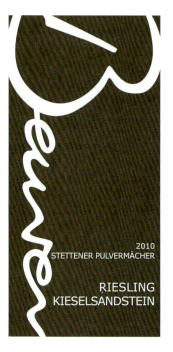

2010
STETTENER PULVERMÄCHER

RIESLING
KIESELSANDSTEIN

Weinbewertung in Punkten
100 Perfekt • 95 bis 99 Überragend • 90 bis 94 Exzellent
85 bis 89 Sehr gut • 80 bis 84 Gut

☆

WEINGUT BRUKER

71723 Großbottwar · Kleinaspacher Straße 18
Tel (0 71 48) 92 10 50 · Fax 9 21 05 99
info@weingut-bruker.de
www.weingut-bruker.de
Inhaber und Betriebsleiter Markus Bruker
Verkauf Markus Bruker
Mo–Sa 10.00–13.00 Uhr · 16.00–18.00 Uhr

Markus Bruker ist für seine interessanten Blends bekannt, die uns nun sogar noch etwas stimmiger erscheinen. Gretchen ist mit frischfruchtiger Komplexität durchaus verführerisch, Rockxy ist als Cuvée aus Riesling, Chardonnay und Rivaner eher ungewöhnlich, aber gelungen. Das Dicke Ding ist hochreif in der Frucht, etwas stimmiger und mit würzigem Beerenaroma ausgestattet ist der Black Berry. Der rote Mephisto hat angenehme Tiefe und feinsaftige Frucht, etwas gezehrter hingegen der Blackjack. Bester Wein ist jedoch der 500er Lemberger mit seidiger Eleganz.

Verkostete Weine 11
Bewertung 83–86 Punkte

83 2016 Oberstenfelder Forstberg Riesling trocken | 13% | 8,20 €
83 2016 Grauburgunder trocken | 13,5% | 9,50 €
84 2014 Cuvée »Rockxy« trocken | 12,5% | 10,– €
84 2016 Großbottwarer Lichtenberg Sauvignon Blanc trocken | 13,5% | 10,40 €
85 2016 Cuvée »Gretchen« trocken | 13% | 10,40 €
83 2016 Cuvée »Faust« trocken | 12,5% | 8,90 €
84 2015 Cuvée »Mephisto« trocken | 13% | 9,90 €
83 2015 Cuvée »BlackJack« trocken | 13,5% | 10,– €
86 2014 Mundelsheimer Mühlbächer Lemberger 500er trocken | 13,5% | 15,– €
86 2015 Cuvée »Black Berry« trocken | 14% | 19,50 €
85 2014 Cuvée »Dickes Ding« trocken | 13,5% | 22,50 €

★★★

WEINGÄRTNER CLEEBRONN-GÜGLINGEN

74389 Cleebronn · Ranspacher Straße 1
Tel (0 71 35) 9 80 30 · Fax 1 32 28
info@cleebronner-winzer.de
www.cleebronner-winzer.de
Betriebsleiter Vorstand Thomas Beyl
Geschäftsführer Axel Gerst
Kellermeister Andreas Reichert
Verkauf Vinothek
Mo–Fr 8.00–18.00 Uhr, **Sa** 8.30–13.00 Uhr
So 11.00–14.00 Uhr (März–Dez.)
Rebfläche 280 Hektar
Zahl der Mitglieder 580
Jahresproduktion 2,3 Mio. Flaschen
Beste Lagen Cleebronner Michaelsberg, Güglinger Kaiserberg
Boden Keuper, bunter Mergel, Schilfsandstein
Rebsorten 24% Lemberger, 20% Schwarzriesling, 16% Riesling, 15% Trollinger, 25% übrige Sorten

Cleebronn-Güglingen ist derzeit die beste Genossenschaft in Deutschland! Schon die Basisweine der Sankt M-Linie sind günstige und sehr angenehme Schoppen für jeden Tag, die Mittelklasse namens »Herzog C« ist merklich ambitioniert: toll der ausgesprochen duftige Riesling, wunderbarer Schliff und innere Frische beim Grauburgunder, feingliedriges Johannisbeeraroma beim Spätburgunder, klassische Frucht und selbstbewusste Art beim Lemberger. Die Serie Emotion kann sich unter die Topweine der Region einreihen: Der Riesling ist mit nobler Frucht eines Großen Gewächses würdig, der Lemberger zeigt Tiefe und Würze, die Reserve dieser Sorte hat samtig-noble Dimension. Der Cabernet hat ein tolles Cassis-Aroma, die Cuvée Roter Hirsch bietet reife, mediterrane Frucht und Komplexität. An der Spitze steht der Merlot mit verführerischer Sortenart und nobler Struktur. Mit dem großartigen Riesling Eiswein wurde wiederum der beste Edelsüße in Württemberg vorgestellt.

WÜRTTEMBERG

Verkostete Weine 12
Bewertung 82–92 Punkte

- 87 2016 »Herzog C« Grauburgunder trocken | 13% | 9,- €
- 82 2016 Cleebronner Michaelsberg Riesling trocken | 11% | 5,20 €/1,0 Lit.
- 86 2016 »Herzog C« Riesling trocken | 13% | 9,- €
- 87 2016 »Emotion« Riesling trocken | 12,5% | 16,- €
- 92 2016 Cleebronner Michaelsberg Riesling Eiswein | 8% | 30,- €/0,375 Lit.
- 86 2015 »Herzog C« Spätburgunder trocken | 13,5% | 9,- €
- 86 2015 Lemberger Herzog C trocken | 13,5% | 9,- €
- 87 2014 »Emotion« Lemberger trocken | 13,5% | 16,- €
- 88 2014 »Emotion« Cabernet Sauvignon trocken | 13,5% | 20,- €
- 88 2014 »Emotion« Merlot trocken | 13% | 20,- €
- 88 2014 »Emotion« Lemberger trocken Reserve | 13% | 20,- €
- 88 2014 Cuvée »Roter Hirsch« trocken Reserve | 13% | 38,- €

COLLEGIUM WIRTEMBERG

70327 Stuttgart · Württembergstraße 230
Tel (07 11) 32 77 75 80 · Fax 3 27 77 58 50
info@collegium-wirtemberg.de
www.collegium-wirtemberg.de
Betriebsleiter Martin Kurrle
Kellermeister Thomas Eckard

Verkauf Thomas Jud, Peter Meintzinger
Mo–Fr 9.00–12.00 Uhr · 13.00–18.00 Uhr
Sa 9.00–16.00 Uhr

Mit der Kult-Serie ist man auf dem Württemberg beeindruckend erfolgreich: Der Chardonnay ist merklich ambitioniert, jedoch nicht überladen, der Sauvignon präsentiert sich an der Spitze der Kollektion in bestem Fumé Blanc-Stil mit toller Länge. Der Spätburgunder hat subtile Frucht, aber durchaus selbstbewussten Aufbau, der Lemberger ist elegant mit gutem Tannin und die Grande Cuvée zeigt feine, rauchige Tiefe und noble Textur. Im Unterbau gefällt der Weißburgunder durch klare und runde Art sowie der Riesling Katharina mit charaktervoller Frucht. Der Pinot Noir ist korrekt mit gewisser Würze, der Syrah ist recht herzhaft. Deutlich feiner ist die Cuvée Cabernet mit hübscher Cassis-Note.

Verkostete Weine 12
Bewertung 82–89 Punkte

- 82 2016 Cuvée »Blanc« trocken | 12,5% | 6,90 €
- 83 2016 Uhlbacher Götzenberg Riesling »Sand« trocken | 12% | 7,50 €
- 84 2016 Weißburgunder trocken | 12,5% | 8,50 €
- 86 2015 »Katharina« Riesling trocken | 13,5% | 12,50 €
- 87 2015 »Kult« Chardonnay trocken Reserve | 14% | 19,- €
- 89 2015 »Kult« Sauvignon Blanc trocken Reserve | 13,5% | 28,- €
- 84 2015 Pinot Noir trocken | 14% | 9,- €
- 85 2015 Syrah trocken | 14% | 13,- €
- 86 2015 Cuvée Cabernet trocken | 14% | 15,- €
- 87 2013 »Kult« Spätburgunder trocken Reserve | 13,5% | 22,- €
- 87 2013 »Kult« Lemberger trocken Reserve | 14% | 22,- €
- 88 2012 »Kult« Grande Cuvée trocken Reserve | 14% | 34,- €

★★★½

WEINGUT DAUTEL

74357 Bönnigheim · Lauerweg 55
Tel (0 71 43) 87 03 26 · Fax 87 03 27
info@weingut-dautel.de
www.weingut-dautel.de

Inhaber und Betriebsleiter Christian Dautel
Außenbetrieb Ernst Dautel
Kellermeister Christian Dautel
Verkauf Familie Dautel
Mo–Fr 10.00–12.00 Uhr · 14.00–18.00 Uhr
Sa 10.00–16.00 Uhr

Historie Weinbau in der Familie seit 1510
Rebfläche 14 Hektar
Jahresproduktion 80.000 Flaschen
Beste Lagen Besigheimer Wurmberg, Bönnigheimer Schupen und Steingrüben, Cleebronner Michaelsberg, Oberstenfelder, Forstberg
Boden Muschelkalk, Gipskeuper, Schilfsandstein, bunter Mergel
Rebsorten 23% Riesling, 21% Spätburgunder, 18% Lemberger, 14% Weißburgunder, 6% Chardonnay, 4% Trollinger, 14% übrige Sorten
Mitglied VDP, Deutsches Barrique Forum

Verkostete Weine 15
Bewertung 84–90 Punkte

84 2014 Pinot Sekt extra Brut Blanc de Noirs | 12% | 19,80 €
84 2016 Weißburgunder trocken | 13% | 8,50 €
86 2016 Bönnigheimer Weißburgunder Gipskeuper trocken | 13% | 13,10 €
87 2016 Besigheimer Wurmberg Riesling trocken | 13% | 13,80 €
89 2015 Weißburgunder »S« trocken | 13,5% | 24,10 €
89 2015 Chardonnay »S« trocken | 13,5% | 24,10 €
89 2016 Bönnigheimer Steingrüben Riesling »Großes Gewächs« | 13% | 25,20 €
84 2015 Trollinger trocken | 12,5% | 7,90 €
86 2015 Bönnigheimer Lemberger Gipskeuper trocken | 13% | 13,50 €
86 2014 Bönnigheimer Sonnenberg Spätburgunder trocken | 13% | 19,80 €
87 2014 Bönnigheimer Sonnenberg Lemberger trocken | 13,5% | 19,80 €
90 2014 Cleebronner Michaelsberg Lemberger »Großes Gewächs« | 13,5% | 28,10 €
90 2014 Oberstenfelder Forstberg Spätburgunder »Großes Gewächs« | 13% | 28,10 €
90 2014 Bönnigheimer Schupen Spätburgunder »Großes Gewächs« | 13,5% | 28,10 €
90 2015 Cuvée »Kreation« »S« trocken | 13,5% | 28,60 €

Christian Dautel wird mit seinen feingliedrig-eleganten Rotweinen immer besser. Das Große Gewächs vom Lemberger ist vorbildlich mit feinwürziger Waldbeerfrucht, toller Balance und echter Noblesse. Bei den Spätburgundern dieser Klasse ist der Vergleich beider Weine ein besonderes Vergnügen: Ausgesprochen finessenreich und mit subtilem Spiel der Forstberg, mit mehr Körper und Tiefe der Schupen - aber großartig sind beide. Ein Klassiker der schwäbischen Moderne ist die Cuvée Kreation mit komplexer Wildkirschfrucht, subtilen Cabernet-Noten, tollem Tannin und feinsaftiger Länge. Bei all diesen Rotweinstars sollte aber nicht übersehen werden, dass sich selbst der einfache Trollinger mit angenehm präsentem Ausdruck durchaus sehen lassen kann. Auch bei den Weißweinen konnte Dautel mit seinem burgundischen Klassikerpaar, der S-Klasse, überzeugen: toller Schliff und Brillanz bei Weißburgunder, Volumen und mineralisches Rückgrat beim Chardonnay. Das Große Gewächs vom Riesling hat brillant aufgefächerte Frucht und noble Größe.

WÜRTTEMBERG

HEDWIG UND HELMUT DOLDE
72636 Frickenhausen-Linsenhofen
Beurener Straße 16
Tel (0 70 25) 49 82 · Fax 84 06 20
info@doldewein.de
www.doldewein.de
Inhaber Hedwig und Helmut Dolde
Verkauf Hedwig Dolde
Do 16.00–19.00 Uhr
Sa 10.00–13.00 Uhr und nach Vereinbarung

Helmut Dolde hat wie gewohnt gute Silvaner mit kühler Rasse und Mineralität im Keller. Der Weiße Jura hat feines Sortenaroma und Frische, der Vulkan zeigt helles Aroma und gewisse Restsüße, die Alten Reben haben mineralisches Rückgrat und feinen Schmelz. Der Riesling spiegelt mit kühler Kalk-Aromatik und knackiger Art deutlich den Standort wider. Der Weißburgunder vom Braunen Jura gefällt mit angenehmem Schliff. Der Rosé ist feinbeerig und löscht den Durst. Im traditionellen Stil, aber durchaus gelungen, ist der Spätburgunder Rotwein aus dem schwäbischen Eichenfass.

Verkostete Weine 7
Bewertung 83–85 Punkte

- 84 2016 Hohenneuffen Silvaner Weißer Jura trocken | 13% | 7,80 €
- 83 2016 Linsenhöfer Hohenneuffen Silvaner Vulkan | 12% | 8,– €
- 84 2016 Hohenneuffen Riesling Vom Jurakalk trocken | 12,5% | 8,– €
- 84 2016 Hohenneuffen Weißburgunder Brauner Jura trocken | 12,5% | 8,– €
- 85 2016 Hohenneuffen Silvaner Alte Reben trocken | 13% | 8,– €
- 83 2016 Neuffener Hohenneuffen Spätburgunder trocken | 12,5% | 7,80 €
- 85 2014 Linsenhöfer Hohenneuffen Spätburgunder »Schwäbische Eiche« Spätlese trocken | 12,5% | 12,– €

WEINGUT DOREAS
73630 Remshalden-Grunbach
Ernst-Heinkel-Straße 85
Tel (0 71 51) 7 55 69 · Fax 2 06 12 00
info@doreas.de
www.doreas.de
Inhaber Dorothee Wagner-Ellwanger und Andreas Ellwanger
Verkauf Dorothee Wagner-Ellwanger
Do–Fr 16.00–18.30 Uhr
Sa 9.30–14.00 Uhr und nach Vereinbarung

Der feine Schillersekt ist immer ein guter Auftakt in diesem Hause. Der Jubiläums-Riesling aus der Magnum zeigt angenehmen Schliff und eher unaufdringliche Art. Besonderes Augenmerk verdient der Riesling Auslese mit schöner Balance und gut verwobener Süße. Der Gewürztraminer ist durchaus subtil in der Frucht, der Chardonnay zeigt feinfühligen Holzeinsatz und angenehme Frische, der charaktervolle Schillerwein hat gute Tiefe. In der Rotweinspitze gefällt der Spätburgunder mit heller, charmanter Frucht. Hochreif im leicht rauchigen Aroma und mit feurigem Finish ist hingegen der Merlot. Feinwürzig mit kräftiger Holznote zeigt sich der Zweigelt, deutlich besser integriert und mit guter Textur ist der Lemberger.

Verkostete Weine 12
Bewertung 83–89 Punkte

- 85 2014 Schillerwein Prélude Sekt Brut | 12,5% | 13,– €
- 83 2016 Riesling Ballade trocken | 11,5% | 5,90 €
- 85 2016 Riesling 10 Jahre Doreas trocken | 12,5% | 23,– €/1,5 Lit.
- 85 2016 Gewürztraminer Symphonie trocken | 12,5% | 12,– €
- 86 2016 Grunbacher Klingle Chardonnay Symphonie trocken | 13% | 14,– €
- 89 2016 Hebsacker Lichtenberg Riesling Oper Auslese | 11% | 18,– €
- 85 Schillerwein Symphonie trocken | 13% | 9,– €
- 89 2016 Grunbacher Berghalde Muskat-Trollinger Oper Eiswein | 8,5% | 30,– €/0,375 Lit.
- 86 2015 Grunbacher Berghalde Merlot Symphonie trocken | 14,5% | 21,– €
- 86 2016 Grunbacher Berghalde Zweigelt Symphonie trocken | 13,5% | 21,– €
- 87 2015 Grunbacher Berghalde Spätburgunder Symphonie trocken | 13,5% | 21,– €
- 87 2015 Grunbacher Berghalde Lemberger Symphonie trocken | 13,5% | 22,– €

Symbole Weingüter
€ Schnäppchenpreis · TOP Spitzenreiter · BIO Ökobetrieb
Trinktipp · Versteigerungswein
Sekt   Weißwein   Rotwein   Rosé

WEINGUT DRAUTZ-ABLE

74076 Heilbronn · Faißtstraße 23
Tel (0 71 31) 17 79 08 · Fax 94 12 39
info@drautz-able.de
www.drautz-able.de
Inhaber und Betriebsleiter Monika und Markus Drautz
Kellermeister Markus Drautz
Verkauf Monika Drautz
Mo–Fr 8.00–12.00 Uhr · 13.30–18.00 Uhr
Sa 9.00–16.00 Uhr

Historie Verleihung des Familienwappens im Jahre 1496
Sehenswert Heilbronner Wein-Villa
Rebfläche 16 Hektar
Jahresproduktion 125.000 Flaschen
Beste Lagen Heilbronner Stiftsberg und Wartberg, Neckarsulmer Scheuerberg
Boden bunter Mergel, Gipskeuper, Sandsteinverwitterung
Rebsorten 20% Lemberger, 15% Trollinger, 11% Riesling, 10% Sauvignon Blanc, je 9% Spätburgunder und Weißburgunder, 26% übrige Sorten
Mitglied VDP, Hades, Deutsches Barrique Forum

Verkostete Weine 12
Bewertung 83–89 Punkte

83 2016 Weißburgunder trocken | 12,5% | 8,49 €
84 2016 Neckarsulmer Gewürztraminer Drei Tauben trocken | 12,5% | 12,99 €
85 2016 Sauvignon Blanc Drei Tauben trocken | 12,5% | 12,99 €
87 2016 Sauvignon Blanc trocken Hades | 14% | 21,50 €
83 2016 Riesling Kabinett trocken | 11% | 8,49 €
88 2016 »Jodokus« Beerenauslese Hades | 12% | 21,50 €/0,375 Lit.
83 2015 Lemberger trocken | 13% | 8,49 €
85 2015 Heilbronner Trollinger Drei Tauben trocken | 13,5% | 10,99 €
85 2015 Heilbronner Merlot Drei Tauben trocken | 13,5% | 17,99 €
89 2013 Lemberger »R« trocken Hades | 13,5% | 28,– €
87 2014 Neckarsulmer Scheuerberg Spätburgunder Orthgang »Großes Gewächs« | 12% | 28,– €
89 2013 »Jodokus« trocken Hades | 13,5% | 32,– €

Wie schon seit einem Vierteljahrhundert ist es auch dieses Mal wieder der monumentale Jodokus-Rotwein, der im Hause Drautz an der Spitze steht, wobei die 2014er Version durchaus auch transparente Komplexität vorweisen kann. Nur knapp dahinter liegt der Hades Lemberger »R« mit seidigem Reserva-Charakter und tiefgründiger Frucht in der Art von Beerenkompott. Das Große Gewächs von Spätburgunder erreicht mit schöner Frucht, aber auch deutlicher Holzlast, nicht ganz dieses Niveau. Besonders hervorzuheben ist in der Kollektion von Markus Drautz jedoch stets auch der tolle Trollinger der Drei-Tauben-Klasse mit guter Frucht und selbstbewusster Struktur. Bei den Weißweinen sollte man den im Bordeaux-Stil gehaltenen Sauvignon Blanc Hades verkosten.

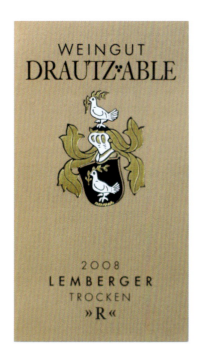

★★ WÜRTTEMBERG

WEINGUT BERNHARD ELLWANGER
71384 Weinstadt-Großheppach · Rebenstraße 9
Tel (0 71 51) 6 21 31 · Fax 60 32 09
info@weingut-ellwanger.com
www.weingut-ellwanger.com
Inhaber Familie Ellwanger
Kellermeister Sven Ellwanger

Verkauf Familie Ellwanger
Mo-Di, Do-Fr 10.00–12.00 Uhr · 14.00–18.30 Uhr
Sa 9.30–14.00 Uhr und nach Vereinbarung

Rebfläche 29 Hektar
Jahresproduktion 220.000 Flaschen
Beste Lagen Großheppacher Steingrüble und Wanne
Boden Gipskeuper, Schilfsandstein, bunte Mergel, Kieselsandstein
Rebsorten 20% Riesling, 15% Trollinger, je 11% Lemberger und Spätburgunder, 8% Muskattrollinger, je 7% Sauvignon Blanc und weiße Burgundersorten, 4% Merlot, 3% Cabernet, 14% übrige Sorten
Mitglied Junges Schwaben, Fair Choice

Verkostete Weine 12
Bewertung 83–91 Punkte

83 2015 Riesling vom bunten Mergel trocken | 13% | 9,40 €
84 2016 Sauvignon Blanc »Höhenluft« trocken | 12,5% | 9,40 €
87 2015 Geradstettener Lichtenberg Riesling Oberholz trocken | 12,5% | 14,90 €
87 2015 Sauvignon Blanc »Junges Schwaben« trocken | 13,5% | 24,90 €
88 2016 Geradstettener Lichtenberg Riesling »SL« Auslese | 9% | 12,90 €/0,375 Lit.
89 2015 Cabernet Cubin Eiswein Weißherbst | 9,5% | 15,– €/0,375 Lit.
91 2016 Muskattrollinger Eiswein Weißherbst | 8,5% | 25,– €/0,375 Lit.
85 2015 Cuvée »Kreation Nero« trocken | 13,5% | 9,80 €
85 2015 Spätburgunder vom bunten Mergel trocken | 13% | 12,90 €
87 2014 Großheppacher Wanne Lemberger »SL« trocken | 13% | 49,80 €/1,5 Lit.
87 2015 Großheppacher Wanne Syrah »SL« Klingenberg trocken | 14,5% | 28,90 €
89 2015 Großheppacher Steingrüble Spätburgunder »SL« trocken | 13% | 28,90 €

Sven Ellwanger überraschte uns dieses Jahr mit einer grandiosen Version seines Spätburgunders SL, einem feingliedrig aufgefächerten Wein mit floraler Kopfnote. Der Lemberger dieser Klasse hingegen hat viel Würze und eher herzhaftes Aroma, der Syrah zeigt markante, rauchig-speckige Sortenfrucht und gewisses Feuer im Finish. Sehr angenehm der Spätburgunder Mergel mit frischer Art und hübschem Himbeerduft sowie die bewährte Cuvée Nero mit lebhafter, transparenter Frucht. Der Sauvignon Junges Schwaben ist im Fumé-Blanc-Stil mit Volumen und Tiefe angelegt. Eine besondere Empfehlung verdient auch der Riesling Oberholz für sein mineralisches Rückgrat. Bei den Eisweinen hat der Cabernet Cubin dichte Art und Anklänge von Beerentarte, deutlich feiner und brillanter ist der tolle Muskattrollinger.

WEINGUT J. ELLWANGER

73650 Winterbach · Bachstraße 21
Tel (0 71 81) 4 45 25 · Fax 4 61 28
info@weingut-ellwanger.de
www.weingut-ellwanger.de
Inhaber Jörg und Felix Ellwanger
Außenbetrieb und Kellermeister Jörg Ellwanger
Verkauf Jürgen, Felix, Sylvia Ellwanger
Di–Fr 9.00–12.00 Uhr · 15.00–19.00 Uhr
Sa 9.00–15.00 Uhr und nach Vereinbarung
Historie Weinbau in der Familie seit 1514
Rebfläche 26 Hektar
Jahresproduktion 200.000 Flaschen
Beste Lagen Winterbacher Hungerberg, Hebsacker Lichtenberg, Schnaiter Altenberg
Boden Keuper und Kieselsandstein
Rebsorten 20% Riesling, je 15% Lemberger und Trollinger, je 10% Spätburgunder, weiße Burgundersorten und Zweigelt, 7% Kerner, 5% Merlot, 8% übrige Sorten
Mitglied VDP, Hades, Deutsches Barrique Forum

Verkostete Weine 13
Bewertung 81–90 Punkte

84 2016 Beutelsbacher Altenberg Riesling trocken | 12,5% | 12,– €
84 2016 Sauvignon Blanc trocken | 12,5% | 13,– €
87 2015 Grauburgunder trocken Hades | 13,5% | 20,– €
88 2015 Cuvée »Nicodemus candidus« trocken Hades | 15% | 20,– €
87 2016 Winterbacher Hungerberg Weißburgunder »Großes Gewächs« | 13% | 23,– €
87 2016 Schnaiter Altenberg Riesling »Großes Gewächs« | 12,5% | 23,– €
88 2016 Schnaiter Altenberg Riesling Eiswein | 9% | 42,– €/0,375 Lit.
81 2016 Merlot Rosé trocken | 13% | 9,80 €
89 2014 Lemberger trocken Hades | 13,5% | 23,– €
88 2014 Zweigelt trocken Hades | 13,5% | 25,– €
89 2014 Cuvée »Nicodemus« trocken Hades | 13,5% | 26,– €
87 2015 Hebsacker Linnenbrunnen Spätburgunder »Großes Gewächs« | 14% | 28,– €
90 2015 Hebsacker Berg Lemberger »Großes Gewächs« | 13% | 28,– €

Jörg Ellwanger hat uns zwei bärenstarke Lemberger präsentiert. Die Hades-Version hat elegante Brombeerfrucht und feste, aber dennoch feine Struktur, das wahrhaft Große Gewächs bringt zusätzlich Komplexität und Finesse mit. Doch auch die weiteren Klassiker konnten überzeugen. Die feinwürzige Cuvée Nicodemus zeigt dicht verwobene Vielschichtigkeit und kräftiges, aber nobles Tannin, das weiße Gegenstück Nicodemus Candidus ist ausnehmend saftig, seidig und von tropischer Frucht geprägt. Der Hades Zweigelt präsentiert sich wie gewohnt mit saftigem Kirscharoma, samtigem Kleid und viel Charme. Eher herzhaft als fein hingegen fällt das Große Gewächs vom Riesling aus. Der Spätburgunder dieser Klasse zeigt feine Reife, warme Frucht und gewisses Feuer im Finish. Kräftiges, aber eingebundenes Holz und saftige Frucht prägen den Hades Grauburgunder.

WÜRTTEMBERG

WEINGUT ESCHER

71409 Schwaikheim · Seestraße 4
Tel (0 71 95) 5 72 56 · Fax 13 73 19
info@wein-escher.de
www.wein-escher.de
Inhaber Christian und Ottmar Escher
Kellermeister Christian Escher
Verkauf Familie Escher
Di–Fr 16.30–18.30 Uhr
Sa 9.00–14.00 Uhr und nach Vereinbarung

Christian Eschers Goldreserve-Weine werden immer selbstbewusster. Der Sauvignon hat Tiefe und Länge, der Lemberger ist ambitioniert, wenngleich vielleicht mit etwas zu viel Holz, der Merlot ist mit gutem Tannin aufrecht strukturiert, der Cabernet Franc nicht ganz so stimmig. Doch das echte Highlight ist in diesem Jahr der Lemberger Höchste Lage, ein Wein mit feiner, nobler Persönlichkeit. Sehr solide auch die gute Mittelklasse der Bergkeuper-Weine. Der Sauvignon ist tänzerisch, der Zweigelt hat einladende Frucht und frisches Spiel, der Spätburgunder ist fein und lebhaft. Auch der Basis-Riesling von alten Reben ist durchaus stoffig.

Verkostete Weine 12
Bewertung 84–88 Punkte

- **84** 2016 Riesling trocken Alte Reben | 12,5% | 7,80 €
- **84** 2016 »Bergkeuper« Chardonnay trocken | 13% | 9,20 €
- **86** 2016 »Bergkeuper« Sauvignon Blanc trocken | 12% | 9,50 €
- **85** 2016 Korber Steingrüble Grauburgunder trocken | 13% | 14,80 €
- **87** 2016 Steinreinacher Hörnle Sauvignon Blanc »Goldreserve« trocken | 12,5% | 15,80 €
- **85** 2015 »Bergkeuper« Zweigelt trocken | 13% | 9,50 €
- **85** 2015 »Bergkeuper« Spätburgunder trocken | 13% | 10,50 €
- **86** 2014 Cuvée »Meisterwerk« trocken | 13,5% | 16,80 €
- **87** 2014 »Goldreserve« Lemberger trocken | 13,5% | 18,50 €
- **87** 2014 »Goldreserve« Merlot trocken | 13,5% | 22,50 €
- **86** 2014 »Goldreserve« Cabernet Franc trocken | 13,5% | 24,– €
- **88** 2014 Korber Berg Lemberger »Höchste Lage« trocken | 14% | 33,50 €

WEINGUT FASCHIAN

74934 Hessigheim · Über dem Neckar 7
Tel (0 71 43) 96 74 47 · Fax 96 74 48
info@weingut-faschian.de
www.weingut-faschian.de
Inhaber Karsten Faschian und Dr. Herbert Müller
Betriebsleiter Karsten Faschian
Außenbetrieb Fabian Alber
Verkauf Karsten Faschian
Do–Fr 14.30–18.30 Uhr, **Sa** 9.00–14.00 Uhr und nach Vereinbarung

Karsten Faschians 2016er Weißweine sind vielversprechend. Schlank und verspielt gefällt der Riesling Alte Reben, der Grauburgunder hat hübschen rötlichen Schimmer und angenehme Sortenart. Merklich feiner ist der Chardonnay, mit durchaus gehobenem Anspruch sogar dessen Selektions-Version. Die an sich guten 2015er Selektions-Rotweine sind weitgehend ohne verbleibenden Schwefelschutz spürbar luftig im Aroma. Bei den Montis-Casei-Abfüllungen zeigt sich der Rosé angenehm saftig, der Lemberger hat transparente, aber etwas einfache Frucht, der Zweigelt ist zugänglich mit runder Art, der Merlot präsentiert ein rauchiges Sortenaroma und korrekte Struktur.

Verkostete Weine 12
Bewertung 79–86 Punkte

- **85** 2016 Hessigheimer Felsengarten Chardonnay trocken | 12% | 8,– €
- **86** 2016 Hessigheimer Felsengarten Chardonnay Große Selektion trocken | 12,5% | 13,50 €
- **85** 2016 Hessigheimer Felsengarten Riesling trocken Alte Reben | 11,5% | 7,– €
- **84** 2016 Hessigheimer Felsengarten Grauburgunder Kabinett trocken | 12% | 7,50 €
- **83** 2016 Hessigheimer Wurmberg Rosé Consortium Montis Casei trocken | 13,5% | 8,– €
- **79** 2015 Hessigheimer Felsengarten Lemberger trocken | 13% | 6,– €/1,0 Lit.
- **83** 2015 Mundelsheimer Käsberg Trollinger Consortium Montis Casei trocken | 13% | 8,– €
- **84** 2015 Mundelsheimer Käsberg Lemberger Consortium Montis Casei trocken | 13% | 14,– €
- **84** 2015 Hessigheimer Felsengarten Spätburgunder Große Selektion trocken | 14% | 14,– €
- **85** 2015 Hessigheimer Wurmberg Zweigelt Consortium Montis Casei trocken | 13,5% | 16,– €
- **85** 2015 Hessigheimer Wurmberg Merlot Consortium Montis Casei trocken | 13% | 18,– €
- **85** 2015 Hessigheimer Felsengarten Lemberger Große Selektion trocken | 14% | 20,– €

☆

WEINGUT FORSTHOF
71711 Steinheim-Kleinbottwar · Forsthof 4
Tel (0 71 48) 61 34 · Fax 40 11
info@weingut-forsthof.com
www.weingut-forsthof.com
Inhaber Andreas und Bettina Roth
Betriebsleiter Andreas Roth
Verkauf Familie Roth
Mo–Fr 9.00–12.00 Uhr · 14.00–18.00 Uhr
Sa 8.00–14.00 Uhr und nach Vereinbarung

Der Forsthof hat wie gewohnt eine durchweg solide Kollektion im Keller. Die Spätburgunder Auslese ist ambitioniert, schießt aber mit etwas feurigem Finish über das Ziel hinaus. Lemberger und Merlot sind korrekte Tischweine, merklich darüber liegt die Cuvée Ars Vinitoris als durchaus niveauvoller Rotwein. Das weiße Pendant dazu ist ein guter Universalwein, der Grauburgunder hat runde Sortenart, der Muskateller hat heiteren Charme und duftet nach Zitruskompott. Der Riesling zeigt knackigen Kabinettstil, der Weißburgunder ist klar und unkompliziert. Nach Tomatengrün duftend und ausgesprochen grasig-kräutrig ist der Cabernet Blanc.

Verkostete Weine 12
Bewertung 82–86 Punkte

- 83 2016 Grauburgunder trocken | 12,5% | 7,90 €
- 83 2016 Weißburgunder trocken | 12,5% | 7,90 €
- 83 2016 Cuvée »Ars Vinitoris« trocken | 12% | 7,90 €
- 83 2016 Cabernet Blanc trocken | 12,5% | 8,70 €
- 83 2016 Riesling Kabinett trocken | 11,5% | 6,80 €
- 83 2016 Muskateller | 11,5% | 7,20 €
- 83 2015 Lemberger trocken | 13,5% | 8,– €
- 85 2015 Cuvée »Ars Vinitoris« trocken | 13,5% | 8,90 €
- 84 2015 Merlot trocken | 13,5% | 9,90 €
- 86 2015 Cuvée »Ars Vinitoris B« trocken | 14% | 19,– €
- 85 2015 Spätburgunder »Evolution 2.15« Auslese trocken | 14% | 14,– €
- 82 2015 Muskattrollinger | 12% | 7,20 €

☆

WEINGUT GOLD
71384 Weinstadt · Buocher Weg 9
Tel (0 71 51) 1 69 12 15
info@weingut-gold.de
www.weingut-gold.de
Inhaber und Betriebsleiter Leon Gold
Verkauf Leon Gold
Sa 10.00–13.00 Uhr und nach Vereinbarung

Leon Gold ist ein weiteres Talent aus dem Remstal und ein echter Geheimtipp. Allen voran sind die Rieslinge hier beachtenswert, wobei der Gutswein dieser Sorte mit leicht süßlich-bitterer Art in diesem Jahr enttäuscht. Viel besser ist der Gundelsbacher mit feinem, mineralischen Nerv und der Halbstück als würzig-eigenständige Persönlichkeit mit spürbarem Holztouch. Bei den Roten ist die Cuvée Rotgold ein korrekter Tischwein für jeden Tag, der Zweigelt ist seidig mit hübscher Frucht. Etwas blutarm hingegen ist der Cabernet. Der ambitionierte Portugieser trägt noch etwas schwer am Holz, deutlich feiner und mit angenehmer Textur ausgestattet ist der Spätburgunder. Beachtenswert sind auch der charaktervolle Sekt und der Trollinger mit angenehmer Dichte und Frucht.

Verkostete Weine 11
Bewertung 81–87 Punkte

- 85 2015 »Ida Marie« Sekt Brut Blanc de Noirs | 12% | 13,50 €
- 81 2016 Riesling trocken | 11,5% | 7,40 €
- 85 2016 Gundelsbacher Riesling trocken | 12% | 12,90 €
- 86 2015 Gundelsbacher Riesling »Koih Halbstück« trocken | 12,5% | 20,– €
- 87 2015 Kerner Beerenauslese | 8,5% | Preis auf Anfrage
- 84 2016 Trollinger trocken Alte Reben | 12,5% | 7,20 €
- 83 2016 Cuvée »Rotgold« trocken | 12,5% | 8,50 €
- 85 2015 Beinsteiner Zweigelt trocken | 12,5% | 12,90 €
- 85 2016 Großheppacher Cabernet Sauvignon trocken | 13% | 14,50 €
- 86 2015 Großheppacher Altenberg Spätburgunder trocken | 13% | Preis auf Anfrage
- 84 2015 Beutelsbacher Altenberg Portugieser trocken Reserve | 13% | Preis auf Anfrage

---

Weinbewertung in Punkten
100 Perfekt • 95 bis 99 Überragend • 90 bis 94 Exzellent
85 bis 89 Sehr gut • 80 bis 84 Gut

☆ ★★★☆ **WÜRTTEMBERG**

WEINGUT HÄUSSERMANN

75447 Sternenfels-Diefenbach
Burrainstraße 55
Tel (0 70 43) 84 49 · Fax 4 03 83
info@weingut-haeussermann.de
www.weingut-haeussermann.de
Inhaber und Betriebsleiter Christian Häußermann
Verkauf Annette und Christian Häußermann
Di–Fr 9.00–12.00 Uhr · 15.00–18.30 Uhr
Sa 9.00–13.00 Uhr und nach Vereinbarung

Die Häußermanns haben wie gewohnt sehr ordentliche Weine im Keller, lediglich der recht einfache Weißburgunder mit zwei Sternen fällt etwas ab. Deutlich feiner ist die Drei-Sterne-Version mit gutem Holzeinsatz. Der Chardonnay hat gute Frucht und Frische, der Sauvignon ist ausgesprochen lebendig und herzhaft. Der Muskateller ist ein hübscher Apéro mit leichter Fruchtsüße, die weiße Cuvée Lily ist vollfruchtig und rassig. Bei den Roten gefällt beim Spätburgunder die duftige Frucht und charmante Art. Der mittelgewichtige Cabernet hat leicht minziges Sortenaroma, der Lemberger Kuning zeigt reife Frucht und ein gewisses Feuer.

Verkostete Weine 11
Bewertung 81–86 Punkte

81 2016 Weißburgunder trocken ** | 13,5% | 6,– €
84 2016 Cuvée »Lily« trocken | 13,5% | 9,– €
85 2016 Diefenbacher König Sauvignon Blanc trocken *** | 13,5% | 9,– €
85 2016 Diefenbacher König Chardonnay trocken *** | 14% | 9,– €
86 2015 Diefenbacher König Weißburgunder trocken *** | 13% | 14,– €
83 2016 Muskateller halbtrocken ** | 12,5% | 6,50 €
82 2016 Muskattrollinger halbtrocken ** | 11% | 6,50 €
84 2015 Diefenbacher König Lemberger »Serie König« trocken ** | 13% | 8,– €
83 2016 Cuvée »Lily« trocken | 13% | 9,– €
85 2015 Diefenbacher König Spätburgunder trocken *** | 13% | 16,– €
86 2015 Freudensteiner Reichshalde Lemberger »Kuning« trocken | 14% | 18,– €

Symbole Weingüter
★★★★★ Weltklasse • ★★★★ Deutsche Spitze
★★★ Sehr Gut • ★★ Gut • ★ Zuverlässig

WEINGUT KARL HAIDLE

71394 Kernen-Stetten im Remstal
Hindenburgstraße 21
Tel (0 71 51) 94 91 10 · Fax 4 63 13
info@weingut-karl-haidle.de
www.weingut-karl-haidle.de
Inhaber und Betriebsleiter Moritz Haidle
Weinbau Werner Kuhnle
Verkauf Bärbel Frank und Susanne Haidle
Mo–Fr 8.00–12.00 Uhr · 13.00–18.00 Uhr
Sa 9.00–15.00 Uhr
Sehenswert Burgruine oberhalb des Guts, Museum unter der Yburg, Terrassenweinbau
Rebfläche 23 Hektar
Jahresproduktion 130.000 Flaschen
Beste Lagen Stettener Pulvermächer und Mönchberg, Schnaiter Burghalde
Boden Schilfsandstein, bunter Mergel, Kieselsandstein, Stubensandstein, Gipskeuper
Rebsorten 40% Riesling, 20% Lemberger, 10% Spätburgunder, 30% übrige Sorten
Mitglied VDP, Deutsches Barrique Forum

Die mutige Dynamik von Moritz Haidle ist beeindruckend. Neben der Umstellung auf ökologische Bewirtschaftung will er sich künftig voll und ganz auf Riesling und Lemberger konzentrieren. Keine schlechte Entscheidung angesichts der großartigen aktuellen Kollektion! Sein Pfeffer-Riesling zeigt knackigen, lebhaften Kabinettstil mit subtiler Fruchtsüße, der Schilfsandstein hat feine, in sich ruhende Mineralität und typisch stahlige Art, der Häder zeigt tolles Zitrusaroma und feinen Nerv. Nicht ganz ins Bild passt da der eher wenig aufregende Ritzling. Das Große Gewächs aus dem Pulvermächer hingegen strahlt wie ein Laserschwert mit kühler Eleganz und kristallinem Schliff. Dass Stetten solche großartigen Rieslinge hervorbringen kann war bekannt, aber was Haidle aus dem Lemberger zaubert, dürfte viele berauschen. Der Bunte Mergel hat präsente Brombeerfrucht und viel Charme, der Häder zeigt zusätzliche Finesse und Vielschichtigkeit. Wunderbar dicht und lebhaft, bei aller Präsenz jedoch ohne jegliche Aggressivität, ist das wahrhaft Große Gewächs Berge. Überwältigend mit ihrer Kombination aus Dichte, Finesse und großartigem Tannin zählt die Gernhalde zu den drei besten Weinen dieser Art in Deutschland.

Verkostete Weine 10
Bewertung 83–92 Punkte

- 83 2016 Riesling trocken | 12% | 6,80 €
- 86 2016 Stettener »Schilfsandstein« Riesling trocken | 12,5% | 9,90 €
- 87 2016 Stettener Häder Riesling trocken | 13% | 16,20 €
- 90 2016 Stettener Pulvermächer Riesling »Großes Gewächs« | 13% | 32,- €
- 85 2016 Stettener »Pfeffer« Riesling Kabinett | 11% | 9,20 €
- 84 2016 Riesling »Ritzling« Kabinett | 10% | 16,20 €
- 86 2016 Bunter Mergel Blaufränkisch trocken | 13% | 9,80 €
- 87 2015 Stettener Häder Lemberger trocken | 13% | 16,40 €
- 90 2015 Stettener Mönchberg Berge Lemberger »Großes Gewächs« | 14,5% | 38,- €
- 92 2015 Stettener Mönchberg Gehrnhalde Lemberger »Großes Gewächs« | 14% | 48,- €

WEINGUT HEID

70734 Fellbach · Cannstatter Straße 13/2
Tel (07 11) 58 41 12 · Fax 58 37 61
info@weingut-heid.de
www.weingut-heid.de

Inhaber und Betriebsleiter Markus Heid
Außenbetrieb Christian Ambach
Verkauf Markus Heid
Mo–Fr 17.00–19.00 Uhr
Sa 9.00–13.00 Uhr und nach Vereinbarung
Historie Familie betreibt seit 1699 Weinbau in Fellbach
Sehenswert moderne Probierstube in der alten Trottenkammer, ausgezeichnet mit dem Hugo-Häring-Preis vom Bund Deutscher Architekten, Gewölbekeller und Schatzkammer
Rebfläche 10 Hektar
Jahresproduktion 65.000 Flaschen
Beste Lagen Fellbacher Lämmler und Stettener Pulvermächer
Boden Lösslehm, Keuper, zum Teil mit Sand
Rebsorten 25% Riesling, 20% Trollinger, je 15% Lemberger und Spätburgunder, je 10% Sauvignon Blanc und weiße Burgundersorten, 5% übrige Sorten
Mitglied VDP, Ecovin

Markus Heid präsentiert wie gewohnt eine sehr hochwertige und zuverlässige Kollektion. Der Silvaner ist präzise und kristallin mit feiner Rasse, der weiße Burgunder-Blend ist bemerkenswert elegant und feingliedrig. Die Riesling-Sauvignon-Cuvée bietet frisches Spiel und feines, nicht zu aufdringliches Aroma, der reinsortige Sauvignon hingegen hat kühle Noblesse mit stahlig-mineralischer Struktur. In sich ruhende Tiefe zeigt der Riesling Pulvermächer Großes Gewächs. Der ungeschwefelte Blaufränkisch hat tolle Fruchtigkeit, ein echtes Schnäppchen ist der in Aroma und Textur ausgesprochen verführerische Pinot Noir. Sehr homogen sind die Top-Rotweine: Das Große Gewächs von Spätburgunder ist fein aufgefächert mit mineralischem Kern, der Lemberger vereint Eleganz mit subtiler Frische, der Syrah hat balancierte Kraft sowie ein Aroma nach schwarzen Oliven und gutes Tannin.

WÜRTTEMBERG

Verkostete Weine 12
Bewertung 82–88 Punkte

- 84 2013 »Melchisedec« Pinot Noir Sekt Brut nature Rosé | 13% | 15,- €
- 85 2016 »Steinmergel« Silvaner trocken | 12% | 10,- €
- 86 2016 »Steinmergel« Riesling & Sauvignon Blanc trocken | 12,5% | 10,- €
- 86 2016 »Steinmergel« Grauburgunder & Weißburgunder trocken | 13% | 10,- €
- 87 2016 »Melchisedec« Sauvignon Blanc trocken | 13% | 18,- €
- 87 2016 Stettener Pulvermächer Riesling »Großes Gewächs« | 13% | 18,- €
- 82 2016 Riesling trocken | 12,5% | 8,- €
- 86 2016 Blaufränkisch trocken | 13% | 8,- €
- 87 2016 »Steinmergel« Pinot Noir trocken | 13,5% | 12,50 €
- 88 2015 »Melchisedec« Syrah trocken | 14% | 25,- €
- 88 2015 Fellbacher Lämmler Lemberger »Großes Gewächs« | 14% | 25,- €
- 88 2015 Fellbacher Lämmler Spätburgunder »Großes Gewächs« | 13,5% | 25,- €

WEINGUT ALEXANDER HEINRICH
74182 Obersulm-Sülzbach · Kümmelstraße 2
Tel (0 71 34) 1 74 69 · Fax 90 10 78
info@weingut-heinrich.com
www.weingut-heinrich.com
Inhaber und Betriebsleiter Alexander Heinrich
Verkauf Jana la Rocca
Mo–Fr 13.00–19.00 Uhr, **Sa** 9.00–15.00 Uhr
und zu den Öffnungszeiten der Weinstube

Alexander Heinrich konnte uns zwei ungemein wuchtige Rotwein-Blends vorstellen. Der Eidechsengarten ist sehr saftig mit rauchiger, dunkler Beerenfrucht. Nicht ganz so dicht, aber mit feiner Struktur, ist die Cuvée Nachtgespenst. Der Riesling Kabinett ist korrekt, wenngleich mit eher wenig Spiel, lebhafter und balancierter ist der Muskateller. Neben dem in diesem Jahr wieder sehr ordentlichen Sauvignon mit ausdrucksvollem Grapefruit-Duft gibt es nun auch noch die merklich komplexere Premium-Variante mit einem tropischen Fruchtkorb im Finish.

Verkostete Weine 9
Bewertung 80–87 Punkte

- 87 2016 Sauvignon Blanc »unberührt« Tafelwein trocken | 12,5% | 19,90 €
- 80 2016 Riesling trocken | 12% | 5,60 €/1,0 Lit.
- 85 2016 Sauvignon Blanc trocken | 12,5% | 9,90 €
- 83 2016 Muskateller feinherb | 11% | 7,90 €
- 82 2016 Riesling Kabinett feinherb | 12% | 7,90 €
- 83 2016 Lemberger trocken | 12,5% | 6,50 €
- 83 2014 Spätburgunder trocken | 13% | 8,90 €
- 87 2014 Cuvée »Großes Nachtgespenst« trocken | 13,5% | 18,90 €
- 87 2015 Cuvée »Eidechsengarten« trocken | 14% | Preis auf Anfrage

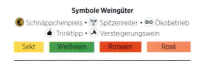

WEINGUT G. A. HEINRICH
74076 Heilbronn · Riedstraße 29
Tel (0 71 31) 17 59 48 · Fax 16 63 06
info@weingut-heinrich.de
www.weingut-heinrich.de
Inhaber und Betriebsleiter Björn und Tobias Heinrich
Außenbetrieb Tobias Heinrich
Verkauf Björn Heinrich
Mo–Fr 9.00–12.00 Uhr · 13.30–18.00 Uhr
Sa 10.00–14.00 Uhr und nach Vereinbarung
Straußwirtschaft Je 10 Tage im Nov. und Feb., täglich von 11:00 bis 24:00 Uhr
Sehenswert Weinlehrpfad direkt am Weingut, historische Baumkelter
Erlebenswert Weinfest auf dem Weingut (Mitte Juli)
Rebfläche 14 Hektar
Jahresproduktion 90.000 Flaschen
Beste Lagen Heilbronner Löwenherz, Hundsberg und Ried
Boden Keuper, Schilfsandsteinverwitterung, Lösslehm, Mergel
Rebsorten je 20% Lemberger und Riesling, je 18% rote Burgundersorten und Trollinger, 10% Weißburgunder, 14% übrige Sorten

Verkostete Weine 12
Bewertung 82–89 Punkte

- **85** 2016 Weißburgunder trocken | 12,5% | 9,– €
- **87** 2016 Heilbronner Stiftsberg Weißburgunder »GA« trocken | 12,5% | 15,– €
- **87** 2015 Heilbronner Stiftsberg Riesling »GA« trocken | 13% | 17,– €
- **88** 2015 Heilbronner Hinterer Hundsberg Weißburgunder trocken | 13,5% | 22,– €
- **88** 2014 Heilbronner Hinterer Hundsberg Weißburgunder »O« trocken | 12,5% | 22,– €
- **88** 2015 Heilbronner Löwenherz Riesling trocken | 13% | 25,– €
- **82** 2015 Trollinger Alte Reben trocken | 12% | 7,– €
- **84** 2013 Heilbronner Stiftsberg Lemberger »GA« trocken | 12,5% | 13,– €
- **86** 2014 Heilbronner Stiftsberg Spätburgunder »GA« trocken | 12,5% | 15,– €
- **88** 2013 Cuvée »Wollendieb« trocken | 13% | 30,– €
- **88** 2013 Heilbronner Löwenherz Spätburgunder »X« trocken | 13% | 34,– €
- **89** 2011 Heilbronner Vorderer Hundsberg Lemberger »XR« trocken | 13,5% | 40,– €

Die Heinrichs unterstreichen eindrücklich ihre Kompetenz in Sachen Weißburgunder: Der Gutswein hat glockenhelle Frucht, der Stiftsberg ist elegant, der Hundsberg zeigt komplexen Schliff und die auf der Maische vergorene Variante »O« hat tolle Würze und viel Charakter. Doch auch die Rieslinge sind sehr gelungen: feinpflanzliches, reifes und nobles Aroma beim Stiftsberg, tolle mineralische Länge im Stile eines Großen Gewächses beim Löwenherz. Überaus beeindruckend sind die großen Rotweine mit langem Fasslager. Der Wollendieb zeigt rauchig-würzige Tiefe, der Spätburgunder hat einen selbstbewussten Auftritt bei tollem, lebhaftem Schliff. Der Lemberger »XR« zeigt nach fünfjährigem Fasslager nun eine reife, in sich ruhende Größe und ein außergewöhnlich hochwertiges Tanninkleid.

WÜRTTEMBERG

★★

WEINGUT HERZOG VON WÜRTTEMBERG
71634 Ludwigsburg · Schloss Monrepos
Tel (0 71 41) 22 10 60 · Fax 22 10 62 60
weingut@hofkammer.de
www.weingut-wuerttemberg.de
Inhaber Carl Herzog von Württemberg
Kaufmännische Leiterin Claudia Krügele
Betriebsleiter und Kellermeister Moriz Just
Verkauf Vinothek
Mo–Fr 10.00–12.00 Uhr · 13.00–18.00 Uhr
Sa 10.00–16.00 Uhr
Gutsschänke des Schlosshotels Monrepos mit einem Michelin-Stern
Historie seit 1677 Privatweingut des Hauses Württemberg
Sehenswert Domäne Monrepos, Parkanlage mit Schloss und See
Rebfläche 38 Hektar
Jahresproduktion 250.000 Flaschen
Beste Lagen Stettener Brotwasser, Maulbronner Eilfingerberg, Untertürkheimer Mönchberg, Hohenhaslacher Kirchberg, Mundelsheimer Käsberg
Boden Schilfsandstein, Muschelkalk, Gipskeuper und bunter Mergel
Rebsorten 42% Riesling, 22% Lemberger, 15% Trollinger, 4% Spätburgunder, 3% Weißburgunder, 14% übrige Sorten
Mitglied VDP

Verkostete Weine 12
Bewertung 82–89 Punkte

83 2016 Riesling Schloss Monrepos trocken | 12% | 7,- €
85 2016 Maulbronner Eilfingerberg Riesling trocken | 12,5% | 9,- €
85 2016 Stettener Brotwasser Riesling trocken | 12% | 11,- €
86 2016 Sauvignon Blanc trocken | 13% | 15,- €
87 2016 Stettener Brotwasser Riesling »Großes Gewächs« | 12,5% | 25,- €
86 2015 Stettener Brotwasser Riesling Auslese | 8,5% | 15,- €/0,375 Lit.
82 2015 Mundelsheimer Käsberg Trollinger trocken | 12,5% | 9,- €
85 2015 Zweigelt trocken | 14% | 15,- €
87 2015 Mundelsheimer Käsberg Spätburgunder »Großes Gewächs« | 14% | 28,- €
87 2015 Untertürkheimer Mönchberg Lemberger »Großes Gewächs« | 14% | 29,- €
88 2012 Cuvée »Dux« trocken | 13,5% | 45,- €
89 2015 Syrah trocken | 13,5% | 45,- €

Aus dem Keller Carl Herzog von Württembergs ist der Basis-Riesling Schloss Monrepos ein hübscher, frischfruchtiger Wein. Schöne Zitrusfrucht und gutes Spiel hat der Riesling Brotwasser, etwas komplexer und eher pikant ist der Eilfingerberg. Der Sauvignon ist betont zitrusfruchtig im Duft mit Pfirsichnoten im Finish. Eher würzig und mit warmem Nachhall fällt dieses Jahr der Zweigelt aus. Bei den Großen Gewächsen zeigt der Riesling Brotwasser dichte, runde Frucht, aber vielleicht nicht ganz den gewohnten lagentypischen Nerv. Der Käsberg Spätburgunder hat hingegen die klassische helle, seidige Frucht des Terroirs. Der Mönchberg Lemberger gefällt mit feinem Cassis-Aroma. Sehr gut ist die Cuvée Dux mit ausgesprochen nobler Komplexität, großartig sogar der Syrah mit markant rauchiger Sortenfrucht und durchaus eleganter Struktur.

☆

CHRISTIAN HIRSCH
74211 Leingarten · Kastanienstraße 1
Tel (0 71 31) 40 16 82 · Fax (07 13) 40 34 93
info@hirschweine.de
www.hirsch.wine
Inhaber Christian Hirsch
Verkauf Christian Hirsch
Mo 9.00–12.00 Uhr
Di–Fr 9.00–12.00 Uhr · 14.00–18.00 Uhr
Sa 9.00–13.00 Uhr

Nachwuchstalent Christian Hirsch erzeugt mit eigenem Kellerbuch einige unverkennbar ambitionierte Weine innerhalb des elterlichen Kellereibetriebs. So hat der Riesling »R!« seidigen Schliff und durchaus nobles Aroma und der Lemberger »L!« gefällt mit duftiger Cassisfrucht und guter Struktur. Der Cabernet hingegen ist eher rauchig-würzig und von schwerer Holzlast geprägt. Auch der bereits etwas gezehrt wirkende Pinot Meunier kann noch nicht ganz überzeugen. Toll hingegen wiederum der Trollinger »GT« mit überraschend nobler Frucht und sehr schönem Tannin. Der Pinot Noir Eiswein hat zarten Kirschduft und vollfruchtiges Aroma am Gaumen.

Verkostete Weine 12
Bewertung 83–88 Punkte

84 2016 Leingartener Riesling »90° Südwest« trocken | 13,5% | 9,90 €
86 2015 Grauburgunder & Chardonnay »GC Großes Geweih« trocken | 13,5% | 24,90 €
87 2015 Riesling »R! Großes Geweih« | 13,5% | 24,90 €
83 2015 Cuvée »Rot und Wild« trocken | 12,5% | 7,90 €
83 2015 Leingartener Lemberger »LL« trocken | 13,5% | 9,90 €
84 2014 Cuvée »CH Hirsch Großes Geweih« trocken | 13% | 12,90 €
86 2014 Cuvée »Wild Großes Geweih« trocken | 13% | 17,90 €
84 2013 Pinot Meunier »'69 Großes Geweih« trocken | 13% | 24,90 €
85 2014 Trollinger »GT Großes Geweih« trocken | 13% | 24,90 €
86 2014 Cabernet Sauvignon »RC Großes Geweih« trocken | 13,5% | 39,90 €
87 2014 Lemberger »L! Großes Geweih« trocken | 14% | 39,90 €
88 2016 Pinot Noir »-10°C« Eiswein | 8,5% | 29,90 €/0,375 Lit.

WEINGUT ERICH HIRTH
74182 Obersulm-Willsbach
Löwensteiner Straße 76
Tel (0 71 34) 36 33 · Fax 86 22
erich.hirth@t-online.de
www.weingut-hirth.de
Inhaber Erich Hirth
Verkauf Gudrun Hirth
Mo-Di, Do-Fr 16.00–18.00 Uhr
Sa 9.00–12.00 Uhr und nach Vereinbarung

Erich Hirth unterstreicht erneut seinen Ruf als Württembergs »Mister Zuverlässigkeit«. Jahrgangsschwankungen scheint man hier nicht zu kennen. Wie immer belebend und kristallklar in bestem Pinot Grigio-Stil ist der Grauburgunder Kabinett. Elegante Frucht und feine Struktur hat der Weißburgunder Spätlese, zitrusfruchtig und frisch ist der Riesling Kabinett. Schmackhaft im traditionellen Stil zeigt sich der Spätburgunder. Ein tolles Preis-Genuss-Verhältnis findet man bei den beiden Top-Rotweinen: der Lemberger Spätlese hat gutes Tannin und ganz feine Würze und die ausgewogene Cuvée Optimus gefällt mit feiner Komplexität.

Verkostete Weine 7
Bewertung 82–87 Punkte

84 2016 Willsbacher Dieblesberg Riesling Kabinett trocken | 13% | 6,55 €
84 2016 Willsbacher Dieblesberg Grauburgunder Kabinett trocken | 13% | 7,35 €
86 2016 Willsbacher Dieblesberg Weißburgunder Spätlese trocken | 13% | 7,65 €
82 2015 Willsbacher Dieblesberg Trollinger & Lemberger trocken | 12,5% | 5,40 €/1,0 Lit.
85 2015 Willsbacher Dieblesberg Spätburgunder Spätlese trocken | 13% | 8,55 €
87 2015 Willsbacher Dieblesberg Cuvée Optimus Spätlese trocken | 13,5% | 12,80 €
87 2015 Willsbacher Dieblesberg Lemberger Spätlese trocken | 13,5% | 13,70 €

Weinbewertung in Punkten

100 Perfekt · 95 bis 99 Überragend · 90 bis 94 Exzellent
85 bis 89 Sehr gut · 80 bis 84 Gut

★ ★ **WÜRTTEMBERG**

WEINGUT HIRTH – REBHOF
74182 Obersulm-Willsbach · Rebhof 1 (BIO)
Tel (0 71 34) 5 36 94 54 · Fax 5 29 82 23
info@weinguthirth.de
www.weinguthirth.de
Betriebsleiter und Kellermeister Frank Kayser

Verkauf Frank Kayser
Fr 10.00–18.00 Uhr, **Sa** 10.00–14.00 Uhr
und nach Vereinbarung

Frank Kayser konnte uns gute 2016er Weißweine mit wohltuend gemäßigtem Alkoholgehalt bei dennoch gutem Fruchtausdruck vorstellen. Der Riesling hat eine schlanke, floral-duftige Art, der Auxerrois schöne Frucht und seidige Textur, die Cuvée Chronos ist ein feingliedriger, lebhafter Blend und der Chardonnay ist aromatisch, aber keinesfalls schwer. Bei den Roten gefällt der St. Laurent mit Leichtigkeit und einladender Frucht, die Cuvée Kairos ist wie immer ungemein charmant und zugänglich, der Pinot Noir zeigt sich transparent aufgefächert und mit ganz subtiler Würze. Der Lemberger hat balancierte Dichte und ein samtiges Kleid, die Cuvée Calma an der Spitze gefällt mit reifer, harmonischer Frucht und ausgewogener Struktur.

Verkostete Weine 11
Bewertung 83–87 Punkte

83 2015 Pinot Rosé Sekt Brut | 13% | 14,- €
84 2015 Auxerrois Sekt extra Brut | 12,5% | 19,- €
84 2016 Cuvée »Chronos« trocken | 11,5% | 10,- €
83 2016 Riesling trocken | 11,5% | 11,- €
85 2016 Auxerrois trocken | 12% | 12,- €
86 2016 Chardonnay trocken | 12% | 16,- €
85 2014 St. Laurent trocken | 11,5% | 11,- €
85 2015 Cuvée »Kairos« trocken | 12% | 12,- €
86 2014 Lemberger trocken | 12,5% | 14,- €
86 2014 Pinot Noir trocken | 12,5% | 14,- €
87 2014 Cuvée »Calma« trocken | 12,5% | 29,- €

SCHLOSSGUT HOHENBEILSTEIN
71717 Beilstein · Schlossstraße 40 (BIO)
Tel (0 70 62) 93 71 10 · Fax 9 37 11 22
info@schlossgut-hohenbeilstein.de
www.schlossgut-hohenbeilstein.de
Inhaber und Betriebsleiter Hartmann Dippon

Verkauf Hartmann Dippon
Mo–Fr 9.00–12.00 Uhr · 13.00–18.00 Uhr
Sa 9.00–13.00 Uhr

Hartmann Dippon, Öko-Pionier des Württemberger VDP, hat uns vier markante Große Gewächse vorgestellt. Reif und würzig ist der kraftvolle Riesling, mit cremigem, dezent nussigem Körper ausgestattet ist der Weißburgunder. Der Spätburgunder trägt immer noch merklich an der Holzlast, deutlich besser integriert ist diese beim charaktervollen Lemberger mit toller, dezent minziger Cassisfrucht. Im mittleren Segment gefällt die Cuvée Vollmöller mit durchaus selbstbewusster Struktur. Die Cuvée Mathilde ist ausgewogen mit guter Frucht. Präsentes Aroma und angenehme Lebhaftigkeit prägen den Lemberger Silberkapsel. Auch der Lemberger Rosé hat heitere Art und hübsches Spiel.

Verkostete Weine 12
Bewertung 83–88 Punkte

84 2016 Cuvée »Mathilde« trocken | 12,5% | 8,- €
83 2016 Weißburgunder trocken Silberkapsel | 13,5% | 8,20 €
87 2015 Hohenbeilsteiner Schlosswengert Riesling »Großes Gewächs« | 14,5% | 19,- €
87 2014 Hohenbeilsteiner Schlosswengert Weißburgunder »Großes Gewächs« | 13,5% | 21,- €
87 2015 Riesling »Winterlese« Auslese | 10% | 18,80 €/0,5 Lit.
83 2016 Lemberger trocken | 12,5% | 7,- €
83 2014 Spätburgunder trocken Silberkapsel | 13,5% | 9,60 €
85 2014 Lemberger trocken Silberkapsel | 13,5% | 9,60 €
84 2014 Cuvée »Robert Vollmöller« trocken | 13,5% | 10,- €
86 2014 Hohenbeilsteiner Schlosswengert Spätburgunder »Großes Gewächs« | 13,5% | 23,- €
88 2014 Hohenbeilsteiner Schlosswengert Lemberger »Großes Gewächs« | 13,5% | 23,- €
83 2016 Muskattrollinger halbtrocken Silberkapsel | 12% | 9,20 €

Symbole Weingüter
★★★★★ Weltklasse ★★★★ Deutsche Spitze
★★★ Sehr Gut ★★ Gut ★ Zuverlässig

★★

WEINGUT FÜRST HOHENLOHE-OEHRINGEN
74613 Verrenberg · Wiesenkelter
Tel (0 79 41) 9 49 10 · Fax 94 91 20
info@verrenberg.de
www.verrenberg.de
Inhaber Hohenlohe-Oehringen Verwaltungs GmbH
Geschäftsführer Kraft Prinz zu Hohenlohe-Oehringen
Betriebsleiter und Kellermeister Joachim Brand
Verkauf Brigitte Kretschmer und Renate Dubke
Mo–Fr 9.00–18.00 Uhr, **Sa** 10.00–14.00 Uhr
Gourmetrestaurant Schlosshotel Friedrichsruhe
Spezialitäten schwäbische Spitzenküche
Gastronomie & Weingarten Wiesenkelter direkt unterhalb des Verrenberger Verrenbergs
Historie Weinbau seit 1360
Rebfläche 28 Hektar
Jahresproduktion 180.000 Flaschen
Spitzenlage Verrenberger Verrenberg, Harsberg und Untersteinbach
Boden Gipskeuper mit Muschelkalk
Rebsorten 40% Riesling, 6% Weißburgunder, 20% Lemberger, 6% Trollinger, 18% Spätburgunder, 10% übrige Sorten
Mitglied VDP, Hades, Deutsches Barrique Forum

Verkostete Weine 15
Bewertung 82–89 Punkte

82 2016 Riesling trocken | 11% | 6,90 €
84 2016 Verrenberger Riesling trocken | 12% | 12,50 €
85 2016 Verrenberger Sauvignon Blanc trocken | 12% | 12,90 €
86 2016 Verrenberger Weißburgunder trocken | 13% | 14,50 €
88 2016 Chardonnay trocken Hades | 13% | 26,- €
87 2016 Verrenberger Verrenberg Riesling »Großes Gewächs« | 12,5% | 26,- €
85 2016 Harsberger Traminer | 12% | 9,40 €
86 2016 Verrenberger Muskateller | 10,5% | 10,40 €
86 2015 Verrenberger Spätburgunder trocken | 13,5% | 13,60 €
86 2015 Verrenberger Lemberger trocken | 12,5% | 13,60 €
87 2015 Verrenberger Verrenberg Spätburgunder »Großes Gewächs« | 14% | 33,- €
88 2015 Verrenberger Verrenberg Lemberger »Großes Gewächs« | 14% | 33,- €
87 2015 Cuvée »Ex flammis oriori« trocken | 13,5% | 38,- €
89 2015 Cuvée »In senio« trocken | 14% | 40,- €
87 2015 Merlot trocken Hades | 13,5% | auf Anfrage

Hohenlohe überraschte uns dieses Jahr mit einem strahlenden Chardonnay mit gutem Holz und einem tollen Muskateller mit reicher, feinwürziger Frucht. Gewohnt gut daneben die großen Rotweine, allen voran die Cuvée In Senio mit rauchig unterlegtem, tiefem Aroma und aufrechter Struktur. Bei den Großen Gewächsen zeigt der Spätburgunder reife Frucht und warmes Finish, der Riesling ist ein würziger Wein mit fester Persönlichkeit und der Lemberger überzeugt mit auffallend feiner Struktur. Gut gelungen auch die Ortsweine. Der Weißburgunder hat lebendige, helle Frucht und feine Dichte, der Lemberger ist seidig mit süßem Brombeerduft, der Spätburgunder ist im traditionellen Stil mit Anklängen von Beerenkompott gehalten. Der Traminer hat gute Frische, der Sauvignon duftet nach knackigen tropischen Früchten.

☆ # WÜRTTEMBERG

WEINGUT IDLER
71384 Strümpfelbach · Hauptstraße 74
Tel (0 71 51) 60 06 31
info@weingut-idler.de
www.weingut-idler.de
Inhaber und Betriebsleiter Marcel Idler

Verkauf Marcel Idler
Sa 10.00–13.00 Uhr; **Mi** 17.00–19.00 Uhr
und nach Vereinbarung

Marcel Idlers Cuvée »π-not« aus Grauburgunder und Chardonnay ist wie gewohnt klug abgestimmt und mit feinem Holz ausgebaut eine besondere Empfehlung wert. Der Weißburgunder ist schlank und lebhaft, der Mergel-Riesling hat durchaus Charakter, der Riesling von alten Reben ist reif, dicht und hat herzhafte Tiefe. Ein sympathischer Partywein ist die Weißwein-Cuvée Keupergrund: fruchtig, aber nicht zu intensiv. Bei den Reserve-Rotweinen punktet der Lemberger mit angenehmer Frucht und guter Struktur, die Cuvée Keupergrund ist ein feiner, ausgewogener Blend.

Verkostete Weine 12
Bewertung 82–86 Punkte

84 2015 Pinot Sekt Brut | 11,5% | 12,50 €
82 2016 Riesling trocken | 11,5% | 6,90 €
83 2016 Cuvée »Keupergrund« trocken | 11,5% | 7,20 €
84 2016 »Gipskeuper« Weißburgunder trocken | 12% | 8,60 €
84 2016 »Bunter Mergel« Riesling trocken | 12% | 8,90 €
86 2016 Cuvée »π-not« trocken | 13% | 14,50 €
86 2015 Riesling Alte Reben | 13% | 14,50 €
82 2016 Rosé trocken | 11,5% | 6,90 €
82 2015 Trollinger trocken Alte Reben | 12,5% | 7,90 €
83 2015 Lemberger trocken | 13% | 10,50 €
86 2015 Cuvée »Keupergrund« Reserve trocken | 14% | 19,50 €
86 2015 Lemberger Reserve trocken | 14% | 22,– €

WEINGUT KISTENMACHER-HENGERER
74074 Heilbronn · Eugen-Nägele-Straße 23–25
Tel (0 71 31) 17 23 54 · Fax 17 23 50
info@kistenmacher-hengerer.de
www.kistenmacher-hengerer.de
Inhaber Hans Hengerer

Verkauf Sabine Hengerer
Mo–Fr 16.00–18.30 Uhr
Sa 9.00–11.00 Uhr · 13.00–16.00 Uhr
und nach Vereinbarung

Historie Weinbau in der Familie seit 1418
Rebfläche 12 Hektar
Jahresproduktion 75.000 Flaschen
Beste Lagen Heilbronner Wartberg und Stiftsberg
Boden Keuper und Sandsteinverwitterung
Rebsorten 30% Trollinger, 20% Riesling, je 8% Kerner und Lemberger, je 5% Merlot, Muskattrollinger, Samtrot, Schwarzriesling und Spätburgunder, 9% übrige Sorten
Mitglied Junges Schwaben, VDP

Hans Hengerer hat das schwierige Weißweinjahr 2016 gut gemeistert. Der Gutsriesling hat durchaus Niveau, Theresa ist feinsaftig, ohne aber schwer zu sein, der Riesling Spätlese hat gute Balance und Schliff, die Auslese zeigt seidig-cremige Dichte. Wie so oft hier ist auch der Muskateller mit brillantem, belebenden Spiel und zitrusfruchtigem Finish sehr empfehlenswert. Der Riesling Großes Gewächs aus 2015 hat stoffige, würzige Fülle. Bei den Rotweinen gefällt der Spätburgunder »S« im traditionellen Stil mit transparenter Frucht, die Abfüllung Junges Schwaben trägt ein seidiges Kleid und hat schönes Spiel, etwas komplexer noch ist das Große Gewächs. Der Cabernet Franc hat typisch pflanzliche Sortenfrucht aber eher mittleren Körper. Erfolgreich auch die Lemberger: Der Stiftsberg hat selbstbewusste Statur mit merklich Holzrückgrat, das Große Gewächs zusätzliche Länge und einen Touch mehr Finesse.

Verkostete Weine 15
Bewertung 83–88 Punkte

- 84 2013 Heilbronner Stiftsberg Spätburgunder Sekt Brut Blanc de Noirs | 13% | 15,90 €
- 84 2016 Riesling »G« trocken | 12,5% | 7,50 €
- 86 2016 Heilbronner Wartberg Gelber Muskateller trocken | 12,5% | 10,90 €
- 86 2016 »Theresa« Riesling trocken | 12,5% | 10,90 €
- 86 2016 Heilbronner Stiftsberg Cuvée von Weiß & Grau trocken | 13,5% | 10,90 €
- 87 2015 Heilbronner Wartberg Riesling Sonnenstrahl »Großes Gewächs« | 14% | 24,– €
- 86 2016 Heilbronner Riesling Spätlese | 10% | 11,90 €
- 88 2015 Heilbronner Stiftsberg Riesling »V« Auslese | 11,5% | 15,90 €
- 83 2015 Trollinger »Vl« trocken Alte Reben | 13% | 7,90 €
- 85 2014 Cabernet Franc »Frederic« trocken | 13% | 14,50 €
- 86 2015 Fleiner Eselsberg Spätburgunder »S« trocken | 13% | 18,– €
- 87 2014 Heilbronner Stiftsberg Lemberger trocken | 13% | 18,– €
- 87 2014 Heilbronner Stiftsberg Spätburgunder »Junges Schwaben« trocken | 13% | 24,– €
- 87 2014 Heilbronner Stiftsberg Spätburgunder Klinge »Großes Gewächs« | 13% | 33,– €
- 88 2014 Heilbronner Wartberg Lemberger Sonnenstrahl »Großes Gewächs« | 12,5% | 33,– €

WEINGUT KLOPFER

71384 Weinstadt-Großheppach
Gundelsbacher Straße 1 BIO
Tel (0 71 51) 60 38 48 · Fax 60 09 56
info@weingut-klopfer.de
www.weingut-klopfer.de
Inhaber Wolfgang und Dagmar Klopfer
Betriebsleiter Wolfgang und Christoph Klopfer
Verkauf Dagmar Klopfer
Di–Fr 16.00–19.00 Uhr
Sa 9.00–16.00 Uhr und nach Vereinbarung
Rebfläche 15 Hektar
Jahresproduktion 90.000 Flaschen
Beste Lagen Großheppacher Wanne und Steingrüble, Cannstatter Zuckerle
Boden Gipskeuper, Muschelkalk, bunter Mergel, Sandstein
Rebsorten 25% Riesling, 15% Trollinger, 10% Lemberger, je 8% Sauvignon Blanc, Schwarzriesling, Spätburgunder und Weißburgunder, je 6% Merlot, Zweigelt und übrige Sorten
Mitglied Ecovin, Württemberger Weingüter

Wir haben große Freude an Klopfers feinfühligem und wohltuend unaufgeregtem Weinstil. So gefällt der Weißburgunder Steingrüble mit glockenheller Frucht und subtilem Holz und der Riesling Zuckerle mit klassisch kühler Kalkaromatik. Der Sauvignon ist floral-duftig und der Muskateller hat feinwürzig geprägte Frucht. Bei den Rotweinen zeigt der Frühburgunder transparente, zarte Duftigkeit, der Zweigelt hat subtile, verführerische Kirschfrucht und die Cuvée K ist feinfühlig komponiert mit angenehmer Frische. Im Spitzenbereich überzeugten uns der Spätburgunder Steingrüble durch seinen filigranen Aufbau und der Greiner Lemberger mit Finesse und samtigem Tannin. Bemerkenswert auch der Mauerpfeffer, ein Projektwein aus neuen, widerstandsfähigen Sorten, der durchaus bereits Tiefe und Feinheit zeigt und für den Christoph Klopfer zurecht den Jungwinzerpreis des Weinbauverbands erhalten hat.

WÜRTTEMBERG

Verkostete Weine 12
Bewertung 83–88 Punkte

- 83 2016 Weißburgunder trocken | 12,5% | 7,10 €
- 85 2016 Goldmuskateller trocken | 11,5% | 10,20 €
- 86 2016 Sauvignon Blanc trocken | 12,5% | 10,20 €
- 87 2015 Cannstatter Zuckerle Riesling trocken | 12,5% | 10,20 €
- 87 2015 Großheppacher Steingrüble Weißburgunder trocken | 13% | 13,- €
- 88 2015 Großheppacher Steingrüble Riesling Trockenbeerenauslese | 8,5% | auf Anfrage
- 86 2015 Zweigelt trocken | 12,5% | 9,80 €
- 86 2015 Frühburgunder trocken | 12,5% | 12,80 €
- 86 2015 Cuvée »K« trocken | 12,5% | 12,80 €
- 87 2015 Cannstatter Zuckerle Mauerpfeffer trocken | 12,5% | 19,- €
- 87 2014 Kleinheppacher Greiner Lemberger trocken | 12,5% | 26,- €
- 88 2015 Großheppacher Steingrüble Spätburgunder trocken | 13% | 26,- €

WEINGUT KNAUSS
71384 Weinstadt · Nolten 2
Tel (0 71 51) 60 63 45 · Fax 96 01 45
info@weingut-knauss.com
www.weingut-knauss.com
Inhaber Familie Knauß
Außenbetrieb Horst Knauß
Kellermeister Andreas Knauß

Verkauf Familie Knauß
Fr 16.00–19.00 Uhr
Sa 10.00–13.00 Uhr und nach Vereinbarung

Andreas Knauß hat eine überaus erfolgreiche Kollektion im Keller! Der Altenberg Riesling bietet fruchtige Fülle und geschliffene Kraft, der Sauvignon ist reich und ausgewogen. Die Grau Weißen Reben sind stoffig, aber nicht breit, der Grauburgunder zeigt pikantes Aroma und feine Dichte. Mit seidigem Kleid und feiner Frische im Kern gefällt der Chardonnay. Ausgesprochen elegant ist der Strümpfelbacher Lemberger, samtig, rund und mit tollem Schliff der Löwensteiner, etwas lebhafter ist der Schnaiter. Die Cuvée Rot ist ein beerenfruchtiger Allrounder. An der Spitze stehen der Spätburgunder mit feiner Kirschfrucht und seidiger Textur sowie die Cuvée Altenberg mit Vielschichtigkeit und ausgesprochen samtigem Tannin.

Verkostete Weine 12
Bewertung 84–87 Punkte

- 85 2016 Schnaiter Riesling trocken | 12% | 9,90 €
- 86 2016 Grau Weiße Reben trocken | 12,5% | 11,90 €
- 87 2016 Sauvignon Blanc trocken | 12% | 14,50 €
- 87 2016 Schnaiter Altenberg Riesling trocken | 11,5% | 19,80 €
- 87 2016 Strümpfelbacher Nonnenberg Grauburgunder trocken | 13% | 23,- €
- 87 2015 Beutelsbacher Sonnenberg Chardonnay trocken | 13,5% | 25,- €
- 84 2016 Cuveé Rot trocken | 13% | 10,90 €
- 86 2015 Strümpfelbacher Lemberger trocken | 12,5% | 11,90 €
- 87 2015 Strümpfelbacher Nonnenberg Spätburgunder trocken | 12,5% | 25,- €
- 87 2015 Schnaiter Altenberg Lemberger trocken | 13% | 25,- €
- 87 2015 Löwensteiner Wohlfahrtsberg Lemberger trocken | 13% | 25,- €
- 87 2015 Cuvée »Altenberg« trocken | 13,5% | 28,- €

WEINGUT KUSTERER

73728 Esslingen · Untere Beutau 44
Tel (07 11) 35 79 09 · Fax 3 50 81 05
weinwelt.hmkusterer@weingut-kusterer.de
www.weingut-kusterer.de
Inhaber Hans und Monika Kusterer
Betriebsleiter Hans Kusterer
Kellermeister Maximilian Kusterer
Verkauf Stammhaus
Di 16.00–19.00 Uhr, **Sa** 9.00–13.00 Uhr
und nach Vereinbarung
Vinothek Gayernweg 55, Esslingen
Fr 16.00–19.00 Uhr, **Sa** 10.00–14.00 Uhr
(April–Okt.)
Sehenswert mittelalterliche Kelter
Erlebenswert Führungen durch die Terrassenweinberge aus der Stauferzeit und die Esslinger Altstadt, Panorama-Vinothek, Gravitationskelter in den Weinbergen
Rebfläche 5,8 Hektar
Jahresproduktion 40.000 Flaschen
Beste Lagen Esslinger Schenkenberg und Neckarhalde (Alleinbesitz)
Boden bunter sowie Knollenmergel
Rebsorten je 15% Lemberger und Spätburgunder, 12% Riesling, je 10% Merlot, Muskattrollinger, Trollinger und Zweigelt, 8% Grauburgunder, 6% Chardonnay, 4% übrige Sorten

Verkostete Weine 11
Bewertung 84–88 Punkte

- 85 2016 »Bunter Mergel« Riesling trocken | 13% | 9,80 €
- 86 2016 »Maximilians Cuvée« trocken | 12,5% | 13,50 €
- 86 2016 Grauburgunder trocken | 13% | 13,50 €
- 86 2016 Neckarhalde Chardonnay trocken | 13% | 15,– €
- 84 2016 Merlot trocken | 12,5% | 9,50 €
- 84 2013 Blaufränkisch trocken | 13,5% | 9,80 €
- 86 2012 Herzogen Blauer Zweigelt trocken | 13,5% | 15,– €
- 87 2013 Neckarhalde Spätburgunder trocken | 13,5% | 16,– €
- 87 2013 Felsen Blaufränkisch trocken | 13,5% | 17,– €
- 88 2013 Cuvée »Mélac« trocken | 13,5% | 25,– €
- 87 2013 Rosenholz Spätburgunder trocken | 13,5% | 30,– €

Kusterers aktuelle Weißweine sind wie gewohnt gut mit dem klassisch-kraftvollen Grauburgunder und dem lebhafteren Chardonnay an der Spitze. Der Mergel-Riesling hat feine Dichte und Schliff. Neu ist Maximilians Cuvée mit merklichem Anspruch und spürbaren Barrique-Anteilen. Durchaus charaktervoll ist der Merlot Rosé. Verlässlich gut sind jedoch auch die Rotweine. Der Blaufränkisch fällt eher herzhaft aus, der Zweigelt ist hingegen ungemein saftig (vielleicht fast schon zu viel des Guten?), der Felsen-Blaufränkisch trägt ein seidiges Kleid und hat ein attraktives Finish mit schöner Frucht. Ein einladendes, transparentes Bukett und Aroma zeichnet den Spätburgunder Neckarhalde aus. Der Rosenholz-Spätburgunder ist ungemein duftig mit femininem Schmelz und verführerischem Charme. Souverän wie immer die Cuvée Mélac an der Spitze mit komplexer, aber nicht überladener Beerenfrucht.

WÜRTTEMBERG

★★

WEINGUT GERHARD LEISS
74189 Gellmersbach · Lennacher Straße 7
Tel (0 71 34) 1 43 89 · Fax 2 06 21
info@weingut-leiss.de
www.weingut-leiss.de
Inhaber Wolf-Peter Leiss
Betriebsleiter Wolf-Peter und Gerhard Leiss
Kellermeister Matthias Hechler

Verkauf Christa Leiss
Mo-Fr 17.30–19.00 Uhr, **Sa** 9.00–16.00 Uhr

Gutsausschank mit hausgemachten regionalen Spezialitäten
Leissium Architekturpreis Wein 2013
Rebfläche 17 Hektar
Jahresproduktion 130.000 Flaschen
Beste Lagen Gellmersbacher Dezberg, Erlenbacher Kayberg
Boden Gipskeuper und Schilfsandstein-Verwitterung
Rebsorten 26% Riesling, 18% Lemberger, 17% Trollinger, 15% Spätburgunder, 5% Grauburgunder, 4% Sauvignon Blanc, 15% übrige Sorten

Verkostete Weine 12
Bewertung 83–88 Punkte

83 2016 »Vorspiel« Riesling trocken | 11,5% | 6,- €
84 2016 Gellmersbacher Dezberg Muskateller trocken | 12% | 8,50 €
86 2016 Gellmersbacher Dezberg Grauburgunder trocken | 13% | 8,50 €
86 2016 »Ursprung« Riesling trocken | 12% | 10,- €
86 2016 Gellmersbacher Dezberg Sauvignon Blanc trocken | 12,5% | 10,- €
87 2016 »Tonmergel« Grauburgunder trocken | 13% | 15,- €
87 2016 »Gipskeuper« Sauvignon Blanc trocken | 13% | 17,- €
86 2015 Riesling Auslese | 12% | 10,- €
85 2015 »Herz« Lemberger trocken | 14% | 9,50 €
87 2014 Erlenbacher Kayberg Lemberger trocken | 14% | 17,- €
88 2014 Cuvée »Nobilis« trocken | 14% | 19,50 €
88 2014 Cuvée »Kyrie Leiß« trocken | 14% | 23,- €

Erneut eine sehr gute Kollektion von Leiss mit zwei beeindruckenden Rotweinen an der Spitze: die Cuvée Nobilis hat feste, aber keinesfalls aufdringliche Persönlichkeit, die Cuvée Kyrie Leiss geht eher in Richtung Finesse und Komplexität. Doch auch der Lemberger Kayberg kann mit Eleganz und feiner Würze überzeugen und der Herz-Lemberger gefällt mit charmanter Brombeerfrucht. Bei den Weißweinen zeigt der Riesling Ursprung feine und dezent tropisch unterlegte Frucht. Der Gellmersbacher Grauburgunder ist ausdrucksvoll, dennoch aber auch mit Frische, die Tonmergel-Variante hat zusätzlich toll integriertes Holz. Interessant auch der Vergleich beim Sauvignon: Trotz knackiger Frische ist der Gellmersbacher ausgewogen, eine zusätzliche Dimension durch guten Holzeinsatz zeigt der Gipskeuper.

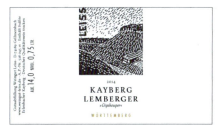

★★⯪

WEINGUT MAIER

71409 Schwaikheim · Zehnmorgenweg 2
Tel (0 71 95) 55 65 · Fax 13 95 08
info@maier-weingut.de
www.maier-weingut.de
Inhaber Rose, Lothar und Michael Maier
Kellermeister Michael Maier
Verkauf Michael Maier
Di–Fr 17.00–19.00 Uhr, **Sa** 9.00–14.00 Uhr

Michael Maier ist die große Überraschung der diesjährigen Verkostung in Württemberg! Angeführt wird die Kollektion von zwei großartigen Spätburgundern: dem Hörnle mit köstlicher, süßer Kirschfrucht und dem Haselstein mit toller Komplexität und selbstbewusstem Aufbau. Auch der Hanweiler Lemberger ist an sich sehr fein, trägt aber etwas am Holz. Der Zweigelt hat leckere Sauerkirschfrucht und gute Dichte. Achten sollte man aber auch auf den Basis-Lemberger, der als toller Tischwein ein Schnäppchen ist. Ebenso der Trollinger mit ausdrucksvoller Frucht - attraktiv zu diesem Preis! Durchweg gut auch die Weißen: Der Haselstein Grauburgunder hat reiches Aroma und schöne Länge, der Hörnle Sauvignon schöne Fruchtdichte und feinwürziges Holz, der Söhrenberg Riesling zeigt mineralisches Rückgrat. Eine Konzentration fast schon im Großen-Gewächs-Stil bietet der Silvaner.

Verkostete Weine 12
Bewertung 84–89 Punkte

85 2016 Riesling trocken Alte Reben | 12% | 8,90 €
86 2016 Sauvignon Blanc trocken | 12,5% | 9,40 €
87 2015 Neustadter Söhrenberg Riesling trocken | 13,5% | 12,80 €
87 2015 Breuningsweiler Haselstein Grauburgunder trocken | 13,5% | 14,50 €
87 2015 Steinreinacher Hörnle Sauvignon Blanc trocken | 13,5% | 15,20 €
87 2015 Hanweiler Maien Silvaner trocken | 14% | 15,20 €
84 2015 Trollinger trocken Alte Reben | 12,5% | 5,80 €
85 2016 Lemberger trocken | 13% | 6,10 €
85 2015 Zweigelt trocken | 13,5% | 8,90 €
88 2015 Steinreinacher Hörnle Spätburgunder trocken | 13,5% | 18,50 €
87 2015 Hanweiler Berg Lemberger trocken | 14,5% | 18,80 €
89 2014 Breuningsweiler Haselstein Spätburgunder trocken Reserve | 13,5% | 29,50 €

★

WEINGUT MEDINGER

71394 Kernen-Stetten · Brühlstraße 6
Tel (0 71 51) 4 45 13 · Fax 4 17 37
weingut.medinger@t-online.de
www.weingut-medinger.de
Inhaber und Betriebsleiter Barbara Medinger-Schmid, Christian und Markus Schmid
Kellermeisterin Barbara Medinger-Schmid
Verkauf Markus Schmid
Mo–Fr 18.00–19.30 Uhr, **Sa** 15.30–18.00 Uhr

Auch dieses Jahr kam wieder eine sehr solide und verlässliche Kollektion von Barbara Medinger-Schmid. Der Riesling »M« Pulvermächer zeigt klassisch stahligen Lagencharakter, die Spätlese-Version »S« ist balanciert mit knackig-frischer Zitrusfrucht. Zusätzliches Volumen und dezente Restsüße hat der Riesling Terra. Wie gewohnt solide auch die Rotwein-Auslesen im traditionellen Stil, wobei beim Syrah die ungewöhnlich leichte Sortenart auffällt, die aber dennoch gewissen Charme hat. Bei den Barrique-Weinen zeigt der Lemberger seidigen Schliff, der Cabernet Cubin hat reife Johannisbeerfrucht und etwas trockene Tannine, die bewährt gute Cuvée »M« hat zusätzliche Komplexität.

Verkostete Weine 12
Bewertung 82–87 Punkte

83 2016 Chardonnay trocken | 12,5% | 7,80 €
85 2016 Stettener Pulvermächer Riesling »M« trocken | 12,5% | 9,90 €
82 2016 Kerner Kabinett trocken | 11,5% | 6,50 €
86 2016 »Terra« Riesling feinherb | 12,5% | 12,50 €
85 2016 Stettener Pulvermächer Riesling »S« Spätlese feinherb | 11,5% | 8,50 €
86 2015 Syrah trocken | 13,5% | 12,90 €
87 2015 Lemberger trocken Barrique | 13,5% | 21,– €
87 2015 Cabernet Cubin trocken Barrique | 14,5% | 21,– €
87 2015 Cuvée »M« trocken | 14% | 21,– €
85 2015 Spätburgunder Auslese trocken | 13,5% | 9,90 €
86 2015 Lemberger Auslese trocken | 13% | 9,90 €
86 2015 Cabenet Cubin Auslese trocken | 14,5% | 9,90 €

WÜRTTEMBERG

★★★★

WEINGUT GRAF NEIPPERG

74193 Schwaigern · Schlossstraße 12
Tel (0 71 38) 94 14 00 · Fax 40 07
info@graf-neipperg.de
www.graf-neipperg.de

Inhaber Karl Eugen Erbgraf zu Neipperg
Außenbetrieb Björn Schilling
Kellermeister Bernd Supp

Verkauf Herr Koch
Mo–Fr 8.00–12.00 Uhr · 13.00–16.00 Uhr
und nach Vereinbarung

Restaurant Zum Alten Rentamt
Historie Weinbau urkundlich seit 1248
Sehenswert Staufer Burganlage in Neipperg, Schloss in Schwaigern
Rebfläche 32 Hektar
Jahresproduktion 180.000 Flaschen
Beste Lagen Schwaigerner Ruthe, Neipperger Schlossberg, Klingenberger Schlossberg
Boden Keuper, Schilfsandstein, Muschelkalk
Rebsorten 30% Lemberger, 20% Riesling, je 8% Muskateller und Rivaner, je 7% Spätburgunder und Trollinger, 20% übrige Sorten
Mitglied VDP, Deutsches Barrique Forum

»Souverän«, »nobel«, »selbstbewusst« - die Prädikate mögen wie überkommene Klischees des Hochadels klingen, doch bei Neipperg findet man sie deutlich schmeckbar in den aktuellen Abfüllungen. Die Schwaigerner Familie glänzt dabei sowohl mit württembergischen Klassikern, versteht aber gleichzeitig auch mit internationalen Sorten zu begeistern.

Bundesweit einmalige Lemberger-Kompetenz

Auch im Jahrgang 2015 unterstreicht das Gut seine bundesweit wohl einmalige Lemberger-Kompetenz. Diese beginnt schon mit dem durchaus charaktervollen Gutswein als angenehmem täglichen Tischwein, sowie dem Schwaigerner als einem verlässlichen Klassiker. An der Spitze stehen die wunderbar aufgefächerte und vielschichtige Ruthe, die dieses Mal jedoch deutlich überragt wird vom grandiosen Schlossberg, der sich in geradezu aristokratischem Kleid und mit köstlicher Länge präsentiert - so elegant kann Lemberger sein! Den heimlichen Star der Kollektion findet man jedoch nicht bei diesen Großen Gewächsen, obwohl er selbst dort eine glänzende Figur machen dürfte: Der Mönchberg Lemberger ist auch ohne das »GG« auf der Flasche wiederum so ungemein elegant, so seidig und so subtil, kurz einer der großen Geheimtipps Württembergs.

Doch Neipperg ist nicht nur Lemberger, auch die Spätburgunder können überzeugen. Der Neipperger fällt dieses Jahr zwar etwas herzhaft aus, dafür ist der Schwaigerner deutlich feiner und fruchtiger.

Graf Neipperg

Das Große Gewächs aus dem Schlossberg schließlich zeigt die bemerkenswert mineralisch-würzig durchwobene Frucht eines echten Grand Cru. Bei den Rieslingen ist der Klingenberger mit reifer Zitrusfrucht ein Schnäppchen, die Ruthe hat tolle, brillante Fruchtfülle und ein auffallend rundes Finish.

Großartiger Syrah

Neben den Klassikern glänzt Neipperg aber auch wieder mit internationalen Sorten der exklusiven S.E.-Serie. Der Cabernet Sauvignon hat mineralisches, dichtes Aroma, subtile Pfeffrigkeit, saftige Frucht, tolles Tannin und maskuline Länge. Der Merlot muss da dieses Jahr merklich zurückstehen mit seiner Wucht, aber auch dem alkoholischen Feuer bereits im Duft und der superreifen Frucht am Gaumen. Großartig hingegen wiederum der Syrah mit toller Veilchen-Note, subtil rauchig unterlegter Frucht, superbem Schmelz und samtiger Tiefe.

Die Familie Erbgraf zu Neipperg ist untrennbar mit der Weingeschichte Württembergs verbunden. Bereits im 18. Jahrhundert genossen die Weine internationales Ansehen und wurden an den Wiener Hof geliefert. Das Schlossgut wird seit vielen Jahren von Karl Eugen Erbgraf zu Neipperg geleitet. Ihm zur Seite steht seine Frau Andrea, die als Tochter von Otto von Habsburg auch heute noch die enge Verbindung der Familie zum einstigen österreichischen Kaiseradel darstellt.

Verkostete Weine 15
Bewertung 84–92 Punkte

- 85 2016 Muskateller trocken | 12,5% | 8,90 €
- 86 2016 Neipperger Weißburgunder trocken | 13% | 9,20 €
- 87 2016 Klingenberger Schlossberg Riesling trocken | 12,5% | 9,90 €
- 89 2016 Schwaigerner Ruthe Riesling »Großes Gewächs« | 13% | 19,50 €
- 84 2014 Lemberger trocken | 12% | 9,90 €
- 85 2015 Neipperger Spätburgunder trocken | 13% | 14,– €
- 87 2015 Schwaigerner Lemberger trocken | 13% | 14,– €
- 87 2015 Schwaigerner Spätburgunder trocken | 13,5% | 14,– €
- 90 2015 Dürrenzimmerner Mönchsberg Lemberger trocken | 13,5% | 20,– € | 🍇
- 90 2015 Neipperger Schlossberg Spätburgunder »Großes Gewächs« | 13,5% | 30,– €
- 90 2015 Schwaigerner Ruthe Lemberger »Großes Gewächs« | 13,5% | 30,– €
- 92 2015 Neipperger Schlossberg Lemberger »Großes Gewächs« | 14% | 30,– €
- 88 2015 »S.E.« Merlot trocken | 15% | 47,– €
- 90 2015 »S.E.« Cabernet Sauvignon trocken | 14,5% | 47,– €
- 91 2015 »S.E.« Syrah trocken | 14% | 47,– €

WEINGUT SANKT ANNAGARTEN

71717 Beilstein · Sankt-Anna-Gärten 1
Tel (0 70 62) 31 66 · Fax 2 28 51
info@sankt-annagarten.de
www.sankt-annagarten.de
Inhaber Hans und Marcel Wiedenmann
Kellermeister Marcel Wiedenmann
Verkauf Familie Wiedenmann
Mo–Fr 9.00–12.00 Uhr · 13.30–19.00 Uhr
Sa 9.00–15.00 Uhr

In der aktuellen Weißweinkollektion dieses Beilsteiner Guts ist der Vergleich der beiden Grauburgunder interessant: Eher fruchtbetont und etwas schlanker der Schilfsandstein, eher tiefer und etwas dichter der Gipskeuper. Der Sauvignon zeigt sich ausgesprochen pflanzlich, aber dennoch nicht hart. Bei den Rieslingen ist der Gipskeuper einladend, der Kieselsandstein hat reife, ausdrucksvolle Frucht und der Generation zeigt sich mit üppiger Frucht im Großen-Gewächs-Stil. Bei den Rotweinen steht der Lemberger Generation mit selbstbewusster Struktur und subtil floraler Kopfnote an der Spitze. Reifes und leicht rauchiges Aroma hingegen bietet die Cuvée Selbtritt. Der Lemberger vom Roten Keuper ist duftig und feingliedrig, der Generation Trollinger hat feine Struktur. Eher im Beerenauslese-Stil präsentiert sich der dichte und feinwürzige Semillon Eiswein.

Verkostete Weine 12
Bewertung 83–88 Punkte

- 84 2015 PiNo 4 Generation Brut nature | 12,5% | 13,50 €
- 83 2016 Riesling Gipskeuper trocken | 12% | 6,90 €
- 85 2016 Grauburgunder Schilfsandstein trocken | 13% | 8,30 €
- 85 2016 Grauburgunder Gipskeuper trocken | 13,5% | 8,30 €
- 86 2016 Riesling Kieselsandstein trocken | 12,5% | 9,50 €
- 86 2016 Sauvignon Blanc Generation trocken | 12% | 12,80 €
- 87 2016 Riesling Generation trocken | 12,5% | 13,80 €
- 88 2016 Semillon Blanc Eiswein | 12% | 19,– €/0,5 Lit.
- 84 2015 Lemberger Roter Keuper trocken | 12,5% | 10,– €
- 84 2015 Trollinger Generation trocken | 13,5% | 10,– €
- 86 2013 Cuvée »Selbtritt« trocken | 13,5% | 19,50 €
- 87 2015 Lemberger Generation trocken | 13,5% | 25,– €

★ | ★★★★ | # WÜRTTEMBERG

ÖKOLOGISCHES WEINGUT SCHÄFER-HEINRICH
74074 Heilbronn · Letten 3
Tel (0 71 31) 16 24 54 · Fax 16 56 59
weingut@schaefer-heinrich.de
www.schaefer-heinrich.de
Inhaber Elke und Andreas Hieber
Kellermeister Lars und Andreas Hieber
Verkauf Elke Hieber
Mo–Do 17.00–19.30 Uhr, **Fr** 13.00–19.30 Uhr
Sa 9.00–18.00 Uhr und nach Vereinbarung

Wie gewohnt findet man hier sehr solide Weinmacherkunst. Bei den Rieslingen hat die N-Abfüllung angenehm abgerundete Kanten, die trockene Spätlese ist etwas präziser und hat mehr Spiel. Etwas ländlich im Aroma und mit knackiger Säure versehen ist die Auslese. Hübsche Frucht zeigt der harmonische Mergel-Weißwein, eher zurückhaltend ist der Sauvignon. Der Lemberger mit zwei Sternen ist unkompliziert und duftig, der Pinot Noir hat ein einladendes Himbeeraroma. Selbstbewusst präsentieren sich die Barrique-Rotweine, wobei die Struktur vielleicht etwas über das Ziel hinausgeht. Der Merlot hat typische Zwetschgenfrucht mit festem Tannin, der Cabernet Cubin ist ausgesprochen wuchtig mit immer noch kräftiger Holzlast, und die Cuvée CM an der Spitze zeigt schönes Waldbeeraroma und markante Struktur.

Verkostete Weine 12
Bewertung 82–87 Punkte

83 2016 Cuvée »Bunter Mergel« trocken ** | 12,5% | 8,10 €
84 2016 Heilbronner Stiftsberg Riesling »N« trocken ** | 12,5% | 9,60 €
83 2016 Sauvignon Blanc trocken ** | 13% | 11,80 €
85 2016 Heilbronner Stiftsberg Riesling Spätlese trocken ** | 12,5% | 9,10 €
84 2015 Heilbronner Stiftsberg Grauburgunder Auslese trocken *** | 13,5% | 16,50 €
85 2015 Erlenbacher Kayberg Riesling Auslese *** | 12,5% | 10,80 €/0,375 Lit.
82 2015 Heilbronner Stiftsberg Trollinger trocken ** | 13% | 8,70 €
83 2015 Heilbronner Stiftsberg Lemberger trocken ** | 13% | 10,20 €
85 2015 Heilbronner Stiftsberg Pinot Noir trocken ** | 13% | 12,50 €
86 2012 Cabernet Cubin trocken *** | 14,5% | 19,40 €
87 2013 Cuvée »CM« trocken *** | 13,5% | 19,40 €
86 2014 Merlot trocken *** | 14% | 20,– €

WEINGUT RAINER SCHNAITMANN
70734 Fellbach · Untertürkheimer Straße 4
Tel (07 11) 57 46 16 · Fax 5 78 08 03
info@weingut-schnaitmann.de
www.weingut-schnaitmann.de
Inhaber und Betriebsleiter Rainer Schnaitmann
Außenbetrieb Wolfgang Lenz und Hannes Hoffmann
Kellermeister Fabian Lassak
Verkauf Judith Baum und Rainer Schnaitmann
Mo, Mi–Do 9.00–12.30 Uhr · 13.30–17.00 Uhr
Di, Fr 9.00–12.30 Uhr · 13.30–18.30 Uhr
Sa 9.00–13.00 Uhr

Rebfläche 24,1 Hektar
Jahresproduktion 160.000 Flaschen
Spitzenlagen Fellbacher Lämmler, Uhlbacher Götzenberg, Schnaiter Altenberg
Boden bunter Mergel, Gipskeuper, Sandsteinverwitterung
Rebsorten 26% rote Burgundersorten, je 15% Lemberger und Riesling, je 10% Merlot, Sauvignon Blanc und Trollinger, 7% Cabernet Sauvignon, 7% übrige Sorten
Mitglied VDP

Kaum zu glauben: In diesem Jahr feiert Rainer Schnaitmann bereits das 20-jährige Jubiläum seines Weinguts. Wahrscheinlich hat noch nie zuvor in der Geschichte Württembergs ein Winzer das Anbaugebiet in so kurzer Zeit, quasi von null auf hundert, so nachhaltig mitgeprägt wie der ehrgeizige Fellbacher.

Bester Spätburgunder Württembergs

Und zu seinem runden Jubiläum hat er sich gleich auch das passende Geschenk selbst gemacht: den wahrscheinlich besten Spätburgunder, den Württemberg bisher hervorgebracht hat! Das Große Gewächs aus dem Lämmler faszinierte uns mit seinem hochkomplexen Aroma, mit subtiler Frische, tollem Fruchtvolumen, großartiger Struktur und ungemein lebhafter Länge. Doch auch die weiteren Weine dieser Sorte sind wie immer beachtlich. Der Simonroth zeigt leicht rauchig unterlegte, eher maskuline Pinot-Art mit Lakritz- und Schokonoten im Finish, die jungen Reben haben reife Frucht, angenehmes Spiel und durchaus aufrechte Struktur. Der Lemberger aus dem Lämmler ist gleichfalls wieder überragend und vereint Noblesse mit Kraft und Komplexität.

905

Auch hier steht der Simonroth als günstigere Alternative durchaus selbstbewusst dahinter. Beachtenswert und ganz besonders auch der Lemberger Steinwiege, der für wenig Geld tolles Niveau mit feinherber, dunkler Beerenfrucht bietet. Bei den Weißweinen ist der Altenberg Riesling pikant und vielschichtig und das Große Gewächs hat nobles Volumen, feinmineralisches Rückgrat und markante Persönlichkeit. Der Sauvignon zeigt in sich ruhende Sortenfrucht, Würze und eigenständigen Charakter. Der Weißburgunder ist mit süffiger Frische sehr attraktiv, der Blend Grau.Weiß ist stoffig trotz angenehm gemäßigtem Alkoholgehalt. Die feine Gewürztraminer Auslese ist mit federleichter Struktur überraschend tänzerisch.

Rainer Schnaitmann

Inspirierende Dynamik

Mit seinem 1997 gegründeten Weingut schoss Rainer Schnaitmann wie eine Rakete in den Württemberger Weinhimmel und revolutionierte bald das schwäbische Verständnis für rote Burgundersorten, die er schon seit Jahren wie kein anderer zu pflegen versteht. Diese Dynamik hat auch die Mitbewerber inspiriert und damit das Niveau des Burgunders in ganz Württemberg verbessert. Mit wirklich immensem Einsatz hat er in den vergangenen Jahren sein Weingut auf ökologische Bewirtschaftung umgestellt - machte daraus jedoch kein großes Aufheben. Die Nachhaltigkeit in der Flasche ist sein Ziel, nicht die Nachhaltigkeit im Marketing.

Verkostete Weine 15
Bewertung 84–92 Punkte

86 2016 »Steinwiege« Weißburgunder trocken | 12,5% | 9,20 €
85 2016 »Steinwiege« Muskateller trocken | 11% | 10,90 €
86 2016 Cuvée »Grau.Weiß« trocken | 12,5% | 15,20 €
87 2016 Schnaiter Altenberg Riesling trocken | 12,5% | 16,50 €
87 2016 »Iflinger« Sauvignon Blanc trocken | 12,5% | 18,50 €
88 2015 Uhlbacher Götzenberg Riesling »Großes Gewächs« | 13% | 28,– €
90 2016 »Badmer« Gewürztraminer Auslese | 7% | 12,50 €/0,375 Lit.
92 2015 Fellbacher Lämmler Spätburgunder »Großes Gewächs« | 13% | 45,– €
84 2016 »Steinwiege« Trollinger trocken | 12,5% | 7,20 €
87 2016 »Steinwiege« Lemberger trocken | 13% | 11,20 €
87 2015 Spätburgunder Junge Reben trocken | 13% | 16,50 €
88 2015 »Simonroth« Lemberger trocken | 13% | 19,50 €
88 2015 Cuvée »Simonroth MC« trocken | 13,5% | 28,– €
88 2015 »Simonroth« Spätburgunder »S« trocken | 13% | 28,– €
91 2015 Fellbacher Lämmler Lemberger »Großes Gewächs« | 13,5% | 38,– €

★★★½ WÜRTTEMBERG

WEINGUT ALBRECHT SCHWEGLER

71404 Korb · Steinstraße 35
Tel (0 71 51) 3 48 95 · Fax 3 49 78
weingut@albrecht-schwegler.de
www.albrecht-schwegler.de
Inhaber Albrecht Schwegler
Betriebsleiter Aaron Schwegler
Kellermeister Aaron und Albrecht Schwegler
Verkauf nur über den Fachhandel.
Rebfläche 7 Hektar
Jahresproduktion 30.000 Flaschen
Beste Lagen Korber Hörnle und Sommerhalde
Boden Keuper
Rebsorten 30% Zweigelt, je 10% Cabernet Franc, Cabernet Sauvignon, Chardonnay und Riesling, 7% Merlot, je 6% Lemberger und Trollinger, je 3% Cabertin, Grauburgunder und Spätburgunder, 2% Regent

Nach 1999 und 2003 gibt es wieder einen Solitär aus dem Hause Schwegler! Der 2011er ist ein reinsortiger Zweigelt mit sechsjährigem Fasslager. Er hat ein immens feines Gran Reserva-Bukett, hochkomplexe Tiefe, perfektes Tannin und unvergleichliche Persönlichkeit - schon jetzt auf dem Weg zu einer Legende wie seine Vorgänger als die größte Rarität des Württemberger Weinbaus. Im Zentrum der Produktion des Weinguts steht jedoch der Kultwein Granat, der wie kein anderer Rotwein der Region durch Lagerung erheblich gewinnen kann und von zwei weiteren Cuvées namens Saphir und Beryll flankiert wird. Die aktuellen Weine aus 2014 sind großartig, wenngleich etwas wuchtiger als die Vorgänger. Der Granat hat eine dichte, überaus komplexe Sauerkirschfrucht, schwebendes Volumen und markante Struktur. Doch Schwegler erreicht bereits mit seinem Zweitwein Saphir ein Niveau, von dem viele andere für ihre Spitzenprodukte nur träumen können. Er zeigt eine betörende Fruchtentwicklung mit Noten von Johannisbeeren und Kirschen, eine feinpikante Art und erfrischende Säureadern. Als Einstieg in die Schwegler'sche Rotweinwelt verführt der Beryll mit feingliedrig aufgefächertem und feinwürzigem Aroma. Der 2014er Granat besteht dieses Mal aus 65 Prozent Zweigelt, 32 Prozent Cabernet Sauvignon und drei Prozent Cabertin. Es wird dringend empfohlen, ihm einige Jahre der Flaschenreife zu gönnen. Auch wenn es angesichts seiner schon jetzt vorhandenen Verführungskraft schwer fällt: Seine Vorgänger, wie der jetzt grandiose, kürzlich erneut verkostete 1999er (jetzt 94 Punkte), zeigen, was hieraus nach 18 Jahren erblühen kann.

Verkostete Weine 6
Bewertung 84–94 Punkte

84 2016 Riesling trocken | 12% | Preis auf Anfrage
84 Cuvée »d'r Oifache« trocken | 12,5% | Preis auf Anfrage
88 2014 Cuvée »Beryll« trocken | 13,5% | Preis auf Anfrage
89 2014 Cuvée »Saphir« trocken | 14% | Preis auf Anfrage
92 2014 Cuvée »Granat« trocken | 14,5% | Preis auf Anfrage
94 2011 »Solitär« trocken | 14,5% | Preis auf Anfrage

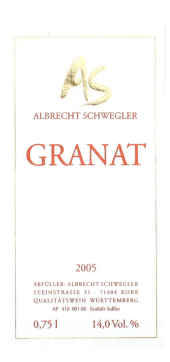

★★

WEINGUT SONNENHOF

71665 Vaihingen/Enz
Ortsteil Gündelbach, Sonnenhof 2
Tel (0 70 42) 81 88 80 · Fax 81 88 86
info@weingutsonnenhof.de
www.weingutsonnenhof.de
Inhaber Martin und Joachim Fischer
Außenbetrieb Gerhard Setzer
Betriebsleiter und Kellermeister Joachim Fischer

Verkauf Martin Fischer, Martin Hahn
Mo–Fr 8.00–12.00 Uhr · 13.00–18.00 Uhr
Sa 9.00–15.00 Uhr

Historie Weinbau seit 1522
Sehenswert Baumkelter aus dem Jahr 1822
Rebfläche 50 Hektar
Jahresproduktion 400.000 Flaschen
Beste Lagen Gündelbacher Wachtkopf, Hohenhaslacher Kirchberg
Boden Keuperformationen, vor allem bunter Mergel
Rebsorten 19% Lemberger, 18% Riesling, je 16% Spätburgunder und Trollinger, 10% Grauburgunder, 4% Muskattrollinger, 17% übrige Sorten
Mitglied Hades, Deutsches Barrique Forum

Verkostete Weine 12
Bewertung 81–87 Punkte

- 86 2015 Pinot Sekt Brut Blanc de Noirs | 12,5% | 17,- €
- 81 2016 Riesling trocken | 12% | 5,50 €/1,0 Lit.
- 86 2015 Gündelbacher Wachtkopf Riesling »S« trocken | 13% | 12,- €
- 87 2015 Chardonnay trocken Hades | 12,5% | 20,- €
- 83 2016 Gündelbacher Wachtkopf Riesling Kabinett trocken | 11% | 8,- €
- 83 2015 Lemberger trocken | 13,5% | 7,- €
- 83 2013 Gündelbacher Wachtkopf Spätburgunder »S« trocken | 12,5% | 12,- €
- 85 2014 Gündelbacher Wachtkopf Merlot »S« trocken | 14% | 12,- €
- 85 2014 Gündelbacher Wachtkopf Cabernet Sauvignon »S« trocken | 13% | 12,- €
- 85 2014 Gündelbacher Wachtkopf Syrah »S« trocken | 13% | 12,- €
- 87 2014 Lemberger trocken Hades | 14,5% | 25,- €
- 87 2015 Syrah trocken Hades | 13% | 25,- €

Wie gewohnt eine gute Leistung von Martin und Joachim Fischer. Die Weine der S-Klasse sind auf solidem Niveau: Der Riesling hat pikante Frucht und feine Reife, der Cabernet hat frisches Sortenaroma mit etwas herbem Tannin und der Syrah zeigt die typisch rauchig-speckige Frucht der Rebe. Lediglich der 2013er Spätburgunder wirkt etwas gezehrt. Bei den Hades-Abfüllungen zeigt sich der Chardonnay im internationalen Stil mit tropischer Frucht und kräftigem Holz, der Lemberger hat würzige Tiefe, aber auch markantes Tannin und Feuer, merklich feiner in der Struktur und komplexer ist der Syrah. Bei den Einstiegsweinen ist der Riesling Kabinett ein unkomplizierter Charmeur und der Lemberger ist ein hübscher Tischwein für den Alltag. Beachtenswert ist aber auch der tolle 2015er Sekt Blanc de Noirs mit nussiger Frucht und feiner Tiefe.

WÜRTTEMBERG

STAATSWEINGUT WEINSBERG
74189 Weinsberg · Traubenplatz 5
Tel (0 71 34) 50 41 67 · Fax 50 41 68
staatsweingut@lvwo.bwl.de
www.staatsweingut-weinsberg.de

Inhaber Land Baden-Württemberg
Direktor Dr. Günter Bäder
Önologe Dr. Dieter Blankenhorn
Kellermeister Jennifer Holder

Verkauf Ilona Liepelt, Martin Schwegler
Mo–Fr 9.00–17.00 Uhr und nach Vereinbarung

Historie älteste Weinbauschule Deutschlands, gegründet 1868
Sehenswert hochmoderne Kellerei, Architekturpreis für neuen Verkaufsraum, Sensorikstudio
Rebfläche 40 Hektar
Jahresproduktion 270.000 Flaschen
Beste Lagen Burg Wildeck, Weinsberger Schemelsberg (beide Alleinbesitz), Gundelsheimer Himmelreich
Boden Gipskeuper, bunter Mergel, Muschelkalk, Neckarschotter
Rebsorten 20% Riesling, 14% Lemberger, 10% Trollinger, 8% Spätburgunder, je 6% Cabernetsorten und Samtrot, je 3% Acolon und Traminer, 30% übrige Sorten
Mitglied VDP, Hades, Deutsches Barrique Forum

Verkostete Weine 12
Bewertung 84–90 Punkte

- 84 2016 »Justinus K.« Kerner trocken | 13% | 7,80 €
- 86 2016 Sauvignon Blanc »S« trocken | 13,5% | 11,80 €
- 86 2016 Abstatter Burg Wildeck Riesling trocken | 12,5% | 12,50 €
- 87 2016 Abstatter Burg Wildeck Herrschaftsberg Riesling »Großes Gewächs« | 13% | 19,90 €
- 87 2015 Abstatter Burg Wildeck Grauburgunder »Großes Gewächs« | 13,5% | 19,90 €
- 87 2016 Fumé Blanc trocken Hades | 13% | 24,– €
- 88 2015 Gundelsheimer Himmelreich Spätburgunder »Großes Gewächs« | 13% | 25,80 €
- 89 2015 Weinsberger Schemelsberg Lemberger »Großes Gewächs« | 13,5% | 25,80 €
- 85 2015 Pinotage trocken Hades | 14,5% | 27,– €
- 88 2015 Cuvée »Grande Reserve« trocken Hades | 14% | 32,– €
- 90 2015 Syrah Reserve trocken Hades | 13% | 32,– €
- 89 2012 Cuvée »Traum« trocken | 13,5% | 49,– €

Das Staatsweingut hat mit dem Syrah einen neuen Star im Sortiment: bester Rhône-Stil mit pikanter Pfeffrigkeit und dezenter Veilchennote. Weniger erfolgreich ist der typisch rauchige und feurige Pinotage als weitere Neuerung. Die aktuelle Cuvée Traum wiederum trägt mit geschmeidiger Dichte und nobler Fülle ihren Namen zu Recht. Die Grande Reserve zeigt reife Frucht, sehr würzige Struktur und warmes Finish. Bei den Großen Gewächsen ist der Spätburgunder Himmelreich für diese Lage heuer ausgesprochen dicht und der Lemberger überzeugt mit hochfeinem Cassis-Aroma und toller Finesse im Aufbau. Das Große Gewächs vom Grauburgunder ist hingegen recht würzig mit eher fester Struktur. Ausgewogen und stimmig ist der Sauvignon, selbstbewusstes Holz, feine Säureadern und gutes Potenzial zeigt die Fumé-Version. Der Kerner Justinus K. ist wie immer angenehm mit schöner, ausdrucksvoller Frucht.

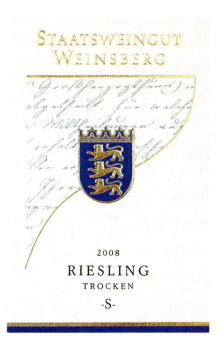

☆

WEINGUT EISSLER – STEINBACHHOF
71665 Vaihingen/Enz-Gündelbach
Hofgut Steinbachhof 1
Tel (0 70 42) 3 70 58 70 · Fax 37 05 87 20
info@weingut-steinbachhof.de
www.weingut-steinbachhof.de
Inhaber Ulrich und Nanna Eißler
Betriebsleiter und Kellermeister Ulrich Eißler
Verkauf Nanna Eißler
Mo-Do 9.00–12.00 Uhr · 14.00–17.00 Uhr
Fr 9.00–12.00 Uhr · 14.00–18.00 Uhr
Sa 10.00–16.00 Uhr

Das Weingut Eißler bewirtschaftet eine sehenswerte ehemalige Domäne der Hofkammer. Bei den Weißweinen setzte man in 2016 spürbar auf Restsüße. Der Riesling mit einem Stern ist leicht und zugänglich, der Gündelbacher Riesling Einstern hat runde Fruchtsüße, der Riesling Zweistern ist etwas balancierter, der Riesling Dreistern hat etwas mehr Leben. Die Stärke liegt aktuell ganz klar bei den Rotweinen, die sich wie gewohnt feingliedrig präsentieren. Der Trollinger hat heitere, verspielte Frucht, der Spätburgunder ist duftig und transparent im Aroma. Bei den Lembergern Zweistern gefällt der Gündelbacher mit ganz feiner Brombeerfrucht, der Mühlhausener ist etwas lebhafter und fester. Der Gündelbacher Lemberger Dreistern hat zusätzliche Komplexität und eine feine Holznote.

Verkostete Weine 12
Bewertung 82–86 Punkte

83 2016 Riesling trocken * | 12% | 8,90 €
82 2016 Weißburgunder ** | 12% | 9,50 €
82 2016 Riesling | 11,5% | 6,90 €
83 2016 Riesling ** | 11,5% | 9,50 €
83 2016 Riesling *** | 11% | 14,50 €
83 2016 Gündelbacher Wachtkopf Riesling * | 9,5% | 8,90 €
82 2016 Pinot meunier Blanc de Noirs | 11,5% | 6,60 €
84 2015 Gündelbacher Wachtkopf Spätburgunder trocken ** | 13% | 9,50 €
83 2015 Gündelbacher Wachtkopf Trollinger trocken *** | 13% | 10,50 €
84 2015 Gündelbacher Wachtkopf Lemberger trocken ** | 13% | 15,90 €
85 2015 Mühlhauser Halde Lemberger trocken ** | 13% | 15,90 €
86 2015 Gündelbacher Wachtkopf Lemberger trocken *** | 13% | 22,– €

★

WEINGUT UNGERER
74629 Pfedelbach-Renzen · Harsberger Str. 15
Tel (0 79 49) 94 06 90 · Fax 94 06 99
info@weingut-ungerer.de
www.weingut-ungerer.de
Inhaber Karlheinz Ungerer
Betriebsleiter Karlheinz und Gudrun Ungerer
Verkauf Gudrun Ungerer
Mo-Do 17.30–19.00 Uhr, **Fr** 14.00–19.00 Uhr
Sa 8.00–13.00 Uhr und nach Vereinbarung

Karlheinz Ungerer ist ein echter Geheimtipp in Hohenlohe. Sein Silvaner hat gute Frucht und unaufgeregte Frische, der im Betonei ausgebaute Riesling »O« ist durchaus anspruchsvoll, der Sauvignon ist mit präsentem Ausdruck und gutem Schliff wiederum bester Wein seiner Art in Hohenlohe. Die Cuvée Flaschenpost hat runde, fruchtige Fülle. Der Chardonnay hingegen trägt schwer am Holz. Bei den Rotweinen fällt der Unglaublich dieses Jahr mit eher ländlich-herzhaftem Aroma aus. Zugänglich mit einladender Art ist der Pinot Noir. Die Cuvée Saltatium Virium überzeugt mit markant-mediterranem Charakter, die Cuvée Respekt an der Spitze hat bemerkenswert feine Textur.

Verkostete Weine 12
Bewertung 82–88 Punkte

85 2016 »Edition Q« Sylvaner trocken | 13,5% | 8,93 €
86 2016 »Edition O« Riesling trocken | 13,5% | 10,47 €
87 2016 »Sehnsucht« Sauvignon Blanc trocken | 13% | 10,83 €
85 2016 Cuvée »Flaschenpost« trocken | 13% | 10,95 €
84 2015 Chardonnay trocken Barrique | 14% | 19,04 €
82 2016 Riesling Kabinett trocken | 11,5% | 6,30 €
82 2016 Trollinger trocken Alte Reben | 12% | 6,19 €
83 2015 Pinot Meunier trocken | 13% | 9,28 €
85 2015 Cuvée »Unglaublich« trocken | 13% | 13,21 €
86 2015 Pinot Noir trocken | 14% | 19,04 €
87 2015 Cuvée »Saltatium virium« trocken | 13,5% | 20,23 €
88 2015 Cuvée »Respekt« trocken | 13,5% | 29,75 €

Weinbewertung in Punkten
100 Perfekt • 95 bis 99 Überragend • 90 bis 94 Exzellent
85 bis 89 Sehr gut • 80 bis 84 Gut

WÜRTTEMBERG

WEINMANUFAKTUR UNTERTÜRKHEIM
70327 Stuttgart · Strümpfelbacher Straße 47
Tel (07 11) 3 36 38 10 · Fax 33 63 81 24
info@weinmanufaktur.de
www.weinmanufaktur.de
Geschäftsführer Stefan Hübner
Kellermeister Jürgen Off
Verkauf Vinothek
Mo-Fr 9.00–18.00 Uhr, **Sa** 9.00–14.00 Uhr
Historie Gründung im Jahr 1887
Sehenswert Holzfasskeller, Sektkeller im früheren Luftschutzbunker
Rebfläche 85 Hektar
Zahl der Mitglieder 83
Jahresproduktion 720.000 Flaschen
Beste Lagen Untertürkheimer Mönchberg und Altenberg, Obertürkheimer Kirchberg
Boden Keuperverwitterung
Rebsorten 30% Trollinger, 20% Riesling, je 12% Lemberger und Spätburgunder, je 3% Dornfelder, Grauburgunder und Kerner, je 2% Merlot und Müller-Thurgau, 13% übrige Sorten

Verkostete Weine 14
Bewertung 82–91 Punkte

83 2016 Weißburgunder trocken * | 12,5% | 7,60 €
82 2016 Riesling trocken ** | 12,5% | 9,30 €
84 2016 Viognier trocken ** | 13% | 9,90 €
86 2013 Grauburgunder trocken *** | 13% | 22,- €
82 2016 Kerner feinherb * | 12% | 6,30 €
91 2015 Riesling Trockenbeerenauslese | 10% | 42,- €/0,375 Lit.
83 2016 Cuvée »Mönch Berthold« trocken ** | 13% | 8,90 €
82 2016 Trollinger trocken * | 12% | 6,10 €
84 2015 Cuvée »Mönch Berthold« trocken ** | 13,5% | 9,90 €
83 2016 Merlot trocken ** | 13,5% | 10,90 €
85 2015 Spätburgunder trocken *** | 13% | 18,50 €
87 2015 Cuvée »Mönch Berthold« trocken *** | 13,5% | 25,- €
87 2015 Spätburgunder trocken Barrique *** | 13% | 26,- €
87 2015 Lemberger trocken Barrique *** | 13,5% | 27,- €

Die Aushängeschilder der Stuttgarter Vorzeige-Genossenschaft sind wie gewohnt die homogen hochwertigen Barrique-Rotweine. Der Spätburgunder ist gut verwoben und vielschichtig, der Mönch Berthold ist ein stimmiger Blend mit gutem Tannin, der Lemberger ist etwas würziger, aber nicht unbedingt besser. Eine Stufe darunter platziert sich der Spätburgunder aus dem großen Holzfass, der nichtsdestotrotz deutliche Holzprägung aufweist. Mönch Berthold Zweistern ist eine harmonische, zugängliche Cuvée, der Merlot hingegen fällt etwas einfach und ohne allzu großen Anspruch aus. Bei den Weißen ist der füllige Grauburgunder Dreistern mit reifer, tropischer Frucht beachtenswert. Der Weißburgunder Einstern ist frisch und lebhaft, der Viognier hat dezentes Sortenaroma und leichte Holzprägung. Eine ausgesprochen dichte und engmaschige Trockenbeerenauslese krönt die Kollektion.

★★★

WEINGUT WACHTSTETTER
74397 Pfaffenhofen · Michelbacher Straße 8
Tel (0 70 46) 3 29 · Fax 93 10 00
info@wachtstetter.de
www.wachtstetter.de
Inhaber Rainer Wachtstetter
Kellermeister Rainer Wachtstetter
Verkauf Rainer Wachtstetter
Do–Fr 9.00–12.00 Uhr · 13.30–18.00 Uhr
Sa 9.00–16.00 Uhr und nach Vereinbarung
Gutsausschank Gasthaus Adler
einige Wochenenden im Frühjahr und Herbst
Rebfläche 19 Hektar
Jahresproduktion 120.000 Flaschen
Beste Lagen Pfaffenhofener Hohenberg
Boden Gipskeuper und Schilfsandstein
Rebsorten 30% Lemberger, 22% Riesling, je 12% Spätburgunder und Trollinger, 5% Schwarzriesling, 19% übrige Sorten
Mitglied VDP, Junges Schwaben

Verkostete Weine 14
Bewertung 84–88 Punkte

84 2015 Lemberger Sekt Brut weiß gekeltert | 12,5% | 13,– €
85 2016 Weißburgunder trocken | 13% | 9,80 €
86 2016 Grauburgunder trocken | 13% | 9,80 €
86 2016 Gewürztraminer trocken | 12,5% | 9,80 €
86 2016 »Anna« Riesling trocken | 12,5% | 9,80 €
87 2016 Pfaffenhofener Hohenberg Grauburgunder trocken | 13% | 16,– €
87 2016 Pfaffenhofener Hohenberg Riesling trocken | 13% | 16,– €
88 2016 Pfaffenhofener Hohenberg Riesling Glaukós »Großes Gewächs« | 13% | 20,– €
86 2015 »Felix« Lemberger trocken | 13% | 9,80 €
84 2015 Trollinger trocken Alte Reben | 12,5% | 9,80 €
86 2015 Pfaffenhofener Hohenberg Samtrot trocken | 13% | 14,50 €
86 2015 Pfaffenhofener Hohenberg Lemberger trocken | 13,5% | 18,– €
87 2015 Cuvée »Ernst Combé« trocken | 13,5% | 18,– €
88 2014 Pfaffenhofener Hohenberg Lemberger Glaukós »Großes Gewächs« | 13% | 25,– €

Rainer Wachtstetter hat uns mit guten weißen Burgunderweinen überrascht: Der Weißburgunder hat helle, frische Frucht, der Pfaffenhofener Grauburgunder ist charaktervoll mit Kupferschimmer, der Hohenberg Grauburgunder ist elegant mit subtilem Holz. Beachtenswert ist aber auch der Gewürztraminer mit klassischem Aromaprofil, aber zeitgemäßer Frische. Gewohnt gut sind die Riesling-Gewächse: Anna hat eine einladende Frucht und eine runde Textur. Etwas feiner und komplexer ist der Hohenberg. Das Große Gewächs hat ein ausdrucksvolles Bukett voller tropischer Früchte und ein lebhaftes Finish. Bei den Roten gefällt der Trollinger mit duftiger Frucht, der Samtrot mit feingliedrigem Charme und der Lemberger mit seiner zugänglichen, verführerischen Art. Der Hohenberg Lemberger hat schöne Beerenfrucht, die Cuvée Ernst Combé ist ein gut verwobener, harmonischer Blend. An der Spitze steht das Große Gewächs vom Lemberger mit ungemein herzhaftem Charakter, aber dennoch samtigem Tannin.

WÜRTTEMBERG

WEINGUT WÖHRWAG

70327 Untertürkheim · Grunbacher Straße 5
Tel (07 11) 33 16 62 · Fax 33 24 31
info@woehrwag.de
www.woehrwag.de

Inhaber und Betriebsleiter Hans-Peter Wöhrwag
Außenbetrieb Carsten Kämpf
Kellermeister Hans-Peter Wöhrwag und Philipp Wöhrwag
Verkauf Christin Wöhrwag, Stefanie Lassak
Mo–Fr 8.00–12.30 Uhr · 14.00–18.00 Uhr
Sa 9.00–14.00 Uhr
Rebfläche 20 Hektar
Jahresproduktion 150.000 Flaschen
Spitzenlage Untertürkheimer Herzogenberg (Alleinbesitz)
Boden Keuper, Mergel
Rebsorten 40% Riesling, 13% Lemberger, je 9% Merlot und Trollinger, 6% Spätburgunder, je 5% Weißburgunder und Grauburgunder, je 3% Cabernet Sauvignon und Sauvignon Blanc, 6% übrige Sorten
Mitglied VDP

Verkostete Weine 12
Bewertung 83–90 Punkte

87 2016 Untertürkheimer Herzogenberg Grauburgunder trocken | 13,5% | 10,80 €
86 2016 Untertürkheimer Herzogenberg Sauvignon Blanc trocken | 13% | 14,90 €
87 2016 Untertürkheimer Herzogenberg Weißburgunder »Großes Gewächs« | 13,5% | 22,50 €
88 2016 Untertürkheimer Herzogenberg Grauburgunder »Großes Gewächs« | 13,5% | 22,50 €
88 2016 Untertürkheimer Herzogenberg Riesling »Großes Gewächs« | 13% | 22,50 €
87 2016 Untertürkheimer Herzogenberg Riesling »Mineral« | 12% | 12,50 €
83 2016 Cuvée Rosé trocken | 12% | 6,80 €
85 2015 Untertürkheimer Herzogenberg Merlot trocken | 14% | 12,50 €
87 2015 Cuvée »Philipp« trocken | 14% | 18,50 €
88 2015 Cuvée »X« trocken | 13,5% | 24,50 €
88 2015 Untertürkheimer Herzogenberg Lemberger »Großes Gewächs« | 13,5% | 24,50 €
90 2015 Untertürkheimer Herzogenberg Pinot Noir »Großes Gewächs« | 13,5% | 28,50 €

Hans-Peter Wöhrwags Highlight in diesem Jahr ist das Große Gewächs vom Pinot Noir mit betörend lebhafter, vielschichtiger Frucht und vitaler Struktur. Doch auch die anderen Weine dieser Klasse sind auf durchgehend hohem Niveau: Der Riesling hat strahlende, komplexe Zitrusfrucht, der Weißburgunder glockenhelles Aroma mit feinem Schliff, merklich mehr Potenzial und Komplexität hat der Grauburgunder. Eine ungemein duftige Cassis-Nase und sehr feine, seidige Textur zeichnen den Lemberger aus. Wie gewohnt gut auch die Cuvée »X« im Médoc-Stil mit noblem, selbstbewusstem Tannin und die Cuvée Philipp mit reifer Cassis- und Johannisbeerfrucht und samtiger Zugänglichkeit. Im Unterbau gefallen beim Riesling Mineral der elegante Schliff und beim Grauburgunder der lebhafte Charme. Der Sauvignon ist eher fein als zu laut gehalten.

★★★

WEINGUT ZIMMERLE
71404 Korb · Kirchstraße 14
Tel (0 71 51) 3 38 93 · Fax 3 74 22
info@zimmerle-weingut.de
www.zimmerle-weingut.de
Inhaber und Betriebsleiter Jens Zimmerle
Außenbetrieb Friedrich Zimmerle
Verkauf Yvette Zimmerle
Mo–Fr 17.00–18.30 Uhr
Sa 9.30–15.00 Uhr und nach Vereinbarung
Historie Weinbau in der Familie seit 1647
Sehenswert 300 Jahre alter Gewölbekeller und moderne Vinothek
Rebfläche 15 Hektar
Jahresproduktion 95.000 Flaschen
Beste Lagen Korber Sommerhalde, Berg und Steingrüble
Boden Keuper, bunter Mergel
Rebsorten je 20% Riesling und Trollinger, 15% Lemberger, je 10% Merlot, Spätburgunder und weiße Burgundersorten, je 5% Sauvignon Blanc und Zweigelt, 5% übrige Sorten

BIO

Verkostete Weine 12
Bewertung 85–89 Punkte

87 2016 »Vogel« Sauvignon Blanc trocken | 12% | 14,70 €
87 2016 »Berg« Chardonnay trocken | 12,5% | 14,70 €
87 2016 »Berg« Viognier trocken | 12,5% | 16,50 €
87 2016 »Goldadler« Korber Berg Grauburgunder trocken | 13% | 20,50 €
88 2016 »Goldadler« Korber Sommerhalde Sauvignon Blanc trocken | 12,5% | 20,50 €
89 2016 »Dreiegg« Chardonnay trocken | 12,5% | 23,– €
85 2015 Cuvée »Trio« trocken | 13,5% | 10,50 €
87 2015 »Herrschaft« Zweigelt trocken | 13% | 14,70 €
87 2014 »Goldadler« Korber Sommerhalde Zweigelt trocken | 12,5% | 25,– €
87 2014 »Goldadler« Korber Berg Lemberger trocken | 12,5% | 25,– €
87 2014 »Goldadler« Korber Berg Spätburgunder trocken | 13% | 27,– €
88 2014 Cuvée »Triologie« trocken Barrique | 13% | 28,50 €

Wiederum eine großartige Kollektion von Jens Zimmerle! Der Chardonnay Berg ist hell und klar mit angenehmem Säurespiel, der überaus beachtenswerte Dreiegg zeigt tolle Brillanz ohne jedes Fett und gut integriertes Holz. Der Viognier bietet eine ganz feine Sortenfrucht mit Anklang von rotem Pfirsich und Mandarinen. Bei den Sauvignons gefällt der feinwürzig-fruchtige Vogel in bestem Marlborough-Stil, sowie der Goldadler mit feinen Holzeinsatz, angenehmem Druck und guter Länge. Der roséfarbene Grauburgunder hat schöne Frucht, merklich Grip und außergewöhnlichen Charakter. Beeindruckend auch die Rotweine. Die Cuvée Trio hat tolle runde Frucht und viel Charme, der duftige Zweigelt Herrschaft verführt mit sexy Sauerkirschfrucht; würziger, aber nicht unbedingt besser ist die Barriqueversion Goldadler. Der Lemberger Goldadler ist in 2014 ein eher schlanker, aber lebhafter Typ, der Spätburgunder hat würzig-reife Art mit vitalem Kern. Ein Rotwein von internationalem Stil mit charmanter Pflaumen- und Holunderbeerfrucht und samtig-rundem Körper ist die Cuvée Triologie.

ZIMMERLE
SEIT 1647

BE
RG

CHARDONNAY 2012

WÜRTTEMBERG

★

WEINGUT ZIPF
74245 Löwenstein · Vorhofer Straße 4
Tel (0 71 30) 61 65 · Fax 97 25
weingut@zipf.com
www.zipf.com
Inhaber und Kellermeister Jürgen Zipf
Betriebsleiter Jürgen und Tanja Zipf
Verkauf Tanja Zipf
Mo–Fr 13.00–18.30 Uhr, **Sa** 9.00–15.30 Uhr
So 9.00–11.30 Uhr nach Vereinbarung

Zipfs Silvaner zeigt eine hübsche, einladende Frucht. Der Riesling Zweistern hat kühle Rasse, der Inka-Riesling zeigt feine Saftigkeit, ohne schwer zu sein. Klares, helles Aroma zeichnet den Weißburgunder aus, merklich mehr Tiefe hat der Graubugunder. Der Chardonnay gefällt mit seidigem, schlanken Körper und zitrusfruchtigem Finish. Beachtenswert auch der Rosé mit angenehmer Frucht, Frische und gewisser Länge. Der Lukas Spätburgunder ist eher traditionell im Stil, der Lemberger hat feinen Biss, ausgesprochen saftig ist der Cabernet Dorsa. Gut verwoben mit dezentem Feuer ist der Merlot. Den weiteren Top-Rotweinen aus 2015 möchte Zipf noch Zeit gönnen und stellt sie im nächsten Jahr vor.

Verkostete Weine 12
Bewertung 83–87 Punkte

83 2016 Löwensteiner Riesling trocken ** | 12% | 6,70 €
84 2016 Löwensteiner Grüner Silvaner trocken ** | 12,5% | 6,80 €
85 2015 Löwensteiner Wohlfahrtsberg Riesling »Inka« trocken *** | 12,5% | 8,80 €
85 2016 Löwensteiner Wohlfahrtsberg Weißburgunder trocken *** | 13% | 9,90 €
86 2016 Unterheinrieter Sommerberg Graubugunder trocken *** | 13% | 9,90 €
86 2015 Löwensteiner Wohlfahrtsberg Chardonnay trocken **** | 13,5% | 12,50 €
84 2016 Cuvée »3-Fach Z« feinherb *** | 13% | 8,50 €
84 2016 Löwensteiner Wohlfahrtsberg »Geschwisterliebe« trocken *** | 12,5% | 8,– €
84 2014 Löwensteiner Wohlfahrtsberg Lemberger trocken *** | 13% | 7,50 €
83 2014 Löwensteiner Wohlfahrtsberg Spätburgunder »Lukas« trocken *** | 12,5% | 8,50 €
84 2015 Löwensteiner Wohlfahrtsberg Cabernet Dorsa trocken *** | 13% | 10,50 €
87 2015 Löwensteiner Wohlfahrtsberg Merlot trocken **** | 14% | 18,50 €

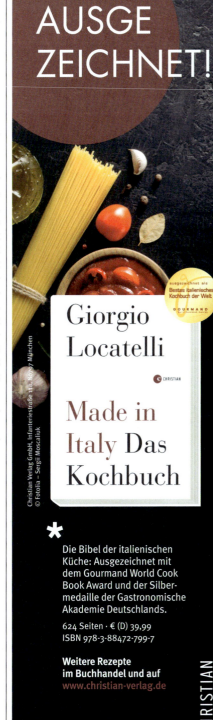

ANHANG

Register VINUM Weinguide 2018

A
Abel, Ferdinand 643, 645
Abril 118
Acham-Magin 87, 517
Achenbach 730
Achkarren, Winzergenossenschaft 119
Ackermann 518
Adam, A. J. 61, 87, 314
Adamswein 730
Adamy 315
Adelmann, Graf 875
Adeneuer, J. J. 87, 93, 94
Aenis, Ökoweingut Gerhard 119
Alde Gott Winzer eG 120
Aldinger 46, 48, 70, 86, 872, 873, 874, 876
Allendorf, Fritz 87, 641, 642, 643, 646
Aloisiushof, Wein- und Sekthaus 87, 519
Alt 465
Alt, Wolfgang 877
Alte Grafschaft 218
Altenkirch, Friedrich 87, 647
Anker, Daniel 315
Anselmann, Werner 520
Antony, St. 87, 726, 731
Arnold 520
Arnold, Johann 219
Arnold, Wilhelm 219
Asbach-Kretschmar 643, 648
Aufricht 120
Augustin 220
Aust, Karl Friedrich 857, 859

B
Baison, Heinrich 648
Baldauf 221
Baltes, Benedikt 87, 222
Balzhäuser, Johannes 732
Bamberger, Christian – Steinhardter Hof 464, 465
Bamberger, Wein- und Sektgut 48, 49, 464, 466
Bardong, Sektmanufaktur 649
Bardorf, Stefan 223
Bärenhof 521
Barth, Hotelweingut 467
Barth, Wein- und Sektgut 87, 650
Bassermann-Jordan, Geheimer Rat Dr. von 86, 521
Basten, Paul 316
Bastgen 316
Bastian 297, 298
Battenfeld-Spanier 33, 34, 35, 36, 78, 86, 727, 732
Bauer 317
Baumann Weinbau, Reiner 30, 70,
Baumann, Reiner 117, 121
Bausch, Hans 651
Bausewein 224
Beck – Hedesheimer Hof 734
Becker (Heuchelheim-Klingen) 524
Becker (Malsch) 122
Becker Landgraf 87, 735
Becker Weinbau, J. B. 87, 651
Becker-Steinhauer 318
Becker, Brüder Dr. 25, 736
Becker, Friedrich 22, 23, 76, 79, 82, 86, 515, 523
Becker, J. B. 643
Benderhof 525
Bensheim, Domäne 287, 288, 289
Bentzel-Sturmfeder, Graf von 878
Benzinger 515
Bercher 86, 116, 117, 123
Bergdolt – Klostergut St. Lamprecht 526
Bergdolt-Reif & Nett 526
Bergsträßer Winzer 288, 289, 290
Bernard-Kieren, Josef 319
Bernhard 737
Bernhart 71, 87, 527
Berres, C. H. 319
Bertram, Gebrüder 95
Bertram, Julia 93, 95
Berweiler-Merges 320
Bettenheimer, J. 87, 737
Betz Garagenwein 225
Beulwitz, Erben von 87, 320
Beurer 878
Beyer 844
Bibo & Runge 652
Bickel-Stumpf 225
Bickelmaier, Manfred 653
Bietighöfer 528
Bimmerle 124
Birkert 879
Bischel 87, 738
Bischöfliche Weingüter Trier 321
Bischöfliches Weingut Rüdesheim 87, 654
Blankenhorn, Fritz 125
Blees-Ferber 322

REGISTER

Blesius, Klaus 323
Bobbe 843, 844
Boch, Heribert 324
Böhme & Töchter 841, 842, 843, 846
Böhme, Klaus 843, 845
Bönsch, Stefan 856, 857, 860
Borell-Diehl 87, 529
Bös 126
Bosch, Rudolf 127
Bossert 728, 739
Bott 655
Boudier Koeller 530
Boxheimerhof 740
Braun 531
Braun, Waldemar 226
Braunewell 71, 87, 741
Breit 324
Bremer 531
Brendel 532
Brenneisen 127
Brennfleck 87, 227
Bretz, Ernst 742
Breuer, Georg 19, 56, 77, 78, 84, 86, 643, 655
Breuer, Stefan 657
Brinkmann 742
Brogsitter 93, 96
Brohl, Frank 313, 325
Brügel 228
Bruker 880
Büchin 128
Buhl, Reichsrat von 48, 49, 56, 86, 535
Bühler 533
Bunn, Lisa 728, 743
Burens, Peter 326
Bürgerspital zum Heiligen Geist 55, 87, 217, 229
Burggarten 87, 93, 97
Bürklin-Wolf, Dr. 19, 20, 56, 77, 78, 83, 86, 515, 533
Busch, Clemens 86, 312, 326
Buscher, Jean 744
Büsser-Paukner 727, 743

C
Cantzheim 328
Caspari-Kappel 328
Castell'sches Domänenamt, Fürstlich 87, 230
Chat Sauvage 87, 643, 657
Christmann, A. 56, 86, 536
Christoffel Erben, Joh. Jos. 329
Christoffel jr., Jos. 65, 81, 86, 330
Claes Schmitt Erben 332

Clauer 128
Clauß, Susanne und Berthold 87, 129
Cleebronn-Güglingen, Weingärtner 87, 873, 874, 880
Clemens, Jochen 332
Closheim 464, 467
Clüsserath-Eifel – Galerie-Riesling 87, 333
Clüsserath-Weiler 334
Clüsserath, Ansgar 87, 335
Clüsserath, Christoph 336
Clüsserath, Ernst 337
Collegium Wirtemberg 881
Conrad, Martin 337
Corbet, Wein- und Sektgut 538
Corvers-Kauter, Dr. 87, 641, 642, 643, 658
Craß 659
Crusius, Dr. 86, 463, 468

D
Dagernova, Weinmanufaktur 98
Dahms 231
Dahn, Alois 660
Danner 117, 130
Darting 538
Dautel 87, 873, 874, 882
Dautermann, K. & K. 745
Dengler-Seyler 539
Deutschherren-Hof 338
Deutzerhof – Cossmann-Hehle 87, 93, 99
Didinger 299
Diefenhardt 643, 661
Diel, Schlossgut 19, 48, 86, 462, 463, 469
Dolde, Hedwig und Helmut 883
Dollt 540
Domdechant Werner'sches Weingut 662
Domhof 746
Dönnhoff, Hermann 56, 78, 85, 86, 463, 471
Doreas 883
Dörflinger, Hermann 130
Drautz-Able 884
Drei Herren 857, 860
Drei Zeilen, Weinmanufaktur 217, 231
Dreihornmühle 746
Dreissigacker 87, 726, 747
Duijn 87, 132
Durbacher Winzergenossenschaft 133
Dütsch, Holger 117, 131

E
Eberle-Runkel 748
Eberstein, Schloss 134
Ebringen, Schlossgut 135

Edelberg 464, 472
Edling 288, 290
Egert 663
Ehrhard, Carl 58, 59, 61, 74, 87, 641, 642, 643, 663
Eifel, Bernhard 87, 339
Eifel, Ernst 340
Eifel, Franz-Josef 58, 59, 61, 74, 86, 313, 341
Elkan, van 342
Ellermann-Spiegel 540
Ellwanger, Bernhard 885
Ellwanger, J. 87, 873, 886
Emmerich 299
Emmerich-Koebernik 473
Emrich-Schönleber 56, 57, 78, 80, 83, 86, 463, 473
Engel, Albrecht 72, 727, 748
Engelhof 136
Engler 136
Enk 475
Eppelmann 749
Erbach, Winzer von 664
Erbeldinger, Familie 749
Erbes, Karl 87, 343
Erhard, Walter 232
Escher 887
Eser, August 665
Eser, H. T. 665
Espenhof 750
Eulenturm, Zum 344
Eymann 515, 541

F
Fader – Kastanienhof 515, 541
Falkenstein, Hofgut 47, 58, 59, 60, 63, 65, 86, 313, 344
Faschian 887
Faubel 72, 87, 542
Felshof 232
Fendel, Friedrich 666
Fendt Weinfamilie 137
Fetz 300
Fio, Weinmanufaktur 30, 346
Fischer 72, 137
Fischer, Dr. 346
Fitz-Ritter 543
Flick, Alexander 751
Flick, Joachim 666
Fogt – Schönborner Hof 751
Forsthof 888
Fourré, Frédéric 857, 861
Franckenstein, Freiherr von und zu 117, 138
Franz 752

Franzen 87, 347
Franzen-Schüller 348
Freiheit, Meine 667
Freimuth 668
Frey (Essingen) 88, 543
Frey (Ober-Flörsheim) 752
Frey, Otto und Martin 88, 139
Fricke, Eva 88, 643, 668
Fries 349
Fries, Markus 349
Fröhlich, Clemens 233
Fröhlich, Michael 88, 233
Frölich-Hake 843, 847
Fuchs, Leo 350
Full 753
Fürst, Rudolf 50, 51, 52, 71, 76, 79, 83, 86, 217, 234
Fußer, Martin & Georg 515, 544

G
Gabel 515, 545
Gabelmann, Sebastian 30, 464, 475
Gallé, Klaus 754
Gälweiler, Albert 476
Gänz 753
Gaul, Karl-Heinz 546
Gaul, Matthias 69, 87, 547
Gehring 754
Geiger & Söhne 236
Geil I. Erben, Ökonomierat Joh. 88, 755
Geil, Helmut 756
Geils Sekt- und Weingut 727, 756
Geisser 548
Gemünden 476
Genheimer-Kiltz 464, 477
George 669
Gessinger, Albert 351
Giegerich 217, 236
Gies-Düppel 87, 548
Glaser 238
Glaser-Himmelstoß 69, 237
Gleichenstein, Freiherr von 88, 140
Glücksjäger, Der 549
Gmünden 463
Göbel, Martin 239
Göhring 757
Gold 888
Goldatzel 670
Goldschmidt 758
Göttelmann 463, 464, 478
Graf von Schönborn – Schloss Hallburg 239
Graf von Weyher 550
Grans-Fassian 87, 352

REGISTER

Gravino 141
Gres 759
Griesel & Compagnie 287, 288, 289, 291
Grimm 551
Grittmann 759
Groebe, K. F. 88, 760
Groh 761
Gunderloch 81, 86, 726, 727, 761
Guntrum, Louis 763
Gussek 88, 842, 843, 847
Gut von Beiden 551
Gutzler 88, 763
Gysler, Alexander 764

H

Haag, Fritz – Dusemonder Hof 80, 81, 85, 86, 313, 353
Haag, Willi 354
Haart 65, 86, 356
Haart, Julian 87, 355
Hagnau, Winzerverein 142
Hahn-Pahlke 552
Hahnmühle 88, 464, 479
Haidle, Karl 87, 872, 873, 874, 889
Hain 74, 87, 313, 357
Hamm 671
Hammel 552
Hanka 671
Hanke 857, 861
Hartmann 553
Hauck 765
Häußermann 889
HE-Weine 50, 88, 553
Heddesdorff, Freiherr von 358
Hees 464, 480
Heger, Dr. 54, 76, 82, 86, 117, 142
Heid 890
Heilig Grab 300
Heilmann 240
Heinemann 88, 144
Heinrich, Alexander 891
Heinrich, G. A. 892
Heinrichshof 359
Heitlinger 88, 145
Hemberger 31, 217, 241
Hensel 554
Herberger, Dr. Fritz 555
Herbster, Franz 146
Hermann 88, 117, 146
Hermann, Dr. 86, 360
Hermannsberg, Gut 19, 56, 86, 462, 463, 481
Hermes, Bernd 361
Herrenberg, Weinhof 59, 87, 362

Herrengut St. Martin 556
Herzog von Württemberg 893
Hessert 766
Heußler, Christian 556
Hex vom Dasenstein, Winzerkeller 147
Hexamer 88, 463, 482
Hey 843, 848
Heyl zu Herrnsheim 88, 766
Heymann-Löwenstein 86, 363
Hiestand 767
Hild, Matthias 364
Hillabrand 242
Hiller 242
Himmel 643, 672
Hirsch, Christian 894
Hirsch, Privatkellerei 31,
Hirschhof 768
Hirschmann 673
Hirth – Rebhof 895
Hirth, Erich 894
Hiss 148
Hochdörffer, Gerhard 557
Hof 558
Höfflin 148
Hoffmann-Simon 366
Höfler 243
Höfling 244
Hofmann 88, 768
Hofmann, Marco 301
Hohenbeilstein, Schlossgut 895
Hohenlohe-Oehringen, Fürst 896
Höhn 673
Hollerith 559
Holub 117, 149
Honrath 483
Hörner – Hainbachhof 558
Hövel, von 87, 365
Huber, Bernhard 48, 50, 51, 52, 76, 79,83, 86, 115, 116, 117, 150
Huber, Simon 152
Huesgen, Villa 367
Huff-Doll 769
Huff, Fritz Ekkehard 728, 770
Huff, Georg Gustav 771
Hüls 366
Hummel, Wein- und Sektgut Bernd 152
Hunn, Kilian 153

I

Idler 897
Ilmbacher Hof 245
Immengarten Hof, Wein- und Sektgut 559
Immich Batterieberg, Carl August 87, 367

ANHANG

Immich-Anker 368

J
Jähnisch, Achim 75, 88, 154
Jakoby-Mathy 369
Janson Bernhard 560
Jesuitenhof 560
Johanninger 772
Johannisberg, Schloss 88, 642, 675
Johannishof 676
John, Frank – Hirschhorner Weinkontor 48, 49, 88, 561
Johner, Karl H. 87, 155
Jörnwein 31, 643, 674
Jost, Toni – Hahnenhof 88, 297, 301
Josten & Klein 88, 93, 100, 297
Jülg 70, 88, 562
Julianenhof 773
Julius 773
Juliusspital 88, 245
Jung, Jakob 88, 677
Junglen, Markus 370
Juwel Weine 728, 774

K
Kalkbödele 72, 156
Kampf 774
Kanitz, Graf von 678
Kanzlerhof 370
Kapellenhof – Ökonomierat Schätzel Erben 775
Karle, Gerhard 157
Karlsmühle 371
Karst 563
Karthäuserhof 371
Kassner-Simon 563
Kastler Friedland 857, 862
Katharinenstift, Am 484
Kauer, Dr. Randolf 25, 88, 297, 302
Kauer, Gebrüder 88, 463, 464, 485
Kaufmann 679
Kees-Kieren 372
Keller (Flörsheim-Dalsheim) 31, 54, 55, 56, 57, 65, 66, 67, 78, 84, 86, 726, 727, 775
Keller (Worms-Pfiffligheim) 777
Keller, Franz – Schwarzer Adler 87, 157
Keller, Lorenz und Corina 117, 158
Kerpen 373
Kesseler, August 88, 643, 680
Kesselstatt, Reichsgraf von 88, 374
Kettern, Lothar 88, 313, 375
Kiefer, Friedrich 159
Kimich, Julius Ferdinand 564

Kirchner 515, 564
Kirsten 376
Kissinger 778
Kistenmacher-Hengerer 897
Klein 75, 88, 514, 565
Klein, Christian 377
Kleinmann, Ökonomierat Johannes 88, 566
Klieber 778
Klopfer 898
Kloster Pforta, Landesweingut 849
Klostermühle Odernheim 464, 486
Klosterweingut Abtei St. Hildegard 681
Klumpp 88, 159
Klundt 567
Knab 75, 87, 160
Knauß 899
Knebel, Reinhard und Beate 87, 378
Knewitz 7, 46, 52, 88, 727, 779
Knipser 7, 46, 50, 51, 53, 71, 76, 83, 86, 515, 568
Knobloch 780
Knodt-Trossen 379
Knyphausen, Baron 681
Köbelin, Arndt 88, 162
Koch, Bernhard 50, 51, 53, 86, 515, 569
Koch, Bürgermeister Carl 780
Koch, Holger 75, 79, 87, 117, 161
Koegler – Hof Bechtermünz 682
Koehler-Ruprecht 88, 571
Koenen, Christoph 380
König, Johann 380
König, Robert 682
Königschaffhausen-Kiechlinsbergern, Winzergenossenschaft 163
Köninger, Tobias 164
Konstanzer 88, 164
Kopf, Dr. Andreas 572
Kopp 88, 165
Korrell – Johanneshof 464, 487
Köwerich, Nikolaus 88, 381
Krämer 781
Krämer – Ökologischer Land- und Weinbau 217, 246
Kranz 53, 86, 572
Krebs 574
Kress 166
Kretschko, Andreas – Weinbau 862
Kreuzberg, H. J. 87, 93, 101
Kriechel, Peter 70, 88, 92, 93, 102
Kröber, Rüdiger 382
Krone 87, 643, 683
Krug'scher Hof 781
Kruger-Rumpf 88, 463, 488
Kühling 783

REGISTER

Kühling-Gillot 33, 34, 35, 36, 57, 63, 77, 84, 86, 726, 728, 782
Kühn, Peter Jakob 7, 19, 47, 56, 63, 66, 86, 643, 684
Kuhn, Philipp 71, 86, 575
Kühn, Wolfgang 247
Künstler 78, 86, 643, 686
Kunz, Lorenz 687
Kusterer 900

L

Laible, Alexander 88, 168
Laible, Andreas 86, 117, 169
Lamberth 784
Lämmlin-Schindler 72, 167
Landerer 170
Landgraf 88, 784
Landmann 171
Landmann, Weinhaus Peter 171
Langenwalter 576
Langwerth von Simmern, Freiherr 642, 643, 688
Lanius-Knab 303
Laquai, Paul 689
Lauer, Peter 47, 58, 59, 62, 84, 86, 383
Lehnert-Veit 384
Leiner, Jürgen 70, 577
Leipold, Paul 248
Leiss, Gerhard 901
Leitz 56, 80, 86, 643, 690
Lenz, Johann 385
Leonhard 578
Leonhard, Klaus-Peter 785
Lidy 578
Lieser, Schloss – Thomas Haag 81, 86, 313, 386
Lindenhof – Martin Reimann 88, 462, 464, 489
Loersch 87, 313, 388
Loewen, Carl 87, 389
Lönartz-Thielmann 387
Loosen Erben, Benedict 390
Loosen, Dr. 87, 390
Loosen, Theo 391
Lorenz 392
Lorenz und Söhne 490
Lorenz, Bioweingut 786
Lotz 392
Löwenstein, Fürst 88, 248, 691
Lubentiushof 87, 393
Lucashof 579
Luckert, Zehnthof Theo 55, 86, 217, 249
Ludwig, Gebrüder 394
Lüttmer, Winzerei 850
Lützkendorf 850

M

Maibachfarm 103
Maier 902
Männle, Andreas 69, 172
Männle, Heinrich 173
Manz 88, 786
Margaretenhof Eckhard 787
Margarethenhof – Jürgen Weber 395
Mark, von der 88, 174
Markert, Max 251
Markgraf von Baden – Schloss Salem 175
Markgraf von Baden – Schloss Staufenberg 88, 176
Martin, Weinhof 692
Marx 788
Materne & Schmitt 395
Mathern 490
May, Karl 88, 788
May, Rudolf 87, 217, 251
Mayschoss-Altenahr, Winzergenossenschaft 104
Medinger 902
Mehling 580
Mehrlein, Bernhard 72, 693
Meier 88, 515, 581
Meier, Markus 252
Meierer 396
Meinhard, St. 491
Meintzinger 253
Melsheimer 59, 63, 87, 398
Melsheimer, Dr. 397
Mend, Thomas 254
Merkelbach, Alfred – Geschw. Albertz-Erben 72, 74, 313, 399
Mertes, Johann Peter 400
Mertes, Wolfgang 401
Mertz 31, 728, 789
Meßmer, Herbert 71, 75, 88, 582
Mett & Weidenbach 790
Metzger, Uli 50, 51, 86, 515, 583
Meulenhof 401
Meyer-Näkel 87, 92, 93, 105
Meyer, Karl-Heinz und Andreas 584
Meyer, Klaus 585
Meyer, Stefan 586
Michel 87, 177
Michel-Pfannebecker 790
Michel, Cisterzienser Weingut 791
Milch 727, 791
Minges, Theo 88, 586
Mohr 693
Molitor-Rosenkreuz 88, 403
Molitor, Markus 65, 84, 86, 313, 404

ANHANG

Mönchhof – Robert Eymael 402
Montigny 491
Montigny, S. J. 492
Moosmann 178
Mosbacher, Georg 86, 588
Mössner-Burtsche 178
Motzenbäcker 589
Möwes, Rudi 587
Müllen, Martin 72, 86, 313, 405
Müller 313
Müller I, Max 55, 87, 217, 254
Müller Stiftung, Georg 694
Müller-Catoir 69, 86, 590
Müller-Dr. Becker 792
Müller-Ruprecht 591
Müller, Egon – Scharzhof 61, 85, 86, 313, 407
Müller, Eugen 592
Müller, Gebr. 255
Müller, Lutz 863
Müller, Matthias 88, 297, 304
Müller, Stefan 32, 61, 74, 408
Mumm, G. H. von 695
Münzberg – Gunter Kessler 593

N
Naegele, Georg 594
Nagel 256
Nägelsförst 179
Nägler, Dr. 695
Nauerth-Gnägy 515, 595
Neder 217, 256
Neef-Emmich 793
Nehb 596
Neipperg, Graf 71, 86, 873, 874, 903
Neiss 88, 596
Nelles 88, 93, 106
Neuberger 257
Neumer, Jakob 794
Neus, J. 794
Neuweier, Schloss 87, 180
Nikolai, Heinz 696
Nil, Am 597
Nilles, Benedikt 409
Norwig 410

O
Oberbergen, Winzergenossenschaft 181
Oberkircher Winzer 181
Oetinger, Achim von 33, 38, 39, 40, 57, 87, 642, 643, 696
Ohler, Johann F. 598
Ohlig, Johannes 697
Ohnacker-Döß 795

Östreicher, Richard 257
Othegraven, von 87, 410

P
Pan – Thomas und Theobald Pfaffmann 598
Paulinshof 411
Pauly-Bergweiler, Dr. 412
Pauly, Axel 413
Pauser 728, 796
Pawis, Bernard 841, 842, 843, 851
Peifer 414
Petgen-Dahm, Ökonomierat 415
Peth-Wetz 796
Peth, Wolfgang und René 797
Petri 599
Pfaffmann-Wiedemann, Andreas 515
Pfaffmann, Karl 53, 88, 599
Pfannebecker 798
Pfeffingen 69, 86, 514, 600
Pfirmann 69, 70, 88, 515, 602
Pflüger 603
Philipps Mühle 295, 297, 305
Philipps-Eckstein 415
Philipps, Michael und Patrick 416
Pieper 295, 297, 305
Pix 182
Plackner-Wein 217, 258
Plag 183
Pohl, Karl O. 417
Popp, Ernst 258
Porzelt 88, 603
Poss 493
Posthof Doll & Göth 799
Prinz 87, 643, 699
Prinz von Hessen 698
Proppe, Wolfram 843, 852
Proschwitz, Schloss 856, 857, 863
Pröstler, Christine 259
Prüm, Joh. Jos. 80, 81, 85, 86, 313, 418
Prüm, S. A. 420
Prüm, Steffen 417

Q
Querbach 88, 700

R
Racknitz, von 494
Raddeck 799
Rapp 495
Rappenhof 800
Ratzenberger 88, 297, 306
Rauen, Familie 422
Rauen, Wein- und Sektgut 421

REGISTER

Raumland, Sekthaus 7, 48, 49, 82, 86, 727, 801
Ravensburg, Burg 183
Rebholz, Ökonomierat 48, 49, 53, 56, 57, 76, 77, 78, 82, 86, 515, 604
Regnery, F.-J. 71, 422
Reh 423
Reinhartshausen, Schloss 88, 642, 701
Reiss 69, 88, 260
Ress, Balthasar 88, 642, 702
Rettig 728, 802
Reuscher-Haart 423
Reverchon 424
Richter, Max Ferd. 63, 67, 87, 424
Richter, Richard 425
Richter, Vincent 857, 864
Rieslinggut, Das kleine 703
Riffel 88, 803
Rings 70, 71, 86, 606
Rinke 426
Rinklin, Stefan 184
Riske, Erwin 107
Rohr, Michael 495
Roll, F. & C. 804
Römerhof 427
Rössler-Schneider 607
Roth 261
Rothe, Manfred 27, 262
Rothes Gut 865
Rothmeier 608
Rothweiler 288, 289, 292
Ruck, Johann 88, 262
Rudloff 263
Ruppert-Deginther 804
Russbach 805

S

Saarstein, Schloss 88, 427
Salm, Prinz 462, 496
Salwey 86, 116, 117, 185
Sander 25, 88, 806
Sankt Annagarten 904
Sauer, Heiner 608
Sauer, Horst 87, 217, 264
Sauer, Rainer 4, 7, 46, 54, 55, 87, 217, 265
Schaefer, Karl 609
Schaefer, Willi 80, 81, 86, 428
Schäfer-Fröhlich 56, 65, 67, 77, 78, 80, 84, 86, 460, 462, 463, 497
Schäfer-Heinrich, Ökologisches Weingut 905
Schäfer, Joh. Bapt. 87, 463, 498
Schäfer, W. J. 703
Schäffer, Egon 88, 266
Schamari-Mühle 704
Schätzel 87, 726, 807
Schätzle, Gregor und Thomas 88, 186
Schauss 499
Scheidgen 307
Schenk-Siebert 610
Scherner-Kleinhanss 808
Scheu 611
Scheuermann 612
Scheuring 217, 267
Schild 500
Schlenitz, Freiherr von 430
Schlör, Konrad 70, 87, 187
Schloss Wackerbarth, Sächsisches Staatsweingut 856, 857, 865
Schlossmühlenhof 808
Schlumberger, H. 88, 188
Schlumberger, Rainer 189
Schmachtenberger, Berthold 217, 268
Schmidt 501
Schmidt, Heinrich 500
Schmitges, Andreas 430
Schmitt-Weber 431
Schmitt, Bürgermeister Adam 809
Schmitt, Daniel 809
Schmitt, Egon 88, 612
Schmitt's Kinder 55, 87, 217, 268
Schmitts, Trockene 88, 269
Schnaitmann, Rainer 86, 873, 874, 905
Schneider 613
Schneider, Claus 88, 190
Schneider, Dr. 191
Schneider, Georg Albrecht 810
Schneider, Jakob 67, 86, 463, 464, 501
Schneider, K. H. 74, 87, 463, 464, 503
Schneider, Mirjam 811
Schneider, Reinhold und Cornelia 86, 116, 117, 191
Schneider, Sebastian 307
Schnell, Geheimrat 25,
Scholler 614
Schömehl 504
Schönberg, Schloss 288, 289, 292
Schönborn, Domänenweingut Schloss 642, 705
Schönleber-Blümlein 706
Schönleber, Wein- und Sektgut F. B. 706
Schott, F. E. 504
Schreiber 707
Schreiber, Dr. 811
Schreieck, Volker und Bernd – Wein- und Sekthaus 615
Schröder, Arno 812
Schubert, Schlosskellerei C. von – Maximin Grünhaus 81, 86, 432

ANHANG

Schuh, Walter 866
Schumacher (Herxheim am Berg) 615
Schumacher (Sankt Aldegund) 433
Schumacher, Paul 88, 93, 108
Schumann-Nägler 708
Schwaab 434
Schwaab, Stefan 616
Schwab 270
Schwarz, Martin – Winzer 88, 855, 856, 857, 867
Schwedhelm 616
Schwegler, Albrecht 87, 873, 874, 907
Schweinhardt, Bürgermeister 505
Schwörer, Lothar 193
Scultetus-Brüssel 812
Seckinger 32, 515, 617
Seebrich 813
Seeger 87, 193
Seehof – Familie Fauth 87, 814
Selbach-Oster 86, 434
Selt 308
Sermann-Kreuzberg 75, 88, 93, 109
Shelter Winery 88, 117, 194
Siegrist 618
Siener 88, 619
Simon-Bürkle 288, 289, 293
Simon, Josef J. 69, 195
Sinß 506
Sitzius, Wilhelm 506
Six 217
Sohns 708
Solter, Sekthaus 48, 88, 709
Solveigs Pinot Noir 710
Sommer 815
Sommerach, Winzer – Der Winzerkeller 271
Sommerhausen, Schloss 272
Sonnenberg 110
Sonnenhof 908
SOPS 32, 515, 620
Später-Veit 72, 74, 87, 313, 436
Speicher-Schuth 711
Spies, Uwe 815
Spiess – Riederbacherhof 816
Spieß Weinmacher 816
Spindler, Heinrich 88, 621
Spitalkellerei Konstanz 196
Spohr 817
Spreitzer, Josef 67, 80, 86, 643, 711
Staab 507
Staatliche Weinbaudomäne Oppenheim 817
Staatlicher Hofkeller Würzburg 273
Staatsweingut Bad Kreuznach 507
Staatsweingut Freiburg 196

Staatsweingut Meersburg 197
Staatsweingut Weinsberg 88, 873, 909
Staatsweingüter, Hessische –
Kloster Eberbach 18, 80, 88, 643, 713
Stachel, Erich 622
Staffelter Hof 437
Stahl, Winzerhof 88, 274
Stallmann-Hiestand 818
Steffens-Keß 438
Steigerhof 508
Stein, Am 67, 87, 217, 275
Stein, Karl 463, 464, 508
Steinbach, Haus 868
Steinbachhof – Weingut Eißler 910
Steinberg, Domäne 288
Steinmacher 714
Steinmetz, Günther 61, 65, 72, 87, 438
Steinmetz, Stephan 439
Steitz 819
Stentz, Jürgen 622
Stern 623
Stich – Im Löwen 276
Stigler 88, 198
Stodden, Jean 50, 51, 79, 83, 86, 92, 93, 111
Störrlein & Krenig 88, 276
Strauch Sektmanufaktur 820
Strohm 821
Strub 821
Studert-Prüm – Maximinhof 440
Sturm (Bürgstadt) 277
Sturm (Leutesdorf) 295, 297, 308

T

Tesch 509
Teschke, Michael 54, 55, 88, 727, 822
Thanisch 441
Thanisch, Wwe. Dr. H. – Erben Müller-Burggraef 442
Thanisch, Wwe. Dr. H. – Erben Thanisch 87, 440
Then, Daniel 217, 278
Theodorus Wein- und Sektgut 624
Thörle 87, 727, 823
Thürkind 843, 852
Trapp & Sohn 714
Trautwein (Bahlingen) 199
Trautwein (Lohnsheim) 726
Treis, Julius 443
Trenz 715
Trinks-Trinks 716
Trossen, Michael 444
Trossen, Rita und Rudolf 25
Twardowski, Daniel 444

REGISTER

U
Uebel 624
Ungerer 910
Untertürkheim, Weinmanufaktur 911

V
Vaux, Sektmanufaktur Schloss 716
Vereinigte Hospitien, Stiftungsweingut 445
Vier Jahreszeiten Winzer EG 625
Villa Heynburg 71, 200
Villa Hochdörffer 625
Vinification Ludwigshöhe 626
Vogel 201
Vollenweider 86, 446
Vollmer 202
Vollmer, Dr. Eva 728, 824
Vollrads, Schloss 642, 643, 717
Vols 447
Volxem, Van 47, 56, 60, 61, 86, 313, 448, 928
Vornhecke, Stefanie 450

W
Wachtstetter 88, 873, 912
Wageck-Pfaffmann 71, 88, 626
Wagner 826
Wagner-Stempel 87, 825
Wagner, Dr. 88, 450
Waigand, A. 278
Walldorf-Pfaffenhof 826
Walter, Josef 279
Wasem 827
Waßmer, Fritz 71, 75, 87, 116, 117, 202
Waßmer, Martin 71, 75, 86, 116, 117, 203
Weber 205
Weber Brüder, Saarweingut 33, 42, 43, 44, 74, 311, 312, 313, 451
Weber, Felix 452
Weber, Udo 510
Wechsler 728, 827
Wedekind 828
Weedenborn 71, 728, 829
Weegmüller 69, 88, 627
Wegeler – Gutshaus Mosel 452
Wegeler – Gutshaus Rheingau 86, 643, 718
Wegner, Karl 515, 628
Wehrheim, Dr. 48, 53, 76, 77, 78, 82, 86, 515, 629
Weigand 217, 280
Weik 75, 631
Weil, Robert 7, 47, 64, 65, 67, 78, 81, 85, 86, 643, 720, 726, 928
Weinbach 830
Weinegg, Im 721
Weingart 88, 297, 309
Weinreich 830
Weinsberg 71,
Weis, Nik – St. Urbans-Hof 86, 453
Weiser-Künstler 63, 86, 455
Weishaar 205
Weltner, Paul 55, 87, 217, 281
Wendel, Dirk 831
Werner 456
Werner, Arndt F. 25, 70, 88, 832
Wernersbach 833
Werther Windisch 834
Westerhaus, Schloss 835
Wiesler, Michael 206
Wilhelmshof 48, 88, 632
Wilker 633
Willems-Willems 457
Winning, von 30, 87, 514, 633
Winter 87, 836
Winzergemeinschaft Franken 282
Wirsching, Hans 69, 87, 217, 282
Wittmann 56, 57, 76, 77, 78, 83, 86, 727, 837
Wöhrle (Bockenheim) 635
Wöhrle (Lahr) 53, 69, 87, 206
Wöhrwag 88, 873, 913
Wolf 75, 515, 635
Wolf, Dr. Christopher 722
Wolff Metternich, Graf 207
Wurm 722
Würtzberg 458

Z
Zähringer 25, 208
Zalwander 76, 209
Zang, Otmar und Johannes 283
Zehnthof – Familie Weickert 217, 284
Zelt 69, 88, 636
Zeter, Oliver 637
Ziereisen 71, 79, 87, 117, 210
Zilliken – Forstmeister Geltz 80, 81,85, 86, 313, 458
Zimmerle 88, 873, 914
Zimmerlin 212
Zimmerling, Klaus 856, 857, 868
Zimmermann (Schliengen) 212
Zimmermann (Wachenheim) 638
Zimmermann, Arthur und Fabian 838
Zipf 915
Zöller 839
Zotz, Julius 213
Zwölberich, Im 510

IMPRESSUM

WEINGUIDE DEUTSCHLAND 2018

Chefredaktion, v.i.S.d.P.: Joel Payne (Hrsg.), Carsten Henn
Verleger: Clemens Schüssler (Christian Verlag), Roland Köhler (VINUM)
Redaktion: Gerhard Benz, Martin Both, Claudia Eilers
Verantwortliche Verkoster: Thomas Boxberger, Matthias Dathan, Christoph Dirksen, Romana Echensperger MW, Dr. Peter Henk, Verena Herzog, Ralf Kaiser, Frank Kämmer MS, Dr. Eckhard Kiefer, Nicole Klebahn, Gaby Koch, Andreas Lelke, Matthias Mangold, Jürgen Mathäß, Matthias Pohlers, Ingmar Püschel, Harald Scholl, Nils Stuiver
Mitverkoster: Hartmut Berndt, Wolfgang Mayer, Hermann Schollenberger
Projektleitung: Claudia Eilers (Christian Verlag)
Verlagsleitung: Clemens Hahn (Christian Verlag), Nicola Montemarano (VINUM)
Grafisches Konzept: Johann Pietrek (VINUM)
Layout und Satz: Ralph Hellberg, Alexander Knoll (Christian Verlag), Marco Bräm (VINUM)
Korrektur und Register: Helga Peterz, Kathrin Schubert
Herstellung: Bettina Schippel
Online und Digital: Georg Simic (Christian Verlag), Maria-Grazia Fiori (VINUM)
Anzeigen: Manuela Deganello, Markus Lutz (VINUM);
Helmut Kramer – MedienService Wackersberg, kramerduett@t-online.de

Soweit nicht anders angegeben, wurden uns Fotos von den abgebildeten Personen und Betrieben mit freundlicher Genehmigung zur Verfügung gestellt.

Printed in Germany

VINUM ist eine geschützte Marke und ein geschütztes Warenzeichen. Inhaberin der Markenrechte ist die Intervinum AG Zürich. Die Christian Verlag GmbH ist auf Basis einer Kooperationsvereinbarung Mitherausgeberin des gemeinsamen VINUM Weinguide Deutschland.

Die von der Intervinum AG und der Christian Verlag GmbH unter der Marke »VINUM Weinguide Deutschland« herausgegebene Publikation und alle darin enthaltenen Beiträge und Abbildungen sind urheberrechtlich geschützt. Eine Verwertung des urheberrechtlich geschützten und auch in elektronischer Form vertriebenen Materials, insbesondere durch Vervielfältigung oder Verbreitung, Einspeicherung oder Verarbeitung in Datensystemen, ist ohne vorherige schriftliche Zustimmung des Verlags unzulässig und strafbar, soweit sich aus dem Urheberrecht nichts anderes ergibt.

Für die Zusammenstellung dieses Führers ließen wir größtmögliche Sorgfalt walten, trotzdem können Daten falsch oder überholt sein. Eine Haftung können wir auf keinen Fall übernehmen. Für Hinweise und Anregungen sind wir dankbar. Bitte richten Sie diese an: Christian Verlag GmbH, Postfach 400209, 80702 München oder info@christian-verlag.de

Die Deutsche Nationalbibliothek – CIP Einheitsaufnahme

Ein Titeldatensatz für diese Publikation ist bei der Deutschen Nationalbibliothek erhältlich.

© 2017 Christian Verlag GmbH, München
© 2017 Intervinum AG, VINUM – Europas Weinmagazin, Zürich

1. Jahrgang
ISBN 978-3-95961-220-3

3 x VINUM testen und Prämie sichern.

Ihre Vorteile:

· 3 Ausgaben VINUM frei Haus
· Sie sparen 33 % gegenüber dem Einzelkauf
· Kostenloser Member-Zugang auf vinum.eu
· Exklusive Angebote in der VINUM Vorteilswelt
· GRATIS-Prämie: edler Weißwein im Wert von 10 €

Gleich bestellen und profitieren:
www.vinum.eu/probeabo

KOLUMNE

Trockener Riesling im Aufwind

Ein trockener Riesling von der Mosel als höchstbewerteter Wein des Jahres? Noch vor der Konkurrenz aus Pfalz und Rheinhessen? Noch dazu mit mehr Punkten als die edelsüßen Elixiere? VINUM-Chefredakteur Joel B. Payne ist überzeugt: Ja, ja und ja!

Vor hundert Jahren waren deutsche Rieslinge doppelt so teuer wie Lafite, Margaux oder Haut-Brion. Nicht die zartsüßen Spätlesen, sondern trockene Naturweine, die durch Leichtigkeit und Eleganz betörten. Damals wurden Weißweine ohnehin mehr geschätzt als Rotweine. Hat doch beim Weißwein der Genießer das Gefühl, in die reine Frucht zu beißen, ohne Gerbstoff, Holz oder was sonst noch stören könnte. Und bei den weißen Reben, da sind sich alle Kenner einig, ist Riesling die Königin.

Mit dem Jahrgang 2016 zeigt Roman Niewodniczanski, Inhaber des Weinguts van Volxem an der Saar, mit seinem Pergentsknopp aus dem weltberühmten Scharzhofberg, dass große, trockene Rieslinge von der Saar ihre Konkurrenten aus Pfalz, Rheinhessen und Nahe manchmal übertrumpfen können. Diesen Erfolg sieht Niewodniczanski in einem historischen Zusammenhang. Er hat unzählige Weinkarten aus der Gründerzeit gesammelt, die belegen, dass der deutsche Riesling nicht nur in Berlin, Frankfurt und Hamburg absolute Spitzenpreise erzielte. Auch in den Hauptstädten der Welt - in Paris, London und New York - wurde er gefeiert.

Zwei Kriege später und nach der süßen Welle der 1970er Jahre war der alte Glanz jedoch verblasst. Mühsam haben danach einige Pioniere versucht, an die glorreichen Zeiten anzuknüpfen. Doch erst als eine jüngere Winzergeneration das Ruder übernahm, kam Schwung in die Sache. Heute werden in den Qualitätsgütern wieder die besten Trauben für trockene Weine verwendet. Trockene Weine gewinnen in Deutschland an Boden. Das lässt sich statistisch belegen. Wurden 1985 nur 15 Prozent der Gesamtproduktion so ausgebaut, ist es inzwischen fast jede zweite Flasche. Wenn man die feinherben Varianten dazurechnet, sind es über zwei Drittel aller Weine. Nicht zuletzt durch den Klimawandel, der eine höhere Reife mit sich bringt, gären auch an Mosel, Saar und Ruwer mehr und mehr Fässer weiter durch als vor einigen Jahren. Gewiss finden zartfruchtige Kabinette und delikate Spätlesen immer noch Abnehmer, aber auch diese schmecken heute herber als noch vor 25 Jahren. Zudem nimmt die Anzahl der Großen Gewächse stetig zu.

Aber nicht nur sie beeindrucken. Insgesamt 81 trockene Rieslinge von der Mosel haben wir mit 90 Punkten oder mehr bewertet. Es ist also nicht weiter erstaunlich, dass dort einige der berühmten Güter inzwischen über zwei Drittel ihrer Rieslinge trocken ausbauen. Um die Kenner auf der ganzen Welt nachhaltig zu beeindrucken, reicht die Zahl der Spitzenerzeugnisse aber noch nicht aus. Von Château Latour gibt es in einem guten Jahr 150.000 Flaschen.

Es ist nicht so lange her, dass manche der Großen Gewächse nicht mal auf 1.500 kamen. Dass Robert Weil von seinem Gräfenberg 25.000 Flaschen abfüllt, ist eine lobenswerte Ausnahme. Von solchen Auflagen sind die meisten Spitzengüter aber noch weit entfernt, doch die positive Entwicklung ist nicht mehr aufzuhalten. Wer hätte sich das vor 25 Jahren vorstellen können?

In diesem Sinne:
Aquam Foras Vinum Intro!